WAR – PEACE
AND
PANHELLENIC GAMES

ΠΟΛΕΜΟΣ – ΕΙΡΗΝΗ
ΚΑΙ
ΠΑΝΕΛΛΗΝΙΟΙ ΑΓΩΝΕΣ

INTERNATIONAL INSTITUTE OF ANCIENT HELLENIC HISTORY
"SOSIPOLIS"

WAR – PEACE AND PANHELLENIC GAMES

Edited by:
Nikos Birgalias
Kostas Buraselis
Paul Cartledge
Ariadni Gartziou-Tatti
Maria Dimopoulou (collaboration)

In memory of Pierre Garlier

INSTITUT DU LIVRE – A. KARDAMITSA
ATHENS 2013

ΔΙΕΘΝΕΣ ΙΝΣΤΙΤΟΥΤΟ ΑΡΧΑΙΑΣ ΕΛΛΗΝΙΚΗΣ ΙΣΤΟΡΙΑΣ
«ΣΩΣΙΠΟΛΙΣ»

ΠΟΛΕΜΟΣ – ΕΙΡΗΝΗ ΚΑΙ ΠΑΝΕΛΛΗΝΙΟΙ ΑΓΩΝΕΣ

Επιμέλεια:
Paul Cartledge
Αριάδνη Γκάρτζιου-Τάττη
Νίκος Μπιργάλιας
Κώστας Μπουραζέλης
Μαρία Δημοπούλου (συνεργασία)

Στη μνήμη Pierre Garlier

ΙΝΣΤΙΤΟΥΤΟ ΤΟΥ ΒΙΒΛΙΟΥ – Α. ΚΑΡΔΑΜΙΤΣΑ
ΑΘΗΝΑ 2013

Λεωφ. Αλεξάνδρας 132, GR- 11471 Αθήνα & Ε.Ο. Πύργου - Πατρών, GR-27100 Πύργος
E-mail: info@sosipolis.gr

Leoforos Alexandras 132, Gr-11471 Athens & N.R Patron – Pyrgou, GR-27100 Pyrgos
E-mail : info@sosipolis.gr

Σελιδοποίηση: Λουκάς Χ. Μιχαλόπουλος
Εικόνα εξωφύλλου: Δημήτρης Καλαντίδης
(ευχαριστούμε θερμά για την προσφορά του)
Μακέτα εξωφύλλου: Λουκάς Χ. Μιχαλόπουλος

Εκδόθηκε στην Ελλάδα: Ινστιτούτο του Βιβλίου – Α. Καρδαμίτσα
Αθήνα, Ιπποκράτους 8, ΤΚ 106 79, τηλ. 210-3615156, Fax 210-3631100
Ιστοσελίδα: www.kardamitsa.gr
e-mail: info@kardamitsa.gr

Κεντρική Διάθεση: Ινστιτούτο του Βιβλίου – Α. Καρδαμίτσα

Πρώτη έκδοση: Ιούλιος 2013
ISBN: 978-960-354-328-2

Περιεχόμενα / Contents

II. PANHELLENIC GAMES – PANHELLENISM AND ITS PROBLEMS

III. BETWEEN WAR AND PEACE: POLITICS AND DIPLOMACY

IV. RELIGION AND MORAL VALUES

V. WAR, PEACE AND LITERATURE

Πρόλογος

Ο ΠΟΛΕΜΟΣ ΚΑΙ Η ΕΙΡΗΝΗ αποτελούν δύο αντιθετικές και εναλλακτικές καταστάσεις στη ζωή των πόλεων και των άλλων κρατών της ελληνικής αρχαιότητας. Έτσι π.χ. συχνά σε ψηφίσματα των πόλεων ή διακρατικές συνθήκες συναντούμε φράσεις που καθορίζουν ότι τα αποφασιζόμενα θα ισχύουν και σε καιρό πολέμου και στην ειρήνη. Η εναλλαγή των δύο πραγματικοτήτων μοιάζει σχεδόν τόσο φυσικά δεδομένη όσο και οι εποχές του έτους.

Ο πόλεμος ως κυρίαρχη έκφραση ανταγωνισμού ανάμεσα σε πόλεις, συμμαχίες, συμπολιτείες, βασίλεια, αποτελούσε ένα κατ' εξοχήν μέσο επέκτασης, πλουτισμού, πολιτικής επιρροής και κυριαρχίας, διατήρησης και εδραίωσης ηγεμονίας, πειθούς των ισχυρών, ή και εναλλακτική λύση ως προς την ειρηνευτική διαδικασία. Ο πόλεμος ταυτόχρονα, ως πολιτικό και κοινωνικό φαινόμενο, πυροδοτούσε ή επιτάχυνε αλλαγές στους κόλπους μιας κοινωνίας (όπως με την ανάδειξη νέων πολιτειακών δομών ή κοινωνικών συσχετισμών), καθώς και στις σχέσεις των κρατών μεταξύ τους (με τη μετάθεση συνόρων, την αυξομείωση ζωνών επιρροής, μεταβολές στην αναλογία των δυνάμεων, ανάδειξη νέων ισχυρών κρατών και συναφή φαινόμενα). Ήδη στο τέλος της αρχαϊκής εποχής ο Ηράκλειτος είχε αποφανθεί: «Πόλεμος πάντων μὲν πατήρ ἐστι, πάντων δὲ βασιλεύς...» (απ. 53).

Εν τούτοις, η ειρήνη δεν αποτελούσε πάντοτε, όπως συχνά και υπερβολικά έχει διατυπωθεί, ένα απλό διάλειμμα μεταξύ πολέμων. Για σημαντικά χρονικά διαστήματα συνιστούσε μια γόνιμη περίοδο δημιουργίας και συνύπαρξης. Η οσοδήποτε κυμαινόμενη ισχύς των *κοινών νομίμων*, η σύνδεση των κρατών με όρκους και σύμφωνα φιλίας, η σύναψη συμμαχιών και η ίδρυση συμπολιτειών αποτελούν ορισμένες από τις δεσμεύσεις και τις μορφές πολιτικής συμπεριφοράς που εξασφάλιζαν την εμφάνιση και τη διάρκεια της ειρήνης.

Οι πανελλήνιοι αγώνες αποτελούν μια ιδιαίτερη χρονική φάση συμμετοχής των πόλεων στις κοινές αθλητικές διοργανώσεις υπό ιερά προστασία, θεωρητικά πάντοτε υπό συνθήκες εκεχειρίας, όπου δοκιμάζονται και ενδεχομένως επαληθεύονται οι όποιες αρχές του πολέμου και οι αξίες της ειρήνης. Οι πανελλήνιοι αγώνες, προσαρτημένοι όλοι σε αντίστοιχα ιερά και το διατοπικό κύρος τους, συνδέονταν στην κοινή αντίληψη με ένα σεβασμό που επέβαλλε την παράλληλη κατάπαυση κάθε εχθροπραξίας μεταξύ των συμμετεχόντων στους αγώνες. Αυτές οι περίοδοι αποχής από εχθρικές ενέργειες, ακριβώς με τον αρχαίο όρο *ἐκεχειρίας*, επέτρεπαν παραπέρα τον διάλογο και τη δυνατότητα συνεννοήσεων και διαπραγματεύσεων, δημιουργώντας κατ' αυτόν τον τρόπο σημαντικές προϋποθέσεις για την προώθηση της ειρήνης. Εκτός όμως από ένα κοινά αναγνωρισμένο και αποδεκτό πλαίσιο ειρηνικής συνεύρεσης οι ίδιοι οι πανελλήνιοι αγώνες αποτελούσαν και ένα σύνθετο γεγονός, ταυτόχρονα θρησκευτικό, αθλητικό, πολιτικό, πολιτιστικό αλλά και οικονομικό. Μέσω αυτών των αγώνων (Ολύμπια, Πύθια, Ίσθμια, Νέμεα, αλλά και Παναθήναια και άλλες παρόμοιας αναγνώρισης διοργανώσεις) οι Έλληνες της αρχαϊκής και κλασικής εποχής συνειδητοποιούσαν στην πράξη τους συνεκτικούς τους δεσμούς και τα στοιχεία της κοινής πολιτιστικής τους ταυτότητας, προσωρινά έστω υπερβαίνοντας τις έντονες πολιτειακές/πολιτικές τους διαφορές και όποιες συναφείς αντίπαλες διεκδικήσεις τους. Για τους Έλληνες της εποχής μετά τον Αλέξανδρο, δηλ. της ελληνιστικής περιόδου, οι παλιότεροι πανελλήνιοι αγώνες παρέμειναν κοινά σημεία αναφοράς ενός πραγματικά οικουμενικού πλέον ελληνισμού. Παράλληλα, οι επίσημα εξισωμένοι με τους προηγούμενους αγώνες (όπως π.χ. τα Πτολεμαία στην Αλεξάνδρεια των Πτολεμαίων) έγιναν καίριο μέσο πολιτικής προβολής πάνω στον καμβά μιας πανελλήνιας παράδοσης.

Με βάση τις παραπάνω κεντρικές σκέψεις στον τόμο αυτό επιχειρείται μέσα στο αρχαιοελληνικό πεδίο δράσης και ιστορικής εφαρμογής των όρων *Πόλεμος, Ειρήνη και Πανελλήνιοι Αγώνες* να αναδειχθούν οι μεταξύ τους κατά περίπτωση σύνδεσμοι και αντιθέσεις, παράλληλα με το συγκεκριμένο περιεχόμενο που κάθε φορά απέδιδαν σε αυτούς τους όρους και την αξία τους οι αρχαίοι Έλληνες. Με την επί μέρους αλλά και τη συνδυαστική εξέταση θεμάτων πάνω στους τρεις αυτούς άξονες, του πολέμου, της ειρήνης και των πανελληνίων αγώνων, επιδιώκεται ο εντοπισμός και η διάκριση βαθύτερων στοιχείων του τρόπου με τον οποίο λειτουργούσαν η εξωτερική και εσωτερική πολιτική των αρχαιοελληνικών κρατών, οι «διεθνείς» σχέσεις και η διπλωματία καθώς και ο ρόλος της θρησκείας. Ταυτόχρονα επιδιώκεται ν' αναδειχθεί μέσα από την προσεκτική εξέταση των πηγών, στον χρονικό ορίζοντα της ελληνικής αρχαιότητας (από τους αρχαϊκούς έως και τους ελληνιστικούς χρόνους) και στον γεωγραφικό χώρο της λεκάνης της Μεσογείου, η πολυμορφία και η πολυσημία που αποκτούσε μεταξύ εμπλεκομένων πλευρών όχι μόνον η αναμέτρηση των όποιων φυσικών δυνατοτήτων αλλά και η ειρηνευτική διαδικασία. Πρόκειται για θέματα που ποτέ δεν στερούνται επικαιρότητας ούτε η εμβριθής εξέτασή τους χρησιμότητας. Πώς να μη θυμηθεί κανείς κι εδώ τον Θουκυδίδη όταν τόνιζε τη διάρκεια ιστορικών φαινομένων (προφανώς και την αξία αντίστοιχων προβληματισμών) «ἔστ' ἂν ἡ αὐτὴ ἡ τῶν ἀνθρώπων φύσις ᾖ»;

Τις τελευταίες δεκαετίες οι τρεις θεματικοί άξονες που συναποτελούν τη βάση του τόμου αυτού έχουν απασχολήσει ιδιαίτερα αλλά μεμονωμένα τη σύγχρονη έρευνα. Ο κάθε ένας ξεχωριστά, ως ιδιαίτερο ερευνητικό πεδίο, έχει ερμηνευθεί με αφετηρία ποικίλες επιστημονικές προσεγγίσεις: ιστορικές, αρχαιολογικές, φιλολογικές, θρησκειολογικές, αθλητικές, κοινωνικές, πολιτικές. Εδώ επιχειρήθηκε μια κατά το δυνατόν συντονισμένη προσέγγιση θεμάτων που εντάσσονται στους τρεις παραπάνω άξονες, χωρίς, φυσικά, να επιδιωχθεί η εξάντληση κανενός απ' αυτούς. Παράλληλα όμως καταβλήθηκε η προσπάθεια να δοθεί έμφαση και να εκπροσωπηθεί όσο γινόταν συχνότερα μια συνδυαστική ιστορική οπτική και των τριών θεματικών αξόνων, όπου έγκειται και η ιδιαίτερη πρωτοτυπία του όλου εγχειρήματος.

Τα επί μέρους θέματα εντάχθηκαν λοιπόν σε πέντε ενότητες που φυσικά αλληλοσυμπληρώνονται, χωρίς, βέβαια, να εξαντλείται το εύρος τους. Η πρώτη ενότητα περιλαμβάνει θέματα που αφορούν τους ολυμπιακούς αγώνες και την προέλευσή τους. Η δεύτερη ενότητα καλύπτει θέματα που αφορούν τους πανελλήνιους αγώνες και ορισμένες όψεις του πανελλήνιου πνεύματος ή της πανελλήνιας ιδεολογίας και των προβλημάτων τους. Η τρίτη συγκεντρώνει θέματα σχετικά με τις διακρατικές σχέσεις, μεταξύ πολέμου και ειρήνης, και τη διπλωματία. Η τέταρτη ενότητα επικεντρώνεται σε θέματα που αφορούν το ρόλο της θρησκείας και των ηθικών αξιών, ενώ η πέμπτη αναφέρεται σε ορισμένες πτυχές της όλης θεματικής όπως αποτυπώνονται στην αρχαία ελληνική γραμματεία.

Η γένεση του τόμου εξηγεί κατά μέγα μέρος και στοιχεία της όλης δομής του. Οι περιληφθείσες μελέτες ανάγονται, μετά παραπέρα επεξεργασία, στις κυριότερες ανακοινώσεις, τη θεματική οργάνωση και τις συζητήσεις κατά το δεύτερο Συνέδριο του Διεθνούς Ινστιτούτου Αρχαίας Ελληνικής Ιστορίας «Σωσίπολις», ακριβώς με συνολικό θέμα «Πόλεμος, Ειρήνη και Πανελλήνιοι Αγώνες». Το συνέδριο πραγματοποιήθηκε, πολύ ταιριαστά, στον Πύργο και την Αρχαία Ολυμπία, τον Ιούνιο/Ιούλιο 2005. Η καθυστέρηση της έκδοσης για χρόνο περίπου δύο Ολυμπιάδων αντικατοπτρίζει τις δυσκολίες διάφορων ειδών που αντιμετωπίσθηκαν αλλά και το τελικά νικηφόρο αγωνιστικό πνεύμα όλων των συντελεστών της έκδοσης.

Θυμόμαστε εδώ μ' ευγνωμοσύνη διάφορες πηγές βοηθείας και υποστήριξης έως το αποτέλεσμα αυτό. Κατ' αρχάς το δεύτερο Συνέδριο του Διεθνούς Ινστιτούτου Αρχαίας Ελληνικής Ιστορίας «Σωσίπολις» τελούσε υπό την αιγίδα της Βουλής των Ελλήνων και του Υπουργείου Πολιτισμού. Ευχαριστίες οφείλονται σε όλους τους συνέδρους για τις σταθερά ενδιαφέρουσες ανακοινώσεις τους καθώς και σ' όλους όσοι κατά διάφορους τρόπους συνέβαλαν στην επιτυχή διοργάνωση του Συνεδρίου αυτού, και ιδιαίτερα τα υπόλοιπα μέλη της Επιστημονικής Επιτροπής Pierre Carlier, Silvio Cataldi, Anton Powell, Άννα Ραμού-Χαψιάδη, Wolfgang Schuller και Victor Alonso Troncoso, καθώς και τα μέλη της Οργανωτικής Επιτροπής. Από την τελευταία οφείλουμε ιδιαίτερα να εξάρουμε τον θερμουργό ζήλο των υπευθύνων για την αποφασιστική, υλική και ηθική συνδρομή της Νομαρχιακής Αυτοδιοίκησης Ηλείας και της Ζ΄ Εφορίας Προϊστορικών και Κλασικών Αρχαιοτήτων προς το όλο σχέδιο και την εκτέλεσή του. Ιδιαίτερα επίσης ευχαριστούμε την Δρα. Μαρία Δημοπούλου για την πολύτιμη συμβολή της στην επιμέλεια του τόμου και τη σύνταξη των ευρετηρίων του, καθώς και τη συνάδελφο Ιωάννα Κράλλη για την απόδοση του προλόγου στα αγγλικά.

Τέλος, θεωρούμε ότι εκφράζουμε όλους τους συντελεστές αυτού του τόμου αφιερώνοντάς τον σε έναν εξαίρετο φίλο και συνάδελφο, τον πρώτο πρόεδρο του «Σωσίπολις» Pierre Carlier, που άφησε το στάδιο αυτού του κόσμου το καλοκαίρι του 2011. Οι πνευματικοί του συναγωνιστές της Ολυμπίας, όπως και όλη η επιστημονική μας κοινότητα, θα τον θυμούνται πάντα και θα συναθλούνται με το πνεύμα του.

Αθήνα, Μάιος 2012

Paul Cartledge
Αριάδνη Γκάρτζιου-Τάττη
Νίκος Μπιργάλιας
Κώστας Μπουραζέλης

Prologue

WAR AND PEACE constitute two opposing and alternating situations in the life of ancient Greek *poleis* and other states. Thus, in *poleis* decrees or interstate treaties we read terms stipulating that the decisions made will be valid during both war and peace. Alternation between these two realities appears almost as natural as the alternation of seasons.

War as the main expression of antagonism between *poleis*, alliances, sympolities or kingdoms represented the principal means by which states expanded, acquired wealth, political influence, power and hegemony. It also represented a means of persuasion on the part of the powerful, or an alternative solution to peace-making procedures. Being both a social and political phenomenon, war triggered or accelerated changes within a society (such as the emergence of new constitutional or social structures) as well as in interstate relations (e.g. changes of boundaries, zones of influence, correlation of power, emergence of new powerful states). Already in the late Archaic age, Herakleitos declared: «Πόλεμος πάντων μὲν πατήρ ἐστι, πάντων δὲ βασιλεύς...» (fr. 53) ("War is father of all, but also king of all").

Nevertheless, contrary to what has often been suggested, peace was not always merely a break between wars. For significant periods of time it constituted a fertile period of creativity and co-existence. The fluctuating validity of the *koina nomima*, the bonds between states on the basis of oaths and treaties of friendship, the forging of alliances and the establishment of *sympoliteiai* represent some of the commitments and forms of political behaviour which secured the emergence and duration of peace.

The panhellenic games represent a special period of participation of states in athletic contests under sacred protection and always under *ekecheiria*, at least theoretically. Here the principles of war and the values of peace were tested and perhaps confirmed. The panhellenic games were attached to particular sanctuaries whose prestige transcended local boundaries and in the collective consciousness the games were associated with respect which imposed cessation of hostilities between those states participating in them. These periods of abstention from hostility –the *ekecheiriai*– allowed and further encouraged dialogue and negotiations, thus creating fundamental prerequisites for the promotion of peace. Apart from being a generally recognised and acceptable framework of peaceful co-existence, the panhellenic games constituted a complex event, at the same time religious, athletic, political, cultural and commercial. Through these games (i.e. the Olympic games, the Pythia, the Isthmia, the Nemea but also the Panathenaia and other games of similar prestige) the Greeks of the Archaic and the Classical era became actively aware of their cohesive bonds and aspects of their common cultural identity, overcoming their acute constitutional and political differences and whatever conflicting claims divided them, even if only temporarily. To the Greeks of the post-Alexander period, the so-called Hellenistic era, the ancient panhellenic games, remained common points of reference of an ecumenic hellenism. At the same time, other games officially acknowledged as equal to those of the *Periodos* (e.g. the *Ptolemaieia* in Alexandria) became a key means of political projection onto the canvas of a panhellenic tradition.

In this volume an attempt is made to highlight the interplay between *War, Peace and Panhellenic Games*, as well as the meaning and value ascribed to these terms by the ancient Greeks in different circumstances. By exploring subjects related to these three themes, we seek to identify the deeply-rooted elements on which ancient Greek states based their internal and their foreign policy, their 'international' relations, and the role of religion in these. For Greek antiquity, from the Archaic to the Hellenistic era, and in the space of the Mediterranean basin, the volume aims to highlight the multiple forms and meanings, for the parties involved, of confronting their respective capabilities and of handling the peace-making procedure. These subjects are of perennial interest and relevance, in Thucydides' words, ἔστ' ἂν ἡ αὐτὴ ἡ τῶν ἀνθρώπων φύσις ᾖ ("so long as the human nature remains the same").

During the last decades, war, peace and panhellenic games have been studied extensively but not usually in combination. Each of these themes has been studied on the basis of various scientific approaches: historical, archaeological, philological, religious, athletic, social or political. Here we attempt a combined approach to subjects pertaining to these themes, without of course aspiring to exhaust any of these. An attempt has been made to emphasize and present a combined historical perspective of all three thematical axes, as much as this was possible. This is where the originality of the whole venture lies.

Contributions to this volume have been divided into five complementary sections. The first concerns the Olympic games and their origin. The second covers the panhellenic games in general and certain aspects of the panhellenic spirit, or ideology, and its problems. The third consists of subjects relating to interstate relations, between war and peace, and diplomacy. The fourth embraces the role of religion and moral values and, finally, the fifth focuses on aspects of all these matters in combination, as they are depicted in ancient Greek literature.

The birth of this volume largely accounts for its structure. The papers included were presented, grouped, and developed following discussion at the Second Conference of the *Sosipolis International Institute of Ancient Hellenic History*, on the subject of "War, Peace and Panhellenic Games". Appropriately, the Conference took place at Pyrgos and Ancient Olympia, in June-July 2005. The delay in publication, almost amounting to two Olympiads, reflects various difficulties as well as the ultimately victorious spirit of all the contributors.

We note here, with gratitude, various sources of help and support. First of all, the Second Conference of International Institute of Ancient Hellenic History '*Sosipolis*' was held under the aegis of the Greek Parliament and the Ministry of Culture. We thank all the participants in the Conference for their interesting papers. Thanks are also due to all those who contributed in various ways to the success of the Conference and, especially the remaining members of the Scientific Committee Pierre Carlier, Silvio Cataldi, Anton Powell, Anna Ramou-Hapsiadi, Wolfgang Schuller and Victor Alonso Troncoso as well as to members of the Organizing Committee. Among the latter we wish to emphasize the invigorating zeal of those who secured the decisive contribution, material and moral, of the Praefecture of Elis and the 7th Ephorate of Prehistoric and Classical Antiquities. We are particularly thankful to Dr. Maria Dimopoulou for her valuable work on the editing of the volume and compilation of its indexes and to our colleague Ioanna Kralli for the English translation of the prologue.

Finally, in the firm belief that we express the feeling of all contributors, we wish to dedicate the volume to a remarkable friend and colleague, the first president of *Sosipolis* Pierre Carlier, who passed away in the summer of 2011. His intellectual comrades at Olympia, as well as the entire academic community will always remember him and be inspired in their *agōn* by his memory and personality.

Athens, May 2012

Nikos Birgalias
Kostas Buraselis
Paul Cartledge
Ariadni Gartziou-Tatti

I. OLYMPIC GAMES: ORIGINS AND HISTORY

1. Πόλεμος και ειρήνη στις ιστορίες για την ίδρυση των Ολυμπιακών Αγώνων
   ΠΑΝΟΣ ΒΑΛΑΒΑΝΗΣ
2. Λυκούργος-Ίφιτος: Πιθανές αιτίες συγχρονισμού τους
   ΑΝΝΑ ΡΑΜΟΥ - ΧΑΨΙΑΔΗ
3. Νίκη και Πανελλήνιοι αγώνες: η περίπτωση των νομισμάτων της αρχαίας Ολυμπίας
   ΑΘΗΝΑ ΙΑΚΩΒΙΔΟΥ
4. Not carrying the torch: a modern invention-and an ancient omission?
   PAUL CARTLEDGE

Πόλεμος και ειρήνη στις ιστορίες για την ίδρυση των Ολυμπιακών αγώνων[1]

Πανος Βαλαβανης

Η ΑΡΧΑΙΑ ΠΑΡΑΔΟΣΗ απέδιδε την έναρξη των Ολυμπιακών αγώνων με χρησμό που έδωσε το μαντείο των Δελφών στο βασιλιά της Ήλιδος Ίφιτο, ο οποίος ρώτησε τον τρόπο με τον οποίο οι Έλληνες θα απαλλάσσονταν από τις συμφορές, δηλαδή από καταστροφές που προέρχονταν από εμφυλίους πολέμους και από λοιμώδεις ασθένειες.[2] Αναφέρει ο Παυσανίας (5.4.6): *Τῷ δὲ Ἰφίτῳ, φθειρομένης τότε δὲ μάλιστα τῆς Ἑλλάδος ὑπὸ ἐμφυλίων στάσεων καὶ ὑπὸ νόσου λοιμώδους, ἐπῆλθεν αἰτῆσαι τῶν ἐν Δελφοῖς θεὸν λύσιν τῶν κακῶν. Καὶ οἱ προσταχθεῖναί φασιν ὑπὸ τῆς Πυθίας ὡς αὐτόν τε Ἴφιτον δέοι καὶ Ἠλείους τὸν Ὀλυμπικὸν ἀγῶνα ἀνανεώσασθαι.*

Άλλη παράδοση (Φλέγων) αποδίδει τη θέσπιση των αγώνων σε συμφωνία μεταξύ του Σπαρτιάτη νομοθέτη Λυκούργου, του βασιλιά της Ήλιδος Ιφίτου και του βασιλιά της Πίσας Κλεοσθένους:[3] *Λυκοῦργος δὲ ὁ Λακεδαιμόνιος ... καὶ Ἴφιτος ... Ἠλεῖος Κλεοσθένης ... βουλόμενοι εἰς ὁμόνοιαν καὶ εἰρήνην τὸ πλῆθος αὖθις ἀποκαταστῆσαι, τήν τε πανήγυριν τὴν ὀλυμπιακὴν ἔγνωσαν εἰς τὰ ἀρχαῖα νόμιμα καὶ ἀγῶνα γυμνικὸν ἐπιτελέσαι. Στέλλονται δὴ εἰς Δελφοὺς χρησόμενοι τῷ θεῷ, εἰ σφίσιν συνεπαινεῖ ταῦτα ποιῆσαι. Ὁ δὲ θεός ἄμεινον ἔφη ἔσεσθαι ποιοῦσιν.*

---

1. Για συζητήσεις σχετικά με το θέμα ευχαριστώ θερμά τους Ά. Ραμού, Μ. Τιβέριο, P. Siewert, Κ. Μπουραζέλη, Ν. Μπιργάλια, καθώς και όλους τους συναδέλφους που συμμετείχαν στο συμπόσιο. Ιδιαίτερες ευχαριστίες οφείλονται στους οργανωτές για τη μοναδική φιλοξενία τους.

2. Τα κείμενα με ακριβείς παραπομπές και σχόλια βλ. *FGrHist* 416. *RE* 17, 2525 s.v. Olympia (Ziehen)· Hönle 1968, 6-13· Sinn 1991, 32-33· Taita 2007, 31-36· Christesen 2007, 57-83. Για τους ολυμπιακούς μύθους και την πολιτική τους διάσταση, βλ. Ulf 1997, 9-51 και Siebler 2004, 133.

3. *FGrHist* 257 F 1,4· Παυσ. 5. 4. 5· Lämmer 1982/3, 49. Βλ. και Ά. Ραμού-Χαψιάδη «Λυκούργος-Ίφιτος: Πιθανές αιτίες συγχρονισμού τους» στον παρόντα τόμο.

Η σύγχρονη έρευνα αμφισβητεί την ιστορικότητα αυτών των παραδόσεων, άλλοτε αντιμετωπίζοντάς τις με επιφύλαξη και άλλοτε απορρίπτοντάς τις ως "unechte Orakel", "fake oracles" κλπ.[4] Τις θεωρεί δε, και σωστά, ως μεταγενέστερες «κατασκευές» των δύο κύριων αντιπάλων της περιοχής, των Πισατών και των Ηλείων, με σκοπό να στηρίξουν τις διεκδικήσεις τους στην περιοχή του ιερού και στην ευθύνη τέλεσης των Ολυμπιακών αγώνων.[5] Η πιο πρόσφατη έρευνα, βασιζόμενη στην ιδιαίτερη χροιά που είχε για τους αρχαίους Έλληνες η σχέση μύθου και ιστορίας, πιστεύει ότι πρέπει να αποφεύγονται αρνητικοί χαρακτηρισμοί του τύπου "forgery", "fictive history" ή "believed history" και αντ' αυτών να χρησιμοποιείται ο όρος "intentional history".[6]

Ως προς την ακριβή περίοδο δημιουργίας αυτών των ιστοριών, πιστεύεται γενικά ότι ο ορισμός του 776 και η απόδοση των πρώτων αγώνων στους Ίφιτο και Λυκούργο είναι έργο του Ηλείου φιλόσοφου Ιππία, που γύρω στο 400 π.Χ. κλήθηκε από την πόλη του να συγγράψει την *Ὀλυμπιονικῶν ἀναγραφήν*.[7] Άλλοι τείνουν στην άποψη ότι όλα αυτά είναι αποτέλεσμα της ανάγκης δημιουργίας μυθικοϊστορικής παράδοσης κατά την τελευταία διαμάχη των δύο όμορων περιοχών για το ιερό της Ολυμπίας, που ξέσπασε το 364 π.Χ.[8]

Όμως και αυτή η κατασκευή μυθικοϊστορικής παράδοσης έχει ανάγκη από κάποιες ασφαλείς σταθερές. Αν οι συγκεκριμένες ιστορίες είχαν 'κατασκευαστεί' εκ του μηδενός, αν δηλαδή δεν ετύγχαναν θεμελίωσης και δεν περιείχαν καθόλου στοιχεία ιστορικής αλήθειας, δεν θα γίνονταν στην Αρχαιότητα πιστευτές, άρα δεν θα πετύχαιναν τον σκοπό τους. Όπως λέει χαρακτηριστικά ο P. Veyne, είναι αδύνατο να μιλήσει κανείς για κάτι που δεν υπάρχει ή να πει τελείως ψέματα, γιατί κανείς δεν πρόκειται να τον πιστέψει.[9]

4. Fontenrose 1978, *passim*. Morgan 1990, 186, 222. Οι Ulf, Weiler 1980, 30 (4.3), πιστεύουν ότι δεν μπορούμε να είμαστε βέβαιοι αν και σε ποιο βαθμό οι ιδρυτικοί μύθοι των Ολυμπιακών αγώνων εμπεριέχουν κάποιον ιστορικό πυρήνα. Αντιθέτως ο Maass (1993, 10) πιστεύει ότι ακόμα και οι μη γνήσιοι χρησμοί έχουν ιστορικό υπόβαθρο.

5. Gardiner 1925, 59· Jüthner 1939, 236· Nilsson 1972, 92· Mallwitz 1988, 89· Peiser 1990, 39-42, 49· Morgan 1990, 64, 222· Theotikou 2005, 38-39.

6. Cartledge 2002b, 18-35· Gehrke 2001, 298· Christesen 2007, 72-73.

7. Βλ. π.χ. Arafat 2003, 28· Christesen 2007, 71-72. Η Ά. Ραμού-Χαψιάδη (στον παρόντα τόμο) πιστεύει ότι η συγκρότηση όλων αυτών των ιστοριών σε σώμα έγινε λίγο πριν από την 52η Ολυμπιάδα του 572 π.Χ., οπότε και οι Ηλείοι γίνονται οριστικά κυρίαρχοι του ιερού.

8. Gehrke, Nafissi, Möller apud Christesen 2007, 53, σημ. 22 και apud Roy 2009a, 83 σημ. 9· Giangiulio 2009, 79-82· Lukas Thommen "Spartas Verhältnis zu Elis und Olympia" στον παρόντα τόμο.

9. Veyne 1988, 103-115.

Οι πόλεμοι και η αρχή των Ολυμπιακών αγώνων

Το αναφερόμενο από την αρχαία παράδοση έτος 776 ως χρονολογία έναρξης των αγώνων είχε αμφισβητηθεί ήδη από την Αρχαιότητα.[10] Η αμφισβήτηση αυτή σήμερα έχει γίνει πλέον καθολική απόρριψη, αφού δεν φαίνεται να υπάρχουν στοιχεία που να υποδηλώνουν κάποια σαφή αλλαγή στην Ολυμπία γύρω σ' αυτή τη χρονολογία, αν και από μόνη της η καινοτομία αυτή, αν πράγματι πρόκειται για κάτι νέο, δεν θα μπορούσε να αφήσει αρχαιολογικά κατάλοιπα.[11] Όλο και περισσότερο τα τελευταία χρόνια η έρευνα τείνει να αποδεχθεί ότι στο ολυμπιακό ιερό υπήρχαν αρχικά αγώνες τοπικού χαρακτήρα, που η ακτινοβολία τους δεν ξεπερνούσε τις γύρω περιοχές και ότι η σε χώρο και κύρος ανάπτυξή τους έγινε σταδιακά.[12]

Όμως, αυτό που είναι γεγονός και θα πρέπει να ερμηνευθεί είναι γιατί ο Ιππίας επέλεξε το 776 ως χρονολογία των πρώτων Ολυμπιακών αγώνων.[13] Ήδη από παλιά έχουν εκφραστεί ποικίλες προτάσεις όπως π.χ. ότι ο Ιππίας απλώς πρόσθεσε 400 χρόνια (10 γενεές) στην εποχή που ζούσε ή ότι πρόσθεσε 300 χρόνια (75 Ολυμπιάδες) στο 476, χρονιά που έγινε μια από τις σημαντικότερες Ολυμπιάδες ή ακόμα και ότι επειδή το 776 άρχισε η συστηματική χρήση της γραφής στα αρχεία του ιερού της Ολυμπίας.[14]

Τις υποθέσεις για τυχαία πρόσθεση ενός στρογγυλού συνόλου ετών πρέπει να τις αποκλείσουμε. Όσοι σοφοί ανελάμβαναν τέτοιες υποχρεώσεις δεν ήταν τυχαίοι και είναι χαρακτηριστικό ότι καταγραφή Ολυμπιονικών αλλά και την αντίστοιχη των Πυθιονικών, μετά από παραγγελία των Δελφών, είχε αναλάβει ο ίδιος ο Αριστοτέλης.[15] Σαφώς θα πρέπει να κατελάμβαναν μεγάλες προσπά-

10. Στράβων 8.3.3· Πλουτ.*Νουμάς* 1· Πλουτ.*Λυκούργος* 2.23.

11. Π.χ. Morgan 1990, 48, 56, 192. Υπάρχει και η άποψη ότι ο αγώνας δρόμου δεν αποτελεί εισαγωγή στην προϋπάρχουσα λατρεία αλλ' ήταν εξ αρχής βασικό συστατικό της. Βλ. Valavanis 2006.

12. Βλ. π.χ. Lee 1988, 112, 114· Morgan 1990, 48· Scanlon 2002, 33-34· Eder 2003, 113-114· Valavanis 2006, 144-148· Christesen 2007, 21, 158. Η συχνά αναφερόμενη στην έρευνα έναρξη των αγώνων γύρω στο 700 (βλ. π.χ. Christesen 2007, 23, 159) δεν βασίζεται σε επαρκή αρχαιολογικά δεδομένα (Mallwitz 1988), τα οποία είναι επιδεκτικά ποικίλων ερμηνειών. Βλ. Valavanis 2006, 139, 143-145.

13. Για τις άλλες χρονολογίες που οι αρχαίοι θεωρούσαν ότι έγιναν οι πρώτοι Ολυμπιακοί αγώνες, βλ. Christesen 2007, 18-20.

14. Mahaffy 1881, 169· Sinn 1991, 51-54· Lee 1988, 112· Sinn 2000, 56-57· Christesen 2007, 73-76.

15. Christesen 2007, 24, 369-370, 466-467· Roy 2009a, 71.

θειες, έκαναν έρευνα σε παλιότερα αρχεία, είχαν επαφές με δημόσιους αλλά και ιδιωτικούς φορείς (κράτη, γένη), προχωρούσαν σε συσχετισμούς με άλλους καταλόγους και γενεαλογίες, και γενικά εξαντλούσαν κάθε δυνατή ενέργεια, ώστε το τελικό αποτέλεσμα να είναι ή τουλάχιστον να φαίνεται όσο το δυνατόν πιο αξιόπιστο.[16] Όσο δε για την χρήση της γραφής, φαίνεται ότι η τήρηση γραπτών αρχείων δεν μπορεί να τοποθετηθεί πριν τα μέσα του 7ου αι., ενώ οι πρώτοι κατάλογοι νικητών δεν ξεπερνούν τον 6ο.[17]

Όπως έχει δείξει η τελευταία έρευνα, ο κατάλογος του Ιππία είναι ο πρώτος κατάλογος ολυμπιονικών που συνετέθη.[18] Οι λόγοι δε που οδήγησαν τους Ηλείους σε μια τέτοια πρωτοβουλία θα πρέπει να συνδεθούν με πολιτικά κίνητρα. Ήταν κι αυτό ένας τρόπος άμυνας στην συντονισμένη σπαρτιατική 'επίθεση' που δέχθηκαν γύρω στο 400, η οποία συνοδευόταν και από στρατιωτικές ενέργειες και είχε προφανή στόχο την υποταγή της Ήλιδος και τον έλεγχο του ιερού.[19] Με τη δημιουργία του καταλόγου οι Ηλείοι κατεδείκνυαν την πανάρχαιη σχέση τους με το ιερό της Ολυμπίας και τεκμηρίωναν το δικαίωμα διοργάνωσης των αγώνων.

Ο Ιππίας ήταν το καταλληλότερο πρόσωπο να αναλάβει ένα τέτοιο έργο όχι μόνο γιατί ήταν Ηλείος αλλά και γιατί είχε ιδιαίτερη έφεση στη δημιουργία γενεαλογιών, πράγμα για το οποίο ήταν διάσημος στην εποχή του.[20] Εκ των υστέρων δε, θα πρέπει να θεωρήσουμε το έργο του ως απολύτως επιτυχές. Γιατί όσο και αν οι πρώιμες, τουλάχιστον, περίοδοι του καταλόγου των Ολυμπιονικών θεωρούνται σήμερα κατασκευές, για τους αρχαίους και μάλιστα για τους αρχαίους της ίδιας εποχής, η αξιοπιστία του ήταν πολύ υψηλή, δεδομένου ότι και ο Αριστοτέλης που ανέλαβε το ίδιο έργο περίπου μισόν αιώνα αργότερα, φαίνεται ότι σε μεγάλο βαθμό στηρίχτηκε στη δουλειά του Ιππία.[21]

Στην τελευταία και σημαντικότερη εργασία για το θέμα, ο P. Christesen πιστεύει ότι ο κατάλογος προ του 6ου αι. είναι αναξιόπιστος και υποστηρίζει ότι το 776 προήλθε από συσχετισμό που έκανε ο Ιππίας με τα χρονολογικά δεδο-

16. Για τη μεθοδολογία και τα μέσα που χρησιμοποιούνταν για τέτοια έργα, βλ. Christesen 2007, 76-112.

17. Christesen 2007, 77, 92.

18. Christesen 2007, 49-50.

19. Για τον πόλεμο αυτόν, βλ. Stephens 2004· Christesen 2007, 55-56· Roy 2009b.

20. Τις πληροφορίες για την προσωπικότητα του Ιππία, βλ. Christesen 2007, 40-50, 148.

21. Christesen 2007, 24-25, 68-69, 77, 160, 172-173.

μένα της ζωής του σπαρτιάτη νομοθέτη Λυκούργου και κατόπιν με χρήση του καταλόγου των βασιλέων της Σπάρτης.[22] Αυτό είναι πάρα πολύ πιθανό για πολλούς λόγους που αναλυτικά προβάλλονται, αλλά δεν θα πρέπει να λησμονούμε και τις ιστορικές συνθήκες υπό τις οποίες δημιουργήθηκε, και την πιθανή επίδραση της Σπάρτης στη διαμόρφωση αυτού του έργου.[23]

Όμως δεν θα μπορούσε ο Ιππίας να συνθέσει την *Ὀλυμπιονικῶν ἀναγραφήν* χωρίς να έχει συσχετίσει την έναρξη των αγώνων με στοιχεία της δικής του πατρίδας. Το πρώτο ήταν ασφαλώς η απόδοση της ίδρυσης των αγώνων σε μια ηλειακή προσωπικότητα και ως τέτοια επελέγη ο μυθικοϊστορικός βασιλιάς της Ήλιδος Ίφιτος, στον οποίον αποδίδεται η πρωτοβουλία για ερώτηση στο μαντείο, ο χρησμός του οποίου οδήγησε στην επανέναρξη των αγώνων.[24] Χαρακτηριστικό είναι ότι την πρωτοβουλία μοιράζεται με τον Σπαρτιάτη νομοθέτη Λυκούργο. Στη εκδοχή του Φλέγωνος μάλιστα, ο Λυκούργος αναφέρεται πρώτος, δείγμα κι αυτό της σπαρτιατικής επίδρασης στη δημιουργία του έργου.[25] Τον ίδιο σκοπό υπηρετεί και η επιλογή του Ηλείου Κοροίβου ως Ολυμπιονίκη των πρώτων αγώνων.[26]

Το δεύτερο ηλειακό στοιχείο που έπρεπε να «εκμεταλλευτεί» ο Ιππίας για να ορίσει το 776 είναι ο συσχετισμός της έναρξης των αγώνων με μιαν «ιστορική πραγματικότητα» της πατρίδας του, κάτι που στους χρησμούς και στις ιδρυτικές ιστορίες εμφανίζεται ως εμφύλιοι πόλεμοι και δυστυχίες. Όσο γενικό και αν φαίνεται αυτό και έχει χρησιμοποιηθεί συχνά από την αρχαία παράδοση,[27] δεν μπορούμε να αποκλείσουμε την πιθανότητα οι συνθήκες που αναφέρονται να ανταποκρίνονται σε μια συγκεκριμένη «ιστορική πραγματικότητα». Στο παρόν συνέδριο μάλιστα, η Ά. Ραμού εξέφρασε την άποψη ότι το 776 ήταν η χρονιά που ξεκίνησε ο πρώτος πόλεμος των Ηλείων κατά των Πισατών για την

22. Christesen 2007, 146-157, 491-492.

23. Christesen 2007, 146-157.

24. Βλ. και Sinn 2004, 175-178.

25. Για τον πιθανό ρόλο του Λυκούργου με βάση κείμενα του Έρμιππου, βλ. Bolansée 1999, 564-5· Christesen 2007, 466-467. Σε άλλες αρχαίες εκδοχές (π.χ. Φλέγων) εμφανίζεται και το όνομα του αντιπάλου βασιλιά της Πίσας Κλεοσθένη. Εδώ είτε έχουμε την πισατική εκδοχή του έργου είτε πρόκειται για προσπάθεια των Ηλείων να συνδιαλλαγούν με τους Πισάτες. Βλ. Giangiulio 2009, 81-82.

26. Το γεγονός ότι ο Κόροιβος δεν ήταν διάσημο πρόσωπο (βλ. και Valavanis 2006, 148) ενισχύει την ιστορικότητα της επιλογής του.

27. Για ερωτήσεις στο μαντείο σχετικά με «λύσιν κακών» δηλ. απαλλαγή από πολέμους και ασθένειες, βλ. Parker 1985, 304, 314-315.

διεκδίκηση της Ολυμπίας ή το πιθανότερο, ότι τότε είχε γίνει η πρώτη κατάκτηση της περιοχής από τους Ηλείους.[28]

Η ιδέα αυτή είναι πάρα πολύ πιθανή και συμβαδίζει με τις απόψεις της σύγχρονης έρευνας, ότι σε περιπτώσεις διεκδικήσεων καθοριστικό στοιχείο στην πολιτική επιχειρηματολογία των αρχαίων Ελλήνων μεγάλο ρόλο έπαιζε, εκτός από τον συσχετισμό τους με διάσημα μυθικοϊστορικά πρόσωπα, και η αναγωγή της παρουσίας εκάστου σε όσο το δυνατόν παλαιότερες παραδόσεις.[29] Στη συγκεκριμένη περίπτωση συμβαίνει και το γεγονός οι γνώσεις που έχουμε από τις αρχαίες πηγές για την τότε κατάσταση στην περιοχή να εναρμονίζονται με όσα αναφέρονται στους χρησμούς: Παρά τις αντιφάσεις της πρώιμης ολυμπιακής χρονογραφίας, είναι γενικά αποδεκτό ότι συγκρούσεις μεταξύ Πισατών και Ηλείων, δηλαδή μεταξύ των κατοίκων της κοιλάδας του Πηνειού και αυτών της κοιλάδας του Αλφειού, βρίσκονταν ήδη εν εξελίξει στα μέσα του 8ου αι. π.Χ.:[30] Από τον Παυσανία (6.22.2) γνωρίζουμε ότι κατά την 8η Ολυμπιάδα (748), οι Πισάτες ζήτησαν τη βοήθεια του τυράννου του Άργους Φείδωνος, που εισέβαλε στην Ολυμπία, εξεδίωξε τους Ηλείους αγωνοθέτες και διεξήγαγε ο ίδιος τους αγώνες μαζί με τους Πισάτες.[31] Αυτό σημαίνει ότι σε κάποιο προηγούμενο διάστημα οι Ηλείοι είχαν – ίσως για πρώτη φορά στη ιστορία τους - καταλάβει την Ολυμπία και αυτή η ενέργεια θα μπορούσε να έχει ξεκινήσει ή ακόμα και να έχει ολοκληρωθεί το 776 π.Χ.[32]

---

28. Βλ. στον παρόντα τόμο. Ευχαριστώ θερμά την κα Ραμού, που έθεσε στη διάθεσή μου το χειρόγραφο της μελέτης της. Παρά τις δυσκολίες του γεωγραφικού προσδιορισμού της Πισάτιδος, γνωρίζουμε από την αρχαία παράδοση, ότι η περιοχή της Ολυμπίας ανήκε αρχικά σ' αυτήν και το ιερό δεν θα πρέπει να βρισκόταν μακριά από τα σύνορά τους. Βλ. Möller 2004, 253-254.

29. Βλ. π.χ. Gehrke 2001, 304· Kyrieleis 2007, 198, 201.

30. Γενικά για τις αντιφάσεις της ολυμπιακής χρονογραφίας, βλ. Shaw 2003, 91-99, 241-244. Για τις συγκρούσεις μεταξύ των δύο κρατών, βλ. Hönle 1968, 34-41· Sinn 2000, 1-6, ιδ. 3-4· Möller 2004, 249-270· Christesen 2007, 112-122, 153-154. Για τη σταδιακή επέκταση της Ήλιδος, βλ. Roy 2000, 136· Roy 2004, 489, 500-501· Taita 2007· Roy 2009a. Για την πιθανή αρχαιολογική τεκμηρίωση στην Ολυμπία των εναλλαγών κατοχής Πισατών και Ηλείων, βλ. Taita 2007, 111-116· Scott 2010, 32, σημ. 19, 150-151.

31. Για την εκστρατεία του Φείδωνος στην Ολυμπία και τη χρονολόγησή της την εποχή αυτή, βλ. Hönle 1968, 36-38· *CAH*^{2} III3 (1982) 325, 338· Lämmer 1982/3, 50-51· Coldstream 1997, 207-208· Crowther 2003a, 61 με σημ. 4· Crowther 2003b, 1· Shaw 2003, 91-99. Για το πρόβλημα και τις αντιφάσεις των πηγών σχετικά με τη χρονολόγηση του Φείδωνος, βλ. Tomlison 1972, 79-86· Carlier 1984, 386-392· Koiv 2001, 327-347· Cartledge 2002a, 112. *DNP* 9, 766, s.v. Pheidon von Argos [3]· Theotikou 2005, 49 σημ. 26. Η Shaw (2003, 93) επιστρέφει στην χρονολόγηση του Φείδωνος στην 8η Ολυμπιάδα.

32. Για τις σχέσεις της Σπάρτης με Ολυμπία και Ήλιδα την εποχή αυτή, βλ. Hönle 1968, 19-

Αυτή ήταν η καταλληλότερη χρονολογία για να χρησιμοποιηθεί από τη μεταγενέστερη ηλειακή προπαγάνδα, που προσπαθούσε να αναγάγει σε όσο το δυνατόν παλαιότερη εποχή τον έλεγχό της στην Ολυμπία και κατ' επέκτασιν το δικαίωμα οργάνωσης και διεξαγωγής των Ολυμπιακών αγώνων σε βάρος της ανταγωνίστριάς της. Οι εμφύλιοι πόλεμοι, για τους οποίους κάνουν λόγο οι ιδρυτικές ιστορίες των αγώνων, θα μπορούσαν να είναι οι πρώτες συγκρούσεις, «ο πρώτος πόλεμος» μεταξύ των δύο όμορων περιοχών, της Ήλιδος και της Πισάτιδος, που έλαβαν χώρα μέσα στο α΄ μισό του 8ου αι. π.Χ.

Εδώ νομίζω ότι θα πρέπει να διακρίνουμε σαφώς δύο γεγονότα: Το πρώτο και πολύ πιθανό είναι οι πρώιμες συγκρούσεις Πισατών και Ηλείων. Το δεύτερο είναι η εμπλοκή στην ιστορία αυτή του ονόματος των Λυκούργου και Φείδωνος, που φαίνεται ότι είναι εκ των υστέρων προσθήκη. Αντιμετωπίζουμε εδώ το φαινόμενο να προϋπάρχει το ιστορικό γεγονός, να έχει λησμονηθεί σε μεταγενέστερους χρόνους η ακριβής χρονολογία και η πραγματική αφετηρία του και να περιενδύεται εκ των υστέρων με μια τεχνητή επικάλυψη, κεντρικό στοιχείο της οποίας είναι η απόδοσή του σε κάποιο διάσημο μυθικό ή ιστορικό πρόσωπο, έτσι ώστε το γεγονός αυτό να αποκτήσει όσο το δυνατόν μεγαλύτερη εγκυρότητα και ακτινοβολία. Ακριβώς αυτός είναι και ο λόγος για τον οποίο η παράδοση αποδίδει στον Φείδωνα, στον Λυκούργο και σε πολλές άλλες ιστορικές προσωπικότητες των πρώιμων χρόνων γεγονότα τόσο διαφορετικών εποχών ή επινόησε δύο ή τρεις ιστορικές προσωπικότητες με το ίδιο όνομα, για να μπορέσει να τους αποδώσει έργα που απείχαν τόσο πολύ χρονικά μεταξύ τους.[33]

Οι χρησμοί

Μια βαθύτερη διείσδυση στο περιεχόμενο των παραδόσεων αυτών αποκαλύπτει και μιαν άλλη πτυχή της πρώιμης ελληνικής ιστορίας: Οι αποφάσεις για την διακοπή των πολέμων, την ίδρυση των αγώνων κ.λπ. ήταν αποφάσεις πολι-

41· Lämmer 1982/3, 50· Roy 2009a, 70-71. Για την επίδραση της Σπάρτης στην Ολυμπία, βλ. L. Thommen στον παρόντα τόμο, ενώ για τη σημασία που είχε για τη Σπάρτη η ουδετερότητα της Ήλιδος, βλ. Lämmer 1982/3, 50.

33. Ήδη ο Πλούταρχος (1.2) αναφέρει ότι ο ιστορικός Τίμαιος νόμιζε ότι υπήρχαν δύο Λυκούργοι. Για τη νεώτερη έρευνα, βλ. π.χ. Jeffery 1978, 136· *CAH*[2] III3 (1982) 325, 338· Lämmer

τικές, που ελήφθησαν από τους ηγέτες συγκεκριμένων κρατών. Η ισχύς, όμως, και η εγκυρότητά τους μπορούσε να επικυρωθεί και να γίνει αποδεκτή μόνο με τη θεία έγκριση. Εδώ λοιπόν έχουμε άλλο ένα παράδειγμα σχετικά με τον ρόλο του μαντείου και των χρησμών: να παρέχουν θεία αποδοχή και επικύρωση στις ανθρώπινες αποφάσεις. Αυτή ακριβώς η αντίληψη υπάρχει ήδη στον Φλέγωνα, ο οποίος σε ένα καθαρά «ερμηνευτικό σχόλιο» αναφέρει με κάθε σαφήνεια ότι ο χρησμός ήλθε μετά την απόφαση των ηγετών και αυτό είναι η καλύτερη επιβεβαίωση ότι και ο συγκεκριμένος χρησμός εντάσσεται στον τρόπο λειτουργίας του μαντείου για την εκ των υστέρων θεϊκή έγκριση των πολιτικών αποφάσεων.[34]

Στην περίπτωση των χρησμών για την ίδρυση των αγώνων και της ιεράς εκεχειρίας ο θεός αποδέχεται ευχαρίστως τις ορθές επιλογές των ανθρώπων, περιενδύοντάς τις με μια γενική και πάντοτε ισχύουσα οδηγία ζωής: αν οι άνθρωποι ήθελαν να απαλλαγούν από τους πολέμους και τις συμφορές, θα έπρεπε να επιδιώκουν ειρήνη, για να μπορούν να ασκούν απρόσκοπτα τη λατρεία και τους αγώνες, ενέργειες δηλ. που πάντοτε ήταν ενταγμένες στην υπηρεσία του θείου.

Συμπεράσματα

Βλέπουμε λοιπόν, πως ενώ όλες οι ιστορίες και οι χρησμοί για την ίδρυση των αγώνων, για το 776 κ.λπ. είναι όλες κατασκευές χρόνων ασφαλώς μεταγενέστερων των γεγονότων, εν τούτοις οι συνθήκες στις οποίες αναφέρονται δεν φαίνεται να απέχουν πολύ από την ιστορική πραγματικότητα της εποχής: Οι αναφερόμενοι πόλεμοι είναι οι πρώτες προσπάθειες των Ηλείων για τη διεκδίκηση του ιερού από τους Πισάτες, που φαίνεται ότι ξεκίνησαν ή ολοκληρώθηκαν την περίοδο γύρω από το 776 π.Χ. Αυτό που φαίνεται πλαστό είναι η απόδοση της ίδρυσης των συγκεκριμένων θεσμών σε μεγάλους (μυθικούς ή ιστορικούς)

1982/3, 50-51· Mallwitz 1988, 102. Πλήρη αμφισβήτηση της ιστορικότητας των Ιφίτου, Λυκούργου και Κοροίβου πρεσβεύει μεταξύ άλλων και ο Peiser 1990, 114-120. Η Ραμού στον παρόντα τόμο υποστηρίζει ότι ο Λυκούργος είχε ζήσει μέσα στο α΄ μισό του 8ου αι. Για το θέμα, βλ. και Christesen 2007, 87.

34. Για ανάλογο τρόπο λειτουργίας του μαντείου σε ερωτήσεις περί αποικισμού, βλ. Malkin 1987, 27-29, 88-91. Πρβλ. άλλες περιπτώσεις (π.χ. ρήτρα Λυκούργου, μεταρρυθμίσεις Κλεισθένους), όπου οι μεταρρυθμιστές κατέφευγαν στο μαντείο για να λάβουν την επιβεβαίωση του θεού σε προειλημμένες αποφάσεις τους.

ηγέτες των εμπλεκομένων περιοχών, σε μια προσπάθεια να προσδώσουν μεγαλύτερη ισχύ στις διεκδικήσεις τους στο μεγάλο ιερό.

Η τελευταία έρευνα συσχετίζει την αρχή του καταλόγου των Ολυμπιονικών με τον Λυκούργο και με τον κατάλογο των βασιλέων της Σπάρτης, κάτι που επιβλήθηκε πιθανότατα από τους ίδιους τους Σπαρτιάτες την εποχή που ο Ιππίας συνέθετε τον κατάλογο. Όμως δεν είναι δυνατόν να όρισε ο Ιππίας το συγκεκριμένο έτος ως αφετηρία των αγώνων χωρίς κάποιο συσχετισμό με ένα ιστορικό γεγονός της δικής του πατρίδας. Όπως λοιπόν απέδωσε την ίδρυση των αγώνων στον μυθικοϊστορικό βασιλέα του Ίφιτο και όρισε ως πρώτο νικητή τον Ηλείο Κόροιβο, έτσι και το «776» δεν θα μπορούσε να είναι κάτι καλύτερο από την πρώτη φορά που οι Ηλείοι κατέλαβαν την Ολυμπία, η ανάμνηση δηλαδή του «πρώτου πολέμου».

Σχετικά με την πλήρη απόρριψη του 776 ως ιστορικής χρονολογίας λόγω αρχαιότητας, θα μπορούσαμε να αντιτείνουμε εξίσου παλιές χρονολογίες που αναφέρονται από γραπτές πηγές, οι οποίες έχουν αποδειχθεί από την αρχαιολογία ως ακριβείς. Για παράδειγμα, το 732 ή το 728, που αναφέρει ο Θουκυδίδης (6.3.5) ως ιδρυτικές των πρώτων αποικιών στη Δύση, καθώς και το 733 που αναφέρει ο Πλούταρχος ως χρονολογία ίδρυσης της Μεθώνης στην Πιερία από Ερετριείς αποίκους, που είχαν εκδιωχθεί από τους Κερκυραίους.[35] Μπορούμε λοιπόν να υποθέσουμε, ότι στην ιστορική μνήμη των αρχαίων είχαν επιβιώσει κάποια σπαράγματα πληροφοριών από την πρωτοϊστορική περίοδο, ιδιαιτέρως αν είχαν μεγάλη σημασία για την πόλη και υπηρετούσαν τη συλλογική μνήμη.[36] Οι πληροφορίες αυτές, πασπαλισμένες με τη χρυσόσκονη των ονομάτων σπουδαίων, μυθικών ή ιστορικών προσώπων, γίνονταν ένα πρώτης τάξεως υλικό για προπαγανδιστική χρήση στη δημιουργία αυτού που ονομάζεται «κατασκευασμένη» ή «επιτηδευμένη» ιστορία (intentional history), ένα χαρακτηριστικό παράδειγμα της οποίας αντανακλάται και στις ιστορίες για την ίδρυση των Ολυμπιακών αγώνων.[37]

---

35. Για το πρώτο παράδειγμα, βλ. Cook 1989, 165· Cartledge 2002b, 44-45· και για το δεύτερο Τιβέριος 2007, 3-4· Τζιφόπουλος 2012.

36. Για τα θέματα αυτά, βλ. Raaflaub 1988, 197-225 και Thomas 1996, 132-137.

37. Gehrke 2001, 304· Christesen 2007, 72-73.

Βιβλιογραφια

ARAFAT, K.W. 2003, "Από τον Ίφιτο στον 'Ίφιτο': Πόλεμος και ειρήνη στην περιγραφή της Ολυμπίας από τον Παυσανία", *Δωδώνη* 32, 23-40.

BOLANSÉE, J. 1999, "Aristotle and Hermippos of Smyrna on the Foundation of the Olympic Games and the Institution of the Sacred Truce", *Mnemosyne* 52, 562-567.

CARLIER, P. 1984, *La royauté en Grèce avant Alexandre*, Strasbourg.

CARTLEDGE, P. 2002a, *Sparta and Laconia. A regional History 1300 to 262 BC*, London (2η έκδοση).

- 2002b, *The Greeks. A portrait of self and others*, Oxford, (2η έκδοση)

CHRISTESEN, P. 2007, *Olympic Victor Lists and Ancient Greek History*, Cambridge.

COLDSTREAM, J.N. 1997, *Γεωμετρική Ελλάδα* (ελλ. μτφρ.) Αθήνα.

COOK, R.M. 1989, "The Francis-Vickers Chronology", *JHS* 109, 164-170.

CROWTHER, N. 2003a, "Elis and Olympia: City, Sanctuary and Politics", στο D. Phillips, D. Pritchard (eds), *Sport and Festival in the ancient Greek World*, Swansea, 61-73.

- 2003b, "Power and Politics at the ancient Olympics: Pisa and the Games of 364 B.C.", *Stadion* 29, 1-10.

EDER, B. 2003, "Im Reich des Augeias: Elis und Olympia zwischen 1200 und 700 v. Chr.", *AAWW* 138, 80-121.

FONTENROSE, J. 1978, *The Delphic Oracle*, Berkeley, Los Angeles, London.

GARDINER, E.N. 1925, *Olympia. Its History and Remains*, Oxford.

GEHRKE, H.J. 2001, "Myth, History and Collective Identity: Uses of the Past in Ancient Greece and Beyond", στο N. Luraghi (ed.), *The Historians' Craft in the Age of Herodotus*, Oxford, 286-313.

GIANGIULIO, M. 2009, "The Emergence of Pisatis", στο P. Funke, N. Luraghi (eds), *The Politics of Ethnicity and the Crisis of the Peloponnesian League*, Cambridge Mass./London, 65-85.

HÖNLE, A. 1968, *Olympia in der Politik der griechischen Staatenwelt*, Tübingen.

JEFFERY, L.H. 1978, *Archaic Greece. The City-states c. 700-500 B.C.*, London.

KOIV, M. 2001, "The dating of Pheidon in antiquity", *Klio* 83, 327-347.

KYRIELEIS, H. 2007, "Το Πελόπιο και η πρώιμη λατρεία του Πέλοπα στην Ολυμπία", στο *Πρακτικά του Ζ΄ Διεθνούς Συνεδρίου Πελοποννησιακών Σπουδών*, Αθήνα, 193-205.

LÄMMER, M. 1982/3, "Der sogennante Olympische Friede in der griechischen Antike", *Stadion* 8/9, 47-83.

LEE, H.M. 1988, "The 'First' Olympic Games of 776 B.C.", στο W.J. Raschke (ed.), *The Archaeology of the Olympics. The Olympics and other Festivals in Antiquity*, Madison, 110-118.

MAASS, M. 1993, *Das antike Delphi. Orakel, Schätze und Monumente*, Darmstadt.

MAHAFFY, J.P. 1881, "On the Authenticity of the Olympian Register", *JHS* 2, 164-178.

MALKIN, I. 1987, *Religion and Colonization in Ancient Greece*, Leiden.

MALLWITZ, A. 1988, "Cult and Competition Locations at Olympia", στο W.J. Raschke (ed.), *The Archaeology of the Olympics. The Olympics and other Festivals in Antiquity*, Madison, 79-109.

MÖLLER, A. 2004, "Elis, Olympia und das Jahr 580 v. Chr.", στο R. Rollinger, Chr. Ulf (Hg), *Griechische Archaik. Interne Entwicklungen -Externe Impulse*, Berlin, 249-270.

MORGAN, C. 1990, *Athletes and Oracles. The Transformation of Olympia and Delphi in the 8th c. BC*, Cambridge.

- 1993, "The Origins of pan-Hellenism", στο N. Marinatos, R. Hägg (eds), *Greek Sanctuaries. New Approaches*, London / New York, 18-44.

NILSSON, M.P. 1972, *The Mycenaean Origin of Greek Mythology*, Berkeley.

PARKER, R. 1985, "Greek States and Greek Oracles", στο P. Cartledge, F. Harvey (eds), *Crux. Essays in Greek history presented to G.E.M. de Ste. Croix on his 75th Birthday*, London, 298-326.

PEISER, B.J. 1990, "The Crime of Hippias of Elis. Zur Kontroverse um die Olympionikenliste", *Stadion* 16, 37-65.

ΠΡΩΤΟΝΟΤΑΡΙΟΥ - ΔΕΪΛΑΚΗ, Ε. 1992, "Σκέψεις για την καταγωγή των αγώνων: Σχέση επιτύμβιας λατρείας, εκεχειρίας, αγώνων", στο W. Coulson, H. Kyrieleis (eds), *Proceedings of an International Symposium on the Olympic Games*, Athens, 167-171.

RAAFLAUB, K. 1988, "Athenische Geschichte und muendliche Ueberlieferung" στο J.von Ungern-Sternberg, H. Reinau (Hg), *Vergangenheit in muendlicher Ueberlieferung*, Stuttgart, 197-225.

ROY, J. 2000, "The Frontier between Arkadia and Elis in Classical Antiquity", στο P. Flensted-Jensen et. al. (eds), *Polis and Politics. Studies in Ancient Greek History presented to Mogens Herman Hansen on his sixtieth birthday, August 20*, Copenhagen, 133-156.

- 2004, "Elis" και "Pisa", στο M. H. Hansen, Th. H. Nielsen (eds), *An Inventory of Archaic and Classical Poleis*, Oxford, 489-504.

- 2009a, "Hegemonial Structures in late archaic and early classical Elis and Sparta", στο St. Hodkinson (ed.), *Sparta. Comparative Approaches*, Swansea, 69-88.

- 2009b, "The Spartan-Elean War of 400 B.C.", *Athenaeum* 97, 69-86.

SCANLON, TH. 2002, *Eros and Greek Athletics*, Oxford.

SCOTT, M. 2010, *Delphi and Olympia. The Spatial Politics of Panhellenism in the Archaic and Classical Periods*, Cambridge.

SHAW, P.-J. 2003, *Discrepancies in Olympia Dating and Chronological Problems of Archaic Peloponnesian History*, (Historia Einzelschr. 166), Stuttgart.

SIEBLER, M. 2004, *Olympia. Ort der Spiele, Ort der Götter*, Stuttgart.

SINN, U. 1991, "Olympia. Die Stellung der Wettkämpfe im Kult des Zeus Olympios",

Nikephoros 4, 31-54.

- 2000, *Olympia. Cult, Sport and Ancient Festival,* Princeton.
- 2004, *Das antike Olympia. Götter, Spiel und Kunst,* Muenchen.

STEPHENS, G. 2004, "La guerra di Sparta contra Elide", στο E. Lanzillotta (a cura di), *Ricerche di antichita e tradizione classica,* Tivoli, 1-89.

TAITA, J. 2007, *Olimpia e il suo vicinato in epoca arcaica,* Milano.

THEOTIKOU, M. 2005, "Ekecheiria. Zur Institution des sog. Olympischen Friedens in der griechischen Antike", στο H. D. Blume, C. Lienau (Hg), *Die Olympischen Spiele in Griechenland zwischen Kult, Sport und Politik 776 v. Chr.-2004 n. Chr.* Muenster, 35-52.

THOMAS, R. 1996, *Γραπτός και προφορικός λόγος στην αρχαία Ελλάδα* (ελλ. μτφρ. Ηράκλειο).

ΤΙΒΕΡΙΟΣ, Μ. 2007, "Πρώιμος ευβοϊκός αποικισμός της Χαλκιδικής" στο *Ancient Macedonia. Seventh International Symposium 14-18 October 2002,* Θεσσαλονίκη, 1-22.

ΤΖΙΦΟΠΟΥΛΟΣ, Ι. (επιμ.) 2012, *Μεθώνη Ι. Επιγραφές, χαράγματα και εμπορικά σύμβολα στη γεωμετρική και αρχαϊκή κεραμική από το «Υπόγειο»,* Θεσσαλονίκη.

TOMLISON, R.A. 1972, *Argos and the Argolid,* London.

ULF, CHR. 1997, "Die Mythen um Olympia - Politischer Gehalt und politische Intention", *Nikephoros* 10, 9-51.

ULF, CHR., WEILER, I. 1980, "Der Ursprung der antiken Olympischen Spiele in der Forschung", *Stadion* 6, 29-31.

VALAVANIS, P. 2006, "Thoughts on the historical Origins of the Olympic Games and the Cult of Pelops in Olympia", *Nikephoros* 19, 137-152.

VEYNE, P. 1988, *Did the Greeks believe in their myths? An essay on the constitutive Imagination* (Αγγλ. Μτφρ. Chicago).

Summary

All stories about the founding of the Olympic Games in 776 B.C., etc., are constructions of years after the facts and specifically they are attributed to the Eleian philosopher Hippias, about 400 BC. Nevertheless, the conditions to which they refer to, do not seem to be far from the historical reality of the period: the wars referred to, which seem to have started or were completed around 776, comprise the first attempts of Elis to claim the sanctuary from the Pisates. What appears to be a fake is the rendering of the founding of the particular institutions to great (mythological or historical) leaders of the related areas (e.g. Iphitos), in an attempt to give greater prestige to their claims to the great sanctuary.

The latest research connects the beginning of the Olympic champions' catalogue to Lycourgos, as well as to the catalogue of the kings of Sparta, which may has been forced by the Spartans at the time about 400, when the catalogue was composed. But it is not possible that Hippias set the particular year as the starting point of the games without any correlation to some historical fact occurring in his own homeland. This fact could have been the oldest reference to the Eleian entanglement, that is the 'first war', the first time when Elis occupied Olympia.

Concerning the easy rejection of '776' as fictitious, we can ask ourselves how far is 776 from 734 and 728 BC, the absolute dates given by Thucydides for the foundation of the earlier colonies, which have been checked by archaeology as accurate? We can therefore suppose that some fragments of information from their proto-history had survived in the memory of the ancient Greeks. This information, frosted with the golden dust of the names of some great mythological or historical personalities, became first class propaganda material for the construction of what is called "intentional history", a characteristic example of which are the stories about the founding of the Olympic games.

Λυκούργος – Ίφιτος: Πιθανές αιτίες συγχρονισμού τους

ΑΝΝΑ ΡΑΜΟΥ - ΧΑΨΙΑΔΗ

ΑΠΟ ΤΟΝ ΑΡΙΣΤΟΤΕΛΗ και άλλους μεταγενέστερους συγγραφείς παραδίδεται ότι ο Λυκούργος, στον οποίο αποδίδεται η νομοθεσία της Σπάρτης και γενικότερα το σπαρτιατικό σύστημα, ήταν σύγχρονος με τον Ηλείο Ίφιτο, που θεωρείται ότι ανανέωσε τους Ολυμπιακούς αγώνες και ότι από κοινού οι δύο άνδρες διευθέτησαν την Ολυμπιακή εκεχειρία (απ. 533=Πλουτ. *Λυκ.* 1, Παυσ. 5.4.5, Φλέγων *FGrHist* 257, απ.1.2-4, βλ. και Πλουτ. *Λυκ.* 23.2). Στην παρούσα ανακοίνωση διερευνάται από ποιους εισάγεται ο συγχρονισμός, τι εξυπηρετούσε και ποιοι αιτιατοί παράγοντες τον διευκόλυναν.

Ο Πλούταρχος στην εισαγωγή του για το Λυκούργο παρατηρεί ότι *περὶ Λυκούργου τοῦ νομοθέτου... οὐδέν ἐστιν εἰπεῖν ἀναμφισβήτητον... ἥκιστα δὲ οἱ χρόνοι, καθ' οὓς γέγονεν ὁ ἀνήρ, ὁμολογοῦνται* (*Λυκ.* 1.1). Ανάλογη αμφισβήτηση επισημαίνεται από το Στράβωνα αναφορικά με την ίδρυση των Ολυμπιακών αγώνων (8.3.30, 355).

Ως προς το χρόνο θα περιορισθούμε στην αναφορά του Αριστοτέλη. Εάν ληφθεί υπόψη ότι στα *Πολιτικά* του (1271b23-25) μεταφέρει την παράδοση ότι ο Λυκούργος νομοθέτησε για τους Σπαρτιάτες μετά την ενηλικίωση του Ευρυπωντίδη βασιλιά Χαρίλαου, του οποίου είχε διατελέσει επίτροπος, φαίνεται ότι θεωρεί ως έτος έναρξης των Ολυμπιακών αγώνων το παραδιδόμενο από τον Ιππία τον Ηλείο, δηλ. το 776.[1]

Ανακύπτουν όμως τα ακόλουθα ερωτήματα: εάν η ευνομία[2] της Σπάρτης, η οποία με πρώτο τον Ηρόδοτο αποδίδεται στο Λυκούργο (1.65), καθιερώνεται κατά το χρόνο εκείνο, εάν οι Ηλείοι είχαν τότε αποσπάσει την Πισάτιδα στην οποία ανήκει η Ολυμπία (Στράβ. 8.3.30, 355), και ποια κοινά σημεία έχουν οι πολιτειακοί θεσμοί της Σπάρτης με την ανανέωση των Ολυμπιακών αγώνων.

1. Όλες οι χρονολογίες είναι π.Χ. Βλ. Huxley 1973, 281-282.
2. Για το περιεχόμενο του όρου, βλ. Tigerstedt 1965, 380-381 σημ. 578· Mele 2004, 56-59.

Πριν επιχειρήσομε να απαντήσομε στα ερωτήματα αυτά παρατηρούμε ότι, κατά το Διόδωρο (7.12.1-3), όταν ο Λυκούργος μετέβη στους Δελφούς *εὐνομίαν αἰτεύμενος*, η κυριότερη σημασία του χρησμού που του έδωσε η Πυθία σε ερώτημά του *τί ποιοῦντες καλῶς ἡγήσονται καὶ τί πειθαρχήσουσι* συνίσταται στο ότι ιδιαίτερη πρόνοια πρέπει να δοθεί στην ομόνοια και στην ανδρεία με τα οποία επιτυγχάνεται η διαφύλαξη της ελευθερίας. Η προτροπή για ομόνοια και ανδρεία προϋποθέτει την ύπαρξη οξυμμένης κατάστασης εξαιτίας στάσεων. Στάσεις και πόλεμοι υπήρξαν, κατά τον Παυσανία (5.4.6), τα αίτια που οδήγησαν και τον Ίφιτο στους Δελφούς αναζητώντας τρόπο προς θεραπεία της κατάστασης και η Πυθία τον πρόσταξε να ανανεώσει τους Ολυμπιακούς αγώνες.

Ότι η Σπάρτη πριν ευνομηθεί αντιμετώπισε στάσεις μνημονεύεται και από το Θουκυδίδη (1.18).[3] Ωστόσο ο Αριστοτέλης, που τοποθετεί τη νομοθεσία της Σπάρτης επί Χαρίλαου, μνημονεύει ότι σημειώθηκαν στάσεις και μετά τους πολιτειακούς θεσμούς του Λυκούργου (*Πολιτ.* 1306b22-1307a6) και μάλιστα οι Σπαρτιάτες προσκάλεσαν και τον Τέρπανδρο για να καταπαύσει την εμφύλια διαμάχη (απ. 545, βλ. και Διοδ. 8.28).[4] Ως αιτίες των στάσεων, που συντελούνται έως και τον 7ο αιώνα, αναφέρει ότι πολλοί αποκλείονταν από τις τιμές, ενώ ήταν όμοιοι με τους κρατούντες (*Πολιτ.* 1306b23-30) και ότι *οἱ μὲν ἀπορῶσι λίαν οἱ δ' εὐπορῶσιν* (*Πολιτ.* 1306b36-37). Ανάλογες είναι και οι αιτίες των στάσεων που σημειώνονται πριν από τη νομοθεσία του Λυκούργου. Σε αυτόν αποδίδεται αναδασμός της γης εξαιτίας της ύπαρξης πολλών ακτημόνων και απόρων και της συσσώρευσης πλούτου στα χέρια λίγων (Πλουτ. *Λυκ.* 8. 1) και κατά τον Ξενοφώντα, πριν *ἐγχειρῆσαι... ταύτην τὴν εὐταξίαν... ὁμογνώμονας ἐποιήσατο τοὺς κρατίστους ἐν τῇ πόλει* (*Λακ. Πολ.* 8.1). Την ίδια άποψη διατυπώνει και ο Πλούταρχος (*Λυκ.* 5.1), ο οποίος προσθέτει και ότι οι Λακεδαιμόνιοι *ἐπόθουν* το Λυκούργο διότι οι βασιλείς τους είχαν όνομα και τιμή ανάλογη με τους πολλούς. Από τις μαρτυρίες αυτές γίνεται φανερό ότι οι Σπαρτιάτες αντιμετωπίζουν πρόβλημα γης και ότι υπάρχει αντίθεση ευγενών και βασιλέων. Ο Αριστοτέλης σημειώνει (*Πολιτ.* 1286b9-15) ότι αρχικά οι πόλεις βασιλεύο-

3. Ο ιστορικός τοποθετεί τη διακοπή των στάσεων το 810 ή 830, βλ. Gomme 1966, 130.

4. Αμφιβολίες ως προς την αυθεντικότητα διατυπώνει ο Tigerstedt (1965, 62). Όμως, βλ. Oliva 1971, 117· van Wees 1999, 5. Στη Σπάρτη προσκλήθηκε και ο Θαλήτας που με τα ποιήματά του προέτρεπε σε ομόνοια, Πλουτ. *Λυκ.* 4.2. Για στάσεις στη Σπάρτη κατά τον 7ο αι., βλ. van Wees 1999, 1-6.

νταν διότι ήταν σπάνιο να βρίσκονται πολλοί υπερέχοντες κατά την αρετή, όταν όμως εμφανίζονται και άλλοι όμοιοι με το βασιλέα ως προς την αρετή, οι ευγενείς δεν ανέχονταν το θεσμό (βλ. και *Πολιτ.* 1306b27-30). Η αντίθεση βασιλέων και ευγενών απέληξε στις περισσότερες πόλεις στην κατάλυση της κληρονομικής βασιλείας,[5] στη Σπάρτη όμως απαντάται ο θεσμός της διπλής βασιλείας.[6] Ο Πλάτων στους *Νόμους* (691d-e) παρουσιάζει τη διπλή βασιλεία ως ευεργέτημα θεού, ο οποίος με την καθιέρωσή της *εἰς τὸ μέτριον μᾶλλον συνέστειλε*. Θα συνταχθώ με την άποψη,[7] ότι η ύπαρξη δύο βασιλέων απαντάται για πρώτη φορά επί Αρχελάου και Χαρίλαου και χρονολογείται γύρω στο 775-760. Κατά το χρόνο εκείνο συντελείται η συνένωση των τεσσάρων κωμών, που ανά δύο σχημάτιζαν ανεξάρτητες κοινότητες με έδρες την Πιτάνη και τις Λίμνες, όπου και τα κοιμητήρια των δύο βασιλικών οικογενειών.[8]

Η εισαγωγή του θεσμού της διπλής βασιλείας μπορεί να αποδοθεί στο Λυκούργο, ο οποίος, κατά τον Αριστοτέλη, νομοθέτησε για τους Σπαρτιάτες μετά την ενηλικίωση του Χαρίλαου. Με το θεσμό αυτό, που συμπίπτει με το σχηματισμό της πόλης της Σπάρτης, συντελείται ο περιορισμός της βασιλικής εξουσίας.[9] Δεν γνωρίζομε τις δικαιοδοσίες των άλλων πολιτειακών οργάνων, του Συμβουλίου και της Συνέλευσης, και κατά συνέπεια το ρόλο τους στη διακυβέρνηση του κράτους.[10] Γνωρίζομε όμως, ότι η εισαγωγή του θεσμού της διπλής βασιλείας δεν εξομάλυνε τις αντιθέσεις, όπως αυτό προκύπτει από τον Πλάτωνα, ο οποίος μετά την αναφορά του στον παραπάνω θεσμό συνεχίζει λέγοντας ότι, *καὶ μετὰ τοῦτο... τὴν ἀρχὴν φλεγμαίνουσαν ἔτι*, εισάγεται ο θεσμός των 28 γερόντων, ισόψηφος με τη δύναμη των βασιλέων στα κυριότερα ζητήματα. Τότε προσδιορίζονται οι σχέσεις των πολιτειακών οργάνων που προϋπήρξαν.[11]

---

5. Βλ. ενδεικτικά Andrewes 1982, 12 κ.ε.· Ραμού-Χαψιάδη 1982, 73-74.

6. Βλ. Carlier 1984, 298 κ.ε., 306-310.

7. Forrest 1968, 31, 55· Toynbee 1969, 170· Cartledge 2002², 89-92. Διαφορετική γνώμη έχει ο Carlier 1984, 310.

8. Huxley 1962, 16-17· Moggi 1976, 16-26· Cartledge 2002², 90-92.

9. Για τον περιορισμό, βλ. Carlier 1984, 298 κ.ε., 306-308.

10. Η Ρήτρα, όπως υποστηρίζεται, περιέχει τις βασικές αρχές που συναντάμε στον Όμηρο. Βλ. Tigerstedt 1965, 38, 58, 334 σημ. 199, όπου και η παλαιότερη βιβλιογραφία· Oliva 1971, 88-89, 99.

11. Κατά τον Tigerstedt (1965, 58) η Ρήτρα *regulated the relationships between the powers of state in favor of the demos.*

Ο προσδιορισμός των σχέσεων αυτών φαίνεται ότι υπήρξε απόρροια αποτυχημένης εκστρατείας. Από τις εκστρατείες που αναλαμβάνει η Σπάρτη τον 8ο αι. και αποβλέπουν στην ανεύρεση γης[12] αποτυχία σημειώνει εκείνη εναντίον των Αρκάδων. Ο σκοπός της εκστρατείας υποδηλώνεται από το χρησμό που παραδίδεται από τον Ηρόδοτο και αναφέρεται σε αλυσίδες και σχοινιά (1.66) με τα οποία θεωρήθηκε ότι θα διαμοίραζαν την κατακτηθείσα γη. Κατά τον Παυσανία (3.7.3) του πολέμου ηγήθηκε ο Χαρίλαος. Όμως η ανάληψή του πρέπει να τοποθετηθεί μετά την κυριαρχία της Σπάρτης στην άνω κοιλάδα του Ευρώτα, που συντελέσθηκε με την κατάληψη της Φάριδος και των Γερονθρών και την ενσωμάτωση των Αμυκλών που αποδίδονται στον Αγιάδη Τήλεκλο, διάδοχο του Αρχέλαου (Παυσ. 3.2.6, Αριστ. απ. 532 (Αμύκλες) Πινδ. *Ισθμ.* 7.12-15 (Αμύκλες). Εάν δε ο Χαρίλαος, ο οποίος με τον Αρχέλαο είχε καταλάβει την Αιγύτιδα, επειδή *οἱ Αἰγῦται φρονοῦσι τὰ Ἀρκάδων* (Παυσ. 3.2.5), συμβασίλευσε και με τον Τήλεκλο, μπορούμε να αποδεχθούμε τη μαρτυρία του Παυσανία. Στην περίπτωση αυτή, πέρα από τη διπλή βασιλεία, και η λεγόμενη Μεγάλη Ρήτρα, όπως μας παραδίδεται από τον Πλούταρχο (*Λυκ.* 6), μπορεί να αποδοθεί στο Λυκούργο.

Η αποτυχία της εκστρατείας εναντίον της Τεγέας, εάν ληφθεί υπόψη ότι των εκστρατειών ηγούνται οι βασιλείς (Αριστ. *Πολιτ.* 1285a3 κ.ε., Ξεν. *Λακ. Πολ.* 13.10), όξυνε την αντίθεση ευγενών και βασιλέων και προκάλεσε την αντίδραση των ακτημόνων. Γι' αυτό φαίνεται ότι η αρχή χαρακτηρίζεται από τον Πλάτωνα *φλεγμαίνουσα* και προς θεραπεία της επενεργεί η ανθρώπινη φύση επικουρούμενη από τη θεία δύναμη με το θεσμό της Γερουσίας.

Το περιεχόμενο της Ρήτρας απασχόλησε και απασχολεί τη νεώτερη έρευνα.[13] Θα περιορισθώ στις γενικές αρχές της και θα εξετάσω τη σύνθεση του δήμου. Με την ενσωμάτωση των βασιλέων στα μέλη της γερουσίας περιορίζονται οι δικαιοδοσίες τους και διασφαλίζεται η αρχή τους. Οι βασιλείς αποκαλούνται *ἀρχαγέτες*, όρος που σημαίνει τον πρώτο ηγέτη.[14] Στην περίπτωση αυτή πρόκειται για τους βασιλείς Αρχέλαο και Χαρίλαο, εάν ληφθεί υπόψη ότι τότε

12. Για τις εκστρατείες αυτές, βλ. Μεϊδάνη 2010, 30-35, όπου και άλλη βιβλιογραφία.

13. Βλ. ενδεικτικά: Oliva 1971, 70-99, όπου και η παλαιότερη βιβλιογραφία· Levy 1977, 85-103· Nafissi 1991, 71-81· Ruzé 1991, 15-30 = 2003, 125-137· Pavese 1992, 270-282· Thommen 1996, 30-40· Koiv 2000, 1-27,= 2005, 233-264, σε μεταγενέστερη μορφή· Cartledge 2004, 66-79.

14. Βλ. λήμμα Liddell-Scott· Jeffery 1961, 45· Forrest 1963, 160, 179· Levy 1977, 94-95· Carlier 1984, 312. Άλλη γνώμη διατυπώνει ο Kiechle 1963, 158.

πραγματοποιείται ο συνοικισμός των τεσσάρων κωμών και εισάγεται ο θεσμός της διπλής βασιλείας, η αοριστία όμως του όρου επιτρέπει την απόδοση της δημιουργίας του σπαρτιατικού κράτους στους Ηρακλείδες, που απαντάται ήδη στον Τυρταίο (απ. 2-3, 11, βλ. και Ξεν. *Λακ. Πολ.* 10.8). Οι δύο βασιλείς και οι 28 γέροντες, αριθμός με τον οποίο ικανοποιούνται οι φιλοδοξίες των *κρατίστων*, έχουν ως κύρια δικαιοδοσία να εισάγουν προτάσεις στη συνέλευση,[15] την οποία συγκαλούν σε τακτά χρονικά διαστήματα, και η οποία αποφασίζει.[16] Ο Πλούταρχος σχολιάζοντας τη ρήτρα αναφέρει ότι η κύρια δικαιοδοσία του δήμου συνίστατο στην έγκριση της πρότασης που εισήγαγε η γερουσία χωρίς συζήτηση. Προσθέτει όμως, ότι ο δήμος αργότερα άρχισε να επιφέρει τροπολογίες σε βαθμό ώστε να αλλοιώνεται η αρχική πρόταση. Αυτό, ότι δηλαδή επιφέρει τροπολογίες, προϋποθέτει ότι συζητά.[17] Όμως είτε συζητά είτε όχι το γεγονός ότι από το δήμο εξαρτάται η απόφαση συνεπάγεται ότι αποκτά δικαιοδοσίες αμφισβήτησης. Παράλληλα έχει σημασία το ότι συγκαλείται σε τακτά χρονικά διαστήματα[18] και όχι ανάλογα με τη βούληση των βασιλέων. Σημασία επίσης έχει ο τόπος σύγκλησης που εντοπίζεται στο πλάτωμα του Παλαιοκάστρου μεταξύ των κωμών Πιτάνης και Λιμνών, που αποτελούσαν άλλοτε τις έδρες των δύο κοινοτήτων.[19] Ποιοι όμως συναπαρτίζουν το δήμο οι οποίοι και έχουν τις παραπάνω δικαιοδοσίες; Εάν ταυτίσομε τον πολίτη με το μάχιμο, όπως ο Αριστοτέλης (*Πολιτ.* 1297b16-28, 1306a20 κ.ε.), τότε στη συνέλευση μετέχουν όσοι μπορούν να εξοπλισθούν με δικά τους έξοδα. Κατά το χρόνο εκείνο, εφόσον δεν έχει εισαχθεί η τακτική της οπλιτικής φάλαγγας, στην κατηγορία αυτή ανήκουν οι ιππείς. Εάν με τον όρο δήμο εννοήσομε όλους τους Δωριείς της Σπάρτης, κατόχους εγγείου ιδιοκτησίας, τότε η σύνθεση της εκκλησίας

15. Αναφορικά με τις απόψεις που διατυπώθηκαν για τις δικαιοδοσίες της γερουσίας και τη σημασία του *ἀφίστασθαι*, βλ. κυρίως Ruzé 1991, 17-29 = 2003, 127-136. Στο ποίημα του Τυρταίου *Εὐνομία*, το οποίο επικαλείται ο Αριστοτέλης και μνημονεύει ο Πλούταρχος (*Λυκ.* 6.5, βλ. και Διοδ. 7.6), η κρίση του εάν *αἱ ῥῆτραι* είναι *εὐθεῖαι* ανήκει στους *θεοτιμήτους* βασιλείς, βλ. Levy 1977, 100-102, Ruzé 1997, 143-144. Άλλη γνώμη έχει ο van Wees (1999, 1-26), ο οποίος υποστηρίζει ότι το ποίημα *did not cite the Rhetra, and is likely to be older than this law.*

16. Για το ρόλο του δήμου και τις διορθώσεις που προτάθηκαν στο κείμενο του Πλουτάρχου, βλ. Oliva 1971, 71-75· Ruzé 1991, 27-30 = 2003, 134-137 και 1997, 157 κ.ε.

17. Βλ. Jones 1966, 165· Forrest 1967, 18· Cartledge 2004, 70.

18. Tigerstedt 1965, 354 σημ. 362· Oliva 1971, 92.

19. Βλ. Κουρίνου 2000, 99-108, όπου και οι παλαιότερες απόψεις. Κατά την ίδια (127), με βεβαιότητα μπορεί να λεχθεί ότι ο χώρος χρησιμοποιείται από το 669 όταν αρχίζει ο εορτασμός των γυμνοπαιδιών.

είναι ευρύτερη. Στην περίπτωση αυτή όσοι δε διαθέτουν άλογα η δραστηριότητα με την οποία επιβεβαιώνουν την πολιτική τους θέση είναι μόνο οικονομική. Θα μπορούσαμε να θυμηθούμε τα λόγια του Οδυσσέα στην πρώτη παναχαϊκή συνέλευση, ο οποίος απευθυνόμενος προς αυτούς τους λέγει μεταξύ άλλων *οὔτε ποτ᾽ ἐν πολέμῳ ἐναρίθμιος οὔτ᾽ ἐνί βουλῇ* (*Ἰλ.* Β 200-206).[20] Όμως στην κατηγορία αυτή δεν πρέπει να ανήκαν πολλοί. Αυτό γίνεται φανερό από το ότι μετά την αποτυχία της εκστρατείας στην Τεγέα η Σπάρτη στέλνει αποικίες στην περιοχή μεταξύ Νέδωνα και Παμίσου (Στράβ. 8.4.4, 360), καταλαμβάνει το Έλος (Παυσ. 3.2.7) και εκστρατεύει στη Μεσσηνία. Ο βασιλιάς Πολύδωρος ερωτηθείς για τα αίτια της τελευταίας αυτής επιχείρησης απάντησε: *ἐπί τὴν ἀκλήρωτον τῆς χώρας βαδίζειν* (Πλουτ. *Ηθικά* 231e). Η ανάγκη διανομής κλήρων δηλώνει, ότι έως το χρόνο εκείνο το πρόβλημα των ακτημόνων την αντιμετώπιση του οποίου επιδίωκε η Σπάρτη με τις παραπάνω επιχειρήσεις δεν είχε επιλυθεί.

Ωστόσο, και μετά την εισαγωγή του θεσμού της γερουσίας και τον προσδιορισμό των σχέσεων των πολιτειακών οργάνων που προϋπήρξαν, ο Πλάτωνας συνεχίζοντας χαρακτηρίζει την αρχή *σπαργῶσαν καὶ θυμουμένην* (*Νόμοι* 692a) γι᾽ αυτό και ως τρίτος *σωτήρ* εισάγεται η αρχή των εφόρων. Ο χαρακτηρισμός του Πλάτωνα φαίνεται ότι αντικατοπτρίζει την κατάσταση που επικράτησε μετά τη λήξη του Α΄ Μεσσηνιακού πολέμου. Τότε, κατά τον Αριστοτέλη (*Πολιτ.* 13-6b29-30), στασίασαν οι λεγόμενοι Παρθενίαι[21] διότι αποκλείονταν από τις τιμές, ενώ θεωρούσαν ότι είναι ίσοι κατά την αρετή προς τους κρατούντες. Το γεγονός ότι οι *Παρθενίαι* στάλθηκαν στον Τάραντα προς ίδρυση αποικίας[22] δηλώνει ότι δεν μετείχαν στη διανομή της κατακτηθείσας γης. Ότι η γη που κατακτήθηκε διανεμήθηκε σε κλήρους προκύπτει από μαρτυρία του Αριστοτέλη σύμφωνα με την οποία *ὑπὸ τὸν Μεσσηνιακὸν πόλεμον... θλιβόμενοι γὰρ τινες διὰ τὸν πόλεμον ἠξίουν ἀνάδαστον ποιεῖν τὴν χώραν* (*Πολιτ.*1306b36-1307a3).[23] Η αξίωση πήγαζε από το ότι εξαιτίας της επανάστασης των Μεσσηνίων και των συνδεόμενων με αυτή επιδρομών και λεηλασιών η γη που είχε διανεμηθεί πα-

20. Βλ. Βλάχος 1981, 102-6 και 268-269 σημ. 44, για τη σημασία της λέξης *δῆμος* στον Όμηρο, ως ξεχωριστής οντότητας.

21. Αντίοχος *FGrHist* 555, απ. 13· Στράβ. 6.2-3, 278-279· Διοδ. 8.21.1-2. Βλ. Sakellariou 1990, 66-93.

22. Στράβ. 6.2-3, 278-279· Διοδ. 8.21.3, 15.66.3.

23. Ορισμένοι υποστηρίζουν ότι η αναφορά σχετίζεται με τον Α΄ Μεσσηνιακό: Forrest 1963, 171· Jones 1966, 175 σημ. 42. Όμως, βλ. Oliva 1971, 121 σημ. 3· Nafissi 1991, 38.

ρέμεινε ανεκμετάλλευτη (Παυσ. 4.18.1-2). Αυτό συνάδει με τη μαρτυρία του Πλουτάρχου ότι ο Πολύδωρος προέβη σε διανομή κλήρων (*Λυκ.* 8.3). Ο Πολύδωρος συμβασίλευσε με το Θεόπομπο στον οποίο ο Τυρταίος (απ. 5) αποδίδει την κατάκτηση της Μεσσηνίας.

Με τη διανομή κλήρων και εάν το δήμο συναπαρτίζουν οι γαιοκτήμονες ανεξάρτητα από τη συμμετοχή τους σε στρατιωτικές επιχειρήσεις το σώμα των πολιτών διευρύνεται. Επειδή όμως ο δήμος, ιδιαίτερα εκείνοι που υπηρετούσαν στο στρατό ως ιππείς, είχαν υπερβεί τις δικαιοδοσίες τους, όπως τουλάχιστον προκύπτει από τον Πλούταρχο (*Λυκ.* 6.4), και μπορούσαν να παρασύρουν και άλλους, παρέχεται στη γερουσία το δικαίωμα ελέγχου των αποφάσεων της εκκλησίας.[24] Με το δικαίωμα αυτό, που παρουσιάζεται ως χρησμός του μαντείου των Δελφών (Πλουτ. *Λυκ.* 6.4-5), διασφαλίζεται το υπάρχον θεσμικό σύστημα. Προς την ίδια κατεύθυνση λειτουργεί και ο θεσμός των εφόρων, με τον οποίο παράλληλα ικανοποιούνται περαιτέρω οι φιλοδοξίες εκείνων που υπηρετούσαν στο στρατό ως ιππείς από τους οποίους, τουλάχιστον κατά το χρόνο εκείνο, προέρχονται.[25]

Στάσεις θα σημειωθούν και κατά την επανάσταση των Μεσσηνίων με κύριο αίτημα τον αναδασμό της γης (Αριστ. *Πολιτ.* 1306b36-1307a3). Διανομή κλήρων θα πραγματοποιηθεί και μετά την καταστολή της επανάστασης[26] όταν και συντελείται περαιτέρω διεύρυνση του πολιτικού σώματος. Τότε, όμως, είχε εισαχθεί η τακτική της οπλιτικής φάλαγγας[27] που συνεπάγεται ότι όσοι συναπαρτίζουν το δήμο πέρα από γαιοκτήμονες είναι και στρατιώτες.

Συνοψίζοντας: ενώ η διπλή βασιλεία και οι πολιτειακοί θεσμοί που περιέχονται στη λεγόμενη Μεγάλη Ρήτρα μπορεί να αποδοθούν στο Λυκούργο, οι μετέχοντες στην Απέλλα μετά την καταστολή της επανάστασης των Μεσσηνίων είναι πολύ περισσότεροι από εκείνους που συναπαρτίζουν το δήμο όταν εισάγεται η ρήτρα. Συνακόλουθα, έκτοτε έως και το χρόνο που εισάγεται η οπλιτι-

24. Υποστηρίζεται ότι δεν πρόκειται για μεταγενέστερη προσθήκη αλλά ότι το δικαίωμα της γερουσίας να διαλύει την Απέλλα, που παρουσιάζεται από τον Πλούταρχο ως παρεγγραφή στη ρήτρα, αποτελούσε τμήμα της. Βλ. Forrest 1963, 158-159· Oliva 1971, 98· Cartledge 2004, 66-67· όμως, βλ. Tigerstedt 1965, 55-56.

25. Αναφορικά με το θεσμό των εφόρων και τις απόψεις που διατυπώθηκαν, βλ. Richer 1998. Ότι οι έφοροι κατά το χρόνο εισαγωγής του θεσμού προέρχονται από ευγενείς, βλ. Den Boer 1954, 210· Huxley, 1962, 39.

26. Βλ. Hodkinson 2004, 123.

27. Ως προς το χρόνο, βλ. Cartledge 1977, 25.

κή φάλαγγα, η σύνθεση του δήμου μεταβάλλεται, γεγονός που συμφωνεί με μαρτυρία του Αριστοτέλη (*Πολιτ.* 1270a34-36) κατά την οποία επί των προτέρων βασιλέων επιτρεπόταν η εισδοχή νέων πολιτών αποτρέποντας με τον τρόπο αυτό την ολιγανθρωπία λόγω των μακροχρόνιων πολέμων. Θα πρέπει να σημειωθεί και ότι μετά την τελευταία διεύρυνση του πολιτικού σώματος και για μεγάλο διάστημα η Σπάρτη παρέμεινε *ἀστασίαστος*.

Όπως οι Σπαρτιάτες συνεχίζουν τις στάσεις και μετά τους πολιτειακούς θεσμούς που αποδίδονται στο Λυκούργο, έτσι και οι Ηλείοι, που φέρονται να ανανεώνουν τους Ολυμπιακούς αγώνες το 776 με τον Ίφιτο, θα συγκρουσθούν επανειλημμένως με τους Πισάτες, στην περιοχή των οποίων ανήκε η Ολυμπία, και θα τους υποτάξουν στο πρώτο τέταρτο του 6ου αιώνα.[28]

Η ανεξαρτησία των Πισατών δηλώνεται από το ότι, έως το χρόνο εκείνο, διοικούνται από βασιλείς, οι οποίοι συνασπίζονται με άλλους και προΐστανται στρατιωτικών επιχειρήσεων (Παυσ. 6.22.2-3), ενώ κατά την 14η Ολυμπιάδα (724), όταν προστέθηκε ο δίαυλος στους Ολυμπιακούς αγώνες, νικητής στο αγώνισμα αυτό αναδείχθηκε ο Πισάτης Ύπηνος (Παυσ. 5.8.6). Ως εκ τούτου είτε οι Ηλείοι το 776 είχαν επεκτείνει την κυριαρχία τους στο τμήμα εκείνο της Πισάτιδας στο οποίο περιλαμβανόταν η Ολυμπία, όπως παραδίδεται από το Στράβωνα (8.3.30, 354), είτε από τότε χρονολογείται η σύγκρουσή τους με τους Πισάτες για την επιμέλεια της λατρείας του Δία. Η λατρεία αυτή ανάγεται στο τέλος του 11ου αιώνα και εγγενές και αναπόσπαστο στοιχείο της ήταν ο αγώνας δρόμου, ο οποίος αποτελούσε λατρευτικό δρώμενο και συνακόλουθα πραγματικοί ιδρυτές των αγώνων ήταν οι Πισάτες, όπως πρόσφατα υποστήριξε ο Βαλαβάνης.[29] Ότι οι Ηλείοι δεν είχαν εξαρχής την πρωτοστασία του ιερού μαρτυρείται και από τον Ξενοφώντα (*Ελλ.* 3.2.31, βλ. και Διοδ. 15.78.2-3), ο οποίος και μεταφέρει τον ισχυρισμό των Πισατών, ότι πρώτοι εκείνοι προΐστανται του ιερού. Είναι χαρακτηριστικό το ότι σε μεταγενέστερη παράδοση μαζί με τον Ίφιτο και το Λυκούργο ως ανανεωτής των αγώνων εμφανίζεται και ο Πισάτης Κλεοσθένης (Φλέγων, *FGrHist* 257, απ. 1.1-4, Σχόλια στην *Πολιτεία* Πλάτωνα 465d).

28. Αναφορικά με την επέκταση των Ηλείων από την εύφορη κοιλάδα του Πηνειού, που αποτέλεσε τον αρχικό τόπο εγκατάστασής τους έως και την Πισάτιδα, βλ. Roy 1997, 282-283.

29. Valavanis 2006, 137-152. Εκφράζω θερμές ευχαριστίες προς τον κ. Βαλαβάνη, ο οποίος μου έδωσε τη δυνατότητα να χρησιμοποιήσω το άρθρο του πριν από τη δημοσίευσή του στο περιοδικό *Nikephoros*.

Αλλά, και εάν οι Ηλείοι είχαν το 776 την πρωτοστασία του ιερού και του αγώνα, οι Πισάτες δεν παραιτήθηκαν από τη διεκδίκησή του. Ο Στράβωνας (8.3.30, 355) σημειώνει ότι μετά την 26η Ολυμπιάδα (676) ανέκτησαν τον έλεγχο της Ολυμπίας εξαιτίας της φήμης που είχαν αποκτήσει οι αγώνες,[30] και συνεχίζει λέγοντας ότι *χρόνοις δ' ὕστερον* οι Ηλείοι με τη σύμπραξη των Σπαρτιατών, οι οποίοι συμμάχησαν με αυτούς, υπέταξαν τους Πισάτες και όσους τους βοήθησαν. Αυτό συνέβη μετά την καταστολή της επανάστασης των Μεσσηνίων. Τα αίτια αυτής της παρέμβασης απαιτούν διερεύνηση διότι από τις πηγές (Παυσ. 4.15.7, Στράβ. 8.4.10, 362) προκύπτει ότι οι Ηλείοι κατά το Β΄ Μεσσηνιακό πόλεμο συμπράττουν με τους Μεσσηνίους τους οποίους επίσης βοηθούν οι Πισάτες. Η μαρτυρία αυτή, η σύμπραξη δηλαδή δύο αντιπάλων στον ίδιο συνασπισμό ελέγχεται από τη νεώτερη έρευνα,[31] μπορεί όμως να λεχθεί ότι κατά το χρόνο εκείνο οι σχέσεις τους δεν ήταν τεταμένες. Αναφορικά με τους Ηλείους μπορεί επίσης να λεχθεί ότι βοηθούν τους Μεσσηνίους επειδή οι Λεπρεάτες, την περιοχή των οποίων διεκδικούν, είχαν ταχθεί με το μέρος των Σπαρτιατών (Παυσ. 4.15.8).

Παραμένει όμως το ερώτημα γιατί οι Σπαρτιάτες μετά την καταστολή της αποστασίας των Μεσσηνίων παρεμβαίνουν υπέρ των Ηλείων. Απάντηση στο ερώτημα μπορεί να δοθεί εάν η εισβολή του Αργείου Φείδωνα στην Ολυμπία, ο οποίος *ἐξαναστήσας τοὺς Ἠλείων ἀγωνοθέτας αὐτὸς τὸν ἐν Ὀλυμπίῃ ἀγῶνα ἔθηκε* (Ηροδ. 6.127), τοποθετηθεί μετά την καταστολή της αποστασίας των Μεσσηνίων και πριν από την υποταγή των Πισατών.[32] Οι Σπαρτιάτες παρενέ-

30. Η φήμη των αγώνων δηλώνεται από την αύξηση των αγωνισμάτων και από τη διεύρυνση της προέλευσης των αθλητών και από πόλεις εκτός Πελοποννήσου, Παυσ. 5.8.5-8, Φιλόστρατος *Γυμν.* 12.

31. Cartledge 2002², 110· όμως, βλ. Huxley 1962, 57 και 129 σημ. 366.

32. Αναφορικά με το πολυσυζητημένο θέμα του χρόνου δράσης του Φείδωνα, βλ. Κοίν 2000, 1-21=2001, 327-47, όπου σχολιάζονται οι πηγές και οι απόψεις που διατυπώθηκαν. Η εισβολή θα πρέπει να τοποθετηθεί σε χρόνο κατά τον οποίο οι σχέσεις Ηλείων και Πισατών ήταν τεταμένες. Ένταση μαρτυρείται μετά την 26η Ολυμπιάδα (676) (Στράβ. 8.3.30, 355), και κυρίως κατά την 34η (644), όταν οι Πισάτες ανακτούν τον έλεγχο της Ολυμπίας (Παυσ. 6.22.2-3) και πριν από την 52η (572), όταν και υποτάσσονται (Παυσ. 5.10.2, 6.22.4, βλ. και Στράβ. 8.3.30, 355). Η τελευταία χρονολόγηση μπορεί να αποκλεισθεί, εάν ληφθεί υπόψη ότι κατά τον Ηρόδοτο (6.127), ο γιος του Φείδωνα συγκαταλέγεται μεταξύ των μνηστήρων της Αγαρίστης. Εξάλλου κατά την 48η Ολυμπιάδα (588) ο βασιλιάς των Πισατών Δαμοφών παρείχε στους Ηλείους ένορκες διαβεβαιώσεις ότι δεν προετοιμάζει εξέγερση (Παυσ. 6.22.3). Ως εκ τούτου η εισβολή του Φείδωνα είναι δυνατό να τοποθετηθεί στο δεύτερο μισό του 7ου αιώνα, πιθανώς λίγο μετά τη

βησαν τότε και η παρέμβασή τους αποδίδεται από το Στράβωνα στην προσδοκία να έχουν συνεργούς τους Ηλείους για την κατάλυση του Φείδωνα (8.3.33, 358). Είναι χαρακτηριστικό το ότι οι Σπαρτιάτες αργότερα, και πριν από την 52η Ολυμπιάδα (572), όταν βοηθούν τους Ηλείους να αντιμετωπίσουν τους Πισάτες, μνημονεύονται από τον ίδιο συγγραφέα ως σύμμαχοι (8.3.30, 355). Τότε συσφίγγονται οι σχέσεις τους και οι Ηλείοι μετά τη συντριβή των αντιπάλων τους παραμένουν κυρίαρχοι του ιερού. Για να δηλώσουν την κυριαρχία τους εμφανίζουν τον Ίφιτο, από το γένος του Όξυλου, ο οποίος οδήγησε την ομάδα των Αιτωλών στην πεδιάδα του Πηνειού (Στράβ. 8.3.30, 354), ως ανανεωτή των αγώνων και τον συγχρονίζουν με το Λυκούργο της Σπάρτης. Με τον τρόπο αυτό ο έλεγχος του ιερού παρουσιάζεται ως ανήκων δικαιωματικά σε αυτούς, συγκαλύπτεται η μακρόχρονη διαμάχη τους με τους Πισάτες, οι οποίοι εμφανίζονται ως σφετεριστές, και επισημαίνεται ότι οι σχέσεις τους με τη Σπάρτη ανάγονται σε μια παλαιότερη εποχή.[33] Η αναφορά του Λυκούργου έχει για τη Σπάρτη και άλλες διαστάσεις. Σε χρόνο κατά τον οποίο στην Κόρινθο και στη Σικυώνα επικρατούν τυραννικά καθεστώτα[34] προβάλλεται η ευνομία της, που εγκωμιάσθηκε ήδη από τον Τυρταίο. Εξάλλου η διευθέτηση της εκεχειρίας από το Λυκούργο συγκαλύπτει τους κατακτητικούς πολέμους της Σπάρτης αλληλένδετους με τις στάσεις που σημειώθηκαν. Με την ίδια διευθέτηση καυτηριάζονται οι ηγεμονικές αξιώσεις των Αργείων, όπως αυτές εκδηλώθηκαν με την παραβίαση του χώρου της Ολυμπίας και την καταπάτηση της εκεχειρίας από τον Φείδωνα. Επιπρόσθετα, σε χρόνο κατά τον οποίο η δύναμη των Αργείων δεν έχει εξουδετερωθεί,[35] η Σπάρτη εμφανίζεται να συμπράττει στη διευθέτηση της ειρήνης στο πλαίσιο Πανελληνίων Αγώνων και να συνεργάζεται με τους Ηλείους που έχουν την κυριαρχία του ιερού χάρη στη δική της παρέμβαση.

σύμπραξη Ηλείων και Πισατών στο 2ο Μεσσηνιακό πόλεμο. Έτσι εξηγείται και το ότι όταν οι Σπαρτιάτες παρεμβαίνουν στην Ολυμπία το πράττουν, κατά το Στράβωνα (8.3.33, 358), *νομίσαντες* ότι θα έχουν συνεργούς τους Ηλείους για την κατάλυση του Φείδωνα, ενώ αργότερα χαρακτηρίζονται από τον ίδιο συγγραφέα ως σύμμαχοι (8.3.30, 355).

33. Σε μεταγενέστερη παράδοση αναφέρεται ότι οι Ηλείοι ετοιμάζονταν να βοηθήσουν τους Σπαρτιάτες, όταν εκείνοι εκστράτευσαν εναντίον του Έλους, εμποδίσθηκαν όμως από χρησμό του Μαντείου των Δελφών· Φλέγων, *FGrHist* 257, απ.1.9.

34. Βλ. ενδεικτικά Mossé 1989, 41 κ.ε., 48 κ.ε.

35. Αυτό θα συμβεί μετά τη νίκη των Σπαρτιατών στη μάχη της Θυρέας, Ηροδ. 1.82, Παυσ. 2.38.5, 3.7.5, Στράβ. 8.6.17, 376. Βλ. Cartledge 2002[2], 119-123.

Οι αιτιατοί παράγοντες που διευκόλυναν αυτό το συγχρονισμό συνίστανται στο ότι τόσο οι πολιτειακοί θεσμοί όσο και οι Ολυμπιακοί αγώνες αποσκοπούσαν στη διασφάλιση της ομόνοιας, ενώ και στις δύο περιπτώσεις η εντολή δόθηκε από το μαντείο των Δελφών (Ηροδ. 1.65, Πλουτ. *Λυκ.* 6.1, Διοδ. 7.12.1-3, Παυσ. 5.4.6, Φλέγων *FGrHist* 257, απ. 1.2-4). Παράλληλα, όπως η σύνθεση του δήμου στη Σπάρτη συνεχώς διευρύνεται, έτσι και οι Ολυμπιακοί αγώνες εμπλουτίζονται με νέα αγωνίσματα (Παυσ. 5.8.5-8, Φιλοστρ. *Γυμν.* 12).

Το έτος 776 σηματοδοτεί για τους Ηλείους το χρόνο έναρξης ελέγχου ή διεκδίκησης του ελέγχου του χώρου της Ολυμπίας και για τους Σπαρτιάτες τον πρώτο περιορισμό της βασιλικής εξουσίας που συντελείται με την εισαγωγή του θεσμού της διπλής βασιλείας. Το πολίτευμα της Σπάρτης, που διαμορφώνεται βαθμιαία, ολοκληρώνεται μετά την καταστολή της αποστασίας των Μεσσηνίων όταν συντελείται η τελευταία διεύρυνση του πολιτικού σώματος και αργότερα οι Ηλείοι αποκτούν τον αποκλειστικό έλεγχο των αγώνων.

Βιβλιογραφια

Andrewes, A. 1982, Η *Τυραννία στην Αρχαία Ελλάδα*, (ελλ. μετ. Μ. Κάσου του A. Andrewes *The Greek Tyrants, London 1974*), Αθήνα.

Βλαχος, Γ. 1981, *Πολιτικές Κοινωνίες στον Όμηρο*, (ελλ. μετ. Μ. Παΐζη-Αποστολοπούλου, Δ. Αποστολόπουλου του G. Vlachos, *Les sociétés homériques,* Paris 1974), Αθήνα.

Carlier, P. 1984, *La royauté en Grèce avant Alexandre,* Strasbourg.

Cartledge, P. 1977, "Hoplites and Heroes. Sparta's Contribution to the Technique of Ancient Warfare," *JHS* 97, 11-27.

- 2002[2], *Sparta and Lakonia. A Regional History 1300 to 362 BC,* London and New York.

- 2004, *Το Μεγαλείο της Σπάρτης*, (ελλ. μετ. Θ. Δάβαρη του *Spartan Reflections,* London 2001), Αθήνα.

Den Boer, W. 1954, *Lakonian Studies,* Amsterdam.

Forrest, W. G. 1963, "The Date of the Lykourgan Reforms in Sparta," *Phoenix* 17, 157-179.

- 1967, "Legislation in Sparta," *Phoenix* 21, 11-19.

- 1968, *A History of Sparta, 950-192 B.C.,* London, επανέκδοση 1980.

Gomme, A. W. 1966, *A Historical Commentary on Thucydides, v.I.,* Oxford.

Hodkinson, St. 2004, *Ιδιοκτησία και Πλούτος στη Σπάρτη της Κλασικής Εποχής*, (ελλ. μετ. Ι. Κράλλη του St. Hodkinson, *Property and Wealth in Classical Sparta*, London, Swansea 2000), Αθήνα.

Huxley, G. L. 1962, *Early Sparta*, London.

- 1973, "Aristotle as Antiquary," *GRBS* 14, 271- 286.

Jeffery, L.H. 1961, *Local Scripts of Archaic Greece*, Oxford [αναθ. Έκδ. από A.W. Johnston 1990].

Jones, A. H. M. 1966, "The Lycourgan Rhetra", στο E. Badian (ed.), *Ancient Society and Institutions. Studies Presented to V. Ehrenberg on his 75th Birthday*, Oxford, 165-175.

Kiehle, F. 1963, *Lakonien und Sparta. Untersuchungen zur ethnischen Structur und zur politischen Entwicklung Laconiens und Spartas bis zum Ende der archaischen Zeit*, Munich.

Koiv, M. 2000, "Origins, Development and Reliability of the Ancient Tradition about the formation of Spartan Constitution," *Studia Humaniora Tartuensia (SHT)* 1.3, 1-27, (ISSN 1406-6203 http:www.ut.ee/klassik/sht/)= 2005, *Historia* 54, 233-264, μεταγενέστερη μορφή.

- 2000, "The dating of Pheidon in Antiquity" *Studia Humaniora Tartuensia (SHT)* 1.1, 1-21, (ISSN 1406-6203 http:www.ut.ee/klassik/sht/)= 2001, Klio, 327-347.

Κουρινου, Ε. 2000, *Σπάρτη: Συμβολή στη μνημειακή της τοπογραφία*, Αθήνα.

Levy, E. 1977, "La Grande Rhetra," *Ktéma* 2, 85-103.

Μεϊδανη, Κ. 2010, *Αρχαϊκή Ελλάδα και πόλεμος*, Αθήνα

Mele, A. 2004, "Constituzioni archaiche ed *Eunomia*" στο S. Cataldi (a cura di), *Poleis e Politeiai: esperienze politiche, tradizioni letterarie, progetti constituzionali* (Atti del Convegno Internazionale di Storia Greca, Torino, 29 maggio-31 maggio 2002), Alessandria, 56-59.

Moggi, M. 1976, *I sinecismi interstatali greci I. Dalle origini al 338 A.C.*, Pisa.

Mossé, Cl. 1989, *Οι τύραννοι στην Αρχαία Ελλάδα*, (ελλ. μετ. Α. Καλογεροπούλου του Cl. Mossé, *La tyrannie dans la Grèce antique*, Paris 1969), Αθήνα.

Nafissi, M. 1991, *La nascita del Kosmos. Studi sulla storia e la societa di Sparta*, Perugia, Naepal.

Oliva, P. 1971, *Sparta and her Social Problems*, Amsterdam and Prague.

Pavese, C. O. 1992, "La Rhetra di Licurgo," *RdF* 120, 260-285.

Ραμου-Χαψιαδη, Α. 1982, *Από τη Φυλετική Κοινωνία στην Πολιτική. Πολιτειακή εξέλιξη της Αθήνας*, Αθήνα.

Richer, N. 1998, *Les éphores. Étude sur l' histoire et sur l' image de Sparte VIIe-IIIe siècle avant Jésus-Christ)*, Paris.

Roy, J. 1997, "The Perioikoi of Elis", στο M. H. Hansen (ed.), *The Polis as an Urban Centre and as a Political Community*, Copenhagen, 282-320.

RUZÉ, F. 1991, "Le Conseil et l'Assemblée dans la grande *Rhètra* de Sparte", *REG* 104, 15-30 = 2003, *Eunomia, à la recherche de l'équité,* 125-137, Paris.
- 1997, *Déliberation et pouvoir dans la cité grecque de Néstor à Socrate,* Paris.

SAKELLARIOU, M.B. 1990, *Between Memory and Oblivion,* Athens.

THOMMEN, L. 1996, *Lakedaimonion Politeia. Die Entstehung der spartanischen Verfassung,* (Historia Einzelschr. 103), Stuttgart.

TIGERSTEDT, E. N. 1965, *The Legend of Sparta in Classical Antiquity, vol. I.,* Lund.

TOYNBEE, A. J. 1969, *Some Problems of Greek History,* Oxford.

VALAVANIS, P. 2006, "Thoughts on the Historical Origins of the Olympic Games and the Cult of Pelops in Olympia", *Nikephoros 19,* 137-152.

van WEES, H. 1999, "Tyrtaeus' Eunomia: Nothing to do with the Great Rhetra'" στο S. Hodkinson and A. Powell (eds), *Sparta: New Perspectives,* London, 1-41.

Summary

Aristotle and other writers after him refer to Lycourgos, Sparta's legislator, and Iphitos, who is credited with the renewal of the institution of the Olympic Games, as being contemporaries. Keeping in mind that Aristotle acknowledges the fact that Lycurgos legislated for the Spartans after Charilaos' adulthood, the Spartan king who lived in the first half of the 8th century B.C., *we can be fairly confident that he [Aristotle] agreed with the sophist Hippias in placing the first Olympic games and the truce... about 776 B.C.* (Huxley, 1973, 281-282). The primary aim of this paper is to investigate whether this "bringing together" of Lycourgos and Iphitos corresponds to historical facts, or more precisely, to attest whether Sparta's *Eunomia* was introduced in the era of the first Olympiad and also to check if it was at that very time, that the Eleians extended their control over Pisatis.

Starting, it should be noted what Diodorus sets forth about Lycourgos' visit to Delphi (7.12.1-3). Seeking the means to provide Spartans with an orderly government (*Eunomia*), the statesman pursued an inquiry. In response to his query the priestess stressed priority to his achieving concord as well as manly spirit among Spartans, since by these alone one could ensure the maintenance and safeguarding of freedom. So the very essence of the 'Delphic' response clearly alludes to and presupposes internal unrest at home. Similarly, it was internal conflicts that had also brought Iphitus to Delphi to ask the god for deliverance, to whom the Pythian priestess ordained that the Eleians should renew the Olympic Games (Paus. 5.4.5-6).

It has been argued that Sparta ever since Lycourgos' reforms had been the most stable and well-ordered city in Greece. Yet, Aristotle relates that Sparta was experiencing a prolonged political turmoil throughout the 7th century due to the fact that only few had the benefit of honorable regard; subsequently, some were in great need with others enjoying affluence. At this point, it is worth mentioning that similar appear to be the reasons for the internal strife prior to Lycourgos' legislation, which, as we can assume from Xenophon's (*Lac.* 8.1) and Plutarch's (*Lyc.* 5.1) attestation, may be attributed to a severe rivalry between kings and nobles at Sparta at that particular time. A primary action taken to mitigate this disorder was the introduction of a double kingship, by which royal power was restricted within due bounds, dating within Archelaos' and Charilaos' reign. This institution, which seems to coincide with the coalition of the four *komae* at Sparta, can be attributed to Lycourgos. Nevertheless, even after the introduction of this institution the government, as Plato states (*Laws* 691d-e), was still "swollen with fever and someone ...blended the self-willed force of the royal strain with the temperate potency of age by making the power of the eight and twenty elders of equal weight with that of the kings in the great matters".

At that time, the correlation of the constituent parts of the powers of state was regulated. This regulation can be connected with the failure of the Spartan expedition against Tegea; an expedition aiming to provide Sparta with land, dated by Pausanias (3.7.3) in the reign of Charilaos. Yet, Sparta could all along have expanded northwards, providing she had already been in control of the upper Eurotas valley. This control was attributed to Teleklos. If, then, Charilaos was co-reigning with Teleklos, Pausanias statement is acceptable. In this case the so-called Great Rhetra can also be attributed to Lycourgos.

It is argued that the Rhetra regulated the correlation between the preexisting powers of state in favour of the *demos*. The question that arises, then, is what the constituent parts of the *demos* were. Aristotle (*Polit.* 1297b16-28) acknowledges the decisive importance of the military organization in the political developments. At that time the arm-bearing force appears to be the cavalry, though others, probably landowners, might have been qualified as citizens as well. Yet, their numbers should be limited, since all the military operations up to the occupation of Messenia were motivated by the need of land.

Moreover, even after the introduction of the *gerousia* the government is described by Plato as "fretting and fuming", only to be alleviated by the institution of the 5 *ephors* (*Laws* 692a). This description probably refers to the situation after the first Messenian war.

Aristotle's (*Polit.* 1306b36-1307a3) and Plutarch's (*Lyc.* 8.3) attestations let someone assume that the aftermath of the First Messenian War was coupled with the distribution of the conquered land, a fact that would ultimately have increased the number of the qualified citizen body. At the same time kings and elders were granted the right to dissolve the Assembly in instances that the *demos*, was endorsing a *crooked motion*. This measure was necessitated by the fact that the *demos*, mainly the cavalry men, was distorting the sense of the motions by abstractions and additions. A further widening of the citizen body was held at the aftermath of the Messenian revolt. By that time, however, the cavalry had already been replaced by the hoplite infantry, so that more citizens entertained their share in the political matters. Resultantly, Sparta ceased to experience disorder since then.

Therefore, the double kingship and the Great Rhetra could be attributed to Lycourgos. Yet, the composition of the *demos* from the 8th century to the time after the introduction of the hoplite infantry had undergone great change. This widening of the citizen body agrees with Aristotle's statement which attests that in the time of the early kings new members were qualified as citizens (*Polit.* 1270a34-36).

On the other hand, it was only in the first quarter of the 6th century, that the Eleians, credited with the renewal of the Olympic Games through Iphitus, extended their sovereignty over Pisa. Up to that time, the Pisatans, who claimed to have been the first in charge of the sanctuary (Xen. *Hell.* 3.2.31, Diod.15.78.2-3)), were ruled by kings, who are recorded as collecting an army from the surrounding areas as well as leading expeditions and assisting the Messenians during their revolt. The Pisatans were ultimately succumbed and overtaken, when the Spartans allied and cooperated with the Eleians. Prior to this alliance, Spartans seem to have assisted the Eleians again, when Pheidon from Argos had invaded Olympia. We suggest that this should be dated after the Messenian revolt and before the occupation of Pisa. It is interesting to note that Strabo, when referring to this coalition, cites that the Spartans cooperated with the Eleians *because they thought that they would have them as allies in destroying the power of Pheidon* (8.3.33, 358).

It was only after the subjection of Pisa that the Eleians presented Iphitus as renewing the Olympic games as well as being contemporary to Lycourgos; thus, apart from relating to the Spartans through the 8th century, the Eleians aimed both at presenting the control of the sanctuary as their undeniably rightful claim and also at camouflaging their long-lasting conflict with the Pisatans, who are deemed as appropriators.

Meanwhile, the reference to Lycourgos has many positive implications for Sparta. By that time, tyrannies had been established both at Corinth and Sicyon, so that Sparta could accentuate her already eulogized by Tyrtaeus *Eunomia*. Besides, connecting the Truce with Lycourgos acted as a smoke screen, absolving Sparta by making it possible for her to disguise her former offensive policy and her subsequent conquests; all being interchangeably linked to Sparta's political disorders. Moreover, these arrangements served as a means to reproach the Argive dynastic claims and denounce instances such as Pheidon's intrusion at Olympia, coupled with his breaking of the Truce. At a time, then, that the Argive force hadn't been completely annihilated, Sparta emerges as a *founding-father* for the consolidation of peace within the context of the Panhellenic Games, whereas the Eleians, who are in charge of the sanctuary, owe this to Sparta's intervention.

The facilitation of this synchronization reveals its subsequence causation, which is due to the congruence between the aim of the political institutions and that of the Olympic Games, being the maintenance and safeguarding of concord, whereas in both instances the ordinance came from the Pythian oracle (Hdt. 1.65, Plut. *Lyc.*6.1, Diod. 7.12.1-3, Paus. 5.4.6, Flegon *FGrHist* 257, fr.1.20-4). Moreover, as the composition of the Spartan *demos* alters and the citizen-body widens, the Olympic festival restructures itself as well with the introduction of new contests (Paus. 5.8.5-8, Philost. *Gymn.*12).

776, then, marks the year when the Eleians were either in charge of the Olympian sanctuary or staked a claim for it. Similarly, 776 signifies the Spartans' first curtailment of the kings' authority by the institution of the double kingship, instigating the gradual development of the Spartan constitution. The constitution reaches its completion in the aftermath of the repression of the Messenian revolt with the final widening of its citizen-body and later the Eleians with Sparta's help become the master-hosts of the Games.

Νίκη και Πανελλήνιοι αγώνες: η περίπτωση των νομισμάτων της αρχαίας Ολυμπίας

ΑΘΗΝΑ ΙΑΚΩΒΙΔΟΥ

Η ΝΙΚΗ, δημιούργημα της ελληνικής σκέψης και της ανάγκης των ανθρώπων να προσωποποιήσουν την επιτυχία στον αθλητικό, στρατιωτικό, κοινωνικό ή πολιτικό βίο, αποτέλεσε ένα προσφιλές θέμα στα νομίσματα της αρχαίας Ελλάδας. Η εικονογραφία της θεότητας συχνά υπηρέτησε την πολιτική και πολιτειακή βούληση, λειτουργώντας ως άμεση μνεία στα κατορθώματα που η εκάστοτε εκδίδουσα αρχή επιθυμούσε να προβάλει. Εκπροσωπώντας μια ιδιότητα διαχρονικά απαραίτητη στο βίο των ανθρώπων, όμως άμεσα εξαρτώμενη από τις μεταβολές των κοινωνικών στοχασμών και του ηθικού κώδικα, η φύση και ο ρόλος της Νίκης μετεξελίσσονταν συνεχώς, ακολουθώντας τις αλλαγές της νοοτροπίας και της κοσμοαντίληψης των Ελλήνων. Εξάλλου, ο μεστός σε μηνύματα χαρακτήρας της, είχε τη δυνατότητα να εκφράζει ποικίλους συμβολισμούς, εμφυσώντας διαφορετικά νοήματα, ανάλογα με τις ανάγκες της κάθε εποχής.

Το νομισματοκοπείο της Ήλιδας, από την έναρξη της λειτουργίας του, δηλαδή από το δεύτερο έως και το τρίτο τέταρτο του 5ου αιώνα (468-432 π.Χ.), χρησιμοποίησε τη μορφή της Νίκης ως έναν από τους κυριότερους τύπους των νομισμάτων του. Το βασικό ερώτημα που θα μας απασχολήσει στην παρούσα ανακοίνωση αφορά το συμβολισμό της θεότητας, το λόγο δηλαδή για τον οποίο η μορφή αυτή επιλέχθηκε για να αποτυπωθεί στις συγκεκριμένες κοπές.

Τα εν λόγω νομίσματα εκδίδονταν, σύμφωνα με τις επιγραφές των νομισμάτων, από τους κατοίκους της Ήλιδας. Σχετικά με τη θέση του νομισματοκοπείου οι απόψεις των ερευνητών διίστανται. Ο Gardner θεώρησε, αρχικά, ότι τα νομίσματα εκδίδονταν σε νομισματοκοπείο στην ίδια την πόλη της Ήλιδας,[1] όμως ο Seltman, με ισχυρότατα επιχειρήματα και ακολουθούμενος από πλείστους ερευνητές, τα απέδωσε τελικά σε νομισματοκοπείο στο ίδιο το ιερό της Ολυμπίας.[2] Οι στατήρες, οι δραχμές, τα ημίδραχμα και οι οβολοί που τέθηκαν

1. Gardner 1879, 221-73.
2. Seltman 1921, 1-5.

σε κυκλοφορία την περίοδο που θα μας απασχολήσει, εξυπηρετούσαν τις αυξημένες οικονομικές ανάγκες του ιερού, καθώς οι Ηλείοι είχαν επιβάλει στην περιοχή την αποκλειστική χρήση των επίσημων Ηλειακών μέτρων, σταθμών και νομισμάτων.

Όσον αφορά την έναρξη της λειτουργίας του νομισματοκοπείου οι απόψεις των ερευνητών ποικίλλουν. Ο Babelon[3] θεώρησε πιο πιθανή μια χρονολογία κοντά στα τέλη του 6ου αι. π.Χ., άποψη που ενστερνίζεται και ο Seltman,[4] ενώ ο Head,[5] πρώτος υποστήριξε ότι τα νομίσματα άρχισαν να εκδίδονται το 471 π.Χ., χρονολογία στην οποία τελικά καταλήγει και ο Kraay.[6] Πράγματι, νομίσματα της Ολυμπίας δεν έχουν βρεθεί σε κανένα «θησαυρό» του ύστερου 6ου ή των αρχών του 5ου αι. π.Χ., ενώ οι πρωιμότεροι «θησαυροί» που περιέχουν νομίσματα της περιοχής προέρχονται, ο ένας από τη Ναύπακτο με χρονολογία κατάχωσης το 460 π.Χ. (*IGCH* 19) και ο άλλος από την Πελοπόννησο με παρόμοια χρονολογία κατάχωσης (*IGCH* 20).[7] Άλλωστε, υποστηρικτικό αυτής της χρονολόγησης είναι και το γεγονός ότι, σύμφωνα με τον Στράβωνα (8.3.2), η Ήλιδα λογίζεται ως μεγάλο οικιστικό κέντρο κυρίως μετά το συνοικισμό του 471 π.Χ., όταν οι Ηλείοι εγκατέστησαν εκεί ένα μεγάλο μέρος του πληθυσμού της Ηλείας.[8] Είναι λοιπόν λογικό, αμέσως μετά, οι κάτοικοι της Ήλιδας να προβούν στην πρώτη τους νομισματική παραγωγή, σε νομισματοκοπείο που δημιούργησαν στον ίδιο το χώρο της Ολυμπίας.

Οι πρωιμότερες απεικονίσεις, οι οποίες χρονολογούνται στο διάστημα 468-452 π.Χ. και αποτελούν το πρώτο παράδειγμα απόδοσης της μορφής της σε νομίσματα του κυρίως ελλαδικού χώρου, παριστούν τη Νίκη να τρέχει στη στάση του *ἐν γούνασιν δρόμου*, κρατώντας με το ένα χέρι στεφάνι και με το άλλο την άκρη του χιτώνα *(εικ. 1-3)*.

Κατά την επόμενη περίοδο (452-432 π.Χ.) η τυπολογία της Νίκης εμπλουτίζεται και η απόδοση της μορφής απομακρύνεται σταδιακά από την αρχαϊκή στάση του *ἐν γούνασιν δρόμου*. Κοντά στο ήδη υπάρχον θέμα της θεότητας που

3. *Traité* II.1, 885-86.
4. Seltman 1921, 1-11.
5. Head 1911², 419.
6. Kraay 1976, 104.
7. Warren 1962, 413-15· Nicolet 1975, 9-17· Oeconomides-Caramessini 1989, 217-23.
8. Curtius 1895, 793-806. Για έναν προγενέστερο συνοικισμό από τον Όξυλο, βλ. Γιαλούρης 1996, 23-24.

βαδίζει, κρατώντας στεφάνι, προστίθεται αρχικά ο τύπος της Νίκης που βαδίζει, κρατώντας με τα χέρια τις δύο άκρες του χιτώνα (*εικ. 4*). Σε άλλες εκδόσεις η τεχνοτροπική αντίληψη στην απόδοση της μορφής αλλάζει ριζικά και απελευθερώνεται από τις αρχαϊκές συμβάσεις. Το βλέμμα της Νίκης στρέφεται προς τα πάνω, ενώ κρατά ταινία με τα δύο της χέρια (*εικ. 5*). Κατά την ίδια περίοδο άλλες παραστάσεις ακολουθούν την παλαιότερη τυπολογία, με μια σαφή όμως τεχνοτροπική αλλαγή. Η Νίκη απεικονίζεται πλέον όχι καμψίπους, αλλά τανύπους (*εικ. 6-7*). Περίπου στα μέσα της περιόδου η θεματολογία εμπλουτίζεται και η θεότητα αποδίδεται στέφουσα κρήνη διακοσμημένη με λεοντοκεφαλή ή καθισμένη σε βαθμίδες, κρατώντας σκήπτρο, κότινο ή ταινία (*εικ. 8-11*). Επίσης, απεικονίζεται ιστάμενη, να κρατεί την άκρη ταινίας με το δεξί και κλαδί φοίνικα με το αριστερό χέρι (*εικ. 12*).

Η σειρά των Νικών της Ολυμπίας ολοκληρώνεται με ένα τελευταίο τύπο, ο οποίος χρονολογείται στο 432 π.Χ. Η Νίκη εδώ φιλοτεχνήθηκε καθισμένη στο άνω μέρος δύο βαθμίδων, κρατώντας κλαδί φοίνικα. Στο έξεργο εικονίζεται κλαδί ελιάς (*εικ. 13*).

Ας επανέλθουμε όμως στο βασικό ερώτημα, που αφορά το συμβολισμό της μορφής της Νίκης στις αργυρές αυτές νομισματικές εκδόσεις. Ο Seltman, στη μνημειώδη μονογραφία του για τα νομίσματα της Ολυμπίας, συνδέει την παρουσία της Νίκης στην οπίσθια όψη των νομισμάτων αυτών με τους Ολυμπιακούς αγώνες, υποστηρίζοντας ότι οι κοπές ήταν εορταστικές και παράγονταν ανά τετραετία.[9] Η άποψη αυτή βρήκε σύμφωνους και τους περισσότερους ερευνητές.[10]

Πράγματι, το νόμισμα της Ολυμπίας δεν φαίνεται να αποτελεί ένα κατεξοχήν νόμισμα κράτους, μια και η πλειοψηφία των κοπών αποτελείται, όχι από μικρές υποδιαιρέσεις, αλλά από στατήρες, οι οποίοι μάλιστα είναι ελλιποβαρείς και άρα ανεπαρκείς για μακρινό εμπόριο ή μεγάλες πληρωμές. Επιπλέον, στα νομίσματα αυτά απαντά ένας περίεργα μεγάλος αριθμός επισημάνσεων, που πιθανώς υποδηλώνει ότι για να γίνουν αποδεκτά έξω από την Ήλιδα έπρεπε να επικυρωθούν.[11] Πρόκειται κατά συνέπεια για εκδόσεις συνδεδεμένες με τους

9. Seltman 1921, 1-6.

10. Gardner 1879, 11· Baudrilliard 1894, 20· Lacroix 1974, 13-21, ιδιαίτερα 13· Kraay 1976, 16· Franke 1984, 14-15.

11. Ο Kraay (1976, 16) υποστήριξε ότι καθώς οι τύποι των νομισμάτων άλλαζαν σε κάθε νέα Ολυμπιάδα οι παλαιότερες εκδόσεις έπρεπε να επισημανθούν, προκειμένου να εξασφαλιστεί η συνέχιση της κυκλοφορίας τους και άρα οι επισημάνσεις γίνονταν από τους ίδιους τους Ηλείους.

Ολυμπιακούς αγώνες, που κυρίως εξυπηρετούσαν τους εκατοντάδες επισκέπτες και εμπόρους που κατέφθαναν κάθε χρόνο στο ιερό.

Η ίδια η επιλογή της Νίκης, της προσωποποίησης της επιτυχίας, ως κύριο, αλλά και μακρόβιο θέμα των νομισμάτων, ενισχύει τον εν λόγω ισχυρισμό. Η παρουσία της Νίκης στην αρχαία ελληνική τέχνη, σε ένα μεγάλο ποσοστό, συνδέεται με αθλητικά συμφραζόμενα. Η θεότητα εμφανίζεται ως θεατής, αντιπροσωπεύοντας την έκβαση του αγώνα, ή συμμετέχει ενεργά στα δρώμενα, συχνά αναλαμβάνοντας να αποδώσει τα έπαθλα στους νικητές.[12]

Επιπλέον, τα σύμβολα που κρατά στο χέρι της η θεότητα στα νομίσματα της Ολυμπίας (στεφάνι, ταινία, κότινος, κλαδί φοίνικα), χωρίς αμφιβολία, συνδέονται με τα βραβεία της νίκης στους αθλητικούς αγώνες της περιοχής. Στις πρώιμες κοπές η Νίκη κρατά μόνο το στεφάνι, ενώ στις υστερότερες εισάγονται η ταινία, ο κότινος και το κλαδί του φοίνικα.

Για το στεφάνι και τον κότινο σε σύνδεση με τους αθλητικούς αγώνες πλείστες είναι, φυσικά, οι αναφορές από τις αρχαίες πηγές.[13] Ο Πίνδαρος δεν αναφέρεται σε μεμονωμένο δέντρο, αλλά στο δάσος από το οποίο κόβονταν τα κλαδιά για να κατασκευαστούν τα στεφάνια (*Ολ.* 3.17). Ο τελευταίος μιλά, επίσης, για τον Ηρακλή ως ιδρυτή των πεντετηρικών αγώνων και τον αναγνωρίζει ως τον πρώτο που στεφάνωσε τους νικητές μετά την επιστροφή του από τους δύο Ηλειακούς άθλους, αλλά και έφερε τον κότινο στην Ολυμπία (*Ολ.* 3.16). Ο κότινος της Ολυμπίας αναφέρεται, επίσης, από τον Θεόφραστο (*Φυτ. Ιστ.* 4.13.2: *κότινον δὲ τὸν ἐν Ὀλυμπίᾳ, ἀφ' οὗ ὁ στέφανος*). Ο Σόλωνας, απαντώντας στην απορία του Ανάχαρση σχετικά με τα στεφάνια που απονέμονταν στους νικητές, εξηγεί: ...*ταῦτα μὲν γάρ ἐστι σημεῖα τῆς νίκης καὶ γνωρίσματα οἵτινες οἱ κρατήσαντες* (Λουκ. *Ανάχ.* 9-10). Σύμφωνα με τον Παυσανία (5.7.7), ο Ηρακλής, ο οποίος διοργάνωσε τον πρώτο αγώνα δρόμου, στεφάνωσε τον νικητή με το κλαδί μιας άγριας ελιάς. Όπως αναφέρει ο ίδιος (5.15.3), τα στεφάνια των νικητών φτιάχνονταν από αγριελιά, η οποία φύτρωνε κοντά στο βωμό του Δία στην Ολυμπία. Ο Φλέγων από τις Τράλλεις ([*FGrHist* 257] απ. 1, στ.

12. Βλ. Ιακωβίδου 2010, 31-32 και 39-40. Επίσης, για την πρώτη εμφάνιση Νίκης σε αθλητικά συμφραζόμενα σε κύλικα του ζωγράφου C (*ABV* 51, 1), βλ. Webster 1972, 152. Για τη λειτουργία της Νίκης σε αθλητικές παραστάσεις γενικά, βλ. Hamdorf 1964, 58, 115-16· Isler-Kerényi 1969, 34-36· Βαλαβάνης 1991, 146-52· Thöne 1999, 77-96.

13. Περί συμβολισμού του στεφανιού, αλλά και για μια συγκεντρωτική παρουσίαση των σχετικών αναφορών στις αρχαίες πηγές, βλ. Blech 1982, 127-31 και 176-81.

24-28) αναφέρει ότι για πρώτη φορά κατά την 7η Ολυμπιάδα (752 π.Χ.), ο νικητής των αγώνων, καθ' υπόδειξη της Πυθίας, στέφθηκε με ένα στεφάνι από αγριελιά.

Η σύνδεση της Νίκης με το σύμβολο αυτό γίνεται πολύ πρώιμα εμφανής στην τέχνη. Για πρώτη φορά αποδίδεται να κρατά το στεφάνι σε ανάγλυφο των μέσων του 6ου αι. π.Χ.,[14] ενώ το προσφέρει σε νεαρό ακοντιστή, σε οινοχόη του ζωγράφου του Βερολίνου, χρονολογημένη γύρω στο 470 π.Χ.[15] Έκτοτε, πολυάριθμες είναι οι απεικονίσεις της Νίκης με στεφάνι, καθώς αποτελεί το πιο συχνό σύμβολο της θεότητας, τόσο στην αγγειογραφία, όσο και στις υπόλοιπες μορφές τέχνης.[16]

Το κλαδί φοίνικα απεικονίζεται για πρώτη φορά σε αθλητικά συμφραζόμενα στο τρίτο τέταρτο του 5ου αι. π.Χ.[17] Ωστόσο, ήδη από το τελευταίο τέταρτο του 6ου αι. π.Χ. εμφανίζονται σε μελανόμορφα αγγεία μακριά κλαδιά, τα οποία δεν μπορούν να ερμηνευτούν με σιγουριά, αλλά θεωρούνται πρόδρομοι των κλαδιών φοίνικα.[18] Σύμφωνα με τον Πλούταρχο (*Θησ.* 21.3· *Συμπ.* 724Α) και τον Παυσανία (8.48.3), το κλαδί φοίνικα χρησιμοποιήθηκε για πρώτη φορά από τον Θησέα στη Δήλο, ο οποίος αποσπώντας το από το ιερό δέντρο του Αρτεμισίου στεφάνωσε με αυτό τους νικητές των αγώνων που είχε διοργανώσει μετά την επιστροφή του από την Κρήτη. Ο φοίνικας, όπως το στεφάνι και η ταινία, είναι σύμβολο της νίκης, που αποδίδεται από τον βραβέα στον νικητή, *τὴν ῥάβδον ἀπὸ φοίνικος, ἤ τινὸς ἄλλου διδόντες σύμβολα τῆς νίκης* (*Ε.Μ.*, λ. *βραβεύς*). Το εν λόγω σύμβολο απαντάται για πρώτη φορά στο χέρι της Νίκης σε λήκυθο από τη Γέλα, χρονολογημένη στο 500 π.Χ.[19]

Η ταινία είχε ως ρόλο να σημαδέψει και να ξεχωρίσει τον νικητή και δενόταν στο μέτωπο ή σε άλλα σημεία του σώματος του νικητή των αγώνων.[20] Ο

14. Moustaka 1992, αρ. 42.

15. Boardman 1975, αρ. 161.

16. Για τις απεικονίσεις της Νίκης με στεφάνι, βλ. για παράδειγμα, Moustaka 1992, αρ. 8, 9, 10, 38, 41, 51, 55, 57, 60, 68, 69, 75, 93· Goulaki-Voutira 1992, αρ. 112, 120, 121, 148, 151, 182, 183 κ.α.· Thöne 1999, 94-95 και αρ. D1-D16. Βλ. και Ιακωβίδου 2010, 27-47.

17. Valavanis 1990, 345· Βαλαβάνης 1991, 138-41 και υποσ. 356. Για την εικονογραφία και τον συμβολισμό του φοίνικα, βλ. το έργο της Miller (1983, *passim*).

18. Blech 1982, 111-12.

19. *ARV*[2] 211, 188· Moustaka 1992, αρ. 15.

20. Blech 1982, 113-14. Για τους διαφορετικούς τύπους της ταινίας (δεκατρείς στον αριθμό) και τις πολυπληθείς παραλλαγές του καθενός, βλ. το έργο της Krug (1968, *passim*) για την τυπο-

Παυσανίας μαρτυρεί για το άγαλμα του Πολύχαλκου, νικητή σε ιππικό αγώνισμα, ο οποίος απεικονίζεται να κρατά στο χέρι ταινία (6.1.7), αλλά και για ένα χάλκινο άγαλμα της Ιπποδάμειας που στολίζει με ταινία τον Πέλοπα ως νικητή (6.20.19). Επίσης, μας πληροφορεί για τον Λίχα, που έδεσε ο ίδιος την ταινία του νικητή στον ηνίοχο που νίκησε στους Ολυμπιακούς αγώνες (6.2.2), θέλοντας να δηλώσει ότι το άρμα ήταν δικό του (Θουκ. 5.50.4: *ἀνέδησε τὸν ἡνίοχον, βουλόμενος δηλῶσαι ὅτι ἑαυτοῦ ἦν τὸ ἅρμα*). Ο νικητής στους αγώνες ομορφιάς των ανδρών της Ήλιδας, ο οποίος οδηγεί την πομπή στο ναό της Αθηνάς παραλαμβάνει, εκτός από τα όπλα που ήταν αφιερωμένα στην Αθηνά, ένα στεφάνι μυρτιάς και οι φίλοι τον στολίζουν με ταινία (Αθήν. *Δειπν.* 13.90· Μυρσίλος [*FGrHist.* 477], απ. 4). Σύμφωνα με τον Bötticher[21] και τον Klein,[22] τουλάχιστον στην Ολυμπία και τους Δελφούς, η ταινία ήταν το παλαιότερο σύμβολο της νίκης, ενώ το στεφάνι προστέθηκε αργότερα. Ο Jüthner, αλλά και άλλοι ερευνητές στη συνέχεια, υποστήριξαν ότι η ταινία δενόταν στον νικητή αμέσως μετά τη λήξη του αγώνα, προκειμένου να τον κάνει να ξεχωρίζει από τους υπόλοιπους αθλητές, ενώ το στεφάνι απονεμόταν αργότερα κατά την επίσημη τελετή.[23] Τον ημιεπίσημο χαρακτήρα της ταινίας αρνείται ο Βαλαβάνης, ο οποίος θεωρεί ότι σε ορισμένους αγώνες η ταινία ήταν ισότιμη με το στεφάνι και μπορούσε να το αντικαταστήσει στην επίσημη τελετή.[24] Η ταινία ανήκει και αυτή στα ιδιαίτερα σύμβολα της Νίκης, όπως διαπιστώνουμε από τις πολυάριθμες απεικονίσεις της στην τέχνη και ιδιαίτερα στην αγγειογραφία, όπου απαντά να κρατά την ταινία για να αναδέσει με αυτή τον νικητή.[25]

Το σκήπτρο που συνοδεύει σε κάποιες κοπές τη Νίκη, δεν απαντάται στις απεικονίσεις της στα νομίσματα, αλλά ούτε και στις υπόλοιπες μορφές τέχνης. Είναι πολύ πιθανόν η θεότητα να δανείζεται το σκήπτρο από τον Δία, προς τι-

---

λογία της ταινίας στην ελληνική τέχνη από τον 6ο έως και τον 1ο αι. π.Χ. Επίσης, για την ερμηνεία του δεσίματος, αλλά και για τις άλλες χρήσεις της ταινίας, εκτός των νικητών αθλητών, βλ. Κεφαλίδου 1996, 69-72, με υποσημειώσεις.

21. Bötticher 1853, 7-13.

22. Klein 1912, 9.

23. Jüthner 1898, 42-48· Krug 1968, 128· Buhmann 1972, 53· Blech 1982, 113-14· Jackson 1991, 180, υποσ. 13.

24. Valavanis 1990, 352 και Βαλαβάνης 1991, 109.

25. Moustaka 1992, αρ. 27 (ακρωτήριο), αρ. 67 (αγγείο)· Goulaki-Voutira 1992, αρ. 94, 99, 116, 184, 249, 257, 261, 262, 266, 273, 289, 291, 309, 315, 317, 323, 325, 326, 346, 347, 350, 351, 361, 367 (αγγεία). Βλ. και Thöne 1999, 94-95 και αρ. D17-D45. Επίσης, Ιακωβίδου 2010, 27-47.

μήν του οποίου, άλλωστε, διοργανώνονταν οι Ολυμπιακοί αγώνες. Η μορφή του Δία κοσμεί την εμπρόσθια όψη κοπών της περιόδου και με τον ίδιο συνδέονται τόσο ο αετός, όσο και ο κεραυνός που χαράσσονται στα νομίσματα της Ολυμπίας καθ' όλη σχεδόν την περίοδο λειτουργίας του νομισματοκοπείου.

Εκτός από τις εικαστικές τέχνες, η Νίκη, ήδη από τις αρχές του 5ου αι. π.Χ., σχετίζεται με τους αθλητικούς αγώνες και στην ποίηση. Στα Επινίκια του Πινδάρου και του Βακχυλίδη παρουσιάζεται να αναγγέλλει τη νίκη στους αγώνες. Στην 5η Ωδή των Νεμεονικών ο επιτυχών αθλητής Ευθυμένης αναφωνεί, *Νίκας ἐν ἀγκώνεσσι πίτνων* (42) ή η ίδια η Νίκη αναφέρεται να περιμένει τον νικητή στο τέλος της ιπποδρομίας για να τον πάρει στην αγκαλιά της, *χρυσέας ἐν γούνασιν πίτνοντα Νίκας* (*Ισθμ.* 2.26). Η εύνοιά της μπορεί ακόμα και να βοηθήσει στην επίτευξη του νικητήριου στόχου σε έναν αγώνα, όπως αναφέρει ο Βακχυλίδης (*Επιν.* 5.33, 13.59-60), ο οποίος επίσης την παρουσιάζει να οδηγεί μαζί με τη Χάριτα Αγλαΐα το νικηφόρο άρμα (*Επιν.* 3.5-6).[26]

Τη σημασία της Νίκης στον αθλητικό χώρο δεν δείχνουν μόνο οι πολυπληθείς παραστάσεις της, κυρίως στην αγγειογραφία, ή οι αναφορές της στις λογοτεχνικές πηγές, αλλά και η λατρεία της Αθηνάς-Νίκης στην Ακρόπολη. Ο Welter[27] συνέδεσε την αφετηρία της λατρείας αυτής με την ανανέωση των Παναθηναϊκών αγώνων το 566-565 π.Χ. από τον Πεισίστρατο, δηλαδή κατά την 53η Ολυμπιάδα και σήμερα η άποψη αυτή τείνει να γίνει κοινώς αποδεκτή από τους ερευνητές.[28]

Εξάλλου, ένα ακόμα στοιχείο που θα έπρεπε να τονιστεί, σε σχέση με τα συμφραζόμενα της εποχής που σχετίζονται με το συμβολισμό των νομισμάτων της Ολυμπίας, είναι η βαρύνουσα σημασία που είχαν κατά την αρχαιότητα οι Ολυμπιακοί αγώνες, κυρίως κατά τον 5ο αι. π.Χ.[29] Ενώ όλη η Ελλάδα ταραυσσόταν από εμφυλίους πολέμους, πολιτικές αναστατώσεις και διαμάχες, η Ήλιδα, προστατευμένη από τον Δία και την ιερή εκεχειρία, ζούσε με γαλήνη και ευημερία έως το τρίτο τέταρτο του 5ου αι. π.Χ. Κατά την εποχή αυτή, η Ήλιδα έπαψε να παραμένει ουδέτερη στις διενέξεις μεταξύ των άλλων ελληνικών πόλεων

26. Για μια αναλυτική παρουσίαση των σχετικών αναφορών στην αρχαία ελληνική γραμματεία, βλ. Ιακωβίδου 2010, 22, 24.

27. Welter 1939, 11-22.

28. Raubitscheck 1949, 359-65· Kluwe 1966, 39-55· Hamdorf 1964, 59· Thöne 1999, 25-26. *Contra* Mark-Ira 1993, 35, 126-28.

29. Gardiner 1930, 31-36· Robinson 1955, 32-55, 111-12· Decker 1995, 41-48.

και ψήφισε με τους λοιπούς συμμάχους της Σπάρτης την κήρυξη του πολέμου κατά των Αθηναίων. Στις συγκρούσεις που ακολούθησαν οι Ηλείοι διέθεσαν στρατό, πλοία, αλλά και άφθονα χρήματα από τους πόρους του κράτους και του ιερού της Ολυμπίας. Η εμπλοκή αυτή μετέβαλε οριστικά την παλιά εικόνα του κράτους της Ήλιδας, καθώς αυτό άρχισε να μοιράζεται τις συνέπειες που αφορούσαν τους συμμάχους του. Το γεγονός αντικατοπτρίστηκε στην αρχιτεκτονική, στην τέχνη, αλλά και στο χαρακτήρα του ιερού και το πνεύμα των αθλητικών αγώνων.[30] Η βαθιά αυτή τομή πιθανώς ερμηνεύει και το γεγονός ότι ήδη από τα πρώτα χρόνια του Πελοποννησιακού πολέμου η μορφή της Νίκης σταματά να εμφανίζεται στα νομίσματα της Ολυμπίας. Η θεότητα, μέχρι πρότινος αυστηρά συνδεδεμένη με τον αγωνιστικό χαρακτήρα της περιοχής, δεν θα μπορούσε να εικονογραφεί ένα νόμισμα, το οποίο δεν ανταποκρινόταν συμβολικά στον πρότερο χαρακτήρα του, αλλά αποσκοπούσε πια σε μεγάλο βαθμό στην κάλυψη πολεμικών αναγκών.

Πέρα όμως από τη διοργάνωση των αγώνων, οι οποίοι περισσότερο θα μπορούσαν να γίνουν αντιληπτοί ως το πλαίσιο μιας οιονεί λατρευτικής τελετής, στην Ολυμπία, επίσης, ευχαριστούσαν τους θεούς και αναζητούσαν την προστασία τους και στο πεδίο των στρατιωτικών αγώνων. Τα πολεμικά αναθήματα που απαντούν στην Ολυμπία, στο ιερό, αλλά και στους Θησαυρούς του Κρονίου δεν εντοπίζονται σε κανένα άλλο μέρος με τόση πληθώρα. Η διαπίστωση αυτή οδήγησε τη Μουστάκα να διατυπώσει μια διαφορετική άποψη σχετικά με το συμβολισμό της Νίκης στα νομίσματα της Ολυμπίας, διατηρώντας αμφιβολίες σχετικά με την άμεση σύνδεση της μορφής της με τους Ολυμπιακούς αγώνες.[31] Ο συλλογισμός της ξεκινά από τη στενή σύνδεση του Δία με τη Νίκη, τόσο στους νομισματικούς τύπους της Ολυμπίας, όσο και στο λατρευτικό άγαλμα του ναού του Δία, το χρυσελεφάντινο έργο του Φειδία. Όπως χαρακτηριστικά αναφέρει η ερευνήτρια, η καθαρά πολεμική διάσταση της λατρείας του Δία δεν μπορεί να μη συσχετιστεί και με το συμβολικό χαρακτήρα της Νίκης. Θα πρέπει λοιπόν, «ως ενσάρκωση του ίδιου του Δία», να θεωρηθεί κι εκείνη ως πολεμική θεότητα. Σειρά αρχαιολογικών μνημείων και αναθημάτων της Ολυμπίας με τη μορφή της Νίκης και καθαρά πολεμικό συμβολισμό ισχυροποιούν, σύμ-

30. Gialouris 1977, 77-81· Γιαλούρης 1996, 81-84. Επίσης, για τις αλλαγές στα αθλητικά ιδεώδη και τις πρακτικές κατά τον 4ο αι. π.Χ., βλ. Robinson 1955, 118-24.

31. Μουστάκα 1992, 39-43.

φωνα με τη Μουστάκα, την άποψη αυτή. Ιδιαίτερη δε μνεία γίνεται στο πόνημά της για τις σωζόμενες πήλινες Νίκες από την Ολυμπία, και την πιθανή, πράγματι, χρήση τους ως ακρωτήρια των Θησαυρών της περιοχής. Είναι γεγονός, όπως και η ίδια αναφέρει, ότι οι ενδείξεις οι οποίες συνδέουν Θησαυρούς με κάποια Ολυμπιακή νίκη είναι ιδιαίτερα αμφισβητήσιμες, η απουσία πόλεων με Ολυμπιονίκες από τις πόλεις που αφιέρωσαν Θησαυρό είναι εντυπωσιακή και αντίθετα, οι περισσότεροι από αυτούς φαίνεται να αποτελούν αφιερώματα πολεμικών νικών. Είναι λοιπόν πιθανόν, όπως υποστηρίζει η ερευνήτρια, αν πράγματι οι Νίκες αποτελούσαν τα ακρωτήρια αυτών των Θησαυρών, να μην πρόκειται για κάποια τυχαία εικονογραφική επιλογή, αλλά για ένα καθαρά πολεμικό συμβολισμό. Ωστόσο, όπως δικαίως προτείνει η Thöne,[32] είναι εξίσου πιθανόν η χρήση της μορφής της Νίκης ως ακρωτηρίου των Θησαυρών να συνδέεται με την κινητικότητα της μορφής και τη δυνατότητα της πτήσης, η οποία εξυπηρετούσε μια χαλαρή αίσθηση, επιθυμητή για τις προσόψεις των οικοδομημάτων. Επιπλέον, η ύπαρξη πολεμικού συμβολισμού στην παρουσία της Νίκης στα μνημεία της πόλης δεν συνδέεται απαραίτητα με το χαρακτήρα της Νίκης στα νομίσματα, εφόσον είναι γνωστό ότι η θεότητα αποκτά ποικίλους συμβολισμούς και μπορεί κατά περίσταση να συνδεθεί με οποιαδήποτε μορφή νίκης. Εξάλλου, η Νίκη στα νομίσματα της Ολυμπίας αποτελεί, έως την περίοδο που εγκαταλείπεται οριστικά ως θέμα, μια σταθερή εικονογραφική επιλογή. Δεν απεικονίζεται δηλαδή μόνο σε συγκεκριμένες περιόδους, γεγονός που καθιστά εξαιρετικά αμφίβολη τη σύνδεσή της με μεμονωμένες ιστορικές συγκυρίες. Ταυτόχρονα, οφείλει να επισημανθεί ότι ο τρόπος απεικόνισής της κάθε άλλο παρά πολεμικός θα μπορούσε να χαρακτηριστεί, καθώς κυριαρχούν τα ειρηνικά σύμβολα και στάσεις.

Η Μουστάκα χρησιμοποιεί ένα ακόμα στοιχείο, προκειμένου να ενισχύσει την άποψη ότι η επιλογή της μορφής της Νίκης για την εικονογράφηση των νομισμάτων της Ολυμπίας πρέπει να ικανοποιούσε και κάποια πολιτικά ερείσματα. Αυτό συνίσταται στο γεγονός ότι από το τελευταίο τέταρτο του 5^{ου} αι. π.Χ. εμφανίζεται στα νομίσματα της Ολυμπίας, σε συνδυασμό με τον Δία, μια νέα θεότητα, η Ήρα. Την ίδια εποχή η μορφή της Νίκης εγκαταλείπεται οριστικά από τα νομίσματα. Όπως υποστηρίζει η ερευνήτρια, η προώθηση γυναικείων μορφών στη λατρεία από τα τέλη του 5^{ου} αι. π.Χ. πιθανώς συνδέεται με την αλ-

32. Thöne 1999, 21.

λαγή του πολιτικού σκηνικού, λόγω του Πελοποννησιακού πολέμου και τη διαμάχη Ήλιδας - Σπάρτης. Οι διαφωνίες μεταξύ των δύο πόλεων οδήγησαν το 401 π.Χ. σε πολεμική αντιπαράθεση και στο τελευταίο τέταρτο του 4ου αι. π.Χ. σε κατάληψη του ιερού από τους Αρκάδες. Η υιοθέτηση του νομισματικού τύπου της Ήρας αποτελεί, λοιπόν, σύμφωνα με τη Μουστάκα, ένα είδος παραχώρησης σε πιέσεις των γειτόνων.[33]

Όμως, το γεγονός ότι το νόμισμα στην αρχαία Ελλάδα, όπως άλλωστε και σήμερα, δεν θα μπορούσε να παραμείνει άμοιρο των πολιτικών συγκυριών, δεν αποτελεί επαρκές επιχείρημα για την αμφισβήτηση του ρόλου που εξυπηρετούσε η επιλογή της Νίκης για την εικονογράφηση των νομισμάτων της Ολυμπίας. Ακριβώς το γεγονός ότι η αλλαγή των εικονογραφικών επιλογών δεν μπορεί παρά να σηματοδοτεί μεταβολές στο κοινωνικό ή πολιτικό γίγνεσθαι της περιοχής ενδυναμώνει την άποψη της σύνδεσης της μορφής με τους αθλητικούς αγώνες. Ο συμβολισμός της θεότητας, λοιπόν, σαφέστατα συνδέεται με τον κυρίαρχο χαρακτήρα της περιοχής, η οποία μέσω της διοργάνωσης των Ολυμπιακών αγώνων αποτέλεσε –κυρίως μέχρι την έναρξη του Πελοποννησιακού πολέμου– φορέα της εθνικής συνείδησης των Ελλήνων, αλλά και της μεταξύ τους ειρηνικής συνύπαρξης. Όταν ο χαρακτήρας αυτός αλλοιώθηκε, η συγκεκριμένη επιλογή έπαψε να εξυπηρετεί το συμβολισμό που εκφραζόταν μέσω του νομίσματος και αντικαταστάθηκε.

Σχετικά με μεμονωμένους τύπους της μορφής της Νίκης στα νομίσματα της Ολυμπίας και το συμβολισμό τους, ποικιλία προτάσεων έχει διατυπωθεί από τους ερευνητές. Όσον αφορά τα νομίσματα με τον τύπο της καθιστής Νίκης που στέφει λεοντοκεφαλή-κρήνη (440-430 π.Χ.), ο Jongkees υποστήριξε ότι πιθανότατα έχουν ένα χαρακτήρα αναμνηστικό και συνδέονται με την ανοικοδόμηση των λουτρών στην αρχαία Ολυμπία, η οποία έλαβε χώρα προς τα μέσα του 5ου αι. π.Χ.[34] Η ερμηνεία αυτή φαίνεται πειστική.[35] Είναι αλήθεια ότι παρόμοιες απεικονίσεις σε νομίσματα πόλεων, οι οποίες επέλεξαν να μνημονεύσουν με αυτόν τον τρόπο τις κρήνες τους, δεν είναι σπάνιες στην ελληνική νομισματοκοπία, ενώ οι γυναικείες μορφές που εικονίζονται σε αυτά συνήθως συνδέονται

---

33. Μουστάκα 1992, 42.

34. Jongkees 1968, 53-56.

35. Βλ. και την άποψη του Lacroix (1974, 15-16), ο οποίος θεωρεί είτε ότι οι μορφές στα νομίσματα απεικονίζουν τις Νύμφες οι οποίες είχαν τον βωμό τους δίπλα στο ιερό δέντρο ελιάς της Άλτιδος είτε ότι η μορφή της Νίκης συνδέεται με αυτές.

με τοπικές Νύμφες των υδάτων. Παράλληλες παραστάσεις συναντάμε σε νομίσματα της Τέρινας του 420 π.Χ., όπου χαράσσεται φτερωτή Νύμφη-Νίκη που γεμίζει υδρία από κρήνη με λεοντοκεφαλή,[36] αλλά και σε νομίσματα της Λάρισας με την ομώνυμη Νύμφη (450 π.Χ.).[37] Απεικονίσεις κρηνών είναι γνωστές από νομίσματα των Φερών,[38] αλλά και της Ιμέρας, τα οποία χρονολογούνται γύρω στο 455-440 π.Χ.[39] Στην τελευταία παράσταση εικονίζεται η Νύμφη Ιμέρα να σπένδει σε βωμό, ενώ στο πλάι της ένας Σιληνός βρέχεται από κρήνη με λεοντοκεφαλή. Μια ενδιαφέρουσα παραλλαγή αυτού του τύπου παριστάνει στην οπίσθια όψη τη Νύμφη Ιμέρα, ενώ στην εμπρόσθια απεικονίζεται συνωρίδα με το όνομα του Πέλοπα στο πάνω μέρος. Πιθανότατα, λοιπόν, η παράσταση παράλληλα συνδέεται και με την Ολυμπιακή νίκη του Εργοτέλη της Ιμέρας, το 464 π.Χ.[40] Οι παραστάσεις στέψης πηγών από γυναικείες μορφές είναι συνήθεις και σε άλλες μορφές τέχνης και ειδικά στις υδρίες της αττικής μελανόμορφης αγγειογραφίας,[41] οι περισσότερες από τις οποίες χρονολογούνται γύρω στο 520 π.Χ., εποχή κατά την οποία χτίστηκε η γνωστή εννεάκρουνος (Καλλιρρόη).[42]

Ο περίφημος τύπος της Νίκης που εικονίζεται καθιστή να κρατά με το ένα χέρι το κατεβασμένο κεφάλι της και με το άλλο τον κότινο (περίπου 432 π.Χ., 87η Ολυμπιάδα) ερμηνεύτηκε από τον Gabrici[43] ως Νίκη που ετοιμάζεται να στεφανώσει τον τάφο του Πέλοπα, καθώς σύμφωνα με τις μαρτυρίες των αρχαίων συγγραφέων οι Ολυμπιακοί αγώνες ήταν αναμνηστικοί της μνήμης ενός νεκρού ήρωα.[44] Αυτός ο ήρωας, σύμφωνα με τον Gabrici, ήταν ο Πέλοπας,[45] ο τάφος του οποίου βρισκόταν στο εσωτερικό του ιερού της Άλτιδος και σε αυτόν απέδιδαν τιμές οι αθλητές που επιθυμούσαν μια νίκη στους αγώνες. Η Νίκη, σε αρκετές περιπτώσεις αθλητικών συμφραζομένων, απεικονίζεται στην αγ-

36. Imhoof-Blumer 1908, 21-22 και 25, αρ. 51 και πίν. 2, αρ. 13· Holloway και Jenkins 1983, αρ. 38.

37. *BMC (Thessaly to Aetolia)*, 25, αρ. 15 και πίν. 4, αρ. 11· Liampi 1992, 213 και αρ. 9.

38. *BMC (Thessaly to Aetolia)*, 46, αρ. 1 και πίν. 10, αρ. 1.

39. *BMC (Sicily)*, 79, αρ. 34· *SNG Ashmolean* 1764· Imhoof-Blumer 1908, 32, αρ. 70 και πίν. 2, αρ. 28.

40. Βλ. Ιακωβίδου 2010, 190-92.

41. Jongkees 1968, 55.

42. Larson 2001, 127-28.

43. Gabrici 1958, 201-208, ιδιαίτερα 201.

44. Robinson 1955, 32-55.

45. Για μια διαφορετική άποψη σχετικά με την ταυτότητα του ήρωα, βλ. Mallwitz 1988, 79-109, ιδιαίτερα 103.

γειογραφία σε παραστάσεις προσφοράς σε βωμό, κρατώντας διάφορα σύμβολα, στεφάνι ή ταινία, όπως στο εσωτερικό κύλικας του 470 π.Χ. όπου παριστάνονται δύο Νίκες με μακριές ταινίες να ίπτανται προς νεαρό αθλητή, ο οποίος στέκεται σε βωμό.[46] Η απεικόνιση βωμών σε νικητήριες παραστάσεις μπορεί να παραπέμπει, λοιπόν, σε επινίκιες θυσίες ή απλώς να υποδηλώνει τον αγωνιστικό ή ιερό χώρο στον οποίο διαδραματίζεται η σκηνή. Με αυτόν τον τρόπο η Νίκη, αφενός προβάλλει τη νίκη του αθλητή και εκφράζει τον αγωνιστικό θρίαμβο και αφετέρου πληροφορεί τους θεούς για τη νίκη αυτή.[47] Ο Παυσανίας (5.14.8) αναφέρει στην Ολυμπία βωμό του Δία Καθάρσιου και της Νίκης, όμως, δυστυχώς, δεν καθορίζεται η εποχή που ξεκίνησε η λατρεία. Ο Bernert υποστήριξε ότι είναι πιθανόν να ανήκει στην ίδια εποχή με τα νομίσματα, αποτελώντας ένδειξη ότι η Νίκη λατρευόταν στην Ήλιδα ως μια αυτόνομη θεότητα. Σύμφωνα με τον ερευνητή, ενισχυτικά δρα ο νομισματικός τύπος της Νίκης με σκήπτρο, ο οποίος υποδηλώνει μια υψηλή θεότητα.[48] Ωστόσο, η πιο πρώιμη λατρεία της Νίκης που μας παραδίδεται με βεβαιότητα χρονολογείται μετά τα μέσα του 4ου αι. π.Χ.[49] Ως εκ τούτου, ο ισχυρισμός του ερευνητή δεν μπορεί, χωρίς άλλα τεκμήρια, να αποδειχθεί με ασφάλεια.

Οι Bellinger και Berlincourt θεωρούν τη στάση αυτή της Νίκης ως συμβολική των δυσάρεστων αισθημάτων που κυριαρχούσαν στην Ελλάδα κατά την έναρξη του Πελοποννησιακού πολέμου, βλέπουν λοιπόν μια Νίκη «θρηνούσα».[50]

Αντίθετα, ο Seltman[51] και ο Lacroix[52] υποστήριξαν πως μια μελαγχολική Νίκη δεν ταιριάζει με τον εορταστικό χαρακτήρα των νομισμάτων και κατέληξαν στο ότι μάλλον πρόκειται για μια «σκεπτόμενη» Νίκη. Πράγματι, οι τύποι των νομισμάτων των ελληνικών πόλεων συνήθως επιλέγονταν για να υμνήσουν τη δόξα μιας πόλης και όχι για να ανακοινώσουν τα δεινά ενός πολιτικού γεγονό-

46. *ARV*² 407, 16. Για ανάλογες παραστάσεις, βλ. Κεφαλίδου 1996, 85-89.

47. Thöne 1999, 43.

48. Bernert 1936, στ. 294.

49. Κατά την περίοδο αυτή μνημονεύεται η πιο πρώιμη θυσία στη Νίκη, από τον Μ. Αλέξανδρο (Δημοσθ. *Προοίμ.* 54.1.4-5, *καὶ γὰρ ἐθύσαμεν τῷ Διῒ τῷ σωτῆρι καὶ τῇ Ἀθηνᾷ καὶ τῇ Νίκῃ)*. Βλ. και Ιακωβίδου 2010, 48-50.

50. Bellinger και Berlincourt 1962, 6. Σε ανάλογο συμπέρασμα καταλήγει και ο Jongkees (1968, 59-61).

51. Seltman 1921, 36.

52. Lacroix 1974, 13-21.

τος. Εξάλλου, το μοτίβο αυτό είναι αρκετά σύνηθες στην τέχνη του δευτέρου τετάρτου του 5ου αιώνα, ιδιαίτερα στην απεικόνιση της Πηνελόπης. Συγκρίνοντας δε τον τύπο της Νίκης με την παράσταση σε σκύφο του ζωγράφου της Πηνελόπης στην Οξφόρδη,[53] ο οποίος χρονολογείται σχεδόν την ίδια περίοδο με αυτή που κόπηκε το νόμισμα, εύκολα διαπιστώνουμε μια εντελώς διαφορετική διάσταση στην αντιμετώπιση της στάσης αυτής. Στον σκύφο εικονίζονται δύο αθλητές να παλεύουν ανάμεσα σε δύο φτερωτές μορφές. Η μία από αυτές εικονίζεται σαν να θρηνεί για τον ηττημένο αθλητή, στην ίδια στάση με τη Νίκη του νομίσματος, και η άλλη αποδίδεται με ανοιχτά χέρια έτοιμη να αγκαλιάσει τον νικητή.

Ανάλογη είναι, επίσης, όπως διαπίστωσε ο Lacroix, η στάση της Αθηνάς στο ανάγλυφο από την Ακρόπολη,[54] η οποία ερμηνεύτηκε και από τον Chamoux[55] ως σκεπτική. Η Αθηνά εικονίζεται μπροστά από έναν πεσσίσκο, ο οποίος σημάδευε στο στάδιο το σημείο της έναρξης και του τερματισμού του αγώνα. Μοιάζει στοχαστική για τις αιφνίδιες αλλαγές του αγώνα, αποφεύγοντας ταυτόχρονα με τη στάση της να μαρτυρήσει κάτι που η ίδια ως θεά γνωρίζει πολύ καλά, το αποτέλεσμα δηλαδή της αναμέτρησης. Κατ' αναλογία και η Νίκη των νομισμάτων της Ολυμπίας πρέπει κατά πάσα πιθανότητα να ερμηνευτεί ως μια μορφή που υποδηλώνει με τη στάση της περίσκεψη, αλλά και σοβαρότητα για το αποτέλεσμα του αθλητικού αγώνα. Δεν πρόκειται, λοιπόν, για μια πένθιμη στάση αλλά μάλλον για μια στάση αναμονής και περισυλλογής.

Βάσει των ανωτέρω αναλύσεων σχετικά με το συμβολισμό της μορφής της Νίκης, όπως αυτή απεικονίζεται στα νομίσματα της Ολυμπίας, είναι δόκιμο να υποστηριχθεί, σύμφωνα με την άποψή μου, ότι η φύση της μορφής της θεότητας σαφέστατα συνδέεται καταρχήν με τα αθλητικά συμφραζόμενα της περιοχής. Το γεγονός ότι ο χαρακτήρας της Νίκης δεν είναι μονοσήμαντος, αλλά κατά περίπτωση μπορεί να αποκτήσει και πολεμικό συμβολισμό –ακόμα και στα μνημεία της ίδιας περιοχής– δεν μπορεί να αποτελέσει ισχυρό έρεισμα για υποθέσεις που δεν επιβεβαιώνονται από τα εικονογραφικά δεδομένα. Έτσι, η σύνδεση του τύπου της καθιστής Νίκης με τα αναμενόμενα δεινά του Πελοποννησιακού πολέμου, όσο δελεαστική κι αν φαίνεται, μοιάζει παρακινδυνευμένη.

53. Oxford *CVA* 1, πίν. 46, αρ. 8-9.
54. Boardman 1985, αρ. 41.
55. Chamoux 1957, 141-59.

Εξάλλου, δεν μπορεί να παραγνωριστεί το γεγονός ότι το νόμισμα της Ολυμπίας δεν αποτελούσε ένα τυπικό νόμισμα κράτους, αλλά ήταν αυστηρά συνδεδεμένο με το ιερό και τους Ολυμπιακούς αγώνες. Κατά συνέπεια, και οι τύποι που επιλέγονταν για να το κοσμήσουν δεν μπορεί παρά να απηχούν τον έντονο αθλητικό και λατρευτικό χαρακτήρα της περιοχής. Δεν είναι τυχαίο, όπως προαναφέρθηκε, το γεγονός ότι όταν ο χαρακτήρας αυτός άρχισε να φθίνει, με την εγκατάλειψη της ουδετερότητας της Ήλιδας κατά την έναρξη του Πελοποννησιακού πολέμου, η μορφή της Νίκης εγκαταλείπεται ως εικονογραφικός τύπος. Ενισχυτικά δε δρα και η διαπίστωση ότι η Ολυμπία αποτελεί τη μόνη πόλη του κυρίως ελλαδικού χώρου που υιοθέτησε τη μορφή της Νίκης ως σταθερό τύπο των νομισμάτων της και μάλιστα για πάνω από τρεις δεκαετίες.

Θεμιτή, ωστόσο, μπορεί να θεωρηθεί μια ερμηνεία, η οποία κατά περίπτωση αφήνει ένα περιθώριο συσχετισμού της μορφής της Νίκης με πραγματικά γεγονότα της εποχής, τα οποία, όμως, περισσότερο έχουν ως στόχο την ανάδειξη της περιοχής και όχι συγκεκριμένα πολιτικά δρώμενα. Ήδη σχολιάσαμε τον τύπο της Νίκης που στέφει υδρορροή, ο οποίος μπορεί κάλλιστα να επιλέχθηκε ως αναμνηστικός της ανοικοδόμησης των λουτρών στην περιοχή.

Επιπλέον, οφείλεται να επισημανθεί και μια τελευταία ενδιαφέρουσα παράμετρος, εμφανής στον τρόπο που χαράσσεται η μορφή της θεότητας στα νομίσματα της Ολυμπίας. Αφορά την επιλογή των αρχών να αποδώσουν τη συλλογικότητα της έννοιας της αγωνιστικής νίκης, τη νίκη δηλαδή η οποία είναι έτοιμη να προσφερθεί σε όποιον αθλητή θα αποδειχθεί ικανότερος. Η Νίκη με όλες τις στάσεις της μιλά για τον δυνάμει νικητή του αγώνα, οποιοσδήποτε κι αν είναι αυτός, πάντα έτοιμη να του προσφέρει το ένδοξο στεφάνι της νίκης για να τον τιμήσει ή συμμεριζόμενη την αγωνία του για το αποτέλεσμα. Στην επιλογή αυτή για τη συμβολική απόδοση της έννοιας «νίκη» θα μπορούσαμε να αντιπαραβάλλουμε, για παράδειγμα, τα νομίσματα των Συρακουσών με το γνωστό θέμα της Νίκης που ίπταται πάνω από άρμα, στέφοντας τα άλογα ή τον αρματηλάτη. Εδώ, η σημασία της Νίκης είναι πιο περιορισμένη, καθώς δοξάζει την ατομικότητα, δηλαδή μια συγκεκριμένη νίκη, αυτή των αρμάτων από τις Συρακούσες και συγκεκριμένα του τυράννου Γέλωνα.[56]

56. Βλ. Ιακωβίδου 2010, 74-78.

Ευχαριστιες

Από τη θέση αυτή θα ήθελα να εκφράσω τις ευχαριστίες μου στην κα Κ. Λιάμπη, Καθηγήτρια του Πανεπιστημίου Ιωαννίνων, για τη βοήθεια και τις πολύτιμες συμβουλές που μου προσέφερε κατά την εκπόνηση αυτής της εργασίας.

Συντομογραφιες

ABV = Beazley, J.D. 1956, *Attic Black-Figure Vase-Painters*, Oxford.

ARV[2] = Beazley, J.D. 1963[2], *Attic Red-Figure Vase-Painters*, Oxford.

BMC (Sicily) = B.V. Head, R.S. Pool και P. Gardner 1876, *A Catalogue of the Greek Coins in the British Museum. Sicily*, London.

BMC (Thessaly to Aetolia) = P. Gardner 1883, *A Catalogue of the Greek Coins in the British Museum. Thessaly to Aetolia*, London.

CVA = *Corpus Vasorum Antiquorum.*

Leu = Leu Numismatics AG, Zurich, Auction 90, 10 May 2004 (Coins of Olympia. The BCD Collection).

SNG Ashmolean = *Sylloge Nummorum Graecorum Great Britain 5.2. The Ashmolean Museum. Italy, Lucania (Thurium)-Bruttium, Sicily, Carthage* (C.H.V. Sutherland), London 1969.

Traité = Babelon, E. 1907-1932, *Traité des monnaies grecques et romaines II. Description historique* 1-4, Paris.

Βιβλιογραφια

Βαλαβανης, Π. 1991, *Παναθηναϊκοί αμφορείς από την Ερέτρια*, Αθήνα.

Baudrilliard, A. 1894, *Les divinités de la Victoire en Grèce et en Italie d' après les textes et les monuments figurés*, Paris.

Bellinger, A.R. και Berlincourt, M. A. 1962, *Victory as a Coin Type, NNM* 149, New York.

Bernert, E. 1936, *λ. Nike. RE* 17.1, στ. 285-307, Stuttgart.

Blech, M. 1982, *Studien zum Kranz bei Griechen*, Berlin.

Boardman, J. 1975, *Athenian Red Figure Vases. The Archaic Period*, London.

\- 1985, *Greek Sculpture in the Classical Period*, London.

Bötticher, C. 1853, "Das Bild der Hippodameia im Hippodrom zu Olympia", *AZ* 11, 7-13.

Buhmann, H. 1972, *Der Sieg in Olympia und in den anderen panhellenischen Spielen*, München.

Γιαλουρησ, Ν. 1996, *Αρχαία Ήλις. Το Λίκνο των Ολυμπιακών Αγώνων*, Αθήνα.

Chamoux, F. 1957, "L'Athéna mélancolique", *BCH* 81, 141-59.

Curtius, E. 1895, "Der Synoikismos von Elis", *SBBerl*, 793-806.

Decker, W. 1995, *Sport in der griechischen Antike*, München.

Franke, P.R. 1984, "Olympia und seine Münzen", *AntW* 15(2), 14-26.

Gabrici, E. 1958, "La Nike funebre delle monete di Elis", *ANS* Centennial Publication, 201-208.

Gardiner, E.N. 1930, *Athletics of the Ancient World*, Oxford.

Gardner, P. 1879, *The Coins of Elis*, London.

Gialouris, N. 1977, "The Importance and Prestige of the Games", στο Μ. Ανδρόνικος και Ν. Γιαλούρης (επιμ.), *Athletics in Ancient Greece. Ancient Olympia and the Olympic Games*, Αθήνα, 77-81.

Goulaki-Voutira, A. 1992, λ. *Nike*. *LIMC* VI, 94-379, Zürich, München.

Hamdorf, F.W. 1964, *Griechische Kultpersonifikationen der vorhellenistischen Zeit*, Mainz.

Head, B.V. 1911[2], *Historia Numorum: a Manual of Greek Numismatics*, Oxford.

Holloway, R.R. και Jenkins, K.G. 1983, *Terina*, Bellinzona.

Ιακωβιδου, Α. 2010, *Νίκη. Εικονογραφία, ιδεολογία και συμβολισμός στα ελληνικά νομίσματα της αρχαϊκής και κλασικής περιόδου* (αδημ. διδακτ. διατριβή Πανεπιστήμιο Ιωαννίνων).

Imhoof-Blumer, F. 1908, *Nymphen und Chariten auf griechischen Münzen*, *JIAN* 11, Αθήνα.

Isler-Kerényi, C. 1969, *Nike. Der Typus der laufenden Flügelfrau in archaischer Zeit*, Erlenbach.

Jackson, D.F. 1991, "Philostratos and the Pentathlon", *JHS* 111, 178-81.

Jongkees, J.H. 1968, "Notes on Coin Types of Olympia", *RN* 10, 6th series, 51-63.

Jüthner, J. 1898, "Siegerkranz und Siegerbinde", *JöI 1, 42-48.*

Κεφαλιδου, Ε. 1996, *ΝΙΚΗΤΗΣ. Εικονογραφική μελέτη του αρχαίου ελληνικού αθλητισμού*, Θεσσαλονίκη.

Klein, J. 1912, *Der Kranz bei den alten Griechen. Eine religionsgeschichtliche Studie auf Grund der Denkmäler*, Günzburg.

Kluwe, E. 1966, *Die Tyrannis der Peisistratiden und ihr Niederschlag in der Kunst*, Jena.

Kraay, C.M. 1976, *Archaic and Classical Greek Coins*, London.

Krug, A. 1968, *Binden in der griechischen Kunst: Untersuchungen zur Typologie (6.-1. Jahrh. v. Chr.)*, Hösel.

Lacroix, L. 1974, *Études d'archéologie numismatique*, Paris.

Larson, J. 2001, *Greek Nymphs. Myth, Cult, Lore*, New York.

Liampi, K. 1992, λ. *Larisa*. LIMC VI, 213-216, Zürich, München.

MALLWITZ, A. 1988, “Cult and Competition Locations in Olympia”, στο W.J. Raschke (ed.), *The Archaeology of the Olympics. The Olympics and Other Festivals in Antiquity,* Wisconsin, 79-109.

MARK-IRA, S. 1993, *The Sanctuary of Athena Nike in Athens. Architectural Stages and Chronology,* Princeton.

MILLER H.F. 1983, *The Iconography of the Palm in Greek Art: Significance and Symbolism,* Ann Arbor.

ΜΟΥΣΤΑΚΑ, Α. 1992, “Μορφή και συμβολισμός της Νίκης στην Αρχαία Ολυμπία”, στο W. Coulson και H. Kyrieleis (επιμ.), *Πρακτικά Συμποσίου Ολυμπιακών Αγώνων, 5-9 Σεπτεμβρίου 1988,* Αθήνα, 39-43.

MOUSTAKA, A. 1992, λ. *Nike. LIMC* VI, 1-93, Zürich, München.

NICOLET, H. 1975, “Remarques sur la chronologie relative des plus anciennes séries de statère éléens”, *RN* 17, 6-18.

OECONOMIDES-CARAMESSINI, M. 1989, “A Propos du Trésor de Lappa, *IGCH* 35”, στο G. Le Rider, K. Jenkins, N. Waggoner and U. Westermark (eds), *Kraay-Morkholm Essays. Numismatic Studies in Memory of C. M. Kraay and O. Morkholm,* Louvain-la-Nauve, 217-23.

RAUBITSCHECK, A.E. 1949, *Dedications from the Athenian Acropolis. A Catalogue of the Inscriptions of the Sixth and Fifth Centuries B.C.,* Cambridge.

ROBINSON, R.S. 1955, *Sources for the History of Greek Athletics,* Ohio.

SELTMAN, C.T. 1921, *The Temple Coins of Olympia,* Cambridge.

THÖNE, C. 1999, *Ikonographische Studien zu Nike im 5. Jahrhundert v. Chr. Untersuchungen zur Wirkungsweise und Wesensart,* Archäologie und Geschichte 8, Heidelberg.

VALAVANIS, P. 1990, “La proclamation des vainqueurs aux Panathénées”, *BCH* 114, 325-59.

WARREN, J.A.W. 1962, “A Neglected Hoard of Elean Coins”, *NC* 2, 7th series, 413-15.

WEBSTER, T.B.L. 1972, *Potter and Patron in Classical Athens,* London.

WELTER, G. 1939, “Vom Nikepyrgos”, *AA 54, στ. 1-22.*

Summary

The mint of Elis, from the start of its operation, namely from the second until the third quarter of the fifth century (468-432 BC), adopted the form of Nike as one of the main types of its currencies. The research objective of this paper is to demonstrate the symbolism of these depictions, thus connect them with the predominant athletic character of the area. As we state the very selection of Nike, the personalization of success, as a basic, but also long-lived theme of these coins, strengthens this claim. The presence of Nike in ancient Greek art is largely associated with sports context. In addition, the symbols which the deity holds (wreath, taenia, kotinos, palm branch) are without doubt, the awards of the athletic contests in the region.

Moreover, we can not ignore the fact that the currency of Olympia was not a typical state coin, but strictly connected with the temple and the Olympic Games. Consequently, the types selected to adorn its coins reflect, in all probability, the strong athletic and worship character of the area. It is no coincidence, as noted, that when this character started to decline, when Elis lost her neutrality at the beginnings of the Peloponnesian War, the form of Nike as a coin type was eventually abandoned.

Despite prior arguments stressing the political and military symbolism of Nike, we argue that the athletic character of the deity predominates in the coins. The ascertainment that coinage in ancient Greece could not remain unaffected from political circumstances can not challenge the role which Nike served as a coin type of these coins. Also the fact that the character of Nike is not monosemantic, but can also acquire a military symbolism –even in the monuments of the same region– can not provide a strong basis for assumptions which are not confirmed by the iconographic data.

Εικ. 1: Ημίδραχμο, οπίσθια όψη (SNG Lockett 2388)

Εικ. 2: Στατήρας, οπίσθια όψη (Seltman 1921, αρ. 20)

Εικ. 3: Στατήρας, οπίσθια όψη (Seltman 1921, αρ. 30)

Εικ. 4: Στατήρας, οπίσθια όψη (Leu 90, 10 May 2004, αρ. 24)

Εικ. 5: Στατήρας, οπίσθια όψη (Seltman 1921, αρ. 71)

Εικ. 6: Στατήρας, οπίσθια όψη (Seltman 1921, αρ. 69)

Εικ. 7: Στατήρας, οπίσθια όψη (Seltman 1921, αρ. 77)

Εικ. 8: Στατήρας, οπίσθια όψη (Seltman 1921, αρ. 88)

Εικ. 9: Στατήρας, οπίσθια όψη (Seltman 1921, αρ. 118)

Εικ. 10: Στατήρας, οπίσθια όψη (Seltman 1921, αρ. 120)

Εικ. 11: Στατήρας, οπίσθια όψη (Seltman 1921, αρ. 117)

Εικ. 12: Στατήρας, οπίσθια όψη (Seltman 1921, αρ. 115)

Εικ. 13: Στατήρας, οπίσθια όψη (Seltman 1921, αρ. 133)

Not carrying the torch: a modern invention-and an ancient omission?

PAUL CARTLEDGE

IT SEEMS only yesterday that the Athens Olympics of 2004 lighted up our cinema, television or computer screens. For many, indeed, participants and observers alike, that Athens celebration will be as memorable as any in the relatively brief, and twice interrupted, series of the modern, revived Olympic Games.[1] But were the Games revived in 1896 - or rather reinvented? What must strike any reader of the torrent of original or reissued books on the ancient Games published cannily to coincide with (almost) every new Olympics is just how untraditional the modern Games have in fact been.[2] In the best tradition (as it were) of the 'invention of tradition' (Hobsbawm & Ranger 1983), the modern Olympics has seen a whole series of innovations introduced in the name of, and often allegedly inspired by, the supposed precedent -and model- of the ancient Greek Games.[3]

1. Llewellyn Smith 2004.

2. Note the following Olympic-Year publications (with the host site in brackets) Fellmann and Scheyhing 1972 (Munich); Finley and Pleket 1976 (Montreal); Haddon 2004 (Athens); Herrmann and Kondoleon 2004 (Athens); Kaila 2004 (Athens); Kitroeff 2004 (Athens); Llewellyn Smith 2004 (Athens); Measham 2000 (Sydney); Miller 2004 (Athens); Miller 2004a, 2004b (Athens); Olivova 1984 (Los Angeles); Perrottet 2004 (Athens); Raschke 1988 (Seoul); Sancisi-Weerdenburg and van Maaren 1996 (Atlanta); Sansone 1988 (Seoul); Sinn 2000 (Sydney)(German original, 1996 (Atlanta)); Spathari 1992 (Barcelona); Spivey 2004 (Athens); Swaddling 2008 (Beijing); Young 1984 (Los Angeles), 2004 (Athens). It is probably not coincidental that the 1980 Moscow Games failed to generate a (Western) publication of any sort.

3. Sources, both written and archaeological, for the ancient Olympics may be consulted in Fellmann and Scheyhing 1972; Herrmann and Kondoleon 2004; Miller 2004b; and perseus.tufts.edu/Olympics (ancient). Accounts of the modern Olympics include Maranti 1999; Miller 2004. Websites include: www.olympic.org. Note also the CD-ROM 'Olympia, 2800 Years of Athletic Games: From Ancient Greece to the Modern Revival' (2004) - produced by Finatec Multimedia (finmedia@athena.compulink.gr).

Of these many innovations not the least strikingly memorable, nor the least symbolically significant, has been the 'tradition' of the Olympic flame. This is an ever more complicated process that begins now with its ceremonial lighting at ancient Olympia, from the reflected rays of the sun, on March 25 (Greek Independence Day) of the Olympiad year, continues with a torch-relay across whole continents, by land, sea, and air, and concludes with the lighting of 'the' flame-the eternal flame, so to speak-that will burn at the host site of the particular Games in question. In the case of Athens 2004, the relay lasted some ten weeks, and covered 78, 000 kilometres across thirty-three countries and five continents. The flame was conveyed in a steel and wood torch designed in the heavily symbolic shape of an olive leaf and carried on planes, trains, cars, bicycles, even an elephant and a camel; its transfer involved hundreds of athletes or other bearers of various descriptions, at a cost of some £25m sterling in all (about 35 million euros in 2004, but no longer 2012, prices).

Over the years between the invention of that particular tradition and the Beijing Games of 2008 the total torch/flame ceremony has acquired, or has become overloaded with, a whole truckload of symbolic associations: not only the crackling fire of inspiration, the steady, gemlike flame of remembrance and the cleansing heat of purity, but also the enlightenment of the so-called Olympic spirit, characterised above all by a supposed common striving for peace (hence the olive shape of the 2004 torch), a striving promoted most obviously and assiduously by the associated International Olympic Truce Movement (also based, like the I.O.C. and its Museum, in Lausanne, Switzerland).[4] This year, 2008, the ceremony has shown its-perhaps unfortunate, perhaps hopeful-potential for politicization, as protesters advocating the liberation of Tibet from the grip of Beijing have very successfully exploited the scope for publicity that the high-profile transmission of the torch affords by attempting to interfere with its passage or to hijack it in various ways.[5]

And yet to begin with there was not, even within the modern Olympic 'movement', any Olympic flame of any description: that was an innovation

4. Vanhove 1993, 1996, 1998.

5. A direct consequence of this intervention is that in 2012 (London) the torch's route was very severely restricted.

for the Amsterdam Games of 1928.[6] Nor was there an Olympic torch-relay before the notorious 'Nazi' or 'Hitler' Games of 1936 held in Berlin; although in fairness it should be noted that there had been a torchlit procession after dusk during the inaugural 1896 Games in Athens, and that the symbol of a torch had adorned the winners' medals in the 1900 Paris Games.[7] The idea for the torch-relay in 1936 sprang fully armed from the head of Carl Diem (1882-1962), an admirer of Classical antiquity, especially ancient Sparta, and a Classical revivalist, who, though not a member of the Party, was clearly not out of tune or sympathy with Nazi ideals and aspirations.[8]

The torches employed in 1936 were manufactured by the firm of Krupp, and the bronze reflectors used to gather the sun's rays at Olympia (a German archaeological site since 1875) were made by Carl Zeiss of Jena; thus, two giants of the most modern German industry combined to help create this pseudo-'ancient' facsimile ritual. The ageing Pierre de Coubertin, founding father of the modern Games, was unable to be present at Olympia himself for the lighting ceremony in July 1936, but he sent a message that included a paean of praise for 'an eternal Hellenism that has not ceased to light the way for the centuries...'.[9] After the twelve Greek 'priestesses' had lit the flame, they recited, not paeans, but odes by Pindar. Leni Riefensthal, too, in her famous- or notorious, rather-documentary film, entered into the same pseudo-antique spirit of things and chose to show some of the Greek torchbearers in ancient, not modern, settings.[10]

Yet as regards any genuine, direct inspiration for all this from the ancient Olympics, the supposed original source and paradigm, there is-well, strictly, there is absolutely nothing, a total zero. Of course, fire had been crucial to the successful performance of the ancient Games, not least the fire or fires that cooked the hecatomb of cattle sacrificed to the greater glory of Zeus Olympios on his ever-growing ash-altar, in what was arguably the central ri-

6. Kitroeff 2004, 88, 107; it was displayed atop an edifice - designed by Jan Wils - interestingly dubbed a 'Tower of Marathon'.

7. Kitroeff 2004, 106-113; Young 2004, 167-9.

8. Kitroeff 2004, 106-8, 120-2, 129-31.

9. McAloon 1981.

10. Kitroeff 2004, 111; cf., on the Berlin Games as a whole, Walters 2006.

tual of the entire five-day festival.[11] But there was no dedicated Olympic Games flame, lit just every four years, nor-*a fortiori* -had there been any torch-relay, not even a torchlight procession.

In a sense, indeed, that is nothing less than what we would-or should-expect. The ancient Olympics were originally a Panhellenic affair - all-Greek but also only-Greek-and always held at the same, eternally sanctified location, so that there was no need for a preliminary ritual designed (as today's chiefly is) simultaneously to emphasise the Games's truly multinational and international, indeed global character, and to highlight (literally) the focal role of the - ever-changing - host city within that globalised athletic universe. Besides, the torch-relay's idealised function of emphasising harmony, solidarity and peace, or at least the cessation of war, was played in antiquity by a genuinely religious ritual, that is, by the declaration of the Olympic Truce by the *polis* of Elis and the transmission of that declaration, by word of mouth by specially appointed Eleian sacred *spondophoroi*, throughout Hellas, the Hellenic world.[12] There was no need or place, therefore (it might be urged), for the invention of such a quasi- or fake-religious ritual as the modern Olympic torch-relay.

That is true enough, yet there is more to be said. For the ancient Greeks were by no means strangers to the notion of the torch-relay. Indeed, being ancient Greeks and lovers of all things agonistic, they quite naturally - that is, in accordance with the dictates of their common culture[13]-turned the idea of the torch-relay into a competitive torch-relay race. Herodotus (8.98.2), for instance, when seeking to lessen somewhat for his Greek audience the oriental strangeness of the relay of horse-riding imperial messengers pas-

11. On the religious, esp. sacrificial dimension, see Cartledge 1985, 103-15, esp. 110; Cartledge 2004; Spivey 2004, 130-2. P. Brown's review of Finley and Pleket 1976 is particularly illuminating in this regard (*New York Review of Books*, 25 November, 1976, 23-4); cf. Sansone 1988; Sinn 2000. Bell and Davies 2004 is a useful collection of essays on games and festivals in antiquity (not only Greek).

12. The Olympic truce: Rougemont 1973, 89ff.; Rutherford 2004, 175 and n. 15. It was officially designated as an *ekekheiria*, or armistice (as well as *spondai*), a literal testimony to the paramilitary character of ancient Greek competitive sports: Reed 1998; Spivey 2004; cf. further on ideology, Musti 2005; Pleket 1976.

13. Gouldner 1965; cf. Burckhardt 1999 (originally 1898-1902). For Greek sport in its social context, see esp. Golden 1998.

sing along the 111 stations of the Persian Royal Road from Susa to Sardis, likened it to 'the torch-race (*lampadêphoriê*) which the Greeks celebrate in honour of Hephaistos'. It would be good to know whether we may press Herodotus's use of 'the Greeks' here, so as to infer that such torch relay-races were staged quite widely throughout Hellas. As it is, in the present state of our evidence, it is only for the Hephaestia festival at Athens that a dedicated Hephaistan *lampadêphoria* is positively attested.[14]

On the other hand, the Athenian Hephaistia was by no means the only Greek festival to feature running races with torches. Predictably enough, given that he too had an obviously intimate connection with fire, the Titan Prometheus was also worshipped with a *lampadêphoria.*[15] But again, the positive evidence exists only for Athens, a little surprisingly perhaps, given Prometheus's universal Greek appeal and valence. At Athens, too, there is attestation for two more torch-races at annual festivals, namely for the relatively antique (Little) Panathenaia and the relatively lately introduced (in the 430s) Bendideia in honour of the non-Greek, Thracian goddess Bendis.[16] Perhaps it was also at the Little Panathenaia that a well-attested torch-race in honour of another of Athens's imported foreign gods, the Arkadian Pan, was held: in this case, at any rate, the identity of the divinity worshipped seems to have been connected much more with running (commemorating and celebrating the famous runs of Philippides from Athens to Sparta and back in 490) than with the torch and flame as such.[17]

Apart from a couple of inscriptions (from Teos, Byzantion, Beroia), that exhausts the written literary or epigraphic evidence.[18] Parisinou, however, using a variety of archaeological evidence, especially coins and vases, and using it with all due caution, has plausibly suggested that torch-races could well have been held far more widely in Greece during the fifth and fourth

14. Hephaisteia: Parker 2005, 471-2.

15. Prometheia: Dougherty 2006, 50-1.

16. Panathenaia, Bendideia: Parisinou 2000, 36; Parker 2005, 183, 257, 463.

17. Pan: Garland 1992, 47-63. Torch-race: Parker 2005, 477. For a near-complete compendium of the evidence for Athens and Attica, see Diggle 2004, 479 (comm. *ad* Theophr. *Char.* XXVII. 4).

18. Teos: Parisinou 2000, 39 and n. 114. Byzantion: Parisinou 2000, 39 and n. 115. Add Beroia, early 2nd c. BCE: *SEG* XXVII. 261.

centuries. Among the possible sites she mentions are (in geographical order from south to north to east, and back south again) Kydonia on Crete, Hermione, Corinth, Hestiaia, Thasos, Amphipolis, Dardanus of the Troad, and Rhodes.[19] That may give a little more credibility, perhaps, to Herodotus's expansive use of 'the Greeks'. But does it justify our imagining the practice of a torch-relay race, that is, a race between teams of runners, outside the context of the Athenian Hephaistia?

Not by itself. But we do at any rate have one other piece of unambiguous documentary evidence for it, in the shape of a fourth-century BCE Athenian documentary inscription, a tribal decree concerning the ephebic *lampadêphoroi* of the tribe Aiantis in the Panathenaia.[20] In other words, for junior adults of Athens, its proto-citizens, it was thought healthy and useful to take part in competitive team sports. This civic exercise was intended, in part, precisely to develop and enhance teamwork and *esprit de corps*, through tribal solidarity, but it was also practised to foster an idea of Athenian-ness, collective Athenian political and cultural identity. For, no matter which tribal team of torch-relay runners won, that team was bound to be Athenian, and in and through winning the victors would be duly celebrating the city's patron divinity, Athena Polias. This was, in other words, a closed, Athenians-only event, like some others at the Panathenaia festivals (both Great and Little), including an intertribal trireme rowing race held off the coast of Sounion.[21] That was just one of the several ways in which the Panathenaia festivals, despite their panhellenic ambitions, remained crucially anchored to their local, Attic context and soil.

At the Olympics, by contrast, the *ne plus ultra* of pan-Hellenic competitive athletics, there were absolutely no team events of any kind ever. They celebrated a common Greek cultural identity through consensual but strictly individual agonism. John Boardman (2004) has well explained why that should have been the case:

19. Parisinou 2000, 36-44.

20. IG ii.2.1250, with Sekunda 1990, but note the criticisms of Pritchard 2003, 342-3 n.186. For Athenian athletic participation in general, see Pritchard 2003 (299-300, 328-9 for the *lampadêphoroi*).

21. Rowing race: Parker 2005, 262.

Greek sports are not team games, but a matter of an individual demonstrating his personal superiority over other individuals. [David] Beckham may be an acknowledged star but it is Manchester United or Real Madrid that reap even greater benefit, and especially the manager and shareholders of the team involved. The Olympic victor represented himself, not Argos United or the like. His individual celebrity was more important even than any lustre he might throw upon the place where he was born, and advertisement of his success, by a dedication or on his tomb, was usually a matter for himself or his family.

At ancient Olympia, as noted, there was not even a torchlit procession that might have cast a communal light over the celebrants. It was as if the officials here were concerned to distance their Games as far as possible from any collective sporting or other religious manifestation.[22] Who are we, indeed, to challenge their judgment, considering that celebrations of the ancient Olympics lasted without a break for over 1100 years?

II

On the other hand-and here I move on from the 'modern invention' to the 'ancient omission' in my title-it can still, I think, legitimately be asked whether we moderns have yet gone far enough in updating the Games to suit contemporary attitudes and mores. Should we not invent at least one more tradition - a competitive torch relay-race?

Carlo Levi, in a brilliant essay (1960) beginning 'So, the Olympics are over and Rome too goes back to everyday life', paid special attention to the healing, reconciliatory powcr of thc Olympic torch. In that samc spirit, when the old Berlin Olympics stadium of 1936 was reopened in its new, revamped state (in preparation for the very un-Olympic soccer World Cup of 2006), two granddaughters of famous 1936 competitors in the long jump, one black, one white, symbolically lit an Olympic flame.[23] Yet, as the fracas

22. An acute discussion is to be found now in Nielsen 2007, 99-101; he rightly points out (101) that the Games were conceived also as 'competitions between poleis'; but the mode of competition was in itself rigorously individual.

23. Their gender reminds us too, incidentally, that women had not been allowed any active presence in the ancient Olympics whatsoever: Miller 2004a, 150-9; Scanlon 2002; Fleischer 2005; for a brilliant discussion of the first female Olympic victrix (by proxy), Kyniska of Sparta, see Kyle 2003, 2006.

over the transfer of the Olympic flame from Olympia to Beijing in 2008 has unfortunately made plain, that sort of relay can no longer necessarily perform a healing, reconciliatory function - despite the organizers' wishful rhetoric. So, is not the time becoming ripe to consider introducing-as early as the London Games of 2012, perhaps-torch relay-races? And not just as a curtain-raising propaganda manifestation, before the Games proper begin, but actually during the Games, possibly as their climactic event?

Indeed, one might be tempted to go further still. The new torch-relay teams, I would suggest, should not be picked on a national basis, like those for the currently established team-relay running races, but rather on an individual basis - from among those competitors taking part in other events who are able and willing to be considered, both men and women (whether together or separately). Moreover, they should be selected by that most democratic process of all-one invented actually (for democratic political purposes) by the ancient Athenians: the use of the lottery. On that basis, everyone selected to compete would stand a roughly equal chance of being selected, and, once selected, should stand a roughly equal chance of winning a prize. Thus the old Horatian tag 'Carpe Diem' might acquire a whole new, denazified connotation.

Acknowledgments

The original oral version was delivered at the Second International Conference on 'War, Peace and Panhellenic Games', Olympia, Greece, organized by the "International Institute of Ancient Hellenic History - SOSIPOLIS", June 30, 2005. Warm thanks are owed to our genial and congenial Conference co-organizers, Kostas Buraselis and Nikos Birgalias; as also to the Demarkhos of Eleia and his office, for their renewed generosity and hospitality; and to this volume's copy-editrix, my former Cambridge graduate student, Maria Dimopoulou.

BIBLIOGRAPHY

BELL, S. and DAVIES, G. (eds) 2004, *Games and Festivals in Classical Antiquity* (Proc. Conf. Edinburgh 10-12 July 2000) (*BAR* Int. Ser. 1220), Oxford.

BOARDMAN, J. 2004, "The World of Sport in Antiquity", *Anglo-Hellenic Review* 30 (Autumn 2004), 4-5.

BURCKHARDT, J. 1999, *The Greeks and Greek Civilization*, Oxford [abridged trans. of the original *Griechische Kulturgeschichte* (Hrsg. J. Deri), I-IV, Berlin 1898-1902].

CARTLEDGE, P. 1985, "The Greek religious festivals" in P. Easterling and J. Muir (eds), *Greek Religion and Society*, Cambridge, 98-127

– 2004, "Olympic Self-sacrifice" in M. Kaila *et al.* (eds), *The Olympic Games in Antiquity. Bring Forth Rain and Bear Fruit*, Athens [parallel Greek-English texts], 22-39.

DIGGLE, J. (ed. & comm.) 2004, *Theophrastus* Characters, Cambridge.

DOUGHERTY, C. 2006, *Prometheus*, Abingdon and New York.

FELLMANN, B., SCHEYHING, H. (eds), 1972, *100 Jahre deutsche Ausgrabung in Olympia*, Munich.

FINLEY, M. I., PLEKET, H. W. 1976, *The Olympic Games: the first thousand years*, London.

FLEISCHER, A. 2005, *Eros/Hercule. Pour une érotique du sport*, Paris.

GARLAND, R. 1992, *Introducing New Gods. The Politics of Athenian Religion*, London.

GOLDEN, M. 1998, *Sport and Society in Ancient Greece*, Cambridge.

GOULDNER, A.W. 1965, *Enter Plato. Classical Greece and the Origins of Social Theory*, London and New York.

HADDON, C. 2004, *The First Ever English Olimpick Games*, London.

HERRMANN, J., KONDOLEON, C. 2004, *Games for The Gods. The Greek Athlete and the Olympic Spirit* (Exhibition catalogue, Museum of Fine Arts), Boston.

HOBSBAWM, E.J., RANGER, T. O. (eds) 1983, *The Invention of Tradition*, Cambridge.

KITROEFF, A. 2004, *Wrestling with the Ancients. Modern Greek Identity and the Olympics*, New York.

KYLE, D. 2003, "'The Only Woman in All Greece'. Kyniska, Agesilaus, Alcibiades and Olympia", *Journal of Sport History* 30.2 [special issue 'The Ancient Olympics in Greek Society and Politics'], 183-203.

– 2006, *Sport and Spectacle in the Ancient World*, Malden, MA, and Oxford.

LEVI, C. 1960/2005, "After the Party", in *Fleeting Rome. In search of la dolce vita*, trans. A. Shugaar of *Roma fuggitiva: una città e I suoi dintorni*, 2004 London, 163-70.

LLEWELLYN SMITH, M. 2004, *Olympics in Athens 1896. The Invention of the Modern Olympic Games*, London.
MCALOON, J.J. 1981, *This Great Symbol: Pierre de Coubertin and the Origins of the Modern Olympic Games*, Chicago.
MARANTI, A. 1999, *Olympia and the Olympic Games*, Athens.
MEASHAM, T. *et al.* 2000, *1000 Years of the Olympic Games. Treasures of Ancient Greece*, Sydney.
MILLER, D. 2004, *Athens to Athens. The Official History of the Olympic Games and the IOC, 1894-2004*, Edinburgh.
MILLER, S.G. 2004a, *Ancient Greek Athletics*, 2nd edn, New Haven.
– 2004b, *Arete. Greek Sports from Ancient Sources*, 3rd edn, Berkeley and Los Angeles.
MUSTI, D. (ed.) 2005, *NIKE. Ideologia, iconografia e feste della vittoria in età antica*, Rome.
NIELSEN, T.H. 2007, *Olympia and the Classical Hellenic City-State Culture*, Copenhagen.
OLIVOVA, V. 1984, *Sports and games in the ancient world* (translated from Czech by D. Orpington), New York
PARISINOU, E. 2000, *The Light of the Gods. The Role of Light in Archaic and Classical Greek Cult*, London.
PARKER, R. 2005, *Polytheism and Society at Athens*, Oxford.
PERROTTET, T. 2004, *Naked Olympics*, New York.
PLEKET, H.W. 1976, "Games, prizes, athletes & ideology", *Stadion* 1, 49-89.
PRITCHARD, D. 2003, "Athletics, education and participation in classical Athens" in D. Phillips and D. Pritchard (eds), *Sport and Festival in the Ancient Greek World*, Swansea and Oakville, CT, 293-349.
RASCHKE, W.J. (ed.) 1988, *The Archaeology of the Olympics. The Olympics and Other Festivals in Antiquity*, Madison, WI.
REED, N.B. 1998, *More than just a Game: The Military Nature of Greek Athletic Contests*, Chicago.
ROUGEMONT, G. 1973, "La hiéroménie des Pythia et les 'trêves sacrées' d'Éleusis, de Delphes, et d'Olympia", *BCH* 97, 75-106.
RUTHERFORD, I.C. 2004, "*Theoria* and the Olympic Games: a neglected aspect of ancient athletics" in M. Kaila *et al.* (eds), *The Olympic Games in Antiquity. Bring Forth Rain and Bear Fruit*, Athens [parallel Greek-English texts], 170-83.
SANCISI-WEERDENBURG, H., van MAAREN, T. (eds) 1996, *The Magic of Olympic Fame. Flashbacks to the History of the Games*, Utrecht.
SANSONE, D. 1988, *Greek Athletics and the Genesis of Sport*, Berkeley and Los Angeles.
SCANLON, T. 2002, *Eros and Greek Athletics*, New York.

SEKUNDA, N. 1990, "*IG* ii^2 1250: a decree concerning the *Lampadephoroi* of the tribe Aiantis", *ZPE* 83, 149-82.

SINN, U. 2000, *Olympia. Cult, Sport, and Ancient Festival*, Princeton [translated from German by Th. Thornton *Olympia: Kult, Sport und fest in der Antike*, München 1996].

SPATHARI, E. 1992, *The Olympic Spirit*, Athens.

SPIVEY, N. 2004, *The Ancient Olympics: War minus the Shooting*, Oxford.

SWADDLING, J. 2008, *The Ancient Olympic Games*, new edition, Texas.

VANHOVE, D. (ed.) 1993, 1996, 1998, *Olympism in Antiquity*, vols. 1-3 [Exhibition Catalogues of the Olympic Museum, Lausanne].

WALTERS, G. 2006, *Berlin Games. How Hitler stole the Olympic Dream*, London.

YOUNG, D.C. 1984, *The Olympic Myth of Greek Amateur Athletics*, Chicago.

– 2004, *A Brief History of the Olympic Games*, Malden, MA, and Oxford.

Summary

The modern Olympics, beginning in 1896, were to some extent modelled directly on the ancient Games. But just like the ancient Games, so the modern have been subject to change and development over the years. One of the most spectacular modern developments - a complete innovation - was the inclusion of the pre-Games Olympic torch relay for the Berlin Games of 1936. Why - when there were torch-races in other ancient athletic festivals - was there no torch-race ever in the ancient Olympics? This paper seeks both to explain that omission and, correlatively, to address the question whether the inclusion of a torch-race would have significantly enhanced the ancient Games.

II. PANHELLENIC GAMES – PANHELLENISM AND ITS PROBLEMS

Da Occidente ai giochi olimpici: un itinerario panellenico di concordia e conflitto

Gianluca Cuniberti

È assai noto e studiato, e messo in evidenza anche da altri autori in questa stessa sede, il ruolo importante assunto dai Greci d'Occidente nei giochi panellenici di Olimpia. Fin dal VII secolo infatti dalle colonie greche del Mediterraneo occidentale giunsero in quel luogo sacro atleti e rappresentanze illustri che certamente individuavano nelle Olimpiadi un momento decisivo per l'affermazione della propria identità greca e, all'interno di questa stessa identità comune, del proprio primato, anche solo per un giorno, anche solo per una competizione.[1]

La ricerca che qui presento non intende ovviamente esplorare il tema in tutta la sua complessità: il dibattito storiografico è ampio e articolato e, sotto molti aspetti, già ampiamente svolto. Per questo affronterò l'argomento da un punto di vista parziale nella speranza di individuare un percorso originale.

Anzitutto ho rivolto l'attenzione esclusivamente alla Sicilia e alla Magna Grecia, trascurando altre partecipazioni "occidentali", le quali complessivamente riguardano un'area ben più ampia.[2] Anche per quanto riguarda l'arco cronologico preso in esame l'esposizione prenderà avvio dall'età arcaica, ma si concentrerà soprattutto sul V secolo a.C.

Specificamente indirizzata è inoltre la prospettiva con la quale si vuole guardare alle partecipazioni olimpiche delle *poleis* di Sicilia e Magna Grecia. L'indagine infatti cercherà di chiarire in quale misura intenti di concordia oppure di conflitto hanno animato la partecipazione e il desiderio di affermazione ai giochi panellenici, qui limitati alle sole Olimpiadi anche se un'analoga pro-

---

1. Cf. Holloway 1967, 93-101; Raubitschek 1988, 35-37; Flower 2000, 65-101; Crowther 2004, 11-22. Sullo sfondo si tengano ben presenti le dinamiche sociali e antropologiche del *kydos*, per le quali è fondamentale Kurke 1993, 131-163.

2. Rappresentativa dell'ampia area geografica coinvolta dalle partecipazioni olimpiche è la carta riprodotta in Swaddling 1980, 8.

spettiva può essere ovviamente rivolta all'intero circuito panellenico delle competizioni agonistiche.

Ancora una premessa: il testo che qui presento sarà scandito in due parti. Nella prima guarderemo agli 'Ολυμπιονίκαι di Sicilia e Magna Grecia, segnalandone alcuni che mi sono sembrati rilevanti nella prospettiva ora indicata. Nella seconda parte accennerò a un percorso di ricerca fra alcune fonti letterarie con l'obiettivo di individuare, intorno a un elemento lessicale, un aspetto evolutivo del concetto di partecipazione e vittoria ai giochi olimpici.

Veniamo dunque in primo luogo agli 'Ολυμπιονίκαι.[3] Anche solo ad un primo esame della lista dei vincitori olimpici è evidente la rilevanza delle partecipazioni occidentali e in particolare magno-greche a partire dall'epoca più antica quando risulta vittorioso nel 672 un crotoniate (Daippos, pugilato), seguito nel 648 da un siracusano (Lygdamis, vincitore nel pancrazio e campione leggendario assimilato a Eracle) e nel 616 da un sibarita (Philytas, pugilato dei fanciulli).[4]

Il numero più consistente di vittorie si registra però nel VI secolo. Il primato spetta com'è noto ai crotoniati con una quindicina di vittorie distribuite su 8-9 vincitori: le vittorie inoltre sono equamente divise fra le gara dello stadio e della lotta, non così però i vincitori a causa del dominio incontrastato di Milone nella lotta.[5] In questo stesso secolo per quanto riguarda la Magna Grecia si può registrare anche una vittoria tarentina di Anachos (520?) nella gara dello stadio e nel diaulo: sua, oppure del crotoniate Milone, sarebbe la prima delle immagini bronzee dedicate ai vincitori nell'Altis ad Olimpia.[6] Al VI secolo, probabilmente all'inizio ma in un anno difficilmente precisabile, risale inoltre la vittoria sibarita di Kleombrotos, attestata dalla tabella bronzea ritrovata a Francavilla Marittima e oggi conservata all'Antiquarium di Sibari:

3. Moretti 1957, 59-198 (con le schede prosopografiche relative ai singoli vincitori); 1970, 295-303; 1992, 119-128. Per un quadro sintetico delle vittorie magno greche, vd. Teja-Garello-Punzo 2003, 119-133.

4. In generale sul problema della storicità dei più antichi vincitori olimpici, cf. Hall 2002, 241-246.

5. Su Milone e l'atletismo crotoniate, cf. Finley-Pleket 1976, 94-95, 125; Miller 1991, 105-106; Mann 2001, 164-191; Pritchard 2003, 297; Miller 2004, 160-161.

6. Vd. Paus. 6.14.11. Cf. Giangiulio 1993, 100 e n. 17.

Do. Kleombrotos figlio di Dexilaos dedicò, avendo vinto ad Olimpia la gara degli uguali per altezza e corporatura (Ϝισο(μ) μακὸς τε πάχος), *dopo aver promesso in dono ad Atena la decima dei premi.*

Senza entrare nel merito di questa testimonianza che ha suscitato un forte interesse fra gli studiosi,[7] almeno due aspetti mi sembrano assolutamente rilevanti. In primo luogo la conferma dell'esistenza di premi per gli atleti, in secondo luogo-come già sottolineato efficacemente da Maurizio Giangiulio-la parziale inadeguatezza della tradizione letteraria e antiquaria nel fornirci, in termini quantitativi e qualitativi, un'informazione completa sui vincitori olimpici.[8]

Venendo alla Sicilia, il VI secolo vede nella sua prima metà le numerose vittorie di Tisandros di Nasso nel pugilato (572?-568-564-560), mentre, sul finire dello stesso secolo, Ischyros di Imera vince nella gara dello stadio (516) e Pantares di Gela conquista la vittoria con la quadriga (508), inaugurando la specializzazione dell'aristocrazia e dei tiranni di Sicilia nelle competizioni con i cavalli.[9]

Particolarmente significativa è la vittoria di Parmenides di Camarina nella gara dello stadio testimoniata per l'anno 528 da Diodoro[10] e dalla cronografia di Giulio Africano, contenuta in Eusebio: l'anno infatti ricadrebbe nel periodo compreso tra il 552, quando la città fu distrutta, e il 491, quando Camarina sarebbe stata ripopolata ad opera di Ippocrate di Gela. La vittoria olimpica ha fatto ipotizzare che, fra la distruzione e il ripopolamento, Camarina fosse tornata a esistere per un breve periodo oppure che la distruzione non fosse stata completa. Forse si potrebbe aggiungere l'ipotesi di un atleta che, a fronte della distruzione della propria città, ha voluto comunque partecipare ai giochi rivendicando la propria legittima cittadinanza e l'identità perduta.

7. Cf., per sintesi, Moretti 1970, 295-296; 1992, 123; Miller 1991, 181. Vd. in appendice fig. 1.

8. Giangiulio 1993, 100-102 e nn. 18 e 24. Per un caso diverso, ma parallelo, di notizie su un vincitore olimpico fuori dalle testimonianze cronografiche e antiquarie, vd. Hdt. 5.47.1 (riguardo al crotoniate Filippo; cf. Hdt. 3.137.5 su Milone). Quanto ai premi riservati a vincitori crotoniati e sibariti vd. Heracl. Pont. *fr.* 49 Wehrli (= Athen. 12.522a); [Scimn.] 351 ss. e soprattutto Tim. *FGrHist* 566 F 45 (= Athen. 12.522c). Sulla tabella bronzea attestante la vittoria e la dedica di Kleombrotos, cf. anche Guarducci 1965, 392-395; Ferri 1965, 319-320; Pugliese Carratelli 1965-1966, 209-214; Gentili 1968, 222-224; Ragone 1983-1984, 5-18; Giacomelli 1988, 11-13.

9. Cf. Luraghi 1994, 126-127.

10. Diod. 1.68.

Nel V secolo il quadro delle *poleis* rappresentate ai giochi olimpici da propri atleti risulta essere più articolato.

Accanto a Crotone (tra i vincitori del 496 è annoverato Tisikrates, che conferma la specializzazione crotoniate nella gara dello stadio), si affermano per la penisola italica Taranto (476 [...] pentatlo, 472 [...]kratidas, lotta dei fanciulli; 468 [...]tion, pentatlo; 444 Ikkos, pentatlo), Posidonia (468 Parmenides, stadio e diaulo) e Locri Epizefiri. Di quest'ultima possiamo ricordare negli anni 484-476-472 Euthymos, vincitore nel pugilato (sua fu una statua innalzata ad Olimpia di cui si conserva l'iscrizione,[11] segno tangibile della leggenda che ne fece un eroe oggetto di culto),[12] nel 476 Hagesidamos (pugilato dei fanciulli), nel 448 Keton (pentatlo). Collocabile forse negli anni '80, o più probabilmente nel 464, è, sempre per Locri, la vittoria di Euthykles, nel pentatlo, anch'egli oggetto di culto già in vita ed esempio di utilizzo di un atleta di successo per ambascerie.[13] Si narra infatti che era a tal punto onorato dai suoi concittadini che ogni mese si svolgevano sacrifici presso la statua e l'altare a lui dedicati; la situazione mutò tuttavia quando, ricevute durante un'ambasceria delle mule in dono, lo si ritenne corrotto: per questo fu richiuso in prigione e la sua statua fu oltraggiata. A fronte di questi eventi una pestilenza colpì la città e, soltanto una volta che gli onori all'atleta furono ripristinati, l'ira degli dei si placò.

Altrettanto interessante è il caso di Anaxilas di Reggio, figlio di Kretines, vittorioso nel 484-480 nella competizione con la quadriga tirata da muli:[14] secondo le testimonianze antiche festeggiò la vittoria con un grande banchetto offerto a tutti i Greci presenti in Olimpia; tornato in patria fece incidere sulle monete l'effigie della quadriga da lui condotta.[15] Una curiosità è rappresentata dalla lepre che questa moneta riporta sull'altro lato rispetto a quello dedicato alla vittoria olimpica: essa trova corrispondenza nella notizia che il tiranno Anaxilas avrebbe introdotto la lepre in Sicilia,[16] ma un'eventuale significato allegorico di questa rappresentazione resta ancora da individuare. Certamente è in ogni caso da mettere in rilievo che il 480 è l'anno della grande spedizione cartaginese,

11. *I. Olympia* 144.
12. Miller 1991, 107; Currie 2002, 24-44; Miller 2004, 162-163.
13. Moretti 1957, 83-84; 1970, 296; 1992, 119; Hönle 1972, 103 n. 2.
14. Aristot. *fr.* 568 Rose; Simonid. *fr.* 19 Diehl. Cf. Luraghi 1994, 220-221; Mann 2001, 308.
15. Vd. in appendice, fig. 2.
16. Aristot. *fr.* 568 Rose.

guidata da Amilcare, morto poi suicida o forse ucciso dai cavalieri del siracusano Gelone a Imera, una spedizione provocata da conflitti interni al mondo greco d'Occidente: da un lato Terone di Agrigento e il genero Gelone di Siracusa, dall'altro Terillo di Imera e Anaxilas di Reggio, con quest'ultimo protagonista di politiche espansionistiche, analoghe e parallele a quelle dei tiranni siracusani, e, come loro, in grado di sfruttare il facile effetto propagandistico derivabile dalla vittoria olimpica.

Ed è proprio in Sicilia infatti che nel V secolo la vittoria olimpica diviene parte essenziale della pianificazione politica per realizzare o legittimare il potere, in particolare il potere tirannico.[17] È così che vediamo protagoniste a Olimpia le città di Siracusa (476 [Zop]yros o [Ast]y(l)os, oplite; 476-472 Ierone, corsiero; 468 Ierone, quadriga;[18] 468 Hagesias, cocchio tirato da mule), Gela (488 Gelone, quadriga:[19] una volta divenuto tiranno di Siracusa non mancò di celebrare il suo successo con la coniazione di una moneta raffigurante appunto la quadriga vittoriosa), Camarina (456-452 Psaumis, vincitore nella specialità della quadriga tirata dai muli: su di lui avremo modo di tornare a proposito delle celebrazioni che a lui dedicò Pindaro), Imera (472-464 Ergoteles, vincitore nel dolico, stadio lungo, e originario di Cnosso da dove era stato espulso per contese civili; 448-444-440 Krison, stadio; 448 Python, corsiero), Messina (456-452 Leontiskos, lotta, atleta originario di Zancle, rivendicato dai Messeni del Peloponneso;[20] 424 Symmachos, stadio) e Agrigento. Di quest'ultima *polis* si ricordano nel 496 le vittorie di Exainetos, lottatore, e Empedocle, corsiero, rispettivamente zio e nonno del filosofo Empedocle; seguirono nel 476 Terone (quadriga) e negli anni 416 e 412 - forse 420? - Exainetos (stadio): secondo la testimonianza di Diodoro[21] quest'ultimo, al ritorno in patria, entrò in città su una quadriga scortata in processione da 300 carri tirati da cavalli bianchi.

Assai rappresentativo della trasformazione in corso nel rapporto tra giochi olimpici, atleta e *poleis* è la vicenda del crotoniate Astylos, più volte vincitore

17. Cf. Mann 2001, 236-248.

18. Per il monumento ad Olimpia in celebrazione di questa vittoria vd. Paus. 6.12.1; 8.42.8 ss.

19. Vittoria celebrata con una statua in Olimpia: vd. Paus. 6.9.4. In generale su Gelone e Ierone e sul loro rapporto con Delfi e Olimpia, cf. Kurke 1999, 131-142. Su un caso specifico e più tardo ma parimenti significativo per l'elaborazione dell'identità regale in connessione con il santuario dei giochi olimpici, cf. Levi 1970, 153-156.

20. Paus. 6.2.10; 6.4.3.

21. Diod. 13.34.

nella gara dello stadio, nel diaulo, nell'oplite: nel 488 è vittorioso come cittadino di Crotone, nel 484 e 480 conosce invece gli onori olimpici come cittadino di Siracusa. Si è pensato che abbia dovuto lasciare Crotone per motivi politici ma è probabile prospettare l'intervento dell'ambizioso Gelone:[22] Crotone si vendica trasformando la casa di Astylos in una prigione e rovesciando la statua eretta in suo onore per celebrare le vittorie alla prima partecipazione olimpica.[23] Un secolo dopo sarà Dionisio I a cercare di corrompere il padre di un vincitore della gara di pugilato dei fanciulli perché dicesse che suo figlio era siracusano, senza peraltro riuscirci.[24] Solo così probabilmente Siracusa, a fronte del declino nei successi olimpici, poteva pensare di recuperare un elemento importante per l'affermazione della propria egemonia: un caso analogo è infatti registrato a proposito dell'atleta Dikon che vinse prima come cauloniate nel 392, poi come siracusano nel 384, forse perché fu corrotto –ἐπὶ χρήμασι scrive Pausania[25]– o più probabilmente per il semplice fatto che nel 389 gli abitanti di Caulonia furono trasferiti a Siracusa.[26]

Dai riferimenti ora citati appare evidente la progressiva trasformazione nel VI e V secolo verso un sempre più forte interesse della *polis* alla vittoria olimpica: ne sono i simboli più evidenti i *thesauroi* eretti a Olimpia dalle città della Sicilia e dell'Italia meridionale (Selinunte, Gela, Siracusa, Metaponto e Sibari: dal *thesauros* di quest'ultima sembra poter provenire la nota testimonianza epigrafica del trattato fra Sibariti e Serdaioi, la cui affissione avvenne probabilmente proprio in occasione della *panegyris* olimpica[27]). L'identificazione della vittoria dell'olimpionico con la vittoria della *polis* è ben espressa soprattutto dalla poesia epinicia: il vincitore, eroe glorioso, è un benefattore della *polis*, fonte di fama e prestigio per tutta la comunità.

22. Luraghi 1994, 293-294.

23. Vd. Callim. *fr.* 666 Pf.; Diod. 11.1; Plin. *N. H.* 34.59; Dionys. 8.1.77; Paus. 6.13.1; Plat. *Leg.* 8.840a; Clem. Alex. *Strom.* 3.6.50; *P. Oxy.* 222.

24. Cf. Finley-Pleket 1976, 100-101.

25. Paus. 6.1.11.

26. Nel IV secolo si possono ricordare, oltre a quanto citato in questo paragrafo, le seguenti vittorie occidentali: Terina (Bruzio): 392 [...], stadio; Taranto: 380 Dionysodoros, stadio; 352 Smikrinas, stadio, 336 Mys, pugilato; Thurii: 376 - 372 Damon, stadio; Ibla: 364-360-356 Archias, araldi.

27. Affidando il trattato e la sua diffusione ad Olimpia e all'appuntamento panellenico, Sibari anticipa una pratica che ritroviamo più tardi fra Atene e Sparta (446-445; vd. Paus. 5.23.4), nonché fra Atene, Argo, Mantinea ed Elide (420; vd. Thuc. 5.47.11; Paus. 5.12.8).

Nell'impossibilità in questa sede di sviluppare adeguatamente temi e problematiche attraversate dalla letteratura che ha celebrato i vincitori dei giochi panellenici, mi limito a presentare alcune suggestioni che nascono dalla lettura delle *Olimpiche* di Pindaro nell'ottica di evidenziare i persistenti legami fra vittoria olimpica e potere politico, nonché in particolare fra la stessa vittoria olimpica, le motivazioni che l'hanno determinata e le condizioni che l'hanno resa possibile.

Evidenziato nell' *Olimpica* I lo "scettro legittimo" (θεμιστεῖον σκᾶπτον) impugnato da Ierone "nella Sicilia feconda di frutti" (vv. 12-13), conosciuta nell'*Olimpica* II la celebrazione di Terone, "esemplare nel culto degli ospiti, baluardo di Agrigento, gemma salvifica di avi gloriosi" (vv. 6-8), "prodigo in cuore, generoso con la mano" (v. 94), la mia attenzione è stata attratta dalle *Olimpiche* IV e V, due componimenti che si distinguono per la brevità e l'insolito contenimento dei riferimenti mitici (com'è noto fin dall'antichità è stata messa in dubbio l'attribuzione a Pindaro dell'*Olimpica* V: anche i tentativi moderni non hanno tuttavia convinto nel negare la paternità del poeta di Cinoscefale). Entrambe celebrano Psaumis di Camarina e le sue vittorie olimpiche rispettivamente del 452 e del 456.

Centrali per la prospettiva di ricerca all'inizio enunciata mi sono parsi anzitutto i vv. 11-16 dell'*Olimpica* IV:

> [Il corteo] viene dal carro di Psaumis, che cinto d'ulivo pisatide anela a levare gloria (κῦδος) su Camarina. Sia propizio un dio ai suoi voti futuri: io lo elogio per la cura che prodiga nell'allevamento dei cavalli (τροφαῖς...ἵππων) e perché è lieto di accoglienze ospitali (ξενίαις πανδόκοις) e perché si volge con pensiero puro (καθαρᾷ γνώμᾳ) a Quiete [ma anche Pace, Tranquillità], amica delle città (πρὸς Ἡσυχίαν φιλόπολιν).

Per completare il ritratto di questo personaggio così come offerto da Pindaro occorre aggiungere all'analisi i vv. 15-17 dell'*Olimpica* V, là dove il poeta così spiega il successo olimpico:

> Fatica e spese (πόνος δαπάνα τε) lottano sempre per il successo del valore (ἀμφ' ἀρεταῖσι), protese a una meta avvolta di pericolo, ma quelli che ci riescono sembrano essere saggi (σοφοὶ) anche ai concittadini [o meglio: acquistano fama di saggezza anche presso i concittadini].

L'insieme di questi versi di Pindaro costituisce una preziosa sintesi dei valori dell'*élite* aristocratica celebrata da Pindaro: le τροφαὶ ἵππων, la ξενία, infine il πόνος, ben lontano certo dal πόνος dei πονηροί ma indicante piuttosto la fatica dell'impegno, anzitutto fisico, ma anche economico, per eccellere e illuminare con il proprio successo tutta la *polis*, la quale rispettosa si lascia cosi guidare dal *prostates* dell'alta aristocrazia. Nei versi di Pindaro questo contesto di valori sembra essere tenuto unito e salvaguardato dalla saggezza dello stesso Psaumis che è rappresentato tutto rivolto, con pensiero puro, all' Ἡσυχία φιλόπολις.

L'incontro con il termine ἡσυχία, ben attestato anche altrove in Pindaro,[28] mi ha indotto ad avviare un'indagine lessicale sul termine e suoi derivati per cercare di dimostrare l'interazione di questo concetto con il successo olimpico e per verificare se la crisi di questo concetto, all'interno delle profonde trasformazioni sociali conosciute dalle *poleis* nel corso del V secolo (e soprattutto della sua seconda metà), può essere collegata a un mutamento del significato attribuito alle vittorie olimpiche da parte delle aristocrazie e delle *poleis* nel loro complesso.

In questa prospettiva propongo ora un breve percorso teso a sottolineare, intorno a questo termine, le connessioni fra i giochi olimpici, l'Occidente greco e i rapporti di *hegemonia* fra *leader* politico e *polis*, nonché fra *poleis*.

Avviata dunque l'indagine lessicale fra le testimonianze letterarie di autori compresi fra il VI e il IV secolo a.C., di fronte alle centinaia di attestazioni, un passo dei *Memorabili* di Senofonte, apparentemente lontano, merita anzitutto interesse. Si tratta, nella rappresentazione dialogica, della nota citazione, per bocca di Socrate, del sofista Prodico di Ceo, il quale, in uno scritto su Eracle, avrebbe dedicato all'eroe una puntuale trattazione.[29]

Il racconto, in breve, è il seguente.

II 1, 21
Si racconta che Eracle, al momento del passaggio dalla fanciullezza alla giovinezza, quando i giovani, ormai padroni di sé (αὐτοκράτορες), mostrano se

28. Pind. *Ol.* 1.32; *Pyth.* 1.70; 4.296; 8.1; 9.22; 11.55; *Nem.* 1.70; 7.82; 9.48; *fr.* 52b.33; 52d.7; 109.2. Cf. Demont 1990, 78-85.

29. Xen. *Mem.* 2.1.21-34 (= Prodic. *fr.* 2 D.K.); cf. Demont 1990, 285-288. Vd. anche Plat. *Gorg.* 493e. In generale per l'ampio dibattito sul passo, cf. Nestle 1939, 31-50; Picard 1953, 10-41; D'Agostino 1954, 1-12; Romilly 1984, 323-325; Martano 1985, 273-282; Kuntz 1993-1994, 163-181; Nikolaïdou-Kyrianidou 1998, 81-98; Papageorgiou 2004, 61-69; Sansone 2004, 125-142; Gray 2006, 426-435; Dorion 2008, 85-114.

nella vita si indirizzeranno sulla via della virtù o su quella del vizio (τὴν δι' ἀρετῆς ὁδόν... τὴν διὰ κακίας), si recò in un luogo solitario [ma nel greco c'è significativamente l'astratto εἰς ἡσυχίαν] e seduto si domandava quale strada prendere.

Fu a questo punto che apparvero a Eracle due donne, l'una con il viso imbellettato e lo sguardo sfacciato, l'altra con la purezza sul volto e il pudore negli occhi. La prima offrì a Eracle una vita dolce e facile, ricca di piaceri, senza fatica né sofferenza: Εὐδαιμονία è il mio nome, ma quelli che odiano mi chiamano con disprezzo Κακία. Prese quindi la parola la seconda che, ricordati i genitori e l'educazione di Eracle, così disse:

> II 1, 27-28
> Non ti ingannerò con promesse allettanti, ma ti spiegherò senza menzogne come gli dei hanno ordinato la realtà. Delle cose buone e belle che ci sono, infatti, nessuna essi concedono agli uomini senza fatica e impegno (ἄνευ πόνου καὶ ἐπιμελείας), ma, se vuoi che siano benevoli verso di te, devi aver cura di loro e, se vuoi l'affetto degli amici, devi procurare loro dei benefici e, se vuoi onori da una città, devi aiutarla e, se vuoi che la Grecia intera ti ammiri per la tua virtù, devi cercare di fare qualcosa di buono per la Grecia; se vuoi che la terra ti dia in abbondanza dei frutti, devi coltivarla, se pensi di dover diventare ricco col bestiame, devi curarlo, se miri ad accrescere il tuo potere con la guerra e vuoi poter ottenere la libertà degli amici e la sottomissione dei nemici, devi imparare le arti della guerra da coloro che le conoscono ed allenarti ad usarle come bisogna. Se poi anche col corpo vuoi essere abile, devi prendere l'abitudine di sottomettere il corpo alla mente e devi fare ginnastica con fatica e sudore (σὺν πόνοις καὶ ἱδρῶτι).[30]

30. ἐπ' ἀγαθοῖς διαπρεπεστέραν φανῆναι. οὐκ ἐξαπατήσω δὲ σε προοιμίοις ἡδονῆς, ἀλλ' ᾗπερ οἱ θεοὶ διέθεσαν τὰ ὄντα διηγήσομαι μετ' ἀληθείας. τῶν γὰρ ὄντων ἀγαθῶν καὶ καλῶν οὐδὲν ἄνευ πόνου καὶ ἐπιμελείας θεοὶ διδόασιν ἀνθρώποις, ἀλλ' εἴτε τοὺς θεοὺς ἵλεως εἶναί σοι βούλει, θεραπευτέον τοὺς θεούς, εἴτε ὑπὸ φίλων ἐθέλεις ἀγαπᾶσθαι, τοὺς φίλους εὐεργετητέον, εἴτε ὑπό τινος πόλεως ἐπιθυμεῖς τιμᾶσθαι, τὴν πόλιν ὠφελητέον, εἴτε ὑπὸ τῆς Ἑλλάδος πάσης ἀξιοῖς ἐπ' ἀρετῇ θαυμάζεσθαι, τὴν Ἑλλάδα πειρατέον εὖ ποιεῖν, εἴτε γῆν βούλει σοι καρποὺς ἀφθόνους φέρειν, τὴν γῆν θεραπευτέον, εἴτε ἀπὸ βοσκημάτων οἴει δεῖν πλουτίζεσθαι, τῶν βοσκημάτων ἐπιμελητέον, εἴτε διὰ πολέμου ὁρμᾷς αὔξεσθαι καὶ βούλει δύνασθαι τούς τε φίλους ἐλευθεροῦν καὶ τοὺς ἐχθροὺς χειροῦσθαι, τὰς πολεμικὰς τέχνας αὐτάς τε παρὰ τῶν ἐπισταμένων μαθητέον καὶ ὅπως αὐταῖς δεῖ χρῆσθαι ἀσκητέον· εἰ δὲ καὶ τῷ σώματι βούλει δυνατὸς εἶναι, τῇ γνώμῃ ὑπηρετεῖν ἐθιστέον τὸ σῶμα καὶ γυμναστέον σὺν πόνοις καὶ ἱδρῶτι.

Così dunque Prodico avrebbe sintetizzato le caratteristiche fondamentali dell'educazione tradizionale greca nella quale si identificava la più alta aristocrazia. Il passo, all'interno della riflessione condotta in questo testo, acquista un particolare significato alla luce della seguente osservazione. Il profilo ideale tracciato corrisponde al perfetto eroe olimpico che non a caso proprio in Eracle si identifica: esso prevede l'esercizio fisico e soprattutto il πόνος, condizione indispensabile per assicurare il proprio successo beneficiando gli amici, la propria *polis* e la Grecia intera. Mi sembra evidente la coincidenza del sistema di valori scelto da Eracle con quello esaltato da Pindaro nelle citate *Olimpiche* IV e V: in tal modo si viene a determinare un forte parallelismo fra Eracle, eroe per eccellenza, e i vincitori olimpici, parallelismo reso ancora più forte dal fatto che proprio Pindaro è stato il primo a menzionare Eracle stesso quale fondatore dei giochi olimpici.[31]

Così come per Psaumis di Camarina celebrato da Pindaro, anche nel caso dell'Eracle di Prodico-Senofonte, alla base della scelta di una vita siffatta sta in primo luogo l' ἡσυχία: infatti, solo dopo essersi recato εἰς ἡσυχίαν, Eracle può dirimere la scelta e orientare alla virtù la propria vita. Da entrambe le testimonianze risulta inoltre ben chiaro che, finalizzata al successo e al potere, l' ἡσυχία non ha niente a che vedere con l'inattività, con l' ἀπραγμοσύνη, anzi implica attività, fatica e impegno, sudore e sforzo, inseriti tuttavia in un atteggiamento virtuoso che si sintetizza proprio nell'idea della tranquillità, della pace. L' ἡσυχία viene così a definirsi quale presupposto per l'esercizio delle virtù aristocratiche, ovvero quale stato fondamentale e necessario perché l'eroe (anche quello olimpionico) possa portare al successo la propria *polis*, la quale, per propria parte, deve essere priva di lacerazioni e discordie al fine di elevarsi alla gloria ottenuta dall'eroe. Altrettanto evidente è che, partendo dall' ἡσυχία la fatica e il sudore, l'impegno di ogni risorsa fisica ed economica ha un obiettivo ben chiaro: il raggiungimento della δύναμις secondo una modalità definita come via di saggezza e giustizia.

31. *Ol.* 3.11; 10.43-63. Cf. Corbetta 1981, 90. Su Eracle e *ponos*, fondamentale Loraux 1991, 35, 42-47; sull' inscindibilità della vittoria dalla fatica, dallo sforzo eroico necessario per raggiungerla, sempre in riferimento a Eracle, Angeli Bernardini 1983, 56-62, 100-107, 127-135. Sulla relazione fra Eracle e giochi olimpici, cf. anche Bilinski 1979, 57, 59-60; Scanlon 2002, 250-255. Sul rapporto eroi-atleti, nonché sull'eroicizzazione di atleti proprio in riferimento e similitudine a Eracle, cf. Miller 1991, 105-113; Mann 2001, 176-177, 307-308; Currie 2002, 24-44; Miller 2004, 160-165.

Partendo da questa definizione, altre ricorrenze del termine possono ora aiutare la nostra indagine.

Se infatti l'invito all' ἡσυχία quale luogo ideale e privilegiato per la propria vita è rivolta ai giovani anche in Pitagora,[32] esso trova una preziosa attestazione in Epicarmo, discepolo, secondo la tradizione, di Pitagora stesso, ma anche commediografo a Siracusa su designazione di Gelone e Ierone.[33] Il termine ricorre al frammento 101 Kaibel (= 53 Olivieri), citato da Stobeo e appartenente a una commedia dedicata a Ulisse, che travestito da mendicante si reca ad esplorare il campo troiano per riportarne notizie utili alla sua parte:

L' ἡσυχία è una donna graziosa, e abita vicino alla σωφροσύνη.[34]

Sono due soli versi, isolati dal loro contesto, i quali permettono tuttavia di confermare la circolazione e la valorizzazione del concetto di ἡσυχία in ambiente dinomenide[35] e siceliota.

In relazione alla stessa Sicilia sembra anche potersi scorgere il momento in cui entra in crisi il concetto di ἡσυχία quale valore fondamentale della *polis* degli *aristoi.* L'autore che più di tutti mostra questo aspetto è senz'altro Tucidide, la cui opera conta un numero significativamente alto di attestazioni della radice ἡσυχ-: 132 a fronte delle poco più di 600 ricorrenze nel periodo considerato e relativo ai secoli VI-IV.[36]

Per la prospettiva indicata in questa ricerca è sufficiente individuare le attestazioni presenti nei discorsi che, nella narrazione tucididea, precedono la spedizione in Sicilia del 415/4.

È così che avvertiamo in maniera evidente nelle parole di Alcibiade il rifiuto dell' ἡσυχία, perché proprio per non essersene stati tranquilli (ἡσυχάζειν) gli Ateniesi hanno conquistato l' ἀρχή. Sulla base di questa considerazione Alcibiade stesso invita a "navigare e abbattere l'animo dei Peloponnesi col far vedere che disprezziamo la tranquillità (ἡσυχία) attuale per navigare contro la Sicilia": se non sarà ascoltato e la città resterà tranquilla (ἡσυχάζειν), Atene si consu-

32. T 19 DK.

33. Cf. Cantarella 1970, 259-266.

34. ἁ δ' Ἁσυχία χαρίεσσα γυνά, καὶ Σωφροσύνας πλατίον οἰκεῖ.

35. Cf. Pind. *Ol.* 1.19 ss.

36. Cf. Demont 1990, 191-252. Sul rapporto Pindaro-Tucidide anche a proposito del concetto di ἡσυχία, cf. Hornblower 2004, 60-63.

merà da sola come ogni altra cosa, e ogni scienza (ἐπιστήμη) invecchierà in essa.[37]

Ad Alcibiade fa eco Ermocrate che parimenti all'Ateniese vuole suscitare l'azione militare. Con questo fine, infatti, il Siracusano inizia il suo discorso davanti all'assemblea premettendo che probabilmente non riuscirà a convincere i convenuti a causa di quella negativa caratteristica che sarebbe loro propria e che Tucidide, per bocca appunto di Ermocrate, definisce la "solita pigrizia, la consueta inerzia" (τὸ ξύνηθες ἥσυχον).[38]

Lo stesso Ermocrate, che poco prima nel 424 al congresso di Gela aveva invitato i Sicelioti all' εἰρήνη e all' ἡσυχία[39] fra le varie *poleis* di Sicilia, ora appare pronto all'interventismo militare, costretto a questo proprio da Alcibiade. Entrambi si ritrovano così a negare valore all' ἡσυχία, ma una differenza tuttavia è fondamentale: se per gli Ateniesi il richiamo a disprezzare l' ἡσυχία è indicato come parte integrante della propria mentalità e per questo fonte di ἀρχή, per i Siracusani (e per estensione penso si possa dire per tutti i Sicelioti) l' ἡσυχία è συνήθης, solita, consueta, un'abitudine, insomma, entrata nel carattere.

Non si può infine non sottolineare che proprio lontana dall' ἡσυχία e nel complesso dall'insieme dei valori aristocratici appare essere in primo luogo la partecipazione di Alcibiade ai giochi olimpici:[40] come la guerra in Sicilia appare decisiva per l' ἀρχή di Atene, analogamente Alcibiade sente il proprio successo olimpico come una svolta per l'affermazione del proprio primato non soltanto su Atene, ma su tutti i Greci. Il vincitore olimpico in questa prospettiva perde evidentemente le sue originarie caratteristiche che lo rendevano simili a Eracle; la dimensione del πόνος appare del tutto assente: su tutto prevale la sola ricerca di δύναμις, la sfrenata ambizione di potere. Anche in questo Alcibiade è figlio di tempi nuovi nei quali certamente l'esercizio fisico, l'impegno nella preparazione alle gare e la fatica ad essi connessa sono passati in secondo piano come, già tra VI e V secolo, aveva espresso Senofane, anch'egli protagonista della storia del pensiero legato alla terra di Sicilia.[41]

37. Thuc. 6.18.2-6.

38. Thuc. 6.34.4. Si noti la ricorrenza, in termini opposti, del vocabolo in esame nel successivo discorso di Atenagora (6.38.3).

39. Thuc. 4.62.2.

40. Thuc. 6.16.2.

41. *Fr.* 2 D.K.

Ma di Alcibiade e della sua partecipazione ai giochi olimpici tratta in questa stessa sede Silvio Cataldi, al cui testo questo mio contributo ha il piacere di collegarsi: concludo dunque su questo decisivo momento storico la mia esposizione. Il percorso tracciato in questa seconda parte, seguendo rapidamente l'evoluzione del concetto di ἡσυχία, mi sembra che possa mostrare come nelle partecipazioni ai giochi olimpici si possa delineare una duplice evoluzione: infatti, accanto al passaggio ad una sempre maggiore presenza pubblica delle *poleis* nei santuari panellenici, il protagonismo internazionale delle *élites* aristocratiche mutò modalità e significato della propria partecipazione ai giochi olimpici proprio in relazione alla mutata concezione dell'esercizio fisico e del connesso momento agonistico, che assume forti significati conflittuali che superano il momento sportivo per includere aspirazioni egemoniche quasi illimitate, come quelle che portarono Atene a pensare e a cercare di realizzare un impero anche "occidentale", muovendo guerra in Sicilia. In questo contesto Olimpia e i suoi giochi restavano il luogo privilegiato per l'esibizione, da parte dei grandi aristocratici, dell'eccellenza personale, ma di tale eccellenza era mutata la base, il fondamento. Così l' ἡσυχία aveva lasciato lo spazio all'azione molteplice e indiscriminata, alla πολυπραγμοσύνη politica volta ad un unico obiettivo: l'egemonia su tutti i Greci. In questa nuova valenza dei giochi olimpici i primi che sembrano non trovare più posto sono proprio gli atleti di Sicilia e Magna Grecia, simbolo eroico di partecipazioni olimpiche che, nei contenuti e nei modi, appaiono con il finire del V secolo definitivamente superate: superato infatti doveva apparire in quel tempo l'equilibrio tranquillo e stabile, fatto di forza fisica e intellettuale, di giustizia e saggezza, sintetizzato da Eracle e dai suoi giochi, ma ora sostituito dalla fretta e dalla violenza della guerra nella direzione di un mutamento che cambierà definitivamente la competizione tra i Greci.

Bibliografia

Angeli Bernardini, P. 1983, *Mito e attualità nelle odi di Pindaro*, Roma.

Bilinski, B. 1979, *Agoni ginnici. Componenti artistiche e intellettuali nell'antica agonistica greca*, Warszawa.

Cantarella, R. 1970, "Epicarmo", in R. Cantarella, *Scritti minori sul teatro greco*, Brescia, 259-266.

Corbetta, C. 1981, "Aspetti politici dei giochi olimpici", in M. Sordi (a cura di), *Religione e politica nel mondo antico*, Contributi dell'Istituto di Storia Antica 7, Milano, 80-96.

Crowther, N.B. 2004, *Athletika: Studies on the Olympic Games and Greek Athletics*, Hildesheim.

Currie, B. 2002, "Euthymos of Locri. A Case Study in Heroization in the Classical Period", *JHS* 122, 24-44 (= 'Euthymos di Locri: uno studio sull'eroizzazione nel periodo classico', trad. it a cura di M. Berti, *Polis* 1, 2003, 85-102).

D'Agostino, V. 1954, "La favola del bivio in Senofonte, in Luciano e in Silio Italico", *RStCl* 2, 1-12.

Demont, P. 1990, *La cité grecque archaïque et classique et l'idéal de tranquillité*, Paris.

Dorion, L.-A. 2008, "Héraklès entre Prodicos et Xénophon", *Philosophie antique* 8, 85-114.

Ferri, S. 1965, "Esigenze archeologiche, VI", *SCO* 14, 291-320.

Finley, M.I. - Pleket, H.W. 1976, *The Olympic Games: the First Thousand Years*, London.

Flower, M.A. 2000, "From Simonides to Isocrates: the fifth-century origins of fourth-century panhellenism", *ClAnt* 19, 65-101.

Gentili, B. 1968, "La dedica di Kleombrotos di Francavilla Marittima", *PP* 23, 222-224.

Giacomelli, R. 1988, *Achaea Magno-Graeca. Le iscrizioni arcaiche in alfabeto acheo di Magna Grecia*, Brescia.

Giangiulio, M. 1993, "Le città di Magna Grecia e Olimpia in età arcaica. Aspetti della documentazione e della problematica storica", in A. Mastrocinque (a cura di), *I grandi santuari della Grecia e l'Occidente*, Trento, 93-118.

Guarducci, M. 1965, "Sulla tabella bronzea iscritta di Francavilla Marittima", *Atti della Accademia Nazionale dei Lincei, Classe di Scienze Morali, Storiche e Filologiche. Rendiconti*, 20, 392-395.

Gray, V.J. 2006, "The Linguistic Philosophies of Prodicus in Xenophon's «Choice of Heracles»?", *CQ* 56, 426-435.

Hall, J.M. 2002, "The Historicity of Early Olympic Victors", in *Hellenicity between Ethnicity and Culture*, Chicago - London, 241-246.

Harrel, S.H. 1998, *Cultural Geography of East and West: Literary Representations of Archaic Sicilian Tyranny and Cult*, Princeton University (Diss.)

Holloway, R.R. 1967, "Panhellenism in the Sculptures of the Zeus Temple at Olympia", *GRBS* 8, 93-101.

Hönle, A. 1972, *Olympia in der Politik der griechischen Staatenwelt von 776 bis zum Ende des 5. Jahrhunderts*, Bebenhausen.

Hornblower, S. 2004, *Thucydides and Pindar. Historical Narrative and the World of Epinikian Poetry*, Oxford-New York.

Kuntz, M. 1993-1994, "The Prodikean 'Choice of Herakles': a reshaping of myth", *CJ* 89, 163-181.

Kurke, L. 1993, "The Economy of *kydos*", in C. Dougherty, L. Kurke (eds), *Cultural Poetics in Ancient Greece*, Cambridge, 131-163.

- 1999, *Coins, Bodies, Games, and Gold. The Politics of Meaning in Archaic Greece*, Princeton.

LEVI, M.A. 1970, "Zeus Olimpico e le statue di Ierone II a Olimpia", *Acme* 23, 153-156.

LORAUX, N. 1991, "Pònos. Considerazioni su «pònos» come nome del travaglio", in *Il femminile e l'uomo greco*, Roma-Bari 1991, 30-52.

LURAGHI, N. 1994, *Tirannidi arcaiche in Sicilia e Magna Grecia. Da Panezio di Leontini alla caduta dei Dinomenidi*, Firenze.

MANN, C. 2001, *Athlet und Polis im archaischen und frühklassischen Griechenland*, Göttingen.

MARTANO, G. 1985, "L'ambivalenza del *logos* e l'esigenza della scelta. Gorgia, Prodico, Luciano", *SicGymn* 38, 273-282.

MILLER, S.G. 1991, *Arete, Greek Sports from Ancient Sources*, Berkeley-Los Angeles-Oxford.

- 2004, *Ancient Greek Athletics*, New Haven.

MORETTI, L. 1957, "Olympionikai, i vincitori negli agoni olimpici", *MAL* (ser. 8.a) 8, 59-198.

- 1970, "Supplemento ala catalogo degli Olympionikai", *Klio* 52, 295-303.

- 1992, "Nuovo supplemento al catalogo degli Olympionikai", in W. Coulson - H. Kyrielis (eds), *Proceedings of An International Symposion on the Olympic Games, 5-9 September 1988*, Athens, 119-128.

NESTLE W. 1939, "Xenophon und die Sophistik", *Philologus* 94, 31-50.

NICHOLSON, N.J. 2005, *Aristocracy and Athletics in Archaic and Classical Greece*, Cambridge.

NIKOLAIDOU-KYRIANIDOU, V. 1998, "Prodicos et Xénophon ou le choix d'Héraclès entre la tyrannie et la loyauté", in L.G. Mendoni, A.I. Mazarakis Ainian (eds), *Kea-Kythnos: History and Archaeology. Proceedings of an International Symposium, Kea-Kythnos, 22-25 June 1994*, Paris, 81-98.

PAPAGEORGIOU, N. 2004, "Prodicus and the Agon of the «Logoi» in Aristophanes' «Clouds»", *QUCC* 78, 61-69.

PICARD, CH. 1953, "Nouvelles remarques sur l'apologue dit de Prodicos. Héraclès entre le vice et la vertu", *RA* 42, 10-41.

PRITCHARD, D. 2003, "Athletics, Education and Participation in Classical Athens", in D. Phillips-D. Pritchard (eds), *Sport and Festival in the Ancient Greek World*, Swansea-Oakville, 293-349.

PUGLIESE CARRATELLI, G. 1965-1966, "La dedica di Kleombrotos e le sigle preposte a nomi in epigrafi italiote", *ASMG* 6-7, 209-214.

RAGONE, G. 1983-1984, "Due note esegetiche sull'epigrafe di Francavilla Marittima", *AFLN* 26, 5-18.

RAUBITSCHEK, A.E. 1988, "The Panhellenic Ideal and the Olympic Games", in W.J. Raschke (ed.), *The Archaeology of the Olympics and Other Festivals in Antiquity*,

Madison, 35-37.

ROMILLY, J. de 1984, "Devoir et plaisir", in J. Harmatta (ed.), *Actes du VIIe Congrès de la Fédération Internationale des Associations d'Études classiques*, II, Budapest, 323-325.

SANSONE, D. 2004, "Heracles at the Y", *JHS* 124, 125-142.

SCANLON, T.F. 2002, *Eros and Greek Athletics*, Oxford.

SWADDLING, J. 1980, *The Ancient Olympic Games*, London.

TEJA, A. - GARELLO, F. - PUNZO, G. 2003, "Agonistica e ginnastica nella Magna Grecia", in R. Frasca (a cura di), *Atletismo e olimpismo nell'antica Grecia e nella Magna* Grecia, Roma, 119-133.

SOMMARIO

Con l'analisi delle testimonianze relative alla presenza ai giochi olimpici di rappresentanti di *poleis* della Sicilia e della Magna Grecia, l'autore percorre le fonti evidenziando il significato attribuito a questa presenza all'interno di un comune sentire panellenico. Nel dettaglio si opera la distinzione, in riferimento alla natura di quelle partecipazioni "occidentali", tra fini istituzionali, sportivi, e, nel complesso, politici, mostrando così, da un'angolatura originale, i molti significati riconoscibili nei giochi di Olimpia, non ultimo l'esplicitazione di volontà di concordia e di conflitto. In particolare nella prima parte si analizza la diversa distribuzione nel tempo e nelle diverse specialità sportive degli *Olympionikai* "occidentali" anche al fine di descrivere, nella seconda parte, una duplice evoluzione nelle partecipazioni ai giochi olimpici: una sempre maggiore presenza pubblica delle *poleis* e il diverso protagonismo internazionale delle *élites* aristocratiche. In questo contesto Olimpia e i suoi giochi restano il luogo privilegiato per l'esibizione, da parte dei grandi aristocratici, dell'eccellenza personale, ma di tale eccellenza, durante la seconda metà del V secolo, muta il fondamento: così il *ponos e l'hesychia*, valori olimpici originariamente riconoscibili in Eracle e poi nelle vittorie olimpiche celebrate da Pindaro, lasciano il posto, anzitutto con Alcibiade, all'azione molteplice e indiscriminata volta ad un unico obiettivo: l'egemonia su tutti i Greci, anche su quelli "occidentali".

Fig. 1: Tabella bronzea Francavilla Marittima (fonte: M. Guarducci, *EG*, I, p. 110, fig. 14)

Fig. 2: Bruzio-Reggio, tetradramma 478-476 a.C. (fonte: Wikipedia – Wikimedia Commons)

Agesilaos as Agamemnon at Aulis.[1] A 4th century invention or the continuation of a long tradition?

Katerina Meidani

The years that followed the Peloponnesian war and the surrender of Athens, Sparta can definitely be called the hegemon of Greece. Having dealt with defeated Athens and some other undisciplined allies (c.f. Eleians), the Spartans now turn to another problem: it was the time to confront the serious problems of their treaty obligations to Persia. By 396 Persian naval preparations were close to an end. Agesilaos, king of Sparta (400-360) would lead 2000 *neodamodeis* and 6000 allies to Asia. Having left his forces at the promontory of Geraistos at the southern tip of Euboia, Agesilaos went to Aulis in Boiotia to sacrifice at the sanctuary of Artemis, the place where Agamemnon had sacrificed before he sailed to Troy.[2]

The main purpose of this paper is to examine whether the appearance of the Spartan king Agesilaos in 396 at Aulis, belongs to a long "philachaean" Spartan tradition stretching back to the Archaic Period, or is a new post-Peloponnesian War idea, invented in order to support the new role of Sparta in the Greek world as the ἡγεμών which could ensure the Pan-Hellenic Idea of unanimity under her leadership.[3] Cartledge has seen in Agesilaos'

1. I owe special thanks to Emeritus Professor Anna Ramou-Hapsiadi, who helped me to develop my ideas and couch this paper in its final form. I am also grateful to the editors of this volume as well as to Professeur Pierre Carlier and Dr Anton Powell for their valuable suggestions, which helped me to improve the present paper. In addition, I am indebted to J. Christien, A. Gartziou-Tatti and N. Luraghi for the very stimulating questions they raised during the conference. I would like to note that I alone am responsible for any shortcomings. Finally, I am also deeply indebted to the organising and scientific committee of the Sosipolis International Institute for giving me the opportunity to present my ideas for the first time in public.

2. Xen. *Hell.* 3. 4. 3-4; Plut. *Ages.*6.4-5, *Lys.* 27.1, *Pel.*21.4; Paus. 3.9.3.

3. Thuc. 1. 67.2, 78.4, 115.1; Andoc. 3.6; Diod. 12.7; Plut. *Per.* 24.1.

decision to sacrifice at Aulis before the expedition to Asia his intention to "lift the great Pan-Hellenist enterprise out of the doldrums", while Cawkwell notes that Agesilaos wanted to give the campaign a grandiose significance, to open as it were a new chapter in the great East-West conflict.[4] Buckler[5] adds that "more to the point, Agesilaos' estimation of his position is ridiculous but instructive of his arrogance and stupidity".

In order to understand Agesilaos' pose as a second Agamemnon at Aulis, we should go back and seek to discover when the Atreidai- Agamemnon in particular- became part of the Spartan past and how Spartans are linked to it. To the same end, we will also examine whether Agesilaos tried to identify himself with him, as is claimed by modern scholars.

Agesilaos as Agamemnon at Aulis

Although Sparta humiliated Athens in the Peloponnesian War and rightly gained the title of ἡγεμονεύουσα ἀρχή of all Greece, soon after the end of the war many of her traditional friends and allies openly expressed their disagreement with Sparta's decisions. The issue then became whether the alliance that had won the war could survive the peace. The demands of Corinth and Thebes concerning the destruction of Athens, followed by their claim to have a share of the spoils of victory are an indication thereof. The first time they both refused to obey to Sparta's wishes was when the latter wished to march against some Athenians still occupying Piraeus, whilst a little later they and Megara provided shelter to the refugees from Athens, thus showing their unwillingness to become part of an empire under Spartan domination. Furthermore the Eleians accused Sparta of having enslaved the Greeks in return for Persian aid.[6] As Buckler[7] stresses: "Few in Sparta could have listened to these words with pride and equanimity". Under these conditions the intellectual spirit promoted the Panhellenic Idea that the Spartans who declared and undertook to liberate not only never made it true but

4. Cartledge 1987, 212; Cawkwell 1976, 66-67.
5. Buckler 2003, 60.
6. Xen. *Hell.* 3.2.23; Diod. 14.17.5-6; Paus. 3.8.5
7. Buckler 2003, 15.

in addition never pursued.[8] Xenophon, who was brought up in the Pan-Hellenic spirit, tried in his *Agesilaos* to promote his hero as one of the main supporters of this idea, as Cawkwell suggests.[9] Amongst others, Xenophon admired Agesilaos' conduct in Asia and presented him (*Ages.* 1.36) as "ruler of countless cities on the mainland, and master of islands — for the state had now added the fleet to his command — becoming daily more famous and more powerful". Thucydides (1.9), following Homer (*Il.* 2.576, 612-614), attributes these qualities as a source of power to Agamemnon who, by ruling over many islands and all Argos and thus surpassing all others in power, was able to lead the Trojan expedition. Xenophon makes no direct reference to Agamemnon, mentioning him in his *Hellenica* only when he speaks about the sacrifice at Aulis[10] in order to present Agesilaos as the personification of the Pan-Hellenic Idea.

Certain questions arise at this point. Why did Agesilaos go to Boiotian territory, at Aulis, without first seeking the Boiotians' consent? Why did he not follow traditional procedure and instead order his own diviner to perform the sacrifice? I believe that Agesilaos knew the Boiotians would refuse to join the expedition and by sacrificing at Aulis he was trying to present himself as the hegemon of all Greeks. Agesilaos' behaviour here somewhat recalls the so called Congress Decree allegedly introduced by Perikles after the supposed treaty of Kallias, which brought hostilities between Athens and Sparta to an end. According to this decree, as Plutarch (*Per.*17.1) states, "all Hellenes...should be invited to a council at Athens in order to discuss the following topics: the rebuilding of the temples which the barbarians had burned down and the sacrifices which were due to the gods in the name of Hellas in fulfilment of vows made when they were fighting against the barbarians, the security of navigation and the peace". Plutarch (17.4) also states that the entire plan failed due to Spartan opposition. Ramou-Hapsiadi points out that through this decree the Athenians sought confirmation that they had been rightfully recognised as leaders and also that they should retain leadership of the naval alliance, since free navigation and the peace had

8. Lysias, *Olymp.* 6; Isokr. *Pan.* 4.103-105.

9. Cawkwell 1976, 65-66.

10. For the reasons why Xenophon mentions the incident at Aulis, cf. Hamilton 1994, 208-210.

to be ensured. She also notes that this aim of the Decree could have been accomplished by inviting the states to a congress, without the need for them to come together by proxy.[11] Similarly, by sacrificing at Aulis Agesilaos tried to create the impression that he had the support of all Greeks before he left for the expedition to Asia.[12] But his intention was never completed since the Boiotian magistrates sent officers to perform the sacrifices of the Spartan army. The Boiotian officers not only delivered their message, but also snatched the thigh-pieces of the victim from the altar.[13]

The Boiotian negative reaction stifled Spartas' intentions to create the ideological image of a new Pan-Hellenic expedition, as well as her aim to create the impression that she had enjoyed the support of all Greeks.

Powell[14] mentions that "after the victory at Leuktra the Thebans apparently caused the very numerous corpses of Spartiates to be displayed on the battlefield separately from the others. Thebes countered Spartan secrecy with a flash of publicity, using Sparta's own technique of the memorable visual image." It seems that before Leuktra, already at Aulis in 396, when Agesilaos tried to enrich Spartan legend by imitating Agamemnon, the Boiotians had already learned to use Spartans' methods in order to humiliate the enemy. It was not enough to refuse to participate to the expedition. They wanted to frustrate Spartans' initiative to appear as Pan-Hellenic leaders as they could not even sacrifice in the same place Agamemnon had done.

6th century propaganda

As to how Sparta uses the family of the Atreidai linked with the spread of the Homeric epics,[15] we observe that at some time which can no sources can specify, Lykourgos is presented as being responsible for the recording and

11. Ramou-Hapsiadi 2003, 15-17, cf. also by the same author 1994, 34-35, 89-90.

12. On the Spartan expedition to Asia under the leadership of Agesilaos, cf. Cawkwell 1976, 62-84; Hamilton 1992, 35-50.

13. For the Boiotian reaction, cf. Hellenica, 3. 4. 4; Plutarch, *Ages.6.6.*

14. Powell 1989, 182.

15. On the spread of the Homeric poems, cf. Carlier 1999, 81-100.

transfer of the Homeric epics from Ionia (Plut. *Lyc.* 4).[16] But it would seem that Sparta "exploited" or rather adopted the Achaean family of the Atreidai around the late 7th – early 6th century.

Pausanias (3.19.9) mentions that there is a temple of Menelaos in Therapne, where he and his wife Helen are buried. Indeed, archaeological excavations brought to light the remains of a temple[17] in Therapne, which is dated around the late 8th century. The votive inscriptions found there identified the place and individuals mentioned by Pausanias.[18]

Nilsson held that worship of Helen had its origin in Mycenae and she was always worshipped as a goddess in the region of Therapne, possibly in the Mycenaean ruins located next to the Menelaion.[19]

Much skepticism has been expressed about the date at which the cult of Menelaos emerged.[20] I will, however, not insist here on establishing the precise date at which the Spartans began to worship him. To my mind, the most important issue is on what basis they were attributing honours to him. I believe that a similar situation in Argolis could help us answer this point. In Mycenae at the same period, i.e. the late 8th- early 7th century, Agamemnon was being honoured as a hero in a shrine close to the Mycenaean palaces. I can find no reason for denying that the same cult in honour of Menelaos had been introduced in Sparta, where Homer had located his palaces. We should, however, consider the fact that the Achaean political framework built up by the Spartans during the 6th century claimed Menelaos not only as a Homeric hero but also as a god. The sources are very clear about the fact that Helen, according to the tribute to her written by Isocrates (*Hel. Trib.* 62), being a goddess herself as a daughter of Zeus, also elevated the mortal Menelaos as her god-associate: "having made him god instead of mortal, she established him as partner of her house and sharer of her throne fore-

16. However, putting a date on the political purposes served by using of the Atreidai family can help us establish when the tradition linking Lykourgos with the spread of the epics (late 7th – early 6th century) actually began.

17. Catling 1976, 24-42; Tomlinson 1992, 248-249, 249. Cf. also Pettersson (1992, 92-97) for the history of the place since Mycenean era.

18. Catling and Cavanagh 1976, 145-157; Catling 1986, 189-204; Cartledge 1978, 25-26 (of the same author see also rev. 2001, 40-41); id. 2002², 104.

19. Nilsson 1972², 73.

20. Hall 1995, 602; Μεϊδάνη 2010, 72, 73, 77.

ver". As a mortal hero he could be honoured as many others indeed were, but the building of a temple in honour of Helen and Menelaos, which is dated at the beginning of the 6th century, presupposes that those honoured are of a divine nature. This view is further supported by archaeological remains. The earliest inscription bearing the name of Menelaos is dated as the early 6th century,[21] during the period when the "Old Menelaion" was built, which is also the first temple in that area.[22]

The Spartans have taken a further step towards supporting the divinity of Menelaos. To whom can Menelaos' divine nature be attributed? If Agamemnon, king of the Achaeans, is a god, then the brother, who also happened to be the leader of the Spartans in the glorifying Homeric epos, is a god too.

During the 6th century, most probably before the transfer of Orestes' bones and the alliance of Sparta with Tegea,[23] the Spartans proceeded to erect Agamemnon's tomb within the sanctuary of Alexandra-Kassandra (Paus.3.19.6) in Amyklai, east of modern-day Sklavochori.[24]

Alexandra, a local name for the queen of the underworld, was honoured together with Chthonian Zeus, who was often called Agamemnon, the *Agan Mimniskomenos.* Epigraphic evidence seems to confirm Pausanias's statements about the shrine and image of Alexandra at Amyklai.[25] With the spread and influence of the epics the former worship of a female deity, Alexandra-Kassandra, probably evolved into the worship of Clytemnestra, whose statue was found into the shrine, and was thereafter worshipped together with her husband Agamemnon (Paus. 3.19.6).[26] As is reported by Lycophron and derisively mentioned by Athenagoras, Agamemnon was also worshipped as Zeus Agamemnon.[27] The addition of the father of the gods'

21. Catling 1977, 415.

22. Cavanagh and Laxton 1984, 34-35.

23. Antonaccio 1994, 181-182; Cartledge 2002², 120. The date can be further supported by the date of Stesichoros' visit to Sparta, which is placed in 560, cf. Huxley 1962, 64; Κωνσταντινίδη 2007, 207.

24. Παπαχατζής 1994, v.2, 389.

25. Hooker 1980, 66-80.

26. Χρήστου 1960, 228-231; Παπαχατζής 1994, v.2, 389; Antonaccio 1994, 182.

27. Alex. 335, 1123, 1369 with Tzetzis *Comments on Lykophron;* Clem.Protr.II.38; Athenagoras, Leg. I. Cf. Antonaccio, 1994, 181-182.

name to that of Agamemnon immediately also elevates Menelaos who, according to Homer, was a simple mortal hero and according to Hesiod not even a hero![28] Besides honouring Helen's husband, at the Menelaion the Spartans were primarily honouring Agamemnon, the divine son of Zeus. There is no escaping the connection with the Herakleidai to whom, according to Tyrtaios (el.2.13-15, Strab. 8.4.10), Kronion Zeus awarded the city. The Spartan kings as descendants of Herakles were the natural representatives of Zeus on earth. This gave them the right to hold the sacred symbols of the eponymous hero of Lakonia, Zeus Lakedaimon, as well as those of Zeus Ouranios, which they honoured at the festival of Megala Ourania (Hdt. 6.56).[29]

By erecting Agamemnon's tomb in the agora of the polis, the Spartans claim the hero's origin, as is also implied in the *Odyssey* (4.514ff.) through Agamemnon's efforts to weather a storm at Cape Malea.

Besides the monumental promotion of Agamemnon, poets were also constructing evidence to support the Spartan point of view. While Homer placed Agamemnon's power in Argos, Stesichoros and Simonides placed it in Lakedaimon (Scholia Or.46): φανερόν ὅτι ἐν Ἄργει ἡ σκηνή τοῦ δράματος ὑπόκειται. Ὅμηρος δὲ ἐν Μυκήναις φησί τὰ βασίλεια Ἀγαμέμνονος Στησίχορος [fr. 39] δὲ καὶ Σιμωνίδης [fr. 207] ἐν Λακεδαίμονι, while Pindar informs us that "He himself died, the heroic son of Atreus, when at last he returned to famous Amyclae" (*Pyth.* 11.31, *Nem.* 8.13). The location of Agamemnon's palace at Amyclae is in accordance with the ancient female linc of royalty bequeathing to the sons of Atreus regions belonging to their father-in-law, Tyndareus -Sparta to Menelaos and Amyclae to Agamemnon. It is worth mentioning that in Stesichoros' *Oresteia* and in Ibykos (fr.282a, 18-22), Agamemnon is presented as a Pleisthenides and not as an Atreides, a genealogy that according to Bowra served the interests of Sparta and was intended to "disconnect" Agamemnon from Argos and the

28. The term "hero" is attributed by Homer to persons of particular excellence, of semidivine origin (Achilles) or human (Odysseus), but in Hesiod (*Op.* 158-160) is given a divine filiation "Zeus the son of Cronos made yet another, the fourth, upon the fruitful earth, which was nobler and more righteous, a god-like race of hero-men who are called semigods, the race before our own, throughout the boundless earth."

29. Cf. How and Wells 1936, vol. II, 84.

name of Atreus.[30] According to Cartledge, the works of the poet Kinaithon, who tried to reconstruct the genealogy of exceptional mortals and particularly of royal families can probably be placed against the same backdrop. It is suggested that his subjects included the deeds of Herakles and Orestes in order to link themselves with these "Achaeans".[31]

Shortly before the middle of the 6th century, Spartan interest turned to another member of the Atreidai family, Orestes. Ancient writers inform us that Orestes died at the age of seventy in Arkadia (Asclepiades from Tragilos *FGrHist* 12 abst. 25) and that he was buried in Tegea (Hdt. 1.67-68). Under the kingship of Leon and Hegesikles (Hdt. 1.65.1, Paus. 3.3.5), Sparta conducted a series of unsuccessful campaigns against Tegea. In reality, just before the Spartans decided to send ambassadors (θεοπρόποι) to the oracle of Apollo to ask how they would prevail over Tegea in war, the Tegeans had won a very important victory in the famous Battle of the Fetters. The god advised the Spartans to find the bones of Orestes in order to become ἐπιτάρροθος. The Spartans obeyed the oracle, discovered the bones of the Homeric hero, brought them to Sparta and buried them in the agora (Paus. 3.11.10). Ever after, adds Herodotus, the Lakedaemonians got much the better of the men of Tegea in all their battles, and victory for the Spartans was finally achieved by kings Anaxandridas and Ariston. If that is so, then how did they end up with a treaty with Tegea? Did Orestes not prove himself an ἐπιτάρροθος? As we have presumed elsewhere, it seems highly probable that the afore-mentioned victory was not decisive and that at the battle of Orchomenos the Argives and the Arcadians succeeded in recovering part of the conquered land.[32] But this victory brought greater benefit to the vanquished than to the victors, as it prompted the dissolution of the alliance between Tegeans and Argives, for years the greatest obstacle to Spartan expansion.[33] This raises a crucial question: did the oracle lie or did Apollo make a mistake when he said that Orestes would be an ἐπιτάρροθος? Also, there was finally no Spartan victory over Tegea. So did the two sides maybe use diplomacy, recognize their losses and prefer to

30. Bowra 1961², 114-115.

31. Cartledge 2002², 46.

32. Μεϊδάνη 2010, 161-163.

33. Forrest 1968, 73; Μεϊδάνη 2010, 162.

establish an alliance? These questions do not arise if we take a closer look at the double meaning of the word ἐπιτάρροθος and the double structural possibilities of the oracle's last sentence:

τὸν σὺ κομισσάμενος Τεγέης ἐπιτάρροθος ἔσσῃ

Liddell and Scott's lexicon gives two meanings of the word: in Homer the word always means a "helper", "defender", an "ally" of τινί and only for the particular passage gives "master", "lord" followed by the word Τεγέης in the genitive.[34] It is my view that there is no reason to add a genitive next to the word ἐπιτάρροθος since we have no such examples from ancient texts. After the word ἐπιτάρροθος either the word *τοῖς* Τεγεάτοισι or the word *τοῖς* Σπαρτιάτεσι is missing. In the first case, the meaning of the phrase could be "once you bring the bones of Orestes from Tegea you will become an ally, a defender of the Tegeans or a patron to them" and in the second "....you will become a helper of the Spartans". Should we choose between these meanings? I believe that the oracle intended to cover all possible outcomes of the war. What should be underlined here, however, is that what probably lies behind the Pythia's order to the Spartans to fraternize with Tegea is most likely the dissatisfaction of a group of Spartans (possibly the ephors)[35] at being constantly defeated by Tegea and probably also fear about the possible effect of these defeats on the morale of the helots, who had already revolted once. Blame for the difficult situation the city found itself in is usually attributed to the kings, who were the leaders of the army. The Pythia's oracle immediately solves Sparta's internal problem. It is Apollo's will to abandon the plan to conquer Tegea, and not Sparta's or the kings' military incapacity.

Through transferring the bones of the Atreides hero from Tegea to Sparta, the latter is now attempting to approach the Arkadians through diplo-

34. Liddell and Scott 1996 (rev.ed), 557-558. Godley [Loeb ed. 1999 repr., 81] as well as How & Wells (1936, vol.I, 91) conclude that the word and phrase should be read as meaning that whoever finds the hero's bones would assist the Spartans in becoming lords of Tegea (in the genitive in the ancient text 'Τεγέης').

35. The ephors' control over the Spartan kings is very well expressed during the 6th century, particularly in the incident of king Anaxandridas (Hdt. 5.39). The same event evidences the ephors' concern to ensure succession to the throne. A male child would provide the city with institutional stability as well as military sufficiency.

matic means, following the unsuccessful efforts to conquer the region. Given the huge size of Orestes' bones[36] and his weapons, which are described by Herodotus (1.68) and presented as if the hero had supernatural power, it can be assumed that the transfer had the effect of boosting Spartan morale.[37] The transfer and the simultaneous erection of Orestes' tomb in the *agora* (Paus. 7.1.8) prove their intent to claim his origin.

The composition of *Oresteia* by Stesichorus "in Sparta and for Sparta" and probably for presentation at a spring festival,[38] also served the same purpose.

The example of how worship of the Argive hero Adrastos was terminated in Sikyon can help us understand the purpose of bones' transfer from a neighbouring city to the agora of another. As long as the Sikyonians were on good terms with the Argives, they worshipped Adrastos. When they fell out with them, they stopped worshipping the hero and after having brought the bones of the hero Melanippos to the city from Thebes, with which the Sikyonians wanted to enter an alliance,[39] they granted him a τέμενος in the city's prytaneion. They worshipped him and made sacrifices to him, which hitherto had been dedicated to Adrastos. This example helps us to realise that bringing a hero's bones into a city also entailed his worship[40] and that both the cult of a particular hero and the transfer of his bones are means of seeking alliance with another polis. Viewed from the opposite angle, however, ceasing to worship a particular "borrowed" hero implied ending the relations between the two cities.

McCauley has stressed that a city which has moved a hero's bones without divine approval could suffer severe natural disasters.[41] In the case of Kleisthenes of Sikyon, when he received the oracle, which did not meet his wishes, since it suggested that he maintain the cult of Adrastos and conse-

36. Cf. Huxley (1979, 145-148) for an explanation of the size of the bones.

37. Welwei 2004, 225. Cf. Boedeker (1993, 164-177) for a different opinion. Cf. Shaw (2003, 182) for a very interesting point on the consequences of Orestes' bones transfer on Spartan morale.

38. Bowra 1961², 255.

39. Μεϊδάνη 2010, 96-97.

40. McCauley 1999, 86.

41. McCauley 1999, 95.

quently his friendship with the Argives, he did not ignore it out of fear but "attempted to devise some plan which might rid him of Adrastos".[42] Thus, rather than abolishing the cult of Adrastos he simply stripped the hero of the honours he had been granted and bestowed them upon the afore-mentioned new hero.

Similarly, it was not just the act of transfer that would persuade the Tegeans to ally with the Spartans. It was what would follow this act: the worship of Orestes in the agora and the sacrifices to him would create a friendly situation between the two cities.

The transfer of the bones of Teisamenos, son of Orestes, from Heliki to Sparta (Paus. 7.1.8) can be seen within the same context. This is also linked with the Spartans' effort to present themselves as descendants of Agamemnon's family. Leahy observes that Teisamenos' death before the occupation of the city by the Achaeans justifies the absence of his worship in Heliki as well as the unopposed transfer of his bones to Sparta.[43] Other researchers suggest that in doing this the Spartans were attempting to adopt the non-Dorian element, considering that Heliki was one of the most powerful cities of the Achaeans and a centre of worship for Homarius Zeus and Heliconius Poseidon (Strab. 8.387), and the transfer comes immediately after the alliance between Sparta and Tegea (556).[44] It should be stressed, however, that the aim of this adoption was to present the Spartans as descendants of Agamemnon and to promote Sparta as his centre of authority. The transfer of Teisamenos' bones is of particular importance since, according to tradition, the son of Orestes left Sparta after the coming of the Herakleidai and was killed in battle by the Ionians (Paus. 2.18.8, 7.1.8). The same transfer underlies a further tradition which has Teisamenos killed in Sparta (Apoll. 2.8.3).

So why throughout the entire 6th century did the Dorian Spartans not only sing the glory of the Homeric heroes but also make them part of their past?

42. Hdt. 5.67.

43. Leahy 1955, 32.

44. For the date of the alliance, cf. Hdt. 1.67.1. Cf. also Leahy 1955, 33; Huxley 1962, 68; Καρδαρά 1975, 23.

From what has been stated above, we can assume that whenever Sparta uses Agamemnon, Menelaos or members of their family she intends either to make a diplomatic approach to the conquered non-Dorian populations or to enter an alliance with them. The need to hush up the conquests, after the subjection of the Messenians and the continuous defeats by Tegea, is replaced by diplomatic approaches and alliances.[45] In this case it would seem that the interests of Sparta were better served by using the Achaean Atreidai family.[46] I believe that the Dorians of Lakonia continued to adopt the Atreidai family in order to eliminate all resistance against them and to form a coalition under their control, much like former Mycenaean kings.[47] At the same time, worship of members of the Atreidai family was also intended to obscure the general silence of the epics about the Dorians.[48] By joint the two kingdoms-Menelaos' and Agamemnon's in the land of Lakonia- the two Spartan kings become the legitimate heirs of Homer's Achaean glory.

A further question which arises is as follows: Spartan propaganda for the Peloponnesian cities is understandable. But who looked at all these monuments every day? Who honoured Menelaos and Helen as gods? Who used the vases depicting Agamemnon's son, Orestes? The answer is of course quite obvious: the Spartans themselves and the residents of Lakonia.[49] It is easy enough to understand why the non-Dorian population was willing to visit the places where the Achaean heroes were honoured. But why the Dorian Spartans? Powell has stressed the power of repetition in the Spartan education, mainly through the singing of well-known poetry, by Tyrtaios for example, as every oral society would practise. Similarly, I believe that during the 6th century Spartans were using the device of repetition through perio-

45. Malkin (1994, 47-48) also accepts that the Spartans had political reasons for further promoting the Achaeans during the 6th century, Menelaos in particular.

46. Calame 1987, 177.

47. Cartledge 2002², 104-105, relates the start of worship in Therapne to the victory of Sparta in the first Messenian war and connects the promotion of Menelaos in the late 8th-early 7th with Sparta's intention to strengthen its authority to control SE Peloponnese. Cf. also Cartledge 1992, 55 and Antonaccio 1993, 57.

48. The outcome of their effort to claim a place in the epics can be seen in Plato, *Laws,* 682.

49. For how scenes depicting members of the Atreidai family were distributed throughout Greece, cf. Prag 1985.

dically erecting monuments belonging to the same heroic family or establishing cults to honour them and listening to the epics of Stesichoros, Simonides, Ibykos and Kinaithon glorifying Menelaos, Agamemnon and Orestes. The fear and humiliation from the continuous defeats by Tegea would be erased, and the doubts about the kings' military capacity[50] would pass into oblivion as Menelaos' adventures and Agamemnon's victory made the Spartans feel like the protagonists of a play, in which they never really participated.[51]

However, the reversal of Sparta's foreign policy after the conquest of Messenia did not result in a lesser promotion of Herakles. The coexistence of the myth of the Herakleidai with the tradition of the Atreidai in the life of the Spartans is summarized by Hooker (1989, 130-131) as follows: "It is interesting to notice that the inventors of state propaganda at Sparta faced two ways at once: they cultivated both the Dorian and the Achaean strain in their inheritance. By their claim that Sparta was the chief Dorian city, they prepared for themselves a title to the high place they occupied among the Dorians from the sixth century onwards. By their insistence on the Herakleid link, they were able to trace back their ancestry or at least the ancestry of their royal houses, directly to the heroic age".[52] The military poetry of Tyrtaios, which encouraged the descendants of Herakles to fight courageously was sung by the Spartan soldiers as they marched, whilst the 4th century Athenian orator Lykourgos stresses the role of Tyrtaian poems in the education of Spartans.[53] Also, the Great Festival of the Carneia recalled for the people of Sparta the adventures of the return of the Herakleidae.[54]

---

50. Potential lack of trust towards the kingship might be seen in the 6th century in the involvement of the ephors in Anaxandridas' life and in the decision of the demos that one of the kings should stay at home during an expedition. Of course such doubt does not mean that the institution is abolished, but rather that the kings' influence over the Spartan people has changed.

51. As Powell (1994, 304) summarises: "Spartan society, with its homogenized citizenry, its compulsory routines (daily and seasonal), its well-practised stratagems and manoeuvres, was constructed in general so as to mould the character by repeated experience, to an extent probably unique in the Greek world".

52. Hooker 1989, 130-131.

53. Athenaeus 630, *Against Leok.* 106f., Plut. *Cleom.* 2. Cf. Powell 1994, 302-307 for the role of music in Spartan life and education, cf. also Parker 1989, 146.

54. Parker 1989, 146.

It would appear that customers still preferred vessels which depicted the hero's achievements to ones with themes inspired by the Trojan cycle. During the 6th century, Lakonian pottery with scenes depicting Herakles accounts for some 22% of the city's total painted pottery.[55]

Since the 7th century, the kings of Sparta were related to the Herakleidai and were thus presented as lawful inheritors of Lakonia.[56] Apart from their rightful assumption of power in the Lakonia region, the Spartans used Herakles to justify the conquest of Messenia.[57]

Thus we reach the end of the 6th century, when, according to Herodotos (5.72), the Spartan king Kleomenes went up to the Akropolis of Athens and was not allowed by the priestess of the goddess to enter her shrine because he was a Dorian. He responded "My lady, I am not a Dorian, but an Achaean". Scholars usually explain the Spartan king's response by placing the event within the context of the Spartans' "Achaean policy". They are partly correct, but it should be borne in mind that the event is taking place outside the Peloponnese, during a Spartan invasion of Attica. The aggressive and intrusive character of the Dorian past (newcomers in Lakonia unlike the native Athenians, conquerors of Messenia) and the adventures of their warlike progenitor, Herakles, were also well known outside the Peloponnese,[58] as was the friendly nature of 6th century Spartan Achaean propaganda, so much in favour of alliances. We can therefore interpret Kleomenes' answer as meaning: "I come not as a Dorian intruder but as an Achaean peacemaker".

---

55. Cf. Pipili 1987; Boardman 1992, 25-29; Powell 2002 (repr.), 121, 126-127.

56. Tyrt. fr.11, Alkman, Louvre Papyri E3320, Pind. *Pyth.* 10.1-4, cf. also I 62-66, Isokr. *Arch.* 18, Paus. 2.18.7.

57. Isokr. *Arch.* 22-23; Paus. 4.3.3-6. For the above traditions, cf. further Μεϊδάνη 2010, 72-74.

58. Particularly since the late 6th century in Athens, Herakles coexisted with Theseus to the extent that a proverb passed into common currency, "ἄλλος οὗτος Ἡρακλῆς", as Barron points out (1972, 23). Parker (1989, 147) mentions the festivals the Athenians held in honour of Herakles.

Examples of the 5th century

Although modern scholars are mainly interested in Sparta's policy of transferring bones and Orestes has thus become the protagonist of the 6th century Achaean policy, it would appear that the Spartans were primarily attached to Menelaos. It was he who was honoured with a temple and it was he whom the Spartans would continue to promote in difficult times such as at the battle of Plataea in 479.

The well-documented deification of Menelaos gave him the right -ipso iure-to become one of the sacred symbols of the Spartan army on expedition. According to Simonides' new fragments (fr.11),[59] the Spartans at Plataea were accompanied by the images of the Tyndaridai and of Menelaos:[60] "*Τυνδαρίδα]ις ἥρωσι καὶ εὐρυβίῃ Μενελάω[ι....πατ]ρώιης ἡγεμόνες π[ό]λεος*".

It is well known that the two Spartan kings were also linked to another set of twins, the Dioscouroi, who "they are said to be alive underground in Therapne" and who were also of an earthly nature (Alkman, *Pap.Oxyr.*2389, fr.3(a)3-7, Hdt. 6.61.3, Paus. 3.20.2, Schol.Eur.Tro., 210).[61] From Herodotus (5.75) we know that the Dioscouroi "had both gone together", and that, since 506 because of the διχοστασίη of the two kings in the Thriasion Plain, the Spartans decided during an expedition "both kings would not be permitted to go with". As a consequence of this new law they also decided "one of the sons of Tyndarus too could be left at home". To the best of my knowledge no other ancient text mentions the presence of Menelaos in any Spartan expedition and the Spartans were probably not accompanied by Menelaos in any other military action. Why then at the battle of Plataea were the Spartans accompanied by both twins and also by Menelaos?

59. About the date and analysis of the elegy, cf. West 1993, 168-172, 192; Boedeker 1996, 223-242; Aloni 1997, 21-26; Kowerski 2005, 64ff.

60. As Carlier suggests (2007, 50) Spartans were carrying the δόκανα, which Plutarch mentions (*Moralia* 478B). According to the description of the ancient writer "they consist of two parallel wooden beams joined by two other transverse beams placed across them; and this common and indivisible character of the offering appears entirely suitable to the brotherly love of these gods".

61. Cf. Bowra 1961², 52-53; Antonaccio 1994, 165. Kastor and Polydeukes were also worshipped in other parts of the city apart of Therapne: cf. Paus. 3.13.1, 14.6, 16.2.

As far as the Tyndaridai are concerned, the answer might lie in the fact that by 479 both kings were outside Sparta, for while Pausanias, regent for the under-age king Pleistarchos, was sent as a leader of the Greek army (Hdt. 9.10), the other king, Leotychidas was appointed as an admiral of the fleet (Hdt. 9.90). Their presence along with that of Menelaos could also be due to the circumstances under which the Spartan army left Sparta. According to Herodotus, the ephors made five thousand Spartans march with seven helots appointed to attend each of them, and gave the command to Pausanias, after being accused by the Athenians of neglecting them, and advised by a man from Tegea (9.7-9). The Tyndaridai and Menelaos both emphasise Spartan identity, whilst Menelaos is also linked to Sparta's Achaean policy. Bearing in mind that the Spartans had the unanimous consent of all Greeks to lead the army, why then not Agamemnon who, according to Malkin, was "the pan-Hellenic Lakedaimonian hero the Spartans used to meet the Pan-Hellenic challenge of the Persian wars"?[62]

The first proof we have that Spartans used the name of Agamemnon to support their supremacy in the Greek leadership, is given to us by Herodotus (7.159.1).

To Gelon's demand that he should be the *supreme commander of the Greeks against the Persians, the Spartan Syagros replied:* "loudly would Agamemnon son of Pelops lament, when hearing that the Spartans had been bereft of their command by Gelon and his Syracusans!". Here, what first becomes clear is the success of the Spartan propaganda. The Spartans had managed to break the link between Agamemnon and the Atreidai family and to give him a different genealogical line, that of the Pelopeids, and finally to present him as one of the Spartans' ancestors. This genealogy had been very carefully constructed by Stesichoros' poetry. In his "Oresteia" he served the political purposes of Sparta by placing Agamemnon's palace in Lakedaemon and by creating a different family line for him.[63] As Bowra stresses, the introduction of Pleisthenes as father of Agamemnon aims at completely detaching Agamemnon from Argos and the Atreidai family.

62. Malkin 1994, 27.

63. P. Oxy.2360, ii, 4. Cf. also Ibykos [fr. 3, 31-32 (Diehl)] who sometimes presents Agamemnon as Pleisthenides and other times as *Ἀτρέος πάις*.

Moreover, Atreus had no power in Sparta and his grave was in Mycenae.[64] From the above text it follows that the name of the supreme leader of the Trojan expedition was used because the supremacy of Sparta's leadership (the superior military force of the Greek world at that time) was in doubt in contrary of what happened in Plataea where the Spartans had the unanimous consent of all Greeks to lead the army. Once again Sparta's title as ἡγεμονεύουσα ἀρχή was threatened at Aulis where Agesilaos tried to present himself as the hegemon of all Greeks, as Agamemnon. But whilst in the case of Gelon, Sparta remained the undoubted Greek leader, Agesilaos failed to fulfill his aim as a leader of all Greeks.

Conclusions

To sum up, we can conclude that the Spartans seek justification for either their conquering policy or their attempts at unification in the mythical tradition. Thus, whilst Herakles is used to obscure Sparta's policy of conquest, whenever she uses Agamemnon, Menelaos or members of their family, Sparta is not aiming to conquer or justify conquests; she is rather intending to approach the vanquished non-Dorian populations diplomatically, or to form alliances with them. By claiming Agamemnon and his descendants, Sparta is actually claiming the image of the historical Mycenean king who united under his power the major part of Argolis and possibly also the north-eastern Peloponnese, and guided the economic life of his citizens as well as the relations with the outer world.

The need to obscure the conquests, after the subjection of the Messenians and the repeated defeats by Tegea, is replaced by diplomatic approaches and alliances. Here it would seem that the use of the Achaean Atreidai family better served the interests of Sparta.[65] I note that the Dorians of Lakonia continued to adopt the Atreidai family in order to eliminate all resistance against them and form a coalition under their control, much like the former Mycenaean kings. At the same time, the worship of

64. Paus. 2.16.6. Cf. Bowra 1961², 254-255. For a different interpretation, cf. Κωνσταντινίδη 2007, 212-213.

65. Calame 1987, 177.

members of the Atreidai family was also intended to obscure the absence from the epics of the Dorians. Thus we reach the end of the 6th century and we observe Kleomenes' reply to the Athenian priestess: *No Dorian am I, but an Achaean* (Hdt. 5.72.3), while in the 4th century, Spartan-friendly Plato mentions in *Laws* (682) that the Dorians are exiled Achaeans who returned to the Peloponnese under a different name.

Furthermore, from the examples given from the 5th century and from Aulis, we come across an important distinction: at Pan-Hellenic level, the Spartans used the deified Menelaos at Plataea (479), where they had the total assent of their supremacy. Wherever their leadership was doubted by their allies or other Greeks, however, they preferred to promote Agamemnon, who seemed to represent the symbol of *the* leader of all Greeks, and each time he was recalled from oblivion it was in order to revive the idea of the unification of all Greeks under the Spartan leadership as Agesilaos tried to do at Aulis.

Bibliography

Aloni, A. 1997, "The poem of the Simonides elegy on the Battle of Plataea", in L. Edmunds, R. Wallace (eds), *Poet, public and performance in ancient Greece and the circumstances of its performance*, Baltimore/London, 8-28.

Antonaccio, C. 1993, "The Archaeology of ancestors", in C. Dougherty, L. Kurke (eds), *Cultural Poetics in Archaic Greece*, Cambridge, 46-70.

– 1994, *An Archaeology of Ancestors: Tomb, Cult and Hero Cult in Early Greece*, London.

Barron, J. 1972, "New Light on old walls: The murals of the Theseion", *JHS* 92, 20-45.

Boardman, J. 1992, "For you are the progeny of unconquered Herakles", in J.M. Sanders (ed.), *Φιλολάκων. Lakonian Studies in Honour of Hector Catling*, London & Athens, 25-30.

Boedeker, D., 1993, "Hero Cults and Politics in Herodotus: The bones of Orestes", in C. Dougherty, L. Kurke (eds), *Cultural Poetics in Archaic Greece*, Cambridge, 164-177.

– 1996, "Heroic historiography: Simonides and Herodotus on Plataea", in D. Boedeker, D. Sider (eds), *The New Simonides*, *Arethusa* 29.2, 223-242.

Bowra, C. 1961, *Greek Lyric Poetry. From Alcman to Simonides* (rev.ed.), Oxford.

Buckler, J. 2003, *Aegean Greece in the fourth century BC*, Leiden/Boston.
Calame, C. 1987, "Spartan Genealogies", in J. Bremmer (ed.), *Interpretations of Greek Mythology*, London-Sydney, 153-186.
Carlier, P. 1999, *Homère*, Paris.
- 2007, "À propos de la double royauté spartiate", in N. Birgalias, K. Buraselis, P. Cartledge (eds), *The Contribution of Ancient Sparta to political thought and practice*, Αθήνα, 49- 60.
Cartledge, P. 1978, "Literacy in the Spartan Oligarchy", *JHS* 98, 25-37. Reprinted with updated references in *Spartan Reflections*, 2001, London-California.
- 1987, *Agesilaos and the crisis of Sparta*, London.
- 1992, "Early Lakedaimon: The Making of a Conquest State", in J.M. Sanders (ed.), *Φιλολάκων. Lakonian Studies in Honour of Hector Catling*, London & Athens, 49-56.
- 2002[2], *Sparta and Lakonia. A Regional History 1300-362 B.C.*, London.
Catling, H. W. 1976, "Excavations at the Menelaion, Sparta, *1973-1976", AR* 23, 24-42.
- 1977, "Excavations at the Menelaion, Sparta, *1973-1976", Λακωνικαί Σπουδαί* 3, 408-416.
- 1986, "Η Αγγλική Αρχαιολογική Σχολή στην Σπάρτη", *Λακωνικαί Σπουδαί* 8, 189-204.
Catling, H.W., Cavanagh, H. 1976, "Two inscribed bronzes from the Menelaion, Sparta", *Kadmos* 15, 145-157.
Cavanagh, W.G., Laxton, R.R. 1984, "Lead Figurines from the Menelaion and Seriation", *BSA* 79, 23-36.
Cawkwell, G. 1976, "Agesilaus and Sparta", *CQ* 26, 62-84.
Forrest, W.G. 1968, *A History of Sparta*, Oxford.
Godley A.D. 1999 (1926), *Herodotus. Books I-II,* Loeb Classical Library, (G.P. Goold ed.), Massachusetts/London.
Hall, J. 1995, "How Argive was the 'Argive' Heraion? The Political and Cultic Geography of the Argive Plain, 900-400 B.C.", *AJA* 99.4, 577-613.
Hamilton, C. 1992, "Lysander, Agesilaus, Spartan Imperialism and the Greeks of Asia Minor", *AncW* 23.2, 35-50.
- 1994, "Plutarch and Xenophon on Agesilaus", *AncW* 25.2, 205-212.
Hooker, J.T. 1980, *The Ancient Spartans*, London.
- 1989, "Spartan Propaganda", in A. Powell (ed.), *Classical Sparta: Techniques Behind her Success*, London, 122-141.
How, W., Wells, J. 1936, *A Commentary on Herodotus. Vol.I, II,* Oxford.
Huxley, G. 1962, *Early Sparta*, London.
- 1979, "Bones for Orestes", *GRBS* 20, 145-148.
Καρδαρα, Χ. 1975, *Αχαϊκή πολιτική της Σπάρτης*, Αθήνα.

Κωνσταντινιδη, Σ. 2007, "Η «πολιτική μυθολογία» του Στησίχορου για τη Σπάρτη", in N. Birgalias, K. Buraselis, P. Cartledge (eds), *The Contribution of Ancient Sparta to political thought and practice*, Αθήνα, 203-226

Kowerski, L. 2005, *Simonides on the Persian Wars*, New York.

Leahy, D. 1955, "The Bones of Tisamenus", *Historia* 4, 26-38.

Liddell, H., Scott, R. 1996 (rev.& aug.), s.v. *ἐπιτάρροθος*, A *Greek-English Lexicon*, New York/Oxford.

Malkin, I. 1994, *Myth and Territory in the Spartan Mediterranean*, Cambridge.

McCauley, B. 1999, "Heroes and power: the politics of bone transferral", in R. Hägg (ed.), *Ancient Greek hero cult*, Stockholm, 85-98.

Μεϊδανη, Κ. 2010, *Αρχαϊκή Ελλάδα και Πόλεμος*, Αθήνα.

Nilsson, M. 1972[2], *The Mycenean Origins of Greek Mythology*, Berkeley.

Παπαχατζης, Ν. 1994, *Κορινθιακά-Λακωνικά. Παυσανίου Ελλάδος Περιήγησις*, τ. 2, Αθήνα.

Parker, R. 1989, "Spartan Religion", in A. Powell (ed.), *Classical Sparta: Techniques Behind her Success*, London, 142-172.

Pettersson, M. 1992, *Cults of Apollo at Sparta: The Hyakinthia, the Gymnopaidiai and the Karneia*, Stockholm.

Pipili, M. 1987, *Laconian Iconography of the Sixth Century BC.*, Oxford.

Powell, A. 1989, "Mendacity and Sparta's use of the visual", in A. Powell (ed.), *Classical Sparta: Techniques Behind her Success*, London, 173-192.

- 1994, "Plato and Sparta: modes of rule and of non-rational persuasion in the Laws", in A. Powell, St. Hodkinson (eds), *The Shadow of Sparta*, London/New York, 273-322.
- 1998, "Sixth-century Lakonian vase-painting: continuities and discontinuities with the 'Lykourgan' ethos", in N. Fisher, H. van Wees (eds), *Archaic Greece: New Approaches and New Evidence*, London, 119-146.

Prag, A. 1985, *The Oresteia: iconographic and narrative tradition*, Chicago.

Ραμου-Χαψιαδη, Α. 1994, *Σωτῆρες τῆς Ἑλλάδος (Ἡροδ. VII. 139.5), Ναυκράτορες (Θουκ. V.97, 109, VI. 18.5)*, Αθήνα.

Ramou-Hapsiadi, A. 2003, "The Delian League fighting on behalf of the Hellenes", in K. Buraselis, K. Zoumboulakis (eds), *The Idea of European Community in History*, Athens, 11-18.

Shaw, P.J. 2003, *Discrepancies in Olympiad Dating and Chronological Problems of Archaic Peloponnesian History*, (Historia Einzelschr. 166), Stuttgart.

Tomlinson, R.A. 1992, "The Menelaion and Spartan Architecture", in J.M. Sanders (ed.), *Φιλολάκων. Lakonian Studies in Honour of Hector Catling*, London & Athens, 247-256.

Welwei, K-W. 2004, "Orestes at Sparta: The political significance of the grave of the hero", in Th. Figueira (ed.), *Spartan Society*, Swansea, 219-230.

WEST, M. 1993, *Greek lyric poetry: the poems and fragments of the Greek iambic, elegiac, and melic poets (excluding Pindar and Bacchylides) down to 450 B.C.*, Oxford.

ΧΡΗΣΤΟΥ, Χ. 1960, "Ανασκαφή Αμυκλών", *ΠΑΕ* 115, 228-231.

Περιληψη

Στην παρούσα μελέτη διερευνάται εάν η παρουσία του Αγησίλαου το 396 στην Αυλίδα προκειμένου να προσφέρει θυσίες στη θεά Άρτεμις ως άλλος *Αγαμέμνων*, αποτελεί μέρος μίας μακράς παράδοσης της Σπάρτης να χρησιμοποιεί την οικογένεια των Ατρειδών ή εάν πρόκειται για ένα νέο τέχνασμα των αρχών του 4ου αι. Προκειμένου να δοθεί απάντηση στο ερώτημα που τίθεται, προβαίνουμε αρχικά στη διερεύνηση των συνθηκών, υπό τις οποίες ο Αγησίλαος έλαβε την απόφαση να θυσιάσει στην Αυλίδα, όπως άλλοτε ο Αγαμέμνων. Επισημαίνεται ότι ο Σπαρτιάτης βασιλιάς γνώριζε ότι οι Βοιωτοί δεν θα τον ακολουθούσαν στην εκστρατεία του στην Ασία και η εμφάνισή του ως πανελλήνιου ηγέτη αποσκοπούσε και στη συγκάλυψη της άρνησης των Βοιωτών να συνεκστρατεύσουν εμφανιζόμενος ως ηγέτης όλων των Ελλήνων.

Ακολουθεί μία αναδρομή στον 6ο αι. αναφορικά με τον τρόπο που η Σπάρτη χρησιμοποιεί την οικογένεια των Ατρειδών αλληλένδετη με τη διάδοση των ομηρικών επών. Ο χρόνος όμως κατά τον οποίο η Σπάρτη προχώρησε στην "εκμετάλλευση" ή καλύτερα στην υιοθέτηση των Αχαιών πρωταγωνιστών της οικογένειας των Ατρειδών φαίνεται να είναι τα τέλη του 7ου-αρχές 6ου, όπως προκύπτει από την έναρξη της λατρείας του Μενέλαου και την ανέγερση του Μενελάιου στη Θεράπνη. Εύλογα τίθεται το ερώτημα τί επιδίωκε η Σπάρτη με την εξύψωση ενός Ομηρικού Αχαιού ήρωα, βασιλιά μάλιστα της Λακωνίας, σε πάρεδρο θεό της Ελένης στις αρχές του 6ου. Ακολουθεί η εξέταση της μεταφοράς των οστών του Ατρείδη Ορέστη από την Τεγέα στη Σπάρτη και η σύγχρονη με αυτή ανέγερση τάφου του Ορέστη στην αγορά της πόλης. Στο ίδιο πλαίσιο αλλά λίγο αργότερα, πιθανώς μετά από τη σύναψη της συμμαχίας της Σπάρτης με την Τεγέα ή μετά τη μάχη της Θυρέας, νομίζουμε ότι πρέπει να τοποθετηθεί και η ανέγερση τάφου του Αγαμέμνονα. Με την προσπάθεια των Σπαρτιατών να εμφανισθούν ως απόγονοι του Αγαμέμνονα συνδέεται και η μεταφορά των οστών του Τισαμενού, γιου του Ορέστη, από την Ελίκη στη Σπάρτη. Αλλά και ο 5ος αι. συμβάλλει καθοριστικά στην κατανόηση της σπαρτιατικής παράδοσης σε σχέση με την οικογένεια των Ατρειδών. Αναφέρουμε από τις πηγές δύο παραδείγματα, στα οποία οι Σπαρτιάτες, στο μεν ένα χρησιμοποιούν το όνομα του Αγαμέμνονα προκειμένου να διαλύσουν τις αμφιβολίες του Συρακούσιου Γέλωνα σχετικά με το αν αξίζουν να έχουν την αρχηγία του στρατού, και στο δεύτερο εμφανίζουν την εικόνα του Μενέλαου δίπλα στους Διόσκουρους στην πανελλήνια εκστρατεία στις Πλαταιές, όπου φυσικά η αρχηγία του στρατού τούς παραδίδεται ομοφώνως.

Από την εξέταση αυτή προκύπτει ότι από τη μυθική παράδοση ζητούσαν οι Σπαρτιάτες να αντλήσουν την επιχειρηματολογία τους για να δικαιολογήσουν άλλοτε την κατακτητική τους πολιτική και άλλοτε να επιδιώξουν τη συνένωση. Έτσι, ενώ η κατακτητική πολιτική της Σπάρτης συγκαλύπτεται με τον Ηρακλή, οσάκις χρησιμοποιεί τον Αγαμέμνονα, τον Μενέλαο ή μέλη της οικογένειάς τους δεν αποβλέπει σε κατάκτηση ούτε δικαιολογεί κατάκτηση, αλλά αποσκοπεί άλλοτε στον προσεταιρισμό κατακτημένων μη δωρικών πληθυσμών και άλλοτε στη σύναψη συμμαχιών με αυτούς.

Die panhellenischen Heiligtümer und die griechischen Bundesstaaten in hellenistischer Zeit

KLAUS FREITAG

MEINE ÜBERLEGUNGEN gehen von folgender Beobachtung aus: Die vier panhellenischen Kultstätten - das Apollon-Heiligtum in Delphi, die Zeus-Heiligtümer in Olympia und in Nemea und die Poseidon-Kultstätte in Isthmia - wurden allesamt im Verlauf des Hellenismus zumindest zeitweise in Bundesstaaten überführt bzw. gerieten unter deren Einfluss. Dieser im konkreten Fall zu differenzierende Prozess soll mit Konzentration auf folgende Fragestellung diskutiert werden: Inwieweit veränderten sich nach der Einbeziehung der Heiligtümer in Bundesstaaten die Ausrichtung und die Bedeutung der Kultstätten? Ich werde demnach die einzelnen panhellenischen Heiligtümer in den Blick nehmen und untersuchen, unter welchen Umständen diese in Bundesstaaten integriert wurden, wie sich das Verhältnis zwischen Heiligtum und den die Kultstätten verwaltenden Poleis und Bundesstaaten entwickelte und was die Einbeziehung für die Heiligtümer und die Bundesstaaten bedeutete.

1. Olympia

Die Polis Elis war seit dem Ende des 6. Jh. v. Chr. für die Verwaltung des Zeus-Heiligtums zuständig. Daß möglicherweise vorher die Kultstätte von "Eleern und ihren Symmachoi"[1] verwaltet wurde, vor einer Art regionalen Amphiktyonie also, sei hier nur am Rande erwähnt. Im Prinzip aber ist seit klassischer Zeit das 36 km vom elischen Stadtzentrum entfernte Zeus-Heiligtum in Olympia zu den außerstädtischen Kultstätten im elischen Territorium zu zählen. Die Eleer bestimmten die Regeln, nach denen Heiligtum, Spiele und auch das Orakel funktionierten. Elis stellte Beamte und Priester, die für den Kultplatz und für

1. Vgl. dazu Siewert 2006, 43-54.

die Durchführung der Panhellenischen Spiele verantwortlich waren. Diese Oberaufsicht über Olympia wurde generell nicht in Frage gestellt. Nur in der Zeit von 365 bis 360 v. Chr. waren die Arkader und mit ihnen die Pisaten in Besitz des Heiligtums, nachdem der Kronoshügel besetzt und eine Garnison nach Olympia verlegt worden war.[2] 364 v. Chr., als die Arkader mit den Pisaten die Olympischen Spiele veranstalteten, fanden erbitterte Kämpfe zwischen Eleern und Arkadern statt, in denen es den Eleern aber nicht gelang, Olympia zurükkzuerobern. Erst als etwas später interne politische Streitigkeiten unter den Arkadern auftraten, deren Bundesbeamte sich der Tempelschätze in Olympia bemächtigt hatten, änderte sich die Situation erneut. Die Arkader zogen sich aus Olympia zurück und nach dem Abschluß eines Friedensvertrages konnte Elis das Heiligtum wieder in Besitz nehmen. Die Episode ist bekannt und häufig diskutiert. Ich möchte vor allem auf eine Bemerkung des Xenophon hinweisen, der sich zu den Motiven der Arkader, sich aus Olympia zurückzuziehen, wie folgt äußert: *Da kamen die Arkader zu dem Schluß, daß es für sie ganz und gar unnütz sei, dem Zeus-Heiligtum vorzustehen. Im Gegenteil würden sie die Forderung nach Gerechtigkeit und Frömmigkeit besser erfüllen, wenn sie es wieder abgäben, und auch dem Gott würden sie auf diese Weise, wie sie glaubten, besser willfahren.*[3] Die Arkader hatten offensichtlich erkannt, dass sowohl aus politischer als auch religiöser Perspektive ihnen die Oberaufsicht auf Dauer keinen Nutzen bringen werde, sondern sowohl intern als auch in einem panhellenischen Umfeld nur Schwierigkeiten, vor allem weil die Akzeptanz der neuen Ordnung nicht zu erreichen war und auch die Legitimationsstrategien – die Arkader hatten über die Pisaten ältere Vorrechte auf Kosten von Elis geltend gemacht - dann doch nicht überzeugten. Die wenigen Jahre Arkadischer-Pisatischer Oberaufsicht über Olympia blieben demnach nur eine kurze Episode. Bald war der status quo vor der Eroberung der Altis wiederhergestellt und Elis kam wieder in Besitz von Olympia.

In hellenistischer Zeit entwickelte sich der Achaiische Bund schrittweise zu einer Bundesorganisation, die den Anspruch vertrat, die gesamte Peloponnes in einem Staatswesen zu vereinigen. Elis wurde jedoch im Gegensatz zu den peloponnesischen Poleis wie Sikyon, Argos und Korinth erst vergleichsweise spät in

2. Xen. *Hell.* 7,4,28-34. Crowther 2003, 1-10. Ruggeri 2004. Ritter 2001, 89-106.
3. Xen. *Hell.* 7,4,35.

den Achaiischen Bund eingegliedert. Zuvor hatte Elis über viele Jahre hinweg auf der Seite der Aitoler gestanden, die mit den Eleern seit jeher engste Beziehungen aufrecht hielten. Zwar waren Aitolien und Elis über viele Jahre hinweg eng miteinander verbunden, aber die Eleer wurden niemals in den Aitolischen Bund eingegliedert.[4]

Mit den Achaiern standen die Eleer im 3. Jh. über die meiste Zeit hinweg in einem Spannungsverhältnis.[5] Die Achaier hatten mehrmals den Versuch unternommen, militärisch in der Elis zu intervenieren. Inwieweit in diesen Vorgängen Olympia eine Rolle spielte, ist nicht weiter bekannt. Im Jahre 219 war der mit den Achaiern verbündete Makedonenkönig Philipp V. durch die Peloponnes gezogen und im Krieg gegen Elis auch nach Olympia gekommen, wo er dem Gott opferte, die Offiziere bewirtete und dem Heer eine 3 tätige Ruhepause gönnte, um anschließend Plünderungszüge in der Elis zu unternehmen. Polybios nutzt diese Gelegenheit, um die Lebensweise in Elis allgemein zu charakterisieren.[6] Er präsentiert dann auch eine generelle Sichtweise der Griechen auf die Verhältnisse in Elis und Olympia. Das dicht besiedelte Land sei reich an Sklaven und Gütern aller Art und lange frei von Kriegsnöten geblieben. Die Eleer stünden unter religiösem Schutz wegen der Olympischen Spiele. Die Griechen hätten ihnen deswegen Heiligkeit und Unverletzlichkeit ihres Landes zugestanden.[7] Weil diese nun aber ihre alte Lebensart und ihre vorbildliche Friedfertigkeit aufgegeben hätten, tadelt Polybios die Eleer.

Wie man sieht, wird auch bei Polybios die Oberhoheit der Eleer über das Heiligtum auch in einer Zeit, da diese in Konfrontation zu Achaia stehen, nicht in Frage gestellt, sondern akzeptiert. Der Vorwurf richtet sich auf eine Veränderung der angemessenen Lebensart und der generellen politisch-militärischen Einstellung der Eleer, die diese an der Seite der Aitoler seit den Kriegen gegen die Arkader ausgeprägt hätten.

Durchaus konsequent ist demnach, dass auch in der Folgezeit von Seiten der Achaier kein direkter Zugriff auf Olympia unternommen wurde, sieht man von

4. Pol. 4,5. 4,9. 4,19. 4,36. 4,59. Der Vertragstext des römisch-aitolischen Bündnisvertrages wurde in Olympia aufgestellt, Liv. 26,22,9-15. Dazu die Inschrift IG IX 1^2, 241. Vgl. auch Taita 2000, 147-188.

5. Plut. *Cleom.* 5,1. Plut. *Arat.* 36,1. Urban 1978, 114-115. Rich 1975.

6. Polyb. 4,73. 4,84.

7. Bearzot 2003, 37-58.

einer Situation ab, die aber nur vor dem Hintergrund einer komplexen Quellenlage eingeschätzt werden kann: Aus Magnesia am Mäander stammt ein Bundesdekret der Achaier, wohl aus der Zeit um 208 v. Chr., das allein von Eleern mit unterzeichnet wurde.[8] Selbstverständlich stellt sich die Frage, welche Hintergründe zu diesem Befund geführt haben, zumal wir für diesen Zeitraum weiter von einem feindlichen Verhältnis zwischen Elis und Achaia auszugehen haben. Von Livius erfahren wir, daß im Jahre 209 v. Chr. die Achaier unter Philipp eine Expedition gegen Elis geführt und daß territoriale Gewinne erzielt wurden.[9] Etwas später im gleichen Jahr hätten die Spartaner unter dem Tyrannen Machanidas, Mitglied der Allianz gegen Achaia und Makedonien, geplant, die Eleer anzugreifen, die im Jahre 208 die Olympischen Spiele veranstalteten.[10] Kent Rigsby hat mit Blick auf diesen Befund folgenden Rekonstruktionsvorschlag unterbreitet: offensichtlich war 209/8 v. Chr. eine Gruppe von Eleern auf die Seite von Achaia übergegangen, die anschließend für sich in Anspruch nahmen, die anstehenden Olympischen Spiele zu veranstalten.[11]

Die Spiele von 208 werden auch noch an anderer Stelle von Livius erwähnt. Er berichtet, daß ein römischer Gesandter L. Manlius vom Senat nach Griechenland beordert wurde, um nachzusehen, was dort vor sich ginge. Zugleich sollte er, weil in diesem Sommer die Spiele in Olympia stattfanden, die mit der größten Menschenansammlung Griechenlands gefeiert wurden, wenn er es ohne Gefahr von Seiten der Feinde tun könne, diese Versammlung aufsuchen, um die wegen des Hannibalkrieges flüchtigen und verbannten Griechen aus Unteritalien zur Rückkehr in ihre Heimat aufzurufen.[12] Zwei Dinge lassen sich anhand dieser Episode aus dem Jahre 208 zeigen.

Die Achaier hatten 208 ein gutes Einvernehmen mit einem abtrünnigen Teil der Eleer hergestellt und diese unterzeichneten den Bundesbeschluss für Magnesia. Diese Eleer veranstalteten die regulär anstehenden panhellenischen Agone. Unter welchen Umständen dies alles vor sich ging und wann die achaierfreundlichen Eleer sich wieder aus Olympia zurückziehen mussten, bleibt aufgrund der spärlichen Quellen freilich im Dunkeln.

8. IvM 39.
9. Liv. 27,31,9-11. 32,1-11. 27,35,5.
10. Liv. 28,7,14. Zum Eingreifen des Philipp Liv. 28,8,1.
11. Rigsby 2001.
12. Liv. 27,35,4.

Die Achaier machten trotzdem keinerlei Anstalten, in irgendeiner Weise direkt auf Olympia und die Spiele einzuwirken.

Auch diese komplexe Situation hatte nicht lange Bestand. Schon im Frieden von Phoinike, der die Kämpfe beendete, stand Elis wieder auf Seiten der Römer, ohne dass auch im Weiteren von einer Spaltung des Bürgerverbandes die Rede ist.[13]

Erst als die Eleer den Seleukidenkönig Antiochos III. unterstützten,[14] entstand eine Situation, in der die Eleer sich bereit finden mussten, dem Koinon der Achaier beizutreten, die seit 198 v. Chr. Bündnispartner der Römer waren und nach dem Ende des 2. Makedonischen Krieges für ihre Loyalität durch Gebietszuwachs in der Peloponnes reich belohnt wurden.[15] Die Eleer waren mehrfach von den Achaiern zum Beitritt aufgefordert worden und im Gegensatz zu den Messeniern traten die Eleer dann freiwillig - wie sie betonten - dem Bund bei.[16] In Aigion wurde im Herbst 191 über die Sache der Eleer im Beisein des Flamininus verhandelt und der Beitritt zum Koinon der Achaier in die Wege geleitet.[17] Mit dieser politischen Handlungsweise waren die Eleer einem militärischen Angriff der Achaier und drohenden Eingriffen von römischer Seite in die internen Verhältnisse zuvorgekommen. Das Ziel der Achaier, die Peloponnes zu vereinen, war zum Greifen nahe. Elis blieb in der Zeit von 191 bis 146 Mitglied des Achäischen Bundes.[18] Elis hatte sich im Vorfeld des Achäischen Krieges geweigert, Heereskontingente dem Bundesheer der Achaier zuzuführen, vorgeblich weil es einen Flottenangriff der Römer auf die peloponnesische Westküste befürchtete.[19] Jedenfalls entgingen die Eleer durch ihr passives Verhalten einem möglichen Strafgericht der Römer. Der Sieger über die Achaier, der römische Konsul L. Mummius weihte im Jahre 146 v. Chr. Beute aus dem Kampf nach Olympia[20] und wurde von Elis mit einer Statue und weiteren

13. Liv. 29,12,14.

14. Liv. 36,31,2-3.

15. Bastini 1987, 45ff.

16. Liv. 36,31,1-10.

17. Liv. 36,35,7. Plut. *Phil.* 17. Paus. 8,30,5.

18. Zu gewissen Spannungen zwischen Bund und Elis im Jahre 172: Liv. 42,37,9. vgl. auch Zoumbaki 2001, 154ff. Zum Eintrittsdatum vgl. die Argumentation Cargill Thompson 1991, 151-154. Zu den Münzmaterial vgl. ferner Franke 1984, 21-22. Nicolet-Pierre 1992, 287-289.

19. Polyb. 38,16,1-9. Nottmeyer 1995, 151.

20. Pol. 39,6,1. Paus. 5,10,5. 5,24,4. IvO 278-281. Philipp, Koenigs 1979, 193-216.

Statuengruppen geehrt.[21] Ob die Polis später noch einmal dem Koinon beitrat, ist unklar und soll hier auch nicht weiter verfolgt werden.[22] Bleibt die Frage zu beantworten, welche Rolle dem Zeus-Heiligtum in Olympia in der Zeit zukam, da Elis Mitglied des Koinon der Achaier war. In der langen militärischen Auseinandersetzung zwischen Elis und Achaiern hat das Heiligtum als Streitobjekt keine Rolle gespielt. Die Achaier hatten offensichtlich in keiner Situation darüber nachgedacht, die Leitung der Spiele zu übernehmen oder anderweitig in Olympia einzugreifen. Die Präsenz der Achaier in Elis verlief durchaus in den gewohnten Bahnen. Man nutzte das Heiligtum in Olympia, um gelegentlich Bundesdokumente dort aufzustellen, aber diese Praxis war keineswegs von der Zugehörigkeit von Elis zum Achäischen Bund abhängig. Der Vertrag zwischen Achaia und Sparta, der den Beitritt regelte, wurde wohl 192 v. Chr. und noch vor dem Beitritt von Elis zum Bund in Olympia, in Athen auf der Akropolis und in Rom auf dem Kapitol aufgestellt.[23] Im Jahre 169/168 hatte das Koinon der Achaier den römischen Konsuln Q. Marcius Philippus wegen seiner Verdienste ihnen und den anderen Hellenen gegenüber mit der Aufstellung eines Reiterstandbildes in Olympia geehrt,[24] und so Loyalität im Kampf gegen Perseus demonstriert. Das traditionelle Heiligtum der Achaier lag in Aigion, in dem vor allem Zeus Homarios/Hamarios verehrt wurde.[25] Nur wenige Jahre nach dem Beitritt der Eleer in das Koinon wurde im Jahre 188 erfolgreich gegen heftige innere Widerstände ein Antrag durchgesetzt, der besagt, daß in Zukunft Bundesversammlungen nicht mehr nur in Aigion, sondern abwechselnd auch in anderen Poleis stattfinden sollten. Mit der rotierenden Festlegung des Tagungsortes sollte der Einfluss des Vorortes und Alt-Achaias in Grenzen gehalten werden. Diese Maßnahme steht jedoch in keinem direkten Zusammenhang mit der Einverleibung von Olympia und Elis in den Bund der Achaier. Es gibt auch keine Indizien dafür, dass Olympia nun Funktionen übernahm, die zuvor das Bundesheiligtum in Aigion übernommen hatte. Diese Reform war vor allem Konsequenz der enormen Gebietszuwächse durch die Einverleibung von Sparta, Messenien und Elis.

21. IvO 319-324. Wohlmayr 2002, 141-147.

22. Dazu Schwertfeger 1974, 52-55 und zur Frage, ob Elis eine civitas libera war: Zoumbaki 2001, 161-165. Bernhardt 1977, 62-73. Lo Monaco 2004, 287-305.

23. Liv. 38,33,9.

24. IvO 318.

25. Dazu immer noch grundlegend Aymard 1936, 1-26. Aymard 1935, 453-470.

2. Delphi

Die Situation in Delphi stellt sich noch komplexer dar als in Olympia. Das Heiligtum lag auf delphischem Territorium, einer Polis, die eigentlich zu dem Ethnos der Phoker gezählt wurde. Über die Zeit hinweg war das Verhältnis zwischen Delphi und Phokern nicht immer frei von Spannungen, die sich vor allem anhand der Frage entzündeten, wer über das Apollon-Heiligtum zu verfügen habe. Schwierigkeiten bereitet es zudem, das Verhältnis von Delphi zum Heiligtum des Apollon Pythios genau zu charakterisieren. Das Heiligtum, das Vermögen, das heilige Land und die pythischen Spiele wurden von der delphisch-pyläischen Amphiktyonie verwaltet, in der sich 12 Ethne aus Mittelgriechenland zusammengeschlossen hatten.[26] Die Amphiktyonie besaß ihren einen Sitz in Delphi, das traditionell über zwei Stimmen in dem Gremium verfügte. Das Heiligtum befand sich somit in einer merkwürdigen Lage zwischen der Polis Delphi und der Amphiktyonie. Zugriff hatte Delphi vor allem auf das Apollon-Orakel. Delphi verlieh Promantia, nahm in Anspruch, als erste das Orakel befragen zu dürfen, und verfügte über Einkünfte aus dem Orakelwesen. Das Heiligtum hingegen scheint prinzipiell unter der Verwaltung der Amphiktyonie gestanden zu haben, die vor allem auch für die Veranstaltung der Pythischen Spiele verantwortlich war.

Eine wichtige Zäsur in der Geschichte des Heiligtums bedeutete der Kollaps makedonischer Herrschaft in Mittelgriechenland und die Abwehr der Galater vor Delphi im Jahre 279.[27] Die Aitoler, die nicht Mitglieder der Amphiktyonie waren, hatten sich besonders verdient gemacht und die Plünderung des Heiligtums verhindert. Ein eigenes Fest in Erinnerung an die Rettung Delphis wurde von der Amphiktyonie anschließend mit den Soterien eingerichtet.[28] Die Aitoler nutzten den Freiraum in Delphi konsequent, um ihre Verdienste vor den Augen aller Griechen herauszustellen.[29] Die Parallelisierung zweier hellenischer Großtaten – der Sieg über die Perser und die Niederwerfung der Galater

26. Dazu liegen jetzt zwei grundlegende Arbeiten vor: Lefèvre 1998a. Sanchez 2001.

27. Paus. 1,3,5. 1,4,1-4. 10,19,5-23,14. Diod. 22,9,1-5. Trog. Prol. 26. Iustin 24,62-8. Nachtergael 1977, 15-20. Strobel 67-96. Champion 1996, 315-328. Vgl. aber dazu auch Arnush 2000, 293-307; Lefèvre 1998b, 109-143.

28. Champion 1995, 213-219.

29. Flacelière 1937, 103-107, 179-18.

– wurde von den Aitolern konsequent inszeniert. Während im Bundesheiligtum von Thermos[30] nur ein Tropaion errichtet wurde, erinnerten in Delphi bald mehrere Weihungen an die Großtat der Aitoler.[31] Besonders aussagekräftig ist hierbei eine Statuengruppe, die nordöstlich des Apollon-Tempels aufgestellt wurde. Zu sehen waren die Strategen der Aitoler, dazu Artemis, Athena und zwei Apollon-Statuen.[32] Apollon und Artemis sind prominente aitolische Gottheiten, die als Apollon Thermios in Thermos und Artemis Laphria im aitolischen Kalydon die religiöse und ethnische Identität der Aitoler in vielerlei Hinsicht symbolisierten. Neben dem Apollon Thermios aber wurde eine zweite Apollon-Statue aufgestellt, die wohl den im Heiligtum verehrten Apollon Pythios darstellen sollte. Die gerade beschriebene Statuengruppe macht also deutlich, wie explizit der Apollon von Delphi in das aitolische Pantheon einbezogen wurde.[33] Die Aitoler bauten in den nachfolgenden Jahren systematisch eine Art Protektorat über Delphi auf und übten Einfluss auf das Heiligtum, Orakel und die Amphiktyonie aus, wobei zu bemerken ist, daß Delphi selbst nicht Mitglied des Aitolischen Bundes wurde.[34] Das Verhältnis zwischen Delphi und Aitolern ist eben nicht nur von einer reinen Instrumentalisierung geprägt, sondern die Aitoler orientierten sich durchaus an der langen Tradition, die das Apollon-Heiligtum seit archaischer Zeit prägte. Das lässt sich auch an der Behandlung der Amphiktyonie durch Aitolien zeigen. Auch hier wurde der traditionelle Bestand zumindest in den ersten Jahrzehnten nicht prinzipiell angetastet. Die Aitoler übernahmen nicht direkt den Vorsitz, Einfluss wurde vor allem durch die Verfügung über die Stimmen der aitolisch gewordenen Ethne im Rat der Hieromnemonen genommen.[35] Es scheint mir geboten, die Zugriffspolitik der Aitoler auf Delphi – auch vor dem Hintergrund der Zielrichtung ihrer Außenpolitik - erheblich differenzierter zu betrachten. Erst in einem langen Prozess wurden die Amphiktyonie und Polis Delphi im außenpolitischen Bereich von der Zu-

30. Antonetti 1990, 1-27.

31. Statue der Aitolia: Paus. 10,18,7. Statue des aitolischen Strategen Eurydamas: Paus. 10,16,4.

32. Paus. 10,15,2. Vgl. Auch IG IX 1^2, 149.

33. Jacquemin 1985, 27-35.

34. Dazu jetzt grundlegend Scholten 2000.

35. Scholten 2000, 235-252.

stimmung des Aitolischen Bundes abhängig und die Omnipräsenz der Aitoler in den Augen der Griechen überhaupt erst zum Problem.

Eine neue Wendung in der Art der aitolischen Präsenz in Delphi trat in der Mitte des 3. Jhs. v. Chr. ein. Die bislang jährlich veranstalteten Agone der Amphiktyonie in Erinnerung an die Galaterkämpfe wurden im Jahre 246/5 v. Chr. offiziell in ein nun genuin Aitolisches Fest der "Soterien" mit panhellenischen Anspruch überführt.[36] Für die Ankündigung des Festes durch Theoroi und die Leitung der Spiele war nun das Koinon der Aitoler verantwortlich. Im epigraphischen Material sind die "Soterien" bis in das 1. Jh. v. Chr. belegt. Sie überdauerten also das Jahr 189, als die Aitoler nach der Niederlage gegen Rom ihre Vormachtstellung in Delphi endgültig aufgeben mussten.[37] Die Zeit der Vorherrschaft der Aitoler hat von der Grundstruktur her besehen viel weniger in Delphi verändert als dies bisweilen vermutet wurde. Die Forschungen zu den Weihungen in Delphi von Frau Jacquemin haben z.B. ergeben, daß das Heiligtum eben nicht nur in archaisch-klassischer Zeit florierte, sondern durchaus auch in der Phase der aitolischen Herrschaft.[38] Zudem ist von den übrigen Griechen die privilegierte Präsenz der Aitoler generell nicht kritisiert und in Frage gestellt worden. Sogar ein dezidierter Gegner der Aitoler, Polybios, kann in späterer Zeit keine Unrechtmäßigkeit erkennen. Nur in einer einzigen Situation wurde die Befreiung der Amphiktyonie von Aitolischer Herrschaft thematisiert: Nach der Gründung des Hellenbundes im Jahre 222/1 wurde der Amphiktyonie versprochen, daß man alles dafür tun werde, ihre Wiedereinsetzung als souveräne Kultgemeinschaft in alten Rechte, die ihnen die Aitoler genommen hatten, zu erreichen.[39] Zusammenfassend gilt zu betonen, dass es eine stark vereinfachende Vorstellung wäre, Delphi in hellenistischer Zeit als ein aitolisches Heiligtum mit stark begrenztem regionalem Hintergrund einzuschätzen. Die Aitoler nutzten vielmehr nach 279 eine besondere Situation, um eine überragende Stellung in Delphi einzunehmen, ohne das direkte Eingriffe in die Verwaltung und Durchführung der pythischen Spiele zu beobachten sind. In politicis richtete sich die Instrumentalisierung in erster Linie auf die Amphiktyonie, die aber erst im Verlauf der Zeit zu einem Gremium wurde, das von den Aitolern und ihren Bündnern benutzt wurde.

---

36. Scholten 2000, 99-102.
37. Daux 1936.
38. Jacquemin 1999.
39. Pol. 4,25,8.

3. Nemea

Im Heiligtum des Zeus Nemeios fanden seit archaischer Zeit die panhellenischen Nemeischen Agone statt.[40] Die Leitung der Spiele lag anfänglich in den Händen von Kleonai,[41] einer im Vergleich zu den Nachbarn Korinth und Argos kleineren Polis, die ca. 7 km östlich von Nemea zu lokalisieren ist. Im Verlauf des 5. Jh. geriet Kleonai unter Kontrolle der Argiver, die sich schon seit einiger Zeit zum Ziel gesetzt hatten, das Heiligtum zu kontrollieren.[42]

Ob Argos schon in der Mitte des 5. Jh. auch formal die Leitung der Spiele übernahm, ist unklar. Eine ausführliche Diskussion der archäologischen, epigraphischen und numismatischen Befunde ist jüngst auch über die Fragen geführt worden, wann Kleonai in den Staat der Argiver integriert und wann die Spiele endgültig unter argivische Kontrolle geraten und von Nemea nach Argos überführt worden sind.[43] In diesen Fragen ist das letzte Wort noch lange nicht gesprochen. Wohl am Ende des 4. Jhs. wurden die Spiele endgültig nach Argos verlegt und dort zusammen mit den Heraia organisiert.[44] In dieser Zeit verlor Kleonai endgültig seine Souveränität und wurde als kome in das argivische Staatswesen eingegliedert.[45] Die Achäer bemühten sich seit den 40er des 3. Jhs. Argos in ihre Bundesorganisation einzugliedern. Im Jahre 235 musste der achäische Heerführer Aratos von Sikyon einen militärischen Misserfolg gegen den argivischen Tyrannen Aristippos hinnehmen. In dieser Situation bemühte er sich, den Rückschlag auf andere Weise wettzumachen: *er überführte Kleonai zu den Achaiern, und er veranstaltete die Agone der Nemeen in Kleonai, wie es väterliche Sitte ist und es besseres Recht habe, im Gegenzug veranstalteten aber auch die Argiver Nemeische Agone.*[46]

---

40. Grundlegend sind nun die beispielhaften Publikation der Ergebnisse der Ausgrabungen in Nemea: Birge 1992. Miller 2001. Knapp 2005.

41. Pind. *Nem.* 10,42. 4,17. Plut. *Arat.* 28.

42. Diod. 11,65,2.

43. IG II^2 365.

44. Kassander übernahm die Agonothesia im Jahre 315, Diod. 19,64,1. Demetrios Poliorketes versammelte wohl 311 und 303 v. Chr. den Hellenbund in Nemea (IG IV^2, 68). Miller 2001, 8. Cf. Kostas Buraselis "On the Nemean Games in the Hellenistic Period. The Vicissitudes of a Panhellenic Festival through War and Peace" in diesem volumen.

45. Piérart 1980; Thalmann 1980, 103-123.

46. Plut. *Arat.* 28,3-4.

Nach Plutarch sei in dieser Situation zum ersten Mal das Asylrecht und die Garantie der Unversehrtheit der Teilnehmer an den Agonen verletzt worden. Die Achaier hätten nämlich alle diejenigen wie Kriegsgefangene in die Sklaverei verkauft, derer sie habhaft wurden, als sie durch achäisches Territorium reisten, um in Argos an den Agonen teilzunehmen. Plutarch, sichtlich empört über das Verhalten der Achaier, kann Arat nur vordergründig entschuldigen, wenn er als Motiv für dessen Vorgehensweise den ausgeprägten Tyrannenhass anführt. Aristippos plante im folgenden Jahr 234 einen Angriff auf Kleonai. Das Heeresaufgebot der Argiver wurde jedoch besiegt und der Tyrann getötet. Aus dieser Episode wird folgendes ersichtlich: Ein Bevölkerungsverband von Kleonai wurde 235 in politicis wiederhergestellt und Mitglied des Achäischen Bundes. In diesem Vorgang, der im Übrigen nicht mehr rückgängig gemacht wurde, übertrug man den Kleonaiern die Veranstaltung der Nemeischen Spiele an ihrem ursprünglichen Austragungsort, dem Zeus-Heiligtum. Argos verzichtete in dieser Situation jedoch nicht auf die Veranstaltung der Nemeischen Spiele in ihrer Stadt. Wieso Arat so vehement gegen die Teilnehmer der Nemeen in Argos vorging, lässt sich nicht mehr genau ermitteln. Ralf Urban hat vermutet, daß "Wut" über die fehlende Anerkennung des "achäischen Nemeenfestes" durch weite Teile Griechenlands die rigide Vorgehensweise bestimmt habe.[47] Langfristigen Erfolg jedenfalls erzielte Arat nicht, denn wohl nur 1 oder 2 Mal wurden Nemeen im Territorium von Kleonai veranstaltet. Nach dem Eintritt von Argos in den Achäischen Bund im Jahre 229 änderte sich die Konstellation rund um die Nemeischen Spiele erneut. Der Nachfolger des Aristippos, Aristomachos überführte Argos in den Achäischen Bund[48] und anschließend wurde offensichtlich der Polis wieder unbestritten das Recht zugebilligt, die Nemeen zu veranstalten. In diese Zeit gehört ein epigraphischer Befund aus Nemea, der einen Vertrag zwischen Kleonai und Argos zum Inhalt hat, ohne dass jedoch aus der fragmentarischen Inschrift ersichtlich wird, ob in der Vereinbahrung auch das Zeus Heiligtum und die Nemeischen Spiele thematisiert worden waren.[49]

Argos blieb auch in den wechselvollen Kämpfen gegen den spartanischen König Kleomenes zunächst Veranstalter der Nemeischen Spiele. Ob sich dieser

47. Urban 1978, 71.
48. Polyb. 2,44,6.
49. Bradeen 1966, 320-330.

Zustand nach der Einnahme von Argos durch Kleomenes im Jahre 225 v. Chr. änderte, ist nicht bekannt. Der König hatte jedenfalls sich die Zeit der Nemeen für seinen Angriff ausgesucht, weil die Stadt von festtäglichen Gewimmel und vielen Besuchern erfüllt war.[50] Nur wenig später – noch vor der Gründung des Hellenenbundes durch Antigonos Doson – fiel Argos wieder von Kleomenes ab und trat erneut dem Achäischen Bund bei. Die Nemeen wurden weiter gefeiert wie zuvor und auch ihre Popularität war ungebrochen.[51] Im Jahre 209 weilte der Makedonenkönig Philip V. zur Zeit der Nemeischen Spiele in Argos, denen er durch seine Anwesenheit – so wird in den Quellen betont - Glanz verleihen wollte.[52] In der folgenden Zeit werden die Nemeen von führenden Politikern der Achaiern, vor allem von Philopoimen genutzt, um vor den Augen einer größeren Öffentlichkeit Erfolge und die Einheit der Achaier zu demonstrieren. Bei Pausanias erfahren wir, daß im Jahre 207 der achäische Staatsmann Philopoimen nach einer siegreichen Schlacht der Achaier gegen Sparta die Nemeischen Spiele besuchte.[53] Das "ganze griechische Volk" habe unter Beifallsbekundungen einen zitierten Vers aus den Persern des Timotheos wie selbstverständlich auf Philopoimen bezogen: "Gepriesen sei, wer den hehren Schmuck der Freiheit für Hellas gewann."[54] Als die Festversammlung für die nächsten nemeischen Spiele 205 zusammentrat, führte Philopoimen den Griechen die Phalanx vor, wie sie in vollem Kriegsschmuck in gewohnter Weise schnell und tatkräftig ihre Manöver veranstaltete. Wieder nutzte Philopoimen in eindrücklicher Weise symbolhaftes Handeln im Heiligtum dazu, die Erinnerung an die Leistungen der Achäer vor den Augen der griechischen Öffentlichkeit zu demonstrieren.[55]

Im Jahre 198 war Argos durch makedonische Parteigänger in die Hände des Philipp V. gelangt, der die Stadt aber dem spartanischen Tyrannen Nabis übergab. Dieser wurde im Jahre 195 von den Argivern vertrieben, die erneut dem Achäischen Bund beitraten. Im gleichen Jahre versah der römische Feldherr Flamininus das Amt des Agonotheten der Nemeischen Spiele in Argos.[56] Die

---

50. Plut. *Cleom.* 14,1. *Arat.* 39,4.
51. Polyb. 2,70,4; Polyb. 5,101,5.
52. Agonothet, Liv. 27,30,9. Liv. 27,30-17-31,1-4. Vgl. auch Polyb. 10,26. Polyb. 5,101.
53. Plut. *Phil.* 11.
54. Plut. *Phil.* 11. Paus. 8,50,3.
55. Bastini 1987, 37.
56. Verkündigung der Freiheit der Griechen: Plut. *Flam.* 12,2. Liv. 34,41; Florus 1,23.

Agone waren zuvor wegen des Krieges gegen Nabis verschoben und zu einem späteren Zeitpunkt nachgeholt worden. Der Römer nutzte die Gelegenheit, um die Freiheitserklärung, die er schon im Jahr zuvor während der Isthmischen Spiele verkündet hatte, in Argos anlässlich der Nemeen zu wiederholen. Bleibt noch die Frage zu beantworten, was mit den Nemeen nach der Katastrophe im Jahre 146 geschah. Man wird vermuten können, daß sich an der generellen Situation nichts wesentliches änderte, zumal Hinweise dafür im epigraphischen Material, die bisweilen herangezogen werden, um eine erneute Verlegung der Spiele auf Anweisung des L. Mummius nach Nemea zu belegen, unsicher sind.[57]

4. Isthmia

Die Polis Korinth war fast durchweg verantwortlich für das Heiligtum und die Veranstaltung der Isthmischen Spiele.[58] Isthmia blieb immer ein korinthischer Kultplatz, der wegen seines Ansehens und der Isthmischen Spiele panhellenischen Charakter besaß. Nur in der kurzen Zeitspanne von 390 bis 388 v. Chr., als Korinth und Argos sich politisch zusammengeschlossen hatten, wurde die Agonothesia offiziell durch Argos ausgeübt. In der Folge wird Isthmia vor allem als traditioneller Platz von panhellenischen Versammlungen bekannt.[59] Anläßlich der Freiheitsproklamation des Titus Flamininus im Jahre 196 v. Chr. bezeichnet Livius Isthmia als "Versammlungsort und Markt von Griechenland und Asien".[60] In Hellenistischer Zeit stand Korinth lange unter makedonischen Einfluss. Im Jahre 243 gelang Arat von Sikyon die Einnahme von Korinth, das anschließend sich dem Achäischen Bund anschloss.[61] In den Quellen werden keine Veränderungen in Isthmia erwähnt, und in der Tat spricht alles dafür, daß die traditionelle Verwaltung des Heiligtums beibehalten wurde. Man erfährt nur, daß 228 den Römern die Erlaubnis erteilt wurde, an den isthmischen Spielen teilzunehmen.[62] Diese Entscheidung ist formal von korinthischer Seite vor-

57. Miller 2001, 99-100.
58. Gebhard 2002, 251-272.
59. Wiseman 1980, 447.
60. Liv. 33,32. Walsh 1996, 344-363.
61. Pol. 2,43. Plut. *Arat.* 18-24.
62. Pol. 2,12,8.

genommen worden, die Achaier, die im Vorfeld über die Vorgehensweise der Römer im 1. Illyrischen Krieg durch eine römische Gesandtschaft informiert worden und auch generell mit den Entwicklungen in Nordwestgriechenland und Illyrien zufrieden waren, dürften die Maßnahme durchaus unterstützt haben.

Nachdem Korinth im Jahre 224/3 v. Chr. wieder an Makedonien gefallen war, verblieb die Stadt mehrere Jahrzehnte außerhalb des Koinon.[63] Erst nach dem Ende des 2. Makedonischen Krieges wurde Korinth wieder Mitglied des Bundes und blieb es bis zu seiner Zerstörung im Jahre 146 v. Chr.[64] Auf Anordnung des L. Mummius, der zuvor das Heiligtum plündern ließ, ging die Durchführung der Isthmischen Spiele an Sikyon über.[65] Damit endete eine lange Tradition. Die Spiele wurden wohl nicht mehr in Isthmia gefeiert, sondern nach Sikyon transferiert. Erst nach der Gründung der römischen Kolonie fungierten "Korinther" wieder als Agonotheten der Isthmien. Im gleichen Vorgang wurden die Spiele wohl auch wieder an ihren traditionellen Austragungsort am Isthmos zurückverlegt.[66]

Bibliographie

ANTONETTI, C. 1990, "Il santuario apollineo di Termo in Etolia", in *Mélanges P. Lévêque,* Bd. 4, Paris, 1-27.

ARNUSH, M. 2000, "Argead and Aetolian relations with the Delphic polis in the late Fourth Century BC", in R. Brock, S. Hodkinson (eds), *Alternatives to Athens. Varieties of Political Organization and Community in Ancient Greece,* Oxford, 293-307.

AYMARD, A. 1936, "Le rôle politique du sanctuaire féderal achaien", in *Mélanges F. Cumont I,* Bruxelles, 1-26.

- 1935, "Le Zeus fédéral achaien Hamarios-Homarios", in *Mélanges off. a M.O. Navarre,* Toulouse, 453-470.

BASTINI, A. 1987, *Der achäische Bund als hellenistische Mittelmacht. Geschichte des achäischen Koinon in der Symmachie mit Rom,* Frankfurt a.M.

63. Vgl. Polyb. 2,52-54. Plut. *Arat.* 40-44. *Cleom.* 19-21.
64. Dazu Wiseman 1980, 456-459.
65. Gebhard 1993, 78-94.
66. Kajava 2002, 168-178.

BEARZOT, C. 2003, "Panellenismo e asylia in età classica: il caso dell' Elide", in M. Dreher (Hg.), *Das antike Asyl. Kultische Grundlagen, rechtliche Ausgestaltung und politische Funktion,* Köln / Weimar / Wien, 37-58.

BERNHARDT, R. 1977, "Der Status des 146 v. Chr. unterworfenen Teils Griechenlands bis zur Einrichtung der Provinz Achaia", *Historia* 26, 62-73.

BIRGE, D.E., KRAGNAK, L.H., MILLER, S.G. 1992, *Excavations in Nemea. Topographical and architectural Studies: The sacred square, the xenon and the bath,* Berkeley u.a.

BRADEEN, D. 1966, "Inscriptions from Nemea", *Hesperia* 35, 320-330.

CARGILL THOMPSON J. 1991, "The bronze coinage of the Achaian League: the mints of Achaia and Elis", in A.D. Rizakis (Hg.), *Achaia und Elis,* Paris, 151-154.

CHAMPION, C. 1996, "Polybius, Aetolia and the Gallic attack on Delphi (279 B.C.)", *Historia* 45, 315-328.

- 1995, "The Soteria at Delphi. Aetolian Propaganda in the Epigraphical Record", *AJPh* 116, 213-219.

CROWTHER, N.B. 2003, "Power and politics at the ancient Olympics: Pisa and the Games of 364 B.C.", *Stadion* 29, 1-10.

DAUX, G. 1936, *Delphes au IIe et au Ier siècles depuis l'abaissement de l'Etolie jusqu' à la paix romaine,* Paris.

FLACELIÈRE, R. 1937, *Les Aitoliens à Delphes,* Paris.

FRANKE, P.R. 1984, "Olympia und seine Münzen", *Antike Welt* 15, 21-22.

GEBHARD, E.R. 2002, "The Beginnings of Panhellenic Games at the Isthmus", in H. Kyrieleis (Hg.), *Olympia 1875 - 2000. 125 Jahre Deutsche Ausgrabungen.* Mainz am Rhein, 221-238.

- 1993, "The Isthmian Games and the Sanctuary of Poseidon in the Early Empire", in T.E. Gregory (ed.), *The Corinthia in the Roman Period,* Ann Arbor, 78-94.

JACQUEMIN, A. 1985, "Aitolia et Aristaineta. Offrandes monumentales étoliennes à Delphes au IIIe s.av. J.-C", *Ktèma* 10, 27-35.

- 1999, *Offrandes monumentales à Delphes,* Athènes/Paris.

KAJAVA, M. 2002, "When did the Isthmian games return to the Isthmus? (Rereading Corinth 8. 3.153)", *CPh 97,* 168-178.

KNAPP, R.C., MACISAAC, J.D. 2005, *Excavations in Nemea III,* Berkeley u.a.

LEFEVRE, F., 1998a, *L'Amphictionie pyléo-delphique: Histoire et institutions,* Paris.

- 1998b, "Traité de paix entre Démétrios Poliorcète et la confédération étolienne (fin 289?)", *BCH* 122, 109-143.

LO MONACO, A. 2004, "L' élite elea ad Olympia nel I secolo a. C.", in M. Cébeillac-Gervasioni u.a. (ed.), *Autocélébration des élites locales dans le monde romain. Contextes, images, textes (IIe s. av. J.-C. / IIIe s. ap. J.-.C.).* Clermont-Ferrand, 287-305.

MILLER, S.G. 2001, *Excavations in Nemea II. The Early Hellenistic Stadium,* Berkeley u.a.

MORGAN, C. 2001, "Origins of the Isthmian Festival", in H. Kyrieleis (Hg.), *Olympia 1875 - 2000. 125 Jahre Deutsche Ausgrabungen,* Mainz am Rhein, 251-272.

NACHTERGAEL, G. 1977, *Les Galates en Grèce et les Sôtéria de Delphes,* Bruxelles.

NICOLET-PIERRE, H. 1992, "À propos de monnais d' Elis portant des contremarques", *BSFN* 47.4, 287-289.

NOTTMEYER, H. 1995, *Polybios und das Ende des Achaierbundes. Untersuchungen zu den römisch-achaiischen Beziehungen, ausgehend von der Mission des Kallikrates bis zur Zerstörung Korinths,* München.

PHILIPP, H., KOENIGS, W. 1979, "Zu den Basen des L. Mummius in Olympia", *MDAI (A)* 94, 193-216.

PIÉRART, M., THALMANN, J.-P. 1980, "Nouvelles inscriptions argiennes I, in Études argiennes", *BCH Suppl. 6,* Paris, 103-123.

RICH, J.D. 1975, *The Greek State of Elis in Hellenistic Times,* Diss. Columbia.

RIGSBY, K.J. 2001, "Northwestern Greece and the Subscriptions in the Magnesia Archive", *AncW* 32, 183-189.

RITTER, S. 2001, "Münzbilder im Kontext: Zeus und Olympia auf elischen Stateren des 4. Jahrhunderts v. Chr.", in R. v. d. Hoff u.a, (Hg.), *Konstruktionen von Wirklichkeit, Bilder im Griechenland des 5. und 4. Jahrhunderts v. Chr.,* Stuttgart, 89-106.

RUGGERI, C. 2004, *Gli stati intorno a Olimpia. storia e costituzione dell' Elide e degli stati formati dai perieci elei (400 - 362 a. C.).* Stuttgart.

SANCHEZ, P. 2001, *L'Amphictionie des Pyles et de Delphes. Recherches sur son rôle historique, des origines au IIe siècle de notre ère,* (Historia Einzelschr. 148), Stuttgart.

SCHOLTEN, J.B. 2000, *The Politics of Plunder. Aitolians and their Koinon in the early Hellenistic era, 279-217 B.C.,* Berkeley u.a.

SCHWERTFEGER, T. 1974, *Der Achaiische Bund von 127 bis 27 v. Chr.,* München.

SIEWERT, P. 2006, "Kultische und politische Organisationsformen im frühen Olympia und seiner Umgebung", in K. Freitag u.a. (Hg.), *Kult – Politik – Ethnos: überregionale Heiligtümer im Spannungsfeld von Kult und Politik: kolloquium, Münster, 23-24 November 2001*(Historia Einzelschr. 189), Stuttgart, 43-54.

STROBEL, K. 1994, "Keltensieg und Galatersieger. Die Funktionalisierung eines historischen Phänomens als politischer Mythos der hellenistischen Welt", in E. Schwertheim (Hg.), *Forschungen in Galatien,* Bonn, 67-96.

TAITA, J. 2000, "Gli Aitoloi di Olimpia: l'identità etnica delle comunità di vicinato del santuario olimpico", *Tyche* 15, 147-188.

URBAN, R. 1978, *Wachstum und Krise des Achäischen Bundes,* Stuttgart.

WALSH, J.J. 1996, "Flamininus and the propaganda of liberation", *Historia* 45, 344-363.

WISEMAN J. 1980, "Corinth and Rome", *ANRW II 7,* Berlin/New York, 438-548.

WOHLMAYR, W. 2002, "Mummius in Olympia und Rom", in B. Asamer u.a. (Hg.), *Temenos. Festgabe für F. Felten; S. Hiller,* Salzburg, 141-147.

ZOUMBAKI, B. 2001, *Elis und Olympia in der Kaiserzeit. Das Leben einer Gesellschaft zwischen Stadt und Heiligtum auf prosopographischer Grundlage,* Athen.

Zusammenfassung

Ich habe den Versuch unternommen, mit Blick auf die vier panhellenischen Heiligtümer die Frage zu beantworten, welchen Einfluss die Expansion der Bundesstaaten auf die gemeingriechischen Kultstätten hatte. Der erste Punkt, der bemerkenswert ist, besteht in der beobachtbaren Kontinuität bezüglich der Verwaltung und administrativen Zuordnung der Heiligtümer. Die panhellenischen Heiligtümer blieben im Prinzip auch in hellenistischer Zeit weiter außerstädtische Poliskultstätten, zumindest kann man dies für Korinth und Isthmia und auch für Elis und Olympia ohne jegliche Einschränkung behaupten. Die Achaier bewahrten mit Blick auf die Heiligtümer in Isthmia und Olympia vor allem die Kontinuitäten. Im Verständnis der Griechen wurde der berechtigte und schützenswerte Anspruch von Korinth und Elis auf die jeweiligen Heiligtümer nicht in Frage gestellt. Insofern war die Einbeziehung dieser Städte in Bundesstrukturen kein Anlaß, über die Zuordnung und die Verwaltung der Heiligtümer zu diskutieren. In hellenistischer Zeit war Olympia niemals – auch nicht von hellenistischen Monarchen - ernsthaft einseitig politisiert oder gar über längere Zeit politisch missbraucht worden. Damit soll nicht gesagt werden, daß Olympia und im besonderen die Olympischen Spiele für das politische Geschehen des hellenistischen Zeitalters keine Bedeutung hatten, aber diese unterscheidet sich in der Grundstruktur m. E. wenig von den politischen Bedingungen, die in klassischer Zeit auf das Heiligtum einwirkten. In Olympia blieben auch deswegen in hellenistischer Zeit der religiöse Kontext und der dezidiert panhellenische Charakter weiter entscheidend. An diesen Grundregeln des Umgangs hatten sich selbstverständlich auch die Achaier zu orientieren. Wenn man das gesamte Quellenmaterial einmal zusammenfasst, dann kann man noch nicht einmal eine besonders intensivierte Präsenz der Achaier in Isthmia, bei den Nemeen in Argos und auch in Olympia in der Phase beobachten, in der die Kulte tragenden Poleis Mitglieder des Achäischen Bundes waren. Diese Feststellungen treffen auch auf Nemea zu. Prestige konnte man als Koinon der Achaier durch die Demonstration von göttlicher Ehrfurcht und der Teilnahme an den Nemeen jederzeit erreichen, aber der Versuch, die Nemeen zu einem achäischen Fest zu machen und sie somit unmittelbar politisch zu instrumentalisieren, musste nach kurzer Zeit scheitern, da der traditionelle Anspruch von Argos auf die Ausrichtung der Agone aus gemeingriechischer Sicht nicht in Frage gestellt wurde. Das schwache Gegenkonzept der Achaier, dem nun selbständigen Kleonai alte Vorrechte wieder zuzuweisen, fand keine Akzeptanz.

Am engsten gestaltete sich aber das Verhältnis zwischen Aitolern und Delphi, das aber eben auch nicht im eigentlichen Sinne zu einem aitolischen Heiligtum wurde, sondern seinen panhellenischen Charakter auch im Interesse der Aitoler nicht verlor. Im Umgang mit Delphi bewegten sich die Aitoler in traditionellen Bahnen, auch wenn in der späteren Phase des Protektorats die direkte Einflussnahme auf Delphi und die Amphiktyonie immer stärker wurde. Die Schutzherrschaft über Delphi und die Vormacht in der Amphiktyonie durch Aitolien wurden in den Augen der meisten Griechen weitgehend akzeptiert und generell nicht bestritten, erst das Eingreifen der Römer beendete die aitolische Präsenz in Delphi.

The Panhellenic Games in the Political Agenda of Hellenistic Leaders

IOANNA KRALLI

VICTORY on the battlefield, protection or salvation of a city, generosity to the people, as well as projection of all these deeds and qualities to the world by means of honorific decrees, letters, statues, images on coins, establishment of festivals, donations of public buildings, donations to sanctuaries – all these were most important assets in the struggle of Hellenistic kings for control or domination. At a time when public life was increasingly becoming a spectacle,[1] festivals in particular were the stage where a leader had the chance to present himself in flesh and blood, enhance his prestige and remind the people of his authority as well as of his munificence. Consequently, with regard to control of mainland Greece the Panhellenic festivals that hosted the *Periodos* – the Olympic games, the Nemea, the Isthmia and the Pythia – could not be ignored by any leader. It is largely relations between kings and the major Greek sanctuaries that have so far attracted scholarly attention. This paper intends to examine the political role played by the *Periodos* festivals themselves.

I hope to show that interventions by Hellenistic rulers were frequent and these tended to coincide with political interests of theirs. Those monarchs who did not have a demonstrable political interest in geographical areas connected with the games tend also to have no record of interest in the games themselves. Above all, we shall see that the games which attracted the attention of the kings of Macedon were not the famous Olympic games, but the Isthmia and the Nemea.

We inevitably start with Philip II of Macedon: the games were instrumental in his policy of control over the Greek mainland. Each served a different pur-

* All dates are B.C.

1. On public life as a spectacle in the Hellenistic period, see Chaniotis 1997.

pose: Olympic victories added to his arguments for his own Greekness;[2] the Third Sacred War (356-346) gave him the opportunity to present himself as the protector of Delphi and he was offered the presidency of the Pythia in 346.[3] The Corinthian sanctuary of Poseidon at Isthmia, where the Isthmian games were held, was chosen by Philip, because of its association with Panhellenic action against the Persians, as the appropriate place for the establishment of the Panhellenic *Synedrion* or League of Corinth, in which he was elected *hegemōn* of the Greeks against the Persians.[4] In fact, Philip showed future leaders that the games and their hosting sanctuaries had a range of possibilities to offer, beyond participation and victory, these two latter being elements already exploited by various Greeks.[5] Some but not all aspects of Philip's policy pertaining to the games are found, modified, in the policies of leaders of the Hellenistic world from the late 4th to the end of the 3rd century.

Participation in the Panhellenic games was normally not an option for a king. In this Alexander set the model of behaviour: the story goes that he had refused to participate in the Olympic games unless he competed against his equals, i.e. kings (Plutarch, *Moralia* 179d). But, as has acutely been observed, normally kings could not afford, and therefore would not risk, defeat and humiliation.[6]

An exception to this pattern are the Ptolemies who imitated Philip II in participating in games, but it should be stressed that it is only in equestrian contests that they participate, where very conveniently blame for any failure can be put on the jockey or the charioteer. First, Ptolemy I Soter was a winner at the Pythia of 310 (in the first pair race for colts);[7] this, however, occurred before he had assumed the title of king. Nevertheless, the context of his victory deserves a few words. After the (temporary) peace between the Successors in 311, Ptolemy attempted to assume for himself the role of protector of Greek liberty and auto-

2. Moretti, *Olympionikai*, nos. 434 (in 356), 439 (in 352), 448 (in 348).

3. The Phocians were expelled from the Amphictyony and their votes were given to the Macedonians; see Diodorus 16.58-60 and Lefèvre 1998, 95-6. On the ambitions of Philip and the Pythia, see Demosthenes 4.14.

4. [Demosthenes] 17; IG ii^2 236; Diodorus 16.89. For the Isthmia as a place of assembly of the Greeks, see Gebhard 1993, 167 and n. 63.

5. Finley, Pleket 1976, 102-6.

6. Finley, Pleket 1976, 107.

7. At the 69th Olympiad, see Pausanias 10.7.8. We do not know if there was any other Ptolemaic participation in the Pythia.

nomy (Diodorus 20.19.4) – a policy already ardently advertised by Antigonos Monophthalmos.[8] In this context, the Pythia – with the international lustre of the Amphictyony that controlled it – provided him with the opportunity to make his name known, at least in central Greece, and possibly gain support there for his own (short-lived) propaganda and military campaign in Asia Minor and the Peloponnese.[9] This, of course, was at the expense of Antigonos who had previously concluded an alliance with Aitolia and Boiotia (in 313 and 312).[10] It is also noteworthy that a son of Ptolemy, Lagos (son of Thais: Athenaeus 13.576e), was a winner, with his team of horses, in the Arkadian festival of Lykaia (the main Arkadian festival in honour of Zeus), quite possibly in late spring or early summer of 308.[11] In this case, Lagos' victory would have complemented nicely his father's conquest of Corinth and Sikyon, in the spring of 308.

Ptolemy arrived at the Isthmus where Kratesipolis (the widow of Alexandros, governor of Corinth and son of the Macedonian regent Polyperchon) handed over to him Corinth and Sikyon (Polyaenus 8.58). In this context Diodorus (20.37.1-2) records that Ptolemy I "intended to liberate the other Greek cities as well", in the belief that this would gain him the goodwill of the Greeks, essential for the successful outcome of his plans.[12] Combining this with

8. See the famous declaration of Tyre: Diodorus 19.61.1-3; also the letter of Antigonos to Skepsis in 311: *OGIS* 5; Welles, RC no. 1.

9. Ptolemy campaigned in the Aegean and in south Asia Minor; in 310 he conquered Cyprus (Diodorus 20.21); in 309/8 he campaigned in the Peloponnese, allegedly to liberate Greek cities. However, shortly after the conquest of Corinth, Ptolemy concluded peace with Kassandros leaving garrisons at Sikyon, Megara, and Corinth (Diodorus 20.37.2). Ptolemy's hold over Corinth was short-lived; see Will 1984[2], 46-8, 53-5 and Dixon 2007, 174-5.

10. See Diodorus 19.67.3; 74.3-4; Pausanias 1.11.4; Billows 1990, 118, 122; Scholten 2000, 17. It is notable that in the 3rd century Aitolia regularly provided Egypt with mercenaries: Scholten 2000, 23, 138.

11. *SIG*[3] 314V; Golden 2004, 98.

12. κομισθεὶς δ' ἐπὶ τὸν Ἰσθμὸν Σικυῶνα καὶ Κόρινθον παρέλαβεν παρὰ Κρατησιπόλεως... ἐπεβάλετο μὲν οὖν καὶ τὰς ἄλλας Ἑλληνίδας πόλεις Πτολεμαῖος ἐλευθεροῦν, μεγάλην προσθήκην ἡγούμενος ἐσεσθαι τοῖς ἰδίοις πράγμασι τήν τῶν Ἑλλήνων εὔνοιαν; Souda, s.v. Δημήτριος: ...Αὐτονόμους τε δὴ τὰς πλείστας τῶν Ἑλληνίδων πόλεων ἀφίησι, καὶ τὰς Ἰσθμιάδας σπονδὰς ἐπήγγελε, κελεύων οἷα ἐπ' ἐλευθερώσει θαλλοφοροῦντας θεωρεῖν εἰς τὰ Ἴσθμια. The hypothesis is reasonable and has been tentatively accepted. Buraselis 1982a, 49-51 and n.5; id. 1993, 262; Rice 1983, 102-110, underlines the special place held by Corinth in the Great Procession of Ptolemy II Philadelphos; Billows 1990, 144-5 and n.18. The theory has been argued

the information provided by the Souda that Ptolemy I declared freedom for the Greeks and invited the Greeks to the Isthmian games (conducted in April/May), it appears quite probable that Ptolemy stepped into the shoes of Philip and Alexander by attempting to re-establish the League of Corinth.

In the 3rd century the Ptolemies, especially Ptolemy II Philadelphos, developed a special relationship with the Olympic games. Epigrams by Posidippus of Pella (the ἱππικά) record Olympic victories for Ptolemy I, his wife Berenike (I), Ptolemy II, most probably in 284; Arsinoe (II), his notorious wife, won a triple victory in all three categories of chariot races.[13] The poems bear testimony to the pride felt by the Ptolemies both for their victories and for their forming part of the "Hellenic cultural space".[14] In 279/8 Philadelphos established in Alexandria the isolympic Ptolemaieia, being the first ruler to make such "a programmatic equalization".[15] Belistiche, his concubine, won in the Olympics of 268 and 264 (in the race for pair of foals and the quadriga race for foals).[16] In Posidippus' epigrams, a certain Berenike, possibly Berenike (II), daughter of Magas, king of Kyrene, stands out as the winner of multiple, equestrian victories in the Olympic, the Nemean and the Isthmian games from 249 to 247, while she was the betrothed of Ptolemy III Euergetes (she married him in 246).[17] It is notable

more firmly by Dixon 2007, 173-5 with notes. Dixon (158-61) also argues that the Macedonian regent Polyperchon, who had declared restoration of peace and of the Greek constitutions in 319 (Diodorus 18.56), had also organized a meeting of Greeks (*synedroi* in Diodorus 18.69.3) at Corinth and revived the League of Corinth, perhaps while presiding over the Isthmian games.

13. Bastianini & Gallazzi, *Mil. Vogl. VIII* (pp. 91-7 for the text, 205-16 for commentary): cols. XII. 22 & XIII. 35-XIV. 1 for Ptolemy I at Olympia; cols XIII. 31-XIV. 1 for Berenike I at Olympia; cols. XIII. 35-XIV.1, for Ptolemy II at Olympia; col. XII. 27 for Arsinoe II at Olympia.

14. Marquaille 2008, 62.

15. Buraselis 1993, 261, who also notes that the interest of Philadelphos in having the Ptolemaieia recognised as 'isolympic' by the members of the League of the Islanders, as well as other Greek cities of the mainland, aimed at elevating Alexandria to the status of the traditional Panhellenic centres. See Dunand 1981 for the celebration of the Ptolemaieia.

16. Moretti, *Olympionikai,* nos. 549 & 552.

17. Bastianini & Gallazzi, *Mil. Vogl. VIII,* cols. XII.20-XIII.14: XII.20-33, at Olympia in 248; XII.34-39 (all chariot races, in 249 or 247) and XIII.1-4, at the Nemea; XIII.5-8 (at the Nemea or the Isthmia in 249); XIII.9-14 at the Isthmia, with her 'father' Ptolemy II (XIII.13), most probably in April 248. Berenike II is best known for Callimachus' poem *The Lock of Berenike* (fr.110 Pfeiffer; Catullus LXVI). See also Parsons & Kassel 1977, on a poem by Callimachus, dating after Berenike's marriage and celebrating a Nemean victory of hers (esp. *PLille* 82 + POxy 2173

that Berenike is being referred to as the daughter of Ptolemy II, that is, her victories are presented as contributing to Ptolemaic prestige.

After 247, there is a gap in our information on Ptolemaic presence at the Panhellenic games, until the reign of Ptolemy IV Philopator (see below).

Ptolemaic participation in the Olympics falls into a period of great antagonism with the kings of Macedon – Demetrios Poliorketes and Antigonos Gonatas. I am not sure whether there is any correlation with the fact that Belistiche's victories date to the Chremonidean War, i.e. the war of Philadelphos, Athens and Sparta against Macedon, but the timing remains interesting. Moreover, Elis was then part of the anti-Macedonian alliance (*IG* ii^2 686, 687) and precisely in the same period Ptolemy II dedicated at Olympia a statue of his ally Areus, king of Sparta.[18] Berenike II's victories date to a period in which Antigonid rule in the Peloponnese had been seriously challenged by the revolt of Alexandros, governor of Corinth and Chalkis.[19] Acknowledging the risk of arguing *ex silentio*, I venture to suggest that the Ptolemies lost interest, at least for a while, in the Panhellenic games after the issue of control over the Aegean had been settled between them and the Antigonids, in favour of the latter, at the battle of Andros in 246.[20] In any case, from the perspective suggested above, Ptolemaic presence at Olympia would be an attempt to counterbalance Antigonid presence in the eastern Peloponnese, at least on a symbolic level. But there

=Callimachus fr. 383, at pp. 6-11; also pp. 44-5). Huss 2008 agrees with Bastianini & Gallazzi on the identity of Berenike but cf. Thompson 2005, 273-9 and Bennett 2005, who identify her with Berenike Phernophoros, daughter of Ptolemy II; her victories would antedate 252.

18. For the statue for Areus, see Moretti, *ISE*, no. 54; Bringmann & von Steuben 1995, 101, no. 58. Other Ptolemaic dedications at Olympia: Bringmann & von Steuben 1995, 101, no. 57 (Ptolemy I Soter) and 103, no. 59 (Ptolemy III Euergetes for Kleomenes of Sparta). The donation of the Palaistra (Valavanis 2004, 132) would probably have had a more lasting effect on Ptolemaic prestige. See also *SIG*^{3} 462, an inscription on a statue base for Glaukon (an Athenian official of Ptolemy II), dedicated posthumously by Ptolemy III Euergetes; see Buraselis 1982b, 156.

19. Although Berenike probably aimed first and foremost at her own prestige, her victories would have reflected on her betrothed, Ptolemy III; surely, she was aware of this. On her ambitions in general, see Hölbl 2001, 45-6. For a summary of Alexandros' revolt, see Habicht 1997, 162-3.

20. An immediate cause for Ptolemaic absence (if indeed there was an absence) from Olympia could have been the Third Syrian War (246-241). For the battle of Andros, see Buraselis 1982a, 119-47.

was more to it. To a Ptolemy, Philadelphos in particular, participation in the Olympic games would have been a way to show that he formed part of the Greek, cultured, world. That this involved a lively question is indicated by the case of the wrestler Aristonikos who was prepared and sent to Olympia by Ptolemy IV Philopator, in 212. Aristonikos' fight against the Theban Kleomachos triggered a 'nationalistic' reaction of the crowd against the 'Egyptian' fighting for the glory of the king of Egypt.[21] Two other athletes, however, did enhance Egypt's and Philopator's prestige with their Olympic victories: one from Nibis in 220 and Krates from Alexandria in 212.[22]

As to the other dynasties, Attalos, son of Philetairos of Pergamon, had also participated in the Olympics in the 270s[23] but this practice was not continued by the Attalids after they had actually become kings of Pergamon (at least on the basis of our surviving sources). Generally, the Attalids preferred to be conspicuously present at the sanctuary of Delphi via their donations.[24] In the 2nd century, both the Ptolemies and the Attalids played the culture card and participated regularly in the Panathenaia – always in equestrian contests.[25] As to the Seleucids, mainland Greece was not included in their plans and, no doubt as a consequence, they expressed no interest in any of the Panhellenic games.[26]

There remain the Macedonian kings who constitute the most informative case. Macedonian kings were not able, or did not wish, to follow the example of Philip II and they were absent from the Olympics. Nor did they appear as de-

21. Polybius 27.9.13; see Walbank 1979, 307-8; Buraselis 1993, 259-60; Crowther 2004, 15.

22. Moretti, *Olympionikai,* nos. 581, 586; Buraselis 1993, 260, 269 and notes 61, 62. Sosibios, most probably the notorious courtier of Philopator, was victorious in the Nemean and the Isthmian games (Callimachus, fr. 384), at an unknown date, perhaps before Philopator's reign, in the 240s: Parsons & Kassel 1977, 44.

23. Moretti, *Olympionikai,* no. 538; Habicht & Tracy 1991, 232.

24. Attalos I Soter at the end of the 3rd century: Bringmann & von Steuben 1995, 143-7, nos. 91 and 92; Eumenes II Soter in 160/59: Bringmann & von Steuben 1995, 148-53, no. 93; Attalos II Philadelphos in 160 and 139: Bringmann & von Steuben 1995, 154-9, nos. 94-5; Valavanis 2004, 251; Schalles 1985, 104-24 on Attalid cultural policy and Delphi; also Étienne 1993.

25. Habicht & Tracy 1991, 213-14, 232; 216-23; 234: Pergamon had its own Panathenaia; so did Priene and Ilion. See Habicht 1990, on Athens and the Attalids; id. 1992 [1994] (especially 150-1) and 1997, 176-7, 181-4, on Athenian cordial relations with the Ptolemies.

26. A statue of Seleukos was dedicated by Tydeus the Eleian at Olympia (Pausanias 6.16.2); possibly there was also a donation of Antiochos IV Epiphanes: Pausanias 5.12.4; also Bringmann & von Steuben 1995, 104, no. 64.

dicants in the sanctuary. Various reasons could account for this: Macedonian relations with Elis had always been uneasy, and Elis had always enjoyed cordial relations with the Aitolian Confederacy, the major enemy of Macedon in Greece. Twice in the 3rd century Macedon and Elis were in opposite camps: during the Chremonidean War (268-262) and the Social War (220-217). A situation like this must have discouraged Macedonian presence at Olympia.[27] On the other hand, it is probable that to Macedonian rulers prestige of an Olympic victory was not their priority; their interests were much more localized, as we shall see immediately below.[28]

The expansion of the Aitolian Confederacy from the late 4th century onwards progressively forced Macedonian rulers to concentrate more on eastern and southern Greece.[29] Correspondingly, since the Aitolians occupied first the passes around Delphi and after 277 (following their victory over the Gauls) Delphi itself, and practically controlled the Pythia through their domination of the Amphictyony, Macedonian rulers focused on the games held in the eastern Peloponnese: the Nemea and the Isthmia.[30]

Nevertheless, preference for these games was not forced upon the Macedonians mainly by external factors. Already in 315 it was obvious that the Nemean festival in particular was an important asset in the struggle of Macedon for control of the Argolid. Philip II's example had shown that competing in the games was not the only way to assert an influence. The mere presence of a king or would-be king or his presidency of the games were other ways of exploiting them politically. It was actually Kassandros who set a new example for the rulers

---

27. Macedonian *Olympionikai* until the early 3rd century: Moretti, *Olympionikai,* nos. 463 (Kliton in 328), 473 (Damasias in 320), 498 (Lampos in 304), 527, 533 (Antigonos in 292 and 288), 543 (Seleukos in 268). It is worth mentioning that Philip V sacrificed to Zeus at Olympia in 219, without the Eleians preventing him (Polybius 4.73.2) – a "political gesture" as Walbank rightly observed (1957, 525) – and just before he sent troops to ravage the Eleian country; we can see the irony of the situation.

28. With the exception of the Ptolemies, major powers or individuals outside the Greek mainland were generally not attracted to the 3rd century Olympics: see Gardiner 1930, 45-6.

29. See Scholten 2000, 29-95, on the expansion of the Aitolian Confederacy; Flacelière 1937; Walbank 1984², 221-36.

30. See Lefèvre 1998, 97-8: from c. 300 to 178 no Macedonian representatives were sent to the Pylaia. We may add that as a result of their invasion of Attike, from 200 onwards the Macedonian royal family was banned from Attike (Livy 31.44.4-9) and, presumably, from the Panathenaia.

of Macedon. In 315,[31] then *de facto* but still not *de jure* ruler of Macedon, he presided over the Nemean games, held on Argive land and under the auspices of Argos,[32] upon his return from his victorious campaign in the Peloponnese (Diodorus 19.64.1). Kassandros' presidency was a major opportunity to celebrate a series of military successes, a (symbolic) manifestation of the fact that he was the master of the game and not Polyperchon, the former regent of Macedon who had previously enjoyed success in the Peloponnese. The interest in these games should also be associated with Kassandros' need to secure the future support of the Peloponnesians against Polyperchon, particularly the Argives whose loyalties had been divided in the recent past. Sometime before Kassandros' appearance in the Argeia, his commander Apollonides had burnt alive five hundrend supporters of Polyperchon (Diodorus 19.63.1-2).[33] A peaceful appearance, then, would not do Kassandros any harm. One cannot help wondering, though, how intimidated the Argives would have been, including Kassandros' supporters.

Interwoven with purely practical considerations, the alleged descendance of the Argead dynasty from Argos must have been on Kassandros' mind as it must

31. The date of Kassandros' (second) campaign to the Peloponnese and his celebration of the Nemea is connected with the chronology of the Third War of the Diadochoi. For the 'high' date of 315, see Wheatley 1998, 257-66, 280; Landucci Gattinoni 2003, 19-24; Piérart 1982, 134-5; a 'low' chronology (in 313) has been proposed by Errington 1977, 496-500.

32. In the 5th century the games were conducted at Nemea by Kleonai. At the end of the 5th century the sanctuary of Zeus at Nemea was destroyed, and it remains unclear whether the games were administered by Argos or by Kleonai until c. 330, when the games started being celebrated at Nemea again. Part of the issue is the uncertain date of Kleonai's incorporation into Argos. At some point before 235 the games were transferred to Argos. For the troubled history of control over the games and for the place of celebration, see Miller 1990, 23, 43, 57, 66; id. 1988, 147-63; id. 2004, 47-64, 191 (he dates the transfer to Argos c. 270 and argues that the games returned to Nemea under Macedonian auspices in c.330); Piérart (1982) dates the incorporation of Kleonai by Argos between 323/2 and c. 315. Perlman (2000, 143-55) agrees with Miller on the date of the change of location, and dates control of Kleonai by Argos between 315-313 (dating the presidency of Kassandros in 313); Strasser 2007, esp. 341-7 dates the incorporation of Kleonai in the 330s; However, Kritzas 2006, 427-8, 434, reports that recently discovered lead tablets show Kleonai as a privileged *Kōmē* of Argos in the early 4th century; see also in this volume, the paper by K. Buraselis, "On the Nemean games in the Hellenistic period. The Vicissitudes of a Panhellenic festival through war and peace".

33. A group of Argives was hostile to Kassandros and had previously sent for Alexander, Polyperchon's son, but in vain (Diodorus 19.63.2). For the 500 burnt, see Landucci Gattinoni 2006, 322, 337.

also have been on the Argives'. A bond with the Argeads' birthplace would be valuable to a contender for their throne. Claims of legitimacy were strengthened by the fact that the presidency signalled a peaceful return of Macedonian rulers to the area. In c. 330 the games had returned to Nemea after a gap of c. 70 years, and a massive construction programme took place in the temple of Zeus at Nemea, under Macedonian patronage.[34] These past activities, though, had a very different purpose: "to unite and keep unified the Greeks under Macedonian hegemony at their old Panhellenic centres."[35]

A few years later the importance of the eastern Peloponnesian games was obvious to Demetrios Poliorketes as well.[36] His use of the games, more varying and ambitious than Kassandros', reflects his overall policy: exceedingly ambitious, ready to try his hand at practically everything, everywhere. Shortly before 302, Demetrios liberated Corinth from Kassandros and celebrated with the Greeks by becoming an *agonothetēs* for the Argive Heraia (Plutarch, *Demetrius* 25.2). This action must have been calculated to forge a bond between Demetrios and the place which the Argead dynasty claimed to descend from, as well as with a festival that had been important to Macedonian kings.[37] In the spring of 302 Demetrios (re)founded the Panhellenic League of Corinth (Plutarch, *Demetrius* 25.4); similarities as well as differences with the League established by Philip II have been commented upon several times.[38] An important point here is that the League of 302 was "one starting point among others for the seizure of Macedon from Cassander".[39] Demetrios wished for a permanent connection between the Isthmian games and the League, stipulating in the

34. Miller 1990, 23; id. 2004, 32, 53-7, 153-4, 191; see also n.30.

35. Miller 1988, 163.

36. Geagan (1968, 381-5, no.1) suggested that Antigonos Monophthalmos also tried to take political advantage of the Nemean games by erecting at Nemea an inscription commemorating his campaign of liberation of Elis and Olympia, in time for the games of 311 (Diodorus 19.87); but see Perlman 2000, 114 who underlines that the inscription is too fragmentary to allow any definite conclusion; see also J. & L. Robert, *BE* 1969, no. 236.

37. A tripod (awarded as a prize at the Heraia) was found in the royal tomb at Vergina; possibly Perdikkas II had won it in the 5th century: Valavanis 2004, 394; Landucci Gattinoni 2006, 312. In fact the Heraia was a Panhellenic festival though it did not belong to the *Periodos:* see Piérart 2004, 605.

38. Quite unlike the League of 337, the League's enemy in 302 was a Macedonian, Kassandros.

39. Will 1984², 58-9; ibid. for similarities and differences between the two Leagues.

foundation decree that, in peacetime, meetings of the League would be held during the games – presumably the Isthmian games bur perhaps also others;[40] but this was not destined to be. However, taken together, Demetrios' activities involving the Heraia and the Isthmian games (along with the League of Corinth) suggest that it was among his plans to present himself, via the games, as the heir to the tradition and policies of Macedonian kings, in other words, as the heir to the throne of Macedon.

Again behaving as should a successor to the throne of Philip II, Demetrios attempted to sidestep his exclusion from the Pythia (they were controlled by Aitolia), in the wider context of his struggle to control the entire Greek mainland. From a more narrow perspective, his celebration of the Pythia[41] in Athens in 290[42] (Plutarch, *Demetrius* 40.7-8) – when he was actually king of Macedon – has been rightly associated by Habicht with the hostility between Aitolia and Athens at the time; this was the natural conclusion to the famous ithyphallic hymn that the Athenians had chanted in Demetrios' honour shortly before, a confirmation of his role as defender of Athens against Aitolian aggression.[43] Furthermore, the Athenian Pythia formed the preliminary stage of Demetrios' campaign against the Aitolians in the next year.[44]

After this incident and for most of the 3rd century, evidence is practically non-existent; it re-emerges for the last decades of the century. The interest of Macedonian kings in the Nemea did not diminish; furthermore, leaders of the Achaian Confederacy – Aratos and Philopoimen – also come into the picture.

Before dealing with the Achaians and the Nemea we should mention that Aratos was an *Olympionikēs* (Pausanias 6.12.5) at an unknown date, possibly be-

40. *IG* IV^2.1.68/ Moretti, *ISE* no. 44, fr. III, ll. 11-4 and n. 12 at p. 112, notes that the phrasing is vague; translation by Harding 1985, no. 138: "there shall be meetings of the members of the council in peace-time at the sacred games] but in war-time (there shall be meetings) as often as is thought beneficial by the members of the council and [by the] general who by the kings for the League's protection has been left behind."

41. Scholten 2000, 101 for the importance of the Pythia to both the Amphictyony and Aitolia.

42. Lefèvre 1998, 98. We do not know whether a celebration was held also at Delphi; see Flacelière 1937, 121: the Aitolians must have experienced a hard time organizing the games in the early 3rd century due to insufficient funds. We do not know the extent of participation in the Athenian Pythia.

43. Habicht 1997, 92-4.

44. Scholten 2000, 20 and n.80, on the staging of the war by Demetrios.

tween 243 (the capture of Acrocorinth by Aratos) and 223 (its restoration to Macedon).[45] Due to this uncertainty, whatever hypothesis we form as to Aratos' motivation(s) will remain conjectural. However, we can reasonably envisage a political motivation behind Aratos' participation in the contest: an Olympic victory and the resulting prestige would consolidate his own position in the Confederacy and possibly enhance the prestige of the Confederacy itself in the Peloponnese. In a more narrow perspective, it is also possible to see Aratos' participation as an attempt to enhance Achaian prestige vis-à-vis the strong Aitolian influence in the western Peloponnese.[46]

Argos and the Nemean games figure in the clash of the Achaian Confederacy with Macedon. Incorporation of Argos was a *sine qua non* for Aratos; the Nemean games, at the time no longer hosted by Nemea but by Argos,[47] became a means by which Aratos attempted to strike a blow at Macedonian power and prestige. In 235, after an unsuccessful attempt to capture Argos, Aratos celebrated the Nemean games back at Nemea and under the auspices of Kleonai of which he had previously acquired control, thus causing a double celebration (Plutarch, *Aratus* 28.5-6).[48] The official justification was that Kleonai was the original and therefore more appropriate host of the games; this transfer, from the birthplace of the Macedonian kings (no matter that the Antigonids were not actually Argeads) to a place controlled by the Achaians, symbolizes the temporary shift of power in the eastern Peloponnese, before Sparta came onto the scene forcing the Achaian Confederacy into an alliance with Macedon. To make his case stronger, Aratos captured and sold into slavery those who had participated in the festival at Argos. Plutarch almost justifies this violation of the *ekecheiria*[49] on the basis of Aratos' hatred for tyrants – Argos was governed by the tyrant Aristippos. We can add the frustration Aratos felt at his failure to

45. Moretti, *Olympionikai,* no. 538.

46. Scholten 2000, 117-30.

47. See above n. 32.

48. A double celebration of the Isthmia (by the Argives and by the Corinthians) had also occurred in 390: Xenophon, *Hellenica* 4.54. See in this volume K. Freitag, "Die panhellenischen Heiligtümer und die griechischen Bundesstaaten in hellenistischer Zeit" on the Achaian celebration of the Nemea.

49. See Rougemont 1973, 101-6 who establishes that the *ekecheiria* only secured a safe journey for participants and spectators of the games.

bring Argos into the Achaian Confederacy. But ultimately, the tyrant's and Argos' backer, the Macedonian king was also targeted.

However, after 229 the games returned to Argos[50] and eventually into the power of the Macedonian king, that is, Antigonos III Doson.

The war against Kleomenes III of Sparta (228-222) had led the Achaian Confederacy to conclude an alliance – a so called Hellenic Alliance – with Macedon, in c.223 (Polybius 2.54.4; 4.9.4; other federations also took part). After the victory of Antigonos Doson over Kleomenes at the battle of Sellasia in 222,[51] the Nemean games, once a bone of contention between Macedon and the Achaian Confederacy, became a stage of common celebration, but the king was by far the most prominent individual there, just as he was the leader of the alliance. It is significant that though he was hard pressed by the invasion of the Illyrians in Macedon, he did not fail to attend the event. He had probably been informed that the Achaian Confederacy would reward him in every way, conferring upon him "immortal glory and honour" (Polybius 2.70.4-5) and thus transforming the Nemean festival into a festival in his honour. To Doson, it was a spectacular opportunity to assert his authority as head of the Hellenic alliance, right in front of his allies, and secure their support in the future.

True to the tradition of Macedonian kings, Philip V kept a special place in his agenda for Argos, the Heraia and especially the Nemea. On two occasions that we know of he managed to attend the Nemean games despite rather adverse circumstances: in 217 during the Social War (Polybius 5.101.4-6: μετὰ σπουδῆς ἧκεν) and in 209 during the First Macedonian War, when he was in fact expecting the arrival of Attalos, Rome's ally (Livy 27.29). The Argive descent of Macedonian kings was always in play and it was the official reason that Philip was offered by the Argives presidency of both the Heraia and the Nemea in 209.[52] However, there were differences in his use of the Nemean games in comparison with that by his predecessors. Military victory, over the Romans in the course of the festival, had its place but it was of secondary importance. Display of generosity – very much becoming a king – was more important: Philip added a few extra days to the festival and we can surmise that he provided la-

50. Walbank 1957, 289; during the games of 225, the truce was exploited by Kleomenes as the appropriate opportunity to lay siege to Argos (Plutarch, *Cleomenes* 17.4).

51. Actually the games should have been celebrated in 223: Walbank 1957, 289; id. 1984^2, 472.

52. Livy 27.30.9; Bringmann & Von Steuben 1995, 93, no. 46.

vishly for the needs of the spectators.[53] But Philip's glorification was primarily achieved by an extraordinary gesture quite unbecoming a king, a gesture that caused rejoicing among the audience: he divested himself of his regal insignia in an attempt to appear on the same level with the people (Livy 27.30.15-7, 31.1-3).[54] Livy (27.31.6-9) drawing on Polybius (10.26) insists that this was a sham since Philip destroyed the illusion of democratic behaviour and the hope for freedom by abusing his power and disgracing Argive women. The very passion with which the statement is made suggests that Philip's gesture had a positive effect. I think that we are entitled to wonder whether Polybius himself or his extremely hostile source has grossly exaggerated.[55] Philip's actions in that festival seemed to have been well calculated; such thoughtless debauchery does not fit. Instead, it forms part of the suspect image of the rapidly degenerating king that Polybius constructs.[56]

A little later, in the absence of the Macedonian king, the Achaians – still officially allied to Macedon – were able to use the Nemean games for the promotion of their own prestige in the Peloponnese, as champions of Greek freedom. A couple of years after his victory at the battle of Mantineia against Machanidas the tyrant of Sparta (Polybius 11.11-18) and shortly after the end of the First Macedonian War, Philopoimen, *stratēgos* of the Confederacy for the second time,[57] saw the Nemea of 205 as the perfect occasion to restore confidence in his fellow Achaians and the Greeks as a whole, presenting tactical manoeuvres by

53. Livy (27.30.17) writes that Philip wished that the games be more festive because of his presence.

54. Mendels (1977, 169-71) considers it likely that the behaviour of Philip created expectations among the masses but that this did not represent an intentional demagogic movement on his part.

55. Walbank 1967, 230-1. Fine, in his review of Walbank's *Philip V* (1940), points out that had this licentiousness been a fact, the Argives would hardly have remained loyal to Philip about ten years later. Livy (27.31.6-9) also refers to the abduction of Polykrateia, wife of the younger Aratos, an event that is actually dated to 213, not to 209. As Walbank has observed (Hammond, Walbank 1988, 397-8), we shall never know what were the actual circumstances that led to Philip's marriage with Polykrateia and whether he was responsible for her husband's death (Livy 32.21.3).

56. Walbank 1938. As M. Hatzopoulos has suggested to me, this article is particularly revealing for Walbank's views on Polybius and his attitude to Philip V.

57. On the date of the first two generalships of Philopoimen and the date of the battle of Mantineia (after the Nemea of 207) see Errington 1969, 249; Walbank 1967, 279.

his well-trained phalanx.[58] His own prestige also reached its peak: upon his probably well orchestrated – the word is to be taken literally – entrance in the theatre (Plutarch says it was coincidental but this seems doubtful) he received a 'standing ovation' while the opening verse of Timotheus' *Persae* was being chanted: κλεινὸν ἐλευθερίας τεύχων μέγαν Ἑλλάδι κόσμον (*Glorious the crown of freedom which he maketh for Hellas*).[59] But who was the enemy or enemies of Greek freedom? Sparta,[60] Rome and Aitolia – the enemies in the recent war – easily come to mind. Thus, the whole Nemean festival, orchestrated to shed a favourable light on the Achaians and Philopoimen alone as liberators of Greece, would irritate the Macedonian king who after all had been the leader in the war against Rome. But as Errington has pointed out,[61] to the Achaians freedom might primarily mean freedom from Macedon, the border garrisons of which were still present in the Peloponnese. After the defeat of Machanidas and the removal of the Aitolian threat, these garrisons served the king's best interest rather than the Achaians'. Against this background, the ovation for Philopoimen and his troops, during a festival in which Philip V had been honoured, would constitute a covert but real challenge to Antigonid control over the Peloponnese.

Thus far, we have seen that it was mainly upon strategic interests in mainland Greece that the importance attached to the *Periodos* games depended. They were actually an instrument of *Realpolitik*[62] but – it has to be noted – this was only possible because religion did matter to people. Apart from the famous Isthmia, the Nemea steadily carried at least an equal political weight and this because they were held at a place of the utmost importance to the Macedonian kings[63] and – perhaps to a lesser extent – to the Achaians for control over the Peloponnese. Our surviving evidence is invariably set in a context of war. In this

58. See Plutarch, *Philopoemen* 9 and Polybius 10.22-4; 11.8-10, for the training of the phalanx.

59. Plutarch, *Philopoemen* 11.2; Pausanias 8.50.3.

60. On the anti-Spartan sentiments underlying this ovation, see Walbank 1967, 287-8.

61. See Errington 1969, 65-7, and esp. 76 on Achaian aspirations to independence and the importance of the festival to this end.

62. James Roy, during the conference, used this word to describe the use of the games by Hellenistic leaders.

63. 'Dynastic continuities', as N. Luraghi (during the conference) labelled this continuous interest of the Macedonian kings on the Nemean games.

context kings in particular had the opportunity to present a side of their power less menacing to their allies, satellites or subjects, to promote on the one hand peaceful relations with them and, on the other, war against their rivals.

All this applies until the end of the 3rd century. Next came the Romans. The eastern Peloponnese games ceased to be a stage for display of Macedonian or Achaian valour or of their antagonism:[64] the Romans entered permanently onto the scene of Greek affairs and became now the new protagonists of the games. Previously, their liberation of certain Greek cities in Illyria had been celebrated by their admission and victorious participation in the Isthmia of 228 (Polybius 2.12.8).[65] But in 196, after their victory over the Macedonians in the Second Macedonian War, the Romans, no longer being the outsiders who had participated in the Isthmia of 228 and fully aware of the past history of the games and especially of their importance to the Macedonians, chose to use them as a platform for their declarations to the Greeks, as Alexander once had done at Olympia (Diodorus 17.109). It was during the Isthmian games that Flamininus declared freedom and autonomy for the Greeks (Polybius 18.44-6; Livy 33.32).[66]

In 195 the Romans made another, less well known, philhellenic gesture declaring the Argives free from the Spartan tyrant Nabis (Livy 34.41.1-3)[67] who had received Argos from Philip V (Livy 32.25, 38-40). The Argives had re-

64. On a more practical level, as K. Buraselis pointed out to me, these festivals were also the meeting place of the allied leaders.

65. The Corinthians (and the rest of the Greeks) who controlled the games were grateful for being rid of the Illyrian pirates: see Crowther 2004, 14, n. 16; Walbank 1967, 166-7. From a Roman perspective, the Romans in 228 probably wished to show to the Greek world that they actually partook in Greek civilization. See also, in this volume, the paper by A. Mastrocinque, "Istmia come luogo di incontro fra Greci e Romani," as to the basis – *syngeneia* – on which Roman participation in the Isthmia could be legitimized. After 228 the Romans appear as dedicants at Delphi (Livy 28.45.12; 22.57.4-5, 23.11.1-6; see Gruen 1986, 253) but no longer as competitors in the Panhellenic games, until the late 1st century when they became accepted in the Olympic games (Valavanis 2004, 283).

66. Thus they gained widespread Greek affection – with the exception of the Aitolians who considered themselves deceived – but they also prepared the way for war against Antiochus III of Syria. See Ferrary 1988, 83-8; also, in this volume, B. Meissner, "Peace, Publicity and Panhellenism: Greek Freedom, Propaganda, and communication at the Great Games." Flamininus also made dedications at Delphi: Plutarch, *Flamininus* 12.6-7.

67. Plutarch, *Flamininus* 12.5, writes that Flamininus declared, again, freedom for the Greeks (not just the Argives).

mained loyal to Macedon in autumn 198, when the Achaian Confederacy – of which Argos was a member – had decided not to support Philip V in the war against Rome (Livy 32.22). Subsequently, Philip handed Argos over to Nabis, perhaps in an attempt to protect it from a joint attack by the Achaians and the Romans.[68]

The liberation declared by Flamininus was translated into the return of Argos to the Achaian Confederacy and its irrevocable loss to Philip. Having been offered presidency of the games Flamininus made his declaration during the very same Nemean games where Macedonian kings had enjoyed the people's applause – the reversal of fortune could not be more clear on a symbolic level.[69]

I conclude with an episode dating shortly after the destruction of Corinth by Mummius in 146, an episode that reflects the radical change of political reality: if we could trust an extremely fragmentary inscription from Nemea, Mummius was called to solve a problem concerning the Nemea, possibly following a dispute between Argos and Kleonai;[70] just as the Romans had become the masters of the political game and were often called to arbitrate in disputes between *poleis*, they had also become the masters of the athletic games.

---

68. Mendels 1977, 172.

69. Complete Roman victory over the Macedonians at Pydna was celebrated by games organized by L. A. Paulus at Amphipolis, right in the Macedonian kingdom – an equally symbolic gesture. As Ferrary (1988, 563-4) has underlined, the choice of an old Greek city, instead of the capital Pella or Thessalonike, both royal foundations, to celebrate the end of the Macedonian monarchy, was certainly intentional. According to Livy (45.32.8-11) Paulus wished to show to the world that the Romans were also capable of organizing games, that is, he wished to outdo the enemies of Rome in this field as well. Furthermore, Roman encounter with the Greek world led to the incorporation of athletic contests in Roman festivals: in 186 M. Fulvius Nobilior organized the first games in Rome to celebrate his victory over the Aitolians, allies of Antiochos III of Syria (Livy 39.22.2); see Gruen 1986, 260.

70. As to the solution offered by Mummius, in the state of the evidence we should rather avoid drawing any definite conclusions. Bradeen 1966, 327-9, no. 7, at p. 329 argues that "we should interpret the inscription naturally, that he returned the games to Nemea under at least partial Argive control." Pietilä-Castrén 1991, 101-2, thinks that Mummius might have opted for shared authority. See also S. G. Miller *Nemea II, The Early Hellenistic Stadium,* Berkeley & Los Angeles 2001, 99-100, who advances the hypothesis that "perhaps Mummius intended some sort of restoration of the site, if not the Nemean Games." (*non vidi,* reference in SEG 51.357).

Acknowledgments

First of all, I wish to express my gratitude to the organisers of the conference for the invitation. In addition to the anonymous referee, I am indebted to a number of people with whom I enjoyed profitable discussions before and during the conference (they are mentioned strictly in alphabetical order): S. Aneziri, N. Birgalias, K. Buraselis, J. Ma and A. Powell. C. Habicht read a draft of the paper and I am grateful for his encouragement and advice.

Bibliography

Bastianini, G. & Gallazzi, C. (with the collaboration of C. Austin) 2001, *Papiri dell'Università degli Studi di Milano (P. Mil. Vogl. VIII 309) 8. Posidippo di Pella : Epigrammi,* Milan.

Bennett, C. J. 2005, "Arsinoe and Berenice at the Olympics", *ZPE* 154, 91-6.

Billows, R. A. 1990, *Antigonus the One-Eyed and the Creation of the Hellenistic State,* Berkeley.

Bradeen, D. W. 1966, "Inscriptions from Nemea", *Hesperia* 35, 320-330.

Bringmann, K. & Von Steuben, H. 1995, *Schenkungen hellenistischer Herrscher an griechische Städte und Heiligtümer,* Berlin.

Buraselis, K. 1982a, *Das hellenistische Makedonien und die Ägäis. Forschungen zur Politik des Kassandros und der drei ersten Antigoniden (Antigonos Monophthalmos, Demetrios Poliorketes und Antigonos Gonatas) im Ägäischen Meer und in Westkleinasien,* Munich.

- 1982b [1984], "ΓΛΑΥΚΩΝ ΕΤΕΟΚΛΕΟΥΣ ΑΘΗΝΑΙΟΣ ΜΕΤΗΛΛΑΧΩΣ" *AE* 121, 136-59.
- 1993, "Remarks on the relation of the cities of Greece with the Ptolemies until the end of Philometor's age", in P. Bilde et al.(eds), *Centre and Periphery in the Hellenistic World*", (Studies in Hellenistic Civilization 4), Aarhus, 251-70.

Chaniotis, A. 1997, "Theatricality beyond the theater", *Pallas* 47, 219-59.

Crowther, N. B. 2004, *Athletika. Studies on the Olympic Games and Greek Athletics* (Nikephoros Beihefte 11), Hildesheim.

Dixon, M.D. 2007, "Corinth, Greek Freedom, and the Diadochoi, 323-301 B.C.", in W. Heckel, L. Tritle, P. Wheatley (eds), *Alexander's Empire. Formulation to Decay,* California, 151-78.

Dunand, F. 1981, "Fête et propagande a Alexandrie sous les Lagides", in *La fête, pratique et discours. D'Alexandrie hellénistique à la mission de Besançon,* Paris, 13-40.

Errington, R. M. 1969, *Philopoemen,* Oxford.

- 1977, "Diodorus Siculus and the chronology of the early Diadochoi 320-311 B.C.", *Hermes* 105, 478-504.

Étienne, R. 1993, “La politique culturelle des Attalides”, *Pallas* 62, 357-77.

Ferrary, J.-L. 1988, *Philhellénisme et Imperialisme: aspects idéologiques de la conquête romaine du monde hellénistique, de la seconde guerre de Macédoine à la guerre contre Mithridate*, Rome.

Fine, J. V. A. 1943, Review of *Philip V* by F. W. Walbank”, *AJPh* 64, 461-5.

Finley, M. I. & Pleket, H. W. 1976, *The Olympic Games. The First Thousand Years*, London.

Flacelière, R. 1937, *Les Aitoliens à Delphes : contribution à l'histoire de la Grèce centrale au IIIe siècle avant J.-C.*, Paris.

Gardiner, E. N. 1930, *Athletics of the Ancient World*, Oxford.

Geagan, D. J. 1968, “Inscriptions from Nemea”, *Hesperia* 37, 381-5, no.1.

Gebhard, E. R. 1993, “The evolution of a Panhellenic Sanctuary”, in N. Marinatos, R. Hägg (eds), *Greek Sanctuaries*, London/New York, 154-77.

Golden, M. 2004, *Sport in the Ancient World from A to Z*, London/New York.

Gruen, E. 1986, *The Hellenistic World and the Coming of Rome*, Berkeley.

Habicht, C., Tracy, S. V. 1991, “New and old Panathenaic victor lists”, *Hesperia* 60, 187-236.

Habicht, C. 1990, “Athens and the Attalids in the second century BC”, *Hesperia* 59, 561-77 (reprinted in *Athen in hellenistischer Zeit*, Munich 1994, 183-201).

- 1992, “Athens and the Ptolemies”, *CA* 11, 68-90 (reprinted in *Athen in hellenistischer Zeit*, Munich 1994, 141-63).
- 1997, *Athens from Alexander to Antony,* transl. Deborah Lucas Schneider, Cambridge, Mass.

Hammond N. G. L., Walbank F. 1988, *A History of Macedonia III: 336-167 BC*, Oxford.

Harding, P. 1985, *Translated documents of Greece and Rome, vol. 2: From the End of the Peloponnesian War to the battle of Ipsus*, Cambridge.

Hölbl, G. 2001, *A History of the Ptolemaic Empire*, trans. T. Saavedra, New York.

Huss, W. 2008, “Die Tochter Berenike oder die Schwiegertochter Berenike? Bemerkungen zu einigen Epigrammen des Poseidippos von Pella”, *ZPE* 165, 55-7.

Kritzas, Ch. 2006, “Nouvelles inscriptions d' Argos: Les archives des comptes du trésor sacré (IVe s. av. J.-C.)”, *CRAI* 150, 397-434.

Landucci Gattinoni, F. 2003, *L'arte del potere. Vita e opera di Cassandro di Macedonia*, (Historia Einzelschr. 171), Milan.

- 2006, “Argo post-classica: dalla democrazia alla tirannide”, in C. Bearzot, F. Landucci (a cura di), *Argo. Una democrazia diversa*, Milan, 311-38.

Lefevre, F. 1998, *L'Amphictionie pyléo-delphique : histoire et institutions*, Paris.

Marquaille, C. 2008, “The Foreign policy of Ptolemy II”, in P. McKehnie, Ph. Guillaume (eds), *Ptolemy II Philadelphus and his World*, (Mnemosyne Suppl. 300), 39-64.

Mendels, D. 1977, "Polybius, Philip V and the socio-economic question in Greece", *AncSoc* 8, 155-74.
Miller, S. G. 1988, "The Theorodokoi of the Nemean games", *Hesperia* 57, 147-63.
- 1990, *Nemea: a Guide to the Site and Museum*, Berkeley; 2004², Athens.
Moretti, L. 1957, *Olympionikai. I vincitori negli antici agoni olimpici*, Rome.
- 1967-1972, *Iscrizioni Storiche Ellenistiche*, 2 vols, Florence (= *ISE*)
Parsons, P. J. & Kassel, R. 1977, "Victoria Berenices", *ZPE* 25, 1-51.
Perlman, P. J. 2000, *City and Sanctuary in Ancient Greece: the Theorodokia in the Peloponnese* (Hypomnemata 121), Göttingen.
Piérart, M. 1982, "Argos, Cléonai et le Koinon des Arcadiens", *BCH* 106, 119-38.
- 2004, "Argolis", in M. H. Hansen, Th. H. Nielsen (eds), *An Inventory of Archaic and Classical Poleis*, Oxford, 599-619.
Pietilä-Castrén, L. 1991, "L. Mummius' contributions to the agonistic life in the mid-second century BC", *Arctos* 25, 97-106.
Rice E. E. 1983, *The Grand Procession of Ptolemy Philadelphus*, Oxford.
Robert, J. & L. 1969, *BE* no.236 (=*REG* 82, 459)
Rougemont, G. 1973, "La hiéroménie des Pythia et les 'trêves sacrées' d'Eleusis, de Delphes et d'Olympie", *BCH* 97, 75-106.
Schalles, H.-J. 1985, *Untersuchungen zur Kulturpolitik der pergamenischen Herrscher im dritten Jahrhundert vor Christus*, Tübingen.
Scholten, J. B. 2000, *The Politics of Plunder: Aitolians and their Koinon in the Early Hellenistic Era, 279-217 B.C.*, Berkeley/Los Angeles/London.
Strasser, J-Y. 2007, "Argos, Kléonai et les Nemea. A propos de *IG* II² 365", in D. Berranger-Auserve (éd.), *Épire, Illyrie, Macédoine. Mélanges offerts au Professeur Pierre Cabanes*, Clermont-Ferrand, 329-47.
Thompson, D.Y. 2005, "Posidippus, poet of the Ptolemies", in K. Gutzwiller (ed.), *The New Posidippus. A Hellenistic Poetry Book*, Oxford, 269-83.
Valavanis, P. 2004, *Games and Sanctuaries in Ancient Greece*, Athens.
Walbank, F. W. 1938, "ΦΙΛΙΠΠΟΣ ΤΡΑΓΩΙΔΟΥΜΕΝΟΣ: A Polybian experiment", *JHS* 58, 55-68.
- 1957, 1967, 1979, *A Historical Commentary on Polybius*, 3 vols, Oxford.
- 1984²,"Macedonia and Greece", in *The Cambridge Ancient History* VII.1, Cambridge, ch.7, 221-56.
- 1984²,"Macedonia and the Greek Leagues", in *The Cambridge Ancient History* VII.1, Cambridge, ch. 12, 446-81.
Welles, C. B. 1934, *Royal Correspondence in the Hellenistic Period*, New Haven (= *RC*).
Wheatley, P. 1998, "The chronology of the Third Diadoch War, 315-311", *Phoenix* 52, 257-81.
Will, É. 1984², "The succession to Alexander", in *The Cambridge Ancient History* VII.1, Cambridge, ch. 2, 23-61.

ΠΕΡΙΛΗΨΗ

Εξετάζονται οι τρόποι με τους οποίους καθώς και οι λόγοι για τους οποίους οι πανελλήνιοι αγώνες εντάσσονται στην πολιτική των Πτολεμαίων της Αιγύπτου, των βασιλέων της Μακεδονίας κυρίως, καθώς και ορισμένων ηγετών της Αχαϊκής Συμπολιτείας, από το τέλος του 4ου π.Χ. αι. έως και το τέλος του 3ου π.Χ. αι..

Η συμμετοχή σε αγωνίσματα συνήθως δεν αποτελεί επιλογή των βασιλέων. Εξαίρεση αποτελούν οι Πτολεμαίοι οι οποίοι συμμετέχουν πρώτα στα Πύθια (310 π.Χ.) και στη συνέχεια στους Ολυμπιακούς Αγώνες (α΄ μισό του 3ου π.Χ. αι.). Η συμμετοχή του Πτολεμαίου Α΄ στα Πύθια εντάσσεται στο πλαίσιο της βραχύβιας προπαγάνδας του υπέρ της ελευθερίας και αυτονομίας των Ελλήνων, καθώς και της προσπάθειάς του να κερδίσει συμμάχους στην κεντρική Ελλάδα σε βάρος του Αντίγονου Μονόφθαλμου. Η συμμετοχή στους Ολυμπιακούς Αγώνες αποτελεί περισσότερο επίδειξη κύρους αλλά και ελληνικής ταυτότητας.

Οι Μακεδόνες βασιλείς, από τον Κάσσανδρο μέχρι τον Φίλιππο Ε΄, όντας αποκλεισμένοι και από τα Πύθια και από τους Ολυμπιακούς Αγώνες (εξαιτίας των κακών σχέσεών τους με την Αιτωλία και την Ηλεία αντίστοιχα), επιδεικνύουν έντονο ενδιαφέρον για τα Ίσθμια και ακόμη μεγαλύτερο για τα Νέμεα όπου κάνουν την παρουσία τους ιδιαίτερα αισθητή μέσω της προεδρίας και χρηματοδότησης των αγώνων. Συσφίγγουν τις σχέσεις με τους συμμάχους ή υποτελείς τους, αλλά και προωθούν τα πολεμικά σχέδιά τους κατά των αντιπάλων τους – σημειωτέον ότι όλες οι σωζόμενες μαρτυρίες εντάσσονται στο πλαίσιο στρατιωτικών συγκρούσεων. Ταυτόχρονα, εμφανίζονται ως κληρονόμοι των Αργεαδών σφυρηλατώντας δεσμούς με το Άργος, διοργανώτρια των Νεμέων αλλά και γενέτειρα των Αργεαδών.

Ο ηγέτης της Αχαϊκής Συμπολιτείας Άρατος χρησιμοποιεί τα Νέμεα για να πλήξει το κύρος των Μακεδόνων, μεταφέροντάς τα στη Νεμέα και υπό την αιγίδα των Κλεωνών (235 έως, περίπου, 229 π.Χ.). Το 205 π.Χ. ο Φιλοποίμην θεωρεί τα Νέμεα ως μια ευκαιρία να παρουσιάσει την Αχαϊκή Συμπολιτεία ως προστάτιδα της ελευθερίας των Ελλήνων, αμφισβητώντας έτσι έμμεσα την εξουσία των Αντιγονιδών με τους οποίους οι Αχαιοί ήταν τότε σύμμαχοι.

Η έλευση των Ρωμαίων δεν αφήνει πλέον περιθώρια πολιτικής εκμετάλλευσης των αγώνων, είτε από τη μακεδονική δυναστεία είτε από οποιονδήποτε άλλον. Οι Ρωμαίοι γίνονται οι ‘κυρίαρχοι του παιχνιδιού’, χρησιμοποιώντας και τους Πανελλήνιους Αγώνες της ανατολικής Πελοποννήσου.

On the Nemean Games in the Hellenistic Period. The Vicissitudes of a Panhellenic Festival through War and Peace

Kostas Buraselis

I. There are various elements making up the special identity of the Nemean Games[1] among the four traditional Panhellenic festivals: in respect of organization, (a) they belonged (like the Isthmia and unlike the Olympia and the Pythia) to the trieteric *agones*, that is they took place every second year (normally an odd one in Christian dating) in the summer (July/August), thus twice as often as the more glorified games of Olympia and Delphi, and (b)-a characteristic setting them apart from all brother festivals-they were not permanently conducted at the same place and under the direction of the same neighbour city, that is they were rightfully claimed and originally run at Nemea by Kleonai, which was nearer, but for the longest part of their historical development constituted an Argive festival held by and also largely at the great city of Argos. Unlike the relation of Pisa, Elis and Olympia, in the case of the Nemeia[2] the original organizer, Kleonai, was never totally extinguished, while the later and -as far as our source material goes- main one, Argos, finally preferred to transfer the games to its own seat. There is only partial agreement on the respective periodization: it consists basically in the acceptance of an Argive direction of the games since the early Hellenistic Age, which was only provocatively rivalled by a short-lived resurrection of the Kleonaian rights over the organization of the games in 235 and for some subsequent years, inspired and supported by the Achaean Confederacy (as we shall see).

1. Useful brief syntheses on the Nemean Games (with further bibl.) include: Hanell 1935; Miller 1989; Valavanis 2004, 304-335.

2. For the sake of easy distinction I always refer to the place as Nemea and the games as Nemeia (or Nemean Games).

On the earlier period (before ca 320) there are now two diverging theories: the excavator of Nemea, Stephen Miller, based on his careful study of the remains there (especially those of the early hellenistic stadium) prefers to distinguish (a) an initial phase from the traditional beginning of the Nemeia in 573 until the last decade of the fifth century BC during which the festival took place at its original site under Kleonaian auspices, although practically already under the control of Argos since ca 460 BC, and then (b) a first Argive period of the Nemean Games, located at Argos, between ca 410 and 330 BC.[3] On the other hand, Paula Perlman in her valuable monograph on the *theorodokia* in the Peloponnese has favoured the view that there is only one real Argive period of the Nemeia beginning ca 315 with the incorporation of Kleonai into the Argive state as one of its subject communities (*komai*).[4] However, both Miller and Perlman agree that ca 270 BC this Argive takeover was completed with the translocation of the games to Argos: from that time on and into the Roman period the Nemean Games were in every respect an Argive festival of panhellenic level and recognition. Basic points of this chronological pattern had been largely adumbrated already in the still valuable dissertation of M. Mitsos on the political history of Argos between 404 and 146,[5] and important studies of the French specialists in Argive history (mainly Pierre Amandry, Pierre Charneux and Marcel Piérart).[6] Although some points in that whole sequence of phases seem to me worthy of further research and clarification, my purpose here is more limited: to discuss only some important aspects of the history of the Nemean Games in regard to the general subject of this colloquium, that is their connection with the political tensions and military operations in the Peloponnese of the late fourth and the third century BC, mainly against the background of developing Achaean ambitions and realities from Aratos to Philopoimen.

II. A first crucial point in assessing the ramifications of that connection is to point out the probably fundamental Macedonian support of the Argive rule over Kleonai and the games. The earliest relevant pieces of evidence we

3. Miller 1989, 91; Miller 2001, esp. 1, 93.

4. Perlman 2000, 133-149.

5. Mitsos 1945.

6. Esp. in their studies: Amandry 1980; Charneux 1956, 1990 and 1991; Piérart 1982 and Piérart/Thalmann 1980.

seem to have are an inscription from Pallantion[7] and a passage in Diodoros.[8] The inscription preserves an Argive decree renewing the friendship with that Arcadian city and also reporting a successful mediation of Argos to Polyperchon on behalf of Pallantian interests (liberation of war prisoners). The historical context of the latter action (and probably the issue of the decree) should be reasonably and approximately dated not long after 318 BC, that is the period when Polyperchon was actually able to offer the services just mentioned to Argos and Pallantion.[9] Now, the Pallantian ambassadors are granted in this text the joint *theorodokia* of Nemean Zeus and Argive Hera, which strongly suggests a common responsibility of Argos for both festivals, typical in roughly contemporaneous or later documents.[10] Among the former we may place the important inscriptions preserving Argive honorary decrees for the Rhodians[11] and the Aspendians[12] on whose relation and help, emphasized in these texts, Argos had to count in those difficult years.

On the other hand, the passage of Diodoros cited[13] preserves a relevant point concerning Kassandros' activities in the area of Argos after the establishment of his rule in Macedonia and during his operations against the allies of Polyperchon and his son Alexander in the Peloponnese. The Mace-

7. Most useful editions (with the previous bibl.): Moretti 1967, 52; Perlman 2000, Ep. Cat. A3 (pp. 208-210), cf. ib. A2.

8. 19.64.1

9. I think that Moretti's (n. 7) arguments for this view are still valid. Among more recent views Charneux 1991, 308f. preferred a later date ("vers 300"), while Perlman (n. 7) merely accepts that the joint theorodokia of the Nemean Zeus and the Argive Hera presupposes Kassandros' control over Argos (therefore 208: "post 315 B.C."; cf. also 145 for the argument).

10. The standard formula is: θεαροδόκος (-οι) τοῦ Διὸς τοῦ Νεμέαι καὶ τᾶς Ἥρας τᾶς Ἀργείας. Cf. the documents collected by Perlman 2000, Ep. Cat. A 2-28 (pp.208-236: personal awards of theorodokia).

11. Moretti 1967, 40; more recent, equally well commented edition by Migeotte 1984, 19 (pp. 81-84). Cf. also on the date and contents of this decree esp.: Piérart 1982, 131 (n. 41); Stroud 1984, 215f.; Charneux 1991, 309-19.

12. Stroud 1984 (=*SEG* 34. 282). The publication of this decree has strengthened the view dating the very similar decree for the Rhodians towards the end of the fourth century B.C. (cf. Stroud, op. cit.).

13. At n. 8 above.

donian ruler, apparently wishing to crown his (partially) successful expedition in southern Greece with a proper celebration "came to the land of Argos and conducted (: acted as *agonothetes* of) the Nemean Games" (παρελθὼν εἰς τὴν Ἀργείαν καὶ θεὶς τὸν τῶν Νεμέων ἀγῶνα, 315 B.C.)[14] before returning to Macedonia. Of course, the mention of "the Argive land" does not necessarily mean that the games were celebrated at Argos but it certainly shows that they were already an Argive festival by that time. Thus, the earliest indications of the Argive administration of the games in the period after Alexander are most probably to be interpreted against a Macedonian policy decisively favouring Argos. Whether Polyperchon or Kassandros was responsible for the specific subordination of the games to Argive control, we cannot say with certainty. Perlman's argument, however, which underlined the strategic benefit for Kassandros of incorporating Kleonai into the *polis* of Argos in a period when Corinth was controlled by Polyperchon and his son, strongly suggests the second alternative.[15] Whatever may be the truth, we should retain the fact that the official rule of the Argives over their nearest Panhellenic festival coincides with an age of Macedonian overlordship in the Peloponnese and was very probaly due to Macedonian aid, a conclusion that will help us better understand later attitudes to this new regime of the games.

III. The next question is certainly into which historical context we should best insert the final transport of the seat of the games to Argos. In the literary sources we grasp this new reality for the first time after the middle of the third century in the report of Aratos' policy towards Argos in Plutarch's *Vita*,[16] to which we shall return. In the epigraphic evidence the clearest indication of this new reality appears earlier, in the mention -unattested before the Hellenistic Age- of a joint *agon* of the Nemea and the Heraia at Argos. Possibly the earliest surviving testimony of this new arrangement of the prime festivals of the Argives is the honorary decree they issued for the

14. Errington's 1977, 497 reformed dating (313) of this event in Diodoros, although still accepted by Perlman 2000, 144 (n. 206), seems now to have been superseded by later discussions: see esp. Wheatley 1998, 265f.; Landucci Gattinoni 2003, 24.

15. Perlman 2000, esp. 148f.

16. Plut. *Arat.* 27, 28 (cf. below).

Sikyonian Alexandros, son of Alexandros.[17] The honorand is granted here the function of *theorodokos* of Nemean Zeus and Argive Hera as in previous documents but it is also stipulated that the full honours for him should be announced by the Hellanodikai of the Nemeia and Heraia at the next such jointly organised festival of Heraia and Nemeia.[18] The date of this document is-almost typically for inscriptions of this period- disputed. Nevertheless, the absence of any hint at an involvement of the Achaean League -to which Sikyon belonged after its liberation by Aratos in 251 or 250 BC-in the obviously important dealings of that Sikyonian citizen with Argos-the decree emphasizes laconically his assistance to an Argive embassy to Sikyon-, may exclude a date after the middle of the third century. How much earlier it could be, we cannot say.[19]

---

17. Moretti 1967, 41; now also in Perlman 2000, Ep.Cat. A24 (pp. 230f.). The honorand is otherwise unknown and his mere name and apparent importance at Sikyon are clearly not enough to suppose some relation of his to the family of Polyperchon, his son Alexandros and the latter's widow Kratesipolis who ruled over the city until 308. The connection with Argos, however, would be thus much better understandable.

18. ib., ll. 16-18: ...τὸνς δὲ ἑλλανοδί/[κα]νς τῶν Νεμέων καὶ Ἡραίων τῶν ποτεχεῖ καρῦξαι ἐν τῶι ἀγῶ/[νι] τῶν Ἡραίων καὶ Νεμέων. The Nemeia and Heraia underwent not a fusion but a combination in time and organisation (therefore the common *agonothesia*); cf. Amandry, 246: "les deux concours, sans être confondus (les listes de victoires en témoignent), formaient comme deux parties d`un même ensemble, voire même que les Héraia étaient considérés comme un préambule aux Néméa". The difference in the word order (Hellanodikai of Nemeia and Heraia but agon of Heraia and Nemeia) could hardly be a "loose style": it seems to me more probable that in the first case the underlying idea was that the Heraia were appended to the old panhellenic festival of the Nemeia (with its corresponding institution of Hellanodikai); in the formula for the agon (and later the agonothetes of Heraia/Sebasteia and Nemeia: *IG* IV. 587, 589, 590, 597, 602, 606) we should rather find expressed the temporal succession of the two parts (first the Heraia about the beginning of June and then the Nemeia about the beginning of July). This time order emerges clearly from Philip V's presence and direction of Heraia and Nemeia in 209 BC according to the report of Livy, 27. 30. Cf. Mitsos 1945, 100; Perlman 2000, 132 (with n.s) has overlooked Livy's testimony and misrepresented the temporal relation of Heraia and Nemeia (as well as the order of their appearance in the inscriptional mentions of agonothetes cited above).

19. Mitsos 1945, 70 wanted to place it before the period of tyrants at Sikyon, that is ca 270 BC, but the position of Alexandros himself in Sikyon is not clear, and one could not even exclude that the Argive embassy mentioned went to him as supreme authority in the Sikyonian state. Charneux 1956, 608 has contented himself with a dating simply in the third century BC. Moretti 1967, p. 96f. has favoured the view that the increased importance of the

The archaeological evidence from Nemea itself, as analysed by Miller, would point to a date ca 270 BC for the interruption of regular use of the stadium there, thus suggesting a contemporaneous change of seat for the games, although some of the coin finds presented in the publication of *Nemea II* might still allow a somewhat later date for that.[20] On the other hand, the historical argument of Miller that Pyrrhos' invasion of the city and the resulting feeling of insecurity prompted the final translocation of the games to Argos ca 270 BC[21] does not seem to me sufficiently persuasive. However, if we place the establishment of the Argive tyranny -as traditionally accepted- under Aristippos I at some point in the aftermath of Antigonos' victory over Pyrrhos (272),[22] the political context for the transfer of the Nemeia to Argos becomes more convincing as we shall see.

There can be no doubt that Argos as new permanent seat of the games was both an expedient solution for the Argives themselves but also an obvious break with tradition, for which important reasons must have existed. The insecurity of the Argives in the years around Pyrrhos' operations in the Peloponnese in the seventies is, of course, not to be underestimated. However, it ended in a glorious way with the invader's death, and as we may deduce from the shield voted by the Argives at the sanctuary of Enyalios at Mycenae[23] and from the testimony of Pausanias[24] that Pyrrhos' own shield was still

---

Argive *strategoi* in this decree might point to a phase of tyrannis in Argos itself (as the first member of the local tyrannic dynasty on whom we possess more extensive evidence, Aristomachos I, is known to have acted as *strategos* of the city). More recently Amandry 1980, 226f. (n. 30) has suggested a date between 225 and 215 B.C., while Perlman 2000, 230 returns to a general dating in the third cent. B.C.

20. Miller 2001, 93-99. The numismatic evidence pointing to a possibly later date: ib. 235f. (by R.C. Knapp): esp. groups D ("Coins Minted between 340 and 270, but also after 270 B.C.") and E ("Coins Minted between 340 and 270, but also before 340 and after 270 B.C.").

21. ib. 93 with n. 213.

22. Aristippos I was already the pro-Antigonid political leader in Argos before Pyrrhos' appearance and defeat there: Plut. *Pyrrh.* 30. His rivalry with Aristeas (ib.) makes it more probable that his tyrannic rule in the city -indirectly suggested by Polybios' (II. 59. 5) mention of "tyrants" (plural!) as ancestors of Aristomachos II- followed those events. Cf. Berve 1967, 396 and 711; Mandel 1979, 294 (with the earlier lit.). Paschidis 2008, 214-5 prefers not to regard him as a tyrant on the extant evidence. See further below.

23. Moretti 1967, 37a

24. II. 21. 4.

hung in the imperial period above the entrance of the sanctuary of Demeter in Argos, the Argives could recall that period with increased confidence rather than fear. Thus it seems to me on balance much more probable -as Mitsos has suggested long ago-[25] to bring the establishment of Argos as new seat of the Nemean Games mainly into connection with the policy in Argos (since approximately 270 BC) of the tyrannic family of Aristippos I and his descendants.[26] Something we should seriously take into consideration in this respect is certainly the glory but also the relative sacred immunity from aggression that the festival, recurring every two years, would even temporarily bring to the city of Argos, especially under a tyrannic regime. Furthermore, if Aristippos I and his descendants initiated that change, Aratos' own policy towards the Argive Nemeia, to which we are now coming, would be much better understandable. A crucial factor is here again Macedonia. Our evidence shows very well that the tyrannic family of Argos stood in traditionally good relations with Gonatas (and his successor), and the biography of Aratos by Plutarch (obviously drawing from the Achaean general's memoirs) mentions how concerted the efforts of Macedonia and Argos of the tyrants were to eliminate the uneasy Sikyonian.[27] Thus Gonatas would have consented to or possibly even coorganized the completion of what seems to have been from the beginning a Macedonian policy of putting the Nemean Games into the hands of Argos.

IV. Aratos had found refuge in Argos before his liberation of Sikyon-apparently either before the establishment of Aristomachos I's tyranny at Argos or -less probably- even thereafter, thanks to his paternal relations with important families of the city and very probably at first underestimated him-

25. Mitsos 1945, 71.

26. Cf. on them esp. Berve 1967, 396-400 (and 710-712); Mandel 1979; Landucci Gattinoni 2006, 326-335; Paschidis 2008, 209-224, who rightly stressed the dexterous, in no way blindly loyal, policy of the family towards Antigonid Macedonia.

27. Plut. *Arat.* 25 (Aristippos II and Gonatas collaborating to have Aratos murdered, ca 240 B.C.). Even after Aristomachos II's siding with Kleomenes III of Sparta against Doson and the Achaeans (see below) and this last member's of the tyrannic family consequent execution the king of Macedonia allowed the re-erection of the Argive tyrants' statues, to the dismay of Aratos (Plut. *Arat.* 45). The Antigonid local bonds of mutual loyalty had apparently to be emphasized beyond any recent disaffection.

self as an eventual problem for the Peloponnesian *status quo* of Macedonia and its friends.[28] Thus his intense wish after 243 BC -that is after the addition of Corinth to the Achaean Koinon- to liberate Argos from Aristomachos I and add it, too, to the Achaeans is even better understandable. For beyond the political gain in view there was here a not negligible personal note of interest: according to Plutarch, Aratos regarded the liberation of Argos as a sort of "fosterchild duty" towards the city that had sheltered him in the years of his exile.[29] He could not have forgotten that, but there also existed other vivid memories connecting him with the border Argive territory of Nemea: for it was at the latter place that he had for the first time disclosed to his small expeditionary force that they were actually going to overthrow the tyrant Nikokles at Sikyon and finally exhorted them for their bold undertaking.[30] Thus Nemea was in a sense the starting point of Aratos' own long *agon* in Peloponnesian politics.

However, neither Argos nor Nemea proved now easy additions for the expanding Achaean League. A first plot against Aristomachos organized and supplied with arms smuggled into Argos by Aratos failed. While Aristomachos was not long after that[31] (ca 241) assassinated by his slaves, Aratos' hope that the end of the tyrant would also easily become the end of the tyrannis at Argos was bitterly disappointed: Aristippos II, most probably son of Aristomachos I, succeeded him and was able to keep his position against an improvised small force that Aratos hurried to lead against him. The decisive factor for that was -again in Plutarch's judgement, certainly going back to Aratos himself- the generally indifferent attitude of the Argives to his liberating plans. Danaos' descendants seemed somehow accommo-

28. The whole preparation of Aratos' liberation of Sikyon at Argos as recorded by Plut. *Arat.* 3-6 is rather incompatible with a parallel tyrannical regime at Argos itself, although we know nothing about the specific relations of Aristomachos' family with Nikokles of Sikyon, while Aratos' own connections with influential citizens of Argos might have secured him a special status there. More recent defence of the former alternative: Urban 1979, 20f. (with further bibl.). Cf. also Hammond/Walbank, 1988, 273; Paschidis 2008, 215 with n. 4.

29. Plut. *Arat.* 25: ...ἅμα τῇ τε πόλει (sc. τῷ Ἄργει) θρεπτήρια τὴν ἐλευθερίαν ἀποδοῦναι φιλοτιμούμενος καὶ τοῖς Ἀχαιοῖς προσκομίσαι τὴν πόλιν.

30. ib. 7.

31. ib. 25: χρόνου βραχέος διελθόντος.

dated to the political reality of the tyrannis and certainly reluctant to collaborate with the prospective liberator. The Achaean hothead had literally to pay for his schemes. Aristippos was able to prosecute the Achaeans as violators of the existing peace -the peace that had concluded the common war of Gonatas and the Aetolians against the Achaeans ca 243 BC ?- and have the Sikyonian condemned to a -rather symbolic- fine of thirty *mnai* at the "neutral" court of the Mantineians, where Aratos himself refused to appear.[32]

32. ib. ...Τῶν δὲ πολλῶν ἤδη διὰ συνήθειαν ἐθελοδούλως ἐχόντων καὶ μηδενὸς ἀφισταμένου πρὸς αὐτόν, ἀνεχώρησεν ἔγκλημα κατεσκευακὼς τοῖς Ἀχαιοῖς, ὡς ἐν εἰρήνῃ πόλεμον ἐξενηνοχόσι. Καὶ δίκην ἔσχον ἐπὶ τούτῳ παρὰ Μαντινεῦσιν, ἣν Ἀράτου μὴ παρόντος Ἀρίστιππος εἷλε διώκων καὶ μνῶν ἐτιμήθη τριάκοντα. This whole incident seems to me to be more of a problem than hitherto realised: it has been treated already by Walbank 1933, 55f. and recently by Ager 1996, 39 (pp. 118f.), Magnetto 1997, 37 (pp.225-229) and Harter 1998, pp. 112-114 -the latter three having dealt with it because of the Mantinean judgement/arbitration- (with further bibl.). Let us consider the crucial facts a little more: Aratos had invaded the Argive territory with his very limited forces, found no support by Aristippos' subjects and then left apparently without any attack by Aristippos, who only prosecuted the Achaeans and their general because of declaring war during peace at a court run by the Mantineans. The tyrant was able to have Aratos condemned there to the nominal fine of thirty mnai. Why did Aristippos not try to attack the insufficient Achaean corps retreating? What encouraged and actually enabled him to sue the Achaeans at Mantineia? Harter (l.c.) admits that the realistic validity of such a reaction, otherwise unparalleled in the Greek world, could only be explained if a relevant stipulation had been included in the recent peace and alliance treaty having concluded the war between the Aetolians (and Gonatas) on the one part and the Achaeans on the other (cf. Hammond-Walbank 1988, 313). However, we know nothing about the clauses of this treaty (only known from Plut. *Arat.* 33), and especially Argos as a participant in the war and one of the signatories of the subsequent peace treaty is a mere hypothesis. Therefore an alternative interpretation might be that Aratos had attacked Argos during the ekecheiria of the Nemeia of 241 (shortly after Aristomachos I`s assassination): thus he would have certainly been able to approach Argos without difficulty and leave unmolested -as Aristippos and his own forces would have been equally obliged to respect the sacred truce- but have rendered himself liable to a respective punishment of his impious action. That the case was judged by Mantineia and not Argos (the organiser of the Nemeia) was probably due to the fact that Aristippos cleverly preferred in this case to hand over the judgement to a "third party". That Plutarch speaks here simply of "peace" (εἰρήνη) and not specifically of a "sacred truce" (σπονδαί, ἐκεχειρία) might be due to Aratos' own presentation of the incident in his memoirs: the Achaean general may well have given a garbled version (cf. Polyb. 2. 47 fin.) of an impious act. It is noteworthy that the Argives had already in the classical period a bad fame as manipulators

The confrontation of Aratos and Aristippos was only exacerbated in the sequel, continued in the form both of assassination plans of the tyrant and Gonatas against the troublesome Achaean and of new attacks of the latter against Argos.[33] A renewed attempt of Aratos to take Argos by-clearly insufficient-force failed again. The phlegmatic inactivity of Aristippos' subjects while Aratos was fighting, and even wounded, on their walls, elicits in Plutarch (probably again from Aratos' memoirs) the bitter comment that the Argives looked at the Achaean efforts in the cool, impartial way of spectators of the Nemeia, as though the case concerned a prize award and not their own freedom.[34] Obviously, the games regularly took place in the city of the Argives and seemed to represent a certain substitute for political action (an ever-present experience, I fear). We should not miss the deeper importance of this remark: Argos had become through the Nemeia an interstate centre in the Greek world, which undoubtedly added to the entertainment and prosperity of its whole population. Aratos might wisely be left outside the walls.[35]

Nevertheless, he was not the statesman to give up. In the next phase (probably in the spring of 235) he invaded the Argolid with a proper military force -in this and the previous case we hear no more of any arbitration or fine imposed- and lost again, this time at a set battle near the river Chares (most probably the otherwise known Charadros, the modern Xerias, in front of the ancient city).[36] The defeat, due to a loss of nerve on his part, blemished Aratos' strategic talent[37] but his political one sprang in to restore the ba-

of the defensive possibilities offered them by the ekecheiria of the Nemeia: Xen. *Hell.* 4. 7. 2-3. Of course, such a background would also better explain Aratos' later decision to found his counter-Argive Nemeia at Nemea (see below). More evidence could some day clarify this issue. On Aratos' possible antipathy towards the Mantineians as a result of the above episode cf. the remarks by McCaslin 1985-6, 85.

33. Plut. *Arat.* 25ff.

34. Plut. *Arat.* 27: ...οἱ μὲν Ἀργεῖοι, καθάπερ οὐχ ὑπὲρ τῆς ἐκείνων ἐλευθερίας τῆς μάχης οὔσης, ἀλλ' ὡς τὸν ἀγῶνα τῶν Νεμείων βραβεύοντες, ἴσοι καὶ δίκαιοι θεαταὶ καθῆντο τῶν γινομένων, πολλὴν ἡσυχίαν ἄγοντες.

35. Cf. Urban's 1979, 62f. remarks on the eventual (negative) expectations of the largest part of the Argive population from the "oligarchisch gelenkte(r) Achäerbund".

36. See esp. Walbank 1933, 60; Mitsos 1945, 80.

37. Cf. Walbank's judgement, *CAH*[2] VII.1 (1984), 447f.

lance. Kleonai was won over to the Achaeans and entered their league, regaining its *polis* status. An Achaean Kleonai now allowed Aratos to dispute the Argive control of the Nemeia. Thus the summer of 235 experienced an unprecedented rivalry not between athletes but between seats of athletic contests: with the respectful argument of restoring the traditional order of things, Aratos decided to celebrate the Nemeia at their original place, Nemea. At the same time the Argive Nemeia also took place. The unlucky athletes who participated in the latter, the counter-Nemeia in the Achaean view, and tried subsequently to get though the land controlled by the Achaeans were treated like enemies, captured and sold as slaves.[38] Plutarch comments on that with the remark that this was the first time that the traditional *asylia* of the participants in panhellenic contests was abolished, and concludes: "Such was his (:Aratos') fierce and inexorable hate of the tyrants".[39] If we recall the past of the Argive Nemeia we may understand the official justification of Aratos' harsh measure even better: they symbolized the Argive connection with Macedonia, while Nemea was not only a panhellenic holy place but also a cherished one in Aratos' and Achaean memories. Of course, all this did nothing but underline the determined ideological exploitation of a panhellenic institution, and as history has often shown, it would sooner or later naturally expose its initiator to a hard test of sincerity. How long would the uncompromised hate of the tyrants and the Nemean Nemeia last?

V. Of course, the feud with Aristippos could not be settled in a peaceful way. The tyrant tried to gain Kleonai back, Aratos was this time cleverer and more careful, Achaean Kleonai was saved, the attack from Argos repulsed and the retreating tyrant was killed (near Mycenae), while a large part of his troops met the same fate.[40] However, the social roots of the Argive tyrannis

38. Plut. *Arat.* 28. Walbank 1933, 61 remarked that "Aratos' behaviour is to be explained as sheer "Schrecklichkeit" induced by his exasperation at the continued resistance of the Argive people". However, it was also an ingenious ideological move to present the Achaeans as restorers of the original athletic- political order in connection with a Panhellenic festival.

39. ib. fin.: Οὕτω σφοδρὸς ἦν καὶ ἀπαραίτητος ἐν τῷ μισεῖν τοὺς τυράννους. Cf. also 10 (a picture of Aratos' character): ...πικρῶς μισοτύραννος...

40. Plut. *Arat.* 29.

and the support of Macedonia deprived Aratos once more of his goal: Aristomachos II succeeded his brother[41] with Macedonian aid.[42] Although we do not have information on what happened with the Nemeia in the immediately following years, it would be wrong to suppose that the double Nemeia appeared for the first and last time in 235.[43] Most probably, it was a question of prestige for both the Achaeans and Argos with Macedonian support to go on with the organization of rival games in the next years, with however great or small eventual participation of athletes in each case. On the other hand, the situation was gradually changing to the benefit of the Achaeans in the Peloponnese, although at the cost of some compromises: a series of tyrants in various Peloponnesian cities (as in Megalopolis and Orchomenos) preferred to desert a constantly waning Macedonian power after Gonatas' death and the weakness shown during the reign of his successor Demetrios II, while Aratos' Achaeans appeared more and more as the only counterweight possible to the dangerously reviving Spartan power of Agis IV and Kleomenes III. Through a neatly veiled ideological volte-face the Achaean League accepted the accommodation of resigned tyrants as citizens, even heads of democratic member cities inside its organization. Lydiades of Megalopolis set the example, changing with Aratos' consent from the role of the tyrant of his city to that of an Achaean general.[44] In 229 Aristomachos II followed the same course: Argos became Achaean after the ex-tyrant's bill of mercenaries had been agreed to be paid by the League.[45] Just one year later Aristomachos II was elected general of the Achaeans. Aratos' "old question"[46] with Argos had been finally solved in a diplomatic way.

41. Aristomachos II was a son of Aristomachos I as may be concluded from *IG* IV^2. 1, 621 B.

42. Plut., l.c.: ...τῶν περὶ Ἀγίαν καὶ τὸν νεώτερον Ἀριστόμαχον μετὰ δυνάμεως βασιλικῆς (:obviously troops of Demetrios II) παρεισπεσόντων καὶ κατασχόντων τὰ πράγματα.

43. Contra: Miller 2001, 99.

44. Plut. *Arat.* 30. Cf. Hammond-Walbank 1988, 330f. on how this accession was to prove a dubious gain for the Achaeans as it would intensify the anti-Spartan direction of their policy.

45. Plut. *Arat.* 35. Cf. Mitsos 1945, 83.

46. ib.: παλαιὰ ὑπόθεσις.

What happened with Kleonai and Nemea? A tantalizingly fragmentary inscription from Nemea[47] should contain the settlement between Kleonai and Argos right after the latter's entrance into the Achaean League. In the glimpses of its contents preserved we may recognize regulations on border questions and mediation procedures. It was again a matter of prestige for the Achaeans not to look uncaring towards the Kleonaians after the big brother of Argos had also entered the common net. Yet, the Nemeia were not granted back to their original seat. Some years later, in 225, as we shall presently see, they were celebrated at Argos. The reformed, ex-tyrannical Argos was allowed to keep the games for good. The Achaeans were obviously not blind to the advantages of a greater centre, better equipped with the necessary infrastructure (Nemea had e.g. never acquired a theatre),[48] for the organization of the Nemeia under their auspices. The ideological arguments of antiquity and freedom had been happily and respectively put to rest or superseded. In six years Aratos' Jacobinic enthusiasm had evaporated into solid *Realpolitik*.

VI. However, a breach in an existing, long venerated order of things, history tells us, never fails to find imitators of some sort. The Achaeans had violated the peaceful character of the Nemeia in 235 and perhaps thought that with the happy solution of an Achaean Argos and their final sanction of the Argive Nemeia the inviolability of their panhellenic Nemeia had been firmly restituted: they would discover after some years, however, that their example could still produce disciples.

In 225 BC Kleomenes III of Sparta, on the apex of his Peloponnesian ascendancy, saw his hope to establish formal control over the Achaean League as its *hegemon* through diplomatic means finally frustrated.[49] It was Aratos who had suggested to him this prospect, using it as a retarding manoeuvre until his new, unexpected ally, Doson's Macedonia, would be able to begin military action in the Peloponnese. The Achaeans had led the Spartan king

47. *SEG* 23. 178. Also in: Ager 1996, 44 (p. 132f.); Magnetto 1997, 41 (p. 252-6); Harter 1998, 4 (pp. 24-34, with detailed commentary).

48. Miller 2001, esp. 8f.

49. Plut. *Cleom.* 15, 17; *Arat.* 39 (on the difference between the testimonies of the two Vitae in respect to these negotiations: Will 1979, I. 379). Cf. Polyb. 2. 52. 2.

to believe that they would let him enter Argos during their *synodos* to take place there in the spring of 225 but Aratos finally succeeded in getting through a decree allowing Kleomenes only to enter the city alone after receiving hostages or meet the Achaean representatives outside it at the gymnasion known as Kyllarabion. The king retreated irritated, declared war on the Achaeans and devoted his efforts first to a tour of further conquests in Arcadia.While the Nemeia were approaching, rumours had come out that Kleomenes would try to take Sikyon or Corinth with the aid of a local fifth column. Worried by this information, the Achaeans strengthened their forces in these two big cities and, relaxed, moved to Argos to celebrate the Nemeia. Undoubtedly, they could not think of a Spartan military invasion of Argos during the festival. They were nastily surprised to see now their opponents present the same degree of respect for the peaceful character of the festival period as they had shown themselves in the past. Kleomenes seized the unique opportunity to find Argos, in Plutarch's words,[50] "full of the festival crowd and spectators", and take it by surprise. His troops appeared one morning on the hill of Aspis, just above the theatre of the city, and easily convinced the Argives and other Achaeans present that resistance had no meaning: with such a superimposed director there could be no choice of play. Argos accepted a Spartan garrison, delivered hostages and joined Kleomenes' alliance.

There can be no doubt that Kleomenes has also presented excuses or ideological reasons for his violation of the peaceful period and area of the games. It would have been impertinent (or politically incorrect) to refer to tyrants: an ironical note on Achaean policy was that Aristomachos II reappeared here as the Argive party having favoured the Spartan coup d'état at Argos.[51] Nevertheless, Aratos' understanding with the Macedonians, which long offered the stuff for discussions of political morality versus expediency in later authors,[52] can certainly not have remained unexploited by the new

50. *Cleom.* 17: ὄχλου πανηγυρικοῦ καὶ θεατῶν τὴν πόλιν γέμουσαν.

51. This sealed his end: Polyb. 2. 59-60; Plut. *Arat.* 44. See now for a balanced overall estimate of his policy: Paschidis 2008, 222-4.

52. The substance of the controversy was already alluded to in Polybios's record of this period, esp. 2. 51. 4; the subject was then analysed in Roman times esp. by Plut. *Arat.* 38 and *Cleom.* 16, and also later considered by Paus. 2. 8.6-9.2.

overlord of Argos. The conquest would not have been represented as liberation for the first (or last) time in Greek (or world) history. But nothing changed in the essence of things: the march of political aims and military force had crossed again the course of the panhellenic festival, and trampled on its spirit. We do not hear of any immediate negative reactions to Kleomenes' invasion of the Nemeia in 225. Plutarch's report concentrates on the positive impact of his success in subduing Argos, an old adversary of Sparta, in Greek public opinion. Anyway, it did not help him any more in attaining his bigger strategic aims than Aratos' temporary trick of the double Nemeia. After a little more than a year Antigonos Doson and Aratos recovered Argos; the reverse countdown for Kleomenes had begun.[53]

VII. From that time on the Nemeia, always taking place at Argos, seem to have acquired ever greater importance as a major event first in the common development of the Achaeans and Macedonia in the form of Doson's and Philip V's Hellenic League, and after 196 in the life of the Peloponnesian cities under Roman supervision. We know of Doson's attending the Nemeia at Argos in 222,[54] and Philip V visited them certainly more than once (there is evidence on the years 217[55] and 209,[56] in the latter case the king's presence at the games being interrupted for a short time to defend the north Peloponnesian coast against Roman raids). Both the seat of the games and their peaceful course were respected, war was valiantly kept far off.

There was an episode in 205, however, where the eventual function of the games as military showcase and the resurging feeling of Achaean self-confidence towards Macedonia turned up together. In that year, during Philopoimen's second strategia of the Achaeans (according to Errington's chronology),[57] the "last of the Hellenes" brought his Achaean phalanx to Argos. Shortly before, this Achaean army, reformed in the Macedonian way, had been able to defeat Machanidas at Mantineia.[58] In a sort of accom-

53. Polyb. 2. 53; Plut. *Cleom.* 20f.; *Arat.* 44. Cf. Mitsos 1945, 90.

54. Polyb. 2. 70. 4f. The games must have been postponed because of the war leading to Sellasia: Mitsos 1945, 94f. (n. 2); Walbank 1970², 289.

55. Polyb. 5. 101. 5-6.

56. Livy 27. 30. Cf. n. 18 above.

57. Errington 1969, 250.

58. Polyb. 11. 11-18; Plut. *Phil.* 10.

panying performance during the Nemeia, they paraded now their exact tactical manoeuvres in battle and impressed everyone with their appearance and skill.[59] When the competition of citharoedes was running, Philopoimen entered the theatre at their head, and their well-cared-for military dress, their chlamydes and red shoes, the youthful strength depicted in their figures and their discernible respect for their commander did not fail to produce a general feeling that the good old days of Greece could still come back. The audience immediately sensed a point in the verse from Timotheos' "Persians" just being performed and mentioning the "glorious, great jewel of *eleutheria* given to the Greeks": fiery applause and admiring looks were earned by general and soldiers. Kavafis would have certainly had no difficulty in being inspired by this scene that was again a magnificent illusion: both armies at Mantineia included "many mercenaries" according to Plutarch[60] and the year 205 experienced with the treaty of Phoinike a typical truce-peace in the Roman expansion to the east.[61] Philopoimen's model soldiers belonged rather to the entertainment and the backdrop of the games than to the real world of war and peace. Any inconvenient Ares was cheaply exorcised at this panhellenic contest.

It is noteworthy that Flamininus, the best Roman student of Greek interstate habits, decided later to repeat his Isthmian liberation performance of the Greek cities at the Nemeia of 195:[62] it was a proclamation of Greek polis liberty and peace inside the gradually emerging Roman hegemony. War and peace acquired a new sense centred now on Rome and its interests. As in all other panhellenic sanctuaries there could be from now on only room for peace, but peace meticulously served as *pax Romana*.

VIII. Let us draw some brief conclusions. Every panhellenic festival naturally lent itself to political exploitation in the service of its organiser(s), and the Nemeia of the Hellenistic period could be no exception. The fact that the games were moved in this particular case to one of the big cities of

59. Plut. *Phil.* 11. Cf. Errington 1969, 75f.

60. This emerges also from Polybios' report (cf. n. 58).

61. Cf. Hammond's phrase in Hammond-Walbank 1988, 409: "Rome and Macedonia were immediate neighbours under the peace, and that did not make for real détente".

62. Livy 34. 41. 1-4; Plut. *Flam.* 12. Cf. Mitsos 110.

Greece, Argos, facilitated and strengthened this tendency. Rival ambitions and claims crossed the way of the Hellenistic Argive Nemeia, and their peace was violated in the Achaean example of 235 and the Spartan one of 225, where the priorities set by expanding Peloponnesian powers were amply demonstrated and kept even against any revered tradition. If one takes into account especially the above factor of the placement of the games inside an important city of Greece and their relatively frequent (trieteric) occurrence, it is rather a surprise that no more such violations happened. The relative stability of Argos first under Macedonian and later under Achaean or Achaean-Macedonian protection was the main reason for that rarity of transgressions of the peace of the games. On the other hand, any panhellenic festival was an integral part of the whole Greek life, where both war and peace had their equally traditional place, and even in peace the allusions to and the reasonings of war could not be absent. After all, they were innerly related to the spirit of *agon* itself that permeated the Greek way of thinking and acting.[63]

Acknowledgments

Jim Roy kindly revised my original text and saved me from linguistic and factual errors. The discussion with Stephen Miller both during the colloquium and at Nemea has helped me see more precisely various points. Of course, I remain solely responsible for the final result.

63. One should recall that it was J. Burckhardt, *Griechische Kulturgeschichte* (Hrsg. J. Deri), I-IV, Berlin 1898-1902 (esp. I. 313, 319f.; III. 14; IV. 89ff.) who first not only highlighted the Greek agonistic spirit but also pointed to both sides of it, the positive and the negative one; cf. K. Christ, *Von Gibbon zu Rostovtzeff,* Darmstadt 1972, 143f. On Burckhardt's concept of the later archaic period of ancient Greek history as an "agonistic age" and its probable Swiss inspiration see also recently O. Murray, "Burckhardt and the Archaic Age", in: L. Burckhardt/H.-J. Gehrke (Hrsg.), *Jacob Burckhardt und die Griechen,* Basel 2006, esp. 256-61.

Bibliography

(The abbreviations of sources follow the system of *OCD*[3], while the system of *L'Année Philologique* has been used for periodicals)

AGER, S.L. 1996, *Interstate Arbitrations in the Greek World, 337-90 B.C.*, Berkeley.

AMANDRY, P. 1980, "Sur les concours argiens", in *Études Argiennes* (*BCH*, Suppl. VI), Paris, 211-253 (esp. 226-9, 244-50).

BERVE, H. 1967, *Die Tyrannis bei den Griechen*, München.

CHARNEUX, P. 1956, "Inscriptions d'Argos", *BCH* 80, 598-618.

id. 1990, "En relisant les décrets argiens (I)", *BCH* 114, 395-415.

id. 1991, " En relisant les décrets argiens (II)", *BCH* 115, 297-323.

ERRINGTON, R.M. 1969, *Philopoemen*, Oxford.

id. 1977, "Diodorus Siculus and the Chronology of the Early Diadochoi, 320-311 B.C.", *Hermes* 105, 478-504.

HAMMOND, N.G.L., WALBANK, F.W. 1988, *A History of Macedonia, III: 336-176 B.C.*, Oxford.

HANELL, K. "Nemea" (4: Spiele), *RE* XVI.B (1935), 2322-7.

HARTER-UIBOPUU, K. 1998, *Das zwischenstaatliche Schiedsverfahren im Achäischen Koinon*, Köln.

LANDUCCI GATTINONI, F. 2003, *L'arte del potere. Vita e opere di Cassandro di Macedonia*, Stuttgart.

ead. 2006, "Argo post-classica: dalla democrazia alla tirannide", in C. Bearzot – F. Landucci Gattinoni (a cura di), *Argo. Una democrazia diversa. Vita e pensiero*, Milano, 311-337.

MCCASLIN, D.E. 1985-6, "Polybius, Phylarchus, and the Mantineian Tragedy of 223 B.C.", *Archaiognosia* 4, 77-101.

MAGNETTO, A. 1997, *Gli arbitrati interstatali greci, II (dal 337 al 196 A.C.)*, Pisa.

MANDEL, J. 1979, "À propos d'une dynastie de tyrans à Argos", *Athenaeum* 57, 293-307.

MIGEOTTE, L. 1984, *L' emprunt public dans les cités grecques*, Québec/Paris.

MILLER, ST. 1989, "Nemea and the Nemean Games", in Ol. Tzachou-Alexandri (ed.), *Mind and Body. Athletic Contests in Ancient Greece*, Athens, 89-96.

id. (with contributions by R.C. Knapp & D. Chamberlain) 2001, *Excavations at Nemea, II. The Early Hellenistic Stadium*, Berkeley.

MITSOS, M. 1945, *Πολιτική ιστορία του Άργους από του τέλους του Πελοποννησιακού Πολέμου μέχρι του έτους 146 π.Χ.*, Αθήνα.

MORETTI, L. 1967, *Iscrizioni storiche ellenistiche*, I, Firenze.

PASCHIDIS, P. 2008, *Between City and King. Prosopographical Studies on the Intermediaries Between the Cities of the Greek Mainland and the Aegean and the Royal Courts in the Hellenistic Period (322-190 BC)*, Athens.

PERLMAN, P. 2000, *City and Sanctuary in Ancient Greece. The* Theorodokia *in the Peloponnese*, Göttingen.

PIÉRART, M. 1982, "Argos, Cléonai et le koinon des Arcadiens", *BCH* 106, 119-38.

PIÉRART, M., THALMANN, J.-P. 1980, "Nouvelles inscriptions argiennes, (I)", in *Études Argiennes* (BCH, Suppl. VI), Paris, 255-78 (esp. 261-9).

STROUD, R. 1984, "An Argive Decree from Nemea Concerning Aspendos", *Hesperia* 53, 193-216.

URBAN, R. 1979, *Wachstum und Krise des Achäischen Bundes. Quellenstudien zur Entwicklung des Bundes von 280 bis 222 v. Chr.*, Wiesbaden.

VALAVANIS, P. 2004, *Ιερά και αγώνες στην Αρχαία Ελλάδα*, Αθήνα.

WALBANK, F.W. 1933, *Aratos of Sicyon*, Cambridge.

id. 1970, *A Historical Commentary on Polybius, I²*, Oxford.

WHEATLEY, P. 1998, "The Chronology of the Third Diadoch War, 315-311 B.C.", *Phoenix* 52, 257-81.

WILL, ÉD. 1979, *Histoire politique du monde hellénistique, I-II*, Nancy.

Περιληψη

Οι πανελλήνιοι αγώνες των Νεμέων/Νεμείων και η εξέλιξή τους στην ελληνιστική περίοδο αποτελούν ένα πολύ ενδιαφέρον παράδειγμα της φυσικής όσο και κάποτε προβληματικής σύνδεσης ενός πανελλήνιου αγώνα με τις πολιτικές σκοπιμότητες των διοργανωτών και υποστηρικτών του. Τα διαθέσιμα στοιχεία καθιστούν πολύ πιθανή την (οριστική) ανάληψη της διεξαγωγής των Νεμέων από το Άργος με την υποστήριξη της Μακεδονίας στα χρόνια του Πολυπέρχοντα και του Κασσάνδρου, ενώ η μεταφορά των αγώνων στο Άργος μπορεί ν' αναχθεί σε εύλογο σχεδιασμό της τυραννικής οικογένειας του Αριστίππου Ι και της οικογένειάς του (στα χρόνια μετά το 270 π.Χ.). Η προσωπική πάλι σύνδεση της πολιτικής ανάδειξης του Αράτου με την περιοχή των Κλεωνών και το Άργος οδήγησε, στα πλαίσια δράσης της Αχαϊκής Συμπολιτείας, στον γεωγραφικό διχασμό των Νεμέων μεταξύ της παλιάς και της νέας τους έδρας και τη μεταβολή των δύο αυτών ανταγωνιστικών περιοχών διεξαγωγής των αγώνων σε ζώνη πολεμικής έντασης (235 π.Χ.), ενώ παρόμοια παραβίαση του ειρηνικού αθλητικού πνεύματος για πολιτικές σκοπιμότητες προήλθε αργότερα από την πολιτική πελοποννησιακής ηγεμονίας της Σπάρτης του Κλεομένη Γ΄ και την εκμετάλλευση των Νεμέων για την κατάληψη του Άργους απ' τα στρατεύματά του (225 π.Χ.). Πολιτικοί και αθλητικοί αγώνες γνώρισαν έτσι και στην περίπτωση των Νεμέων μια αξιοπρόσεκτη διαπλοκή, κάτι τελικά διόλου περίεργο στα πλαίσια της όλης αρχαίας ελληνικής αντίληψης περί αγωνιστικού πνεύματος.

Panhellenism and the Temple of Zeus

WENDY J. RASCHKE

THE SCULPTURES of the temple of Zeus at Olympia, have been commonly interpreted as reflective of the agonistic activity of the Olympic Games. The subject of the East pediment recalls the story of the games' foundation, the race between Pelops and Oinomaos. The relevance of the West pediment, which portrays the Lapiths and Centaurs, is less easily perceived, but the two pediments have in common the notion of struggle. The mythical labours of the hero Herakles, depicted in the metopes, have obvious resonances for the competitive spirit, and Herakles became a hero to athletes. All this is well established.

At least one scholar has detected geographical considerations in the placement of the metopes, designed so that the visitor from elsewhere in Greece could find "something that he could call his own".[1] If indeed the metopes function as a welcome to all Greeks, it would be expected that other aspects of the sculptural scheme would provide similar ideological statements in the interests of programmatic consistency. I want to suggest that the pediments, in particular, are concerned not only with conflict, but with conflict resolution;[2] that the major theme in both pediments is marriage and that it symbolizes a sense of identity and unity among the Greek poleis.

1. Quoted from Holloway 1967, 100. Holloway links the pediments and metopes in their location on the temple, and sees a connection with the geographical sites of the myths represented. Morgan 1993, 37 cannot envisage any systematic form of panhellenism prior to the eighth century B. C.

2. In contradistinction to Osborne (1994, 57), who envisages the building as a "vast monument to the conquest of Elis of the area around the temple and the uniting of the whole north-western Peloponnese under their political leadership." This line of argument is also pursued by Kyrieleis (1997, 24), who believes that the focus of the East pediment is upon Pelops as an assertion of the right of Elis to rule the area. The idea of conflict resolution is hinted at, but not developed, by Gardiner in his discussion of the pediments (1973, 256). Marriage is acknowledged as an important part of the *dike* theme and its degradation an affront to Zeus by Stewart 1993, 143; cf. Tersini 1987, 152ff.

The sculpture will be examined in the context of other cultural themes and ideas in the years after the Persian Wars, the period in which the temple of Zeus was built (470-457). I shall deal first with the literary evidence; next, I shall revisit the sculpture itself and contemporary artistic trends; finally, I shall offer some reasons why the idea of marriage may have been a particularly apposite choice at Olympia as a metaphor for national unity.

The literary evidence

In Greek literature from Homer onwards there exists a tradition for the use of marriage as an image for the establishment of peace. In the *Iliad* (18.490ff.) the shield of Achilles depicts two cities: in one there is a peaceful atmosphere and brides are being escorted by torchlight from their homes through the streets to the accompaniment of wedding songs; the second city is under siege and the imagery of war is dominant. In the *Odyssey* weddings mark the distinction between civilized and uncivilized behaviour: the potential wedding of Penelope embodied by the suitors in Odysseus' house would bring disaster to the household, robbing Telemachus of his position and wealth. By contrast, the weddings portrayed in the house of Menelaus (4.1-19) reveal the marriage rite as it should be, a source of celebration and hope for the future and the unification of two joyful family groups.[3]

This positive reading of marriage appears also in the post-Hesiodic *Aspis*. The poem, probably of the later 7th century, centres on the story of Herakles' conflict with Cycnus. Cycnus, son of Ares, was a violent robber who preyed upon pilgrims travelling to Delphi; Apollo sent Herakles against him (line 69). The defeat of Cycnus by Herakles, who thereby achieved peace and security for men and gods, serves as a framework for representing the horror of war and mortal combat.[4]

3. During the conference in which this paper was presented it was asserted that Phaeacia was disinclined to war. The positive image of marriage conveyed by Homer soon after Odysseus' arrival in Phaeacia (*Od.* 6.180-185) may perhaps be connected with the Phaeacian preference for joyful pursuits.

4. Discussion of the *Aspis* in Fraenkel 1973, 108-112, esp. 110. The struggle is illustrated in a terracotta statue of Herakles and Cycnus made at Corinth ca. 490 and transferred to Olympia. It was part of a group which included Athena and possibly also Ares, cf. Drees 1968, 132 and n. 22.

As in its Homeric predecessor, the *Aspis* (as the name indicates) contains a description of the shield fashioned for the hero by Hephaestus. Whereas Homer's *ekphrasis* in *Iliad* (18) represents the whole world and life of man, the post-Hesiodic version is focussed on war. But two additional images similar to those of Homer depict a city under attack *versus* a city at peace. The peaceful depiction again involves the celebration of marriage (brides) as well as sport and play (270-313). Furthermore, in contrast to the war gods Ares and Athena, Apollo is there playing his lyre. As in the west pediment at Olympia, he represents calm and civility, as opposed to war and struggle.[5]

That the fruits of peace and peaceful coexistence include sexuality and marriage is abundantly clear in the "peace" plays of the fifth-century Athenian playwright Aristophanes. In the *Peace* (421 B.C.) after the figure of Peace is drawn out of the well and returned to Greece, preparations are made for her wedding to Trygaios.

In the *Birds* (414 B.C.), after the creation of Cloudcuckooland, mankind has decided that he wants wings. Visitors arrive, a poet and informer, and Prometheus, who advises Pisthetairos to make harsh terms with the gods, who are currently suffering from a food shortage, and to demand Zeus' daughter Basileia as his wife. Poseidon, Herakles and a god of the Triballions come from the gods as ambassadors and, thanks to the greed of Herakles, Pisthetairos acquires the kingdom in the form of the girl Basileia. Winning sovereignty and winning a wife are one and the same. Wedding preparations are made. In the wedding hymn (lines 1734-42) there is reference to the marriage of Zeus and Hera, the ultimate representatives (though not always a virtuous one) of the marital bond.

Similarly in the closing scenes of *Lysistrata* (411 B.C.) the lead character scolds both Athens and Sparta and urges reconciliation. The play ends in a banquet and procession of Athenians and Spartans, *each man with his wife*. What all these literary examples have in common is that they offer in contrast to war and strife a vision of peace and its benefits, most prominent of which is marriage and family life. Thus in the mind of the writer marriage and the attainment of one's goal, here peace, are synonymous.

The subject appears in one of the metopes of the Athenian Treasury at Delphi, cf. Richter 1970, 43 and fig. 132.

5. Fraenkel 1973, note 4, 110-111.

Linguistically, Greek facilitates the association of the conjugal bond with friendly political relations. The term ζεῦγος (and its cognate verb ζεύγνυμι) signifies the "yoking" of political and marital partners as well as of animals and chariots. Soon after the Persian Wars Aeschylus took advantage of the variety of meanings in his *Persai*: the term provided a ready made symbol for Persian aristocracy in Xerxes' "yoking" of the Hellespont by means of a pontoon bridge (130, 722, and 736); it also refers to political subjugation (49-50 and 591ff.). Other extensions occur, as in the "yoke of marriage" (135), where the Persian wives, whose husbands have gone to war, are described as "left all alone in the yoke" (μονόζυξ). Note here that the epithet ζύγια is attached to Hera in her capacity as patron of marriage by the time of Apollonius Rhodius (IV.96); and in the chariot metaphor in the Queen's dream (191-6), again a political context, in which Greece and Asia are yoked as an unnatural pair.[6] This image of political entities yoked as a chariot team should be kept in mind for subsequent consideration. Aeschylus' employment of the metaphor in *Persai*, which can likely be dated to 472 B.C., will be of particular significance for our discussion. Shortly thereafter in 470 work was begun on the temple of Zeus, to which we now turn.

The Temple of Zeus at Olympia

The temple of Zeus was clearly the focal point of the sanctuary in the fifth century. One scholar has described it as "a showpiece, as the squeezing in a generation later of an ill-fitting statue of such conspicuous splendour indicates".[7] As such, it was a page upon which the designers could plan to write a variety of "messages". Much scholarly ink has been expended on the interpretation of the sculpture; as indicated earlier, most experts agree that the pedimental themes involve legends which have appropriate resonances: the race between Pelops

6. For the "bridging" of an area of water cf. Hdt.1.206 : *potamon zeuxai*; and of the Hellespont cf. *idem*, 7.33. For examination of Aeschylus' use in the *Persai*, see Michelini 1982, 80-85. Particularly noteworthy is the idea of the bridge as means of "taming" water (84-5), precisely as Greeks thought of marriage as taming a young woman. The notion of two political entities yoked as an unnatural pair appears again in Plutarch, *Cimon* 16.8, where Cimon is quoted as exhorting the Athenians "not to suffer Hellas ... to be robbed of its yoke-fellow"(Sparta). (I am grateful to Prof. Nino Luraghi for this reference).

7. Arafat 1995, 469.

and Oinomaos in the East, and the struggle between Lapiths and Centaurs on the West (*figs.1, 2*), are seen as germane to the agonistic atmosphere of the Olympian Games. Competition and physical exertion are key.[8] Beyond these established conclusions, however, one can observe that the pediments are linked thematically, in that both concern the resolution of conflict and marriage.

The West Pediment

In the West pediment the Northern Greek Peirithous confronts the untamed bestiality of the drunken Centaurs on the day of his wedding. The story as illustrated is well known, but it is a conflated version of two earlier though causally related myths. Originally the battle between the Lapiths and the Centaurs took place in the countryside between fully armed enemies and was subsequent to the wedding of Peirithous. The conjunction came only in the artistic monuments of the fifth century, which place greater emphasis upon the marriage theme and combine it with a message about appropriate behaviour and the laws of hospitality, laws overseen by Zeus;[9] together these institutions, which have historically been so fundamental to the *polis*, now become emblematic of a society threatened by barbarians from outside and therefore by implication a clarion call to Greek unity.

That the modifications in the story were consciously made is clear from a later application in the temple of Apollo at Bassae, whose sanctuary was particularly designated for soldiers. The same subject is treated in the frieze, but the Centaurs are armed and the focus is firmly upon the battle.[10]

Furthermore, in the sixth-century version a significant moment in the action is the bludgeoning of Kaineus into the ground. This element is missing from the West pediment at Olympia. It has been suggested (1) that it was impossible to incorporate it into an indoor scene (the feast); (2) that the lack of a frieze on the Zeus temple forced the designers to create artistic unity by conflating elements of the original story; or (3) that the reason lies in a common source for

8. So Osborne 1994, 60-62, and many scholars.

9. See *inter alia* the analysis of Cohen 1983, 171-192., esp. 172. Also, in relation to the Parthenon, Blundell 1998, 47-70, esp. 58 and n. 20; Tersini 1987, 153.

10. Cf. Osborne 1994, 77-79.

the pedimental scheme and for some contemporary vase-paintings in the mural by Mikon in the Theseion at Athens.[11] It may also have been because of Kaineus' dubious reputation: originally a woman, he had suffered rape and prayed to become a man, only (according to Virgil) to be returned to his feminine state in the Underworld. Perhaps this was not an appropriate message, if in fact, as I would suggest, the emphasis was to be the discouragement of internecine strife and the unifying force of marriage under the protection of the god Apollo.[12] Apollo is a quintessentially Greek god who has widespread responsibility for the introduction of young adults to society and, as such, receives the first hair cut at the completion of initiation (Hes. *Theog.* 347). He is most appropriate as the protector of a rite of passage, here marriage, and in this context is seen as a calming influence, a discouragement to belligerent behaviour. The fact that Apollo appears to be pointing "where to strike", does not need to imply aggression; he is simply taking control of the situation.[13]

Peirithous is supported in his battle by his friend, Theseus. The importance of Theseus in the original context of this scene, namely, the mural by Mikon in the Athenian Theseion, is clear. In the early fifth century Theseus replaced the Peisitratid favourite Herakles as the popular hero on Athenian monuments.[14] Reputed to be the originator of Attic *synoikismos*, Theseus provides a further symbol of unity, now transposed from a local to a national environment.

There seems to be a further Athenian allusion in this pediment. As Yalouris saw, the figure of Theseus is represented in the pose in which he appears in virtually contemporary vases by the Niobid Painter (460) and the Painter of the Woolly Satyrs (450) (*figs. 3,4*).[15] What he apparently did not observe is that the

11. Cohen 1983, 172-175 and notes; cf. Blundell 1998, 58 and n. 20.

12. Though some scholars see a connection between rape and marriage: Clark 1983, 14; cf. Devereux 1965, 3-25, esp. 10, and *contra* Hansen 2000, 34-35, cited by Davidson 2003, n.1. See also Sourvinou-Inwood 1987, 131-153, and Seaford 1987, 106-130, noted by Clark (*supra*). The rape /marriage link is seen very obviously in the early Roman Rape of the Sabines and later accounts of it, e.g., Livy 1.11-13; Plutarch *Rom.* 15 and 19; Ov. *Ars Am.* I. 127ff.

13. Quoted from Tersini 1987, 146-7, who finds no tradition for Apollo's actual participation in the battle.

14. Barron 1972, 20-21.

15. Yalouris in Ashmole –Yalouris 1967, 180 and figs. 20.2; Stewart (1990, 136) discusses the alleged "democratic" feeling of the Severe style, of which Olympia represents the peak. Stewart sees this style as "the product of a very non-democratic environment" at Athens but "panhel-

pose of Theseus is also very reminiscent of that of Harmodius in the second Tyrannicide group (*fig. 5*), created for the Athenian Agora in 477 to replace the original plundered in the Persian Wars. Moreover a vase by the Nekyia Painter (440) (*fig. 6*) shows Peirithous in the pose of Aristogeiton, striding forward with cloak over arm.[16] The name Aristogeiton has some relevance in our context. One scholar has indicated the political importance of the Athenian location of the group, close to the Panathenaic Way and the site of the athletic games of the Panathenaia, the festival at which the assassination took place.[17] Now the easily recognizable poses (which Aristophanes subsequently expected his audience to recall)[18] are transposed to another major festival at Olympia. If Barron is right in hypothesizing that the sculptor of the West pediment was a kinsman of Pheidias' pupil Alkamenes, the Athenian influence is fundamental.[19] Furthermore, the strength of the desire to link the temple directly with the Olympic festival of 456 may have been responsible for the unfinished state of some of its sculpture.[20]

Theseus has points of contact also to Herakles. Like him, he undertook labours. These appear in the decorative scheme of the Athenian treasury at Delphi and on the Hephaistion, both architectural endeavours belonging to the evolving Athenian democracy. Herakles' labours are, of course, the subject of the metopes at Olympia. The significance of Herakles here is due not only to his physical accomplishments, an inspiration to Olympic competitors, but to the fact that he is the Greek hero *par excellence*. He is a symbol of Greek identity. This can be illustrated by the story that Alexander I and later Philip were allowed to participate in the Panhellenic Games because they claimed descent

lenic" in character. Fittingly, Stewart's earlier discussion of the Olympia sculptures (p. 80) describes Oinomaos as "tyrannical and vain", unlike the modest Pelops, who is portrayed with lowered head.

16. Vienna, Kunsthistorisches Museum, ARV^2 1087.2 = Ashmole -Yalouris 1967, fig. 22; but Yalouris does not make the connection. Cohen 1983, 183 sees the analogy in discussing the Hephaistion frieze. It is interesting how the fundamentally Athenian hero Theseus appears to reinforce fifth-century Athenian political ideals at Olympia.

17. Ajootian 1998, 8-13.

18. Ar. *Lys.* 631-4; the stage direction indicates that the performers should assume the pose of the tyrannicides; cf. Ajootian 1998, 10; commentary in Henderson *ad loc.* on the scholia here quoted and on Aristophanes' use of Harmodius in other plays (*Eq.* 786-7 and *Vesp.* 1224ff.) to characterize popular leaders and their supporters.

19. Barron 1984, 199-211.

20. So Rehak 1998, 193-208, esp. 203.

from Herakles.[21] The legends portrayed in the pediments are familiar to us, and in each case the action is overseen by a god protecting the righteous cause.

The East Pediment

In the East pediment (*fig. 1*) Pelops, Lydian by birth, prepares to race Oinomaos for the hand of Hippodameia and the kingdom of Elis. Note that the geographical sensitivity of the group is signalled by the presence of the local rivers in the corners of the pediment embracing the action, as Olympia embraces Greeks who come from all corners of the Hellenic world to compete.[22] Oinomaos has already despatched thirteen suitors in his endeavour to save his life and his kingdom. Pelops, whether by guile or by the assistance of his lover Poseidon, as Pindar asserts, won the contest and the hand of Hippodameia.[23] His success was subsequently celebrated by his establishment of the Olympic Games, and Hippodameia's joy led to the institution of the games for Hera (Heraia).

Of course, on the surface we have the aetiological myth of the foundation of the Olympic Games by Pelops as a celebration of his victory. But the scene as we see it offers more: first, Oinomaos, father of the bride to be, Hippodameia, is the son of the war god Ares; he is known to have made sacrifice to Zeus Areios before the start of the race, but his prayers for victory were not answered and he lost. What does this suggest? We know that he was fated to die at the

21. Cf. Sansone 2004, 171. The connection of the royal house of Macedon to Herakles is via Temenus of Argos, a Heraclid. On Philip, see Dem. *Phil.* 3.31.119-132; Demosthenes is at pains to show Philip as "not only not a Greek nor related to the Greeks, but even a barbarian from any place that can be named with humour". For Alexander's reception as a Greek at the Olympic games, see Hdt. 5.22 and discussion by Badian (1994, 119-20 and nn.13-14).

22. Hurwit '1987, 12, similarly identifies not only the figure N (as commonly) but also the figure L in the standard labelling of the pediments as two seers who "would neatly bracket virtually the entire pedimental composition, and so personify the inevitability and closure of fate and the *dike* of Zeus".

23. The Pindaric reading, which displays the violence of Pelops as opposed to that of Oinomaos, was only one variation current in the fifth century. The other, and more familiar, version features treachery, bribery and lust (recounted by Hurwit 1987, 7); cf. Davidson 2003, 101. More generally on the story: Hansen 2000, 19-40. On Pindar, as a source, see Stewart 1983, 133-144.

hands of his son-in-law, and that he tried to avoid this fate by devising the race for his daughter's suitors. He was therefore hubristic and acting contrary to his destiny. Eventually he would suffer the consequences. However, there is surely a further lesson here, that warlike elements are being consciously discouraged, even as it was illegal to carry weapons in the Olympic sanctuary.[24]

It is interesting to note that the truce of Iphitos, perhaps to be dated to the mid seventh century B.C., is reflected in a statue described by Pausanias:

> As you go through the bronze doors it is Iphitos crowned
> with a wreath by a woman called Truce who is standing
> in front of a pillar to your right, as the couplet tells you.[25]

Iphitos' truce (Ekecheiria) established peace between the peoples of Pisa and Elis and led to shared responsibility for the Olympic festival. Moreover, the original truce, engraved on a diskos, was kept in the Heraion, that is, under the auspices of Hera.[26] The association with Hera is significant, as we shall see.

The Throne of Zeus at Olympia

In Book 5 (11.1ff.) Pausanias describes the throne which supports the cult statue of Zeus made by Phidias. Three major areas of human experience can be identified in Pausanias' narrative: nature and fertility, war, and family life. The description opens with a sense of the burgeoning of Nature: on the head of the Zeus statue is a wreath "like twigs and leaves of olive".[27] The victory on his right hand is similarly wreathed, and in his left hand he carries "a staff in bloom". His cloak is inlaid with animals and flowering lilies. Animals also decorate the feet of the throne, and the four Victories which "dance on the four feet of the throne" are reminiscent of both victory in competition and of festive celebration. On the two forward feet children are the focus, a common ancient motif in contexts of peace and fertility.

24. Gardiner 1973, 50 and 73 suggested that Zeus was a war god at Olympia and that his festival was in its very essence an *ekecheiria*, a staying of hands from fighting and killing.

25. Pausanias 5.10.

26. On Iphitos' diskos, see Siewert 2002, 359-370, esp. 363 and nn. 26-28.

27. The translations of Pausanias are those of Levi 1988.

Some elements of the decorative scheme of the throne echo that of the temple itself. The labours of Herakles, for example, the Amazons, the Atlas and the Hesperides episode, and the Nemean lion, appear also in the metopes. However, Pausanias focuses upon the Amazons in three places: in section 4 in relation to Herakles, in section 6 in regard to Achilles and Penthesilea, and in section 7 in relation to Theseus on the footstool of the throne. In the last of these he makes his interpretation clear: Theseus fighting the Amazons is "the first Athenian act of valour outside civil war". Evidently, these are not simply myths used as decorative motifs; rather they carry strong political and social resonances for the viewer.

This is similarly true in an earlier section (5), where, in describing the barriers of the throne Pausanias states: " Theseus and Peirithous are there, and Greece and Salamis with the decorations of a ship's prow in her hand...". As in the West pediment of the temple, so on the throne of Zeus Theseus and Peirithous are inextricably entwined with ideas of external threat to Greece, and specifically with the Persian Wars.

Remarkable, too, is the account of the platform of the statue in section 8. In it Pausanias builds an image of the universe, beginning with the sun's chariot and the leading gods, Zeus and Hera, who also represent the matrimonial bond. A break in the text may conceal references to Hephaestus, Dionysus, or Ares, but the text resumes with Hermes, the god who oversees transitions in life. There follows Hestia, the focal point of the home, and then the gods associated with marriage and sexual love, namely, Eros, Aphrodite, and Peitho (*Persuasion*).

On the appropriateness of marriage as metaphor

Generally in post Persian War architectural decorative schemes the mythological subject matter chosen offers a variety of levels of interpretation, most often referencing both the aetiological traditions and the activities of the contemporary society. This can be seen most readily in the sculptures of the Parthenon and the Temple of Athena Nike at Athens. How then does a focus on marriage as well as contest fit into the activities at Olympia?

First, leaving aside the controversy over the Heraion and the priority of Hera or Zeus in the early period, by the fifth century B.C. both Zeus and Hera are represented in the sanctuary.[28] Zeus and Hera epitomize the married couple, and they and their *hieros gamos* are celebrated abundantly throughout Greece. They bear the titles *Teleios* and *Teleia* respectively and in this form are associated with and are patrons of the matrimonial rite and physical maturity.[29] Diodorus (5.73) speaks of them as receiving the preliminary sacrifices of marriage and they are mentioned in Plutarch (*Quaest. Rom*.2) as its protectors.

Second, the games for Hera (Heraia) were, as noted earlier, created by Hippodameia in thanks for her marriage to Pelops. What we know of these games suggests that they were initiatory in character and some kind of preparation for marriage. The young women were grouped by age, and those nearing the age of marriage were dressed more discreetly than the younger competitors. It has been suggested that the Heraia were held prior to the Olympic games to facilitate young girls and women travelling to the site with their families.[30] We also know that by law only unmarried girls were admitted to the men's games (with the exception of the priestess of Demeter Chamyne).[31] Certainly this was a splendid opportunity for a father to find a suitable husband for his eligible daughter. Furthermore, the archeological evidence of dedications of jewellery at Olympia as early as the eighth century are "exactly the sort of personal possession that one would expect to be offered, especially by women, to mark personal events or life crises like birth, marriage and death".[32]

The association of athletes and sexuality has been observed in earlier scholarship: Pindar in Olympian X points to the erotic response elicited in the spectators at the athlete's moment of victory and the secret desire of the young

28. A critical survey of the evidence for and against the existence of a cult of Hera at Olympia in the pre-fifth century period is offered by Moustaka (2002, 199-205). Moustaka notes the focus on family implicit in the house models from sanctuaries of Hera at Perachora, Argos, and Samos. None have been found at Olympia. She concludes that there is no evidence for a cult of Hera at Olympia before the fifth century. On the other hand, see below the evidence adduced by Morgan regarding finds of jewellery at Olympia. Though not definitive proof, this is highly suggestive of a cult oriented towards the needs of women. See also Scanlon 2008 who argues for a presence of the Hera cult at Olympia from at least 600 B.C.

29. See Salviat 1964, 647-654, esp. 651.

30. Cf. Scanlon 2002, 117; Barringer, 2005, 231.

31. Ibid. 109, citing a suggestion by Weniger (1905, 1-38) that the privilege was compensation for the loss of her sanctuary.

32. So Morgan 1993, 24-25.

maidens to have him as their husband. Pindar employs marriage terminology in describing the athlete and his triumph: the athlete Telesikrates leads his triumph home in a marriage procession (71-75); and his ancestor Alexidamos is portrayed as claiming his future wife in a ceremony which combines wedding and victory celebrations.[33]

Third, in the East pediment Hippodameia, one of the central figures of the composition, is represented performing the unveiling gesture (*anakalupsis*) which indicates a bride (*fig.7a*). This gesture is commonly associated with Hera: compare, for example, the East frieze of the Parthenon, where to the left of the central "peplos" panel, Hera unveils herself to Zeus. We are reminded of how fundamental to the society of the ancient polis the marriage bond was.[34] A similar and contemporary scene appears in a relief from Temple E at Selinus from about 470 B.C.(*fig. 7b*).[35]

Here then, at Olympia, where Hera is the object of cult at least by the fifth century, and is celebrated by the games of the Heraia, the East pediment of the most spectacular temple portrays one of the foundation myths *and* draws our attention to the bride in the traditional pose of Hera.

Moreover, the name of the bride is significant: the notion of "tamer of horses" is associated with Hera, tamer of spouses and heroes.[36] Hera as *Teleia* brings individuals to their *telos* – be it marriage (for the young woman) or death (for the hero). Her methods include "yoking" and thus associate her with chariots and chariot-racing (and the *telos* of the course). This is consistent with representations of the Pelops-Hippodameia story in vase-painting, which often show Hippodameia already in Pelops' chariot before the race begins, as if she were the object of rape, to modern minds a violent and uncivilized way of procuring a mate, but, in myth, as we have observed, not infrequently associated with marriage.[37] The resistance of some young girls to marriage may be in-

33. On this, Steiner 1998, 140-41 and scholarship there cited; cf. idem 2001, 223ff.

34. Salviat 1964, 51; Blundell 1998, 47-70 *passim.*

35. Museo Nazionale, Palermo: Richter 1970, fig. 440; Stewart 1990, pl. 259.

36. O'Brien 1993, 195.

37. Cf. Davidson 2003, 102 n.1; but if, as Davidson asserts on the basis of Aeschylus quoted in Athenaeus, Hippodameia was in love with Pelops, this might explain her willingness to accompany him. The presence of Hippodameia at various points in the preparation and action of the race is revealed in the artistic representations: see Pipili 1981, 434-40 and Davidson's

dicated in other ways; for example, statuettes which show maidens running with skirts hitched up to facilitate their escape, as in two vase-paintings depicting Atalanta in her flight from Melanion.[38]

The temple of Zeus is one of the major monuments of the fifth century B.C. Like other works of the period, it reflects in many ways the spirit of Greece in the post-Persian War period, and some of its subject matter, especially the struggle between the Lapiths and Centaurs, becomes something of a *cliché* for the Persian Wars, so fresh in the minds of the citizenry. But its decorative scheme is also specific to Olympia and the emphasis on marriage discussed above may be a conscious reference to (what some scholars would argue is) the relatively recently accepted cult of Hera and to the premarital games of the Heraia which took place in the sanctuary. Beyond actualities, marriage as metaphor conveys ideas of unification and the (re)establishment of peace for Greeks.[39] In this way, the iconography of the sculptures of the Temple of Zeus at Olympia promotes a panhellenic optimism through images of marriage and the resolution of interpersonal conflict.

ACKNOWLEDGMENTS

An earlier version of this paper was delivered at the 2nd conference of the International Institute of Ancient Hellenic History, Sosipolis, in Olympia and Pyrgos in Summer 2005. I would like to thank the Institute and the organizers for their invitation and for their generous hospitality at that time.

discussion (2003, 106-108 and n. 26). The latter (108) notes that the choice of details in these representations points to the outcome (marriage) and that it is possible that "the marriage factor lay at least partly behind the choice of the very story as subject."

38. So Scanlon 2002, 196.

39. Compare Harmonia in the Amphiaraos myth as examined by Hurwit op.cit. (note 22) 13. It is the marital bond with Eriphyle which cements peace between Amphiaraos and Adrastos, and she, as wife, is bribed by the necklace of Harmonia.

Bibliography

AJOOTIAN, A. 1998, "A day at the Races: The Tyrannicides in the Fifth-Century Agora" in K.J. Hartswick and M.C. Sturgeon (eds), *Stephanos: Studies in Honor of Brunilde Sismondo Ridgway*, Philadelphia, 8-13.

ARAFAT, K. 1995, "Pausanias and the Temple of Hera at Olympia", *ABSA* 90, 461-473.

ASHMOLE, B. and N. YALOURIS 1967, *Olympia. The Sculptures of the Temple of Zeus*, London.

BARRINGER, J. M. 2005, "The Temple of Zeus at Olympia, Heroes and Athletes", *Hesperia* 74.2, 231.

BARRON, J.P. 1972, "New Light on Old Walls: The Murals of the Theseion", *JHS* 92, 20-21.

– 1984, "Alkamenes at Olympia", *BICS* 31, 199-211.

BLUNDELL, S. 1998, "Marriage and the Maiden: narratives on the Parthenon" in S. Blundell and M. Williamson (eds), *The Sacred and the Feminine in Ancient Greece*, New York, 47–70.

COHEN, B. 1983, "Paragone: Sculpture versus Painting, Kaineus and the Kleophrades Painter" in W. G. Moon (ed.), *Ancient Greek Art and Iconography*, Madison, Wisconsin, 171-192.

DAVIDSON, J. 2003, "Olympia and the chariot-race of Pelops" in D. J. Phillips and D. Pritchard (eds), *Sport and Festival in the Ancient Greek World*, Swansea, 101-22.

DEVEREUX, G. 1965, "The abduction of Hippodameia as the 'Aition' of a Greek animal husbandry rite", *SMSR* 36, 3-25.

DREES, L. 1968, *Olympia*. New York/Washington.

FRAENKEL, H. 1973, *Early Greek Poetry and Philosophy* [1962 orig. in German]. M. Hadas and J. Willis, trans. New York and London.

GARDINER, E.N. 1973, *Olympia. Its History and Remains* [Oxford, 1925 orig.], Washington, D.C.

HANSEN, W. 2000, "The winning of Hippodameia", *TAPhA* 130, 19-40.

HENDERSON, J. (ed.)1991, *Aristophanes, Lysistrata*, Oxford.

HOLLOWAY, R.R. 1967, "Panhellenism and the Sculptures of the Zeus Temple at Olympia", *GRBS* 8.2, 93-101.

HORNBLOWER, S. (ed.) 1994, *Greek Historiography*, Oxford.

HURWIT, J. M. 1987, "Narrative Resonance in the East Pediment of the Temple of Zeus at Olympia", *ABull* 69.1, 6-15.

KYRIELEIS, H. 1997, "Zeus and Pelops in the East Pediment of the Temple of Zeus at Olympia" in D. Buitron-Oliver (ed.), *The Interpretation of Architectural Sculpture in Greece and Rome, Studies in the History of Art 49, Center for Advanced Study in the Visual Arts Symposium Papers XXIX*, Hanover and London, 13-27.

LEVI, P. 1988, *Pausanias, Guide to Greece*, v. I.2, London and New York.

Michelini, A. 1982, *Tradition and Dramatic Form in the Persians of Aeschylus,* Leiden.

Morgan, C. 1993, "The Origins of Pan-Hellenism" in N. Marinatos and R. Hägg (eds), *Greek Sanctuaries. New approaches,* London, 18-44.

Moustaka, A. 2002, "On the Cult of Hera at Olympia" in R. Hägg, (ed.), *Peloponnesian Sanctuaries and Cults. Proceedings of the Ninth International Symposium at the Swedish Institute at Athens, 1-13 June 1994.* Stockholm, 199-205.

O'Brien, J. V. 1993, *The Transformation of Hera. A Study of Ritual, Hero, and the Goddess in the Iliad,* Lanham, Maryland.

Osborne, R. 1994, "Framing the centaur: reading fifth-century architectural sculpture" in S. Goldhill and R. Osborne, (eds), *Art and Text in Ancient Greek Culture,* Cambridge, 52-84.

Pipili, M. 1981, "Hippodameia", 434-40 in L. Kahil (ed.), *Lexicon Iconographicum Mythologiae Classicae* V.1, Zurich.

Rehak, P. 1998, "Unfinished Hair and the Installation of the Pedimental Sculptures of the Temple of Zeus at Olympia" in K.J. Hartswick and M.C. Sturgeon (eds), *Stephanos: Studies in Honor of Brunilde Sismondo Ridgway,* Philadelphia, 193-208.

Richter, G. M. A. 1970, *The Sculpture and Sculptors of the Greeks* (4th ed.), New Haven and London.

Salviat, F. 1964, "Les Théogamies attiques, Zeus Téleios et l'*Agamemnon* d' Éschyle", *BCH* 88.2, 647-654.

Sansone, D. 2004, *Greek Civilization,* Malden, Oxford, and Carlton.

Scanlon, T.F. 2002, *Eros and Greek Athletics,* Oxford.

- 2008, "The Heraia at Olympia Revisited", *Nikephoros* 21, 159-196.

Seaford, R. 1987, "The tragic wedding", *JHS* 107, 106-30.

Siewert, P. 2002, "Der wissenschaftsgeschichtliche Bedeutung der Bronze-Urkunden aus Olympia" in H. Kyrielcis (ed.), *Olympia 1875-2000. 125 Jahre Deutsche Ausgrabungen. Internationales Symposion, Berlin 9-11 November 2000,* Mainz, 359-370.

Sourvinou-Inwood, C. 1987, "A series of erotic pursuits. Images and meanings", *JHS* 107, 131-153.

Steiner, D. 1998, "Moving Images: Fifth-CenturyVictory Monuments and the Athlete's Allure", *ClAnt* 17, 140-141.

- 2001, *Images in Mind: Statues in Archaic and Classical Greek Literature and Thought,* Princeton.

Stewart, A. 1983, "Pindaric *dike* and the Temple of Zeus at Olympia", *ClAnt* 2.1, 133-144.

- 1990, *Greek Sculpture. An Exploration,* New Haven and London.

Tersini, N. 1987, "Unifying Themes in the Sculpture of the Temple of Zeus at Olympia", *ClAnt* 6.1, 152ff.

Summary

The sculptures of the Temple of Zeus at Olympia have been interpreted as reflective of the agonistic activity of the Games. I want to suggest that the pediments, in particular, are concerned not only with conflict, but conflict resolution; that the major theme in both is marriage and that it symbolizes a sense of unity among the Greek poleis.

The establishment of friendly relations is frequently represented in literature and in life by marriage. Aristophanes concludes three of his "peace plays" with a wedding. Linguistically Greek facilitates the association: the term "zeugos" signifies the "yoking" of political and marital partners as well as of animals and chariots. Soon after the Persian Wars Aeschylus benefited from this variety of meaning in his *Persai* (ca 472 B.C.). Shortly thereafter (470) work was begun on the Temple of Zeus.

The well-known subjects of the pediments both involve a marriage and are overseen by a god protecting the righteous cause: in the East Pelops prepares to race Oinomaos to win Hippodameia as bride and the kingdom of Elis. The marital theme of this myth is underlined by the bridal gesture of Hippodameia. In the West pediment Peirithous, supported by Theseus, confronts the drunken Centaurs on his wedding day. Theseus, the reputed originator of Attic *synoikismos*, provides a symbol of unity, now transposed from a local to a national environment. In the metopes appears Herakles, the consummate Greek hero and symbol of Greek identity. This symbolism is paralleled on the throne of Pheidias' statue of Zeus.

Marriage is a significant element in the Olympic sanctuary: through Zeus and Hera; in the Heraia as preparatory for marriage; in the privileging unmarried girls in sanctuary; in the association of athletes and sexuality as revealed in Pindar, who combines marital vocabulary and athletic victory.

The decorative scheme of the Temple of Zeus promotes panhellenic optimism through images of marriage and resolution of conflict.

Fig. 1: Olympia, Temple of Zeus, East Pediment as reconstructed by Ashmole. Olympia, Olympia Museum, photograph courtesy of the Alison Frantz Collection.

Fig. 2: West Pediment reconstruction, Olympia Museum, photograph by the author.

Fig. 3: Attic krater by the Niobid Painter c.460. Berlin, Staatliche Museum.

Fig. 4: Attic krater by the Painter of the Woolly Satyrs c.450. New York, Metropolitan Museum.

Fig. 5: The Tyrannicides, Harmodius and Aristogeiton. Naples, Museo Nazionale.

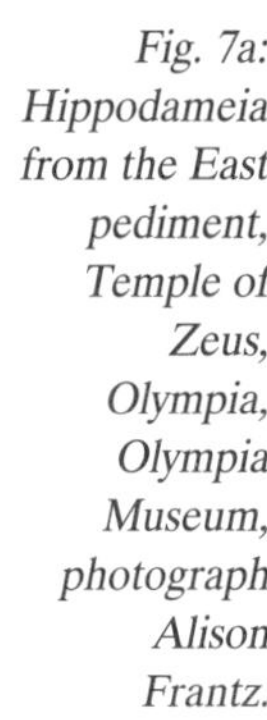

Fig. 7a: Hippodameia from the East pediment, Temple of Zeus, Olympia, Olympia Museum, photograph Alison Frantz.

Fig. 6: Attic krater by the Nekyia Painter c. 440. Vienna, Kunsthistorisches Museum.

Fig. 7b: Zeus and Hera, from a metope of Temple E at Selinus, Sicily c. 470 B.C.

III. BETWEEN WAR AND PEACE: POLITICS AND DIPLOMACY

Olympie et la publication des traités internationaux

Victor Alonso Troncoso

Leandro Polverini
septuagenario

Quand le sanctuaire d'Olympie commence à s'exprimer par écrit en sentant le besoin de l'écriture comme λήθης φάρμακα, comme "remèdes contre l'oubli",[1] au sixième siècle, on voit toute une catégorie assez bien définie d'inscriptions qui sont à notre disposition depuis longtemps: il s'agit de traités internationaux et de certains décrets de proxenie montrant l'existence d'une vie internationale assez importante entre les cités et les peuples grecs de l'époque.[2] Au début, c'étaient des tablettes de bronze avec les trous pour l'affichage, de taille variable, mais qui ne dépassaient pas les petites dimensions. Rédigés en dialecte éléen, ce qui montre la supervision des autorités locales, ces textes constituent les documents originaux les plus anciens pour retracer l'histoire diplomatique de la cité grecque - car rien d'équivalent n'est apparu à Delphes.

Le témoignage probablement le plus ancien est une inscription bien connue, un pacte des Éléens avec les Héréens d'Arcadie ou, selon la leçon la plus récente, avec les *Ewaoioi,* gens d'une communauté villageoise ou d'une cité inconnue, de nom *Ewa.*[3] Daté vers 500, il est présenté comme une *rhétra* qui consacre une relation d'alliance pour cent ans entre les deux parties contractantes; le texte nous offre en même temps la première attestation du terminus technicus *sym-*

1. C'est l'expression employée par Euripide dans son ouvrage perdue *Pallamades* (Nauck, fr. 578), que je croie pertinente dans ce contexte.

2. Ils s'insèrent d'ailleurs dans une tradition juridique et dans une pratique épigraphique assez riches, dans l'Élide et particulièrement à Olympie: voir Taeuber 1991, 111-13; Siewert 1994a, 29; Hölkeskamp 1999, 97ss; Scott 2010, 33, 159.

3. *IvO* n° 9; *LSAG* 219s, 408 (pl. 42,6); *Stv.* n° 110; *Nomima* n° 52; Minon 1994, 85-96 (non vidi). Etat de la question et nouvelle interprétation chez Roy, Schofield 1999, suivis par Nielsen 2002, 188 ; Nafissi 2003, 25, 41 n. 139, etc.

machia dans la langue diplomatique grecque, dans un document officiel. Il convient de souligner que le traité introduit une clause de sanction contre n'importe laquelle des deux parties qui faille à la relation d'alliance, consistant à payer une amende d'un talent d'argent au Zeus Oympien. La dernière clause est aussi très importante pour le sujet de notre travail: elle établit que "si quelqu'un cause un quelconque dommage à cette inscription, simple particulier, magistrat, ou peuple, qu'il soit soumis à l'amende sacrée inscrite ci-dessus".[4] On remarquera que l'amende infligée à qui briserait la plaque est la même que celle qui frapperait celui qui ne respecterait pas les obligations du traité. Rappelons à cet égard que la rupture de la stèle du traité fut une forme habituelle à l'époque classique de dénoncer ouvertement une relation d'alliance.[5] En tout cas, le souci de préserver le document au grand jour constitue une preuve incontestable de l'importance reconnue déjà à l'écriture dans la formalisation des traités internationaux, qui à ce niveau suivent le mouvement général de la publication du droit dans la polis grecque.[6]

Qui décidait sur la violation du traité entre les Éléens et les *Ewaoioi?* Assurément les autorités olympiennes, même si le traité ne le dit pas d'une façon explicite. Mais ces autorités, qui étaient-elles? La réponse dépendra de la conception que chacun aura du statut politique du sanctuaire à ce moment: si l'on défend l'existence d'une amphictyonie régionale autour d'Olympie, le pouvoir de sanction pourrait être plus représentatif et plus neutre, et par conséquent l'al-

4. La protection du texte sous peine pécuniaire revient à *IvO* n° 16.19-20 (*Nomima* n° 56; Koerner 1993 n° 44). Voir aussi à Argos, c. 575-500 (*IG* IV, 506 = *Nomima* n° 100.1-3; Koerner 1993 n° 29), ainsi que dans les *Dirae Teiae,* vers 475, les lignes contre quiconque effacerait les stèles ou en martèlerait les lettres: *Nomima* n° 104.35-41; Koerner 1993 n° 78.35-41. Aussi cf. Detienne 1988, 49ss; Georgoudi 1988, 245; Thomas 1989, 52s; Camassa 1994, 101, 103; Effenterre 1994, 92; Hölkeskamp 1994, 140s; 2000, 87.

5. *Stv.* n° 289.30ss; 293.39s; Isoc. 4.176; D. 16.27 (*Stv.* n° 273); D.S. 16.24.4 ; Arr. *An.* 2.1.4 (*Stv.* n° 406); Arist. *Panath.* 173 (*Stv.* n° 243). Voir Heuss 1934, 253s; Martin 1940, 404, 459 n. 5; Klaffenbach 1960, 33; Préaux 1962, 296; Lalonde 1971, 44, 183; Adcock, Mosley 1975, 223; Chaniotis 1996, 78s. Le rôle de l'écriture était assurément très important, de même que la publication au grand jour du texte, mais je ne dirai pas, comme Bertrand 1992, 37, que "les accords internationaux, en Grèce, à quelque époque que ce soit, ne sont valides que dans la mesure où ils sont affichés: le signifiant est aussi important que le signifié, détruire les stèles, c'est, ainsi, détruire l'accord lui-même". La perfection d'un traité arrive avec le serment: voir Heuss 1934, 16, 24, 31, 233s, 248, et Chaniotis 1996, 78 et n. 424.

6. Voir infra n. 46.

liance deviendrait raisonnablement paritaire.[7] Par contre, si l'on croit que la polis éléenne exerçait le contrôle d'Olympie et la *prostasie* des jeux au détriment des Pisates, l'interprétation du traité serait assez différente: sous la réciprocité et l'égalité formelles de l'instrument diplomatique, se cacherait une situation de forces favorables aux Éléens, sortis victorieux de leur guerre avec les gens de Pisa vers 572.[8] Enfin, une nouvelle ligne de recherche vient de contester la tradition de l'identité ethnique pisate et son association au sanctuaire comme une invention tardive, en même temps qu'elle défend l'articulation fédérale *(koinon)* de l'état éléen, le site d'Élis étant le centre politique de l'*ethnos* pendant l'archaïsme et Olympie le lieu de publication des décrets en tant que lieu symbolique de l'identité collective.[9]

Mais laissons de côté maintenant les hypothèses en présence et concentronsnous dans les faits institutionnels qui se dégagent avec sûreté des sources. La première constatation est l'existence à cette époque d'une alliance régionale sous l'hégémonie d'Élis, dont la dénomination officielle οἱ Ϝαλεῖοι καὶ ἁ συμμαχία est bien attestée dans le langage diplomatique internationale (Ebert, Siewert 1999), étant la formule "les Lacédémoniens et leurs alliés" probablement le modèle le plus proche.[10] La deuxième constatation, généralement admi-

7. Cf. Kahrstedt 1927, 162; Siewert 1991; 1994a, 29; 1994b, 258ss, 262; 2002, 360; Ebert, Siewert 1999, 404, 412; Taita 1999, où elle offre une histoire très complète de la recherche; 2000, 162, 171s, 187s; 2002; 2004-2005. De leur côté, Meiggs, Lewis 1969, 32; Tausend 1992, 152s, 178s, et Fernández 1995, qui parlent d'un allié arcadien et considèrent comme un fait acquis la supervision éléenne d'Olympie à cette époque, qualifient la relation d'alliance de parfaitement égalitaire. Hansen, Fischer-Hansen 1994, 89, argumentent que l'amende prévue "would not be fair to the Heraians if the sanctuary of Zeus Olympios was just a part of Elis and had no separate status".

8. Ainsi déjà Niese 1910, 20 n. 1, et aussi Baltrusch 1994, 9ss, qui pense aux Héraiens de l'Arcadie, tandis que Roy 1997, 293s; 1998, 367s; 2002b, 253; 2002a, 244 n. 49; 2004, 490s, 495, 499, considère les Ewaoioi probablement périèques liés aux Éléens par une alliance inégale, "hegemonial alliance".

9. Cf. Walter 1993, 121s, et Möller 2004, 256s, de même que Nielsen 1997, pour la Triphylie, et surtout Nafissi 2003, 28ss, 40ss, avec l'état de la question et la discussion la plus approfondie. Il ne faut pas oublier non plus qu'il y a des auteurs, comme Effenterre, Ruzé 1994, 214, qui considèrent Élis comme une "confédération" après 572, une hypothèse pas trop loin du "Verband von Gemeinden" (*damoi*) autonomes jusqu'au synécisme postulé par Busolt 1893, 235s; 1920, 148s. Voir aussi Moggi 1976 n° 25.

10. La dénomination officielle de la ligue du Péloponnèse était d'ailleurs bien visible à Olympie dans les inscriptions votives, p.ex. Paus. 5.10.4 (*IvO* n° 253, *ML* n° 36). Cf. d'ailleurs Ruggeri 2004, 18 n. 5.

se, est la prépondérance de la cité d'Élis à Olympie dans le tournant du siècle,[11] soit dans le cadre d'une organisation encore amphictyonique,[12] soit contrôlant le sanctuaire en tant que symbole de l'identité collective de *l'ethnos.*[13] Troisième constatation: pendant la deuxième guerre médique, à peu près vingt-cinq ans après les dates de ces inscriptions, et avant déjà l'accomplissement du synécisme (471), toute la région éléenne fonctionnait à niveau international comme un état unifié, c'est-à-dire, Élis était le seul sujet de droit international et le membre exclusif de la coalition grecque de cette région.[14] Quatrième constatation: dans cette guerre seulement Lépreon est mentionné comme polis indépendante capable de fournir des contingents à la ligue hellénique (*ML* n° 27; Hdt. 9.28), par conséquent le processus de formation de la *perioikis* éléenne était assez avancé à cette époque, assurément à couvert de «l'alliance éléenne». C'est dans ce processus évolutif qu'à mon avis il faut interpréter la fonction d'Olympie comme centre de publication de traités internationaux, ainsi que les instruments diplomatiques qui ont survécu jusqu'à nos jours.

Nous avons un deuxième traité de cette époque qui est aussi présenté comme une *rhétra.* C'est l'accord d'amitié *(philia)* pour cinquante ans des Anaitiens et Métapiens.[15] Inscrit sur une plaque de bronze avec des trous de fixation aux

11. Walter 1993, 118ss; Baltrusch 1994, 11; Roy 1997, 282, 294ss, 298; 1998, 362 n. 11; 2004, 495; Crowther 2003; Möller 2004, 257. Cf. aussi Tausend 1992, 152s, 167, 172.

12. La position éminente d'Élis vers 500 fut déjà envisagée par Kahrstedt 1927, 167, suivi par Koerner 1981, 202s (voir aussi Hölkeskamp 1999, 102), et Ebert, Siewert 1999, 404, qui admettent: "die Formel [celle de la *symmachia,* c. 525-500] demonstrierte aller Welt die hegemoniale Stellung der Eleer über die Kultmitglieder". Cf. aussi Siewert 2001, 247s. Néanmoins Taita 2002, 154s; 2004-2005, 108s, insiste pour dater à partir du synécisme la conquête graduelle d'une position de force des Éléens au sein de l'amphictyonie, ayant lieu l'abolition de l'institution dans la deuxième moitié du Ve siècle.

13. Walter 1993, 121s; Nafissi 2003, 48. Notons, enfin, que dans le décret pour Patrias (*IvO* n° 2) les Éléens se considèrent souverains pour ordonner de façon unilatérale la publication et consécration du décret à Olympie, sans que nous trouvions rien de similaire dans les autres rhetrai (Nafissi 2003, 44), ce qui renforce l'idée du contrôle du lieu par Élis.

14. Par exemple, *ML* n° 27.9; Hdt. 8.72; 9.77.3. Dans ce sens il y a une différence importante avec la ligue du Péloponnèse vers 480: tandis que celle-ci comprenait des alliés indépendants, différents des périèques lacédémoniens, qui d'ailleurs étaient aussi *symmachoi* des Spartiates, mais sans autonomie en politique extérieure (Ruggeri 2004, 18 n. 5), dans le cas de la symmachie éléenne nous ne voyons plus de sujets de droit international.

15. *IvO* n° 10; *Stv.* n° 111 (vers 550 ?); *LSAG* 220 (c. 500-475?); *Nomima* n° 51 (475-450?); Panessa 1999 n° 29 (fin du VIe siècle), avec discussion de la chronologie.

quatre angles, le texte fut trouvé dans le prytanée, il a pu être fixé sur un de ses murs.[16] Le pacte, comme celui des Éléens et *Ewaoioi*, appartient à la catégorie des documents légaux soumis à la juridiction du sanctuaire, car encore une fois l'exécution des sanctions stipulées dans l'instrument diplomatique retombe directement sur les autorités religieuses d'Olympie.[17] En effet on lit dans le bronze: "au cas où les uns ou les autres ne s'y tiendraient pas, que les proxènes et les devins les écartent de l'autel; au cas où ils violeraient le serment, que les prêtes d'Olympie décident" (tr. Gauthier 1972, 42). Le texte du traité se réfère explicitement au serment *(horkos)*, sans en mentionner la formule jurée, mais il n'y a pas de doute que le Zeus olympien était la divinité invoquée, au moins en tant que témoin. Nous découvrons ici un fait qui était implicite dans le pacte entre les Éléens et les *Ewaoioi:* le rôle du sanctuaire n'est pas à caractère simplement arbitral, auquel il serait facultatif de faire appel, bien au contraire, les prêtres olympiens apparaissent investis d'un pouvoir juridictionnel; les *proxenoi*, les *manteis* et les *hiaromaoi* sont à la fois une instance de décision et de sanction, de garantie. Cette configuration juridique du pacte s'explique sans doute par le fait que les deux parties contractantes étaient étroitement liés au vénérable sanctuaire olympien comme intégrantes de la région éléenne *lato sensu*, soit en tant que communautés de la *perioikis*, soit en tant que communautés pas encore annexées à la cité d'Élis.[18] Il y a encore un aspect de ce pacte qui nous paraît

16. Virgilio 1972, 68, sans oublier que le premier prytanée remonte aux années 500-480: voir Hansen, Fischer-Hansen 1994, 33, 35, 87.

17. Voir surtout Virgilio 1972, 72s. D'ailleurs, Panessa 1999, 104, a souligné correctement le rôle du sacerdoce olympien dans la rédaction de ce traité, c'est-à-dire, le fonctionnement "di un centro scrittorio il cui personale specializzato disponeva di un formulario linguistico idoneo e delle necessarie conoscenze del rito in un misto di profano (le trattative diplomatiche) e religioso (giuramenti e complessi rituali con questi connesi)".

18. L'identification avec les Messapiens d'Italie (ainsi Bengtson, *loc.cit.*) doit être écartée. Je ne suis pas d'accord non plus avec Gauthier 1972, 45, pour qui ces deux peuples, bien qu'appartenant au Péloponnèse, ne seraient à Olympie que des étrangers, ni plus ni moins que telle communauté arcadienne ou achéenne. Cf. Virgilio 1972, 70s, et Effenterre, Ruzé 1994, 210, pour lesquels le rôle joué par le personnel religieux d'Olympie plaide en faveur de communautés proches du sanctuaire (aussi Minon 1994, non vidi). En effet, Anaitiens et Métapiens pourraient constituer de petites communautés ignorées de nous, dans les alentours d'Olympie, en Pisatide ou même en Triphylie: pour la bibliographie précédente sur ce point voir Panessa 1999, 105, qui parle de deux communautés "clientes" du sanctuaire et donc sous son contrôle. De son côté Roy 1997, 296, 313 n. 31 ; 2002a, 244 n. 49 ; 2002b, 253 ; 2004, 490s, 494, 500, s'exprime avec prudence

révélateur: la *sanctio* prévue dans le même (interdiction de culte) contraste avec la *sanctio* (amende pécuniaire) du traité précédent, ce qui montre l'intervention et la partialité des Éléens dans la gestion d'Olympie; ceux-ci n'auraient jamais admis comme sanction leur exclusion des rites sacrés au coeur de l'Altis. Enfin, il me paraît assez probable que les Anaitiens et les Métapiens aient été *symmachoi* (et périèques aussi?) des Éléens, lesquels auraient pu imposer leur *diktat* pacificateur en qualité de *hegemones.*[19] L'accord pourrait correspondre à une situation antérieure au synécisme, dans laquelle Élis exerçait et montrait son influence sur toute la région au moyen du centre olympien, mais sans être capable encore d'éviter les petites guerres locales ni de supprimer l'autonomie politique extérieure de toutes les communautés de l'Élide.[20]

Si l'alliance et l'amitié que je viens de commenter nous parlent du rayonnement régional d'Olympie, il y a un autre document publié aussi dans le sanctuaire qui nous renvoie aux liens de celui-ci avec les Grecs d'Occident: c'est le traité d'amitié *(philotes)* des Sybarites et leurs alliés avec les *Serdaioi,*[21] qui selon l'hypothèse la plus vraisemblable seraient un peuple indigène de l'Italie méridionale (Giangiulio 1992, 31 n. 2). Il s'agit d'une autre lame de bronze, avec deux

et laisse ouverte la question du statut politique des contractants: périèques ou même intégrés dans l'état éléen. Ce dernier est l'avis de Walter 1993, 121s (et n. 44), si bien l'auteur parle d'une "Teilgemeinde" du "föderaler Staat" Elis, avec le droit de négocier "Bündnisse oder Verträge mit anderen Gemeinden". Enfin, Taita 2002, 143ss ; 2004-2005, 88ss, 104ss, défend leur statut de membres autonomes de l'amphictyonie. Pour ma part, j'écarterais l'appartenance des deux à l'État d'Élis, mais du reste il me paraît difficile de trancher, car si en époque classique les périèques lacédémoniens ou thessaliens n'étaient pas des sujets de droit international, dans ce cas un compromis put s'imposer: Anaitiens et Métapiens purent jouir d'un certain marge pour se faire la guerre, mais à condition de se soumettre finalement à la tutelle olympienne, c'est-à-dire, sans défier la volonté des Éléens; mais, en même temps, on ne saurait pas exclure la possibilité qu'ils soient des alliés non périèques de la région agissant sous l'hégémonie éléenne.

19. Nafissi 2003, 41 n. 139, 42 n. 146, les considère plus vraisemblablement des *perioikoi* d'Élis et même suggère qu'il s'agissait d'une *rhetra* éléenne imposée aux deux parties.

20. La date du bronze reste discutée: deuxième moitié du VIe siècle pour quelques auteurs (Guarducci, Panessa, Virgilio), premier quart du Ve siècle (Jeffery) ou deuxième quart du Ve siècle pour d'autres (Minon et, avec des doutes, Effenterre, Ruzé). Si l'on préfère la chronologie basse, la probabilité qu'ils soient périèques dévient plus forte, car le synécisme était déjà accompli et c'était à la périphérie où les Éléens devaient encore pacifier ou même châtier les résistances Hdt. 4.148).

21. Kunze 1961a ; *LSAG* 456 (pl. 77.2); *ML* nº 10 ; *Stv.* nº 120 ; *Nomima* nº 42 ; Panessa 1999 nº 28.

trous des clous nécessaires à l'affichage sur une porte ou sur un mur, peut-être ceux du *thesaurus* de Sybaris.[22] Découvert dans un remblai du IVe siècle, au stade olympique, l'épigraphe présente une écriture en alphabet des colonies achéennes de l'Ouest, mais il est rédigé en dialecte dorien de la région d'Olympie –ce qui probablement suggère l'intervention du sacerdoce olympien dans la copie du texte original, leur autorisation pour l'affichage étant en tout cas de rigueur.[23] Outre l'écriture, le seul élément de datation est la destruction de Sybaris en 510, normalement acceptée comme le *terminus ante quem* pour l'inscription.

La publication de la *philotes* sybarite dans l'enceinte sacrée de l'*Altis* présente néanmoins certaines caractéristiques qui marquent la différence par rapport aux deux traités antérieurs (en plus du type d'écriture). Tout d'abord, le document manque d'en-tête avec la typification légale, le terme *rhétra* étant écarté de manière manifeste. Deuxièmement, à la différence du traité entre Anaitiens et Métapiens (et entre Élis et *Ewa* aussi), le texte qui nous occupe n'inclut pas l'autorité sacerdotale comme garant ni comme pouvoir de sanction, ce qui correspond au fait que l'accord fut conclu en Italie de façon autonome par les deux parties.[24] Troisièmement, et en correspondance avec cela, les dieux sont ici invoqués au même niveau que la cité de Posidonia comme *próxenoi,* témoins de l'accord,[25] mais Zeus n'est pas qualifié explicitement d'olympien, ce qui contraste avec la pratique normale dans des documents émanés des organes éléens et soumis à la juridiction du sanctuaire.[26] Finalement, soulignons que le mot choi-

22. Le "Schatzhaus VI", comme le suggérait Kunze 1961a, 210, suivi de Virgilio 1972, 71, mais voir Herrmann 1972, 98s et n. 390. Plutôt sur la porte que sur un mur, car la vision du trésor était frontale: cf. Scott 2010, 167.

23. Lalonde 1971, 44s, 180s, approbation aussi nécessaire pour le placement des statues et des offrandes en général, étant donné que le trésor comme offrande au dieu formait un tout avec ses objets, les affiches y inclus: cf. Hyde 1921, 27 ; Herrmann 1972, 98 ; Hönle 1972, 168, et Thomas 1996, 28s. D'ailleurs, notez la valeur différentielle du bronze comme matériel scriptoire digne de consécration tant à Olympie (Th. 5.47.11) qu'au Capitole (Memnon *FGrHist* 434 F 18).

24. Virgilio 1972, 71, 77, pense que cette fonction fut attribué par les parties contractantes justement au sanctuaire de Poseidonia, plus proche et par conséquent avec une capacité de garantie majeure. Notons en passant que Poseidonia était colonie de l'achéenne Sibaris.

25. Et en même temps ses garants: cf. Hönle 1972, 191 n. 4; Effenterre, Ruzé 1994, 174; Ziegler 1995, 241; Panessa 1999, 97; Thomas 2005, 55.

26. Voir p.ex. *IvO* n° 1.8; 2.4; 9.6; 12.5 ; 16.4,5,7,8. Selon une hypothèse pas improbable de Gauthier 1972, 34, la mention d'Apollon pourrait même suggérer le placement d'une autre lame

si dans ce cas n'est pas *philia,* comme dans le traité antérieur, peut-être dicté ou suggéré par l'autorité sacerdotale, mais *philotes:* ἐπὶ φιλότατι πιστᾶι κἀδόλοι. C'est une expression de goût homérique qui renvoie aux idées de foi, de serment et d'absence de dol dans le cérémoniel de conclusion des accords internationaux et qui marque en même temps une différence dans le langage diplomatique à cause de sa sonorité archaïsante (Giangiulio 1992, 35ss). Plus que dictée ou suggérée par les prêtes d'Olympie, comme on a dit, je vois dans ce cas une élection propre des colons italiens, des *Homeric Akhaians* (Hall 2002, 58ss), qui marque la différence avec la terminologie employée dans l'accord entre les Metaipoi et Anatoi.[27]

On voit, par conséquent, que l'affichage de la tablette au *Altis* répond à une volonté politique de publicité et de propagande, "per conoscenza".[28] N'oublions pas à cet égard que le trésor sybarite était construit à côté de ceux de Géla, Métaponte, Sélinonte, Syracuse, les lecteurs naturels de l'inscription et l'un d'eux même appartenant au groupe de ces *symmachoi* de la puissante colonie achéenne.[29] Une inscription dans laquelle on parlait avec emphase de l'alliance hégémonique des Sybarites (οἱ Συβαρῖται κοἱ σύνμαχοι) (Baltrusch 1994, 12), selon une formule diplomatique qui pouvait évoquer et émuler des expressions contemporaines comme "les Lacédémoniens et leurs alliés" ou "les Éléens et

à Delphes. En tout cas il me paraît presque sûr l'avis de Virgilio 1972, 71, qu'à Posidonia une autre copie du traité ait été déposée.

27. Ainsi déjà Giangiulio 1992, 35s. Panessa 1999, 96, 98 et n. 40, voit une inspiration sacerdotale dans ce style homérique, "una scelta da parte del ceto sacerdotale", selon la "funzione normativa del santuario olimpico". Cette fonction créatrice et même directrice au niveau juridique et diplomatique doit être postulée surtout pour le milieu éléen, mais pas toujours pour les autres cités hors du contrôle politique éléen. En faveur d'une certaine tradition diplomatique propre des Grecs d'Occident, comme Silvio Cataldi m'a suggéré dans la rencontre de Sosipolis, plaide la réapparition du terme *philotes* dans les négociations de Syracuse avec Athènes en 415 (And. 3.30 ; Panessa 1999 nº 74), de même que la clause d'éternité du traité, non attestée dans les métropoles grecques avant le VIe siècle (mais voir, de façon révélatrice, *Stv.* nº 162.15). Enfin, le désir d'affirmer l'identité coloniale est aussi montré par l'emploi de l'alphabet achéen des colonies de la Grande Grèce et par le style architectural de ces trésors occidentaux: cf. Gerasimova 2004, 36; et d'ailleurs Morgan 1993, 20.

28. Virgilio 1972, 77. Cf. aussi Lalonde 1971, 186, et Thomas 2005, 55. On ne comprend pas pourquoi Effenterre 1994, 92 n. 17, disent que "dans le cas de plaques de bronze fixées aux murs, c'est plus probablement l'intérieur que l'extérieur du monument qui était concerné".

29. C'était probablement le cas de Métaponte: voir Tausend 1992, 129ss.

leur alliance" (Giangiulio 1992, 32s). L'*agôn* olympien, en effet, n'était pas seulement de nature athlétique, littéraire ou musicale; il y avait en même temps une dimension d'exhibitionnisme politique et diplomatique, à couvert de la trêve sacrée.[30] À cet égard notre texte annonçait le renforcement de la position internationale de Sybaris grâce à la conclusion d'une *philotes* avec les *Serdaioi.*

Peut-être à cette deuxième catégorie des traités internationaux publiés à Olympie par des cités indépendantes de l'État éléen appartient un fragment très lacunaire daté par Jeffery autour de 500-494 (?).[31] La présence du nom de la cité de Zancle (l. 7) a conduit à y reconnaître une convention passée entre Zancléens et une polis voisine: il est en effet question d'alliés (συνμάχοις), d'ennemis (πολεμίος), d'emploi de la force (βιαζόμενος), de victoires (νικεθε̄) et peut-être de conquêtes territoriales -mais on ne peut guère en dire plus. D'autre part, l'accord sur les exilés de Sélinonte, vers 500, conservé dans huit fragments de plaques de bronze,[32] ne constitue pas un traité international, mais il s'inscrit dans la même série de documents des États tiers qui ont voulu utiliser le sanctuaire comme caisse de résonance de leur politique extérieure. Le texte proclame un accord de réintégration (donc de réconciliation) intéressant des bannis ou des exilés de Sélinonte, un accord qui concerne d'une part la cité de Sélinonte et d'autre part des gens qui en sont partis. La polis de Sélinonte avait son propre trésor à Olympie,[33] sa présence dans le sanctuaire était donc institutionnalisée et il ne serait pas rare que la colonie sicilienne ait affiché, comme les Sybarites, d'autres textes diplomatiques semblables sur leur propre bâtiment.

En conclusion, je crois que ces bronzes du VIe siècle nous offrent déjà les deux modalités fondamentales de publication des traités internationaux dans le sanctuaire olympien que nous verrons se répéter à l'époque classique. D'une part, une majorité de textes légaux appartenaient aux Éléens et au reste des

30. Outre les démonstrations indirectes de pouvoir militaire dans les offrandes des cités (Hönle 1972, 108ss, 143ss; Herrmann 1972, 107ss), le sanctuaire accueillit des conférences et des rencontres internationales aussi importantes que celles de 476 (Plu. *Them.* 17.2) ou celle de la ligue du Péloponnèse en 428 (Th. 3.8-15): voir p.ex. Sinn 2000, 54ss, et Scott 2010, passim.

31. *IvO* n° 24 ; *SEG* 1954, n° 1180; *LSAG* 247, 410 (pl. 49,5), "a treaty against aggression"; *Nomima* n° 58, dont nous suivons le commentaire.

32. *IvO* n° 22 ; *LSAG* 277 (c. 484?); *Nomima* n° 17.

33. Paus. 6.19.10: c'est l'édifice tout entier qui était consacré au Zeus d'Olympie.

communautés de l'Élide, qui avaient dans le sanctuaire le lieu par excellence de publication de leur production normative, les documents diplomatiques y compris.[34] Je crois, par exemple, que le traité entre Sparte et Élis de l'époque archaïque fut assurément publié dans le sanctuaire,[35] de la même façon que le disque d'Iphitos, s'il est vrai que l'objet date des ces siècles.[36] D'autre part, on voit à Olympie une catégorie d'entrées appartenant à autres États, intégrée surtout par des accords et des dispositions de politique extérieure, qui ont été déposés dans l'enceinte sacrée avec la permission des autorités locales. Ces documents proviennent exclusivement des colonies occidentales, tandis que les autres Péloponnésiens et le monde égéen y brillent par leur absence.[37] Ce qui ne veut pas dire qu'autres cités du Péloponnèse n'aient pas déposé leurs traités à Olympie dans certaines occasions. A cet égard je voudrais me référer en particulier au traité entre Sparte et Tégée conclu vers le milieu du VIe siècle (*Stv.* n°

34. Même si Élis fonctionnait déjà avant le synécisme comme capitale politique, selon l'avis de Siewert 1994a; 2001, 246ss, car certains textes légaux étaient publiés dans son agora depuis la première moitié du VIe siècle, personne n'a pensé au placement des stèles des traités dans deux lieux différents, à Elis et à Olympie, ce qui se heurte à Th. 5.47.11 et aux données archéologiques. Voir aussi Walter 1993, 119, et Hansen, Fischer Hansen 1994, 86ss, qu'il faudra nuancer suivant Roy 2002b, 257. Par contre, il serait normal que dans les archives de la cité d'Élis restât un exemplaire de chaque document diplomatique, selon une pratique d'enregistrement double assez répandue: voir Klaffenbach 1960, 28s, qui nuance dans ce point l'analyse de Heuss 1934, 252ss, 256s, et Chaniotis 1996, 78. A propos, je crois que dans le débat sur la relation de la stèle avec le document archivé (voir p.ex. Sickinger 1994) il faudrait tenir compte aussi de la nature d'objet consacré à la divinité ou placé sous sa protection que a le texte inscrit depuis son apparition à l'époque archaïque, c'est-à-dire, il faudrait savoir évaluer le caractère conceptuellement incontournable et historiquement précoce du texte offert, inviolable et visualisé. A mon avis ces qualités font de l'inscription, au moins pendant l'archaïsme, beaucoup plus qu'une simple «copie» (ἀντίγραφον) d'un prétendu « originel » supérieur du point de vue documentaire. Le texte d'un traité publié à Olympie au VIe-Ve s. avait une valeur au moins équivalente du texte conservé dans l'archive de la capitale (simple copie de sécurité pour l'administration éléenne?).

35. Sur cet accord voir Cartledge 2002, 119s, et Tausend 1992, 167, 172. Erronément Hönle 1972, 160.

36. Contre son historicité Sinn 2000, 5, et surtout Nafissi 2003, 32s.

37. Peut être Olympie fut "le centre privilégié de la conscience internationale aux temps archaïques" (Effenterre, Ruzé 1994, 210), mais tout au plus pour les régions occidentales, et si sa contribution à la création et surtout à la diffusion du langage diplomatique probablement ne fut pas mineure, l'impulsion décisive provint d'Ionie, en contacte avec l'Orient: cf. Giangiulio 1992, 41ss; Karavites 1992; Ziegler 1995, 238s; Rollinger 2004.

112) ou bien au siècle suivant.[38] Aristote (Plu. *Mor.* 292B) dit que la stèle commune (στήλην κοινὴν) d'un accord (συνθήκας), régulant aussi la situation des réfugiés Messéniens, fut placée sur l'Alphée (ἐπ' Ἀλφειῷ), un fleuve qui selon Pausanias (8.54.1) faisait de frontière entre les deux peuples. Beloch pensait que l'expression "sur l'Alphée" signifiait Olympie,[39] mais autres auteurs sont penchés pour un courant d'eau diviseur, probablement l'actuel Sarandapotamos.[40] Il n'est pas facile de décider, mais l'hypothèse olympienne paraît la plus probable: il est vrai que nous ne trouverons pas d'autres traités d'alliance des États tiers publiés à Olympie pendant l'époque classique–dans l'hypothèse de la chronologie haute nous aurions au moins le parallèle du traité de Sybaris–, mais dans le Péloponnèse Sparte était Sparte et au cinquième siècle des conjonctures diplomatiques ne manqueront pas pour s'imposer aux autorités du sanctuaire; et, surtout, l'expression "stèle commune" nous renvoie à une pratique bien connue de publication conjointe dans le sanctuaire éléen.[41]

Quant à l'Élide, après avoir réussi son synécisme en 471 elle continuera à plus forte raison à publier ses alliances et ses pactes internationaux de façon ré-

38. Cf. Baltrusch 1994, 19, et Nielsen 2002, 188ss; 2004, 531, pour l'état de la question.

39. Beloch 1912, 334 n. 3, et du même avis Lewis 1970, 254. Voir aussi Μεϊδάνη 2010, 162 n. 651.

40. Bengtson 1975, 11; Pritchett 1965, 125. De son coté, Cartledge 2002, 119s, a proposé distinguer le premier traité d'alliance militaire entre Lacédémoniens et Tégéates, du VIème siècle, de l'accord sur les fugitifs Messéniens. Christien, Ruzé 2007, 178s, situent l'accord au même temps que l'alliance peu après l'affaire d'Oreste, c. 560. Laissant de coté la question de la chronologie, je voudrais préciser que ces *synthekai* ne régulaient pas seulement la situation des Mésseniens, car Plutarque dit "entre autres choses", c'est-à-dire, elles comportaient un traité plus ample, possiblement établissant *spondai*, sinon *spondai et symmachia:* cf. Baltrusch 1994, 155s.

41. Ainsi Th. 5.47.11; *Stv.* n° 480.26-28 (= *IvO* n° 40; Daverio 1988 n° 7): cf. Heuss 1934, 256, et Lalonde 1971, 178, 181s, qui souligne justement le caractère "commun" *(koinos)* des sanctuaires panhélleniques. D'autre part, tandis qu'un traité d'alliance aurait du sens dans une enceinte sacrée, le fleuve diviseur pourrait constituer l'endroit parfait pour rappeler au moyen d'un monument la prohibition de mouvements de populations: cf. Lewis 1996, 131. Mais dans les pratiques épigraphiques de frontière on ne trouve pas celle d'ériger des stèles avec ce type d'accords internationaux: cf. Daverio 1988, qui n'inclut pas ce traité dans leur corpus, bien qu'elle traite le problème frontalier (ibid. 196, 199s). Enfin, je voudrais ajouter un nouvel argument en faveur de Beloch: c'est l'emploi métonymique de l'expression "sur l'Alphée" pour Olympie chez les lyriques: Simon. 519 fr. 131 (Loeb), et Bacch. 6.3; 8.26-27; 12.42; 13.193; fr. 20C.9-10 (Loeb); voir aussi Bacch. 11.26.

gulière dans l'*Altis* ou à proximité de celui-ci, tandis que quelques autres cités et fédérations grecques choisiront parfois ce sanctuaire entre autres possibles et concurrents, comme surtout Delphes et l'Isthme ou Dodone. Mais il me paraît assez significatif que le plus souvent les textes d'États tiers acceptés dans l'enceinte sacrée ne furent pas des alliances, mais des traités de paix ou des accords d'arbitrage.[42] A mon avis, cette discrimination confirme la politique de manipulation et de démagogie panhéllenique des autorités éléennes à l'époque classique, dans laquelle s'inscriraient l'interdiction des *tropaia* depuis le milieu du Ve siècle (Scott 2010, 191ss, 224s) et l'appel à une prétendue neutralité sacrée pendant le siècle suivant (Alonso Troncoso 1987, 487, 504s), sans parler de la réponse des devins au roi Agis à la veille de la guerre décelique (X. *HG* 3.2.22). En tout cas, la règle générale en Grèce sera que chacune des *poleis* contractantes publie ses traités de paix, d'amitié ou d'alliance sous la protection d'un temple dans son propre territoire, la déposition d'une troisième copie dans un lieu neutre étant plus facultative. On choisissait τὸν ἐπιφανέστατον τόπον chez soi,[43] c'est-à-dire un endroit très visible pour assurer au maximum sa publicité, le caractère de monument accordé à la stèle étant fondamental,[44] en même temps que le placement de ces textes dans les lieux sacrés en assurait en plus leur inviolabilité, sinon la garantie des dieux et d'une certaine opinion publique panhellénique.[45] Il s'agit d'ailleurs d'habitudes épigraphiques qui suivent les traits généraux de la publication du droit dans la Grèce archaïque.[46]

42. Pour l'époque hellénistique cf. Ager 1996 nº 69, 116, 137, 159 (= *IvO* nº 50, 46, 47, 52), et les *App.* nº 4, 17, 31, 36 (= *IvO* nº 48, 51, 49). Sur les habitudes de publication des arbitrages voir Piccirilli 1973, 95s, et Ager 1996, 204, 313.

43. Sur le *topos* de publication voir Rigsby 1996 nº 4.27-29: "où il paraît plus beau"; nº 109, b.12-13; nº 125, b.8: "dans l'agora sur la place la plus visible". Cf. Lalonde 1971, 164s. Par contre, la difficulté, sinon l'impossibilité, de choisir un lieu préférentiel pour l'inscription quand il s'agissait d'un sanctuaire qui, comme Olympie, dépendait d'un État tiers, a été souligné a juste titre par Scott 2010, 30s.

44. Detienne 1988, 49; Hölkeskamp 1994, 156; 2000, 88ss; Whitley 1998, 317, 322s. Pour Athènes voir Thomas 1989, 49ss, très bien expliqué.

45. Martin 1940, 403s; Ténékidès 1956, 528; Fernández 1995, 115s. En plus voir Thomas 1996, 31.

46. Voir Detienne 1988, 14, 33, 41ss; Thomas 1996, 31; Siewert 1994a, 26; Hölkeskamp 1994, 141, 154s; Effenterre 1994, 88ss; Whitley 1998, 320; Signes 2004, 69.

Il faudrait ajouter que la publication des premiers traités internationaux à Olympie revêtit la forme primitive, qui était la plus simple, dite "non psephismatique", sans préambules ni indications de procédure (Heuss 1934, 233ss, 240ss).[47] Si cette forme subsista dans la pratique épigraphique postérieure du sanctuaire,[48] cela fut dû au fait que la stèle commune consacrée par les parties contractantes exigeait toujours la rédaction du texte pactisé *(Einigungsurkunde)* sans référence aux conditions politiques de production et approbation de l'accord dans chaque cité, ce qui aurait été superflu dans un document partagé.[49] Cela dit, on constate néanmoins des variations significatives entre les documents légaux éléens et les non éléens publiés dans le sanctuaire olympien à la fin de l'archaïsme: tandis que les premiers partagent la même forme d'en-tête,[50] qui vient définie par le mot *rhetra* et apparaît aussi dans d'autres textes légaux de la même région publiés à Olympie (*IvO* n° 2, 7, 11, 16, 56), le pacte d'amitié des Sybarites manque de qualification légale préalable. Document de preuve *(Beweisurkunde),* le bronze des colons italiens était surtout un instrument de propagande, les termes du pacte étant l'objet prioritaire de publicité dans un endroit par excellence de communication; d'où les références aux contenus dans le texte (accord: ἁρμόζω, et amitié: φιλότης), ainsi qu'aux témoins/garants. Par contre, dans les bronzes éléens la qualification légale du document (Ϝράτρα) précède les contenus du pacte (συνμαχία, φιλία). *Rhétra* signifie déclaration (ou prononcé) de nature juridique, "das verbindliche Wort" (Gschnitzer 1997, 5), mais à ce moment déjà dans l'acception de droit légal, étant la dé-

47. Heuss est exceptionnellement cité dans ce contexte par Giangiulo 1992, 36 n. 21. Pour les perdurations de cette manière d'attestation *(Beurkundung),* voir Stv. III, p. 415 (B a1), et Chaniotis 1996, 64, 79.

48. *IG* I² 86 (Stv. n° 193): Heuss 1934, 234.

49. La même idée est exprimée par Lalonde 1971, 182, qui ne connaît pas le travail de Heuss: "One result of the sharing of these Panhellenic publications of treaties was a version which in wording and content represented all of the parties equally, unlike the official local inscriptions which were essentially separate decrees of ratification and resolutions formulated from the point of view of each respective party". Mais l'auteur parle à tort de ratification ; du point de vue juridique il s'agissait des documents de preuve (*Beweisurkunden*): voir supra n. 5.

50. Dittenberger et Purgold 1896, 23, "die Worte ἀ Ϝράτρα τοῖρ Ϝαλείοις καὶ τοῖς ᾿ΕρϜαοίοις bilden die Überschrift", ou selon Baltrusch 1994, 10, et Hölkeskamp 1999, 101s, "die Einleitungsformel", à l'égal de l'autre épigraphe: "accord (ἀ Ϝράτρα) entre les Anatoi et les Metapioi", le titulus: Virgilio 1972, 70.

nomination officielle et régulière des accords/lois pris par les Éléens;[51] elle contraste avec le caractère idiosyncrasique et assez aléatoire du verbe ἁρμόζω.[52] Par conséquent l'apparition du terme *rhétra* en tête de ces documents indiquait au public l'origine et la validité du texte publié par renvoi explicite aux organes de gouvernement légitimes créateurs de la norme écrite.[53] Étant donné que les autorités olympiennes intervenaient comme instance de sanction, il était nécessaire pour celles-là de montrer au grand jour la validité de l'accord en montrant son insertion dans le cadre unitaire de la culture juridico-politique régionale, éléenne.[54]

Si nous envisageons maintenant l'époque classique, le groupe de traités d'états tiers est représenté à Olympie par la paix de trente ans conclue entre Sparte et Athènes en 446/45 (*Stv.* n° 156). Selon Pausanias (5.23.4), qui put encore la lire, la stèle en bronze du pacte fut placée dans un endroit de choix près du *Bouleuterion*, en face (ou devant) de la statue de Zeus consacrée par la ligue des Hellènes en mémoire de la bataille de Platées: quel symbole devant le monde grec tout entier de la réconciliation entre les premières puissances à la fin de la première guerre du Péloponnèse![55] L'histoire se répétera 25 années après,

---

51. Ostwald 1979, 7; Koerner 1981, 205; Effenterre, Ruzé 1994, 100, 398; Hölkeskamp 1999, 104; Thomas 2005, 50. Busolt 1920, 456: "Seine Bedeutung umfasst jede rechtlich bindende Satzung, sowohl Vertrag als Gesetz".

52. Sur l'emploi ici de ce verbe cf. Giangiulio 1992, 33s.

53. De façon explicite à *IvO* n° 7 (= *Nomima* n° 109 ; Koerner 1993 n° 42) et déjà antérieurement à *ML* n° 8, a.1-2. Voir *LSAG* 218; Rhodes, Lewis 1997, 95; Hölkeskamp 1994, 147s; 1999, 100ss; 2000, 82, 87; Walter 1993, 121. On pourrait poser la question si cette qualification légale préalable, avec son renvoi à l'ordre politique de production de la norme, ne fait pas de ces documents éléens un prototype archaïque de la forme "des abgekürzten Dekretes" (Heuss 1934, 236, 238).

54. Les conséquences qui s'en déduisent pour la constitution politique de l'Élide doivent être considérées tenant compte de la discussion sur l'articulation régionale éléenne: voir supra n. 11-13. Quoi qu'il en soit, il est clair que pour les Éléens, les Métapiens, les Anaitiens, les Chaladriens, les Skilutiens, les Pisates, tous mentionnés dans ces bronzes, le terme *rhetra* constituait une notion légale définie dans le cadre de leur culture juridico-politique partagée.

55. Bien compris aussi par Hönle 1972, 191 n. 5; Gerasimova 2004, 38s, 41s, et Scott 2010, 182 fig. 7.1, 193, 201, qui néanmoins dit à tort que l'inscription était "on the pedestal of the Plataian Zeus statue": le Périégète écrit πρὸ τοῦ Διὸς". Disons aussi que la conservation de ce document, consacré dans l'Altis, contraste avec la pratique de la destruction des stèles après la

quand les mêmes cités accordèrent la paix de Nicias (*Stv.* n° 188), dont une des clauses établissait que "on dressera des stèles à Olympie, à Pythô, à l'Isthme, à Athènes sur l'acropole et en territoire lacédémonien à l'Amyclaion".[56] Rétrospectivement cette mesure prouve qu'en 446/5 Olympie ne dut être non plus l'unique sanctuaire panhellénique choisi par les Péloponnésiens et les Athéniens pour rendre l'*eirene* publique. Les temples d'Apollon et de Poséidon durent recevoir aussi des copies de ce pacte-là, comme Bengtson (1975, 76) l'avait noté. Mais je voudrais attirer l'attention sur le fait que les Éléens et les Corinthiens, qui contrôlaient deux de ces sanctuaires, s'étaient déclarés ouvertement contre la paix de Nicias et refusèrent de la voter et de la jurer, en restant en dehors des *spondai* (Th. 5.17.2): se réalisa-t-il en cette occasion la disposition de la ligue du Péloponnèse concernant la publication du traité à Olympie? Je me permets d'en douter. La politique extérieure de l'Élis jusqu'à la guerre d'Agis en 400 et plus concrètement sa gestion de l'*agonothesia* vis-à-vis de Sparte font difficile de croire à l'application de la dite clause. Cela aurait signifié accepter comme offrande au Zeus olympien un texte diplomatique qui irritait profondément les Éléens à cause de Lépréon (Th. 5.31). D'ailleurs, cette disposition n'aurait pas été la seule de la paix de Nicias qui soit restée inaccomplie. Entre autres stipulations manquées, citons ici celle relative aux sanctuaires communs, Olympie et Delphes: "on pourra à son gré y offrir des sacrifices, y consulter les oracles et y envoyer des délégations selon les traditions en usage" (Th. 5.18.1). Il est bien connu que les autorités olympiennes interdirent aux Spartiates, en plus de la participation aux jeux, la consultation de l'oracle et les sacrifices, et justement par cette raison le traité de paix et d'alliance juré après la guerre d'Agis obligea les vaincus, selon Pausanias (3.8.5), à "permettre aux Lacédémoniens de sacrifier au dieu et de participer aux jeux".[57] Peut-on croire vraiment à

---

dénonciation du traité, une exception que Lalonde 1971, 183, n'attribue pas "to motives of political propaganda, but more probably to a continuous reverence for the sanctuaries of the gods, and some recognition of the historical value of these monuments as relics". Par contre, Adcock, Mosley 1975, 223, ne paraient pas comprendre cet aspect de la question.

56. Th. 5.18.10, donc dans les trois sanctuaires "canoniques" du panhellénisme: Funke 2003, 64.

57. Pour les événements et les sources après 421 et pendant la neutralité éléenne voir Alonso 1987, 479ss. Hornblower 2000, limite la période d'exclusion des jeux à l'année 420, mais cette restriction temporale n'affecterait pas notre argument.

la publication de la paix de Nicias à Olympie dans ce contexte de haute tension diplomatique?[58]

Les alliances conclues après la paix de Nicias font la lumière sur le rôle d'Olympie dans la vie internationale de l'époque. En effet, si le texte de l'alliance postérieure (*Stv.* n° 189), négociée entre Athènes et Sparte en 421, prescrivait seulement que "chaque partie dressera une stèle: l'une, à Sparte, près du temple d'Apollon d'Amyclées, l'autre, à Athènes, près de celui d'Athéna sur l'Acropole" (Th. 5.23.5), en revanche la quadruple alliance née l'année 420, dont un de ses membres fondateurs était l'Élide, réglait dans le traité que "les conventions relatives au traité, aux serments et à l'alliance seront gravées sur une stèle de marbre placée, pour Athènes, sur l'acropole, pour Argos, dans le sanctuaire d'Apollon à l'agora, pour Mantinée, dans le sanctuaire de Zeus à l'agora. Une stèle de bronze sera également installée en commun à Olympie, aux jeux olympiques de cette année".[59] En outre, Pausanias (5.12.8) précise que cette stèle était placée et était visible à l'intérieur du temple de Zeus (Scott 2010, 202, fig. 7.1/7). Plusieurs conclusions s'en déduisent: tout d'abord, comme J. de Romilly a signalé, étant Olympie en territoire éléen, cela explique pourquoi les Éléens eux-mêmes n'ont pas à dresser une stèle;[60] mais, en même temps, la publication de la stèle à Olympie est considérée quelque chose de toutes les parties contractantes (κοινῇ), pas seulement des maîtres du sanctuaire, ce qui souligne le caractère panhellénique du site; troisièmement, l'utilisation politique d'Olympie se fait de nouveau évidente, en particulier l'opportunisme propagandiste des coalisés, qui voulaient profiter du grand effet de résonance qu'avait la *panegyris* devant tout le monde grec assemblé;[61] finalement, le choix du monu-

58. L'argumentum *ex silentio* peut être dangereux, mais dans ce cas je crois qu'il serait bizarre que Pausanias, qui mentionne les stèles des pactes de 446/45 et 420 (voir infra), par contre ait passé sous silence l'existence d'un traité aussi important que la pace de Nicias. Par contre, Scott 2010, 202, donne comme acquis la publication de la paix dans le sanctuaire.

59. 5.47.11, tr. J. de Romilly (Belles Lettres).

60. *Thucydide. Livres IV-V*, Belles Lettres, 139 n. 1.

61. Cette pratique fera école: en 324, pendant la célébration des jeux Olympiques, Nicanor de Stagire proclamera le retour des exilés aux cités au nom d'Alexandre, de même qu'aux jeux Isthmiques de 196 le consul romain Flamininus annoncera la liberté des Grecs au nom de la République. D'ailleurs, l'utilisation de l'amphictyonie et du sanctuaire de Delphes par les Étoliens comme une sorte de "vitrine publicitaire" est aussi un fait constaté pendant le IIIe siècle: voir Sánchez 2001, 362.

ment plus important dans l'enceinte sacrée pour exhiber le bronze illustre l'importance accordée par les Éléens au pacte contre Sparte.

La quadruple alliance était une *symmachia*, un pacte militaire de la polis éléenne, à l'égal de l'alliance avec Ewa. Mais si nous nous rendons compte, nous n'avons trouvé que des traités d'amitié et de paix en s'agissant d'États tiers, pas d'alliances dont la publication a été autorisée à Oympie. On a l'impression que la polis éléenne, avec le droit d'admission des offrandes au sanctuaire, se réserva aussi la prérogative d'ériger sur place avant tout ses propres *symmachiai:* Pourrait-on parler d'une politique, postérieure au synecisme d'Élis, de discrimination et de sélection des publications en vertu de laquelle les traités étrangers de nature militaire, les *symmachiai,* y étaient généralement exclus? La mienne est seulement une hypothèse qui peut reposer sur le hasard des trouvailles et sur l'argumente ex silentio, mais qui en tous cas n'inclut pas le VIe siècle -les traités de Sybaris et Zancle, sans parler d'une possible alliance entre Sparte et Tégée, invitent à la précaution. Je n'oserais pas faire des jugements tranchants, mais les sources disponibles pour le IVe siècle paraissent confirmer la prévalence de ce critère préférentiel dans la publication des traités internationaux.

Cinq fragments d'inscriptions découverts par Emil Kunze et Alfred Mallwitz, en 1961 et 1979, correspondants à deux stèles en *marbre*, nous ont permis de connaître l'existence de nouveaux *symmachiai* exposés dans le sanctuaire entre 365-363: il s'agit de l'alliance du *koinon* arcadien avec Pisa et Akroreia et de l'alliance des Pisates, gardiens d'Olympie sous la protection arcadienne, avec Messénie et Sicyone.[62] Dépouillés de l'*agonothesia,* les Éléens durent voir comment les Pisates faisaient le même usage partisan de l'enceinte sacrée dans ces années troubles. D'autre part, la confédération arcadienne osa faire ce que Sparte n'avait pas voulu faire après sa victoire sur les Éléens en 398, publier dans le sanctuaire le traité d'alliance en employant une formule psephismatique inhabituelle et surtout en consacrant l'hégémonie des Arcadiens, mentionnés dans la première ligne du décret inscrite dans l'Altis: [Ἔδοξε τᾶι βουλᾶι τῶν Ἀρκάδων καὶ τοῖς] μυρίοις [.......]. C'était la culmination, jusqu'à l'excès, d'un processus qui s'était initié au VIe siècle avec le contrôle d'Olympie par les Éléens.

62. Kunze 1961b; Siewert 1994b, 262ss; Ringel, Siewert, Taeuber 1999, 420: "Für Pisa als neuen Veranstalter der Olympien kam hinzu, seinen politischen Rückhalt in der Hellenenwelt durch die Veröffentlichung der Bündnisse in Olympia zu dokumentieren".

Remerciements

Je tiens à remercier très vivement Jim Roy pour son hospitalité et ses conseils pendant mon séjour de recherche au Department of Classics de l' Université de Nottingham. Mes remerciements vont également aux éditeurs pour leurs observations sur le texte. Leur aide ne les rend nullement responsables des erreurs de mon travail.

Abreviations

ADI, R. des C. 90, II=Academie de droit international de La Haye, Rec. des cours (Leyden), 90, II.
IvO= Dittenberger, W., Purgold, K., 1896, *Die Inschriften von Olympia,* Berlin.
LSAG= Jeffery, L.H., 1998, *The Local Scripts of Archaic Greece*[2], Oxford.
ML= Meiggs, R., Lewis, D., 1969, *A Selection of Greek Historical Inscriptions to the End of the Fifth Century B.C.,* Oxford.
Nomima= Effenterre, H.v., Ruzé, F., 1994-1995, *Nomima. Recueil d'inscriptions politiques et juridiques de l'archaïsme grec,* I-II, Rome.
Stv=Bengtson, H. 1975, *Die Verträge der griechisch-römischen Welt von 700 bis 338 v. Chr.*[2], München und Berlin.

Bibliographie

Adcock, F., Mosley, D.J. 1975, *Diplomacy in Ancient Greece,* London.
Ager, S.L. 1996, *Interstate Arbitrations in the Greek World, 337-90 B.C.,* Berkeley.
Alonso Troncoso, V. 1987, *Neutralidad y neutralismo en la guerra del Peloponeso (431-404 a.C.),* Madrid.
Baltrusch, E. 1994, *Symmachie und Spondai,* Berlin.
Beloch, K.J. 1912, *Griechische Geschichte,* 1[2],1, Strassburg.
Bengtson, H. 1975, *Die Verträge der griechisch-römischen Welt von 700 bis 338 v. Chr.*[2], München und Berlin.
Bertrand, J.-M. 1992, *Inscriptions historiques grecques,* Paris.
Busolt, G. 1893, *Griechische Geschichte,* I[2], Gotha.
- 1920, *Griechische Staatskunde,* I, München.
Camassa, G. 1994, "Verschriftung und Veränderung der Gesetze", dans H.-J.Gehrke (Hrsg.), *Rechtskodifizierung und soziale Normen im interkulturellen Vergleich,* Tübingen, 97-108.
Cartledge, P. 2002, *Sparta and Lakonia*[2], London and New York.
Chaniotis, A. 1996, *Die Verträge zwischen kretischen Poleis in der hellenistischen Zeit,* Stuttgart.

CHRISTIEN, J., RUZÉ, F. 2007, *Sparte. Géographie, mythes et histoire,* Paris

CROWTHER, N.B. 2003, "Elis and Olympia: City, Sanctuary and Politics", dans D.J. Phillips, D. Pritchard (eds), *Sport and Festival in the Ancient Greek World,* Swansea, 61-73.

DAVERIO ROCCHI, G. 1988, *Frontiera e confine nella Grecia antica,* Roma.

DETIENNE, M. 1988, "L'écriture et ses nouveaux objets intellectuels en Grèce", "L'espace de la publicité: ses opérateurs intellectuels dans la cite", dans id. (éd.), *Les savoirs de l'écriture en Grèce ancienne,* Lille, 7-26, 29-81.

DITTENBERGER, W., PURGOLD, K. 1896, *Die Inschriften von Olympia,* Berlin.

EBERT, J., SIEWERT, P. 1999, "Eine archaische Bronzeurkunde aus Olympia mit Vorschriften für Ringkämpfer und Kampfrichter", dans A. Mallwitz, H. Herrmann (Hrsg.), XI. *Bericht über die Ausgrabungen in Olympia,* Berlin, 391-412.

EFFENTERRE, H. v. et M. 1994, "Écrire sur les murs", dans H.-J. Gehrke (Hrsg.), *Rechtskodifizierung und soziale Normen im interkulturellen Vergleich,* Tübingen, 87-96.

EFFENTERRE, H.V., RUZÉ, F. 1994-1995, *Nomima. Recueil d'inscriptions politiques et juridiques de l'archaïsme grec,* I-II, Rome.

FERNANDEZ NIETO, F.J. 1995, "Un tratado de época arcaica (Alianza entre Élide y Herea?)", *Lengua e Historia* 12, 113-124.

FUNKE, P. 2003, "Gli ombelichi del mondo. Riflessioni sulla canonizzazione dei santuari panellenici", *GeoAnt* 12, 57-65.

GAUTHIER, PH. 1972, *Symbola,* Nancy.

GEORGOUDI, S. 1988, "Manières d'archivage et archives de cités", dans M. Detienne (éd.), *Les savoirs de l'écriture en Grèce ancienne,* Lille, 221-247.

GERASIMOVA, L.J. 2004, "The Artistic Design of Olympia as an Aesthetic Expression of Greek Unity and the Idea of Peace between Greek States", dans V.I. Kuzishchin (dir.), *Les jeux olympiques dans l'Antiquité,* (Mésogeios 24), Paris, 33-65.

GIANGIULIO, M. 1992, "La ΦΙΛΟΤΗΣ tra Sibariti e Serdaioi (Meiggs-Lewis, 10)", *ZPE* 93, 31-44.

GSCHNITZER, F. 1997, "Zur Terminologie von 'Gesetz' und 'Recht' im frühen Griechisch", dans G. Thür, J. Vélissaropoulos-Karakostas (Hrsg.), *Symposion* 1995, Köln, 3-10.

HALL, J.M. 2002, *Hellenicity: Between Ethnicity and Culture,* Chicago.

HANSEN, M.H., FISCHER HANSEN, T. 1994, "Monumental Political Architecture in Archaic and Classical Greek Poleis. Evidence and Historical Significance", dans D. Whitehead (ed.), *From Political Architecture to Stephanus Byzantius,* Stuttgart, 23-90.

HERRMANN, H.-V. 1972, *Olympia,* München.

HEUSS, A. 1934, "Abschluss und Beurkundung des griechischen und römischen Staatsvertrages", *Klio* 27, 14-53, 218-257.

HÖLKESKAMP, K.-J. 1994, "Tempel, Agora und Alphabet", dans H.-J. Gehrke (Hrsg.), *Rechtskodifizierung und soziale Normen im interkulturellen Vergleich,* Tübingen, 135-164.

- 1999, *Schiedsrichter, Gesetzgeber und Gesetzgebung im archaischen Griechenland,* Stuttgart.
- 2000, "(In-)Schrift und Monument. Zum Begriff des Gesetzes im archaischen und klassischen Griechenland", *ZPE* 132, 73-96.

HÖNLE, A. 1972, *Olympia in der Politik der griechischen Staatenwelt,* Bebenhausen.

HORNBLOWER, S. 2000, "Thucydides, Xenophon, and Lichas: were the Spartans excluded from the Olympic Games from 420 to 400 B.C.?", *Phoenix* 54, 212-225.

HYDE, W.W. 1921, *Olympic Victor Monuments and Greek Athletic Art,* Washington.

JEFFERY, L.H. 1998, *The Local Scripts of Archaic Greece*[2], Oxford.

KAHRSTEDT, U. 1927, "Zur Geschichte von Elis und Olympia", *NGG,* 157-176.

KARAVITES, P. 1992, *Promise-Giving and Treaty Making. Homer and the Near East,* Leiden.

KLAFFENBACH, G. 1960, "Bemerkungen zum griechischen Urkundenwesen", *SDAW* 6, 1-42.

KOERNER, R. 1981, "Vier frühe Verträge zwischen Gemeinwesen und Privatleuten auf griechischen Inschriften", *Klio* 63, 179-206.

- 1993, *Inschriftliche Gesetzestexte der frühen griechischen Polis,* Wien.

KUNZE, E. 1961a, "Eine Urkunde der Stadt Sybaris", *VII Bericht über die Ausgrabungen in Olympia,* Berlin, 207-210.

- 1961b, "Zwei Marmorstelen des arkadischen Bundes", *ibid.,* 211-217.

LALONDE, G.V. 1971, *The Publication and Transmission of Greek Diplomatic Documents,* Diss. Washington.

LEWIS, D.M. 1970, "A. Hönle, Olympia, Compte Rendu", *CR* 20, 253-254.

LEWIS, S. 1996, *News and Society in the Greek Polis,* London.

MARTIN, V. 1940, *La vie internationale dans la Grèce des cités (VIe-IVe s. av. J.-C.),* Paris.

MEIGGS, R., LEWIS, D. 1969, *A Selection of Greek Historical Inscriptions to the End of the Fifth Century B.C.,* Oxford.

ΜΕΪΔΑΝΗ, Κ. Σ. 2010, *Αρχαϊκή Ελλάδα και Πόλεμος,* Αθήνα.

MINON, S. 1994, *Les tablettes éléennes du Vie et du Ve siècle: étude dialectologique et historique,* thèse de doctorat, Ecole Pratique des Hautes Etudes, Paris.

MOGGI, M. 1976, *I sinecismi interstatali greci,* Pisa.

MÖLLER, A. 2004, "Elis, Olympia und das Jahr 580 v. Chr. Zur Frage der Eroberung der Pisatis", dans R. Rollinger, Ch. Ulf (Hrsg.), *Griechische Archaik. Interne Entwicklungen - Externe Impulse,* Berlin, 249-270.

MORGAN, CH. 1993, "The Origins of Pan-Hellenism", dans N. Marinatos, R. Hägg (eds), *Greek Sanctuaries. New Approaches,* London and New York, 18-44.

NAFISSI, M. 2003, “Elei e Pisati. Geografia, storia e istituzioni politiche della regione di Olimpia”, *GeoAnt* 12, 23-55.

NIELSEN, TH.H. 1997, “Triphylia. An Experiment in Ethnic Construction and Political Organisation”, dans id. (ed.), *Yet More Studies in the Ancient Greek Polis,* Stuttgart, 129-161.

- 2002, *Arkadia and its Poleis in the Archaic and Classical Periods,* Göttingen.
- 2004, “Arkadia”, dans M.H. Hansen, Th.H. Nielsen (eds), *An Inventory of Archaic and Classical Poleis,* Oxford.

NIESE, B. 1910, “Drei Kapitel eleischer Geschichte”, dans *Genethliakon. Carl Robert zum 8. März 1910,* Berlin, 1-47.

OSTWALD, M. 1979, *Nomos and the Beginnings of the Athenian Democracy,* Wesport.

PANESSA, G. 1999, *Philiai. L'amicizia nelle relazioni interstatali dei greci,* Pisa.

PICCIRILLI, L. 1973, *Gli arbitrati interstatali greci,* I, Pisa.

PREAUX, C. 1962, “La paix à l'époque hellénistique”, dans *La Paix,* I, Rec.Soc.J.Bodin, Bruxelles, 227-301.

PRITCHETT, K.W. 1965, *Studies in Ancient Greek Topography. Part I,* Berkeley and Los Angeles.

RHODES, P.J., LEWIS, D.M. 1997, *The Decrees of the Greek States,* Oxford.

RIGSBY, K.J. 1996, *Asylia. Territorial Inviolability in the Hellenistic Period*[2], Berkeley.

RINGEL, E., SIEWERT, P., TAEUBER, H. 1999, “Die Symmachien Pisas mit den Arkadern, Akroreia, Messenien und Sikyon, dans A. Mallwitz (Hrsg.), *XI. Bericht über die Ausgrabungen in Olympia,* Berlin, 413-420.

ROLLINGER, R. 2004, “Die Verschriftlichung von Normen: Einflüsse und Elemente orientalischer Kulturtechnik in den homerischen Epen, dargestellt am Beispiel des Vertragswesens”, dans R. Rollinger, Ch. Ulf (Hrsg.), *Griechische Archaik. Interne Entwicklungen - Externe Impulse,* Berlin, 369-425.

ROY, J. 1997, “The *Perioikoi* of Elis”, dans M.H. Hansen (ed.), *The Polis as an Urban Centre and as a Political Community,* Copenhagen, 282-320.

- 1998, “Thucydides 5.49.1 - 50.4: the Quarrel between Elis and Sparta in 420 B.C., and Elis' Exploitation of Olympia”, *Klio* 80, 360-368.
- 2002a, “The Pattern of Settlement in Pisatis. «The Eight Poleis»”, dans Th. H. Nielsen (ed.), *Even More Studies in the Ancient Greek Polis,* Stuttgart, 229-247.
- 2002b, “The Synoikism of Elis”, dans Th. H. Nielsen (ed.), *Even More Studies in the Ancient Greek Polis,* Stuttgart, 249-264.
- 2004, “Elis”, dans M. H. Hansen, Th. H. Nielsen (eds.), *An Inventory of Archaic and Classical Poleis,* Oxford, 489-504.

ROY, J., SCHOFIELD, D. 1999, “IvO 9: A New Approach”, *Horos* 13, 155-165.

RUGGERI, C. 2004, *Gli stati intorno a Olimpia. Storia e costituzione dell'Elide e degli stati formati dai perieci elei (400-362 a.C.),* Stuttgart.

SANCHEZ, P. 2001, *L'Amphictionie des Pyles et de Delphes,* Stuttgart.

Scott, M. 2010, *Delphi and Olympia. The Spatial Politics of Panhellenism in the Archaic and Classical Periods,* Cambridge.

Sickinger, J.P. 1994, "Inscriptions and Archives in Classical Athens", *Historia* 43, 286-296.

Siewert, P. 1991, "Staatliche Weihungen von Kesseln und anderen Bronzegeräten in Olympia", *MDAI(A)* 106, 81-84.

- 1994a, "Eine archaische Rechtsaufzeichnung aus der antiken Stadt Elis", dans G. Thür (Hrsg.), *Symposion* 1993, Köln, 17-32.
- 1994b, "Symmachien in neuen Inschriften von Olympia", dans L.A. *Foresti et al. (a cura di), Federazioni e federalismo nell'Europa antica,* I, Milano, 257-264.
- 2001, "Zwei Rechtsaufzeichnungen der Stadt Elis", dans V. Mitsopoulos-Leon (Hrsg.) *Forschungen in der Peloponnes,* Athen, 245-252.
- 2002, "Die wissenschaftsgeschichtliche Bedeutung der Bronze-Urkunden aus Olympia", dans H. Kyrieleis (Hrsg.), *Olympia 1875-2000. 125 Jahren Deutsche Ausgrabungen,* Mainz, 359-370.

Signes Codoñer, J. 2004, *Escritura y literatura en la Grecia arcaica,* Madrid.

Sinn, U. 2000, *Olympia. Cult, Sport, and Ancient Festival,* Princeton (translated from German by Th. Thornton *Olympia: Kult, Sport und Fest in der Antike,* München 1996).

Taeuber, H. 1991, "Elische Inschriften in Olympia", dans A.D. Rizakis (Hrsg.) *Achaia und Elis in der Antike,* Athen, 111-113.

Taita, J. 1999, "Un'anfizionia ad Olimpia? Un bilancio sulla questione nell'interpretazione storiografica moderna", dans D. Foraboschi (a cura di), *Storiografia ed erudizione,* Milano, 149-186.

- 2000, "Gli Αἰτωλοί di Olimpia. L'identità etnica delle comunità di vicinato del santuario olimpico", *Tyche* 15, 147-188.
- 2002, "Rapporti fra il santuario di Olimpia e lo stato di Elide", dans V. De Angelis (a cura di), *Sviluppi recenti nella ricerca antichistica,* Milano, 131-161.
- 2004-2005, "Proxenoi « santuariali » all'oracolo di Zeus ad Olimpia. Profilo giuridico e funzioni", *MinEpPapyr* 7-8, 87-114.

Tausend, K. 1992, *Amphiktyonie und Symmachie,* Stuttgart.

Ténékides, G. 1956, "Droit international et communautés fédérales dans la Grèce des cités (Ve-IIIes av. J.C)", *ADI, R. des C.* 90, II, 475-652.

Thomas, R. 1989, *Oral Tradition and Written Record in Classical Athens,* Cambridge.

- 1996, "Written in Stone? Liberty, Equality, Orality and the Codification of Law", dans L. Foxhall, A.D.E. Lewis (eds.), *Greek Law in its Political Setting. Justifications not Justice,* Oxford 1996, 9-31.
- 2005, "Writing, Law, and Written Law", dans M. Gagarin, D. Cohen (eds.), *The Cambridge Companion to Ancient Greek Law,* Cambridge, 41-60.

VIRGILIO, B. 1972, "A proposito della Fϱάτϱα Aneti e Metapî e su alcuni uffici pubblici e religiosi ad Olimpia", *Athenaeum* 50, 68-77.
WALTER, U. 1993, *An der Polis teilhaben,* Stuttgart.
WHITLEY, J. 1998, "Literacy and Law-Making. The case of Archaic Crete", dans N. Fischer, H.v. Wees (eds), *Archaic Greece: New Approaches,* London, 311-331.
ZIEGLER, K.-H. 1995, "Conclusion and Publication of International Treaties in Antiquity", *Israel Law Review* 29, 233-249.

ΠΕΡΙΛΗΨΗ

Αυτό το άρθρο φιλοδοξεί να συμβάλει στην ιστορία της Ολυμπίας και του ελληνικού δικαίου: επιγραφές νομικού περιεχομένου, σύνταξη και δημοσίευση κειμένων νομικού χαρακτήρα, γραπτές μαρτυρίες και ιστορία των διεθνών οργανισμών, ρόλος των πανελλήνιων ιερών στην εξέλιξη της διπλωματικής γλώσσας, κλπ. Πρόκειται για μια έρευνα που μελετά το φαινόμενο της δημοσίευσης διεθνών συνθηκών στο χώρο της Ολυμπίας (σε τοποθεσίες όπως η Άλτις, το Βουλευτήριο, το Πρυτανείο, οι Θησαυροί, κλπ), από τον 6ο αι. π.Χ. ως τα τέλη της κλασικής εποχής. Τα διπλωματικά έγγραφα της ελληνιστικής εποχής δεν αναλύονται, παρότι κάποια από αυτά αναφέρονται και σχολιάζονται παράπλευρα (σημείωση 44). Δίδεται ιδιαίτερη έμφαση στις συνθήκες ειρήνης ή/και συμμαχίας που συνάφθηκαν μεταξύ Ηλείων και Ηραίων· Αναίτων και Μεταπίων· Συβαριτών και Σερδαίων· Ζαγκλείων και των γειτόνων τους· Τεγεατών και Σπαρτιατών· Αθηναίων και Πελοποννησίων· Αθηναίων και Ηλείων· Αργείων και Μαντινείων· Αρκάδων, Πισατών και Ακρωρείων· και Πισατών, Μεσσηνίων και Σικυωνίων. Αναλύονται όχι μόνο κάποιες από τις σημαντικότερες ρήτρες που ενδιαφέρουν την έρευνά μας, αλλά επίσης η διατύπωση και ορολογία των συνθηκών, ο ακριβής εντοπισμός τους, καθώς επίσης και η διπλωματική συγκυρία στα πλαίσια της οποίας γίνεται η διαπραγμάτευσή τους. Επίσης, ο συγγραφέας εστιάζει την προσοχή του στην πολιτική των Ηλείων και των Πισατών στη διαχείριση του ιερού και στο πώς αυτή η πολιτική προσδιορίζει το ποιες συνθήκες δημοσιεύονταν και ποιων η δημοσίευση προσέκρουε σε δυσκολίες.

L'invenzione della pace: *koinai eirenai* e ordine internazionale nelle relazioni tra le poleis
(IV sec. a.C.)

GIOVANNA DAVERIO ROCCHI

"LA GUERRA SEMBRA vecchia quanto l'umanità, ma la pace è un'invenzione moderna". Queste parole appartengono al giurista sir Henry Maine, vissuto intorno alla metà del XIX secolo. Secondo l'insigne studioso la pace fu "inventata" quando la visione di un ordine internazionale in cui la guerra era assente si coniugò con il consenso delle società umane a realizzare una convivenza nella quale la guerra era abolita. Questa concezione si era affermata in età moderna con l'illuminismo, perché furono gli illuministi a rileggere la storia del mondo come cammino dell'uomo verso l'acquisizione della autocoscienza di essere responsabili del proprio destino, sebbene, come M. Howard ritiene giustamente di precisare,[1] era stata un'aspirazione abbastanza comune a tanti idealisti nel corso di tutta la storia, anche se solo negli ultimi duecento anni essa è stata considerata dai leader politici un fine praticabile o addirittura desiderabile. In questa prospettiva, la *pax* romana imposta dal potere e quella medievale risultato della convergenza di interessi tra una classe dirigente militare che assicurava l'ordine e il clero che lo legittimava furono interpretati come paci negative in quanto non significavano altro che un periodo di precaria interruzione delle ostilità. Nella Grecia antica l'immagine della pervasività della guerra aveva indotto alcuni uomini di pensiero a ritenere che la guerra fosse la condizione naturale dei rapporti tra le poleis. A questo proposito appaiono altamente significative le opinioni espresse in contesti differenti dallo storico Diodoro e dal filosofo Platone. Diodoro, riferendosi all'anno precedente lo scoppio della guerra del Peloponneso, scriveva che in quell'anno c'era la pace e perciò egli non aveva nulla da raccontare.[2] Nelle *Leggi* il filosofo dichiarava che "ciò che il popolo

1. Howard (2002, 17 ss.), da cui la citazione di H. Maine.
2. Diod. 12.26.

chiama pace non è nient'altro che una parola; di fatto, in ogni tempo la polis per sua natura si trova in una condizione di guerra non dichiarata con ogni altra città".[3] Queste citazioni si inseriscono di fatto in una ricorrenza costante della guerra nel tempo e nella spazio della Grecia di età classica. Dall'epoca della rivolta ionica ad arrivare all'egemonia macedone sono stati contati cinquantasei conflitti armati, cui si deve aggiungere l'abbondanza di soggetti ispirati da eventi, episodi, pratiche, armamenti e abbigliamenti militari nella letteratura e nelle arti figurative.[4] Questa situazione sembra dare ragione alle teorie di B. Keil, destinate a una ampia fortuna nel XX secolo, che hanno inteso porre la guerra come momento condizionante sia i rapporti interstatali, sia le forme di pensiero delle società antiche.[5] In realtà già Th. Mommsen prima di lui a proposito della guerra si era espresso in termini di "dauerner Zustand", e nei decenni successivi la pubblicazione del lavoro di B. Keil, tale posizione incontrò larga fortuna e fu per molti anni prevalente.[6]

Per contro noi conosciamo una gamma di convenzioni interstatali e di procedure, nonché forme di pensiero e idee in base alle quali i Greci modellarono le relazioni internazionali, che erano in grado di proporre soluzioni e di fornire gli strumenti procedurali per rapporti pacifici e duraturi di convivenza tra gli stati.[7] Basti pensare alle molteplici possibilità fornire dai legami di *syngeneia,* di *philia* e di *xenìa,* che dal piano delle relazioni interpersonali passarono alla sfera dei rapporti intercomunitari, fino a trasformarsi in rapporti ufficiali interpoleici, senza contare i culti comuni che riunivano i Greci intorno ai santuari panellenici, primo tra tutti quello di Zeus a Olympia. Questa trama di relazioni ap-

3. Plat. *Leg.* 626 a.

4. Il numero dei conflitti è stato calcolato da Ilari (I, 1980, 375 ss.) e ripreso da Jehne (1994, 12) e da Hölkeskamp (1997, 482 ss.). Per una trattazione più ampia del problema rimando a Daverio 1999, 34-38.

5. Keil 1916.

6. Cfr. Mommsen 1887[3], 590 ss. Fu accettata, per esempio, da un importante studioso delle relazioni internazionali come V. Martin (1940) e da J. De Romilly nel suo ponderoso saggio su Tucidide e l'imperialismo ateniese (1947). Discussione del dibattito e rassegna delle differenti posizioni in Baltrusch (1994, 92 ss.); Hölkeskamp 1997, 482 ss., Daverio 1999, 33 ss.

7. In merito sono perfettamente condivisibili le conclusioni di Troncoso (2003, 339-354) in merito a una società internazionale della Grecia antica che ha raggiunto un notevole grado di maturità nella definizione degli ordinamenti che disciplinano I reciproci rapporti e che accetta di sottoporsi a un apparato normative condiviso.

pare incompatibile con l'idea di una guerra permanente e indirizza piuttosto verso un sistema internazionale al quale non sono estranee condizioni che afferiscono alla categoria della pace. Ne discendono due ordini di considerazioni:

1. i Greci erano consapevoli che la convivenza interellenica disponeva di soluzioni alternative al conflitto su cui fondare i reciproci rapporti;

2. le comunità erano unite da una tale varietà di relazioni che noi possiamo pensare a esse come a maglie di una rete tessuta con regole e rituali condivisi che seppure sarebbe prematuro interpretare secondo il quadro di una società degli stati secondo le definizioni di Wright e Bull per il mondo moderno, tuttavia non configura neppure quella frammentazione e quel particolarismo che altri indirizzi di pensiero hanno inteso riconoscere nel policentrismo della Grecia antica.[8]

1

Un espressivo progresso nella direzione di un ordine internazionale fondato sulla pace è fornito dalle *koinai eirenai* del IV secolo, che dalla prima del 386 furono periodicamente rinnovate nei decenni successivi.[9] Non è questa la sede per riprendere nel loro complesso i temi e i problemi scaturiti da questi trattati di pace, che hanno ricevuto ampia e approfondita trattazione da parte della storiografia moderna.[10] Non si può che condividere le conclusioni degli studiosi che con varie sfumature hanno messo in evidenza gli aspetti legali del trattato, dalla sua estensione ai caratteri di multilateralità e permanenza, come pure le conseguenze politiche e militari nei rapporti di potenza. In particolare vorrei ricordare le considerazioni di A. Momigliano in merito alla portata secondaria del carattere formale di trattato multilaterale della pace del 386 rispetto alla sostan-

8. Cfr. Wight 1977, Bull 1993. Per una discussione di questi problemi e più ampi riferimenti bibliografici rimando a Daverio 1999, 19-66 e Daverio 2009, 123-139.

9. Xen. *Hell.* 5.1.31, cfr. Diod. 14.110.3-4: *Pace del Re* (387/386). Rinnovi: nel 375/374, Xen. *Hell.* 6.2.1, cfr. Diod. 15.38.1-4; nel 371 a Sparta, Xen. *Hell.* 6.3.3, cfr. Diod. 15.50.4 e ad Atene, Xen. *Hell.* 6.5.1.

10. Per l'analisi storica, politica e giuridica del testo, mi limito a ricordare Ryder 1965, Urban 1991, Jehne 1994. Per una rassegna bibliografica più esaustiva rimando a Daverio 2002, 92-96. Utili considerazioni in merito alla società degli stati riconoscibile nella Grecia antica sono espresse da Low 2007.

za di una pace imposta da una potenza terza quale la Persia.[11] Entro l'orizzonte delle Paci Generali si delinea una comunità internazionale di stati, strutturata entro un sistema multipolare fondato sul principio-chiave della pari autonomia delle potenze grandi e piccole, e che prevedeva la dissoluzione delle alleanze egemoniali vigenti, proibendo contestualmente la creazione di nuove. L'obiettivo fu quello di realizzare la convivenza tra le poleis su basi pacifiche e ugualitarie, grazie alla messa in atto di uno strumento legale sovrastatuale, istituzionalmente formalizzato, vincolante per tutti gli stati e di durata illimitata, in definitiva in grado, almeno in linea teorica, di porre fine all'anarchia internazionale e alla pace negativa nelle relazioni tra le poleis.[12] La *koine eirene* interveniva contestualmente nel rappacificare i rapporti con la Persia sulla base della spartizione delle reciproche sfere d'influenza. La *koine eirene* rappresentò inoltre la conquista del concetto di pace sul piano del diritto, conferendole la formalizzazione istituzionale. La parola *eirene* entrò nel vocabolario delle relazioni internazionali con il significato di trattato di pace.

La lettura politica della Pace del 386 e di quelle successive, rinnovate a seguito del riaccendersi dei conflitti immediatamente dopo la stipulazione dei trattati, impone di prendere atto che periodicamente si rese necessario riformulare gli accordi, naufragati per le circostanze più diverse. Questo sembra dare ragione a quanti pongono l'accento sul fallimento delle Paci in quanto avrebbero mancato l'obiettivo di realizzare una convivenza stabilmente pacifica. La questione nodale riguarda il rapporto tra le conquiste sul piano della formulazione teorica e l'applicazione sul piano fattuale dei rapporti tra le poleis. I con-

11. Momigliano 1966a, 393-419; 1966b, 457-487.

12. Relativamente al concetto di anarchia internazionale accetto la definizione ormai classica di H. Bull. Perché si possa parlare di anarchia internazionale è sufficiente l'esistenza di comunità politiche indipendenti che non riconoscano autorità superiori. Naturalmente questa definizione sviluppa una serie di precisazioni e di distinzioni, che dipendono da meccanismi variabili nel tempo e rispetto alle società in cui si manifestano, suscettibili di creare alcuni interressi e/o valori comuni capaci di rimuovere o ridurre il contesto anarchico anche laddove manchino regole e ordinamenti ufficiali o, viceversa, di trovare situazioni di anarchia anche in presenza di norme attuate per disciplinare i rapporti interstatali. Uno dei risultati possibili ed estremi dell'anarchia in assenza di una qualsiasi forma di autorità al di sopra dello Stato è lo stato di guerra pressoché permanente, la «guerra di tutti contro tutti», rifacendosi al noto principio hobbesiano. Cfr. Bull 1977, 67 ss., 250-251; in merito alle tesi di questo studioso rimando alle considerazioni di Vigezzi 2005, *passim*, e Colombo 2006, 121-124.

tenuti, gli obiettivi e le modalità operative della prima delle Paci generali, la Pace del Re del 386, mettono in evidenza che la pace prevista dal trattato non mirava a una generica situazione di assenza di belligeranza, bensì imponeva l'attuazione di un ordine internazionale basato sulla autonomia di tutte le poleis piccole e grandi, legittimando l'uso della forza par la sua realizzazione:[13]

> Il Re Artaserse ritiene sua legittima proprietà le città d'Asia e, tra le isolòe, Cipro e Clazomene; riconosce l'autonomia delle altre città greche, piccole e grandi ...,A quanti non accettano questa pace, a costoro io muoverò guerra insieme a coloro che l'accettano, sia per terra sia per mare, con la mia flotta e con il mio tesoro.

Il risultato principale del 386 fu di ridisegnare l'ordine internazionale secondo punti di riferimento mutati rispetto al secolo precedente, in quanto il trattato di pace poneva fine al bipolarismo egemonico (Sparta/Atene) che aveva accompagnato la storia del V secolo e contestualmente poneva fine alle alleanze asimmetriche che raggruppavano le potenze minori intorno a una forza egemone.[14] L'autonomia delle poleis e la loro sostanziale uguaglianza costituivano le precondizioni della pace.

Ora, i teorici delle relazioni internazionali ritengono che la risposta in termini di ordine e stabilità è proporzionato ai bisogni di sicurezza delle comunità e dipende dalla capacità con cui l'equilibrio vigente è in grado di assicurarlo.[15] Il bilanciamento delle forze tra Sparta e Atene nel V secolo, almeno fino alla scoppio della guerra del Peloponneso, aveva garantito questa condizione nell' ambito di due sistemi egemonici di pari forza contrapposti. Il trattato di pace dcl 386 poneva fine a questo sistema, ma il nuovo ordine multipolare doveva essere in grado di generare le condizioni primarie per garantire ordine e sicurezza nel quadro di un assetto internazionale fondato sui principi di libertà e autonomia applicato a tutte le poleis della Grecia "grandi e piccole". Le misure della *koine eirene* in termini di garanzia per gli abitanti delle città della Grecia hanno indotto M. Sordi a paragonare per portata innovativa questa Pace alla Dichiarazione dei Diritti dell'uomo.[16] In realtà la Pace del Re non contemplava

13. Xen. *Hell.* 5.1.31.
14. In merito al rapporto tra città piccole e grandi rimando a Daverio 2004, 41-56 e Daverio 2008, 1-21.
15. Colombo 2006, Cesa 2007.
16. Sordi 1985, 3-16.

nessuna forma di riconoscimento dei diritti della persona. Suggerisce piuttosto un accostamento a princìpi e compiti che nella comunità mondiale di oggi sono assunti dalla Organizzazione delle Nazioni Unite.[17] Disegna infatti un sistema degli stati facente riferimento a un complesso di norme consensualmente accettate dagli stati membri e operative a favore del mantenimento dell'ordine e della sicurezza internazionale, ineludibili condizioni per una pace stabile. Alla luce di questi obiettivi deve essere letta la difesa armata della pace. Vale la pena a questo proposito di confrontare gli obiettivi e le modalità operative della Pace del Re con le misure previste dalla Carta delle Nazioni Unite - segnatamente nel capitolo VII – in merito ai tempi e ai modi che legittimano l'uso della forza per il mantenimento o il ristabilimento della pace e della sicurezza internazionale. In ordine alle minacce alla pace, alle violazioni della stessa e ad atti di aggressione è scritto:

> Art. 39. Il consiglio di sicurezza accerta l'esistenza di una minaccia alla pace, di una violazione della pace, o di un atto di aggressione, e fa raccomandazione o decide quali misure debbano essere prese in conformità agli articoli 41 e 42 per mantenere o ristabilire la pace e la sicurezza internazionale.
>
> Art. 42. Se il Consiglio di Sicurezza ritiene che le misure previste nell'articolo 41 (sanzioni economiche, rottura delle relazioni diplomatiche) siano inadeguate o si siano dimostrate inadeguate, esso può intraprendere, con forze aeree, navali o terrestri, ogni azione che sia necessaria per mantenere o ristabilire la pace e la sicurezza internazionale.
>
> Art. 43. Al fine di contribuire al mantenimento della pace e della sicurezza internazionale, tutti i membri delle Nazioni Unite si impegnano a mettere a disposizioni del Consiglio di Sicurezza ..., le forze armate, l'assistenza ...

Sostanzialmente le koinai eirenai configurano poteri e misure di peace-keeping che nel 386 erano assunte dal re di Persia, mentre gli Spartani se ne facevano garanti relativamente alla applicazione della clausola dell'autonomia in Grecia:[18]

> Divenuti patroni (προστάται) della Pace imposta dal Re ed esecutori dell'autonomia per le città, ottennero l'alleanza di Corinto, resero indipendenti dai

17. Siewert 1998, 31-42; Daverio 1999, 36 ss.
18. Xen. *Hell.* 5.1.36.

Tebani le città della Beozia –antico desiderio di Sparta–, posero fine ai tentativi degli Argivi di annettersi Corinto, decretando una mobilitazione contro di loro, se non avessero lasciato Corinto.

Dopo la battaglia di Leuttra furono gli Ateniesi ad assumersi questo compito, sostituendosi agli Spartani come garanti della pace, dell'ordine e della sicurezza internazionale, ribadendo i termini della Pace del 386, esplicitamente menzionando l'autonomia delle città grandi e piccole e proponendosi come guida di operazioni militari contro coloro che disattendevano le clausole del trattato:[19]

> Dopo che Archidamo, di ritorno dalla spedizione di soccorso a Leuttra, aveva ricondotto in patria l'esercito, gli Ateniesi ... convocarono tutte le città che intendevano aderire alla Pace proposta dal Re. Nella riunione che seguì, i partecipanti deliberarono di impegnarsi a prestare un giuramento così formulato: Accetto di rispettare le clausole del trattato di pace inviato dal Re e i decreti emanati dal popolo ateniese e dai suoi alleati. Se una delle città vincolate dal giuramento subirà un'aggressione, mi impegno a soccorrerla con tutte le mie forze. Il giuramento fu approvato all'unanimità, con la sola eccezione degli Elei che si opposero alla concessione di autonomia a Margana, a Scillunte e alla Trifilia, in quanto città di loro proprietà. Ma gli Ateniesi e gli altri decretarono, conformemente al rescritto regio, l'autonomia di tutte le città, grandi e piccole.

I Greci conoscevano altri strumenti a favore dalla pace sentiti come particolarmente vincolanti, le tregue sacre e le anfizionie. A prescindere dalla differenza nella durata (circoscritta nel tempo le tregue sacre, virtualmente illimitata quella delle *koinai eirenai*) e nelle modalità della partecipazione (valevole per i membri nell'anfizionia, vincolante per tutti gli stati nella *koine eirene*), le Paci generali si distinguono per il loro carattere intrinsecamente laico. La pace non era imposta da una volontà divina come pure non era il senso di rispetto per la divinità o il timore della violazione di leggi sacrali a rifiutare la conflittualità. Nasceva piuttosto dalla volontà consapevole e consensuale di soggetti politici a prendere in mano il proprio destino e a darsi norme comuni e di valore permanente. Istruttiva, ancora una volta la testimonianza delle *Elleniche* senofontee in merito alla Conferenza di pace tenutasi a Delfi nel 367 a.C. per iniziativa del

19. Xen. *Hell.* 6.5.1-2. A questa Conferenza di pace gli Spartani erano assenti.

delegato del Re, Filisco di Abido, dove è esplicitamente detto che i delegati si radunarono per conferire tra loro, senza consultare l'oracolo:[20]

> La sua prima iniziativa [i.e. di Filisco], fu di radunare in Delfi i Tebani, gli alleati e i Lacedemoni per discutere sulla pace. Qui giunti, non consultarono il dio per domandargli come sarebbe stata la pace, ma conferivano tra loro.

2

Le difficoltà nascevano al momento della declinazione politica del principio giuridico dell'equiparazione tra piccole e grandi potenze. Sparta lo interpretò per conservare il suo primato regionale nel Peloponneso, Atene lo utilizzò per rafforzare la leadership in seno alla Seconda Lega Marittima, Tebe la rifiutò non accettando la sua dequalificazione nel contesto della Beozia. Tra le potenze minori ci fu chi ne approfittò per cercare di ritagliarsi uno spazio da protagonista nella storia del tempo. I programmi internazionali di vasto respiro dovevano confrontarsi con interessi e ambizioni locali. Complessivamente, nel nuovo ordine internazionale ugualitario posto in atto dalla Pace del Re vennero a mancare sia la capacità di creare i meccanismi di controllo per disciplinare i rapporti tra le poleis, sia la forza o l'autorità che nel sistema bipolare del secolo precedente permetteva alle città egemoni di assicurare il bilanciamento delle forze. L'equiparazione delle potenze, livellata verso il basso, ebbe difficoltà a trovare i punti di equilibrio e, di conseguenza, non riuscì a garantire la sicurezza e la stabilità.

I diritti delle piccole città e il quadro di un ordine internazionale fondato sulla equiparazione delle potenze maggiori e minori ebbero il loro interprete in Senofonte. La ricerca di soluzioni suscettibili di conciliare l'autonomia delle poleis con le esigenze di sicurezza costituisce il filo conduttore delle riflessioni dei libri V, VI, VII delle *Elleniche.* Se Tucidide può essere considerato lo storico del bipolarismo egemonico, Senofonte è l'interprete di un ordine internazionale multipolare ed egualitario.[21] La valorizzazione delle piccole città è esposta attraverso i discorsi di questi libri, tutti affidati a esponenti di potenze minori. Le pa-

20. Xen. *Hell.* 7.1.27.

21. Daverio 2008 e Daverio 2009.

role di Cligene di Acanto, di Polidamante di Farsalo, di Clitele di Corinto, di Procle di Fliunte, tutti esponenti di piccole potenze minacciate nella loro indipendenza dalle ambizioni egemoniche di potenti vicini, siano essi un dinasta come Giasone di Fere, o la città di Olinto nella penisola Calcidica, manifestano questa inclinazione dello storico a dare voce alle piccole città.[22] All'esponente fliasio in particolare è affidato il compito di sottolineare il ruolo delle *mikrai poleis* nelle alleanze, poiché senza l'appoggio degli alleati, Sparta e Atene non sarebbero state in grado di realizzare i loro successi del passato:

> E' doveroso mostrare buona volontà anche in considerazione degli alleati presenti al loro fianco [dei Lacedemoni]. Sappiate bene infatti che quanti restano fedeli a loro nelle avversità, si vergognerebbero a non esprimere riconoscenza anche a voi. Se sembriamo piccole città, noi che desideriamo condividere il pericolo con loro, considerate che se si aggiungerà la vostra città [degli Ateniesi], non saremo più piccole città a intervenire in loro aiuto.

Figurano elementi di contestazione nei confronti degli equilibri tradizionali impensabili prima della Pace del Re. Senofonte arriva a mettere in discussione la clausola egemoniale che costituisce il cardine della Lega del Peloponneso. Infatti l'obbligo imposto agli alleati di «seguire gli Spartani ovunque li avessero condotti», di fatto sottoponeva i *symmachoi* ad alleanze e impegni militari assunti a nome di tutti dalla sola Sparta. Lo stesso modulo discorsivo, prevalente rispetto alla narrazione evenemenziale negli ultimi tre libri delle *Elleniche,* è un indice significativo del mutato orientamento, più critico, nei confronti di quegli obblighi degli alleati peloponnesiaci che sembravano confliggere con i principi della autonomia previsti dalla *koine eirene.* La violazione dei principi dell'autonomia delle città da parte degli Spartani costituisce il tema centrale della Conferenza di Pace del 371 nella esposizione senofontea.[23] Scopo della Conferenza era il rinnovo della *koine eirene.* Diodoro, la cui fonte per questo periodo della storia greca è Eforo, espone in maniera cursoria l'evento.[24] Le informazioni sui partecipanti e lo svolgimento dell'incontro provengono dalla biografia plutarchea di Agesilao.[25] Si apprende che erano presenti delegati provenienti da

22. Xen. *Hell.* 5.2.2-19: discorso di Cligene di Acanto; 6.1.4-16: discorso di Polidamante di Farsalo; 6.5.37: discorso di Clitele di Corinto; 6.5.38-48, 7.1.2-11: Procle di Fliunte.

23. Xen. *Hell.* 6.3.3-17.

24. Diod. 15.50.4.

25. Plut. *Ages.* 27-28.

tutte le parti della Grecia, e che si verificò un aspro alterco tra Agesilao e il tebano Epaminonda. Questi, secondo il racconto plutarcheo, rinfacciava al re di Sparta di volere imporre ai Tebani di riconoscere l'autonomia delle città della Beozia, ma di non fare valere il medesimo obbligo per le città del Peloponneso nei confronti di Sparta. La conferenza di Sparta nelle *Elleniche* è illustrata esclusivamente attraverso i discorsi dei tre delegati ateniesi, Callia, Autocle e Callistrato. La disponibilità degli Ateniesi alla pace procede di pari passo con la critica nei confronti della più recente politica estera di Sparta. Le parole di Autocle costituiscono una dura requisitoria nei confronti dell'imperialismo lacedemone che viola i principi della autonomia delle poleis quando limita le loro capacità in materia di politica estera:[26]

> voi [Spartani] continuate a dire «le città devono essere autonome», ma siete proprio voi a ostacolare l'autonomia. Infatti, tra le condizioni che imponete alle città alleate, la prima è di seguirvi dove voi le conduciate. Come si accorda questo con l'autonomia? Vi siete poi fatti dei nemici senza esservi consultati con gli alleati e li guidate contro di questi; sicché le cosiddette città autonome sono costrette a partecipare a spedizioni militari contro i loro amici più fidati.

Un episodio narrato da Senofonte nel capitolo successivo sembra rivelare le ripercussioni della Conferenza in Sparta, in particolare i contrasti in seno all'assemblea degli Spartiati in merito alla interpretazione della autonomia delle poleis e della sua estensione relativamente alla politica interna ed estera. Mentre a seguito delle decisioni della Conferenza di pace gli Ateniesi ritiravano le guarnigioni dalle città, e lo stesso facevano gli Spartani richiamando gli armosti e le guarnigioni, Cleombroto, che comandava l'esercito di stanza in Focide, mandò a chiedere istruzioni in patria.[27] Nel corso di un'assemblea per arrivare a una decisione in merito, Prothoos si espresse a favore dello scioglimento dell'esercito, e implicitamente attribuì alla presenza armata degli Spartani in Focide una violazione dell'autonomia; secondo il racconto senofonteo, egli proseguì il suo discorso con il sostenere che se l'autonomia delle città fosse stata violata, era necessaria la convocazione di una nuova conferenza:[28]

26. Xen. *Hell.* 6.3.7-8.
27. Xen. *Hell.* 6.4.2.
28. Xen. *Hell.* 6.4.2.

Prothoos prese la parola per dire che, secondo la sua opinione, bisognava sciogliere l'esercito secondo gli accordi giurati ... In caso di violazione dell'autonomia delle singole città, si sarebbero dovuti riconvocare di nuovo tutti coloro che avrebbero voluto impegnarsi a difendere la causa dell'autonomia e condurli contro l'aggressore.

L'assemblea non approvò il discorso di Prothoos e inviò a Cleombroto l'ordine di non sciogliere l'esercito, costituendo, in ultima analisi, l'antefatto dello scontro di Leuttra. La critica di Senofonte a questa decisione sembra riflessa dal giudizio che accompagna la menzione dell'episodio: l'assemblea degli Spartiati giudicò le parole di Prothoos un mucchio di chiacchiere (ἐκεῖνον μὲν φλυαρεῖν) e, sembrava che ormai i Lacedemoni fossero come sospinti da un demone (ἤδη γάρ, ὡς ἔοικε, τὸ δαιμόνιον ἦγεν).[29]

Il ruolo delle piccole potenze entro un ordine internazionale basato sulla pace e la stabilità non venne meno nel disegno senofonteo neppure dopo che la sconfitta di Sparta a Leuttra sembrò prefigurare l'ascesa della egemonia tebana sulla scena della Grecia. Nel ritorno di Senofonte a una visione egemonica duale esposta nell'ultimo libro delle *Elleniche,* come ipotesi estrema per scongiurare il primato tebano, e da realizzare tramite una improbabile rotazione periodica del comando, l'adesione delle piccole potenze costituisce la precondizione del successo di questo progetto di egemonia. Di fatto, la proposta è affidata al discorso di Procle, che, in quanto rappresentante della piccola città di Fliunte, in un certo modo si fa porta parola di tutte le potenze minori.[30] Questa perorazione della egemonia in una prospettiva che altrove ho definito "dal basso" offre alle potenze egemoni quel consenso che era entrato in crisi e costituisce per lo storico la garanzia di un progetto di pace sulle basi della stabilità.[31] Il progetto di Procle/Senofonte di un'egemonia virtuosa coincide di fatto con un sistema nel quale le potenze minori accettano una sovranità limitata in politica estera in cambio della garanzia di condizioni di sicurezza che tutelano l'autonomia interna delle città. Il ruolo delle piccole potenze nel sistema internazionale messo in moto dalla Pace del Re e il loro protagonismo dopo Leuttra trova una sintesi programmatica in quella sorta di proemio che introduce nelle Elleniche il rac-

29. Xen. *Hell.* 6. 4.3.
30. Xen. *Hell.* 7.1.2-11.
31. Daverio 2009, 135 ss.

conto delle vicende di Fliunte, la città che nella narrazione delle *Elleniche* costituisce il prototipo della *mikra* polis:[32]

> ..delle grandi città, se fecero qualche cosa di bello, tutti gli storici se ne ricordano; a mio parere, se una città, pur essendo piccola, ha compiuto molte e belle azioni, è ancora più giusto divulgarle.

Occorre precisare che Eforo condivise le perplessità di Senofonte a proposito del primato di Tebe e della Beozia in Grecia. Scriveva che la Beozia era per sua intrinseca natura felicemente disposta alla egemonia (πρὸς ἡγεμονίαν εὐφυῶς ἔχειν),[33] in quanto dotata di risorse naturali superiori rispetto ai vicini: un suolo fertile e la posizione geografica affacciata su tre mari (τριθάλαττός ἐστι). Ma i Beoti non si curarono della cultura e della educazione (ἀγωγῇ καὶ παιδείᾳ μὴ χρησαμένους), cosicché godettero di un successo effimero. Quando Epaminonda morì, persero l'egemonia perché erano privi di capacità dialettiche e non si curavano di intrattenere relazioni con gli altri uomini (τὸ λόγων καὶ ὁμιλίας τῆς πρὸς ἀνθρώπους ὀλιγωρῆσαι).

In conclusione, con i trattati di pace generale si affermò il principio che le relazioni pacifiche tra gli stati erano instaurate sulla base di un consenso unanimamente e consapevolmente accettato nell'ambito della società delle poleis a stipulare accordi di carattere permanente, nel rispetto e a tutela della libertà e dell'autonomia di ciascuna di esse. La formulazione teorica non ebbe tuttavia un riscontro speculare sul piano della prassi. Le *koinai eirenai* non furono in grado di impedire il riaccendersi dei conflitti, ma i ripetuti rinnovi testimoniano altresì della volontà comune di salvare accordi attivati a favore di relazioni pacifiche. Nel tempo sono le idee a viaggiare e a trasmettere il patrimonio di valori e di pensieri che la società di una data epoca ha espresso. In questo senso, i primi decenni del IV secolo, a dispetto della conflittualità ricorrente, possono essere considerati l'età della invenzione della pace perché è in questo periodo che *eirene,* da astratto valore morale e generica aspirazione umana a un mondo senza guerra si trasformò in un codice di condotta condiviso che ricevette formalizzazione istituzionale sul piano del diritto nel trattato di pace indicato dalla formula della *koine eirene.* La *koine eirene* assurse a categoria giuridica, fondamento di relazioni pacifiche di convivenza tra le poleis a carattere perma-

32. Xen. *Hell.* 7.2.1. Cfr. Daverio 2008.
33. Ephor. *FGrH* 70 F 119 = Strab. 9.2.2.

nente; si riferiva a un sistema panellenico in quanto includeva soggetti greci paritari, ma la sua novità è da riconoscersi congiuntamente nella capacità di farsi strumento delle relazioni internazionali al di fuori delle frontiere della grecità. Configura infatti un ordine mondiale perché coinvolse anche la Persia, la quale a partire dalla Pace del Re del 386 a.C. divenne interlocutore ufficialmente riconosciuto, quando non attore primario, degli accordi, uscendo dal ruolo di potenza-ombra, ingombrante e ambigua, che aveva svolto a partire dagli ultimi anni della guerra del Peloponneso.

BIBLIOGRAFIA

BALTRUSCH, E. 1994, *Symmachie und Spondai. Untersuchungen zum girechischen Völkrrecht der archaischen und klassischen Zeit (8.-5. Jahrhhudert v. Chr.),* Berlin-New York.

BULL, H. 1977, *The Anarchical Society. A Study of Order in World Politics,* New York.

- 1993, *L'espansione della società internazionale,* ed. it. a cura di B . Vigezzi, Milano.

CANFORA, L. 1990, "Una riflessione sulla koine eirene e la prolusione di A. Momigliano", *QS* 32, 2, 31-46.

CESA, M. 2007, *Alleati ma rivali. Teoria delle alleanze e politica estera settecentesca,* Bologna.

COLOMBO, A. 2006, *La guerra ineguale. Pace e violenza nel tramonto della società internazionale,* Bologna.

DAVERIO ROCCHI, G. 1999, "Trent'anni di studi sulle relazioni interstatali della Grecia di V e IV secolo a.C.: Indirizzi di ricerca e percorsi tematici", *Quaderni di Acme* 39, 19-66.

- 2004, "La città di Fliunte nelle *Elleniche.* Caso politico e modello letterario", in G. Daverio Rocchi & Marina Cavalli (a cura di), *Il Peloponneso di Senofonte,* Milano.

- 2008, "Hégémonie et autonomie: les petites poleis dans les *Helléniques* de Xenophon", *AncSoc* 38, 1-21.

- 2009, "Per una società internazionale della Grecia antica. Autonomia ed egemonia", in S. Pizzetti (a cura di), *La storia e la teoria della vita internazionale, Interpretazioni e discussioni,* Milano, 123-139.

DE ROMILLY, J. 1947, *Thucydide et l'impérialisme athénien,* Paris.

HOLKESKAMP, K.-J. 1997, "La guerra e la pace", in S. Settis (a cura di), *I Greci,* 2, II, Torino.

JEHNE, M. 1994, *Koine Eirene. Untersuchungen zu den Befriedungs- und Stabilisierung Bemühungen in der griechischen Poliswelt des 4. Jahrhunderts v. Chr.,* Stuttgart.

ILARI, V. 1980, *Guerra e diritto nel mondo antico* I, Milano 1980.

KEIL, B. 1916, *Εἰρήνη. Eine philologisch-antiquarische Untersuchung,* Leipzig.
LOW, P. 2007, *Interstate Relations in Classical Greece. Morality and Power,* Cambridge.
MARTIN, V. 1940, *La vie internationale dans la Grèce des cités (VIe-IVe s. av. J.-C.),* Genève.
MOMIGLIANO A. 1966a, "La κοινὴ εἰρήνη dal 386 a.C. al 338 a.C"., in *Terzo Contributo alla storia degli studi classici,* I, Pisa, 393-419 (= *RFIC,* n.s. 12 (1934), 482-514).
- 1966b, "Per la storia della pubblicistica sulla κοινὴ εἰρήνη nel IV secolo a.C"., in *Terzo Contributo alla storia degli studi classici,* I, Pisa, 457-487 (= *ANSP,* s. II, 5 (1936), 457-487).
MOMMSEN, TH. 1887[3], *Römische Staatsrecht* III, Leipzig.
RYDER, T.T.B. 1965, *Koine eirene. General Peace and local Independence in ancient Greece,* London.
SIEWERT, P. 1998, "Zur Frage der Universalität der Menschrechte bei den antiken Autoren", in *L'ecumenismo politico nella coscienza dell'Occidente. Alle radici della casa comune europea* II, Milano.
SORDI, M. 1985, "Introduzione: dalla "koine eirene" alla "pax romana," in *CISA* 11, 3-16.
TRONCOSO, V. A. 2003, "L'institution de l'hégémonie: entre la coutume et le droit écrit", in *Symposion 1999. Vorträge zur griechischen und hellenistischen Rechtgeschichte,* Köln - Weimar - Wien, 339-354.
URBAN, R. 1991, *Der Königsfrieden vom 387/87 v. Chr. Vorgeschichte, Zustandekommen, Ergebnis und politische Zielsetzung,* Wiesbaden.
VIGEZZI, B. 2005, *The British Committee on the Theory of International Politics (1954-1985). The Rediscovery of History,* Milano.
WIGHT, M. 1977, *Systems of States,* with an Introduction by H. Bull, Leicester.

ΠΕΡΙΛΗΨΗ

"Ο πόλεμος μοιάζει παλιός σαν την ανθρωπότητα, η ειρήνη όμως είναι μοντέρνα εφεύρεση". Έτσι έλεγε ο νομικός sir Henry Maine στα μέσα του 19ου αιώνα. Η ειρήνη "εφευρέθη" όταν το όραμα για μία διεθνή τάξη χωρίς πολέμους εξελίχτηκε παράλληλα με τη συναίνεση των ανθρώπινων κοινωνιών να δημιουργηθούν οι κατάλληλες συνθήκες για ειρηνική συνύπαρξη. Στη σύγχρονη εποχή, αυτή η έννοια εμφανίστηκε στα χρόνια του Διαφωτισμού, όταν οι οπαδοί αυτού του κινήματος διερμήνευσαν την παγκόσμια ιστορία ως την πορεία των ανθρώπων, που είναι υπεύθυνοι για τη δική τους μοίρα, προς την απόκτηση της αυτοσυνειδησίας.

Με βάση αυτές τις προϋποθέσεις σκοπεύω να εξετάσω την ειρήνη στην αρχαία Ελλάδα, και ιδιαίτερα τις *κοινές ειρήνες* του 4ου αιώνα. Αναλύοντας το περιεχόμενο, τους σκοπούς και την εκτελεστική διαδικασία της πρώτης κοινής ειρήνης, της Ανταλκίδιου ειρήνης του 386 π.Χ., όπως διατυπώνεται στο κείμενο του Ξενοφώντα (*Ελληνικά* 5.1.31), συνειδητοποιούμε ότι η ειρήνη που καθορίστηκε με αυτή τη συνθήκη δεν αποσκοπούσε στην αναστολή εχθρικών ενεργειών, αλλά στην επιβολή μιας ιδιάζουσας διεθνούς τάξης, που βασιζόταν στην αυτονομία και στην ισότητα όλων των μικρών και μεγάλων πόλεων. Σε ένα τέτοιο πλαίσιο η βία μπορούσε να χρησιμοποιηθεί νόμιμα για να διατηρηθεί η ειρήνη. Μπορούμε να συμπεράνουμε πως οι *κοινές ειρήνες* καθόριζαν τις συνθήκες μέσα στις οποίες οι μικρές και οι μεγάλες πόλεις λειτουργούσαν ως ισότιμοι παράγοντες στη διεθνή σκηνή. Με αυτή την ιδιότητα και έχοντας ως προηγούμενο τις *κοινές ειρήνες* της Ελλάδας του 4ου αι. π. Χ. επινοήθηκε η ειρήνη στην περίοδο του Διαφωτισμού παρέχοντας τη δυνατότητα σε όλες τις ανθρώπινες κοινωνίες να επηρεάσουν τις αποφάσεις ειρήνης και πολέμου. Όσον αφορά την ένοπλη υπεράσπιση της ειρήνης προβλεπόταν η χρήση ειρηνευτικών δυνάμεων και μέτρων. Στη σύγχρονη εποχή το καθήκον διαφύλαξης της ειρήνης με ανάλογο τρόπο ανήκει στην αρμοδιότητα του ΟΗΕ, όπως έχει αναγνωριστεί από τη Διεθνή Κοινότητα.

Olympia und die Westgriechen

MARTIN DREHER

"Ortygie liegt im dämmernden Meer über Trinakie,
wo des Alpheios Mündung aufsprudelt,
sich mischend mit den Quellen der schön fließenden Arethuse"
(Paus. 5.7.3; Übersetzung Ernst Meyer)[1]

DAß DER FLUß ALPHEIOS durch das Meer hindurchfließe und auf der Syrakus vorgelagerten Insel Ortygia wieder auftauche, ist für Pausanias ebenso wie für andere antike Autoren spätestens seit Pindar[2] eine geologische Realität. Die Verse des delphischen Orakels, die er in den Anfängen seiner Beschreibung von Olympia zitiert und die auch an den Beginn dieser Ausführungen gestellt sind, genügen ihm als Begründung. Der modernen Forschung ist die Legende hingegen Sinnbild dafür, daß die Griechen die Verbindung zwischen Olympia und Syrakus als sehr eng angesehen haben.

Da Syrakus von Korinth unter dem Oikisten Archias angelegt worden ist, kann sich das Sinnbild nicht direkt auf die Gründung von Syrakus beziehen, selbst wenn Iamiden aus dem olympischen Sehergeschlecht an der Gründung beteiligt gewesen sein sollten.[3] Man hat daher etwas allgemeiner an "die von der

1. Dieser Beitrag wurde Ende 2010 nochmals überarbeitet und mit einigen zusätzlichen Literaturangaben versehen. Eine vollständige Aktualisierung war hingegen nicht möglich.

2. Pind. *N.* 1,1-4; Strab. 6,2 p.270-71; Polybios (12,4d) hingegen führt diese Geschichte als Beispiel für die Irrtümer des Timaios an.

3. In Pindars sechster olympischer Ode wird der Iamide Hagesias, dem das Epinikion gilt, auch als *synoikister* bezeichnet (*O.*6,6). Der Terminus wird heute zu Recht meist auf die Neugründung von Syrakus durch Gelon 485 v. Chr. bezogen, aber eine Beteiligung der Iamiden an der ursprünglichen Gründung von Syrakus, wie die Scholiasten Pindar verstehen, ist in der Forschung auch für möglich gehalten worden, z.B. Hönle 1972, 68; Yalouris 1981, 13; Hornblower 2004, 184f. Zur Familie des Hagesias und zu seiner Beziehung zu Syrakus vgl. umfassend Luraghi 1997. Zur Rolle der Iamiden und der anderen elischen Priestergeschlechter in den Beziehungen zwischen Sybaris und Olympia vgl. Taita 2006.

Peloponnes ausgegangene Kolonisation auf Sizilien" gedacht.[4] Aber die Kolonisation ging genaugenommen von den euböischen Städten aus, deren Gründung Naxos noch vor derjenigen von Syrakus anzusetzen ist. Auch ist die Anlage von Kolonien am intensivsten mit dem Apollon-Orakel von Delphi verbunden, so daß man nicht in erster Linie an Olympia denken würde. Es ist daher wahrscheinlich, daß sich die Alpheios-Legende nicht so sehr auf den kolonialen Gründungsakt als vielmehr auf andere, vielleicht sich wiederholende oder dauerhafte Beziehungen zum Heiligtum in der Altis bezog.[5]

Aber wie wörtlich bzw. wie sinnbildlich sind die beiden genannten Extreme der mythischen "Wasserstraße" zu verstehen? Meint der Ausfluß des Alpheios ins Meer auf der einen Seite nur das Heiligtum von Olympia, das für Pausanias den "Aufhänger" des Mythos bildet? Da er auch die Quellflüsse des Alpheios nennt und als deren Ursprungsgebiete die Städte, Gebirge und Landschaften Megalopolis, Melaineai, Kleitor, Erymanthos, Arkadien und Elis aufzählt: Soll man deshalb an den Nordwesten der Peloponnes oder an die Peloponnes als Ganzes denken, oder diese Halbinsel gleich als Sinnbild des griechischen Mutterlandes insgesamt verstehen? Und ebenso das Auftauchen des Flusses auf der anderen Seite: Ist die Insel Ortygia, da politisch zu Syrakus gehörig, ein Symbol für diese Stadt allein,[6] steht sie für ganz Sizilien oder sogar für die ganze westgriechische Welt?

Diese Fragen sind zwar am Mythos entwickelt, zielen letztlich aber nicht so sehr auf dessen Interpretation als vielmehr auf die Herausarbeitung der historischen Fragestellung für die folgenden Überlegungen: Wie umfangreich waren die Beziehungen zwischen den Westgriechen und den panhellenischen Heiligtümern in Griechenland, besonders zu Olympia? Haben die Poleis des Westens besonders enge Verbindungen zu diesem Heiligtum hergestellt oder beibehalten? Waren die Bindungen schließlich so intensiv, daß man von einer Sonderstellung der Westgriechen sprechen kann? Hatten vielleicht ihre Lage als Kolo-

---

4. Sinn 2004, 96f.

5. So etwa Dunbabin 1948, 39, der argumentiert, die Legende habe erst nach der Gründung von Syrakus aufgrund der guten Beziehungen zwischen dieser Stadt und Olympia entstehen können. Parallelen zur Verwendung des Verbums syn-ktizein in relativ späten, hellenistischen Städtegründungen, die dann jedoch den Mythos einer frühen Gründung entwickelten, bei Chaniotis 2003, 80.

6. So wiederum Dunbabin 1948, 39.

nien, ihre Entfernung zum Mutterland in der Mentalität der Kolonisten und ihrer Nachfahren das Bedürfnis hervorgerufen und erhalten, die Beziehungen möglichst eng zu halten? Alle diese Aussagen werden in der Forschungsliteratur vertreten,[7] bedürfen meines Erachtens aber einer Überprüfung.

Innerhalb der Geschichte dieser Beziehungen sind bestimmte Phasen für uns besser rekonstruierbar als andere, über die wir kaum etwas wissen. Wie sonst auch tritt in der Überlieferung vor allem das Besondere, das Außergewöhnliche hervor, während der "Normalzustand" schwerer zu fassen ist. Weitere Einseitigkeiten ergeben sich aus der Art der erhaltenen Zeugnisse, insbesondere der ungleichmäßigen archäologischen Fundsituation. Es ist daher verständlich, daß sich die moderne Forschung bisher auf einzelne Quellengattungen (z.B. die Epinikien), auf spezielle westgriechische Orte (z.B. Kroton) oder auf ausgewählte Themenbereiche konzentriert hat. Eine Gesamtdarstellung des Themas liegt hingegen meines Wissens nicht vor. Das Verhältnis der Westgriechen zu den panhellenischen Heiligtümern kann selbstverständlich auch in diesem Rahmen nicht umfassend bearbeitet werden. Vielmehr soll auf seiten der Heiligtümer im folgenden fast nur von Olympia die Rede sein, nicht nur um dem *genius loci* der Konferenz zu huldigen, sondern auch weil von diesem Ort die meisten Zeugnisse vorliegen und sich dementsprechend die moderne Literatur vorwiegend auf diesen Ort bezieht. Delphi, das den Quellenzeugnissen nach zweitwichtigste Heiligtum, wird aus Platzgründen hier weniger berücksichtigt und auch, weil die Rolle des delphischen Orakels bei den Koloniegründungen ein eigenes umfassendes Thema ist.[8] Als zeitliche Begrenzung hat sich die Phase angeboten, in der die großen Heiligtümer überregionale Bedeutung entwickelt und sich dann als Zentren der griechischen Welt etabliert haben, also die Zeit von der Kolonisation bis etwa zur Mitte des fünften Jahrhunderts v. Chr., bevor im Peloponnesischen Krieg dann neue Bedingungen und andere Machtverhältnisse entstanden sind. Auf seiten der sizilischen und süditalischen Poleis wären schließlich, dessen bin ich mir bewußt, erheblich mehr Differenzierungen angebracht, als sie hier geleistet werden können.

Unter diesen Prämissen werden nun folgende Schwerpunkte untersucht, die zwar grob chronologisch definiert werden sollen, die aber auch von den Quel-

7. Vgl. z.B. Sinn 2004, 29.
8. Dazu vgl. Malkin 1987; Londay 1990; Pugliese 1992, 297ff.

lenzeugnissen her bestimmt sind und sich deshalb thematisch überschneiden: Erstens die Zeit der Kolonisation (aber nicht die Koloniegründungen selbst), im wesentlichen 8. und 7. Jahrhundert v. Chr.; zweitens die Blütezeit der Heiligtümer im 6. und im ersten Teil des 5. Jahrhunderts; und drittens die Phase der westgriechischen Tyrannis.

Vorab sei noch eine terminologische Klarstellung gestattet. Ich habe schon den Begriff der Westgriechen eingeführt und will ihn einfachheitshalber auch im folgenden verwenden für alle Griechen in den Poleis Unteritaliens und Siziliens.[9]

1. Die Zeit der Kolonisation (8./7. Jahrhundert v. Chr.)

Über diese Phase können wir uns vor allem deshalb Gedanken machen, weil unter der großen Zahl von Bronzefunden in Olympia auch solche italischer Herkunft sind. Für die Zeit, um die es uns hier geht, ist vor allem auf den Komplex von über zwanzig frühetruskischen Rundschilden zu verweisen, deren Fragmente von H.V. Herrmann publiziert und interpretiert worden sind.[10] Er datiert die Schilde nebst einigen weiteren Einzelstücken aus Bronze[11] ins ausgehende 8. und ins frühe 7. Jahrhundert v. Chr. Auch von den in Olympia gefundenen Angriffswaffen dieser Zeit sind einige italischen Ursprungs, insbesondere bronzene und eiserne Lanzenspitzen, wie H. Baitinger in seiner maßgeblichen Publikation noch einmal unterstrichen hat.[12] Die beiden Archäologen stimmen darin überein, daß die gefundenen Waffen von griechischen Kolonisten geweiht wurden, nachdem diese sie von etruskischen und italischen Gegnern in kriegerischen Auseinandersetzungen erbeutet hatten.[13] Dafür sprechen vor allem fol-

9. Die weiter westlich gelegenen griechischen Kolonien sind zwar an sich in diesem Begriff enthalten, können aber hier nicht miteinbezogen werden. Vgl. zum Begriff der Westgriechen genauer Dreher 2009, 522ff. (ein nach dem vorliegenden entstandener Beitrag).

10. Herrmann 1983.

11. Das sind: Eine Beinschiene, drei Lanzenspitzen, der Rest eines Kammhelms und ein Trensenknebel, Herrmann 1983, 279ff. Vgl. auch Yalouris 1981, 16ff.

12. Baitinger 2001, 90.

13. So auch Philipp 1994, 82; Sinn 2002, 27. Zu einer konkreten inschriftlichen Anweisung, einen Helm nach der Schlacht nach Olympia zu schicken, vgl. Rausch 1998; zu Waffenweihungen allgemein B. Forsén “Arcadians in Olympia-looking for war or peace?” im vorliegenden Werk.

gende Gründe.[14] 1. Es handelt sich offenbar um Gebrauchswaffen unterschiedlicher Größe, nicht um unbrauchbare Zierwaffen, wie auch schon behauptet wurde. 2. In den Inschriften, die ab dem Ende des 6. Jahrhunderts einsetzen, sind die Waffen fast durchgängig als Kriegsbeute bezeichnet. Es ist legitim anzunehmen, daß diese Tradition schon älter ist als die schriftlichen Zeugnisse. 3. Es war unüblich, den Göttern die eigenen Waffen zu weihen. Diese Interpretation ist zwar auch bestritten worden,[15] allerdings sind die dafür angeführten Argumente nicht stichhaltig oder treffen den Sachverhalt nicht.

Man hat gerade die Schilde als für den Totenkult bestimmte Produkte oder als Paradewaffen angesehen,[16] die auf dem Handelsweg oder durch Kulturbeziehungen in griechische Hände gelangt seien. Man hat ferner angenommen, daß die Etrusker und andere Italiker die Waffen selbst in Olympia geweiht hätten. Beide Annahmen mögen zwar auf andere Gegenstände zutreffen; gerade Schmuck, Fibeln und weitere Kunstgegenstände aus Etrurien, die sich auch in anderen Heiligtümern gefunden haben, können importiert oder von den Nichtgriechen selbst gestiftet worden sein, wofür der etruskische Thron des Arimnestos ein Beispiel ist,[17] aber die Waffenweihungen können so nicht erklärt werden.

Die Waffenfunde aus dieser und auch aus späterer Zeit sind unter den großen griechischen Heiligtümern einmalig. Olympia hat in dieser Beziehung eine Sonderstellung eingenommen, die unschwer zu erklären ist. Der olympische Zeus und speziell das Zeus-Orakel wurden vorrangig in militärischen Angelegenheiten um Rat gefragt und um Beistand angerufen, das hat besonders Ulrich Sinn in seinen Darstellungen mehrfach herausgehoben.[18] Die Rolle der Iamiden

14. Vgl. Herrmann 1983, 285ff; Baitinger 2001, 1.82f. für Gebrauchswaffen. Verbiegungen und andere Anzeichen dafür, daß die Waffen zum Teil absichtlich unbrauchbar gemacht wurden, unterstreichen, daß es sich ursprünglich um Gebrauchswaffen handelte.

15. Diese Annahmen finden sich in den Diskussionsbeiträgen von M. Cristofani und K. Kilian zum Beitrag von H.V. Herrmann im selben Band des *Annuario*, 357f. mit einer Erwiderung Herrmanns ebenda. Colonna 1993, 43 will sämtliche genannten Thesen nebeneinander anerkennen.

16. Zu dieser Gruppe von Zierwaffen können aber nur ganz wenige Miniaturexemplare gerechnet werden, s. Baitinger 2001, 80; Forsén im vorliegenden Werk.

17. Paus. 5,12,5. Vgl. zu den wenigen ausdrücklich bestätigten Weihungen von Barbaren Colonna 1993, 44ff.; zu weiteren Zuordnungen Yalouris 1981, 14ff.; Philipp 1994, 82ff.

18. Sinn 2002, 22ff.; *ders.* 2004, 58ff.; vgl. auch Herrmann 1972, 30.

und Klytiaden als Seher und Zeichendeuter, aber auch als Begleiter in konkreten Kriegszügen, unterstreicht diese Funktion.

Aus der Bedeutung des Heiligtums für militärische Angelegenheiten erklärt sich auch der hohe Anteil von staatlichen gegenüber privaten Waffenweihungen. In den oben genannten Inschriften sind die privaten Weihungen die Ausnahme.[19] Diese Beobachtung dürfte auch auf die Weihungen der frühen Zeit, insbesondere auf die ganze Gruppe oder auf Teilgruppen der etruskischen Schilde, zutreffen. In diesem Fall müßte dann aber eine Polis, die schon etabliert war, die Stifterin gewesen sein und nicht, wie Herrmann annimmt,[20] Siedler, die bei oder sogar noch vor einer erfolgreichen Kolonisation Süditaliens Kämpfe im südlichen Etrurien ausgefochten hätten. Insofern kommen auch die im Durchschnitt etwas früher angelegten sizilischen Kolonien als Stifter in Frage, die möglicherweise zur See Kämpfe mit den Etruskern geführt haben.

Lassen sich nun diese frühen Waffenweihungen in einen panhellenischen Zusammenhang stellen? In der Literatur wird oft konstatiert, daß das Heiligtum in Olympia erst mit dem Zustrom der Westgriechen und deren Weihegaben seinen panhellenischen Charakter gewonnen habe,[21] ja die Westgriechen, durch ihren ständigen Kontakt mit Barbaren, "were the first to develop the sense of a common Hellenic nationhood".[22] Zweifellos hat sich der Einzugsbereich der großen Heiligtümer, und hier dürfen wir Olympia tatsächlich als ein *exemplum* betrachten, mit der griechischen Westkolonisation beträchtlich erweitert. Dies ist allerdings, so meine ich, als eine quasi automatische, immanente Folge der Kolonisation zu werten, nicht als qualitativer Sprung, der etwa auf ein spezifisches panhellenisches Bewußtsein der Westgriechen schließen ließe. Die Auswanderer kannten und schätzten die Heiligtümer ihrer weiteren Heimat, die zum Teil die Kolonisationsbewegung begleiteten, vor und nach ihrer Auswanderung. Sie nahmen die Kulte des olympischen Zeus oder des pythischen Apoll ebenso mit in den Westen wie die ihrer Mutterpoleis.[23] Und ebenso wie

19. Vgl. Baitinger 2001, 81.

20. Herrmann 1983, 288.

21. Dunbabin 1948, 40; Hönle 1972, 67; Sinn 2002, 30ff.: "Das Heimatfest der Auslandsgriechen".

22. Dunbabin 1948, 40.

23. Vgl. Hönle 1972, 70f.75f.; Pugliese 1992, 297.304; Maddoli 1992, 314; Giangiulio 1993, 112; Taita 2006, bes. 346. 355f.; allgemein Malkin 1987.

zu ihrer jeweiligen Metropolis hielten sie die Verbindung zu den heiligen Stätten Griechenlands aufrecht, so daß sich ein neues zentrales, panhellenisches Heiligtum in Westgriechenland gar nicht etablierte. Ob diese Verbindung zu den Heiligtümern des Mutterlandes intensiver war als die der Mutterlandsgriechen soll im nächsten Teil überlegt werden.

2. Die Blütezeit der Heiligtümer im 6. und im ersten Teil des 5. Jahrhunderts v. Chr.

Im 6. Jahrhundert v. Chr. erreichte die Bedeutung der panhellenischen Heiligtümer ihren Höhepunkt und blieb bis in die erste Hälfte des 5. Jahrhunderts bestehen. Daß die Westgriechen an dieser Entwicklung einen substantiellen Anteil hatten, wird in zwei Bereichen deutlich, die im folgenden näher betrachtet werden sollen: zum einen die Weihungen, zum anderen die sportlichen und musischen Wettkämpfe, die von den Heiligtümern ausgerichtet wurden. Trotz zeitlicher Überschneidungen sollen die Beziehungen unter den Tyrannen dann in einem dritten Abschnitt noch separat betrachtet werden.

a) Die Weihungen von Waffen, die uns im ersten Abschnitt beschäftigt haben, setzten sich auch in unserem jetzigen Zeitabschnitt weiter fort. Olympia muß durch die zahlreichen Aufstellungen sowohl in den geschlossenen Räumen als auch im Freien allmählich zu einem waffenstarrenden Platz, einem großen Waffenmuseum geworden sein und war in dieser Hinsicht einzigartig unter den großen Heiligtümern.[24] An diesen Weihungen waren weiterhin auch die Westgriechen beteiligt, die ebenso wie andere Griechen auf diese Weise nicht nur Siege über Barbaren, sondern auch über andere Griechen feierten, wie uns die erhaltenen Weihinschriften lehren.

Die erste Frage ist, ob die Westgriechen tatsächlich einen so großen, einen dominierenden Anteil an den Weihungen hatten, wie in der Literatur öfter behauptet wird.[25] Hier stoßen wir gleich auf das notorische Problem, daß im Altertum statistische Aussagen aufgrund des begrenzten Materials oft sehr fragwürdig sind. Wenn von 14 Beinschienen mit Weihinschriften 5-6 westgriechisch sind, sollen wir dann schließen, daß zwischen einem Drittel und der Hälfte *aller* Waffenweihungen aus Großgriechenland kamen? Die zahlenmäßige Basis ist

24. Vgl. z.B. Herrmann 1972, 107f.

25. Herrmann 1972, 108; Yalouris 1981, 14; Giangiulio 1993, 115; Baitinger 2001, 83; Sinn 2002, 28f.

hier wohl zu dünn, zumal insgesamt nur etwa 20 Waffen-oder Rüstungsteile westgriechische Weihinschriften aufweisen. Und neben den westgriechischen sind durchaus andere Städten als Dedikanten bekannt: Weihungen kamen aus der Peloponnes, aus Attika, aus Böotien und eine aus Illyrien.[26]

Ähnliches gilt für die Schatzhäuser, die fast durchgängig als Weihungen aus Kriegsbeute angesehen werden.[27] Von 11 oder 12 Schatzhäusern waren nach Pausanias 5, nach modernen Überlegungen, insbesondere den Forschungen von M. Mertens-Horn zu den Dächern, 6 westgriechischer Herkunft.[28] Auch hier kann man nicht einfach abzählen, denn keineswegs stifteten nur Städte, die auch ein Schatzhaus hatten, Beute nach Olympia. Es ist vielmehr festgestellt worden, daß eine Stadt entweder ein Schatzhaus baute oder sonstige Siegeszeichen (Tropaia) aufstellte, nicht beides gleichzeitig.[29]

Selbst wenn wir bei den Waffenweihungen einen überdurchschnittlichen Anteil von Westgriechen akzeptieren, so muß das nicht auf eine intensivere Verehrung des Heiligtums hindeuten, sondern könnte auch daran liegen, daß die Kolonien insgesamt gesehen häufiger Krieg führten bzw. führen mußten, da sie zusätzlich zu den Auseinandersetzungen zwischen griechischen Poleis auch noch Kämpfe mit den Karthagern und anderen nichtgriechischen Völkern auszutragen hatten. Wie wenige Kriege sind im Vergleich dazu in Mittelgriechenland nach dem Ersten Heiligen Krieg noch geführt worden, oder gar von den Inselpoleis? Was bedeutet es überhaupt, in diesem Zusammenhang von Übergewicht oder Dominanz zu sprechen? Sollen wir den Bewohnern sagen wir z.B. der Insel Keos eine geringere Verehrung des olympischen Zeus oder gar ein geringeres gesamtgriechisches Zusammengehörigkeitsgefühl zuschreiben, weil wir von ihnen kein Weihegeschenk in Olympia finden? Mit den Inschriften fassen wir nur den kleinsten Teil der Stifter, meist nur die offiziellen, politischen Weihungen oder besonders aufwendige Privatweihungen. Die Herkunft der Hauptmasse der privaten und kleinen Weihungen aber bleibt uns verborgen.

26. Baitinger 2001, 83. Auch Baitingers Regesten der Weihinschriften, S. 247f., zeigen einen recht geringen großgriechischen Anteil.

27. Für die Schatzhäuser ist das nicht ausdrücklich überliefert, wird aber allgemein angenommen, vgl. etwa Baitinger 2001, 83.

28. Paus. 5,19; Mertens-Horn 1990. Vgl. Yalouris 1981, 13; Giangiulio 1993, 103; Philipp 1994, 87f.

29. Baitinger 2001, 84f.

Dazu kommt, daß bekanntlich viele Devotionalien vor Ort produziert und von Auswärtigen gekauft und gestiftet wurden.[30] Bedenken wir auch, daß die Poleis anderer Regionen ihre eigenen, näher gelegenen Zentralheiligtümer hatten: die kleinasiatischen Ionier mit dem Panionion, dem Artemision von Ephesos oder dem Heraion von Samos, die Inselgriechen mit dem delischen Apollon-Tempel oder die Griechen in der Nordägäis mit dem Kabirenheiligtum in Samothrake. Daher ist von vornherein zu erwarten, daß der Anteil der Weihungen aus näher gelegenen Gebieten höher liegt, und für die Westgriechen war Olympia nun einmal das geographisch nächstgelegene Kultzentrum des Mutterlandes. In jüngerer Zeit hat vor allem Hanna Philipp herausgestellt, daß Olympia im großen und ganzen als das Heiligtum der peloponnesischen und der westgriechischen Poleis gelten müsse.[31] So betrachtet wäre selbst ein Anteil der westgriechischen Waffenweihungen von ca. 40 Prozent nicht einmal unverständlich hoch.

b) Die statistische Auswertung des westgriechischen Anteils an den panhellenischen Agonen stützt sich vor allem auf die Olympionikenlisten.[32] Abgesehen von dem Problem der Zuverlässigkeit dieser Listen, das hier nicht diskutiert werden kann, sind im 7. Jahrhundert v. Chr. nur drei westgriechische Sieger verzeichnet. Der früheste ist Daippos aus Kroton im Jahr 672 v. Chr., dazu kommen ein Syrakusaner (648) und ein Sybarite (616). Im 6. und 5.Jahrhundert haben wir hingegen viel höhere Zahlen. Nach der Zählung Philipps kamen im 6. Jahrhundert 34 Sieger aus der Peloponnes, 24 aus Westgriechenland und weitere 24 aus den übrigen Gebieten. Daß in diesem Saeculum der westgriechische Anteil höher ist als vorher und nachher, ist offensichtlich auf die Erfolge der Polis Kroton zurückzuführen. Daß diese Erfolge grundsätzlich mit der pythagoreischen Bewegung zusammenhängen, ist oft genug gesagt worden; die genaueren Gründe wurden von Christian Mann überzeugend dargelegt.[33] Zwischen 588 und 488 haben 10 oder 11 Krotoniaten 20 Siege errungen. Von den 24 westgrie-

30. Darauf weist z.B. Philipp 1994, 86 hin.

31. Philipp 1994, 88.

32. Die Listen sind zusammengestellt von Moretti 1957.1970.1987. Zu den westgriechischen Siegern vgl. Hönle 1972, 79ff.; Giangiulio 1993, 98ff.; Philipp 1994, 78f.; G. Cuniberti "Da occidente ai giochi olimpici: un itinerario panellenico di concordia e conflitto" im vorliegenden Werk.

33. Mann 2001, 167ff. mit überzeugender Kritik an Giangiulio 1989, der die Gründe in den kultischen Beziehungen sieht. Vgl. zum folgenden die Tabelle bei Mann 164.

chischen Siegen im 6. Jahrhundert gehen 16 auf das Konto Krotons. Der Konzentration auf diese Polis entspricht eine doppelte Konzentration innerhalb der krotoniatischen Sieger. Krotoniaten siegten so gut wie ausschließlich im Kurzstreckenlauf (einfacher und doppelter Stadionlauf) und im Ringen; und besonders in der letzteren Disziplin wurden alle oder fast alle Siege, mindestens 6 von 7 oder von höchstens 8, von einem einzigen Athleten, nämlich Milon, errungen; von diesem Einzelathleten darf man aber gewiß nicht auf eine breite Schicht von herausragenden krotoniatischen Ringern schließen. Daß also Kroton hier eine Sonderstellung hatte, ist offenkundig; daß Spezialisierungen und Ausnahmeathleten auch in anderen Poleis vorkamen, bestätigt nur, daß immer der Einzelfall zu betrachten ist.[34]

Sind also schon im 6. Jahrhundert, wenn wir Kroton als Sonderfall betrachten, westgriechische Olympioniken relativ nicht mehr so zahlreich,[35] so ist dies im 5. Jahrhundert, nachdem sich die Verhältnisse in Kroton geändert hatten, von vornherein deutlich: 74 peloponnesischen Siegern stehen 39 westgriechische und 85 sonstige gegenüber. Hier schlägt, insgesamt gesehen, zu Buche, daß sich die demographischen, sozialen und politischen Verhältnisse in den Poleis änderten; daß sich die ökonomischen Potentiale von einzelnen, aber auch von ganzen Poleis erhöhten; daß sich die Konkurrenz zwischen den Poleis verstärkte und Propaganda eine größere Rolle spielte, usw. Der Charakter Olympias als eines peloponnesischen und westgriechischen Heiligtums wird in dieser Hinsicht relativiert. Die olympischen Spiele sind im 5. Jahrhundert ein gesamtgriechischer Anziehungspunkt.

Daß die Anzahl der westgriechischen Olympiasieger nicht ungewöhnlich hoch war, bestätigt ein Blick auf die Gesamtzahlen. Bis zum Ende des 4. Jahrhunderts sind ca. 254 Sieger aus der Peloponnes, ca. 79 westgriechische und ca. 167 weitere außerpeloponnesische zu verzeichnen. Das Repräsentationsbedürfnis in Form der Aufstellung einer Siegerstatue ist bei den westgriechischen Ath-

34. Eine Spezialisierung auf bestimmte Disziplinen hat offenbar auch in anderen Poleis stattgefunden, so sind z.B. im fraglichen Zeitraum acht athenische Siege in den hippischen Agonen verzeichnet. Ein Beispiel für andere dominante Athleten wäre Teisandros aus Naxos, der als Faustkämpfer im 6. Jahrhundert bei allen panhellenischen Spielen siegte, allein viermal in Olympia, vgl. Hönle 1972, 79.

35. Einige Städte wie Metapont, Siris, Rhegion und Lokris kommen in den Siegerlisten zunächst nicht vor, Lokris dann erst 484, die anderen 476 und 472; vgl. Giangiulio 1993, 102.

leten und ihren Heimatpoleis, gerade im Vergleich mit den Peloponnesiern, sogar vergleichsweise gering ausgeprägt: Von den 128 Statuen, die von Olympiasiegern bekannt sind, repräsentieren ca. 91 peloponnesische, ca. 14 westgriechische und ca. 35 weitere außerpeloponnesische Olympioniken.[36] Zu bedenken ist bei diesen wie schon bei den vorherigen Vergleichszahlen, daß die Anzahl der Olympiasieger nichts aussagt über die Herkunft der Athleten, die nicht gewonnen haben, aber natürlich die große Mehrheit der Wettkämpfer stellten, und schon gar nichts über die Herkunft der Menschen, die nach Olympia kamen, ohne an den Wettkämpfen teilzunehmen, und die die überwältigende Mehrheit der Besucherzahl ausmachten. Für die Beziehungen und Bindungen einer Polis an das zentrale griechische Heiligtum wären diese Zahlen weit aussagekräftiger; sie sind aber leider nicht zu erschließen.

c) Kurz erwähnt sei schließlich noch der in Olympia gefundene Vertrag zwischen Sybaris und den Serdaiern aus der Mitte des 6. Jahrhunderts v. Chr.[37] Besonders eindrucksvoll ist die Inschrift in unserem Zusammenhang, weil damit ein Vertrag allein zwischen westgriechischen Poleis unter den Schutz des olympischen Zeus gestellt wurde. Zeus wird hier, vor Apollon und den anderen Göttern, als *proxenos*, als Bürge des Vertrags angerufen (Z.5f). Das unterstreicht den Respekt, der diesem Heiligtum auch in der westgriechischen Welt entgegengebracht wurde. Während von peloponnesischen Städten mehrere Verträge in Olympia gefunden wurden, handelt es sich bei dem sybaritischen um den einzigen westgriechischen Fall;[38] aber möglichen weiteren Bronzetafeln mit Staatsverträgen mag es nicht besser ergangen sein als den Bronzestatuen, die nicht erhalten geblieben sind, obwohl wir durch Pausanias und durch Inschriftenbasen von ihrer Existenz wissen.

3. Auf die Beziehungen der westgriechischen Tyrannen zu den Heiligtümern soll hier noch eigens kurz eingegangen werden, weil sich an diesem Thema besonders deutlich zeigt, daß ein Urteil von den jeweiligen konkreten Umständen abhängen muß, über die wir bei den politischen Protagonisten besser informiert sind als bei anderen Personen. Über die Beziehungen der sizilischen und süd-

36. Die Zahlen sind übernommen von Philipp 1994, 80.

37. *StV* II 120. Vgl. Hönle 1972, 88f.; Giangiulio 1993, 110; vgl. auch V. Alonso Troncoso "Olympie et la publication des traités internationaux" und Cuniberti im vorliegenden Werk.

38. Philipp 1989, 89 verallgemeinert den Einzelfall unreflektiert auf die Westgriechen überhaupt.

italischen Tyrannen zu den großen griechischen Heiligtümern verfügen wir über mehr Material (und daher auch über mehr moderne Literatur) als zu den beiden ersten Abschnitten, weil zusätzlich zu den von ihnen gestifteten Weihungen Epinikien von Pindar und Bakchylides vorliegen, die den Tyrannen als Siegern in hippischen Agonen gewidmet sind. Von den 45 pindarischen Epinikien galten 17 westgriechischen Siegern, davon neun Olympioniken, die meisten davon Tyrannen, deren Verwandten oder Gefolgsleuten. Allein 10 Oden haben beide Dichter zusammen für Hieron von Syrakus und seine Umgebung verfaßt. Es ist hier nicht der Ort, alle Oden und alle Weihegeschenke der Tyrannen aufzuzählen, zumal das in der Literatur schon mehrfach geleistet worden ist;[39] vielmehr sollen im folgenden nur wenige zentrale Thesen formuliert werden.

Unbestritten ist, daß die öffentliche Darstellung auch der Siege bei panhellenischen Spielen in erster Linie der Herrschaftslegitimierung und der Herrschaftsstabilisierung der Tyrannen galt. Der alles bisherige überbietende Aufwand und der Prunk der Weihegeschenke, seien es ganze Viergespanne mit Wagenlenker aus Bronze, seien es die goldenen Dreifüße in Delphi, betonten die herausragende Stellung der Stifterpersonen oder –familien und dienten ihrem aktuellen sowie ihrem Nachruhm.[40] Im Kontrast dazu stehen die Inschriften, die traditionell einfach nur den Namen, das Patronymikon und den Heimatort angeben.[41] Das zielt in meinen Augen weniger darauf ab, auch die Bürger der eigenen Polis an dem Ruhm teilhaben zu lassen,[42] sondern ist ein Bescheidenheitsgestus, ein *understatement,* womit die Tradition der aristokrati-

39. Z.B. Krumeich 1991, 38f.; Mann 2001, 236ff.; Harrell 2002, 439ff.450ff.; Stenger 2004, 276ff.

40. Die Behauptung Jüngers 2004, die bisherige Literatur habe die Gespanndenkmäler ausschließlich als Darstellung des Reichtums und der Zugehörigkeit der Stifter zur Aristokratie interpretiert, und erst er selbst füge dem den Gesichtspunkt der (religiösen) Herrschaftslegitimation hinzu, trifft keineswegs zu.

41. Das gilt nach den Neulesungen von Vatin 1991 auch für die Weihung des Polyzalos in Delphi. Die Lesungen Vatins konnten von Krumeich 1991, 41 noch nicht einbezogen werden. Daß sie aber von Harrell 2002, 459f. weder erwähnt noch berücksichtigt werden, ist sehr bedauerlich.

42. So Harrell 2002, 455, die den Unterschied besonders darin begründet sieht, daß sich Dichtung und Monumente an ein unterschiedliches Publikum wenden (S.439). Allerdings waren auch die Epinikien nicht auf den exklusiven persönlichen Umkreis der Tyrannen beschränkt, sondern kursierten in der griechischen Welt, vgl. etwa Hubbard 2001, 393. Vgl. zu dem angesprochenen Unterschied auch Krumeich 1991, 42f.

schen Weihungen anerkannt und fortgeführt wird. Der Gestus soll Sympathien mit dem Stifter des Monuments wecken, welcher hier selbst zum Zuschauer spricht; in den Epinikien dagegen, in denen sich der Tyrann von einer anderen Person, von einem Dichter, feiern läßt, kann er sich ohne weiteres als *basileus* oder mit anderen ehrenvollen Titeln anreden lassen.

Mehr als in der Literatur bisher geschehen sollte betont werden, daß die Tyrannen auf die Herrschaft des Zeus Bezug nahmen bzw. ihre Enkomiasten darauf Bezug nehmen ließen. Auch der delphische Apoll spielte natürlich eine wichtige Rolle,[43] aber Zeus in seiner Eigenschaft als der Herrscher über die Götter war das grundsätzliche Vorbild für die politische Stellung des Tyrannen, der gegebene Helfer des Herrschers (Pind. *P.* 1,69f.). Von Zeus hat Hieron die größte Herrschaft unter den Griechen erhalten (Bakch. 3.10-12), wie er führt er das Szepter (Pind. *O.* 1,12; *O.* 6,93-6) und sorgt für Gerechtigkeit, für Dike (Bakch. 5,6), die als Tochter des Zeus und der Themis verehrt wird. Als Neugründer von Aitne wird Hieron besonders eng mit Zeus Aitnaios verbunden, den er zur wichtigsten Gottheit seiner Stadt erhob (Pind. *O.* 6,96 mit Scholien); Hieron selbst wird in der Überschrift der Ode mit dem Epitheton Aitnaios belegt.[44] Diese Beziehung zu Zeus wird nicht zuletzt durch die direkte Verehrung seines wichtigsten Heiligtums, des Tempels in Olympia, unterstrichen, die uns durch die Weihegeschenke eindrucksvoll vor Augen geführt wird.[45] Die Förderung des olympischen Zeuskultes in den westgriechischen Städten selbst ist eine naheliegende und verschiedentlich bezeugte Konsequenz. So wurde in Akragas ein Tempel des Olympischen Zeus in der Herrschaftszeit des Theron errichtet.

43. In Bakch. 3,17-19.63-66 werden Zeus und Apollon zusammen genannt. Selbstverständlich genießt der Tyrann auch die Gunst anderer Götter, z.B. von Artemis, Hermes und Poseidon (Pind. *P.* 2,7ff.).

44. Auf diese hier genannten Stellen wird auch in der Literatur verwiesen, vgl. Mann 2001, 259f.271; Harrell 2002, 441.446f.; Stenger 2004, 278. Es liegt aber keine systematische und vollständige Untersuchung darüber vor.

45. Die Ausführungen von Jünger 2004 zur Herrschaftslegitimation der Deinomeniden sind nicht nur sprachlich und argumentativ schwach, sie beschränken sich darüber hinaus auf einen einzigen Gesichtspunkt, nämlich auf die vermeintliche Eigenschaft des Zeus, über das Wagenrennen zu entscheiden. Die eingeengte Schlußfolgerung, Zeus selbst legitimiere durch die Bestimmung des Siegers dessen Tyrannenherrschaft, scheitert schon daran, daß auch Aristokraten ohne einen solchen Herrschaftsanspruch Viergespanne aufstellen ließen.

Umstritten hingegen ist in der modernen Literatur, welche Darstellungsformen welchen konkreten Zwecken dienten und an wen sie sich jeweils wandten. Für grundsätzlich berechtigt halte ich die Überlegungen, ob die Epinikien der Dichter mehr für das panhellenische Publikum der Festspiele verfaßt waren, mehr für die Bürger der Heimatpoleis oder mehr für die engere Umgebung des Tyrannen,[46] auch wenn hierbei nicht immer klar unterschieden werden kann.[47] Weniger sinnvoll erscheint mir eine solche ausschließliche Unterscheidung bei den in den Heiligtümern aufgestellten Monumenten, die schließlich von all diesen Gruppen gleichermaßen betrachtet wurden. Umstritten ist dabei auch, in welchem Ausmaß die Heimatpolis des Tyrannen an seinem persönlichen Ruhm partizipieren sollte;[48] diese Partizipation, sofern sie wirklich intendiert war, dürfte aber in jedem Fall nachrangig gewesen sein. Zweifellos sollten in der Zeit nach ihren großen Siegen 480 gegen die Karthager und 474 gegen die Etrusker die Leistungen der Deinomeniden für Griechenland insgesamt herausgestellt werden, auch wenn ihre goldenen Dreifüße in Delphi inzwischen nicht mehr als direkte Antwort auf den Dreifuß der griechischen Symmachie verstanden werden sollten.[49] Daß diese Propaganda jedoch nicht bei allen Griechen verfing, sehen wir daraus, daß Gelon von Herodot (7,153-167) angesichts des persischen Angriffs auf Griechenland eine eigensüchtige und keineswegs philhellenische Haltung zugeschrieben wird.[50]

Eine Gruppe, auf welche die Selbstdarstellung der Tyrannen nicht zuletzt berechnet sein mußte, wird in der Literatur stark vernachlässigt. Das sind die

46. Vgl. besonders Harrell 2002, 439f. 447; Stenger 2004, 277.

47. Mann 2001, 278 will die Propaganda für das panhellenische und das heimische Publikum zu Recht nicht streng trennen; vgl. o. Anm.42.

48. Nach Catenacci 1992, 35 partizipierten die Städte am Ruhm ihrer Sieger, auch der tyrannischen, in den panhellenischen Spielen. Harrell 2002, 455 vertritt die Meinung, daß die Deinomeniden durch ihre zurückhaltenden inschriftlichen Formulierungen (s.o. bei Anm.42) die Bürger von Gela und Syrakus am Ruhm der Weihungen teilhaben lassen wollten. Hubbard 1992, 110 interpretiert Pind. *N.* 9.48-52 so, daß der Sieg des Chromios zum Besitz der ganzen Bürgergemeinschaft wird. Nach Stenger 2004, 277 zielte die Propaganda weniger auf ein syrakusanisches denn auf ein panhellenisches Publikum.

49. Das hat Krumeich 1991 gezeigt.

50. Vgl. auch Vattuone 1994, 95f. Griechische Kritik an Hieron impliziert auch Pindars Vergleich des Tyrannen mit dem ausgesetzten Philoktet in der ersten pythischen Ode, vgl. Hubbard 2001, 394f.

Söldner, auf die sich die meisten Tyrannen stützten. Wie zahlreiche ursprüngliche und spätere Siedler stammten auch viele von ihnen von der Peloponnes und waren mit den Kulten und den Heiligtümern des Mutterlandes verbunden. Die Weihungen der Tyrannen nach den Siegen, die auch mit Hilfe der Söldner erfochten wurden, dürften also sehr in deren Sinn gewesen sein und ebenso zu ihrer Loyalität beigetragen haben wie die Auftritte der Tyrannen als Olympioniken, als Erfolgsmenschen, als Siegertypen also, deren herausragende Stellung man als Söldner zu Recht verteidigte.

Die Forschung hat inzwischen sehr gründlich herausgearbeitet, daß die Epinikien auf die Tyrannen sich nicht auf schematische Panegyrik beschränken, sondern je nach Person und nach Anlaß sehr fein zu differenzieren wissen.[51] Diese Notwendigkeit einer differenzierenden Sichtweise auch für unser gesamtes Thema soll zum Schluß noch einmal hervorgehoben werden.

Es ist nämlich nicht möglich, die Beziehungen der Westgriechen zu den panhellenischen Heiligtümern in einer These zusammenzufassen. Die Behauptung, daß diese Beziehungen besonders intensiv bzw. intensiver als die vergleichbaren Beziehungen anderer Poleis gewesen seien, ist nicht verifizierbar. Vielmehr haben wir es mit einem ganzen Bündel von unterschiedlich gelagerten Verhältnissen zu tun. Was Christian Mann für die Bedeutung der Olympiasiege und den Umgang der griechischen Poleis mit den Siegern gezeigt hat, daß es nämlich sehr unterschiedliche Fälle gibt, das erweist sich auch für unseren Gegenstand als zutreffend. Die hier thematisierten Beziehungen waren nicht durchgängig und nicht gleichmäßig intensiv. Im alltäglichen Normalbetrieb eines Heiligtums und selbst bei einem "normalen" und ungestörten Verlauf der panhellenischen Spiele in Olympia und anderswo mag grundsätzlich eine gewisse Gleichförmigkeit gegeben gewesen sein. Aber gerade dieser Normalbetrieb ist für uns so schwer faßbar. Was wir vor allem erfahren, sind, wie meistens in den Quellen, die besonderen, spektakulären und auffälligen Ereignisse und Gegebenheiten, und die gehen von Staaten aus und gehören im allgemeinen in den Bereich der Politik. Und da ergibt sich auch für die westgriechischen Poleis kein einheitliches Bild. Nach einem militärischen Sieg weihten manche Staaten ihre Kriegsbeute, aber sicher nicht alle. Einige bauten Schatzhäuser, andere stellten Tro-

51. Vgl. v.a. Cole 1992, 114 und *passim;* Hubbard 1992, 77 und *passim,* Stenger 2004 *passim.*

paia auf. Einige bezahlten ihren Olympiasiegern Statuen, andere nicht. Manche, vielleicht nur wenige, stellten ein inschriftliches Exemplar ihrer zwischenstaatlichen Verträge auf. Einige Tyrannen, aber nicht alle, ließen sich mit besonderem Glanz feiern. In den wenigsten Fällen können wir heute noch die konkreten Zusammenhänge und Umstände all dieser Kontakte eruieren. Dennoch zeigen schon diese Erkenntnisse, daß es nicht *die* Beziehungen *der* Westgriechen zu Olympia bzw. zu den panhellenischen Heiligtümern gegeben hat. Die Beziehungen waren dementsprechend nicht durchgängig besonders intensiv und nicht getragen von einer ausgeprägt panhellenischen Einstellung. Die Westgriechen fühlten sich völlig selbstverständlich als Griechen, sie brauchten das weder sich selbst noch den anderen Griechen zu beweisen. Sie fühlten sich so selbstverständlich als Griechen, daß sie die Heiligtümer des Mutterlandes als ihre eigenen kulturellen Zentren empfanden und besuchten. Zu den Festspielen wurden sie ebenso selbstverständlich von den Festboten der Heiligtümer eingeladen.[52] In den Agonen wollten sie aber, ebenso wie alle anderen Griechen, für sich und für ihre Polis Ruhm und Ehre gewinnen. Nicht ein besonderes koloniales Selbstbewußtsein, sondern allein der Stolz darauf, allen anderen überlegen zu sein, spricht also aus der Inschrift des Ergoteles aus Himera, der nach seinem Sieg im dolichos (Langlauf) auf seine Statuenbasis in Olympia schreiben ließ, "*die Griechen* besiegt zu haben."[53]

Bibliographie

Baitinger, H. 2001, *Die Angriffswaffen aus Olympia,* Berlin u.a. (Olympische Forschungen Bd. 29).

Chaniotis, A. 2003, "Vom Erlebnis zum Mythos: Identitätskonstruktionen im kaiserzeitlichen Aphrodisias", in v. E. Schwertheim, E. Winter (Hg.), *Asia Minor Studien Bd. 50: Stadt und Stadtentwicklung in Kleinasien,* Bonn, 69-84.

Cole, Th. 1992, *Pindar's Feasts or the Music of Power,* Rom.

52. Vgl. etwa Siewert 2002, 69f.

53. Die inschriftliche Aussage bei Ebert 1972 Nr. 20, Z.2. Hornblower 2004, 27. 193 überlegt zunächst, ob mit dem zitierten Satz ein besonderes Selbstbewußtsein der Kolonie ausgedrückt sein kann, will dann aber dem möglicherweise darin enthaltenen Anspruch "we Greeks at the edges are as good as you metropolitan Greeks" angesichts einer ähnlichen Formulierung aus dem mutterländischen Argos (Pind. *N.* 10, 25) doch kein großes Gewicht beimessen.

COLONNA, G. 1993, "Doni di Etruschi e di altri barbari occidentali nei santuari panellenici", in A. Mastrocinque (a cura di), *I grandi santuari della Grecia e l'Occidente,* Trient, 43-67.

DREHER, M. 2008, *Das antike Sizilien,* München (italienische Ausgabe Bologna 2010).

Ders. 2009, "Die Westgriechen: andere Griechen?", *Gymnasium* 116, 519-546.

DUNBABIN, T.J. 1948, *The Western Greeks. The history of Sicily and South Italy from the foundation of the Greek colonies to 480 B.C.,* Oxford.

EBERT, J. 1972, *Griechische Epigramme auf Sieger an gymnischen und hippischen Agonen,* Berlin.

GIANGIULIO, M. 1989, *Ricerche su Crotone arcaica,* Pisa.

Ders. 1993, "Le città di Magna Grecia e Olimpia in età arcaica", in A. Mastrocinque (a cura di), *I grandi santuari della Grecia e l'Occidente,* Trient, 93-118.

HERRMANN, H.-V. 1972, *Olympia. Heiligtum und Wettkampfstätte,* München.

Ders. 1983, "Altitalisches und Etruskisches in Olympia (Neue Funde und Forschungen)", *Annuario* 61, 271-294.

HÖNLE, A. 1972, *Olympia in der Politik der griechischen Staatenwelt von 776 v. Chr. bis zum Ende des 5. Jh.,* Bebenhausen.

HORNBLOWER, S. 2004, *Thucydides and Pindar. Historical Narrative and the World of Epinikian Poetry,* Oxford.

HUBBARD, TH. 1992, "Remaking Myth and Re-writing History: Cult Tradition in Pindar's Ninth Nemean", *HSCPh* 94, 77-111.

Ders. 2001, "Pindar and Athens after the Persian Wars", in D. Papenfuß / V.M. Strocka (Hgg.), *Gab es das Griechische Wunder? Griechenland zwischen dem Ende des 6. und der Mitte des 5. Jahrhunderts v. Chr.,* Mainz, 387-397.

JÜNGER, F. 2004, "Viergespanndenkmäler sizilischer Tyrannen in Olympia", in W. Hubner / K. Stähler (Hgg.), *Ikonographie und Ikonologie. Interdisziplinäres Kolloquium Münster 2001,* Münster, 51-63.

La Magna Grecia e i grandi santuari della madrepatria 1992 [1995], Atti del trentaduesimo convegno di studi sulla Magna Grecia, Taranto 1991, hg. v. Istituto per la Storia e l'Archeologia dell Magna Grecia, Taranto.

LURAGHI, N. 1994, *Tirannidi arcaiche in Sicilia e Magna Grecia. Da Panezio di Leontini alla caduta dei Dinomenidi,* Florenz.

Ders. 1997, "Un *mantis* eleo nella Siracusa di Ierone: Agesia di Siracusa, Iamide di Stinfalo", *Klio* 79, 69-86.

LONDAY, P. 1990, *Greek Colonists and Delphi,* Oxford.

MADDOLI, G. 1992, "Considerazioni finali", in *La Magna Grecia* 1992 [1995], 309-314.

MALKIN, I. 1987, *Religion and Colonization in Ancient Greece,* Leiden u.a.

MANN, C. 2001, *Athlet und Polis im archaischen und frühklassischen Griechenland,* Göttingen.

Mertens-Horn, M. 1990, "Archaische Tondächer westgriechischer Typologie in Delphi und Olympia", *Hesperia* 59, 235-248.

Moretti, L. 1957, *Olympionikai. I vincitori negli antichi agoni olimpici*, Rom.

Ders. 1970, "Supplemento al catalogo degli Olimpionikai", *Klio* 52, 295-303.

Ders. 1987, "Nuovo supplemento al catalogo degli Olimpionikai", *MGR* 12, 67-91.

Philipp, H. 1994, "Olympia, die Peloponnesier und die Westgriechen", *JdI* 109, 77-92 (auf italienisch erschienen [ohne Verweis auf die deutschen Version!] "Le caratteristiche delle relazioni fra il santuario di Olimpia e la Magna Grecia", in *La Magna Grecia* 1992 [1995], 29-51).

Pugliese Carratelli, G. 1992, "I santuari panellenici e le apoikiai in Occidente", *PP* 47, 401-410; ND in *La Magna Grecia* 1992 [1995], 297-306.

Rausch, M. 1998, "Nach Olympia" - der Weg einer Waffe vom Schlachtfeld in das Panhellenische Heiligtum des Zeus, *ZPE* 123, 126-128.

Siewert, P. 2002, "Il ruolo di Epidamno e dei Greci oltremare a Olimpia in una nuova iscrizione arcaica", *Hesperìa* 15 (Greci in Adriatico, 1), 67-71.

Sinn, U. 2002, *Olympia. Kult, Sport und Fest in der Antike*, München[2].

Ders. 2004, *Das antike Olympia. Götter, Spiel und Kunst*, München.

Stenger, J. 2004, *Poetische Argumentation. Die Funktion der Gnomik in den Epinikien des Bakchylides*, Berlin.

Taita, J. 2006, "L'indovino Kallias di Elide e le relazioni fra Sibari e Olimpia in epoca arcaica", in P. Amann / M. Pedrazzi / H. Taueber (Hgg.), *Italo - Tusco - Romana. Festschrift für L. Aigner-Foresti*, Wien, 345-363.

Vatin, C. 1991, "Das Viergespann des Polyzalos in Delphi. Weihinschrift und Künstlersignatur", *Boreas* 14/15, 33-44.

Vattuone, R. 1994, "'Metoikesis'. Trapianti di popolazione nella Sicilia greca fra VI e IV sec. A. C.", in M. Sordi (a cura di), *Emigrazione e immigrazione nel mondo antico (CISA 20)*, Milano, 81-113

Yalouris, N. 1981, "Olympie et la Grande Grèce", in *Siris e l'influenza ionica in Occidente, Atti del Ventesimo Convegno di Studi sulla Magna Grecia, Taranto 1980*, Taranto, 9-23.

Zusammenfassung

Untersucht werden die Beziehungen zwischen den Westgriechen, die als Bewohner der unteritalischen und sizilischen Poleis definiert werden, und den panhellenischen Heiligtümern. Die Untersuchung beschränkt sich fast ausschließlich auf Olympia, für das die Quellenlage relativ günstig ist, und ist in drei Abschnitte gegliedert. 1. In der Zeit der Kolonisation (8./7. Jahrhundert v. Chr.) wurde das Zeus-Orakel in Olympia vor allem in militärischen Angelegenheiten um Rat gefragt. Die in den Westen auswandernden Griechen behielten diese Tradition bei, ohne damit ein neues, griechisches ψNationalbewußtsein“ ins Leben zu rufen. 2. In der Blütezeit der Heiligtümer bis zur Mitte des 5. Jahrhunderts v. Chr. läßt sich weder aus den Waffenweihungen noch aus den Olympionikenlisten ein Übergewicht oder eine Dominanz der westgriechischen gegenüber den übrigen griechischen Besuchern erschließen. 3. Die Beziehungen der westgriechischen Tyrannen zu den panhellenischen Heiligtümern sind sehr differenziert zu betrachten, und dies gilt auch für das gesamte Thema: Die Westgriechen betrachteten die panhellenischen Heiligtümer des Mutterlandes ganz selbstverständlich auch als ihre kulturellen Zentren, die sie in großer Zahl aufsuchten. Es ist jedoch nicht festzustellen, dass sie eine ausgeprägter panhellenische Haltung gehabt hätten als die übrigen Griechen. Die Griechen des Westens fühlten sich als Teil der griechischen Welt und beteiligten sich am gemeinsamen kultischen Leben wie alle übrigen Griechen auch, ohne darin eine Sonderstellung einzunehmen.

Arcadians in Olympia – looking for war or peace?

Björn Forsén

One of the features of the Olympic games that has fascinated modern man most is the *ekecheiria*, the peace that was proclaimed between all participants during the period of the festivities. Paradoxically, there was at the same time a clear connection between the Olympic games and war. Thus, although it was common to dedicate arms and armour in several Greek sanctuaries, it is the excavations in Olympia which have uncovered the largest collection by far in this respect.[1] Arms and armour could be dedicated for many reasons. One reason for offering arms and armour at a sanctuary was the safe return of the dedicant from the battlefield. This is for instance the most likely explanation for the large numbers of miniature weapons and armour that has been found in Arcadian sanctuaries of Late Archaic to Classical date.[2] However most of the arms and armour in natural size should probably be seen as war trophies, the weapons of the defeated which were dedicated in order to honour the victory in battle.[3] This is not to say that there could not have existed other reasons – arms and armour may for instance also have been dedicated in connection to the retirement from a long and successful military career.[4]

No matter what the exact reason for dedicating arms and armour was, there always seems to exist a link to warfare. The multitude of such dedications un-

1. In general for dedications of arms and armour, see Rouse 1902; Pritchett 1979 and the recent overview by Boardman 2004, 298-302.

2. For arms and armour dedicated as thanks for a safe return, see Boardman 2004, 299. Snodgrass 1974 assumed that the miniature arms found at Bassai were to be interpreted as gifts by Cretan mercenaries. Miniature arms and armour are however very common finds in Arcadian sanctuaries (Phaklaris 1990, 173-183; Forsén, Forsén and Østby in preparation) and should perhaps rather be interpreted as dedications by Arcadians (perhaps mercenaries) returning safely from the battlefield.

3. Pritchett 1979, 241-295.

4. Pritchett 1979, 249-252.

covered at Olympia clearly indicates that the sanctuary had a special connection to warfare. As shown by Ulrich Sinn in his recent, very informative Olympia book, the explanation is to be found in the fact that the seers of the Olympic oracle, the Iamidai and Clytiadai, were specialized in advice on matters of war.[5] It seems as if these seers, in the same way as they followed the Greeks who founded colonies in the west, also were present at most, if not all great battlefields. As an example one could mention the seer Teisamenos from Elis, who belonged to the Clytiad family of the Iamidai, and who according to Herodotos (9.33-9.36) was the one that predicted the Spartan victory on five battlefields, beginning with Plataiai in 479 BC.[6]

There is one more connection between the Olympic games and war, and that is the fact that the athletic discourses, especially the fighting sports, were suitable as part of young men's military training.[7] This is of course nothing unique for the Olympic games, as the same is true for all athletic games during the ancient period. But the Olympic games apparently played an especially important role for the Arcadians, above all during the Classical period when Arcadia was one of the most victorious regions in the games. Thus, we know of a total of 26 Arcadian *Olympionikai* from between 479 and 368 BC, which is a figure that can be compared to the 3 recorded victors from Achaia, the 19 from Elis, the 16 from Lacedaimon, the 12 from the Argolid including Sikyon, the 2 from Boeotia, or the 20 from Sicily during the same period of time.[8] What is even more striking is the fact, that out of the 26 recorded Arcadian *Olympionikai* (*Table 1*) a total of 21 achieved their victories in boxing, wrestling or pankration (another 3 were in unknown events).

Before returning to the Arcadians I want to emphasize another aspect of the Olympic games which has been brought forward in other papers of this conference, and that is the fact that the festivals in Olympia drew large amounts of people from all over the Greek world, thus turning the festivals into the most convenient place for making public announcements or for distributing informa-

5. Sinn 2000, 15-21. Of special importance for Sinn's interpretation is Pindar's 6th Olympian ode.

6. For Teisamenos, see also Paus. 3.11.6-8.

7. E.g. Decker 1995, 76-77.

8. For the numbers of *Olympionikai,* see Nielsen 2002, 401, who has counted the occurrences collected by Moretti 1957.

tion of some kind.[9] As an example I would like to mention the case of the early 6th century-tyrant of Sikyon, Kleisthenes. According to Herodotus (6.126-127), Kleisthenes wanted to marry his daughter to the best man in all Greece and in order to find this fellow he made a public announcement during the Olympic games urging any Greek who thought himself good enough to become his son-in-law to come to Sikyon in order to have their manly qualities and temper, education and manners tested. In this way suitors came to compete for his daughter's hand from Arcadia, Argos, Elis, Athens, Euboia, Boeotia, Aetolia, Epirus, Thessaly and Magna Graecia.[10]

There are several other passages emphasising the same aspect of the Olympic festivals, but I will mention only one dealing with how Herodotus managed to make his Histories known throughout the whole Greek world. Lukianos (*Aetion* 1-2, K. Kilburn's translation in the Loeb series) describes this in the following way:

"As soon as he sailed from his home in Caria straight for Greece, he bethought himself of the quickest and least troublesome path to fame and a reputation for both himself and his works. To travel round reading his works, now in Athens, now in Corinth or Argos or Lacedaemon in turn, he thought a long and tedious undertaking that would waste much time. The division of his task and the consequent delay in the gradual acquisition of a reputation did not appeal to him, and he formed the plan of winning the hearts of all the Greeks at once somewhere if he could. The great Olympic games were at hand, and Herodotos thought this the opportunity he had been hoping for. He waited for a packed audience to assemble, one containing the most eminent men from all Greece; he appeared in the temple chamber, presenting himself as a competitor for an Olympic honour, not as a spectator; then he recited his *Histories* and so bewitched his audience that his books were called after the Muses, for they too were nine in number. By this time he was much better known than the Olympic victors themselves. There was no one who had not heard the name of Herodotos – some at Olympia itself, others from those who brought the story back from the festival."

9. This aspect of the games is heavily emphasised e.g. by Sinn 2000, esp. 23-29.

10. The provenance of the suitors is interesting as it reflects which *poleis* were located close to, or are known to have had special contacts to Olympia already at an early stage. The only exceptions in this sense are the two suitors from Molossia and Thessaly.

But let us now return to the Arcadians. The inhabitants from this region were in the Classical period renowned for being good soldiers, often enlisting as mercenaries.[11] Hermippos, in the late 5th century BC, for instance, states as a joke that the most important Arcadian "export" articles were mercenaries (Hermippos fr. 63 (Kock)). Even as late as 370 BC Lykomedes from Mantinea could boast that "whenever any one needed mercenaries they preferred Arcadians to all others" (Xen. *Hell.* 7.1.23). James Roy has calculated that probably as many as 4,000 of the 10,000 mercenaries who marched with Kyros were Arcadians,[12] and this clearly gives us an idea of how many Arcadians made their living as mercenaries.

In the absence of written sources it is difficult to establish when the Arcadians started to enlist as mercenaries, but there are indications of this custom going back to the Late Archaic period, with Arcadians being among the mercenaries fighting for the Syracusan tyrants. Thus, Pausanias (5.27.1-2) speaks about Phormis the Mainalian who had served for Gelon (reigned until 478 BC) in Syracuse and had reached such prosperity that he offered dedications in both Olympia and Delphi. Except for Phormis' sculptural group depicting two horses and two charioteers, Pausanias (5.27.7) saw yet another group in Olympia which was dedicated by Lykortas of Syracuse and depicted Phormis fighting with an enemy. We also have the remains of a similar dedication by Praxiteles of Mantinea, apparently consisting of two sculptures or two sculptural groups, where the inscription tells us that Praxiteles had become a citizen of both Kamarina and Syracuse. The inscription is in this case dated prior to 484 BC (*IvO* 266).[13]

Arcadia is a mountainous region, located somewhat off the main roads. So how did the Arcadians become enlisted as mercenaries? Or, if we put it the

---

11. See e.g. Nielsen 1999, 40-43; Roy 1999, 346-349; Nielsen 2002, 79-83; Forsén and Forsén 2003, 267-268. Arcadian mercenaries still occur in the 3rd century, although there are much more known cases originating from e.g. Macedonia or Crete (the known cases have been collected by Launey 1987). There are very few known cases of Greek mercenaries in general after ca. 200-190 BC. As suggested by myself elsewhere (Forsén and Forsén 2003, 270-271) this may be due to the peace of Apameia in 188 BC, when the Seleucid king Antiochus III was forbidden to continue hiring mercenaries from the lands under Roman rule, or even to accept volunteers from these regions in his army.

12. Roy 1967, 308-309.

13. For the date of Praxiteles' dedication, see Nielsen 2002, 170. For Arcadian mercenaries in Sicily, see also Bettalli 1995, 94-95, with two further possible cases.

other way, what did the Syracusans or Persians do when they wanted to hire Arcadians as mercenaries? After the Peloponnesian war the supply of mercenaries had increased and one could apparently find Arcadians looking for work in this field even in Asia Minor – presumably these persons had served before as mercenaries, but hade become unemployed because their contracts had expired or just because less mercenaries were needed when the war had come to an end.[14] In the same way as the 10,000 who followed Kyros developed into the first roving mercenary army, one could also find smaller mercenary companies or detachments that could be hired by whoever had the money needed. Sometimes such companies could be hired thanks to existing guest-friend relations.[15]

But whoever wanted to hire Arcadian mercenaries before or in the beginning of the Peloponnesian war had to look for them in the Peloponnese. There are no contemporary sources that tell us how one had to proceed. But we have two later sources who give us some indications. First there is the story about Eurybatos, which is recorded by Diodoros (9.32), who as his source mentions Ephoros from Kyme in Asia Minor (early 4th cent. BC). According to the story Kroisos of Lydia in the mid-6th century BC dispatched Eurybatos to the Peloponnese, having given him money with which to recruit as many mercenaries as he could. Eurybatos turned out to be an unreliable person, who deceived Kroisos and ran away with the money. The authenticity of the story has been questioned and it has been suggested that it rather reflects the circumstances of the 4th century BC.[16] The story is nevertheless interesting, because it tells how mercenaries could be recruited – namely by sending an agent with money to the Peloponnese. The agent arriving to the Peloponnese must have faced the same problem as Herodotus when he wanted to make his Histories known to a larger public – unless he was able to turn up at one of the panhellenic festivals he would simply have to travel from *polis* to *polis*, probably making use of existing guest-friend relations.

The second example comes from Xenophon's *Hellenica* (7.1.27) and concerns the year 368 BC. Sparta had lost against Thebes and the Persians wanted

14. See e.g. the discussion in Parke 1933, 15 ff. Roy 1967, 296-309, has shown that most of the 4,000 Arcadians among the 10,000 who marched with Kyros must have been enlisted outside of Arcadia, partly in Asia Minor.

15. See e.g. the cases mentioned by Xenophon in Anabasis.

16. E.g. Parke 1956, 136.

the King's Peace to be renewed with Thebes as supreme Greek power. Ariobarzanes, satrap of Hellespontine Phrygia then sent Philiscus of Abydos with a large amount of money to Greece. Philiscus assembled a congress of Thebans, allies and Lacedaemonians at Delphi to negotiate for peace. When the negotiations broke down Philiscus immediately set about collecting a large mercenary force. Ariobarzanes later was to use these forces in his attempt to revolt against Artaxerxes II Mnemon. Anyway, one is left with the impression that Philiscus of Abydos, who acted as Ariobarzanes' agent, was told to assemble the congress, partly in order to be able to recruit a large number of mercenaries.[17]

So, let me summarize. In the 5th century BC large numbers of Arcadians enlisted as mercenaries. Those who wanted to hire mercenaries had to send an agent with money to the Peloponnese. In order to facilitate the enlisting the agent would probably try to look for an occasion where as many Greeks as possible were assembled. The Arcadians must have been aware of this, thus putting a large effort on being seen and heard at such occasions. The panhellenic games at Olympia, Nemea and Isthmia offered three such good opportunities. But Olympia obviously was of special importance because of the extraordinary link to warfare created by the Iamidai and Clytiadai. This was the location par preference for dedicating trophies, which meant that many generals and officers also would pass by. And would not the Iamidai and Clytiadai, who used to follow the armies out to the battlefields, have been the perfect intermediaries between those wanting to hire mercenaries and people who could offer soldiers that wanted to enlist? Or what about the *theoroi*, officials sent out by the panhellenic sanctuaries to announce upcoming festivals and proclaim the sacred truce? These *theoroi* were cared for in the individual poleis by *theorodokoi*, and thus had a remarkable wide-spread network of contacts.[18]

Unfortunately we know very little about how mercenaries were hired in ancient Greece. Nevertheless I would, on the basis of the indications brought forward by myself, like to suggest that the games in Olympia may have been of importance for Arcadians wanting to enlist as mercenaries. Or to put it another way, the Arcadians would indeed have made use of the Olympic truce in order to look for war.

---

17. Cf. the argumentation by Parke 1933, 89.

18. For the institution of *theorodokoi*, see Perlman 2000. I owe thanks to Kostas Buraselis for pointing out the importance of the *theorodokoi* as a possible connecting link to me.

TABLE 1: Arcadian Olympionikai 479-368

Name of victor	Origin	Date	Event	Moretti no.
Tellon, son of Daemon	Oresthasion (Mainalia)	472	Boxing for boys	231
[...]emos	Parrhasia	468	Wrestling for boys	243
Ephotion	Mainalia	464	Pankration	253
Pytharchos	Mantineia	464	Stadium for boys	254
Protolaos, son of Dialkes	Mantineia	464	Boxing for boys	256
Kyniskos, son of Kyniskos	Mantineia	460	Boxing for boys	265
Gnathon	Dipaia (Mainalia)	440	Boxing for boys	314
Theopompos II, son of Theopompos I	Heraia	440	Wrestling	313
Philippos	"Azania"	436	Boxing for boys	319
Theopompos II, son of Theopompos I	Heraia	436	Boxing for boys	317
Androsthenes, son of Lochaios	Mainalia	420	Pankration	336
Nikostratos, son of Xenokleides	Heraia	416	Wrestling for boys	344
Androsthenes, son of Lochaios	Mainalia	416	Pankration	343
Euthymenes	Mainalos (Mainalia)	400	Wrestling for boys	362
Damarchos, son of Dinytas	Parrhasia	400	Boxing	359
[...]	Tegea or Argos (?)	400	unknown event	366
Euthymenes	Mainalos (Mainalia)	392	Wrestling	377
Neolaidas, son of Proxenos	Pheneos	392	Boxing for boys	380
Lykinos	Heraia	384	Stadium for boys	394
Damoxenides	Mainalia	384	Boxing	393
Narykidas, son of Damaretos	Phigaleia	384	Wrestling	392
Alketos, son of Alkinos	Kleitor	384	Boxing for boys	395
Kritodamos, son of Lichas	Kleitor	376	Boxing for boys	406
Xenokles, son of Euthyphron	Mainalia	372	Wrestling for boys	408
[...]	Methydrion	368	unknown event	410
[...]	Methydrion	368	unknown event	410

Bibliography

BETTALLI, M. 1995, *I mercenari nel mondo greco* I. *Dalle origini alla fine del V secolo a.C.*, Pisa.

BOARDMAN, J. et al. 2004, "Greek votive objects", in *ThesCRA* I, 281-318.

DECKER, W. 1995, *Sport in der Antike. Vom minoischen Wettkampf zu den Olympischen Spielen*, München.

FORSÉN, J. and FORSÉN, B. 2003, *The Asea Valley Survey. An Arcadian mountain valley from the Palaeolithic period until modern times* (Acta Instituti Atheniensis Regni Sueciae 4°, LI), Stockholm.

FORSÉN, J., FORSÉN, B. and ØSTBY, E. *Agios Elias of Asea. From early cultplace to Medieval village,* (in preparation).

LAUNEY, M. 1987, *Recherches sur les armées hellenistiques* I-II. Réimpression avec addenda et mise à jour, en postface par Y. Garlan, P. Gauthier & C. Orrieux, Paris.

MORETTI, L. 1957, *Olympionikai: I vincitori negli antichi agoni olimpici* (MemLinc, Serie 8, 8:2), Roma.

NIELSEN, T.H. 1999, "The concept of Arcadia - the people, their land, and their organisation", in T. H. Nielsen and J. Roy (eds), *Defining Ancient Arcadia* (Acts of the Copenhagen Polis Centre 6), Copenhagen, 16-79.

- 2002, *Arkadia and its poleis in the Archaic and Classical Periods* (Hypomnemata 140), Göttingen.

PARKE, H.W. 1933, *Greek mercenary soldiers from the earliest times to the battle of Ipsus,* Oxford.

- 1956, *The Delphic oracle*, Oxford.

PERLMAN, P. 2000, *City and sanctuary in ancient Greece. The* theorodokia *in the Peloponnese* (Hypomnemata 121), Göttingen.

PHAKLARIS, P.V. 1990, *Αρχαία Κυνουρία. Ανθρώπινη δραστηριότητα και περιβάλλον* (Δημοσιεύματα του Αρχαιολογικού Δελτίου 43*)*, Αθήνα.

PRITCHETT, W.K. 1979, *The Greek states at war* III. *Religion*, Berkeley, CA.

ROUSE, W.H.D. 1902, *Greek votive offerings: an essay in the history of Greek religion,* Cambridge (Reprint Hildesheim 1976).

ROY, J. 1967, "The mercenaries of Cyrus", *Historia* 16, 287-323.

- 1999, "The economies of Arcadia" in T. H. Nielsen and J. Roy (eds), *Defining Ancient Arcadia* (Acts of the Copenhagen Polis Centre 6), Copenhagen, 320-381.

SINN, U. 2000, *Olympia: cult, sport and ancient festival,* Princeton NJ (transl. of *Sport in der Antike. Wettkampf, Spiel und Erziehung im Altertum,* Würzburg 1996).

SNODGRASS, A.M. 1974, "Cretans in Arcadia" in *Antichità cretesi. Studi in onore di Doro Levi 2,* Catania, 196-201.

Summary

One of the features of the ancient Olympic games that has fascinated modern man most is the *ekecheiria*, the peace that was proclaimed between all participants during the duration of the festivities. Paradoxically enough there was at the same time a clear connection between the Olympic games and war. Thus, it was customary to dedicate war trophies, often consisting of weaponry, in the panhellenic sanctuaries. It has also frequently been pointed out that the athletic discourses, especially the fighting sports, were very suitable as part of young men's military training.

The Olympic games were panhellenic in the sense that they constituted one of the few places where someone at one and the same time could meet Greeks from all over the Mediterranean. Therefore the games were often used for making different sorts of proclamations. It is here suggested that Olympia, at least until the fifth century BC, may have functioned as a place where mercenaries could be hired. Consequently the Arcadians, the best known mercenaries of the Classical period, would indeed have made use of the Olympic truce in order to look for war.

The relations between Argos and Sparta after the Peace of Nicias and the Olympic crisis of the year 420 BC

CINZIA BEARZOT

1) Argos, Corinth and the anti-Spartan coalition

THE PEACE OF NICIAS was signed in March 421 B.C. (Th. 5.18-19). A short time before the signing, while the movement in favour of peace was growing in Athens and Sparta, Argos had appeared to be not particularly interested in renewing the thirty-year treaty with Sparta, concluded in 451 and expiring in the summer.[1] In fact, Argos wished to recover the land called Kynouria (Th. 5.14.4):[2] this claim was a challenge to the Spartans, who had settled there the inhabitants of Aigina, expelled from their island by the Athenians in 431 (Th. 2.27.2; 4.56.2). Clearly, Argos did not intend to maintain the neutral attitude it had showed in the last thirty years. The weakness of Sparta after the ten-year war, reflected in Th. 5.14,[3] gave Argos the occasion to recover the disputed land.

According to Thucydides, this stand of the Argives was one of the reasons why the Spartans signed the peace of Nicias and then got closer to the Athenians, transforming this peace into an alliance (Th. 5.23-24). However, the Thucydidean passage highlighting Spartan motives (5.22.2) is questionable. I quote the translation of Steven Lattimore:[4] according to Thucydides, the Spartans

1. Cf. Silvestrini 1974, 331.

2. Kynouria had been under Spartan control since the so-called "battle of the champions" (Hdt. 1.82), in the middle of the sixth century. On the conflicts between Sparta and Argos in the archaic age cf. Piérart 1997, 326-327; Piérart 2004, 173-174.

3. According to the historian, the war had not fulfilled Spartan expectations: the Lacedaemonians had been certain to dissolve the power of the Athenians in few years, while, on the contrary, they met with the disaster of Sphakteria, their land was being raided from Pylos and Kythera, and the helots were deserting or threatening revolution.

4. Lattimore 2002.

> concluded their own alliance with the Athenians thinking, after the Argives had been unwilling to make a treaty when Ampelidas and Lichas were there, that they were least formidable by themselves, without the Athenians, and that there would be the most stability in the rest of the Peloponnesos, which would have gone over to the Athenians if that had been possible.[5]

This translation emphasizes the Spartan fear of a possible alliance between Argos and Athens, and underlines the firm belief of the Spartans that their alliance with the Athenians would isolate their enemies. The translation derives from a considerable emendation of the Thucydidean text,[6] due both to the puzzling presence of two participles, νομίζοντες and νομίσαντες, referring to the same subject, and to the impression that, from a historical point of view, the emended text would make better sense than the original. However, Philip Peek[7] has recently proposed a different translation, which is based on a less restored text, and does not refer both participles νομίζοντες and νομίσαντες to the Spartans, as this is grammatically untenable;[8] on the contrary, he attributes the former (νομίζοντες) to the Spartans and the latter (νομίσαντες) to the Argives. The translation proposed by Peek runs as follows:

> [The Spartans] themselves made an alliance with the Athenians, thinking that the Argives – since they had refused to renew the treaty when Ampelidas and Lichas arrived, because they did not think them [the Spartans] formidable without the Athenians – and the rest of the Peloponnesians especially would not at all remain on peaceful terms with them; for [the Spartans thought] that [the Argives and the Peloponnesians], if it were possible, would go over to the Athenians.

---

5. Lattimore (2002, 20) uses the Greek text of the edition of Classen 1900-1922 as a "starting point": αὐτοὶ δὲ πρὸς τοὺς Ἀθηναίους ξυμμαχίαν ἐποιοῦντο, νομίζοντες ἥκιστα ἄν σφίσι τούς τε Ἀργείους, ἐπειδὴ οὐκ ἤθελον Ἀμπελίδου καὶ Λίχου ἐλθόντων ἐπισπένδεσθαι, [νομίσαντες αὐτοὺς ἄνευ Ἀθηναίων οὐ] δεινοὺς εἶναι καὶ τὴν ἄλλην Πελοπόννησον μάλιστ' ἡσυχάζειν. [πρὸς γὰρ ἂν τοὺς Ἀθηναίους, εἰ ἐξῆν, χωρεῖν].

6. αὐτοὶ δὲ πρὸς τοὺς Ἀθηναίους ξυμμαχίαν ἐποιοῦντο, <u>νομίζοντες</u> ἥκιστα ἄν σφίσι τούς τε Ἀργείους, ἐπειδὴ οὐκ ἤθελον Ἀμπελίδου καὶ Λίχου ἐλθόντων ἐπισπένδεσθαι <u>νομίσαντες</u> ἄνευ Ἀθηναίων οὐ δεινοὺς εἶναι, καὶ τὴν ἄλλην Πελοπόννησον μάλιστ' ἂν ἡσυχάζειν· πρὸς γὰρ ἂν τοὺς Ἀθηναίους, εἰ ἐξῆν, χωρεῖν.

7. Cf. Peek 1997, 363-370.

8. For details on suggested emendations, cf. Peek 1997, 363; furthermore, Gomme 1956, 691-692; Hornblower 1996, 2004², 497-498.

If the original text is maintained, according to Thucydides the Spartans were looking forward to an agreement with the Athenians not because they feared an alliance between Argos and Athens, but rather in order to put the Argives in trouble by withdrawing Athenian support from a possible Peloponnesian, anti-Spartan alliance. This perspective is not unreasonable: it is actually supported by some Thucydidean passages (5.40.2 and, above all, 5.44.1) proving that Argos was worried about a future agreement between Sparta and Athens that would damage the interests of Peloponnesian, anti-Spartan states. If, as I think, Peek's interpretation is correct, this passage – with the others quoted above – acquires a different meaning, as it aligns the Argives with the other Peloponnesians who eyed the reconciliation between Sparta and Athens with suspicion.

Among these there were the Corinthians, the most active exponents of the war option after the end of the Archidamian War.[9] With other Spartan allies (Boiotians, Eleans, Megarians), they had refused to sign the peace of Nicias that, in their opinion, damaged their own interests (Th. 5.17.2). After the signing of the alliance between Sparta and Athens, the Corinthians entered into negotiations with the Argives who, besides being interested in recovering Kynouria and worried about the agreement between Sparta and Athens, nourished hopes to restore their ancient hegemony over the Peloponnese. This diplomatic initiative re-proposed the project of a great Peloponnesian democratic alliance under the leadership of Argos which had already been proposed, with little success, in the 470's.[10]

The role of the Corinthians in arranging the anti-Spartan alliance in the Peloponnese appears to be very important from the very beginning. In any case, their contribution was far more incisive than that of the Argives who, before the signing of the disputed peace of Nicias, had nonetheless proved to be willing to review their relations with the Spartans, which had been stable for thirty years. After the signing of the feared alliance between Sparta and Athens, the Corinthians conducted a vigorous diplomatic campaign with other Pelopon-

9. Kagan 1981, 35, argues that the diplomatic initiative of the Corinthians was backed by their wish to continue the war with Athens; on the contrary, according to Seager 1976, 254, they intended to take revenge on Sparta.

10. Cf. Forrest 1960, 221-241. According to Forrest, the project of the 470's was undertaken under Themistokles' leadership; a more sceptical stance is expressed by Wörrle 1964, 120 ff.; O'Neil 1981, 335-346; Hornblower 1991, 1997², 220.

nesian states in order to question the new balance of power (Th. 5.25.1: διεκίνουν τὰ πεπραγμένα). While the ambassadors of the various cities were returning home after the signing of the treaty, the Corinthians

> turned aside to Argos and declared to some of the Argives in power (πρός τινας τῶν ἐν τέλει ὄντων Ἀργείων) the necessity for the Argives – since the Lacedaemonians, not for any good ends but for enslaving the Peloponnesos (ἐπὶ καταδουλώσει τῆς Πελοποννήσου)[11] had made a truce with their worst enemies until now, the Athenians) – to see how the Peloponnesos could be saved, and for a decree that every Hellenic city willing, if it was independent and dealt in fair and equal judgments, should make an alliance with the Argives based on the mutual defense of territory and designate a few men as having complete authority, with no speaking before the people, to avoid exposure for those who failed to convince the populace; they said that many would come over out of hatred of the Lacedaemonians (Th. 5.27.2).

The project implied a defensive alliance ("based on the mutual defence of territory") to include all autonomous Greek cities ("every Hellenic city willing, if it was independent and dealt in fair and equal judgments"), in order to protect the independence of the Peloponnese and of Greece as a whole.[12] Thus, the Corinthians posed the threat of arranging "some other alliance", which had already been addressed to the Spartans, whom they charged with being irresponsible leaders and indifferent to their allies (in the year 432: Th. 1.71.4-5).[13] In any case, the Corinthians appear to be very cautious in proposing an anti-Spartan al-

11. Cf. D.S. 12.75.2: ἐπὶ καταδουλώσει τῶν ἄλλων Ἑλλήνων.

12. This clause seems to exclude the Athenian allies, but it could be only a Peloponnesian convention: cf. Gomme - Andrewes - Dover 1970, 23. The pan-Hellenic intonation of the Thucydidean passage is even more evident in Diodorus (12.75): according to the Sicilian historian, many Greek cities, fearing a Spartan-Athenian agreement with the purpose of enslaving the rest of the Greeks (ἐπὶ καταδουλώσει τῶν ἄλλων Ἑλλήνων), answered to the call for their common freedom (πρὸς τὴν κοινὴν ἐλευθερίαν).

13. "So let your slowness end at this point. Now, just as you promised, help your allies and especially the Potidaians by invading Attica at once, lest you betray friends and kinsmen to their worst enemies and drive us in despair to some other alliance. We would not be doing wrong in the sight of either the gods we swore by or men who take note. For those who break treaties are not the ones who go over the others because of their isolation but the ones who do not help those to whom they swore their oaths". Cf. Sordi 2002 (= 1991), 499 ff.; also Kagan 1981, 35; according to De Ste. Croix 1972, 59-60, the Corinthians probably refer to Athens rather than to Argos. On Corinth as "third power" cf. Gehrke 1986, 128 ff.; Fornis Vaquero 1995, 77-103.

liance: as a matter of fact, Corinthian ambassadors undertook "private" negotiations with Argive officials, requiring the nomination of a committee of *autokratores* and advising them against public discussion of an eventual agreement. It has been proposed that their caution was due to the uncertain political situation in Argos and Corinth.[14] Issues of this kind are not to be excluded, but in my opinion the real reason for the Corinthians' behaviour lay, at that moment, in their wish not to commit themselves as leaders of the diplomatic initiative;[15] it is noteworthy that they also aimed to avoid publicity on the development of the negotiations (in Thucydides, the Corinthians wished "to avoid exposure for those who failed to convince the populace, *plethos"*; "exposure" is probably to be intended "towards the Spartans";[16] so it seems that the Corinthians did not want to risk diplomatic isolation for themselves and their friends in case their initiative should fail). The Corinthians deliberately remained in the background: on this subject, it is interesting to note that both Thucydides and Diodorus expressly highlight the wish of the Argives to recover their ancient hegemony on the Peloponnese. According to Thucydides, in fact, the Corinthians reminded the Argive officials of "the necessity for the Argives ... to see how the Peloponnese could be saved" (Th. 5.27.2); after the latter had reported the Corinthian proposals to the magistrates (*archai)* and to the people,[17] the Argives

> passed a decree and chose twelve men with whom any Hellenes who wished were to negotiate an alliance, except for the Athenians and Lacedaemonians; neither of these were permitted to make peace without the consent of the Argive people. The Argives gave this readier acceptance because they saw that they were going to be at war with the Lacedaemonians, since the treaty with them was reaching an end, and in addition *hoped to become the lea-*

14. Cf. Kagan 1960, 295-296: the negotiations were entered into non-official form due to the internal political situation (the moderate oligarchics were no longer interested in the Spartan alliance and intended to keep the negotiations secret from the pro-Spartan, aristocratic faction; Argive officials intended to keep the negotiations with oligarchic states secret from the democrats).

15. For this reason the Corinthian ambassadors chose to undertake unofficial negotiations with men who enjoyed their confidence and who were supposedly members of the oligarchical faction.

16. So for example Smith 1921, *ad loc.;* cf. Kagan 1981, 37-38.

17. For institutional issues, cf. Leppin 1999, 305.

ders of the Peloponnesos. For at that time the Lacedaemonian state was very poorly regarded and despised because of its misfortunes, and the Argives were also in their best situation all around, since they had not taken part in the war with Attica but had instead enjoyed the profits of peace with both sides. So the Argives accordingly undertook to receive as allies any Hellenes who were willing (Th. 5.28).

After recalling the benefits Argos had drawn from the thirty-year peace, Diodorus (12.75.6-7) mentions a further qualification of Argos to Peloponnesian hegemony: before the "return of the Herakleidai" all the most important kings had come from Argolid, a fact which ran counter to the Spartan right to Peloponnesian hegemony.[18] In undertaking their political and diplomatic initiative, the Corinthians evidently did not intend to claim such Peloponnesian hegemony for themselves: they consciously left this leading role to the Argives, either because Argos had historical traditions that made it the best alternative to Sparta as Peloponnesian leader or in order not to get too much involved in an uncertain and dangerous project. By endowing the Argives with this leading role in the anti-Spartan coalition and the Peloponnese, the Corinthians prepared a way out for themselves; at the right moment, they would not fail to take advantage of it.

At the beginning, this Corinthians' initiative was successful, as it voiced widespread discontent. When the Mantineans, who had subdued part of Arkadia and feared that Sparta would not accept this move, joined the coalition, the democratic alliance of the 470's seemed to come to life again ("[The Mantineans] ... were glad to turn to Argos, which impressed them as a great city always at odds with the Lacedaemonians and governed by a democracy like their own": Th. 5.29.2). Thucydides expressly recalls, once again, that the Peloponnesians feared that, with the support of the Athenians, the Spartans would enslave them (Th. 5.29.3: μὴ μετὰ Ἀθηναίων σφᾶς βούλωνται Λακεδαιμόνιοι δουλώσασθαι; cfr. 5.27.2: ἐπὶ καταδουλώσει τῆς Πελοποννήσου).[19] Some modern scholars un-

18. Cf. Vannicelli 2004, 279-294.

19. The problem emerged from the clause of the peace of Nicias providing that "the oath is to allow for both to give just cause and make alterations as they think best, both the Athenians and the Lacedaemonians" (Th. 5.18.11); according to the dissidents, "the right wording would have left changes up to all the allies" (Th. 5.29.3; cf. D. S. 12.75.4).

derline that this threat of enslavement was just a matter of propaganda: in any case, it persuaded the Peloponnesians to support the anti-Spartan alliance with Argos; it enabled the Corinthians to refuse the peace of Nicias without remaining isolated; and it endangered Spartan hegemony of the Peloponnesian League foreshadowing a leading role of Argos, which was fully qualified for it.[20] It is likely that the Corinthians hoped to give a less democratic tone to the coalition, including oligarchical states such as Megara and Boiotia.[21]

This Corinthian attitude was causing great worries to the Spartans. So, when the Peloponnesian League entered a state of crisis, after the Mantineans had joined the anti-Spartan coalition (Th. 5.29.2-4), the Spartans tried, unsuccessfully, to prevent the alliance between Corinth and Argos, and to persuade the Corinthians to sign the treaty with the Athenians (Th. 5.30.1-4). Yet, even the Argive pressure on the Corinthians to convince them to join the anti-Spartan alliance without delay was unsuccessful, as appears from Thucydides, (5.30.5) ("There were also Argive ambassadors present, and they urged the Corinthians to enter into the alliance without delay; the Corinthians directed them to come to the next meeting held among themselves"). This delay proves that the Corinthians were beginning to hesitate about the project they had proposed: according to some scholars, their doubts arose from internal opposition,[22] while others prefer to impute them to caution.[23] However, after the Eleans (in disagreement with the Spartans on Lepreon) joined the alliance, even the Corinthians did the same with the Chalkidians of Thrace (Th. 5.31). Although Boiotians and Megarians had shown the same intention, they stayed out of the alliance, "since they were left alone by the Lacedaemonians and considered the Argive democracy less favorable to them as oligarchs than the Lacedaemonian constitution" (Th. 5.31.6). Thucydides' words, as those he writes on the Mantineans in 5.29.2, attest that the alliance had an "ideological" character: it was interesting for democratic states but definitely less attractive for oligarchic cities and people. This could explain the progressive lack of interest of the Corin-

20. Cf. Westlake 1940, 414; Kelly 1974, 91-92; Seager 1976, 254.
21. Cf. Kagan 1960, 297 ff.
22. Cf. Kagan 1960, 299-300; Kagan 1981, 42-43.
23. Cf. Seager 1976, 254-255.

thians, when they understood that it would be impossible to give a different political tone to the coalition.[24]

Such lack of interest emerges more clearly after the failed attempt of both Corinthians and Argives to obtain the alliance of Tegea (Th. 5.32.3-4): when the Tegeates proclaimed they did not intend to disappoint the Spartans, "the Corinthians, who until then had acted very vigorously (προθύμως), moderated their contentiousness, in dread that none of the others would come over to them now". Further disappointment of Corinthian hopes came with the failure of the negotiations with the Boiotians (5.32.5-7).

The following Thucydidean account for the year 421 reports the negotiations undertaken by the Spartan ephors Kleoboulos and Xenares, who were hostile to the peace with Athens, in order to renew friendly relations with Argos. After the failure of the negotiations made in Sparta in the presence of Athenians, Boiotians, and Corinthians, the ephors autonomously turned to the Boiotians and Corinthians asking them to act unanimously, and urged the Boiotians to ally themselves with the Argives leading them back to the Spartan alliance (Th. 5.36.1). But the plan of the ephors failed, as the four Boiotian *boulai* refused to confirm the proposals of the *boiotarchoi* (Th. 5.37-38); some modern scholars assume that the failure of the plan was provoked by the Corinthians who feared that Sparta, now again in friendly relations with Argos, would be led to maintain the peace and the alliance with Athens.[25] In the complex diplomatic relations of this period, the fear (shared by Argives, Corinthians, Eleans, and Mantineans) of risks arising from the alliance between Sparta and Athens and threatening the Peloponnesians was coupled with the fear of a renewed friendship between Sparta and Argos which could offer further incentive to the preservation of the Spartan-Athenian treaty (especially for the Corinthians who wished to continue the war).

What I find astonishing in these events is the essentially passive role of Argos: despite its refusal to renew the 451 alliance with Sparta, when the Spartan-

24. Although the Corinthians had recommended to the Argive officials to avoid speaking of the planned alliance in the assembly, the latter immediately reported the substance of the negotiations "to their officials and people"; consequently, the assembly passed a decree in conformity with the original project. This gave a democratic tone (probably not very appreciated by the Corinthians) to the initiative.

25. Cf. Kagan 1960, 302 ff.; Kelly 1974, 92; Kagan 1981, 54-55.

Athenian alliance began to cause instability in the Peloponnese, Argos revealed itself to be strongly dependent on Corinthian initiative, as a real *longa manus* of the Corinthians. The political and diplomatic "game" involving the Argives was actually played by the Corinthians: the Argives appear to be lacking in autonomous decision-making and to be involved in the plan mainly because of their glorious hegemonic traditions, which provided an exploitable propaganda device.

At the beginning of the 420 war-season, an unexpected diplomatic turning-point confirms the impression that the Argives were dependent on other people's initiative. Indeed, when the negotiations failed and a bilateral alliance was concluded between Spartans and Boiotians, the Argives

> became fearful that they would be isolated, and the entire alliance would go over to the Lacedaemonians ... so it was no longer possible for themselves to make an alliance even with the Athenians, despite previous expectations that if their treaty with the Lacedaemonians were discontinued they would at least have the Athenians as allies, considering the problems between the two. Accordingly, in this dilemma and afraid of being at war against the Lacedaemonians at the same time as against the Tegeates, Boiotians, and Athenians, the Argives, who had once rejected the treaty and even had high hopes of becoming the leaders of the Peloponnesos, sent Eustrophos and Aison to Lacedaemon as quickly as possible, the ambassadors they thought had the most popularity there, with the idea of making the best possible treaty under the circumstances, whatever could be agreed on, and staying neutral (Th. 5.40).

Various reasons explain the preoccupations of the Argives: the duration of the Spartan alliance with Athens, which subtracted valuable Athenian help from the democratic alliance; the Corinthian disengagement due to the refusal of the Tegeates and Boiotians to join the coalition; the presence in Argos of pro-Spartan forces, represented by the ambassadors Eustrophos and Aison of whom Thucydides writes that "they thought they had the most popularity" in Sparta (Th. 5.40.1).[26] Above all, the lack of Corinthian support is, in my opinion, the most important factor: the Corinthians had been the real promoters of the coalition led by Argos, and their role was fundamental for mediating with non-

26. Cf. Kelly 1974, 95; Gehrke 1985, 26-27.

democratic states, as Boiotia did not trust democratic Argos. Their disengagement, together with the internal division of Arkadia and Tegea's loyalty to Sparta, greatly weakened the coalition and increased the risk of isolation, which was particularly feared by the Argives.

Being afraid of losing their hegemony and of fighting against impressive forces, after complicated negotiations the Argives came to a compromise with Sparta on the disagreement about Kynouria. The Argives requested an arbitration, but the Spartans refused and required the establishment of a treaty on the same terms of 451. In the end the Argives obtained a fifty-year truce on the following terms: conflicts over Kynouria would be solved by a "controlled" war to be postponed until the right moment (Th. 5.41):

> for the present there should be a truce for fifty years, but with the possibility for either party, as long as there was neither plague nor war in Lacedaemon and Argos, to give formal challenge and contest this territory by combat, just as on one earlier occasion when both sides claimed victory, and with no pursuit allowed beyond the Argive or Lacedaemonian borders.

At first, the terms requested by the Argives puzzled the Spartans who "thought this was foolishness"; finally, though, their intent to restore good relations with Argos prevailed.

In the meantime, however, the conflict on the restitution of Panakton caused relations between Sparta and Athens to deteriorate (Th. 5.42); in Athens the war-party led by Alcibiades acquired more influence (Th. 5.43) and promoted an alliance with the Argives, Mantineans, and Eleans.[27] Argive policy suffered strong repercussions. At the beginning of the war, the possible alliance between Sparta and Athens had frightened Argos; now, on the contrary, their disagreement reproposed the project of a Peloponnesian anti-Spartan coalition; so, the Argives disregarded the recently undertaken negotiations with Sparta and "tended to favour the Athenians, on the theory that if they were involved in a war they would be fighting alongside a city whose friendship was of long standing, whose government was democratic like their own, and whose power at sea was great" (Th. 5.44.1). Among the motivations Thucydides attributes to the Argives, he mentions the same reference to constitutional affinity ascribed to the

27. Cf. Fornis Vaquero 1992-93, 77-103.

Mantineans in 5.29.2 (see p. 284-5 above): once again, constitutional affinity, or diversity, appears to play a fundamental role in the diplomacy of these years. In any case, the need of the Argives to obtain support from other powers (within or without the Peloponnese, such as Sparta, Corinth, and Athens) seems to exert significant influence on them; their ability to run an autonomous and consistent policy in the Peloponnese was negatively influenced by the fear of isolation, and very probably even by political dissent in Argos, which had been constant ever since the beginning of the fifth century.[28]

The Athenian alliance with the Peloponnesian coalition led by Argos was concluded thanks to Alcibiades, in spite of Nicias' opposition (Th. 5.45-47).[29] However, peace and alliance treaties between Sparta and Athens were not denounced; the Corinthians, on their part, intended to join neither the new alliance which included Athens, nor the one already concluded by the Argives, Eleans, and Mantineans because of its offensive character; rather, they wanted to maintain the defensive nature of the previous treaty ("based on the mutual defence of territory": Th. 5.27.2):

> The Corinthians, although allies of Argos, did not enter into these, nor indeed had they sworn to the alliance between the Eleans, the Argives, and the Mantineans before this one, whereby they would be at war or peace with the same states, but said that they were satisfied with the earliest defensive alliance, whereby they assisted each other but made no joint campaigns against anyone. The Corinthians stood apart from their allies in this fashion and turned their thinking back toward Lacedaemon (Th. 5.48.2-3).

When the Corinthians returned to the Spartan side, the coalition led by Argos lost a very important member and was greatly weakened.

All these events highlight the dependence of Argos on external initiative. In Peloponnesian politics the chief role seems to be played by Corinth, which exerted great influence on Argos' choices, together with already mentioned factors, such as fear of isolation and internal problems (above all, the variable connections among political parties, occasionally emerging from the sources). Corinth, with its different attitude, sometimes promoted, sometimes weakened the anti-Spartan coalition: this seems to depend on constitutional factors, for Argos

28. Cf. Bearzot 2005; Bearzot 2006.
29. As reflected in Euripides' *Suppliants:* cf. Piccirilli 1973, 720-721; Pattoni 2006.

could negotiate with democratic, anti-Spartan states, but found more difficulty in entering into negotiations with oligarchic states, as Boiotia and Megara; on the contrary, the traditionally oligarchic Corinth,[30] which could not be suspected of sympathizing with the Athenians at all, could promote an anti-Spartan coalition which would ensure freedom for the Peloponnesians and avoid their passing from Spartan to Athenian control. When the Corinthians withdrew from the anti-Spartan front during the year 420, the Argives lost their interest in Peloponnesian hegemony; being again afraid of remaining isolated, the latter tried to come to a compromise with the Spartans and then, persuaded by Alcibiades to interfere again in the Peloponnesian context, they re-approached the Athenians. In comparison with Corinth, Argive political and diplomatic initiative shows lack of consistency and conspicuous weakness after 421.[31]

2) The Olympic crisis of the year 420 and its effects

It is, then, very interesting to note that, at the end of the summer of 420, Argos totally changed its hesitating attitude, and again undertook a strong political and diplomatic initiative, sending ambassadors to the Corinthians in order to persuade them to join the anti-Spartan alliance including Mantinea and Elis. With this unexpected move Argos apparently overcame its previous hesitancy at once, and set itself with firm conviction at the head of the Peloponnesian coalition which the Corinthians had promoted and then abandoned (Th. 5.50.5).[32] In the following summer Argos entered a war against the Epidaurians on the pretext that these had not paid their offering for the right of pasture to the temple of Apollos Pythaieus controlled by the Argives: according to Thucydides, the real reason was the intention to obtain Corinth's neutrality and to ensure road communications between Athens and Argos (Th. 5.53). This change of course can be explained, in my opinion, by a fact that occurred in August 420, when the

30. Salmon 1984, 231 ff.

31. On this matter cf. Bearzot 2006, 123-139.

32. According to Seager 1976, 163, Argos "despite the defection of Corinth ... showed considerable enthusiasm and aggression throughout most of the duration of the alliance"; but it was the 420 Olympic crisis which, causing great troubles to Sparta, enlivened Argos that had been very discouraged at the beginning of the war-season.

Spartans were excluded from the Olympic Games; it is Thucydides himself who underlines this correlation writing that "*after the Olympic Games,* the Argives came to Corinth to urge the Corinthians to join their number"; the Argive request, discussed in presence of the Spartans, was not welcomed.

The exclusion of the Spartans from the Olympic Games was the result of the Elean-Spartan crisis about the control of Lepreon, in Triphylia; as it seems, this exclusion continued until the Eleans were defeated by the Spartans at the beginning of the fourth century.[33] Marta Sordi underlines the seriousness of this exclusion, a real Olympic "excommunication" like the one that provoked the Third Sacred War in Delphi.[34] On this event we are informed by Thucydides who explains its premises in 5.31 (cf. 34.1) under the year 421.

When asked for an arbitration between Eleans and Lepreans on a territorial disagreement, which had probably arisen in c. 425,[35] the Spartans pronounced themselves in favour of Lepreon. As the Eleans rejected the arbitration, the Spartans sent hoplites to Lepreon; consequently, the Eleans concluded an alliance with the Argives against the Spartans;[36] the Spartans settled then in Lepreon both the *neodamodeis* and the helots who had gained freedom after serving under Brasidas in Chalkidike. Then, in the course of the year 420 Thucydides (5.49-50) reports the consequences of this episode on the Olympic Games of the summer 420, when the Eleans prevented the Spartans from entering the sanctuary, making offerings, and taking part in the competitions,

> since they would not pay the fine the Eleans had assessed against them by Olympic law, alleging that they had taken up arms against them at the fort of Phyrkos and sent their hoplites into Lepreon during the Olympic truce (φάσκοντες σφίσιν ἐπὶ Φύρκον τε τεῖχος ὅπλα ἐπενεγκεῖν καὶ ἐς Λέπρεον αὑτῶν ὁπλίτας ἐν ταῖς Ὀλυμπικαῖς σπονδαῖς ἐσπέμψαι) (5.49.1).

33. Cf. Sordi 1984a, 143-159; Sordi 1984b, 20-30; Schepens 2004, 1-89.

34. "Una vera e propria 'scomunica' olimpica, del tipo di quella che a Delfi provocò la III guerra sacra": Sordi 1984a, 151; Sordi 1984b, 23. Recently, Hornblower 2000, 212-225, argues that the Spartans were readmitted to the Olympic Games a short time before 416.

35. At the time of the Athenian occupation of Pylos: cf. Falkner 1999, 385-386, 391.

36. On the quarrel over Lepreon cf. Falkner 1999, 386 ff. For legal matters, cf. Roy 1998, 360-368.

The Spartans did not accept the fine, stating that on sending the hoplites they had not received the announcement of the truce yet;[37] nonetheless, an agreement with the Eleans could not be reached on this point. Thus, the Eleans declared themselves inclined to remit the fine, had the Spartans been ready to restore Lepreon to them:

> Since this was not accepted, their next request was that instead of restoring Lepreon, if they were unwilling, the Lacedaemonians ascend the altar of Olympian Zeus, since they were keen on having their rights in the sanctuary, and swear before the Hellenes (ἐναντίον τῶν Ἑλλήνων) that they would later make good on the assessment without fail (5.50.1).

As the Spartans refused, they were excluded from the Games that were held in a strained atmosphere: a Lacedaemonian attack was expected, especially after the Spartan Lichas, whose team had won the chariot-race,[38] entered the stadium to crown the charioteer and was flogged by the *rabdouchoi:* in fact, his team had been announced as belonging to the Boiotians on account of the Spartan exclusion. In order to repel the possible Spartan attack, the Argives and the Mantineans sent a thousand hoplites each, in aid of their allies, the Eleans: however, the attack did not occur.

The seriousness of the Spartan situation is well explained by the accident that befell Lichas, son of Arkesilaos,[39] mentioned above. Lichas, perhaps member of the *gerousia,* (X. *HG* 3.2.21: ἄνδρα γέροντα), was *proxenos* of the Argives (Th. 5.76.3) and took part in the Olympic Games with a chariot registered as Boiotian (or as Theban, according to X. *HG.* 3.2.21 and Paus. 6.2.1-3); he was probably a very influential man in Greece. The absence of reactions to the treatment he suffered highlights the serious isolation of Sparta, probably connected with the Olympic "excommunication" underlined by Marta Sordi. In fact, it is clear that the Argives did not intervene on their *proxenos'* behalf,[40] as they had

37. It is plainly a new garrison sent during the year 420, in order to support the contingent sent to Lepreon the previous year: cf. Roy 1998, 361-362.

38. Lichas' team had been announced as belonging to the Boiotians on account of the Spartan exclusion.

39. Cf. Bradford - Poralla 1985², 86.

40. In 418 Lichas would act again as ambassador in Argos in order to arrange the peace after the battle of Mantinea, as he had already done at the time of the failed renewal of the thirty-year treaty in 421.

supported the Eleans, their allies, in the quarrel with the Spartans; but it is more difficult to understand why the Boiotians did not support the Spartans, although they did not intend to act against the Lacedaemonians (Th. 5.38.3) and despite the alliance they had concluded with them not long before (5.40.1). Besides, the serious international isolation of Sparta is confirmed by the events of the following winter: Herakleia in Trachis was attacked by the Thessalians and their *perioikoi,* and the Spartan *archon* Xenares was killed; at the beginning of the summer, the Boiotians conquered the city and expelled the new Spartan *archon* Agesippidas, fearing "that the Athenians would seize it while the Lacedaemonians were in disarray over the situation in the Peloponnese" (Th. 5.52.1) and arousing Spartan irritation. Meanwhile, Alcibiades intervened, even if with limited forces, in the Peloponnese siding with the Argives and their common allies.

I have discussed the Olympic crisis of the year 420 elsewhere,[41] proposing that the Spartan attack on the Φύρκος τεῖχος was not only an intervention on the disputed territory of Triphylia, as commonly thought, but an attack on the heart of the Elean state, against a fortress set only a few miles away from the city of Elis. This attack was a very dangerous episode, for it threatened the independence of the Eleans: they presented it as a serious international problem to be faced by all the Greeks who were about to take part in the Olympic festival, and as a profanation of the traditional *asylia* of the Elean territory (the relevant tradition, commonly thought to date back to the fourth century, could, on the contrary, have originated in this historical moment). In this perspective, some aspects of the Thucydidean account may be better understood, such as the Elean request to the Spartans to swear ἐναντίον τῶν Ἑλλήνων to pay the imposed fine, in order to be allowed to enter the sanctuary (a request the Spartans refused): with this oath the Eleans probably tried to obtain an acknowledgement of their rights over Triphylia, and perhaps even of the alleged inviolability of their territory, before all the Greeks.

In any case, this episode certainly provoked a downfall of the authority of Sparta and her isolation in the Peloponnese and in the whole of Greece: the Spartans "were barred from the sanctuary, the sacrifices, and the games, and

41. Cf. Bearzot 2002, 91-94; Bearzot 2003, 37-58. *Contra,* cf. Paradiso, Roy 2008.

they conducted sacrifices at home, *while the other Hellenes took part in the festival,* except for the Lepreans" (Th. 5.50.2). This is confirmed by the unexpected capacity of initiative showed by Argos (as it immediately engaged itself to restore Corinth to the anti-Spartan alliance) and by other signs such as the Boiotian attack on Herakleia in Trachis and the conflict between Argos and Epidauros. The exclusion of the Spartans from the Games exposed their hegemony of the Peloponnese and their role in the whole of Greece to serious danger.

The Olympic affair of the year 420 had thus a great influence on the relations among Peloponnesian states in the troublesome period after the peace of Nicias: it strongly encouraged Spartan enemies to oppose her hegemony. In the following two years Sparta was able to restore the unity of the Peloponnese under its leadership: this was probably a consequence of the Athenian intervention, which counterbalanced the results of the Olympic "excommunication" and fomented the fear that Athens, and not Argos, would replace Sparta as leader of the Peloponnese (it was no doubt this fear that brought the Corinthians back to the Spartan side). Nonetheless, the Spartans had run great risks, and the political consequences of their exclusion could have been really serious for them. In fact, by establishing the tradition on the *asylia* of Elis, the Eleans had tried to "politicize" Olympia, in order to maintain the Elean *prostasia* of the sanctuary and, in case of an attack, to create a situation resembling that of a "sacred war",[42] independently of the moment the attack was delivered and even from the Olympic truce. The Spartans had always tried to prevent Olympia from becoming a pan-Hellenic sanctuary like Delphi, fearing perhaps the presence in the Peloponnese of a strong religious and political authority that they could not effectively control. However, prestige and even more concrete reasons (such as financial support by the sanctuary, on which the Peloponnesians had relied before the outbreak of the Peloponnesian War (cf. Th. 1.121.3), had compelled the Spartans to take into consideration the control of Olympia. The question became urgent when, after the Athenian occupation of Pylos in 425,[43] the Spartans quarrelled with the Eleans, who were democratic and inclined to support the Athenian front and the Argive opposition to Spartan leadership in the Pelo-

42. Sordi 1984a, 158; Sordi 1984b, 28-29.

43. The problem of the Athenian presence in Pylos remained unsolved after the peace of Nicias (Th. 5.36.2); cf. Falkner 1999, 391-392.

ponnese. But after the attack on Elis - somewhat different from the quarrel over Triphylia and implying several issues, such as the control of Olympia and the presence of the Eleans in the anti-Spartan coalition –, Sparta, also in consequence of the Elean reaction in the fields of law and propaganda, was exposed to political and religious isolation closely resembling the Phocians in 356. Surprisingly, Sparta did not react against the Olympic condemnation and the exclusion from the Olympic Games, adopting an unexpected renunciatory attitude that even modern scholars consider with some perplexity:[44] this was probably due to the fear of being involved, alone against all the Greeks, in a sort of "sacred war". Once again, politics and religion prove to be closely connected in Greek history.

BIBLIOGRAPHY

BEARZOT, C. 2002, "Φύρκον τεῖχος in Tucidide, 'castellum Phyrcum' in Livio (27. 32.7)", *Lexis* 20, 91-94.

- 2003, "Panellenismo e ἀσυλία in età classica: il caso dell'Elide", in M. Dreher (Hg), *Das antike Asyl. Kultische Grundlagen, rechtliche Ausgestaltung und politische Funktion (Akten des Kolloquiums Villa Vigoni, Loveno di Menaggio, 13.-16. März 2002), Köln,* 37-58.
- 2005, "I douloi/perioikoi di Argo: per una riconsiderazione della tradizione letteraria", *IncidAntico* 3, 61-82.
- 2006, "Argo nel V secolo: ambizioni egemoniche, crisi interne, condizionamenti esterni", in C. Bearzot, F. Landucci (a cura di), *Argo. Una democrazia diversa* (Contributi di storia antica, 4), Milano, 105-146.

BRADFORD, A.S. - PORALLA, P. 1985², *A Prosopography of the Lacedaemonians from the Earliest Times to the Death of Alexander the Great (= Prosopographie der Lakedaimonier bis auf die Zeit Alexanders des Grossen),* Chicago.

CLASSEN, J. 1900-2002, *Thukydides,* revised by J. STEUP, 8 vols., Berlin.

FALKNER, C. 1999, "Sparta and Lepreon in the Archidamian War", *Historia* 48, 385-394.

FORNIS VAQUERO, C. 1992-93, "Esparta y la Cadruple Alianza, 420-418 A.C.", *Memorias de historia antigua* 13-14, 77-103.

- 1995, "Estrategia y recursos corintios en la guerra del Peloponeso", *Polis* 7, 77-103.

44. Cf. Roy 1998, 365-366.

Forrest, W.G. 1960, "Themistokles and Argos", *CQ* 10, 221-241.
Gehrke, H.-J. 1985, *Stasis. Untersuchungen zu den inneren Kriegen in den griechischen Staaten des 5. Und 4. Jahrhunderts v. Chr.* (Vestigia, 35), München.
– 1986, *Jenseits von Athen und Sparta. Das dritte Griechenland und seine Staatenwelt,* München.
Gomme, A.W. 1956, *A Historical Commentary on Thucydides,* III, Oxford.
Gomme, A.W. - Andrewes, A. - Dover, K.J. 1970, *A Historical Commentary on Thucydides,* IV, Oxford.
Hornblower, S. 1991, 1997[2], *A Commentary on Thucydides,* I, Oxford.
– 1996, 2004[2], *A Commentary on Thucydides,* II, Oxford.
– 2000, "Thucydides, Xenophon, and Lichas: Were the Spartans Excluded from the Olympic Games from 420 to 400 B.C.?", *Phoenix* 54, 212-225.
Kagan, D. 1960, "Corinthian Diplomacy after the Peace of Nicias", *AJPh* 81, 291-310.
– 1981, *The Peace of Nicias and the Sicilian Expedition,* Ithaca & London.
Kelly, Th. 1974, "Argive Foreign Policy in the Fifth Century B.C.", *CPh* 69, 81-99.
Lattimore, S. 2002, *Thucydides, The Peloponnesian War,* Indianapolis-Cambridge.
Leppin, H. 1999, "Argos. Eine griechische Demokratie des fünften Jahrhunderts v. Chr.", *Ktéma* 24, 297-312.
O'Neil, J.L. 1981, "The Exile of Themistokles and Democracy in the Peloponnese", *CQ* N.S. 31, 335-346.
Paradiso A., Roy J. 2008, "Lepreon and Phyrkos in 421-420", *Klio* 90, 27-35.
Pattoni, M.P. 2006, "Presenze politiche di Argo nella tragedia attica del V secolo", in C. Bearzot, F. Landucci (a cura di), *Argo. Una democrazia diversa* (Contributi di storia antica, 4), Milano, 147-208.
Peek, Ph.S. 1997, "Spartan and Argive Motivation in Thucydides 5.22.2", *AJPh* 118, 363-370.
Piccirilli, L. 1973, "Su alcune alleanze fra poleis: Atene, Argo e i Tessali – Atene e Megara – Sparta e Megara", *ASNP* 3, 717-730.
Piérart, M. 1997, "L'attitude d'Argos à l'égard des autres cités d'Argolide", in M.H. Hansen (ed.), *The Polis as an Urban Centre and as a Political Community* (*Acts of the Copenhagen Polis Center, 4*), Copenhagen, 321-335.
– 2004, "Qu'est-ce-qu'être Argien? Identité civique et régime démocratique à Argos au Ve s. avant J.-C.", in S. Cataldi (a cura di), *Poleis e politeiai. Esperienze politiche, tradizioni letterarie, progetti costituzionali* (*Atti del Convegno Torino, 29-31 maggio 2002*), Alessandria, 167-186.
Roy, J. 1998, "Thucydides 5.49.1 – 50.4: the Quarrel between Elis and Sparta in 420 B.C., and Elis' Exploitation of Olympia", *Klio* 80.2, 360-368.
Salmon, J.B. 1984, *Wealthy Corinth. A History of the City to 338 B.C.,* Oxford.
Schepens, G. 2004, "La guerra di Sparta contro Elide", in *Ricerche di antichità e tradizione classica,* Tivoli, 1-89.

SEAGER, R. 1976, “After the Peace of Nicias: Diplomacy and Policy, 421-416 B.C.”, *CQ N.S.* 26, 249-269.

SILVESTRINI, M. 1974, “Il conflitto fra Sparta e Argo nel 421-417”, *AFLB* 17, 329-335.

SMITH, CH.F. 1921, *in Thucydides, III,* London - Cambridge, Mass.

SORDI, M. 1984a, “Le implicazioni olimpiche della guerra d’Elide”, in *Problemi di storia e cultura spartana,* Roma, 143-159.

- 1984b, “Il santuario di Olimpia e la guerra d’Elide”, in M. Sordi (a cura di), *I santuari e la guerra* (CISA, 10), Milano, 20-30.

- 2002 (= 1991), *Scontro di blocchi e azione di terze forze nello scoppio della guerra del Peloponneso,* in Ead., *Scritti di storia greca,* Milano, 489-503 (= in R.N. Lebow, B.S. Strauss, eds., *Hegemonic Rivalry: From Thucydides to the Nuclear Age,* San Francisco - Oxford, 87-98).

STE. CROIX, G.E.M. de 1972, *The Origins of the Peloponnesian War,* London.

VANNICELLI, P. 2004, “Eraclidi e Perseidi: aspetti del conflitto tra Sparta e Argo nel V sec. a.C.”, in P. Angeli Bernardini (a cura di), *La città di Argo. Mito, storia, tradizioni poetiche* (*Atti del Convegno Urbino 13-15 giugno 2002*), Roma, 279-294.

WESTLAKE, H.D. 1940, “Corinth and the Argive Diplomacy”, *AJPh* 61, 413-421.

WÖRRLE, M. 1964, *Untersuchungen zur Verfassungsgeschichte von Argos,* Diss. Erlangen.

Summary

In 421 B.C. the Archidamic war was concluded by the Peace of Nicias. In the same year expired also the thirty-years truce between Argos and Sparta: a disagreement on the land called Cynuria did not allow to renew it. Meanwhile, the Corinthians, who did not agree the Peace of Nicias, entered into negotiations with the Argives, in order to promote an alliance including Mantinaea, Elis, and the Chalcidian League. The Argives, according to Thucydides and Diodorus, hoped to isolate Sparta, recovering their ancient hegemony on the Peloponnesus.

At the beginning of the war season of 420, however, the alliance was not yet established, the relations between Athens and Sparta were good and the Argives were afraid of remaining in isolation. So they tried to find a compromise solution for their disagreement with the Spartans: the two parties agreed to lose the problems about Cynuria with a war in prescribed form, to be fought in the future. But at the end of the summer, after the exclusion of the Spartans from the Olympic Games, the Argives were again ready to fight Sparta and sent ambassadors to the Corinthians, in order to persuade them to enter in the newly established anti-spartan alliance with Argos, Mantinaea, and Elis.

Chapters 40-50 of the Thucydides' fifth book display a changement of Argos' attitude that can have different (internal and external) causes: but it is probable that the exclusion od the Spartans from the Olympic Games and their lack of reaction to the accident involving Lichas caused a decline of Spartan prestige and the Sparta's isolation in the Peloponnesus. Therefore, this paper aims to focus on the influence of the Olympic crisis of the year 420 B.C. on the relations among Peloponnesian states in the period between the Peace of Nicias and the battle of Mantinaea in the year 418 B.C.

Alcibiade e le Olimpiadi del 416 a.C. Tra *timé* e *dynamis*

SILVIO CATALDI

«Ti ammiro con stupore, figlio di Clinia. Una cosa bella è la vittoria. Ma la cosa più bella di tutte, che nessun altro degli Elleni ha mai ottenuto, è che tu hai conseguito il primo, il secondo e il terzo premio nella corsa delle quadrighe, e che sei andato, senza fatica, coronato dell'ulivo di Zeus, a concedere all'araldo l'onore di proclamare a voce alta il tuo nome» (*PMG* 755).

Così suona il frammento di un epinicio che Plutarco attribuisce ad Euripide nella sua *Vita di Alcibiade* (11.3), ma la cui paternità egli stesso mette in dubbio all'inizio della *Vita di Demostene* (1.1). Si tratta di un'ode probabilmente commissionata e lautamente retribuita al grande poeta dallo stesso Alcibiade nel 416 a.C.[1] Il suo contenuto e le implicazioni ideologiche furono il soggetto di un magistrale saggio di C.M. Bowra, che ebbe il merito di suggerire il recupero di un altro piccolo ma prezioso frammento della medesima ode, da lui strappato all'*incipit* della *Vita di Demostene* (1.1). Questo nuovo frammento suonerebbe press'a poco così: «Ad un uomo felice occorre anzitutto che la città abbia una bella rinomanza (χρῆν εὐδαίμονι πρῶτον ὑπάρξαι τὰν πόλιν εὐδόκιμον)» (*PMG* 756).[2]

---

1. Plutarco usa nomi differenti per definire l'ode: ἐν τῷ ἄσματι nella *Vita di Alcibiade;* ἐγκώμιον nella *Vita di Demostene*; solo Ateneo (1.3e) parla di ἐπινίκιον. Sull'epinicio in generale cf. Angeli Bernardini 1992. Sulla funzione dell'epinicio, paragonabile a quella del komos giambico per la carica disgregante che poteva contenere nei confronti della città, cf. Aloni 2012.

2. Bowra 1960, specialmente 64 e 78. In favore della paternità euripidea, cf. Delebecque 1951, 19, 260-261; Di Benedetto 1971, 185 ss.; Canfora 1988, 175-176; Gribble 1999, 66-67; Hornblower 2004, 58, 85 s., 258 e n. 510, 259 e n. 517; 2008, 344-345; Vickers 2008, 5. Sulla scia di Wilamowitz (1895, 135 n. 2), di Parmentier (1925, 16 n. 2) e di Dover (1970, 246 s.), considera invece molto dubbia l' attribuzione dell'epinicio a Euripide Garcia Romero (2004, 150-151), che riporta alcune obiezioni in parte superate dalla critica: la tragedia antibellicista delle *Troiane* euripidee sarebbe stata influenzata dal recente massacro e riduzione in schiavitù degli abitanti di Melo, decisione di cui alcune fonti dicono corresponsabile Alcibiade ([Andoc.] 4. 25; Plut. *Alc.*

Resta ancor dubbio tuttavia se l'ode fu cantata ad Atene oppure ad Olimpia[3] e se la classifica ufficiale recepì ai primi tre posti i cocchi di Alcibiade, come attesta l' ode attribuita ad Euripide, oppure assegnò al medesimo il primo, il secondo e il quarto posto, come Tucidide sembra correggere silenziosamente la testimonianza del Poeta.[4] Certo, lo storico finisce per riscuotere sempre il maggiore consenso. Ma se ciò fosse, la sua sarebbe la più diretta allusione alla poesia euripidea.[5] Comunque sia, è verosimile che Alcibiade commissionasse per tempo ad Euripide, il poeta dei tempi nuovi, il canto dell' eclatante vittoria metodicamente preparata in tutti i particolari, come parrebbe dedursi dall'espressione tucididea "vinsi e ottenni anche il secondo e quarto posto, e tutto il resto lo approntai in modo degno della vittoria" (6.16.2). Per conseguirla Alcibiade non aveva badato a spese e a rischi di alcun genere sia per per il trasporto dei cavalli sia per il loro oneroso acquisto.[6] Risulta tuttavia che la proprietà di un tiro gli fu contestata subito dopo la vittoria e rivendicata giudiziariamente più tardi in due riprese: a lui personalmente nel 408/7 e al suo omonimo erede nel 397 a. C. da un concittadino di nome Diomede o Tisia.[7]

16.5-6; *contra* Ellis 1989, 49-50; Rhodes 2006, 132); i versi 1427-1429 delle *Rane* sono espressione di una dichiata ostilità di Euripide ad Alcibiade; in un frammento dell' *Autolico* euripideo (294 Nauck[2] = fr. 282 Pechstein), databile al 420 circa, si sarebbe in presenza del più duro e violento attacco all'atletismo della letteratura greca; l' *aponitì* ("sin esfuerzo") del presunto epinicio sarebbe del tutto contrario all'idea tradizionale della vittoria atletica, che è raggiungibile ed è degna di lode soltanto col *ponos.* Ma si veda su quest'ultimo punto Isocr.16.33. Sulla variabile concezione del *ponos* nella Grecia antica, cf. Loraux 1992; Vanhaegendoren 2007.

3. Per la prima ipotesi, Bowra 1960, 71-73; per la seconda, Angeli Bernardini 1992, 972-975.

4. Per il terzo posto, oltre ad Euripide (*apud* Plut. Alc. 11.1 [= *PMG* 755]), v. anche Isocr. 16.34, che recepiva una tradizione filoalcibiadea. Per il quarto posto, cf. Thuc. 6.16.2 e Athen. 1.3e.

5. Cf. Hornblower 2008, 344. Per l' elegante epitaffio attribuito a Tucidide per onorare la morte di Euripide (Page, *FGE,* 307 s.), cf. Hornblower 2004, 24.

6. Cf. Golden 2008, 6 e n. 10.

7. [And.] 4.26 (contestazioni e accuse di frode sollevate da un concittadino di nome Diomede subito dopo la vittoria e nei mesi immediatamente successivi, prima dell' ostracismo che si sarebbe tenuto nel 415); Diod. 12.74.3 (sempre Diomede, con datazione del processo nel 408/7 e indicazione del valore in causa di otto talenti relativo al τέθριππον che l' amico Diomede aveva affidato ad Alcibiade perché lo facesse giungere ad Olimpia insieme ai suoi cavalli); Plut. *Alc.* 12.2-3 (il biografo raccoglie le voci di un' immediata indignazione dell' amico Diomede nei riguardi di Alcibiade: questi, dopo aver comprato ad Argo un tiro di cavalli di proprietà pubblica per conto dell' amico, lo avrebbe registrato come suo al momento dell' iscrizione dell' equipag-

Ad Olimpia, dove erano convenuti ad assistere ai giochi il fior fiore degli aristocratici e dei poeti delle città greche, l' onore (τιμή) e la potente influenza (δύναμις) del vincitore, già eletto stratego sia l' anno prima che in quello corrente, furono in grado di farsi valere sia presso gli agonoteti sovrintendenti ai giochi sia presso la delegazione ufficiale di Atene (gli *architheoroi*) per sfruttare al meglio propagandisticamente la strepitosa vittoria e i successivi piazzamenti d' onore dei suoi cavalli, con feste e banchetti cui parteciparono tutti gli Elleni presenti.[8] Per celebrare l' eccezionalità dell' evento affidava ad Euripide l' ode della vittoria secondo i canoni dell' epinicio pindarico e bacchilideo, cercando di trasformare, con questo mezzo di comunicazione il suo portentoso successo sportivo in un "capitale politico" da sfruttare poi negli agoni retorici dell' assemblea.[9]

A detta di Ateneo (12.534d), che attingeva da Satiro,[10] Alcibiade, per celebrare in patria la sua vittoria di ritorno da Olimpia, dedicò sull'Acropoli due di-

gio alla gara olimpica). Queste tre testimonianze, che pur annoverano tra loro considerevoli varianti, potrebbero risalire ad Eforo: cf. Burn 1954, 141-142. Diversamente Isocr. 16.1-2 (il querelante, all' altezza cronologica del 397 a. C., non risulta essere Diomede, bensì Tisia) e 16.46 (dove l' eventuale condanna pecuniaria, equivalente al valore del tiro tiro dei cavalli in questione, è stimata al ribasso dal convenuto Alcibiade II a soli cinque talenti). La più antica testimonianza in merito sembra essere quella di Isocrate che, al seguito di Euripide, riporta anche lo sbalorditivo piazzamento di tre dei sette cocchi presentati da Alcibiade ai primi tre posti. Per datazione della *de bigis* isocratea al 397 a.C., cf. Treves 1937, 113-120.

8. Athen. 1.3d-e, il quale aggiunge che lo stessa cosa aveva fatto in precedenza non solo Leotrone, (presumibilmente il figlio del tiranno Anassilao), la cui vittoria fu cantata da Simonide, ma anche Empedocle di Agrigento, figlio di Exainetos, da identificare col nonno dell' omonimo filosofo (cf. Diog. Laert. 8.51). Per la vittoria di Leofrone al più tardi nel 468, cf. Moretti 1957, nr. 247, 93-94; Gambato 2001, 10, nn. 4-5, la quale opportunamente osserva che l' *incipit* dell' epinicio di Simonide in onore di Empedocle si trova in Arist. *Rhet.* 3.2.1405b 13. Per la vittoria di Empedocle nell' anno 495, cf. Moretti 1957, nr. 170, 81. È da osservare infine che la descrizione di Ateneo sulla magnificenza dei festeggiamenti imbanditi da Alcibiade ricorda da vicino quella descritta da Euripide nello *Ione* (1132-1165) a proposito del fastoso banchetto offerto a tutti gli abitanti di Delfi dall' eroe, anche lui νεανίας al pari di Alcibiade. La tragedia è variamente datata tra il 418 e il 411. Cf. Gribble 1999, 64 n. 149.

9. Cf. Hönle 1971, 206 e n. 5. Sull' oratoria demagogica di Alcibiade, cf. Stein-Hölkeskamp 2000, 85 ss.

10. Fr. 1, *FHG* III, 160 = fr. 20 Kumaniecki. Si tratta di un lungo frammento almeno in parte attinto da Satiro, che è citato al suo inizio da Ateneo ed è improntato al tema moraleggiante di Alcibiade *kalos* e del suo conseguente stile di vita (cf. Gribble 1999, 38-42, 266, 276). Sull' attendibilità o meno di Satiro come storico cf. Lefkowitz 1984; Zecchini 1989, 210-11; 1990, 229 e n. 58.

pinti, entrambi opera di Aglaofonte, che è probabilmente da identificare come nipote di Aglaofonte il Vecchio e come figlio del pittore Aristofonte o del fratello di quest'ultimo, il celeberrimo Polignoto.[11] La prima di queste pitture, che costituivano probabilmente un dittico, rappresentava Olimpiade e Pitiade in atto di incoronare Alcibiade, l'altra Nemea seduta, che teneva sulle sue ginocchia il medesimo Alcibiade, risultante più bello dei personaggi femminili raffigurati.[12] Tradizione, quest' ultima, relativa ad una vittoria equestre di Alcibiade a Nemea, che è confermata da Pausania (1.22.6-7), il quale colloca, fra le altre pitture conservate in un edificio sorgente a sinistra dei Propilei, un dipinto che ancora ai suoi tempi rappresentava Alcibiade con i segni della vittoria equestre da lui conseguita a Nemea.[13] Plutarco *(Alc.* 16.7), dal canto suo, parla solo della seconda tavola descritta da Ateneo, attribuendola però ad Aristofonte,[14] dove l'

11. Su Aglaofonte il Vecchio, padre dei pittori Polignoto e Aristofonte, cf. Simon. *apud Anth. Pal.* 9.700; Paus. 10.27.4: Plat. *Gorg.* 448b; *Ion* 532e; Harpocr., Suid., Phot. s. v. Πολύγνοτος. Cf. anche Quint. *Inst. Or.,* 12.10.3-4, Su Aglaofonte II, attivo all'epoca di Alcibiade, cf. Bowra 1960, 72; Pollitt 1990, 147 (fonti); Traill 1994, 103, nr. 106605 (dove è attestato un Aglaofonte esule da Taso e onorato ad Atene con il diritto cittadinanza, presumibilmente già ricevuto dal padre, in un'iscrizione frammentaria datata 432-415); Hoesch 1996, 261; Bröker - Müller 2001a, 13.

12. Su questa testimonianza, tratta dal passo di Satiro-Ateneo, cf. ora Shapiro 2009, 238-240.

13. Sulla data della vittoria di Alcibiade a Nemea non siamo altrimenti informati, ma è possibile che si collochi dopo la Pace di Nicia, negli anni in cui è più vivo l' interesse di Alcibiade per i buoni rapporti con Argo. Cf. Beschi-Musti 1982, 343. In particolare, sull'uso politico di questa rappresentazione artistica d'avanguardia commissionata da Alcibiade, il cui contenuto trasgressivo è stato frainteso dagli antichi e dai moderni, cf. l'esaustivo saggio di Schneider (1999), dove lo studioso valorizza al massimo una testimonianza di Polemone di Ilio (fr. 3 Preller = Harpocr. s. v. Νεμεάς). Questi, scrivendo un'opera in più volumi sugli *anathemata* del Partenone, avrebbe visitato la sala situata nel settore occidentale dei Propilei (prima adibita a banchetti ufficiali, poi trasformata in pinacoteca) e polemizzato contro una triviale interpretazione, ormai ampiamente diffusa, che vedeva nel dipinto una scena quotidiana mostrante Alcibiade nel grembo di un' etera chiamata Nemea; si sarebbe trattato invece di un dono votivo dedicato dal medesimo sull'Acropoli di Atene in commemorazione della sua vittoria a Nemea. Secondo Schneider il dittico sarebbe stato esposto nella stessa sala da banchetto in cui Alcibiade celebrò il *komos* dopo la sbalorditiva vittoria ottenuta ad Olimpia. Sulla possibilità che Alcibiade conseguisse una vittoria equestre anche nelle Panatenee del 418 e dedicasse alla Dea cento anfore votive, cf. Amyx 1958, 183-84.

14. Sul pittore Aristofonte, fratello di Polignoto (Plat. *Gorg.* 448b; Schol. *ad loc.*), la cui produzione artistica era ricca di persomaggi mitologici alla maniera di Polignoto (Plin. *H.N.* 35.138; Plut. *De aud. poet.* 3, *Mor.* 18c), cf. Corso, 1988, 449 n. 1; Hoesch 1996, 1133; Bröker - Müller 2001b, 93. Superato è ormai Rossbach (1895, 1008), che segue Plutarco (*Alc.* 16.7) anziché Sati-

Alcmeonide è voluttuosamente reclinato tra le braccia di Nemea: un dipinto molto ammirato dagli Ateniesi che correvano a vederlo, ma che scandalizzò gli anziani, i quali riguardavano questi ed altri *epitedeumata* di Alcibiade come l' indice di un comportamento "sprezzante delle norme e incline alla tirannide".[15] Plutarco deve dunque essersi sbagliato nell'attibuire una tale pittura ad Aristofonte, che nel 416 doveva essere fin troppo vecchio perché gli venisse commissionato dall'Alcmeonide un dipinto così sconcertante.[16] Da accogliere è pertanto la tradizione di Satiro-Ateneo, che attribuiva entrambi i dipinti ad Aglaofonte il Giovane, la cui *akmé* viene collocata da Plinio (*H.N.* 25.60) nella Novantesima Olimpiade, ovvero tra il 420 e il 417 a. C.; di lui Cicerone (*de Orat.* 3.7.26) esprime un grande apprezzamento, ponendolo in sequenza, anche cronologica, tra Zeusi e Apelle. Non solo: Plutarco sembra essersi sbagliato anche per quanto concerne il significato da attribuire a queste pitture. Per lui non si tratta più di semplice consacrazione delle tavole, che costituiva un gesto di pietà ordinaria, ma dell'effetto sensazionale che esse avevano prodotto sui contemporanei. Dice infatti Plutarco: "dopo che Aristofonte ebbe finito di dipingere il quadro di Nemea che teneva tra le sue braccia Alcibiade seduto, (gli Ateniesi) correvano tripudianti ad ammirarlo, mentre gli anziani erano molto incolleriti per tali comportamenti che consideravano tirannici e sprezzanti delle norme" (*Alc.* 17,7). Il disappunto dei *presbyteroi*, analogo a quello degli *endoxoi* citati in 16, 2, non consiste nella promiscuità fra dei e mortali, ben presente nell'iconografia attica fin dall'inizio del V secolo,[17] quanto nel fatto che Alcibiade si presen-

---

ro (*ap.* Athen. 12.534d) nell'assegnare ad Aristofonte il dipinto rappresentante Alcibiade sulle ginocchia di Nemea.

15. Seguono questo giudizio di Plutarco molti studiosi moderni: tra questi, Frazer (1898, II, 267), seguito da Bowra (1960, 79) che si fondano a torto su un frammento di Iperide menzionante una flautista di nome Nemea (*ap.* Athen.13.587d) per inferire erroneamente che la Nemea del dipinto fosse raffigurata come un'amante, un' etera o una donna di mestiere, senza cogliere al contempo l' intento polemico sotteso alla glossa di Arpocrazione (s. v. Νεμεάς = fr. 3 Preller), che riporta un frammento di Polemone di Ilio, autore citato a riprova dallo stesso Ateneo, circa l' esistenza di una legge che proibiva di imporre ad etere, prostitute e schiave i nomi di una delle quattro grandi festività religiose del mondo ellenico. Su questo passo di Plutarco e la tradizione da cui attinge, cf. ora Verdegem 2010, 222-223.

16. Cf. Bowra 1960, 72. Ancora incerta Gambato 2001, 1333 n. 5, secondo cui "sembra difficile che Aglaofonte di Taso fosse ancora vivo all' epoca di Alcibiade, a meno che non si tratti di un suo discendente omonimo".

17. Cf. Krumeich 1997, 131-134.

tasse, dal punto di vista erotico, come onnivalente: femmineo, *eromenos* aggressivo, adulto passivo, demagogo con uno stile di vita da tiranno, un uomo greco con straordinaria affinità per ciò che è femmnile e straniero, ovvero barbaro-persiano, in cui erano oltrepassati tutti i confini che costituivano il fondamento della mascolinità ateniese.[18] Ciò che incolleriva gli anziani era il fatto che il suo volto era più bello di quello delle donne-dee rappresentate non soltanto nel dipinto con Nemea ma anche nel dipinto con Olimpiade e Pitiade personificate, le cui riproduzioni potrebbero essere riflessi rispettivamente in una *hydria* a figure rosse con Afrodite e Adone e in un'altra con Demonassa e Faone, conservate entrambe al Museo Nazionale di Firenze (inv. 81948; 81947).[19]

Col commissionare tali *pinakes*, Alcibiade sembra volesse porsi sulla linea di autorappresentazione elitaria già intrapresa da Cimone con Polignoto.[20] Altret-

18. Cf. Wohl 1999, 365 ss.; 2002, 129 ss.

19. Cf. Shapiro 2009, 238-244.

20. Una notizia di Plinio (*H.N.* 34.80: *Pyromachi quadriga ab Alcibiade regitur*) non può essere inserita cronologicamente né all'altezza del 416/415 né a quella del 408/7 a.C., nonostante il seducente suggerimento di Bowra (1960, 72). Questi, fondandosi sulla ricorrenza del nome Phyromachos nei rendiconti dell'Eretteo del 408-407 (*IG* I³ 476, ll. [144], 159, 167, 175, [419]), rileva che uno scultore di tal nome, autore di soggetti equestri, fosse già affermato verso a fine del V secolo e ipotizza che a lui Alcibiade avesse commissionato una statua di se stesso su una quadriga. In realtà il Pyromachus di cui parla Plinio, spesso corretto in Phyromachus, appartiene o ad una età protoellenistica (296-293 a.C.: cf. Plin. *H.N* 34.51) oppure, notevolmente più tarda, all'epoca dei grandi sovrani di Pergamo che usavano celebrare i personaggi più rappresentativi di Atene in età classica (Plin. *H.N* 34.84, v. anche 34.88, dove si affema che lo scultore Nicerato rappresentò Alcibiade e sua madre in atto di sacrificare alla luce delle torce). Cf. Corso 1988, 167 n. 13, 205 n. 5, 207-209 n. 5, 218-219 nn. 5-6,). Sulla vivace polemica relativa all'individuazione del nome Pyromachus, citato più volte da Plinio che potrebbe riferirsi a persone diverse, e la collaborazione con Nicerato, attestata da tre iscrizioni di Delo, Cizico e Pergamo (cf. Andreae 1990, 61, nrr. 1-3), nonché dai *Laterculi alexandrini* (cf. Herbert 1986; Andreae 1996), le opinioni sono contrastanti: Himmelmann (1990) identifica lo scultore Phyromachos del demo di Cefisia attestato nei rendiconti dell'Eretteo con il successivo pittore del ritratto di Antistene databile al al 360 a.C.; Andreae (1990) ritiene che il Pyromachus pliniano fosse uno scultore del II secolo, che avrebbe avuto un suo antenato omonimo nel IV, mentre Neudecker (2000) ritiene che si tratti di uno scultore operante nella seconda metà del III secolo che produsse a Delo dopo la morte del Filetero (263/262 a.C.) un gruppo marmoreo con molteplici figure di cui soltanto la base è stato conservata oltre a un monumento firmato in comune con Nicerato. Per le altre statue di Alcibiade menzionate nelle fonti, v. Richter 1965, 105-106; v. anche Gribble 1999, 3-4, il quale opportunamente ricorda che una statua di Alcibiade fu eretta a Samo nel tempio di Era "quando capeggiava una forte flotta di triremi ateniesi lungo la costa della Ionia" e che un culto di Lisandro gli fu associato più tardi (Paus. 6.3.15).

tanto significativo è che nel 416 egli ricorresse ad Euripide per restaurare la tradizione dell'encomio olimpico, ripresa a quel tempo anche da Diagora di Melo,[21] nel tentativo di reintegrare nella città democratica il vincitore e le sue sbalorditive *timé* e *dynamis*, eredi, l'una e l'altra, dell'ormai desueto *kydos*, "il talismano di preminenza"[22] concesso dal dio per procurargli un istantaneo e irresistibile vantaggio da spendere in ambito politico.

Il grande poeta da un lato si conformò alla pratica convenzionale della composizione degli epinici, ma dall'altro ne innovò la valenza ideologica: mentre riconosce all'εὐδαίμων come condizione primaria l'appartenenza ad una πόλις εὐδόκιμος,[23] tuttavia ammette che lo straordinario onore di proclamare ad alta voce il portentoso nome del vincitore era concesso all'araldo dallo stesso Alcibiade. Il comportamento qui rappresentato è esattamente inverso a quello, *political correct*, descritto in un'orazione di Lisia: il padre di Aristofane, il buon cittadino Nicofemo, vincitore con splendidi puledri nelle gare all'Istmo e a Nemea, fa annunziare all'araldo il nome della città e riceve per sé la corona della vittoria (Lys. 19.63),[24] ed è tanto più significativo se si tiene presente che la tradizione registra una precedente vittoria di Alcibiade alle Olimpiadi, in cui fu fu-

21. *PMG* 738; Ael. *V.H.* 2.23; cf. Hornblower 2004, 28.

22. Cf. Kurke 1992, 111 e n. 82.

23. L' espressione, attestata in Plutarco (*Dem.* 1, 1 [= *PMG* 756]), ricorre anche in Senofonte (*Mem.* 3.7.1-2) e Platone (Leg. 11.950e-951a), per il quale bisogna inviare alle Olimpiadi il maggior numero di cittadini e i più belli e i migliori: "essi saranno tali da creare la reputazione di buona fama alla nostra città durante le riunioni religiose e pacifiche comuni, e da preparare per noi una gloria che valga in cambio e corrisponda a quella che ci guadagneremo in guerra". Ma il concetto che il vincitore olimpico portava lustro alla sua patria non era nuovo: cf. già *I.v.Olymp.* nr. 154 (epigramma di Ergotele, databile forse al 464: cf. Moretti 1957, nr. 224); Paus. 7.17.7 (dove si tratta di statua con epigramma in onore di Ebota, dedicata dagli Achei quasi tre secoli dopo: cf. Zizza 2006, 310-14); Pind. *Nem.* 2.5 ss. (ode in onore di Timodemo di Acarne, forse databile al 487, dove "il destino che guida il vincitore lungo la strada dei suoi antenati ha dato kosmos alla grande Atene"); *Isthm.* 6.69 (epinicio per Filacide di Egina, vincitore nel pancrazio forse nel 484, "che rende partecipe la sua città del proprio *kosmos*"); *Ol.* 4.10 ss. (in un' ode del 452 o 456, Psaumis, coronato dell' ulivo di Pisa, brucia dal desiderio di suscitare *kydos* a Camarina); *Ol.* 11.10 ss. (la breve lode per Agesidamo, proveniente da Locri Epizefirî e vincitore nel pugilato, è occasione al poeta per includere nella lode la stirpe degli Zefirî). Cf. Hönle 1971, 207 e n. 1; Kyle 1987, 156 n. 6; Gribble 1999, 63 e n. 141.

24. Cf. Dover 1981, 247; Schneider 1999, 24 n. 48; Garcia Romero 2004, 146 e n. 5; Rosenbloom 2004, 73 n. 63.

stigato dagli ufficiali elei per aver esaltato impropriamente Atene come "la città più bella di tutte".[25]

Euripide non parla del *kydos* che in Pindaro Psaumis di Camarina, coronato dell'olivo di Pisa, arde dal desiderio di trasmettere alla sua piccola comunità (*Ol.* 4.10 ss.), né del *kosmos* di cui Timodemo di Acarne fa partecipe la grande Atene (*Isthm.* 6.69), né dell'*ethos* eminente che il *pais* Egesidamo ha ricevuto dal suo popolo a Locri Epizefiri (*Ol.* 11.10 ss.). Egli ormai celebra solo lo *status* fuori dell'ordinario del vincitore che, in virtù della *performance* realizzata, supera di gran lunga il tradizionale codice dell'onore aristocratico e gli orizzonti sacrali della *timé* olimpionica.

Tale *status* è sancito da un'impresa plurima «che nessun altro degli Elleni ha mai conseguito», ottenuta senza sudore e fatica (ἀπονητί) grazie alla scelta consapevole di una gara, la corsa con le quadrighe, che richiede non il *ponos* ginnico, ma piuttosto il *ploutos* e l'*areté* di sangue.

Forse una spiegazione dell' ἀπονητί di Euripide, che potrebbe anche ironizzare sull'ormai dilagante professionismo degli atleti, si può trovare nella XVI orazione di Isocrate, ove si dice che «Alcibiade, sebbene non meno dotato e non meno forte fisicamente di altri, tenne tuttavia in dispregio gli agoni ginnici, sapendo che alcuni atleti erano di umili origini, abitavano piccole città e avevano un'educazione mediocre. Messosi ad allevare cavalli, attività che è propria degli uomini più prosperi (τῶν εὐδαιμονεστάτων), e che certo non potrebbe praticare un uomo da poco (φαῦλος), non soltanto superò di gran lunga (ὑπέρβαλε) i suoi antagonisti, ma anche tutti quelli che in precedenza avevano ottenuto vittorie: lanciò infatti nella lizza un così grande numero di cocchi quanti non avevano osato presentarne persino le città più grandi, e di una tale eccellenza da ottenere il primo, il secondo e il terzo posto» (§ 32).[26]

In tal modo Alcibiade, rilanciando un'ideologia squisitamente aristocratica, che distingueva e separava l'uomo superiore dall'uomo comune, e riconosceva al vincitore olimpico uno statuto eroico, riesumava la tradizione delle grandi vit-

---

25. Tale racconto è conservato da Ermogene il retore (*Inv.* 2.4.37), in cui si legge pure che Alcibiade, sentitosi oltraggiato, di ritorno ad Atene fece pressioni perché gli Ateniesi dichiarassero guerra agli Elei in quanto essi avevano insultato Atene (τὴν πόλιν ὑβρίζοντες). Recentemente si è ipotizzato che l'episodio sia evocato nel titolo Αἴας μαστιγοφόρος della tragedia di Sofocle: cf. Vickers 2008, 55.

26. Cf. Gentili 1995, 21; Calvo Martínez 2004, 42-43.

torie equestri ottenute dai suoi antenati, a partire da Alcmeone[27] fino a Megacle IV e V.[28]

Con questa scelta si poneva sulla scia di altre eminenti personalità ateniesi del VII e VI secolo -come Cilone (640),[29] Alcmeone (592),[30] Callia di Fenippo (564),[31] Milziade il Vecchio (560 ?),[32] Cimone Koalemos (536, 532, 528),[33] Pisistrato (532), Callia II (500, 496, 492)[34] - il cui *status*, confermato e accresciuto dalla vittoria equestre ad Olimpia,[35] si era irradiato fuori dalla città e rischiava di trasformarsi al suo interno in un fattore di grosso squilibrio tra gli *aristoi*.[36]

Come ha mostrato Leslie Kurke,[37] la vittoria nei giochi che attribuivano la corona, soprattutto quella di dell'ulivo di Zeus, conferiva quell'indefinibile potere talismanico che la città poteva solo cercare di assorbire in vario modo, anzitutto col porre il vincitore al supremo comando militare. Dovettero essere proprio gli effetti dell'ippotrofia e della vittoria coronata a mettere a dura prova la saldezza dei valori comunitari e a produrre nella prima metà del V secolo gli ostracismi di insigni aristocratici ateniesi. Non è un caso che, a partire dal 460 circa, per circa un quarto di secolo, declinò decisamente la partecipazione di illustri rampolli delle grandi famiglie alle competizioni panelleniche.

Non meraviglia dunque che nell'estate del 416 Alcibiade, in risposta alla magnifica *theoria* guidata da Nicia a Delo (Plut. *Nic.* 3.5-7), organizzi il suo personale corteo ad Olimpia, proprio nel cuore dell'isola dove un tempo il lidio Pelope aveva vinto Enomao nella gara coi cocchi, conquistando come premio la mano di Ippodamia e la supremazia sul Peloponneso.[38]

27. 592 a.C.: Hdt. 6.125.5; Isocr. 16.25: cf. Moretti 1957, n. 81 = Kyle 1987, 196 A5.

28. Rispettivamente, 486 a.C.: Pind. *Pyth.* VII.14: cf. Moretti 1957, n. 81 = Kyle 1987, A5 ; 436 a. C.: *Schol. Pind. Pyth. VII*, 201 Dr.: cf. Moretti 1957, n. 320 = Kyle 1987, 207 A44. Cf. Angeli Bernardini 1995, 559 s.

29. Moretti 1957, nr. 56 = Kyle 1987, A 40.

30. Moretti 1957, nr. 81 = Kyle 1987, A5.

31. Moretti 1957, nr. 103 = Kyle 1987, A30.

32. Moretti 1957, nr. 106 = Kyle 1987, A46.

33. Moretti 1957, nrr. 120, 124, 127 = Kyle 1987, A34

34. Moretti 1957, nrr. 164, 169, 176 = Kyle 1987, A31.

35. Importanti discussioni sulla connessione tra ricchezza e ippotrofia, specie ad Atene, si trovano in Hönle 1971, 45-48, 53-56, 59-66; cf. anche Kyle 1987, 149 n. 155.

36. Cf. Golden 1997, 337-341.

37. Kurke 1991, 205-7; 1992, 111-12; 1993, 133 ss.

38. Pind. *Ol.* I.12-98; Thuc. 1.9.2; cf. Hdt. 7.159; Apoll. *Epit.* 2.4-7; v. Biraschi 1989, 91 ss.; Davidson 2003; Cuscunà 2005; Cataldi 2005, 145 e n. 12.

Anche Alcibiade giunge nella piana di Pisa da Argo, dove è approdato con venti navi allo scopo di consolidare le sue amicizie e la sua politica antispartana,[39] rilanciata in primavera con l'alleanza difensiva tra Atene ed Argo.[40]

Di tale splendida *theoria* Tucidide parla nel VI libro, allorché riporta i contrapposti discorsi di Nicia e Alcibiade davanti all'assemblea ateniese. Siamo ormai nella primavera del 415, quando si svolge il dibattito sui preparativi da approntare per l'imminente spedizione in Sicilia, il cui supremo comando è già stato affidato ad Alcibiade, a Lamaco e a Nicia.

Dotato di un immenso patrimonio, Nicia, restio ad avviare l'impresa, ammonisce dapprima gli Ateniesi a non dimenticare che essi solo di recente hanno avuto requie da una grave epidemia e da una grande guerra: un lasso di tempo troppo breve per poter sfruttare appieno l'opportunità di accrescere le loro risorse finanziarie e umane (6.12.1). Poi, alludendo ad Alcibiade, afferma:

> Se qualcuno, contento di essere stato scelto a guidare la spedizione, vi esorta a salpare guardando solo al proprio interesse (τὸ ἑαυτοῦ μόνον σκοπῶν), pronto da una parte a ricevere la vostra ammirazione grazie al suo allevamento di cavalli (ἀπὸ τῆς ἱπποτροφίας),[41] dall'altra a ricavare qualche utile dalla carica per sopperire alle sue enormi spese (διὰ δὲ πολυτέλειαν καὶ ὠφεληθῇ τι ἐκ τῆς ἀρχῆς), non è assolutamente il caso di consentirgli di darsi lustro mettendo a repentaglio la città (τῷ τῆς πόλεως κινδύνῳ ἰδίᾳ ἐλλαμπρυνέσθαι),[42] ma considerate piuttosto che uomini siffatti commettono ingiustizia verso le risorse dello Stato (τὰ μὲν δημόσια ἀδικεῖν) e sperperano le loro sostanze private (τὰ δὲ ἴδια ἀναλοῦν): l'affare è serio e tale da non consentire ad un giovane di deliberare su di esso e di trattarlo frettolosamente (Thuc. 6.12. 2).[43]

39. Thuc. 5.84.1; Diod. 12.81.1; cf. Bowra 1960, 70.

40. Bengtson 1962, nr. 196.

41. Cf. Simonetti 1969.

42. ἐλλαμπρυνέσθαι è la lezione unanimemente tramandata dai codici, ma lo scolio ad Aristofane (*Pax* 450) conserva forse la lezione originaria ἀπολαμπρυνέσθαι, che è termine erodoteo (1.41.3; 6.70.3) che potrebbe essere stato ripreso da Tucidide. Il primo significa "darsi lustro, farsi bello", il secondo "divenire illustre".

43. Cf. Hatzfeld 1940, 141 e n. 2; Bowra 1960, 70; Delebecque 1965, 204 n.1; Dover 1970, 236-238; Kohl 1977, 67-69; Vattuone 1978, 85-89; Corcella 1996, 243; Gribble 1999, 61-69; Kallet 2001, 36; Hornblower 2008.

A tale requisitoria, prima della replica di Alcibiade, Tucidide fa seguire un ritratto etico del figlio di Clinia (6.15.2-4), che integra il profilo politico già offerto nel V libro, dove ha rappresentato l'esordio di Alcibiade impegnato a sostenere personalisticamente, in opposizione alla politica filolacedemone di Nicia, una linea filoargiva, tutta impostata sulla *timé* aristocratica derivantegli dall' *axioma* dagli antenati, che lo autorizzava a mandare da privato (ἰδίᾳ) un'ambasceria ad Argo per sollecitarne l'alleanza insieme con Mantinea e l'Elide (5.43).[44]

La replica di Alcibiade nel sesto libro è veemente:

> Spetta a me più che ad altri, o Ateniesi, esercitare il comando (è necessario infatti che io incominci da qui, dal momento che Nicia mi ha attaccato). Del resto ritengo di esserne degno, giacché i motivi per cui sono chiacchierato da tutti (ὧν γὰρ πέρι ἐπιβόητός εἰμι) a me e ai miei antenati procurano gloria (δόξαν), alla patria invece portano anche utilità (ὠφελίαν) (6.16.1).[45]

Non sarebbe quindi Alcibiade a ricavare qualche vantaggio dal comando militare di cui è stato insignito in virtù della gloria acquisita da lui e dai suoi antenati con le grandi vittorie olimpiche e in vari altri modi, ma la città, perché è la sua stessa patria a riflettere la gloria che emana da lui e dai suoi antenati.

> Infatti i Greci, di fronte alla magnificenza da me messa in mostra nel corteo diretto ad Olimpia, giudicarono la nostra città anche più grande rispetto alla sua reale potenza (ὑπὲρ δύναμιν), mentre prima presumevano (ἐλπίζοντες) che fosse stata sfiancata dalla guerra. Ciò avvenne perché feci scendere in lizza ben sette carri, quanti nessun privato mai prima, e riportai la vittoria, piazzandomi anche al secondo e quarto posto, e approntando il restante apparato in maniera proporzionale. Infatti, se è cosa convenuta da tutti (νόμῳ) che tali prestazioni comportano prestigio (τιμή), è anche vero

44. Sulla *timé* dell' individuo, in particolare di Alcibiade, che negli ultimi decenni del V secolo succede a quella della città, cf. de Romilly 1973, 54 ss. [= 2005 187 ss.]; Forde 1989, 79 ss. e 89 ss.; 2000, 163-161; Frazier 2001, 238 e 247 ss.; Hornblower 2008, 99-103. Sulla politica filoargiva di Alcibiade, considerata disastrosa da Tucidide, cf. de Romilly 1951, 168 ss.; Bleckmann 2006, 562 e n. 4.

45. Cf. Andrewes 1961, 16; Westlake 1968, 220; Caiani 1972, 164- 165; de Romilly 1973, 54 [= 2005, 187]; Macleod 1975, 44-45; Vattuone 1978, 113-114; Forde 1989, 78; Gribble 1999, 57, 60; Hornblower 2004, 259; 2008, 341-342.

che dall'evento si inferisce, nello stesso tempo, la potenza (ἐκ δὲ τοῦ δρωμένου καὶ δύναμις ἅμα ὑπονοεῖται) (6.16.2).[46]

Così, con una icastica *gnome*, Alcibiade conclude il suo argomento sul nesso esistente tra τιμή e δύναμις". Fa ciò ricorrendo al verbo ὑπονοέω, mai usato prima del tardo V secolo, che traduce un'operazione intellettuale implicante sospetto, congettura, finzione, immagine allusiva, rappresentazione, che può indurre in errore, o anche svelare, cogliendo nel vero, una realtà o un'immagine nascosta.[47]

Ma τιμή e δύναμις di chi? Il testo non lo specifica, anche se normalmente si ritiene che siano quelle della città; c'è da sospettare però che si tratti in primo luogo della τιμή e della δύναμις di Alcibiade che, a torto o a ragione, viene proiettata (ὑπόνοια) sulla città da cui il grande vincitore olimpico proviene.

In modo analogo, nelle *Fenicie* di Euripide, databili non prima del 408/7, l'immagine impressa sullo scudo di Capaneo (un gigante, un figlio della Terra, che portava sugli omeri un'intera città scalzata dalle fondamenta) è detta prefigurazione (ὑπόνοια), ovvero simbolo, della sorte che sarà riservata alla città di Tebe: ὑπόνοια ἡμῖν οἷα πείσεται πόλις (vv. 1130-33).[48] Versi in cui si può cogliere un'allusione al tremendo rapporto di potenza e rovina esistente tra Alcibiade e la sua patria.[49] In definitiva, il rapporto tra la *timé* aristocratica del vincitore olimpico e la sua *dynamis* rimane irrisolto.

Continua Alcibiade:

> Anche tutte quante le opportunità che ho all'interno della città per far rifulgere il mio splendore (λαμπρύνομαι) con le coregie o con qualche altro mezzo, sono - come è naturale che accada - oggetto di invidia (φθονεῖται) da parte dei miei concittadini, mentre agli occhi degli stranieri questa appare una dimostrazione di forza (ἰσχὺς φαίνεται). Pertanto, non si tratta certo di un'inutile follia (οὐκ ἥδ' ἡ ἄνοια), quando uno a proprie spese porta utilità (ὠφελῇ) non solo a se stesso ma anche alla polis (6.16.3).[50]

46. Cf. Bowra 1960, 69-70, 78; Dover 1981, 246-247; Gribble 1999, 61; de Romilly 1973, 50 [= 2005, 183]; Hornblower 2008, 342 -343.

47. Cf. Houart 1968, 46 n. 4, 86 s., 234 s.; Micalella 2004, 130-133; Lévy 2009, 413-414.

48. Mastronarde 1994, 468-469.

49. Sull' insegna di Capaneo nei *Sette a Tebe* di Eschilo (vv. 432-34), fonte d' ispirazione per Euripide nelle *Fenicie*, cf. Chiarini 2002, 20; Catenacci 2004, 165 e 175.

50. Per i concetti di λαμπρότης, φθόνος e ὠφελία applicati ad Alcibiade, cf. Bowra 1938, 268

In quest'ultima frase Alcibiade ribadisce perentoriamente, dall'alto del proprio statuto eroico sancito ad Olimpia, che il suo interesse personale coincide con quello della città da cui proviene.

II giudizio di Tucidide nel sesto libro conferma le sfrenate ambizioni di Alcibiade, non nega le sue finalità utilitaristiche riguardo alla spedizione in Sicilia, ne ammette le eccessive ambizioni, superiori a quanto consentisse il suo effettivo patrimonio, sia per quanto concerneva l'allevamento di cavalli sia per le altre spese di prestigio: «ciò anche contribuì non poco, in seguito, a far precipitare la città degli Ateniesi (ὅπερ καὶ καθεῖλεν ὕστερον τὴν τῶν Ἀθηναίων πόλιν οὐχ ἥκιστα)» (6.15.3).[51] Lo storico prosegue confermando il totale anticonformismo e l' eccentricità del carattere di Alcibiade rispetto alle convenzioni e allo stile della vita comunitaria (παρανομία), sottolineando tuttavia la vastità di vedute (διάνοια) e la sagacia nelle operazioni belliche come principali componenti della sua personalità. Tutti questi fattori, intrecciati in una maniera tanto complessa in una personalità di così grande carisma, erano tali da incutere nella maggior parte dei suoi concittadini (οἱ πολλοί) il timore che egli aspirasse alla tirannide (ὡς τυραννίδα ἐπιθυμοῦντι). Sicché questi, infastiditi per i suoi comportamenti (τοῖς ἐπιτηδεύμασι αὐτοῦ ἀχθεσθέντες) e rivoltisi ad altri, «in non molto tempo portarono la città alla rovina (οὐ διὰ μακροῦ ἔσφηλαν τὴν πόλιν)» (6.15.4).[52]

Un testo, questo, molto discusso, in quanto lo storico sembra operare una sovrapposizione prospettica di due momenti differenti: quello del 415/4, quando le ostilità interne portarono alla condanna a morte di Alcibiade, e quello posteriore alla sconfitta di Notion, che portò alla immediata destituzione del grande stratego, al suo secondo esilio e al disastro finale.[53]

e n. 5; Vattuone 1978, 114-115; Gribble 1999, 60, 62-63, 69; Zakravsky 2000; Lévy 2009, 414. In particolare cf. Kurke 1991, 182-183 (per la λαμπρότης di Alcibiade); Kurke 1991, 195-196 e Verdegem 2005 (per il sentimento di φθόνος provato dai concittadini verso i vincitori olimpici).

51. Cf. Dover 1970, 242-244; Bleckmann 2006, 563 e n. 5, 570 e n. 32, 581; Hornblower 2008, 339-341.

52. Cf. Thuc. 6.28.2; Isocr. 16.38; Lys. 14. 36-38; [Andoc.] 4.27; Plut. *Alc.* 11.2. Sul rapporto di consequenzialità fra vittoria panellenica, specialmente equestre, e conquista della tirannide cf. Catenacci 1992, 16 ss. e 32 ss.

53. Cf. Thuc. 2.65.11. Si veda, e. g., Erbse 1989, 83-92; de Romilly 1995, 54; Bleckmann 2006, 571 e n. 40.

Sulla scia dell'assioma per cui ciò che è utile (τὸ ὠφέλιμον) non è ingiusto (οὐκ ἄδικον), Alcibiade asserisce che non è affatto ingiusto non essere pari (μὴ ἴσον εἶναι) quando si abbia un alto sentire di sé (ἐφ' ἑαυτῷ μέγα φρονοῦντα). Egli ben sa che uomini come lui, e tutti coloro che si elevarono al di sopra degli altri per il loro brillare in qualche campo (καὶ ὅσοι ἔν τινος λαμπρότητι προέσχον), suscitano nei posteri, a differenza dei loro contemporanei, il reclamo di una parentela, anche se non fondata. Per questa ragione la patria da cui provengono finisce per menarne gran vanto (αὔχησιν), considerandoli come figli che hanno compiuto nobili imprese (ὡς περὶ σφετέρων τε καὶ καλὰ πραξάντων), non come estranei e malfattori (6.16.4-6).[54]

Una vera e propria autoprofezia, che non può non aver influenzato l'altra, ideologicamente contraria, posta dallo Pseudo-Andocide sulla bocca, presumibilmente, del retore Feace nell' invettiva *Contro Alcibiade*. Qui, a proposito di taluni che osano sostenere che non vi fu mai alcuno pari ad Alcibiade, l'oratore ribatte che «la città soffrirà a causa sua le più grandi sventure» (μέγιστα κακὰ τὴν πόλιν ὑπὸ τούτου πείσεσθαι, § 24). Si tratta di una frase che suona straordinariamente simile, quasi da sembrarne un calco, a quella usata da Euripide a proposito dell'immagine del gigante che sradica dalle fondamenta la città, impressa sullo scudo di Capaneo *(Phoen.* 1133). A sua volta questa immagine euripidea richiama l'Eros alato che scaglia il fulmine sullo scudo d'oro e di avorio esibito da Alcibiade presumibilmente dopo la sua vittoria olimpica, nei mesi precedenti la spedizione in Sicilia:[55] il messaggio è criptico in quanto il fulmine, attributo di Zeus, è qui riferito provocatoriamente a Eros e non alla divinità suprema.

Per lo Pseudo-Andocide Alcibiade apparirà in futuro responsabile di crimini tanto gravi che nessuno ricorderà più i precedenti misfatti, giacché non è affatto imprevedibile (οὐκ ἀνέλπιστον) che egli, che ha condotto in un modo così scellerato l'inizio della sua carriera, porterà a termine la sua vita in un modo tale da superarne gli esordi (καὶ τὴν τελευτὴν ὑπερβάλλουσαν ποιήσασθαι). Di

54. Cf. Bowra 1960, 78; Hönle 1971, 206 n. 5; Kohl 1977, 84-109; Vattuone 1978, 115 ss.; Bleckmann 2006, 568 e n. 25; Lévy 2009, 414 s.

55. Plut. *Alc.* 16.1; Athen. 12.534e. Cf. soprattutto Schneider 1999, 34-38, il quale sottolinea tra l'altro che i materiali dello scudo di Alcibiade erano gli stessi di quelli usati da Fidia per l'Athena Parthenos e che il fulmine è un attributo di Zeus. Cf. anche Russell 1966, 45; Littman 1970, 267-268; Strauss 1993, 149-150; Wohl 1999, 352; Verdegem 2010, 216-217.

fronte a queste parole è difficile sottrarsi alla suggestione che lo Pseudo-Andocide fosse già a conoscenza della fine ingloriosa di Alcibiade.[56]

È logico infatti che l'invettiva, fittiziamente impostata, mirasse a presentare il *paranomos* Alcibiade come il candidato ideale all'ostracismo in un momento in cui era stata da poco messa in gioco l'immagine stessa della *dynamis* ateniese presso l'intera Ellade, impressionata dallo splendore della sua partecipazione ai giochi olimpici.[57]

In questa prospettiva *a posteriori* è possibile intendere il senso della perentoria ma scontata asserzione che «è dovere degli uomini saggi guardarsi dai cittadini che s'innalzano troppo (τοὺς ὑπεραυξανομένους), rammentando che sono uomini di tal genere a instaurare le tirannidi» ([Andoc.] 4.24). Un sospetto, quest' ultimo, ripreso più volte dallo stesso autore (§§ 23, 27-28),[58] già accennato in Tucidide (6.15.4; 28.2; cf. 61, 1) e smentito poi da Isocrate nella *de Bigis* (§ 38), confermato infine da Platone (*Alc.*105c) e ripetuto stancamente nei secoli successivi da Cornelio Nepote *(Alc.* 7.3) e Plutarco *(Alc.* 16.2 e 7; 34.7-35.1).[59]

Incalza lo Pseudo-Andocide:

> Penso che Alcibiade non replicherà per niente a queste accuse, ma parlerà della sua vittoria alle Olimpiadi e imposterà la sua difesa su qualsiasi argomento fuorché sulle imputazioni che gli sono state mosse. Ma io, proprio partendo da queste sue argomentazioni, dimostrerò che egli sarebbe più utile (*scilicet* alla città) se fosse condannato a morte, piuttosto che se riuscisse ad aver salva la vita (ἐπιδείξω αὐτὸν ἐπιτηδειότερον τεθνάναι μᾶλλον ἢ σῴζεσθαι, § 25).

56. Cf. Cobetto Ghiggia 1995, 229; *contra* Gazzano 1999, 118. A favore di una contestualizzazione storica del *pamphlet* dopo la caduta dei Trenta si esprime Heftner 1995 e 2001. Assai tarda (in età protoellenistica) è la datazione proposta da Gribble 1997 e 1999, 154-158.

57. Cf. Rosenbloom 2004, spec. 71 ss., che data l'ostracismo di Alcibiade nel 415, qualche mese dopo a vittoria olimpica, e intitola significativamente le pagine sopra indicate: "Alkibiades *hippotrophos*: the Olympic Victor as Tyrant".

58. Lo Pseudo Andocide (§ 27) riferisce che Alcibiade pronunziava discorsi da demagogo e compiva azioni da tiranno.

59. Sulla rappresentazione del 'tiranno' Alcibiade nella pubblicistica tra la fine del V e l'inizio del IV secolo cf. Häusle 1987/88; Forde 1989, 92-94, 184-187; Jordovic 2005, 130-168. Sulla gratuità di un tale sospetto, cf. Seager 1967 e Palmer 1982, 121-124. Sull'elaborazione nel IV secolo (Xen. *Hier.* 5.3) della figura del tiranno *philopolis*, sulla scia delle occorrenze tucididee dell'aggettivo *philopolis* riferito a Pericle e ad Alcibiade (2.60.5; 6.92.4), cf. Forde 1989, 31 e n. 25; Mercalli 2002.

L'ostracismo, pur invocato, libererebbe sì la città dal malfattore e aspirante tiranno per un certo numero di anni, ma non per sempre, giacché solo una sentenza di morte sarebbe la soluzione davvero utile alla città, eliminando colui che si dice falsamente custode della democrazia (§ 16), ma disprezza le leggi con la sua condotta trasgressiva e violenta (§ 10), fa discorsi da demagogo, si comporta da tiranno (§ 27) e sevizia tra l'ignavia dei concittadini il samio Agatarco, violando le convenzioni giudiziarie stipulate dalla propria *polis* (§ 17-18).[60]

A dimostrazione di questo assunto, l'oratore adduce l'episodio di Diomede, cittadino dotato di un patrimonio non cospicuo, ma desideroso con i suoi mezzi di incoronare la città e la sua casata (στεφανῶσαι τὴν πόλιν καὶ τὴν οἰκίαν), che si recò ad Olimpia con un tiro di cavalli, contando sul fatto che la maggior parte delle competizioni equestri erano decise dalla fortuna. Senonché Alcibiade, facendo valere il suo potere presso gli agonoteti degli Elei (δυνάμενος παρὰ τοῖς ἀγωνοθέταις τῶν Ἠλείων), gareggiò con il tiro di cavalli strappato a Diomede, che pure era un cittadino e non il primo venuto (§ 26).[61]

È evidente che la narrazione mira a stigmatizzare l'abuso della *dynamis* da parte di Alcibiade sia nei riguardi dei giudici di gara da lui subornati, sia a danno di un cittadino del ceto medio, onesto e leale, che coltiva come sua massima aspirazione quella di vincere per incoronare la città, prima ancora della sua casata.

Tale atteggiamento appare acquisito e fissato - nei termini canonici della vittoria che 'incorona' la città, la rende più famosa, ne bandisce il nome ed è indice della sua prosperità - proprio a partire dal IV secolo,[62] ma affonda le sue radici in età arcaica, allorché la vittoria panellenica è considerata «una sorta di 'nutrimento vitale' per la comunità, che il vincitore 'accresce' (Pind. *Ol.* 5.4;

60. Su Agatarco si veda anche Dem. 21.147; Plut. *Alc.* 16.5. Cf. Cobetto Ghiggia 1997, 247-250, nonché Schneider 1999, 25, il quale osserva che Alcibiade in questo caso rovescia gli ambiti propri di *oikos* e *polis,* mettendo al suo servizio coercitivamente e gratuitamente un pittore che aveva affrescato per conto della *polis* il teatro antistante la sua casa.

61. Cf. Diod. 13.74.3; Plut. *Alc.* 12.3, che, attingendo probabilmente alla tradizione eforea, riportano entrambi il nome di Diomede (un nome di possibile risonanza mitologica, dato che il *tethrippon* acquistato da Alcibiade apparteneva alla città di Argo: cf. Münsterberg 1902, 299), mentre Isocrate (16.1) cita Tisia, che potrebbe essere identificato con il figlio di Tisameno del demo di Kephale, in quel momento amico di Alcibiade (cf. Davies 1971 nr. 13479, 501-503; Humphreys 2007, 66). Diversamente Gribble 1999, 98-100.

62. Plato *Ap.* 36d; Xenoph. *Mem.* 3.7.1; Lys. 19.63; [Dem.] 58.66; *Anth. Pal.* 13.15.

8.88; *Pyth.* 8.38)». Così pure, dietro questa «identificazione del vincitore con colui che 'incorona' la città, può credersi sottesa la nozione del trasferimento sulla comunità del favore divino di cui la corona è segno».[63]

Per mostrare che la *hybris* dell'Alcmeonide ad Olimpia non si esercitava soltanto sul concittadino Diomede, ma si estendeva all'intera *polis,* l'oratore adduce che Alcibiade chiese in prestito ai rappresentanti ufficiali a capo della delegazione ateniese, gli ἀρχιθεωροί, i vasi sacri della città perché desiderava usarli nel corso della festa da lui indetta per celebrare la vittoria (ὡς τἀπινίκια... χρησόμενος) il giorno precedente al solenne sacrificio finale in onore di Zeus Olimpio. Si trattava di un inganno. Dopo aver usato le suppellettili prestate dalla città, Alcibiade rifiutò di restituirle, volendo ancora servirsene per primo il giorno dopo, perché gli stranieri credessero che tali oggetti fossero di sua proprietà. Ma la bravata funzionò solo per pochi; gli altri, invece, che erano venuti a sapere la verità dai suoi concittadini o che ben conoscevano i suoi costumi, si misero ad irridere gli Ateniesi, vedendo che un solo uomo era più potente dell'intera città.[64]

Tali brocche e bruciaprofumi d'oro, di cui fa uso per primo Alcibiade anteponendosi alla *polis*, divengono per gli stranieri presenti ad Olimpia i segni del potere che egli esercita sulla città:[65] un dominio che assomiglia, non tanto a quello di un tiranno greco, quanto al potere barbarico del Gran re di Persia, lo *hybristés* per eccellenza, o di un suo satrapo: ad esempio, di quel Farnabazo che donò persino una città ad Alcibiade (Nep. *Alc.* 9.3). D'altronde, non a caso, Antistene Socratico rappresentava lo stile di vita Alcibiade come quello di un *paranomos* che viveva ὡς Πέρσας (fr. 141 Giannantoni).[66] Tali erano già stati, secon-

63. Cf. Giangiulio 1989, 112. Per il *kydos* di un vincitore negli agoni in cui si assegna la corona cf. Kurke 1993. Per un' approfndita e penetrante analisi del senso di *kydos* come "attributo di natura magica che assicura il trionfo" e "come potere magico il cui possesso conferisce la superiorità in determinate circostanze", cf. Benveniste 1969, 66-69.

64. ἕνα ἄνδρα μεῖζον ἁπάσης τῆς πόλεως δυνάμενον, § 29; v. Plut. *Alc.* 13.3; Athen. 12.408c; cf. Hatzfeld 1940, 130 s. e n. 7; Gribble 1999, 64-65. Sul penultimo e ultimo giorno della competizione olimpica, Weniger 1904, 145 e n. 2; Tyrrell 2004, 198.

65. Cf. Schmitt-Pantel 1992, 197.

66. Secondo Plutarco (*Alc.* 23.5), la magnificenza esibita da Alcibiade presso il satrapo Tissaferne superò in fasto e splendore quella persiana.

do Tucidide, i medizzanti Temistocle e Pausania, da lui definiti «i più brillanti tra gli Elleni del loro tempo» (1.138.3).[67]

Il comportamento tirannico e alla persiana di Alcibiade si può inferire, secondo lo Pseudo-Andocide, anche dal modo in cui egli organizzò il prosieguo del suo soggiorno ad Olimpia: gli abitanti di Efeso gli innalzarono una tenda di foggia persiana, doppia rispetto a quella destinata alla delegazione ufficiale di Atene,[68] i Chii gli fornirono animali per i sacrifici e foraggio per i cavalli, mentre ai Lesbii Alcibiade impose (προσέταξε) la fornitura del vino e di tutte le altre provvigioni (§ 30).[69]

È difficile valutare la veridicità della notizia circa l'atteggiamento servile tenuto dalle città greche in questa ed in altre occasioni.[70] È da osservare tuttavia che la condizione degli alleati di Atene era già stata recepita come quella di *douloi* del popolo di Atene da spiriti reazionari come lo Pseudo-Senofonte[71] o conservatori come Aristofane.[72] La servile deferenza di alcune città isolane e dell'Asia Minore sottomesse ad Atene poteva estendersi alla figura carismatica di Alcibiade e difficilmente può essere considerata una semplice invenzione dello Pseudo-Andocide, anche se la tradizione successiva la amplificò e specificò ulteriormente, affermando che quando Alcibiade si recava in missione all'estero usava regolarmente quattro città alleate, Efeso, Chio, Cizico e Lesbo, come sue domestiche (ὥσπερ θεραπαίνας).[73] Con tali omaggi le suddette *poleis* rico-

67. Sull'uso di λαμπρότης anche in senso negativo cf. Bloedow 1992. Sulla mancanza di patriottismo sia in Pausania che in Temistocle (Thuc. 1.135 con 138-9) cf. Forde 1989, 68-71.

68. Sulla tenda persiana fatta costruire da Dionisio I di Siracusa ad Olimpia nel 388 a. C. cf. Dion. Hal. *Lys.* 29; Diod. 14.109.2-4.

69. Cf. Hatzfeld 1940, 139; Feraboli 1995, 430 n. 45; Schmitt-Pantel 2006, 87.

70. Cf. Schmitt-Pantel 1992, 199. Di tutt'altro tenore invero la narrazione di Plutarco (*Alc.* 12.1-2) relativa a questo episodio, che mette invece in luce la φιλοτιμία delle città, ammaliate dallo splendore della *performance* olimpica di Alcibiade. Cf. Hatzfeld 1940, 130 e n. 7, 139; Bowra 1960, 71; Prandi 1993, 361 n. 38; Schmitt Pantel 2006, 87; Verdegem 2010, 173-174.

71. [Xenoph.] *Ath. Pol.* 1.18; cf. Cataldi 1984, 129 ss.; Lapini 1997, 125 ss.; Marr-Rhodes 2008, 95. Per l'uso di un linguaggio nettamente imperialistico nei decreti relativi agli alleati tra il 425 e il 415, cf. Cataldi 2003, 118-9 e n. 71. Per un'analisi della formula ὅσων Ἀθηναῖοι κρατοῦσι, cf. Low 2005.

72. Aristoph. *Babyl.*, PCG, III.2, fr. 71 K.-A.; *Eq.* 1111-4, 1330, 1333. Cf. Cataldi 1984, 151, 166-167.

73. Alcibiade organizzava una politica estera con una serie di legami personali e famigliari (ἰδίᾳ) improntati alla *philia* e alla *xenia* non soltanto con Argo e Sparta (Thuc. 5.43; Plut. *Alc.*

noscevano il carattere eccezionale del suo potere, facendone un personaggio al di fuori del gioco politico normale. Si può d'altronde supporre che, al di là della persona di Alcibiade, i loro omaggi fossero diretti soprattutto verso la *polis* da lui rappresentata, giacché Atene esercitava l'egemonia sugli alleati con un potere tirannico.[74] Di tale *tyrannis* si fece più volte promotore lo stesso Alcibiade: ad esempio, al tempo del raddoppio e persino della triplicazione del tributo degli alleati[75] e forse anche nelle intransigenti misure che furono di lì a poco adottate contro Melo.[76]

Inoltre, per il fittizio oratore Feace (§ 30), Alcibiade, proprio in qualità di stratego,[77] si sarebbe macchiato ad Olimpia di due reati gravissimi: disprezzo delle leggi (παρανομία) e corruzione (δωροδοκία). In tal modo egli avrebbe distorto il corretto rapporto del magistrato non solo con i *nomoi* e i *nomima* della città, ma anche con i *dora* e la *megalophrosyne,* tramutandosi da munifico benefattore in meschino ricettore di doni.[78] E tuttavia non avrebbe subito alcun processo durante il rendiconto della sua strategia, giacché i suoi concittadini ne avrebbero temuto la formidabile *dynamis.*[79] Anche per questa via, nonostante la faziosità dell'argomentazione, potrebbe risultare che intorno agli anni 416-415 Alcibiade possedeva, in virtù della *performance* olimpica e delle spettacolari coregie,[80] uno straordinario ed eccedente potere personale.[81]

14.3; 15.1) ma anche con altre città greche soprattutto della Ionia (Efeso, Chio, Lesbo: [And.] 4.30; Efeso, Chio, Cizico: Athen. 12.534d). Cf. Mann 2007, 210-216.

74. Thuc. 1.63.2; 3.37.2; cf. Cataldi 1984, 160.

75. [And.] 4.31; cf. Hatzfeld 1940, 131 n. 1; Gribble 1999, 155-156.

76. Plut. *Alc.* 16.6; ma cf. Thuc. 5.116.4, che non fa menzione di Alcibiade: cf. Rhodes 2006, 132; Vickers 1999, 275-278; 2008, 52-53; 116-132. Per la *hybris* che sarebbe stata esercitata da Alcibiade sulla prigioniera di Melo, avendone un figlio alcuni mesi dopo ([And.] 4.22; Plut. *Alc.* 16. 5-6), cf. Cobetto Ghiggia 1995, 224 n. 254; Heftner 2001, 47-49.

77. Thuc. 5.84.1; Diod. 12.81.1-2; Plut. *Alc.* 15.2-3; cf. Develin 1989, 146-147.

78. Cf. Schmitt-Pantel 1992, 200.

79. Cf. [And.] 4.36.

80. Cf. Thuc. 6.16.3, dove Alcibiade contesta a Nicia l'accusa di *dapanai* utili per sé e disutili per la città (formulata in Thuc. 6.12.2). Per la connessione tra spese cospicue e minaccia di tirannide, vd. Kurke 1991, 176-182; per la differenza tra le sontuose ma civiche spese di Nicia in occasione della sua teoria a Delo, v. Thuc. 3.104, cf. Rosenbloom 2002, 334 n. 180. Sulle coregie di Alcibiade, occasione di dispiegare insieme la sua potenza e la sua *hybris,* vedi il comportamento *hybristikós* da lui tenuto verso il cittadino e corego Taurea [And.] 4.20-21; Dem. 21.147; cf. Wilson 1991, 184 -185; 1996, 319-321; 1997, 81-85; 2000, 145.

81. Non a caso i nomi dei vincitori nelle gare equestri appaiono sugli *ostraka* di Atene (cf. Kyle 1987, 161) e gli epiteti dispregiativi apposti ai nomi dei candidati all'ostracismo simbolizza-

L'impressione di una debordante *dynamis* acquisita da Alcibiade in questo torno di tempo sembra peraltro confermata da un passo di Ateneo (9.407b), che cita come fonte Camaleonte di Eraclea Pontica, scrittore del tardo IV secolo: vi si dice che al tempo in cui gli Ateniesi detenevano un assoluto dominio del mare e avocavano in città i processi che coinvolgevano gli isolani (τὰς νησιωτικὰς δίκας), dunque verosimilmente dopo Melo e nei mesi antecedenti la spedizione in Sicilia,[82] Alcibiade si recò al Metroon e cancellò di sua mano una *graphé* intentata contro un artista dionisiaco, Egemone di Taso, che era ricorso a lui. Fece ciò senza che né lo scrivano né il magistrato addetto, benché indignati, potessero obiettargli nulla data la sua influenza, mentre anche colui che aveva sporto la denuncia si era defilato per timore reverenziale nei suoi confronti.[83] Alcibiade – sottolinea il fittizio Feace nel *pamphlet* pseudo-andocideo – anziché essere sottoposto a giudizio per aver estorto ricchezze a tutti quanti gli alleati, proprio in virtù di siffatte imprese (τοιαῦτα πεπραγμένος), ha ottenuto il vitto gratuito al Pritaneo e continua a sfruttare in molteplici modi la sua vittoria olimpica, come se non avesse disonorato piuttosto che incoronato la città (ὥσπερ οὐ πολὺ ἠτιμακώς ἢ ἐστεφανωκώς τὴν πόλιν).[84] Pertanto Alcibiade non può essere considerato degno di tale onore, cui potevano accedere solo i sacerdoti di Demetra e Kore, i discendenti di Armodio e Aristogitone, i designati da Apollo Pizio, i vincitori dei giochi panellenici, nonché alcuni cittadini benemeriti.[85] Evocando la *sitesis* al Pritaneo, appannaggio dei discendenti dei Tirannicidi 'benefattori della città' per antonomasia, lo Pseudo-Andocide rileva l'assurdità della *megiste timé* attribuita all'aspirante tiranno.

Questa ricusazione dell'onorato per manifesta indegnità evoca non solo una polemica antica verso gli *olympionikai*, ma riflette anche una problematica di grande attualità, che sarà ripresa da Isocrate nel *Panegirico* (§§ 1-2) e nell'*Epistola VIII* (§ 5). Al pari del saggio Senofane (fr. 2 Gentili-Prato), che detestava gli eccessivi onori concessi dalla città ai vincitori olimpici, in particolare a quan-

no una serie di devianti ruoli sociali che meritano l'esclusione dalla *polis* (cf. Golden 1998, 166). Si veda anche Rosenbloom 2002, 332-334; 2004, Part I, 71 ss.

82. Cf. Aristoph. *Av.* 1422-1469. Sul concetto di *nesiotes* come alleato soggetto e sul rapporto fra isole e imperialismo ateniese cf. Constantakopoulou 2007, 76-84; 90-136.

83. Cf. Cataldi 1983, 249 n. 81; 1984, 96.

84. [Andoc.] 4. 31. Cf. Cobetto Ghiggia 1995, 240 n. 312; Gazzano 1999, 138.

85. *IG* I^3 131. Cf. Golden 1997, 337-339 (con bibliografia).

ti ottenevano senza fatica la vittoria con i cavalli,[86] lo Pseudo-Andocide intende affermare che non è giusto attribuire la *timé* né la *sitesis* dalle valenze altamente simboliche, a un olimpionico *paranomos* come Alcibiade, che con la sua *hybris* ha messo a repentaglio non solo l'ordine e l'equilibrio interno della città, ma anche il suo prestigio di grande potenza presso gli altri Greci.

Qualcosa di ancor più radicale aveva affermato Euripide nell'*Autolico* (fr. 282 N²). Questi, dopo aver ribadito la condanna sulla stirpe degli atleti voraci che, splendenti (λαμπροί) nel fiore degli anni, non sapevano poi adattarsi alle varie situazioni della vita, biasimava l'usanza greca (τὸν Ἑλλήνων νόμον) di celebrare con feste e banchetti uomini che non erano neppure in grado di difendere la loro città in caso di guerra (vv. 121-23). E aggiungeva pensoso: "Bisogna cingere di corone gli uomini capaci e valenti (σοφούς τε κἀγαθούς), e chi da uomo temperante e giusto guida la città nella maniera migliore, e chi con le parole (μύθοις) allontana le azioni cattive eliminando lotte e sedizioni (μάχας τ' ἀφαιρῶν καὶ στάσεις). Giacché di tal genere sono le azioni belle per tutta quanta la città e per tutti i Greci (vv. 23-28)".[87]

Sulla sua scia, anche Socrate nell'*Apologia* platonica (36d), in base al criterio dell' ἀξία, avanza il suo diritto ad essere nutrito a spese pubbliche nel Pritaneo e sceglie come termine di confronto il vincitore nelle gare equestri di Olimpia: *costui infatti fa solo che voi sembriate felici, io invece che lo siate* (ὁ μὲν γὰρ ὑμᾶς ποιεῖ εὐδαίμονα δοκεῖν εἶναι, ἐγὼ δὲ εἶναι). A partire dalla metà degli anni Novanta del IV secolo era dunque in corso ad Atene un intenso dibattito politico e ideologico sulla figura del grande Ateniese, in concomitanza con le rinascenti speranze di poter recuperare la perduta egemonia sul mare. Ciò avveniva qualche tempo dopo la condanna di Socrate, maestro di Alcibiade, quando era stata da poco pubblicata l'opera di Tucidide e quando lo storico Cratippo, continuatore di Tucidide e iniziatore della cosiddetta storiografia terameniana, si accingeva a narrare le audacie giovanili (τὰ νεανιεύματα) di Alcibiade e ad esaltare le gesta del suo successore Conone.[88]

Da allora, come già al tempo della rappresentazione delle *Rane*,[89] gli Ateniesi continuarono a domandarsi chi fosse Alcibiade e a rispondere con Dioniso

86. Cf. Bowra 1938; Giannini 1982.

87. *Ap.* Athen. 10. 413c-f. = Pechstein 1998 F 282, 56-70 con commento ed *excursus* sulle invettive contro gli atleti da parte di Senofane e di Euripide.

88. Plut. *De glor. Ath.* 1 [= *Mor.* 345 c-d]. Cf. Cataldi 2001; Verdegem 2004.

89. Aristoph. *Ran.* vv. 1421-33. Cf. Vickers 2001.

che si trattava «di un parto difficile per la città, che lo bramava, lo detestava e voleva averlo».

Ad un disilluso Euripide, che diceva di odiare quel cittadino che «era lento per natura ad aiutare la patria (ὠφελεῖν πάτραν βραδὺς πέφυκε) ma prontissimo a farle grande danno (μεγάλα δὲ βλάπτειν ταχύς)», un pragmatico Eschilo rispondeva che in città non si deve nutrire un leone, ma che, se qualcuno lo allevasse, bisognerebbe sottostare alle sue abitudini (τοῖς τρόποις ὑπηρετεῖν).

Bibliografia

Aloni, A. 2012, "Epinician and the *Polis*", *BICS* 55.2, 21-37.

Amyx, D. A. 1958, "The Attic Stelai, Part III. Vases and Other Containers", *Hesperia* 27, 163-254.

Andreae, B. 1990, "Der Asklepios des Phyromachos", in P. von Zabern (Hg.), *Phyromachos-Probleme. Mit einem Anhang zur Datierung des Gorssen Altares von Pergamon*, Mainz, 45-100.

- 1996, s.v. *Phyromachos*, in *Enciclopedia dell'arte antica*, 2 Suppl. 4, Roma.

Andrewes, A. 1961, "Thucydides and the Persians", *Historia* 10, 1-18.

Angeli Bernardini, P. 1992, "La storia dell'epinicio: aspetti socio-economici", *SIFC* 85, 965-979.

- 1995, B. Gentili, P. Angeli Bernardini, E. Cingano e P. Giannini (a cura di), *Pindaro. Le Pitiche*, Milano.

Bengtson, H. 1962, *Die Verträge der griechischen Welt von 700 bis 338 v. Chr.*, München-Berlin.

Benveniste, E. 1969, *Le vocabulaire des institutions indoeuropéennes* II. *Pouvoir, droit, religion*, Paris.

Beschi, L.- Musti, D. 1982, *Pausania. Guida della Grecia, Libro I, L'Attica*, Introduzione, testo e traduzione a cura di D. Musti, Commento a cura di L. Beschi e di D. Musti, Milano.

Biraschi, A.M. 1989, *Tradizioni epiche e storiografia. Studi su Erodoto e Tucidide*, Napoli.

Bleckmann, B. 2006, "Alkibiades und die Athener im Urteil das Thukydides", *HZ* 282, 561-583.

Bloedow, E. F. 1992, "Alcibiades brilliant or intelligent?", *Historia* 41, 139-157.

Bowra, C. M. 1938, "Xenophanes and the Olympic Games", *AJPh* 59, 257-79 [= *Problems in Greek Poetry*, Oxford 1953, 15-37].

- 1960, "Euripides' Epinician for Alcibiades", *Historia* 9, 68-79 [= 1970, *On Greek Margins*, Oxford, 134-148].

BRÖKER - MÜLLER
- 2001a, G. Bröker - W. Müller, s. v. 'Aglaophon', in Vollkommer, R. (Hg.) *Künstlerlexikon der Antike*, Bd. 1, München, 13.
- 2001b, G. Bröker - W. Müller, s. v. 'Aristophon', in Vollkommer, R. (Hg.) *Künstlerlexikon der Antike*, Bd. 1, München, 93.

BURN, A. R. 1954, "A Biographical Source of Phaiax and Alcibiades? ([Andokides] IV and Plutarch's Alcibiades])", *CQ* N. S. 4, 138-142.

CAIANI G. 1972, "Nicia e Alcibiade: il dibattito sull' ἀρχὴ alle soglie della spedizione in Sicilia (Analisi lessicale di Thuc. 6, 9-18)", *SIFC* 44, 145-83.

CALVO MARTINEZ J. L. 2004, "Oratoria y biografía. El retrato de Alcibíades en Lisias e Isócrates", in A. Pérez Jiménez, J. Ribeiro Ferreira, M. do Céu Fialho (coord.), *O retrato literario e a biografia como estratégia de teorização política*, Coimbra-Málaga, 37-48.

CANFORA, L. 1988, *Storia della letteratura greca*, Bari.

CATALDI, S. 1983, *Symbolai e relazioni tra le città greche nel 5. secolo a.C.*, Pisa.
- 1984, *La democrazia ateniese e gli alleati (Ps.-Senofonte, Athenaion Politeia 1. 14-18)*, Padova.
- 2001, "Le audacie di Alcibiade e di Trasillo e le *Elleniche di Ossirinco*", *Sileno* 27, 47-84.
- 2003, "La costituzione ateniese e gli alleati nel V secolo a.C.", in A. d'Atena, E. Lanzillotta (a cura di), *Da Omero alla Costituzione europea. Costituzionalismo antico e moderno,* Tivoli, 97-132.
- 2005, "Tradizioni e attualità nel dialogo dei messaggeri greci con Gelone (Erodoto VII, 157-162)", in M. Giangiulio (a cura di), *Erodoto e il 'modello erodoteo'. Formazione e trasmissione delle tradizioni storiche in Grecia*, Trento, 123-171.

CATENACCI, C. 1992, "Il tiranno alle Colonne d'Eracle. L'agonistica e le tirannidi arcaiche", *Nikephoros* 5, 11-36.
- 2004, "Realtà e immaginario negli scudi dei *Sette contro Tebe* di Eschilo", in P. Angeli Bernardini (a cura di), *La città di Argo. Mito, storia, tradizioni poetiche*, Atti del Convegno Internazionale (Urbino, 13-15 giugno 2002), Roma, 163-176.

CHIARINI, G. 2002, "Il ritorno della Sfinge. Immagini e simboli nei *Sette a Tebe* di Eschilo", in A. Aloni, E. Berardi, G. Besso, S. Cecchin (a cura di), *I Sette a Tebe. Dal mito alla letteratura. Atti del Seminario internazionale Torino 21-22 febbraio 2001*, Bologna.

COBETTO GHIGGIA, P. 1995, *[Andocide]. Contro Alcibiade*, introduzione, testo critico, traduzione e commento, Pisa.
- 1997, "[And.] 4.17: ὥσπερ παρὰ βασιλέως", *Sileno* 23, 247-250.

CONSTANTAKOPOULOU, C. 2007, *The Dance of the Islands. Insularity, Networks, the Athenian Empire and the Aegean World,* Oxford.

CORCELLA, A. 1996, *Tucidide. La disfatta a Siracusa (Storie VI-VII)*, con testo a fronte, Venezia.

CORSO, A. 1988, *Gaio Pinio Secondo. Storia naturale*, V, traduzioni e note di A. Corso, R. Megellesi, G. Rosati, Torino.

CUSCUNÀ C. 2005, "Tramandare τὸ σαφές: note in margine a Thuc. I 9.2", *AncSoc* 35, 59-77.

DAVIDSON, J. 2003, "Olympia and the chariot-race of Pelops", in G. J. Phillips and D. Pritchard (eds), *Sport and Festivals in the Ancient Greek World*, Swansea, 101-122.

DAVIES, J. K. 1971, *Athenian Propertied Families 600-300 B.C.*, Oxford.

- 1981, *Wealth and Power of Wealth in Classical Athens*, Salem.

DELEBECQUE, É. 1951, *Euripide et la guerre du Péloponnèse*, Paris.

- 1965, *Thucydide et Alcibiades*, Aix en Provence.

de ROMILLY, J. 1951, *Thucydide et l' impérialisme athénien*, Paris.

- 1973, "Le prestige dans l' oeuvre de Thucydide", *Ktèma* 4, 39-58 [= 2005, 175-194].

- 1995, *Alcibiade ou les dangers de l'ambition*, Paris.

- 2005, *L' invention de l' histoire politique chez Thucydide*, Paris.

DEVELIN, R. 1989, *Athenian Officials, 684-321 B.C.*, Cambridge.

DI BENEDETTO, V. 1971, *Euripide: teatro e società*, Pisa.

DOVER, K. J. 1970, A.W. Gomme - A. Andrewes - K.J. Dover, *A Historical Commentary on Thucydides*, IV, Oxford.

- 1981, A.W. Gomme - A. Andrewes - K.J. Dover, *A Historical Commentary on Thucydides*, V, Oxford.

DUFF, T. 1999, *Plutarch's* Lives. *Exploring Virtue and Vice*, Oxford.

DUPLOUY, A. 2006, "L'individu et la cité. Quelques stratégies identitaires et leur contexte", *REA* 108, 61-78.

ELLIS, W. M. 1989, *Alcibiades*, London and New York.

ERBSE, H. 1989, *Thukydides-Intepretationen*, Berlin-New York.

FERABOLI, S. 1995, "Andocide. IV *Contro Alcibiade*", in M. Marzi e S. Feraboli (a cura di), *Oratori attici minori*, Volume secondo, Torino, 413-437.

FIGUEIRA, T. J. - WALLACE, M. B. 2010, "Notes on the Island *Phoros*", *ZPE* 172, 65-69.

FORDE, S. 1989, *The Ambition to Rule. Alcibiades and the Politics of Imperialism in Thucydides*, Ithaca and London.

- 2000, "Power and Morality in Thucydides", in L. S. Gustafson (ed.), *Thucydides Theory of international Relations*, Louisiana.

FRAZER, J. G. 1898, *Pausanias's Description of Greece*, I, London-New York.

FRAZIER, F. 1988, "A propos de «philotimia» dans les «Vies». Quelques jalons de l' histoire d' une notion", *RPh* 13, 109-127.

- 1996, *Histoire et morale dans les* Vies Parallèles *de Plutarque*, Paris.

- 2001, "Prestige et autorité de l' homme d' État chez Thucydide", *Ktèma* 26, 237-256.

GAMBATO, M.L. 2001, *Ateneo, I Deipnosofisti - Dotti a banchetto*, prima traduzione italiana commentata su progetto di L. Canfora, Introduzione di C. Jacob, Volume III, Libri XII-XV, Roma.

GARCÍA ROMERO, F. 2004, "Alcibiades en Olimpia", in J. Garcia Pinilla, S. Talavera Cuesta (coord.), *Charistérion, Francisco Martin Oblato*, La Mancha, 145-154.

GAZZANO, F. 1999, *Pseudo-Andocide. Contro Alcibiade*, introduzione, traduzione e commento critico, Genova.

GENTILI, B. 1995, "Atletismo e poesia. Introduzione", in P. Angeli Bernardini, E. Cingano, P. Giannini (a cura di), *Pindaro. Le Pitiche*, Milano 1995, IX-CXX.

GIANGIULIO, M. 1989, *Ricerche su Crotone arcaica*, Pisa.

GIANNINI, P. 1982, "Senofane fr. 2 Gentili-Prato e la funzione dell'intellettuale nella Grecia arcaica", *QUCC* N.S. 10, 57-68.

GOLDEN, M. 1997, "Equestrian Competition in Ancient Greece: Difference, Dissent, Democracy", *Phoenix* 51, 327-344.

- 1998, *Sport and Society in Ancient Greece*, Cambridge.
- 2008, *Greek Sport and Social Status*, Cambridge.

GRIBBLE, D. 1997, "Rhetoric and History in [Andocides] 4, *Against Alcibiades*", *CQ* 47, 367-391.

- 1999, *Alcibiades and Athens. A Study in Literary Presentation*, Oxford.

HATZFELD, J. 1940, *Alcibiade*, Paris.

HÄUSLE, H. 1987/88, "Alkibiades der Tyrann. Ein Beitrag zur politischen Polemik in Reden des 5. u. 4. Jh. v. Chr.", *Archaiognosia* 5, 85-129.

HEFTNER, H. 1995, "Ps.-Andokides' Rede gegen Alcibiades ([And.] 4) und die politische Diskussion nach dem Sturz der 'Dreissig' in Athens", *Klio* 77, 75-104.

- 2001, "Die pseudo-Andokideische Rede "Gegen Alkibiades" ([And.] 4) - ein authentischer Beitrag zu einer Ostrakophoriedebatte des Jahres 415 v, Chr.?", *Philologus* 145, 39-56.

HERBERT, B. 1986, "Attische Gelehrsamkeit in einem alexandrinischen Papyrus? Bemerkungen und Vorschläge zu den Künstlerkanones der Laterculi Alexandrini", *Tyche* 1, 127-131.

HIMMELMANN, N. 1990, "Antisthenes', in P. von Zabern (Hrsg.), *Phyromachos-Probleme. Mit einem Anhang zur Datierung des Gorssen Altares von Pergamon*, Mainz, 13-23.

HOESCH, N. 1996, s.v. *Aglaophon*, in *Der Kleine Pauly*, 1, Stuttgart - Weimar.

- 1996, s.v. *Aristophon*, in *Der Neue Pauly*, 1, Stuttgart - Weimar.

HÖNLE, A. 1971, *Olympia in der Politik der griechischen Staatenwelt*, Bebenhausen.

HORNBLOWER, S. 2004, *Thucydides and Pindar: Historical Narrative and the World of Epinikian Poetry*, London.

- 2008, *A Commentary on Thucydides, Volume III: Books 5.25-8.109*, Oxford.

HOUART, P. 1968, *Le vocabulaire de l'analyse psycologique dans l'oeuvre de Thucydide*, Paris.

HUBBARD, T. K. 2001, "Pindar and Athens after the Persian Wars", in D. Papenfuss, V. M. Strocka (Hgg.), *Gab es das griechischen Wunder? Griechenland zwischen dem Ende des 6. Jarhunderts und der Mitte des 5. Jahrhunderts v. Chr.*, Mainz, 387-397.

HUMPHREYS, S.C. 2007, "Notes on Attic Prosopography", *ZPE* 160, 65-75.

JORDOVIC, I. 2005, *Anfänge der Jüngeren Tyrannis. Vorläufer und erste Repräsentanten von Gewaltherrschaft im späten 5. Jahrhundert v. Chr.*, Frankfurt am Mein.

KALLET, L. 2001, *Money and Corrosion of Power in Thucydides: the Sicilian Expedition and its Aftermath*, London.

KOHL, W. 1977, *Die Redetrias vor der sizilischen Expedition (Thukydides 6, 9-23)*, Meisenheim am Glan.

KRUMEICH, R. 1997, *Bildnisse griechischer Herrscher und Staatsmänner im 5. Jahrhundert v. Chr.*, München.

KURKE, L. 1991, *The Traffic in Praise. Pindar and the Poetics of Social Economy: Myth and Poetics*, Ithaca N.Y.

- 1992, "The Politics of ἁβροσύνη in Archaic Greece", *ClAnt* 11, 91-120.
- 1993, "The Economy of *kydos*", in C. Daugherty and L. Kurke (eds), *Cultural Poetics in Ancient Greece*, Cambridge, 131-163.

KYLE, D.G. 1987, *Athletics in Ancient Athens*, Leiden.

- 2003, "'The Only Woman in All Greece': Kyniska, Agesilaus, Alcibiades and Olympia", *Journal of Sport History* 30, 183-203.

LAPINI, W. 1997, *Commento all'* Athenaion Politeia *dello Pseudo-Senofonte*, Firenze.

LEFKOWITZ, M.R. 1984, "Satyrus the Historian", in *Atti del XVII Congresso internazionale di Papirologia (Napoli, 19-26 maggio 1983)*, 339-43.

LÉVY, E. 1976, *Athènes devant la défaite de 404. Histoire d' une crise idéologique*, Athènes-Paris.

- 2009, "Remarques thucydidéennes", *Ktèma* 34, 399-419.

LITTMAN, R. J. 1966, "The Loves of Alcibiades", *TAPhA* 101, 269-273.

- 1970, *Plutarch's Use of of Thucydides in the* Life of Nicias, Life of Alcibiades *and* Life of Themistocles, Columbia (Diss.).

LORAUX, N. 1982, "*Ponos.* Sur quelques difficultés de la peine comme nome du travail", *AION (archeol)* 4, 171-192.

LOW, P. 2005, "Looking for the language of Athenian imperialism", *JHS* 125, 92-111.

LUPPINO MANES, E. 2003, "Tucidide e Alcibiade", *Ktèma* 28, 235-253.

MACLEOD, C.W. 1975, "Rhetoric and History (Thucydides, VI, 16-18)", *QS* 1, 39-65.

MANN, CH. 2007, *Die Demagogen und das Volk. Zur politischen Kommunication im Athen des 5. Jahrhunderts v. Chr.*, Berlin.

MARR, J.L. - RHODES, P.J. 2008, *The 'Old Oligarch'. The Constitution of the Athenians attributed to Xenophon,* with introduction, translation and commentary, Wiltshire.

MASTRONARDE, D.J. 1994, *Euripides. Phoenissae,* ed. with intr. and commentary, Cambridge.

MERCALLI, C. 2002, "Tyrannus *φιλόπολις* in Xen. *Hier.* V 3", *Latinitas* 52, 207-209.

MICALELLA, D. 2004, *I giovani amano il riso: aspetti della riflessione aristotelica sul comico,* Lecce.

Moretti, L. 1957, "Olympionikai, i vincitori negli agoni olimpici", *MemLinc*, serie VIII, 7 (2), 59-198.

Münsterberg, R. 1902, "Zum Renstallprozess des Alkibiades (Isokrates *Περὶ τοῦ ζεύγους*)", in *Festschrift Theodor Gomperz*, Wien, 298-299.

Musti, D. 1982, D. Musti e L. Beschi (a cura di), *Pausania. Guida della Grecia. Libro I: l'Attica*, Milano.

Neudecker, R. 2000, s.v. *Phyromachos*, in *Der Neue Pauly*, 9, Stuttgart-Weimar, 987-989.

Newby, Z. 2006, *Athletics in the Ancient World*, London.

Nielsen, Th. H. 2007, *Olympia & the Classical Hellenic City-State Culture*, Copenhagen.

Palmer, M. 1982, "Alcibiades and the Question of Aiming at Tyranny in Thucydides", *Canadian Journal of Political Science* 15, 103-124.

Papakonstantinou, Z. 2003, "Alcibiades in Olympia: Olympic Ideology, Sport and Social Conflict in Classical Athens", *Journal of Sport History* 30, 173-182.

Parmentier, L. 1925, *Les Troyennes, Iphigénie en Tauride, Électre*, texte établi et traduit par L. Parmentier et H. Grégoire, Paris.

Pechstein, N. 1998, *Euripides Satyrographos: ein Kommentar zu den Euripideischen Satyrsfragmenten*, Stuttgart und Leipzig.

Perrin, B. 1912, *Plutarch's Nicias and Alcibiades*, Six of the Plutarch's Greek Lives 3, New York.

Pollitt, J. J. 1990, *The Art of Greece*[2], Cambridge.

Prandi, L. 1993, *Plutarco. Vite parallele. Coriolano*, introduzione e note di M. Cesa, traduzione di L.M. Raffaelli, *Alcibiade*, introduzione e note di L. Prandi, traduzione di L.M. Raffaelli con un saggio di J. Denton, Milano.

Rhodes, P. J. 2006, *A History of the Classical Greek World. 478-323 BC*, Oxford.

Richter, G.M.A. 1965, *The Portraits of the Greeks*, 1, London.

Rosenbloom, D. 2002, "From *Ponêros* to *Pharmakos*: Theater, Social Drama, and Revolution in Athens, 428-404 BCE", *ClAnt* 21, 283-346,

- 2004, "*Ponêroi* vs. *Chrestoi*: the Ostracism of Hyperbolos and the Struggle for Hegemony in Athens after the Death of Perikles, Part I", *TAPhA* 134, 55-105; Part II, *ibid.*, 323-358.

Rossbach, O. 1895, s.v. *Aristophon 9*, in *Real-Encyclopädie der classischen Altertumswissenschaft*, II 1, Stuttgart.

Russell, D.A. 1966, "Plutarch's Alcibiades' 1-16", *PCPhS* N. S. 12, 37-47 [= B. Scardigli (a cura di), *Essays on Plutarch's Lives*, Oxford 1995, 191-207].

Schmitt-Pantel, P. 1992, *La cité au banquet: histoire des repas publiques dans les cités grecques*, Rome.

- 2006, "Moeurs et identité politique à Athènes au Ve siècle: l'exemple des gouvernants d'après Plutarque", *REA* 108, 79-99.

- 2009, *Hommes illustres. Moeurs et politique à Athènes au Ve siècle*, Paris.

SCHNEIDER, W.J. 1999, "Eine Polemik Polemons in den Propiläen. Ein Votivgemälde des Alkibiades - Kontext und Rezeption", *Klio* 81, 18-44.

SCHORN, S. 2004, *Satyrus aus Callatis. Sammlung der Fragmenten mit Kommentar*, Basel.

SEAGER, R. 1967, "Alcibiades and the Charge of Aiming at Tyranny", *Historia* 16, 6-18.

SHAPIRO, H.A. 2009, "Alcibiades. The Politics of personal Style", in O. Palagia (ed.), *Art in Athens during the Peloponnesian War*, Cambridge, 236-264.

SIMONETTI, A. 1969, "Alcibiade e i cavalli", *RIL* 103, 273-286.

STEIN-HÖLKESKAMP, E. 2000, "Perikles, Kleon und Alkibiades ald Redner: Eine zentrale Rolle der athenische Demokratie im Wandel", in C. Neumeister - W. Raeck (Hgg.), *Rede und Redner in den antiken Kulturen, Colloquium Frankfurt a. M., 14-16 Oktober 1998*, Frankfurt am Mein, 79-93.

STRAUSS, B. 1993, *Fathers and Sons in Athens. Ideology and Society in the Era of the Peloponnesian War*, Princeton.

TRAILL, J. S. 1994, *Persons of Ancient Athens*, Toronto.

TREVES, P. 1937, "Note su la guerra corinzia. 1. Isocrate, Lisia, Tucidide", *RFIC* 16, 113-140.

TYRREL, W.B. 2004, *The Smell of Sweat. Greek Athletics, Olympics, and Culture*, Wauconda.

VANHAEGENDOREN, K. 2007, "Travail et loisir en Grèce ancienne. À propos de la complementarité des activités du citoyen", *AncSoc* 37, 1-35.

VATTUONE, R. 1978, *Logoi e storia in Tucidide. Contributo allo studio della spedizione ateniese in Sicilia del 425 a.C.*, Bologna.

VERDEGEM, S. 2004, "*De gloria Alcibiadis.* Alcibiades' military Value and its Relation to his *Doxa* in Plutarch's *Alcibiades*", in L. de Blois [et al. eds], *The Statesman in Plutarch's Work*, Proceedings of the Sixth International Conference of the International Plutarch Society, Nijmegen / Castle Hernen, May 1-5 2002, vol. 2, *The Statesman in Plutarch's Greek and Roman Lives* (Mnemosyne Suppl. 250), Brill-Leiden-Boston, 167-178.

- 2005, "Envy at Work: Φθόνος in Plutarch's «Lives» of Fifth-Century Athenian Statesmen", in M. Jufresa [et alii], *Plutarc à la seva època: paideia i societat. Actas del VIII simposio español sobre Plutarco (Barcelona, 6-8 de noviembre de 2003*, Malaga, 673-678.

- 2010, *Plutarch's* Life of Alcibiades. *Story, Text and Moralism*, Leuven.

VICKERS, M. 1999, "Alcibiades and Melos: Thucydides 5, 84-116", *Historia* 48, 265-281.

- 2001, "Aristophanes Frogs: Nothing to do with Literature", *Athenaeum* 89, 187-201.

- 2008, *Sophocles and Alcibiades: Athenian Politics in Ancient Greek Literature*, Ithaca, New York.

Vollkommer, R. (Hg.) 2001, 2004, *Künstlerlexikon der Antike*, Bd. 1, 2, München.

Weniger, L. 1904, "Das Hochfest des Zeus in Olympia", *Klio* 4, 125-51.

Westlake, H. D. 1958, "Thucydides II 65, 11", *CQ* N. S. 8, 447-452.

- 1968, *Individuals in Thucydides*, Cambridge.
- 2009, "Thucydides and the Uneasy Peace: A Study in Political Incompetence", in J. S. Rusten (ed.), *Oxford Reading in Classical Studies*, Oxford, 295-311.

Whitehead, D. 1983, "Competitive Outlay and Community Profit: φιλοτιμία in Democratic Athens", *C&M* 34, 55-74.

Wilamowitz-Möllendorff, U. von 1895, *Euripides. Herakles*², Berlin.

Wilson, P. J. 1991, "Demosthenes 21 (*Against Meidias*): Democratic Abuse", *PCPhS* 37, 164-165.

- 1996, "Tragic Rhetoric: The Use of Tragedy and the Tragic in the Fourth Century", in M. Silk (ed.), *Tragedy and the Tragic*, Oxford, 310-31.
- 1997, "Leading the Tragic *Khoros*: Tragic Prestige in the Democratic City", in C. B. R. Pelling (ed.), *Greek Tragedy and the Historian*, Oxford, 81-108.
- 2000, *The Athenian Institution of the Khoregia: the Chorus, the City and the Stage*, Cambridge.

Wohl, V. 1999, "The Eros of Alcibiades", *ClAnt* 18, 349-385.

- 2002, *Love among the Ruins. The Erotics of Democracy in Classical Athens*, Princeton N.J.

Zakravsky, C. 2000, "Polis und Hybris. Der verworfene Glanz des Alkibiades", in W. Pircher und M. Treml (Hgg.), *Tyrannis und Verfügung*, Wien, 71-87.

Zecchini, G. 1989, *La cultura storica di Ateneo*, Milano.

- 1990, La storiografia lagide', in H. Verdin, G. Schepens & E. de Keyser (eds), *Purposes of History: Studies in Greek Historiography*, Leuven, 213-232.

Zizza, C. 2006, *Le iscrizioni nella* Periegesi *di Pausania. Commento ai testi epigrafici*, Pisa.

Sommario

Grazie ad una serrata comparazione delle fonti (Euripide, Tucidide, Pseudo-Andocide, Isocrate, Plutarco, Diodoro), l'autore focalizza il rapporto tra *timé* e *dynamis*, tra splendore del vincitore e utilità della città; esplora altresì gli effetti dirompenti innescati dalle *performances* di Alcibiade sia a livello panellenico che nell'ambito della sua città, nella duplice dimensione della politica interna ed estera, illustrata o denigrata dalle capacità e dai comportamenti mediatici di Alcibiade. In particolare si osservano le strategie messe in atto da Alcibiade stesso per valorizzare la propria vittoria ad Olimpia e negli altri giochi panellenici (realizzazione di dipinti su commissione, in forma provocatoriamente d'avanguardia, al pari della scrittura di un epinicio): a tal fine si dà avvio a un vero e proprio tema artistico e storiografico che ricorda il successo politico di Alcibiade in stretta connessione con la vittoria olimpica. Accanto a questo tema di propaganda, l'autore osserva la reazione polemica messa in atto dagli oppositori politici che sottolineano illegalità e corruzione nel comportamento di Alcibiade: egli infatti, proprio nella conquista della vittoria ad Olimpia, avrebbe mostrato di non distinguere il pubblico dal privato, di usare il ruolo pubblico per inseguire interessi privati, di ricercare soltanto una *dynamis* personale che tendeva di fatto alla tirannide; per tutto questo secondo i suoi avversari andava fermato ad ogni costo, negandogli il primato che proprio lo stato di olimpionico invece gli riservava.

Spartas Verhältnis zu Elis und Olympia

Lukas Thommen

Die Nachrichten der antiken Autoren über das Verhältnis von Sparta und Elis ergeben über die Jahrhunderte eine lange Reihe von Auseinandersetzungen, aber auch von gegenseitigen Hilfeleistungen und Abkommen. Dementsprechend hat die Forschung verschiedentlich mit einer frühen und erfolgreichen politischen Einflussnahme Spartas in Elis und das in seiner Umgebung gelegene Olympia gerechnet.[1] Dabei wurde auch eine frühe Aufnahme Elis' in den Peloponnesischen Bund angenommen,[2] den Sparta im 6.Jh. v.Chr. zu formieren begann. Inwiefern diese Annahmen berechtigt sind, soll im folgenden Beitrag – im Lichte zahlreicher neuer Forschungsbeiträge - untersucht werden. Dazu können insbesondere Erkenntnisse geltend gemacht werden, die sich mit Elis' Expansions- und Bündnispolitik verbinden sowie die Nachbarlandschaften Pisa und Triphylien betreffen. Weiterführende Erklärungen ergeben sich schliesslich aus Überlegungen zur Legendenbildung im Zusammenhang mit den beiden Staaten. Den Einstieg bilden die antiken Nachrichten über vermeintliche Berührungen und konkrete Begegnungen Spartas mit Elis und Olympia von der Frühzeit bis in die 360er Jahre v.Chr.

Literarische Quellen

Bekanntlich zählten sich die Spartaner zu den Herakliden als Nachkommen des Herakles, so dass sich daraus auch eine frühe Beziehung zu Elis und Olympia ergab. Gemäss der antiken Überlieferung hatten schon die Herakliden dem Oxylos, dem mythischen Herrscher von Elis und Gründer der Olympischen

1. Belege bei Hönle 1972, 30 Anm. 1, welche diese Auffassung in der Folge relativiert (vgl. 160f.). Zum guten Verhältnis zwischen Sparta und Elis im 6. und 5.Jh. v.Chr. (bis gegen 420 v.Chr.) zuletzt Roy 2009b, 70f.

2. H. Swoboda, RE 5, 1905, 2391 s.v. Elis; Kahrstedt 1922, 28; Wickert 1961, 14f.; vgl. auch Christesen 2005, 342.

Spiele, die Unverletzlichkeit des elischen Gebietes garantiert (Strab.8,3,33 = Ephoros *FGrHist* 70 F 115). Nach der sog. Dorischen Wanderung bzw. der Neubesiedlung der Peloponnes soll eine Gruppe von "Minyern" aus Sparta - nämlich diejenigen, die nicht mit Theras nach Thera ausgewandert waren - Lepreon und fünf weitere Städte in Triphylien (Makistos, Phrixa[i], Pyrgos, Epion, Nudion)[3] gegründet haben (Hdt. 4,148), so dass von Sparta aus schon früh der Fuss in die Nachbarlandschaft von Pisa und dem olympischen Heiligtum gesetzt worden wäre. Bei der Neuausrichtung der Olympischen Spiele in "historischer" Zeit, bei der die Olympische Waffenruhe eingeführt wurde, wirkte der elische König Iphitos angeblich zusammen mit dem spartanischen Gesetzgeber Lykurg - wie schon für Aristoteles auf einem Bronzediskus in Olympia zu lesen war (Plut. *Lyc.*1,2; 23,2-4; Athen.14.635F).[4] Daraufhin sollen gemäss Strabon (8,3,30) 26 von den Eleern ausgerichtete Olympiaden gefolgt sein.

Kurz nach dem ersten Messenischen Krieg (gemäss Paus.4,5,10: 743-724 v.Chr.) war der erste olympische Sieg eines Spartaners zu verzeichnen: Akanthos im Dolichos (Dion.Hal. 7,72,2f.; Moretti Nr. 17). Diesem folgte eine ganze Reihe spartanischer Sieger, wonach Sparta das frühe Olympia sportlich dominiert hätte.[5] Für den zweiten Messenischen Krieg (gemäss Paus.4,15,1. 23,4: 685/4-668/7 v.Chr.) berichtet Strabon (8,3,30) dann von einem militärischen Zusammengehen der Lakedaimonier und der Eleer, während sich gemäss Pausanias (4,15,7) die Lepreaten (im benachbarten Triphylien) zu den Spartanern gesellten. Als Pheidon von Argos - im mittleren 8.Jh. v.Chr. (Paus.6,22,2: 748 v.Chr.) oder um 580/70 v.Chr. (Hdt. 6,127) - von Pisa gerufen die elischen Kampfrichter aus Olympia vertrieb und die Wettspiele leitete, stand Sparta Elis bei und verhalf diesem zur weiteren Ausrichtung der Spiele (Strab.8,3,33). Die Spartaner sollen nach den Messenischen Kriegen den Eleern generell geholfen haben, die Pisatis und Triphylien zu unterwerfen (Strab.8,3,30). Eine nächste Nachricht haben wir dann erst für den Anfang des 5.Jh. v.Chr., als der aus Sparta vertriebene König Demaratos auf seiner Flucht nach Zakynthos bei den

3. Identifiziert ist einzig Epion; dazu Ruggeri 2004, 118; vgl. 102ff. 110ff. zur Lokalisierung der übrigen Orte.

4. Beide beruhend auf Aristot.frg.533R; vgl. Paus.8,26,4: Die elische Überlieferung nennt nur Iphitos; dazu A. Ramou "Λυκούργος-Ίφιτος: Πιθανές αιτίες συγχρονισμού τους" in diesem Band.

5. Vgl. Hönle 1972, 29f.

Eleern Unterschlupf suchte (Hdt.6,70). In der Mitte des 5.Jh. v.Chr. zerstörten die Eleer gemäss Herodot (4,148) schliesslich mehrere triphylische Orte, während sie laut Pausanias (5,10,2) in der gleichen Zeit den Zeustempel in Olympia aus der Beute der abgefallenen Pisaten und Perioken errichtet haben sollen.[6]

Elis figurierte beim Ausbruch des Peloponnesischen Krieges (431 v.Chr.) als Bündnispartner Spartas (Thuc. 2,9,3). Im Zuge des Nikiasfriedens (421 v.Chr.) kam es aber zum Bruch, da die Spartaner das mit Elis verbündete Lepreon für autonom erklärten und dort 1000 Hopliten stationierten, während sich Elis mit Korinth und Argos verbündete (Thuc. 5,31,1-5); zudem siedelte Sparta eine Gruppe von Brasideeren (Hopliten des Feldherrn Brasidas) und Neodamoden ("Neubürger") in Lepreon an (Thuc. 5,34,1)[7] und attackierte die Festung Phyrkos (Thuc. 5,49,1). Da Sparta in diesem Zusammenhang angeblich den Olympischen Waffenfrieden gebrochen hatte,[8] erfolgte im Jahre 420 v.Chr. der Ausschluss der Spartaner von den Olympischen Spielen, was Sparta anfänglich hinnahm (Thuc. 5,49,1-50,4; Xen. *Hell.* 3,2,21). Erst nach dem Ende des Peloponnesischen Krieges nahmen die Lakedaimonier um 402/1 v.Chr. den Krieg gegen Elis auf - mit dem Ziel, die elischen Perioken zu befreien (Xen. *Hell.* 3,2,23-31; Diod. 14,17,4-12; Paus. 3,8,3-5). Elis musste nach einer Niederlage auf seine südlichen Ländereien verzichten (Xen. *Hell.* 3,2,30)[9] und wurde wieder in den Peloponnesischen Bund eingegliedert, bis Sparta schliesslich 371 v.Chr. seine erste grosse Niederlage bei Leuktra erlitt, das messenische Gebiet verlor und Elis unabhängig wurde. Als Pisa 365 v.Chr. mit Hilfe der Arkader den Aufstand probte, sich zudem mit Messenien und Sikyon verbündete und kurzfristig die Leitung der Olympischen Spiele übernahm, stand Sparta Elis nochmals bei (Xen. *Hell.* 7,4,19-20).[10]

---

6. Naheliegender ist freilich der Einsatz von Beute aus dem triphylischen Krieg kurz vor der Mitte des 5.Jh. v.Chr. (H. Swoboda, RE 5, 1905, 2394 s.v. Elis) oder dass die triphylischen Städte die Pisaten unterstützt hatten (Falkner 1999, 388).

7. Dazu Thommen 2003, 146. 150; Paradiso 2008.

8. Dazu Paradiso-Roy 2008, 27ff. (vgl. 31f. zu Lokalisierung von Phyrkos) sowie A. Paradiso "Usi politici della tregua sacra in Tucidide" in diesem Band.

9. Xenophon erhielt von Sparta in Skillous Ländereien zugewiesen (Xen. *An.* 5,3,7; Paus.5,6,6; Diog.Laert.2,52); dazu Ruggeri 2004, 122ff.

10. H.Swoboda, RE 5, 1905, 2403 s.v. Elis; zu den inschriftlich erhaltenen Bündnissen Ringel-Siewert-Taeuber 1999.

Pisa und Triphylien

Bei genauerer Betrachtung ergeben sich bei diesen Schilderungen für die Zeit vor dem Peloponnesischen Krieg erhebliche Zweifel. Benedikt Niese[11] hatte schon 1910 dargelegt, was Astrid Möller 2004 und Maurizio Giangiulio 2009 mit neuen Argumenten untermauerten: Der angeblich alte Streit zwischen Elis und Pisa um die Ausrichtung der Spiele, in den auch Sparta eingegriffen haben soll, wurde erst im 4.Jh. v.Chr. konstruiert, als Elis mit den Arkadern im Krieg lag und Olympia kurzfristig als selbständiger Staat Pisa abgetrennt wurde (365-363 v.Chr.).[12] Pisa hätte demnach schon immer zu Elis gehört und zuvor nie eine selbständige Aufsicht über Olympia geführt. Dennoch sind für Pisa frühe Spuren erhalten,[13] und auch in der späteren Zeit konnten die Pisaten nicht mehr aus der Überlieferung eliminiert werden, da sie selbst in der elisfreundlichen Darstellung des Pausanias (6,22,2-3) noch als Organisatoren von insgesamt vier Olympiaden tradiert sind.[14]

Die Eroberung der Periökenstädte von Elis, welche das Hohle Elis von Olympia und der Pisatis trennen, ist wohl erst im 6.Jh. v.Chr. vonstatten gegangen und dürfte der Vereinnahmung von Pisa unmittelbar vorausgegangen sein[15] – während diejenige der triphylischen Städte südlich des Alpheios zur Hauptsache wohl nach den Perserkriegen erfolgte.[16] 'Olympia', das in der Frühzeit nicht als Ortsname bezeugt ist und in literarischen Zeugnissen erst im 6.Jh. v.Chr. auftaucht, wird erst im 5.Jh. v.Chr. mit 'Pisa' als profaner Umgebung des Heiligtums austauschbar, was sich gut mit einer elischen Eroberung der Pisatis in Einklang bringen liesse.[17] Aufgrund der unsicheren Überlieferung zu Elis und

11. Niese 1910, 26ff.

12. Xen. *Hell.* 7,4,14. 28-32; Diod. 15,78,1-3. Auch Nafissi 2003 (bes. 38) hält die pisatische Identität für eine Neuschöpfung aus der Zeit des Abfalls von Elis; dazu zuletzt Roy 2009b, 82f. Anm. 9.

13. Die aus dem frühen 6.Jh. v.Chr. stammende Kypseloslade im Heraion von Olympia trug die Darstellung von Pisos (Paus.5,17,9; E. Meyer, RE 20,2, 1950, 1750 s.v. Pisa [Pisatis]), der also nicht erst im 4.Jh. v.Chr. erfunden worden sein kann; zu weiteren frühen Spuren Pisas Taita 2007, 49ff.

14. E. Meyer, RE 20,2, 1950, 1749 s.v. Pisa (Pisatis).

15. Viedebantt 1930, 26; Roy 1997, 282.

16. H. Swoboda, RE 5, 1905, 2394 s.v. Elis; Niese 1910, 6ff.; Taita 2007, 75; Roy 2009b, 75f.; Wolff 2010, 79f.

17. Siewert 1991.

Pisa müssen die spartanischen Interessen und Möglichkeiten auf der Peloponnes aber in einem weiteren geographischen Umfeld abgeklärt werden.

Zweifel ergeben sich dabei auch für das Gebiet von Triphylien, von dem aus Sparta schon früh in der Peloponnes operiert haben könnte. Niese hatte 1907 vermutet, dass das triphylische Lepreon im Zusammenhang mit den Messenischen Kriegen angelegt wurde – was Sparta auch von Norden her Zugriff auf Messenien ermöglicht hätte.[18] Deutlich ist jedenfalls, dass Lepreon zur Zeit der Perserkriege noch selbständig auftrat (Hdt.9,28,31).[19] Sparta dürfte allerdings schon nach dem grossen Erdbeben und dem Aufstand der Messenier in den 460er Jahren v.Chr. ein Interesse daran gehabt haben, die Landschaft Messenien von Norden her zu überwachen. Gleichzeitig sollte Messenien wohl von Elis abgeschirmt werden, das sich 471/0 v.Chr. mittels Synoikismos politisch und territorial neu organisiert hatte (Strab. 8,3,2; Diod. 11,54,1)[20] und seine Macht bis nach Triphylien ausdehnte.

Der Konflikt um Lepreon entfaltete sich aber erst in der zweiten Hälfte des 5.Jh. v.Chr., möglicherweise nach der spartanischen Niederlage auf Sphakteria und der athenischen Besetzung von Pylos (425 v.Chr.),[21] als Sparta Lepreon vor dem Zugriff der Eleer bewahren wollte – bis der Streit 421 v.Chr. schliesslich eskalierte.[22] Nachdem die Spartaner daraufhin 420 v.Chr. von den Olympischen Spielen ausgeschlossen worden waren, könnten sie Lepreon kurzfristig wieder freigegeben haben, denn in den 'Vögeln' des Aristophanes (149) vom Jahre 414 v.Chr. gilt die Stadt als elisch.[23] Erst im Anschluss an den Sieg im Peloponnesischen Krieg nahm Sparta direkten Zugriff auf Elis und rächte sich dabei für mehrere Vergehen der Eleer; dazu gehörte auch, dass König Agis 414 oder 413 v.Chr. an einem Opfer in Olympia gehindert worden war (Xen. *Hell.* 3,2,22). Erst nach diesem Krieg (ca. 402-400 v.Chr.),[24] bei dem Elis seine südlichen Län-

18. Niese 1907, 460.

19. K. Fiehn, RE Suppl. 5, 1931, 552 s.v. Lepreon; Wickert 1961, 76; Falkner 1999, 387.

20. Dazu Roy 1999, 158f.; ausführlich Roy 2002; Roy 2009a, 33 zieht in Betracht, dass Elis als Bundespartner Spartas Messenien von Triphylien aus mitüberwachen sollte.

21. Falkner 1999.

22. Paradiso-Roy 2008, 28ff.

23. Gschnitzer 1958, 16; Hornblower 2000, 222f.; Ruggeri 2009, 53f.; vorsichtig in diesem Punkt Falkner 1999, 393.

24. Eine detaillierte Chronologie (401-398 v.Chr.) entwirft Schepens 2004, 73f.; ferner Roy 2009c, 77ff.

dereien verlor, wurde schliesslich Triphylien als politische Landschaft gebildet und an Sparta gebunden.[25]

Bündnisse

Weitere Argumente sprechen dafür, dass der politische Zugriff der Spartaner auf Elis bis in die zweite Hälfte des 5.Jh. v.Chr. insgesamt beschränkt blieb. Der in Olympia gefundene Bronzekessel der Spartiaten (*IvO* 244; *SEG* 11, 1954, 1204a) sowie die zwei Ehrensitze für spartanische Proxenoi (Gorgos und Euvanios) im Stadion (*SEG* 11, 1954, 1180a [S. 235]; *SEG* 26, 1976-77, 476) aus dem ausgehenden 6.Jh. v.Chr. legen grundsätzlich noch freundschaftliche Beziehungen der beiden Poleis nahe; vom Beginn des 5.Jh. v.Chr. stammt wohl die von den Spartanern in Olympia errichtete Zeusstatue (Meiggs-Lewis Nr. 22; *IvO* 252; Paus. 5,24,3).[26] Vor der Schlacht von Plataiai (479 v.Chr.) setzten die Spartaner mit Erfolg einen elischen Seher aus dem Geschlecht der Iamiden ein, dem sogar das Bürgerrecht verliehen wurde (Hdt.9,33-36).[27] In ihrem Stadtgebiet unterhielten die Spartaner in dieser Zeit offenbar eine elische Epoikia (Olympia Inv. B 6970; Minon Nr. 16)[28] und verehrten Zeus Olympios (Paus. 3,9,2. 12,11. 14,5).[29] Andererseits fand der abgesetzte König Demaratos auf seiner Flucht (491 v.Chr.) bei den Eleern nur kurzfristigen Unterschlupf, was ebenfalls für ein freundschaftliches Verhältnis zwischen den beiden Städten spricht, aber kein förmliches Bündnis voraussetzt.

25. Niese 1910, 13; F. Bölte, RE 7A 1, 1939, 199 s.v. Triphylia; Siewert 1987-88, 8f.; Nielsen 1997, 144ff.; Roy 1999, 155; zuletzt ausführlich Ruggeri 2009, vgl. 51 mit Anm. 11: Triphylia steht in Verbindung mit Triphylos, der mütterlicherseits vom spartanischen König Amyklas abstammt (Paus.10,9,5).

26. Zu diesen Monumenten vgl. Hönle 1972, 143ff.; Dillon 1995.

27. Pindar (*Ol.*6,22ff.) leitet den Stammvater Iamos von Sparta ab und macht diesen zusammen mit Herakles zum Schöpfer der Olympien, so dass Sparta in Olympia eine führende Rolle zukommt (Ulf 1997, 13ff. 20).

28. Taita 2001; Siewert 2002.

29. Die Konsultation des Zeusorakels durch spartanische Könige ist erst für das frühe 4.Jh. v.Chr. belegt, diejenige durch Ephoren nur in einem Fall aus dem 3.Jh. v.Chr. (Plut. *Agis* 11); Hönle 1972, 19ff.

Die Eleer hatten im späteren 6.Jh. v.Chr. eine eigene Symmachie (Olympia Inv. B 6075/6116; Minon Nr. 5)[30] und schlossen um 500 v.Chr. auch einen Vertrag mit den Ewaoioi[31] (*IvO* 9; Meiggs-Lewis Nr. 17 mit der herkömmlichen Lesung Heraioi; Minon Nr. 10), was auf ihre Selbständigkeit deutet.[32] An den Reformen Olympias in den Jahren 480/79 v.Chr. und 472/1 v.Chr., bei denen zunächst 9, dann 10 Hellanodiken eingesetzt wurden (Paus. 5,9,5), scheint Sparta nicht direkt beteiligt gewesen zu sein. Es dürfte den Eleern aber die Überwachung des Eides im Hellenenbund von 481 v.Chr. zugetragen haben,[33] so dass die Eleer den Spartanern schon von daher verpflichtet gewesen wären, bevor sie vom – freilich kaum gemeinschaftlich durchgeführten – Raubzug nach Triphylien profitierten.[34] Sparta erhielt damals in Olympia das Privileg, einen goldenen Schild aus der Schlacht von Tanagra gegen die Athener (458/7 v.Chr.) am First des Zeustempels anzubringen (Paus. 5,10,4).[35] Im Jahre 428 v.Chr. beriefen die Spartaner unter dem Schutz des Festfriedens in Olympia sogar eine Versammlung des Peloponnesischen Bundes, bei der Lesbos als neues Mitglied aufgenommen wurde (Thuc. 3,8-15).

Auch wenn sich Elis an der gemeinsamen Abwehr der Perser beteiligt hatte (Hdt. 8,72; 9,77) und im Hellenenbund mit Sparta vereint war, kann seine Zugehörigkeit zum Peloponnesischen Bund also erst im Jahre 431 v.Chr. nachgewiesen werden (Thuc. 2,9,3).[36] Im Falle einer früheren vertraglichen Bindung hätte diese den Eleern im Anschluss an die Perserkriege beträchtlichen aussenpolitischen Spielraum gelassen, wie er in der neueren Forschung bis zum ersten Peloponnesischen Krieg generell für die Bundesgenossen Spartas geltend ge-

30. Siewert 1994; Ebert-Siewert 1997, 218ff. Dabei wird – mit Kahrstedt 1928 – auch eine Amphiktionie erwogen; ob dieser allenfalls auch Sparta angehört hatte, muss offen bleiben.

31. Zur neuen Lesung vgl. Roy-Schofield 1999.

32. Falkner 1996, 18.

33. Siewert 1992, 115; Crowther 2003, 66.

34. Die von Strabon (8,3,30. 33) berichtete Hilfe der Spartaner dürfte sich kaum bis in das Gebiet von Triphylien erstreckt haben (vgl. Kiechle 1959, 27ff.).

35. Dazu Hönle 1972, 166f.

36. Hönle 1972, 161 rechnet unmittelbar vor den Perserkriegen mit der Aufnahme Elis' in den Peloponnesischen Bund. Gemäss Kahrstedt 1922, 29 mit Anm. 4 könnte Elis anlässlich seines Synoikismos um 470 v.Chr. aus dem Bund ausgetreten sein; den Grund für den Wiedereintritt sieht er darin, dass Elis um 435 v.Chr. Korinth gegen Korkyra unterstützt hatte und damit zum Feind von Athen geworden war; vgl. dagegen Wickert 1961, 76, der von einer ungebrochenen Mitgliedschaft im Peloponnesischen Bund als "lockere(r) Organisation" ausgeht.

macht worden ist.[37] Im mittleren 5.Jh. v.Chr. verbündeten sich die Eleer jedenfalls mit Lepreon, das ein Hilfegesuch gegen die Arkader an sie richtete; in den späteren Auseinandersetzungen zwischen Elis und Lepreon kurz vor dem Nikiasfrieden (421 v.Chr.) wurde Sparta zunächst als Schiedsrichter angerufen, dann aber Lepreon von den Eleern überfallen und von den Spartanern in Schutz genommen (Thuc. 5,31,1-5).[38] Als daraufhin die Eleer wieder vom Peloponnesischen Bund abfielen, boten sie im Jahre 420 v.Chr. das neu verbündete Argos, Mantineia und Athen zum Schutz vor den Spartanern auf (Thuc. 5,46-47).

Legendenbildung

Trotz vielfältiger Spannungen hatten Elis und Sparta im 5.Jh. v.Chr. stets auch gemeinsame Interessen. Diese wirkten sich zugleich auf die Legendenbildung aus, bei der gerade die Frühzeit entsprechend ausgeschmückt wurde.[39] Als Hippias von Elis um 400 v.Chr. die Liste der Olympiasieger verfasste, nahm er möglicherweise zunächst auf die Olympiade von 476/5 v.Chr. Bezug, die genau zwischen den beiden Reformolympiaden von 480/79 und 472/1 v.Chr. liegt und mit dem Amtsantritt des spartanischen Königs Archidamos zusammenfällt; von diesem Datum aus hätte er dann neun Generationen bzw. 300 Jahre bis zum Beginn der Spiele von 776 v.Chr. zurückgerechnet.[40] Hippias arbeitete in einer Zeit, in der in Sparta verbindliche Königslisten und Beamtenverzeichnisse errichtet und zu Datierungszwecken relevant wurden. Eine alte spartanische Tradition um Olympia drängte sich – über die chronologischen Vorgaben hinaus – auch im Interesse Elis' auf, um Sparta auf das Heiligtum zu verpflichten.[41] Diese konnte im Anschluss an den spartanisch-elischen Krieg von ca. 402-400

37. Cawkwell 1993; Yates 2005.

38. Wickert 1961, 76f.; Ruggeri 2004, 68 mit Anm. 144. Kahrstedt 1922, 29 nimmt an, dass auch Lepreon um 440 v.Chr. nicht zum Peloponnesischen Bund gehörte und erst gegen 431 v.Chr wieder eintrat; Gschnitzer 1958, 15 rechnet mit einer kontinuierlichen Mitgliedschaft, Wolff 2010, 80f. mit einem Neueintritt.

39. Vgl. oben Anm. 25 und 27.

40. Brouwers 1952, 118. 121; kritisch dazu Christesen 2007, 501 Anm. 27, der den spartanischen Gesetzgeber Lykurg als Ausgangspunkt für die Berechnung hält.

41. Christesen 2005, bes. 337ff.; Wickert 1962, 14 rechnet ebenfalls mit elischen Interessen.

v.Chr., als Elis neu in den Peloponnesischen Bund gezwungen werden musste, entsprechend weiter ausgebaut werden.[42]

In diesem Zusammenhang hatte es sich auch angeboten, den vermeintlichen spartanischen Gesetzgeber Lykurg in Olympia auftreten zu lassen. Über Lykurg herrschte schon im 5.Jh. v.Chr. Uneinigkeit (Hdt.1,65), so dass er sich zur Übernahme entscheidender Taten der Frühzeit eignete. Mit Lykurg wurde demnach nicht nur im Innern Propaganda betrieben, um die Spartaner neu zu disziplinieren,[43] sondern auch im aussenpolitischen Umfeld, um Spartas gesamtgriechische Verdienste im Zusammenhang mit Elis und Olympia zu verdeutlichen. Dabei wurde offenbar in Kauf genommen, dass Lykurgs Lebenszeit weiter heruntergerückt werden musste, als andere Datierungsansätze vorgegeben hatten (nämlich die erste Hälfte des 9.Jh. v.Chr.).[44] Lykurg konnte wiederum auch für Elis nützlich werden, um sich auf einen renommierten Gesetzgeber zu berufen und am Mythos Spartas teilzuhaben. In diesen Kontext dürfte zudem der von Pausanias (5,20,1) in Olympia gesichtete, schon von Aristoteles benutzte Diskus mit dem angeblichen Festfrieden unter Iphitos und Lykurg (Plut. *Lyc.* 1,2) gehören.[45] Bei Pausanias (5,8,5. 9,4. 26,2; 8,26,4) agiert Iphitos allerdings wieder alleine, so dass Lykurgs Mithilfe in Olympia später zumindest teilweise in Vergessenheit geraten war.[46]

Die Spartaner scheinen im Zusammenhang mit Olympia im 5.Jh. v.Chr. aber nicht nur für rechtliche Belange richtungweisend geworden zu sein. Sie wurden jetzt auch dafür verantwortlich gemacht, dass griechische Athleten nackt auftraten (Thuc. 1,6,5; vgl. Plat. *Pol.* 452c).[47] Demgegenüber gilt bei Pausanias (1,44,1) aber Orsippos aus Megara, Olympiasieger im Jahre 720 v.Chr., als erster, der beim Lauf den Schurz abgelegt hatte. Eine verlässliche Überlieferung zur athletischen Nacktheit war offenbar nicht vorhanden, so dass die Legendenbildung

42. Chrimes 1949, 326f.

43. Thommen 2003, 31ff. 117ff.

44. Vgl. Hdt.1,65; Paus.3,2,3: Lykurg als Vormund des Leobotes; Plut. *Lyc.*1,8: Lykurg als Sohn des Prytanis.

45. Chrimes 1949, 325 weist darauf hin, dass die Inschrift 776 v.Chr. undenkbar, also eine archaisierende Fälschung (um 400 v.Chr.) ist (Nafissi 2003, 33: unmittelbar nach 364 v.Chr.); Christesen 2005, 341ff. zieht den Diskus im Zusammenhang mit Elis' angeblichem Beitritt zum Peloponnesischen Bund in der ersten Hälfte des 6.Jh. v.Chr. in Betracht.

46. Hönle 1972, 9.

47. Dazu Thommen 1996, 444f.; Scanlon 2002, 125f.

Spartas zur Zeit des Peloponnesischen Krieges auch auf diesem Gebiet angereichert und mit Olympia in Beziehung gesetzt werden konnte. In dieser Zeit kamen die athletischen Siege der Spartaner, die schon seit dem mittleren 6.Jh. v. Chr. zurückgegangen waren, fast gänzlich zum Erliegen und wurden durch Siege im Wagenrennen kompensiert.[48] Sparta ist dadurch weiterhin regelmässig zu prominenten Auftritten in Olympia gekommen.

Neben den Anfängen der Olympischen Spiele muss eine weitere Nachricht, die das frühe Verhältnis von Sparta und Elis betrifft, fraglich bleiben; nämlich das von Strabon (8,3,30) überlieferte Zusammengehen von Lakedaimoniern und Eleern im zweiten Messenischen Krieg. Zwischenstaatliche Bündnisse sind in dieser frühen Zeit nicht zu belegen und historisch wenig plausibel.[49] Hier dürfte es sich vielmehr um eine auf Ephoros zurückgehende Konstruktion des 4.Jh. v.Chr. handeln, als erstmals die gesamtgriechische Geschichte erfasst wurde. Die Eleer sind bei Pausanias (4,15,7. 17,7; vgl. Strab. 8,4,10) nämlich auch als Bündnispartner der Messenier überliefert, so dass sie in späterer Zeit offenbar von beiden Seiten beansprucht wurden.[50]

Schliesslich ergeben sich auch im Zusammenhang mit der Vertreibung von Pheidon von Argos aus Olympia verschiedene historische Probleme. Die entsprechende Erzählung war geeignet, Spartas Ruf als Tyrannenvertreiber zu untermauern. Diesen hatte es freilich erst im 5.Jh. v.Chr. – also einige Zeit nach der Vertreibung der Peisistratiden – von athenischer Seite erhalten und nicht selber verbreitet.[51] Im Falle des Pheidon dürfte Sparta daher kaum gesamtgriechische Verdienste bzw. Ansprüche gegenüber Elis geltend gemacht haben. Da Sparta in Herodots Bericht zu Pheidon (6,127) noch fehlt, wurde es offenbar erst im 4.Jh. v.Chr. mit diesem verbunden und von aussen überhöht. Eine andere Überlieferung berichtet für die 580er Jahre v.Chr. von der Erhebung der pisatischen Tyrannen Damophon und Pyrrhos gegen Elis, das daraufhin pisatische Städte zerstörte und somit auch die Leitung der Spiele beibehielt (Paus. 6,22,3-4: Damophon 588 v.Chr.); Pheidon soll schon in der achten Olympiade (748 v.Chr.) herbeigerufen worden sein, ohne dass die Spartaner Erwähnung finden. Daher muss sowohl Pheidons als auch Spartas Eingriff in Olympia im

48. Hönle 1972, 128ff.
49. Dazu Tausend 1992, 148ff., bes. 160.
50. Vgl. Tausend 1992, 152f.
51. Bernhardt 1987, 277ff. 288f.

frühen 6.Jh. v.Chr. fraglich bleiben.[52] Ein anhaltendes Bündnis Spartas mit Elis kann in dieser Zeit jedenfalls nicht nachgewiesen werden.

Fazit

Insgesamt erweisen sich die angeblich frühen spartanischen Eingriffe und Ansprüche in Elis und Olympia - aber auch in Triphylien - als problematisch und können historisch nicht erhärtet werden. Sie werden vielmehr als Konstruktionen des 5. und früheren 4.Jh. v.Chr. kenntlich und dienten vornehmlich dazu, Spartas Position sowohl auf der Peloponnes als auch im gesamtgriechischen Kontext zu festigen. In dieser Zeit musste insbesondere die Herrschaft über Messenien neu abgesichert werden. Mit seinen militärischen Siegen am Ende des 5.Jh. v.Chr. war Sparta nicht nur in der Ägäis, sondern auch in der nordwestlichen Peloponnes an seine Grenzen gelangt und hatte Mühe, sich als langfristige, gesamtgriechische Führungsmacht zu etablieren. Die Bestrafung von Elis im Anschluss an den Peloponnesischen Krieg hatte daher nur vorübergehenden Erfolg, der durch die Niederlage von Leuktra im Jahre 371 v.Chr. wieder rückgängig gemacht wurde. Als eigentliche Ordnungsmacht konnte und wollte sich Sparta in Elis und Olympia daher nie etablieren. Damit wurde letztlich aber auch ein eigentlicher Heiliger Krieg um das panhellenische Heiligtum vermieden.[53] Sparta kann daher in Bezug auf Elis und Olympia insgesamt eine durchaus pragmatische Aussenpolitik bescheinigt werden. Eine frühe politische Einflussnahme oder vertragliche Abmachung ist hingegen - trotz intensiver religiöser bzw. kultureller Kontakte[54] - nicht erkenntlich. Mit Olympia im Rücken konnte Elis in der Peloponnes jedenfalls wiederholt eigenständige Politik betreiben und verschiedentlich auch von Sparta profitieren.

52. Kõiv 2003, 255ff. 344ff. unterstützt zuletzt wieder die frühe Chronologie für Pheidon und Sparta.

53 . Sordi 1984a, 29f.

54 . Dazu Morgan 1990, 99ff.

Bibliographie

Andrewes, A. 1952, "Sparta and Arcadia in the early fifth century", *Phoenix* 6, 1-5.

Bernhardt, R. 1987, "Die Entstehung der Legende von der tyrannenfeindlichen Aussenpolitik Spartas im sechsten und fünften Jahrhundert v.Chr.", *Historia* 36, 257-289.

Bilik, R. 1998-1999, "Hippias von Elis als Quelle von Diodors Bericht über den elisch-spartanischen Krieg?", *AncSoc* 29, 21-47.

Boer, W. den 1954, *Laconian Studies*, Amsterdam.

Brouwers, A. 1952, "Lycurge et la date de la fondation des jeux olympiques", in *Mélanges G. Smets*, Bruxelles, 117-124.

Cawkwell, G. L. 1993, "Sparta and her allies in the sixth century", *CQ* 43, 364-376.

Chrimes, K. M. T. 1949, *Ancient Sparta. A Re-Examination of the Evidence*, Manchester (Reprint 1999).

Christesen, P. 2005, "Imagining Olympia: Hippias of Elis and the First Olympic Victor List", in J.-J. Aubert, Z. Várhelyi (eds), *A Tall Order. Writing the Social History of the Ancient World*, Essays in honor of W. V. Harris, München/Leipzig, 319-356.

- 2007, *Olympic Victor Lists and Ancient Greek History*, Cambridge.

Crowther, N. B. 2003, "Elis and Olympia: City, sanctuary and politics", in D. J. Phillips, D. Pritchard (eds.), *Sport and Festival in the Ancient Greek World*, Swansea, 61-73.

Dillon, M. P. J. 1995, "The Lakedaimonian Dedication to Olympian Zeus: The Date of Meiggs & Lewis 22 (*SEG* 11, 1203a)", *ZPE* 107, 60-68.

Ebert, J. - Siewert, P. 1997, "Eine archaische Bronzeurkunde aus Olympia mit Vorschriften für Ringkämpfer und Kampfrichter", in M. Hillgruber et al. (Hg.), *Agonismata. Kleine philologische Schriften zur Literatur, Geschichte und Kultur der Antike*, Stuttgart/Leipzig, 200-236 (= A. Mallwitz [ed.] *XI. Bericht über die Ausgrabungen in Olympia*, Berlin 1999, 391-412).

Falkner, C. 1996, "Sparta and the Elean War, ca 401/400 B.C.: Revenge or Imperialism?", *Phoenix* 50, 17-25.

- 1999, "Sparta and Lepreon in the Archidamian War (Thuc. 5.31.2-5)", *Historia* 48, 385-394.

Giangiulio, M. 2009, "The Emergence of Pisatis", in P. Funke, N. Luraghi (eds), *The Politics of Ethnicity and the Crisis of the Peloponnesian League*, Washington DC, 65-85.

Gschnitzer, F. 1958, *Abhängige Orte im griechischen Altertum*, (Zetemata 17), München.

Hamilton, Ch. D. 1970, "Spartan Politics and Policy, 405-401 B.C.", *AJPh* 91, 294-314.

Hönle, A. 1972, *Olympia in der Politik der griechischen Staatenwelt. Von 776 bis zum Ende des 5. Jahrhunderts*, Bebenhausen.

HORNBLOWER, S. 2000, "Thucydides, Xenophon, and Lichas: Were the Spartans Excluded from the Olympic Games from 420 to 400 B.C.?", *Phoenix* 54, 212-225.

HUXLEY, G. L. 1983, "Herodotos on myth and politics in early Sparta", *PRIA* 83, 1-16.

KAHRSTEDT, U. 1922, *Griechisches Staatsrecht, Bd. 1: Sparta und seine Symmachie*, Göttingen.

- 1928, "Zur Geschichte von Elis und Olympia", *NAWG* 1927, Berlin, 157-176.

KIECHLE, F. 1959, *Messenische Studien. Untersuchungen zur Geschichte der Messenischen Kriege und der Auswanderung der Messenier*, Diss. Erlangen 1957, Kallmünz.

- 1963, *Lakonien und Sparta. Untersuchungen zur ethnischen Struktur und zur politischen Entwicklung Lakoniens und Spartas bis zum Ende der archaischen Zeit*, Vestigia 5, München.

KOIV, M. 2003, *Ancient Tradition and Early Greek History. The Origins of States in Early-Archaic Sparta, Argos and Corinth*, Tallin.

LÄMMER, M. 1982/83, "Der sogenannte Olympische Friede in der griechischen Antike", *Stadion* 8/9, 47-83.

MALKIN, I. 1994, *Myth and territory in the Spartan Mediterranean*, Cambridge (= *La Méditerranée spartiate. Mythe et territoire*, Paris 1999).

MINON, S. 2007, *Les inscriptions éléennes dialectales (VIe-IIe siècle avant J.-C.)*, 2 vols., Genève.

MÖLLER, A. 2004, "Elis, Olympia und das Jahr 580 v.Chr. Zur Frage der Eroberung der Pisatis", in R. Rollinger, Ch. Ulf (eds), *Griechische Archaik. Interne Entwicklungen - Externe Impulse*, Berlin, 249-270.

MORGAN, C. 1990, *Athletes and Oracles. The transformation of Olympia and Delphi in the eighth century BC*, Cambridge.

NAFISSI, M. 2001, "La prospettiva di Pausania sulla storia dell'Elide: la questione pisate", in D. Knoepfler, M. Piérart (eds), *Éditer, traduire, commenter Pausanias en l'an 2000*, Genève, 301-321.

- 2003, "Elei e Pisati. Geografia, storia e istituzioni politiche della regione Olimpia", *GeoAnt* 12, 23-55.

NIELSEN, TH. H. 1997, "Triphylia. An Experiment in Ethnic Construction and Political Organisation", in Th. H. Nielsen (ed.), *Yet More Studies in the Ancient Greek Polis*, (Historia Einzelschr. 117), Stuttgart, 129-162.

NIESE, B. 1907, "Herodot-Studien besonders zur spartanischen Geschichte", *Hermes* 42, 419-468.

- 1910, "Drei Kapitel eleischer Geschichte", in *Genethliakon*, Festschrift C. Robert, Berlin, 1-47.

PARADISO, A. 2008, "Politiques de l'affranchissement chez Thucydide", in A. Gonzales (ed.) *La fin du statut servile? (affranchissement, libération, abolition...)*, Actes du 30e colloque du *GIREA*, Besançon, 15-17 Décembre 2005: *Hommage à Jacques Annequin*, Besançon, 65-76.

PARADISO, A. - ROY, J. 2008, "Lepreon and Phyrkos in 421-420", *Klio* 90, 27-35.

RINGEL, E. - SIEWERT, P. - TAEUBER, H. 1999, "Die Symmachien Pisas mit den Arkadern, Akroreia, Messenien und Sikyon", in A. Mallwitz (ed.), *XI. Bericht über die Ausgrabungen in Olympia*, Berlin, 413-420.

ROY, J. 1997, "The Perioikoi of Elis", in M. H. Hansen (ed.), *The Polis as an Urban Centre and as a Political Community*, Copenhagen, 282-320.

- 1998, "Thucydides 5.49.1-50.4: the Quarrel between Elis and Sparta in 420 B.C., and Elis" Exploitation of Olympia', *Klio* 80, 360-368.
- 1999, "Les cités d'Élide", in J. Renard (ed.) *Le Péloponnèse. Archéologie et Histoire*, Rennes, 151-176.
- 2002, "The synoikism of Elis", in Th. Nielsen (ed.), *Even More Studies in the Ancient Greek Polis*, Stuttgart, 249-264.
- 2009a, "Elis", in P. Funke, N. Luraghi (eds), *The Politics of Ethnicity and the Crisis of the Peloponnesian League*, Washington DC, 30-48.
- 2009b, "Hegemonial structures in late archaic and early classical Elis and Sparta", in S. Hodkinson (ed.), *Sparta. Comparative Approaches*, Swansea, 69-87.
- 2009c, "The Spartan-Elean War of c. 400", *Athenaeum* 97, 69-86.

ROY, J. - SCHOFIELD, D. 1999, "*IvO* 9: A New Approach", *Horos* 13, 34-39.

RUGGERI, C. 2004, *Gli stati intorno a Olimpia. Storia e costituzione dell'Elide e degli stati formati dai perieci elei (400-362 a.C.)*, (Historia Einzelschr. 170) Stuttgart.

- 2009, "Triphylia from Elis to Arcadia", in P. Funke, N. Luraghi (eds.) *The Politics of Ethnicity and the Crisis of the Peloponnesian League*, Washington DC, 49-64.

SCANLON, TH. F. 2002, *Eros and Greek Athletics*, Oxford.

SCHEPENS, G. 2004, "La guerra di Sparta contro Elide", in E. Lanzillotta (a cura di), *Ricerche di antichità e tradizione classica*, Tivoli, 1-89.

SIEWERT, P. 1987-88, "Triphylien und Akroreia. Spartanische "Regionalstaaten" in der westlichen Peloponnes", in *Praktika tou III Diethnous Synedriou Peloponnesiakon Spoudon*, Athens, 7-12.

- 1991, "Die frühe Verwendung und Bedeutung des Ortsnamens 'Olympia'", *AM* 106, 65-69.
- 1992, "The Olympic Rules", in W. Coulson, H. Kyrieleis (eds.), *Proceedings of an International Symposium on the Olympic Games*, Athens, 113-117.
- 1994, "Symmachien in neuen Inschriften von Olympia. Zu den sogenannten Periöken der Eleer", in L. Aigner Foresti (a cura di), *Federazioni e federalismo nell'Europa antica*, Milano, 257-264.
- 2002, "Die wirtschaftsgeschichtliche Bedeutung der Bronze-Urkunden aus Olympia, mit der Erstedition einer frühen Theorodokie-Verleihung als Beispiel", in H. Kyrieleis (ed.), *Olympia 1875-2000. 125 Jahre Deutsche Ausgrabungen*, Mainz a. Rh., 359-370.

SORDI, M. 1984a, "Il santuario di Olimpia e la guerra d'Elide", in M. Sordi (a cura di), *I santuari e la guerra nel mondo classico*, Milano, 20-30.

- 1984b, "Le implicazioni olimpiche della guerra d'Elide", in E. Lanzillotta (ed.), *Problemi di storia e cultura spartana*, Roma, 143-159.

TAITA, J. 2001, "Indovini stranieri al servizio dello stato spartano. Un' "epoikia" elea a Sparta in una nuova iscrizione di Olimpia", *Dike* 4, 39-85.

- 2007, *Olimpia e il suo vicinato in epoca arcaica*, Milano.

THOMMEN, L. 1996, "Nacktheit und Zivilisationsprozess in Griechenland", *Historische Anthropologie* 4, 438-450.

- 2003, *Sparta. Verfassungs- und Sozialgeschichte einer griechischen Polis*, Stuttgart/Weimar.

ULF, CH. 1997, "Die Mythen um Olympia - politischer Gehalt und politische Intention", *Nikephoros* 10, 9-51.

VIEDEBANTT, O. 1930, "Forschungen zur altpeloponnesischen Geschichte, 2. Elis und Pisa", *Philologus* 85, 23-41.

WICKERT, K. 1961, *Der peloponnesische Bund von seiner Entstehung bis zum Ende des archidamischen Krieges*, Diss. Erlangen.

WOLFF, CH. 2010, *Sparta und die peloponnesische Staatenwelt in archaischer und klassischer Zeit*, München.

YATES, D. C. 2005, "The Archaic Treaties between the Spartans and their Allies", *CQ* 55, 65-76.

Summary

According to ancient tradition, Sparta had an early impact on Elis and Olympia. Sparta's lawgiver Lycurgus is said to have assisted in the introduction of the Olympic Truce at the reinstitution of the Olympic Games in 776 BC., and most notably, Sparta helped Elis to achieve hegemony over Pisa and the Olympic sanctuary around 580 BC. But Sparta's interventions and claims seem problematic and cannot be corroborated historically. They rather appear to have been 5th and early 4th century BC constructs, the purpose of which was to support the stability of Sparta's position in the Peloponnese as well as in the Pan-Hellenic context. At the same time, Elis was able to profit from the promulgation of an early Spartan connection, which enabled her to participate in the Spartan myth. There are various arguments for the thesis of limited political influence of the Spartans in Elis up until the second half of the 5th BC century. Sparta was not prepared to establish herself as a hegemonic power in Elis and Olympia. Thus, an actual "holy war" for the Pan-Hellenic sanctuary was ultimately avoided. Consequently, we can attest to Sparta a generally pragmatic foreign policy towards Elis and Olympia, rather than an early impact, or any formal treaty, which cannot be proven before the Peloponnesian War. Thanks to its proximity to Olympia, Elis was repeatedly able to exert independent political impact, and also, on a number of occasions, to profit from its connection with Sparta.

Sparte et les grands sanctuaires au IIIe siècle (jusqu'en 221)

Jacqueline Christien

Prolégomènes[1]

En 337 les Spartiates, seuls de tous les Grecs, avaient refusé d'entrer dans la ligue hellénique formée par Philippe à Corinthe; ne pouvant se résoudre à reconnaître l'hégémonie de Philippe ils le lui font laconiquement savoir. Pour prix de son insolence Sparte est attaquée à l'automne 338 et une partie de son territoire dévastée.

Le refus des Spartiates de reconnaître l'hégémonie des Argéades était cependant mal ressentie par ceux-ci, comme le montre l'inscription que fit graver Alexandre après son débarquement en Asie Mineure en 333 et sa première victoire, au Granique: Il fit également envoyer à Athènes 300 panoplies perses à placer sur l'Acropole en offrande à Athéna. Il les fit accompagner de l'inscription suivante:

Alexandre, fils de Philippe, et les Grecs moins les Lacédémoniens, sur les Barbares qui habitent l'Asie (Arrien, *Anab.* I 16).

La façon négative dont Aristote parle de Sparte[2] est un autre témoignage de cette rancune macédonienne. En effet prétendre à la revanche de l'invasion perse, sans l'appui d'un des principaux vainqueurs des Perses, mettait une ombre au tableau. De fait, tant qu'il sera possible d'espérer en un échec d'Alexandre, Sparte l'espèrera. Les Spartiates mettront longtemps avant d'accepter d'être sortis de l'histoire. Seuls les Romains, en fait, y arriveront.

En 331, le Roi Agis III cherche à réparer le désastre de 337 en profitant de l'éloignement d'Alexandre et de la présence des mercenaires échappés d'Issos et évacués par la flotte perse. Il en aurait ainsi enrôlé 8000. Et il ouvre un mar-

1. Cf. Christien et Ruzé 2007, 334-375.
2. Lévy 2001.

ché de mercenaires au sanctuaire du Ténare. La raison en est sans doute que pas un seul grand sanctuaire n'échappe alors au contrôle macédonien, car, bien évidemment, le meilleur moment pour les agents recruteurs était celui des grandes fêtes panhelléniques où affluaient, de tous les coins de la Grèce, en un lieu donné, tous les hommes que les jeux attiraient. Mais l'affaire tourne court car, en Octobre 331, Agis III[3] est tué devant Mégalépolis par les troupes d'Antipatros.[4] Le Spartiate n'avait pas les moyens de sa politique.

Il semble que Sparte ne fut pas cette fois punie par des pertes de territoire,[5] mais elle dut fournir des otages et peut-être accepter la symmachie.[6] Désormais Sparte se le tiendra pour dit et veillera à ne pas se heurter aux forces macédoniennes.

Pourtant en 302 av J.C, Sparte avait de nouveau refusé d'entrer dans la ligue hellénique ressuscitée par Antigonos Monophtalmos et Démétrios Poliorcète. Mais ceux-ci avaient d'autres sujets de préoccupation et le peu d'importance de la cité, qui tentait alors péniblement d'exister encore un peu comme puissance par sa politique en Occident (Akrotatos fut envoyé en Sicile en 314, puis Cléonyme en Italie du Sud à partir de 303?) faisait que cela n'avait pas eu de suite.

Cependant, de succession en succession, la puissance de la Macédoine s'affaiblissait. Par ailleurs l'échec de Cléonyme en Adriatique, en provoquant un repli lacédémonien sur la Crête et le Péloponnèse, va entraîner Sparte à tenter une nouvelle fois de retrouver quelque importance dans le cadre même de la Grèce.

3. Sur cette période, cf. Badian 1967, 170-192.

4. Diod. 19.70.4-5.

5. Cartledge et Spawforth 2002[2], 16-27; il m'est d'avis qu à ce moment Cythère n'est plus laconienne et c'est pour cela qu'elle apparaît dans la stèle aux céréales cf. Laronde 1987, 30-39, en particulier p. 33. Il est impossible de dire si cette séparation de Cythère et de la Laconie date de 338 ou de 331. Ce serait un bon moyen pour isoler Sparte de la mer de Crête que de rendre Cythère indépendante. Il est possible que cette perte ait été jointe à celle des territoires continentaux que le Congrès de Corinthe avait retiré à Lacédémone mais plus probable qu'elle sanctionne les contacts de Sparte avec les amiraux perses.

6. Diod. 17.73.5; Quinte Curce 6.1.19; Just. 9.5.1-3.

I-L'aube du IIIe siècle

a) Les convulsions politiques

En 297 Cassandre meurt et ses héritiers se déchirent. L'hégémonie macédonienne vacille. Sparte se réveille.

C'est assez présomptueux. En effet les trop jeunes héritiers de Cassandre ne font certes pas le poids, mais deux redoutables personnages guettent alors la Macédoine. Pyrrhos, Roi d'Epire, l'Eacide, et Démétrios qui, depuis la bataille d'Ipsos en 301, est à la recherche d'un royaume. Sa flotte lui assure la maitrise des mers, il cherche un atterrissage. La Grèce avec le Péloponnèse d'une part,[7] Athènes d'une part, retombent sous sa coupe. Mais Sparte lui échappe. Apparemment elle a une activité militaire ou diplomatique qui le gêne car, selon Plutarque, une fois réinstallé à Athènes, il descend vers Sparte avec l'intention de la soumettre.

En 295/4 le Roi Archidamos IV livre bataille aux troupes de Démétrios Poliorcète à Mantinée, mais est sévèrement battu.

Sparte se prépare activement à la résistance devant une attaque imminente, quand Démétrios repart vers le Nord et la succession macédonienne.

Mais pourquoi aller s'attaquer à Sparte?

C'est que Sparte ne se résigne pas à ne plus avoir d'importance. Si on en voulait la preuve, la réactivation à plusieurs reprises du marché de mercenaires du Ténare, sanctuaire que l'on peut atteindre de partout, et où nul autre que Sparte n'a son mot à dire, le soulignerait. Or le lieu n'est pas propice au stationnement de troupes.[8] On ne peut y penser que comme un lieu d'enrôlement où tout un chacun pouvait accoster. Cependant l'ouverture de ce marché à plusieurs reprises fin du IV siècle montrait, outre la farouche résistance de Sparte, sa capacité à innover et à trouver sur son territoire propre une solution de rechange.

---

7. Plut. *Dem.* 33. Il est blessé au siège de Messène mais ensuite on ne sait s'il s'en retire ou s'il peut s'en emparer, ainsi que *de quelques autres villes rebelles* (Plutarque est un moraliste et la peinture de l'extraordinaire destin de Démétrios fait que les précisions historiques, y compris chronologiques, passent à l'arrière plan). Il doit en tous cas avoir repris l'Argolide, Corinthe et Sicyone car, pour s'emparer d'Athènes, il reçoit du Péloponnèse de nombreux vaisseaux. Ces régions sont celles qui sont susceptibles de lui en fournir.

8. J'oserai même avancer que c'est une des raisons pour laquelle les Spartiates ont ouvert là ce marché. Les traines-rapières de toute la Méditerranée ne risquaient pas de s'y incruster et d'y faire des frasques.

De nouveau les querelles autour du trône de Macédoine doivent avoir déclenché, de la part des Lacédémoniens, une intense activité diplomatique dont nous avons je crois deux indications.

b) Asclépios

Le péan d'Isyllos,[9] que l'on admet habituellement avoir été composé vers 280 et inscrit sur les murs du sanctuaire d'Epidaure, à mon avis est à placer vers 296/5 et témoigne de la volonté Lacédémonienne de jouer dès ce moment là sur les liens entre Sparte et les grands sanctuaires.

Le péan d'Isyllos souligne l'importance désormais d'Asclépios pour Sparte. En 337[10] le Dieu a gagné à Sparte l'épithète de Sôter (l. 75) (Philippe II, (l. 58/9,) qui devait faire appliquer les décisions du congrès de Corinthe était sans doute descendu vers Sparte pour l'obliger à cèder les territoires qu'on lui retirait.[11] Et cette épiclèse est politique. Le Dieu est adoré, non comme guérisseur (pour cela on va à Epidaure) mais comme protecteur.

Si on met le texte d'Isyllos en 280 il devient incompréhensible. Partir à l'aide du Dieu de Delphes alors même que le poème célèbre Asclépios comme divinité supérieure,[12] et affirme avec force cet Asclépios être fils du Maléatas l'Epidaurien, un dieu local péloponnésien, est à tout le moins incongru.

9. Nouvelle édition dans Kolde 2003 avec toutes les indications bibliographiques.

10. L'idée de Kolde (2003), de penser à une intervention de Philippe Arrhidée ne me semble pas plausible; cf d'ailleurs dans l'appendice les pages consacrées à Sôter (p. 364-398). Ellemême fait le rapprochement entre le texte d'Isyllos et le texte de 307 pour Démétrios Poliorcète et celui de 304 pour Ptolémée I. Malgré tout l'auteur n'ose pas s'attaquer à l'idée commune que le péan souligne la propagande d'Areus et, pour résoudre les problèmes de datation qui se posent alors, reprend l'idée d'une (inconnue) expédition de Philippe Arrhidée. En fait il y a bien un problème de datation, mais la solution se trouve dans la remontée de la date du texte et non dans l'abaissement de la date de l'expédition.

11. Il y avait peu de chances qu'il voulut attaquer Sparte et encore moins détruire la royauté mais les Spartiates n'en avaient pas moins eut très peur. Sans doute s'était-il arrêté avant d'envahir Pellana où il y eut un important sanctuaire d'Asclépios qui peut avoir existé dès le Vème siècle. Dans la guerre du Péloponnèse Epidaure est une indéfectible alliée de Sparte, au point d'être par exemple, un des enjeux de Mantinée. Les combats ont lieu parce que les Athéniens ont décidé de s'emparer d'Epidaure qui les sépare d'Argos opposant permanent à Sparte. Après quelques hésitations les Lacédémoniens envoient une garnison de 300 hommes commandée par Agésippidas qui parvient à éviter le blocus Athénien, relançant la guerre du Péloponnèse (Thuc. 5.56).

12. L.78. Il est le plus *aristos* des Dieux. On ne peut pas prétendre défendre Apollon de Delphes avec un pareil argument.

Certes Isyllos rappelle aussi que le protecteur fondamental des Rois de Sparte est Zeus, et que ces Rois ont pieusement conservé les oracles d'Apollon Pythien. Ce dernier argument se comprend surtout si l'adversaire visé est Démétrios dont les extravagances impies avaient scandalisé toute la Grèce. Cela se comprend moins s'il s'agit d'Antigonos Gonatas, personnage respectable. En fait nous avons peut être une clef dans le premier argument. Philippe est accusé d'avoir voulu supprimer les Héraclides de Sparte. Je pense qu'il faut lire le texte comme suggérant par une naturelle association d'idées un processus inverse. Philippe était aussi un Héraclide. Après l'élimination des fils de d'Alexandre (légitime et bâtard) et de sa sœur Cléopatre, les Héraclides Macédoniens ont disparu; ce que le texte suggère c'est que les seuls Héraclides désormais, la descendance que Zeus protège, ce sont les Rois de Sparte. En quelque sorte, face à tous ces parvenus qui se parent du titre de Roi, ils sont les seuls légitimes.

Mais les protecteurs traditionnels des Héraclides de Sparte n'ont pas suffi au moment où l'Héraclide de Macédoine s'attaquait à Lacédémone, car il avait pris le contrôle des grands sanctuaires de Delphes et d'Olympie. Il fallait donc obtenir la protection d'un autre sanctuaire moins lié à la Macédoine et la protection du Dieu d'Epidaure venait donc prendre le relai de celle du Zeus d'Olympie et de l'Apollon de Delphes.

Placer le texte plus tôt qu'on ne le fait habituellement permettrait aussi de comprendre plus aisément la référence à Astylaidas (l 32). C'est un nom que l'on trouve à plusieurs reprises à Epidaure pour la fin du IV et le début du IIIe siècle.[13] Il y avait surtout un naope d'Epidaure à Delphes de ce nom entre 320 et 300.[14] Si c'est bien à ce personnage qu'Isyllos s'est adressé, remonter la date du texte, et donc le placer dans un contexte un peu différent, permettrait de résoudre bien des problèmes de datation. Isyllos était pais c'est à dire jeune homme (et non enfant comme traduit Kolde) au temps de Philippe II; Devenu anotable il a profité de la présence d'Astylaidas à Delphes pour faire poser sa question et pour faire graver son texte. S'il avait 16/17 ans en 337, il serait un homme dans la cinquantaine lors de la présence d'Astylaidas à Delphes, et il aurait moins de 60 ans lorsque Démétrios s'attaque à Sparte, ce qui est tout à fait plausible.

13. Kolde 2003, 129-130.
14. Kolde 2003, 263-4.

J'ajoute que peu après[15] (293?), on voit Cléonyme tenter de venir aider Thèbes révoltée contre Démétrios.[16] Et, même si, en capitaine expérimenté, il ne juge pas utile de se laisser cerner par Démétrios qui a des machines de siège, cela signe une activité diplomatique et militaire certaine de Lacédémone.

La tentation de se servir des sanctuaires pour promouvoir le retour sur la scène politique daterait donc de cette époque, suggéré par la disparition de tous les téménides et la révolte que les folies de Démétrios provoquait chez les âmes pieuses. Cependant c'était encore un peu prématuré. Mais les convulsions dues aux successions pouvaient faire penser que le temps de la revanche allait sonner. Il suffisait d'être patient. Si cela est vrai, la politique d'Areus d'appui sur les grands sanctuaires, que nous allons voir clairement par la suite, était une politique longuement mûrie.

En tous cas les liens avec Asclépios sont durables. Au IIIe siècle, sur plusieurs stèles trouvées à Epidaure on a des proxènes et théadoroques spartiates.[17] On a l'impression que c'est surtout de ce côté que se joue la vie religieuse Lacédémonienne, et qu'Asclépios a remplacé l'Apollon Pythien comme Dieu protecteur.

En 242 av. JC, Sparte reconnaît l'asylie de l'Asclepeion de Kos.[18] Les Lacédémoniens viennent même en tête de ceux qui reconnaissent cette asylie (et la reconnaissance est un modèle de laconisme, le dieu portant d'ailleurs le nom laconien d'Aiglapios).

Il y avait à Sparte un theomelides des Agiades où se situe un sanctuaire d'Asclépios. Celui-ci est donc sûrement du temps de la royauté.

Certes il est impossible de dater les sanctuaires d'Asclépios, très nombreux sur les côtes, ceux de de Boiai, de Kyphanta, Prasiai Epidauros Limera et autres;[19] certains pourraient aussi bien être d'époque romaine. Pourtant ceux de Kotyrta (qui semble disparaître assez vite,) de sa voisine ou d'Epidauros Limé-

15. Le texte de Plutarque utilise une source peu favorable à Sparte et qui n'en parle que par raccroc, de sorte que nous n'avons pas de vision intelligible de la politique lacédémonienne et ce entre la mort d'Agis III et 281.

16. Dem. 39.2

17. SEG, XI, n° 412 première moitié du IIIe s. av J.C, n° 413 vers milieu du IIIe siècle, n° 414 vers la fin du IIIe siècle.

18. *IG* XII,4; *SEG* XII, 371.

19. Riethmüller 2005, T 2 p 117-149.

ra peuvent être d'époque plus ancienne. La première parce qu'elle semble ne plus exister à l'époque romaine, la deuxième, à cause de son mythe de fondation qui la lie à Epidaure et à Cos, que dès le Ve siècle le nom est assuré (Paus. 3,23,6), alors même que c'est la porte d'entrée sur la Laconie avec la route d'accès la plus aisée vers Sparte pour qui vient de l'est. En effet d'Epidauros Liméra on contourne le front sud du Parnon et par Leukai, Palaia et Géronthrai on atteint Sparte par une route un peu longue, mais sans montagne à franchir. De même l'Asclépeion de Pellana où existait un temple dont des éléments, colonnes et chapiteaux, (témoignant de deux constructions successives[20]) subsistaient il y a peu, (malheureusement hors contexte[21]), est sans doute assez ancien. Mais il peut y avoir eu un Dieu guérisseur lacédémonien (ainsi à Ithômi/Messène P. Thémélis a trouvé les restes d'un Asclépeion datant de l'époque archaïque[22]) un Aiglapios fils d'une Aigla assimilé rapidement à Asclépios. Une femme de Sparte apparait dans les guérisons miraculeuses d'Epidaure. L'inscription est du milieu du IVe siècle.[23] On a par ailleurs trouvé à Cythère[24] un tesson portant un graffiti du Ve siècle où un Heracleidas dédiait ce vase à Αἰγλαπιῶι (Asclépios). Le nom même s'accorde bien avec le péan d' Epidaure qui dit que la mère "épidaurienne" d'Asclépios, avait pour nom Aigla.[25] Le culte d'Asclépios semble donc développé à Sparte assez tôt. Il est vrai qu'Asclépios épidaurien est lié à Apollon Maléatas qui avait son culte, ses santuaires, et sa fête en Laconie.[26] Il gardait en particulier le passage (la route Maleatas?) le plus rapide qui menait de Prasiai à Géraki et à Sparte. On partait de Prasiae par les ravins qui menaient au bassin de Glympeis. De là une route partait vers l'Ouest directement vers Sparte, mais elle traversait un épais chaînon montagneux. L'autre allait vers le Sud et montait vers l'actuelle Kosmas. C'est sur la colline dominant le col

20. J'ai eu l'occasion de voir ces témoins du sanctuaire de Pellana.

21. Ces éléments avaient été apportés comme décoration du jardin d'une belle demeure de notable du XIXe siècle. Et je n'ai pu savoir de quel endroit exactement ils provenaient. En tous cas les sondages faits par Th. Spyropoulos ont bien montré que ces éléments n'étaient pas in situ.

22. Θέμελης 1999, 83-84. Les Messéniens adoraient un Asclépios local, fils d'une Leukippide.

23. IG IV, 952, l.1-6.

24. Τσαραβόπουλος 2000-2003, 207-211.

25. Isyllos insiste pour dire que le nom commun de la mère d'Asclépios Coronis, mais le nom réel Aigla, et il me semble qu'il faut voir là un soulignement de l'accord entre Sparte et Epidaure, et le renforcement du côté péloponnésien du Dieu.

26. Rocchi, 2002/3, 419-436 en particulier IG V1 213 l 57 (fête) et IG V1 929c.

que l'on a trouvé le sanctuaire du Maléatas.[27] La route franchissait le col pour descendre par une longue vallée débouchant un peu à l'Ouest de Géronthrai. De là on pouvait revenir vers la plaine de Sparte. Le lien avec Maléatas peut laisser supposer que le culte d'Asclépios a eu des répercussions immédiates en Laconie quand il a commencé à prendre de l'importance à Epidaure même, et peut être qu'une collusion s'est faite avec une figure locale.[28]

L'influence d'Asclépios a été accentuée par le fait qu'il ait été crédité d'une protection efficace contre Philippe. En effet, à cette date, celui-ci avait la main sur l'Apollon de Delphes dont l'oracle n'était donc plus forcément favorable à Sparte. Asclépios l'Epidaurien prenait en partie la relève. De plus, contesté par les Messéniens qui avaient un Asclépios local à faire valoir, et concurrencé après des Macédoniens par l'Asclépios de Tricca, le Dieu d'Epidaure devait favoriser l'alliance entre Sparte et Epidaure.

II-Au temps d'Areus

a) En 281. Expédition à Delphes.

La disparition de Lysimaque à la bataille de Kouroupedion en 281, cependant, laissa une nouvelle fois le trône de Macédoine vacant.[29] Le vainqueur Séleucos ayant été assassiné par Ptolémée Keraunos, on vit un prétendant oublié ressurgir, en l'espèce le fils de Démétrios Poliorcète lequel fut Roi de Macédoine avant Lysimaque. Cet homme, Antigonos Gonatas avait donc des titres d'héritier à faire valoir; mais ce n'était pas un grand capitaine, et il dut abandonner la Macédoine à Ptolémée Keraunos et replier ses forces vers les détroits. Il se trouve qu'alors Ptolémée Keraunos est amené à se consacrer à lutter contre l'invasion gauloise et le Péloponnèse se trouva curieusement libre d'ingérences macédoniennes; On voit immédiatement Sparte essayer d' utiliser la situation à son profit. La voie choisie est celle de protecteur du sanctuaire de Delphes. Politiquement c'était une voie d'accès à la reprise d'une influence auprès de la plu-

27. Φάκλαρης 1985, 218-225. Les traces archéologiques remontent au milieu du VIe siècle.

28. Dans l'univers des cités grecques un panthéon est d'abord toujours local. On l'adapte à l'occasion à l'opinion commune.

29. Will 1979, 100-105. Just 17.1.7-2,1-15.

part des Grecs qui pouvait être féconde. Elle rappelait la politique de Philippe II en tentant de l'inverser au profit de Lacédémone.

Les Macédoniens étant pris au Nord dans les luttes entre prétendants puis contre les Gaulois, en effet, Areus, Roi de Sparte (Roi politiquement expérimenté car il règne désormais depuis 309,) en profita pour essayer de recréer au profit de Sparte une symmachie. Pour cimenter celle-ci, il fallait lui trouver un but mobilisateur; l'idée trouvée fut de mettre fin à l'occupation par les Etoliens de la terre sacrée de Cirrha. Les Etoliens étaient des alliés d'Antigonos Gonatas,[30] lequel passait pour dépourvu de génie militaire. L'occasion semblait belle de retrouver une influence à Delphes et de reprendre pied en dehors même du Péloponnèse.

Cela dit, le stratège à Sparte, depuis de longues années, était Cléonyme, l'oncle d'Areus. C'est lui que l'on trouve mentionné presque chaque fois qu'une opération militaire est déclenchée. Mais Areus juge apparemment son temps venu, soit que les prémices de ses mauvaises relations ultérieures avec Cléonyme se fassent déjà sentir, soit que, désormais dans la force de l'âge, il estime nécessaire d'exercer l'ensemble de ses fonctions, soit que, politiquement, la tentative de refonder une symmachie péloponnésienne, tentative qu'il développera ultérieurement, nécessite que le Roi prenne le commandement des troupes, soit enfin que le fait qu'il s'agisse de Delphes, sanctuaire avec lequel les Rois de Sparte avaient traditionnellement une relation personnelle, l'y ait incité.

La reconquête de l'opinion hellénique pouvait donc passer par là.

Mais Areus n'était pas non plus un génie militaire et les Etoliens lui infligèrent des pertes.[31] Areus voulait poursuivre la guerre mais ses alliés refusèrent. Certes notre documentation pour ces périodes est assez misérable, malgré tout le texte de Justin est très clair.

> Les dissensions entre Ptolémée Kéraunos, Antiochos et Antigone (Gonatas) donnèrent l'occasion aux cités grecques, conduites par les Spartiates, de profiter de l'occasion pour recouvrer leur liberté; elles s'envoient des députés, se lient par des traités d'alliance et se préparent à faire la guerre. Pour n'avoir pas l'air de faire la guerre à Antigonos, sous la souveraineté duquel el-

30. Just 24.1.1-4.
31. Pour le polyandreion Lacônôn FD III, 4, 280 col. C I 31-32 et Flacelière 1937, 82-85.

les se trouvent, elles attaquent ses alliés les Étoliens, en prétextant qu'ils avaient envahi le territoire de Kirrha, terre sacrée d'Apollon pour toute la Grèce. La conduite de la guerre est confiée à Areus qui réunit une armée, dépeuple villes et campagnes, et brûle ce qu'il ne peut emporter. Du haut de leurs montagnes, les bergers étoliens assistent à cela, ils se rassemblent à environ 500, et tombent sur des ennemis éparpillés, qui ne savent pas combien ils sont, et qu'aveuglent leur peur et la fumée des incendies; ils en tuent 9000, et obligent les autres à s'enfuir. Quand Les Spartiates voulurent reprendre la guerre, beaucoup de cités leur refusèrent leur appui, estimant qu'ils voulaient établir leur domination sur la Grèce et non la liberté. Entre temps la guerre entre les rois était terminée, Ptolémée (keraunos) avait chassé Antigonos (Justin, 24, 1-2).

Le texte est évidemment très vexant pour Areus représenté comme d'une totale incompétence militaire, ses milliers d'hommes battus par un groupe de bergers étoliens. En fait l'Etolie est en train de devenir une des puissances de la Grèce du IIIe siècle. L'élan spartiate fut aussi brisé, en partie, par un phénomène imprévisible, l'invasion gauloise en 280-279.[32] L'Histoire joua contre les Lacédémoniens. Le sanctuaire fut sauvé certes par Apollon, mais aussi par tous les peuples de Grèce centrale dont la force militaire était plus importante que ne le dit Justin. Les Phocidiens qui récupérèrent alors leur place au conseil amphictyonique[33] défendirent le sanctuaire; les Béotiens et les Etoliens défendirent la Grèce centrale et Antigonos Gonatas battit des bandes gauloises prés de Lysimacheia, redevenant maître de la Macédoine, d'autant plus que Ptolémée Keraunos, lui, était mort en luttant contre l'invasion. Bref l'heure était au combat contre les bandes d'envahisseurs et non contre la Macédoine.

Antigonos renonça d'ailleurs à l'hégémonie en Grèce centrale et céda le contrôle du sanctuaire pythique et de l'amphictyonie à la Confédération étolienne;[34] On n'avait pas eu besoin de Sparte et de sa symmachie pour arrêter les Gaulois.

Les Doriens du Péloponnèse semblent avoir renoncé à se rendre au conseil de Delphes à partir de 270; les Lacédémoniens n'y sont plus revenu après 280

32. Diod. 20.3-4 et 9; Just 24.3.10-4.8; Paus.1.3.5-4.6; 1.16.2; 10.19.5-23; Nachtergael 1977, 39-49.
33. Paus. 10.3.4.
34. Sanchez 2001, 301.

et ce jusqu'en 249, et là, seulement pour une exception. Il est vrai qu'ils n'étaient normalement pas membres du conseil. Cependant, l'amphictyonie ayant repris des travaux, on trouve, dans les catalogues des naopes, des additions pour des naopes d'Argos, Sicyone, Corinthe, Epidaure et Sparte pour les années d'Hérakleidas 274/3) d'Archiadas 273/2, d'Athambos 270/9 ou 269/8) et de Pleistôn (262/1).[35] Quelles que soient les relations entre Sparte et les Etoliens (et elle ne sont pas chaleureuses, ceux-ci appuyant par exemple Pyrrhos lors de sa tentative contre Sparte), dans l'espace qui leur est laissé, les Lacédémoniens maintiennent leur présence à Delphes. Mais ils ne peuvent prétendre à aucune importance et on ne les y voit plus pratiquement après la fin de la guerre de Chrémonidès (à part un épisode sur lequel nous allons revenir).

b) La guerre de Chrémonidès. La présence à Olympie

La prestation d'Areus autour de Delphes avait été assez piteuse. La guerre entre Sparte et Pyrrhos va permettre à Areus et son fils Akrotatos de restaurer leur prestige militaire et même au delà. Pyrrhos était en effet un des grands capitaines hellénistiques. De retour d'Italie du Sud et de Sicile, il s'était lui aussi mis à prétendre au trône de Macédoine. Il venait de ridiculiser Antigonos Gonatas, (mais sans l'éliminer) et pourtant, même avec ses éléphants, (l'arme suprême des armées post- Alexandre) il n'avait pu prendre Sparte; même, il avait connu la déroute, perdu un fils, et sa mort inopinée l'empêchait d'effacer sa défaite.[36] Certes ses troupes, (peut-être à l'instigation de Cléonyme passé à son service, lequel y avait tout intérêt,) avaient préféré se rendre à Antigonos arrivé, lui aussi à Argos où Pyrrhos trouvait la mort de façon incongrue (assommé par une tuile); bonne idée car Antigonos avait traité les vaincus avec bonté; malgré tout, Areus et Sparte semblent avoir tiré un bénéfice moral extraordinaire de cette victoire sur l'épirote.

Comme l'alliance entre Sparte et Antigonos était vraiment de circonstance, elle s'était immédiatement rompue, Areus devant être furieux de voir Antigo-

35. Sanchez 2001, 309. Cf. CID II 119;120 A; 120B=C;121;122; surtout 125, l 9-10.

36. Tout ceci nous est raconté de façon imagée par Plutarque qui le tient de Phylarque, l'historien du IIIe siècle malheureusement disparu, mais qui semble avoir fait une place assez importante à Lacédémone qui avait pratiquemment disparu de l'attention des historiens sous les diadoques.

nos s'arranger pour retirer l'essentiel des bénéfices de la résistance lacédémonienne.

Immédiatement le Spartiate avait fait alliance avec Ptolémée II, qui, en tant que *kyrios* de sa sœur épouse Arsinoé II, précédemment épouse de Lysimaque et donc reine de Macédoine jusqu'en 281, avait des raisons d'intervenir dans les Balkans. (La Macédoine et la Grèce restent encore l'origine du pouvoir des Royautés hellénistiques hellénistique.)

Le décret de Chrémonidès,[37] par lequel nous connaissons les termes de l'alliance entre les Athéniens, les Lacédémoniens et leurs alliés, est tout imprègné d'esprit de retour aux temps classiques. La réputation de piètre militaire d'Antigonos Gonatas laisse espérer à Sparte et Athènes, qu'il est possible de rejeter le Macédonien vers le Nord et d'en revenir à une Grèce des cités où ils se voient jouer de nouveau un rôle d'importance.

Ce texte cite les Eléens comme alliés d'Areus et deux statues de ce dernier sont érigées[38] par eux à Olympie. Nous avons aussi la dédicace d'un monument élevé par Ptolémée II.[39] Certes la date exacte de ces monuments ne peut être connue. La création de l'alliance à ce moment est toutefois la plus probable, les Eléens venant alors juste de chasser leur tyran philo-macédonien.

Avant Areus, seul Archidamos fut statufié à Olympie et peut-être à Delphes; mais, comme le souligne Pausanias lui-même (6.4.9), il s'agit d'un cas particulier (près de la statue lysippéenne de l'Achéen Cheilon et près de la statue d'Aristote) *....se dresse Archidamos, fils d'Agésilas Roi de Sparte. Avant cet Archidamos je n'ai trouvé aucun portrait de Roi consacré par les Lacédémoniens. Mais ils envoyèrent à Olympie la statue d'Archidamos, entre autres, me semble-t-il, à cause de sa fin, parce qu'il périt en pays barbare et est le seul Roi de Spar-*

37. Syll. 3, n° 434/5;

38. Paus. 6.12.5; il y a des chances en effet que ces offrandes célèbrent l'alliance créée de toute évidence, vu la place particulière et peu institutionnelle d'Areus dans le décret dit de Chrémonidès, essentiellement grâce à une action personnelle de ce roi; Pausanias signale deux statues; sur l'une Areus est représenté à cheval. En 15.9 Pausanias signale un groupe de statues où l'on retrouve entre autres, outre Areus, Archidamos fils d'Agésilas, et un Eutélidas, jeune vainqueur de la 38e olympiade, non loin d'une statue de Ptolémée fils de Lagos; cette proximité a permis de penser qu'il s'agissait de la statue offerte par Ptolémée II; faute de la moindre précision de Pausanias il est impossible de trancher. Si ce n'est pas une confusion du texte, il y aurait donc une troisième statue d'Areus à Olympie.

39. SIG 433.

te à n'avoir pas eu de tombeau. Pausanias a vu une deuxième statue (6.15.7) près d'une statue d'Areus. Enfin si l'on en croie Athénée (13.591b) Archidamos fils d'Agésilas avait aussi une statue à Delphes près de Philippe II. Mais ces statues étaient des offrandes pour apaiser la colère des Dieux qui avaient vu leur descendant et desservant traité indignement par les barbares italiques. Les statues étaient en quelque sorte le corps du défunt auquel l'on n'avait pu rendre les honneurs funèbres.

Mais les statues en l'honneur d'Areus sont d'une autre tonalité. Areus est vivant, quand ces statues lui sont élevées à Olympie. Elles ont donc une autre signification. Elles sont élevées par les Eléens et par Ptolémée, c'est à dire qu'elles sont des gages de l'alliance entre ces éléments, que cette alliance est placée sous la protection du Zeus d'Olympie et qu'elle est proclamée à la connaissance de tous car Olympie et ses jeux restent un haut lieu de rencontre du monde grec. Cependant, malgré les accents "renouveau de l'esprit des guerres médiques" du décret de Chrémonidès, ces statues proclament aussi le glissement hellénistique de la monarchie à Sparte, avec la tentation pour Areus de substituer une monarchie à la dyarchie traditionnelle. De façon très hellénistique il exploite ainsi le fait d'être vainqueur.

Il n'en profitera pas longtemps. Il meurt dès la première campagne, devant Corinthe(265 av. J.C). Son successeur Acrotatos ne pourra même pas aller soutenir les marins égyptiens devant Athènes assiégée. Il meurt devant Mégalopolis (263?). La puissance de Sparte à Olympie n'y survivra pas .

Certes à Olympie l'on a mention[40] d'un Alkidas, Olympionice spartiate de la 121 Olympiade (244 av JC) qui indique que de ce côté la participation aux jeux continue. Cela n'étonnera personne.

III. Dernière présence à Delphes

La guerre de Chrémonidès est l'occasion pour l'amphictyonie delphique d'envoyer aux Rois en guerre[41] des ambassadeurs pour garantir l'asylie, sans doute lors d'un événement panhellenique, Pythia ou Sôteria.[42] Mais force est de cons-

40. Moretti 1957, 139 n. 566.
41. Sanchez 2001, 326-330.
42. Sanchez 2001, 362-3.

tater que les Rois en question sont le Lagide et l'Antigonide; les Rois de Sparte n'apparaissent pas.

La mort d'Areus en 265 et, peu après, celle d'Akrotatos, sans doute en 263, en donnant la régence à Léonidas, change la donne politique. Le nouveau régent, qui a vécu plusieurs années en Asie, n' a guère d'illusion sur l'importance de son royaume. De plus Sparte a de nouveau cruellement souffert de sa défaite. Elle perd de nouveau des territoires au profit de ses voisins, en particulier Argos et Mégalopolis. Toute la côte Est du Péloponnèse au Nord d'Epidauros Liméra passe aux mains d'Argos, et ce avec les bassins intérieurs de Glympeis et Marios. La frontière avec Sparte n'est plus qu'à une vingtaine de Kilomètres. Il est certain que la Mégalopolitide descend jusqu'à Belmina et peut être que Pellana elle-même est déclarée libre, avec une zone tampon entre les deux cités. Sparte est donc extrêment vulnérable.

La prise de pouvoir de Léonidas ne se fit pas sans difficultés, dues à un personnage qui semble avoir été une forte personnalité, l'épouse de Cléonyme (sans doute marâtre de Léonidas) puis d'Akrotatos, la reine Chilonis. Cette femme avait défrayé la chronique en abandonnant son vieil époux pour le jeune héritier de la lignée des Agiades, vaudeville qui avait valu à Sparte une attaque de Pyrrhos circonvenu par un Cléonyme furieux; c'est cette attaque s'était terminée à la gloire de Sparte, d'Areus et d'Akrotatos.

La mort prématurée de ce dernier devant Mégalopolis entraînait un curieux retournement de situation; certes il y avait un héritier posthume, le petit Areus II, mais la régence était exercée par le fils de Cléonyme, Léonidas II qui, quand son père avait quitté Sparte pour aller se mettre au service de Pyrrhos, était, lui, parti chercher fortune chez les Séleucides. Léonidas y avait, semble-t-il, occupé d'assez hautes fonctions. Mais les troubles de succession chez les Séleucides, avec la disparition de celui qui aurait du être Séleucos II et qui disparaît mystérieusement, font qu' il avait préféré revenir prendre sa place à Sparte. La place de tuteur du jeune héritier lui revenait à la mort d'Akrotatos. Peu de temps après, il allait d'ailleurs occuper celle de Roi, le petit Areus II étant mort jeune. Pendant quelques temps, cependant, la mère de cet enfant semble avoir nourri de fols espoirs. On a une dédicace d'une statue d'Areus, offerte à Delphes par les Delphiens, qui proclame sa filiation comme fils d'Akrotatos et de la reine Chilonis;[43] Cette dédicace ne peut avoir été que le résultat d'un don particuliè-

43. SIG 430. Suivant la position de P. Cartledge (2001, 36 et 239 n. 22).

rement important de Chilonis à Delphes, cette dernière souhaitant apparemment la protection du sanctuaire (et de son Dieu) pour son faible héritier. Le titre d'Areus Roi (et pour elle-même de reine) semble indiquer qu'elle veut maintenir sa position face à Léonidas, même si celui-ci, marié à Sparte dès son retour, a courtoisement appelé sa fille première née, Chilonis. Vers les années 260/255 on a donc ce témoignage de liens entre Sparte et Delphes.

Cette offrande des Delphiens semble quasiment conclure les relations que l'on connait entre Sparte et les grands sanctuaires. La mort d'Akrotatos a renvoyé la cité vers le repli et la médiocrité. Seule surprise, la réapparition d'un Spartiate à Delphes vers 249 (date peut-être de la bataille de Mantinée ou un Agis serait mort[44]). En fait, Cette réapparition correspond à la période de la révolte d'Alexandre, fils de Cratèros, contre l'autorité de Gonatas (avec prise du titre royal) et aux débuts du développement de la ligue achéenne. Mais cela reste sans lendemain.

En fait on retrouve ici une coupure que j'avais déjà observée en travaillant sur la monnaie à Sparte. Certes, déjà, Areus était un Roi hellénistique, et la façon dont il rejette dans l'ombre (voir le décret de Chrémonidès, les statues à Olympie....les monnaies) son co-roi, le prouve sans peine. Sparte s'est sans doute déjà en partie transformée sous son règne. La cité a développé le travail du métal ou le travail de la mosaïque, le théâtre.[45] Malgré tout, Areus reste un Spartiate, élevé dans la vision locale des choses. Par contre, le retour de Léonidas semble bien être un moment de rupture avec la tradition spartiate.

Cette observation correspond à ce que nous dit Plutarque sur l'abandon des coutumes spartiates. Léonidas, le seul roi de Sparte qui connaisse par expérience le monde extérieur, semble avoir laissé dépérir les structures lacédémoniennes, qui lui paraissaient sans doute tout à fait obsolètes; après les immensités séleucides son petit royaume devait lui apparaître comme sans aucune importance politique sur le théatre des opérations hellénistiques. Sa lutte contre Agis IV cependant, montre que c'est un homme décidé, prêt à tout pour garder son trône.

44. Paus. 8.10.3. Madeleine Jost dans son commentaire, Paris 1998, semble penser que Pausanias a tout simplement accepté une histoire pseudo-historique. Certains historiens pensent cependant qu'un oncle d'Agis IV pourrait être le régent et l'acteur malheureux de cet épisode. Il est possible aussi que Pausanias ait confondu Archidamos, fils d'Eudamidas, qui combattit devant Mantinée en 295/4 et Agis fils d'Eudamidas II.

45. Nachtergaël 1977, 419-422 n. 9, l 59. Acteur Spartiate aux Sôteria de 270.

IV. Crise à Sparte. L'oracle laconien

Il est possible que ce soit l'intervention des Etoliens dans le Péloponnèse qui trouble le cours des choses.[46] En effet nous avons un raid des Etoliens sur le territoire Lacédémonien,[47] difficile à dater exactement. Les Etoliens pillent le sanctuaire du Ténare et sans doute les côtes du golfe (en particulier la plaine d'Hélos) car ils emmènent une grande quantité d'hommes.[48] Ce raid terrible se place sans doute en 240; mais il n'est pas impossible que les prémices de ce genre de hauts faits aient commencé dès l'installation des Etoliens en Triphylie vers 245. La présence étolienne dans le Péloponnèse, commencée en 271 lorsque des exilés Eléens ont cherché une aide contre la tyrannie d'Aristonimos, se fait pesante. Vers 245, Tégée, Phigalie, Mantinée et Orchomène sont dans l'alliance étolienne. Lydiadas affermit sa tyrannie à Mégalopolis en accordant Alipheira aux Eléens. La nécessité de desserrer l'étau qui se referme sur Sparte peut expliquer l'alliance avec l'Achaie, et la montée en puissance des ligues la violente réaction interne à Sparte, conduite par le jeune Eurypontide Agis IV.

En 243 Aratos s'empare de l'acrocorinthe. La politique dans le Péloponnèse change de visage.

L'Antigonide semble hors jeu; mais qui va désormais être la puissance majeure dans le Péloponnèse?

Lacédémone était mise en situation, par la nouvelle donne politique, de jouer de nouveau un rôle international. Les éphores le comprennent qui envoient Agis IV lutter contre l'Antigonide à Mégare.

Certes, dans le portrait de ce parangon de vertus qu'est l'Agis IV de Plutarque, parmi les vertus il y a aussi la modestie et le respect de l'allié,[49] mais ce n'était peut-être pas aussi évident que le prétend Plutarque; quand, en 242/1, l'armée d'Agis rejoint celle d'Aratos devant Mégare, il semble bien que les deux armées ne se soient guère appréciées et que le jeune Spartiate ait cherché à ridiculiser et déprécier son allié;[50] la lutte pour l'hégémonie se dessinait. Aratos

46. Scholten 2000, 56; cf. également p. 263-267.

47. Plut. *Cleom.* 18 et Pol. 4.34.9.

48. Plut. *Cleom.* 18.3; 50 000 esclaves dit le texte. Mais Phylarque utilise les chiffres de façon symbolique et non statistique. Cela signifie qu'il ne s'agit pas d'une petite razzia.

49. Plut. *Agis* 15.

50. Plut. *Arat.* 31.1.

comprit immédiatement et renvoya Agis à Sparte. Léonidas fit le reste en se débarrassant des Eurypontides. Du bref règne d'Agis on ne peut raisonnablement escompter voir une trace dans les grands sanctuaires.

Mais on a un phénomène qui n'est pas sans rappeler l'utilisation du sanctuaire de Poseidon du Ténare à l'occasion pour le recrutement des mercenaires, lorsque les autres sanctuaires furent dominées par les Macédoniens. Le territoire lacédémonien offre des ressources religieuses, mais à l'époque classique les liens avec Delphes ou Olympie suffisaient aux relations internationales et politiques.

Dans Delphes désormais tenu par les Etoliens il ne peut y avoir de retour. Donc il est bien possible que l'attention accordée à l'oracle de Thalamai se développe lorsque celui de Delphes n'est plus susceptible d'être facilement accessible, et peut être même celui d'Olympie dominé par les Etoliens. Thalamai, sur le golfe de Messénie, est accessible par mer, comme le Ténare, situé comme celui-ci dans une région où l'on ne peut guère vouloir rester et s'établir, loin des plaines fertiles. Le congrès de Corinthe avait fixé au Nord du territoire de Thalamai, sur le petit Pamisos (aujourd'hui ravin de Milia) la frontière avec la Messénie. C'était un lieu disputé car une partie des légendes lacédémoniennes concernant les Dioscures se jouaient en ces lieux. Les possèder, c'était possèder le lieu de naissance des Dioscures. Au IIIe siècle cependant, ce que l'on met en valeur est un oracle local qui semble brusquement devenir important. Mais si Agis a besoin, pour éliminer son co-roi, de l'appui divin, Léonidas lui s'en passe allègrement. L'élimination d'Agis est déjà une impiété. Y joindre le meurtre de sa mère et de sa grand- mère rappelle plus la brutalité des cours Macédoniennes que les règles que devaient suivre les Rois de Lacédémone. Visiblement Léonidas ne se soucie guère du châtiment divin.

Tout ceci démontre la perte de rayonnement de Sparte. Pendant longtemps, elle avait gardé des liens diplomatiques où diplomatico-religieux qui se référaient plus à son importance passée qu'à sa situation présente. Désormais elle en est réduite à ses sanctuaires locaux, et impiété pour impiété, elle voit même saccager le plus célèbre d'entre eux à cette date, celui du Ténare.

V. Cléomène III

a. Un chef militaire

En 235 av JC Léonidas meurt. Il a un successeur légitime de plus de 20 ans, donc apte à régner. Mais la situation a changé; Les ligues se sont alliées contre le Roi de Macédoine Démétrios II.

La ligue achéenne se développe de façon inquiétante, pour Sparte et pour la ligue Etolienne. En 236, Heraia, Thelpousa, Klitor passent entre ses mains, et en 235 Megalopolis les suit. En 229 Argos rejoint la ligue achéenne. Sparte est vraiment menacée car ses ennemis permanents, Mégalopolis et Argos sont dans la ligue et poussent à la guerre avec Sparte. Les Etoliens occupés en Thessalie laissent les cités arcadiennes entrer dans l'alliance spartiate, ce qui mécontente Aratos qui s'en prend aux Arcadiens non Achéens. C'est alors qu'on voit le Roi de Sparte entrer en action; les éphores ont jugé nécessaire de conforter la frontière avec Mégalopolis et Cléomène va prendre et fortifier un lieu de la frontière de l'époque Belmina.

En 229 av JC on voit donc les Spartiates récupérer les cités aux mains des Etoliens, Mantinée, Tégée, Orchomène, soit la route vers Corinthe et Sicyone.[51] Aratos cherche à prendre ces cités et effectivement prend Kaphyai. Les éphores envoient de nouveau Cléomène en expédition; il prend Methydrion et réussit à faire reculer l'armée achéenne devant Pallantion. Puis comme les Etoliens sont d'ailleurs également incapables de protéger Elis, attaquée par les Achaiens c'est Kléomène qui viendra battre Aratos au Mont Lykaion.[52]

On commence à mourir beaucoup autour de Cléomène. Le fils d'Agis d'abord, puis le frère de ce dernier rappelé de Messénie. Les éphores commencent à se méfier du Roi; pourtant celui-ci réussit à repartir en guerre et s'attaque au territoire de Mégalopolis. Il prend Leuktra et surtout il tue Lydiadas. Il ne doute désormais plus de son génie militaire; encerclant Mégalopolis il s'empare d'-Heraia et d'Aséa et laissant ses Lacédémoniens en Arcadie avec ses mercenaires il revient se débarrasser des éphores; il installe ses meilleurs mercenaire (Plut. *Cleom.* 10-11) comme citoyens, il reconstitue un corps civique et donc son

51. Plut. *Arat.* 36.1; *Cleom.* 5.1; Pol. 2.51.3.
52. Plut. *Cleom* 5.1. Aratos fait payer par la prise de Mantinée.

armée et va immédiatement faire voir aux Mégalopolitains le résultat de ses actes en ravageant leur territoire.

Il va ensuite chasser les Achéens de Mantinée.

Il entreprend par la suite de s'allier avec Elis. En effet il fait une descente vers Pharai (été 226), bat l'armée achéenne, redescend vers Lasion qu'il prend et redonne aux Eléens.[53]

b. Quelle politique?

La tentative de reprise d'une politique hégémonique (Plut. *Cleom.* 152) *il leur envoya à son tour une ambassade pour les sommer de lui cèder l'Hégémonie* passerait apparemment par un retour vers le grand sanctuaire.

Mais en fait Cléomène ne poursuit pas dans cette voie? Au vrai il ne semble pas avoir, comme semble l'avoir eu Areus précédemment, une vraie stratégie politique. Le discours de Cléomène précise simplement que sa politique est alors une revanche sur l'invasion de 240.[54] Il a été, adolescent, humilié de voir Sparte subir l'outrage infligé par les Etoliens sans pouvoir répliquer.

Il a pourtant des cartes à jouer; par certains côtés l'hégémonie spartiate est vécue comme quelque chose de normal. Ce sont les derniers Héraklides,[55] les héritiers d'une longue tradition hégémonique. La ligue achéenne n'a pas cette onction. D'où l'amertume d'Aratos qui gagne du temps en empêchant Cléomène de se faire recevoir par les Achéens réunis à Argos (interdiction de venir avec son armée. Le Roi se jette alors sur l'Achaïe (Juillet 225), puis revient attaquer Argos durant les Jeux Néméens. Il mit une garnison dans la ville, prit des otages. Il réussit apparemment dans toutes ses entreprises (prise de l'Acrokorinthe (Plut. *Cleom.* 19.7) alliance de l'Akté argolique.

Mais le peuple s'aperçoit vite que Cléomène n'est nullement un réformateur social comme il l'avait cru.

53. Plut. *Cleom.* 14.5.

54. Plut. *Cleom.* 10, 11, 18.3.

55. Plut. *Cleom.* 13.3. Le raisonnement est assez curieux d'ailleurs. Ce sont ses manières populaires qui font dire qu'il est le seul Héraclide. Visiblement où on vise d'autres Héraclides qui n'avaient pas sa simplicité, mais qui, à cette date?-ou on récupère un élément important de propagande que le ton philosophico-rationnaliste du récit a négligé.

De plus (ou surtout?) sur le plan religieux il n'a pas exploité ses atouts d'Héraclide. Il n'a pas respecté la trêve religieuse,[56] et il va même faire l'insolent devant Héra;[57] Aratos, plus fin, n'a aucune difficulté à le contrer politiquement.

D'abord Aratos réintroduit l'Antigonide dans le jeu, (Plut. *Cleom.* 20.6). Antigonos Doson Roi de Macédoine[58] descend avec ses troupes dans le Péloponnèse. Cléomène reperd immédiatement Argos et le reste. Il perd alors sa femme, son allié Ptolémée III, ses états et finalement la vie. Même sa mère et ses enfants seront exécutés à Alexandrie. Si l'œuvre de Phylarque, très philosophique et peu religieuse n'en tire aucune leçon de morale, si , même, il y eut une tentative d'héroïsation de Cléomène après sa mort[59] il faut bien constater qu'à partir de Léonidas *les Dieux sont morts.......* Cléomène, comme son père ne semble guère se soucier du chatiment divin. Celui-ci viendra pourtant.....[60]

Ironie de l'histoire c'est Antigonos Doson que les Spartiates qualifient, après Sellasie, de Sôter.[61]

En conclusion nous venons de voir une nouvelle fois comment les Lacédémoniens associent conservatisme et adaptabilité. Jusqu'à Léonidas on les voit continuer à chercher l'appui des Dieux, simplement on change de culte si les circonstances l'imposent.

Nous venons aussi de voir comme la royauté de Léonidas semble avoir été une période de profonde acculturation, phénomène que nous avons déjà souligné dans d'autres ouvrages. La perte de Phylarque, faiblement compensée par Plutarque qui est quand même un des grands auteurs du «mirage spartiate» ne nous permet pas de suivre vraiment les transformations de Sparte au III siècle. Du moins nous semble-t-il avoir commencé à tracer un sillon.

---

56. Plut. *Cleom.* 17.7: il choisit sciemment de venir attaquer la ville pendant que l'on y célébrait les Jeux Néméens, en théorie institués par Héraclès en l'honneur de Zeus, une des grandes fêtes panhellénique. Les Argiens ne s'attendaient pas à ce sacrilège et Cléomène ne rencontra aucune résistance. Mais bien évidemment les esprits se révoltaient contre ces manières et à la première occasion on prenait les armes contre l'impie.

57. Plut. *Cleom.* 26.3-4; feignant d'accomplir ses devoirs religieux Cléomène se sert de la déesse pour narguer l'adversaire.

58. Le Bohec 1993, 362 s.

59. Voutiras 2000, 377-394.

60. Le texte de Phylarque, de coloration très philosophique, élimine toute considération d'ordre religieux. La fin (la réussite révolutionnaire) justifie les moyens.

61. Pol. 5.9.10 et IG V 1,1122.

Bibliographie

Badian, E. 1967, "Agis III", *Hermes* 95, 170-192.

Braccesi, L. 1990, *L'Avventura di Cleonimo (a Venezia prima di Venezia)*, Padua.

Cartledge, P.-Spawforth, A. 2002[2], *Hellenistic and Roman Sparta. A Tale of two cities*, London.

Christien, J. et Ruzé, F. 2007, *Sparte, Géographie, mythe et histoire*, Paris.

Flacelière, R. 1937, *Les Aitoliens à Delphes. Contribution à l' histoire de la Grèce centrale au 3e siècle a. J.C.*, Paris.

Θεμελης, Π. 1999, *Αρχαία Μεσσήνη*, Αθήνα.

Kolde A. 2003, *Politique et religion chez Isyllos d'Epidaure*, Basel.

Laronde, A. 1987, *Cyrène et la Libye hellénistique=Libykai historiai de l' époque republicaine au principat d' Auguste*, Paris.

Le Bohec, S. 1987, "Sparte et le Royaume de macédoine de Chéronée à Pydna", *Ktèma* 12, 53-62.

- 1993, *Antigone Doson, roi de Macédoine*, Nancy.

Levy, Ed. 2001, "Le régime lacédémonien dans la *Politique d'Aristote*. Une réflexion sur le pouvoir et l'ordre social chez les Grecs" dans M. Molin (éd.) *Images et représentations du pouvoir et de l'ordre social dans l'Antiquité. Actes du colloque, Angers, 28-29 mai 1999*, Paris, 57-72.

Marasco, G. 1980, *Sparta agli inizi dell'età ellenistica: il regno de Areo I (309/8-265/4 av J.C)*, Firenze.

Nachtergael, G .1977, *Les Galates en Grèce et les Sôteria de Delphes, recherches d' histoire et d' épigraphie hellenistique*, Brussels.

Riethmüller, J.W. 2005, *Asklepios. Heiligtümer und Kulte* (2 vol), Heidelberg.

Rocchi, M. 2002/3, "Apollon il Maleatas del Monte Kynortion", *Minos* 37/8, 419-436.

Roskam, G. 2004, "Plutarch's life of Agis, or the Honourable Course of a Beginning Politician", dans L. de Blois, J. Bons, T. Kessels, M.D. Schenkeveld (eds),*The Statesman in Plutarch's works. Proceedings of the sixth International Conference of the International Plutarch Society Nijmegen/Castle Hernen, may 1-5, 2002.* vol. 2. *The Statesman in Plutarch's Greek and Roman Lives* (Mnemosyne Suppl. 250), Leiden, 227-241.

Sanchez, P. 2001, *L'Amphictyonie de Delphes et des Pyles. Recherches sur son rôle historique, des origines au IIIe siècle de notre ère* (Historia Einzelschr. 148), Stuttgart.

Scholten, J.B. 2000, *The Politics of Plunder. Aitolians and their Koinon in the Early Hellenistic era (279-217 BC)*, Berkeley.

Thommen, L. 2003, *Sparta. Verfassungs- und Sozialgeschichte einer griechischen Polis*, Stuttgart.

Τσαραβοπουλος, Α. Ν. 2000-2003, "Κυθηραϊκά", *Horos* 14-16, 207-211.

Φακλαρης, Π. 1985, Αρχαία Κυνουρία: ανθρώπινη δραστηριότητα και περιβάλλον, Θεσσαλονίκη (Diss.).

Voutiras, E. 2000, "Le cadavre et le serpent ou l'héroïsation manquée de Cléomène de Sparte", dans V. Pirenne-Delforge, E. Suárez de la Torre (éds), *Héros et héroines dans les mythes et les cultes grecs. Actes du Colloque organisé à l' Université de Valladolid du 26 au 29 mai 1999* (*Kernos* suppl. 10), Liège, 377-394.

Will, E. 1979, *Histoire politique du monde hellénistique 323-30 av. J.C.*, v. I, Nancy.

Résumé

L'auteur, persuadée que les manifestations religieuses s'inscrivent dans une évolution historique comme les autres aspects de la vie humaine, a eu la curiosité de se pencher sur le cas lacédémonien. Sans surprise Asclépios est un des dieux importants de la période, comme le souligne le péan d'Isyllos ici redaté. La main-mise des Etoliens sur Delphes signe le déclin d'Apollon cependant que se révèle un oracle local, celui de Pasiphaé à Thalamai. Les liens avec Zeus, ancêtre des Rois de Sparte, semblent mieux résister, d'autant plus qu'Olympie est proche, mais il semble y avoir repli surtout sur les cultes locaux. Cependant, avec Léonidas on entre dans un autre univers, celui de la religiosité hellénistique, comme en témoignent les actes «impies» de celui-ci (meurtre d'Agis, «roi sacré» et des femmes de sa famille), et la tentative d'héroïsation de Cléomène.

Istmia come luogo di incontro fra Greci e Romani

ATTILIO MASTROCINQUE

ISTHMIA fu il luogo dove la civiltà greca e quella romana si incontrarono. Il primo intervento militare romano sul suolo greco fu la guerra illirica degli anni 229 e 228. I Romani mosero con la flotta contro la regina illirica Teuta, che aveva attaccato Epidamno e Corcira, e avevano minacciato Apollonia e Issa. I Romani vinsero e imposero a Teuta di ritirarsi da quasi tutta l'Illiria e di non far avanzare le sue navi da guerra più a Sud di Lisso (attualmente Alessio, in Albania). Gli ambasciatori Romani avevano fatto conoscere alla lega Etolica e a quella Achea le imprese che Roma aveva compiuto e i termini del trattato. In proposito Polibio[1] afferma che i Romani avevano combattuto contro un popolo considerato nemico da tutti e dopo la loro vittoria "inviarono subito altri ambasciatori agli Ateniesi ed ai Corinzi e fu proprio in tale occasione che questi ultimi li ammisero per la prima volta a partecipare ai giochi Istmici".

Cassio Dione parlava di questi fatti nelle sue storie, e da lui Zonara trae le seguenti notizie:

> I Romani furono per questi fatti lodati dai Corinzi, parteciparono agli agoni Istmici e Plauto vi risultò vincitore nella corsa dello stadio. Fecero altresì amicizia con gli Ateniesi e ottennero la loro cittadinanza e l'accesso ai loro misteri.[2]

Gli studiosi moderni non hanno mancato di sottolineare come questi due onori segnassero simbolicamente l'ingresso dei Romani fra i popoli civili e in quello che veniva chiamato *to Hellenikòn*, "la grecità",[3] ed eventualmente anche un riconoscimento dei Romani come campioni della lotta contro i barbari.[4]

1. 2.12.5-8.
2. Zon.VIII.19.7.
3. Cf. Wilamowitz 1923, 150; Holleaux 1935, 129, e Walbank 1957, 167.
4. Oliver 1960, 157.

L'ammissione ai misteri eleusini era riservata agli Ateniesi. Non si deve credere che l'affermazione di Cicerone[5] che a Eleusi erano iniziate persone provenienti da paesi lontani significasse che non c'erano forme di esclusione da questi misteri.[6] Isocrate[7] dice che erano esclusi i Persiani e gli assassini; Luciano[8] dice che Anacarsi fu iniziato solo dopo essere diventato cittadino ateniese. Il cinico Diogene, che si considerava cittadino del mondo, rinunciò all'iniziazione perché prima avrebbe dovuto diventare cittadino ateniese.[9] Tzetze[10] dice che nemmeno Eracle poté essere ammesso, per cui furono creati per lui i cosiddetti piccoli misteri.

Dopo la seconda guerra Persiana, in cui le dee eleusine avevano aiutato i Greci, Cimone cercò di trasformare in qualche modo i misteri eleusini da cerimonia ateniese in cerimonia dei Greci.[11] Sembra dunque che gli Ateniesi aprissero l'accesso ai loro misteri anche a non ateniesi, ma in funzione dei loro meriti nei confronti di Atene ed eventualmente della Grecità.

L'ammissione ai giochi panellenici rispondeva ad una logica analoga. Non si poteva essere ammessi se non si era Greci. La grecità, in senso generico, non esisteva, ma esisteva la grecità come appartenenza ad una città o a un popolo greco. Lo prova il famoso episodio del re macedone Alessandro Filelleno, che all'inizio del V secolo volle partecipare ai giochi Olimpici. Siccome la sua appartenenza alla grecità era stata messa in discussione, e i suoi nemici avevano sottolineato che "le gare non erano per atleti barbari, ma per greci", egli dovette provare la sua parentela con gli Argivi, dai cui re un tempo erano discesi i suoi antenati.[12] In quanto argivo Alessandro fu così ammesso ai giochi Olimpici. Erodoto conclude il suo racconto di questo episodio dicendo che il re vinse la gara a pari merito con un altro concorrente.

Per i Romani le cose non dovettero andare diversamente. I Romani dovettero essere riconosciuti come "greci" e avere anche una città con cui erano spe-

5. Cic. *de nat.deor.* I.119.
6. Cf. Pettazzoni 1924, 53-54.
7. Isocr. *Paneg.* 157 =73d.
8. Lucian. *Anach.* 8.
9. Iulian. *Contra Heracl.* 238 (*Or.* VII.25).
10. Tzetz. *in Lycophr.* 1327.
11. Hdt.6.65; cf. *SIG*[3] 42; Cataldi 1981, 73-146.
12. Hdt.5.22. Sulle feste greche di carattere internazionale e il loro rapporto con la guerra cf. recentemente Robertson 2002, 5-74.

cificamente imparentati. Tale città doveva essere Corinto, visti i meriti acquisiti dai Romani nel proteggere le città del basso Adriatico e dello Ionio, che erano tutte colonie corinzie. Del resto, già dal 230 Issa aveva chiesto aiuto e protezione ai Romani,[13] e Issa era colonia siracusana, e dunque sub-colonia corinzia. E' possibile che le origini corinzie dei Tarquinii avessero giocato un qualche ruolo nella *syngeneia* creata intorno al 228 a.C. Infatti l'antica famiglia regale romana fu considerata dagli Etruschi del IV secolo come portatrice di una connotazione corinzia per tutta Roma. Gli affreschi della tomba François di Vulci mostrano infatti una serie di eroi greci e troiani contrapposti, per indicare la vittoria dei Greci sui Troiani, antenati dei Romani, e anche alcuni fondatori di città contrapposti, fra i quali ci sono Fenice, mitico fondatore di Vulci, contrapposto a Sisifo, che evidentemente era considerato l'antenato dei Romani, in quanto antenato dei Tarquinii.[14] Certamente la visione di Roma data dai Vulcenti in quel periodo era fortemente connotata in senso antiromano, ma è parimenti significativa circa quella che poteva essere un'opinione condivisa sulle origini dei Romani e sulle loro parentele. Peraltro, esisteva una tradizione che attribuiva a Sisifo l'istituzione dei giochi Istmici in onore di Melicerte.[15]

Potrebbero avere contribuito alla creazione di una parentela anche i culti romani di Ino Leucotea, lanciatasi in mare vicino a Corinto e identificata con Mater Matuta, e di Portunus, identificato con Melicerte, il giovanissimo eroe dei giochi Ismici e venerato nel Foro Boario a Roma.

Non abbiamo notizia di ammissioni formali dei Romani ad altri giochi panellenici. In gni caso è evidente che a Istmia i Romani trovarono la loro sede ufficiale in cui parlare alla grecità e in cui prendere eventuali decisioni in comune. La sede era certamente delle più illustri, visto che durante la seconda guerra Persiana era li che i rappresentanti della lega greca si riunivano per prendere le decisioni comuni. Non è pertano un caso se alcuni grandi capi di stato romani scelsero Istmia per fare delle proclamazioni davanti al mondo greco riunito per i giochi.

Probabilmente l'episodio più famoso in questo senso fu la proclamazione della libertà delle città greche da parte di Tito Quinzio Flaminino nel 196 a.C.,

13. Cf. Marasco 1986, 36 e 81-82; Marasco 1988.
14. Questa è la famosa lettura del ciclo di affreschi proposta da Coarelli 1983.
15. Angeli Bernardini 1973.

dopo la vittoria romana a Cinoscefale su Filippo V. Flaminino parlava perfettamente il greco e fu il primo statista romano ad intendersi, da molti punti di vista, con i Greci. Prima di lui c'erano stati vari malintesi e non si può dire che ancora la grecità si fosse schierata dalla parte dei Romani. Flaminino era un grande diplomatico ed insieme un uomo di cultura, oltre che un valido stratega, e così fu lui a creare un fronte pressoché unitario dei Greci contro Filippo. Prima che una commissione senatoriale di dieci membri si insediasse in Corinto per stabilire i dettagli dell'applicazione del trattato di pace, Flaminino scelse la ricorrenza dei giochi Istmici per proclamare quale sarebbe stato il destino delle città e dei popoli che prima della guerra erano stati sotto il controllo di Filippo V. I Romani avrebbero potuto, in base al diritto di guerra, assumerne il controllo o imporre qualche forma di subordinazione a Roma. Dall'epoca della vittoria macedone sugli Spartani a Sellasia, nel 222, Corinto era rimasta sotto il controllo dei Macedoni e un presidio aveva tenuto l'Acrocorinto.[16] I re macedoni inoltre avevano tenuto a Corinto le assemblee comuni insieme con i Greci, e in particolare con le leghe di città.[17] I Romani avrebbero potuto semplicemente sostituirsi ai Macedoni nel controllo di Corinto e della sua fortezza. Invece il proclama della totale rinuncia romana di ogni forma di controllo militare o fiscale su tutte le comunità greche suonò come qualcosa di inatteso. Tito Livio[18] descrive dettagliatamente la scena dell'araldo che, alla vigilia dei giochi, proclamò quanto Flaminino e i Romani avevano deciso e dell'applauso che ne seguì e che passò alla storia per il suo fragore. Altre due volte, nel 195 e nel 194, Flaminino convocò a Corinto gli alleati greci, per proclamare la guerra contro Nabide e per annunciare il ritiro di tutte le forze romane dalla Grecia.[19]

Flaminino aveva capito perfettamente quale era la filosofia politica dei Greci e aveva riproposto lo spirito delle *koinai eirenai* greche, le quali in genere avevano visto Corinto quale sede delle decisioni collettive. Una politica condivisa, in funzione, possibilmente, della lotta contro i barbari, era stata, dall'inizi del IV secolo, la linea di condotta della grecità dopo la ferita della guerra del Peloponneso.

---

16. Pol.2.54.
17. Cf. Wiseman 1979, 453-4; per l'epoca di Filippo II: Perlman 1985.
18. 33.32.1-5. Cf. Pol. 16.44.
19. Liv.34.22.6; Liv.34.48.3. Sulla politica di Flaminino cf. recentemente: Badian 1970; Ferrary 1988, 81-132; Walsh 1988; id. 1996; Eckstein 1990; Günther 2000.

Gia con la pace di Fenice del 205 i Romani avevano partecipato a una sistemazione generale e condivisa dell'assetto degli stati greci. I Romani però non usavano sottoscrivere trattati che avessero una molteplicità di soggetti;[20] per esempio, quando essi ricostruirono la lega Latina nel 338 non sottoscrissero un trattato insieme a tutte le città latine, ma un trattato specifico con ognuna di loro. A maggior ragione essi non erano portati a sottoscrivere trattati di pace che non venivano a costituire una forma di lega come quella latina. Nonostante questo, Flaminino seppe dare ai Greci l'impressione che la formula della pace comune, basata su decisioni prese in comune, fosse stata ripristinata, anche se nella realtà si trattava di un proclama di decisioni prese a Roma dal Senato insieme al generale vincitore. Istmia però non era solo la sede di proclami, ma anche di decisioni di muover guerra in comune fra Greci e Romani e pertanto lo spirito dell'Ellenikòn non era frainteso.

In realtà, Flaminino non si presentava ai Greci come greco, ma come troiano, discendente di Enea, come prova l'iscrizione che aveva fatto apporre sugli scudi donati al santuario di Delfi.[21] Se avesse voluto presentarsi come discendente di un illustre eroe corinzio e dello stesso Ercole, nessuno in Grecia o a Roma lo avrebbe contraddetto. Questo dimostra che la grecità dei Romani era anche allora un tema ideologico di matrice greca più che romana e conferma che i Romani sostanzialmente non aderirono alle tentazioni greche di considerarsi loro parenti.[22]

La "formula troiana" permetteva però di non contraddire completamente la parentela con i Greci. Come Domenico Musti ha mostrato una trentina di anni fa,[23] i Greci consideravano i Troiani come simili, anche se non uguali, ai Greci, visto che in Omero i due popoli parlavano la stessa lingua e condividevano valori e divinità. In epoca classica i Greci, e specialmente gli Ateniesi avevano attribuito origini troiane a popoli con cui avevano dei buoni rapporti e che presentavano un territorio che in qualche modo richiamava il paesaggio troiano di omerica memoria. Fu così che i Coni della Siritide, gli Elimi della Sicilia e i Veneti furono stimati discendenti di eroi troiani in esilio. Il caso dei Romani fu

20. Bickermann 1932, 287.

21. Plut. *Flam.* 12.

22. Cf. recentemente Gruen 1992; Gabba 1991, 12-22; Giardina 1997, 62-77; Mastrocinque 2009, 30-42.

23. Musti 1981.

analogo. Arnaldo Momigliano,[24] per parte sua, ha Istmia non vide un grande afflusso di atleti romani ed Eleusi vide arrivare solo pochi romani ellenizzanti.[25] Maggiore successo ottennero invece i misteri di Samotracia, che si diceva fossero stati fondati dal capostipite dei Troiani, un fatto, questo, che deve avere contribuito alla loro popolarità. I Romani che andarono a governare la Macedonia e che si trovarono a soggiornare nell'area dell'Egeo presero l'abitudine di farsi iniziare nell'isola famosa per i misteri dei Grandi Dei.[26]

I Romani avevani i loro giochi circensi, peraltro di lontana origine greca, ma strutturati in modo diverso dai giochi panellenici greci. Solo all'epoca di Domiziano si vide sorgere a Roma il primo momumento stabile destinato a ospitare concorsi agonistici di tipo greco.[27]

Ilio ricevette, in quanto madrepatria originaria dei Romani, un trattamento di favore da parte dei conquistatori italici[28] e vide illustri condottieri, fra i quali Scipione Africano, recarsi come in pellegrinaggio presso i templi della piccola cittadina di Troade.[29] Corinto non ottenne alcun trattamento di favore, anzi fu famosa, insieme a Siracusa, per essere stata una grande cittò greca distrutta dai Romani, guidati da Lucio Mummio nel 146 a.C. La decisione del vincitore degli Achei dev'essere stata dettata da ragioni politiche più che ideologiche,[30] ma in ogni modo egli non si curò minimamente delle tradizioni greche sulle parentele romano-corinzie che probabilmente egli doveva conoscere. Del resto, se la parentela presentava veramente qualche richiamo ai Tarquinii del VI secolo, i Romani non potevano trovare in tali argomenti motivo di compiacimento.

Corinto era la città che organizzava i giochi Istmici, i quali, dopo la distruzione della città, non potevano essere interrotti, visto che erano, prima di tutto, una cerimonia di carattere religioso. Pausania[31] attesta che essi continuarono sotto la presidenza di Sicione, forse nella stessa Sicione, e, in ogni caso, certa-

24. Momigliano 1982.
25. Si veda Clinton 1989.
26. Cf. Guettel Cole 1984, 87-100; Guettel Cole 1989.
27. Tac. *Ann.* 14.20-21; 16.4-5; Suet. *Nero* 12; Cass.Dio 62.21; cf. Ferrary 1988, 520.
28. Cf. Mastrocinque 1983, 125-9; cf. Sordi 1983.
29. Liv. 37. 37; cf. 37.9.7 (Livio Salinatore).
30. Del resto, il generale romano Flavio Fimbria non ebbe scrupoli nel distruggere la stessa Ilio, quando lo ritenne opportuno.
31. Paus. 2.11.2.

mente non a Istmia.[32] Probabilmente intorno al 145 a.C. i Romani fecero fare qualche restauro a Istmia,[33] ma evidentemente non per farvi svolgere i giochi.

I Romani pertanto intesero il loro rapporto con Corinto, e con le città greche in generale, come una forma di patronato, che non aveva nulla a che fare con la nozione greca di *syngeneia*, "la parentela". Questo però non toglie che Corinto continuò ad essere, anche dopo la sua distruzione, il luogo di contatto e di interazione profonda fra Roma e la Grecia.

Poco prima della sua morte Giulio Cesare aveva deciso di far rinascere Corinto e Cartagine e Augusto realizzò i due progetti di suo padre adottivo. Corinto divenne dunque una colonia romana, Laus Iulia Corinthiensis, e fu scelta come sede del governatore romano di Achaia. Fatalmente l'interesse romano per i giochi Istmici allora riprese. Tra il 7 a.C. e il 3 d.C. si colloca l'agonothesia di L.Castricius Regulus,[34] la prima per noi conosciuta, ma è probabile che già qualche tempo prima i Romani di Corinto avessero ripreso la guida dei giochi Istmici, anche se non a Isthmia, che risulta essere rimasta in rovina fino alla metà del I secolo d.C., quando si iniziò a ricostruire il Palaemonium, il nuovo tempio di Posidone e il teatro.[35]

Le monete emesse dalla nuova Corinto mostrano fin dal 40 a.C. i simboli della corona agonistica di pino e dell'hydria provano che già nelle prime fasi di vita della colonia i giochi fossero ritornati sotto l'egida corinzia.[36]

Una lettera attribuita dalla tradizione manoscritta all'imperatore Giuliano l'Apostata[37] parla di una tassa, *synteleia,* che Argo ed altre città greche dovevano pagare ai Corinzi come contributo per l'allestimento dei giochi Istmici. Secondo Umberto Laffi,[38] Roma cedette a Corinto una parte dello *stipendium* che queste città avrebbero dovuto versare al governo romano. Tutto questo sta a di-

32. Cf. Brooner 1973, 67-68; Geghard 1993, 79, inferisce dalla demolizione dell'altare di Posidone e dalla assenza di materiali nell'area sacra dalla distruzione di Corinto al terzo quarto del I secolo d.C.

33. Pol. 39.17.1; cf. Wiseman 1979, 496.

34. Kent 1966, 70-72, nr. 152-3; Strab.8.6.22.

35. Per questa cronologia cf. Geghard 1993, 79. Sulla cronologia del Palaemonium nelle sue varie fasi cf., da ultimo Camia 2002, 361-375.

36. Geghard 1993, 81-82; per le monete: Amandry 1988, 129, tav.IV-V.

37. Iulian, *Epist.* 198 Bidez, particolarmente 408 a-b; 409 a.

38. Laffi 1966, 157, ove ulteriore bibliografia.

mostrare come Roma immediatamente abbia assunto la responsabilità e l'impegno dei giochi Istmici, rendendo, anche dal punto di vista religioso, la colonia romana Corinto la città leader della grecità.

I magistrati romani di Corinto del 57/58 e 58/59 emisero monete con la testa di Nerone e, al rovescio l'iscrizione *ISTHMIA* circondata da una corona agonistica di *selinon.*[39] Nello stesso periodo riprese l'attività di culto nel Palaemonium e nel teatro.

Nell'autunno del 66 Nerone proclamò la libertà dei Greci stando in mezzo allo stadio[40] o nell'agorà[41] e un'iscrizione di Acrefie riporta la sua orazione.[42] Dopo la proclamazione ebbero luogo i giochi (i quali altrimenti avrebbero dovuto aspettare la primavera del 67).[43] Combinata con i lavori per il progettato taglio dell'Istmo di Corinto, la cerimonia assunse una grandissima solennità, volta a superare la fama dei giochi del 196 a.C.

Il regno di Adriano vide poi una ricostruzione del Palaemonium e un suo ampliamento.[44] Possiamo anche apprezzare qualche volta nei dettagli l'impegno dei Romani per lo svolgimento delle gare Istmiche. In particolare, due iscrizioni del II secolo d.C. descrivono la profusione di risorse da parte di un magistrato di Corinto, P. Licinius Priscus Juventianus.[45]

Con l'assunzione dell'*agonothesia*, cioè dell'organizzazione dei giochi, i Romani cmpirono un passo ideologicamente assai rilevante: uno dei quattro giochi panellenici divenne un *sacrum populi Romani.* Non solo i Romani garantivano la sicurezza e l'ordine attraverso il governo della provincia, ma si assumevano anche l'onere e l'onore di organizzare e presidere quei giochi ai quali erano stati ammessi quasi due secoli prima. Anche questo faceva parte della forma di patronato che avevano istituito in Grecia.

39. Amandry 1988, 22-24, nr. 179-180, tav. XXXVII.
40. Suet. *Nero* 24.
41. Plut. *Flam.* 12.
42. *IG* VII, 2713 = *SIG*[3] 814.
43. Philostr. *Apoll.* 4.24; Cass. Dio 62.9; Suet. Nero 23; Plut. Flam. 12.
44. Geghard 1993, 89-94.
45. Geagan 1989.

Bibliografia

Amandry, M. 1988, *Le monnayage des duovirs corinthiens*, BCH Suppl. 15, Paris.

Angeli Bernardini, P. 1973, "Una nuova fonte sull'istituzione dei giochi Istmici (P. Oxy. 2451 fr. 1)", *QUCC* 16, 138-141.

Badian, E. 1970, *Titus Quinctius Flamininus: Philhellenism and Realpolitik*, Cincinnati.

Bickermann, E. 1932, "Rom und Lampsakos", *Philologus* 87, 277-299.

Brooner, O. 1973, *Isthmia* II: *Topography and Architecture*, Princeton.

Camia, F. 2002, "IG IV 203: la cronologia di P.Licinius Priscus Iuventianus, archiereus della Lega Achea", *ASAA* 80, 361-375.

Cataldi, S. 1981, "Un regolamento ateniese sui Misteri eleusini e l'ideologia panellenica di Cimone", in S. Cataldi (a cura di), *Studi sui rapporti interstatali nel mondo antico*, Pisa, 73-146.

Clinton, K. 1989, "The Eleusinian Mysteries: Roman Initiates and Benefactors, Second Century B.C. to A.D. 267", *ANRW* II.18.2, 1499-1539.

Coarelli, F. 1983, "Le pitture della tomba François a Vulci: una proposta di lettura", *DArch.* III ser.1, pp.43-69.

Eckstein, A.M. 1990, "Polybius, the Achaeans, and the "Freedom of the Greeks", *GRBS* 31, 49-71.

Ferrary, J.-L. 1988, *Philhellénisme et impérialisme. Aspects idéologiques de la conquête romaine du monde hellénistique, de la seconde guerre de Macédoine à la guerre contre Mithridate*, Roma.

Gabba, E. 1991, *Dionysius and the History of Archaic Rome*, Berkeley - Los Angeles London.

Geagan, D.J. 1989, "The Isthmian dossier of P. Licinius Priscus Juventianus", *Hesperia* 58, 349-360.

Geghard, E.R. 1993, "The Isthmian Games and the Sanctuary of Poseidon in the early Empire", in T.E.Gregory (ed.), *The Corinthia in the Roman Period, JRA* Suppl 8, Ann Arbor, 78-94.

Giardina, A. 1997, *L'Italia romana*, Bari.

Gruen, E.S. 1992, *Culture and National Identity in Republican Rome*, Ithaca, N.Y.

Guettel Cole, S. 1984, *Theoi Megaloi: the Cult of the Great Gods at Samothrace*, Leiden.

- 1989, "The Mysteries of Samothrace during the Roman Period", *ANRW* 18.2, 1564-98.

Günther, L.M. 2000, "Titus Quinctius Flamininus. Griechenfreund als Gefühl oder Kalkül?", in K.-J. Hölkeskamp, E.Stein-Hölkeskamp (Hg.), *Von Romulus zu Augustus*, München, 120-130.

Holleaux, M. 1935, *Rome, la Grèce et les monarchies hellénistiques*, Paris.
Kent, J.H. 1966, *Isthmia* VIII.3. *The Inscriptions*, Princeton.
Laffi, U. 1966, *Contributio e adtributio. Problemi del sistema politico-amministrativo dello stato romano*, Pisa.
Marasco, G. 1986, "Interessi commerciali e fattori politici nella condotta romana in Illiria (230-219 a. C.)", *SCO* 36, 35-112.
- 1988 "I rapporti romano-issei fra III e II secolo a.C.", in G.Marasco (a cura di), *Economia, commerci e politica nel Mediterraneo fra III e II secolo a.C.*, Firenze, 67-97.
Mastrocinque, A. 1983, *Manipolazione della storia in epoca ellenistica. I Seleucidi e Roma*, Roma.
- 2009, *Des mystères de Mithra aux mystères de Jésus*, Potsdamer Altertumswissenschaftliche Beiträge 26, Stuttgart.
Momigliano, A. 1982, "How to reconcile Greeks and Trojans", *MAWA* n.s. 45.9, 231-254 (rist. in *Settimo contributo*, Roma 1984, 436 ss.).
Musti, D. 1981, "Una città simile a Troia. Città troiane da Siri a Lavinio", *ArchClass* 33, 1-26 (rist. in *Strabone e la Magna Grecia*, Padova 1988, 95-122).
Oliver, J.H. 1960, *Demokratia, the Gods and the free World*, Baltimore.
Perlman, S. 1985, "Greek Diplomatic Tradition and the Corinthian League of Philip of Macedon", *Historia* 34, 153-174.
Pettazzoni, R. 1924, *I Misteri. Saggio di una teoria storico-religiosa*, Napoli, rist. Cosenza 1997.
Robertson, N. 2002, "The Religious Criterion in Greek Ethnicity: the Dorians and the Festival Carneia", *AJAH* N.S. I.2, 5-74.
Sordi, M. 1983, "La lettera dei Romani a Seleuco per gli Iliensi", in *Studi in onore di C. Sanfilippo*, IV, Milano, 719-27.
Walbank, F. 1957, *A Historical Commentary on Polybius*, I, Oxford.
Walsh, J.J. 1988, *Titus Quinctius Flamininus in Greece. 197-194 B.C.*, Austin.
- 1996, "Flamininus and the Propaganda of Liberation", *Historia* 45, 344-63.
Wilamowitz, U. 1923, *Staat und Gesellschaft der Griechen und Römer*, Berlin (II ed.).
Wiseman, J. 1979, "Corinth and Rome I, 228 B.C.-A.D. 267", *ANRW* I2.7, 438-548.

Summary

After the Illyrian war (229-228 B.C.) the Greeks were very grateful to the Romans, who wiped out the Illyrian fleet from the area of Corinthian colonies in the Adriatic sea. The Athenians admitted the Romans to the Eleusinian mysteries whereas the Corinthians invited them to concur at the Isthmian games. Herodotus stresses that the admission to the Panhellenic games was restricted to Greek peoples and the barbarians were excluded. Alexander the Philellene could concur only when he could testify his Argive stock. The Romans were probably admitted because they were supposed to be descendants of the Corinthians. Nevertheless they never accepted to be members of the Hellenic people. After the destruction of Corinth by L.Mummius and the rebirth of the city under Caesar and Augustus, the Romans assumed the presidency of the Isthmian games, because they wanted to be patrons and leaders of the Greeks.

Το Μνημείο των Λακεδαιμονίων στον Κεραμεικό.

Ένα ταφικό μνημείο στο προσκήνιο του αθηναϊκού εμφυλίου πολέμου του 403 π.Χ.

JUTTA STROSZECK

Η ΣΥΓΧΡΟΝΗ ανασκαφή του Κεραμεικού στην Αθήνα περιλαμβάνει 38.500 τ.μ. Ο εν λόγω Κεραμεικός δεν πρέπει να ταυτίζεται με τον αρχαίο δήμο που ονομαζόταν «Κεραμείς» ή «Κεραμέων» διότι Κεραμεικός ονομαζόταν η οδός, η οποία οδηγούσε από την Ακαδημία στην Αγορά.[1] Στον Κεραμεικό προ του Διπύλου, το οποίο διαχώριζε τον Έσω από τον Έξω Κεραμεικό, βρίσκεται το Δημόσιο Νεκροταφείο των Αθηναίων, στο οποίο οι Αθηναίοι είχαν ορίσει από τον 5ο αιώνα π.Χ. να θάπτονται οι πεσόντες των πολέμων καθώς και οι ένδοξοι άνδρες, που είχαν προσφέρει ιδιαίτερες υπηρεσίες στην πόλη. Στα μέσα του 4ου αιώνα π.Χ. είχαν τοποθετηθεί κατά μήκος της ευρείας αυτής οδού στήλες με την επιγραφή «ΟΡΟΣ ΚΕΡΑΜΕΙΚΟΥ».

Ο Κεραμεικός αποτελούσε ήδη από αυτή την εποχή ένα μνημείο, ενώ για τους Αθηναίους η έννοια του «Κεραμεικού» ήταν συνώνυμη με το δημόσιο νεκροταφείο εκτός της πόλης. Ένας μεγάλος αριθμός αρχαίων φιλολογικών πηγών αναφέρεται στο δημόσιο νεκροταφείο των Αθηναίων, ενώ πιο γνωστές γύρω από το θέμα είναι μάλλον οι αναφορές του Παυσανία[2] (I 29, 3-15). Η θέση του Κεραμεικού προ του Διπύλου ήταν γνωστή από αυτές τις πηγές και η συγκεκριμένη πύλη είχε ταυτιστεί εδώ και 40 χρόνια,[3] μετά την έναρξη των πρώτων ανασκαφών του Γερμανικού Αρχαιολογικού Ινστιτούτου στον Κεραμεικό στις 21 Απριλίου του έτους 1914 από τον Alfred Brueckner.

---

1. Stroszeck 2003, 53-83.

2. W.K. Pritchett, *Pausanias Periegetes* (1998) 1-60.

3. F. Adler, *Archäologische Zeitung* 32, 1874, 157-172. G. von Alten, "Die Toranlagen bei der Hagia Triada zu Athen", *AM* 3, 1878, 28-48 πίν. 3. 4 (Σχέδιο της ανασκαφής και λεπτομέρειες).

Ο κεντρικός στόχος των εργασιών ήταν η αποκάλυψη του επίσημου νεκροταφείου της πόλης για τη μορφή του οποίου, μέχρι εκείνη την εποχή, δεν ήταν τίποτε γνωστό. Τα πρώτα χρόνια ο Brueckner, ξεκινώντας από την Οδό Πειραιώς, έκανε μια μεγάλη τομή με κατεύθυνση προς το Δίπυλο, ελπίζοντας να κατανοήσει και να αποκαλύψει την άκρη της οδού. Η υπόθεσή του αποδείχτηκε σωστή και σε αυτή την τομή, η ανασκαφή της οποίας συνεχίστηκε μέχρι το 1916, μπόρεσε να αποκαλύψει δύο όρους του Κεραμεικού καθώς και πολλά κτίρια στην άκρη της οδού, μεταξύ των οποίων και ένα επίμηκες ταφικό μνημείο, στο οποίο ήταν θαμμένοι παράλληλα, ο ένας δίπλα στον άλλο, πεσόντες πολέμου.[4] Είχε αποκαλύψει αναμφισβήτητα ένα Πολυάνδριον και με αυτό την αρχή της εποικοδόμησης της οδού του Δημοσίου Νεκροταφείου προ του Διπύλου.

Ταύτιση

Οι γερμανικές ανασκαφές στον Κεραμεικό διακόπηκαν προσωρινά εξαιτίας του πρώτου παγκοσμίου πολέμου το 1916. Συνεχίστηκαν από το 1926 και εξής, αλλά μόλις το 1930, το τελευταίο έτος κατά το οποίο ο 69χρονος πλέον Alfred Brueckner ήταν επικεφαλής της ανασκαφής, πραγματοποιήθηκε το εντυπωσιακό εύρημα που έδωσε τη δυνατότητα της ταύτισης του Πολυανδρίου: στις 8 Απριλίου αυτού του έτους βρέθηκε κατά την κατεδάφιση των θεμελίων ενός τοίχου των ρωμαϊκών χρόνων κοντά στο ταφικό μνημείο το θραύσμα μιας μαρμάρινης λιθοπλίνθου (μήκους 2,10μ. και ύψους 0,17μ.) η οποία έφερε την εξής επιγραφή με μεγάλα γράμματα: Λ Α [το οποίο σύμφωνα με την πρόταση του Brueckner συμπληρώνεται ως *ΚΕΔΑΙΜΟΝΙΟΙ*] και παρακάτω με μικρότερα γράμματα τα ονόματα δύο πολέμαρχων των Σπαρτιατών και συγκεκριμένα Χαίρων και Θίβραχος, καθώς και τα ίχνη των αρχών των γραμμάτων ενός ακόμα ονόματος[5] *(εικ. 1)*. Στην αριστερόστροφη επιγραφή δεν χρησιμοποιείται το αττικό-ιωνικό αλφάβητο, αλλά το πελοποννησιακό, στο οποίο αντί του γράμματος *Χι* αναγράφεται το γράμμα *Ψι:*

4. Brueckner 1910, 183-234· 1915, 118 κ.ε.· 1916, 58-61.

5. IG II 2 11678. Οι van Hoek 1932, 291 και Willemsen 1977, 136 θέλησαν να συμπληρώσουν αυτά τα γράμματα με ένα Μι, ενώ π. χ. οι Peek 1941, 40 κ.ε. αρ. 30 πιν. 14,1 και Pritchett 1985, 133 κ.ε., υποσημ. 123 αναγνωρίζουν την άκρη ενός Λάμδα.

ΘΙΒΡΑΚΟΣ	*ΨΑΙΡΩΝ*	*Λ[ΑΚΡΑΤΗΣ]*
ΠΟΛΕΜΑΡΨΟΣ	*ΠΟΛΕΜΑΡΨΟΣ*	*[ΟΛΥΜΠΙΟΝΙΚΗΣ]*

Τα ονόματα των δύο πολεμάρχων όπως και ενός ολυμπιονίκη (Λακράτης) είναι γνωστά από τον Ξενοφώντα (*Ελλ.* 2.4.33 κ.ε.) όταν αναφέρεται στη μάχη της Μουνιχίας τον Μάιο του έτους 403 π.Χ. Η μάχη αυτή αποτελούσε εμφύλια σύρραξη ανάμεσα στους δημοκρατικούς Αθηναίους με επικεφαλής τον Θρασύβουλο αφενός και τις στρατιωτικές δυνάμεις των Τριάκοντα Τυράννων αφετέρου.

Σύμμαχος των Τυράννων ήταν ο βασιλιάς των Σπαρτιατών Παυσανίας. Στη μάχη έπεσαν οι *Χαίρων τε καὶ Θίβραχος, ἄμφω πολεμάρχω, καὶ Λακράτης ὁ ὀλυμπιονίκης καὶ ἄλλοι οἱ τεθαμμένοι Λακεδαιμονίων πρὸ τῶν πυλῶν ἐν Κεραμεικῷ.*

Πρόκειται λοιπόν για την εύρεση της επιτύμβιας επιγραφής των Σπαρτιατών του βασιλιά Παυσανία, την οποία σωστά ο Brueckner συνέδεσε με το ταφικό μνημείο *πρὸ τῶν πυλῶν* και *ἐν Κεραμεικῷ.*

Δεν υπάρχει καμία αμφιβολία για την ορθότητα της αποδόσεως αυτής της επιγραφής στο συγκεκριμένο ταφικό μνημείο. Ωστόσο, οι διάφορες δυνατότητες συμπλήρωσης της επιγραφής καθώς και η θέση της στο μνημείο, βάσει των δεδομένων που ακολούθησαν, μπορούν να συζητηθούν εκ νέου.

Ήδη από το 1977 ο Franz Willemsen δημοσίευσε σε ένα μεγάλο άρθρο με τον τίτλο *Ο τάφος των Λακεδαιμονίων στον Κεραμεικό*[6] το συνολικό σχέδιο των κτιριακών κατασκευών στο νοτιοδυτικό άκρο της οδού Κεραμεικού, καθώς και τις ταφές που ανήκαν σε αυτό *(εικ. 2*[7]*)* ενώ διαπίστωνε και διάφορα «τμήματα» από «οικοδομικές εργασίες διαφόρων ειδών». Παρόλα αυτά περιγράφει ως «τάφο των Λακεδαιμονίων» μόνο ένα τμήμα του μνημείου με 14 ταφές.[8]

Η Ursula Knigge παρουσίασε το 1988 μια αναπαράσταση του ταφικού μνημείου σύμφωνα με την οποία συμπεραίνει ότι εδώ ήταν θαμμένοι 13 νεκροί, χωρίς όμως να δίνει κάποια συγκεκριμένη διευκρίνιση για το λόγο για τον οποίο δεν συμπεριλαμβάνει την ταφή αρ. 14.[9] Αυτή η αναπαράσταση αποτελούσε μέ-

6. Willemsen 1977, 117-157 παρένθετος πίνακας 4.

7. Η πρώτη αρίθμηση των σκελετών από τον A. Brueckner, κατά τη διάρκεια των ανασκαφών (αρ. 1-14) συμπληρώθηκε με τους νέους σκελετούς που βρέθηκαν αργότερα στις ανασκαφές του K. Gebauer (αρ. 15-24).

8. Willemsen 1977, 130.

9. Knigge 1988, 160 κ.ε., εικ. 156.

χρι σήμερα την πιο αποδεκτή πρόταση στην έρευνα γι' αυτές τις με ασφάλεια χρονολογημένες ταφές.

Παρόλα αυτά η κατανόηση του συνόλου των κτισμάτων παρέμενε όπως πριν ελλιπής, ενώ δεν είχε δοθεί και καμία συμπερασματική ερμηνεία για το μνημείο.

Για τον λόγο αυτό ανατέθηκαν εκ νέου στην υπογράφουσα οι εργασίες στα νοτιοδυτικά της άκρης της οδού, σε συνεργασία με τον αρχιτέκτονα Alexander von Kienlin και τον ανθρωπολόγο Θεόδωρο Πίτσιο. Στη συνέχεια του άρθρου δίδεται μια μικρή αναφορά γι' αυτές τις εργασίες.

1. Αριθμός και χρονολόγηση των σκελετών

Κατά μήκος του νοτιοδυτικού άκρου της οδού Κεραμεικού βρίσκονται από το 403 π.Χ. 26 συνολικά ταφές πεσόντων πολεμιστών. Σύμφωνα με τον προσανατολισμό τους και τα έθιμα ταφής μπορούμε να διακρίνουμε δύο βασικές ομάδες.

Η *Ομάδα 1* περιλαμβάνει 23 σκελετούς, οι οποίοι είναι θαμμένοι σε ύπτια στάση και με την κεφαλή, η οποία ακουμπά σε αργούς λίθους εν είδει «προσκεφαλαίων»,[10] στραμμένη προς την οδό, (όπως δίδεται σχηματικά στην *εικόνα* 2).

Η *Ομάδα 2* περιλαμβάνει 3 σκελετούς. Αυτοί αποτελούν μια ομάδα γιατί, σε αντίθεση με τους άλλους, έχουν ενταφιασθεί παράλληλα προς την οδό, είναι τοποθετημένοι εν μέρει σε υψηλότερο επίπεδο και τέλος δεν έχουν λίθους ως προσκεφάλαια. Εκτός των άλλων αυτοί οι νεκροί είχαν κτερίσματα, ενώ οι τάφοι της Ομάδας 1 με μία μόνο εξαίρεση, είναι ακτέριστοι. Το γεγονός ότι παρόλα αυτά και οι άνδρες της Ομάδας 2 ήταν πολεμιστές αποδεικνύεται από τις αιχμές βελών που βρέθηκαν στους τάφους υπ' αρ. 18 και 25.

Στη συνέχεια θα αναφερθούμε μόνο στις ταφές της Ομάδας 1, επειδή μόνον αυτές μπορούν, λόγω των προαναφερθέντων ιδιαιτεροτήτων τους, να θεωρηθούν ως ταφές των Λακεδαιμονίων.

10. Οι λίθοι υποστήριζαν πιθανώς το πραγματικό προσκεφάλαιο, το οποίο ήταν μαξιλάρι από ύφασμα. Για τα προσκεφάλαια στην νεκρική λατρεία, βλ. Λυσίας 12.18.

2. Επέκταση του πυρήνα του κτίσματος

Το ταφικό μνημείο κατασκευάστηκε σε πολλές φάσεις.[11] Καταρχήν θα πρέπει να διαχωριστούν μεταξύ τους ο πυρήνας του μνημείου με τους σκελετούς 1-9 καθώς και το πυργοειδές κτίσμα στο ίδιο επίπεδο με τον πυρήνα του μνημείου, πάνω από τον σκελετό 15. Μετά την ίδρυση αυτών των αρχικών κτισμάτων πραγματοποιήθηκαν πολλές επεκτάσεις και συγκεκριμένα μία προς τα νότια, για τους σκελετούς 10-14, μία στο χώρο μεταξύ του πυρήνα του κτιρίου και του πύργου για την ταφή 16 και τέλος μία προς τα βόρεια, η οποία βρίσκεται και στη χειρότερη κατάσταση διατήρησης, για τις ταφές 17 και 19 έως 24.

Μια πιθανή εξήγηση για τα μεταγενέστερα κτίσματα, τα οποία χρονολογικά δεν απέχουν και πολύ από τα πρώτα, φαίνεται να είναι ότι στους μήνες που ακολούθησαν μετά τη μάχη της Μουνιχίας, από τον Ιούνιο μέχρι τον Σεπτέμβριο, έπεσαν και άλλοι Σπαρτιάτες, οι οποίοι πολεμούσαν στο πλευρό των Αθηναίων Τυράννων. Θα μπορούσε επίσης να σκεφτεί κανείς ότι μερικοί τραυματίες υπέκυψαν στα τραύματά τους αφού είχε παρέλθει κάποιο χρονικό διάστημα μετά τη μάχη. Έτσι στο μνημείο συμπεριλήφθηκαν μεταγενέστερα και οι νεκροί σύντροφοι των πρώτων πεσόντων. Είναι μάλιστα επίσης δυνατόν να έχουν ενταφιαστεί εδώ και οι Σπαρτιάτες, οι οποίοι πέθαναν κατά τη διάρκεια της παραμονής των Σπαρτιατικών στρατευμάτων στην Αθήνα μετά τον Σεπτέμβριο του 403 π.Χ. Οι Σπαρτιάτες επιτηρούσαν τότε την εφαρμογή της αμνηστίας, που αποτελούσε διαβεβαίωση προς τους Τριάκοντα Τυράννους και έναν από τους θεμελιώδεις όρους της ειρήνης.[12]

Η πλίνθος με την επιγραφή για τον Θίβραχο και τον Χαίρωνα αφορούσε μόνο τον πυρήνα του μνημείου ή αυτόν και την νότια προσθήκη για τους σκελετούς αρ. 10-14, μια και αρχή της αριστερόστροφης επιγραφής στη βόρεια γωνία του κτίσματος του πύργου θα πρέπει να αποκλειστεί εφόσον αυτό το κτίσμα στεκόταν καταρχήν ελεύθερο. Η επιγραφή επομένως αναφέρεται ή στους σκελετούς υπ' αρ. 1-9 ή στους σκελετούς υπ' αρ. 1-14.

11. Όπως έχει ήδη δείξει ο Gebauer 1938, 612 κ.ε., βλ. επίσης von Kienlin 2003.

12. Σε ό,τι αφορά την παρουσία των Σπαρτιατών μετά το 403 π.Χ., βλ. Funke 1980, 15 κ.ε., 30 κ.ε. - Buck 1998, 81 κ.ε.

3. Οι σκελετοί

Οι σκελετοί ανήκουν αποκλειστικά σε άνδρες. Η πρώτη ανθρωπολογική ταύτιση των σκελετών υπ' αρ. 1-14 πραγματοποιήθηκε το 1937 από τον Emil Breitinger,[13] ο οποίος είχε την δυνατότητα να τους μετρήσει και να τους φωτογραφίσει κατά χώραν (in situ). Αυτές οι φωτογραφίες έχουν σήμερα ανυπολόγιστη αξία. Οι σκελετοί έχουν ερευνηθεί στο μεταξύ από πολλούς ανθρωπολόγους, μεταξύ των οποίων είναι η Sarah Bisel και ο Lawrence Angel.[14]

Οι σκελετοί ήταν σφιχτά τυλιγμένοι σε ενδύματα που δεν σώζονται πλέον γιατί οι κλειδώσεις όλων κείτονται λοξά προς τα επάνω ενώ οι αστράγαλοι, στην πλειοψηφία των σκελετών, μετά τη διάλυση του σώματος δεν έπεσαν στο πλάι αλλά προς τα κάτω, πράγμα που υποδηλώνει ότι υφάσματα ή ταινίες τούς συγκρατούσαν από την αρχή στη θέση τους.

Με αυτό συμφωνούν και οι μαρτυρίες των αρχαίων συγγραφέων[15] σύμφωνα με τις οποίες οι Σπαρτιάτες και οι γενναίοι πολεμιστές τους που έπεφταν στη μάχη τυλίγονταν στην φοινικίδα,[16] δηλαδή τον πορφυρό στρατιωτικό μανδύα, και θάβονταν σκεπασμένοι ή στεφανωμένοι με κλαδιά ελιάς.

Σε κάποιους σκελετούς διαπιστώθηκε ότι υπήρχαν ακόμη τα όπλα των εχθρών.[17] Ένας σιδερένιος σαυρωτήρας στην αριστερή πλευρά του στήθους του σκελετού υπ' αρ. 3 παρέμεινε στο σώμα του νεκρού κατά τη διάρκεια της ταφής του *(εικ. 3)*. Η ανασκαφή δείχνει ότι ο πολεμιστής δέχτηκε το θανατηφόρο χτύπημα κατάστηθα. Αυτό μας φέρνει στον νου τους στίχους του αποσπάσματος 9D του Σπαρτιάτη ποιητή Τυρταίου,[18] τα ποιήματα του οποίου, σύμφωνα με τις πληροφορίες που μας δίνει ο Λυκούργος (*Λεωκ.* 107), ακούγονταν τακτικά από τους συγκεντρωμένους Σπαρτιάτες στον πόλεμο:[19]

---

13. Breitinger, AA 1937, 200, 203.

14. Τα πρωτότυπα των αναλύσεων φυλάσσονται στο αρχείο της ανασκαφής του Κεραμεικού.

15. Αιλιανού, *Ποικίλη Ἱστορία* 6.6· Πλουτάρχου, *Ἠθικά* 238d· *Λυκοῦργος* 27.1-2.

16. Αριστοτέλους, απ. 542 για τους ερυθρούς μανδύες των Λακεδαιμονίων.

17. Δύο αιχμές βελών, ένα θραύσμα λεπίδας και ένας σαυρωτήρας δημοσιεύθηκαν από τον Baitinger 1999, 117-126 πίν. 14.

18. Ως προς το πρόβλημα της χρονολόγησης του ποιητή, βλ. Shaw 2003, 124 κ.ε. Ο Ευσέβιος τον χρονολογούσε στην 35η ή 34η Ολυμπιάδα, δηλαδή το 637 π.Χ.

19. Mac Dowell 1986, 69 κ.ε.

Αὐτὸς δ' ἐν προμάχοισι πεσὼν φίλον ὤλεσε θυμόν,
ἄστυ τε καὶ λαοὺς καὶ πατέρ' εὐκλεΐσας,
πολλὰ διὰ στέρνοιο καὶ ἀσπίδος ὀμφαλοέσσης
καὶ διὰ θώρηκος πρόσθεν ἐληλαμένος.

Αυτός που πέφτει στην πρώτη γραμμή και χάνει στη μάχη τη ζωή του
Δόξα για τον λαό του, την πόλη και τον πατέρα του,
Έχει πληγωθεί από μπροστά στο πλατύ στήθος μέσα από τον σιδερένιο θώρακα
ενώ η ασπίδα του είναι διάτρητη από τα βέλη.

Σε άλλους σκελετούς βρέθηκαν αιχμές βελών στην περιοχή του κεφαλιού και των ποδιών (στις κνήμες και τα γόνατα) ενώ δεν βρέθηκαν κτερίσματα (οργανικά κατάλοιπα όπως π.χ. οι μανδύες δεν αποδεικνύονται ή αποδεικνύονται εμμέσως).

Μόνο σε μια περίπτωση βρέθηκε ένα κτέρισμα, σε έναν άνδρα που είχε ταφεί σε σαρκοφάγο στον πύργο (υπ'αρ. 15). Το κτέρισμα είναι ένα αλάβαστρο.[20]

4. Η ταφή σε ομάδες

Παρατηρείται η τοποθέτηση πολλών νεκρών σε ομάδες, δηλαδή το ξεχώρισμα μερικών ή πολλών νεκρών που ανήκουν στην ίδια φάση. Για παράδειγμα οι σκελετοί υπ' αρ. 1-6 στον πυρήνα του μνημείου είναι θαμμένοι ομαδικά σε έναν τάφο, ενώ ξεχωριστά είναι τοποθετημένοι οι σκελετοί υπ. αρ. 7-9 *(εικ. 4).*

Αυτοί οι τρεις σκελετοί της πρώτης φάσης χωρίζονται από τους υπόλοιπους έξι στον κοινό τάφο με ένα εσωτερικό τοιχείο ενώ φέρουν <u>δύο</u> αντί για έναν μόνο λίθο ως προσκεφάλαια. Από την εποχή της πρώτης ανασκαφής προσπαθούσε κανείς να ταυτίσει τους νεκρούς από τα ονόματα της επιγραφής με τους πολέμαρχους που κατονομάζει ο Ξενοφών.[21] Τελευταία ο Stephen Hodkinson βασισμένος σε λεπτομερείς προφορικές πληροφορίες για τα ανασκαφικά δεδομένα, ενίσχυσε αυτές τις υποθέσεις και θεώρησε αυτή την ξεχωριστή ταφή, σύμ-

20. Αμφίβολη είναι η προφανώς μεταγενέστερη απόδοση δύο ερυθρόμορφων ληκύθων στον τάφο υπ' αρ. 24, εφόσον ο επικεφαλής των ανασκαφών K. Gebauer δεν τις αναφέρει.
21. van Hoek 1932, 291: "these are probably the officers mentioned by Xenophon".

φωνα με τα αξιώματα των εξεχόντων νεκρών, ως τυπική για τις Σπαρτιατικές ταφές των πολεμιστών.[22]

Παρατηρώντας προσεκτικά διαπιστώνει κανείς ότι ο σκελετός υπ' αρ. 7 (*εικ. 4* αριστερά) διακρίνεται καθαρά από τους άλλους δύο με την τοποθέτηση ενός μεγάλου αργού λίθου μεταξύ των ώμων των σκελετών 7 και 8. Είναι φανερό ότι πρέπει να συσχετίσει κανείς αυτή την παρατήρηση με τους νεκρούς των κειμένων του Ξενοφώντος. Έτσι θα πρέπει οι πολεμιστές υπ' αρ. 8 και υπ' αρ. 9 να ταυτιστούν με τους πολέμαρχους Θίβραχο και Χαίρωνα. Η υφιστάμενη εξακρίβωση της ηλικίας τους (33 και 50 ετών) συμφωνεί και με το αξίωμα και των δύο σαν πολέμαρχους.

Ήταν όμως ο τρίτος (υπ' αρ. 7) εκτός των υπ' αρ. 8 και 9 αποτιθέμενων πολεμιστών ο ολυμπιονίκης Λακράτης; Σύμφωνα με τις ανθρωπολογικές μελέτες για την εξακρίβωση της ηλικίας του θα πρέπει να ήταν περίπου 20 ετών όταν πέθανε.[23] Εφόσον οι Σπαρτιάτες αποκλείστηκαν το 420 π.Χ. από την Ολυμπιάδα, ο Λακράτης θα μπορούσε να έχει νικήσει στους αγώνες του 416, του 412, του 408 ή του 404, που σημαίνει σε ηλικία 7, 11, 15 ή 19 ετών. Το αγώνισμα στο οποίο διακρίθηκε δεν είναι γνωστό αλλά θα πρέπει σίγουρα να είχε νικήσει στους αθλητικούς αγώνες γιατί μόνον στους Σπαρτιάτες ολυμπιονίκες μπορούσε να δοθεί η τιμή να υπερασπίζονται τον βασιλιά τους στον πόλεμο και με αυτή την ιδιότητα θα πρέπει να σκοτώθηκε ο Λακράτης.[24] Στον *Λυκούργο* του Πλουτάρχου (22.4) απαντά ένας ολυμπιονίκης γελώντας, όταν ερωτάται για το ποιο είναι το πλεονέκτημα που έχει αποκτήσει από τη νίκη του *Πρὸ τοῦ βασιλέως τεταγμένος μαχοῦμαι τοῖς πολεμίοις* που σημαίνει *στον πόλεμο μάχομαι μπροστά από τον βασιλιά.*[25]

Μνημεία για τους πεσόντες ολυμπιονίκες με την επιγραφή *ΕΝ ΠΟΛΕΜΩ* φυλάσσονται στις αποθήκες του μουσείου της Σπάρτης.[26] Μας πληροφορούν ότι οι τάφοι των ολυμπιονικών ήταν ιδιαιτέρως διακοσμημένοι, ενώ οι κάτοχοί

---

22. Hodkinson 2000, 252 κ.ε. Η μεταθανάτια τιμή για τους πεσόντες, που διακρίθηκαν στη μάχη, τους επονομαζόμενους Ήρωες, δεν αποτελεί ένα φαινόμενο που περιορίζεται μόνον στη Σπάρτη. Παράβαλε το υπό έκδοση άρθρο της υπογραφούσης "Ein spartanisches Heroon am Kerameikos", στο *Neue Funde aus griechischen Stadten und Heiligtumern. Akten eines Kolloquiums zum 65.* Geburtstag von B. Wesenberg, Regensburg 4-5 Νοεμβρίου 2005.

23. Αυτήν την πληροφορία την χρωστώ στον Θ. Πίτσιο τον οποίο και ευχαριστώ.

24. Ste Croix, 1972, 354.

25. Πρβλ. Πλουτάρχου, *Ἠθικά* 639e.

τους διακρίνονται επακριβώς τόσο εξαιτίας της έκτασης όσο και της πολυτέλειας των μνημείων τους από τις μικρές επιτάφιες στήλες των «απλών» πεσόντων. Έτσι δεν μπορούμε να αποκλείσουμε ότι και στον ολυμπιονίκη Λακράτη δόθηκε η δυνατότητα μιας ιδιαιτέρως τιμητικής ταφής, ενώ μπορεί να ταυτιστεί με τον νεκρό υπ' αρ. 15 στο κτίσμα του πύργου, ο οποίος ήταν ο μόνος από ολόκληρη τη σειρά των νεκρών που κατείχε ένα κτέρισμα, και συγκεκριμένα ένα ιδιαίτερα λεπτοδουλεμένο αλάβαστρο από το ίδιο πολύτιμο υλικό. Κατόπιν ερευνών του Θεόδωρου Πίτσιου αυτός ο πολεμιστής ήταν, όπως και ο Λακράτης, στην αρχή των είκοσί του χρόνων όταν πέθανε.

Το ζήτημα της ταύτισης του Λακράτους δεν μπορεί να λυθεί ακριβώς, γιατί στο αριστερό άκρο του θραύσματος της επιγραφής του ταφικού μνημείου των Λακεδαιμονίων φαίνεται να σώζεται το υπόλοιπο ενός Λάμδα του ονόματός του. Αυτό αμφισβητήθηκε από τους van Hoeck και Franz Willemsen, οι οποίοι στο σημείο αυτό διαβάζουν ένα Μι. Σε αυτό αντιπαρατέθηκε ήδη ο Kendrick Pritchett με την παρατήρηση ότι τίποτε δεν συνηγορεί εναντίον της συμπλήρωσης ενός Λάμδα.[27] Για τον Werner Peek, ο οποίος δημοσίευσε την επιγραφή ήταν αναμφίβολο ότι ο Ξενοφών παρέθεσε αυτήν ακριβώς την επιγραφή.[28] Εάν το Λάμδα αποτελεί κατάλοιπο του ονόματος του Λακράτους, τότε αυτό θα καταδείκνυε ότι ο ολυμπιονίκης θα πρέπει να ταυτιστεί με τον σκελετό υπ' αρ. 7, εφόσον η επιγραφή δεν θα μπορούσε να βρίσκεται ταυτοχρόνως και στον πυρήνα του κτιρίου και στο κτίσμα του πύργου. Περισσότερο πιθανό είναι να τοποθετηθεί η επιγραφή στον πυρήνα του κτιρίου, ίσως μάλιστα να πρέπει να συμπεριληφθεί στη νότια προέκταση.

Στις ταφές των μεταγενέστερων φάσεων του μνημείου είναι πολύ χαρακτηριστική η συνολική ταφή των πεσόντων σε ομάδες, ενώ αντιθέτως, προφανώς σύγχρονες ταφές, περιλαμβάνουν έναν μόνο νεκρό. Για παράδειγμα οι τέσσερις νεκροί υπ. αρ. 10-13, όπως και ο ένας νεκρός υπ' αρ. 14, είναι θαμμένοι ταυτοχρόνως (και ανήκουν στη δεύτερη φάση), ενώ σύγχρονοι είναι επίσης οι νεκροί υπ. αρ. 17 και 24 μαζί με την ομάδα των πέντε υπ' αρ. 19-23.

---

26. Αρ. ευρετηρίου 509 και IG V 1, 708, παράβαλε επίσης τις στήλες για τους «απλούς» πεσόντες: IG V 1, 701. 702. 703. 705. 706. 707. 710. 918. 921. 1124. 1591 και SEG 42, 1992, 93 αρ. 330. Παπανικολάου 1977, 204 υποσημ. 2. - Ζαββού 1992-1998, 298 κ.ε. αρ.2 πίν. 48,1. Ζαββού 1999, 66 κ.ε. αρ. 6 εικ. 11, 2.3.

27. van Hoeck 1932, 290-292· Willemsen 1977, 136· Pritchett 1985, 133, 208.

28. Peek 1941, 40.

Αν η ερμηνεία των εξεχόντων σκελετών υπ' αρ. 8 και 9 ως αυτών των νεκρών πολεμάρχων και του σκελετού υπ' αρ. 7 ή 15 ως του Λακράτους είναι σωστή, τότε θα πρέπει να συμπεράνουμε ότι οι Σπαρτιάτες έθαβαν τους νεκρούς τους ομαδικά και σύμφωνα με το αξίωμά τους. Αυτή η υπόθεση υποστηρίζεται εκτός των άλλων και από την αναφορά του Ηροδότου (9.85 κ.ε.) για την ταφή των πεσόντων πολεμιστών μετά τη μάχη των Πλαταιών το 479 π.Χ.

Ο Ηρόδοτος περιγράφει ότι οι Σπαρτιάτες έθαψαν τους νεκρούς τους σε τρεις τάφους: ο ένας ήταν για τους *ιρέες* προφανώς εννοεί τους ιερείς ή τους προμάχους (χρησιμοποιώ εδώ την ερμηνεία του Stephen Hodkinson),[29] στον δεύτερο ήταν θαμμένοι *οἱ ἄλλοι Σπαρτιᾶται* και στον τρίτο οι είλωτες. Η επιλογή των λέξεων που χρησιμοποιεί ο Ηρόδοτος «οι υπόλοιποι Σπαρτιάτες» θυμίζει την επιλογή των λέξεων του Ξενοφώντα *καὶ ἄλλοι οἱ τεθαμμένοι Λακεδαιμονίων* για τους υπόλοιπους πεσόντες του Κεραμεικού.[30] Είναι επομένως περισσότερο από προφανές ότι οι πολεμιστές που είναι θαμμένοι κατά ομάδες υπ' αρ. 1-6, 10-13 και 19-23 ανήκουν στους «άλλους».

Επειδή η μάχη έγινε τον Μάιο, δηλαδή σε ζεστή εποχή και επειδή πρόκειται για ταφές των σωμάτων των νεκρών και όχι για καύσεις θα πρέπει οι νεκροί να μεταφέρθηκαν από τον Πειραιά στον Κεραμεικό και να ενταφιάστηκαν χωρίς καμία χρονοτριβή. Η παρουσία του ίδιου του βασιλιά Παυσανία στην ταφή δύο στρατηγών του και ενός των σωματοφυλάκων του είναι πολύ πιθανή.

5. Θυσία στον τάφο

Πρέπει κανείς να υποθέσει ότι το ταφικό κτίσμα πάνω από τους πεσόντες υπ' αρ. 1 έως 9 κατασκευάστηκε χρονικά πολύ κοντά στην εποχή της ταφής. Όταν έκλεισε, οι Σπαρτιάτες έκαναν τη θυσία για τους εννέα πεσόντες. Η κεραμική που προέρχεται από αυτήν την θυσία βρέθηκε στην ανασκαφή στα ανώτερα στρώματα του ταφικού κτίσματος της πρώτης φάσης. Ο Brueckner σημείωσε και σχεδίασε κάποια από τα θραύσματα των αγγείων στο ημερολόγιό του, έτσι ώστε να μην υπάρχει καμία αμφιβολία και για τα συνανήκοντα θραύσματα που προστέθηκαν αργότερα. Το μεγαλύτερο μέρος αυτών των ευρημάτων δεν έχει

29. Hodkinson 2000, 258.

30. Buck 1998, 82 κ.ε.

δημοσιευτεί μέχρι στιγμής.[31] Η καλή διατήρηση της κεραμικής οφείλεται εκτός των άλλων και στο γεγονός ότι ένας αγωγός του 1ου αιώνα π.Χ. τοποθετήθηκε κατά μήκος του εσωτερικού του ταφικού μνημείου των Λακεδαιμονίων διαταράσσοντας τα ανώτερα στρώματα της επίχωσής του.

Επειδή ένα μέρος των αναθημάτων της θυσίας παραγγέλθηκε στην Αθήνα γι' αυτόν το λόγο (πρόκειται για μια σειρά ερυθρόμορφων κανθάρων με σκηνές μάχης και κυνηγιού, των οποίων οι βάσεις είχαν τρυπηθεί πριν από το ψήσιμο) θα πρέπει να μεσολάβησαν μερικές ημέρες μεταξύ της ταφής, της ολοκλήρωσης του ταφικού μνημείου και της εκτέλεσης της θυσίας.[32] Ο K. Gebauer, ο οποίος συνέχισε τις ανασκαφές του Alfred Brueckner στον Κεραμεικό, δημοσίευσε ένα μικρό μέρος των ευρημάτων και, συγκεκριμένα, κάποια όστρακα από την επίχωση καθώς και μια μελαμβαφή κύλικα.

Αν εξετάσουμε στη συνέχεια αυτά τα γνωστά ευρήματα θα διαπιστώσουμε ότι ανάμεσά τους βρίσκονται κάποια που υποδηλώνουν σαφή σχέση με τη Σπάρτη.

1. Η παράσταση σε ένα όστρακο αττικού ερυθρόμορφου κωδωνόσχημου κρατήρα από τον κύκλο του ζωγράφου της Suessula αναγνωρίστηκε ήδη από τον John Beazley ως τμήμα μιας παράστασης των Διοσκούρων κατά τη γέννηση της Ελένης - ένα θέμα, το οποίο προσιδιάζει και στη λακωνική ερυθρόμορφη αγγειογραφία.[33] Εάν για το θραύσμα αυτό *(εικ. 5)* εγείρονται αμφιβολίες

31. Μέχρι στιγμής έχουν απεικονιστεί ή αναφερθεί λίγα μόνον ευρήματα από το Μνημείο των Λακεδαιμονίων: *AA* 1915, 119. Gebauer - Johannes 1937, 184-203 εικ. 1-18, ιδιαιτέρως 200 κ.ε. εικ. 13-15, Stupperich 1977, 29 κ.ε. υποσημ. 4 (παραπονείται για την ελλιπή δημοσίευση μεταξύ των άλλων και της κεραμικής) και υποσημ. 10. Επίσης Willemsen 1977, 133: Αναφέρει εννέα «άβαφα σκυφίδια», «τέσσερις ή περισσότερους κάνθαρους με ανάλογες παραστάσεις» τους οποίους παρά τη σχέση τους με την αττική αγγειογραφία ο ίδιος θεωρεί ως μη αττικούς. Αυτά τα ευρήματα θα πρέπει να παρουσιαστούν συντόμως σε άλλη θέση, μαζί με την συνολική δημοσίευση του μνημείου. Το εδώ δημοσιευόμενο, σίγουρα λακωνικό ερυθρόμορφο θραύσμα δεν έχει αναφερθεί μέχρι στιγμής πουθενά αλλού.

32. Στους κανθάρους παρουσιάζεται επίσης ένα ακόμη σημαντικό θέμα της σπαρτιατικής ζωής, το οποίο προϋποθέτει σωματική άσκηση και αρετή, δηλαδή το κυνήγι.

33. Παράβαλε μια πελίκη του ζωγράφου του Νικία στη Νάπολη: *LIMC* VI (1992) 234 αρ. 19· *LIMC* III (1986) 582 κ.ε. αρ. 185. 186 στο λήμμα *Διόσκουροι* (F. Gury). Για τον λακωνικό ερυθρόμορφο κόθωνα με το ίδιο θέμα, που φυλάσσεται στο Εθνικό Μουσείο της Αθήνας με αρ. ευρετηρίου 19 447, βλ. *Έργον* 1954, 38-39· Κ.Α. Ρωμαίος, "Ανασκαφική έρευνα κατά την Ανάληψιν", *ΠΑΕ* 1954, 270-286· E. Loeb, *Die Geburt der Götter in der griechischen Kunst der klassischen Zeit* (1979) 185 κ.ε. 349 He 21· Καρούζου 1985, 33-40 πιν. 4-6 και 7 α. - LIMC IV (1988) 503 αρ. 4 (L. Kahil). - Για τον λακωνικό κόθωνα, βλ. I. Scheibler, AA 1968, 389-397.

σχετικά με το αν βρέθηκε συμπτωματικά στην επίχωση του τάφου, οι ενδείξεις για το επόμενο θραύσμα είναι ακόμα ακριβέστερες.

2. Θραύσματα μιας αττικής μελαμβαφούς κύλικας βρέθηκαν στο ταφικό μνημείο των Λακεδαιμονίων και συμπληρώθηκαν αργότερα *(εικ. 6α* και *β)*. Η κύλικα είναι αντιπροσωπευτική, σε ό,τι αφορά στο σχήμα και στον τρόπο κατασκευής της, μιας σειράς άλλων παραδειγμάτων, τα οποία παρήχθησαν στην Αθήνα στα τέλη του 5ου και τις αρχές του 4ου αιώνα π.Χ.[34] Ονομάζονται σύμφωνα με την «ωραιότερη κύλικα που βρέθηκε μέχρι τώρα στην Ακρόπολη»[35] η «ομάδα της Ακρόπολης» και ο Beazley τις αναφέρει χάριν συντομίας ως Acrocups. Ο Beazley είχε δημοσιεύσει μια παρόμοια κύλικα, που βρίσκεται σήμερα στη Βοστώνη,[36] με ερυθρόμορφη παράσταση στο εσωτερικό της. Την είχε αποδώσει στον κύκλο του ζωγράφου της Jena. Στο εσωτερικό της κύλικας εικονίζεται μια γυναίκα με την επιγραφή «ΣΠΑΡΤΕ». Η γυναίκα αφιππεύει από ένα άλογο. Μπροστά από το άλογο βρίσκεται ένας βωμός. Πρόκειται λοιπόν για την προσωποποίηση της Σπάρτης και έτσι για μια ακόμα ακριβή αναφορά προς τους Λακεδαιμόνιους.

Μεταξύ των οστράκων που προέρχονται από τη θυσία που έγινε στον τάφο βρίσκονται και τα θραύσματα τεσσάρων αγγείων, τα οποία είναι φανερό ότι δεν ανήκουν στην αττική παραγωγή. Αποτελούν πολύ περισσότερο μάρτυρες τοπικών λακωνικών εργαστηρίων, τα οποία για κάποιο διάστημα παρήγαγαν επίσης ερυθρόμορφη κεραμική. Στους Σπαρτιάτες πολεμιστές θα πρέπει επομένως –μεταξύ των άλλων– να είχαν θυσιαστεί και αγγεία από την πατρίδα τους.

Η λακωνική ερυθρόμορφη αγγειογραφία ξεκινά κατά τη διάρκεια του Πελοποννησιακού πολέμου και τελειώνει πριν από τα μέσα του 4ου αιώνα π.Χ. Ο Ian Mc Phee πραγματεύθηκε συνολικά τις ιδιαιτερότητες αυτής της παραγωγής.[37] Οι γνώσεις μας για τη λακωνική ερυθρόμορφη κεραμική περιορίζονται μέχρι στιγμής σε όστρακα από την ίδια τη Σπάρτη και μερικά ακέραια σωζόμε-

34. Κεραμεικός Αρ. ευρετηρίου 2189. Gebauer – Johannes 1937, 198 εικ. 14. 15· B.A. Sparkes – L. Talcott, "Black and Plain Pottery of the 6th, 5th, and 4th Centuries B.C." *Agora* 12 (1970) 94 κ.ε. αρ. Β 11.

35. Bloesch 1940, 141 πίν. 40.

36. Caskey – Beazley 1963, 89 κ.ε. αρ. 175 πίν. 106.

37. Mc Phee 1986, 153-166 πίν. 3-7.

να αγγεία τα οποία φυλάσσονται στο Εθνικό Μουσείο της Αθήνας.[38] Βρέθηκαν στον αρχαίο λακωνικό οικισμό στην Ανάληψη Βουρβούρων, πιθανώς τις αρχαίες Καρυές, παρόλο που ο ανασκαφέας ταύτισε τον οικισμό με την αρχαία Ίασο.[39] Τα αγγεία βρέθηκαν σε κατοικίες όπου, σύμφωνα με τις αναφορές του ανασκαφέα Κ.Α. Ρωμαίου, ήταν τοποθετημένα σε ιδιαίτερες κόγχες. Οι παρατηρήσεις του Mc Phee για τις ιδιαιτερότητες της λακωνικής τοπικής παραγωγής ερυθρόμορφης κεραμικής[40] ισχύουν και στην περίπτωση των δικών μας θραυσμάτων: χαρακτηριστικός είναι ο σχετικά τραχύς ερυθρός πηλός και το κιτρινωπό επίχρισμα με το οποίο είναι καλυμμένο ολόκληρο το αγγείο. Με αυτόν τον τρόπο προετοιμάζεται η επιφάνεια του αγγείου για να δεχτεί το βερνίκι και τη ζωγραφική παράσταση. Σε θραύση οστράκου τα παραπάνω περιγραφόμενα χαρακτηριστικά αναγνωρίζονται πολύ εύκολα *(εικ. 7)*. Το βερνίκι δείχνει να έχει κατά τόπους λεπτές ρωγμές.

Ασυνήθιστα είναι τα σχήματα των αγγείων από τα οποία δυστυχώς δεν έχει σωθεί κανένα θραύσμα από βάση. Τα θραύσματα, τα οποία παρουσιάζουμε εδώ ανήκουν σε ένα αγγείο με αποστρογγυλευμένο χείλος εκτρεπόμενο προς τα έξω. Στο άνω άκρο αλλά στο εσωτερικό του αγγείου ήταν προσαρμοσμένο κάποιο πρόσθετο στοιχείο την ύπαρξη του οποίου υποδηλώνει μόνο μια άβαφη, σκασμένη επιφάνεια. Ίσως πρόκειται για τα υπόλοιπα μιας λεπτής λαβής ή κάποιου διακοσμητικού στοιχείου το οποίο συνόδευε τη λαβή. Στο εσωτερικό του το αγγείο είναι για μόνο 8εκ. μελαμβαφές. Το κατώτερο μέρος του εσωτερικού φέρει μόνο κιτρινωπό επίχρισμα. Παρόμοια σχήματα αγγείων δεν απαντούν μέχρι στιγμής στα δημοσιευμένα παραδείγματα λακωνικής κεραμικής, αλλά η μορφή τους θυμίζει έντονα τις λεγόμενες "Λάκαινες".

Στην πρόσθια πλευρά εικονίζεται ένας νέος με ανασηκωμένη την κεφαλή *(εικ. 8)*, στην οποία φορά ένα προεξέχον στέμμα, που συγκρατείται από μια

38. Άλλα αδημοσίευτα αγγεία βρίσκονται στο Λούβρο, καθώς και στα Μουσεία της Μήλου και της Καλαμάτας.

39. *Έργον* 1954, 38-39 εικ. 48.49· Κ.Α. Ρωμαίος, "Ανασκαφική έρευνα κατά την Ανάληψιν", *ΠΑΕ* 1954, 270-286· *Έργον* 1955, 83-85· Α.Κ. Ρωμαίος, "Ανασκαφαί κατά την Ανάληψιν", *ΠΑΕ* 1955, 241 κ.ε.· *BCH* 80, 1956, 273-276 εικ. 1· *Έργον* 1957, 66.67 εικ. 67-69· *BCH* 81, 1957, 548 εικ. 1-3· *BCH* 82, 1958, 713 εικ. 1· Για την ταύτιση με τις αρχαίες Καρυές βλ. M. Jost, *Sanctuaires et Cultes d'Arcadie* (Paris 1985) 161· Γ.Α. Πίκουλας, "Συμβολή στην τοπογραφία της Σκιρίτιδος", ΗΟΡΟΣ 5, 1987, 138f. G. Shipley, "Lakedaimon" στο: M.H. Hansen - Th.H. Nielsen (eds), *An Inventory of Archaic and Classical Poleis* (Oxford 2004), 574.

40. Mc Phee ο.π.

πλατιά ταινία. Η διακόσμηση του στέμματος με κάλυκες και φύλλα ακάνθου διακρίνεται σήμερα με δυσκολία επειδή το στέμμα ήταν ζωγραφισμένο με λευκό επίθετο χρώμα. Οι άκρες ωστόσο του κάλυκα της ακάνθου έχουν σωθεί στο χείλος του αγγείου και παρέχουν με αυτόν τον τρόπο τη δυνατότητα μιας αναπαράστασης.

Ο νέος αποδίδεται να χορεύει τον χορό του καλαθίσκου, έναν χορό προς τιμήν του Απόλλωνος Καρνείου κατά τη διάρκεια του οποίου φορούσε κανείς στο κεφάλι ένα στέμμα -τον λεγόμενο ψίλινο- που έμοιαζε με κάλαθο και περιείχε φύλλα φοίνικα. Αυτός ο χορός τελούνταν στην Σπάρτη κάθε χρόνο κατά τη διάρκεια των Γυμνοπαιδιών.[41] Η καλύτερη πηγή πληροφοριών γι' αυτόν το χορό του καλαθίσκου είναι ο Σπαρτιάτης Σωσίβιος, στον οποίο παραπέμπει ο Αθήναιος (678b, 467 κ.ε., 630α) λέγοντας ότι αυτός ο χορός χορευόταν στη Σπάρτη από τους νέους προς τιμήν του Απόλλωνα και σε ανάμνηση της νίκης των Σπαρτιατών εναντίον του Άργους στην Θυρέα το έτος 546 π.Χ.[42]

Ο χορός αυτός απεικονίζεται ακόμα σε δύο Κατωιταλιωτικά αγγεία στα οποία δίπλα από τους χορευτές αποδίδεται ένας πεσσός με την επιγραφή «ΚΑΡΝΕΙΟΣ». Με αυτόν τον τρόπο η σκηνή ερμηνεύεται σαφώς. Και οι δύο κρατήρες χρονολογούνται στα τέλη του 5ου αιώνα π.Χ., δηλαδή σε εποχή σύγχρονη με το θραύσμα από τον τάφο των Λακεδαιμονίων. Σ' έναν ερυθρόμορφο ελικωτό κρατήρα από το Ceglie di Campo, ο οποίος φυλάσσεται σήμερα στο Αρχαιολογικό Μουσείο του Τάραντα (πρόκειται για το ονομαστικό αγγείο του ζωγράφου των Καρνείων) παριστάνεται στο κατώτερο τμήμα της πίσω πλευράς αριστερά ο πεσσός με την επιγραφή, δεξιά από αυτόν ένας νέος που προετοιμάζεται για τον χορό και ακόμα πιο δεξιά ένας χορευτής καλαθίσκου κατ' ενώπιον *(εικ. 9)*.[43]

Η παράσταση στο όστρακο του τάφου των Λακεδαιμονίων είναι παρόμοια με τη σκηνή στο αγγείο του Τάραντα. Τα Κατωιταλιωτικά αγγεία με την επιγραφή επιβεβαιώνουν την υπόθεση για το ότι εδώ εικονίζεται ο χορός του καλαθίσκου προς τιμήν του Απόλλωνος Καρνείου, μόνον που στο όστρακο από τον τάφο των Λακεδαιμονίων υπονοείται η λατρεία στην ίδια τη Σπάρτη.

---

41. Pettersson 1992, 42 κ.ε. 134· D. Williams, D. Trendall "The Eye of an Eagle", *BICS* 41, 1996, 9-16 ιδιαιτέρως 10 πίν. 2· Denoyelle 2002, 587-609 ιδιαιτέρως 599. 607 εικ. 12.

42. *FrGrH* 2, 626.

43. Τάρας, Αρχαιολογικό Μουσείο Αρ. ευρετηρίου 8263. Ελικωτός κρατήρας, ονομαστικό αγγείο του ζωγράφου των Καρνείων (410 – 400 π.Χ.). A.D. Trendall, *The Red-figure vases of Lucania, Campania and Sicily* 1 (Oxford 1967) 54 κ.ε. αρ. 58 πίν. 24.

Ανοιχτή πρέπει να παραμείνει η υπόθεση εάν τα όστρακα από το ταφικό μνημείο των Λακεδαιμονίων, τα οποία προέρχονται όλα από αγγεία λακωνικής τοπικής παραγωγής είχαν μεταφερθεί στην εκστρατεία από τους Σπαρτιάτες και ακολούθως χρησιμοποιήθηκαν για τη θυσία ή εάν παραγγέλθηκαν στη Σπάρτη ακριβώς γι' αυτόν τον σκοπό. Από τη μία πλευρά φαίνεται απίθανο να παραγγέλθηκαν οι λακωνικοί κρατήρες στη Σπάρτη με σκοπό να χρησιμοποιηθούν στην ταφή. Το ταφικό μνημείο δεν χρειάστηκε πολύ χρόνο για να ολοκληρωθεί μετά την ταφή των πεσόντων και μάλιστα κατασκευάστηκε από οικοδομικό υλικό δεύτερης χρήσης. Από την άλλη πλευρά ένας Αθηναίος αγγειοπλάστης είχε τη δυνατότητα να κατασκευάσει μια σειρά κανθάρων για αυτό τον σκοπό.

Αν οι λακωνικοί κρατήρες προέρχονται από τις στρατιωτικές αποσκευές των Σπαρτιατών και, ακόμα περισσότερο, εάν παραγγέλθηκαν ιδιαιτέρως για αυτή τη θυσία τότε οι παραστάσεις με τις οποίες είναι διακοσμημένοι (δηλαδή ο τελετουργικός χορός, το κυνήγι και η μάχη) ανήκουν κατά πάσα πιθανότητα στο ρεπερτόριο μιας επίσημης και αντιπροσωπευτικής εικονογραφίας. Δύο μάλιστα από αυτά τα θέματα εμφανίζονται ξανά στην παραγγελία των κανθάρων του τάφου των Λακεδαιμονίων.

Ευχαριστιες

Ευχαριστώ θερμά την Β. Παπαευθυμίου για την μετάφραση, τον Θ. Πίτσιο για την ευχάριστη συνεργασία στο θέμα, όπως επίσης και την Ε. Ζαββού για την βοήθεια που μου προσέφερε στην Σπάρτη και τον Γεώργιο Καββαδία.

Βιβλιογραφια

Baitinger, H. 1999, "Die Waften aus dem Lakedaimoniergrab im Kerameikos, Kongreß Athen 27,-31.1", *AM* 114, 117-126 Taf. 14.

Bloesch, H. 1940, *Formen attischer Schalen von Exekias bis zum Ende des strengen Stils,* München (Diss.)

Brueckner, A. 1910, "Kerameikos-Studien", *AM* 35, 183-234 Taf. 8-12.

- 1915, "Bericht über die Kerameikos-Grabung 1914-1915", *AA* 118f. mit Abb. 6.
- 1916, "Ανασκαφαί Κεραμεικού", *ADelt,* Παράρτ. 8-61.

Buck, R. 1998, *Thrasybulus and the Athenian Democracy. The Life of an Athenian Statesman* (Historia Einzelschr. 120), Stuttgart.

CASKEY, L.D. and BEAZLEY, J.D. 1963, *Attic Vase Paintings in the Museum of Fine Arts, Boston I-III,* Boston.

DENOYELLE, M. 2002, “Style individuel, style local et centres de production: retour sur le cratère des ‘Karneia’ ”, *MÉFRA* 114.2, 587-609, ειδ. 599-607 και fig. 12.

FUNKE, P. 1980, *Homónoia und Arché. Athen und die griechische Staatenwelt vom Ende des Peloponnesischen Krieges bis zum Königsfrieden (404/3 - 387/6 v.Chr.).* (Historia Einzelschr. 37), Wiesbaden.

GEBAUER, K. 1938, “Ausgrabungen im Kerameikos II”, *AA* 51, 607-616 Abb. 1.2 Beilage 3.4.

GEBAUER, K.-JOHANNES, H. 1937, “Ausgrabungen im Kerameikos”, *AA* 52, 184-203 Abb. 1-18, ειδ. 200ff. Abb. 13-15.

HODKINSON, ST. 2000, *Property and Wealth in Classical Sparta,* London, Swansea.

ΚΑΡΟΥΖΟΥ, Σ. 1985, “Η Ελένη της Σπάρτης”, *ΑΕ* 124, 33-40 πίν. 4-9.

KNIGGE, U. 1988, *Der Kerameikos von Athen, Führung durch Ausgrabungen und Geschichte,* Athen.

MAC DOWELL, D.M. 1986, *Spartan Law,* Edinburgh.

PEEK, W. 1941, *Inschriften, Ostraka, Fluchtafeln. Kerameikos. Ergebnisse der Ausgrabungen* Bd. 3, Berlin.

PETTERSSON, M. 1992, *Cults of Apollo at Sparta: The Hyakinthia, the Gymnopaidiai and the Karneia.* (Skrifter utgivna av Svenska Institutet i Athen 12), Stockholm.

PRITCHETT, W. K. 1985, *The Greek State at War IV,* Berkeley - Los Angeles - London.

RICHER, N. 1994, *Aspects des funérailles à Sparte, Cahiers du Centre G. Glotz (CCG)* 5, 51-96.

SHAW, P. J. 2003, *Discrepancies in Olympiad Dating and Chronological Problems of Archaic Peloponnesian History* (Historia Einzelschr. 166), Stuttgart.

Ste. CROIX, G.E.M. de 1972, *The Origins of the Peloponnesian War,* London.

STROSZECK, J. 2003, “ΗΟΡΟΣ ΚΕΡΑΜΕΙΚΟΥ. Zu den Grenzsteinen des Kerameikos in Athen“, στο F. Costabile (a cura di), *Polis. Studi interdisciplinari sul mondo antico,* vol. 1, Roma 53-83.

STUPPERICH, R. 1977, *Staatsbegräbnis und Privatgrabmal im klassischen Athen,* Münster (Diss.).

van HOEK, L. 1932, “On the Lacedaimonians buried in the Kerameikos”, *AJA* 36, 290-292.

von KIENLIN, A. 2003, “Zu den Staatsgräbern im Kerameikos“, *Architektura* 33, 113-122.

WILLEMSEN, F. 1977, “Zu den Lakedaimoniergräbern im Kerameikos”, *AM* 92, 117-157, Taf. 51-70.

ΖΑΒΒΟΥ, Ε. 1992-1998, “Επιτύμβιες επιγραφές από την Λακωνία”, *Horos* 10-12, 297-299 σημ. 2, Πίν. 47, 48.

- 1999, “Επιγραφές από τη Λακεδαιμονία”, *Horos* 13, 63-70 ειδ. 65-66 Nr. 6 εικ. 10-13.

Περιληψη

Στον Κεραμεικό ενταφιάστηκαν τον Μάιο του 403 (και λίγο αργότερα) 23 Σπαρτιάτες, που βρήκαν τον θάνατο πολεμώντας στο πλευρό των Τριάκοντα Τυράννων στον εμφύλιο πόλεμο που είχε ξεσπάσει στην Αθήνα. Η μεταφορά των νεκρών στον Κεραμεικό και η ταφή τους έγινε αμέσως μετά τη μάχη. Επειδή ήταν σύμμαχοι των Τριάκοντα Τυράννων, δηλαδή Αθηναίων, τους απονεμήθηκε η τιμή να ταφούν στον Κεραμεικό. Δεν πρόκειται μόνο για τον μοναδικό μέχρι στιγμής τάφο Σπαρτιατών πολεμιστών αλλά επίσης και για έναν από τους ελάχιστους τάφους Σπαρτιατών των κλασικών χρόνων που έχουν σωθεί.

Την πρώτη ταφή των Σπαρτιατών ακολούθησε λίγο αργότερα η ταφή μερικών ακόμη, ενώ οι προσόψεις των ταφικών κτισμάτων ενώθηκαν μεταξύ τους. Στο τέλος προστέθηκαν στην βόρεια στενή πλευρά του μνημείου τρία τετράγωνα δωμάτια, τα οποία ο Franz Willemsen ερμήνευσε ως δωμάτια για την λατρεία των νεκρών.

Στην ταφή μπορούμε να διαπιστώσουμε τα εξής σπαρτιατικά έθιμα:

Οι νεκροί θάβονταν σε τάφους κατά ομάδες, οι οποίες ανταποκρίνονται στη θέση και το αξίωμά τους. Ήταν τυλιγμένοι στους μανδύες τους. Τα όπλα των εχθρών είχαν κατά περιπτώσεις αφεθεί στα πληγωμένα σώματα των νεκρών.

Μετά την κατασκευή του ταφικού μνημείου πραγματοποιήθηκε θυσία για τους νεκρούς. Η κεραμική από αυτές τις θυσίες σχετίζεται τόσο σε ό, τι αφορά στα σχήματα (μικκύλα αγγεία, κάνθαροι, κρατήρες) όσο και στις εικονιστικές παραστάσεις με τη Σπάρτη.

Για την ακρίβεια οι σχέσεις αυτές είναι φανερές στα θραύσματα των ερυθρόμορφων κρατήρων της λακωνικής παραγωγής.

Τέλος προ του Διπύλου βρισκόταν επίσης στις αρχές του 4ου αιώνα π.Χ. μια επιμήκης κατασκευή η οποία αναφέρεται ως «τάφος των Λακεδαιμονίων» στον δεύτερο Λόγο του Λυσία (ΙΙ 63).

ΕΠΙΜΕΤΡΟ

Θραύσματα ενός λακωνικού ερυθρόμορφου ανοικτού αγγείου με πλατύ στόμιο (κρατήρα; λάκαινα;). Στο εσωτερικό του ανώτερου μέρους του σώζεται η αρχή μιας λοξής λαβής ή μάλλον ενός πρόσθετου διακοσμητικού στοιχείου δίπλα από τη λαβή. Αρχική διάμετρος του στομίου περίπου 30εκ. Πηλός Munsell 2,5 YR 6/6-6/5 (καστανέρυθρο). Επίχρισμα Munsell 5 YR 6/6-6/5 (ερυθρωπό έως ανοιχτό φαιό).

Α. Αρ. ευρετηρίου 4779. Θραύσμα από το χείλος και το σώμα.

Τόπος ευρέσεως: Στο κτίσμα του πυρήνα του τάφου των Λακεδαιμονίων. Brueckner Ημερολ. VI 26.
Ύψ.12,6 Πλ.3,6 Πάχ.0,9 εκ.
Πλατύ θραύσμα από το χείλος αγγείου συγκολλημένο από έξι κομμάτια. Στην εξωτερική πλευρά πάνω από την εγχάρακτη γραμμή υπήρχε κλαδί κισσού, το οποίο αποδιδόταν με επίθετο λευκό χρώμα. Δεξιά, πάνω από την εγχάρακτη γραμμή αποδίδονται οι επτά κορυφές των φύλλων του στέμματος που φορά ο νέος με αρ. ευρετηρίου 4780. Διακρίνεται ακόμη η λοξή θέση της λαβής που έχει αποκρουστεί.

Β. Αρ. ευρετηρίου 4780. Θραύσμα από το σώμα αγγείου με παράσταση νέου χορευτή καλαθίσκου.

Τόπος ευρέσεως: Στο κτίσμα του πυρήνα του τάφου των Λακεδαιμονίων, από την ανασκαφή Gebauer.
Ύψ.4,7 Πλ.7,2 Πάχ.0,9 εκ.
Κεφαλή ενός ιστάμενου νέου σε κατατομή προς τα δεξιά. Ο νέος φορά έναν μεγάλο κάλαθο-στέμμα (ανθέμιο) που αποδιδόταν με επίθετο λευκό χρώμα, το οποίο έχει απολεπιστεί. Ένα μέρος των φύλλων του καλάθου σώζονται στο χείλος με αρ. ευρετηρίου 4779.
Πίσω πλευρά: το κατώτερο τμήμα δεν φέρει μελανό γάνωμα, αποδίδεται στο χρώμα του επιχρίσματος, όπως στο θραύσμα 4778.

Γ. Αρ. ευρετηρίου 4778. Θραύσμα από το σώμα αγγείου με παράσταση πολεμιστή.

Τόπος ευρέσεως: Στο κτίσμα του πυρήνα του τάφου των Λακεδαιμονίων. Brueckner, Ημερολόγ. VI 26 της 11/3/1915 με σχέδιο VI 42 από το 1915.
Ύψ.6 Πλ.8 Πάχ. 1 εκ.
Κεφαλή, πλάτη και το δεξί υψωμένο χέρι ενός πολεμιστή που εικονίζεται από την πλάτη, ο οποίος είναι έτοιμος να ρίξει το δόρυ του προς τα αριστερά ενώ με το αριστερό του χέρι κρατά την ασπίδα. Ο άνδρας είναι γενειοφόρος και φορά αττικό κράνος με λοφίο. Η πίσω πλευρά του κατώτερου τμήματος του θραύσματος δείχνει στο χρώμα του επιχρίσματος.

Εικ. 1: Θραύσμα της επιγραφής από το Μνημείο των Λακεδαιμονίων. Κεραμεικός, Αρ. Ευρετηρίου I 170 (KER 1986).

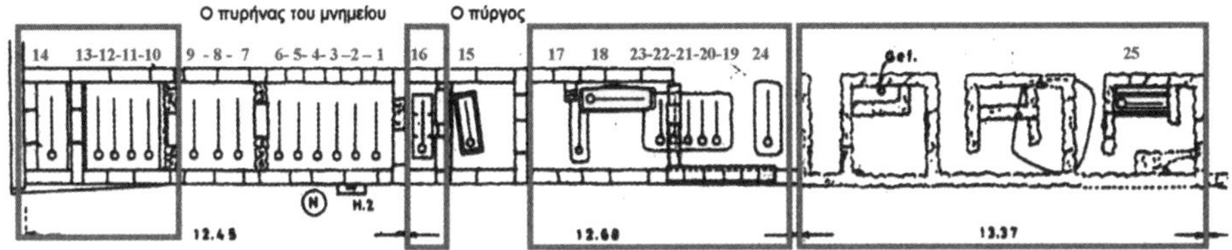

Εικ. 2: Κάτοψη του Μνημείου των Λακεδαιμονίων στον Κεραμεικό, στην οποία δηλώνονται οι φάσεις του μνημείου και αριθμημένοι οι σκελετοί (Κάτοψη σύμφωνα με τον Willemsen 1977, Beilage 4).

Εικ. 3: Σκελετοί αρ. 3-6 με σαυρωτήρα στην αριστερή πλευρά του στήθους του σκελετού υπ' αρ. 3 (KER 1992).

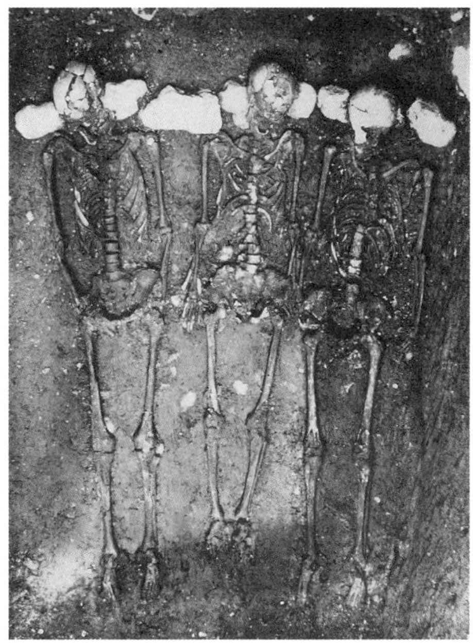

Εικ. 4: Σκελετοί αρ. 7-9. Οι πολέμαρχοι και ο Λακράτης (KER 1993).

Εικ. 5: Ερυθρόμορφο όστρακο με Διόσκουρο. Κεραμεικός Αρ. Ευρετηρίου 2195 (φωτογραφία J. Stroszeck).

Εικ. 6α: Μελαμβαφές Acrocup Κεραμεικός Αρ. ευρετηρίου 2189 (φωτογραφία J. Stroszeck).

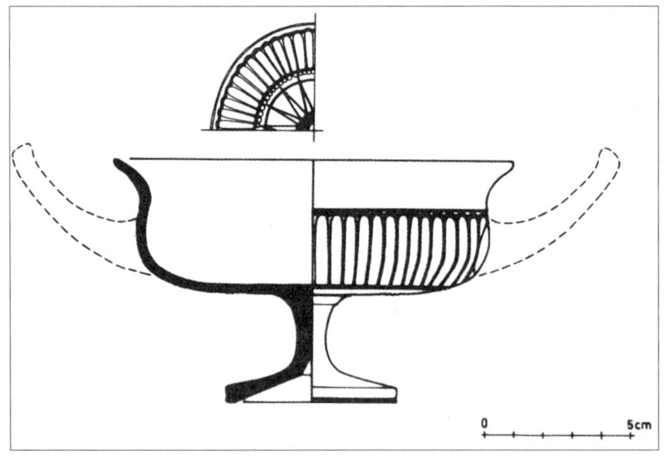

Εικ. 6β: Προφίλ της Acrocup Κεραμεικός Αρ. ευρετηρίου 2189 (Σχέδιο R. Doscan).

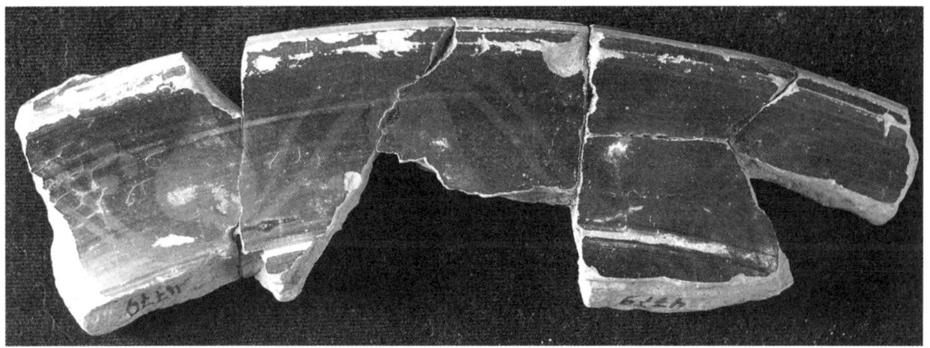

Εικ. 7α, 1.2: Θραύσματα ενός λακωνικού ερυθρόμορφου αγγείου. Κεραμεικός Αρ. ευρετηρίου 4778-4780 (φωτογραφία J. Stroszeck).

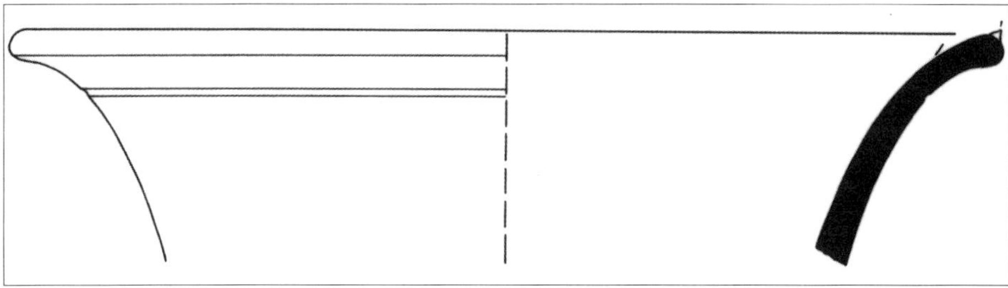

Εικ. 7β: Προφίλ του αγγείου Κεραμεικός Αρ. ευρ. 4778-4780 (Σχέδιο R. Doscan).

Εικ. 8α: Θραύσμα με παράσταση χορευτή με καλαθίσκο. Κεραμεικός Αρ. ευρετηρίου 4780 (φωτογραφία J. Stroszeck).

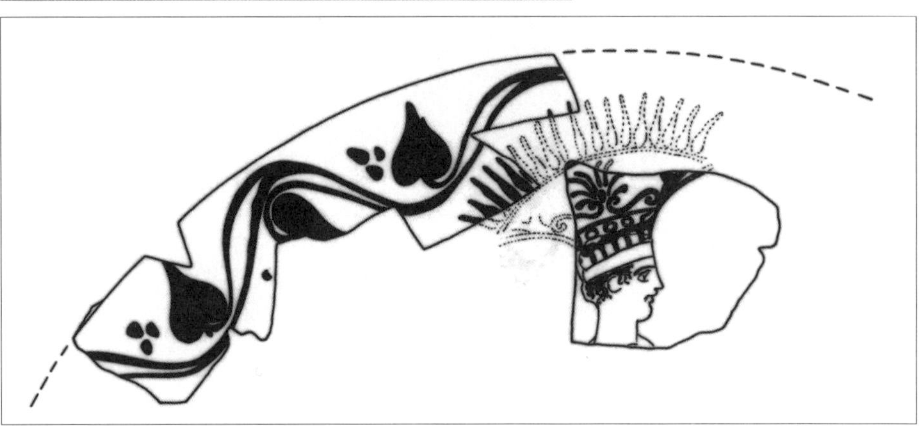

Εικ. 8β: Σχέδιο των θραυσμάτων και αναπαράσταση της παράστασης (Σχέδιο R. Doscan).

Εικ. 9: Ελικωτός κρατήρας. Τάρας, Εθνικό Αρχαιολογικό Μουσείο Αρ. ευρετηρίου 8263, λεπτομέρεια (σύμφωνα με τον Trendall 1967, πίν. 24).

IV. RELIGION AND MORAL VALUES

De la convoitise à la compétition en Grèce ancienne: aux origines des sanctuaires panhelléniques

CLAUDE BAURAIN

L'ORIGINE des sanctuaires *panhelléniques* pose des questions complexes et entremêlées. Il est donc vain d'escompter résoudre une énigme aussi vieille et débattue.[1] Ici, on se propose, en se bornant aux rappels obligés, d'en présenter les enjeux et de formuler quelques rappels et suggestions : s'il est inutile de multiplier les hypothèses, déjà nombreuses, plusieurs articulations du problème restent trop peu explorées, ce qui ne va pas sans affecter notre perception de ces places exceptionnelles.

Une remarque s'impose d'entrée. En histoire, la quête des origines conforte souvent nos fantasmes, des travers souvent dénoncés, encore que dans des perspectives variées.[2] Il est vrai que, si notre sensibilité l'emporte sur le concret, la démarche ouvre la voie à l'expression des préoccupations et préjugés du moment. On pourrait même alors estimer l'exercice dangereux et s'abstenir par prudence d'étudier les temps obscurs pour se consacrer à l'étude des époques plus récentes, davantage accessibles à la critique. Reste que notre penchant pour l'Histoire est lié à notre fascination pour des temps fondateurs vite chargés d'a priori, et si nous voulons éviter d'aborder

1. Surtout après les multiples contributions liées aux Jeux d'Athènes de 2004. Pour l'essentiel, de Polignac 1995 et 1996 (59-66); Morgan 1990, 1993 (18-44) et 2003; plus généralement, on trouvera quantité d'informations utiles chez Hägg (ed.) 2002 et Valavanis 2004.

2. Pour une présentation succincte de cette question lorsqu'elle touche aux divers conflits mythiques, cf. Jacquemin 2000, 85-88 (l'auteur y rappelle les prises de position divergentes de P. Ellinger, N. Robertson et W.K. Pritchett). Qu'il s'agisse de faits historiques enregistrés par la pensée préhistorique ou de factoïdes nés d'une démarche étiologique fondée par l'érudition antique sur des rituels observés aux temps classiques n'est pas indifférent lorsque l'on s'interroge sur les sanctuaires panhelléniques, cf. Baurain 1997, 43-53.

les époques ultérieures avec des idées reçues, la démarche est même indispensable. Il faut aborder la question des origines de façon directe, sans jamais oublier l'indigence documentaire et la redoutable perversité de notre imagination.[3]

Dans une Grèce antique divisée en une foule de petits groupes humains apparentés (d'abord par la langue) mais taraudés par une quête identitaire source de rivalités acharnées, on constate avec surprise que quelques endroits ont acquis une destinée commune, *panhellénique.* Quelles sont les circonstances qui ont fait émerger ce que les Anciens appelaient leurs *koina,* bientôt quintessence de l'hellénisme? Peut-on dégager, à chaque fois, un même processus? Comment sont nés ces lieux si singuliers que furent Olympie, Delphes, Némée ou l'Isthme? Pour ne citer que ceux de la *periodos* classique, car on ne peut ignorer les sanctuaires d'Épidaure, Dodone ou même Éleusis...

On le sait, pour les Grecs, par tradition, un espace cultuel s'apparentait à un bien commun, un trésor précieux et redoutable, réservé à l'usage exclusif d'une seule collectivité (politique) donnée, dont les membres (citoyens) convenaient d'appartenir par leur participation à diverses activités collectives ritualisées (pour l'essentiel, *panégyries* impliquant processions, libations, sacrifices, repas partagés). Dans quelles circonstances, quelques-unes de ces aires ont-elles assez vite dérogé à leur exclusivité initiale pour s'ouvrir à l'ensemble des collectivités grecques, au point de passer pour des espaces sacrés *communs?* Cette *émancipation* étonne, surtout lorsqu'on sait combien ces groupes étaient jaloux de leur identité, soucieux de protéger leur dialogue exclusif, vital avec leurs dieux (des figures choisies, il est vrai, dans un répertoire convenu). Comment expliquer que, souvent aussi, ces espaces dotés de qualités hors normes ont accueilli des compétitions à grand spectacle, dont la renommée a vite dépassé les confins du monde grec et ensuite franchi les couloirs du temps? Et l'on ne peut éluder la question

3. Pour la bibliographie, au sein d'une pléthore de titres, Gardiner 1910; 1906, 4-22 et 1930; Harris 1964; Finley et Pleket 1976; Poliakoff 1987; Raschke (ed.) 1988; Golden 1998; Visa-Ondarcuhu 1999; Miller 2003 et 2004a; Spivey 2004; Reed 1998; Phillips et Pritchard (eds) 2003; Valavanis 2004; Schauss et Wenn (eds) 2007; Funke 2003, 57-65.

au motif que ces réunions sportives ont subi les déviances d'un certain professionnalisme athlétique.

Il est difficile de voir dans cette ouverture une démarche délibérée, consciente de créer *ex nihilo* des espèces de forums de rencontre ou des sortes d'espaces publicitaires avant la lettre, ce que ces centres sont vite devenus, de façon spectaculaire, avec l'âge d'or des Cités (Delphes et Olympie en particulier). En revanche, on y verrait volontiers les suites d'inéluctables compromis de voisinage: c'est plutôt sous la contrainte de conjonctures régionales que des sanctuaires locaux se sont retrouvés en charge d'un destin dépassant les limites du terroir revendiqué par leurs premiers fidèles, que ceux-ci soit à peine en phase de cristallisation politique ou déjà constitués en *polis*. Et une fois le régime de l'exclusivité communautaire ou régional battu en brèche (ce qui ne s'est pas produit partout au même moment, ni pour les mêmes causes), ces lieux sacrés ont dû accueillir des visiteurs de plus en plus lointains et asseoir ainsi leur caractère singulier. Bref, leur vocation, locale au départ, s'est sans doute vue transcendée sous le coup d'événements oubliés par la suite, au mieux noyés à jamais dans le tissu légendaire.[4] Car il faut bien convenir que même les magnifiques offrandes qu'étaient les grands chaudrons et trépieds de bronze n'y pourront rien:[5] les objets retrouvés ici et là sont très délicats à *recontextualiser,* aussi attrayantes que soient certaines suggestions émises quant à leur possible *histoire.*[6]

Mais ces restrictions n'obligent pas à renoncer à toute enquête. Ici, on partira du constat flagrant: en termes de géographie régionale, chacun de ces sanctuaires panhelléniques occupait une zone sensible, incitant à la contestation, en position de convoitise face à deux sinon davantage de voisins.

4. Que les événements lointains soient perdus en tant que tels est indubitable, que ce ne soient pas ceux dont les légendes parlent (ainsi la Première guerre sacrée, plutôt née de démarches étiologiques), aucun de ces arguments ne permet de priver ces groupes d'activités historiques. Reste à identifier, pour les respecter, les vides documentaires, en échappant à la critique de l'argument *a silentio.*

5. Offrandes de prestige, ils devaient agir pour les contemporains et leurs héritiers immédiats comme *mnemata*, des "supports de mémoire", dans une société encore de type traditionnel en dépit de la diffusion rapide mais limitée de l'écriture.

6. de Polignac 1996, 64-66.

Ainsi, à Olympie, le sanctuaire clôture plusieurs belles plaines vallonnées, appropriées à l'élevage et qu'irriguent des eaux très abondantes. L'Alphée, renforcé par le Kladéos, se perd, juste après, dans un large estuaire, qui rompt une ligne de rivage tournée vers l'Occident[7] et peut-être propice au ramassage du sel.[8] Les Pisates ont pu placer à Olympie leur sanctuaire commun, mais l'attrait évident présenté par le secteur n'a pas manqué d'éveiller les convoitises de plusieurs voisins proches et moins proches: on songe aux Éléens dès avant qu'ils ne se constituent en *polis,* mais des épisodes célèbres impliquent aussi très tôt les Argiens, les Arcadiens, les Corinthiens et les Spartiates.

Le sanctuaire de Némée est juste à deux pas de la passe du Trètos (la fameuse trouée de Dervenakia), passage obligé entre l'Argolide et l'Isthme.[9] Dominée par le mont Foukas,[10] Némée était d'abord une de ces sources si précieuses pour les Grecs, dont les eaux irriguent une petite vallée tournée vers le golfe de Corinthe. Longtemps marécageux à la mauvaise saison, l'endroit servait surtout de pâture tout en offrant un accès aisé à la vallée voisine de l'Asopos descendant sur Sicyone. L'eau sourdait donc en bordure du seul chemin reliant l'Isthme à Argos et au Péloponnèse. Ce lieu sensible, que devaient chercher à contrôler les voisins immédiats de Cléones et de Phlionte, était par ailleurs aussi à la croisée des prétentions d'Argos, Sicyone et Corinthe, trois puissantes communautés de l'époque archaïque.

Quant à l'Isthme lui-même, nul besoin de rappeler sa position unique, à la rencontre des golfes de Corinthe et du Saronique (mis en contact par le *diolkos*) avec la voie terrestre[11] reliant la Grèce continentale au Péloponnè-

---

7. Pour des mises au point sur la présence grecque en Méditerranée centrale, cf. en dernier lieu, Laffineur et Greco 2005. La forte implantation mycénienne sur la façade occidentale du Péloponnèse invitait déjà à envisager des contacts de cette région avec l' Occident, Sicile et Italie péninsulaire en particulier.

8. Le rôle du sel (et de la saumure) dans le monde grec reste à explorer.

9. En août 1822, le chemin qui passe au pied du Trèton antique a vu Kolokotronis s'illustrer face aux Turcs de Mahmud Dramali cherchant à quitter la plaine argienne.

10. Le mont *Apesas* des Anciens abritait, selon Pausanias, un autel à Zeus *Apesantios* établi par le héros argien Persée, fils de Zeus et ancêtre d'Héraclès.

11. Coupée au moins une fois par les Péloponnésiens sur l'Isthme à l'aide d'un mur (480, cf. Hdt. 8.40.71 et 9.7.8) afin de barrer la route aux envahisseurs.

se. Corinthe dont les débuts échappent à l'investigation[12] a dû défendre ou assurer sa possession face en particulier aux Mégariens un temps capables, semble-t-il, de se faire entendre jusqu'à Pérachora.

Quant à Delphes, sa localisation paraît plus cruciale encore. Le destin panhellénique du sanctuaire, exceptionnel, est largement indissociable de l'émergence de l'amphictionie pyléo-delphique. Nombre d'incohérences résultent de ce qu'il est considéré, à tort, isolément, sous un angle trop religieux et sans prendre grande attention à distinguer les étapes de son développement. On le sait, son organisation croisait intimement, au moins depuis l'orée du VIe s. et la mythique première guerre sacrée,[13] les sorts des cultes d'Apollon, à Delphes, et de Déméter, à Anthéla, cadre initial possible de la future grande amphictionie (Hdt.7.200), à un jet de pierre des Thermopyles. Chacun de ses deux pôles se sont donc formés à une des extrémités du Corridor du grand Isthme avec son relief chaotique, franchissable par un unique et sinueux défilé, qu'emprunte aujourd'hui la E65 dans sa section Larissa-Amphissa-Itea. La montée en puissance des Thessaliens, leur tropisme vers le Sud ont vite prouvé les opportunités uniques qu'offrait la première section du parcours, le passage tortueux aux pieds du bien nommé Kallidromon, à commencer par celle de contourner le verrou des Thermopyles. Ainsi, soit passé Brallos et Gravia, le chemin débouchait sur ce qui demeure une des plus belles olivaies de Grèce, un domaine que n'ont pu conserver à leur usage exclusif les gens de Krissa,[14] soit, en descendant le Céphise, on entrait en Béotie où la piste Livadhia-Arachova rejoignait aussi golfe de Corinthe à Itea. La trouée du Kallidromon permettait donc à la fois un contact terrestre direct et rapide entre la Grèce centrale et le Péloponnèse et, par le port d'Itéa, un accès aux golfes de Corinthe et du Saronique. On conviendra que les routes serpentant aux pieds du Parnasse[15]

12. L'existence de Corinthe à l'âge du bronze reste à prouver sauf à la retrouver sur le petit site de Korakou.

13. Une première guerre sacrée dont on est en droit de suspecter tous les détails sauf la réalité historique intrinsèque... cf. déjà *supra*, note 4 et Baurain 1997, 428-31 et 513-18. Pour sa durée inspirée par la pensée épique, cf. Baurain 2005, 29-38.

14. Delphes et son sanctuaire ont pu devenir assez tôt une *eschatia* de Krissa, communauté pratiquant la transhumance. Cf. Lefèvre 1998; Sànchez 2001.

15. Le premier toit d'une Hellade d'abord perçue comme tout entière située au sud du Tempé thessalien et du golfe d'Ambracie, l'Olympe demeurant à son orée nord.

étaient stratégiques, tout désignées pour devenir des axes à gérer entre voisins, des voies que dominait l'*omphalos* du monde grec.

Et pour quitter la *periodos*, on pourrait ainsi envisager le sanctuaire d' Épidaure. Lui aussi était d'abord une de ces aires sacralisées que les Grecs installaient à la marge de leur domaine communautaire, avec une première implantation consacrée à Apollon *Maleatas* sur le mont Kynortion dominant le sanctuaire d'Asclépios ultérieur. En général, pareil ensemble se dresse, telle une borne, sur une voie d'accès au domaine communautaire qu'il entend protéger. Ici, le *temenos* fut fondé à la limite occidentale du terroir de l'Ancienne Épidaure, petite vallée ouverte sur le Saronique, remontant jusqu'à la moderne Ligourion, entre le mont Arachneion au N. et le Mavrovouni au S. Les Épidauriens tentaient ainsi de défendre leur terres agricoles et leur port sur le Saronique face aux ambitions argiennes (une menace semble-t-il avérée depuis Phidon?), d'autant que les Argiens devinrent vite les maîtres d'Asinè, de son port et de son sanctuaire à Apollon *Pythaeus*, sur le golfe Argolique.[16]

Les communautés grecques préclassiques sont difficiles à évaluer en termes démographiques. L'approche est délicate pour les époques classique et hellénistique; pour les temps antérieurs, toute évaluation est encore plus risquée.[17] Reste que, sans adopter l'idée simpliste d'une gradation générale et continue, il est clair que les collectivités grecques des temps géométriques étaient fort réduites, un fait à rapprocher de leur dénuement technologique et de la grande faiblesse des moyens de communication dans un paysage si accidenté. Par ailleurs, un décollage démographique durable n'était possible que conjugué avec un accroissement des ressources alimentaires.

La fin des temps géométriques a vu se concrétiser une telle reprise déjà en gestation depuis un siècle ou deux.[18] Les causes ultimes du rebond restent sans doute à établir, mais, même s'il n'est pas chiffrable et inégal selon

16. Baurain 1997, 244-45.

17. Sans prétendre qu' "il y a des travaux de recherche qu'on n'a pas le droit d'entreprendre!", les propositions formulées dans les travaux sur la démographie antique restent très fragiles, en dépit de Corvisier 2004.

18. Les Anciens eux-mêmes ont invoqué la *sténochoria* pour justifier les départs, cf. Baurain 1997, 185-86, 279-81 et la bibliographie afférente.

les régions, le processus paraît indiscutable. En fait, par endroits, il a même pu être amplifié par d'ultimes prises de contrôle de terroirs encore à investir et valoriser, parfois au détriment de groupes humains plus faibles.[19] Ce redéploiement en force s'est vite accompagné de diverses manifestations, sinon inédites du moins très vigoureuses.[20]

Les plus spectaculaires sont bien connues avec la colonisation archaïque et la naissance de réseaux d'échanges maritimes suivis, affectant presque tous les rivages, de la Méditerranée au Pont-Euxin.[21] Parmi les effets de l'embellie démographique, on soupçonne aussi dans le chef des communautés grecques le désir (guère nouveau mais désormais plus réaliste) de mieux tirer profit de leur terroir immédiat. Désormais mieux dotées en main d'oeuvre, elles ont dû renforcer les efforts consacrés à l'élevage et surtout à l'agriculture. De fait, en dehors de ces productions volontaristes, rien ne mettait la survie de ces groupes organisés sur des bases claniques mieux à l'abri des aléas des ressources traditionnelles qu'offraient pêche, chasse et cueillette. Voilà comment le besoin d'assurer les vivres a pu conforter l'ambition de mieux maîtriser, en permanence (agriculture oblige), le terroir dans ses espaces défrichés les plus prometteurs. À ce propos, les lopins bien insérés dans le domaine n'étaient guère menacés, mais d'autres causaient plus de soucis. Davantage à la périphérie, hors portée de vue, certains étaient même parfois voisins de secteurs lorgnés par un groupe concurrent. Ces espaces périphériques, ces fameuses *eschatiai* des Anciens, prenaient l'aspect tantôt d'un bocage, d'un étang, d'une source ou d'une portion de cours d'eau, d'une bande de rivage ou d'un havre naturel, tantôt encore d'une plaine ou d'un défilé, passage obligé entre deux aires sensibles. Du reste, tous ces endroits exposés à la convoitise étaient parfois occupés ou du

19. Argiens dans leur plaine, Spartiates en Laconie du Sud et en Messénie, Athéniens en Attique orientale et du côté d'Éleusis, Corinthiens en direction de Pérachora, Thessaliens avec les *pénestes,* tous ont acquis des secteurs adjacents et soumis/repoussé des *périèques.*

20 . Elles touchent à la civilisation matérielle mais aussi la société, cf. Baurain 1997, 193-147.

21. Baurain 1997, 269-323. Un processus dont Delphes, l'*omphalos,* s'est approprié une part de la réussite.

moins exploités jusque-là par de petits groupes locaux sans grands moyens, à qui un sort a été fait.[22]

Mais ces domaines plus exposés ont pu être aussi *partagés* longtemps, sans heurt, entre deux (voire trois ou quatre) groupes limitrophes, chacun bien incapable de s'en assurer le contrôle toute l'année mais développant sa propre mythologie des lieux. Et précision utile, le qualificatif *partagé* n'implique pas pour les collectivités concernées l'existence d'une propriété *commune*. Mieux vaut sans doute concevoir ces endroits comme autant de *servitudes discontinues* avant la lettre, des espaces frappés de droits d'usage traditionnels. Les groupes devaient jouir des lieux en s'y succédant plus souvent qu'ils ne s'y croisaient. On envisagerait donc plutôt un partage dans le temps d'un *noman's land,* une sorte de concession temporaire, dont les modalités pratiques nous échappent et où chaque partie devait s'en remettre à la tradition – et à la légende déjà? – pour fonder son droit de regard.

On peut s'interroger aussi sur la forme prise par des rencontres opérées au hasard des saisons et des calendriers religieux en des lieux pas toujours si anodins. Qui peut croire que ces présences simultanées étaient toujours chaleureuses et pacifiques, surtout quand on sait combien la compétition était chevillée à l'éthique grecque, compétition tant entre les groupes qu'à l'intérieur des groupes?

On doit souligner la dimension *agonistique* du monde grec antique,[23] mais on doit aussi rappeler combien les heurts qu'elle suscitait, ont longtemps été régentés par des conventions taboues et divers interdits.[24] La guerre entre Grecs semble garder longtemps les traits d'un exercice rituel (comme dans bien des sociétés traditionnelles), une source d'exploits individuels pour quelques individus plus en vue. Rien n'oblige à envisager d'ambitieuses actions militaires, impliquant l'ensemble des groupes et visant, de suite, à l'extermination de l'adversaire, du concurrent, de l'ennemi, mais la démarche n'excluait pas pour autant une réelle violence et la mort au com-

22. Les exemples sont connus et les principaux repris dans Baurain 1997, 193-247.

23. Dont les racines plongent au moins dans l'âge du bronze à en juger par certaines représentations (pour ne pas invoquer le témoignage sans date de la poésie épique).

24. Dans une bibliographie abondante, Debidour 2002 (la fracture majeure résulte de la Guerre du Péloponnèse).

bat![25] Dans chaque camp, pareille expédition cherchait d'abord à préserver une cohésion sociale hiérarchisée sur un sol sacralisé.[26] Pendant longtemps et sans doute jusque dans les derniers temps de l'époque géométrique, des lieux à propriété indivise ou contestée furent d'abord les témoins de joutes solennelles masculines, à mi-chemin entre ces pratiques ultérieures nommées guerre et compétition.[27] Et les usages anciens du terme *agôn* valident cette indétermination. C'est avec cette réserve qu'il faut sans doute envisager l'apparition des chaudrons à trépieds dans plusieurs sanctuaires, et leur possible qualité de *mnèmata* de la victoire.[28] Mais, il ne faut pas brûler les étapes et revenir au *partage.*

Au départ, le partage de secteurs plus excentrés n'engendrait pas *de facto* des tensions "épiques" entre collectivités voisines, surtout si la présence des uns et des autres se cantonnait à quelques jours, le temps d'organiser, en conformité avec le calendrier religieux de chacun, une panégyrie, un banquet collectif à la suite de l'un ou l'autre sacrifice, voire des concours intracommunautaires à vocation intégrative pour les candidats.[29] D'évidence, toute l'énergie de ces petits mondes était d'abord au service de leur survie sociobiologique[30] et se perdait dans l'apaisement d'obsessions plus centripètes que centrifuges, plus axées sur la défense de la concorde civique par l'apologie des solidarités sociales que sur les craintes suscitées par de rares secteurs du terroir exposés à la convoitise des voisins. Mieux, la diversité des calendriers religieux facilitait cette sorte de *time-sharing* frontalier.[31] On est

25. Les rapprochements opérés, consciemment ou non, avec les vues développées par Carl von Clausewitz (*Vom Kriege,* diverses éditions à partir de 1832), constituent un anachronisme, cf. Sommer 2000, 287-322.

26. L'ennemi des communautés est plus la *stasis* destructrice de l'*homonoia,* que le voisin, cf. Baurain 1997, 155-166 avec la bibliographie afférente.

27. On pourrait donc s'en tenir au terme de "confrontation" et laisser de côté la notion moderne de *sport,* popularisée par l'oeuvre du Baron P. de Coubertin séduit par le système éducationnel anglais, car elle constitue l'expression d'une sensibilité encore étrangère au monde grec.

28. Une *victoire* lors d'une *confrontation* de nature donc indéterminée.

29. de Polignac 1995 a souligné l'aspect fondamental de ces activités rituelles pour les groupes.

30. Sans entrer dans la controverse ouverte par la Sociobiology de Wilson 1978 ; pour un certain déterminisme d'ordre biologique dans les rituels religieux, Burkert 1996.

31. Cf. Burkert 1985, 225-27.

donc loin de l'idée d'une frontière linéaire, rempart inviolable de l'État-Nation, et il faut se libérer de cette image obsédante, qui émerge avec le premier conflit mondial, de ces longs boyaux pleins de malheureux sacrifiés pour la défense de quelques arpents.[32]

En fait, les enjeux ont dû surgir et une véritable dimension conflictuelle s'imposer dès lors que des groupes voisins se sont mis en quête d'une occupation physique suivie de ces lieux jusque-là partagés:[33] désormais tenues parfois aussi comme des glacis pour les terres cultivées, ces étendues réclamaient protection des semailles aux récoltes. Fait du simple hasard ou d'une démarche combinée,[34] au même moment, nombre de collectivités ont cherché à s'investir matériellement dans ces paysages convoités, qui n'étaient parfois identifiés auparavant que par la seule présence d'une ruine ou d'une vieille tombe anonyme. Elles ont voulu s'y enraciner, "héroïser" les lieux, bâtir des installations en dur, bientôt somptuaires, pétrifiées, traduisant en continu une configuration personnalisée *(privative)*, signature d'une pleine appropriation de l'endroit. Pareille vitalité architecturale ne marque assurément pas l'enfance de ces activités collectives, mêlant la quête de kléos aux soucis civiques et cultuels. En témoignent plutôt les chaudrons et autres offrandes (encore que ces consécrations ne devaient pas s'exposer à tout vent, sans protection). Mais, en toute hypothèse, désormais, avec de tels endroits garnis d'empreintes communautaires exclusives (source de butin), les conflits de voisinage ne pouvaient que devenir récurrents et connaître un bond en intensité.

Certains lieux de culte "frontaliers" sont ainsi devenus aussi des espaces convoités, ouverts à une concurrence incessante, non pas le cadre de guerres totales mais des réservoirs à prestige et à butin, surtout des théâtres d'exploits. S'y mesuraient uniquement des Grecs, seuls au fait de leurs rituels de combat, qui consistaient en priorité à rejeter l'adversaire hors d'un champ de bataille confondu avec l'espace jalousé. En d'autres termes, les

32. Cf. Baurain 2001, 13-26.

33. Longtemps, ces groupes concurrents se satisfaisaient de se chanter à eux-mêmes leurs droits ancestraux sur ces mêmes espaces. Voir aussi Baurain 2006, 17-25.

34. En général, on observe, pour le moins, une indiscutable renaissance matérielle.

sanctuaires panhelléniques furent sans doute le fruit imprévu (on hésite à parler de *trophée*) de conflits frontaliers endémiques, récurrents.[35]

Ces *koina* seraient donc, au départ, le produit de rencontres répétées où la confrontation physique mêlait encore des activités que nous distinguons, guerre et compétition sportive, mais des confrontations sans vainqueurs ni vaincus à jamais, des combats âpres mais longtemps menés dans une forte ambiance rituelle et intériorisés comme tels dans une mémoire collective d'essence aristocratique.[36] Nulle raison donc de refuser d'emblée une dimension historique à ces conflits mythifiés (telle la première guerre sacrée), mais, puisqu'ils n'ont jamais eu leur Hérodote, le détail de leur déroulement est à jamais perdu, désarticulé par le discours épique où domine la quête de l'exemplarité.

En ces quelques endroits à l'appropriation contestée, lieux jalousés et jamais vraiment acquis par aucune partie malgré les efforts de chacune, doit s'être opérée une sorte de médiation: le rituel, soutenu par la présence d'un sanctuaire contraint à l'ouverture et par l'éclat d'une tradition épique alors très vivante, l'a emporté sur le conflit armé. La raison en est que la guerre nouvelle, même corsetée par des règles hoplitiques, se présentait désormais comme une entreprise bien trop coûteuse en termes de pertes humaines. Si son issue était aussi incertaine que les mêlées héroïques d'autrefois, les pertes humaines et matérielles étaient trop prévisibles, annonciatrices de désordres menaçant la survie des groupes impliqués. En ce sens, en mutant de lieux partagés en lieux communs *(koina)*, aptes à l'expression d'une hostilité contenue ou plus régulée *(agônes)*, ces aires cultuelles ont pu contribuer non à l'émergence de la paix[37] mais à la régulation et à la stabilisation des rapports – même hostiles– entre communautés avoisinantes. Et, le renom de ces activités s'amplifiant, l'effet a pu s'étendre de proche en proche.[38]

---

35. Une ambiance conflictuelle persistante, dont les Anciens se rappellent à l'occasion, en évoquant des guerres de dix ans comme la première guerre sacrée (cf. aussi *supra*, note 13).

36. À l'image des duels homériques, qui ne se terminent pas forcément avec la mort d'un des protagonistes.

37. Au mieux une *ékécheiria* ponctuelle comme pour les *Olympia*, mais non l'*eirènè*. Il est vrai que la démarche s'inscrivait en regard de l'*agôn* et non du *polemos*.

38. Encore une fois, on est loin de la paix *(eirène)* mais la sauvagerie *(agrion)* est jugulée.

Pour nombre de chercheurs, compétitions ou concours constituaient une préparation à la guerre, et des comparaisons ont été faites avec les tournois médiévaux.[39] C'est indiscutable aux temps classiques mais, du point de vue plus chronologique adopté ici, pour les centres panhelléniques, c'est le processus inverse qui doit être envisagé. Peu à peu, des épreuves publiques se sont dégagées de confrontations physiques ritualisées, avec, au fil du temps, une participation aristocratique fière d'être en mesure de venir de plus en plus loin.[40] Les adversaires espéraient y trouver une forme spectaculaire de reconnaissance... leur offrant l'opportunité de briller ensuite dans leur champ civique.[41]

L'archaïsme de ces luttes transparaît des épreuves qui s'y déroulaient encore aux temps classiques. Toutes participaient-et plutôt de près-à ce qu'évoquent les récits des héroïques mêlées guerrières désormais révolues, juxtapositions d'épreuves individuelles, batteries de duels devant un public exclusivement masculin. Plusieurs épreuves dont la course, la lutte (avec étranglement sanguin ou la pratique de la guillotine ou celle dite du crochepied), le pugilat (avec divers usages de la main), le pancrace (avec ses coups de pied variés) n'ont rien perdu de leur potentiel incapacitant, voire létal (augurant bien une issue héroïque), et renvoient assurément à la guerre préhoplitique d'hommes sans barda. Bien mieux, l'absence prolongée de compétitions par équipe dans les centres panhelléniques renvoie aussi à des pratiques guerrières primitives (préhoplitiques), celles de combats menés chacun pour soi et à l'issue rapide.[42]

Dans ces conditions, il est permis de lier, d'une façon ou d'une autre, dans un même mécanisme, l'éclosion de deux institutions majeures, qui vont façonner, de manière profonde et durable, le monde grec des siècles suivants, des siècles dominés par le fracas des armes. En tout cas, dans un même champ géographique restreint (le Péloponnèse) et à la même époque (VIIIe-VIIe s.), on détecte deux nouveautés: d'une part, juste avant l'estuai-

39. Jacquemin 2000, 85-88.

40. La dérive professionnelle a déformé notre perspective.

41. Un beau cas est fourni par Cylon à Athènes.

42. Cf. aussi Miller 2004b, 16 et n. 12. Ces deux traits (exclusion des femmes et absence d'épreuves par équipe) pourraient trahir les origines différentes à donner aux compétitions panhelléniques et aux "jeux" civiques qui pouvaient se dérouler dans ces *eschatiai.*

re de l'Alphée, dans une zone convoitée, l'émergence du premier sanctuaire panhellénique, théâtre de concours ouverts[43] et, d'autre part, chez les Spartiates et les Argiens en particulier, la mise au point, par étapes, d'un nouveau mode de combat collectif, la phalange hoplitique. Pour la première fois, dans un redoutable élan commun, la puissance dégagée par l'ensemble des hommes alignés, transcendait la simple somme des énergies de chacun. Cette nouvelle forme de compétition onéreuse, un combat au coude à coude d'hommes plus nombreux et lourdement équipés à leurs frais, a conduit à des mutations déjà bien étudiées au sein des communautés grecques.[44] Elle entraîne, sans nul doute, dès la fin du VIIIe - début du VIIe siècle une rupture sinon aussi brutale que celle produite par l'effroyable guerre du Péloponnèse, du moins une première inflexion sensible de la conception agonistique traditionnelle avec ses confrontations physiques limitées à quelques participants et domestiquées par le rituel. Avec les succès croissants remportés par des phalanges hoplitiques,[45] l'accent n'est plus mis sur l'opportunité fournie à chacun-parmi les meilleurs surtout-de défendre ou d'améliorer sa place dans la hiérarchie du groupe. Désormais, face aux nouveaux enjeux, si la confrontation physique reste soumise à un code d'-honneur, elle ne vise plus tant à canaliser la rivalité à l'intérieur du groupe, qu'à faire face, de façon plus solidaire, à une communauté adverse, qu'il convient d'agresser ou de repousser avec fracas. En deux mots, de la compétition on est passé à la guerre. Ce *kléos* individuel, si recherché, n'est plus guère accessible au sein de la phalange, mais il peut toujours s'acquérir dans les compétitions panhelléniques, où, encore une fois, les épreuves par équipe brillent par leur absence.

43. La date traditionnelle de 776, héritée d'une tradition antique aux fondements invérifiables, fait parfois l'objet de réserves bien compréhensibles: cf. Lévy 1978, 513-21. Certains n'hésitent pas à défendre l'idée de premiers concours (locaux) annuels, ce qui contribuerait à regrouper les premières Olympiades enregistrées par Hippias d'Elis dans les seuls premiers temps du VIIIe siècle une thèse indémontrable, mais qui rejoint diverses observations faites sur le terrain (déplacement du Kladéos, creusement de puits pour servir les spectateurs,) et datées de *c.* 700: cf. Mallwitz 1988, 79-109.

44. Baurain 1997, 388-402.

45. Que confirme la réputation acquise, dès l'époque archaïque, par les hoplites hors du monde grec, à commencer en Égypte saïte.

Ce n'est donc pas un hasard si chacun de ces grands sanctuaires s'est vite vu crédité d'un culte héroïque par des collectivités alors étrangères à la conscience historique. Les jeux funèbres organisés en l'honneur du héros mort, renvoient encore à un passé *sociobiologique* où, d'instinct, la meute doit, pour assurer sa pérennité, se réorganiser à la mort de chacun de ses membres, la disparition des plus en vue provoquant davantage de soubresauts.[46] Le plus souvent, les premiers à prétendre s'approprier ces endroits contestés, y ont installé leur champion porte-drapeau, dans la mesure où "les funérailles constituent la forme privilégiée d'expression d'un statut supérieur".[47] C'est donc dans l'ère préhoplitique à forte connotation homérique qu'il faut chercher la conjoncture qui a favorisé la qualification de braves chargés de représenter leur communauté d'origine dans ces confrontations qui ouvraient aux meilleurs la voie royale de l'héroïsation.

Enfin, un dernier mot pour convenir que ce phénomène ne s'inscrit pas partout dans la même tranche chronologique, mais qu'il semble obéir, comme tant de choses en Grèce préclassique, aux rythmes régionaux. Sans doute ne faut-il pas retrouver en Olympie le modèle et le creuset uniques de tous les autres sanctuaires panhelléniques, mais il n'empêche que l'Altis s'impose à un double titre. D'abord c'est le site qui dès le IXe s. a reçu ces sortes de stèles commémoratives qu'étaient les fameux chaudrons à trépied;[48] ensuite, pour les anciens Grecs, sans surprise, c'est le cadre des plus anciens *agônes.* Quant aux dates traditionnelles données aux premiers Jeux à Delphes, Némée ou sur l'Isthme, elles sont plus récentes, comme y sont à coup sûr plus récentes les apparitions de ces mêmes bronzes.[49] Sans doute ces trois derniers endroits sont-ils davantage encore les témoins un peu inattendus de l'exceptionnelle mutation que connaît une Grèce surtout organisée autour des golfes de Corinthe et du Saronique à partir des VIIIe-VIIe siècles.

46. C'est ce qu'entérinent, en les projetant dans le passé exemplaire, les funérailles de Patrocle.

47. de Polignac 1996, 63. Dans la mesure aussi où la mort arrête l'ampleur du *kléos.*

48. Sans doute est-ce pareils objets « capteurs de souvenirs » qui, plus tard, ont guidé l'enquête d'Hippias d'Élis.

49. Des arguments archéologiques invitent à voir en Némée une création opérée à l'image d'Olympie par Argos en compétition avec Sicyone; l'Isthme ne peut fournir des indices similaires, trahissant une initiative corinthienne, mais l'hypothèse est à formuler, Gebhard 2002, 221-37, Kyle 2007, 361 note 7.

REMERCIEMENTS

Notre participation a reçu le soutien du FNRS belge que nous remercions, ainsi que les organisateurs, en particulier Natassa Florou et Nikos Birgalias.

BIBLIOGRAPHIE

BAURAIN, CL. 1997, *Les Grecs et la Méditerranée orientale,* Paris.
- 2001, "Les frontières de l'historien... de l'Antiquité", in J.-M. Demarolle, (éd.), *Frontières(?) en Europe occidentale et médiane de l'Antiquité à l'An 2000, Actes du colloque de l'AIE (Metz, 1999) Centre de recherche histoire et civilisation de l'université de Metz 22,* Metz, 13-26.
- 2005, "ἔνθα τε Μίνως ἐννέωρος βασίλευε (Homère, Odyssée, XIX 178-179)", *Aegaeum* 26, 29-38.
- 2006, "Guerre, compétition et commémoration en Grèce ancienne : le rôle des sanctuaires panhelléniques", in Ph. Martin et St. Simiz (éds), *L'empreinte de la guerre. De la Grèce antique à la Tchétchénie, Actes du colloque de l'AIE (Nancy, 2005),* Panazol, 17-25.

BURKERT, W. 1985, *Greek Religion,* Oxford.
- 1996, *Creation of the Sacred. Tracks of Biology in Early Religions,* Harvard.

CORVISIER, J.-N. (éd.) 2006, *Guerre et démographie dans le monde antique, Actes du Colloque d'Arras 2001,* Boulogne.

de POLIGNAC, FR. 1995, *La naissance de la cité grecque,* 2e éd., Paris.
- 1996, "Offrandes, mémoire et compétition ritualisée dans les sanctuaires grecs à l'époque géométrique", in P. Hellström et Br. Alroth (eds), *Religion and Power in the Ancient Greek World. Proceedings of the Upsala Symposium 1993,* Acta Universitatis Upsaliensis 24, Uppsala, 59-66.

DEBIDOUR, M. 2002, *Les Grecs et la guerre, Ve-IVe s. De la guerre rituelle à la guerre totale,* Paris.

FINLEY, M.I. et PLEKET, H.W. 1976, *The Olympic Games. The first thousand years,* New York.

FUNKE, P. 2003, "Gli ombelichi del mondo. Riflessioni sulla canonizzazione dei santuari panellenici ", *GeoAnt* 12, 57-65.

GARDINER, N. 1906, "The pankration and wrestling", *JHS* 26, 4-22.
- 1910, *Greek athlethics sports and festivals,* London.
- 1930, *Athletics of the ancient world,* Oxford.

GEBHARD, E.R. 2002, "The beginnings of panhellenic games at the Isthmus", in H. Kyrieleis (Hg.), *Olympia 1875-2000. 125 Jahre Deutsche Ausgrabungen : internationales Symposium, Berlin 9-11 November 2000,* Mainz, 221-37.

GOLDEN, M. 1998, *Sport and society in Ancient Greece,* Cambridge.

HÄGG, R. (Hg.) 2002, *Peloponnesian Sanctuaries and Cults. Proceedings of the Ninth International Symposium at the Swedish Institute at Athens, 1994,* Acta Instituti Atheniensis Regni Sueciae, serie 4, 48, Stockholm.

HARRIS, H.A. 1964, *Greek athletes and athletics,* London.

JACQUEMIN, A. 2000, *Guerre et religion dans le monde grec (490-322 av. J.-C.),* Paris.

KYLE, D.G. 2007, *Sport and spectacle in the ancient world,* Oxford.

LAFFINEUR, R. et GRECO, E. (éds) 2005, *Emporia. Aegeans in the Central and Eastern Mediterranean, Proc. of the 10th Intern. Aegean Conf., Athens 2004, Aegaeum 25.*

LEFEVRE, FR. 1998, *L'Amphictionie pyléo-delphique: histoire et institutions,* BEFAR 298, Paris.

LEVY, ED. 1978, "Notes sur la chronologie athénienne au VIe siècle. I Cylon", *Historia* 27, 513-521.

MALLWITZ, A. 1988, "Cult and Competition Locations at Olympia", in W. J. Raschke (ed.), *The Archaeology of the Olympics. The Olympics and Other Festivals in Antiquity,* Madison, 79-109.

MILLER, ST. G. 2003, *Arete. Greek Sports from Ancient Sources (3rd ed.),* Berkeley.

- 2004a, *Ancient Greek Athletics,* New Haven.
- 2004b, *Nemea. A guide to the site and the museum (2nd ed.),* Athènes.

MINON, S. 2007, *Les Inscriptions Éléennes Dialectales (VI-II siècle avant J.-C.),* 2 vol., Hautes Études du Monde Gréco-Romain 38, Genève.

MORGAN, C. 1990, *Athletes and oracles. The Transformation of Olympia and Delphi in the Eighth Century BC,* Cambridge.

- 1993, "The origins of pan-Hellenism" in N. Marinatos et R. Hägg (eds), *The Greek Sanctuaries. New Approaches,* London, 18-44.
- 2003, *Early Greek States Beyond the Polis,* London.

PHILLIPS, D.J. et PRITCHARD, D. (eds) 2003, *Sport and Festival in the Ancient Greek World,* Swansea.

POLIAKOFF, M.B. 1987, *Combat Sports in the Ancient World. Competition, Violence and Culture,* New Haven.

REED, N.B. 1998, *More than just a Game. The Military Nature of Greek Athletic Games,* Chicago.

SANCHEZ, P. 2001, *L'Amphictionie des Pyles et de Delphes. Recherches sur son rôle historique, des origines au IIe siècle de notre ère,* (Historia Einzelschr. 148), Stuttgart.

SCHAUSS, G.P. et WENN, S.R. (eds) 2007, *Onward to the Olympics. Historical perspectives on the Olympie Games,* Publications of the Canadian Institute in Greece 5, Waterloo Ont.

Sommer, M. 2000, "Krieg im Altertum als soziales Handeln", *MGZ* 59, 287-322.
Spivey, N. 2004, *The Ancient Olympics. War minus the Shooting,* Oxford.
Swaddling, J. 1999, *The Ancient Olympic Games (2nd ed.),* London.
Valavanis, P. 2004, *Games and Sanctuaries in Ancient Greece,* Athens/Los Angeles.
Visa-Ondarcuhu, V. 1999, *L'image de l'athlète d'Homère à la fin du Ve s. av. J.-C.,* Paris.
Wilson, E.O. 1979, *On Human Nature,* London.

Résumé

Les débuts et la raison d'être des sanctuaires panhelléniques restent des questions controversées, avec ses sources anciennes mêlant souvenirs mythiques, récits étiologiques à diverses préoccupations ultérieures. Ici, l'attention est surtout fixée sur les aires sacrées impliquées dans la periodos. Un examen de leur implantation géographique est essentiel car il fournit une donnée qui, au contraire des sources littéraires, n'a pas été affectée par les siècles. Leur implantation montre que ces aires exceptionnelles sont disposées à l'articulation de plusieurs terroirs. De plus, toutes occupent des endroits très sensibles en eux-mêmes, car détenteurs d'une ou plusieurs qualités, comme celle de disposer d'une source, voire d'eau en abondance, d'espaces fertiles ou d'un passage obligé (port, gué ou défilé). Ces espaces de choix constituaient donc forcément des secteurs convoités par plusieurs collectivités au gré de leurs ambitions et de leurs moyens. On peut donc suggérer qu'après une longue période de « basse occupation », où les groupes humains concernés, encore peu nombreux, ont pu se succéder dans ces espaces singuliers sans souvent se heurter et sans laisser beaucoup de traces de leur passage, à la fin de l'époque géométrique, la situation s'est crispée. Une remontée de la courbe démographique, une meilleure place faite à l'agriculture et une vigoureuse renaissance de la civilisation matérielle se sont alors accompagnées d'une volonté générale d'occuper en permanence ces lieux plus exposés, en les équipant d'installations en dur, toujours plus ambitieuses. Ces appropriations unilatérales ont suscité des conflits régionaux dans une ambiance d'essence héroïque, encore préhoplitique, dont certains, sans vainqueurs ni vaincus, inscrits dans la durée et impliquant des alliés plus lointains se sont alors institutionnalisés en rencontres régulières. En fin de compte, tandis que la guerre hoplitique se faisait plus meurtrière, ces festivals (sans épreuves par équipe) réunirent, selon un calendrier convenu, en ces quelques endroits, une participation bientôt panhellénique dans la mesure où les vainqueurs y acquéraient une gloire sans frontière.

Peace, Publicity and Panhellenism: Greek Freedom, Propaganda, and Communication at the Great Games

BURKHARD MEIßNER

POLYBIUS' DESCRIPTION of what happened at the 196 B.C. Isthmian Games is notorious for its dramatic rendering of Titus Quinctius Flamininus' declaration of Greek freedom (18, 46, 1-10):

> When all this had been decided and the Isthmian Games were close at hand, and when from almost the whole inhabited world the most distinguished men had come together because of their expectations as to what would happen, there were many and different opinions going round at the festival, one of them holding that it was impossible for the Romans to release some of the places and cities, while others declared that they would abandon the more famous places, while they would retain the less reputed ones which could be of equally useful to them. And instantly they would all enumerate these cities by heart, because everyone was better informed than the other. While such a level of disorientation was prevailing among the people, when the crowd had already gathered in the stadium to watch the games, the herald came forward and, after silencing the crowd with the help of his trumpet-player, he read the following proclamation: "The Senate of the City of Rome and Titus Quinctius the proconsul, having defeated King Philipp and the Macedonians, leave the following peoples free, without garrisons, subject to no tribute whatsoever and governed by their own ancestal laws: the Corinthians, Phocians, Locrians, Euboeans, Phthiotic Achaeans, Magnesians, Thessalians and Perrhaebians." Instantly after these words had been read a tremendous noise arose, and some could not exactly listen to the herald, while others wanted to hear his words again. The greater part of the crowd, however, did not believe the message and thought that they were listening to the herald's words in some kind of dream, because what happened was so unexpected; and they demanded, for different purposes, that the herald and his trumpet-player should come forward into the center of the stadium and repeat the announcement, because, I think, they wanted not only to hear the speaker, but

also to see him, because the contents of his proclamation were so unbelievable. When, however, the herald proceeded to the center of the stadium, silenced the roar with his trumpet-player, and read the very same proclamation as before, such a powerful outburst of cheer arose as might not be easily conceived of by those who are told the story today. Anyway: The noise continued, no one took any notice of the athletes, and everybody, talking either to each other or to oneself seemed to have gone wild or even mad. [Cf. Plutarch, Titus Flamininus 10,4-10; Livy 33,32f.; Gruen 1984, 132-142; Sherwin-White 1996[2], 175-176].

What Polybius is describing here is a mere communication paradox: Everyone is well-informed, but nonetheless surprised; everyone expects something unusual, but does not believe it once it has happened; all the necessary diplomatic decisions had already been made and communicated (Polybius 18, 44-45), but the announcement of their main points made people surprised and happy - in the end people went even mad for their joy.

However, Polybius' narrative is generally taken to be a straightforward description of a straightforward process: Titus Quinctius Flamininus, the philhellene, announces his and the Romans' sensational generosity towards the Greeks; to declare most of them "free" gained the Romans a good reputation among the Greeks, some of whom had already begun to denounce the Romans as Greece's new and oppressive rulers. Especially the Aetolians were dissatisfied with their limited gains from the war, and Flamininus' demonstration of what appeared to be manifest philhellenism [cf. Günther 2000] was directed against the propaganda and criticism of the Aetolians.

This picture is probably right, but perhaps there was more to the communication process underlying Flamininus' proclamation than just a surprisingly generous treatment of the Greeks on part of the Romans, and perhaps Titus' behaviour entailed more than just using the Isthmian Games as a kind of noticeboard to convey important news to the Greek *élites.* After all, Polybius describes the high expectations of the Greeks, so they cannot have been completely surprised. At least partially those expectations went at least as far as the Roman generosity eventually got itself.

What happened at the games was, in fact, neither new nor unexpected for the audience at-large, and the *rôle* of the public was not to hear something new and unforeseen, while Titus Quinctius Flamininus was not surprising the Greeks by the sheer novelty of what he had to declare. What was communicated at the games was something more complex than just the information about which cities were to be set free, and which were to remain with the Romans, because the surprise as Polybius describes it did not result from the fact that the Romans gave freedom to the Greeks; this was something which had been given to them repeatedly from the time of the *diadochi* onwards [Petzold (1940 repr. 1968) 37; Heuß (1937 repr. 1963) 216ff.; Bernhardt (1971) 4ff.; Gehrke (1985) 306-307]. What surprised the audience was the fulfillment of a common expectation, of a *dream*, as Polybius puts it. This expectation, the dream, came true. Thus, the communication at the games essentially consisted in a confirmation of expectations, and, above all: in the applause which the public gave to this.

Quite logically, Titus therefore preferred to repeat the theatrical performance of his declaration of freedom in 195/194 at the Nemean Games, when he himself was acting *agonothetes*: Proclaiming Greek freedom and the anti-tyrannic intentions of the Romans, he created general *gaudium* (Livy 34, 41, 1-7).

It may be assumed that the public's applause, that is: the consent, of the public at the Isthmian games was not irrelevant to providing legitimacy and acceptance for the contents of the proclamation, that is: for the Romans' decisions. Although the Second Macedonian War had made the Romans the decisive power in Greece, Titus' and the Senate's decisions affected nevertheless sovereign states on the international level, where the enforcement of laws and principles was more a matter of consensus and unwritten rules than of positive institutionalized norms, and it was exactly the point of the Roman decision to respect the integrity of the independent states and not to interfere with their autonomy. Therefore, gaining acceptance for the complex set of claims and liabilities that made up the settlement of 196 B.C., required a complex set of rituals to be performed, notably by the *keryx*, and this performative aspect of panhellenic communication at the great games can be observed as working exactly in the same way in a second example: Alexander's decree about the return of the Greek exiles, which gives us the first close parallel to Titus' declaration.

Alexander and the Exiles in 324 B.C.

As for Titus' declaration, we have got a detailed description of the publication of Alexander's decree: this time in Diodorus and probably coming from Hieronymus of Cardia. Alexander was using the Olympic Games, because in 324 these were ready to be celebrated: *When the Olympic Games were being cele-*

brated, Alexander let it be proclaimed by a herald that all the exiles should return to their cities except for those who had been convicted of sacrilege or murder (Diod. 17,109,1). Merely treated as an appendix to the Alexander history, the incident is described in more detail in the history of the diadochi (Diod. 18,8,2-7):

> Shortly before his death Alexander had decided to restore all the exiles in the Greek cities, for the sake of fame and at the same time because he wanted to have many loyal followers in every city to counter revolutions and illoyalty among the Greeks. Therefore, when the Olympic Games were imminent, he sent Nicanor of Stageira to Greece and gave him a letter about the return of the exiles. He ordered Nicanor to have this letter read out at the festival to the attending crowd by the very herald who had won the contest of heralds. When Nicanor had done what he had been ordered, the herald took and read the following letter: "King Alexander to the exiles from the Greek cities. We have not been the cause of your exile, but we shall be the cause of your return into your ancestral homes, except for those who are under a religious curse. We have written to Antipatrus about these matters in the sense that he might use force against those cities that are unwilling to let you come back." When the herald had dutifully fulfilled his task, the crowd shouted loud signs of approval. Those present at the festival welcomed the kings' favour with loud shouts of joy and repaid his benefits with praise. All the exiles, more than 20.000, had come together at the festival. Most people accepted the return of the exiles as a good thing, the Aetolians and the Athenians, however, disliked the decision and were upset about it, because the Aetolians had driven the citizens of Oeniadae out of their native land and expected to be punished for their crime; for the king had announced that not the descendents of the inhabitants of Oeniadae had to inflict the punishment for this, but he himself would do it. The Athenians had established a colony on Samos, and therefore did not let the island go, but because their forces were not equal to those of the king, they kept silent for the moment and waited for a better moment, which then came about by chance [cf. Seibert (1979) 158-162]

The legal contents of Alexander's proclamation are spelled out more clearly by Curtius Rufus (Quintus Curtius Rufus, *Historiae Alexandri Magni* 10,2,4): *But Alexander ordered all the exiles who had been thrown out of their cities, except for murderers, to be received by their Greek cities again* (cf. 10, 2,5-7). Alexander's proclamation, this is, meant a relief to the exiles, but it amounted to a commandment, a burden for their former cities. These had to give away territory or people, as the Athenians had to leave Samos according to an originally separate ruling [cf. Gehrke (1976) 77ff.; Shipley (1987 repr. 1998) 165ff.]; generally, the cities were forced to let their exiles in, and therefore had to legislate about land, houses and other resources. From little Tegea, we have a rather complicated document about this kind of legislation (*Syll*[3]. 306=*IG* V 2 p. XXXVI=*SEG* I 211=G.Thür u. H.Teuber (1994) Nr. 5).

Characteristically, we find some of the elements of Polybius' description of Titus' proclamation at the 196 Isthmia again in Diodorus' narrative of Alexander's decree about the exiles: There seems to have prevailed a similar contradiction between high expectations on part of the well-informed public and a kind of paradox surprise as in the case of Titus' proclamation. Alexander had already decided what to do, as Titus and the senate had done, too. The contents of the proclamation itself were no surprise to the public at both games; in fact, many of the exiles had come to the games in 224 explicitly because they had expected something like their return to be likely to happen, and the same was true in 196, when, according to Polybius, the élites of the Greek world had gathered at the Isthmian games specifically because they expected a public proclamation about their future and their legal position to be made. The original narrators included descriptions of the reactions of the public to the proclamation made at the games into their narratives: In the case of Titus, this was universal joy, whereas Alexander's edict met with immediate and general approval, but with serious resistance on part of the Athenians and the Aetolians. Now: Diodorus' account of the critical reactions to Alexander's proclamation, other than the immediate joy which it provoked at the games itself, takes the political and military conflicts of the succeeding year of Alexander's death as sufficient evidence for an immediate opposition of the Athenians and Aetolians to Alexander's edict. Probably, therefore, the narrator did not have any independent evidence about such negative reactions to the proclamation in the original report about what happened at the 324 Olympics. It is rather more likely that universal approval was the reaction which was reported, because it was expected at such an occasion. What is also similar with both cases is that the selection of the particular games was merely by chance of their periodicity; they were chosen because they were imminent; therefore the senate had used the Isthmians as a deadline in its dealings with Philip, but in principle both Alexander and Titus could have chosen any other of the great panhellenic games or even all of them. Incidentally: The proclamations at the games were read not by their authors, but by *heralds*.

The rôle of the heralds

This brings us to the role of the *kerykes.* As we see, in both cases the matter was not just one of proclaiming some news hitherto unknown to the audience. It was more one of establishing new quasi-legal relationships between one part of the Greeks and the other: Titus Quinctius and the senate re-arranged the relationship between the Greek city-states and their former overlords, Alexander re-arranged the relationships between urban élites and their former internal enemies. In both cases, complex re-adjustments of possession, of individual and collective rights and liabilities had to be made, and consequently both the senate and Alexander would like to gain acceptance for the principles which they tried to implement in the Greek world. According to Curtius Rufus, Alexander *commanded* the Greek states to take back their exiles (Quintus Curtius Rufus, *Historiae Alexandri Magni* X 2,4-7), and similarly, the Roman proclamation of freedom in 196 deprived some of the states like Macedonia of their former privileges and advantages; it also gave the Romans an advantage over external competitors on the Greek freedom market, mainly Antiochus III: the Romans gained a *good reputation* (εὔκλεια ὁλόκληρος) among the Greeks (Polyb.18,45,9), and Antiochus was asked to release his Greek subjects in Asia Minor. Antiochus on the other hand propagandistically proclaimed himself liberator of the Greeks (Polybius 20,8,1). Therefore, the senate had decided that the commission should decide about Chalkis, Corinth and Demetrias with a view mainly to Antiochus III and his intentions to interfere with the situation in Greece, and after the end of the Isthmian games the first thing the Roman commission did was ordering Antiochus not to attack the autonomous cities in Asia Minor. Explicitly extending the Roman declaration of freedom both to Greece and to Asia, Polybius therefore clearly implies an offensive direction of the Roman declaration against Antiochus [Polyb. 18, 45,10-12; 47,1; 46,15; about Roman ἐλευθερία propaganda towards the Seleucids cf. R.Bernhardt (1971) 45-51].

If we compare both Alexander's and Titus' declarations on the legal and political level, it becomes clear that such public declarations created rights and expectations, but their focus extended to possible disadvantages, too: mutual bonds, liabilities and constraints were created on these occasions together with joy and advantages on part of those favoured by the declarations.

Thus, both Alexander's and Flamininus' proclamations entailed the establishment of new rules and required gaining acceptance for these. Making the pronouncements was therefore not a matter of some chance private individuals but of heralds, whose business was to perform acts of symbolic communication which entailed the establishment or recognition of mutual obligations. Such new mutual obligations had to be established not within one political and legal community, but among independent or quasi-independent states and rulers, and it was a core point of both Titus' and Alexander's declarations to pay respect to the formal independence of all the Greek states. This had to be announced, or rather: performed, witnessed and approved in a complicated communication process.

This complicated process assured that the delicate kind of business which was at stake could be handled correctly within the public at the great games, and both Alexander's decree in favour of the exiles and the senate's decree about the freedom of the Greeks came about after lengthy and complicated negotiations which directly or indirectly involved the larger powers, the smaller Greek states and the other Greek states which were affected by the decrees like the Seleucids in the case of Flamininus' proclamation. Politically and propagandistically, it put an enormous stress upon those powers abstaining from the solutions that were taken; in the case of Titus' declaration, pressure was especially exercised upon Antiochus III.

Titus' declaration of Greek freedom at the panhellenic games was not the first time the Romans made use of these Greek institutions: In 208 BC, L. Manlius Acidinus was sent to Greece as an envoy to find out what was going on in Greece (Livy 27,35,3-4):

> and similarly because the Olympic Games were imminent at that time as the greatest Greek convention altogether, that he might, if possible under the conditions of war, attend this convention, to the effect that, whosoever of the Sicilians had fled to Greece because of the war, or whoever had been exiled from Tarentum by Hannibal, should return to their homes, knowing that the Roman people would restore to them all the possessions that they had held before the war (cf. 28,7,14).

The order which Manlius was given on his way intended a solution to the same kind of legal problems which Titus' and Alexander's declarations tried to solve: There were the exiles, who had left their lands or had been expelled from them, and who had been deprived of their possessions. There were their cities where their opponents had ruled in the meantime. And there were the Romans who intended to restore all their rights, and who had to deprive others of their temporary gains. For this, the Romans had to interfere with the rights of sovereign entities and to gain legitimacy and acceptance for their decisions.

In the Greek world with its prevalence of small-scale communities, a need to establish bonds between people who are not members of the same communities could be felt frequently, and consequently, in this world there existed institutions for establishing such bonds: Besides more stable entities like the amphictyonies and interstate treaties the Greek world created platforms for communication and more flexible agents for creating and modifying these bonds. To these belonged, among others, the panhellenic games and the heralds (κήρυκες). The first could be used as platforms for communicating between persons who were only remotely interrelated (humans and gods); transacting business between humans (sometimes superhumans, too) was the task of *kerykes* (cf. also Theophrastus, fr. 97,1 Wimmer).

There are some peculiarities of the panhellenic games which made them a suitable place for pronouncements like those made by Alexander and Titus. In particular, the very nature of the panhellenic games as international meetings where competing claims were settled by referees' decisions made them an occasion on which to settle once and for all competing claims not only in sports, poetry or music, but other fields as well: There were the referees, the *kritai*, present at the games, and *kerykes* to officially announce their rulings and the results, for without any of these, judgements at the games would not have been binding for the various participants from different states and places. Or, in the words of the 4th/3rd century rhetor Menander from Laodicaea [Russell & Wilson (1981) p. 406 Spengel (Περὶ ἐπιδεικτικῶν)]:

> If we both were sportsmen and if we had to compete at the Olympics or the Pythian games with other athletes, then it would be necessary that a prize is set out, and a herald is present and someone acts as a judge about victory, and a stadium open to the public would have to be there, as well.

At the panhellenic games, this means, business is transacted in that victory is attributed and a prize is handed over, and for being legitimately done, this requires not only a judge who knows the rules of the game, but a herald to give legal force to the judgement and a public to witness the process. So, the setting of the sports event reproduces some aspects of public legal procedure, and it does so specifically, because the sports contest assumes some of the legal process's functions: establishing rulings, gaining wide acceptance, allocating resources. Therefore heralds are present at the games, and the games can be used to solve a wide variety of international problems. For their being solutions, public recognition is necessary, and to be recognized as binding solutions, pronouncements at the games had to be performed formally by the herald. After all, both the Romans and Alexander did not make unilateral declarations of their own wills only; instead, their declarations created obligations for third parties: not to interfere with their design, to play by their rules, to respect the rights granted and to restore the possessions possibly expropriated. In fact, general recognition of the rules Alexander and the Romans had tried to establish was far from being certain, as the behaviour of Athens and Sparta showed in the aftermaths of the declarations [cf. Rosen (1978)].

Generally, it was the task of heralds to make such public announcements with binding force for humans and superhumans. At Athens, for instance, the *kerykes* recited the prayer at the Panathenaic Games, and since after the Battle of Marathon they asked for the goodwill of the gods not only for the Athenians, but for Plataea as well (Hdt. 6,111):

> And since the time of this battle it has become common among the Athenians that the Athenian herald, at the sacrifices and festivals which are held every 5th year at Athens, recites a prayer to the gods in the sense that he asks the gods to send everything conducive both to the Athenians and to the Plataeans.

So, the *kerykes* transacted and symbolically communicated business which transcended borders-between different states or between humans and superhumans. *Hierokerykes* invited people from different states to the great festivals. At Magnesia, for instance, they announced the festival of Artemis Leucophryena (*IMagnesia* Nr. 100 = Syll. 695 = *Lois sacr. de l'Asie Mineure [LSAM]* Nr. 33 l. 36-49, 200-150 BC). At Miletus, *Hierokerykes* sometimes acted as diplomatic representatives who gave oaths of allegiance and received the oaths of other states' representatives on their city's behalf (*Syll.* 633 = *IMilet* I 3,150 l. 23-25 + 106-109). In many cases, the *kerykes* had to address an unspecified multitude as their audience, as in the case of the 3rd century story in the *Acta Thomae* of a king commanding everyone to attend the wedding-ceremony of his sole daughter [M. Bonnet (1903 repr. 1971) 99-288 sect. 4]; the king orders *kerykes* to go around and to make the necessary announcements.

Generally, *kerykes* acted not only as proclamators making some hitherto unknown news known to a wider public, but as witnesses. Thus, they acted like notaries for transactions which created quasi-legal bonds outside legal communities of the usual kind, and they did so in an essentially oral world. The task of the *kerykes* was to make announcements in the proper, ritualized manner in order to create quasi-legal bonds between different parties. By inversion this means: Where *kerykes* are involved, business is at stake between partners who are relatively remote and independent from each other, but who want to establish a lasting relationship which mutually obliges all partners. Heralds were therefore of fundamental value for national and international law and politics, and because of their exceptional value, contests for heralds were held regularly at the great games. Heralds and players of the salpinx and poets with whom they had to collaborate in their business, had their own contests at the great games and were sufficiently prominent and well known to be recorded in victors' lists. P.Oxy. 22 2338, for example, gives a chronologically ordered list of deceased salpinx players, heralds and poets with their names, which spans the years AD 261/262 to 288/289. Pausanias mentions the competitions at the Olympic Games (Paus. 5,22,1): *Usually, the salpinx players and the heralds stand on this altar when they hold their contests.*

Something can be learned about the social meaning of salpinx players and heralds at the great games from the bevaviour of the Emperor Nero. Admittedly, much of what this Roman emperor did was a mere caricature of what was generally expected or meant to be done, but as caricatures, his actions make clearly explicit the very rules by which Nero himself would prefer not to play. In AD 66-67 *Nero insisted to announce his own victories* in the games, *which emboldened him to run in the heralds' contest,* Suetonius writes, presupposing that it was the heralds' task to publicly announce victories. Suetonius then goes on to describe how Nero personally took part in the Olympic chariot race with a ten-horse chariot, which he could not sufficiently keep under control. Although an accident happened, Nero was awarded the winner's prize by the judges. *Before he then departed from Greece, he gave universal freedom to the province as well as Roman citizenship and some money to the judges. He himself announced these benefits with his own voice, standing in the middle of the stadium at the Isthmian games* (Suetonius, *Nero* 24). For conferring privileges, i.e.: for making the exception the rule, and for conferring them to a wider public, the great games provided the suitable environment, Suetonius' story implies. Those inscriptions which had been set up to preserve the memory of Nero's extravagant design merely gave authority to the ruler cult, which was set up for the emperor in return for his exceptional favour, than his decision about freedom and tax-exemption for the Peloponnesians: The final conclusion of the decisions documented in those inscriptions was to hail Nero as Zeus the bringer of freedom, and it was therefore that his name was later erased from the inscriptions. Precision about how Nero implemented his design was not of major concern for the epigraphic evidence (*ILS* 8794=Syll^3. 814); it merely reproduces Nero's own words, alluding in a general way to Corinth as the place where this happened. Suetonius' text however, although less explicit about Nero's intentions, meticulously looks at what lent validity to Nero's actions: the ritual character of these actions itself, their being performed and announced in the right manner at the right place, at the Olympic and at the Isthmian Games, this is.

Earlier examples: Corinth, Timoleon, Delphi and Croesus

But there are not only such late satires on the games to show the corroborative value of public announcements at the great games. In fact, there are earlier precursors to the proclamations of Alexander and Titus Quinctius Flamininus. In 342 B.C., for example, Timoleon had liberated Syracuse from the tyranny of Dionysius II who had gone to Corinth into exile. Corinth, on the other hand, had sent Timoleon to Sicily with the order to drive out the tyrants and to repel the Carthaginians. When they had successfully ridded the Syracusans of their tyrant, the Corinthians, in order to achieve the latter of their two goals, were strongly interested in re-strengthening and re-populating Syracuse. Therefore, instead of subduing or annecting the city, they invited Sicilian exiles to settle at Syracuse. As Plutarch (*Timoleon* 23,3) writes,

> the Corinthians went to the sacred games in Greece and to the greatest festivals, and they let it be known by heralds that the Corinthians having dissolved the tyranny at Syracuse and having driven out the tyrant invite everyone of the Syracusans and other Sicilians to settle at Syracuse on the basis of freedom and autonomy, with an equal and just share in the possession of land.

It is made clear in the preceding paragraphs (23,1f.) that what had happened was a conscious decision on part of the Corinthians, not to give way to *pleone-*

xia, nor to subdue the city, but to extend its invitation to foreign settlers to all of Greece. In some respects, this situation is similar to those of 324 and 196: Legitimacy may be attributed to the rules which the Corinthians proclaim on the ground of Corinthian supremacy, but this is exactly what they did not want. They preferred to leave Syracuse an independent city, but at the same time they had to re-distribute wealth and power at Syracuse. Their proclamation offered a chance for the Sicilian exiles; on the other hand, it forced the inhabitants of Syracuse to share land and resources with the new settlers. Choosing the panhellenic games as the platform to communicate their arrangements solved a legal and political dilemma of the Corinthians: the dilemma of someone who on the basis of power or success had to establish new rules concerning foreign territory, but wanted to gain acceptance on the international level by not directly interfering with the rights and institutions in this territory. This was a dilemma not untypical for the Greek world with their small states and frequent conflicts. The panhellenic games offered a panhellenic public which could lend authority to one's pronouncements by hearing them and consenting to them by applause, provided these pronouncements were made in the proper form by a *keryx*.

Although the problem itself was common in the Greek world, establishing rules which affected the inner workings of independent states by letting these rules be proclaimed at the games remained an exceptional method. It was used for special projects only and by exceptional figures under circumstances where the more common institutions of treaties, oaths or pledges could hardly be used. Timoleon was such an exceptional figure, and he was seen like this by his contemporaries, for after his death the Syracusans buried him in the centre of their city as a hero and commemorated him by games held regularly in his honour (Plutarch, *Timoleon* 39). This is true of the two heroes of the later two proclamations, too: After proclaiming the return of the exiles, Alexander was deified throughout Greece [Wiemer (2005) 163f.], and Flamininus was hailed as saviour and benefactor of the Greeks (Polyb. 18, 46,12; Liv. per. 34,16; 33,31-35; 34,52).

The exceptional character of such quasi-legal pronouncements at the games is also presupposed by an even earlier example which comes from a fragment of Aristotle's *Constitution of Delphi*. In the middle of the 6th century B.C, a certain Aesopus had been sent to Delphi by Croesus to make a donation to the sanctuary and to distribute money among the citizens of Delphi. It is possible that these efforts belong to the context of Croesus' to gather allies before his projected expansion into the east; around 555 B.C. he sent envoys to Sparta to conclude an alliance (Hdt. 1,69f.). During Aesopu's stay at Delphi, however, some legal argument must have arisen, so that Aesopus sent the money back to Croesus, while the people at Delphi accused him of having robbed the temple and put him to death. In the sequel, many mishaps befell the people at Delphi, which they regarded as a consequence of their own behaviour, and so, the story goes (Arist. fr. 487 Rose), they

> went around the great games in Greece to let the heralds repeatedly make announcements to call whosoever would volunteer to receive satisfaction on behalf of Aesopus from the Delphians.

Eventually one far relative of Aesopus from Samos did get some compensation from the Delphians who thus got rid of their curse. Again, we are in the sphere of international relations with a problem which though being adjacent to problems of international law cannot easily be solved using treaties, because one of the partners is dead, and no one knows who might have a stake in the deal. Therefore, to solve this problem in the time of Croesus (561-546 B.C.) a public announcement at the games was the way to go. Since proclamations like the one issued by the city of Delphi had to be directed to an unspecified multitude of addressees, and there had to be a sufficiently large and manifold multitude of testimonies to create a situation of mutual obligation, the Delphians had to address the public at the games. This panhellenic public is particularly what was created by the games to provide credibility and acceptability to exceptional transactions.

Panhellenism or Philhellenism?

What constitutes public announcements at panhellenic games and what grants significance to these announcements is not so much that some news are publicly read out, but the possibility to give a binding force and general recognition on the international level to decisions of dubious quality which might otherwise not gain general acceptance. When the Romans decided to publicise their decision about Greek liberty at the Isthmian games they took up a long-lasting tradition, dating back at least as far as the 6th century. To declare the freedom of the Greeks in a way as theatrical as the one chosen by Flamininus and his colleagues was not peculiar to the case itself: The performative aspects of these declarations were important for the validity of their contents, as Nero with his inherent sense for the show business clearly understood.

Titus' declaration of Greek freedom in 196 BC has often been understood in the light of his alleged personal philhellenism or within the context of international law. Regardless of his feelings, ideology or the legal principles behind the Roman decision to set the former subjects of the Macedonian king "free": Titus' declaration of 196 B.C. was not so much a matter of philhellenism as it was one of meticulously planned usage of an institution and rituals of *panhellenism*, which were meant to handle delicate matters of foreign relations, and which were used to make Rome's interference in a foreign world legally and ideologically appear the opposite of such an interference, much like what Alexander did in 324 and the Corinthians in 342. The function of the great games which we have been following here is less that of a news agency than it is one of gaining and providing acceptability (*Akzeptanzbeschaffung*, Niklas Luhmann). The panhellenic games thus created a platform for establishing order and normative principles in a world which consisted of a multitude of sovereign territories: The small states of the Greek world needed such a platform for quasi-legal transactions in the Classical period, as they still did in the Hellenistic era.

Bibliography

Bernhardt, R. 1971, *Imperium und Eleutheria. Die römische Politik gegenüber den freien Städten des griechischen Ostens*, Diss. Hamburg.

Bonnet, M. 1903, *Acta apostolorum apocrypha* II 2, Leipzig, repr. Hildesheim (1972).

Engels, J. 1993², *Studien zur politischen Biographie des Hypereides. Athen in der Epoche der lykurgischen Reformen und des makedonischen Universalreiches*, München.

Gehrke, H.G. 1976, *Phokion. Studien zur Erfassung seiner historischen Gestalt*, München.

– 1985, *Stasis. Untersuchungen zu den inneren Kriegen in den griechischen Staaten des 5. und 4. Jahrhunderts v.Chr.*, München.

Gruen, E.S. 1984, *The Hellenistic World and the Coming of Rome*, Berkeley, Los Angeles, London (repr. 1986).

Günther, L.M. 2000, "Titus Quinctius Flamininus - Griechenfreund aus Gefühl oder Kalkül?", in K.-J. Hölkeskamp & E. Stein-Hölkeskamp (Hg), *Von Romulus zu Augustus*, München, 120-130.

HEUß, A. 1937 (repr. 1963), *Stadt und Herrscher des Hellenismus in ihren staats- und völkerrechtlichen Beziehungen*, Aalen.

PETZOLD, K.-E. (1940 repr. 1968), *Die Eröffnung des Zweiten Römisch-Makedonischen Krieges: Untersuchungen zur spätannalistischen Topik bei Livius*, Berlin repr. Darmstadt.

ROSE, V. 1886 (repr. 1967), *Aristotelis qui ferebantur librorum fragmenta*, Leizig repr. Stuttgart.

ROSEN, K. 1978, "Der "göttliche" Alexander, Athen und Samos", *Historia* 27, 20-39.

RUSSELL, D.A. & WILSON, N.G. 1981, *Menander Rhetor*, Oxford.

SCHMITT, O. 1992, *Der Lamische Krieg*, Bonn.

SHERWIN-WHITE, A.N. 1996^2, *The Roman Citizenship*, Oxford.

SHIPLEY, G. 1987 (repr. 1998), *A History of Samos*, Oxford.

SEIBERT, J. 1979, *Die politischen Flüchtlinge und Verbannten in der griechischen Geschichte*, Darmstadt.

THÜR, G. & TEUBER, H. 1994, *Prozeßrechtliche Inschriften der griechischen Poleis: Arkadien*, SB Oesterr. Akad. Wiss., Phil.-hist. Kl. 607 [IPArk].

WIEMER, H.-U. 2005, *Alexander der Große*, München.

WILL, W. 1983, *Athen und Alexander. Untersuchungen zur Geschichte der Stadt von 338 bis 322 v.Chr.*, München.

ZAHRNT, M. 2003, "Versöhnen oder Spalten? Überlegungen zu Alexanders Verbanntendekret", *Hermes* 131, 407-432.

Le rôle de Delphes dans les pratiques militaires des Lacédémoniens, notamment à l'époque archaïque

NICOLAS RICHER

Introduction

Pour expliquer comment les Lacédémoniens avaient pu, en 510, chasser d'Athènes les Pisistratides, Hérodote dit que les Alcméonides – Athéniens rivaux des Pisistratides – corrompirent la Pythie. Celle-ci, par des injonctions réitérées, réussit à obtenir une action des hommes de Sparte contre les Pisistratides, malgré les liens d'hospitalité que ces derniers pouvaient entretenir en Laconie.[1] Et l'historien d'Halicarnasse relève,[2] en rapportant l'événement, que les Lacédémoniens "faisaient passer les égards dus aux dieux avant les égards dus aux hommes."

Plus tard, selon Xénophon, qui s'exprime au début du IVe siècle, c'est très visiblement parce qu'ils veillent à se rendre systématiquement les dieux favorables quand ils mènent une campagne militaire– et plus systématiquement sans doute que ne font les autres Grecs –que "les Lacédémoniens sont seuls à posséder vraiment l'art de la guerre".[3] Leur préparation religieuse de la guerre comprend non seulement le recours à des *diabatèria*, des sacrifices pratiqués lors du franchissement des frontières de Lacédémone vers l'extérieur,[4] mais aussi des consultations plus générales, à caractère oraculaire, avant même que n'éclate un conflit. De telles consultations ont pu être réalisées, notamment, à Delphes.[5]

1. Ce thème de l'hospitalité bafouée revient trois fois à propos des mêmes faits (Hdt. 5,63, 90 et 91).
2. Hdt. 5,63; cf. aussi Pausanias 3,5,4.
3. Xen. *Lac.* 13, 5.
4. Cf. Xen. *Lac.* 13,2-3.
5. Sur l'oracle de Delphes de façon générale cf., notamment, Roux 1976 et Schmitt Pantel 1997. Sur l'importance particulièrement considérable, et unique, de l'oracle de Delphes cf. *e.g.*

Toutefois, des débats semblent avoir existé sur l'opportunité de faire cautionner, par une autorité oraculaire, les pratiques existant à Sparte ou la possibilité d'entreprendre des opérations militaires. Des variations peuvent être constatées, dont on peut essayer de discerner les causes. En outre, reconnaître le sens d'un oracle ambigu a pu poser des difficultés aux Spartiates (comme, naturellement, aux autres Grecs ou à un Lydien tel que Crésus[6]). Mais le caractère quasi institutionnel des consultations oraculaires marque bien que, malgré les difficultés d'interprétation, cette forme de conseil divin paraissait indispensable aux Spartiates.

Pour mesurer la place des oracles delphiques dans les affaires de Sparte, nous pouvons, d'abord, considérer le cas particulier de la Grande Rhètra, qui semble être le plus ancien texte ayant trait à l'histoire de Sparte dont les origines soient mises en relation avec le sanctuaire oraculaire de Delphes; ensuite, nous pourrons examiner l'importance des avis pythiques dans la vie politique et dans le choix des chefs de guerre que sont les rois, et, enfin, les conseils militaires donnés aux Lacédémoniens jusqu'à la seconde guerre Médique.

I) La Grande Rhètra

Aux origines mêmes des pratiques politiques de Sparte telles qu'elles nous sont connues, se trouve la Grande Rhètra, datable des environs de 700 *a.C.* Si, comme il y a semble-t-il lieu de faire, on admet son authenticité, il s'agirait d'un texte d'origine pythique. Ainsi Plutarque le présente-t-il en disant[7] que c'est Lycurgue qui le rapporta de Delphes. Ce document définit le mode de délibération politique à Sparte.[8] La Grande Rhètra, transmise par Plutarque,[9] dit ceci:

Parker 2000, 303. Pour une analyse des oracles concernant Sparte mentionnés par Hérodote cf. Crahay 1956, chapitre III, "Les oracles et la politique lacédémonienne" (148-181) et, dans le chapitre VII, "les oracles de Sparte" lors de la seconde guerre Médique (308-319). L'étude de Zeilhofer 1959 traite d'une période qui court de 511/510 à la guerre du Péloponnèse.

6. Cf. Hdt. 4,150-151, 155-157 (à propos de la fondation de Cyrène); 1,53 et 91 (Crésus).

7. Plut. *Lyc.* 6; Parke et Wormell, 1956, II, n° 21. Pour un répertoire des oracles de Delphes concernant Sparte cf. Parke et Wormell 1956, II, index, *s. v.* "Spartans" (avec le tome I, index, *s. v.* "Sparta" pour le commentaire historique).

8. Ainsi que note Wade-Gery (1958, 42), "le but principal de la Rhètra est *de définir la procédure législative*".

9. Plut. *Lyc.* 6,2 et 8.

Après fondation d'un sanctuaire de Zeus Skyllanios et d'Athéna Skyllania,
après répartition en tribus et en *ôbai* (φυλὰς φυλάξαντα καὶ ὠβὰς ὠβάξαντα),
après établissement d'une *gérousia* à l'effectif de trente, *archégètes* compris,
à intervalle régulier (ὥρας ἐξ ὥρας) faire les apellai (ἀπελλάζειν) entre Babyka et Knakiôn;
à ces conditions, introduire une proposition et laisser faire,
<mais à l'assemblée du peuple décision> et sanction.
Mais si le peuple se prononce de manière tordue,
que les Anciens et les *archégètes* soient quittes.

Ce texte a été réécrit sous une forme transmise par Diodore, qui dit citer un oracle pythique[10] tout en fournissant un texte très proche de la paraphrase attribuée à Tyrtée par Plutarque.[11] Il a suscité de riches commentaires parmi les modernes.[12] Si l'on admet de dater la Grande Rhètra du début du VIIe siècle, ce doit être le plus ancien texte qui mentionne des dieux de Sparte; on y voit explicitement mention de Zeus et de sa fille Athéna.[13] Indirectement, on constate aussi qu'une certaine place semble accordée à Apollon, puisque est mentionné le fait d' ἀπελλάζειν, verbe qui doit indiquer le regroupement de participants à des *apellai*, fêtes en l'honneur du dieu et qui devaient être organisées régulièrement ὥρας ἐξ ὥρας ἀπελλάζειν, dit le texte cité par Plutarque,[14] soit "réunir les *apellai*, de temps en temps", sans doute "de saison en saison".[15]

Notable est ici le fait que le nom même de l'*apella* soit attesté à Delphes: le mot y apparaît en effet, au Ve-IVe siècle *a.C.*, sur le cippe des Labyades,[16] où il peut désigner "le correspondant delphique des *Apatouria*" propres aux Ioniens.[17] Le terme a aussi été interprété comme pouvant nommer "une fête d'admission de nouveaux membres à la confrérie",[18] une fête d'Apollon pratiquée

10. Diod. 7,12,6.

11. Plut. *Lyc.* 6,10.

12. Sur les interprétations et la bibliographie, cf. *e.g.* Effenterre et Ruzé 1994, n° 61, 256-261, Richer 1998, 93-109, et Maffi 2002.

13. L'épithète *Skyllanios* - *Skyllania* au féminin - est de sens incertain.

14. Plut. *Lyc.* 6,2.

15. Cf. Wade-Gery 1958, 45-47.

16. *CID*, I, 9 (= Rhodes et Osborne 2003, n°1), A, l. 31-32 et 36, B, l.7-8 (mention restituée), D, l.3.

17. Rougemont, *CID*, I, 1977, 45.

18. Sokolowski 1969, n° 77, 156.

par une phratrie[19] ou encore[20] des victimes offertes annuellement à l'occasion d'une fête du mois Apellaios (dont le nom même indique qu'il est en rapport avec Apollon). De la mention du terme *apella* à Delphes comme dans un texte de Plutarque traitant de Sparte, on pourrait voir la trace de liens entre les deux lieux, et plus exactement, puisque une caution delphique aurait été donnée à la Rhètra, on pourrait supposer l'origine éventuellement delphique de la terminologie applicable à Sparte.

En Laconie, cependant, c'est seulement bien plus tard, à l'époque romaine, à Gythion, que deux inscriptions montrent l'usage du terme *apellai*, comme tel, à propos de réunions à caractère politique.[21] C'est à une époque tardive aussi que, vers 100 de notre ère, Plutarque interprète[22] le mot *apellazein* de la Rhètra comme signifiant *ekklèsiazein*: selon la remarque de De Ste Croix[23] les fêtes d'Apollon ont pu être, à l'époque archaïque, des occasions de réunir l'assemblée, et c'est pourquoi le savant de Chéronée a pu expliquer le terme *apellazein* par le verbe *ekklèsiazein*, mais il ne convient sans doute pas pour autant de dénommer l'assemblée des citoyens elle-même *apella*, mais plutôt, ainsi qu'il apparaît dans toutes les sources d'époque classique, *ekklèsia*, comme font les Athéniens à propos de leur propre assemblée.[24]

En la matière, on sait par Hérodote que des fêtes d'Apollon avaient lieu le premier jour (celui de la nouvelle lune) et le septième jour de chaque mois à Sparte,[25] mais ce ne devait pas être là le moment où se tenait l'assemblée des

19. Welwei 1996.

20. Ste Croix 1972, 347, comme Rhodes et Osborne 2003, 9.

21. *IG*, V, 1, 1144, lignes 20-21 (texte du IIe - début Ier siècle *a. C.*) et 1146, ligne 41 (texte postérieur de peu à 71/70 *a.C.*).

22. Plut. *Lyc.* 6,3.

23. Ste Croix 1972, 346. Sur le sens d'ἀπελλάζειν cf. aussi Wade-Gery 1958, 44-45 et Lévy 1977, 95.

24. Cf. Ste Croix 1972, 346-7; Richer 1998, index, *s.v.* "assemblée"; Christien et Ruzé 2007, 55. Burkert admet (1975, 10) que les *apellai* étaient un rassemblement annuel de la collectivité, assimilable à une *Landsgemeinde* helvétique, et Welwei 1997 retient le sens politique du terme, tout en estimant d'ailleurs, 248, que les "grandes apellai" connues à Gythion devaient être des fêtes cultuelles à l'occasion desquelles se produisait un rassemblement communautaire.

25. "Tous les jours de nouvelle lune, et le septième jour de tous les mois, on livr[ait] à chacun [des rois] aux frais du trésor, conduite au temple d'Apollon, une victime adulte avec un médimne de farine et un quart de vin, mesure de Laconie." (Hdt. 6,57).

Spartiates puisque, selon le scholiaste de Thucydide,[26] c'est à la pleine lune (donc au milieu d'un mois lunaire de vingt-neuf jours et demi) que se réunissait l'assemblée des citoyens. Pour que l'on puisse comprendre qu'à l'époque de Plutarque le verbe *apellazein* ait pu régulièrement désigner le fait de réunir l'*ekklèsia*, il serait souhaitable que l'on connaisse l'existence de fêtes d'Apollon régulièrement tenues à la pleine lune.[27] Or tel est le cas: il semble en effet que les Hyakinthies, les Gymnopédies et les Karneia aient été des célébrations -dont la première et la troisième au moins peuvent être mises en relation avec Apollon - qui se terminaient à une pleine lune,[28] et les Spartiates pouvaient peut-être se réunir en assemblée à l'issue de ces fêtes.

Par ailleurs, comme l'assemblée des citoyens disposait de la prérogative de décider d'une mobilisation des troupes,[29] et compte tenu de ce que l'on peut penser par ailleurs sur l'envoi d'une armée en campagne, il n'est pas surprenant de constater que des campagnes militaires aient été entreprises dans la seconde moitié du mois.[30] Si l'on retient que la Rhètra évoque une réunion de citoyens, la possibilité pour les citoyens réunis en assemblée de déclarer une guerre est d'autant plus notable que la même Rhètra évoque la structure du corps civique, quand on lit:

> après répartition en tribus et en *ôbai* (φυλὰς φυλάξαντα καὶ ὠβὰς ὠβάξαντα).

Considérant ce passage, Wade-Gery note[31] que si les *phylai* sont des tribus, les *ôbai* doivent être de nature territoriale.[32] Il établit en outre un rapprochement

26. *Ad* Thucydide, 1,67,3; éd. Hude, 52-53.

27. Même si, en considérant les indications fournies par Hérodote, Wade-Gery peut juger (1958, 47 n. 1) qu' "il est peut-être légitime d'inférer *e silentio* qu'il n' y avait pas de sacrifice mensuel à Apollon aussi à la pleine lune".

28. La pleine lune suivant l'équinoxe de printemps en ce qui concerne les Karneia, la pleine lune la plus proche du moment d'observation du lever héliaque de Sirius en ce qui concerne les Gymnopédies, la pleine lune suivant celle des Gymnopédies en ce qui concerne les Karneia: cf. Richer 2007, 247.

29. Cf. Richer 1998, 324-336.

30. Sergent relève ainsi (1991, 140) que, puisque les Lacédémoniens ne devaient pas partir en campagne entre une nouvelle lune et une pleine lune (cf. Hdt. 6,106; Paus. 1,28,4; Luc. *Astr.* 25), les Hyakinthies (comme, pour leur part, les Gymnopédies et les Karneia) devaient se dérouler durant la première moitié du mois où elles se tenaient.

31. Wade-Gery 1958, 71.

32. En cela, le mode d'organisation mentionné se distingue de celui évoqué dans l'*Iliade*

avec la mise en place de registres civiques dans les dèmes athéniens lors de la réforme de Clisthène, qu'il date de 507, et qui correspondit, note-t-il, à la mise sur pied d'un nouveau type d'armée. "Par analogie, dit Wade-Gery,[33] je m'attendrais à ce que les *katalogoi* des *ôbai* aient dû être constitués les premiers quand l'armée par *ôbai* était formée. Les registres des *ôbai*, dans ce cas, sont mentionnés [dans la Rhètra] parce qu'ils sont nouveaux; quant aux registres tribaux, quoiqu'ils ne fussent pas nouveaux, on pouvait avoir le sentiment qu'ils avaient besoin de cette reconnaissance officielle de ce qu'ils devaient perdurer".

De fait, que les cadres institutionnels mentionnés soient nouveaux ou simplement réaffirmés, les subdivisions du *damos* peuvent avoir pour fonction d'être les structures d'encadrement de l'armée et, à suivre Wade-Gery, on pourrait considérer que la Rhètra témoignerait d'une organisation en cinq unités issues de cinq *ôbai*. Cependant, ces subdivisions ne devaient pas être seules, à juger d'après la Rhètra elle-même. Dans cette optique, des membres des trois tribus auraient pu être répartis entre les différentes *ôbai*.

Nous n'examinerons pas ici en détail la question complexe de l'organisation de l'armée lacédémonienne et des mutations qu'elle a pu connaître.[34] Relevons simplement qu'une organisation tribale de cette armée semble avoir existé un temps, si l'on en juge par Tyrtée qui mentionne les Pamphyles, les Hylleis et les [Dymanes] combattant séparément *(χωρίς)*.[35] Il n'est sans doute pas exclu de penser que, dans des unités de nature d'abord territoriale, des sous-groupes de combattants aient pu revêtir un caractère tribal. Ainsi, subdivisions en *phylai* (en tribus) et en *ôbai* (en circonscriptions locales) pourraient s'être combinées pour fonder la première organisation militaire de Sparte que l'on puisse discerner. Qu'une telle organisation fût mentionnée dans le texte d'un oracle prêté à la Pythie était certainement ressenti comme un gage d'efficacité. Du moins, dira-t-on, une partie de la postérité a pu voir les choses ainsi.

(2,362), où, évoquant le dispositif militaire à adopter, Nestor conseille à Agamemnon de "classer les hommes par tribus et par phratries (κρῖν' ἄνδρας κατὰ φῦλα, κατὰ φρήτρας)".

33. Wade-Gery 1958, 79.

34. Parmi les textes essentiels cf. Hérodote (1,65) sur les institutions de Lycurgue ayant "trait à la guerre, énomoties, trentaines, repas en commun" et Thucydide (5,66,3 et 68,3) sur l'organisation de l'armée lacédémonienne à la bataille de Mantinée en 418. Cf. Wade-Gery 1958, 71-85; Lazenby 1985; Cartledge 1987, 427-431.

35. Fr. 10, 65 Prato = 19, 8 West.

Selon Hérodote,[36] en effet, Lycurgue aurait consulté l'oracle de Delphes avant d'établir le *kosmos* des Spartiates, l'ordre régnant chez eux.[37] De cet ordre ressortissent clairement, selon Hérodote, les affaires ayant trait à la guerre (τὰ ἐς πόλεμον ἔχοντα). Néanmoins, Hérodote spécifie que telle n'est pas la vision des Lacédémoniens, selon qui le *kosmos* régnant chez eux aurait été importé de Crète par Lycurgue.

On pourrait se demander pourquoi, au temps d'Hérodote, dans la seconde moitié du Ve siècle, les Lacédémoniens préféraient rattacher leurs institutions à une origine crétoise plutôt qu'à de prestigieuses prescriptions delphiques. Un début d'explication pourrait peut-être venir de ce que, ainsi que note P. Cartledge,[38] les Spartiates ont su réformer l'organisation de leur armée au cours du temps. Or si celle-ci avait été censée avoir été d'abord réglée par des indications oraculaires, tout modification en la matière n'aurait sans doute pas pu être effectuée sans un recours à d'autres consultations pythiques.

Désireux d'être libres d'organiser leur armée, les Spartiates ont ainsi pu s'affranchir de Delphes pour agir comme ils entendaient en la matière. On notera d'ailleurs qu'une cinquantaine d'années après Hérodote, Xénophon indique[39] que Lycurgue se rendit à Delphes avec les citoyens les plus considérables, pour faire approuver par l'oracle les mesures qu'il préconisait et "rendre impie la désobéissance à des lois confirmées par la Pythie (ἀνόσιον θεὶς τὸ πυθοχρήστοις νόμοις μὴ πείθεσθαι)". Il semble donc net que des lois proposées à l'approbation du *damos* devaient pouvoir être plus facilement modifiées que des règles imposées ou cautionnées par une instance extérieure telle que l'oracle pythique.

Cependant, à juger d'après la paraphrase de la Grande Rhètra par Tyrtée,[40] du milieu du VIIe siècle, les institutions de Sparte passaient bien alors pour

---

36. Hdt. 1,65.

37. Sur l'hypothèse selon laquelle les Spartiates auraient consulté l'oracle de Delphes pour légitimer un culte en l'honneur de Lycurgue (un sanctuaire en son honneur est mentionné par Hérodote 1,66), et sur l'idée selon laquelle le desservant d'un tel culte se serait lui-même appelé Lycurgue cf. Parke et Wormell 1956, I, 91.

38. Cartledge 1987, 428.

39. Xen. *Lac.* 8,5.

40. Fr. 1b 1-2 Prato *apud* Plutarque, *Lycurgue*, 6, 10:
"Ils ont entendu Phoibos et, de Pythô, ils ont rapporté chez eux
les oracles du dieu, ses infaillibles paroles".
Fr. 14, v. 10 Prato *apud* Diodore, 7,12,6:
"Car Phoibos a là-dessus fait de telles révélations à la cité."

avoir été inspirées par Delphes (même si elles avaient été plus simplement cautionnées par l'oracle, elles n'étaient pas présentées ainsi). De ce fait, la Grande Rhètra doit pouvoir être considérée comme un texte de nature prétendument oraculaire qui, dès la première moitié du VIIe siècle, concernait l'organisation religieuse, politique et militaire de la cité. Par la suite, au temps d'Hérodote, les ressortissants de Sparte ont pu vouloir s'affranchir d'une tutelle pythique pour réformer leurs institutions militaires. Ensuite encore, du temps de Xénophon, les institutions en place peuvent être attribuées à un Lycurgue approuvé par la Pythie pour ne pas être remises en cause. Cette dernière attitude pouvait se fonder sur la fonction de conseil institutionnalisée de l'oracle pythique à Sparte.

II) L'importance de l'oracle pythique dans la vie politique

L'intensité du besoin de consulter l'oracle pythique a été semble-t-il fort importante dans l'histoire de Sparte; Apollon Pythien était d'ailleurs honoré à Sparte.[41] Cependant, la question de l'appartenance de Sparte à l'amphictionie pyléo-delphique a été débattue, par R. Flacelière,[42] G. Daux[43] et G. Zeilhofer.[44] Résumant les données, F. Lefèvre note[45] que "du point de vue amphictionique [...], l'histoire de Sparte comporte [...] bien des zones d'ombre", et P. Sànchez relève[46] qu'en 161/160, "Sparte a revendiqué le droit de siéger une fois sur deux [au nom des Doriens de la Métropole], alors qu'elle s'était contentée d'une place fort modeste du temps de sa grandeur". Retenons qu'il est possible que les Lacédémoniens aient épisodiquement disposé du droit de vote des Doriens de la Métropole, plutôt peut-être que d'une représentation fondée sur leur qualité de Doriens du Péloponnèse.[47]

Quelle qu'ait été la réalité de l'appartenance de Sparte à l'amphictionie pyléo-delphique, les relations entre Sparte et le sanctuaire oraculaire de Delphes

41. Paus. 3,10,8.
42. Flacelière 1940, 142-156.
43. Daux 1936, 329-335 et 1957, 104-120.
44. Zeilhofer 1959, 24.
45. Lefèvre 1998, 55.
46. Sánchez 2001, 396-398.
47. Cf. Sánchez 2001, 39.

ont joué un rôle majeur dans l'histoire de Sparte puisque l'oracle pythique est supposé être intervenu aux origines même de la double royauté. Selon Hérodote[48] qui dit rapporter une tradition des seuls Lacédémoniens,[49] lorsque la femme d'Aristodémos, Argeia, eut accouché de jumeaux, "la Pythie ordonna de tenir pour rois les deux enfants mais d'honorer davantage le plus âgé". En conséquence, la famille des Agiades semble avoir joui d'une certaine prééminence en dignité.[50]

En outre, le recours à la Pythie ne fut pas rare, quand la détention de la fonction royale par un personnage put être remise en cause. En 491-490,[51] c'est en conséquence d'une réponse de la Pythie que Démarate fut destitué pour raison d'illégitimité prétendue.[52] En 426, lors de la restauration du roi Pleistoanax, se firent sentir les effets de consultations pythiques rapportées par Thucydide.[53] Le rôle de Delphes dans l'exercice de la royauté par tel ou tel homme apparaît aussi quand, à la suite d'une astéroscopie octannuelle, les éphores estiment avoir reconnu un signe tel que les rois sont suspendus. Ils demeurent dans cette situation, dit Plutarque[54] à propos de la destitution de Léonidas II en 242, "tant qu'un oracle de Delphes ou d'Olympie ne vient pas innocenter les rois condamnés".[55]

Ainsi, l'oracle de Delphes est-il censé être intervenu dans la mise en place des deux dynasties royales de Sparte et, ensuite, dans l'exercice de la royauté par tel ou tel membre des deux familles.[56] De telles interventions avaient des conséquences sur la nature des actions militaires[57] menées par les armées de Sparte,

48. Hdt. 6,52; Parke et Wormell 1956, II, oracle n° 157.

49. Hdt. 6,53.

50. Hdt. 6,51. On peut noter aussi que, selon Élien, *Nature des animaux*, 12,31, Eurysthénès et Proclès consultèrent l'oracle de Delphes pour savoir où trouver des épouses. En fonction de l'oracle qui leur fut rendu (Parke et Wormell, n° 531), ce fut à Cléonai.

51. Cf. Roobaert 1985, 63 et n.2; Richer 1998, 178.

52. Hdt. 6,66.

53. Thuc. 5,16,2.

54. Plut. *Agis*, 11, 5; sur l'astéroscopie octannuelle, cf. Richer 1998, 155-198.

55. Sur les oracles d'Olympie, cf. Parke 1967, 184-5.

56. Au début du IVe siècle, quand un débat s'engage sur l'opportunité de choisir entre Léotychidas (fils probable d'Alcibiade) et Agésilas, un oracle d'Apollon (Ἀπόλλωνος χρησμός) recommandant de se garder d'une royauté boiteuse est invoqué, mais son origine pythique n'est pas explicitée par Xénophon, *Helléniques*, 3,3,3.

57. Cf. *e.g.* Carlier 1984, 257-265, et Cartledge 1987, 203-241. Il est notable à cet égard que,

puisque les rois détenaient une compétence indéniable de chefs militaires, et pouvaient jouer un rôle majeur dans la vie politique: la dépendance de la dyarchie à l'égard de Delphes est ainsi mise en exergue par le fait que, au début du IVe siècle, Lysandre aurait essayé de circonvenir la Pythie pour obtenir que tous les citoyens fussent éligibles à la royauté.[58]

En outre, d'après Hérodote,[59] les rois désignaient en propre des émissaires auprès de la Pythie, appelés les Pythiens; ceux-ci exerçaient des fonctions dévolues à des personnages dont l'équivalent dans les autres cités grecques était constitué par des théores.[60] Mais, ainsi que note P. Carlier,[61] "aucun texte ne nous dit que seuls les Pythiens pouvaient être envoyés, au nom de la cité, consulter la Pythie". Celle-ci pouvait en effet adresser à tout consultant privé des avis concernant l'ensemble de la communauté: c'est ce que signale Hérodote quand il dit[62] que, vers 512-511, tous les Lacédémoniens, venus consulter l'oracle en ayant effectué un voyage privé ou public (εἴτε ἰδίῳ στόλῳ εἴτε δημοσίῳ χρησόμενοι), étaient invités à chasser les Pisistratides d'Athènes. C'était là inciter directement à une intervention armée, donc donner un conseil dans un domaine où les Lacédémoniens avaient déjà consulté l'oracle.

III) Les conseils militaires donnés aux Lacédémoniens

A) Jusqu'à Sèpeia (494)

Selon Pindare,[63] l'oracle de Delphes est censé avoir donné aux Lacédémoniens des conseils leur ayant permis de parachever la conquête de la Laconie, lors-

immédiatement après avoir dit l'origine des deux familles royales, Hérodote spécifie (6,56) que les rois des Lacédémoniens disposent du "droit de porter la guerre contre le territoire qu'ils veulent (πόλεμον γε ἐκφέρειν ἐπ' ἣν ἂν βούλωνται χώρην)".

58. Diod. 14,13; Plutarque, *Lysandre*, 24,3-6 (où est discutée la possibilité que le projet de Lysandre ait visé à rendre éligible à la royauté des Héraclides non membres des deux familles royales, ou tous les Spartiates); Plutarque, *Agésilas*, 8,3.

59. Hdt. 6,57; Xen. *Lac.* 15,5.

60. Cf. How et Wells *ad* Hérodote, 6,57, v. II, 86. Les θεωροί ont pour fonction de se rendre dans les divers sanctuaires grecs. L'étymologie de leur nom implique qu'ils doivent transmettre des témoignages visuels (cf. *DELG*, *s.v.* θεωρός).

61. Carlier 1984, 267-9, ici 268 n. Delphes corrobore des représentations mentales archaïques pour que celles-ci puissent inspirer des décisions d'ordre politique, cf. Carlier 1984, 294.

62. Hdt. 5,63.

63. Pind. *Isthm.* 7,13-15; Parke et Wormell 1956, II, oracle n° 146.

qu'ils eurent recours aux Égides thébains.[64] Plus tard, un oracle[65] aurait prétendument été délivré aux rois Charilaos et Archélaos,[66] donc au VIIIe siècle. Le texte dit: "Si de la portion acquise ils donnent une demi-part à Apollon, cela sera bien préférable pour eux". Or Pausanias indique[67] qu'Archélaos conquit Aigys avec l'aide de Charilaos, et l'on connaît, par le même Pausanias,[68] l'existence d'un sanctuaire d'Apollon *Kéréatas* ("Cornu") dans la région en question; son existence pourrait correspondre à la mise en œuvre des instructions venues de Delphes. Néanmoins, il n'est pas certain que l'oracle soit authentique;[69] nous pouvons sans doute d'autant moins admettre la date qui lui est attribuée, que l'oracle de Delphes n'a guère dû être actif avant 700.[70]

Ensuite, de façon générale, on peut considérer sans doute que les oracles concernant les guerres de Messénie ont été rétrospectifs.[71] En revanche, l'oracle rapporté par Hérodote[72] et qui promettait aux Lacédémoniens qu'ils pourraient danser à Tégée peut être considéré comme authentique.[73] D'après le récit d'Hérodote, un tel oracle –que l'on peut placer au milieu du VIe siècle–fut formellement respecté. Mais il est clair aussi qu'il avait suscité de faux espoirs dans l'esprit des Lacédémoniens puisque, après leur défaite, "tous ceux d'entre eux qui furent pris vivants, [furent] chargés des entraves qu'eux-mêmes avaient apportées". L'ambiguïté même peut paraître un signe d'authenticité.[74] Apollon, qui avait amené à l'échec des hommes "confiants dans un oracle trompeur

64. Parfois aussi (Éphore, *FGrHist*, 70, fr. 16), l'appel aux Égides est censé avoir été effectué, après consultation du dieu (Apollon de Delphes, peut-on sans doute entendre), de façon à assurer le "Retour des Héraclides" dans le Péloponnèse.

65. Parke et Wormell 1956, II, oracle n° 539.

66. Ce sont respectivement le grand-père de l'Eurypontide Théopompe (Hdt. 8,131) et le bisaïeul de l'Agiade Polydore (Hdt. 7,204); Théopompe et Polydore passent pour avoir régné au temps de la première guerre de Messénie, que l'on peut situer vers 695-675 (cf. Richer 1998, 538-9).

67. Paus. 3,2,5.

68. Paus. 8,34,5.

69. Parke et Wormell 1956, I, 93-94.

70. Cf. Rolley 1977, 146.

71. Parke et Wormell 1956, I, 93.

72. Hdt. 1,66 (traduction Ph.-E. Legrand, Paris, 1932); Parke et Wormell 1956, II, oracle n° 31.

73. Il est "evidently authentic", jugent Parke et Wormell 1956, I, 94.

74. Sur le fait qu'Hérodote a pu partager une telle opinion, cf. Harrison 2000, 131 et 150.

(χρησμῷ κιβδήλῳ πίσυνοι)" méritait bien ainsi son appellation de Loxias,[75] "l'Oblique".

Selon Hérodote,[76] l'attitude de Sparte à l'égard de Tégée fut encore guidée par deux autres oracles qui, sans doute vers 540-535, indiquèrent aux Lacédémoniens d'abord la nécessité de se procurer les ossements d'Oreste (dont l'emplacement était visiblement inconnu) et ensuite la façon de localiser les ossements en question. Grâce à l'agathoerge Lichas, les Lacédémoniens prétendirent avoir réussi à se procurer ces reliques, et il est vraisemblable que ce fait, appuyé par des succès militaires des Lacédémoniens sur les Tégéates,[77] ait contribué à amener ces derniers à composition.[78]

Or une demande des Lacédémoniens avait consisté à envoyer des émissaires (θεοπρόπους) à Delphes "pour demander lequel des dieux ils devaient se rendre propice pour avoir sur les Tégéates l'avantage à la guerre".[79] La Pythie avait répondu en disant donner un moyen d'être "protecteur de Tégée".[80] L'oracle de Delphes pouvait ainsi déconseiller le recours à la force, et engager les Spartiates à entreprendre une politique que les modernes ont dite "philo-achéenne".[81] En conséquence de cette politique, Oreste fils d'Agamemnon se trouvait soustrait au passé mythique de la rivale dorienne de Sparte qu'était Argos,[82] et les rois même de Sparte –descendants d'Héraclès– purent se prétendre non pas doriens mais achéens, ainsi que fit Cléomène Ier sur l'Acropole, à Athènes, en 508/7, d'après Hérodote.[83] La politique de Sparte se déploya encore de façon

75. Hérodote cite (1,91) un oracle de Delphes où Apollon est ainsi désigné (Parke et Wormell 1956, II, oracle n° 56, censément rendu à Crésus).

76. Hdt. 1,67.

77. Cf. Hérodote 1,67 *initio* et 1,68 *in fine*. Sur le transfert des ossements prétendus d'Oreste à Tégée cf. Cartledge 1979, 138, 139, 158, rééd. 2002, 119, 120, 136.

78. Les manœuvres laconiennes "auront eu pour effet d'affaiblir le moral des Tégéates", relèvent Parke et Wormell 1956, I, 96.

79. Hdt. 1,67. La définition qu'Hérodote donne (6,57) des Pythiens comme étant des *θεοπρόποι* peut laisser penser que, dans son esprit, ce sont des Pythiens qui sont ici à l'œuvre.

80. Hdt. 1,67; Parke et Wormell 1956, II, oracle n° 33.

81. Cf. Nafissi 1991, 140-44; sur l'historiographie de ce qu'on appelle aussi la "politique des ossements d'Oreste", cf. Boedeker 1993, 165-6 et n. 10-11.

82. C'est ainsi que Stésichore composa une *Orestie* dans laquelle la mort d'Agamemnon se produisait non pas à Argos mais à Sparte (cf. Bowra 1961^2, 126).

83. Hdt. 5,72.

analogue plus au nord, à une date mal déterminée, quand les Lacédémoniens, là encore sur les conseils d'un oracle pythique, transférèrent les ossements de Tisamenos, fils d'Oreste, d'Hélicè d'Achaïe à Sparte.[84]

Ainsi, la création de puissances talismaniques favorables aux Lacédémoniens (Oreste et son fils Tisaménos) paraît-elle avoir été inspirée par Delphes. Cependant, l'oracle de Delphes semble aussi avoir tenu à un certain équilibre dans sa sphère d'influence. Alors que les Lacédémoniens avaient manifesté leur souhait de soumettre tous les Arcadiens, l'oracle de Delphes avait concentré leurs ambitions sur les seuls Tégéates.[85] Mais ce fut aussi un conseil militaire hostile aux ambitions laconiennes que l'oracle de Delphes aurait délivré en faveur de Phigalie. Selon Pausanias,[86] en effet, les Lacédémoniens réussirent à s'emparer de la place, mais les Phigaliens, conseillés par la Pythie, parvinrent à recouvrer leur patrie.[87] Des modernes comme Parke et Wormell[88] peuvent suggérer que la raison d'un tel oracle était la volonté de Delphes de voir toujours indépendants des Arcadiens, avec lesquels ses relations étaient bonnes. Notable, du moins, paraît avoir été la clarté de l'oracle concernant les Phigaliens, par rapport à l'oracle sur Tégée comme espace de danse, et par rapport aussi à un oracle que l'on met en relation avec la bataille de Sèpeia, généralement datée de 494.

Hérodote rapporte en effet[89] un oracle rendu aux Argiens qui disait ceci:

> Mais quand la femelle victorieuse repoussera le mâle et gagnera de la gloire chez les Argiens, alors elle sera cause que beaucoup d'Argiennes se déchireront le visage, en sorte qu'on dira même chez les hommes à venir: "le terrible serpent aux trois replis a péri dompté par la lame".

84. Paus. 7,1,8. Parke et Wormell 1956, II, oracle n° 34; pour ces auteurs, la translation des reliques de Tisamenos pourrait dater de la fin du VIe siècle (Parke et Wormell 1956, I, 96 ; II, 16).

85. Hdt. 1,66; Parke et Wormell 1956, II, oracle n° 31.

86. Paus. 8,39,4; Parke et Wormell 1956, II, oracle n° 30.

87. La datation généralement retenue pour la prise de Phigalie est 659 *a. C.*, d'après la datation par l'olympiade fournie par Pausanias (8,39,3).

88. Parke et Wormell 1956, I, 97.

89. Hdt. 6,77; la suite du même oracle, qui annonce beaucoup plus précisément la soumission de Milet par les Perses, est donnée en 6,19. Parke et Wormell proposent (1956, I, 158) de dater très précisément cet oracle de 494, entre la défaite de Ladè et la prise de Milet.

Comme on sait, la défaite que les Argiens subirent à Sèpeia fut écrasante et ensuite les femmes d'Argos, auraient, menées par la poétesse Télésilla, assuré avec succès la sauvegarde de la cité. Pour un moderne tel que Legrand,[90] "les prêtres de Delphes [...] parlaient au hasard, s'en remettant à la piété des fidèles, non moins ingénieuse que l'exégèse moderne [...], de trouver dans ce qui arriverait une justification de leurs paroles". D'autres, tels Parke et Wormell,[91] jugent que "la victoire de femmes sur des hommes fut simplement une fiction inventée à quelque période plus tardive pour convenir à l'allusion de l'oracle". En tout état de cause, la formule "gagnera de la gloire chez les Argiens" pourrait aussi bien faire référence à un succès spartiate en Argolide qu'à un succès des Argiens eux-mêmes,[92] et Parke et Wormell soulignent que les "savants modernes qui essaient de discerner des allusions particulières dans ces phrases contournées ne font que tomber dans le piège disposé par les Delphiens, qui composèrent un oracle susceptible d'être interprété avec quelque subtilité".

Donc, comme la complication même de l'oracle (destiné aux Argiens et aux Milésiens) rend impossible de considérer qu'il est l'œuvre d'un faussaire,[93] les modernes veulent montrer qu'il était suffisamment général pour convenir à n'importe quel résultat d'un conflit prévisible entre Argos et Sparte. De fait, on doit reconnaître que le texte d'Hérodote peut sembler encourager une telle vision des choses, par ce qui y est dit d'un autre oracle concernant la même campagne militaire.

Selon Hérodote,[94] "Un jour en effet que Cléomène consultait l'oracle de Delphes, il lui avait été répondu qu'il s'emparerait d'Argos". Mais, après avoir incendié un bois sacré où s'étaient réfugiés des soldats argiens, Cléomène apprit que ce bois était consacré au héros Argos et déclara:[95] "Ô Apollon, dieu des oracles, tu m'as grandement trompé (μεγάλως με ἠπάτηκας), en me disant que je prendrais Argos; je pense que, pour moi, l'oracle est accompli". Ainsi, même un roi qui a pu, dans une autre affaire,[96] en 491, influencer la Pythie pour se dé-

90. *Ad loc.*, Paris, 1948.
91. Parke et Wormell 1956, I, 159.
92. Parke et Wormell 1956, I, 160 renvoyant à Stubbs 1942.
93. Parke et Wormell 1956, I, 158.
94. Hdt. 6,76; Parke et Wormell 1956, II, oracle n° 86.
95. Hdt. 6,80.
96. Cf. Hdt. 6,66 (et cf. 74 et 75) ; Parke et Wormell 1956, II, oracle n° 87.

faire de son collègue Démarate, ne disposait-il pas, en 494, d'une science suffisante pour reconnaître d'emblée le sens d'un oracle.

De ce fait, il apparaît que l'oracle de Delphes pouvait jouer le rôle d'un auxiliaire de décision précieux dans les décisions de politique étrangère prises à Sparte, mais quoique les rois de Sparte pussent entretenir des relations particulièrement étroites avec Delphes, même eux ne pouvaient être certains de la validité de leurs exégèses. La confiance accordée aux oracles venus de Delphes pouvait se fonder sur le fait que tenir compte d'eux pour guider son comportement était, pour un individu comme pour une collectivité, une façon d'inscrire son action dans l'ordre du monde. Mais délivrer des oracles ambigus pouvait être pour le sanctuaire apollinien une manière d'inciter les consultants à la prudence dans leurs actions.[97] Au reste, de la présentation qu'Hérodote donne des oracles rendus (en particulier aux Lacédémoniens) durant la seconde guerre Médique, un esprit général semble se dégager, qui est marqué par un équilibre entre le refus des pertes inutiles et la conscience des sacrifices nécessaires.

B) Les oracles delphiques et la seconde guerre Médique

Durant la seconde guerre Médique, à lire Hérodote,[98] l'oracle de Delphes put donner le sentiment de médiser, en dissuadant certaines collectivités grecques d'intervenir contre les Perses, mais, ainsi que note Jon D. Mikalson,[99] on peut voir là des interventions qui ont évité des pertes inutiles.

Cela dit, selon Hérodote, en 480[100] des mesures furent prises pour que le dieu de Delphes fût du côté des Grecs décidés à résister à l'invasion perse. Selon l'historien,[101] en effet, "les Grecs qui prenaient les armes contre le Barbare prêtèrent un serment, un serment aux termes duquel tous ceux qui, étant grecs, se seraient donnés au Perse sans y être forcés devraient, après le rétablissement

97. Cf. Parker 1985, 301-2.

98. Cf. Hdt. 7,148-150 à propos des Argiens et 7,169-171 à propos des Crétois.

99. Mikalson 2002, 191. Pour sa part, tout en récusant l'idée que le sanctuaire de Delphes ait pu décevoir les Grecs désireux de résister aux Perses, Zeilhofer souligne (1959, 31) qu'il n'était pas de l'intérêt des Perses d'agir de façon hostile au sanctuaire apollinien.

100. Sur la question de la date exacte du serment, entre 481 et 479, cf. Crahay 1956, 330-331 et Zeilhofer 1959, 32-33 (où est proposé un moment postérieur aux Thermopyles en 480 et ayant précédé Platées en 479).

101. Hdt. 7,132.

des affaires de la Grèce, payer au dieu de Delphes la dîme de leurs biens (τούτους δεκατεῦσαι τῷ ἐν Δελφοῖσι θεῷ)." Sans doute pourrait-on considérer qu'un tel serment annonçait une offrande conditionnelle: la dîme évoquée ne serait versée que si les Grecs étaient vainqueurs des Perses. C'était là une façon d'intéresser Apollon à la cause de la liberté grecque.

Or un tel but fut bien atteint, semble-t-il. Car, selon le même Hérodote,[102] avant la bataille navale de l'Artémision, l'oracle de Delphes sut prescrire des prières efficaces à adresser à des dieux des vents ou de la mer. C'est de Delphes aussi[103] que vint l'avis adressé aux Spartiates selon lequel Léonidas devait mourir pour que Sparte survécût. Après la mort de Léonidas aux Thermopyles en 480, l'oracle manifesta encore un souci de cette mort qui put être conçue comme ayant favorisé la cause de la liberté grecque. Selon Hérodote,[104] à l'instigation de l'oracle delphique, par l'entremise d'un héraut, "les Lacédémoniens et les Héraclides de Sparte demand[èr]ent satisfaction" à Xerxès pour la mort de Léonidas. Xerxès répondit que son lieutenant Mardonios leur donnerait satisfaction. Il est vraisemblable que, dans l'esprit d'Hérodote, l'engagement ainsi pris par Xerxès –en conséquence d'un oracle pythique– a eu pour effet la victoire de Platées, remportée sur Mardonios par les Grecs menés par le Spartiate Pausanias. De fait, l'oracle de Delphes peut paraître avoir aidé les Grecs par d'autres interventions, notamment en suggérant aux Athéniens comment vaincre les Perses sur mer, à Salamine,[105] et en faisant connaître aux Lacédémoniens la qualité du devin Teisaménos, à qui étaient promises cinq victoires,[106] dont la première fut celle de Platées en 479, puisque les Spartiates surent s'attacher Teisaménos après que leur attention eut été attirée vers sa personne par un oracle pythique. Finalement, le régent Pausanias put considérer, selon Hérodote,[107] que Mardonios, par sa défaite (accompagnée de sa mort) à Platées, avait rendu satisfaction aux Spartiates; en réponse à un Éginète qui lui suggérait de faire

102. Hdt. 7,178 et 189.

103. Hdt. 7,220.

104. Hdt. 8,114. Traduction Ph.-E. Legrand, Paris, 1953.

105. Hdt. 7,139-144.

106. Hdt. 9,33-35. Le fait que, dans des manuscrits (chap. 33), Teisaménos soit dit à la fois membre de la famille des Iamides et Clytiade pose quelque difficulté, puisque les Iamides et les Clytiades étaient les deux familles de devins officiant à Olympie.

107. Hdt. 9,79.

empaler le corps de Mardonios en représailles de la mort de son oncle Léonidas et la décapitation de son corps, Pausanias aurait répondu: "Quant à Léonidas, que tu m'invites à venger, j' affirme qu'il a été vengé (τετιμωρῆσθαι) de façon éclatante: la multitude innombrable de ceux qui, ici, ont perdu la vie est un hommage qui lui est rendu (τετίμηται), et à lui et aux autres qui périrent aux Thermopyles".

Pourtant, même si, somme toute, l'oracle de Delphes pouvait paraître avoir judicieusement contribué au succès des Grecs (menés par les Lacédémoniens) contre les envahisseurs perses, dans d'autres circonstances les Lacédémoniens ont aussi été conscients, parfois, d'avoir été confrontés à des oracles qu'ils pouvaient juger avoir été trompeurs. Éclairante sur leur état d'esprit a alors été leur façon d'agir.

C) Respecter la dignité de l'oracle

Typique du sentiment d'avoir mal agi en raison d'oracles faussés est l'attitude des Lacédémoniens après l'expulsion des Pisistratides. Ils projetèrent alors (entre 506 et 501[108]) de restaurer le tyran Hippias. Selon Hérodote,[109] les Lacédémoniens déclarèrent à leurs alliés avoir été induits en erreur par de faux oracles (κιβδήλοισι μαντηίοισι).[110] C'est le même adjectif, qui qualifie ainsi les oracles trompeurs de 512-511 (rendus tels à cause des manœuvres des Alcméonides) et qui désigne aussi un oracle équivoque, celui des environs de 550 cité par Hérodote[111] quand l'historien indique que les Lacédémoniens "confiants dans un oracle trompeur (χρησμῷ κιβδήλῳ πίσυνοι), se figuraient qu'ils allaient réduire les Tégéates en esclavage". Le même terme encore qualifie, chez Hérodote,[112] l'oracle trompeur que Crésus n'a pas su interpréter, de telle sorte qu'il est rentré en guerre contre Cyrus qui l'a vaincu. Si l'on retient ce sens, qui est purement descriptif et n'incrimine pas une volonté maligne et hostile, à propos du jugement que les Lacédémoniens portent sur les oracles qui les ont induits à intervenir à Athènes contre Hippias, on doit noter combien ils veillent à préserver la dignité de l'oracle.

---

108. Carlier 2004, 36.
109. Hdt. 5,90-91. Traduction Ph.-E. Legrand, Paris, 1946.
110. Hdt. 5,91.
111. Hdt. 1,66.
112. Hdt. 1,75. Ces trois occurrences sont les seules des *Histoires*.

C'est d'ailleurs sans doute aussi par respect de la dignité de l'oracle qu'Hérodote s'exprime avec beaucoup de retenue quand il évoque les propos de la Pythie concernant Démarate et tenus en 491. Alors que la réponse de la Pythie, qui lui avait été inspirée par Cléomène, avait eu pour effet la destitution de Démarate pour raison d'illégitimité prétendue,[113] Hérodote se contente de raconter des événements sans porter de jugement de valeur, et il signale pour conclure que les faits furent finalement connus (ἀνάπυστα ἐγένετο ταῦτα). Par contraste, il n'est sans doute pas anodin que ce soit un personnage présenté comme un dément par Hérodote,[114] le roi Cléomène, qui ose déclarer:[115] "Ô Apollon, dieu des oracles, tu m'as grandement trompé (μεγάλως με ἠπάτηκας), en me disant que je prendrais Argos; je pense que, pour moi, l'oracle est accompli". Et c'est le même Cléomène qui, peu après, a osé circonvenir la Pythie au détriment de Démarate.

Généralement, les Lacédémoniens étaient beaucoup plus respectueux des puissances surnaturelles, et ils cherchaient surtout à inscrire leur action dans l'ordre du monde. C'était peut-être là d'ailleurs une raison pour eux de vouloir rétablir Hippias, dont l'éviction n'avait, à leurs yeux, pas répondu aux desseins divins. Ils pouvaient donc se reprocher de n'avoir pas véritablement su reconnaître la volonté des dieux.

Conclusion

Par l'importance qu'ils accordaient aux oracles qui leur venaient du sanctuaire apollinien de Delphes, les Lacédémoniens manifestaient un profond respect pour les puissances surnaturelles. De tels oracles ont joué un rôle majeur dans la politique extérieure et dans les actions militaires de Sparte. A la différence d'autres pratiques divinatoires comme l'examen des entrailles des victimes sur le champ de bataille, qui étaient d'un effet immédiat sur l'action, comme "technique adjuvante de décision",[116] les oracles pouvaient être d'un usage à moyen terme (s'il s'agissait de lever une armée pour entreprendre une campagne mili-

113. Hdt. 6,66.

114. Cf. notamment Hdt. 6,75 (narration du suicide de Cléomène); parmi les modernes, cf. *e.g.* Carlier 2004, 37-38.

115. Hdt. 6,80.

116. Vernant 1974, 23. Pour des textes anciens illustrant ce principe cf. Parker 1985, 299 et n. 6.

taire) ou à long terme indéfini (si les oracles ne paraissaient pas devoir être d'une application rapide mais devoir être enregistrés pour être utilisés dans un contexte qui leur donnerait un sens).

Le fait que ce soit l'oracle de Delphes (bien plus que ceux d'Olympie, de Dodone ou de Thalamai,[117] par exemple) qui paraisse être le plus souvent sollicité paraît remarquable: le grand intérêt d'Hérodote pour les traits particuliers de chaque communauté humaine, et notamment ceux des Lacédémoniens,[118] amène à considérer qu'il a mis en exergue des faits qui lui semblaient bien caractéristiques. On peut donc penser que l'importance des relations entre Delphes et Sparte que laissent paraître les *Histoires* reflète une réalité. Au reste, Hérodote est sans doute d'autant plus capable de discerner ce qui, aux yeux des Lacédémoniens, est important en matière religieuse, qu'il ne semble pas avoir à l'égard des dieux une attitude foncièrement distincte de la leur: ainsi le contemporain de Périclès exprime-t-il un jugement[119] selon lequel le mérite de la victoire contre les Perses revint en premier lieu aux Athéniens, mais après les dieux.

ABRÉVIATIONS

CID= *Corpus des Inscriptions de Delphes*, 1 (École Française d' Athènes), Paris.
DELG= Pierre Chantraine, *Dictionnaire Étymologique de la Langue Grecque: histoire des mots, 4 vols. 1968-80.*

BIBLIOGRAPHIE

BOEDEKER, D. 1993, "The Bones of Orestes", dans C. Dougherty et L. Kurke (eds.), *Cultural Poetics in Archaic Greece. Cult, Performance, Politics*, Cambridge, 164-177.
BOWRA, C. M. 1936 rééd. 1961, *Greek Lyric Poetry. From Alcman to Simonides*, Oxford.
BURKERT, W. 1975, "Apellai und Apollo", *RhM* 118, 1-21.
CARLIER, P. 1984, *La Royauté en Grèce avant Alexandre*, Strasbourg.

117. Sur l'oracle de Pasiphaé à Thalamai, cf. Richer 1998, 199-212.
118. Cf. notamment Hérodote, 6,58-60.
119. Hdt. 7,139.

- 2004, "Cleomene I, re di Sparta", dans C. Bearzot et F. Landucci (a cura di), *Contro le 'leggi immutabili'. Gli Spartani fra tradizione e innovazione*, Milan, 33-52.

Cartledge, P. 1987, *Agesilaos and the Crisis of Sparta*, London.

- 2002, *Sparta and Lakonia, A Regional History 1300-362 BC*, London, Boston, Henley, 1979, rééd. Londres et New York.

Christien, J., Ruzé, F. 2007, *Sparte. Géographie, mythes et histoire*, Paris.

Crahay, R. 1956, *La Littérature oraculaire chez Hérodote*, Liège.

Daux, G. 1936, *Delphes aux IIe et Ier siècles depuis l'abaissement de l'Étolie jusqu'à la paix romaine (191-31 avant J.-C.)*, Paris.

- 1957, "Remarques sur la composition du conseil amphictionique", *BCH* 81, 95-120.

Effenterre, H.v., Ruzé, F. 1994, *Nomima. Recueil d'inscriptions politiques et juridiques de l'archaïsme grec*, I, Rome.

Flacelière, R. 1940, "La représentation de Sparte à l'amphictionie delphique", *RÉA* 42, 142-156.

Harrison, T. 2000, *Divinity and History: The Religion of Herodotus*, Oxford.

How, W. W., Wells, J. 1912 rééd., *A Commentary on Herodotus*, Oxford.

Lazenby, J. F. 1985, *The Spartan Army*, Warminster.

Lefèvre, F. 1998, *L'Amphictionie pyléo-delphique. Histoire et institutions*, Paris et Athènes.

Lévy, E. 1977, "La Grande *Rhètra*", *Ktèma* 2, 85-103.

Maffi, A. 2002, "Studi recenti sulla Grande Rhetra" *Dike* 5, 195-236.

Mikalson, J. D. 2002, "Religion in Herodotus", dans E. J. Bakker, I. J. F. de Jong, H. van Wees (eds), *Brill's Companion to Herodotus*, Leiden, Boston, Cologne, 187-198.

Nafissi, M. 1991, *La Nascita del* Kosmos. *Studi sulla storia e la società di Sparta*, Naples.

Parke, H. W. et Wormell, D. E. W. 1956, *The Delphic Oracle*, I, *The History*; II, *The Oracular Responses*, Oxford.

Parke, H. W. 1967, *The Oracles of Zeus. Dodona, Olympia, Ammon*, Cambridge.

Parker, R. 1985, "Greek States and Greek oracles", dans P. Cartledge et F. D. Harvey (eds.), *Crux. Essays in Greek History presented to G. E. M. De Ste. Croix on his 75th Birthday*, London, 298-326; rééd. dans R. G. A. Buxton (ed.), *Oxford Readings in Greek Religion*, Oxford, 2000, 76-108.

Rhodes, P., Osborne, R. 2003, *Greek Historical Inscriptions (404-323 BC)*, Oxford.

Richer, N. 1998, *Les Éphores. Études sur l'histoire et sur l'image de Sparte (VIIIe-IIIe siècle avant Jésus-Christ)*, Paris.

- 2007, "The Religious System at Sparta", dans D. Ogden (ed.), *A Companion to Greek Religion*, Oxford, 236-252.

Rolley, C. 1977, *Fouilles de Delphes*, V, 2, *Les Trépieds à cuve clouée*, Paris.

ROOBAERT, A. 1985, *Isolationnisme et Impérialisme spartiates de 520 à 469 avant J.-C.*, Louvain.

ROUGEMONT, G. 1977, *Lois sacrées et règlements religieux, CID 1.*

ROUX, G. 1976, *Delphes, son oracle et ses dieux*, Paris.

Ste CROIX, G. E. M. de 1972, *The Origins of the Peloponnesian War*, London.

SÀNCHEZ, P. 2001, *L'Amphictionie des Pyles et de Delphes. Recherches sur son rôle historique, des origines au IIe siècle de notre ère* (Historia Einzelschr. 148), Stuttgart.

SCHMITT PANTEL, P. 1997, "Delfi, gli oracoli, la tradizione religiosa", dans S. Settis (a cura di), *I Greci. Storia Cultura Arte Società, 2 Una storia greca. II. Definizione*, Turin, 251-273.

SERGENT, B. 1991, "La date de la bataille de Leuctres et celle de la fête des Gumnopaidiai", *RStorAnt* 21, 137-143.

SOKOLOWSKI, F. 1969, *Lois sacrées des cités grecques*, Paris.

STUBBS, H. W. 1942, compte rendu de H. W. Parke, *A History of the Delphic Oracle*, Oxford, 1939, *JHS* 62, 90.

VERNANT, J.-P. 1974, "Parole et signes muets", dans J.-P. Vernant *et al., Divination et rationalité*, Paris, 9-25.

WADE-GERY, H. T. 1958, *Essays in Greek History*, Oxford, 37-85, *repris:* a)1943, "The Spartan Rhetra in Plutarch, *Lycurgus VI*", *CQ* 37.1-2, 62-72 b) 1944, "The Spartan Rhetra in Plutarch *Lycurgus* VIB. The Eynomia of Tyrtaios, *CQ* 38.1-2, 1-9 c)1944, "The Spartan Rhetra in Plutarch *Lycurgus VIC.* What is the Rhetra?", *CQ* 38.3-4, 115-126.

WELWEI, K.-W. 1996, "Apella, Apellai", *NP*, I, col. 827.

– 1997 "Apella oder Ekklesia? Zur Bezeichnung der spartanischen Volksversammlung", *RhM* 140, 242-249.

ZEILHOFER, G. 1959, *Sparta, Delphoi und die Amphiktyonen im 5. Jahrundert vor Christus*, Erlangen.

RÉSUMÉ

Parmi les multiples oracles delphiques qui ont concerné la vie politique et les interventions militaires de Sparte à l'époque archaïque, on considère ici d'abord la Grande Rhètra. La présence du verbe *ἀπελλάζειν* dans ce texte n'implique pas que l'assemblée politique de Sparte se soit appelée Apella, même si des fêtes d'Apollon pouvaient être l'occasion de réunions politiques. La Rhètra évoque d'ailleurs des structures politiques (*φυλάς* et *ὠβάς*) qui pouvaient servir à l'encadrement de l'armée, dont des campagnes pouvaient être décidées par les citoyens, réunis en assemblée politique à l'occasion de fêtes d'Apollon. Les fluctuations dans le rôle attribué à l'oracle de Delphes dans la mise en place des institutions de Sparte, pourraient s'expliquer par la volonté des Lacédémoniens de réformer par eux-mêmes l'organisation de leur armée, sans interférence extérieure. Dans le domaine politique, le rôle de l'oracle semble avoir été très important. Il est censé être intervenu aux origines même de la double royauté, ou quand la détention de la fonction royale par un personnage put être remise en cause. C'est surtout à partir du milieu du VIe siècle, que l'oracle de Delphes semble avoir délivré aux Lacédémoniens des avis qui ont influencé leur politique extérieure. L'oracle semble avoir tenu à un certain équilibre dans sa sphère d'influence, entre Péloponnésiens. Délivrer des oracles ambigus peut être pour le sanctuaire apollinien une incitation à la prudence dans l'action. Durant la seconde guerre Médique, il semble que les Grecs (menés par les Lacédémoniens) ayant choisi de résister à Xerxès, aient su intéresser le sanctuaire pythique à leur cause. Mais, dans d'autres circonstances, les Lacédémoniens ont pu avoir le sentiment d'être confrontés à des oracles trompeurs. Dans ce cas, la dignité de l'oracle n'est pas mise en cause, sauf par un personnage présenté comme un dément par Hérodote, le roi Cléomène. La sensibilité d'Hérodote à un tel comportement montre que l'importance qu'il accorde aux dieux est analogue à celle que les Lacédémoniens leur accordent.

Inter-state contacts and inter-state tensions at Olympia in the classical period, and the supposed ideals of the ancient Olympic Games

James Roy

Modern views on the supposed ideals of the ancient Olympic Games vary considerably, with some scholars linking the Olympics and a desire among Greeks for peace while others take a more pessimistic view. Following the idealistic interpretation Gallis[1] in 1988 could write of the Olympics "Here the Greeks forgot their own particular city and all that divided them; full of elation, they lived a common life, albeit ephemerally, and began to speak of a motherland bounded only by the hearts of men." He then went on to quote what Yalouris had written in 1982:[2] "It was this spirit, born in Greece and perfectly expressed in the Olympic Games, which Baron de Coubertin wanted to revive in the modern Olympic Games – a belief in man, in his physical strength and moral worth, in human brotherhood, peace, and love throughout the world." Such opinions persist today: for instance in the 2004 volume of the journal *Mésogeios*, devoted to articles by members of the Moscow research team working on the ancient Olympics, two, by Gerasimova and Kuzishchin,[3] take a similar very optimistic view of the Games, coupled in Kuzishchin's case with a romantic view of the setting at Olympia:[4] "Il semblerait que la nature même a créé là une zone de paix et de sérénité".

Already however in an article of 1982/3 Lämmer had made a considerable impression by demonstrating that the so-called Olympic truce covered only access to the Games for travellers and the territory of Elis, and by pointing out that the modern Olympics could not be justified as an instrument for peace and brother-

1. Gallis 1988, 232, with a reference to Yalouris et al. 1982, 73 (translated from an earlier Greek publication). Cf. e.g. the views of Raubitschek 1988.

2. Gallis 1988, 233, quoting from Yalouris et al. 198, 9.

3. Gerasimova 2004 and Kuzishchin 2004.

4. Kuzishchin 2004, 131.

hood among men by reference to a historical precedent in classical Greece. This more searching attitude to the ancient Olympics and to other games and sanctuaries of classical Greece has become more widespread: as only one example, one might take an article written by Jacquemin in 2001 about Delphi – but very similar arguments could apply also to Olympia. Jacquemin's title was "Delphes au Ve siècle ou un panhellénisme difficile à concrétiser," and in the concluding paragraph she wrote "Même lorsque le sanctuaire était fidèle à sa vocation panhellénique et s'ouvrait à tous les Grecs qui voulaient consulter l'oracle, participer ou assister aux Pythia ou faire une consécration en remerciement à Apollon, le panhellénisme qui s'y exprimait était donc bien plus souvent un panhellénisme de la confrontation qu'un panhellénisme de la fusion." The final words of the article are "L'histoire que dessinaient les offrandes dans le sanctuaire n'était pas édifiante; elle disait la réalité brutale des affrontements entre Grecs".[5]

The transition from optimism to a more sceptical view of the Olympics as an instrument for peace can be seen in a very recent article by Crowther, since he writes explicitly that he is offering a response to "an earlier presentation ... which followed the traditional (or more utopian) view that the ancient Olympics promoted 'international understanding, unity, and peace'".[6] But Crowther's paper is nonetheless entitled 'The ancient Olympics and their ideals,' and, while generally sceptical in tone, it allows for limited promotion of 'brotherhood and unity' at Olympia. It is clear that, although an increasing number of scholars take a contrary view, some moderns seek support for what they would like to see as the ideals of the modern Olympics in evidence for the ancient Olympics – but did the ancient Olympics have ideals?

The ancient Olympics were panhellenic, and apparently admitted any Greek who fulfilled the athletic criteria for admission,[7] i.e. there was no exclusion on social grounds. Classical Greeks clearly recognised the panhellenic importance of certain sanctuaries and their festivals: so much is evident from, for instance, Thucydides' text of the Peace of Nikias, in which the very first clause is devoted to guaranteeing access to "the common sanctuaries" (Thuc. 5.18.2).[8] The Olympic truce (*ekecheiria*), like similar truces to allow Greeks to attend certain

5. Jacquemin 2001: the quotations are from page 108.

6. Crowther 2004b: the quotation is from page 11 note 1.

7. Pemberton 2000, 122 stresses the significance in the earlier development of the Olympics of the fact that all Greeks were admitted. On the criteria for admission see Crowther 1996.

other religious festivals, was an example of what could be achieved by cooperation and restraint among Greek states: the functioning of the truce depended on its being recognised and respected (Lämmer 1982/3, Fernandez Nieto 1995). As Lämmer (1982/3) has shown, however, the truce operated within strictly limited conditions and (at least by the classical period) for a clearly defined time: since it was explicitly an interruption of more normal circumstances, it did not of itself invite Greek communities to make peace for longer. Indeed, wars could continue during the truce provided that they did not prevent travel to the Games or the staging of the Games themselves. (See also the article on the *ekecheiria* by Paradiso in this volume.)

There is an old debate on whether in time of war, and particularly during the Archidamian War, access to the sanctuary was denied to Greeks on the opposing side. Hornblower[9] has presented arguments to show that there was no formal restriction on access to sanctuaries, though circumstances may on occasion have made it difficult for citizens of certain states to travel to a sanctuary. Fernandez Nieto (1995)[10] has developed a fresh aspect of this argument, suggesting that the truce allowing travel to a sanctuary was valid for any particular state only when that state, in response to the invitation of the theoroi sent out in advance of each celebration of the festival, formally accepted the truce for that particular celebration, and suggesting further that in time of major conflict the theoroi may not have been sent to all states normally invited: if so, the result would have been that some states would not have been visited by theoroi and so would have had no opportunity to accept the truce, with the result that their citizens would not have been protected by the truce. In that case the citizens of such states would not have been refused access to the sanctuary, but they might well have been deterred from attending by fear that travel to the sanctuary would be difficult or dangerous. If Fernandez Nieto is right, the panhellenic quality of the festival will in principle have remained unimpaired even in times of major warfare, but in practice it will have been very difficult to realise fully.

8. On the panhellenic status of certain sanctuaries, see recently e.g. Funke 2003 [2005] and 2004, Jacquemin 2003 [2005].

9. Hornblower 1991, 390-1 and 521-2; 1996, 363.

10. Fernandez Nieto's article seems to have had little response, and is not listed in the 'Bibliography of recent scholarship' given by Crowther 2004a, 453-463. That list is explicitly not a complete bibliography, but simply a list of works relevant to articles gathered in the volume; but references to the truce in the book would have allowed inclusion of Fernandez Nieto's piece.

The Olympic Games drew large crowds. Some indication of the size of the crowd is provided by the estimate of Romano (1993, 22) that Stadion III could hold 43,000 spectators. There would be present many men with political interests, in the affairs of their home community and in foreign relations. The Games would therefore provide an excellent opportunity for such men, coming from many different Greek communities, to engage in informal discussion with each other. Such networking may in fact have been the Games' major contribution to political activity among Greeks. But the political procedures of Greek city-states meant that behind-the-scenes political exchanges were generally not acknowledged in public, and so do not now appear in the historical record. It would therefore very difficult to identify any political development among classical Greeks as the outcome of conversations at Olympia.

Formal inter-state meetings with an overtly political agenda were not normally held at Olympia. One known exception is a strange case occurring in 428 (Thuc. 3.8.1). In that year the Spartans told Mytilenaian ambassadors to come to the Olympic Games so that Sparta's other allies could listen to them. Mytilene at the time was likely to leave the Athenian alliance, and an appeal could have been made to the Olympic truce to guarantee safe passage for the ambassadors if they had fallen in with Athenian or pro-Athenian forces. In effect Olympia was being used as the location for a meeting at which the Peloponnesian League received the ambassadors. However, formal discussions between the Peloponnesians and the Mytilenaians did not begin until after the festival. This is a very rare case of open inter-state political activity at Olympia during the Games. Olympia did not play host in the classical period to formal inter-state conferences of the kind convened at Delphi in spring 368 by Philiskos of Abydos, acting for Ariobarzanes: it is noteworthy, by the way, that Xenophon, in his account of that conference, records that the participants did not consult the oracle about the issues at stake (Xen. *Hell.* 7.1.27), which shows that Delphi had not been chosen as venue for the conference on religious grounds. (Inter-state political congresses held in religious sanctuaries became more common from the later fourth century onward, beginning with the meetings of the League of Corinth brought into being by Philip II of Macedon.[11])

11. Griffith in Hammond and Griffith 1979, 623-646.

The festival, and indeed the sanctuary at other times, offered the chance to impress. It offered a crowd ready to watch any display intended to capture attention. Apart from the orators, poets, and other public performers who sought an audience at Olympia, some men were simply seeking personal publicity, often for political purposes. We hear of Themistokles, for instance, setting out deliberately to rival Kimon with the luxury of his meals and tents and other appointments (Plut. *Them.* 5.3, Arist. *Eth. Eud.* 1233b). In 416 Alkibiades entered seven teams in the chariot-race, won the first, second, and fourth (or third) places: he claimed to have entered more teams than any other private citizen (*idiotes*).[12] We also learn of lavish display by the Syrakusan tyrants Hiero (Plut. *Them.* 25.1) and Dionysios I (Diod. 14.109.-6, Dion. Hal. *Lys.* 29). Such private display sometimes provoked trouble in the sanctuary, as will be seen.

More important, however, than an individual's self-promotion was the display by states, and this took primarily the form of dedications in the sanctuary: the display was thus monumentalised, and remained to affect spectators at later Olympiads, not to mention those visiting the sanctuary between games. What is striking about the dedications at Olympia is that so many were related to war.[13] Notoriously a huge quantity of weapons from the archaic and early classical periods has been found in the excavations at Olympia,[14] and these were displayed in the sanctuary as memorials of victory in war. The weapons that bore an inscription commonly identified not only the victors who had dedicated the weapons but also the defeated enemy from whom the weapons had been taken, and thus put on permanent record for all to see the past hostility between the two parties. At Olympia dedicated weapons are very rare after the middle of the fifth century, and it is widely believed that at Olympia at least the practice of recording victory in this way then more or less ceased, although Plato (*Rep.* 469E-470A) was still protesting in the fourth century that Greeks were dedicating at Greek sanctuaries weapons taken in battle from other Greeks. Himmelmann (2001, 161-2) has however suggested that weapons dedicated after the middle of the fifth century have not been found at Olympia not because there were none but because they were not buried in the sanctuary, as many earlier

12. Thuc. 6.16.2 with the commentary of Gomme, Andrewes and Dover ad loc.
13. On the range of dedications at Olympia, see e.g. Himmelmann 2001.
14. See recently e.g. Baitinger 2001, 80-92 and 239-248; Rausch 1998; Crowther 2004b, 16-17.

weapons eventually were, and therefore did not survive to be found by modern archaeologists. Himmelmann also points out that Pausanias (5.27.11) saw under the plane trees of the Altis an inscribed trophy set up by the Eleans to record a victory over the Lakedaimonians: Pausanias understood the victory to have been in a battle in the Altis during the war between Elis and Sparta c. 400 (cf. Paus. 5.4.8, 5.20.4-5), well after the supposed ending of dedications of weapons.

In any case there were other ways of memorialising a military victory than by dedicating captured weapons, and dedications funded by booty continued after the date at which significant numbers of dedicated weapons cease to be found (Baitinger 2001, 88). A prime example is the monument dedicated c. 421 by the Messenians and Naupaktians (Paus. 5.26.1, Meiggs and Lewis 1988, no. 74), with a parallel offering at Delphi (Jacquemin 1999, 63 and 342 no. 362). It was even reported by Pausanias (5.10.2) that the temple of Zeus itself was funded by booty taken by the Eleans from the Pisatans and other perioikoi. That report may not be historical, in view of the strong arguments currently being brought against any supposed Pisatan history before the fourth century B.C. by Möller (2004) and Nafissi (2003 [2005]): but, even so, the fact that such a report could be contemplated shows vividly how important dedications from booty might be. (On the custom of dedicating a tithe of booty see Pritchett 1971, 93-100.) The Eleans also put up at least one, and possibly two, memorials of victory over the Arkadians,[15] and as late as 146 the Roman commander Mummius hung twenty-one golden shields on the temple of Zeus after his victory over the Achaian League, besides other dedications to celebrate his victory.[16] Such offerings, like the dedicated weapons, memorialised war on Greeks.

Though the sanctuary was panhellenic, it was also Elean, firmly under Elean control from the middle of the sixth century B.C., if not earlier. Unsurprisingly, no Elean dedications are known at Delphi (Jacquemin 1999, 63): the Eleans

15. One such monument was a statue of Zeus in the Altis (Paus. 5.24.4; Baitinger 2001, 247 no.1.i). There had reputedly been another Elean memorial of victory over Arkadians on a terrace of the gymnasium, but it was no longer there in Pausanias' day (Paus. 5.24.8; Baitinger 2001, 247 no.4.y).

16. On the shields, see Paus. 5.10.5; Baitinger 2001, 248 no.3.w. On Mummius' other victory-dedications, see Paus. 5.24.4 with Baitinger 2001, 247 no.1.k, and Paus. 5.24.8 with Baitinger 2001, 247 no.1.l.

clearly preferred to put dedications on show in their home sanctuary. The Eleans also ran the Olympic Games, and it has been debated how fairly they did so: they seem on the whole to have been reasonably impartial (Crowther 1997), though the Spartan king Agis, when he heard the Eleans praised for running the Games fairly, is reported to have commented rather sourly that it was no great matter if the Eleans were honest for one day every four years (Plut. *Lyc.* 20.3; cf. *Mor.* 190C-D). (The Games in fact lasted five days: Lee 2001). More importantly, the Eleans exploited their control of the sanctuary for their political advantage, for instance by involving Zeus in their relations with smaller communities in the area: when any breach of an agreement between Elis and a smaller local community was to be punished by a penalty payable to Zeus Olympios, then in the event of a breach the Eleans as the god's agents would be in a strong position to impose their will.[17] Such political exploitation of the sanctuary is not known to have led directly to major difficulties, but an Elean attempt to use the authority of Zeus against Sparta was disastrous. The events of 420 are well-known,[18] and the quarrel with Sparta led the Eleans to fear a Spartan attack on the sanctuary during the Games of 420 (Thuc. 5.49.3-4). Tension between Elis and Sparta was later exacerbated when the Eleans refused to allow the Spartan king Agis to consult the oracle at Olympia on a question of going to war (against an unidentified enemy): the Eleans claimed that it was an old-established Greek custom not to consult oracles about a war against Greeks.[19] The Elean decision was certainly coloured by political prejudice, since the Spartans had consulted Delphi in 432/1 about the Peloponnesian War (Thuc. 1.118.3), and later consulted the oracles at both Olympia and Delphi about a war with Argos (Xen. *Hell.* 4.7.2). The quarrel between Elis and Sparta eventually led to outright war c. 400, with fighting recorded by Pausanias in the Altis itself,[20] before Sparta finally won. Another war in the 360s again brought fighting into the Altis; on this occasion the Eleans had not tried to exploit the cult of Zeus for political purposes, but control of the sanctuary became a military objective. A quarrel between

17. See Roy 1998, 367-368 on the agreement recorded on *IvO* 9, on which text see also Roy and Schofield 1999.

18. See e.g. Roy 1998.

19. Xen. *Hell.* 3.2.22; Diodorus 14.17.4, where the manuscripts name the Spartan king concerned as Pausanias.

20. Paus. 5.4.8, 5.20.4-5, 5.27.11. On the war generally, see Schepens 2004.

Elis and Arkadia led to war in 365, and to an Arkadian invasion of Elis that detached territory from Elean control. In particular Pisatis became briefly an independent state, controlling the sanctuary and organising the Olympics of 364. Elis challenged Pisatan control of Olympia, even carrying the fighting into the sanctuary itself during the Games. Internal divisions among the Arkadians led to the end of the war, and Elis regained control of Olympia by 362.[21] Thus, because the sanctuary was controlled by the Eleans, it had to suffer more than once the consequences of Elis' quarrels with other Greek states.

After the war of 365-2 Elis advertised its position in several different ways. Elis demonstrated its renewed control of Olympia by striking a series of staters with on the obverse Zeus and the legend 'of the Eleans' and on the reverse the head of a female figure and the legend 'Olympia' (Ritter 2001). The one, or two, victory-monuments in the sanctuary celebrating Elean success over the Arkadians (mentioned above) probably date from the end of this war. In fact it has been suggested that an inscribed base found at Olympia near the temple of Zeus should be identified with the Elean monument of victory over the Arkadians reported by Pausanias (5.24.4).[22] The base was clearly joined on both sides to other base blocks, and so was part of a large monument. The inscription shows that this was a dedication by the Eleans for Homonoia (*IvO* 260). If it is indeed a memorial of victory over the Arkadians, then it is evidently tempered by a desire for harmony in future. Alternatively it might be an appeal for harmony among the various inhabitants of Elis who had found themselves on opposing sides during the war. In either case it is addressed to local Greeks rather than appealing to the Greek world at large for peace and harmony. Once more the sanctuary reflects Elean political interests, however mild they may be on this occasion.

It may be noted that there is no known instance of Elis, as the host state at Olympia, using its position to advocate a peace more widespread and durable than the Olympic truce.

Such advocacy of general peace among Greeks came from speakers at games–Gorgias, Lysias, and Isokrates are the known examples.[23] In fact Isokrates prob-

21. On this conflict, see Crowther 2003 and Ruggeri 2004, especially 179 n. 570 with references to literary and archaeological evidence for the fighting in the sanctuary.

22. On this question, see Ruggeri 2004, 198-200, with references to earlier work.

23. The little that survives of Gorgias' speech is in Diels-Kranz 1951, Vol. 2.287 (frr. B7. B8,

ably did not deliver his speech at Olympia, though he wrote it in the form of an Olympic speech. These speakers were following a tradition observable from earlier in the fifth century (Flower 2000) that advocated peace and harmony among Greeks and war on a common enemy. In this tradition external war and internal peace generally went together: there was no appeal purely for peace among Greeks. Isokrates is very blunt about this in the opening of his speech (*Panegyricus* 3): he wants "to give advice about war against barbarians and harmony among ourselves". The speeches thus offer an appeal to a common Greek identity, but make no attempt to suggest that the Greeks could be persuaded to live in harmony with each other without the focus of a common external enemy. How external the common enemy needed to be apparently varied: to judge by the little that survives from his speech and reports of it, Lysias –speaking probably in 388 or 384– deplored barbarian encroachments on Greek communities, but set up as a common enemy the Greek tyrant Dionysios of Syrakuse.

Lysias' focus on Dionysios led to an outbreak of violence in the sanctuary, encouraged by the orator himself. Having urged the Greeks to cease from hostilities against each other at a time when their quarrels and divisions were allowing barbarians to control Greek communities, and having claimed that Herakles had founded the Olympic Games so that the meeting of Greeks there might be the beginning of mutual friendship among them, Lysias went on to urge the Greeks not only to unite in order to overthrow the tyrant Dionysios of Syrakuse and free Sicily but even to begin by looting the luxurious tent in which Dionysios' representatives were staying in Olympia (Dion. Hal. *Lys.* 29-30; Diod. 14.109.1-6). According to Plutarch (*Them.* 25.1) a similar incident followed a speech by Themistokles, although Plutarch does not suggest that that speech was an appeal for peace and harmony among Greeks. (Berve 1967, Vol. 2, 605-6, considered the report about Themistokles a doublet of that about Lysias.) Themistokles spoke at the Games, and urged the crowd to tear down the lavish tent of the representative of the Syrakusan tyrant Hiero and to prevent Hiero's horses from taking part in the competition. It is hard to know whether either of these stories of violence provoked by speakers is true, but –true or not– they show a popular Greek view of the crowd at the Games as easily roused to poli-

---

and B8a). All that survives of Lysias' speech is quoted by Dionysius of Halicarnassus, *Lysias* 29-30. We have Isocrates *Panegyricus*.

tically motivated violence, even by speakers whose avowed purpose was to promote peace and harmony among Greeks. It is also true that these appeals for panhellenic unity had no practical effect on Greek politics, as Mann has pointed out (Mann 2001, 25).

In reviewing recent scholarship on the Olympic Games Crowther (2004a, 51) writes: "Relatively little material has been written on the ideals of the ancient Games, no doubt because this is a complex problem that does not show the best side of the ancient Greeks." It is true that more research would be welcome on any ideals that might be thought to have been pursued at Olympia, though there is no reason to upbraid the ancient Greeks for not pursuing certain ideals that moderns would like them to have set themselves. The Games were of course conducted within the complex of beliefs and customs about cult and sport well-established among Greeks by the classical period: it is not at all the intention of this paper to deny the religious importance of Olympia. However it seems doubtful, given what we know of events at Olympia that the ancient Olympics had any particular ideals beyond the common and widespread attitudes of classical Greeks. However the Games did provide a forum to which Greeks could bring their hopes and their fears, their pride and their conflicts, their problems and –occasionally– their proposals to unite in solving common problems. Notably Greeks expressed at Olympia both –very often– pride in military victory over other Greeks and –rarely, it seems– the hope of achieving peace among Greeks by waging war on a common enemy. And whatever Greeks brought to Olympia, Olympia echoed.

Bibliography

Baitinger, H. 2001, *Die Angriffswaffen aus Olympia* (*Olympische Forschungen* 29), Berlin.

Berve, H. 1967, *Die Tyrannis bei den Griechen*, Munich.

Crowther, N. B. 1996, "Athlete and state: qualifying for the Olympic Games in ancient Greece", *Journal of Sport History* 23.1, 34-43. [Reprinted as Crowther (2004a) 23-33.]

- 1997, '"Sed quis custodiet ipsos custodes?" The impartiality of the Olympic judges and the case of Leon of Ambracia.' *Nikephoros* 10, 149-160. [Reprinted as Crowther 2004a, 71-81.]

- 2003, "Power and politics at the ancient Olympic games: Pisa and the games of 364 B.C.", *Stadion* 29, 1-10.

- 2004a, *Athletika: studies on the Olympic Games and Greek athletics* (*Nikephoros* Beihefte 11), Hildesheim.
- 2004b, "The ancient Olympics and their ideals",11-22 in Crowther 2004a. [Reprinted in G. P. Schaus and S. R. Wenn (eds.) 2007 *Onward to the Olympics. Historical perspectives on the Olympic Games*, Waterloo, 69-80.]

DIELS, H., and KRANZ, W. 1951, *Die Fragmente der Vorsokratiker* (3 vols., 6th edition), Berlin.

FERNANDEZ NIETO, F. J. 1995, "Tregua sagrada, diplomacia y politica durante la guerra del Peloponneso", in E. Frezouls and A. Jacquemin (éds.), *Les relations internationales: actes du colloque de Strasbourg 15-17 juin 1993*, Paris, 161-187.

FLOWER, M. A. 2000, "From Simonides to Isocrates: the fifth-century origins of fourth-century panhellenism", *ClAnt* 19, 65-101.

FUNKE, P. 2003[2005], 'Gli ombelichi del mondo. Riflessioni sulla canonizzazione dei santuari "panellenici" ', *GeoAnt* 12, 57-65.
- 2004, "Herodotus and the major sanctuaries of the Greek world", in V. Karageorghis and I. Taifacos (eds.), *The world of Herodotus. Proceedings of an international conference held at the Foundation Anastasios G. Leventis, Nicosia, September 18-21, 2003 and organized by the Foundation Anastasios G. Leventis and the Faculty of Letters, University of Cyprus*, Nicosia, 159-67.

GALLIS, K. J. 1988, "The games in ancient Larisa: an example of provincial Olympic Games", in W. J. Raschke (ed.), *The archaeology of the Olympics and other festivals in antiquity*, Madison, 217-235. [Gallis' article is reprinted in the second edition, with an additional preface, of 2002.]

GERASIMOVA, L. J. 2004, "The artistic design of Olympia as an aesthetic expression of Greek unity and the idea of peace between states", *Mésogeios* 24, 33-65.

GOMME, A. W., ANDREWES, A., and DOVER, K. J. 1970, *A historical commentary on Thucydides* Vol. IV: *Books V.25 – VII*, Oxford.

HAMMOND, N. G. L. and GRIFFITH, G. T. 1979, *History of Macedonia* Vol. 2, Oxford.

HIMMELMANN, N. 2001, "La vie religieuse à Olympie", in A. Pasquier (dir.), *Olympie. Cycle de huit conférences organisé au musée du Louvre par le Service culturel du 18 janvier au 15 mars 1999*, Paris, 155-179.

HORNBLOWER, S. 1991, 1996, *Commentary on Thucydides*, Vol. 1 (1991), Vol. 2 (1996), Oxford.

JACQUEMIN, A. 1999, *Offrandes monumentales à Delphes*, Paris.
- 2001, "Delphes au Ve siècle ou un panhellénisme difficile à concrétiser", *Pallas* 57, 93-110.
- 2003 [2005], "Delfi e Olimpia: due luoghi della grecità classica", *GeoAnt* 12, 67-79.

KUZISHCHIN, V. I. 2004, "Les Jeux Olympiques dans l'antiquité comme facteur de pacification dans l'histoire de la Grèce ancienne. L'institution de l'armistice sacré ('Εκεχειρία)", *Mésogeios* 24, 127-160.

LÄMMER, M. 1982/3, "Der sogenannte Olympische Friede in der griechischen Antike", *Stadion* 8/9, 47-83.

LEE, H. M. 2001, *The Program and Schedule of the Ancient Olympic Games* (*Nikephoros* Beiheft 6), Hildesheim.

MANN, C. 2001, *Athlet und Polis im archaischen und frühklassischen Griechenland* (*Hypomnemata* 138), Göttingen.

MEIGGS, R., and LEWIS, D. 1988, *A selection of Greek historical inscriptions* (revised edition), Oxford.

MÖLLER, A. 2004, "Elis, Olympia und das Jahr 580 v. Chr. Zur Frage der Eroberung der Pisatis", in R. Rollinger and C. Ulf (Hg.), *Griechische Archaik. Interne Entwicklungen – externe Impulse*, Berlin, 249-70.

NAFISSI, M. 2003 [2005], "Elei e Pisati. Geografia, storia e istituzioni politiche della regione Olimpia", *GeoAnt* 12 23-55.

PEMBERTON, E. 2000, "Agones hieroi. Greek athletic contests in their religious context", *Nikephoros* 13, 111-23.

PRITCHETT, W. K. 1971, *Ancient Greek Military Practices* Part 1, Berkeley, Los Angeles, and London.

RAUBITSCHEK, A. E. 1988, "The panhellenic ideal and the Olympic Games", in W. J. Raschke (ed.), *The archaeology of the Olympics and other festivals in antiquity*, Madison, 35-37. [Raubitschek's article is reprinted in the second edition, with an additional preface, of 2002.]

RAUSCH, M. 1998, "'Nach Olympia' – der Weg einer Waffe vom Schlachtfeld in das panhellenische Heiligtum des Zeus", *ZPE* 123, 126-8.

ROMANO, D. G. 1993, *Athletics and mathematics in archaic Corinth: the origins of the Greek stadion*, Philadelphia.

ROY, J. 1998, "Thucydides 5.49.1 – 50.4: the quarrel between Elis and Sparta in 420 B.C. and Elis' exploitation of Olympia", *Klio* 80, 360-68.

ROY, J. and SCHOFIELD, D. 1999, "*IvO* 9: a new approach", *Horos* 13, 155-65 with plates 34-9.

RUGGERI, C. 2004, *Gli stati intorno a Olimpia. Storia e costituzione dell'Elide e degli stati formati dai perieci elei (400-362 a.C.)* (Historia Einzelschr. 170), Stuttgart.

SCHEPENS, G. 2004, "La guerra di Sparta contro Elide", 1-89 in E. Lanzillotta (a cura di), *Ricerche di antichità e tradizione classica*, Tivoli-Roma.

YALOURIS, N. *et al.* 1982, *The Olympic Games in ancient Greece*, Athens.

SUMMARY

The idealistic view of the ancient Olympic Games still persists to some extent although it was challenged effectively by Lämmer in 1982/3: he showed that the Olympic truce covered only the safety of Greeks travelling to the Olympic Games and the inviolability of the territory of Elis for a limited period on each occasion of the Games. The evidence suggests that the Games were not staged for idealistic reasons or purposes. The Games offered rich and powerful individuals an opportunity to impress the many Greeks present, sometimes for political reasons. Inter-state congresses were not held at Olympia, though there was no doubt informal political discussion during the Games. States could catch the attention of the Greek world by dedications which endured over time, and it is striking that many such dedications related to war, often either actual weapons or monuments paid for from booty. The fact that Elis controlled the sanctuary, and sometimes used that control for political advantage, led to fighting in the sanctuary itself in the Spartan-Elean war of c. 400, and also in the Elean-Arkadian war of 365-2. Elis did not seek to promote any peace more widespread or durable than the Olympic truce. Some orators speaking to the crowds present at the Games did try to promote peace among Greeks, but such speeches also advocated war against a common enemy, and in any case led to no general peace. It appears that the Olympic Games had no ideals more elevated than the common values generally found among Greeks.

Paradigms of War: The Greek Polis, Clausewitz, and the Idea of 'Absolute War'

Michael Sommer

Virtually epidemic warfare in Greece was interrupted by Olympic ceasefire only every four years. Looking back to Greek history, from the Archaic to the Hellenistic period, gives you the impression that war was rather the default condition of Greek political life, peace rather the exception than the rule. Incessant warfare raises the issue what motivated people to go to war, people who, in their overwhelming majority, had no personal interest whatsoever in military conflict. This paper attempts to provide a comparative analysis of, and a methodological approach to, warfare in pre-modern societies, with particular attention to motivating factors, without any claim of covering any field in depth. The idea is to develop some preliminary thoughts which might lead to an anthropology of warfare which can be applied to a wide range of societies.

A possible starting point is the plainly classical definition of war: "War is nothing than the continuation of political intercourse with the intermixing of other means"[1] – the most popular of all Clausewitzian quotations has congealed to a common place and has all too often been taken out of its context. For Clausewitz, war was simply an instrument of policy, one among others, and it was by no means the end of political action altogether. This very notion, expressed in the aftermath of the Napoleonic wars, determined Western conceptions of war and warfare for more than one and a half centuries.[2]

Clausewitz' own biography helps to understand his vision of modern warfare.[3] He was, of course, a child of his time. Unlike most of his fellow Prussian

1. "[...] der Krieg ist nichts als die Fortsetzung des politischen Verkehrs mit Einmischung anderer Mittel", Clausewitz VIII 6, often quoted mistakenly as "War is the continuation of politics with other means" ("Krieg ist die Fortsetzung der Politik mit anderen Mitteln").

2. Cf. Schramm 1963, 255-258; Smith 2005.

3. On the life of Clausewitz, see Schramm 1963, 250-254; Parkinson 1970; Schramm 1977; Hartmann 1998.

aristocrats, Carl von Clausewitz was not born into a family of professional soldiers. His father had served in the Seven Years' War, but had been discharged at quite an early stage of his military career, whereas the major part of his father's and mother's relatives had been Lutheran pastors and theologians. When Clausewitz was born in 1780, his father made his family's living as a humble tax collector in the region of Magdeburg. According to himself, he had a paltry school education and was surrounded, in his childhood, by officers, "and not the most educated and versatile ones".[4] Evidently, he lacked any formal philosophical training. At the age of twelve, Clausewitz was sent by his father "to the Prussians", to become a cadet and serve in the army in various positions, with one short interruption, for the rest of his life. He participated in the siege of Mainz (1793) and served, after the Treaty of Basle (1795), in various staff positions. The decisive experience of those years was the rise of Napoleon and the restructuring of the Prussian army under the auspices of Stein's and Hardenberg's efforts to reform Prussian government and society.

Prussia's collapse in 1806, when Napoleon overthrew its army in a fortnight, gave Clausewitz the opportunity to observe the sound transformation of post-revolutionary and Napoleonic France from within the country for two years, as a French prisoner of war, whose rational analysis of the Prussian defeat read as follows: "When the French Revolution broke out, Austria and Prussia tried to settle the situation with their diplomatic art of war. It revealed all too soon insufficient. War had suddenly become again the people's business, and of a people of 30 million, who all regarded themselves as citizens." This observation, combined with the complete failure of the Prussian army in 1806, was crucial for Clausewitz's entire academic work. For the first time in history, Clausewitz stated, the wars following the French Revolution unveiled the qualities of "absolute war". Unlike the traditional paradigm of warfare, which he calls "real war", "absolute war" lacks any type of limitation induced by moral, ethics and conventional behaviour. "Absolute war" is purely an instrument of policy, in order to achieve the supreme end: no more and no less than to overthrow the enemy.[5]

For Clausewitz, the manifestation of the ideal type of "absolute war" in reality was the *levée en masse* of the French Revolution, in his own words:

4. "Und zwar nicht gerade die gebildetsten und vielseitigsten", Clausewitz quoted in Schramm 1977, 251.

5. Keegan 1993, 12-24.

> Seit Bonaparte also hat der Krieg, indem er zuerst auf der einen, dann auch auf der anderen Seite Sache des ganzen Volkes wurde, eine ganz andere Natur angenommen, oder vielmehr, er hat sich seiner wahren Natur, seiner absoluten Vollkommenheit, sehr genährt [...] So war also das kriegerische Element, von allen konventionellen Schranken befreit, mit seiner ganzen natürlich Kraft losgebrochen.[6]

Clausewitz's dilemma when designing a new Prussian army was how to achieve the penetrating power of the *levée en masse* without opening the gates for its intrinsic precondition: revolution. How could an army serve the needs of "true war" without the soldiers losing their state of political innocence? Clausewitz's answer was that of a regimental officer of the period: military discipline, sense of duty, sacrifice.

Returning from French captivity in 1808, Clausewitz joined energetically with Scharnhorst and the military reformers. He became the sixteen-years-old crown prince's military tutor in 1810, before he left for Russia in 1812 when Prussia assisted Napoleon's invasion of Russia. Clausewitz returned to Prussia in 1813, took part in the War of Liberation, but due to his bad reputation at court where he figured as "Lausewitz", he obtained no significant command. Instead, he became the Chief of Staff of an Army Corps which fought successfully at Waterloo, was promoted Major General in 1818 and dumped as administrative head of the General War College, a job which provided little influence on practical teaching, but abundant amounts of spare time to compose his opus magnum *On War*. At the age of 51, he died of a cholera epidemic which infested eastern Central Europe in 1831. His work remained unfinished and was later edited by his widow Marie Clausewitz.

What makes the reading of Clausewitz so fertile for the study of the social history of warfare, and beyond this, for the study of society in general, is precisely his distinction between "absolute" and "real" war. In touching directly the interrelation between warfare and society, Clausewitz's typology is an excellent analytical tool. With his definition of 'real' war, Clausewitz provides the most precise definition of pre-modern warfare altogether:

> Die meisten früheren Kriege bestanden, wie wir schon gesagt haben, dem größten Teil der Zeit nach in diesem Zustande des Gleichgewichts oder we-

6. Clausewitz VIII 3.

> nigstens so geringer, entfernt liegender schwachwirkender Spannungen, daß die Ereignisse, welche darin vorkommen, selten von großem Erfolge waren, oft Gelegenheitsstücke zum Geburtstag einer Monarchin (Hochkirch), oft eine bloße Genugtuung der Waffenehre (Kunersdorf), der Feldherren Eitelkeit (Freiberg).
>
> Daß der Feldherr diese Zustände gehörig erkenne, daß er den Takt habe, sich im Geist derselben zu betragen, halten wir für ein großes Erfordernis, und wir haben an dem Feldzug von 1806 die Erfahrung gemacht, wie sehr dies zuweilen abgeht. In jener ungeheuren Spannung, wo alles zu einer Hauptentscheidung hindrängte, und diese mit allen ihren Folgen allein die ganze Seele des Feldherrn hätte in Anspruch nehmen sollen, kamen Maßregeln in Vorschlag und zum Teil auch zur Anwendung (die Rekognoszierung nach Franken), die höchstens im Zustande des Gleichgewichts ein leichtes, oszillierendes Spiel hätten abgeben können. Über allen diesen verwirrenden, die Tätigkeit absorbierenden Maßregeln und Betrachtungen gingen die notwendigen, die allein retten konnten, verloren.
>
> Diese von uns gemachte spekulative Unterscheidung ist uns aber auch für den Fortbau unserer Theorie notwendig, weil alles, was wir über das Verhältnis von Angriff und Verteidigung und über die Vollziehung dieses doppelseitigen Aktes zu sagen haben, sich auf den Zustand der Krise bezieht, in welchem sich die Kräfte während der Spannung und Bewegung befinden; und daß wir alle Tätigkeit, welche im Zustande des Gleichgewichtes stattfinden kann, nur als ein Korollarium betrachten und behandeln werden, denn jene Krise ist der eigentliche Krieg, und dieses Gleichgewicht nur ein Reflex davon.[7]

In other words, “real” war served all kinds of ends but political rationality; it was the function of needs lying well outside the constraints of political logic: honour, prestige, personal loyalty, booty. As a consequence of its limited aims, “real” war is by definition limited also in its means. European wars since Clausewitz have taught us to consider the contrary, “absolute” wars, as the rule, “real” wars as the exception. To be sure, “absolute” war reached its climax in the conflagrations of World Wars I and II, when all resources of an entire society were mobilised to fuel a kind of war, which to call “total” was certainly no exaggeration.

7. Clausewitz III 18.

In a way this has blinded us, however, to the continuing importance of warfare, which is precisely *not* the "continuation of political intercourse with the intermixing of other means". I mean, of course, the zillion of minor and major conflicts induced by religious zelotism, hurt vanity, war profiteering, tribal fragmentation and striving for honour – all of them classical cases of "real" war in the Clausewitzian sense. The countless armed conflagrations since the downfall of the Soviet Empire followed, without exception, the paradigm of "real" war and make it questionable to what degree war in a globalised modern world can be "continuation of political intercourse with the intermixing of other means".[8]

The reality of warfare in the recent slaughterhouses of the Balkans, Somalia, Afghanistan and Iraq rather suggests that "real" war which Clausewitz, taking for granted the Aristotelian dogma that man is a *zoon politikon*, considered a feature of *his* past, is instead the predominant type of warfare in *our* future. It is probably not too pessimistic a scenario, that the 21st century's world will be a battlefield on which increasingly costly high-tech armies defend the core regions of Western Civilisation against the poor, the desperate, and the zealous. In the following, I will try to develop a typology of warfare, taking the evidence from ancient societies as a basis and Clausewitz's distinction between "real" and "absolute" war as a reference point.

1. The theology of war: "sacred wars" in the Ancient Near East

The oldest form of "real" war is *jihad*. "Only those are Believers who have believed in Allah and His Messenger, and have never since doubted, but have striven with their belongings and their persons in the Cause [*jihad*] of Allah",[9] urges Allah the Compassionate his followers. But the concept of "sacred war" is, of course, by no means an invention of Islam. It is as old as history. As early as in the 3rd millennium BC, in the early Bronze Age Mesopotamian city-states, men went to war following the will of their supreme deities. The rivalry between the local communities escalated into a struggle for hegemony, leading to the establishment of territorial states and empires.[10] The most dynamic centre of ex-

8. Geiss 2005, 20-21, on asymmetric war.
9. Quran, Surah 49, 15.

pansion became Assyria in the triangle between the river Tigris and the Lesser Zab. In three phases of expansion, stretching from the 19th to the 7th centuries BC, the Assyrians each time conquered the bulk of Mesopotamia and covered the rest of the Near East with a system of tributary suzerainty. The conquest of so vast a territory required immense resources, thus making necessary further conquests – the classical circulus vitiosus of expanding empires.[11]

Technically, the urge to exploit new sources of wealth was the driving force behind Assyria's strive for hegemony, but remarkably this found no echo in the textual evidence. In the Assyrian royal inscriptions, it is Aššur, the supreme god of the originally local pantheon of Assyria, who figures as the defender of the just order by imposing the "yoke" on Assyria's vassals. When local rulers refused to acknowledge Assyrian overlordship, this was, in the terms of Assyrian war theology, rebellion against divine order. The only possible reaction consisted in the immediate declaration of war. War was, from this point of view, a means to disseminate and, wherever necessary, restore Aššur's legitimate rule; the Assyrian king was the imperial god's chief deputy. Tiglatpilesar III claimed, in the 8th century BC, that "the supreme god imposed him to crush the rebellious",[12] he was "the king whose achievements please to the gods".[13] Over a thousand years before Tiglatpilesar, Šamši-Adad I, a contemporary of Hammurapi of Babylon, coined the wording that "we go to war under the command of the god Aššur".[14]

We can brush aside, as do some Assyriologists, this approach to warfare as "ideology".[15] From a purely functionalistic perspective, Assyrian war theology may seem as a mechanism, instrumentalised by the élite, to mobilise men as cannon fodder. We must, however, not forget that the royal inscriptions are the only corpus of sources which can give evidence on the Assyrians' motivations for

10. Eph'al 1983.

11. As fundamental introductions to Assyrian warfare, cf. Mayer 1995; Fuchs 2005.

12. Tadmor 1994, 97, 35.

13. *Ibid.* 113, 13.

14. *ARI* I 125, 157.

15. For example, Liverani 1979, 298 ("Ideology has thus the function of facilitating the action, of overcoming the resitance; in the case of imperialism it has the aim of bringing about the expolitation of man by man, by providing the motivation to receive the situation of inequality as 'right'"), and Radner 2004, 157. For a discussion of Assyrian 'imperialism', see Sommer 2000, 305-306; Sommer 2004, 150-153.

going to war. And we should consider that under the conditions of primary religion the contemporaries had hardly any chance of conceiving politics as a sphere of its own, which could be separated from religion.[16] This makes the functionalist explanation of Assyrian imperialism, to say the least, doubtful. To sum up, for the Assyrians the supreme command of Aššur, who acquired in time more and more aspects of a veritable war deity, was simply a reality they had to reckon with.[17]

The notion of "sacred war" was nor very common in, nor entirely alien to, Classical Antiquity. The First Sacred War in early 6th century Greece was motivated by the desire to ensure the god's impartiality, the priests' call upon the Greek *poleis* had therefore a strong political undertone which was, however, deeply imbedded in the perception of what was owed to the god.[18] Ironically, the paradigm of "sacred war" had a comeback towards the end of Classical Antiquity, when, at the river Frigidus in AD 394, Theodosius' army faced that of the pretender Eugenius, the last pagan to run for the purple. The two commanders, for the first time in Roman history, represented themselves cautiously and explicitly as the proxies of their respective divinities. The pagan army had a huge statue of Jupiter erected on a hill, but the Christian god revealed the more powerful one. Eugenius was captured and executed.[19]

2. *"I pledge allegiance": reciprocal relationship as a driving force for warfare in Rome*

A force no weaker for the mobilisation to war than divine will have always been personal ties between the army and its commander-in-chief. The army's alle-

16. For the concept of primary and secondary religion, cf. Assmann 1995, 18-19; Assmann 1997, 204-207; Assmann 2000, 30: "Wir müssen unterscheiden zwischen [primärer] Religion, die zu den Grundbedingungen des menschlichen Daseins gehört, und [sekundärer] Religion, die als eine reflexiv gewordene und sich über andere Religionen kritisch erhebende Form der wahren Gottesverehrung in Israel und anderswo entsteht."

17. On the iconography of Aššur, see Bonatz 2005, 65.

18. McInnerny 1999, 165-172; Howe 2003.

19. On the military events of the battle, see Seeck and Veith 1913; Springer 1996, 45-92. For a convincing assessment of the historical importance of Eugenius' usurpation and the battle, see Leppin 2003, 205-220.

giance may be based on foundations of different kinds, such as the leader's personal charisma or reciprocal obligation, the result is always the same: the soldiers link their own interests and fates with those of the commander. The mechanics of reciprocal relationship was particularly strong in Rome, where relationships like *patrocinium* and *amicitia*, tied together by *fides* and *pietas*, provided an institutional framework in which mutual loyalty figured most prominently among personal virtues.[20] Under the auspices of imperial expansion and civil war, the system rapidly degenerated: what had once created social cohesion, turned soon into the spirit of discord which doomed the political order of the Roman republic to death.

Warfare in such a system was anything but the "the continuation of political intercourse with the intermixing of other means". First of all, it served as an instrument in the struggle for power between the various aristocratic cleavages. Sulla was the first to understand the new quality of *clientela* to its full extent when he set foot on Italy for his first march on Rome (88 BC).[21] He knew that the bonds of personal loyalty which tied the soldiers to him were stronger than any constitutional prohibition or even religious taboo. Similarly, the young Octavius could count on Caesar's legacy, the powerful veteran units. Octavius' and Marc Antony's race for putting into action the provision of the dictator's veterans with land, reveals the immense pressure under which the protagonists acted: loyalty was a mutual deal, it was for sale on the political market.[22]

In the imperial period, the Emperor hat to ensure loyalty in quite similar ways. The soldiers' loyalty was a *beneficium* and as such required reciprocity. The Emperor disposed of a wide range of means to respond, symbolically and materially. The most efficient one proved to be money: the Emperor provided regular payment and, in addition, at his accession to the throne, the *donativum*.[23] He could also grant symbolic *beneficia* by displaying personal presence and haranguing the army in the style of an *adlocutio*.[24] The donativum opened

20. The classical work is Gelzer 1962. The importance of reciprocal relationships for the functioning of the Roman republic has been subject to a controversial debate in recent years. Cf. the survey by Hölkeskamp 2004.

21. Volkmann 1958; Christ 2002, 78-82.

22. Alföldi 1976; Gotter 1996, 56-65.

23. On the exchange of *beneficia* in general, see Flaig 2003.

24. Hölscher 1987, 75; Sommer 2005, 339-341.

an ideally endless chain of mutual beneficia, with the troops maintaining loyalty and the Emperor providing material and symbolic “closeness”. Before decisive battles or on the occasion of major military exercises, the Emperor renewed the exchange of beneficia by dignifying his soldiers with an *adlocutio* which could be “perpetuated” by issuing coins portraying the Emperor’s speech. The coins then served as a means of payment for the soldiers and thus kept moving the circuit of *beneficia.*

Exchange of beneficia is a process of communication, and communication can always fail. One of the many follies of the Emperor Gaius was the bridge he ordered to be built between Baiae and Puteoli. Suetonius[25] tells the story with a malicious undertone. In addition to that, Cassius Dio reports that, after having crossed the bridge twice, the Emperor turned to the assembled troops addressing them. Full of irony, comments: “Of course, while on such a campaign and after so magnificent a victory he had to deliver a harangue; so he ascended a platform which had likewise been erected on the ships near the centre of the bridge. First he extolled himself as an undertaker of great enterprises, and then he praised the soldiers as men who had undergone great hardships and perils, mentioning in particular this achievement of theirs in crossing through the sea

25. Suet. *Calig.* 19: “He invented besides a new kind of spectacle, such as had never been heard of before. For he made a bridge, of about three miles and a half in length, from Baiae to the mole of Puteoli, collecting trading vessels from all quarters, mooring them in two rows by their anchors, and spreading earth upon them to form a viaduct, after the fashion of the Appian way. This bridge he crossed and recrossed for two days together; the first day mounted on a horse richly caparisoned, wearing on his head a crown of oak leaves, armed with a battle-axe, a Spanish buckler and a sword, and in a cloak made of cloth of gold; the, day following, in the habit of a charioteer, standing in a chariot, drawn by two high-bred horses, having with him a young boy, Darius by name, one of the Parthian hostages, with a cohort of the pretorian guards attending him, and a party of his friends in cars of Gaulish make. Most people, I know, are of opinion, that this bridge was designed by Caius, in imitation of Xerxes, who, to the astonishment of the world, laid a bridge over the Hellespont, which is somewhat narrower than the distance betwixt Baiae and Puteoli. Others, however, thought that he did it to strike terror in Germany and Britain, which he was upon the point of invading, by the fame of some prodigious work. But for myself, when I was a boy, I heard my grandfather say, that the reason assigned by some courtiers who were in habits of the greatest intimacy with him, was this; when Tiberius was in some anxiety about the nomination of a successor, and rather inclined to pitch upon his grandson, Thrasyllus the astrologer had assured him, ‘That Caius would no more be emperor, than he would ride on horseback across the gulf of Baiae.’”

on foot. For this he gave them money, and after that they feasted for the rest of the day and all through the night".[26] In his madness, Dio's Gaius declares the construction of a bridge a major military achievement, an act of *virtus* which, in Roman terms of value, it cannot be. As a consequence, Gaius' *adlocutio* is a complete failure, a perverted attempt to master communication with the military. It clearly serves Dio to portray him as the prototype of a mad ruler, the "bad Emperor" par excellence.

3. War and the Greek polis: a multifactorial explanation

Warfare in Greece was largely determined by the peculiarities of the *polis'* social and political setting which set it apart from the Ancient Near East as well as from Rome. First, the Greeks' foes were, in most cases, Greeks themselves.[27] In a war between one *polis* and another it was impossible to construct the enemy as entirely alien. Second, in contrast to the Assyrian and Roman Empires, the decision between war and peace lay in the hands of the men who actually went to war. As it has been convincingly argued by Kurt Raaflaub, the military and political importance of the *laoi* should not be underestimated: they were "proto-Hoplites" who could join in political decision making.[28] Nonetheless, war in the Iliad is mainly determined by non-political issues. At stake were the sense of honour of individual aristocrats and booty, quite often closely interwoven. The entire Trojan war was a war of revenge, and the motive of vendetta as a driving force for waging war lasted well beyond Alexander.[29] A conflict between Pylos and Elis which Nestor describes in the Iliad, broke out over a raid committed by the Elians. The revenge of the Pylians came without delay: "We drove off a vast quantity of booty from the plain, fifty herds of cattle and as many flocks of sheep; fifty droves also of pigs, and as many wide-spreading flocks of goats. Of horses moreover we seized a hundred and fifty, all of them mares, and

26. Cass. Dio 19. 17.

27. On the peculiarities of early Greek warfare, see cf. Raaflaub 1997; Raaflaub 1999; Hanson 2000; Parker 2005; Raaflaub 2005.

28. *Ibid* 244-256.

29. On the importance of revenge as a factor in Greek political and social life, see Gehrke 1987.

many had foals running with them. All these did we drive by night to Pylus the city of Neleus, taking them within the city; and the heart of Neleus was glad in that I had taken so much".[30]

The aim of making booty remained a decisive factor, though – with the "trend towards *isonomia*"[31] it got a totally different nuance. Looting became a collective business, and no-one understood this process better then Herodotus: "[...] it is plain enough, not from this instance only, but from many everywhere, that freedom is an excellent thing, since even the Athenians, who, while they continued under the rule of tyrants, were not a whit more valiant than any of their neighbours, no sooner shook off the yoke than they became decidedly the first of all. These things show that, while undergoing oppression, they let themselves be beaten, since then they worked for a master; but so soon as they got their freedom, each man was eager to do the best he could for himself. So fared it now with the Athenians".[32] Waging war became, in the words of Karl Marx "the great collective task in order to occupy the objective conditions of livelihood or to defend and perpetuate the occupation of those".[33]

The collectivisation of war created its own ethics. Callinus of Ephesus wrote the following verses which Clausewitz, should he ever have read them, would have emphatically sympathised with:

> For it is fine to die in the front line,
> a brave man fighting for his fatherland,
> and the most painful fate's to leave one's town
> and fertile farmlands for a beggar's life,
> roaming with mother dear and aged father,
> with little children and with wedded wife.
> He'll not be welcome anywhere he goes,
> bowing to need and horrid poverty,
> his line disgraced, his handsome face belied;
> every humiliation dogs his steps.

By making war a political issue the collective had to decide upon, it came quite close to Clausewitz' concept of "absolute war", which was not contamina-

30. *Iliad* 11. 671-685.
31. Meier 1978; Meier 1980, 51.
32. Hdt. 5. 78.
33. Marx 1983, 386.

ted by considerations of moral, personal loyalty, or religious convictions, but was explicitly a function of the individual *polis'* struggle for hegemony. Consequently, war became an expression of the "sense of ability" which the Greeks developed in the late Archaic period. To achieve the supreme end, the individual had to risk the supreme stake, or, as Thucydides put it in the third oration of Pericles: "Your country has a right to your services in sustaining the glories of her position. These are a common source of pride to you all, and you cannot decline the burdens of empire and still expect to share its honors. You should remember also that what you are fighting against is not merely slavery as an exchange for independence, but also loss of empire and danger from the animosities incurred in its exercise".[34] The same could have been said by Clausewitz.

Abbreviation

ARI: Grayson, A. K. (ed.) 1972-76 *Assyrien Royal Inscriptions*, Vols. 1-2, Wiesbaden.

Bibliography

Alföldi, A. 1976, *Oktavians Aufstieg zur Macht*, Bonn.

Assmann, J. 1995², *Maat. Gerechtigkeit und Unsterblichkeit im Alten Ägypten*, München.

- 1997², *Das kulturelle Gedächtnis. Schrift, Erinnerung und politische Identität in frühen Hochkulturen*, München.

- 2000, *Herrschaft und Heil. Politische Theologie in Ägypten, Israel und Europa*, München.

Bonatz, D. 2005, "Ninurtas Gaben. Assyrische Kriegsideologie und ihre Bilder" in B. Meißner, O. Schmitt, M. Sommer (Hg), *Krieg – Gesellschaft – Institutionen. Beiträge zu einer vergleichenden Kriegsgeschichte*, Berlin, 61-88.

Christ, K. 2002, *Sulla. Eine römische Karriere,* München.

Clausewitz, C. v. 1980¹⁹, *Vom Kriege*, ed. by W. Hahlweg, Bonn.

Eph'al, I. 1983, "On warfare and military control in the ancient near eastern empires. A research outline" in H. Tadmor, M. Weinfeld (eds), *History, Historiography, and Interpretation. Studies in Biblical and Cuneiform Literatures*, Jerusalem, 88-106.

34. Thuc. 2. 6.

FLAIG, E. 2003, *Ritualisierte Politik. Zeichen, Gesten und Herrschaft im Alten Rom*, Göttingen.

FUCHS, A. 2005, "War das Neuassyrische Reich ein Militärstaat?" in B. Meißner, O. Schmitt, M. Sommer (Hg), *Krieg - Gesellschaft - Institutionen. Beiträge zu einer vergleichenden Kriegsgeschichte*, Berlin, 34-56.

GEHRKE, H.-J. 1987, "Die Griechen und die Rache. Ein Versuch in historischer Psychologie", *Saeculum* 38, 121-149.

GEISS, I. 2005, "Krieg und Macht als historische Universalien" in B. Meißner, O. Schmitt, M. Sommer (Hg), *Krieg - Gesellschaft - Institutionen. Beiträge zu einer vergleichenden Kriegsgeschichte*, Berlin, 19-33.

GELZER, M. 1962, "Die Nobilität der römischen Republik" in M. Gelzer, *Kleine Schriften*, ed. by H. Strasburger, Ch. Meier, Vol. 1, 17-135.

GOTTER, U. 1996, *Der Diktator ist tot! Politik in Rom zwischen den Iden des März und der Begründung des Zweiten Triumvirats*, Stuttgart.

GRAYSON, A. K. (ed.) 1972-76, *Assyrien Royal Inscriptions*, Vols. 1-2, Wiesbaden.

HANSON, V. D. 2000^2, *The Western Way of War. Infantry Battle in Classical Greece*, Berkeley.

HARTMANN, U. 1998, *Carl von Clausewitz. Erkenntnis, Bildung, Generalstabsausbildung*, München.

HÖLKESKAMP, K.-J. 2004, *Rekonstruktionen einer Republik. Die politische Kultur des antiken Rom und die Forschung der letzten Jahrzehnte*, München.

HÖLSCHER, T. 1987, *Römische Bildersprache als semantisches System*, Heidelberg.

HOWE, T. 2003, "Pastoralism, the Delphic Amphiktyony and the First Sacred War: the Creation of Apollo's Sacred Pastures", *Historia* 52, 129-146.

KEEGAN, J. 1993, *A History of Warfare*, New York.

LEPPIN, H. 2003, *Theodosius der Große. Auf dem Weg zum christlichen Imperium*, Darmstadt.

LIVERANI, M. 1979, "The Ideology of the Assyrian Empire" in M. T. Larsen (ed.), *Power and Propaganda. A Symposium on Ancient Empires*, Copenhagen, 297-317.

MARX, K. 1883, *Grundrisse der Kritik der politischen Ökonomie*, Berlin (1983).

MAYER, W. 1995, *Politik und Kriegskunst der Assyrer*, Münster.

MCINNERNY, J. 1999, *The Folds of Parnassos. Land and Ethnicity in Ancient Phokis*, Austin.

MEIER, CH. 1978, "Entstehung und Besonderheit der griechischen Demokratie", *Zeitschrift für Politikwissenschaft* 25, 1-31.

– 1980, *Die Entstehung des Politischen bei den Griechen*, Frankfurt am Main.

PARKER, V. 2005, "Die Kriegskultur der archaischen Epoche Griechenlands" in B. Meißner, O. Schmitt, M. Sommer (Hg), *Krieg - Gesellschaft - Institutionen. Beiträge zu einer vergleichenden Kriegsgeschichte*, Berlin, 208-227.

PARKINSON, R. 1970, *Clausewitz. A Biography*, London.

Raaflaub, K. 1997, "Citizens, Soldiers, and the Evolution of the Early Greek Polis" in L. Mitchell, P. J. Rhodes (eds), *The Development of the Polis in Archaic Greece*, London, 49-59.

- 1999, "Archaic Greece" in K. A. Raaflaub, N. Rosenstein (eds), War *and Society in the Ancient and Medieval Worlds*, Washington D. C., 129-161.

- 2005, "Homerische Krieger, Protohopliten und die Polis: Schritte zur Lösung alter Probleme" in B. Meißner, O. Schmitt, M. Sommer (Hg), *Krieg - Gesellschaft - Institutionen. Beiträge zu einer vergleichenden Kriegsgeschichte*, Berlin, 229-266.

Radner, K. 2004, "Assyrische Handelspolitik. Die Symbiose mit unabhängigen Handelszentren und ihre Kontrolle durch Assyrien" in R. Rollinger, Ch. Ulf (eds), *Commerce and Monetary Systems in the Ancient World. Means of Transmission and Cultural Interaction*, Stuttgart, 152-169.

Schramm, W. R. von 1963, "Zum Verständnis des Werkes", in C. von Clausewitz, *Vom Kriege*, Reinbek, 250-269.

- 1977[2], *Clausewitz. Leben und Werk*, Esslingen.

Seeck, O. and Veith, G. 1913, "Die Schlacht am Frigidus", *Klio* 13, 451-467.

Smith, H. 2005, *On Clausewitz. A Study of Military and Political Ideas*, Basingstoke.

Sommer, M. 2005, "Der Kaiser spricht. Die adlocutio als Motiv der Kommunikation zwischen Herrscher und Heer von Caligula bis Konstantin" in B. Meißner, O. Schmitt, M. Sommer (Hg), *Krieg - Gesellschaft - Institutionen. Beiträge zu einer vergleichenden Kriegsgeschichte*, Berlin, 335-353.

Springer, M. 1996, "Die Schlacht am Frigidus als quellenkundliches und literaturgeschichtliches Problem" in R. Bratož (Hg), *Westillyricum und Nordostitalien in der spätrömischen Zeit*, Ljubljana, 45-92.

Tadmor, H. (ed.) 1994, *The Inscriptions of Tiglath-Pileser III, King of Assyria*, Jerusalem.

Volkmann, H. 1958, *Sullas Marsch auf Rom*, Darmstad.

Ares and the Olympics, or Pelops and Polemos

THOMAS F. SCANLON

A CLOSE EXAMINATION of the god Ares at Olympia reveals that the usual belligerence of the god was literally transformed into a more benevolent force of athletic competition. We begin by looking at the ambiguous character of Ares and the ideology of conflict in select texts of Homer, Hesiod, Pindar and fifth century dramatists, and then we proceed to closer examination of the war god's associations with the sanctuary and the games at Olympia in myth, art, and cult.

Ares, according to Homer's Zeus, is the most hated of the Olympians (*Il.* 5.890). He is by nature anti-social, repugnant and obnoxious. His origin is traditionally from the barbarous Thrace, symbolic of his position outside the civilized Greek world of the polis.[1] His amorous pairing with Aphrodite illustrates the socially subversive aspects of the two gods of unbridled emotion.[2] Not surprisingly, there are no athletic festivals for the god of war whose sister is Strife, Eris, and whose offspring by Aphrodite include the gods of terror and panic, Deimos and Phobos.[3] From his liaison with Aphrodite was also born Harmonia.[4] This offspring is significant: "Harmonia" represents the principle of union, like Philôtes, and as such is antithetical to Neikos, "Quarrel", "Dispute", or "Battle".[5] Harmonia therefore represents a mediation of the opposites of love and war, attraction and repulsion. The production of such a daughter suggests that the character of Ares can be mitigated or transformed in certain contexts, which, we will argue, happens with the god in his associations with the Olympics. In myth, Kadmos marries Harmonia to propitiate Ares after the Theban founder has slain Ares' offspring, the dragon. So the foundation of a polis can

1. Graf 1996, 152.
2. Hom. *Od.* 8. 227-366.
3. Hes. *Th.* 933-37; cf. Hom. *Il.* 5.892ff and 12.299.
4. Apollod. 5.68.
5. Hes. *Th.* 937; *HHAph.* 195.

here be formulated as the resolution of strife born of a son of Ares through the peaceful union of his daughter with the king.

As the son of Zeus and Hera, Ares is numbered among the twelve Olympians, but is an Olympian in the second rank to judge from the legends and cults of the Panhellenic sites. Etymologically, Ares' name has normally been associated with the word *arê*, "ruin" or "harm," but others have tied it to *aros*, "help" or "use." Indeed *aros* and *arê* may be related in their roots.[6] Hence in origin Ares may have been named as the god of destruction, or as a divine helper of the war leadership, or both, in the sense of an ally who harms the enemy. Gonzales has amply shown his wide importance as a fertility god and "vengeful protector of *chora*".[7] Ares may therefore encompass the antithetical notions of ruin and rescue, and the notion of a tension resolved in harmony. The duality also underlies the character of the god at Olympia.

We will not concern ourselves here with Enyalios, since the overlap with Ares does not shed light on Ares and the Olympics or agonistic rituals. Though Enyalios is interchangeable with Ares in Homeric texts, and Ares with the epithet Enyalios is attested in cults of the Roman era (possibly influenced by Homeric usage), Enyalios is mostly named in cults as clearly distinguishable from Ares, from Bronze Age Linear B attestations onward.[8]

The locus classicus for the notion of good and bad varieties of strife is the opening of Hesiod's *Works and Days* in which he posits two varieties of Eris on earth, one which men praise and another worthy of blame. Good strife is equivalent to our work ethic or zeal among occupations, but bad strife, Hesiod says, "horribly promotes evil war and struggle; no mortal loves this one, but they honor painful Strife perforce by the will of the immortals".[9] For both sorts of Strife in Hesiod's world, the judgement of Zeus is the ultimate source of arbitration. Hesiod's distinction between productive and unproductive competition is the earliest explicit exposition of the concept in Greek literature, and it serves as a paradigm for a similar splitting of Ares generally into the destructive and pro-

6. Schachter 1996, 1047.

7. Gonzales 2004, 527; see Schwenn 1923-24, 233-237.

8. Graf 1985; Graf 1996; Schachter 1996; Gonzales 2004.

9. ...πόλεμόν τε κακὸν καὶ δῆριν ὀφέλλει, σχετλίη· οὔ τις τήν γε φιλεῖ βροτός, ἀλλ' ὑπ' ἀνάγκης ἀθανάτων βουλῇσιν Ἔριν τιμῶσι βαρεῖαν, Hes. *Op.* 14-16.

ductive sorts.[10] Though Hesiod relates neither of these abstract divinities genealogically to Ares, the evil variety is implicitly associated with Ares through its fostering of warfare. As Thalmann has argued, this Hesiodic polarity becomes a common model in Herodotus, Thucydides, and Xenophon, and so the good and bad strife is a pre-eminent theme used by writers addressing warfare.

The portrayal of Ares in the Homeric texts reveals a less than successful warrior god. He of course plays a major part in the *Iliad*, bestowing valor on heroes and on occasion even joining the battle himself as a combatant. Ares is consistently matched against Athena, who inevitably gets the better of him. In a famous episode (*Il.* 5.825-909), Athena steers Diomedes against Ares and helps the hero wound the god, after which Zeus reproaches Ares: "Forever quarreling is dear to you, and war and battles" (*Il.* 5.891). Athena on another occasion (*Il.* 15.113-42) restrains Ares from joining battle at the death of his son Deiphobus, despite the threat of Zeus' thunderbolt striking him. Yet again Athena repels Ares' spear with her aegis and then knocks him down with a stone thrown at his neck (*Il.* 21.391-433). A Boeotian vase from the last quarter of the fifth century supplies a visual parallel of the Ares-Athena antagonism. The figures, with names inscribed, include Athena holding a spear and helping Herakles armed with bow and club. The pair fight against a spear-wielding Ares on horseback assisting Kyknos shown as a spear-carrying giant here named "Gagenes", a story to which we will return shortly.[11] Athena is apparently a common adversary of Ares by the logic of her more strategic and defensive approach to warfare as against his impassioned attacks.[12] Why was Ares so often a loser? On the narrative surface, the motif of the defeated war god may simply evidence irony for the Trojan protector. One scholar, Bocchetti, has recently speculated that the war god's lack of martial success is an epic innovation upon the pre-Homeric tradition.[13] Loraux[14] has suggested that the vulnerability of the god may be a consequence of the reciprocity of his fundamental activities, martial violence

10. Thalmann (2004) argues that Hesiod was first to show a "qualitative polarization" between the positive and destructive forms of Eris in order to control and eliminate or limit discord inter-polis strife and to foster the positive use of competitive energies.

11. Ure 1935.

12. Gantz 1993, 80.

13. Bocchetti 1998.

14. Loraux 1986.

and unfettered aggression that tend to return to the one who uses them. Mezzandri[15] posits that the denial of honor to the god and his near death in an Iliadic episode point to his essential function as a force of negativity, his essence among the gods. All of these explanations can be reconciled and are all viable explanations of the destructive aspects of the god. I suggest that the marginalization and limitation of the powers of the god, mainly in the epic and some early literature, may also function almost ritually, as an apotropaic device to attempt to avert or mitigate his threatening force in daily life. But these valuations of Ares do not adequately explain the good *eris*, the productive aspect of conflict and contest for the polis, as discussed just above.

Ares has noteworthy and often overlooked connections with Olympia that underline the links between warfare and athletics. Pausanias recounts that at the first mythical Olympics, organized by the Idaean Heracles:

> Some say Zeus wrestled with Kronos himself there for the throne of heaven, but some say he held the games as a celebration of his triumph. Among the winners they say Apollo raced Hermes and outran him, and beat Ares at boxing.
>
> (Paus. 5.7.10)[16]

The match of the Panhellenic god of reason and restraint against the divine embodiment of furious war is itself a noteworthy if unsurprising pairing. Apollo as patron of boxers is naturally cast in this role, and the inclusion of Ares suggests a Greek lack of sympathy toward the war god and his natural association with combat. It is noteworthy that the original games were, in this version, a celebration of the resolution of cosmic strife. This myth may be a Hellenistic or Roman addition to the many stories of Olympic origins, but the divine characters reflect those of the earliest epics.

Ares and Oenomaus in Art and Drama

Ares himself is, first and foremost, especially in the Homeric portrayals, a promoter of strife and violent aggression, a kind of cosmic agent provocateur or a

15. Mezzandri 2002.
16. Levi 1971, translator; see Weiler 1974, 173-74.

spoiler against which the Greek hero must restore justice. The legend of the Elean King Oenomaus at Olympia reflects this function of the god. Most Greeks, at least since Hellanikos in the fifth century, believed the myth that Ares was the father of Oenomaus, the King of Pisa and the father of Hippodameia, bride of Pelops.[17] Thus the legendary founder of the Olympic games and hero of the site is married to the granddaughter of the god of war. Likely for this reason the ancient commentator to Pindar (*Olympian* 13) says "Ares is of native and paternal relationship to the Eleans" (Sch. Pind. *O.* 13.148).

By challenging his daughter's suitors to a chariot race and killing all the losers, Oenomaus, according to the tale, sought to avoid his death at the hands of a son-in-law as an oracle of Zeus had predicted. So Oenomaus' basic transgression was to defy the will of Zeus. Oenomaus' horses by which he defeated all earlier suitors for his daughter were a gift of his paternal patron, Ares.[18] The equines of Oenomaus were swifter than the wind by one account.[19] These horses were matched against the equally magical steeds of Pelops, said to be a gift of his lover Poseidon.[20] The sinister role of the steeds of the Elean King is symbolized by their black color, set against the pure white horses of Pelops.[21]

According to Pausanias, Oenomaus is said by some Eleans to have sacrificed at the altar of Zeus Areios, i.e. Zeus of War, in the Altis at Olympia just prior to his chariot races with each of the suitors of Hippodameia (Paus. 5.14.6).[22] Some versions of the myth say that Oenomaus gave suitors a head start by allowing them to begin the race while he performed the sacrifice.[23] This moment is depicted in a 500 B.C. Attic vase on which Pelops races while Oenomaus places a sacrifice on an altar, with no explicit indication of the patron god.[24] Several red-figure South Italian vases ranging in date from 380 to 310 B.C. show

17. *FGr Hist* 4 F19a; cf. Paus. 5.1.6. Davidson 2003,104.

18. Hyginus 84.2; cf. Apollod. 2.5; Hellanikos *FGr Hist* 4 F19a; Howie 1991.

19. Hyginus 84.2; cf. Apollod. 2.5; Hellanikos *FGr Hist* 4 F19a; Weiler 1974, 215.

20. Apollod. *Ep.* 2.3-9; Davidson 2003, 103.

21. Philostr. *Imag.* 1.17.

22. Pausanias 5.14.4 discusses the altar of Zeus Areios in the context of all altars in the Altis, and notes that this altar is normally considered to be that of Hephaistos; Gardiner 1925, 50. Zeus Areios is otherwise known only from Epeiros (Plut. *Pyrrh.* 5).

23. Howie 1991, 58.

24. Triantis 1981, 7.2, 18, no. 5; Howie 1991, plates 1a and 1b.

Oenomaus at an altar just prior to the race.[25] Three of these paintings explicitly mark the altar as dedicated to Zeus, two by inscription, though the epithet 'Areios' is omitted (Triantis nos. 8 and 11), and one altar with an image of Zeus behind it (Triantis no. 13). On one elaborate and dramatic scene on a bell crater from Naples (*fig.* 1;Triantis no. 6; Howie fig. 3; Pipili fig. I.10), a statue of Artemis is shown behind the altar; Oenomaus is in the center surrounded by two servants with Ares to the left; Myrtilus is in his chariot above the king; Poseidon and Athena flank the Artemis statue; Zeus, Ganymede, and Aphrodite are to the upper right; Pelops and Hippodameia in the lower right are in a chariot with waves underneath, alluding to the horses given by Poseidon.[26] This is the only vase showing Ares present with Oenomaus, and the god is in a pose illustrating his support by looking at the king and gesturing toward the horses he has furnished for his chariot. Ares is literally marginalized, contrasting with the centrality of Poseidon, Athena and Zeus, the 'good' Olympians in this myth. Aphrodite's position near Hippodameia suggests her role in joining the couple, as he appears on other vases with Pelops and Oenomaus (Triantis nos. 2, 8, and 9). The goddess' marginality in the upper right of the Naples vase balances Ares' in the lower left and alludes to their frequent association. This vase and the others from the fourth century very likely reflect the dramatic staging of the two major fifth-century *Oenomaus* tragedies by Sophocles and Euripides.

Sophocles' tragedy *Oenomaus* (fr. 473a R) and other versions gruesomely relate that Oenomaus nailed onto the front of his house the heads of suitors who lost to him in the chariot race.[27] Sophocles' version, produced before 414, probably inspired Accius' Latin version of *Oenomaus*, Accius underlines the king's cruelty and fear of death, first in a death threat to Pelops (Warmington, fr. 500) and then in Pelops' attempt to quell the king's fear of murder (Warmington, fr. 505-506).[28] But the evil king's deeds and sacrifices are in vain. Zeus

25. Triantis 1981, 7.1, 19-23 and 7.2, 18, nos. 5 and 6 = Lekythos, Ath. NM 595 (CC 968) about 500 B.C. and Naples Mus. Naz. H 2200 [*ARV*^{2} 1440] 380-370 B.C. See Triantis 1981, 7.2, nos. 7-10 and 12-13 for other fourth-century South Italian vases.

26. Attic Bell crater Naples, Mus. Naz. H2200; *ARV*^{2} 1440, 1; *Para* 492; *Add*^{2} 377; Painter of Oenomaus, 380-370 B.C. The odd placing of a statue of Artemis instead of Zeus in this representation is difficult to explain, but has no bearing on the present thesis.

27. Webster 1967, 115; Davidson 2003, 104-105.

28. Warmington 1967, 499.

nullifies his divine son's function by putting justice above belligerence. Ares is thwarted in supporting his mortal son, who is the loser and the one acting barbarically toward the suitors. Whatever mischief Pelops had perpetrated to win the race, audience sympathies are clearly against Oenomaus in the visual and Sophoclean versions of the Oenomaus-Pelops contest in the Classical period. Euripides's *Oenomaus* may have changed the emphasis, with more sympathy for the king enduring the chores of parenthood and old age, in short "an unhappy father who was outwitted by an unscrupulous Pelops".[29] We do not know when the Euripidean version was produced, but it may have come after that of Sophocles, offering a revisionist version of Sophocles' focus by attention to the father's inner turmoil and the daughter's Medea-or Phaedra-like anxiety before disaster.

Heraklean myths also recount the rivalry of Zeus and Ares as a battle between cosmic justice and barbaric fury. Zeus supports Heracles against Acheloös on one occasion and against Kyknos on another, while each of these opponents is in turn assisted by Ares. In the Megarian Treasury at Olympia, Pausanias describes the dedication of a set of cedar wood figurines inlaid with gold and showing Heracles' fight with Acheloös: Acheloös is aided by Ares, and Heracles by Athena with Zeus nearby (Paus. 6.19.12).[30] We can only speculate on why such figurines were dedicated here, but it was most likely because of the resonance with the Herakles and Zeus associations at the site. The use of Ares as an assistant to the bull-man Acheloös oddly has no parallel in other visual or literary sources, but for our purposes it is notable in characterizing Ares again as a patron of a brutish antagonist against Zeus' alliance with the favored hero. The Acheloös iconography may be borrowed from the Kyknos myth, to which we now turn in a brief digression from Olympic Ares proper in order to illustrate Ares' typical antagonism toward Zeus.

29. Webster 1967, 115.

30. Pausanias says that Zeus and Deianeira are next to Acheloös aided by Ares and Herakles previously with Athena standing nearby, though her figure had been moved in Pausanias' day. Levi 1971, 342 note 164, says "Zeus may have been not Zeus but Deianeira's father", though more important is the fact that the figure was reasonably seen as Zeus by Pausanias and others.

Ares and Kyknos

Ares supported Kyknos, his son by Pyrene, against Heracles, and in some versions the combat was ended by a thunderbolt (Apollod. 2.5.11; Hyg. *Fab.* 31). More famously in the Hesiodic *Aspis*, generally dated to the sixth century, Kyknos, helped by Ares, is slain by Herakles with the assistance of Apollo and Athena. But it is Zeus himself, in the end, who grants Herakles the *kratos* to kill Kyknos and even wound Ares.[31] The *Aspis* consistently displays a Zeus-Ares antithesis, focusing even more on the terrifying nature of the war god, particularly in the description of the war scenes on the Shield of Herakles. Ares is described with his horses accompanied by Deimos and Phobos. Phobos and Eris are in the center of the shield (144-53), with Flight, Pursuit and Fate, scattering and killing men round about (154-160). In the narrated dialogue, Herakles and his friend Iolaos both refuse to show fear in the face of "man-slaying Ares" (95-114). The Shield's ekphrasis also relates boxing, wrestling, hunting and chariot racing amidst the peaceful scenes of harvest and town life. This poem, most likely a product of the period between 590 and 570 B.C.,[32] reflects contemporary vase painting themes and the burgeoning interest in athletic festivals of the recently founded Pythia, Isthmia and Nemea. Richard Janko has suggested plausibly that the poem was originally written for performance at the festival of the Herakleia or the Iolaeia at Thebes, that city's major athletic festival. The one-on-one contest in the *Aspis* has clear parallels with the agon in the Olympia myth. As in the chariot race of Pelops, where Ares is father of the antagonist, so too in the cases of Kyknos and of Acheloös the war god supports the opponent of the hero Heracles. If the sixth century witnesses the rise of the myths of Herakles as a Panhellenic hero, it continues the Homeric portrayal of Ares as the agent of evil doing.

Ares in Pindar

As with Homer and Greek poetry generally, Pindar's odes often use Ares simply as a synonym for war or battle itself and its sad consequences of loss (e.g. I.4.15, I.5.48, I.7.25). Pindar also refers to Ares as a god who flourishes in the

31. Hes. *[Sc.]* 328-29; cf. Zeus' command to commence battle, 383-85.
32. Janko 1986, 38-59; West 1996, 700; Cook 1937.

cities of certain athletic victors; the mention is double-edged, implying that the citizens are both skilled in warfare and regularly beset by it. *Pythian* 2 of 470 or 460 B.C. opens by calling Syracuse, home of the victorious Hieron, "precinct of Ares plunged deep in war" (lines 1-2). Pindar sometimes extends Ares' domain to that of murder in general. So *Pythian* 11 (474 or 454 B.C.) narrates Orestes' murder of Clytemnestra and Aegisthus "with the help of Ares".[33] But the usual referent is inter-city war. Some cities steeped in Ares are also credited with a balancing enjoyment of poetry. So in Pindar *Olympian* 10, for a victory of a Locrian boy in 476 B.C., "bronze Ares" is invoked in line 15, alongside a Muse, as a god of concern to the Locrian natives, meaning here primarily "warfare" as a condition occupying them. But in the next lines (15-16) of this Ode, by alluding to Herakles' "battle with Kyknos", there is a conscious poetic link to Ares as ally of the monstrous adversary of the hero. Pindar *Ol.* 13, composed for a 464 victory of a Corinthian runner, similarly portrays an ominous "Ares with the destructive spears of young men" as a god who blooms alongside the sweet-breathed Muse" in the city of Corinth. Pindar *Pyth.* 1, for a victory in 470 B.C., tells of how the lyre can make even "violent Ares lay aside the sharp point of his spear and soften his heart with repose" (lines 10-12), a depiction emphasizing the destructive aspects of the god again in counterpoint to poetry. The character of Ares in Pindar is therefore mainly identified with the ruinous violence of warfare. In poems from the second quarter of the fifth century the god is at least ambivalent, at times ominous or threatening to cities, and consistently an unwelcome representative of destructive conflict detached from considerations of justice.

Ares in Drama

A little later in the fifth century, Aeschylus attests an almost obsessive inclusion of the god in his plays, "making drama full of Ares," according to the description in Aristophanes' *Frogs* (1021). In a papyrus fragment from an uncertain play of Aeschylus, Dike denounces and, presumably for the murder of Halir-

33. Aesch. *Ag.* 1510 says that in the house of Atreus "mighty Ares does violence [βιάζεται] in kindred streams of blood".

rhotius, puts on trial Ares, " the mad child whom Hera bore uniting with Zeus. Wild and difficult to govern, and in his mind there is no modesty".[34] But later, in the *Oresteia* of 458 BC, Aeschylus' Ares becomes a re-channeled divine force, working in conformity with the justice of Zeus to avenge Agamemnon's violence by making him victim to his own forceful passion. So in the *Agamemnon* the chorus speaks of the on-going cycle of the deaths from war that saddens the *polis*: "from many houses many men are slain/ by the two-lashed whip dear to the War god's hand, this turns/ disaster double bladed, bloodily made two" (*Ag.* 641-43, R. Lattimore, trans.). In the *Choephoroi*, Orestes in his fight with the murderers of Agamemnon says "Ares shall collide with Ares, Dike with Dike" (*Ch.* 461). But finally in the *Eumenides*, the violence subsides, and at the hill of Ares Athena and her citizens end the cycle of revenge by the justice of speeches, oaths, and peaceful adjudication. The chorus accepts the resolution for the city "that Zeus all-powerful and Ares rule, stronghold of divinities, glory of the Hellene gods, their guarded altar" (*Eum.* 918-20). In the words of one scholar, Aeschylus creates "for Ares a more noble and useful role" to serve better the *polis*.[35] We add that the god's role is still ambivalent in the *Oresteia*, and to be productive he must act in conjunction with Zeus. So the fifth-century literature, if Aeschylus' *Oresteia* can be seen as typical, shows the adaptation of Ares as a force of bad strife to one potentially productive for the polis.

Ares and Agon

Returning now to Olympia, the cult of Ares at this site also represents a more peacefully competitive force of the fiercely fought contest. Ares is depicted alongside Agon on the splendid chryselephantine prize table on which the crowns for winners were displayed, in the Temple of Hera at Olympia, a revealing juxtaposition that ties the god to the general notion of contest, combat, or struggle (Paus. 5.20.3).[36] According to Pausanias the prize table is attributed to

34. Oxy. P. Part XX, 1952, ll. 30ff. of fr. 9(a) of nr. 2256; Robertson 1953.

35. Higgins 1978, 35.

36. Mingazzini (1962) reconstructs Ares as a figure in a panel separate from Agon, but the Greek text of Pausanias does not suggest this: Agon is alongside Ares (Ἄρης καὶ Ἀγών παρ' αὐτόν), just as the other figure on that side of the object, Asklepios, is with his daughter, Hygieia.

Kolotes. There is no dispute about the artist (perhaps the object was inscribed), but Pausanias does note the controversy about whether the artist is from Herakleia in Elea, as the locals claim, or from Paros and a student of Pasiteles, in the opinion of "those who are seriously concerned with matters of sculpture." If Pausanias' experts are correct, the piece is likely a classicizing work from the first century B.C. But Pliny (*NH* 34.87 and 35.54) twice claims that Kolotes was a student of Pheidias, as the Elean location of most of his known works would suggest. In Pliny's view the work is to be dated to the fifth century BC.[37]

For the reasons Pliny gives, I am inclined to follow Lippold in dating the prize table to the fifth century B. C. The identification of Ares as a god akin to Agon as a source of productive competition reflects the Aeschylean portrayal of a god potentially useful for the city. Finally, regarding this association of Ares with *aethla*, we may compare the vase from the third quarter of the sixth century in which an armed and seated Ares is depicted with Athena and Hermes alongside Heracles as he fights the Nemean Lion.[38] Philippe Bruneau[39] observes in his survey of the visual evidence of Ares that depictions of the war god, like military themes generally, are most frequent in the sixth century, and decrease more and more in the second half of the fifth century. So the de-militarization of Ares on vases suggests that a fifth-century context is plausible for the god's association with Agon on the Olympic prize table.

But even if we follow Mingazzini (and Pausanias' sculptural connoisseurs) and date the Olympic prize table to the first century B.C., the piece remains important not only for identifying Ares' close relation to the Greek athletic agon, but also for the very prominent display of this reformed image of the god at the Olympics themselves. The Ares posed with Agon is far from the obnoxious and

The juxtaposition points up the gods' shared function as deities of competition. So it is likely that the table has two relief panels on this side, with two figures in each panel.

37. Lippold (1950) takes the Pausanias allusion as correct and dates the table to the fifth century. Mingazzini (1962) has questioned the dating and argues that the table seen by Pausanias dates to the first century B.C., but his reasoning is not, in my view, convincing. The fact that the stone judges' stand at Olympia, of Augustan date, is large enough to allow a table does not argue against a fifth-century B.C. date for the table. An Elean coin of A.D. 133 depicts the prize table (Olympia, Archeological Museum, M 876): some decoration is suggested but unfortunately no figures are evident because of the small scale of the object.

38. Bruneau 1984, 484.

39. Bruneau 1984, 492.

ineffectual warmonger of Homer's epic, the destructive agent in Pindar's odes, and the at-best ambivalent force in the *Oresteia*. The Greek god's image by at least the first century B.C. may well have been influenced by the rise of Roman hegemony and the promotion of the Romans' positive image of Mars. But the fact that a productive side of Ares was established in Greek art and literature already by the second half of the fifth century B.C. argues against seeing Ares' connections with civic athletics as a Roman-inspired construction.

Ares at the Olympic Hippodrome

Finally at Olympia, Pausanias recounts an altar of Ares Hippios appearing prominently near ones of Athena Hippia, Hera Hippia, Poseidon Hippios, and the Dioskouroi by the starting gate of the Olympic hippodrome (Paus. 5.15.6). Ares' presence is not difficult to explain if we recall his legendarily swift horses driven by Oenomaus against Poseidon's horse for Pelops in the aetiological contest, while Athena, Hera, and the Dioskouroi are connected with the powers of taming and controlling equine wildness.[40] This altar was also likely a fifth-century structure, set up with the original starting gates at that time. So Ares' inclusion in this Olympian grouping marks him as an owner of swift horses, a patron of charioteers, and a reminder of the Games' legendary origins.

Cults of Ares

A cult statue of Enyalios at Sparta is bound in chains, supposedly to keep the statue from deserting (Paus. 3.15.7). The practice reflects a general one among gods whose statues are bound, according to Matthew Gonzales' analysis, "to ensure their continued presence as protective deities".[41] Gonzales also notes that

40. In the region of Corinth, Athena was worshipped as Athena Chalinitis (the Inventor of the Bridle) and as Athena Hippia (the Rider), names relating to her association with the myth of Bellerophon and Pegasus (Gantz 1993, 85 and 314; Pind. *Ol.* 13.63-92). The name of Hippodameia, wife of Pelops and devotee of Hera at Elis and Olympia, means "tamer of horses" and may reflect an early function of Hera as one who yokes in marriage.

41. Gonzales 2005.

in two inscriptions from southern Asia Minor an oracle instructs the cities to set up a statue group depicting Ares bound before Hermes and Dike, so that "his violent and retributive energies would not harm the polis," and the cities could "focus Ares' potentially destructive energies outward by binding him to the land and subjecting him to Dike." In short, Ares' power is not so much diminished in Greek cult practice as positively channeled or focused to uses productive for the polis.

The Athenian ephebic oath to defend the fatherland, to obey laws and authorities, and to honor state cults, calls to witness eleven deities, among them Enyalios and Athena Areia. The oath was transmitted in its earliest source by a fourth century inscription from Acharnae, likely set up by the Priest of Ares and Athena Areia at Ares' sanctuary in Acharnae. Ares himself is not named in the inscription, though he is in the literary version of the oath in Pollux (8.105f). Peter Siewert[42] convincingly argues that the oath was in use at least since the classical period since clear allusions to the oath are present in fifth-century B.C. literature (notably of Thucydides, Aeschylus [*Persae* of 472] and Sophocles) and that archaic aspects of the oath point to a likely much earlier origin between the introduction of hoplite warfare in the mid-seventh century and the ascendancy of Peisistratus in the mid-sixth. Siewert observes that the list as it has come down reflects mostly deities obscure in the classical period and omits the major classical Olympian gods, apart from Athena Areia, who is absent in Pollux's version of the oath and is therefore considered by Siewert to be "a later intrusion," though this must remain speculative.[43] Siewert also states that "Enyalios is still distinct from Ares," but this is, in my view, not likely since the two names are used as a title of Ares or used interchangeably with him in the *Iliad* and *Aspis*.[44] I therefore accept the early origins of the oath mostly as Siewert argues, but with the modification that Ares/Enyalios was likely present among the gods called to witness. The appearance of the war god in an early hoplite oath indicates that Ares/Enyalios occupied a position of civic importance for defense of the Athenian polis since the sixth and possibly the seventh century B.C. In sum, the evidence from cult indicates that Ares' productive civic value had been in active rit-

42. Siewert 1977.
43. Siewert 1977, 109-110.
44. Gantz 1993, 80-81.

ual use including cult statues and oaths, since the fifth century, and possibly even earlier. The context of religious cults throughout Greece reinforces the indications that Ares had been seriously accepted also at the Olympic sanctuary by the fifth century.

Ares and the Visual Arts

In the visual arts, in inscriptions, and in literary texts, Ares more often appears in the company of other gods, and seldom by himself. Unlike Athena alone with Heracles or another hero, Dionysus with his mortal retinue, or Aphrodite with love-struck mortals, Ares is seldom alone apart from other gods. In the visual evidence, there are almost no certain representations of the god alone. Of course there are many coins with the god, all from the Hellenistic period to the Roman empire; sculpturally there are the fifth-century Athenian cult statue by Alcamenes, and the so-called Ludovisi Ares (c. 350-30, by Scopas or Lysippus; Bruneau, 1984). Ares' terrifying force seems to require the balance or the mitigating force of other gods in his narrative scenes. Again, the vases show him often paired with Aphrodite, naturally representing the universal polarities of passionate attraction and aversion, and frequently in the company of numerous Olympians, as if to show him as one of the canonical group with no outstanding presence. In the one Attic bell krater painting of the Pelops-Oenomaus race where Ares is depicted, (380-70 B.C; Triantis, 1981, no. 6), Ares is one of five Olympians present, and is particularly juxtaposed with Aphrodite. Indeed on this vase, Ares is near his son Oenomaus. Pausanias (5.18.5) describes on the chest of Cypselus (ca. 550 B.C.) "Ares clad in armor, leading Aphrodite, with the inscription 'Enyalios' by him." Neither Ares and nor any other god is shown at the chariot race of Pelops and Oenomaus on this same object, according to Pausanias (5.17.7). Nor do any scholars identify Ares as one of the figures in the east pediment of the mid-fifth-century Zeus Temple at Olympia.

What the visual record indicates is that Ares is mostly depicted either in the company of the conventional Olympian group, and revered mainly as one of them, or with Aphrodite in that famous association. Vases may show him with armor or weapons, but he is otherwise fairly undistinguished in iconography and context. He is not, as the early poetry might lead us to expect, visually picked out as despised, e.g. as a wild or grotesque figure delighting in bloodshed and the gore of battle, or as one vanquished in epic combat. But artistic convention, presumably out of reverence for the gods and the dictates of patronage, rarely depicts Olympians from a critical or questioning perspective as does, say, Euripidean drama. The noteworthy exceptions to this rule in Ares' case are the rare depictions of him patronizing the losing side, namely Kyknos (Boeotian vase, 425-400 B.C.; Ure) and Oenomaus (South Italian bell crater, 380-370 B.C.; Triantis no. 6). The latter case reflects the complex dramatic treatments of the myth by Sophocles and Euripides and gives a negative portrayal of Ares as a figure on the margins and benefactor of the loser.

Conclusions

There are a few tantalizing connections of Ares with the Olympics, and they point to a re-assessment of the god there that, to be understood, has to be seen in the context of Greek culture more broadly. Most notably, Ares is father of Oenomaus, famously the antagonist to the Pelops at the genesis of the Olympic Games. In this role Ares' function is similar to his patronage of Kyknos and Acheloös in opposition to Zeus and Heracles. Secondly, Ares is depicted alongside Agon on the Olympic prize table, an object of high prominence and cultural value during the games. Whether this is a fifth-century (as I believe) or first-century B.C. product, it is crucial evidence of the new focus on the civic productivity of the god; contests and combat are assimilated as activities in the service of the polis. Ares is less to be hated than to be honored. Ares' altar at the Olympic hippodrome reminds Olympic pilgrims of his role in the Ur-contest of Pelops.

Literary contexts of Ares reflect mostly an early antipathy to him in Homer, the Hesiodic *Aspis*, and Pindar, then a shift from destructiveness to his just rulership of the polis in cooperation with Zeus as described in Aeschylus's *Oresteia*. We can hypothesize that either Sophocles or Euripides or both dramatists alluded to Oenomaus' divine parentage, and that Sophocles's version in particular may have mentioned Ares as the paternal inspiration for the trophy-like display of the slaughtered unsuccessful suitors. Euripides' *Oenomaus*, if it mentioned Ares, would more likely have been uncritical or ambivalent to the king's divine parent since Oenomaus himself is shown sympathetically as tormented by the wily Pelops. In any case, both dramatists had by the late fifth century models for both a destructive and productive Ares, not least as presented by Aeschylus. This changing portrayal in literature coincides directly with the Ares of Olympia, first the patron of the antagonist Oenomaus, and later the partner of Agon in the games. In Greek cult generally, again we see that the god can be a force of ruin, but is symbolically (and sometimes literally) restrained to be used in service of the state, in cult rituals and most importantly in the Athenian ephebic oath, by the time of the fifth century or possibly even earlier.

In his direct connections with Olympia, Ares, normally a promoter of interstate warfare, was eventually metamorphosed into a deity of athletic contests. Battles importantly resemble sporting contests as *agones*. Neither was a no-holds-barred contest, but governed by *nomoi* and *nomima*. The association of Ares with athletics outside of Olympia is, to me, unknown. But at Olympia, the god plays two crucial roles, namely as a savage spoiler against whom the justice of Zeus must triumph, and secondly as a less vicious but still formidable divine spirit of violent physical competition.

Bibliography

Bocchetti, C. 1998, " M. L. Prieto, *Ares en Homero*", *CR* 48, 466.

Bruneau, P. 1984, "Ares", 479-492 in L. Kahil (ed.), *Lexicon Iconographicum Mythologiae Classicae* 2.1.

Cook, R. M. 1937, "The date of the Hesiodic Shield", *CQ* 31, 204-214.

Davidson, J. 2003, "Olympia and the chariot-race of Pelops", in D. J. Phillips and D. Pritchard (eds), *Sport and Festival in the Ancient Greek World*, Swansea, 101-122.

Farnell, L. R. 1909, "The Cults of Ares" in *ibid. The Cults of the Greek States*, Volume V, Oxford, 396-407.

Gantz, T. 1993, *Early Greek Myth, A Guide to Literary and Artistic Sources*, Vol. 1, Baltimore.

Gardiner, E. N. 1925, *Olympia: Its History and Remains.* Oxford (Reprint, Washington, D.C. 1973).

Gonzales, M. 2004, *Cults and Sanctuaries of Ares and Enyalios: A survey of the Literary, Epigraphic and Archaeological Evidence*, Ph.D. Thesis, University of California, Berkeley.

– 2005, "The Binding of Ares in Myth and Cult: A Re-assessment", abstract in *Abstracts of the American Philological Association 2005 Meeting* (American Philological Association online): http://www.apaclassics.org/AnnualMeeting/05mtg/abstracts/GONZALES.html

GRAF, F. 1985, "Ares, Enyo, Enyalios" in F. Graf, *Nordionische Kulte*, Vevey, Switzerland: Swiss Institute in Rome, 265-69.

- 1996, "Ares" in S. Hornblower and A. Spawforth (eds), *The Oxford Classical Dictionary* (Third edition) Oxford and New York, 152.

HIGGINS, W. E. 1978, "Double-Dealing Ares in the *Oresteia*", *CPh* 73, 24-35.

HOWIE, G. 1991, "Pindar's account of Pelops' contest with Oenomaus (with a translation of Olympian 1)", *Nikephoros* 4, 55-120.

JANKO, R. 1986, "The Shield of Heracles and the Legend of Cycnus" *CQ* N.S. 36.1, 38-59.

LEVI, P. 1971, *Pausanias Guide to Greece Vol. 2: Southern Greece*, New York.

LIPPOLD, G. 1950, *Die griechische Plastik*, (*HdArch* 5, 3, 1), München.

LORAUX, N. 1986, "Le corps vulnérable d'Ares", *TR* 7, 335-354.

MEZZADRI, B. 2002, "Arès: dieu niais, dieu nié", in G. Dorival et D. Pralon (éds), *Nier les dieux, nier Dieu. Études réunies. Actes du colloque organisé par le Centre Paul-Albert Février (UMR 6125) à la Maison méditerranéenne des sciences de l' homme les 1 et 2 avril 1999.* Aix-en-Provence, 29-36.

MINGAZZINI, P. 1962, "Il tavolo crisoelefantino di Kolotes ad Olimpia", *JDAI* 77, 293-305.

PIPILI, M. 1981 "Hippodameia", 434-440 in L. Kahil (ed.), *Lexicon Iconographicum Mythologiae Classicae* V.1; images in V.2. Zurich.

ROBERTSON, D. S. 1953, "Dike and Ares", *CR* 3.2, 79-80.

SCHACHTER, A. 1996, "Ares"in J. B. Metzler (Hg.), *Der Neue Pauly. Enzyklopädie der Antike.* Gesamtwerk, Vol. 1, Leiden: Brill, 1047-50.

SCHWENN, F. 1923-24, "Ares (Der Krieg in der griechischen Religion, Teil II)" *ARW* 22.3-4, 224-44

SIEWERT, P. 1977, "The Ephebic Oath of Fifth Century Athens" *JHS* 97, 102-111.

THALMANN, W. G. 2004, "'The Most Divinely Approved and Political Discord': Thinking about Conflict in the Developing Polis", *ClAnt* 23.2, 359-399.

TRIANTIS, I. 1981, "Oinomaos", vols. 7.1. 19-23 and 7.2. 17-18, *Lexicon Iconographicum Mythologiae Classicae*, Leiden: Brill.

URE, A. D. 1935, "Ares in Coronea", *JHS* 55.1, 79-80.

WARMINGTON, E. H. 1967, *Remains of Old Latin*, vol.2, Cambridge: Harvard University Press.

WEBSTER, T. B. L. 1967, *The Tragedies of Euripides*, London.

WEILER, I. 1974, *Der Agon im Mythos: Zur Einstellung der Griechen zum Wettkampf*, Darmstadt.

WEST, M. L. 1996, "Hesiod", in S. Hornblower and A. Spawforth (eds), *The Oxford Classical Dictionary*, New York, Oxford, 700 (3rd edition).

Summary

Though Ares is otherwise not associated with agonistic festivals in ancient Greece, he has an unusual and ambivalent presence at Olympia. The god was father of King Oenomaus of Pisa (Paus. 5.1.6) and he supplied his son with the horses with which he raced Pelops in a foundation myth of the Olympics (Hyginus 84.2; cf. Apollod. 2.5; Hellanikos *FGrH* 4 F19a). A krater of 380-370 shows Ares near to Oenomaus' chariot, with Pelops patronized by Poseidon (Naples Mus. Naz. H 2200 [*ARV*[2] 1440]), and Pelops is said to have sacrificed at the altar of Zeus Areios prior to the race (Paus. 5.14.6). Pindar's allusions to Ares emphasize his destructive character, as does the sixth-century Hesiodic poem, *Aspis*. Fragmentarily preserved tragedies entitled *Oenomaus* by Sophocles and Euripides dramatize the irony of Zeus who must impede his son Ares' patronage of Oenomaus, who in turn is overly protective of his daughter. Euripides' version may show greater sympathy to the old king treacherously betrayed. Ares could function productively for the polis, as he does in Aeschylus' Oresteia and (as Enyalios) in the Athenian ephebic oath. In any case, audiences at Olympia from the classical period onward will have seen Ares as a god to be reckoned with at the games. The table for Olympic prizes (fifth-century, or possibly first-century B. C.) has depicted on it Ares alongside Agon, "Contest," implicitly comparing the struggle in war to that in festival events. Ares Hippios has an altar at the starting gate of the Olympic hippodrome (Paus. 5.15.6), attesting to his continued association with chariot races at the site. Only at Olympia is Ares agonistic character extended to the festival contest, arising from the Oenomaus legend but also reflecting broader inter-state rivalry at the site.

Fig. 1: Attic red-figure Bell-Krater; Pelops and Hippodameia in chariot, while Oenomaus sacrifices at altar with column and image of Artemis; Ares with spears and shield in lower left; Myrtillus upper left; Poseidon and Athena center top; Zeus and Ganymede upper right. National Archaeological Museum, Naples, no. H 2200; c. 380-370 BC. Image from Pipili 1981, vol. V.2, Hippodameia, fig. I.10.

Οι δεκαέξι γυναίκες της Ήλιδας

Αριαδνη Γκαρτζιου-Ταττη

Ο Παυσανιας (5.16.2), κατά την περιγραφή του ναού της Ήρας στην Ολυμπία, αναφέρει ότι δεκαέξι γυναίκες υφαίνουν ανά τετραετία έναν πέπλο αφιερωμένο στην Ήρα και οργανώνουν τα Ηραία, εορτή που συνίσταται σε άμιλλα δρόμου μεταξύ των παρθένων στο ολυμπιακό στάδιο (*διὰ πέμπτου δὲ ὑφαίνουσιν ἔτους τῇ Ἥρᾳ πέπλον αἱ ἓξ καὶ δέκα γυναῖκες· αἱ δὲ αὐταὶ τιθέασι καὶ ἀγῶνα Ἡραῖα. ὁ δὲ ἀγών ἐστι ἅμιλλα δρόμου παρθένοις· οὔτι που πᾶσαι ἡλικίας τῆς αὐτῆς, ἀλλὰ πρῶτα μὲν αἱ νεώταται, μετὰ ταύτας δὲ αἱ τῇ ἡλικίᾳ*).[1]

Η παρουσία αυτή των δεκαέξι γυναικών της Ήλιδας τόσο στη λατρεία της θεάς όσο και στην ίδρυση και οργάνωση των αγώνων προς τιμήν της, έχει προκαλέσει αρκετή συζήτηση σχετικά με το ρόλο τους στις παραπάνω διαδικασίες. Παραμένουν, ωστόσο, αναπάντητα ερωτήματα σχετικά με τους λόγους και την εποχή ίδρυσης του Συμβουλίου των δεκαέξι γυναικών, που είναι επιφορτισμένο και με άλλες ακόμη αρμοδιότητες.

Ας δούμε όμως αναλυτικότερα πώς περιγράφεται το συγκεκριμένο Σώμα των γυναικών και πώς παρουσιάζεται σε τρεις *λόγους* του περιηγητή, που εμπεριέχουν πέντε αλληλοσυμπληρούμενες εκδοχές. Μία διεξοδική παρουσίαση της μαρτυρίας του Παυσανία θα ρίξει, ελπίζουμε, περισσότερο φως στα καθήκοντα του περίεργου αυτού Συμβουλίου στα πολιτικά και θρησκευτικά τεκταινόμενα της Ήλιδας.

Στον πρώτο λοιπόν *λόγο*, που μόλις αναφέραμε, ο Παυσανίας (που επισκέφθηκε την περιοχή της Ήλιδας και της Ολυμπίας γύρω στο 173 μ.Χ.)[2] έχοντας ως κύριο άξονα την περιγραφή του ναού[3] επεκτείνεται στη λατρεία της θεάς και

1. Κείμενο M. Casevitz 1999 (στο Casevitz, Pouilloux, Jacquemin 1999).

2. Jacquemin 2001.

3. Βλ. και Calame 1990, 233, 235, ο οποίος εξετάζοντας την ανθρωπολογική προσέγγιση του Παυσανία επισημαίνει τη χρήση του «*λέγεται*», ρήμα που αφορά σε πληροφορίες που προέρχονται από έμμεσες αναφορές. Η Pretzler (2005, 245 και σημ. 70) δέχεται ακόμη και την επίδραση από λογοτεχνικές πηγές.

στην περιγραφή του τελετουργικού των αγώνων των παρθένων που οργανώνονται από τις δεκαέξι γυναίκες. Στη συνέχεια, ο περιηγητής εμπλουτίζει την αφήγησή του με περισσότερες λεπτομέρειες. Ανατρέχοντας σε μία πρότερη μυθική εποχή *ἐς τὰ ἀρχαῖα*[4] διηγείται ότι ο αγώνας των παρθένων ανάγεται[5] στους αρχαίους χρόνους:[6] η Ιπποδάμεια από ευγνωμοσύνη προς την Ήρα για τους γάμους της με τον Πέλοπα συγκέντρωσε τις δεκαέξι γυναίκες και συνίδρυσε πρώτη τα Ηραία, όπου πρώτη νικήτρια ήταν η Χλώρις, κόρη του Αμφίονα (5.16.4: *ἐπανάγουσι δὲ καὶ τῶν παρθένων τὸν ἀγῶνα ἐς τὰ ἀρχαῖα, Ἱπποδάμειαν τῇ Ἥρᾳ τῶν γάμων τῶν Πέλοπος ἐκτίνουσαν χάριν τάς τε ἐκκαίδεκα ἀθροῖσαι γυναῖκας λέγοντες καὶ σὺν αὐταῖς διαθεῖναι πρώτην τὰ Ἡραῖα· μνημονεύουσι δὲ καὶ ὅτι Χλῶρις νικήσειεν Ἀμφίονος θυγάτηρ μόνη λειφθεῖσα τοῦ οἴκου*).

Ο Παυσανίας παραπέμπει κατά αυτόν τον τρόπο στο μυθολογικό παρελθόν της Πίσας, αφού η Ιπποδάμεια[7] ήταν κόρη του Οινομάου,[8] του βασιλιά της Πίσας που καθιέρωσε τους αγώνες προς ανάμνησιν των γάμων της με τον Πέλοπα.[9] Επί πλέον στο όλο σχήμα εμπλέκεται και η πρώτη νικήτρια των αγώνων που τελούνται στην Ολυμπία και έχουν μυητικό χαρακτήρα,[10] η Χλώρις, κόρη του Αμφίονα και ανιψιά του Πέλοπα.[11] Με άλλα λόγια η αφήγηση αυτή, όπου

4. Η χρήση του όρου *ἀρχαῖον* στον Παυσανία συνδέει το παρελθόν με το παρόν. Βλ. Bruit-Zaidman 2003.

5. Ενδεικτική είναι η χρήση ρηματικών τύπων όπως *ἐπανάγουσι, λέγοντες, μνημονεύουσι, φασί.*

6. Calame 1990, 235 κε.

7. Για την Ιπποδάμεια, βλ. Pipili 1990. Άγνωστο παραμένει αν οι πρώιμοι αγώνες στην Ολυμπία προς τιμήν της Ιπποδάμειας ανάγονται στη μυκηναϊκή εποχή και στη σχέση της με την Ήρα. Βλ. O' Brien 1993, 194· Scanlon 2002, 113 κε. Σε ό,τι αφορά στη λατρεία των γυναικών προς την Ιπποδάμεια (τάφος 6.21.9), η McCauley 1997-98, 234, θεωρεί ότι η μεταφορά των οστών της από τη Μιδέα (6.20.7) τοποθετείται γύρω στο 420 π.Χ., εποχή της συμμαχίας Ηλείων και Αργείων.

8. Για τους αγώνες διεκδίκησης της Ιπποδάμειας, πρβλ. Παυσ. 6.20.19, 6.21.6-11. Για τον Οινόμαο, βλ. Triantis 1994. Σχετικά με τον οίκο του Οινομάου (5.14.7) και τον κίονα (5.20.6-8), ο Brullote 1994, 64 υποστηρίζει ότι ο στύλος του σταδίου συνδέθηκε κατά την ελληνιστική εποχή με το οίκο του Οινομάου.

9. Για τον μύθο και τη λατρεία του Πέλοπα, βλ. Nagy 1986· Slater 1989· Howie 1991, Triantis 1994· Hansen 2000· Davidson 2003· Pache 2004, 84 κε.

10. Βλ. Serwint 1993· σχόλια της A. Jacquemin (= Casevitz 1999, 202)· της ίδιας 2001, 195 κε. και Scanlon 2002, ιδιαίτερα το κεφάλαιο 4: «Racing for Hera-A Girls' Contest at Olympia», 98-120, ο οποίος διακρίνει επίδραση της σπαρτιατικής αγωγής.

11. Βλ. Kaldis-Henderson 1979, 328 κε.· σχόλια της Jacquemin στο Παυσανίας 5.16 (= Casevitz 1999, 203)· Scanlon 2002, 110 κε., που αναφέρεται και στις σχέσεις Θηβών και Πίσας.

από την περιγραφή του ιερού, ο περιηγητής έχει εστιάσει το ενδιαφέρον του στην περιγραφή της λατρείας της θεάς, συνοδεύεται και από τα αίτια,[12] τους αιτιολογικούς δηλαδή ιδρυτικούς μύθους, που παραπέμπουν στο απώτατο παρελθόν της Πίσας.

Στην εποχή, ωστόσο, του Παυσανία, ο μύθος του Πέλοπα, που αντανακλά ίσως την κυριαρχία των Πισατών στους Ολυμπιακούς αγώνες,[13] εγγράφεται στο μυθολογικό και θρησκευτικό παρελθόν των Ηλείων όπως δείχνουν και οι μνείες του περιηγητή στη λατρεία του (5.8.2-13 και 5.13.1-3[14]). Φαίνεται επομένως ότι ο περιηγητής σκόπιμα παραλείπει τις μυθολογικές διαφορές μεταξύ Πίσας και Ήλιδας.

Τις δύο αυτές εκδοχές (την τελετουργική και τη μυθολογική) που αποτελούν μέρος του πρώτου *λόγου*, διαδέχεται ο δεύτερος *λόγος* που διηγείται ο Παυσανίας σχετικά με τις δεκαέξι γυναίκες (5.16.5: *Ἐς δὲ τὰς ἑκκαίδεκα γυναῖκας καὶ ἄλλον τοιόνδε λέγουσιν ἐπὶ τῷ προτέρῳ λόγον. Δαμοφῶντά φασι τυραννοῦντα ... οὕτως ἑκκαίδεκα οἰκουμένων τηνικαῦτα ἔτι ἐν τῇ Ἠλείᾳ πόλεων γυναῖκα ἀφ᾽ ἑκάστης εἵλοντο διαλύειν τὰ διάφορά σφισιν, ἥτις ἡλικίᾳ τε ἦν πρεβυτάτη καὶ ἀξιώματι καὶ δόξῃ τῶν γυναικῶν προεῖχεν. Αἱ πόλεις δὲ ἀφ᾽ ὧν τὰς γυναίκας εἵλοντο, ἦσαν Ἦλις <...>. Ἀπὸ τούτων μὲν αἱ γυναῖκες οὖσαι τῶν πόλεων Πισαίοις διαλλαγὰς πρὸς Ἠλείους ἐποίησαν*).

Η μετάβαση στους «ιστορικούς» χρόνους είναι πλέον εμφανής. Χρησιμοποιώντας ρηματικούς τύπους σε χρόνο αόριστο ο περιηγητής αναφέρεται στα γεγονότα που ακολούθησαν το θάνατο του τυράννου Δημοφώντα, ο οποίος προξένησε πολλές συμφορές στους Ηλείους. Μετά το θάνατό του, επειδή οι Πισάτες[15] δεν ήταν διατεθειμένοι να συμμετάσχουν στα *ἁμαρτήματα* του τυράννου

12. Calame 1990, 236 κε.

13. Βλ. Valavanis 2006, 137-52, ο οποίος υποστηρίζει ότι παρά το γεγονός ότι ο μύθος του Πέλοπα ήταν γνωστός από παλαιότερα, η ηρωική λατρεία του εισήχθηκε το πρώτο μισό του 7ου π.Χ. αιώνα και συνδέεται με την κυριαρχία των Πισατών. Για τους μύθους που αναφέρονται στην ίδρυση των αγώνων, βλ. Ulf 1997.

14. Βλ. και Davidson 2003, 113 κε. Στα χρόνια του Παυσανία ακόμη και οι μύθοι για τα οστά του Πέλοπα διαχέονται, αφού η ωμοπλάτη του βασιλιά της Πίσας (5.13.4) έπρεπε να δοθεί στους Ηλείους (5.13.6), ενώ τα οστά φυλλάσσονται σε κιβωτό σε περιοχή που παλαιότερα ανήκε στην Πίσα (6.22.1)· Βλ. Zografou 2005, 136 κε.

15. Για τα γεωγραφικά όρια της Πίσας, τα οποία στην εποχή του Παυσανία (6.22) χωρίζουν την Ηλεία από την Αρκαδία, βλ. Lafond and Olshausen 2000· Roy 2002a· του ίδιου 2004· Nafissi 2003, 29 κε.· Ruggeri 2004, 188 κε.

τους και επειδή οι Ηλείοι ήθελαν να σταματήσουν οι εις βάρος τους βιαιοπραγίες, επέλεξαν από κάθε μία από τις δεκαέξι πόλεις που κατοικούνταν ακόμη στην Ηλεία, μία γυναίκα, την πλέον ηλικιωμένη και την πλέον διακρινόμενη για το κύρος (*ἀξίωμα*) και την υπόληψη (*δόξα*) με σκοπό να επιλύσουν τις διαφορές τους.

Τα γεγονότα στα οποία αναφέρεται τώρα ο Παυσανίας τοποθετούνται στην εποχή του θανάτου του τυράννου Δημοφώντα (περί το 580 π.Χ.).[16] Η αξιοπιστία, όμως, των ιστορικών πληροφοριών του περιηγητή παραμένει αμφισβητήσιμη· είναι άγνωστο σε ποιόν βαθμό ήταν πραγματικές οι διαμάχες μεταξύ Ήλιδας και Πίσας,[17] οι οποίες ερίζουν κυρίως για την κατοχή του ιερού και των αγώνων. Το βέβαιο είναι, σύμφωνα με την παράδοση, ότι οι Πισάτες κυριάρχησαν από το 660 έως το 572 π.Χ., οπότε ηττώμενοι προσαρτήθηκαν στην Ήλιδα. Σύμφωνα πάντως με την εκδοχή του περιηγητή η έχθρα μεταξύ των δύο περιοχών έχει παγιωθεί από καιρό. Ο Παυσανίας, εξάλλου, τονίζει το τυραννικό καθεστώς των βασιλέων της Πίσας και τη δημοκρατική οργάνωση των δεκαέξι πόλεων των Ηλείων, από όπου εκλέγονται οι γυναίκες. Μία τέτοια εκλογή, που στηρίζεται στην ηλικία, το αξίωμα και τη φήμη των δεκαέξι γυναικών, αναδεικνύει γνωρίσματα που χαρακτηρίζουν τον κόσμο των ανδρών.

Δύσκολα επομένως μπορεί κανείς να συμπεράνει αν το Συμβούλιο αυτό, που δίνει ενεργό ρόλο στη γυναικεία συμμετοχή, συγκροτείται κατά μίμηση ενός ανδρικού σώματος όπως θα ταίριαζε στο ολιγαρχικό σύστημα των Ηλείων (Αριστοτέλη, *Πολιτικά* 5.6.1306a).[18] Είναι εξίσου δύσκολο να προσδιορισθεί με ακρίβεια ο χρόνος της πολιτικής οργάνωσης των Ηλείων σε δεκαέξι πόλεις.[19] Δεν γνωρίζουμε αν η ύπαρξη κάποιων πόλεων της Ηλείας μπορεί να αναχθεί σε εποχές πριν ή μετά τον συνοικισμό της Ήλιδας (γύρω στο 471 π.Χ.) ή πριν και από τη Συμμαχία που φέρεται να συνέβη γύρω στο 500 π.Χ.[20] Σε κάθε πε-

16. Για την εποχή της βασιλείας του Δημοφώντα (πρβλ. και Παυσανίας 6.22.3-4), βλ. Bultrighini 1990, 167· De Libero 1996, 220 κε.

17. Για τις μαρτυρίες περί πολέμου και διαφορών μεταξύ Πισατών και Ηλείων (για παράδειγμα, Έφορος *FrGrHist* 70 F 115, Ξενοφώντα, *Ἑλληνικά* 3.2.31, 7.4.28: *σύν Πισάταις τοῖς πρώτοις φάσκουσι προστῆναι τοῦ ἱεροῦ*, Στράβων 8.3.33, κ.λπ.), βλ. Ulf 1997· Nafissi 2003, 29 κε. Η Möller (2004) υποστηρίζει ότι η εθνική ταυτότητα των Πισατών διαμορφώθηκε από τον 4ο π.Χ. αιώνα και εξής.

18. Goff 2004, 190 κε.

19. Βλ. Roy 1999, 158 κε.· του ίδιου 2002b, 2004· Nafissi 2003, 40 κε.

20. Για την επιγραφή που αναφέρεται στη συμμαχία, βλ. Ebert and Siewert 1997.

ρίπτωση ο Παυσανίας τοποθετεί την ιστορία του μετά το 580 π.Χ., ενώ είναι εμφανής η ευνοϊκή του στάση προς τους Ηλείους.[21]

Από τη στιγμή πάντως που οι εκλεγμένες γυναίκες του Συμβουλίου αναλαμβάνουν το ρόλο τους, συμπληρώνουν τις πολιτικές τους αρμοδιότητες με την καθιέρωση ενός σύνθετου πλέγματος τελετουργιών. Ακολουθεί η ίδρυση των αγώνων, η ύφανση του πέπλου και η ίδρυση χορών τόσο προς τιμήν της Φυσκόας, που κατάγεται από την Ηλεία όσο και προς τιμήν της Ιπποδάμειας που συνδέεται με την Πίσα (5.16.6: *ὕστερον δὲ καὶ τὸν ἀγῶνα ἐπετράπησαν ὑπ᾽ αὐτῶν θεῖναι τὰ Ἡραῖα καὶ ὑφήνασθαι τῇ Ἥρᾳ τὸν πέπλον αἱ δὲ ἑκκαίδεκα γυναῖκες καὶ χοροὺς δύο ἱστᾶσι καὶ τὸν μὲν Φυσκόας τῶν χορῶν, τὸν δὲ Ἱπποδαμείας καλοῦσι*). Φαίνεται μάλιστα ότι υπάρχει μια χρονική απόσταση όπως δείχνει και το επίρρημα *ὕστερον*, όπου πιθανόν να δηλώνεται η διαδοχή των γεγονότων από την επιλογή των γυναικών και τη σύναψη της ειρήνης έως την τελευταία πράξη που παρατίθεται σε ιστορικό ενεστώτα, δηλαδή τους χορούς, που επιβεβαιώνουν την ειρήνη.

Εκτός λοιπόν από τους αθλητικούς αγώνες που θεωρούνται, σε γενικές γραμμές, ως η κατεξοχήν έκφανση της θεσμοθετημένης επίλυσης των εντάσεων, μία σειρά από πρόσθετες ενέργειες συνεπικουρούν στην ειρηνευτική διαδικασία. Αποκομίζει, μάλιστα, κανείς την αίσθηση ότι οι κοινές ιερουργίες στοχεύουν στο να προσδώσουν περισσότερη έμφαση στην προσπάθεια συνύπαρξης και συμφιλίωσης των αντιμαχόμενων πλευρών.

Η υφαντική των γυναικών, που στον πρώτο *λόγο* προτάσσεται της ίδρυσης των αγώνων και στον δεύτερο έπεται, είναι μια πράξη ιερουργίας που συνδέεται άμεσα με τη λατρεία της θεάς Ήρας,[22] το ιερό της οποίας οικοδομήθηκε γύρω στο 600 π.Χ. χρηματοδοτούμενο από τους κατοίκους του Σκιλλούντα, συμμάχους των Πισατών.[23] Το κτήριο, όμως, των υφαντριών βρίσκεται σύμφωνα με τη μαρτυρία του Παυσανία (6.24.10) στην αγορά της Ήλιδας.[24]

21. Βλ. Bultrighini 1990, 167 κε.· Η Möller 2004, 254 κε. θεωρεί ότι γίνεται αναφορά στο τυραννικό πολίτευμα των Πισατών.

22. Για την υφαντική προς τιμήν της Ήρας, βλ. Greco 1997· Scanlon 2002, 116 κε. Γνωστός είναι επίσης και ο πέπλος που αφιερώνεται στην Αθηνά κατά τη διάρκεια των Παναθηναίων και όπου σημαντικός είναι και ο ρόλος της ιέρειας της θεάς.

23. Για το Ηραίον, βλ. Arafat 1995· Αραπογιάννη 2002, 51 κε.· Valavanis 2004, 54 κε.

24. Δεν είναι, άλλωστε, χωρίς σημασία οι ετυμολογικοί συσχετισμοί του ρήματος *ἐνδύω* με το όνομα του μυθικού βασιλά της Ήλιδας, του Ενδυμίονα. Βλ. Scheid and Svenbro 1994, 22 και σημ. 29· Ulf 1997, 26 κε.

Η διαδικασία και το προϊόν της υφαντικής δραστηριότητας εκλαμβάνεται ως δραστηριότητα και των δύο αντιπάλων. Μπορεί στον πρώτο *λόγο* η υφαντική και ο γάμος να εμφανίζονται ως διακριτές ιερουργίες, οι αναλογίες, ωστόσο, μεταξύ γάμου και υφαντικής τέχνης, ως τεχνών της συμπλοκής,[25] τονίζονται από τον Πλάτωνα (*Πολιτικός* 311a): «έργο της βασιλικής τέχνης της συνύφανσης, να μην αφήνει ποτέ να χωρίζουν οι σώφρονες χαρακτήρες από τους ανδρείους, αλλά να τους υφαίνει μαζί με συμφωνία γνωμών... για να κάνει από αυτούς ένα ύφασμα ομαλό στην αφή και καλοϋφασμένο και να εμπιστεύεται σε αυτούς πάντοτε από κοινού τις αρχές στις πόλεις».

Στον δεύτερο *λόγο* η υφαντική εντάσσεται στο λογικό σχήμα της *διαλλαγῆς*, όπως αυτή εκφράζεται και στη *Λυσιστράτη* του Αριστοφάνη (411 π.Χ.) όπου η υφαντική εμφανίζεται ως το έμβλημα της πολιτικής συμφιλίωσης. Θυμίζουμε τα λόγια της Λυσιστράτης όταν τη ρωτάει ο Πρόβουλος (στ. 565-6) πώς θα ξεμπερδέψουν τα μπερδεμένα ζητήματα της πόλης και η Λυσιστράτη του απαντάει (στ. 567-570): «Σαν υφάδι, που σαν μπερδευτεί, εμείς το πιάνουμε και το γυρνάμε στο αδράχτι ...μια από δω και μια από κει... και τον πόλεμο αυτό εμείς θα ξεμπλέξουμε αν μας αφήσετε». Παίρνοντας την απάντηση ότι δεν είναι δυνατόν να ξεδιαλύνουν με υφάδι και αδράχτια το μεγάλο ανακάτωμα (στ. 571-2) η Λυσιστράτη αντιλέγει (στ. 574 κε.) υποστηρίζοντας ότι οι υποθέσεις της πολιτείας πρέπει να ξεμπλέκονται όπως τα μαλλιά. Δηλαδή πρώτα πρέπει να πλένονται για να φύγουν οι φαύλοι και όσοι επιθυμούν την εξουσία, ύστερα να ξαίνονται και να σμίγονται στο πανέρι.[26]

Διπλός είναι επομένως ο ρόλος της υφαντικής που συμπλέκει τόσο το γάμο όσο και την πολιτική, την Πίσα και την Ήλιδα, σημαίνοντας το τέλος των εχθροπραξιών.[27] Διπλοί είναι και οι χοροί που ιδρύουν οι δεκαέξι γυναίκες. Δεν γνωρίζουμε αν οι χοροί αυτοί ανταγωνίζονταν ο ένας τον άλλο, ωστόσο, σύμφωνα με τον Παυσανία, είναι αφιερωμένοι σε δύο διαφορετικά πρόσωπα. Ο ένας τελείται προς τιμήν της Ιπποδάμειας και παραπέμπει στους μύθους της Πίσας. Ο άλλος προς τιμήν της Φυσκόας που κατάγεται από την κοίλη Ήλιδα και συνδέ-

25. Scheid and Svenbro 1994, σημ. 21

26. Ο πολιτικός ρόλος της υφαντικής που «συνυφαίνει σε ένα ύφασμα ορθότατα όλα στην πόλη» τονίζεται και από τον Πλάτωνα (*Πολιτικός*, 305 e).

27. Scheid and Svenbro 1994, 25 κε.

εται με τον Διόνυσο,[28] αφού η Φυσκόα γέννησε μαζί του τον Ναρκαίο με τον οποίο και ίδρυσαν τη λατρεία θεού (5.16.7): *Φυσκόαν δὲ ἐκ Διονύσου τεκεῖν παῖδα Ναρκαῖον... Διονύσῳ τε τιμὰς λέγουσιν ὑπὸ Ναρκαίου καὶ Φυσκόας δοθῆναι πρώτων. Φυσκόας μὲν δὴ γέρα καὶ ἄλλα καὶ χορὸς ἐπώνυμος παρὰ τῶν ἑκκαίδεκα γυναικῶν.*

Έτσι, εκτός από την Ήρα, στην όλη σύνθεση προστίθεται και το περιβάλλον του Διονύσου, με τη λατρεία του οποίου συνδέεται και ένας αριθμός δεκαέξι ιερειών που έχουν επιδείξει ανάλογη πολιτική δραστηριότητα. Ενδεικτική είναι η μαρτυρία του Πλουτάρχου (*Γυναικῶν ἀρεταί* 251 Ε-252 C) που αναφέρεται στην εποχή του Αριστότιμου (272 π.Χ.) και στην παρουσία των δεκαέξι ιερειών του Διονύσου με ικετήριους κλάδους στην αγορά (*Χαλεπῶς δὲ τῶν Ἠλείων ἀπὸ τούτοις ἐχόντων αἱ περὶ τὸν Διόνυσον ἱεραὶ γυναῖκες, ἅς <τὰς> ἑκκαίδεκα καλοῦσιν, ἱκετηρίας καὶ στέμματα τῶν ἀπὸ θεοῦ λαβοῦσαι περὶ τὴν ἀγοράν...*).

Θα μπορούσε επομένως να εικάσει κανείς ότι ο αριθμός δεκαέξι του μελών του Συμβουλίου των γυναικών έλκει την καταγωγή του από το περιβάλλον του Διονύσου,[29] ο οποίος πολύ συχνά συνοδεύεται από έναν ικανό αριθμό γυναικών[30] και μάλιστα εκλεγμένων, όπως φαίνεται και από την εκλογή εννέα ανδρών και ισάριθμων γυναικών στη λατρεία του Διονύσου Αισυμνήτη στην Αχαΐα (Παυσ. 7. 20. 1).

Ωστόσο, ο Παυσανίας συνδέει την καταγωγή του Συμβουλίου με την οργάνωση κατά πόλεις ή κατά φυλές, ενώ ακόμη και οι χοροί, χοροί μυητικοί των νεαρών παρθένων προς τιμήν της Ιπποδάμειας και διονυσιακοί χοροί προς τιμήν της Φυσκόας, δεν ταυτίζονται απόλυτα μεταξύ τους. Οπωσδήποτε όμως οι δύο χοροί συνδέουν όχι μόνον γεωγραφικά την Πίσα και την Ήλιδα αλλά και λατρευτικά μέσω της παρουσίας της Ήρας και του Διονύσου και πολιτισμικά αφού η Ιπποδάμεια συνδέεται με ιππικούς αγώνες και η Φυσκόα με την καλλιέργεια του οίνου.[31]

28. Βλ. Calame 1977, 211 κε.· του ίδιου 1990, 152· Scanlon 2001, 211· του ίδιου 2002, 118. Για την παρουσία του Διονύσου στην Ήλιδα (πρβλ. και Παυσανία 6.26.1-2), βλ. Scanlon 2001, ιδ. 211 κε.· Pochmarski 2002, 74 κε.

29. Βλ. Wenniger 1883· Detienne 1986 (ελλην. μετ. 1993, 99 κε.)· Jacquemin 2001, 196· Scanlon 2002, 117 κε.· Jaccottet 2003, 103 κε.

30. Βλ. για παράδειγμα τις 14 γεραρές στη Αθήνα (πβλ. Ησύχιος λ. *γεραραί*) τις 11 Διονυσιάδες στη Σπάρτη (Ησύχιος λ. *Διονυσιάδες*), κ.λπ.

31. Για τη σύνδεση, βλ. Calame 1990, 238, 244· Jacquemin 2001, 196.

Είναι πάντως προφανές ότι με την εκδοχή αυτή έχουμε σύμπλεξη μίας ιστορικής αναφοράς που παραπέμπει στην πολιτική καταγωγή του Συμβουλίου και τριών τελετουργιών (Ηραία, πέπλος, χοροί), οι οποίες ακολουθούν χρονολογικά και επισφραγίζουν την ομόνοια μεταξύ των δύο άλλοτε εχθρικών πόλεων.

Τέλος, με ιστορικό ενεστώτα αποδίδεται από τον Παυσανία η προσήλωση των Ηλείων σε όλες αυτές τις πρακτικές, που τελούνται επί μακρόν. Στην εποχή των οκτώ φυλών αναφέρει ο Παυσανίας, όταν οι πόλεις έχουν καταλυθεί, οι Ηλείοι διαλέγουν δύο γυναίκες από κάθε μία. Τα καθήκοντα που ανατίθενται είτε στις δεκαέξι γυναίκες είτε στους Ελλανοδίκες δεν τα εκτελούν προτού γίνουν καθαρμοί με χοίρους και με νερό στην πηγή Πιέρα (5.16.8: *Φυλάσσουσι δὲ οὐδὲν ἧσσον Ἠλεῖοι καὶ τἄλλα <...> καταλυθεισῶν ὅμως τῶν πόλεων· νενεμημένοι γὰρ ἐς ὀκτὼ φυλὰς ἀφ' ἑκάστης αἱροῦνται γυναῖκας δύο. Ὁποῖα δὲ ἢ ταῖς ἑκκαίδεκα γυναιξὶν ἢ τοῖς ἑλλανοδικοῦσιν Ἠλείων καθέστηκεν, οὐ πρότερον δρῶσι πρὶν ἢ χοίρῳ τε ἐπιτηδείῳ πρὸς καθαρμὸν καὶ ὕδατι ἀποκαθήρωνται. Γίγνεται δὲ σφίσιν ἐπὶ κρήνῃ Πιέρᾳ τὰ καθάρσια. Ἐκ δὲ Ὀλυμπίας τὴν πεδιάδα ἐς Ἦλιν ἐρχομένῳ πρὸς τὴν πηγὴν ἀφικέσθαι τὴν Πιέραν ἔστι*).

Στον τελευταίο *λόγο* του περιηγητή τα πράγματα περιπλέκονται ακόμη περισσότερο. Εδώ την πρωτοβουλία έχουν οι Ηλείοι, η οργάνωση έχει αλλάξει, ενώ οι γυναίκες όπως και οι Ελλανοδίκες ασχολούνται με θέματα πολιτικά, τα οποία επισημοποιούν με καθαρμούς στο μέσον της απόστασης μεταξύ της Ολυμπίας και της Ήλιδας.

Ο συσχετισμός των γυναικών με τους Ελλανοδίκες που κληρώνονται από τους Ηλείους (5.9.5-6) φαίνεται μάλλον περίεργος. Οι Ελλανοδίκες, αξίωμα ανδρικό που εμφανίζεται για πρώτη φορά στον τρίτο *Ὀλυμπιόνικο* του Πινδάρου (3.12) και σε επιγραφές από την Ολυμπία της ίδιας εποχής[32] (και παλαιότερα ήταν γνωστοί με το όνομα *διαιτητῆρες*[33]) δεν φαίνεται να σχετίζονται με κάποιο ανάλογο γυναικείο σώμα.[34] Η σύνδεση των δύο συμβουλίων, που το καθένα έχει το δικό του οικοδόμημα στην Ήλιδα[35] τονίζεται ακόμη περισσότερο

32. Για το θεσμό των Ελλανοδικών, βλ. Nafissi 2003, 35 κε.· Crowther 2003b, 65 κε. (=2004, 57 κε.)· Ruggeri 2004, 48 κε.

33. Βλ. Ebert and Siewert 1997.

34. Αν και παραμένει σκοτεινό το περιεχόμενο της επιγραφής που αναφέρεται στους διαιτητήρες, είναι περίεργη η φράση όπου γίνεται αναφορά στις γυναίκες που δεν μπορούν να πάρουν μέρος στη συμμαχία όπως και οι άνδρες (στ. 4-5: *οὔτ' ἄνδρα Fαλεῖον καὶ τᾶς συμ<α>χίας/ οὔτε γυναῖκα*...). Πρβλ. Ebert and Siewert 1997, 205.

35. Για το κτήριο των Ελλανοδικών, πρβλ. Παυσανίας 6.24.2-3.

με τους κοινούς καθαρμούς. Αλλά εδώ λανθάνει και πάλι ένα διπλό σχήμα. Από τη μια πλευρά οι καθαρμοί ανήκουν στο γυναικείο και μάλιστα στο λατρευτικό υπόβαθρο της Ήρας, όπως προκύπτει και από τη μαρτυρία του Βακχυλίδη όπου έχουμε καθαρμούς και ίδρυση χορών προς τιμήν της θεάς (*Ἐπίνικος* 11, στ. 110-112): *ταὶ δ' αὐτίκα οἱ τέμενος βωμόν τε τεῦχον, / χραῖνόν τέ μιν αἵματι μή-/λων καὶ χοροῖς ἵσταν γυναικῶν*).[36] Από την άλλη, οι καθαρμοί έχουν καθαρά δημόσιο χαρακτήρα, αφού αποτελούν μέρος της πολιτικής διαδικασίας, όπως φαίνεται και από τον Σχολιαστή του Αισχίνη, που αναφέρεται σε καθαρμούς στην Εκκλησία και τα θέατρα με μικρούς χοίρους.[37] Γενικά συνιστούν εκδήλωση της πολιτικής συνοχής.

Στην τελευταία, επομένως, εκδοχή του Παυσανία, το Συμβούλιο, για τα καθήκοντα του οποίου δεν γίνεται πλέον καμία μνεία, έχει κερδίσει την κοινή αναγνώριση. Η χρονική ωστόσο, στιγμή δημιουργεί νέα ερωτηματικά. Ο Παυσανίας αναφέρεται στην εποχή των οκτώ φυλών, όπου έχουν καταλυθεί οι παλαιές δεκαέξι πόλεις και εκλέγονται δύο γυναίκες από κάθε φυλή όπως και οι Ελλανοδίκες. Ο ίδιος ο περιηγητής μιλώντας αλλού για τους Ελλανοδίκες τονίζει ότι στην Ολυμπιάδα του 368 π.Χ. οι Ηλείοι ήταν χωρισμένοι σε δώδεκα φυλές, στη συνέχεια το 364 π.Χ. σε οκτώ φυλές[38] και ότι επανήλθαν στον αριθμό δέκα το 348 π.Χ..[39] Αν η μαρτυρία αυτή του Παυσανία έχει ερείσματα αξιοπιστίας, τότε φαίνεται ότι η εκλογή του συμβουλίου των γυναικών μπορεί να τοποθετηθεί γύρω στο 364 π.Χ., οπότε και η πολιτική κατάσταση στην Ηλεία ήταν ιδιόμορφη: την εποχή αυτή κυριαρχεί στους αγώνες η Πίσα (από το 365 έως το 362 π.Χ.).[40] Είναι οι Πισάτες που στέλνουν σπονδοφόρους για την ιερή εκεχειρία και κρατούν τον παραδοσιακό τίτλο και ρόλο των Ελλανοδικών. Οι Ηλείοι αποκαλούν τους αγώνες που οργανώνουν οι Πισάτες «ανολυμπιάδες» και δεν τις καταγρά-

36. Για καθαρμούς από τις ιέρειες της Ήρας στο Άργος, βλ. Παυσανίας 2.17.1.

37. Αισχίνη 1.23 (*κατὰ Τιμάρχου*) ... *ἔθος δὲ ἦν καθαίρειν τὴν ἐκκλησίαν καὶ τὰ θέατρα μικροῖς χοιριδίοις, ἅ καθάρσια ἐκάλουν.*

38. Για διεξοδική ανάλυση του χωρίου του Παυσανία, πρβλ. Nafissi 2003, 35 κε., Ruggeri 2004, 35 κε.

39. Βλ. Nafissi 2003, 35 κε.· Ruggeri 2004, 48 κε. Ωστόσο, οι μαρτυρίες του Ελλάνικου (*FGrHist* 4 F 113) που αναφέρεται σε αριθμό αρχικά δύο και στη συνέχεια δέκα Ελλανοδικών και του Αριστόδημου κατά τον 4ο π. Χ. αιώνα (*FGrHist* 414 F 2a//b) ανάγουν τα γεγονότα σε εποχή προγενέστερη της 103ης Ολυμπιάδας (368 π.Χ.). Βλ. Jones 1987, 144 κε.· Nafissi 2003, 35· Ruggeri 2004, 49.

40. Βλ. Ruggeri 2004, 54 κε.

φουν στους καταλόγους των Ολυμπιάδων (Παυσ. 6.22.3).[41] Αν στο σχήμα αυτό προσθέσουμε και την παράδοση που θέλει και τους Πισάτες οργανωμένους σε οκτώ φυλές,[42] τότε ο *λόγος* του Παυσανία υποκρύπτει πολλαπλούς συμβολισμούς. Αξίζει να σημειωθεί ότι την ίδια εποχή, που συμπίπτει με τον πόλεμο εναντίον των Αρκάδων, η παράδοση θέλει τους Ηλείους να έχουν σωθεί από κάποια γυναίκα, που έθεσε στην υπηρεσία τους τη βοήθεια του μικρού Σωσίπολι.[43]

Η σύντομη αυτή ανάγνωση της περιγραφής του Παυσανία, του οποίου αγνοούμε τις πηγές,[44] που αναφέρεται στην ίδρυση των αγώνων, στη συμμετοχή της Ιπποδάμειας, στην ύφανση του πέπλου, στην καθιέρωση των χορών καθώς και στις αναλογίες του Συμβουλίου των γυναικών με τους Ελλανοδίκες έδωσε νομίζω μια ιδέα για τον σύνθετο χαρακτήρα μιας διήγησης που οριοθετείται στον χρόνο και τον χώρο τόσο της Ήλιδας όσο και της Πισάτιδας και καλύπτει δεδομένα λατρευτικά, ιστορικά, μυθολογικά και πολιτικά. Πρόκειται για μια τριμερή αφήγηση, όπου στην πρώτη δίδεται το μυθολογικό αίτιο της ίδρυσης των αγώνων. Εδώ προβάλλεται το μυθολογικό υπόβαθρο της Πίσας, οι γυναίκες της οποίας ελέγχουν το τελετουργικό ιδρύοντας τα Ηραία. Στη δεύτερη δίδεται η ιστορική εκδοχή της κυριαρχίας των Ηλείων, τονίζεται η από κοινού με τους Πισάτες απόφαση για ειρήνη, η οποία εναποτίθεται στο εκλεγμένο από τις δεκαέξι πόλεις Συμβούλιο των δεκαέξι γυναικών, το οποίο αναλαμβάνει επίσης την ύφανση του πέπλου της θεάς και την ίδρυση δύο χορών. Τέλος, στον τελευταίο *λόγο* το Συμβούλιο, εκλεγμένο από τις οκτώ φυλές, έχει αναλάβει ρόλο, ανάλογο με αυτόν των Ελλανοδικών. Το σώμα εδρεύει στην Ήλιδα σε μια εποχή που έλεγχαν το ιερό οι Πισάτες.

Στις «ιστορικές» αναγωγές του Παυσανία, που καλύπτουν ένα μεγάλο χρονικό εύρος από τη μυθική εποχή της Ιπποδάμειας, την ιστορική του Δημοφώντα (580 π.Χ) έως την κυριαρχία των Πισατών (365 π.Χ.), λανθάνει ένα συμβολικό σχήμα που καλύπτει όλους τους δυνατούς τρόπους συμφιλίωσης: αγώνες, γά-

41. Shaw 2003, appendix 1.

42. Πρβλ. Στράβων 8.3.31 C 356 (ή σε οκτώ φυλές ή η Πίσα μία από τις οκτώ). Βλ. και Roy 2002a, 73-116· Nafissi 2003, 28 κε. Ο Παπαχατζής 1991, 281 σημ. 5 σημειώνει ότι οι γυναίκες προέρχονται από τις οκτώ φυλές των Ηλείων και τις οκτώ των Πισατών.

43. Ο Σωσίπολις λατρεύεται στην Ήλιδα (Παυσανίας 6.25.4) αλλά και στην Ολυμπία (6.20.2-5). Βλ. Kaldis-Henderson 1979, 128 κε.· Scanlon 2002, 117. Για τις υπόλοιπες γυναικείες τελετές στην Ήλιδα, βλ. Jacquemin 2001, 192 κε.

44. Στον Αρίσταρχο αναφέρεται ο Calame 1990, 240 σημ. 247. Την επίδραση από λόγιες μαρτυρίες αλλά και την τοπική γραπτή ή προφορική παράδοση δέχεται η Pretzler 2005.

μος, υφαντική, καθαρμοί και κυρίως συνθήκες ειρήνης εξομαλύνουν τις διαφορές, ενώ μυθολογικά και λατρευτικά στοιχεία λειαίνουν τις διαμάχες μεταξύ των δύο πόλεων.

Παρά τις αποκλίσεις στους εκφραστικούς τρόπους[45] και το περιεχόμενο των πολλαπλών αυτών εκδοχών, σταθερή και αναλλοίωτη συνιστώσα παραμένει το Συμβούλιο των δεκαέξι γυναικών, που έχει το μοναδικό προνόμιο να συνάπτει συνθήκες ειρήνης, ένα συμβούλιο αρκετά ισχυρό, αφού ο περιηγητής το θεωρεί εφάμιλλο των Ελλανοδικών.

Η εξάρχουσα αυτή θέση του Συμβουλίου των γυναικών είναι σπάνια στις αρχαίες ελληνικές κοινωνίες, όπου ελάχιστα είναι τα παραδείγματα των γυναικών που εμπλέκονται σε ειρηνευτικές διαδικασίες και επιλύουν τις διαφορές των ανδρών.[46] Όπου, μάλιστα, απαντάται κάτι ανάλογο, όπως η Αρήτη στη Φαιακία (*Όδύσσεια* η 74), η Ιοκάστη στις *Φοίνισσες* του Ευριπίδη (στ. 452 κε., 531 κε.), η Λυσιστράτη στην ομώνυμη κωμωδία του Αριστοφάνη (στ. 567-86) και η Αντιγόνη στον *Οἰδίποδα ἐπὶ Κολωνῷ* του Σοφοκλή (στ. 1769-72) πρόκειται για καθαρά μυθολογικές αναφορές, που δύσκολα μπορούν να αναχθούν σε ιστορικές πρακτικές.[47]

Από τη μελέτη και των τριών λόγων προκύπτει ότι ο Παυσανίας δεν επικεντρώνεται στις διαφορές μεταξύ των δύο λαών, αλλά στους μύθους που αναφέρονται στη συμφιλίωσή τους αποδίδοντας πρωτεύοντα ρόλο στη γυναικεία παρουσία. Οι μύθοι αυτοί διαφοροποιούνται αισθητά από τους γνωστούς στις υπόλοιπες ελληνικές πόλεις μύθους περί θυσιών των νεαρών παρθένων για τη σωτηρία της πατρίδας τους.[48] Παρέχοντας την πρωτοκαθεδρία σε ένα γυναικείο σώμα που συνδυάζει λατρευτικά και πολιτικά καθήκοντα,[49] οι Ηλείοι διαμορφώνουν ένα πλαίσιο που ξεπερνά κατά πολύ τον ανδρικό χώρο, αφού η διαιτητική ικανότητα του Συμβουλίου υπερβαίνει τη συνήθη πρακτική να καλούνται άνδρες από άλλη πόλη. Το γεγονός ότι οι γυναίκες εκπροσωπούν έναν διαφο-

45. Calame 1990, 237.

46. Πρβλ. Piccirilli 1973, αρ. 5 (σελ. 22-25) που σημειώνει ότι η διαιτησία των γυναικών παραμένει ένα άλυτο πρόβλημα. Τα δύο άλλα παραδείγματα που αναφέρει σχετίζονται με άνδρες. Πρβλ. Παυσανία 6.15.2 (ο Ηλείος Παντάρκης που έκανε ειρήνη με του Αχαιούς) και 6.16.8 (ο Πύτταλος που διευθέτησε κάποια διένεξη με τους Αρκάδες).

47. Το μόνο ανεκδοτολογικού χαρακτήρα παράδειγμα είναι αυτό των γυναικών των Κελτών (Πλουτάρχου, *Γυναικῶν ἀρεταί* 246). Βλ. και Goff 2004, 192 σημ. 93.

48. Για τη θυσία των παρθένων, βλ. Goff, 2004, 193 κε.· Sebillote Cuchet 2004, 137-61.

49. Goff 2004, 190 κε.

ρετικό κόσμο συντελεί και αιτιολογεί ενδεχομένως την μεσολαβητική τους ικανότητα.[50] Οι γυναίκες ως μεσολαβήτριες συνιστούν επίσης πρόσωπα άτρωτα στην αντεκδίκηση.

Η περιγραφή επομένως του Παυσανία δεν συνιστά άμεση αντανάκλαση ιστορικών γεγονότων αλλά ένα καθαρά μυθολογικό κατασκεύασμα, που εστιάζει στον καθοριστικό ρόλο των γυναικών στην ανεύρεση ενός κοινού σημείου μεταξύ των δύο αντιπάλων πόλων. Πρόκειται για έναν ιδρυτικό μύθο[51] που καλύπτει και τις δύο αντιμαχόμενες εθνότητες, οι οποίες συναντώνται τελικά στην πηγή Πιέρα για την επικύρωση των συνθηκών.[52]

Είναι προφανές ότι ο περιηγητής καταφεύγει σε ένα αφηγηματικό τέχνασμα που εκφράζει τη βαθύτατη αγωνία και επιθυμία για ανεύρεση μίας κοινά αποδεκτής λύσης. Με άλλα λόγια απέναντι στις ιστορικές διαφορές που χωρίζουν τους δύο λαούς, οι μύθοι και οι τελετουργίες εξομαλύνουν την πόλωση. Η Ήλις και η Πίσα μετατρέπουν τις αντιθέσεις τους σε ισχυρούς δεσμούς. Αποδίδουν μάλιστα τον ειρηνευτικό ρόλο σε ένα σώμα γυναικών που κατάγεται από την Ήλιδα και εκλέγεται αριστίνδην.

Ευχαριστιες

Ευχαριστίες οφείλονται στους καθηγητές κκ. Πάνο Βαλαβάνη και James Roy που πρόθυμα συζήτησαν μαζί μου πολλά από τα σημεία της εργασίας.

Βιβλιογραφια

Arafat, K. W. 1995, "Pausanias and the Temple of Hera at Olympia", *BSA* 90, 461-73.

Αραπογιαννη, Ξ. 2002, *Ολυμπία. Η κοιτίδα των Ολυμπιακών αγώνων*, Αθήνα.

Bruit-Zaidman, L. 2003, "La notion «d'archaion» dans la «Périègese» de Pausanias", στο G. Lachenaud, D. Longrée (éds), *Grecs et Romains aux prises avec l'histoire. Représenation, récit, idéologie*, v. I, Rennes, 21-30.

50. Jacquemin 2001, 194.

51. Πρβλ. Nafissi 2003, 36 που υποστηρίζει ότι το συμβούλιο δεν είναι ένα ιστορικό γεγονός αλλά ένας ιδρυτικός μύθος προς ανάμνησιν της συμφιλίωσης του 363/2, και ότι ο Παυσανίας του δίνει αρχαϊκά χαρακτηριστικά.

52. Θυμίζει την Πέτρα (Παυσανίας 6.24.6), δήμο της Ηλείας κατά την αρχαία εποχή, βλ. σχόλια Jaquemin 2001. Μάλιστα η Πέτρα είναι η χώρα του πρώτου συνοικισμού, βλ. Roy 1999, 151-76.

BRULOTTE, E. L. 1994, "The Pillar of Oinomaos and the Location of the Stadium I at Olympia", *AJA* 98, 53-64.

BULTRIGHINI, U. 1990, *Pausania e le tradizioni democratiche (Argo e Elide)*, Padua.

CALAME, CL. 1977, *Les choeurs de jeunes filles en Grèce archaïque I: Morphologie, fonction religieuse et sociale,* Rome.

- 1990, "Pausanias le périégète en ethnographe ou comment décrire un culte grec", στο J.-M. Adam, M.-J. Borel, C. Calame, M. Kilani (éds.), *Le discours anthropologique*, Paris, 227-250.

CASEVITZ, M., POUILLOUX, J., JACQUEMIN, A. 1999, *Pausanias Description de la Grèce, Livre V, L'Élide (I),* texte établi par Michel Casevitz, traduit par Jean Pouilloux, commenté par Anne Jacquemin, Paris.

CROWTHER, N. B. 2003a, "Power and Politics at the Ancient Olympics: Pisa and the Games of 364 B.C.", *Stadion* 29, 1-10.

- 2003b, "Elis and Olympia: City, Sanctuary and Politics", στο D. Phillips and D. Pritchard (eds), *Sport and Festival in the Ancient Greek World*, Swansea, 61-73 (= Crowther 2004, 53-64).

- 2004, *Athletika, Studies on the Olympic Games and Greek Athletics, Nikephoros, Beihefte* (Band 11).

DAVIDSON, J. 2003, "Olympia and the Chariot-Race of Pelops" στο D. Phillips and D. Pritchard (eds), *Sport and Festival in the Ancient Greek World*, Swansea, 101-122.

De LIBERO, L. 1996, *Die Archaische Tyrannis*, Stuttgart.

DETIENNE, M. 1986, *Dionysos à ciel ouvert,* Paris (ελλην. μετ. Κ. Κουρεμένος, *Ο Διόνυσος κάτω από τ' αστέρια*, Αθήνα 1993).

EBERT, J. and SIEWERT, P. 1997, "Eine archaische Bronzeurkunde aus Olympia mit Vorschriften für Ringkämpfer und Kampfrichter", στο J. Eber (et al) (Hrsg), *Agonismata. Kleine philologische Schriften zur Literatur. Geschichte und Kultur der Antike*, Stuttgart, Leipsig, 200-36.

GOFF, B. 2004, *Citizen Bacchae. Women's Ritual Practice in Ancient Greece*, Berkley, Los Angeles, London.

GRECO, E. 1997, "Des étoffes pour Hèra", στο J. De La Genière (éd.), *Hèra, Images, espaces et cultes*, Naples, 185-97.

HANSEN, W. 2000, "The Winning of Hippodamia", *TAPhA* 130, 19-40.

HOWIE, G. 1991, "Pindar's Account of Pelops' Contest with Oenomaus (with a translation of Olympian 1)", *Nikephoros* 4, 55-120.

JACCOTTET, A.-FR. 2003, *Choisir Dionysos. Les associations Dionysiaques ou la face cachée du dionysisme,* I texte, Akanthus.

JACQUEMIN, A. 2001, "Pausanias, témoin de la religion grecque dans le sanctuaire d'Olympie" στο A. Pasquier (dir.), *Olympie. Cycle de huit conférences organisés au musée de Louvre par le service culturel du 18 Janvier au 15 Mars 1999*, Paris, 181-207.

JONES, N. F. 1987, *Public Organisation in Ancient Greece: A Documentary Study*, Philadelphia.

KALDIS-HENDERSON, N. 1979, *A Study of Women in Ancient Elis*, University of Minnesota (Diss.).

LAFOND, Y. and OLSHAUSEN, E. 2000, s.v. "Pisatis, Pisa", *Der neue Pauly* 9, 1040-41.

Mc CAULEY, B. 1997-98, "The Transfer of Hippodameia's Bones: A Historical Context", *CJ* 93, 225-39.

MEIER, A. 1998, s.v. «Hellanodikai», *Der neue Pauly*, 5, 296-297.

MÖLLER, A. 2004, "Elis, Olympia und das 580 v. Chr. Zur Frage der Eroberung der Pisa" στο R. Rollinger and Ch. Ulf (Hrsg.), *Griechische Archaik. Interne Entwicklungen-Externe Impulse*, Berlin, 249-270.

NAFISSI, M. 2003 (2005), "Elei e Pisati. Geografia, storia e instituzioni politiche della regione di Olympia", *GeoAnt* 12, 23-55.

NAGY, G. 1986, "Pindar's Olympian 1 and the Aetiology of the Olympic Games", *TAPhA* 116, 71-88.

O'BRIEN, J.V. 1993, *The Tranformation of Hera. A Study of Ritual, Hero and the Goddess in the Iliad*, Boston.

PACHE, C.O. 2004, *Baby and Child Heroes in Ancient Greece*, University of Illinois Press, Urbana, Chicago.

ΠΑΠΑΧΑΤΖΗ, Ν. Δ. 1991, *Παυσανίου Ελλάδος Περιήγησις, Βιβλία 4, 5, και 6 Μεσσηνιακά και Ηλιακά*, Αθήνα.

PICCIRILLI, L. 1973, *Gli arbitrati interstatali Greci. Introduzione, commento e indici, vol.i, dalle origini al 33 a.C.*, Pisa.

PIPILI, M. 1990, s.v. «Hippodameia» I, *LIMC*, V, 1, 434 κε.

POCHMARSKI, E. 2002, "Wohnsitz der Kamfrichter. Die griechische-österreischen Ausgrabungenin Elis (Griechenlad)", *AW* 33, 65-80.

PRETZLER, M. 2005, "Pausanias and the Local Tradition", *CQ* 55.1, 235-249.

RUGGERI, CL. 2004, *Gli stati intorno a Olympia.Storia e constituzione dell' Elide e degli stati formati dai perieci elei (400-362 a.C)*, (Historia Einzelschr.170), Stuttgart.

ROY, J. 1999, *Les cités d' Élide. Le Peloponnèse. Archéologie et Histoire. Actes de la rencontre internationale de Lorient (12-15 mai 1998)*, textes rassemblés par Josette Renard, Rennes, 151-76.

- 2002a, "The Pattern of Settlement in Pisatis. The 'Eight Poleis'" στο Th. H. Nielsen (ed.), *Even more Studies in the Ancient Greek Polis* (*Papers from the Copenhagen Polis Centre 6,* Historia Einzelschr. 162), Stuttgart, 73-116.
- 2002b, "The Synoikism of Elis", *στο ίδιο*, 229-247.
- 2004, "Elis", στο M.H. Hansen and Th. H. Nielsen (eds), *An Inventory of Archaic and Classical Poleis, An Investigation Conducted by the Copenhagen Polis Centre for the Danish National Research Foundation*, Oxford, 489-504.

Scanlon, Th. 1988 (2002), "Virgineum Gymnasium, Spartan Females and Early Greek Athletics" στο W. Raschke (ed.), *The Archeology of the Olympics. The Olympics and Other Festivals in Antiquity*, Madison, 185-216.
- 2001, "Dionysos at Elis", *Philologus* 145, 203-218.
- 2002, *Eros and Greek Athletics,* Oxford, New York.

Scheid, J. and Svenbro, J. 1994, *Le métier de Zeus. Mythe du tissage et du tissu dans le monde gréco-romain,* Paris, 17-43.

Sebillote Cuchet, V. 2004, "La sexualité et le genre: une histoire problématique pour les hellénistes. Détour par la «virginité» des filles sacrifiées pour la patrie", *Mètis* N.S. 2, 137-161.

Serwint, N. 1993, "The Female Athletic Costume at the Heraia and Prenuptial Initiation Rites", *AJA* 97, 403-442.

Shaw, P.-J. 2003, *Discrepancies in Olympiad Dating and Chronological Problem of Archaic Peloponnesian History,* (Historia Einzelschr. 166), Stuttgart.

Slater, W.J. 1989, "Pelops at Olympia", *GRBS* 30, 485-500.

Triantis, I. 1994, s.v. «Oinomaos», *LIMC*, VII, 1, 19 κε.
- 1994, s.v. «Pelops», *LIMC*, VII, 1, 282 κε.

Valavanis, P. 2004, *Games and Sanctuaries in Ancient Greece. Olympia, Delphi, Isthmia, Nemea,* translated by dr. David Hardy, Αθήνα.
- 2006, "Thoughts on the Historical Origins of the Olympic Games and the Cult of Pelops in Olympia", *Nikephoros 19*, 137-152.

Ulf, Ch. 1997, "Die Mythen um Olympia: politischer Gehalt und politische Intention", *Nikephoros* 10, 9-52.

Weniger, L. 1883, *Das Kollegium der sechzehn Frauen und der Dionysosdienst in Elis*, Weimar.

Zografou, Ath. 2005, "Images et «reliques» en Grèce ancienne. L'omoplate de Pélops", στο Ph. Borgeaud and Y. Volokhine (éds), *Les objets de la mémoire. Pour une approche comparatiste des reliques et de leur culte,* Berne, 123-146.

Summary

The presence of the sixteen women of Elis in the cult of Hera as well as the foundation and the organisation of the games in honour of the goddess have caused much discussion concerning their role in this procedure. Many questions remain unanswered related to the reasons and the date of the foundation of the Council of the sixteen women, also charged with other duties.

From the description of Pausanias who refers to the foundation of the games, the participation of Hippodameia, the weaving of the robe, the establishment of the dances, the number of the women at the Council by analogy to the number of the Hellanodikai, one notices the complex character of the narrative, set in time and place at Elis and at Pisatis and covering matters of cult, history, mythology and politics. It is a three-part narrative (three speeches), where in the first, the mythological background of the foundation of the games is given. Here the mythological background of Pisa is highlighted and the women of Pisa control the ritual by founding the Heraia. In the second narrative the historical version of the domination of the Eleians, the decision for peace in common with the Pisatans which is entrusted to the (elected from the sixteen cities) Council of the sixteen women, which is also engaged in the weaving of the robe and the foundation of the dances. Finally, in the last the Council, elected by the eight tribes, has undertaken a role, similar to the Hellanodikai. The body resides at Elis, in an era when the Pisatans control the sanctuary.

In the 'historical' references of Pausanias, which cover a large time limit from the mythical era of Hippodameia to the historical era of Demophon (580 BC) and the domination of Pisatans, a symbolic scheme is concealed and covers all the possible means of reconciliation: games, marriage, weaving, purification and conditions of peace settle the differences, while mythological and cult elements 'smooth' the disputes between the two cities.

In spite of the differences in the means of expression and the content of the multiple versions, a permanent and solid factor is the role of the Council of the sixteen women. This distinguished role of the Council is rare in ancient Greek societies, where examples of women involved in the peace process and the settlement of men's disputes, are rare. Where one can search for something similar, this is found only in mythological references and can hardly refer to real historical practice.

From the reading of the three texts, we may conclude that Pausanias does not concentrate on the differences of the two people, but on the myth concerning their reconciliation, by giving special emphasis to the presence of women. These myths differ to a great extent from the known myths in other cities related to the sacrifice of young virgins for the salvation of their country. By giving a prominent role to the body of women which combines cult and political duties, the Eleians establish a framework in which the role of the Council as arbitrator surpasses the common practice of inviting men from other cities. The fact that women represent a different world justifies perhaps their ability in reconciliation. Women as mediators are invulnerable to retaliation.

Pausanias' description does not reflect a directly historical event but it is a mythological fabrication, which focuses on the dominant role of women, so as to find a common element between the two hostile cities. In other words, it is a foundation myth, which covers both hostile nations, which finally meet at the fountain Piera to validate the agreement.

It is obvious that Pausanias exploits a narrative scheme which expresses the deepest agony and hope for a common acceptable solution. In other words, despite the historical differences which separate the two peoples, myth and ritual 'smooth' the tension. Elis and Pisa transform the dispute in strong bonds. They attribute the peace-keeping role to a body of women, which comes from Elis and is elected according to merit.

V. WAR, PEACE AND LITERATURE

Πόλεμος, ειρήνη και αθλητισμός στους επινίκους του Πινδάρου

ΔΑΝΙΗΛ Ι. ΙΑΚΩΒ

ΑΠΟΤΕΛΕΙ, υποθέτω, κοινόχρηστη γνώση η πλουτάρχεια μαρτυρία[1] σύμφωνα με την οποία, όταν ένας νικηφόρος αθλητής επέστρεφε στην πατρίδα του από τους πανελλήνιους αγώνες στεφανωμένος, η γενέθλια πόλη για να τον τιμήσει γκρέμιζε ένα μέρος των τειχών της, επιθυμώντας με αυτόν τον τρόπο να δείξει ότι δεν είχε να φοβηθεί κανέναν εχθρό, αφού συγκαταριθμούσε στις τάξεις της παρόμοιους άντρες.[2] Από αυτή τη συμβολική εκδήλωση συνάγεται αβίαστα το συμπέρασμα ότι στην αρχαιότητα αθλητισμός και πόλεμος συνδέονται άρρηκτα μεταξύ τους, και ο πρώτος συνιστά το προπαρασκευαστικό στάδιο του δεύτερου. Ωστόσο, ισχύει και το αντίθετο: ένας πόλεμος να καταλήγει στη θέσπιση αγώνων, και μάλιστα των ολυμπιακών. Σχετική μαρτυρία καταθέτουν ο *Ολ.* 2.3–4, ο *Ολ.* 3.13–5 και, αναλυτικότερα, ο *Ολ.* 10.24–59, από τους οποίους πληροφορούμαστε ότι ο Ηρακλής καθιέρωσε τους μεγάλους πανελλήνιους αγώνες στην Ολυμπία με τη λήξη ενός πολέμου. Τέλος, απαντά και η αντίστροφη περίπτωση: στην αρχή της εκστρατείας των Επτά εναντίον της Θήβας καθιερώθηκαν, μετά τον θάνατο του Αρχέμορου/Οφέλτη, οι πανελλήνιοι αγώνες στη Νεμέα.[3] Όπως και να έχει το πράγμα, δικαιούμαστε να διακινδυνεύσουμε, για λόγους έμφασης, την τολμηρή διατύπωση ότι ο αθλητισμός αποτελεί πολεμική σφήνα μέσα σε ειρηνικά συμφραζόμενα. Αυτό, βέβαια, δεν σημαίνει ότι δεν διοργανώνονταν περιστασιακά αθλητικοί αγώνες σε περίοδο πολέμου, όπως μαρτυρούν οι επιτάφιοι αγώνες προς τιμήν του Πατρόκλου στην *Ιλιάδα*, αλλά ότι οι αγώνες, και μάλιστα οι πανελλήνιοι, προϋποθέτουν με τον περιοδικά θεσμοθετημένο χαρακτήρα τους ειρηνικές συνθήκες, όπως υπογραμμίζει με κάθε

1. Πρβ. *Συμποσιακά* 639e.
2. Για την υποδοχή του νικητή, βλ. Slater 1984 στον Gerber 1984. Για τον αφηρωισμό νικητών, βλ. Fontenrose 1968.
3. Βλ. Cingano 2000, 127-161, ιδιαίτερα σ. 155, σημ. 95, όπου παρατίθεται και παλαιότερη βιβλιογραφία, και Pache 2004, 35 κ.ε.

επιθυμητή σαφήνεια η εκεχειρία που συναπτόταν μεταξύ των εμπολέμων κατά τη διάρκεια των ολυμπιακών αγώνων.

Η συνάφεια αθλητισμού και πολέμου[4] μπορεί να διασαφηθεί περαιτέρω, αν συγκρίνουμε την επιστροφή του αθλητή με τον νόστο του πολεμιστή. Ας εξετάσουμε ενδεικτικά πώς ο Πίνδαρος περιγράφει την επιστροφή ενός ηττημένου αθλητή (*Ολ.* 8.68–9, *Πυθ.* 8.83 κ.ε.): ο νικημένος δεν γίνεται δεκτός ευφρόσυνα και με επινίκιες ωδές, αλλά επιλέγει συνειδητά ερημικούς παράπλευρους δρόμους, προφανώς για να αποφύγει τα ειρωνικά σχόλια των συμπολιτών του. Χαρακτηριστικές αναλογίες παρουσιάζει η επιστροφή του ηττημένου Ξέρξη στους *Πέρσες* του Αισχύλου. Ο Πέρσης μονάρχης νοστεί χωρίς τιμητική συνοδεία και, κατά πάσα πιθανότητα, ρακένδυτος,[5] κάτι που καθιστά ορατή την ήττα του στο συμβολικό επίπεδο. Ο βασιλιάς δέχεται την αρνητική κριτική εκ μέρους του Χορού, που αποτελείται από γέροντες ευγενείς, και η ακροτελεύτια σκηνή του έργου εξελίσσεται σε έναν ατελεύτητο θρήνο. Τέλος αξίζει να παρατηρήσουμε ότι ο νικητής παρομοιάζεται ενίοτε με προστατευτικό τείχος (*ἕρκος*, *Πυθ.* 5.113·ο χαρακτηρισμός αφορά τον βασιλιά της Κυρήνης Αρκεσίλαο· πρβ. Παιάνα 6.85 *ἕρκος Ἀχαιῶν*·ο χαρακτηρισμός αφορά τον Αχιλλέα και είναι δανεισμένος προφανώς από την *Ιλιάδα* Α 284, και ο ίδιος χαρακτηρισμός αναφέρεται και στον Αίαντα στη ραψωδία Γ 229[6]), ενώ ο σημαντικότερος αρμός ανάμεσα στις δύο δραστηριότητες είναι η λέξη *κλέος*, η κοινωνική αναγνώριση που αποκομίζει ο ομηρικός πολεμιστής και ο πινδαρικός αθλητής, αναγνώριση που του εξασφαλίζει υστεροφημία και αθανασία.[7]

Την ίδια κατεύθυνση υποδεικνύει η εξέταση ενός χωρίου από τον *Ολ.* 1.81. Ο ποιητής παραθέτει το γνωμικό σύμφωνα με το οποίο κάθε αξιόλογο εγχείρημα προϋποθέτει την ύπαρξη μεγάλου κινδύνου και την αντίστοιχη ανδρεία για την αντιμετώπισή του.[8] Αφού όμως, συνεχίζει ο Θηβαίος λυρικός δια του στό-

4. Για το θέμα μας παραπέμπω στην ακόλουθη βιβλιογραφία: Arnould 1981, 269 κ.ε., Spiegel 1990, 64-65, Perysinakis 1990 και Nagy 1990, ιδιαίτερα το κεφ. «Pindar and Homer, Athlete and Hero», σσ. 199-214. Για την εξέταση του ίδιου θέματος στο δράμα, βλ. Zimmermann 2001, 265-281.

5. Πρβ. Αισχύλου *Πέρσες* 1017 με το σχόλιο του Belloni 1994².

6. Βλ. το σχετικό σχόλιο του Bona 1988.

7. Βιβλιογραφία για το *κλέος* συγκεντρώνει ο Braswell 1998, 122. Πρόσθεσε Goldhill 1991, 69 κ.ε. με περαιτέρω βιβλιογραφία, Kurke 1991, 15-82 και Currie 2005, 71-84.

8. Για ανάλυση του γνωμικού, βλ. το σχόλιο του Gerber 1982, 124 κ.ε.

ματος του Πέλοπα, ο θάνατος είναι αναπόδραστος, γιατί άραγε ο άνθρωπος πρέπει να προτιμά τα αδρανή γεράματα μέσα στην ανωνυμία και το σκοτάδι και να μην διακινδυνεύσει τη ζωή του για κάποιον μεγάλο και ευγενή σκοπό; Η αντίθεση προς τα νιάτα και την απόκτηση κλέους είναι απολύτως σαφής. Το φως και η έξοδος από την ανωνυμία είναι στόχοι που πρέπει να επιδιώκει κάθε παλικάρι, όπως είναι στην περίπτωση του συγκεκριμένου επινίκου ο Πέλοπας (67–8). Η αναλογία προς το δίλημμα του Αχιλλέα στην *Ιλιάδα* είναι αναμφισβήτητη.[9] Ο γιος του Πηλέα, ως γνωστόν (πρβ. *Ιλιάδα* Ι 413–5), έχει να επιλέξει ανάμεσα στην άδοξη μακροημέρευση και την ένδοξη αλλά σύντομη ζωή και προκρίνει αδίστακτα τη δεύτερη επιλογή. Από παρόμοιο φρόνημα εμφορούνται στον *Πυθ.* 4.185–7 οι νεαροί Αργοναύτες, οι οποίοι εγκαταλείπουν τη θαλπωρή της μητρικής συντροφιάς, αποποιούνται δηλαδή την αδράνεια.[10] Δεν υφίσταται, κατά τη γνώμη μου, καμιά αμφιβολία ότι ο Πίνδαρος στα χωρία αυτά μεταφέρει αυτούσιο τον ηρωικό κώδικα του έπους, έστω και αν στις περιπτώσεις αυτές δεν πρόκειται για πόλεμο αλλά για εγχειρήματα που θέτουν σε κίνδυνο τη ζωή και προϋποθέτουν γενναιότητα. Χωρίς ιδιαίτερη σημασία είναι επίσης η διαπίστωση ότι τόσο η αρματοδρομία του Πέλοπα όσο και η επιχείρηση για την απόκτηση του χρυσόμαλλου δέρατος στέφονται από επιτυχία, ενώ ο Αχιλλέας τελικά χάνει τη ζωή του.

Η προηγούμενη αναλογία μάς οδηγεί στην εξέταση της παρουσίας του Αχιλλέα στους επινίκους του Πινδάρου. Καταρχήν πρέπει να παρατηρήσουμε ότι και στον Πίνδαρο συναντούμε τον επιστήθιο φίλο του ήρωα, τον Πάτροκλο, με τη διαφορά ότι η αναφορά δεν προέρχεται από την *Ιλιάδα* αλλά από τα *Κύπρια*. Πράγματι, στον *Ολ.* 9.76–9 ο Αχιλλέας συμβουλεύει τον Πάτροκλο, ύστερα από την επιτυχή αντιμετώπιση του Τηλέφου εκ μέρους του τελευταίου, να μην απομακρυνθεί ποτέ από το πλευρό του. Το επεισόδιο ανήκει σε μια λαθεμένη απόβαση των Ελλήνων στη Μυσία, την οποία εξέλαβαν ως Τροία. Ο Πάτροκλος επαινείται εδώ ως μυθολογικό αντίστοιχο του νικητή αθλητή, του Εφάρμοστου.[11] Όσον αφορά τον ίδιο τον Αχιλλέα αξίζει να σημειώσουμε ότι ο ποιητής φροντίζει να ορίσει τον βιολογικό κύκλο του ήρωα μνημονεύοντας τόσο τα παιδικά του χρόνια όσο και τον θάνατό του. Πράγματι, από τον *Νεμ.*

9. Βλ. Gerber 1982, 123-124.
10. Χρήσιμα είναι τα σχόλια του Braswell 1988, 269-272.
11. Βλ. Kullmann 1960, 109 και 194.

3.43–52 πληροφορούμαστε τα πρώτα χρόνια του Αχιλλέα κοντά στον Κένταυρο Χείρωνα και τα αξιοθαύμαστα κυνηγετικά του κατορθώματα, τα οποία θα διαδεχθούν τα ανδραγαθήματα της Τροίας.[12] Στον ίδιο *Νεμεόνικο* (60–3) αναφέρεται η σύγκρουση του Αχιλλέα με τους Λυκίους, τους Φρύγες, τους Δαρδάνους και τον βασιλιά των Αιθιόπων Μέμνονα. Ενδιαφέρον παρουσιάζουν δύο επισημάνσεις: α) ο Αχιλλέας βρίσκεται αντιμέτωπος μόνος του με τη στρατιά των συμμάχων των Τρώων,[13] κάτι που δείχνει τον απαράμιλλο ηρωισμό του, β) από τους αντιπάλους του μνημονεύεται επώνυμα μόνο ο Μέμνονας.[14] Ο Μέμνονας απαντά επίσης στον *Νεμ.* 6.50 κ.ε. και στον *Ισθμ.* 5.41 κ.ε., όπου, παράλληλα με τον θάνατό του, μνημονεύεται και ο θάνατος του Κύκνου και του Έκτορα από τον Αχιλλέα. Στον *Ισθμ.* 8.54 κ.ε. μαζί με τον Μέμνονα αναφέρεται ο βασιλιάς των Μυσών Τήλεφος και ο Έκτορας. Πρέπει, φυσικά, να επισημάνουμε ότι Τήλεφος και Έκτορας δεν ανήκουν σε επεισόδια της ίδιας εκστρατείας.[15] Αξίζει επίσης να υπογραμμίσουμε ότι ο ποιητής θεωρεί τους αντιπάλους των Ελλήνων μεγάλους ήρωες και δεν τους υποβαθμίζει, αμεροληψία που ο Πίνδαρος, ασφαλώς, κληρονόμησε από τον Όμηρο.[16] Ειδικά μάλιστα τον Έκτορα τον αποκαλεί *ἀστραβῆ κίονα* (*Ολ.* 2.82). Ύστερα από την περιγραφή των πολεμικών κατορθωμάτων του Αχιλλέα γίνεται λόγος σε άλλη ωδή για τον θάνατό του. Συγκεκριμένα, στον *Νεμ.* 8.30[17] ο Αίαντας και ο Οδυσσέας μάχονται για να προστατέψουν το νεκρό σώμα του Αχιλλέα, επεισόδιο που ολοκληρώνει τη «βιογραφία» του μεγάλου ήρωα.[18]

12. Πρβ. το πνίξιμο των φιδιών από τον Ηρακλή ως βρέφος στον *Νεμ.* 1.39-47, κατόρθωμα που προοιωνίζεται τους μεταγενέστερους άθλους του. Για τη μαθητεία του Αχιλλέα κοντά στον Χείρωνα, βλ. Burnett 2005, 148.

13. Η επισήμανση οφείλεται στον Pfeijffer 1999, 215, ο οποίος ορθά παρατηρεί ότι ο Πηλέας κυριεύει την Ιωλκό χωρίς τη βοήθεια στρατού, κάτι που σημαίνει, σύμφωνα με την πινδαρική ιδεολογία, ότι ο πατέρας κληροδοτεί την ανδρεία στον γιο.

14. Για τον Μέμνονα, βλ. Kullmann 2005, ιδιαίτερα 16 κ.ε.

15. Μια παρόμοια περίπτωση προσφέρει ο *Ισθμ.* 7.31 κ.ε., όπου ο γιος του Διοδότου, ο Στρεψιάδης, παρομοιάζεται με ήρωες από διαφορετικούς μυθολογικούς κύκλους: τον Μελέαγρο από το κυνήγι του Καλυδώνιου κάπρου, τον Έκτορα από τον τρωικό κύκλο και τον Αμφιάραο από τον θηβαϊκό κύκλο. Τέλος, ο Ιέρων παραβάλλεται στον *Πυθ.*1.50 κ.ε. με τον Φιλοκτήτη.

16. Κακριδής 1971, 93-109, ιδιαίτερα σσ. 104-105.

17. Βλ. Kullmann 1960, 80.

18. Ο θάνατος του ήρωα που απαντούσε στην *Αιθιοπίδα* επανέρχεται και στον παιάνα 6.85 Sn.-M και στον *Ισθμ.* 8. 55 κ.ε. Στον *Ολ.* 2.70 ο Αχιλλέας παρουσιάζεται ως κάτοικος στα νησιά των Μακάρων ενώ η Λευκή νήσος αναφέρεται στον *Νεμ.* 4.49-50.

Οι δύο ήρωες που αγωνίζονται εδώ θα αποτελέσουν και τους διεκδικητές των όπλων του Αχιλλέα, η κατακύρωση των οποίων στον Οδυσσέα θα οδηγήσει τελικά τον Αίαντα στην αυτοκτονία.[19] Στην *Ιλιάδα* ο Αίαντας κατέχει, ως γνωστόν, τη δεύτερη θέση μετά τον Αχιλλέα στην αξιολογική κλίμακα των ηρώων,[20] και γι' αυτόν τον λόγο ο Πίνδαρος επαινεί τον επικό ποιητή στον *Ισθμ.* 3/4.55, όπου μνημονεύεται και η αυτοκτονία του ήρωα (52–54b). Ωστόσο, στον *Νεμ.* 7.20 κ.ε. ο ποιητής εκφράζει τη δυσαρέσκειά του, γιατί ο μεγάλος επικός αφιέρωσε ένα εκτενές ποίημα στον πανούργο ήρωα, τον Οδυσσέα, που, σύμφωνα με τον *Νεμ.* 8.26, κατάφερε χάρη στη ρητορική του δεινότητα να εξασφαλίσει με την ψήφο του στρατού τα όπλα του Αχιλλέα, τα οποία, κατά τον Θηβαίο λυρικό, τα άξιζε ο γενναιότερος και εντιμότερος επιζών πολεμιστής, ο Αίαντας.[21] Ο Πίνδαρος επιχειρεί με τη συχνή μνεία του Αίαντα να διατηρήσει επίκαιρη τη μορφή του αδικημένου ήρωα και να συνθέσει, έστω και αποσπασματικά, μια «Αιαντίδα», ώστε να αντισταθμίσει κατά κάποιον τρόπο την αρνητική επίδραση της *Ὀδύσσειας*, που είχε υποβαθμίσει αδικαιολόγητα τον ήρωα. Η μεγάλη τέχνη του Ομήρου, που ο Θηβαίος λυρικός δεν θέτει υπό αμφισβήτηση, αφού άλλωστε έχει δεχθεί και ο ίδιος προφανή επίδραση από αυτόν, ευθύνεται, με τα ψεύδη που μετέρχεται, για την παρ' αξίαν φήμη που έχει αποκτήσει ο Ιθακήσιος ήρωας. Ο Πίνδαρος προτείνει εδώ ένα ποιητικό πρόγραμμα που βασίζεται στην αλήθεια και καταδικάζει το ψεύδος, στο οποίο ο ποιητής αποδίδει ηθική, και όχι αισθητική αξία, όπως θα πράξει αργότερα ο Αριστοτέλης στην *Ποιητική* του.[22] Η αυτοκτονία του Αίαντα, που παραδιδόταν από την *Αιθιοπίδα*[23] και δραματοποιήθηκε με μεγαλειώδη και αρχαϊκό τρόπο στην ομώνυμη τραγωδία του Σοφοκλή, απαντά συχνά στους επινίκους, χωρίς να αναφέρεται η αιτία που συναντούμε στο δράμα, δηλαδή η αναιτιολόγητη σφαγή των κοπαδιών του στρατοπέδου των Ελλήνων, τα οποία ο παράφρων Αίαντας εξέλα-

19. Βλ. Calabrese de Freo 1984.

20. Πρβ. *Νεμ.* 7.27 και Nagy 1979, 26-41.

21. Για διαφορετικό χειρισμό του θέματος από τη *Μικρά Ιλιάδα*, χειρισμό που καταλήγει τελικά πάλι υπέρ του Οδυσσέα, βλ. Nisetich 1989, 17-19.

22. Βλ. Ιακώβ 2004, 123-134.

23. *Αιθιοπίδα* απ. 5 Bernabé. Από την *Αιθιοπίδα* προέρχεται επίσης ο θάνατος του Αντιλόχου, ο οποίος έχασε τη ζωή του στην προσπάθειά του να προστατεύσει τον πατέρα του, τον Νέστορα. Το επεισόδιο το αξιοποιεί ο Πίνδαρος στον έκτο *Πυθιόνικο* (28 κ.ε.). Για τον Αντίλοχο στην *Ιλιάδα* βλ. Kullmann 2005, 17 κ.ε.

βε ως ανθρώπους και συγκεκριμένα πίστεψε ότι πρόκειται για τους αντιπάλους του, τους Ατρείδες και τον Οδυσσέα. Στον *Νεμ.* 8.21, αντίθετα, ως αιτία της αυτοκτονίας παρατίθεται όχι η προσβεβλημένη τιμή του πολεμιστή αλλά ο φθόνος των αντιπάλων του.[24] Από τις πολεμικές του επιδόσεις, τέλος, μνημονεύεται η συνάντησή του με τον Έκτορα (*Νεμ.* 2.14).[25] Στο σημείο αυτό αξίζει να υπογραμμιστεί ένας χειρισμός του υλικού εκ μέρους του Πινδάρου, ο οποίος εξισώνει τους δύο μεγάλους ήρωες: ο ποιητής δεν μνημονεύει μόνο τον θάνατο του Αίαντα, αλλά στον *Ισθμ.* 6.41–54 παραθέτει την εντυπωσιακή δέηση του Ηρακλή, του αξιολογότερου ήρωα των Δωριέων, προς τον πατέρα του, τον Δία, με το αίτημα ο Τελαμώνας,[26] με τον οποίο επρόκειτο να εκστρατεύσει εναντίον της Τροίας (πρβ. *Νεμ.* 4.25), να γεννήσει έναν γενναίο πολεμιστή, και αυτός, φυσικά, δεν θα είναι άλλος από τον Αίαντα (6.50).[27] Είναι ενδιαφέρον επίσης να σημειώσουμε ότι ο Πίνδαρος γνωρίζει και μια άλλη εκδοχή για τον Αίαντα (6.47), σύμφωνα με την οποία ο ήρωας ήταν ήδη βρέφος όταν ο Ηρακλής επισκέφθηκε τη Σαλαμίνα και τον σκέπασε με τη λεοντή του για να τον καταστήσει άτρωτο. Τα σημεία όμως που δεν καλύφθηκαν από τη λεοντή έμειναν τελικά τρωτά, και, με αυτόν τον τρόπο, μπορούμε να φανταστούμε ότι κατέστη δυνατή η αυτοκτονία του ήρωα.[28] Η ομοιότητα με την Αχίλλειο πτέρνα, το μόνο τρωτό σημείο του σώματος του Αχιλλέα, είναι προφανής. Ένα δεύτερο σημείο επαφής ανάμεσα στους δύο μεγάλους ήρωες συνίσταται στο γεγονός ότι ο ποιητής φροντίζει να μας κατατοπίσει σχετικά με τα δύο άκρα της ζωής του Αίαντα, όπως το έπραξε και στην περίπτωση του Αχιλλέα.

Η Τροία συνδέεται, εξάλλου, και με άλλους ήρωες όπως ο Αιακός στον οποίο αποδίδεται η ανέγερση μέρους των τειχών της Τροίας (*Ολ.* 8.31–52), ενώ τα υπόλοιπα τείχη τα έχτισαν ο Απόλλωνας και ο Ποσειδώνας. Η πόλη ήταν γραφτό να πέσει στα χέρια των Ελλήνων από την πλευρά των τειχών που είχαν χτιστεί από τον θνητό Αιακό.[29] Αιτία της εκπόρθησης της πόλης ήταν η Ελένη,

---

24. Bulman 1992, 44 κ.ε.

25. Βλ. Sotiriou 2000, 134-138.

26. Πρβ. και *Νεμ.* 3.37 κ.ε. με το σχετικό σχόλιο του Pfeijffer 1999, σημ. 12.

27. Ενδιαφέρον παρουσιάζει η ετυμολόγηση του ονόματος του ήρωα από τον αετό, τον βασιλιά των πτηνών, και όχι από το *αἰάζω*, όπως στην τραγωδία· βλ. Σοφοκλή *Αἴας* 430-433 με το σχόλιο του Garvie 1998.

28. Για λεπτομέρειες, βλ. Hirschberger 2004, 447-449.

29. Εδώ έχουμε, κατά τη γνώμη μου, επανάληψη του μοτίβου του «άτρωτου ήρωα», ο οποίος

όπως μαρτυρούν οι στίχοι 55–60 του 13ου *Ολυμπιονίκου*. Στην πυρπόληση της Τροίας αναφέρεται ο *Πυθ.* 5.83 κ.ε., όπου γίνεται μνεία της φυγής των Αντηνοριδών από την πόλη και της εγκατάστασής τους στη βόρεια Αφρική.[30]

Ένας δεύτερος μυθολογικός πόλεμος σχετίζεται με τη Θήβα, και ειδικότερα με την εκστρατεία των Επτά υπό την ηγεσία του Αδράστου[31] και του Πολυνείκη. Αξίζει να υπογραμμίσουμε ότι ο ποιητής αποδοκιμάζει τον αδελφοκτόνο πόλεμο και τον αποδίδει στην επενέργεια της *Ἐρινύος*[32] (2.41–2). Αυτή η απέχθεια προς τις ενδοοικογενειακές έριδες απαντά και στον *Πυθ.* 4.148 κ.ε.,[33] όπου ο Ιάσονας προτείνει στον σφετεριστή του θρόνου της Ιωλκού και θείο του, τον Αίσονα, τον φιλικό διακανονισμό της διαφοράς τους. Ο τελευταίος μπορεί να καρπωθεί τα υλικά αγαθά, αλλά πρέπει να παραδώσει το σκήπτρο που δεν του ανήκει.[34] Είναι χαρακτηριστικό ότι ο Ετεοκλής δεν μνημονεύεται καθόλου από τον Πίνδαρο, και αυτό είναι ευεξήγητο, αν αναλογιστούμε ότι ο Θήρων, ο εξυμνούμενος νικητής, έλκει την καταγωγή του από τον Θέρσανδρο, τον γιο του Πολυνείκη. Στον *Ολ.* 6.12 κ.ε. γίνεται πάλι λόγος για την εκστρατεία των Επτά και εξαίρεται η ανδρεία και η μαντική ικανότητα του Αμφιαράου.[35] Στον Αμφιάραο και τον γιο του που κληρονόμησε τη μαντική ικανότητα αναφέρεται ο *Πυθ.* 8.39 κ.ε., που εξυμνεί το κατόρθωμα των Επιγόνων.[36] Στον Αμφιάραο που είχε τραπεί σε φυγή και κινδύνευε να χάσει τη ζωή του χτυπημένος στα νώτα αναφέρεται ο *Νεμ.* 9.26–7, αλλά ο ποιητής μετριάζει την ντροπή της φυγής υπο-

---

μπορεί να πεθάνει μόνο αν δεχθεί πλήγμα σε ένα συγκεκριμένο σημείο του σώματός του, όπως συμβαίνει με τον Αχιλλέα και τον Αίαντα. Το μοτίβο αυτό έχει απλώς μεταφερθεί από το ατομικό στο συλλογικό επίπεδο.

30. Βλ. *Πυθ.* 5.83 με το σχόλιο του Ιακώβ 1994.

31. Ο Άδραστος μνημονεύεται σύντομα στον *Ισθμ.* 7.10, στον *Ισθμ.* 4.26 και στον *Νεμ.* 9.9-27.

32. Πρόκειται για την κατάρα του Λαΐου, όπως υποστηρίζει η πλειονότητα των μελετητών, αλλά δεν είναι βέβαιο αν η αναφορά στην Ερινύα δεν περιλαμβάνει και την κατάρα του Οιδίποδα στα παιδιά του. Βλ. σχετικά Cingano 2000, 151 σημ. 84.

33. Και στον *Ολ.* 12.16 μνημονεύεται ο εμφύλιος πόλεμος που κάνει εχθρούς τα αδέρφια.

34. Η περίπτωση ανακαλεί στη μνήμη μας τον πάπυρο της Λίλλης του Στησιχόρου (απ. 222b Davies), όπου η μητέρα του Ετεοκλή και του Πολυνείκη επιχειρεί να συμφιλιώσει τα δύο αδέρφια με μια συμβιβαστική πρόταση για διανομή της πατρικής κληρονομιάς.

35. Για τον Αμφιάραο, βλ. Braswell 1998, 27-44, ιδιαίτερα σσ. 34 κ.ε.· πρβ. Cingano 2000, 154 και 156, και Giannini 2000, ιδιαίτερα σσ. 174-176.

36. Πρβ. τον υπαινιγμό στον *Ολ.* 2.43 κ.ε.

στηρίζοντας ότι και των θεών τα παιδιά τρέπονται από φόβο σε φυγή.[37] Σύντομη αναφορά στον θαυμαστό θάνατο του Αμφιαράου που τον κατάπιε η γη απαντά στον *Νεμ.* 10.8–9.[38]

Από τα ιστορικά γεγονότα του καιρού του ο Πίνδαρος συγκεντρώνει στον *Πυθ.* 1.75 κ.ε. τους πολέμους των Ελλήνων της μητρόπολης και των αποικιών εναντίον των βαρβάρων, και συγκεκριμένα εναντίον των Περσών και των Καρχηδονίων. Λέγεται μάλιστα ότι η νικηφόρα αντιμετώπιση των Καρχηδονίων στην Ιμέρα συνέβη την ίδια ημέρα κατά την οποία διεξήχθη η ναυμαχία της Σαλαμίνας (Ηροδ. 7.166).[39] Το γεγονός ότι ο ποιητής χρησιμοποιεί τη συλλογική ονομασία *Ἑλλάς* (*Πυθ.* 1.75) ενισχύει την άποψη της Edith Hall[40] ότι οι Έλληνες χάρη στους περσικούς πολέμους απέκτησαν πλήρη συνείδηση της εθνικής τους ταυτότητας. Αξίζει να σημειωθεί ότι η κατανομή των νικών των Ελλήνων σε Αθηναίους και Σπαρτιάτες γίνεται με τον ίδιο τρόπο όπως και στους *Πέρσες* του Αισχύλου (355 και 817 αντίστοιχα). Στον *Ισθμ.* 8.9–11 γίνεται λόγος για τον απειλητικό βράχο του Ταντάλου, και ο υπαινιγμός αφορά κατά πάσα πιθανότητα τους περσικούς πολέμους.[41]

Στο προοίμιο του *Πυθ.* 2.1–2 οι Συρακούσες αποκαλούνται ιερό του Άρη που τρέφει πολεμιστές και πολεμικά άλογα. Αυτή η πόλη προστάτεψε τους Επιζεφύριους Λοκρούς ώστε να αποφύγουν τα δεινά του πολέμου, και γι' αυτόν τον λόγο οι Λοκρίδες παρθένες (*Πυθ.* 2.18–20) εκφράζουν την ευγνωμοσύνη τους στον Ιέρωνα. Δεν είναι βέβαιο για ποιον πόλεμο πρόκειται, αλλά σύμφωνα με τα αρχαία Σχόλια οι Επιζεφύριοι Λοκροί απειλήθηκαν από τους τυράννους της Μεσσήνης και του Ρηγίου, τον Αναξίλαο και τον γιο του, τον Κλεόφρονα ή Λεόφρονα, το 478 π.Χ. Κατά τον L. Woodbury,[42] ο οποίος βασίζεται σε μια πληροφορία του Ιουστίνου, οι κάτοικοι των Λοκρών είχαν υποσχεθεί να εκδώσουν τις Λοκρίδες παρθένους σε περίπτωση νίκης. Χάρη όμως στη δραστική παρέμβαση του Ιέρωνα ο πόλεμος αποσοβήθηκε και έτσι δεν χρειάστηκε να εκπληρωθεί το τάμα. Αν έχει δίκαιο ο Woodbury, τότε η μνεία των Λοκρί-

37. Βλ. Braswell 1998, σχόλιο στον στίχο 27, σ. 97.

38. Για τον θάνατό του, βλ. και *Νεμ.* 9.24-5.

39. Bichler 1985, 59-74.

40. Hall 1989.

41. Βλ. σχετικά το σχόλιο του Thummer 1969, (τόμ. 2) 130, και του Privitera 1992[2]. Βλ. Burnett 2005, 113.

42. Woodbury 1978.

δων παρθένων αποκτά ουσιαστικό νόημα. Στη συνέχεια (*Πυθ.* 2.62–67) γίνεται μια γενικόλογη αναφορά στους πολέμους στους οποίους έλαβε μέρος ο Ιέρων ως ιππέας ή ως πεζός. Κάτι παρόμοιο συναντούμε στον *Νεμ.* 9.39–42 για τον Χρόμιο, όπου εκτός από τις πεζομαχίες και τις ιππομαχίες μνημονεύονται και οι ναυμαχίες. Το *κλέος* που απέκτησε ο Χρόμιος από τη νίκη στον Έλωρο ποταμό (492 π.Χ.) παραβάλλεται με το *κλέος* του Έκτορα στον ποταμό Σκάμανδρο, με τη διαφορά, ωστόσο, ότι η μάχη εκείνη αφορούσε τους Συρακοσίους και όχι τους Καρχηδονίους, όπως τονίζει ο αρχαίος σχολιαστής.[43]

Αν η αρχαία ελληνική τραγωδία υπογραμμίζει τα δεινά και τη δυστυχία που επιφέρει ο πόλεμος[44] (πρβ. Ευριπίδη, *Εκάβη* και *Τρωάδες*), η αρχαία κωμωδία πραγματεύεται με ουτοπικό τρόπο την ειρήνη (π.χ. στους *Αχαρνείς* και τη *Λυσιστράτη*). Φυσικά, δεν λείπουν αναφορές (και από την τραγωδία) στα αγαθά της ειρήνης (π.χ. Ευριπίδη *Κρεσφόντης TrGF* απ. 453[45]), αλλά η εμβέλειά τους είναι περιορισμένη. Αντίθετα, στον Πίνδαρο δικαιούμαστε να ισχυριστούμε ότι η ειρήνη κατέχει (στατιστικά περίπου) ισότιμη θέση με τον πόλεμο από άποψη αναφορών. Ήδη στον *Ολ.* 13.6–10 που μπορεί να θεωρηθεί παράλληλο του αποσπάσματος από τον *Κρεσφόντη*, η ειρήνη θεωρείται μητέρα του πλούτου, και στο πλαίσιό της ανθούν η τάξη και η δικαιοσύνη, ενώ η αλαζονεία τιμωρείται. Στον *Ολ.* 1.10 κ.ε. ο ποιητής αναφέρεται στο φιλόξενο πλούσιο τραπέζι του Ιέρωνα, που κυβερνά τις Συρακούσες με δικαιοσύνη. Απόδειξη της δίκαιης διακυβέρνησής του είναι ο θεόσταλτος πλούτος και τα πολυπληθή κοπάδια του νησιού. Αξιοσημείωτη είναι η διακειμενική αναφορά στη λύρα την κρεμασμένη στον τοίχο, αναφορά που παραπέμπει ευθέως στη λύρα του Δημοδόκου στη Σχερία (*Οδύσσεια* θ 67 και 105). Η ζωή των Φαιάκων είναι ειρηνική και απόλυτα ευτυχισμένη, γιατί οι Φαίακες είναι ένας ουτοπικός λαός.[46] Την ουτοπική

43. Βλ. σχετικά Braswell 1998, 120 και 125.

44. Ήδη ο Όμηρος γνωρίζει τα αγαθά της ειρήνης [π.χ. στην *Οδύσσεια* (τ 111-4), όπου τονίζεται ότι το βασικό μέλημα ενός καλού βασιλιά πρέπει να είναι η ευημερία του λαού του μέσα σε ειρηνικές συνθήκες]. Ο επικός ποιητής δεν αγνοεί επίσης τα δεινά που επισωρεύει μια σύρραξη, όπως μαρτυρούν μερικά επίθετα για τη σκληρότητα του πολέμου, αλλά στην περίπτωση των Τρώων θεωρεί την αμυντική στάση του Έκτορα, όπως αυτή εκφράζεται στη ραψωδία Ζ, επιβεβλημένη. Ο κόσμος της *Ιλιάδας*, άλλωστε, διέπεται, ως γνωστόν, από τις ανταγωνιστικές αξίες της προσωπικής αριστείας. Για το θέμα, βλ. Redfield 1975.

45. Βλ. σχετικά Harder 1985, 102-105.

46. Fergusson 1975, 13-14.

αυτή ευτυχία μεταφέρει υπαινικτικά ο Πίνδαρος στη Σικελία, αποσιωπώντας τις αρνητικές πλευρές της τυραννίδας του Ιέρωνα, οι οποίες δεν εναρμονίζονται με τον στόχο της εγκωμιαστικής ποίησης.

Εδώ η παρουσία της μουσικής ανακαλεί στη μνήμη μας το προοίμιο του *Πυθ.* 1.6 κ.ε.,[47] όπου ο αετός του Δία έχει αποκοιμηθεί γλυκά πάνω στο σκήπτρο του θεού ακούγοντας τους ήχους της λύρας, ενώ ο Άρης, ο θεός του πολέμου, στο άκουσμα της μουσικής μαλακώνει τη σκληρή καρδιά του. Αυτό στην ουσία σημαίνει ότι η παρουσία της μουσικής (και της ποίησης) προϋποθέτει ειρηνικές συνθήκες. Και στον *Πυθ.* 5.63–69 ο Απόλλων θεωρείται δωρητής της τάξης και της ειρήνης, συνοδό χαρακτηριστικό της οποίας είναι η μουσική και η ποίηση. Ειδικότερα στην Κυρήνη η ειρήνη κοσμείται από τα Κάρνεια, γιορτή που οι άποικοι έφεραν μαζί τους από τη Θήρα και τη Σπάρτη. Στο προοίμιο του *Πυθ.* 8.1–12 απαντά προσωποποιημένη η Ησυχία[48] κατά τον τρόπο του Ησιόδου. Στην ωδή αυτή, όπως και στον πρώτο Πυθιόνικο,[49] αν λάβουμε υπόψη μας ότι εκεί χρησιμοποιείται το επίθετο *σύμφωνος* για να χαρακτηρίσει την *ἡσυχίαν*, η προσωποποίηση είναι αντίθετη της *στάσεως*, της ενδοκοινωνικής έριδας.[50] Μπορεί όμως να καλύπτει και τη γενικότερη έννοια της ειρήνης. Εδώ η Ησυχία παρουσιάζεται με διπλή ιδιότητα, καθώς διαθέτει ένα ευγενικό και ένα σκληρό πρόσωπο. Με το σκληρό της πρόσωπο επιχειρεί πολέμους προκειμένου να διασφαλιστεί η απειλούμενη ειρήνη μιας πόλης. Δεν πρέπει, επομένως, να μας παραξενεύει το γεγονός ότι διαβάζουμε στον όγδοο *Πυθιόνικο* (στ. 1 κ.ε.) πως η Ησυχία κατέχει τα κλειδιά τόσο των ειρηνικών συνελεύσεων όσο και του πολέμου. Υπαινιχθήκαμε ήδη την ουτοπική ειρήνη μες την οποία ζουν οι Φαίακες και με την οποία αντιστοιχείται η ζωή στη Σικελία υπό την ηγεσία του Ιέρωνα. Μια αποκλειστικά ρητή μυθολογική αναφορά προσφέρει ο 10ος Πυθιόνικος, στον οποίο περιγράφεται η μακάρια ζωή των Υπερβορείων[51] και οι ειρηνικές

47. Για τη σημασία της μουσικής στον επίνικο αυτό, βλ. Fraenkel 1957, 173-185.

48. Για το σημασιολογικό πεδίο της λέξης, βλ. Dickie 1984 στον Gerber 1984.

49. Στην ωδή αυτή 69-70 ο ποιητής εύχεται η νέα πόλη της Αίτνας που κυβερνιέται από τον γιο του Ιέρωνα Δεινομένη να γνωρίσει μέρες ευημερίας και ειρήνης, η οποία εδώ φέρει το όνομα *ἡσυχία*.

50. Βλ. Hornblower 2004, 76-78.

51. Βλ. Fergusson 1975, 17-18 και 21-22α για τους Υπερβορείους στον Ηρόδοτο, βλ. Romm 1989.

τους δραστηριότητες, ενώ δεν γνωρίζουν τη Νέμεση,[52] γιατί αποφεύγουν την έκνομη δράση.

Συνοψίζουμε: στον Πίνδαρο ο πόλεμος μπορεί να διακριθεί, τουλάχιστον με βάση τα δικά μας κριτήρια, σε μυθολογικό και ιστορικό ή σε πόλεμο που παραπέμπει στο απώτερο παρελθόν και στη σύγχρονη με τον ποιητή εποχή. Η διάκριση αυτή δεν εκπλήσσει, καθώς ο λυρικός ποιητής δεν πραγματεύεται ένα αποκλειστικά παρελθοντικό γεγονός όπως το έπος, αλλά προβάλλει την αθλητική νίκη του παρόντος στο μυθικό παρελθόν, προκειμένου να απαθανατίσει τον νικητή εξυψώνοντάς τον στη σφαίρα του μύθου ή των αλλοτινών ηρώων. Στο πρώτο είδος πολέμου υπάγεται κατά κύριο λόγο ο τρωικός πόλεμος με τα προγενέστερα γεγονότα (π.χ. γάμος Πηλέα και Θέτιδας στον 3. *Πυθιόνικο* και στον 5. *Νεμεόνικο*, μολονότι δεν γίνεται λόγος για το περίφημο μήλο της Έριδας και την κρίση του Πάρη, την αρχή της συμφοράς) και τα μεταπολεμικά συμβάντα (π.χ. φόνος του Αγαμέμνονα και της Κασσάνδρας από την Κλυταιμήστρα, μητροκτονία του Ορέστη στον 11. *Πυθιόνικο* ή φόνος του Νεοπτολέμου στον 7. *Νεμεόνικο*). Η αναδρομή στον τρωικό πόλεμο είναι ευεξήγητη, αν αναλογιστούμε δύο παραμέτρους: ο πόλεμος αυτός ήταν, μαζί με την ελληνοπερσική σύρραξη, η σημαντικότερη σύγκρουση με τους βαρβάρους και δεν ήταν δυνατόν να αγνοηθεί. Ένα τμήμα του άλλωστε το είχε πραγματευθεί στην *Ιλιάδα* ο Όμηρος, ένας ποιητής που άσκησε σημαντικότατη επίδραση τόσο στο εκπαιδευτικό πρόγραμμα της κλασικής αρχαιότητας[53] όσο και στην ποιητική παράδοση, όπως έχουν δείξει πρόσφατες μελέτες.[54] Στους λόγους αυτούς μπορεί να προστεθεί και η σκέψη ότι αρκετές ωδές του μεγάλου Θηβαίου λυρικού είναι αφιερωμένες στην Αίγινα και τους ήρωές της, όπως ο γενάρχης των Αιγινητών Αιακός, από τον οποίο κατάγονται ο Τελαμώνας και ο Πηλέας, πατέρες των πιο αξιόλογων πολεμιστών στην Τροία, του Αίαντα και του Αχιλλέα, ηρώων που διαδραματίζουν, όπως είδαμε, αξονικό ρόλο στους επινίκους. Ο δεύτερος μυθολογικός πόλεμος που κατέχει περίοπτη θέση είναι η εκστρατεία των Επτά εναντίον της Θήβας. Ο Πίνδαρος κατάγεται από τη Θήβα και δεν ήταν δυνατόν να παραλείψει ένα γεγονός που σφράγισε το μυθολογικό παρελθόν της πατρίδας του. Άλλωστε, οι δύο πόλεμοι σχετίζονται στενά μεταξύ τους, αν λάβουμε

52. Για τη Νέμεση, βλ. Burnett 2005, 210 κ.ε.

53. Βλ. ενδεικτικά Verdenius 1970, ιδιαίτερα σσ. 6-7, και Morgan 1998, 69 κ.ε., 97 κ.ε., 115 κ.ε.

54. Sideras 1971, Sotiriou 1998, Lange 2002. Γενικά για την παρουσία του Ομήρου (στην αρχαία ελληνική λογοτεχνία), βλ. Hunter 2004, 235-253.

υπόψη ότι στη γενιά η οποία μάχεται στην Τροία συγκαταλέγονται ήρωες που κατέλαβαν τη Θήβα μετά την αποτυχημένη εκστρατεία των πατέρων τους. Συγκεκριμένα, ο Σθένελος, ο γιος του Καπανέα, ενός από τους επτά στρατηγούς, αισθάνεται περήφανος για το κατόρθωμα αυτό (*Ιλιάδα* Δ 406). Αν τώρα αναλογιστούμε ότι η Θήβα και η Αίγινα ως κόρες του Ασωπού είναι συγγενείς και σχετίζονται με τον Ηρακλή και τον Τελαμώνα, όπως είδαμε, τότε δημιουργείται ένα πυκνό δίκτυο μυθολογικών αναφορών που σχηματίζει το τρίγωνο Θήβα, Αίγινα, Τροία. Από τα προηγούμενα συνάγεται με ασφάλεια το συμπέρασμα ότι ο ποιητής χρησιμοποιεί, όποτε το χρειάζεται, τόσο το ομηρικό έπος-ή εν πάση περιπτώσει τον ποιητή της *Ιλιάδας* και της *Οδύσσειας*-όσο και τον επικό κύκλο. Όπως είδαμε, δεν αφηγείται, ακολουθώντας τους νόμους του λογοτεχνικού είδους που καλλιεργεί, ολόκληρο τον πόλεμο, αλλά επιλέγει συγκεκριμένα επεισόδια στα οποία παραπέμπει με την αναγκαία υπαινικτικότητα, κάτι που σημαίνει ότι προϋποθέτει πως τουλάχιστον μια μερίδα του κοινού του ήταν μυθολογικά ενήμερη ώστε να είναι σε θέση να συλλάβει τις αλματικές παραπομπές και να παρακολουθήσει τη ροή και τη λογική της ωδής του. Αν ο πόλεμος με την αγωνιστική του φύση αποτελεί το αναγκαίο μέσο σύγκρισης με τον αθλητισμό, ο ποιητής δεν παραλείπει την εξύμνηση της ειρήνης, που επίσης επιμερίζεται σε μυθολογική και ιστορική, γιατί αυτή προσφέρει το απαραίτητο πλαίσιο για την εκτέλεση της ωδής του και την οργάνωση αθλητικών αγώνων και άλλων εορταστικών εκδηλώσεων.[55]

Ο πόλεμος ωστόσο καθίσταται αναπόφευκτος, όταν απειλούνται η ανεξαρτησία και η πολιτισμική και εθνική ταυτότητα των Ελλήνων, όπως συνέβη με τους περσικούς πολέμους. Αντίθετα, ο τρωικός πόλεμος δεν αναδεικνύει μόνο τα ηρωικά κατορθώματα των Ελλήνων, αλλά υπογραμμίζει με θαυμασμό την αμυντική στάση του Έκτορα. Τέλος, καταδικάζονται απερίφραστα οι ενδοοικογενειακές και κατ' επέκταση οι ενδοκοινοτικές έριδες που ενδέχεται να διαταράξουν την κοινωνική γαλήνη και να οδηγήσουν σε εμφύλιο πόλεμο.[56] Με αυτόν τον τρόπο προκύπτει μια τριβαθμιδωτή κλίμακα με κατώτερο αναβαθμό την ενδοκοινοτική διαμάχη, ενδιάμεσο τον επιθετικό πόλεμο για την αποκατάσταση μιας αδικίας, και ανώτερο την αμυντική προάσπιση της ελευθερίας, η οποία θα εξασφαλίσει εκ νέου τα αγαθά της ειρήνης, στα οποία συγκαταλέγεται και η εκτέλεση της πινδαρικής ποίησης.

---

55. Πρβ. Νεμ. 9.48 *ἡσυχία φιλεῖ συμπόσιον* με το σχόλιο του Braswell 1998.

56. Ηροδ. 8.3.

ΒΙΒΛΙΟΓΡΑΦΙΑ

ARNOULD, D. 1981, *Guerre et paix dans la poésie grecque de Callinos a Pindare*, New York.

BELLONI, L. 1994[2], *Eschilo*, I Persiani, Milano.

BICHLER, R. 1985, "Der Synchronismus von Himera und Salamis. Eine quellenkritische Studie zu Herodot", στο E. Weber / D. Dobesch (Hg.), *Römische Geschichte, Altertumskunde und Epigraphik. Festschrift für Artur Betz zur Vollendung seines 80. Lebensjahres* [Archäologisch-Epigraphische Studien 1] Vienna, 59–74.

BONA, G. 1988, Pindaro, *I peani, Testo, traduzione, scoli e commento*, Cuneo.

BRASWELL, B. K. 1988, *A Commentary on the Fourth* Pythian Ode *of Pindar*, Berlin-New York.

– 1998, *A Commentary on Pindar* Nemean *Nine*, Berlin-New York.

BULMAN, P. 1992, *Phthonos in Pindar*, Berkeley-Los Angeles.

BURNETT A. P. 2005, *Pindar's Songs for Young Athletes of Aigina*, Oxford.

CALABRESE de FREO, M. R. 1984, "La figura di Aiace in Pindaro", *PP* 39, 120–132.

CINGANO, E. 2000, "Tradizioni zu Tebe nell' epica e nella lirica greca arcaica", στο P.A Bernardini (a cura di), *Presenza e funzione della città di Tebe nella cultura greca* (Atti del Convegno Internazionale, Urbino 7–9 luglio 1997), Pisa-Roma, 127–161.

CURRIE, B. 2005, *Pindar and the Cult of Heroes*, Oxford.

DICKIE, M. W. 1984, "*Hêsychia* and *Hybris* in Pindar", στο D. E. Gerber (ed.), *Greek Poetry and Philosophy. Studies in Honour of Leonard Woodbury*, Chico, 83–109.

FERGUSSON, J. 1975, *Utopias of the Classical World*, London.

FONTENROSE, J. 1968, "The Hero as Athlete", *CSCA* 1, 73–104.

FRAENKEL, E. 1957, *Horace*, Oxford.

GARVIE, A. F. 1998, *Sophocles*, Ajax, Warminster.

GERBER, D. E. 1982, *Pindar's* Olympian *One: A Commentary*,Toronto.

GIANNINI, P. 2000, "Le antiche tradizioni tebane negli Epinici di Pindaro", στο P. A. Bernardini (a cura di), *Presenza e funzione della città di Tebe nella cultura greca* (Atti del Convegno Internazionale, Urbino 7–9 luglio 1997), Pisa, Roma, 163–178.

GOLDHILL, S. 1991, *The Poet's Voice. Essays on Poetics and Greek Literature*, Cambridge.

HALL, E. 1989, *Inventing the Barbarian. Greek Self-Definition through Tragedy*, Oxford.

HARDER A. 1985, *Euripides'* Kresphontes *and* Archelaos, *Introduction, Text and Commentary*, Leiden.

HIRSCHBERGER, M. 2004, *Γυναικῶν κατάλογος und Μεγάλαι Ἠοῖαι. Ein Kommentar zu den Fragmenten zweier hesiodeischer Epen*, München-Leipzig.

HORNBLOWER, S. 2004, *Thucydides and Pindar. Historical Narrative and the World of Epinikian Poetry*, Oxford.

HUNTER, R. 2004, "Homer and Greek Literature", στο R. Fowler (ed.), *The Cambridge Companion to Homer*, Cambridge, 235–253.

ΙΑΚΩΒ, Δ. Ι. 1994, *Πινδάρου* Πυθιόνικοι, Ηράκλειο.

- 2004, «Ο πρώτος *Ολυμπιόνικος* του Πινδάρου και η *Ποιητική* του Αριστοτέλη. Μια απλή σύμπτωση;», *Ζητήματα λογοτεχνικής θεωρίας στην* Ποιητική *του Αριστοτέλη*, Αθήνα.

ΚΑΚΡΙΔΗΣ, Ι. Θ. 1971, *Ξαναγυρίζοντας στον Όμηρο*, Θεσσαλονίκη.

KULLMANN, W. 1960, *Die Quellen der Ilias (troischer Sagenkreis)*, Wiesbaden.

- 2005, "Ilias und Aithiopis", *Hermes* 133, 9–28.

KURKE, L. 1991, *The Traffic in Praise. Pindar and the Poetics of Social Economy*, Ithaca-London.

LANGE, K. 2002, *Euripides und Homer. Untersuchungen zur Homernachwirkung in Elektra, Iphigenie im Taurerland, Helena, Orestes und Kyklops*, Stuttgart.

MORGAN, T. 1998, *Literate Education in the Hellenistic and Roman Worlds*, Cambridge.

NAGY, G. 1979, *The Best of the Achaeans. Concepts of the Hero in Archaic Greek Poetry*, Baltimore-London.

- 1990, *Pindar's Homer. The Lyric Possession of an Epic Past*, Baltimore-London.

NISETICH, F. J. 1989, *Pindar and Homer*, Baltimore-London.

PACHE, C.O. 2004, *Baby and Child Heroes in Ancient Greece*, Urbana, Chicago.

PERYSINAKIS, I. N. 1990, "The Athlete as Warrior: Pindar's *P.* 9.97–103 and *P.* 10.55–59", *BICS* 37, 43–49.

PFEIJFFER, I. L. 1999, *Three Aeginetan Odes of Pindar. A Commentary on* Nemean *V*, Nemean *III*, *&* Pythian *VIII*, (Mnemosyne Suppl. 197), Leiden-Boston-Köln.

PRIVITERA, G. A. 1992^2, *Pindaro. Le istmiche*, Milano.

REDFIELD, J. 1975, *Nature and Culture in the Iliad. The Tragedy of Hector*, Chicago (= *Η τραγωδία του Έκτορα. Φύση και πολιτισμός στην* Ιλιάδα, μτφρ. Μπακάλη, Αθήνα 1992).

ROMM, J. S. 1989, "Herodotus and Mythic Geography. The Case of the Hyperboreans", *TAPA* 119, 97–113.

SIDERAS, A. 1971, *Aeschylus Homericus. Untersuchungen zu den Homerismen der aischyleischen Sprache*, Göttingen.

SLATER, W. J. 1984, "Nemean one: The Victor's Return in Poetry and Politics", στο D. E. Gerber (ed.), *Greek Poetry and Philosophy. Studies in Honour of Leonard Woodbury*, Chico, 241–264.

SOTIRIOU M. 1998, *Pindarus Homericus. Homer-Rezeption in Pindars Epinikien*, Göttingen.

- 2000, "EKTOR AIANTOS AKOUSEN (Pindar, *Nem.* 2.14)", *Philologus* 114, 134-138.

SPIEGEL, N. 1990, *War and Peace in Classical Greek Literature*, Jerusalem.

Thummer, E. 1969, *Die isthmischen Gedichte, Textkritische herausgegeben, übersetzt und kommentiert, mit einer Analyse der pindarischen Epinikien*, Heidelberg.
Verdenius, W. J. 1970, *Homer, the Educator of the Greeks*, Amsterdam-London.
Woodbury, L. 1978, "The Gratitude of the Locrian Maiden: Pindar *Pyth.* 2.18–20", *TAPA* 108, 285–299.
Zimmermann, B. 2001, "Krieg und Frieden im attischen Drama des 5. Jahrhunderts v. Chr.", *Ελληνικά* 51, 265–281.

ZUSAMMENFASSUNG

Der Beitrag analysiert das Verhältnis zwischen Sport und Krieg (und Frieden). Sport stellt eine Vorbereitung für den Krieg dar. Krieg und Frieden werden in mythologischen und zeitgenössischen Kategorien unterteilt. Zur ersten Kategorie gehören der Trojanische Krieg und die Belagerung Thebens durch Polyneikes. Zur mythologischen Kategorie des Friedens gehört das selige Leben des utopischen Volkes der Hyperboreer. Aus dem Trojanischen Krieg greift Pindar griechischerseits Achill heraus, den er dem seiner Meinung nach unterbewerteten Aias gleichstellt, während auf trojanischer Seite Hektors Abwehrkraft gewürdigt wird. Unter den zeitgenössischen Kriegen führt Pindar die Perserkriege, die Schlacht bei Himera und beim Fluß Eloros auf. Er lobt auch die friedlichen Verhältnisse, die an Hierons Hof und in Kyrene herrschen, sowohl *Hesychia,* die in den Volksversammlungen sowohl zu Friedenszeiten als auch im Krieg tätig ist. In Pindars Oden herrscht ein dreistufiges Modell: auf der unteren Stufe liegt die *stasis,* auf der mittleren der Krieg, der zur Wiedergutmachung eines Unrechts geführt wird, und die höchste Stufe wird durch die Abwehr im Fall einer Invasion eingenommmen, welche die Wiederherstellung des Friedens zum Ziel hat, in dessen Rahmen die Ode vorgetragen wird und die anderen Tätigkeiten entfaltet werden.

Υπόσχεσις και ιλιαδικός πόλεμος. Μια μορφή εδραίωσης του κοινωνικού δεσμού

Αναστασια Κεφαλα

Στο μυθο: Όλα ξεκινούν με το γάμο της Θέτιδας και του Πηλέα, όταν εμφανίζεται απρόσκλητη η Έρις και πετά ανάμεσα στις προσκεκλημένες θεές το περίφημο μήλο με την επιγραφή "στην ομορφότερη". Ακολουθεί η κρίση: της Ήρας, της Αθηνάς και της Αφροδίτης από το νεαρό βοσκό της Ίδης, τον Πάρη. Αυτός δίνει τον τίτλο της ομορφότερης στην Αφροδίτη, που του υποσχέθηκε την ομορφότερη γυναίκα, την Ελένη της Σπάρτης. Σε ένα επόμενο επεισόδιο του μύθου, στη Σπάρτη, έχουν συγκεντρωθεί οι μνηστήρες της Ελένης και ο πατέρας της, ο Τυνδάρεως, τους βάζει να υποσχεθούν πως αν κάποιος προσβάλει την κόρη του αυτοί θα ενωθούν εναντίον του. Κάποτε φτάνει στη Σπάρτη φιλοξενούμενος ο Πάρης και κλέβει την Ελένη. Οι Αχαιοί, σύμφωνα με την υπόσχεση που είχαν δώσει στον Τυνδάρεω, συνασπίζονται και ενωμένοι πηγαίνουν στην πατρίδα του Πάρη, την Τροία, για να πάρουν πίσω την Ελένη. Έτσι –λέει ο μύθος– άρχισε ο Τρωικός πόλεμος. Ένας γάμος και ένας πόλεμος ορίζουν αντίστοιχα την αρχή και το τέλος αυτής της μυθικής εκδοχής. Στο κέντρο της αφηγηματικής πλοκής η υπόσχεση ή, ακριβέστερα, δύο υποσχέσεις: υπόσχεση γάμου η πρώτη–η υπόσχεση της Αφροδίτης στον Πάρη· υπόσχεση πολέμου η δεύτερη–η υπόσχεση των μνηστήρων στον Τυνδάρεω. Αντικείμενο της υπόσχεσης και στις δύο περιπτώσεις μια γυναίκα, η Ελένη.[1]

---

1. Όλοι σχεδόν οι αρχαίοι συγγραφείς διηγούνται ή απλώς αναφέρονται στον ιδιαίτερα περίπλοκο μύθο της Ελένης και του Τρωικού πολέμου, πράγμα που καθιστά δύσκολη και αυθαίρετη οποιαδήποτε προσπάθεια επιλεκτικής παρουσίασής τους –άλλωστε, η αναφορά στο μύθο λειτουργεί εδώ απλώς ως αφηγηματική αφορμή. Θα περιοριστούμε επομένως να παραπέμψουμε στον κατάλογο των πηγών που έχει συντάξει ο Grimal 1951, στο λήμμα Hélène, σ. 178-179. Ας σημειωθεί εδώ ότι μια πρώτη προσέγγιση της υπόσχεσης στην *Ιλιάδα* παρουσίασα στη διδακτορική μου διατριβή, *Le choix d'Achille. Du refus, de la réconciliation et de la mort dans l'* Iliade (1998, Université de Paris VIII, υπό την εποπτεία της Claude Mossé).

Στην Ιλιάδα: Το θέμα της υπόσχεσης βρίσκεται στην αφετηρία της ιλιαδικής αφήγησης. Στη ραψωδία Α, ύστερα από την έριδα Αγαμέμνονα και Αχιλλέα, ο δεύτερος «οργισμένος»[2] που τον ατίμησε ο Ατρείδης αποσύρεται στα πλοία του δηλώνοντας ότι θα φύγει για τη Φθία. Εκεί, δίπλα στη θάλασσα, απευθύνεται στη μητέρα του, τη Θέτιδα, και της ζητά να μεσολαβήσει στο Δία για να αποκατασταθεί η τιμή του. Η Θέτις ανεβαίνει στον Όλυμπο μεταφέροντας το αίτημα του γιου της στο Δία: να τιμήσει τον Αχιλλέα δίνοντας τη νίκη στους Τρώες, έως ότου με τη σειρά τους οι Αχαιοί αναγνωρίσουν και αποκαταστήσουν την τιμή του (Α 505-510). Η κατάθεση του αιτήματος από τη Θέτιδα γίνεται σύμφωνα με όλες τις λεπτομέρειες του τυπικού των *λιτῶν*, τόσο ως προς τη στάση του σώματος και τις κινήσεις όσο και ως προς το περιεχόμενο και τη δομή του.[3] Η Θέτις εισάγει το αίτημα του Αχιλλέα -που μέσω της δοτικής *μοι* το προβάλλει ως δικό της- υπενθυμίζοντας στο Δία τις υπηρεσίες που η ίδια του είχε προσφέρει στο παρελθόν. Όμως ο γιος του Κρόνου μένει σιωπηλός, και έτσι η Θέτις επανέρχεται για δεύτερη φορά στο αίτημά της και του ζητά να της δώσει μια ξεκάθαρη απάντηση: είτε μια "αναμάρτητη" υπόσχεση είτε μια σαφή άρνηση (Α 514-516):

νημερτὲς μὲν δή μοι ὑπόσχεο καὶ κατάνευσον
ἢ ἀπόειπ' ἐπὶ οὔ τοι ἔπι δέος, ὄφρ' ἐῢ εἰδέω
ὅσσον ἐγὼ μετὰ πᾶσιν ἀτιμοτάτη θεός εἰμι.

Τη δεύτερη αυτή φορά, όταν η Θέτις επιμένοντας ζητά να αποσπάσει την υπόσχεση του Δία, συνδέει άμεσα και ρητά την ικανοποίηση του αιτήματος του γιου της με την αντίστοιχη αναγνώριση ή μη της δικής της, θεϊκής, τιμής.[4]

---

2. *Ιλ.* Α 488: *μήνιε νηυσί παρήμενος.*

3. Βλ. για το σύνολο της σκηνής Α 500-510, και, ειδικά για το είδος του λόγου της Θέτιδας το στίχο 502: *λισσομένη προσέειπε.* Σχετικά με το τυπικό και την κοινωνική διάσταση των *λιτῶν* και της ικεσίας γενικότερα, βλ. ενδεικτικά Benveniste 1969, κεφάλαιο 5, "Prière et supplication", 245-254 και Gould 1973, 74-104. Ειδικότερα για το θέμα της ικεσίας στην *Ιλιάδα,* βλ. Thornton 1984.

4. Α 505: *τίμησόν μοι υἱόν* και 515-516: *ὄφρ' ἐῢ εἰδέω / ὅσσον ἐγὼ μετὰ πᾶσιν ἀτιμοτάτη θεός εἰμι.* Για την ιδιαίτερη σχέση Δία-Θέτιδας, καθώς και για τον "κοσμογονικό" ρόλο της Θέτιδας στο μύθο και στην *Ιλιάδα* παραπέμπουμε εξαρχής στο ιδιαίτερα διαφωτιστικό βιβλίο της Slatkin 1991, και ειδικότερα στο κεφάλαιο «The power of Thetis», 53-84. Σημειώνουμε επίσης και το ρόλο της «Πρόνοιας» που αποδίδει στη Θέτιδα ο Buffiere 1956, 173-176, ρόλος που από μια άποψη αναδεικνύεται από την ποιητική της *Ιλιάδας.*

Η επιμονή της Θέτιδας κάνει το Δία να μετακινηθεί από την ουδέτερη, μάλλον επιφυλακτική σιωπή του. Καταρχάς ο Κρονίδης εκφράζει την ανησυχία του για την αντίδραση της συζύγου του. Το αίτημα της Θέτιδας -όπως ο ίδιος επισημαίνει- είναι ολέθριο, *λοίγια ἔργα*,[5] γιατί θα τον βάλει σε έχθρα με την Ήρα (Α 518-519). Εντέλει όμως απαντά καταφατικά: υπόσχεται ότι θα ικανοποιήσει το αίτημα της Θέτιδας και επικυρώνει το λόγο του με το δικό του χαρακτηριστικό τυπικό τρόπο: *κατανεύει κεφαλῇ*, με το νεύμα της κεφαλής. Η κίνηση αυτή, εξηγεί ο ίδιος, αποτελεί για τους θεούς *μέγιστον τέκμωρ* (Α 525-526), το μέγιστο τεκμήριο της αλήθειας, με άλλους όρους της ισχύος του λόγου του (Α 518-528):

ἦ δὴ λοίγια ἔργ' ὅ τέ μ' ἐχθοδοπῆσαι ἐφήσεις
Ἥρῃ ὅτ' ἄν μ' ἐρέθῃσιν ὀνειδείοις ἐπέεσσιν·
[...]
ἐμοὶ δὲ καὶ ταῦτα μελήσεται, ὄφρα τελέσσω·
εἰ δ' ἄγε τοι κεφαλῇ κατανεύσομαι, ὄφρα πεποίθῃς·
τοῦτο γὰρ ἐξ ἐμέθεν μετ' ἀθανάτοισι μέγιστον
τέκμωρ· οὐ γὰρ ἐμὸν παλινάγρετον οὐδ' ἀπατηλὸν
οὐδ' ἀτελεύτητον ὅ τί κεν κεφαλῇ κατανεύσω.
Ἦ καὶ κυανέῃσιν ἐπ' ὀφρύσι νεῦσε Κρονίων·

Έτσι εισάγεται το θέμα[6] της *υπόσχεσης* στην *Ιλιάδα*: με υποκείμενα θεούς, τον Κρονίδη Δία και τη Νηρηίδα Θέτιδα, αντικείμενο την τιμή του θνητού γιου της Θέτιδας, του Αχιλλέα και πεδίο αναφοράς τον ιλιαδικό πόλεμο.

Από την πρώτη αυτή σύσταση του θέματος αρχίζουν ήδη να προσδιορίζονται αφενός το λεξικό σύμπλεγμα και η σημασία της υπόσχεσης και αφετέρου τα κοινωνικά χαρακτηριστικά της. Σε ό,τι αφορά το λεξικό σύμπλεγμα, στο λόγο της Θέτιδας το θέμα συστήνεται με πυρήνα το ρηματικό ζεύγος *ὑπόσχεο καὶ*

5. Όπως επισημαίνει ο Nagy 1981, οι λέξεις *λοίγιος* και *λοιγός*, στην *Ιλιάδα*, εντάσσονται στο σημασιολογικό πεδίο της *μήνιδος* και του *ἄλγους*. Βλ. συγκεκριμένα 74-78.

6. Σχετικά με τον ορισμό του "θέματος" στο ομηρικό έπος παραπέμπουμε στο Segal 1971, 2: «theme... in a somewhat broader sense to mean a recurrent detail of the plot which recurs (with variation) throughout the poem»· επίσης στο Nagy 1981, 3: «theme is the overarching principle in the creation of traditional poetry like the *Iliad* and the *Odyssey*; also [...] the formulaic heritage of these compositions is an accurate expression of their thematic heritage». Εδώ το θέμα της "υπόσχεσης" συστήνεται αφενός από λέξεις ετυμολογικά συγγενείς του ρ. *ἔχω* και αφετέρου από λέξεις που ανήκουν γενικότερα στο σημασιακό πεδίο της υπόσχεσης.

κατάνευσον.[7] Η διαφανής ετυμολογία του πρώτου ρήματος, του *ὑπισχνοῦμαι*: -από το θέμα *ἰσχ-* του ρήματος *ἔχω*[8]- παραπέμπει στη σύσταση μιας σχέσης *ὑπό*-πράγμα που άλλωστε δηλώνεται ανάγλυφα στο ομόρριζο ουσιαστικό *ὑπόσχεσις*-, δηλαδή, μπορούμε εδώ να διευκρινίσουμε, κάτω από την προοπτική ενός κοινού στοχευμένου σχεδίου. Στη συγκεκριμένη μάλιστα περίσταση επικοινωνίας, όπου ο λόγος είναι ευθύς, πρόκειται για τη στιγμή κατά την οποία συνάπτεται αυτή η σχέση μεταξύ δύο προσώπων. Στο πλαίσιο αυτό μιας διαδικασίας σε εξέλιξη, φαίνεται ότι το ρήμα *ὑπισχνοῦμαι* λειτουργεί κατά βάση ως τεχνικός όρος που περιγράφει τη συγκεκριμένη διαδικασία. Το δεύτερο ρήμα, το *κατανεύω*, που συμπλέκεται άμεσα με το πρώτο, ενώ εκ πρώτης όψεως φαίνεται να περιγράφει μια κίνηση εξωτερική -μια κίνηση της κεφαλής ή των φρυδιών, όπως δείχνουν οι προσδιορισμοί του-μπορούμε να πούμε ότι εξωτερικεύει, με άλλα λόγια αντικειμενοποιεί την εσωτερική διάθεση του υποκειμένου: τη συγκατάθεσή του, ή ακόμη και τη βούλησή του, δηλαδή την εθελούσια δέσμευσή του.[9] Αυτή η σημασία της κίνησης της κεφαλής επικυρώνεται στο τέλος της απάντησης του Δία ο οποίος εμφατικά δηλώνει και επεξηγεί: *οὐ γὰρ ἐμὸν παλινάγρετον οὐδ' ἀπατηλὸν / οὐδ' ἀτελεύτητον ὅ τί κεν κεφαλῇ κατανεύσω* (Α 529-530).

Δύο άλλα ρήματα, στην απάντηση του Δία τώρα, το *τελέω* και το *πείθομαι*, έρχονται να προστεθούν στο σημασιακό πεδίο της ιλιαδικής υπόσχεσης, και να φωτίσουν τις προηγούμενες παρατηρήσεις. Με το πρώτο, το *τελέω*, με το οποίο και εισάγεται η υπόσχεση του Δία: *ἐμοὶ δὲ καὶ ταῦτα μελήσεται, ὄφρα τελέσσω* (Α 523), προβάλλεται προληπτικά, ήδη κατά τη στιγμή της σύναψης της υπόσχεσης, και το τέλος της, η ολοκλήρωσή της. Τα δύο χρονικά όρια, η αρχή και το τέλος της υπόσχεσης, συνενώνονται έτσι άρρηκτα ορίζοντας όχι μόνο τη χρο-

7. Στην *Ιλιάδα* η λογοτυπική αυτή έκφραση απαντά συνολικά έξι φορές, με μικρές παραλλαγές που οφείλονται στο γραμματικό πρόσωπο της αφήγησης. Στις πέντε περιπτώσεις το υποκείμενο είναι ο Δίας: Α 514, Β 112=Ι 19, Μ 236, Ο 374· και στην έκτη ο Πρίαμος: Ν 368.

8. Βλ. Chantraine 1990[2] (=*DELG*), στο λήμμα *ἔχω* (*ἰσχ-* racine à vocalisme zéro).

9. Σχετικά με το "βουλησιαρχικό" χαρακτήρα της δέσμευσης στην ηρωική κοινωνία παραπέμπουμε εξαρχής στο Vlachos 1971, κεφάλαιο: «Pacta sunt servanda. Valeur du serment patriotique», 318-328, όπου ο συγγραφέας αναγνωρίζει την υπόσχεση και τον όρκο ως συστατικούς δεσμούς της ηρωικής κοινωνίας στην *Ιλιάδα*. Βλ. συγκεκριμένα τη συμπερασματική παρατήρηση στη σ. 322: «C'est donc apparemment une idée contractuelle, volontariste en la forme, qui, en dernière analyse, rassemble les peuples achéens dans la guerre contre Ilion, par delà les rapports de puissance et de prestige indiscutables...».

νική έκταση της δέσμευσης του Δία αλλά ταυτόχρονα, και κυρίως, την ηθική της εμβέλεια. Η πρόταξη μάλιστα του τέλους φαίνεται να εγγυάται την αλήθεια και την ισχύ της. Με άλλα λόγια η υπόσχεση ορίζει εξαρχής ένα σχέδιο-πρόγραμμα και την ολοκλήρωσή του· δεν περιορίζεται απλώς σε μια λεκτική δέσμευση στο παρόν η οποία προβάλλεται σε μια πράξη στο μέλλον, εμπεριέχει ήδη την επιτέλεσή της. Είναι επομένως–σύμφωνα με τη γνωστή θεωρία των λεκτικών πράξεων–λόγος "επιτελεστικός"[10] και ως προς την "επικοινωνιακή περίσταση" και ως προς τις "απαιτούμενες συνθήκες". Αυτές άλλωστε οι προϋποθέσεις του επιτελεστικού λόγου αναδεικνύονται έμμεσα από την αρχική επιφυλακτικότητα του Δία και άμεσα από το σχόλιο με το οποίο ο ίδιος επισφραγίζει και κατακυρώνει την υπόσχεσή του: *οὐ γὰρ ἐμὸν παλινάγρετον οὐδ᾽ ἀπατηλὸν / οὐδ᾽ ἀτελεύτητον ὅ τί κεν κεφαλῇ* κατανεύσω (Α 526-527).

Με το δεύτερο ρήμα, το *πείθομαι*, το θέμα της υπόσχεσης συνδέεται στενά με το θέμα της πειθούς. Τη στιγμή που ο Δίας δηλώνει στη Θέτιδα τη δέσμευσή του: *εἰ δ᾽ ἄγε τοι κεφαλῇ κατανεύσομαι* συμπληρώνει με έναν προσδιορισμό τελικού αιτίου: *ὄφρα πεποίθῃς* (Α 524). Αυτός ο προσδιορισμός, που επεκτείνει[11] και εμπλουτίζει την "επική έκφραση"[12] μέσω της υποτακτικής σύνδεσης των δύο ρημάτων και της εναλλαγής των υποκειμένων τους-ο Δίας κατανεύει, για να πεισθεί η Θέτις-,μας επιτρέπει να ιχνογραφήσουμε και μια πρώτη όψη της κοινωνικής διάστασης της υπόσχεσης. Ως λόγος που αφορά και προϋποθέτει τον άλλον, και που εμπεριέχει στους στόχους της την *πειθώ*[13] του δέκτη, η υπόσχε-

10. Εφαρμόζουμε εδώ αρκετά ελεύθερα τη θεωρία του επιτελεστικού λόγου ή των λεκτικών πράξεων (actes de langage), και ειδικότερα ό,τι αφορά "τις περιστάσεις επικοινωνίας" και τις "απαιτούμενες συνθήκες" για την "επιτυχή λειτουργία" και την "αποτελεσματικότητά" τους. Βλ. καταρχάς στο Austin 1970, ειδικότερα «Deuxième conférence», 47-56, από όπου και οι σχετικές επισημάνσεις, καθώς και την κριτική του Benveniste 1976, στο κεφάλαιο «La philosophie analytique et le langage», 267-276. Για μια συγκεκριμένη εφαρμογή των θεωριών αυτών στον "αρχαίο όρκο" και στον "ιδρυτικό ρόλο" του ως πολιτικού λόγου, βλ. Letoublon 1989.

11. Σχετικά με την "αισθητική" -και δραματική- σημασία των παραλλαγών ή/και των επεκτάσεων των λογοτυπικών εκφράσεων στην *Ιλιάδα*, βλ. Martin 1989, κεφάλαιο 5 «The expansion Aesthetic», 206-230.

12. Με τη φράση "επική έκφραση" αποδίδεται εδώ ο όρος diction, που χρησιμοποιήθηκε αρχικά από τον Nagy 1981, «Introduction», 1, για να δηλωθεί η μορφή (form) σε αντίστιξη με το περιεχόμενο (content).

13. Σχετικά με την *πειθώ* στο έπος, την "κοινωνική διάστασή" της και "το θεσμικό πλαίσιό" της, βλ. Detienne 1981, στο κεφάλαιο «La laïcisation de la parole», 51 κ.ε. Ο Martin 1989

ση αντλεί την ισχύ και την αποτελεσματικότητά της στη σχέση της με τον άλλο και με το λόγο του άλλου.[14] Έτσι η αμοιβαία εξάρτηση και αλληλόδραση ενεργειών και υποκειμένων καθιστά την υπόσχεση ένα λόγο "διά-λογο" με τα χαρακτηριστικά του "parole publique", σύμφωνα με την έκφραση του Marcel Detienne,[15] που εγγράφεται εξ αρχής στο χώρο του δημόσιου λόγου, δηλαδή στο χώρο του "πολιτικού".[16]

Ήδη μέσα από το λεξικό και σημασιακό πλέγμα της υπόσχεσης συστήνεται και η κοινωνική και ηθική της διάσταση. Τα ρήματα που ορίζουν το *τι* και το *πώς*, την ουσιαστική και την πρακτική πλευρά της υπόσχεσης, κεφαλαιοποιούνται σε ένα είδος "εταιρικής σύμβασης"[17] στο πλαίσιο της οποίας προσδιορίζονται στο εξής αφενός οι σχέσεις των προσώπων που εμπλέκονται άμεσα σε αυτήν και αφετέρου ο ρόλος τους στον ιλιαδικό πόλεμο.

Σε ό,τι αφορά τα υποκείμενα: μέσω της υπόσχεσης και της συνομόλογής της πειθούς εγκαθιδρύεται μια σχέση αλληλεγγύης, σχέση *φιλότητος*[18] σύμφωνα με την επική έκφραση, μεταξύ του Δία και της Θέτιδας εν ονόματι της τιμής του Αχιλλέα σε ένα τριγωνικό σχήμα: η σχέση μεταξύ των δύο θεών-εταίρων συντάσσεται *υπό* το θέμα της τιμής του θνητού ήρωα. Παράλληλα ορίζεται και ο ρόλος τους στον ιλιαδικό πόλεμο: με τη συνομολόγηση της υπόσχεσης η Θέτις

μελέτησε το θέμα με μια διπλή οπτική, αφενός ως "είδος ηρωικού λόγου" και αφετέρου ως "επιτελεστικό λόγο"· βλ. σχετικά, κεφάλαιο 2 «Heroic Genres of Speaking», ειδικότερα 47-65.

14. Βλ. Detienne 1981, 92-94.

15. Βλ. Detienne 1981, 94.

16. Η έννοια του "πολιτικού" στην εφαρμογή της στην ομηρική κοινωνία έχει επανειλημμένα απασχολήσει τις ομηρικές έρευνες. Χωρίς να μπούμε σε λεπτομέρειες, διευκρινίζουμε ότι εδώ με το συγκεκριμένο όρο εννοούνται γενικότερα οι πρακτικές και οι θεσμοί που αφορούν τις σχέσεις των μελών μιας κοινότητας όπως και τη διαχείριση των κοινών υποθέσεων. Βλ. σχετικά Finley 1985, 87 κ.ε.· Gernet 1982 και Vlachos 1971.

17. Σχετικά με τις κοινωνικές πρακτικές και το θεσμικό χαρακτήρα τους στις προ-πολιτικές κοινωνίες, βλ. γενικώς Gernet 1982, το πρώτο κεφάλαιο, «Droit et prédroit», σ. 7-11. Ειδικότερα για τη σημασία της υπόσχεσης ως συστατικού δεσμού της ιλιαδικής κοινωνίας, βλ. Vlachos 1971, 318-328. Σε ό,τι αφορά την κοινωνική και ηθική διάσταση της υπόσχεσης θα παραπέμψουμε στις ιδιαίτερα διαφωτιστικές παρατηρήσεις του Ricoeur 1987, 71.

18. Ο Taillardat 1982, με αφετηρία την υπόθεση κοινής ινδο-ευρωπαϊκής ρίζας, επισημαίνει τη στενή σχέση μεταξύ "πειθούς" και "φιλότητος", σχέση κοινωνικής και ηθικής συνάφειας (ειδικότερα, βλ. 10-12). Σχετικά με την κοινωνική-ηθική αρχή της "φιλότητος" που διαπερνά ολόκληρη την *Ιλιάδα*, βλ. Adkins 1963, 30-45· Nagy 1981· Martin 1989, και Sinos 1980.

παρεμβαίνει στον πόλεμο προσδιορίζοντας την εξέλιξή του[19] και ο Δίας, από την πλευρά του, αναλαμβάνει να μεταφράσει στο πλαίσιο της ηρωικής δράσης, να αντικειμενοποιήσει δηλαδή ό,τι συνομολογήθηκε μεταξύ τους.

Σε ό,τι αφορά το αντικείμενο: μέσω της υπόσχεσης των δύο θεών η σχέση που λόγω καταγωγής έχει ο Αχιλλέας με τον κόσμο των θεών όχι απλώς επιβεβαιώνεται, αλλά και εδραιώνεται σε νέο πλαίσιο: μέσω του προγράμματος για την αποκατάσταση της τιμής του, η βιολογική συγγένεια του ήρωα επενδύεται με κοινωνικό περίβλημα. Η *μῆνις* του Αχιλλέα, εκτός από το έρεισμά της στον κόσμο των ηρώων αποκτά τώρα έρεισμα και στον κόσμο των θεών. Παράλληλα, αυτή η σύσφιξη της σχέσης του θνητού ήρωα με τους αθανάτους, συνεπάγεται εξ αντανακλάσεως τη διεύρυνση της απόστασης που τον χωρίζει από την κοινότητα των θνητών εταίρων του. Ακριβέστερα, λόγω της φιλονικίας μεταξύ Αγαμέμνονα και Αχιλλέα, όπως εκ προοιμίου αναγγέλλεται στο στίχο 6: *ἐξ οὗ δὴ τὰ πρῶτα διαστήτην ἐρίσαντε*, αυτή η από-σταση γίνεται διά-σταση, ρήξη της σχέσης *φιλότητος*, ό,τι δηλαδή με άλλους όρους δηλώνει, όπως έχει υποστηριχτεί, η λέξη *μῆνις*.[20] Και ενώ ο Αχιλλέας *μηνίων* απέχει και περνά στην “αρνητική” φάση της σχέσης του με τον πόλεμο, στη φάση της αδράνειας,[21] ο Δίας και η Θέτις παρεμβαίνουν δυναμικά, μπορούμε να πούμε κοσμογονικά, στον ιλιαδικό πόλεμο. Έτσι, εντέλει και η πολεμική *ἔρις*[22] αλλάζει πεδίο δράσης: από δια-κοινοτική, μεταξύ Αχαιών και Τρώων, γίνεται ενδο-κοινοτική, καθώς μεταφέρεται στο εσωτερικό της αχαϊκής κοινότητας.

19. Α 509-510: *τόφρα ἐπὶ Τρώεσσι τίθει κράτος, ὄφρ' ἂν Ἀχαιοὶ / υἱὸν ἐμὸν τείσωσιν ὀφέλλωσίν τέ ἑ τιμῇ.*

20. Σχετικά με τη συζήτηση για τη λέξη *μῆνις* –λέξη που κατ' ουσίαν είναι δύσκολο να μεταφραστεί– η οποία συνήθως αποδίδεται με λέξεις που περιγράφουν συναισθηματική κατάσταση, θυμός, χόλος, οργή, βλ. Watkins 1977, 187-209 (για την ετυμολογία της λέξης και τη σημασία της στην εφαρμογή της στον Αχιλλέα)· Nagy 1981, 72-77 και Rabel 1990 (για τη σημασία και την ποιητική λειτουργία της ως πρώτης λέξης-κλειδί του προοιμίου). Για μια συνολική μελέτη του θέματος παραπέμπουμε στο Muellner 1996, ο οποίος αποδεικνύει τη σχέση της έννοιας με τη διατήρηση της τάξης, ανάλογα με το επίπεδο εφαρμογής, κοσμικής και κοινωνικής. Βλ. Ειδικότερα, κεφάλαιο 5: «The *Mênis* of Achilles and its Iliadic Teleology», 133-175.

21. Για τη διάκριση μεταξύ “αρνητικής” / “θετικής” φάσης της δράσης του Αχιλλέα, βλ. Redfield 1984, ειδικότερα το κεφάλαιο «La colère d'Achille», 34-43.

22. Για τη σχέση της λέξης *ἔρις* με το σημασιακό πεδίο της *μήνιδος* και του *νείκους*, βλ. Nagy 1981, “Chapter 12: Poetry of Praise, Poetry of Blame”, 222-242.

Τα στοιχεία που συλλέξαμε ως τώρα αναδεικνύουν το σημαντικό ρόλο της υπόσχεσης του Δία τόσο ως προς τη δραματική πλοκή του έπους όσο και ως προς το ατομικό και συλλογικό γίγνεσθαι. Στο επίπεδο της δραματικής πλοκής, με τη θεϊκή υπόσχεση εξυφαίνεται η *Διὸς βουλή* που εξαγγέλλεται στο προοίμιο του έπους (Α 5) και, σύμφωνα με αυτήν, αρχίζει κατ' ουσίαν ο ιλιαδικός πόλεμος: ό,τι ακολουθεί στη ραψωδία Β, συγκεκριμένα η συνέλευση των Αχαιών και ο κατάλογος των πλοίων συνθέτουν μια εναρκτήρια εικόνα η οποία παραπέμπει, όπως έχει συχνά επισημανθεί, στη μυθική προετοιμασία της παναχαϊκής στρατιάς για την εκστρατεία στην Τροία· αφετέρου δρομολογείται η πορεία του πολέμου έως την αποκατάσταση της τιμής του Αχιλλέα. Στο επίπεδο του συλλογικού και ατομικού γίγνεσθαι, με τη συγκεκριμένη υπόσχεση κατανέμονται –αναλόγως και προσωρινά– η νίκη και η ήττα μεταξύ των δύο αντίπαλων κοινοτήτων, των Τρώων και των Αχαιών, και κατ' επέκταση επηρεάζονται και οι ατομικές διαδρομές των πολεμιστών: η αποκατάσταση της τιμής του Αχιλλέα θα έχει ως αντίτιμο το θάνατο πολλών αχαιών ηρώων. Έτσι, ενώ η υπόσχεση του Δία προς τη Θέτιδα συνάπτεται σε μια κρίσιμη στιγμή της βιογραφικής διαδρομής ενός ήρωα, του *ἀρίστου* των Αχαιών, θα καθορίσει το συλλογικό ηρωικό γίγνεσθαι.

Από τη στιγμή αυτή και στο εξής, το θέμα της υπόσχεσης εν ονόματι της τιμής του Αχιλλέα εμφανίζεται σε στενή σύνδεση με το συγγενικό θέμα της *μήνιδος* και το παρακολουθεί έως την κατάληξή του στη ραψωδία Τ (*μήνιδος ἀπόρρησις*). Η *μῆνις*, μαζί με τη συνομόλογή της *ἔριν*, και η *ὑπόσχεσις* διαπλέκονται και σηματοδοτούν τόσο το πεδίο της μάχης όσο και το πεδίο των σχέσεων και των συμπεριφορών.

Γίνεται πλέον φανερό ότι, εκτός από τις σχέσεις μεταξύ των άμεσα εμπλεκόμενων προσώπων, η υπόσχεση του Δία ορίζει κατ' επέκταση και τις σχέσεις τους –στο πλαίσιο πάντα του ιλιαδικού πολέμου– με τους υπόλοιπους ολύμπιους θεούς, όπως επίσης και με τις αντιμαχόμενες κοινότητες των θνητών. Συνάπτοντας τη συγκεκριμένη σχέση αλληλεγγύης με τη Θέτιδα, προσωρινά και έως ότου επιτελεστεί ο σκοπός της υπόσχεσης αυτής, ο Δίας επιλέγει "στρατόπεδο": εν ονόματι της τιμής του Αχιλλέα, ευνοεί τους Τρώες σε βάρος των Αχαιών· με άλλα λόγια επιλέγει "φίλους" και "εχθρούς",[23] και αυτό όχι μόνο μετα-

23. Για τη σημασία του επιθέτου *ἐχθρός* και των συγγενών ετυμολογικά λέξεων, βλ. Chantraine 1990² (=*DELG*), στο λήμμα *ἔχθος*, όπου με αφετηρία την ετυμολογία του *ἐχθοδοπῆσαι*

ξύ των θνητών ηρώων αλλά και μεταξύ των θεών (*μ' ἐχθοδοπῆσαι ἐφήσεις / Ἥρῃ* Α 518-519). Στο βαθμό μάλιστα που η επιλογή αυτή δεν περιορίζεται μόνο στον ίδιο το Δία αλλά αφορά και τους υπόλοιπους θεούς μεταφέρει την έριδα και την έχθρα από τον κόσμο των θνητών στον κόσμο των θεών. Η σύσταση σχέσης *φιλότητος* με τη Θέτιδα –για τη συγκεκριμένη περίσταση της ηρωικής κοινωνίας– προκαλεί ρήξη στην παλιά εγκατεστημένη σχέση "φιλίας" μεταξύ των Ολυμπίων· ρήξη που θα μεταφραστεί τόσο σε λεκτική όσο και σε πολεμική έριδα.

Η πρώτη αντίδραση εκδηλώνεται αμέσως και προέρχεται, όπως άλλωστε την είχε προβλέψει ο Δίας, από τη σύζυγό του Ήρα. Πρώτη αυτή αντιλαμβάνεται τη συνομιλία του με τη Θέτιδα και εικάζει το περιεχόμενό της: την αψευδή, *ἐτήτυμον* υπόσχεση του Δία να τιμήσει τον Αχιλλέα με αντίτιμο το θάνατο πολλών Αχαιών.[24]

Παρόλο που η Ήρα νιώθει έντονα ενοχλημένη από τη στάση του Δία –που κρυφά από αυτήν συναποφάσισε με τη Θέτιδα–, η αντίδρασή της, αυτή τη φορά, περιορίζεται σε λεκτικό διαξιφισμό (Α 539: *κερτομίοισι*) μαζί του και λήγει γρήγορα με την υποχώρησή της απέναντι στις απειλές του συζύγου της. Δεν συμβαίνει όμως το ίδιο, όπως είναι γνωστό, με τις άλλες αντιδράσεις της Ήρας ή των άλλων Ολυμπίων (λ.χ. Ήρας και Αθηνάς στη ραψωδία Ε, Ήρας και Ποσειδώνα στη ραψωδία Ξ). Όχι μόνο οι αντιδράσεις αυτές είναι μεγαλύτερης διάρκειας αλλά και καλύτερα οργανωμένες, σε συνεργασία με άλλους και κρυφά από το Δία. Επιπλέον, και πιο σημαντικό, δεν εκδηλώνονται με λεκτικούς διαξιφισμούς αλλά με παρεμβάσεις στο πεδίο της μάχης υπέρ των Αχαιών. Βεβαίως οι παρεμβάσεις αυτού του τύπου αναστέλλουν περιστασιακά τη δυναμική της υπόσχεσης του Δία και επιβραδύνουν την επιτέλεσή της, κυρίως όμως εκθέτουν και θέτουν υπό αμφισβήτηση την αλήθεια, επομένως την ισχύ της δέσμευσης του Κρονίδη απέναντι στη Θέτιδα.

προτείνεται ο ορισμός "l'homme du dehors", "l'étranger extérieur à toutes relations sociales (ces relations sont au contraire établies dans le cas du *ξένος* "hôte" et "étranger" à la fois)'. Στην ίδια κατεύθυνση η Slatkin (1988, 130-131) παρατηρεί: "dans la sphère proprement humaine de l'*Iliade*, on n'applique les mots *ekhthrós* (haï, qui hait, ennemi), *ékhthos* (la haine), *ekhthairõ* (haïr) et leurs dérivés qu'à ceux qui font partie du même camp" και συγκεφαλαιώνει με την καίρια παρατήρηση: "Pour être *ekhthrós*, vous devez être *philos*".

24. Α 558-559: *τῇ σ' ὀΐω κατανεῦσαι ἐτήτυμον ὡς Ἀχιλῆα / τιμήσῃς ὀλέσῃς δὲ πολέας ἐπὶ νηυσὶν Ἀχαιῶν.*

Η πιο δυναμική παρέμβαση είναι βέβαια αυτή που ξεκινά στη ραψωδία Ξ, με τη συνέργεια Ήρας-Ποσειδώνα, η γνωστή ως *Διὸς ἀπάτη*, και οδηγεί στην ανατροπή της κατάστασης στο πεδίο της μάχης υπέρ των Αχαιών. Έτσι, όταν στη ραψωδία Ο ξυπνά ο Δίας και βλέπει τους Αχαιούς να έχουν τρέψει σε φυγή τους Τρώες, την κρίσιμη αυτή στιγμή της δράσης, οργισμένος υπενθυμίζει στην Ήρα την υπόσχεσή του στη Θέτιδα και δηλώνει ρητά στη σύζυγό του ότι δεν θα επιτρέψει σε κανέναν από τους αθανάτους να βοηθήσουν τους Αχαιούς, πριν επιτελεστεί η υπόσχεσή του απέναντι στον Αχιλλέα (Ο 72-76):

τὸ πρὶν δ' οὔτ' ἄρ' ἐγὼ παύω χόλον οὔτε τιν' ἄλλον
ἀθανάτων Δαναοῖσιν ἀμυνέμεν ἐνθάδ' ἐάσω
πρίν γε τὸ Πηλεΐδαο τελευτηθῆναι ἐέλδωρ,
ὥς οἱ ὑπέστην πρῶτον, ἐμῷ δ' ἐπένευσα κάρητι,
ἤματι τῷ ὅτ' ἐξ ἐμεῖο θεὰ Θέτις ἥψατο γούνων,
λισσομένη τιμῆσαι Ἀχιλλῆα πτολίπορθον.

Η υπενθύμιση της υπόσχεσης από τον ίδιο το Δία, με έμφαση μάλιστα στην επιτέλεσή της (*πρίν γε τελευτηθῆναι*), λειτουργεί αποτελεσματικά[25] προς δύο αλληλένδετες μεταξύ τους κατευθύνσεις: η πρώτη αφορά τη στάση της Ήρας, η οποία πείθεται και πειθαρχεί[26] στην απαγόρευση του Κρονίδη. Έτσι η δράση στο πεδίο της μάχης –και αυτή είναι η δεύτερη κατεύθυνση– θα επανέλθει στην καθορισμένη από την υπόσχεση του Δία πορεία της: θα ανατραπεί υπέρ των Τρώων. Η εξέλιξη αυτή αναδεικνύει τη δυναμική της υπόμνησης: όπως η αρχική σύναψη της υπόσχεσης καθορίζει την πορεία της ηρωικής δράσης, έτσι και η υπενθύμισή της την επανακαθορίζει. Αναδεικνύει επίσης και τη διαλεκτική σχέση μεταξύ υπόσχεσης και δράσης: αν η υπόσχεση καθορίζει τη δράση, η δράση ανανεώνει και ενεργοποιεί εκ νέου την υπόσχεση, όταν αυτή κινδυνεύει να ακυρωθεί από την εξέλιξη στο πεδίο της μάχης.

*

Η υπόσχεση του Δία εν ονόματι της τιμής του Αχιλλέα, είναι ο κεντρικός άξονας της ηρωικής δράσης στην *Ιλιάδα*. Ωστόσο απέναντί της και σε διαλεκτική σχέση μαζί της, υπάρχει και μια άλλη υπόσχεση. Έχει και αυτή ως πεδίο

25. Για την αποτελεσματικότητα του εντολών του Δία, σε κρίσιμες στιγμές της ιλιαδικής πλοκής, που συνδέονται άμεσα με την υπόσχεσή του στη Θέτιδα, βλ. Martin 1989, «The Authoritative Word: Commands», 47-59.

26. Ο 77: *οὐδ' ἀπίθησε θεὰ λευκώλενος Ἥρη.*

αναφοράς τον ιλιαδικό πόλεμο, διαφοροποιείται όμως σημαντικά ως προς άλλα σημεία: α) χρόνος σύναψής της είναι το παρελθόν, και επομένως στην περίπτωσή της πρόκειται για υπόμνηση υπόσχεσης· β) αντικείμενό της είναι η νίκη και η επιστροφή των Αχαιών στην πατρίδα τους· γ) υποκείμενα είναι, κατά περίπτωση, θεοί ή ήρωες.

Ας δούμε τα πράγματα αναλυτικά.

α) Στην αρχή της ραψωδίας Β, ύστερα από τον *Οὖλον Ὄνειρον*,[27] ο Αγαμέμνων με αναπτερωμένες τις ελπίδες του –από παρερμηνεία του ονείρου που του έστειλε ο Δίας[28] – και με πλήρη τελετουργική σκευή, κρατώντας το σύμβολο της εξουσίας του, το σκήπτρο, συγκαλεί το συμβούλιο των γερόντων. Εκεί με την υποστήριξη του Νέστορα καταστρώνει το γνωστό στρατήγημα της Διάπειρας: ο ίδιος θα προτείνει στους Αχαιούς να φύγουν για την πατρίδα και οι υπόλοιποι θα τους συγκρατήσουν με λόγια.

Στη συνέλευση που συγκαλεί στη συνέχεια, ο αρχηγός της παναχαϊκής στρατιάς αρχίζει το λόγο του αναφερόμενος σε μια υπόσχεση που του είχε δώσει στο παρελθόν ο Δίας ότι θα επιστρέψει νικητής στην πατρίδα του έχοντας κυριεύσει την Τροία (Β 111-115):

Ζεύς με μέγα Κρονίδης ἄτῃ ἐνέδησε βαρείῃ
ὃς πρὶν μέν μοι ὑπέσχετο καὶ κατένευσεν
Ἴλιον ἐκπέρσαντ' εὐτείχεον ἀπονέεσθαι,
νῦν δὲ κακὴν ἀπάτην βουλεύσατο, καί με κελεύει
δυσκλέα εἰς Ἄργος ἱκέσθαι ἐπεὶ πολύν ὤλεσα λαόν.

Και στην περίπτωση αυτή το θέμα της υπόσχεσης συστήνεται με το γνωστό ρηματικό ζεύγος: *ὑπέσχετο καὶ κατένευσεν*. Σε αντίθεση όμως με την υπόσχεση του Δία στη Θέτιδα, εδώ απουσιάζουν τα άλλα ρήματα, το *τελέω* και το *πείθομαι*, τα οποία κατακυρώνουν την ισχύ της υπόσχεσης και εγγυώνται την επι-

27. Για την πολύπλευρη συζήτηση σχετικά με τις ποικίλες διαστάσεις –κοινωνική, πολιτική, ψυχολογική– του αινιγματικού επεισοδίου του *Ὀνείρου* και της *Διάπειρας*, βλ. ενδεικτικά Gernet 1982, 46-48· Whitman 1958, 160-174· Nagler 1979, 112-130· Griffin 1980, 1-4· Neschke 1986, 27 κ.ε.

28. Ας σημειώσουμε εδώ ότι μέσω του ονείρου εξωτερικεύεται η ψυχική κατάσταση του Αγαμέμνονα ύστερα από τη φιλονικία με τον Αχιλλέα και την αποχώρηση του τελευταίου από τη μάχη. Έλλειψη εγρήγορσης και αμβλυμμένη συνείδηση της πραγματικότητας οδηγούν τον αρχηγό των Αχαιών στην παρερμηνεία του ονείρου και στο αποτυχημένο στρατήγημα της Διάπειρας. Σχετικά με την "ψυχολογική σημασία των ονειρικών καταστάσεων", βλ. Cheyns 1983, 39-40.

τέλεσή της. Και κάτι επιπλέον: η έλλειψη αυτή αναπληρώνεται από μια καταγγελία για την "αθέτηση", στο παρόν του ιλιαδικού πολέμου, της συγκεκριμένης υπόσχεσης του Δία, που δηλώνεται χαρακτηριστικά με τη φράση: *νῦν δὲ κακὴν ἀπάτην βουλεύσατο* (Β 114). Η αντιπαραβολή της φράσης αυτής με την επιλογική φράση της υπόσχεσης του Δία στη Θέτιδα: *οὐ γὰρ ἐμὸν παλινάγρετον οὐδ' ἀπατηλὸν / οὐδ' ἀτελεύτητον* (Α 529-530) επιτρέπει να διαφανεί μια σημαντική συστατική απόκλιση από το τυπικό του θέματος.

β) Ο Αγαμέμνων επανέρχεται –με την ίδια ακριβώς λογοτυπική έκφραση– στην ίδια αυτή υπόσχεση του Δία αργότερα, στην αρχή της ραψωδίας Ι (19-20),[29] στο πλαίσιο και πάλι μιας παναχαϊκής συνέλευσης. Και στην περίπτωση αυτή η αναφορά στην υπόσχεση συνοδεύεται από την ίδια καταγγελία της αθέτησής της: *νῦν δὲ κακὴν ἀπάτην βουλεύσατο* (Ι 21). Ωστόσο τα δραματικά και ψυχικά συμφραζόμενα είναι διαφορετικά. Οι Αχαιοί βλέποντας τον κίνδυνο των Τρώων πολύ κοντά τους έχουν χτίσει, ύστερα από πρόταση του Νέστορα, ένα τείχος για να προστατευτούν. Ο Αγαμέμνων πάλι, σε αντίθεση με την αμβλυμμένη συνείδηση της πραγματικότητας που χαρακτήριζε την ψυχική του κατάσταση στη ραψωδία Β, εμφανίζεται τώρα με έντονα τα σημάδια της ψυχικής εγρήγορσης: έμεινε ξάγρυπνος όλη τη νύχτα με τη σκέψη προσηλωμένη στον κίνδυνο που απειλεί την αχαϊκή κοινότητα (*ἄχεϊ μεγάλῳ βεβολημένος ἦτορ, Ι 9),* και στη συνέλευση των Αχαιών εμφανίζεται εξαιρετικά ταραγμένος (*δάκρυ χέων ὥς τε κρήνη μελάνυδρος*, Ι 14).

γ) Στη ραψωδία Β και πάλι, στη μεγάλη παναχαϊκή συνέλευση, όταν σύμφωνα με το στρατήγημα του Αγαμέμνονα παίρνει το λόγο ο Οδυσσέας, αναφέρεται σε μια υπόσχεση που είχαν δώσει οι Αχαιοί στο παρελθόν στον Αγαμέμνονα, με την οποία είχαν δεσμευτεί να επιστρέψουν νικητές στην πατρίδα τους έχοντας κυριεύσει την Τροία. Και στην περίπτωση αυτή η αναφορά στη συγκεκριμένη υπόσχεση γίνεται κυρίως για να καταγγελθεί η αθέτησή της (Β 284-288):

Ἀτρείδη νῦν δή σε ἄναξ ἠθέλουσιν Ἀχαιοί
πᾶσιν ἐλέγχιστον θέμεναι μερόπεσσι βροτοῖσιν,
οὐδέ τοι ἐκτελέουσιν ὑπόσχεσιν ἥν περ ὑπέσταν

29. Πρβ. Β 111-118 = Ι 18-25. Να σημειώσουμε ότι πρόκειται για αυτολεξεί επανάληψη του ίδιου λόγου του Αγαμέμνονα σε διαφορετικά ωστόσο δραματικά και ψυχικά συμφραζόμενα.

ἐνθάδ' ἔτι στείχοντες ἀπ' Ἄργεος ἱπποβότοιο
Ἴλιον ἐκπέρσαντ' εὐτείχεον ἀπονέεσθαι.

δ) Στη ραψωδία Ε, κατά τη διάρκεια της αριστείας του Διομήδη, η Ήρα βλέπει τον *οὖλον* Άρη να κατεβαίνει στη μάχη και να βοηθά τον Έκτορα. Ανήσυχη για την ολέθρια[30] δράση του Άρη καλεί την Αθηνά και της υπενθυμίζει την υπόσχεση που είχαν δώσει στο Μενέλαο: ότι θα επιστρέψει νικητής στην πατρίδα του έχοντας κυριεύσει την Τροία (Ε 714-718):

ὢ πόποι, αἰγιόχοιο Διὸς τέκος Ἀτρυτώνη,
ἦ ῥ' ἅλιον τὸν μῦθον ὑπέστημεν Μενελάῳ
Ἴλιον ἐκπέρσαντ' εὐτείχεον ἀπονέεσθαι.
εἰ οὕτω μαίνεσθαι ἐάσομεν οὖλον Ἄρηα.
ἀλλ' ἄγε δὴ καὶ νῶϊ μεδώμεθα θούριδος ἀλκῆς.

Ας ομαδοποιήσουμε τις παρατηρήσεις μας γύρω από δύο άξονες: 1. τα λεξικά συστατικά στοιχεία του θέματος της υπόσχεσης και 2. τα δραματικά και κοινωνικά συμφραζόμενα.

1. Ως προς τη λεξική σκευή του θέματος της υπόσχεσης,[31] εκτός από το ήδη γνωστό μας λογοτυπικό ρηματικό ζεύγος: *ὑπέσχετο καὶ κατένευσεν* (α και β), σημειώνουμε και τις παραλλαγές: *ὑπόσχεσιν ἥν περ ὑπέσταν* (γ) και *τὸν μῦθον ὑπέστημεν* (δ) που υποδεικνύουν ως σημασιακά ισοδύναμο του *ὑπισχνοῦμαι* το ρήμα *ὑφίσταμαι*. Ως προς το αντικείμενο, και στις τέσσερις αυτές περιπτώσεις βρίσκουμε σε στενή σύνδεση με το θέμα της υπόσχεσης το θέμα "επιστροφή στην πατρίδα ύστερα από την άλωση της Τροίας" –για λόγους οικονομίας θα το ονομάσουμε στο εξής, σύμφωνα με την επική έκφραση, *εὐκλεῆ* νόστο. Το δεύτερο αυτό θέμα που ορίζει ένα συλλογικό πρόγραμμα, αποτελεί το περιεχόμενο, δηλαδή το αντικείμενο του πρώτου. Με άλλα λόγια ο *εὐκλεής* νόστος, συλλογικός και ατομικός, προβλέπεται και θεμελιώνεται στη συγκεκριμένη υπόσχεση. Τα υποκείμενα, ήρωες και θεοί, που εμπλέκονται στη σύσταση και στην επιτέλεση του συλλογικού ηρωικού προγράμματος ορίζουν το διπλό, κοινωνικό

30. Για τους διαμετρικά αντίθετους ρόλους του Άρη και της Αθηνάς στο πεδίο της μάχης, και για το είδος του πολέμου που αντιπροσωπεύουν αντίστοιχα, "άγριος πόλεμος" / "πολιτισμένος πόλεμος", βλ. Vian 1968 και Daraki 1980.

31. Όλοι οι ρηματικοί τύποι είναι σε χρόνο αόριστο: *ὑπέσχετο καὶ κατένευσεν* (Δίας: Β 112 = Ι 19)· *ὑπόσχεσιν ἥν περ ὑπέσταν* (Αχαιοί: Β 286)· *τὸν μῦθον ὑπέστημεν* (Ήρα + Αθηνά: Ε 715).

και "θρησκευτικό",[32] πλαίσιο της έδρασής του. Και όπως στην υπόσχεση του Δία προς τη Θέτιδα, έτσι και σε αυτή την περίπτωση τα βασικά συστατικά της στοιχεία κεφαλαιοποιούνται σε ένα είδος "εταιρικής σύμβασης". Στο πλαίσιο αυτό, δηλαδή στη βάση και με προϋπόθεση τη συγκεκριμένη σύμβαση, θεμελιώνονται και ορίζονται οι σχέσεις συνεργασίας και αλληλεγγύης μεταξύ των μελών της αχαϊκής κοινότητας. Γι' αυτό το είδος των σχέσεων η επική γλώσσα διαθέτει τον εύγλωττο προσδιορισμό *φίλοι*.[33] Κατ' αναλογία ορίζεται και ο ρόλος τους και τα καθήκοντά τους. Η εξέχουσα θέση λ.χ. που έχουν οι Ατρείδες, και ιδίως ο Αγαμέμνων, ως επώνυμοι αποδέκτες της υπόσχεσης μας επιτρέπει να αναγνωρίσουμε τον ιδιαίτερο κοινωνικό τους ρόλο ως προς την επιτέλεση του συλλογικού προγράμματος.

2. Και στις τέσσερις περιπτώσεις η υπόμνηση της υπόσχεσης γίνεται για να καταγγελθεί μια δυνητική ή υποθετική –πάντως όχι ρητή– αθέτησή της (Δίας (α και β): *κακὴν ἀπάτην βουλεύσατο*· Αχαιοί (γ): *οὐδέ τοι ἐκτελέουσιν ὑπόσχεσιν*· Ήρα και Αθηνά (δ): *ἅλιον τὸν μῦθον ὑπέστημεν*). Με την καταγγελία αυτή μεταφράζεται στο επίπεδο του λόγου η αρνητική εξέλιξη που έχει πάρει για τους Αχαιούς η δράση στο πεδίο της μάχης. Οι Αχαιοί κινδυνεύουν ενώ οι Τρώες προελαύνουν, γεγονός που σημαίνει ότι η δράση εξελίσσεται σύμφωνα με τους όρους της υπόσχεσης του Δία στη Θέτιδα. Αυτή η εξέλιξη καταδεικνύει τη διαλεκτική σχέση ανάμεσα στις δύο υποσχέσεις: η υπόσχεση ηρώων και θεών για τον *εὐκλεῆ* νόστο των Αχαιών ελέγχεται, στο επίπεδο της δραματικής πλοκής, όχι όμως και της κοινωνικής, υποδεέστερη της υπόσχεσης για την αποκατάσταση της τιμής του Αχιλλέα.

Στις τρεις από τις τέσσερις περιπτώσεις (α, β και γ) η συγκεκριμένη καταγγελία προεκτείνεται και στις κοινωνικές της συνέπειες: η αθέτηση της υπόσχεσης συνεπάγεται για τους Αχαιούς την απώλεια της νίκης και κατ' επέκταση την

32. Ο όρος "θρησκευτικό" χρησιμοποιείται εδώ με κοινωνική απόχρωση, στη σχέση του δηλαδή με το "αρχαϊκό προ-πολιτικό δίκαιο", όπως την προσδιόρισε ο Gernet 1982. Βλ. ειδικότερα στο πρώτο κεφάλαιο «Droit et prédroit», 11: "Des pratiques et des croyances incontestablement religieuses peuvent être intimement associées à des droits qui n'ont certes rien de primitif. Ce qui nous intéresse, ce n'est pas le "religieux" en général, c'est la forme de mentalité."

33. Ο προσδιορισμός *φίλοι* απαντά πολύ συχνά στην *Ιλιάδα*, σε ποικίλες λογοτυπικές εκφράσεις, στο πλαίσιο εμψυχωτικών παροτρύνσεων άλλοτε σε συμφραζόμενα μάχης και άλλοτε συνέλευσης. Βλ. ενδεικτικά τη χαρακτηριστική αποστροφή: *φίλοι ἥρωες Δαναοί*: Β 210, Ζ 67, Ο 733, Ρ 78.

απώλεια του *κλέους* που απορρέει από αυτήν. Δύο επίθετα που ανήκουν στο σημασιακό πεδίο του "αίσχους", και σύμφωνα με το χαρακτηρισμό του Gregory Nagy στην "poetry of blame",[34] δίνουν ανάγλυφα το μέγεθος της απώλειας. Όταν ο Αγαμέμνονας αναφέρεται στην *κακὴν ἀπάτην* του Δία (α και β), προβάλλοντας το παρόν στη μελλοντική του κατάληξη, βλέπει τον εαυτό του να επιστρέφει *δυσκλεής* στο Άργος: ηττημένος, έχοντας μάλιστα χάσει πολύ *λαόν*.[35] Ανάλογη είναι και η αντίληψη που εκφράζει ο Οδυσσέας (γ), όταν σχολιάζει τη συμπεριφορά των Αχαιών: *Ἀτρείδη νῦν δή σε ἄναξ ἐθέλουσιν Ἀχαιοί / πᾶσιν ἐλέγχιστον θέμεναι μερόπεσσι βροτοῖσιν* (Β 284-285). Στο *δυσκλεής* του Αγαμέμνονα προστίθεται από τον Οδυσσέα το *ἐλέγχιστος*,[36] προσδιορισμός που διασαφηνίζει εμφατικά –με την υπερθετική του μορφή– το περιεχόμενο του πρώτου επιθέτου. Και στις τρεις αυτές περιπτώσεις η αθέτηση της υπόσχεσης εκβάλλει αρνητικά στην υστεροφημία του άνακτα Αγαμέμνονα. Στο συνδυασμό τους όλες αυτές οι λεπτομέρειες συνθέτουν την πλήρη ανατροπή του συλλογικού προγράμματος από το ηρωικό στο αντιηρωικό, ανατροπή που συνοψίζεται στην έκπτωση του *εὐκλεοῦς νόστου σε δυσκλεῆ*.

Στην τέταρτη περίπτωση (δ) παρατηρείται μια σημαντική διαφοροποίηση στα άμεσα συμφραζόμενα. Όταν η Ήρα επισημαίνει την παρουσία του "μαινόμενου" Άρη, δεν περιορίζεται απλώς στο να εκφράσει στην Αθηνά την ανησυχία της για τον κίνδυνο που απειλεί με ακύρωση την υπόσχεσή τους, αλλά την καλεί σε άμεση δράση εμψυχώνοντάς την με την ακόλουθη παρότρυνση: *ἀλλ' ἄγε δὴ καὶ νῶϊ μεδώμεθα θούριδος ἀλκῆς*.[37] Στο αγωνιστικό αυτό προσκλητήριο της Ήρας συνυφαίνονται αδιαχώριστα δύο –με μια πρώτη ματιά– διαφορετικές δραστηριότητες οι οποίες ωστόσο συγκλίνουν σε έναν ενιαίο τύπο συμπε-

34. Βλ. Nagy 1981, «Chapter 12: Poetry of Praise, Poetry of Blame», 222-242.

35. Β 114-115=Ι 21-22: *καί με κελεύει / δυσκλέα εἰς Ἄργος ἱκέσθαι ἐπεὶ πολὺν ὤλεσα λαόν*.

36. Εκτός από αυτό το χωρίο, το επίθετο στην υπερθετική μορφή του *ἐλέγχιστος* απαντά άλλες δύο φορές στις ραψωδίες Δ 171 και Ρ 26, και αποδίδεται αντίστοιχα στον Αγαμέμνονα και στο Μενέλαο. Σημειώνουμε, σύμφωνα με τον Adkins 1960, 25 κ.ε., ότι το ομόρριζο ουσιαστικό *ἐλεγχείη*, μαζί με το *αἰσχρόν*, είναι από τις πιο ισχυρές λέξεις που χρησιμοποιούνται στο ομηρικό έπος για να δηλώσουν συμπεριφορές που αντιβαίνουν στον ηρωικό κώδικα, καθώς και τα αισθήματα ντροπής που απορρέουν από αυτές.

37. Σχετικά με τη λειτουργία αυτού του τύπου παροτρύνσεων ως προς την εμψύχωση των πολεμιστών, σε στιγμές κρίσιμες στην *Ιλιάδα*, βλ. Cheyns 1983, 50. Η Slatkin (1988, 120) επισημαίνει επιπλέον μια άλλη διάσταση που σχετίζεται με την αποτελεσματική άσκηση της εξουσίας: "...exciter les hommes au combat est [...] une manifestation vitale d'autorité...".

ριφοράς. Νοητική (*μεδώμεθα*)[38] και σωματική εγρήγορση (*θούριδος ἀλκῆς*) προβάλλονται εδώ ως αναγκαία προϋπόθεση για να τελεσφορήσει η υπόσχεση των δύο θεαινών. Η εξέλιξη της δράσης επαληθεύει την αποτελεσματικότητα της συμπεριφοράς που υποδεικνύεται με τη συγκεκριμένη εμψυχωτική παρότρυνση. Πρώτα η Αθηνά πείθεται και πειθαρχεί[39] και στη συνέχεια οι δύο θεές μαζί, με την άδεια του Δία, αναλαμβάνουν αμέσως δράση και κατορθώνουν να αποκρούσουν τον κίνδυνο που ενσαρκώνει ο Άρης. Έτσι η πορεία της μάχης θα ανατραπεί προσωρινά υπέρ των Αχαιών.

Η τελευταία αυτή περίπτωση έρχεται να ενισχύσει ό,τι παρατηρήσαμε πιο πάνω, με αφορμή την υπόσχεση του Δία στη Θέτιδα: η υπόμνηση της υπόσχεσης σε μια κρίσιμη στιγμή της δράσης δεν αποτελεί εθιμοτυπική λεκτική πράξη, αλλά λειτουργεί ουσιαστικά ανανεώνοντας και επικαιροποιώντας[40] την ισχύ της υπόσχεσης. Και όπως στην περίπτωση εκείνη, έτσι και εδώ η υπόμνηση ενεργοποιεί συμπεριφορές οι οποίες συντελούν σε ευτυχή εξέλιξη της δράσης σε ό,τι αφορά το αντικείμενο της συγκεκριμένης, κατά περίπτωση, υπόσχεσης. Παράλληλα, και κατ' αντίστιξη με την περίπτωση του Αγαμέμνονα, ανακύπτει το ερώτημα: πώς εξηγείται η αποτελεσματικότητα ή μη της υπόμνησης της υπόσχεσης; Γιατί δηλαδή ο Αγαμέμνων δεν κατορθώνει με την υπόμνηση να ενεργοποιήσει παρόμοιες συμπεριφορές στους Αχαιούς; Μπορούμε με σιγουριά να αποκλείσουμε μια εξήγηση που θα στηριζόταν στην οντολογική διαφορά θεών και θνητών ηρώων, γιατί, όπως είναι γνωστό, αντίκειται στην επική λογική. Μήπως θα πρέπει να αναζητήσουμε το λόγο στη διαφορά του πλαισίου δράσης, πεδίο της μάχης στη μια περίπτωση, συνέλευση στην άλλη;

38. Για τη σημασία του ρήματος *μήδομαι*, το οποίο ανήκει στην ετυμολογική οικογένεια του ουσιαστικού *μῆτις* και δηλώνει ταυτόχρονα μια νοητική ενέργεια και μια δραστηριότητα τεχνικού χαρακτήρα με επιτυχή έκβαση, βλ. Detienne - Vernant 1974, 222 και 231.

39. Όπως και πιο πάνω για την αντίδραση της Ήρας στην εντολή του Δία, έτσι και εδώ για την αντίδραση της Αθηνάς χρησιμοποιείται η ίδια έκφραση: Ε 719, *οὐδ' ἀπίθησε θεὰ γλαυκῶπις Ἀθήνη*.

40. Χρησιμοποιούμε εδώ, αρκετά ελεύθερα, τις παρατηρήσεις της Frontisi-Ducroux 1986 σχετικά με τη "λογική λειτουργία" του χρονικού δείκτη *νῦν* στις αποστροφές. Βλ. συγκεκριμένα 31-32, όπου επισημαίνεται: "L'indicateur de temps [...] en signalant l'imbrication des strates chronologiques, en attirant l'attention sur le rapport fluctuant des divers passés et des divers présents, et sur leur relativité, il suggère que tout présent devient passé dès l'instant qu'il est énoncé, mais que l'énonciation le réactualise".

Ας μη βιαστούμε. Τρία ακόμη χωρία, δύο σε συμφραζόμενα μάχης και ένα σε συμφραζόμενα συνέλευσης –όπου και πάλι πρόκειται για υπόμνηση υπόσχεσης– θα μας επιτρέψουν να συμπληρώσουμε τις παρατηρήσεις μας.

Στη ραψωδία Δ, ύστερα από την επιορκία του Πάνδαρου, σε μια κρίσιμη για τους Αχαιούς στιγμή, ο Αγαμέμνων επιθεωρεί τις τάξεις των πολεμιστών του και προσπαθεί να τους ενθαρρύνει. Εκεί συναντά και τον αρχηγό των Κρητών Ιδομενέα που μάχεται στην πρώτη γραμμή. Στην ενθαρρυντική παρότρυνση του Αγαμέμνονα, ο κρητικός ήρωας ανταπαντά καθησυχαστικά: προβάλλει την αγωνιστική του σταθερότητα και για να τη στηρίξει επικαλείται την υπόσχεση με την οποία είχε δεσμευτεί στο παρελθόν (Δ 266-269):

Ἀτρεΐδη μάλα μέν τοι ἐγὼν ἐρίηρος ἑταῖρος
ἔσσομαι, ὡς τὸ πρῶτον ὑπέστην καὶ κατένευσα·
ἀλλ' ἄλλους ὄτρυνε κάρη κομόωντας Ἀχαιοὺς
ὄφρα τάχιστα μαχώμεθ',

Στην περίπτωση αυτή τα πράγματα παρουσιάζονται με αντίστροφη σειρά. Προτάσσεται η δήλωση του ήρωα: *μάλα μέν τοι ἐγὼν ἐρίηρος ἑταῖρος ἔσσομαι* (Δ 266-267), με την οποία εκφράζεται η αγωνιστική του διάθεση και η σταθερότητά του στη δέσμευση που απορρέει από τη σχέση εταιρικής *φιλότητος* που τον συνδέει με τον Ατρείδη. Η υπόμνηση της υπόσχεσης: *ὡς τὸ πρῶτον ὑπέστην καὶ κατένευσα (*Δ 267) έρχεται στη συνέχεια να αιτιολογήσει και να κατακυρώσει με τυπικό, και με άλλους όρους επίσημο, τρόπο την ηρωική συμπεριφορά του. Άλλωστε η στράτευσή του στην πρώτη γραμμή της μάχης αποτελεί το αδιάσειστο τεκμήριο των λόγων του. Υπάρχει όμως και κάτι ακόμη, εξίσου σημαντικό: η υπόδειξη του Ιδομενέα προς τον Ατρείδη να παροτρύνει τους Αχαιούς ώστε να επιδείξουν παρόμοια μαχητικότητα. Η υπόδειξη αυτή, που αποτελεί έμμεση νύξη για τη συμπεριφορά που απαιτεί η περίσταση, όχι μόνο δεν ενοχλεί τον Αγαμέμνονα αλλά αντίθετα τον χαροποιεί.[41]

Στη ραψωδία Ο, όταν πια οι Αχαιοί έχουν τραπεί σε φυγή και έχουν κλειστεί στο τείχος, ο Νέστωρ απελπισμένος απευθύνεται με μια προσευχή στο Δία ζητώντας του να αποτρέψει τον όλεθρο των Αχαιών. Για να υποστηρίξει το αίτημά του, επικαλείται την υπόσχεση με την οποία ο Δίας είχε δεσμευτεί στο παρελθόν απέναντι στους Αχαιούς (Ο 372-376):

41. Δ 272: *Ὣς ἔφατ', Ἀτρεΐδης δὲ παρῴχετο γηθόσυνος κῆρ.*

Ζεῦ πάτερ, εἴ ποτέ τίς τοι ἐν Ἄργεϊ περ πολυπύρῳ
ἢ βοὸς ἢ οἰὸς κατὰ πίονα μηρία καίων
εὔχετο νοστῆσαι, σὺ δ' ὑπέσχεο καὶ κατένευσας,
τῶν μνῆσαι καὶ ἄμυνον Ὀλύμπιε νηλεὲς ἦμαρ
μηδ' οὕτω Τρώεσσιν ἔα δάμνασθαι Αχαιούς

Στο κέντρο της προσευχής αυτής, τα δύο θέματα: υπόσχεση και *εὐκλεής* νόστος εμφανίζονται και πάλι συνδεδεμένα, αλλά σε άμεση παράταξη μέσα σε ένα στίχο: *εὔχετο νοστῆσαι, σὺ δ' ὑπέσχεο καὶ κατένευσας* (Ο 375), παράταξη που υπογραμμίζει αντιστοίχως και τη στενή τους σχέση: η πραγματοποίηση του συλλογικού προγράμματος των Αχαιών, του νόστου, εξαρτάται και διασφαλίζεται από την εκτέλεση της υπόσχεσης, και συγκεκριμένα εδώ της υπόσχεσης του Δία. Υπενθυμίζοντας αυτή την υπόσχεση, ο Νέστωρ επιχειρεί ταυτόχρονα να μεταστρέψει την εύνοια του Δία υπέρ των Αχαιών και να τεθεί ο ίδιος κάτω από τη "θεϊκή προστασία":[42] *τῶν μνῆσαι καὶ ἄμυνον Ὀλύμπιε νηλεὲς ἦμαρ*. Περισσότερο επομένως από μια πράξη σεβασμού, η προσευχή του Νέστορα αφήνει να φανούν οι κοινωνικές και ψυχικές εμπλοκές της υπόσχεσης.

Το αίτημά του–η υποθετική του μορφή: *εἴ ποτέ τίς τοι ἐν Ἄργεϊ* είναι σύμφωνη με το τυπικό της προσευχής–στηρίζεται στη σχέση αλληλεγγύης μεταξύ θνητού ήρωα και θεού, σχέση που έχει από το παρελθόν εγκαθιδρυθεί μέσω της "θυσιαστικής πρακτικής".[43] Η υπόμνηση αυτής της ιδιότυπης αλληλεγγύης αναδεικνύει μια αναγκαιότητα που χαρακτηρίζει την ηρωική δράση: για την επιτυχή εξέλιξή της απαιτείται η σύμπραξη θεϊκής υπόσχεσης και ανθρώπινης αγωνιστικής διάθεσης. Οι περιστάσεις που πλαισιώνουν την προσευχή του Νέστορα–δεν θα επεκταθούμε τώρα σε αυτές–επαληθεύουν τη συνθήκη αυτή.

Επιπλέον, αυτή η προσευχή που αποτελεί την έκφραση της προσωπικής φιλοδοξίας του συγκεκριμένου υποκειμένου υπογραμμίζει την αλληλεξάρτηση

42. Ο Benvenniste 1969, (II), στο κεφάλαιο «Le vœu», 233-243, διερευνώντας τις χρήσεις του ρήματος *εὔχομαι* σε τέτοιου είδους συντάξεις (constructions en proposition infinitive) επισημαίνει ότι πρόκειται για ρήμα που δηλώνει "δέσμευση" (reste un verbe d'engagement, 240) και καταλήγει με την ακόλουθη ενδιαφέρουσα παρατήρηση: "... *εὔχομαι* ne porte jamais référence au passé ni à un événement accompli, mais seulement à une situation actuelle ou future", 242, παρατήρηση που, κατά τη γνώμη μας, συνάδει με την ιδέα της επικαιροποίησης της υπόσχεσης μέσω της υπόμνησής της.

43. Για τη σχέση αμοιβαιότητας που δημιουργείται ανάμεσα σε αυτόν που προσεύχεται και στη θεότητα την οποία επικαλείται, βλ. Benveniste 1969, (II), κεφάλαιο 5, «Prière et supplication», 245-254.

μεταξύ της ατομικής διαδρομής και της επιτυχίας ή αποτυχίας του συλλογικού προγράμματος. Στην κατακλείδα της παράκλησης του Νέστορα: *μηδ' οὕτω Τρώεσσιν ἔα δάμνασθαι Ἀχαιούς* (Ο 376), αναγνωρίζεται η αντίληψη ότι η "επιτυχία του προσωπικού του αιτήματός" όχι μόνο δεν διαχωρίζεται από το συλλογικό[44] αλλά εμπεριέχεται σε αυτό και διασφαλίζεται από αυτό.

Σε κάθε περίπτωση, η υπόμνηση της υπόσχεσης λειτουργεί ως πρόσκληση προς τα πρόσωπα που έχουν συμβληθεί μέσω αυτής να επιτελέσουν "εδώ" και "τώρα" ό,τι συμφωνήθηκε μεταξύ τους κάποια στιγμή στο παρελθόν. Με άλλους όρους: "υπενθυμίζω την υπόσχεση" σημαίνει ανανεώνω και επικαιροποιώ τη δέσμευση που απορρέει από τον τυπικό θεσμικό χαρακτήρα αυτής της εταιρικής σύμβασης με στόχο να ενεργοποιήσω την αρμόζουσα συμπεριφορά εκ μέρους των "εταίρων".

Αυτόν ακριβώς το θεσμικό χαρακτήρα, με όλες του τις παραμέτρους, επισημαίνει ο Νέστωρ, όταν προς το τέλος της μεγάλης παναχαϊκής συνέλευσης στη ραψωδία Β προσπαθεί να εμψυχώσει τους Αχαιούς ώστε να ανταποκριθούν στο ηρωικό τους καθήκον. Να υπενθυμίσουμε την εξαιρετική κρισιμότητα της κατάστασης. Το στρατήγημα του Αγαμέμνονα δεν έχει ευτυχή έκβαση: αντί να εμφυσήσει το αγωνιστικό πνεύμα στους Αχαιούς, τους τρέπει σε φυγή προς τα πλοία τους. Η ηρωική σκηνή κατακλύζεται από αταξία την οποία θα "αναλάβει" να εκφράσει κυριολεκτικά και συμβολικά ο κατεξοχήν ιλιαδικός αντιήρωας, ο Θερσίτης.[45] Ο Οδυσσέας, σύμφωνα με το δεύτερο σκέλος του στρατηγήματος του Αγαμέμνονα, θα επιχειρήσει πρώτος να επαναφέρει τους Αχαιούς στην ηρωική τάξη. Θα υπενθυμίσει–όπως είδαμε πιο πάνω–την υπόσχεσή τους καταγγέλλοντας την αντιηρωική συμπεριφορά τους και για να τους εμψυχώσει θα επικαλεστεί την αυθεντία της μαντείας του Κάλχαντα. Οι Αχαιοί θα επιδοκιμάσουν με ενθουσιασμό την "αγόρευση" του Οδυσσέα.[46] Αυτό όμως δεν είναι

44. Για το διπλό αυτό χαρακτήρα της προσευχής, «ιδιοτελή και αλτρουιστικό» ταυτόχρονα, βλ. Rudhardt 1992², 194-195 και ειδικότερα 195: "Si, comme nous l'avons dit, une convenance antérieure à la prière unit les dieux à l'individu qui les invoque, c'est que celui-ci appartient à une communauté au destin de laquelle les dieux se trouvent associés ; quand il sollicite pour lui-même leur assistance, il la demande également pour le groupe entier dont les traditions conditionnent la formule et le succès de sa requête".

45. Για έναν αναλυτικότερο σχολιασμό του ρόλου και της συμβολικής παρουσίας του Θερσίτη στο επεισόδιο αυτό, βλ. ενδεικτικά Kefala 1998, κεφάλαιο: "Thersite: une représentation de l' *αἰσχρόν*", 197-209.

46. Β 333, 335: *Ἀργεῖοι δὲ μέγ' ἴαχον... / μῦθον ἐπαινήσαντες Ὀδυσσῆος θείοιο.*

αρκετό. Για την πλήρη αποκατάσταση της τάξης, και στη συνέλευση των Αχαιών και στο πεδίο της μάχης, θα χρειαστεί η παρέμβαση του Νέστορα, του κατεξοχήν "θεσμικού αγορητή".[47] Ας δούμε τις σημαντικότερες λεπτομέρειες του λόγου του (Β 337-341 και 344-350):

ὢ πόποι ἦ δὴ παισὶν ἐοικότες ἀγοράασθε
νηπιάχοις οἷς οὔ τι μέλει πολεμήϊα ἔργα.
πῇ δὴ συνθεσίαι τε καὶ ὅρκια βήσεται ἧμιν;
ἐν πυρὶ δὴ βουλαί τε γενοίατο μήδεά τ' ἀνδρῶν
σπονδαί τ' ἄκρητοι καὶ δεξιαί, ᾗς ἐπέπιθμεν·
[...]
Ἀτρεΐδη σὺ δ' ἔθ' ὡς πρὶν ἔχων ἀστεμφέα βουλὴν
ἄρχευ' Ἀργείοισι κατὰ κρατερὰς ὑσμίνας,
τούσδε δ' ἔα φθινύθειν ἕνα καὶ δύο, τοί κεν Ἀχαιῶν
νόσφιν βουλεύωσ'· ἄνυσις δ' οὐκ ἔσσεται αὐτῶν·
πρὶν δ' Ἄργος ἰέναι πρὶν καὶ Διὸς αἰγιόχοιο
γνώμεναι εἴ τε ψεῦδος ὑπόσχεσις εἴ τε καὶ οὐκί.
φημὶ γὰρ κατανεῦσαι ὑπερμενέα Κρονίωνα [...]

Η επική γλώσσα είναι εδώ ιδιαίτερα εύγλωττη. Χωρίς περιστροφές, όπως άλλωστε το συνηθίζει, ο Νέστωρ στοχεύει ευθέως στο κεφαλαιώδες και αναγκαίο.[48] Το εισαγωγικό του σχόλιο απεικονίζει με τρόπο ανάγλυφο την ατμόσφαιρα της παναχαϊκής συνέλευσης: *ὢ πόποι ἦ δὴ παισὶν ἐοικότες ἀγοράασθε / νηπιάχοις οἷς οὔ τι μέλει πολεμήϊα ἔργα*. Λόγια και έργα βρίσκονται σε απόλυτη διάσταση με ό,τι ορίζει την ταυτότητα του ηρωικού στην *Ιλιάδα*. Στην παρομοίωση των πολεμιστών με *ἀγορὰ νηπίων* που αδιαφορούν για τα *πολεμήϊα ἔργα* συμπυκνώνεται η έκταση και το μέγεθος αυτής της ανατροπής. Με το δεύ-

47. Σχετικά με το ρόλο αυτό του Νέστορα, του κατεξοχήν "maître de verité" ή "maître de la *μῆτις*", βλ. γενικώς Detienne 1981, 71· για την αποτελεσματικότητα του λόγου του, τόσο στη ραψωδία Β όσο και στη Ι, βλ. Martin 1989, «Commands», 59-61.

48. Για μια στιλιστική –και όχι μόνο– ανάλυση των αντίστοιχων λόγων του Αγαμέμνονα, του Οδυσσέα και του Νέστορα βλ. Kirk 1985, 129-130, 146 και 151, και Martin 1989, 80-83. Ο Martin, ενώ χαρακτηρίζει και τον Οδυσσέα και το Νέστορα ως "ideal speaker" και "effective performer", επισημαίνει επιπλέον μια σημαντική διαφορά μεταξύ τους: "Although both talk for the same purpose, Odysseus foregrounds himself as performer, explicitly quoting another authority [Kalchas]. Nestor, on the other hand, presents himself not as a speaker, but as a heroic performer of both words and deeds", 82.

τερο σχόλιό του ο Νέστωρ, ενώ ελέγχει τη συμπεριφορά των Αχαιών, ταυτόχρονα, και κυρίως, τους υπενθυμίζει το ηρωικό τους καθήκον, όπως αυτό υπαγορεύεται από την υπόσχεσή τους. Αξίζει εδώ να υπογραμμιστεί το πλήθος των λέξεων που επιστρατεύονται για να περιγράψουν τη σύνθετη και τυπικά επίσημη διαδικασία της υπόσχεσης: *συνθεσίαι, ὅρκια, βουλαί, σπονδαί, δεξιαί, ᾗς ἐπέπιθμεν,* όροι που δηλώνουν διάφορες κοινωνικές πρακτικές και στο συνδυασμό τους κατακυρώνουν το θεσμικό χαρακτήρα της υπόσχεσης προσδίδοντάς της αξία "ένορκης σύμβασης".[49]

Έτσι ο Νέστωρ επικαιροποιεί την υπόσχεση και ταυτόχρονα επαναπροσδιορίζει τη θεσμική σχέση που διέπει την αχαϊκή κοινότητα και τα καθήκοντα που απορρέουν από αυτήν. Με την προϋπόθεση αυτή θα υπενθυμίσει και στον Αγαμέμνονα πρώτα από όλα το δικό του καθήκον, τον ηγετικό του ρόλο στη μάχη: *ἄρχευ' Ἀργείοισι κατὰ κρατερὰς ὑσμίνας...* Και στη συνέχεια, αναλαμβάνοντας ρόλο "παιδαγωγού", θα του υποδείξει με λεπτομέρειες πώς οφείλει να σκέφτεται και να πράττει ως *ἄναξ* και ιδίως ως *βουληφόρος ἀνήρ,*[50] όταν πρόκειται να πάρει μια απόφαση ή να καταστρώσει ένα στρατηγικό σχέδιο για την εξυπηρέτηση του συλλογικού στόχου.[51] Το σημαντικότερο "μάθημα" του Νέστορα προς τον Αγαμέμνονα υπαγορεύει τις βασικές αρχές που πρέπει να διέπουν τη σκέψη και το λόγο του: *ἀλλά, ἄναξ, αὐτός τ' εὖ μήδεο πείθεό τ' ἄλλῳ.* Ακριβέστερα: νοητική εγρήγορση και διορατικότητα (*εὖ μήδεο*) αφενός και αφετέρου πρακτική του λόγου-διαλόγου (*πείθεό τ' ἄλλῳ).* Δύο τύπου ενέργειες που εγγράφονται αντίστοιχα στο πεδίο της *μήτιδος* και στο πεδίο της *πειθοῦς* προβάλλονται εδώ ως οι αναγκαίες ψυχολογικές και κοινωνικές προϋποθέσεις για την ορθή, και συνεπώς αποτελεσματική,[52] άσκηση της εξουσίας του Αγαμέμνονα. Είναι ολοφάνερο ότι ο "δάσκαλος της αλήθειας", σε αντίθεση με τον Οδυσσέα, δεν προσφεύγει εδώ στην επικουρία κάποιας εξωτερικής αυθεντίας· τη δύναμη του λόγου του την αντλεί ευθέως από τον ηρωικό κώδικα συμπεριφοράς –δεν θα επεκταθούμε εδώ περισσότερο.

49. Βλ. σχετικά Vlachos 1971, ο οποίος στα συμπεράσματά του καταλήγει, 321: "L'idée d'un tel accord, d'un "pacte loyal" [...] ou d'un "contrat juré" [...], s'avère, dès lors, comme le fondement ultime à la fois des règles qui régissent les rapports intra-étatiques ou inter-étatiques des peuples achéens et d'un droit international de guerre possible entre les deux belligérants".

50. Για την πολιτική σημασία του όρου, βλ. ενδεικτικά Vlachos 1971, 128 και 160 σημ. 207.

51. Βλ. Β 360-368, και ιδίως 360: *ἀλλά, ἄναξ, αὐτός τ' εὖ μήδεο πείθεό τ' ἄλλῳ.*

52. Σχετικά με την "αποτελεσματικότητα" που αποτελεί κεντρικό στόχο και κριτήριο της ηρωικής ηθικής, βλ. γενικώς Adkins 1972 και 1982.

Θα σημειώσουμε όμως ένα ακόμη σχόλιο του Νέστορα, ιδιαίτερα διαφωτιστικό για το θέμα μας, την αναφορά του στην υπόσχεση του Δία: *πρὶν καὶ Διὸς αἰγιόχοιο / γνώμεναι εἴ τε ψεῦδος ὑπόσχεσις εἴ τε καὶ οὐκί.* Αυτό που υπογραμμίζεται με το συγκεκριμένο σχόλιο είναι η αλληλεξάρτηση του ρόλου του Αγαμέμνονα και της υπόσχεσης του Δία. Συγκεκριμένα, για να ελεγχθεί αν η υπόσχεση του Δία είναι απάτη ή όχι–όπως κατήγγειλε ο Αγαμέμνονας στην αρχή της συνέλευσης–,ένας τρόπος υπάρχει: να αναλάβει ο Αγαμέμνονας υπεύθυνα τα θεσμικά του καθήκοντα κατά την άσκηση της εξουσίας του. Αυτή είναι η αναγκαία συνθήκη για να αποκατασταθεί η ηρωική τάξη και να υπηρετηθεί ο συλλογικός στόχος· είναι επίσης η αναγκαία και ικανή συνθήκη για να επιτευχθεί η θεϊκή σύμπραξη.

Η εξέλιξη της δράσης θα δικαιώσει το Νέστορα ως θεσμικό και αποτελεσματικό αγορητή. Η ηρωική τάξη θα αποκατασταθεί σε όλα τα επίπεδα. Ο Αγαμέμνονας θα ασκήσει επάξια και αποτελεσματικά το ρόλο του και η συνέλευση των νηπίων θα ανασυνταχθεί σε ηρωικό στράτευμα, έτοιμο για τη μάχη.

Συγκεφαλαιώνουμε: Τα χωρία που μελετήσαμε μας επέτρεψαν να διακρίνουμε δύο μείζονες υποσχέσεις: α) την υπόσχεση που συνομολογείται μεταξύ δύο θεών με αντικείμενο την αποκατάσταση της τιμής του Αχιλλέα και β) την υπόσχεση που συνομολογείται μεταξύ των Αχαιών–κατεξοχήν[53]– ηρώων με αντικείμενο τον ευκλεή νόστο του αχαϊκού στρατεύματος εν γένει, ιδίως όμως των Ατρειδών. Η πρώτη αφορά την ατομική διαδρομή ενός ήρωα: την αποκατάσταση της τιμής του Αχιλλέα, και μέσω αυτής το συλλογικό γίγνεσθαι· ενώ η δεύτερη συνδέεται με ένα συλλογικό πρόγραμμα: τον ευκλεή νόστο των Αχαιών, μέσα στο οποίο περικλείονται και οι ατομικές διαδρομές των ηρώων. Στην ποιητική της *Ιλιάδας* οι δύο υποσχέσεις διαπλέκονται και διαλέγονται: ο ιλιαδικός πόλεμος ξεκινά με την πρώτη, συνεχίζεται και ολοκληρώνεται με τη δεύτερη. Διαφοροποιούνται όμως ως προς το βάρος τους στην έκβαση του πολέμου: ενώ η θεϊκή υπόσχεση παίζει καθοριστικό ρόλο στη δραματική πλοκή, η ηρωική υπόσχεση οδηγεί και ανατροφοδοτεί την ηρωική αρετή και δράση. Με τον τρόπο αυτό το έπος προβάλλει τη σημασία του κοινωνικού δεσμού ως προς

53. Οι παρατηρήσεις που καταγράψαμε ως εδώ δεν εξαντλούν ασφαλώς το θέμα "υπόσχεση και ιλιαδικός πόλεμος", απλώς το εισάγουν. Άλλωστε, ως κοινωνική πρακτική η υπόσχεση συνδέεται, εκτός από τον πόλεμο, με διάφορες άλλες όψεις της ιλιαδικής κοινωνίας, στην οποία συμπεριλαμβάνονται οι κοινότητες Αχαιών και Τρώων.

το συλλογικό γίγνεσθαι. Η νίκη και ο νόστος είναι υπόθεση των ανθρώπων: προϋποθέτουν την προσωπική εθελούσια δέσμευση και επένδυση στο συλλογικό στόχο. Η επιτυχία ενός στοχευμένου προγράμματος προϋποθέτει και εξασφαλίζεται μέσω ισχυρών δεσμών αλληλεγγύης, μέσω της εταιρικής *φιλότητος*. Στην έδραση αυτής της *φιλότητος* βρίσκεται η υπόσχεση ως κοινωνική και πολιτική πρακτική. Η θεμελιώδης αξία της ως προς τη σύσταση και τη συνοχή της αχαϊκής κοινότητας της προσδίδει χαρακτήρα "συνταγματικό", δηλαδή χαρακτήρα "ιδρυτικού νόμου" της ιλιαδικής κοινωνίας[54] με την έννοια ότι αυτή δημιουργεί τη συλλογική αλληλεγγύη και κατανέμει ταυτόχρονα τα καθήκοντα και τα δικαιώματα των μελών της κοινότητας, όπως επίσης και τους στόχους και τις φιλοδοξίες τους.

Στην ποιητική της *Ιλιάδας*, το θέμα της *υπόσχεσης* συνδέεται άμεσα και με θετικό τρόπο με δύο μεγάλα θέματα: την τιμή του Αχιλλέα και τον ευκλεή νόστο της αχαϊκής κοινότητας. Συνδέεται όμως έμμεσα και αντιθετικά, σε ένα σχήμα διπολικό, με το θέμα της *έριδος*: ενώ η υπόσχεση συνυφαίνει δεσμούς *φιλότητος* και εξασφαλίζει την κοινωνική συνοχή και αλληλεγγύη, η *ἔρις* λειτουργεί ακριβώς προς την αντίθετη κατεύθυνση: προκαλεί τη ρήξη των δεσμών αυτών και κατ' επέκταση διαταράσσει το θεμέλιο και το συνεκτικό ιστό της ηρωικής κοινωνίας. Οι συνέπειες αυτής της ρήξης γίνονται αισθητές καθώς αντικειμενοποιούνται στο πεδίο της μάχης με ποικίλες απώλειες και ό,τι αυτές συνεπάγονται για την κοινότητα και τα άτομα. Με τη σφραγίδα του "μεγάλου δημιουργού" του έπους η έρις και η υπόσχεση για μια γυναίκα του μυθικού Τρωικού πολέμου αναπλάθονται στο πλαίσιο του ιλιαδικού πολέμου σε γεγονότα με σαφή κοινωνική και πολιτική διάσταση.

54. Δεν είναι εδώ ούτε ο χώρος ούτε η στιγμή να θίξουμε το γνωστό και πολυσυζητημένο θέμα της "ιστορικότητας" και του "τύπου" της κοινωνίας που περιγράφεται στα ομηρικά έπη, και ειδικότερα στην *Ιλιάδα*. Θα αρκεστούμε να συνυπογράψουμε την άποψη που υπερασπίζεται το ιστορικό υπόβαθρο της ομηρικής κοινωνίας, άποψη που αποτελεί άλλωστε και προϋπόθεση για τις παρατηρήσεις που παρουσιάζουμε εδώ.

Βιβλιογραφια

Adkins, A.W.H. 1960, "“Honour” and “Punishment” in the Homeric Poems"', *BICS* 7, 23-32.

- 1963, "“Friendship” and “Self-Sufficiency” in Homer and Aristote"', *CQ* 13, 30-45.
- 1972, *Moral Values and Political Behaviour in Ancient Greece*, London.
- 1982, "Values, Goals, and Emotions in the *Iliad*", *CPh* 77, 292-326.

Austin, J.L. 1970, *Quand dire, c'est faire*, Seuil, Paris.

Benveniste, E. 1969, *Le vocabulaire des institutions indo-européennes*, II, Paris.

- 1976 & 1980, *Problèmes de linguistique générale*, I & II, Paris.

Buffiere, F. 1956, *Les mythes d'Homère et la pensée grecque*, Paris.

Chantraine, P. 1990[2], *Dictionnaire étymologique de la langue grecque. Histoire des mots* (nouv. éd. en II vol.), Klincksieck, Paris (=*DELG*).

Cheyns, A. 1983, "Le *θυμός* et la conception de l'homme dans l'épopée homérique", *RBPhH* 61, 20-86.

Daraki, M. 1980, "Le héros à *menos* et le héros *daimoni isos*. Une polarité homérique", *ASNP* s. 3, 10, 1-24.

Detienne, M. 1981, *Les maîtres de vérité*, Paris.

Detienne, M. - Vernant, J.-P. 1974, *Les ruses de l'intelligence. La métis des Grecs*, Paris.

Finley, M.I. 1985, *L' invention de la politique*, (trad. fr. *Politics in the Ancient World*, Cambridge 1983), Paris.

Frontisi-Ducroux, F. 1986, *La Cithare d'Achille. Essai sur la poétique de l' Iliade*, Rome.

Gernet, L. 1982, *Droit et Prédroit en Grèce ancienne*, Paris.

Gould, J.P. 1973, "Hiketeia", *JHS* 93, 74-104.

Griffin, J. 1980, *Homer on Life and Death*, Oxford.

Grimal, P. 1951, *Dictionnaire de la mythologie grecque et romaine*, Paris.

Kefala, A. 1998, *Le choix d'Achille. Du refus, de la réconciliation et de la mort dans l' Iliade* (thèse de Paris VIII, Paris).

Kirk, G.S. 1985, *The Iliad: A Commentary.* Volume I: books 1-4, Cambridge.

Letoublon, F. 1989, "Le serment fondateur", *Μῆτις* 4.1, 101-115.

Martin, R. 1989, *The language of Heroes. Speech and Performance in the Iliad*, Ithaca and London.

Muellner, L. 1996, *The Anger of Achilles. Mênis in Greek Epic*, Ithaca and London.

Nagler, M.N. 1979, *Spontaneity and Tradition. A Study in the Oral Art of Homer*, Berkeley-Los Angeles.

Nagy, G. 1981, *The Best of the Achaeans. Concepts of the Hero in Archaic Greek Poetry*, Baltimore and London.

Neschke, A.B. 1986, "*Βουληφόρος ἀνήρ* - Zur Beteutung der sogenannten *Diapeira* im 2. Buch der Ilias (B, 1-483)", *AuA* 31, 25- 34.

Rabel, J.R. 1990, "Apollo as Model for Achilles in the *Iliad*", *AJPh* 111.4, 429-440.

Redfield, J.M. 1984, *La tragédie d'Hector. Nature et culture dans l*'Iliade (trad. franç.), Paris.

Ricoeur, P. 1987, "Individu et identité personnelle", στο P. Veyne et al (eds), *Sur l'individu,* 54-72, Paris.

Rudhardt, J. 1992[2], *Pensée religieuse et actes constitutifs du culte dans la Grèce classique*, Paris.

Segal, Ch.P. 1971, *The Theme of the Mutilation of the Corpse in the Iliad, Mnemosyne*, suppl. 17.

Sinos, D. 1980, *Achilles, Patroklos, and the Meaning of Philos,* Innsbruck.

Slatkin, L.M. 1988, "Les amis mortels. A propos des insultes dans les combats de l'*Iliade*", *L'écrit du temps* (Négations) 19, 119-132.

- 1991, *The power of Thetis. Allusion and Interpretation in the* Iliad, Berkley-Los Angeles-Oxford.

Taillardat, J. 1982, "*Φιλότης, πίστις* et *foetus*", *REG* 45.1, 1-14.

Thornton, A. 1984, *Homer's* Iliad: *its composition and the motif of supplication*, Hypomnemata, 81.

Vian, F. 1968, "La fonction guerrière dans la mythologie grecque", στο J.-P. Vernant (éd.), *Problèmes de la guerre en Grèce ancienne*, Paris-La Haye, 53-68.

Vlachos, G. 1971, *Les sociétés politiques homériques*, Paris.

Watkins, C. 1977, "A propos de *MHNIS*", *BSL* 72, 187-209.

Whitman, C.H. 1958, *Homer and the Heroic Tradition*, Cambridge.

Summary

Two major promises are intertwined and interwoven in the poetic plot of the *Iliad.* The first one in the narrative context, immediately after the contest between Agamemnon and Achilles, is the promise given by Zeus to Thetis, with which he commits himself to giving temporary victory to the Trojans, until the honor of the *aristos* among the Achaeans is restored. The second promise, introduced to the narrative plot as a reminder, is a promise given by the Achaeans at some earlier time and its objective is the glorious *nostos,* specifically that of the Atreidai, but also of the Achaean army in general. The promise given by Zeus plays an important part in the dramatic plot, determining the beginning, the progress and the outcome of the iliadic war. The promise given by the Achaeans warriors re-invigorates their virtue and action. Whereas the first promise regards the individual itinerary of a hero, and through that the collective events, the second one is connected to a collective process of action, which includes individual progress too.

Apart from being an essential part of the dramatic plot, the promise is also an essential part of heroic society and order. Through its linguistic and signification framework, the promise is put forward as a foundation and as a unifying element of the heroic society that displays characteristics of a "corporate agreement". This social convention generates relationships of solidarity, relationships of *philotes* between the members of the community and results in the distribution of the obligations and privileges of each individual, as well as that of ambition, whether individual or collective. Its fundamental social value renders the nature of the promise "constitutional", that is it becomes a fundamental "institutional law" for the iliadic society.

D'Andocide à Isocrate: l'évolution de la notion de paix

Claude Mossé

Parmi les discours attribués aux orateurs attiques, il en est deux qui nous sont parvenus sous le titre *Peri tès Eirénès*. Le premier serait d'Andocide, et aurait été prononcé au moment où des négociations étaient engagées avec les Spartiates pour mettre fin à une guerre qui durait depuis quatre ans. On était en 391. Le second figure parmi les œuvres d'Isocrate, et aurait été composé par celui-ci peu avant la fin de ce que l'on appelle la guerre des alliés, en 356/5. Il peut être intéressant de les confronter pour tenter de définir ce que l'on entendait par paix dans l'Athènes de la première moitié du IVème siècle.

Andocide, qui faisait partie de l'ambassade envoyée à Sparte, est connu surtout par le discours *Sur les Mystères* qu'il composa pour se défendre contre l'accusation d'avoir outrepassé l'interdiction qui pesait sur lui depuis qu'il avait été compromis dans la fameuse affaire des sacrilèges en 415, à la veille du départ de l'expédition de Sicile.[1] Pour sauver les siens, et singulièrement son père Léogoras il avait livré les noms des principaux coupables. Contraint à l'exil par le décret qui le frappait d'atimie, il voyagea dans le monde grec, fit du commerce, tenta en vain à plusieurs reprises de rentrer à Athènes à la faveur des bouleversements qui frappèrent la cité dans la dernière décennie du siècle et put enfin récupérer ses droits et une partie de la fortune familiale en 402.[2] Accusé en 399, il fut semble-t-il acquitté. En tout cas, il semble avoir alors repris une activité politique, comme en témoigne sa présence parmi les ambassadeurs envoyés à Sparte.

1. Sur l'affaire des sacrilèges et ses conséquences à la veille du départ de l'expédition de Sicile, voir Thucydide 6.27-29; 53; 60, et Andocide, *Mystères*, 11-69.

2. Le discours *Sur les Mystères* est une source précieuse pour reconstituer la vie d'Andocide. Mais ce sont surtout les derniers paragraphes du discours qui rendent compte de ses activités, en particulier commerciales (137-139) et de l'ensemble de sa vie (144-150).

D'Isocrate, nous possédons une œuvre beaucoup plus considérable. Mais la plus grande partie des discours qu'il composa ne furent pas prononcés devant une assemblée ou un tribunal. Ce sont des modèles d'éloquence destinés à ses élèves, et ils expriment l'évolution d'une pensée qui est davantage celle d'un théoricien de la politique que d'un orateur impliqué dans les débats qui se déroulaient devant le peuple.[3] Plus jeune de quelques années qu'Andocide, il ne se mêla pas à la politique active. À la différence de celui-ci, il n'appartenait pas à une de ces grandes familles athéniennes qui fournissaient encore à la cité ses principaux dirigeants, et il semble qu'il fit profession de logographe au début de sa carrière, tout en suivant l'enseignement de certains sophistes, et peut-être de Socrate. C'est à partir des années quatre-vingts qu'il enseigna la rhétorique à de futurs dirigeants de la cité, tels le célèbre stratège Timothée, et qu'il développa ses idées sur les relations entre cités, et sur la place d'Athènes dans l'établissement d'un ordre qui permettrait d'engager à nouveau la lutte contre le Barbare.[4]

On voit donc avec quelle prudence il faut comparer deux discours qui pour mettre la paix au centre de leurs préoccupations n'en émanent pas moins de personnalités très différentes. Le contexte de même est tout à fait autre. En 391, Athènes est en guerre avec Sparte depuis quatre ans, ayant rompu le traité qui l'avait contrainte à entrer après Aigos Potamoi dans l'alliance spartiate. Cette rupture était la conséquence du caractère nouveau de la politique lacédémonienne menée par Lysandre d'abord, puis par le roi Agésilas, une politique hégémonique qui déplaisait aux anciens alliés de Sparte, singulièrement aux Béotiens, mais inquiétait également le Roi des Perses, lequel favorisa en particulier le retour à Athènes de Conon, l'un des stratèges vaincus d'Aigos Potamoi, à la tête d'une flotte qui allait permettre aux Athéniens de retrouver une certaine indépendance maritime.[5] La guerre fut marquée par une défaite spartiate en Béotie, au cours de

3. Sur le milieu «intellectuel» auquel appartient Isocrate et les conflits qui le déchiraient, voir l'article récent de V. Azoulay (2009, 305-321).

4. C'est évidemment le *Panégyrique* composé en 380, à la veille de la constitution de la Seconde Confédération maritime, qui exprime alors l'idée qu'un réveil de l'hégémonie athénienne serait le meilleur garant d'une reprise de la lutte contre la menace barbare. Sur ce point, et sur les liens d'Isocrate avec le stratège Timothée, je renvoie à ce que j'écrivais en 1962, 312 et ss., qui me paraît toujours valable.

5. Sur les événements de cette période, on se reportera au livre (4) des *Helléniques* de Xénophon, chapitres 1 à 4; et pour les campagnes de Conon, chapitre 8, 1-2.

laquelle Lysandre trouva la mort et qui amena Argiens et Corinthiens à se joindre aux Béotiens. Le retour d'Agésilas en Europe entraîna un retournement de la situation en Grèce, mais aussi la perte des positions spartiates en Asie. D'où l'inquiétude de ces derniers et l'ouverture de négociations et de propositions de paix. C'est à ces propositions que répond le discours d'Andocide.

Le contexte en 356/5 est bien différent. Athènes en effet avait réussi à rétablir une partie de son hégémonie sur l'Egée, à la faveur du déclin de Sparte et d'une certaine neutralité du Roi. En 378/7 avait été constituée la Seconde Confédération maritime, au sein de laquelle les alliés d'Athènes disposaient d'une représentation au sein du *synedrion* et n'étaient pas astreints au versement d'un tribut, mais à des contributions consenties par eux.[6] En fait, Athènes n'avait pas tardé à revenir aux pratiques du temps de la Ligue de Délos, ce qui provoqua en 357 la révolte des principales cités alliées, Rhodes, Cos, Chios et Byzance, et la défaite de la flotte athénienne à Embata suivie de la conclusion d'un traité reconnaissant aux cités leur indépendance. C'est probablement entre la défaite navale et la conclusion de ce traité qu'Isocrate composa le discours *Sur la Paix*.

Il est bien clair que ces contextes différents expliquent le caractère et la nature de la notion de paix (*eirénè*) qui s'expriment dans ces deux discours. Celui d'Andocide se développe autour de deux thèmes principaux: le rappel des relations avec les Lacédémoniens et les avantages de la paix qu'ils proposent aux Athéniens. Le premier répond à ceux qui évoquent pour rejeter les propositions spartiates le précédent de 405/4 qui aboutit au renversement de la démocratie et à l'établissement de la tyrannie des Trente. D'où le rappel par l'orateur des différents traités de paix qui depuis les guerres médiques contribuèrent au rapprochement des deux cités sans jamais mettre en question la nature du régime athénien, et la distinction soulignée par Andocide entre *eirénè*, paix et *spondai*, traité imposé par le vainqueur au vaincu.[7] À ce rappel s'ajoute le fait que, si les

6. On possède le décret de fondation de la Seconde Confédération maritime. Voir la traduction qu'en donne P. Brun (2005, 93-96). On retiendra en particulier la clause qui précisait que ceux qui adhéreraient à l'alliance demeureraient libres et autonomes, ne seraient soumis à aucun tribut, et que les Athéniens n'y pourraient acquérir la moindre propriété sur leur territoire.

7. Andocide, *Sur la paix*, 11: «Paix et traité sont deux choses différentes. On fait la paix (*eirénè*) sur un pied d'égalité après s'être accordé sur ce qui causait le différend; le traité (*spondai*), c'est ce qu'après sa victoire le vainqueur impose au vaincu».

Spartiates vainqueurs imposèrent aux Athéniens la remise de leurs vaisseaux et la destruction de leurs murs, en revanche ils s'opposèrent à ce que réclamaient leurs alliés d'alors, la destruction de la cité et l'asservissement ou la mise à mort de ses habitants.[8]

Il en va différemment de la paix qui est maintenant proposée, une paix destinée à mettre fin à une guerre qui n'est pas justifiée. Une guerre juste en effet répond à l'injustice de l'adversaire. Or, dans les propositions spartiates il n'y a nulle injustice, puisqu'elles permettent aux Athéniens de conserver leurs murs, leurs navires et leurs clérouquies de Lemnos, Imbros et Skyros. Quant aux propositions d'alliance de Corinthe et d'Argos qui souhaitent poursuivre la lutte contre Sparte, il faut s'en méfier, car ces deux cités ne songent qu'à leurs intérêts propres. Et Andocide de rappeler les erreurs commises autrefois sous prétexte d'alliance contre le Roi qui de ce fait prit le parti des Spartiates, ou contre Syracuse pour soutenir les Egestains et déclencher une guerre qui allait s'avérer désastreuse.[9]

Il importe donc de se méfier des fauteurs de guerre, ces orateurs hostiles à la conclusion de la paix et prêts à réveiller les sentiments anti-laconiens de la foule et à faire naître l'espoir d'une hégémonie qui permettrait aux citoyens pauvres de retrouver les avantages matériels liés à cette hégémonie.[10] Et à l'argument d'Andocide que la paix garantirait à Athènes la protection de ses murs récemment reconstruits, la réponse catégorique de ces orateurs: «Ce ne sont pas les murs qui leur donnent de quoi manger!».

Les propositions spartiates furent rejetées, la guerre reprit. Quant à Andocide, il fut peut-être condamné une nouvelle fois à prendre le chemin de l'exil.

La paix que défend Isocrate quarante-cinq ans plus tard s'inscrit, on l'a vu, dans un tout autre contexte et aborde la question d'une tout autre manière. Isocrate en effet se veut un «philosophe», un homme qui se tient à l'écart de la vie

8. Cet argument sera souvent repris au cours du IVème siècle, par les partisans d'un rapprochement avec Sparte, en particulier par Isocrate dans le *Sur la Paix*.

9. Andocide, *Sur la Paix*, 29-31.

10. Sur les avantages matériels de l'empire, voir les remarques de l'auteur de la *Constitution d'Athènes*, 24.3: en s'emparant de l'*archè*, les Athéniens «donnèrent à la foule les moyens de vivre facilement, comme l'avait conseillé Aristide; car les tributs, les taxes et les alliés nourrissaient plus de vingt mille hommes». Chiffre sans doute excessif, mais qui justifie la réplique des adversaires d'une paix avec Sparte qui impliquait l'abandon d'une politique qui depuis 395 visait à rétablir les positions athéniennes dans l'Egée.

politique, même s'il donne à ses «discours» une forme apparemment destinée à convaincre le *démos* lors d'un débat sur un sujet qu'il tient pour essentiel, celui de la guerre et de la paix, «choses qui ont le plus grand poids dans la vie des hommes et dans lesquelles nécessairement ce sont les auteurs des décisions les plus raisonnables qui obtiennent les meilleurs résultats» (2). Or, ce qui est grave au moment où Isocrate compose le *Sur la Paix*, c'est que précisément ceux qui incitent le *démos* à prendre des décisions importantes sont ces orateurs désireux de plaire à la foule et qui lui font miroiter les avantages d'une politique de guerre. Isocrate va donc s'efforcer de démontrer qu'une telle politique n'a eu que des effets néfastes. En menant victorieusement la guerre contre les Barbares les Athéniens s'étaient attiré la reconnaissance des Grecs qui leur avaient spontanément confié l'hégémonie. Les successeurs de Miltiade et de Thémistocle ne surent conserver cette politique qui avait valu à Athènes la situation exceptionnelle qui était la sienne. Leur politique avait pour ambition l'empire de la mer, une politique que certains voudraient faire renaître sans en mesurer les dangers.[11] Une grande partie du discours va donc s'attacher à démontrer combien cette politique fut catastrophique, même si au début sous la direction de Périclès elle fut relativement modérée.[12] Sous ses successeurs, elle s'apparenta de plus en plus à une tyrannie.[13] En effet, l'un des aspects de cette politique visait à exclure des cités alliées les meilleurs «pour distribuer leurs biens aux plus mauvais des Grecs»(79). Et Isocrate de rappeler l'un des exemples particulièrement éloquents de ces erreurs, une expédition en Sicile, alors qu'Athènes était sous la menace de l'occupation par les Spartiates de la forteresse de Décélie en

11. Cette idée de la mer porteuse de dangers s'exprime ailleurs, en particulier chez Platon. Voir *Gorgias*, 518e-519a: «Nos grands hommes d'autrefois, sans se préoccuper de la sagesse ni de la justice, ont gorgé la ville de ports, d'arsenaux, de trières, de tributs et autres niaiseries: quand surviendra l'accès de faiblesse, on accusera ceux qui seront là et donneront des conseils, mais on célèbrera les Thémistocle, les Cimon, les Périclès, de qui vient tout le mal». La même idée se retrouve chez l'auteur de la *Constitution d'Athènes*, 41.2: «Ce fut alors (après les réformes d'Ephialte) que la cité commit le plus de fautes, sous l'influence des démagogues et à cause de la maîtrise de la mer».

12. Curieusement, Isocrate, à la différence de Platon, exonère Périclès de la responsabilité du déclin d'Athènes, en mettant l'accent sur son honnêteté et son indifférence à l'argent.

13. Cet aspect tyrannique de l'impérialisme athénien était déjà reconnu dans les discours que Thucydide prête à Périclès (2.63.2) et à Cléon (3.37.2).

territoire athénien.[14] Mais ce sont surtout les conséquences néfastes de cette politique qu'il s'agit de dénoncer: le fait que pour mener à bien ces opérations de guerre et alors que les Athéniens refusaient de combattre, il fallait recourir à des armées de mercenaires; les pertes en vies humaines qui obligeait à intégrer dans la cité des gens d'origine douteuse: «Les mauvais dirigeants remplirent les tombeaux publics de leurs concitoyens, les phratries et les listes civiques de gens qui n'avaient nulle attache avec la cité» (88). Isocrate avait auparavant souligné l'une des conséquences de ce recours aux mercenaires, le pouvoir accru de certains stratèges qui menaient leur propre politique, tandis que s'approfondissait la séparation dans la direction des affaires de la cité. Alors qu'autrefois, c'étaient les mêmes hommes auxquels la cité confiait la charge des affaires publiques et la conduite des opérations militaires, «pour notre part, nous faisons le contraire: nos conseillers pour les affaires les plus importantes nous ne les jugeons pas dignes d'être nommés stratèges, comme s'ils n'avaient nulle intelligence, mais ceux que personne ne consulterait, soit pour les affaires privées, soit pour les affaires publiques, ce sont ceux-là que nous envoyons à l'extérieur avec pleins pouvoirs, comme s'ils devaient être plus sages là-bas et décider plus facilement sur les intérêts des Grecs que sur les questions proposées ici» (55).[15]

Á propos de ces méfaits liés à l'impérialisme et à son caractère tyrannique, Isocrate, qui cependant ne manque pas, comme déjà le faisait Andocide, de rappeler la générosité des Lacédémoniens qui au lendemain de la chute d'Athènes s'opposèrent à la volonté exprimée par leurs alliés de détruire la cité, n'en consacre pas moins un long développement aux conséquences tout aussi néfastes de l'*archè* exercée par les Lacédémoniens au lendemain de leur victoire. Ils surpassèrent même les Athéniens par leur comportement à l'égard des Grecs.[16] C'est ce comportement qui explique leur isolement qui devait aboutir à leur dé-

14. Les commentateurs ont souvent souligné les libertés que prend Isocrate avec l'histoire. Lorsque fut décidée en 415 l'expédition de Sicile après un débat devant l'assemblée, la forteresse de Décélie n'était pas encore aux mains des Spartiates. C'est en 413 seulement, et sur les conseils d'Alcibiade alors exilé à Sparte, que le roi spartiate Agis débarqua en Attique et s'empara de Décélie (Thucydide 6.91.6; 7.19.1-2).

15. Sur ce problème de l'emploi de mercenaires, voir Ducrey 1985 et Bettali 1995. Isocrate exagère ici les conséquences de ce recours aux mercenaires étrangers, car les armées athéniennes étaient encore majoritairement composées de citoyens.

16. Il y a là, implicitement, la condamnation de la politique menée en Asie par Lysandre d'abord, puis par Agésilas.

faite de Leuctres (96-100). C'est donc l'*archè* elle-même qui est condamnée, dont les méfaits sont comparables à ceux de la tyrannie. Et c'est ce à quoi les Athéniens doivent réfléchir, s'ils entendent conserver la démocratie dans la paix, en se rappelant que c'est pour avoir choisi de mauvais dirigeants que la démocratie a été détruite par deux fois (123).[17]

La solution, pour ne pas voir réapparaître de tels maux, c'est, pour ce qui est d'Athènes, de bien choisir ceux qui la dirigent et de mener à l'égard des Grecs une politique de respect de leur liberté. Isocrate ne donne pas de définition précise de ce qu'il entend par de bons dirigeants. Ils se définissent en fait par opposition à ces orateurs et à ces sycophantes qui font miroiter aux yeux des Athéniens les avantages matériels de l'impérialisme. Mais on voit bien qu'il s'agit en fait d'une opposition au sein de la société civique. D'un côté, il y a ceux «qui peuvent régler leurs affaires avec leurs propres ressources», et de l'autre «ceux qui vivent des tribunaux, des assemblées et des profits qu'on y trouve» (129-130). Ce n'est pas un hasard si, dès le début de son discours, Isocrate compte parmi les avantages de la paix le fait d'être «délivrés des *eisphorai,* des triérarchies et autres liturgies concernant la guerre» (19-20). Le poids des charges, maintenant qu'Athènes ne peut plus compter sur le tribut des alliés, repose sur les plus riches. Ce sont eux qui, au sein des symmories organisées pour la levée de l'*eisphora* font à la cité l'avance des sommes nécessaires. Ce sont eux qui sont astreints à la triérarchie. Et même si la loi de Périandre, en créant les symmories triérarchiques, a fait retomber le poids de cette liturgie sur un plus grand nombre de citoyens, il n'en reste pas moins que c'est la partie aisée de la population civique qui en supporte la charge. Et Isocrate ne craint pas de dire que les possédants ont, désormais, une vie plus dure que ceux qui furent toujours pauvres (128). On sait que peu après, dans l'*Areopagitique*, il développera davantage la proposition d'un retour à la *patrios democratia*, au sein de laquelle le *démos* conservera le pouvoir de siéger à l'assemblée mais abandonnera aux plus aisés la direction des affaires de la cité et l'accès aux magistratures.[18]

17. Isocrate simplifie, pour les besoins de la cause, les circonstances qui entraînèrent par deux fois le renversement de la démocratie, circonstances longuement décrites pour la première révolution oligarchique par Thucydide (8.45 et ss.) et pour la seconde par Xénophon (*Helléniques*, 2.3-4). Voir également *Constitution d'Athènes*, 29-33 et 35-39.

18. La nécessité de se procurer des ressources pour faire face aux dépenses militaires avait

Reste le problème de la politique à mener envers les Grecs. Le premier objectif est de maintenir la paix entre eux, c'est-à-dire de renoncer à l'empire de la mer. Pour cela, il importe de ne plus intervenir dans leurs affaires intérieures. Á cet égard, les clauses de la paix dictée par le Roi sont un bon exemple à suivre qui affirme que les Grecs sont libres, «que les garnisons évacueront les villes étrangères et que chacun sera maître de son territoire: nous n'en pouvons trouver de plus justes ni de plus avantageuses pour notre cité» (16). Il ne faut cependant pas imaginer qu'Isocrate a renoncé à ce qu'il avait dès le *Panégyrique* de 380 mis en tête de son programme, la reprise par une Grèce unie de la lutte contre les barbares. C'est le fait d'y avoir renoncé qu'il dénonce, pour mieux opposer ses contemporains aux ancêtres qui «eux, pour défendre les Grecs, ont fait aux barbares une guerre continuelle» (42). Le problème de la guerre contre les barbares n'est pas autrement développé dans le Sur la Paix.[19] En revanche, cette attitude nouvelle à l'égard des Grecs ne signifie pas pour autant qu'Athènes doit renoncer à exercer une hégémonie respectueuse de leurs droits, l'hégémonie se distinguant ainsi de l'*archè*.[20] Mais cela suppose aussi une supériorité militaire. Les Athéniens doivent être à la fois les plus justes et les plus puissants. Il faut citer tout le passage qui annonce la conclusion du discours: «Si vous observez fidèlement ce que j'ai dit et si en outre vous montrez une attitude guerrière par vos exercices et vos préparatifs, mais pacifique par votre soin à n'agir en rien contre la justice, vous ferez le bonheur non seulement de votre cité, mais aussi de tous les autres Grecs... Toutes les cités se tiendront tranquilles, quand elles sauront que vos forces les épient et sont toutes prêtes à porter secours aux victimes de l'injustice» (136-137).

---

entraîné la création en 428 pour la première fois d'un impôt, l'*eisphora*. Au IVème siècle, cet impôt devint permanent et fut établi, pour en assurer la levée, le système des symmories, groupements de contribuables au sein desquels les trois plus riches de chaque symmorie faisaient à la cité l'avance de l'impôt. En 357, le système fut étendu à la triérarchie, deux ou plusieurs citoyens s'associant pour équiper un navire. Mais *eisphorai* et triérarchies reposaient sur les plus riches. Sur cette question qui a suscité de nombreux débats, voir Brun 1983 et Gabrielsen 1994.

19. Le problème du panhellénisme d'Isocrate a fait l'objet de nombreux débats un peu dépassés aujourd'hui. Car si le sentiment d'appartenir à une culture commune existait chez de nombreux Grecs, jamais cela ne semble avoir abouti, même chez Isocrate, à l'idée d'un seul état grec. Tout au plus s'agissait-il de s'unir face à la menace barbare.

20. L'œuvre de Thucydide est construite autour de ce passage de l'hégémonie à l'*archè* de plus en plus «tyrannique», déjà annoncée durant les cinquante années qui précédèrent le déclenchement de la guerre du Péloponnèse.

Ainsi, comme autrefois, après Marathon et Salamine, les Grecs accorderont spontanément l'hégémonie aux Athéniens: «En effet, y aura-t-il une cité ou un homme pour ne pas désirer partager notre amitié et notre alliance quand ils verront que nous sommes les plus justes et les plus puissants, que nous voulons et pouvons sauver les autres, tandis que nous-mêmes n'avons besoin de nul secours» (137).

On est loin, on le voit, du pragmatisme d'Andocide, appelant à l'arrêt d'une guerre qu'Athènes n'a pas les moyens de mener à bien, et qui sert les intérêts de Grecs qui n'auraient pas hésité quelques années auparavant à détruire la cité. Isocrate croyait-il à cette hégémonie idéale et respectueuse de la justice, qui serait le fondement de la paix dans le monde grec? On sait que pour lui elle supposait une modification du régime dans le sens d'un retour à la démocratie des ancêtres, celle de Solon, qui, même si la loi était égale pour tous, accordait aux «meilleurs» l'autorité dans la cité.[21] Ce retour seul permettrait que se rétablisse la concorde au sein de la cité. Or la réalité était tout autre. La perte définitive de l'empire partiellement reconstitué en 378/7 serait confirmée par la conclusion en 355 du traité qui reconnaissait l'indépendance des cités qui avaient pris part à la guerre des alliés, cependant que l'accentuation de la menace macédonienne rendrait plus vifs que jamais les conflits internes, tels qu'on peut les deviner à travers les discours de Démosthène. Et c'est vers Philippe qu'Isocrate se tournera pour appeler à la réalisation de son rêve d'établissement de la paix entre les Grecs.

On a vu que le discours d'Andocide n'avait pas convaincu les Athéniens, et la guerre engagée en 395 durerait jusqu'à la paix d'Antalcidas en 386 et l'arbitrage imposé par le Roi. Qu'en fut-il de l'écho de l'appel d'Isocrate à une union des Grecs autour d'une Athènes pacifique? On sait qu'à peu près au même moment, Xénophon, revenu de son long exil en territoire lacédémonien, composait les *Poroi*, où là aussi était revendiquée une hégémonie pacifique d'Athènes, mais où la question d'assurer à la cité les revenus qui permettraient cette hégémonie occupait la première place.[22] On a parfois évoqué une possible in-

21. Sur la figure de Solon élaborée à partir du IVème siècle, je renvoie à mon article 1979, 425-437.

22. Sur les *Poroi* de Xénophon, voir Gauthier 1976. Sur l'originalité de la pensée de Xénophon, voir Azoulay 2004, 444-445 (sur une hégémonie charismatique d'Athènes).

fluence de Xénophon sur Eubule, cet administrateur de la caisse du théorique qui aurait exercé un réel pouvoir dans la cité durant cette période.[23] La chose est possible. Mais il faut bien voir que le monde des «intellectuels» se tenait en marge de la vie politique concrète. Or, dans le même temps, des tentatives d'établissement d'une *koinè eiréné*, d'une «paix commune», s'étaient manifestées à diverses reprises.[24] Ainsi, en 386, la fameuse Paix du Roi, qui ne comportait aucune limitation de durée, et s'appliquait à toutes les cités grecques, même celles qui n'avaient pas participé à la guerre. Ainsi encore en 374 une autre Paix du Roi, celle à laquelle se réfère Isocrate, comme on l'a vu plus haut. Ainsi enfin la paix conclue en 362/1, dont cette fois le roi était absent. Mais le fait qu'Isocrate ne la mentionne pas peut faire douter de son caractère de «paix commune». La guerre déclenchée peu après par les gens de Chios, de Cos, de Rhodes et de Byzance en témoigne. Les cités grecques n'avaient pas renoncé aux querelles qui les opposaient, et le culte de la déesse Eirénè qui aurait été établie à Athènes après la seconde Paix du Roi ne doit pas faire illusion.

C'est Philippe, vainqueur à Chéronée, qui imposera aux Grecs de faire taire leurs querelles et d'adhérer à son alliance. Ce qui n'empêchera pas les Athéniens, quinze ans plus tard, à l'annonce de la mort d'Alexandre, de déclencher la guerre lamiaque. L'idée de paix dans le monde grec relevait encore des rêves des «philosophes».

Bibliographie

Azoulay, V. 2004, *Xénophon et les grâces du pouvoir. De la chāris au charisme*, Paris.

– 2009, "Une éloquence de combat: querelles intellectuelles et appel à la violence chez Isocrate", dans V. Azoulay, P. Boucheron (éds), *Le mot qui tue. Une histoire des violences intellectuelles de l'Antiquité à nos jours*, Paris, 305-321.

23. Sur Eubule et son influence sur les affaires de la cité, voir Eschine, *Contre Ctésiphon*, 25: «du fait de la confiance que vous placiez en Eubule, les magistrats élus pour administrer le fonds des spectacles (*theorikon*) avaient en charge avant la loi d'Hegemon la fonction de contrôleur du Trésor; ils assumaient aussi la fonction de receveur et de responsable des chantiers navals; ils administraient les arsenaux, faisaient construire des routes et avaient presque toute la gestion de la cité».

24. Le problème de la *koinè eirénè* a suscité de nombreux débats parmi les historiens, singulièrement au lendemain de la seconde guerre mondiale. Je renvoie à l'analyse que j'ai faite de ces débats dans *La fin de la démocratie athénienne* (1962, 455-461).

BETTALI, M. 1995, *I Mercenari nel mondo greco*, Pisa.

BRUN, P. 1983, *Eisphora, Syntaxeis, Stratiotika. Recherches sur les finances militaires d'Athènes au IVème siècle*, Paris.

- 2005, *Impérialisme et démocratie à Athènes*, Paris.

DUCREY, P. 1985, *Guerre et guerriers dans la Grèce antique*, Paris.

GABRIELSEN, V. 1994, *Financing the Fleet. Public Taxations and Social Relations*, Baltimore.

GAUTHIER, PH. 1976, *Un commentaire historique des Poroi de Xénophon*, Paris-Genève.

MOSSÉ, CL. 1962, *La fin de la démocratie athénienne*, Paris.

- 1979, "Comment s'élabore un mythe politique: Solon «père fondateur» de la démocratie athénienne", *Annales E.S.C.*, 1979, 425-437, (repris dans *D'Homère à Plutarque. Itinéraires historiques*, Bordeaux, 2007, 265-277).

ΠΕΡΙΛΗΨΗ

Ο λόγος του Ανδοκίδη δεν έπεισε τους Αθηναίους και ο πόλεμος που ξέσπασε το 395 διήρκησε μέχρι την ειρήνη του Ανταλκίδα το 386 και την διαιτησία που επιβλήθηκε από τον Πέρση βασιλιά. Τι έγινε ως προς τον απόηχο του καλέσματος του Ισοκράτη για την ένωση των Ελλήνων γύρω από μια ειρηνόφιλη Αθήνα; Περίπου την ίδια στιγμή ο Ξενοφώντας επιστρέφοντας μετά από μια μακρά περίοδο εξορίας σε σπαρτιατικά εδάφη, έγραψε τους *Πόρους*, όπου διεκδικούσε με την σειρά του μια ειρηνόφιλη αθηναϊκή ηγεμονία και όπου κυρίαρχη θέση κατέχει το ζήτημα της εξασφάλισης εσόδων της πόλης που θα της επέτρεπαν αυτήν την ηγεμονία. Έχουμε συχνά αναφέρει μια πιθανή επιρροή του Ξενοφώντα στην Εύβουλο. Ωστόσο ο κόσμος των διανοητών βρισκόταν στο περιθώριο της εφαρμοσμένης πολιτικής ζωής. Οι προσπάθειες να εγκαθιδρυθεί μια *κοινή ειρήνη* εκδηλώνονταν πολλές φορές. Το 386 η περίφημη ειρήνη του Βασιλιά, δεν συμπεριλάμβανε καμία χρονική διάρκεια, και αφορούσε όλες τις ελληνικές πόλεις ακόμη και αυτές που δεν είχαν λάβει μέρος στον πόλεμο. Επίσης το 374 μια άλλη ειρήνη του βασιλιά, στην οποία αναφέρεται ο Ισοκράτης. Καθώς και η ειρήνη του 362/1 που αυτήν την φορά απουσίαζε ο βασιλιάς. Το γεγονός ωστόσο ότι ο Ισοκράτης δεν την αναφέρει μας κάνει να αμφιβάλουμε για τον χαρακτήρα της ως *κοινή ειρήνη*. Ο πόλεμος που θα ξεσπάσει λίγο αργότερα από ανθρώπους της Χίου, της Κω, της Ρόδου και του Βυζαντίου το μαρτυρούν. Οι ελληνικές πόλεις δεν είχαν απαρνηθεί τις μεταξύ τους διχόνοιες που τις χώριζαν και η λατρεία της θεάς Ειρήνης που είχε τεθεί στην Αθήνα μετά την δεύτερη ειρήνη του βασιλιά το επιβεβαιώνει. Ο Φίλιππος, νικητής στην Χαιρώνεια θα επιβάλλει στους Έλληνες να παραμερίσουν τις μεταξύ τους αντιπαλότητες και να γίνουν μέλη της συμμαχίας του. Κάτι, που δεν θα εμποδίσει τους Αθηναίους 15 χρόνια αργότερα, με την ανακοίνωση του θανάτου του Αλεξάνδρου να ξεκινήσουν τον Λαμιακό πόλεμο. Η ιδέα της ειρήνης στον ελληνικό κόσμο προέκυπτε ακόμα από τα όνειρα των διανοητών.

Usi politici della tregua sacra in Tucidide

Annalisa Paradiso

Tra i vari, apparenti, 'silenzi' di Tucidide figura anche quello, ma ben temperato, sui giochi panellenici. Lo storico parla poco dei giochi, mai di quelli Nemei, fuggevolmente di quelli Olimpici, Pitici, Istmici. Ne parla quando incrociano il suo progetto storiografico. Quando cioè vengono selezionati nel tessuto narrativo perché attraversano l'evento-guerra. Questo succede nella narrazione del presente, non del passato. Solo le Olimpiadi ottengono una rapida menzione nell'Archeologia, legata peraltro ad uno schizzo di storia sociale, la storia dell'abbigliamento e della nudità, adottata prima a Sparta, successivamente ("e non è molto tempo") anche ai giochi di Olimpia.[1] Non è la storia, o la preistoria, dei giochi Olimpici ad interessare Tucidide, come non aveva interessato Erodoto; non è la storia mitica, legata ad uno dei due Eracle, o pseudo-storica, connessa ai nomi di Licurgo ed Ifito come riorganizzatori delle gare, ad appassionare uno storico che addirittura ignora, o meglio non menziona, il nome del legislatore spartano.[2] Come Erodoto, Tucidide conosce bene il prestigio sociale che deriva da una felice partecipazione ai giochi panellenici ma, a differenza del suo predecessore, non vi indulge se non con estrema sobrietà. Così, a fronte dei numerosissimi olimpionici passati in rassegna da Erodoto (Filippo di Butacide, Alessandro figlio di Perdicca e più ancora Cilone, Cimone, Clistene di Sicione, Milziade figlio di Cipselo, Demarato, Callia, Alcmeone), in Tucidide compaiono solo Cilone, protagonista di un excursus 'erodoteo', Lica, Dorieo e soprattutto Alcibiade, il quale, diversamente da Lica nel 420, riesce a spendere la sua partecipazione vittoriosa alle Olimpiadi del 416 in un'ottica politica, non in chiave di mera affermazione personale.[3]

* Esprimo la mia gratitudine a James Roy, con il quale ho discusso a lungo, con mio grande profitto, i passi e gli argomenti qui analizzati.

1. Th. 1.6.5.
2. In Th. 1.18.1.
3. Th. 1.126.3-12; 3.8.1 (cfr. 8.35.1); 5.50.4; 6.16.1-2.

Al punto d'incontro fra giochi e guerra figura inevitabilmente la tregua 'sacra', *ekecheiria* o *spondé*, l'etimologica sospensione delle armi che la storiografia di lingua tedesca e francese degli anni '70 del secolo scorso, ma con qualche significativa eccezione,[4] ha rinunciato a intendere, idealisticamente, come una tregua generale valida per tutte le operazioni militari in Grecia, interpretandola come una forma di *asylia* e di *asphaleia*, come l'immunità, funzionale allo svolgimento dei giochi, concessa a partecipanti, spettatori e a (determinati) luoghi.[5] La tregua emerge nell'opera tucididea tutte le volte che interferisce non solo militarmente, ma anche politicamente e diplomaticamente con lo sviluppo della guerra. Tucidide non sovrainterpreta la tregua sacra, né le Olimpiadi o gli altri giochi, come un simbolo dell'identità greca, sulla scia di Erodoto, che aveva attribuito al persiano Tritantaicme l'elogio dei giochi olimpici e dei Greci che vi gareggiano per il valore e non per denaro, e sulla linea idealizzante di Aristofane nella *Lisistrata*, di Gorgia e di Lisia nel *Discorso Olimpico* o di Isocrate nel *Panegirico*.[6] Tucidide 'pensa' la tregua al di fuori della sua retorica, analizzando le contraddizioni esistenti, e sfruttate sia in politica che in diplomazia, tra la pretesa natura sacra e panellenica della convenzione, pertanto oggetto di scrupoli religiosi e di proclamazioni ideologiche, e la reale identità di semplice sospensione dello scontro. Sospensione delle armi ma non del conflitto, non scevra da vuoti giuridici né diversa, nei fatti, da qualsiasi altra tregua. Come tale la considera, come una qualsiasi tregua che l'opinione pubblica-per scrupolo o interesse-ritiene però speciale, narrandone pertanto qualche 'uso': l'uso politico fatto da Elei e Spartani nel 420; l'uso diplomatico, vale a dire la regolamentazione, a fronte di alcune violazioni, concordata da Ateniesi e Spartani nel testo della pace di Nicia del 421. L'uso, sempre diplomatico, della tregua e del santuario, all'indomani dei giochi del 428, come sede di un incontro internazionale con fini bellici. Tucidide racconta l'uso che il potere fa, per interesse, di quello scrupolo. Come, in qualche occasione, aveva fatto Erodoto, ma con ben minore consapevolezza teorica, rievocando ad esempio l'accordo olimpico, stipu-

---

4. Siewert 1981, 228-48, in particolare 244, n.100.

5. Weniger 1905, 184-218; Popp 1957, 125-44; Rougemont 1973, 75-106; Fernandez Nieto 1975, 147-84; Finley-Pleket 1976, 98ss.; Muth 1979, 168-74; Ebert 1980, 14-8; Lämmer 1988, 119-52, Baltrusch 1994, 117-22; Fernandez Nieto 1995, 161-87.

6. Hdt. 8.26; Ar.*Lys.*1128ss.; Gorg. 82 B 7, 8, 8a *DK*; Lys. *Ol.* (= D.H. *Lys.*29-30); Isoc.*Paneg.* 43, con l'elogio della tregua.

lato fra Pisistrato e Cimone figlio di Stesagora, che aveva consentito al secondo di tornare in patria lasciando vincere il primo.[7]

Tucidide è ovviamente consapevole della natura fragile della tregua o di qualsiasi accordo di pace. Sa quanto facilmente possa essere violata, con l'inevitabile ripresa del conflitto. Procedendo oltre nella riflessione, lo storico mostra come la sospensione delle armi non sia sufficiente a trasformare la guerra in pace, in *eirene*, com'è ovvio, ma neppure in un prodromo di pace. Nel V libro, al §26, riduce a zero, definendolo periodo di guerra, il periodo seguito alla pace di Nicia del 421 che, nelle intenzioni dei contraenti, si voleva ambiziosamente durevole (un cinquantennio), nella realtà fu invece limitato a pochi anni. Formalmente però, perché, nella sostanza, lo stesso trattato fu immediatamente violato in quanto i patti non furono accettati o rispettati: "quanto all'accordo intermedio, sbaglierà chi non vorrà considerarlo 'guerra'. Si osservi quanto esso differisca nei fatti dalla guerra e si troverà inverosimile giudicarlo periodo di pace, perché in esso non restituirono tutto, né accettarono i patti; e a non voler considerare ciò, oltre agli scontri di Mantinea e di Epidauro, altre infrazioni furono commesse da entrambe le parti ecc".[8] La contraddizione tra il formale impegno di pace e l'immediata ripresa del conflitto in forma diversa, semi-silente, emerge naturalmente in tutti i passi in cui Tucidide analizza la violazione di una tregua sacra. Lo storico descrive, lucidamente, la tregua come un'occasione ed il modo per proseguire la guerra con altre 'armi', ad esempio sul piano diplomatico. L'aspetto politico-militare lo interessa più dei dati meramente bellici, sicché, anche quando dà notizia della violazione militare della tregua olimpica del 420, lo fa perché interessato alle conseguenze politiche di quel gesto, che si rivelerà, alla luce degli eventi, un atto d'importanza politica capitale, primo motore di una serie di conseguenze che si verificheranno fino alla fine del V secolo.

Una fonte lacedemone è, credo, alla base del resoconto, nel V libro, dell'incidente diplomatico occorso a Spartani ed Elei nel 420, incidente che, non composto, portò all'esclusione dei primi dalla novantesima Olimpiade, ed oltre tutto costituì, per le fonti successive, la 'premessa olimpica', una delle premesse della guerra eleo-spartana, scoppiata venti anni dopo.[9] Nel §49.1 Tucidide, con

7. Hdt. 6.103.2-3.

8. Th. 5.26.2. Al §26.3, la pace di Nicia viene definita 'tregua sospetta', ὕποπτος ἀνακωχή.

9. X. *HG*. 3.2.21-31; D. S. 14.17.4-12; Paus. 3.8.3-5. Sulla guerra di Sparta contro l'Elide, si veda Schepens 2004.

grande ricchezza di dettagli ben selezionati, espone le cause dichiarate dell'esclusione, vale a dire il rifiuto degli Spartani di pagare l'ammenda cui gli Elei li avevano condannati per aver attaccato il forte Firco e per aver inviato opliti a Lepreo durante la tregua olimpica: φάσκοντες σφίσι ἐπὶ Φύρκον τε τεῖχος ὅπλα ἐπενεγκεῖν καὶ ἐς Λέπρεον αὐτῶν ὁπλίτας ἐν ταῖς Ὀλυμπικαῖς σπονδαῖς ἐσπέμψαι. I più datano entrambe le operazioni militari al tempo della tregua olimpica, in tal caso doppiamente violata, anche se Tucidide sembra considerare esplicitamente una sola violazione, quella che focalizzerà il dibattito, cioè l'invio degli opliti. Il forte viene generalmente localizzato in Trifilia, non lontano da Lepreo.[10] Un secolo fa, però, B. Niese identificava il forte Firco con il *castellum Phyrcum* conquistato da Filippo V di Macedonia nel 208, piazzaforte che Livio individuava nel cuore del territorio eleo, a cinque miglia da Elide.[11] Di recente, Cinzia Bearzot ha sviluppato l'intuizione di Niese ed ha ipotizzato la realtà storica di due distinti episodi militari, entrambi databili al 420: l'invio delle truppe a Lepreo durante la tregua olimpica e l'attacco al forte Firco, nel cuore dell'Elide.[12] In favore della geografia tradizionale dell'evento, e quindi della doppia violazione della *ekecheiria*, depone però quanto gli Spartani assicurano, al §49.4, di non aver fatto più dopo l'annuncio della tregua, cioè portare le armi contro gli Elei, καὶ ὅπλα οὐδαμόσε ἔτι αὐτοῖς ἐπενεγκεῖν, citazione pressoché letterale delle parole che definivano l'attacco al forte, σφίσι ἐπὶ Φύρκον τε τεῖχος ὅπλα ἐπενεγκεῖν. Ma più che una rispondenza verbale, credo che deponga in favore di questa 'lettura' soprattutto la circostanza che la sanzione pecuniaria, pari a duemila mine, colpisca solo, dichiaratamente, l'invio degli opliti e non l'attacco al forte, nella misura di due mine per uomo, come se l'attacco a Firco fosse solo un dettaglio dell'operazione-Lepreo e con essa un tutt'uno. E, in effetti, di Lepreo e solo di questa *polis* è questione nell'incontro diplomatico spartano-eleo di cui lo storico dà conto nei §§ 49 e 50.[13]

Tucidide riferisce qui dettagliatamente il contenuto di un'ambasceria successiva al verdetto,[14] non il verbale della condanna, sunteggia cioè la notizia di un incontro diplomatico eleo-spartano che gli può derivare da fonte eleo-olimpica

10. Cfr., *e.g.*, Gomme 1970, 65.
11. Livy, 27.32.7 con Niese 1893-1903, 488 e n.1.
12. Bearzot 2002, 91-4; Bearzot 2003, 42-50.
13. Maggiori dettagli in Paradiso-Roy 2008.

o piuttosto lacedemone, visto l'orientamento che io credo filo-spartano. Quindi, in un riuscitissimo, e molto curato, pezzo di colore, continua a narrare (forse per avervi assistito[15]) l'umiliazione inflitta dai rabduchi allo spartano Lica, colpito per aver violato l'esclusione dai giochi, palesandosi come il proprietario della quadriga vincitrice sotto i colori della Beozia. Tucidide espone, si diceva, i motivi della rottura tra Spartani ed Elei per la questione di Lepreo come *motivi diplomatici*, attraverso cioè il filtro delle rivendicazioni diplomatiche, relative alla presunta violazione della tregua, successive al verdetto – certamente l'unica fonte, per una volta dichiarata, di cui disponeva. Lo spazio – notevole - concesso alla narrazione ed il suo contenuto fanno pensare ad una composizione 'alta' del pezzo originale, certamente coeva agli eventi narrati, ma anche ad una datazione 'bassa' dell'ultimo ritocco, dell'ultima lettura d'autore, vicina cronologicamente, se non addirittura successiva, allo scoppio della guerra di Sparta contro l'Elide (400 a.C. circa).[16] L'episodio del 420, giudicato da Senofonte e dalla fonte di Diodoro e di Pausania l'importante 'premessa olimpica' di quella spedizione,[17] fu probabilmente ritenuto tale, *post eventum*, anche da Tucidide, quindi conservato, 'fissato' per esteso nella sua narrazione. Non subì, in altre parole, il drastico ridimensionamento solitamente imposto alla narrazione di eventi 'minori' o privi di conseguenze. L'esclusione degli Spartani dei giochi del 420, certo più dell'umiliazione di Lica, costituiva in ogni caso un evento importante anche perché, con la condanna, Sparta veniva brutalmente esclusa, sia pure, forse, per la durata di un festival, da un luogo di culto ma non solo, un luogo dove, solo otto anni prima, aveva potuto organizzare un abboccamento tra gli alleati e gli ambasciatori di Mitilene.[18]

14. Sull'incontro, e la strumentalizzazione della vicenda da parte di Elide, cfr. Roy 1998, 360-8.

15. Tucidide si recò ad Olimpia nel 420 secondo Clark 1999, 125-8.

16. Così Hornblower 2004, 273ss. In ogni caso, la menzione della vittoria di Androstene come 'prima' (la seconda risalirebbe al 416) lascia intuire un certo lavoro di rifinitura, apportato da Tucidide a questi capitoli, nel corso del tempo. Tucidide, che conosceva e scriveva dopo la morte di Archelao di Macedonia (avvenuta nel 399, cfr. Th. 2.100), può aver avuto notizia della guerra, coeva, di Sparta contro Elide. Quanto alla cronologia, controversa, della guerra, la data più 'alta' per lo scoppio è il 403/2, quella più 'bassa' per la conclusione è il 399/8.

17. X. *HG*.3.2.21; D. S. 14.17.4; Paus. 3.8.3.

18. Pensa al bando da un solo festival Hornblower 2000, 212-25.

Nel corso dell'incontro diplomatico, Elei e Spartani discutono del capo d'accusa, la violazione della tregua. Che però il mancato rispetto dell'*ekecheiria* non costituisca, agli occhi di Tucidide, la causa profonda della rottura, lo provano due capitoli precedenti, il 31 ed il 34. Nel §31.1, lo storico attribuisce la responsabilità del disaccordo tra Sparta ed Elide – fondamentale, perché indurrà Elide a stringere nel 421 un rapporto di alleanza con Corinto e con Argo – alla questione territoriale di Lepreo, alla precisa e più volte affermata volontà spartana di contrastare l'espansionismo eleo in Trifilia. E' per questo motivo che Tucidide ricostruisce, in un breve ma denso *excursus* che impegna i paragrafi successivi, la storia dei rapporti tra l' Elide e Lepreo, dapprima buoni quindi pessimi, e dell'intervento lacedemone in Trifilia, prima arbitrale, poi militare, in seguito al disconoscimento dell'accordo, opposto da Elide. Intervento esplicato con l'invio a Lepreo di una guarnigione di opliti lacedemoni addetti a tutelarne l'autonomia.[19]

Ma era poi veritiera l'accusa di violazione della tregua? Per difendersi, gli Spartani replicano agli Elei, nel corso dell'incontro ad Olimpia, che al tempo della spedizione militare la tregua non era stata ancora annunziata a Sparta. Gli Elei ribattono che essa vigeva già, però, presso di loro – perché, chiosa in un prezioso inciso Tucidide – l'annunciano a se stessi per primi: Ἠλεῖοι δὲ τὴν παρ' αὐτοῖς ἐκεχειρίαν ἤδη ἔφασαν εἶναι (πρώτοις γὰρ σφίσιν αὐτοῖς ἐπαγγέλλουσι). Gli Spartani replicano che, se gli Elei fossero stati convinti di subire una violazione, non l'avrebbero poi regolarmente annunciata loro. Resta ignota la cronologia dell'infrazione. Naturalmente si sarà verificata qualche mese prima dell'agosto olimpico, ma non è chiaro quando. Non è chiaro cioè quando si iniziasse l'*ekecheiria* olimpica, se due mesi prima, come pensano alcuni, oppure quattro, come ritengono altri.[20] Se cioè nel giugno oppure nell'aprile del 420. Con certezza si può affermare solo che la tregua si iniziava prima del mese precedente lo svolgimento dei giochi, mese in cui gli atleti dovevano allenarsi ad Olimpia. Nel §31 tucidideo si data all'estate del 421 l'invio di una guarnigione di opliti. In questo *excursus* sui rapporti tra l'Elide, Lepreo e Sparta, il livello cronologico è chiaramente indicato: da un livello molto antico e non spe-

19. Sui rapporti Sparta-Elide, cfr. Falkner 1999, 385-94 e Lukas Thommen "Spartas Verhältnis zu Elis und Olympia" in questo volume.

20. Come, ad esempio, Weniger, sulla base di Luc. *Icar.* 22.

cificato (ποτέ), che individua i più antichi rapporti ostili tra Lepreo e l'Arcadia, al tempo in cui Lepreo chiese il soccorso degli Elei, promettendo loro metà della terra, si scende ad un livello cronologico successivo, ma in ogni caso precedente la guerra del Peloponneso, in cui gli Elei imposero un tributo ai Lepreati, quindi al livello della guerra attica,[21] con la ribellione dei Lepreati, la richiesta d'aiuto ai Lacedemonii cui fu affidato l'arbitrato, il disconoscimento eleo del verdetto, la reazione militare spartana. "Poiché gli Elei non si erano attenuti all'arbitrato, gli Spartani inviarono a Lepreo una guarnigione di opliti" (§31.4 καὶ ὡς οὐκ ἐμμεινάντων τῇ ἐπιτροπῇ φρουρὰν ὁπλιτῶν ἐσέπεμψαν ἐς Λέπρεον). La conseguenza fu che gli Elei passarono dalla parte degli Argivi (§5), come anticipato al §1, cosa che accadde nell'estate dell'XI anno, cioè nel 421. Ma è immaginabile una tregua olimpica risalente ad un anno prima della celebrazione dei giochi? No, e difatti alcuni studiosi hanno ipotizzato un secondo invio di opliti nel 420, nell'imminenza dei giochi.[22] In realtà, credo che non sia necessario abbassare cronologicamente quasi fino ai giochi l'invio del secondo contingente. In 5.34, si torna a parlare di Lepreo e di opliti spartani. Al §1, Tucidide data alla piena estate del 421 - siamo ad un livello cronologico-narrativo successivo alla stipula del trattato Elide/Argo - il rientro dei *brasideioi,* i soldati di Brasida partiti dalla Tracia con Clearida all'inizio dell'estate (5.21.3). Ci informa che i Lacedemonii decretarono che questi soldati, che erano iloti/opliti,[23] fossero liberi e abitassero dove volevano e non molto dopo (ὕστερον οὐ πολλῷ) li installarono a Lepreo insieme con i *neodamodeis,* "giacché la città è posta verso la Laconia e l'Elide ed essi erano già in disaccordo con gli Elei" (ἐς Λέπρεον κατέστησαν, κείμενον ἐπὶ τῇ Λακωνικῇ καὶ τῇ Ἠλείᾳ, ὄντες ἤδη διάφοροι Ἠλείοις). Appartengono, questi opliti, al primo contingente – inviato nell'estate del 421 – oppure costituiscono un rinforzo, spedito qualche tempo dopo l'estate e, nel caso, quando? A prima vista, sembra che Tucidide stia qui parlando del primo contingente: lo si deduce non tanto dall'espressione ὄντες ἤδη διάφοροι Ἠλείοις, citazione di 5.31.1 διαφερόμενοι γὰρ ἐτύγχανον (οἱ Ἠλεῖοι) τοῖς Λακεδαιμονίοις περὶ Λεπρέου, quanto dalla localizzazione geo-politica di Lepreo che precede, κείμενον ἐπὶ τῇ Λακωνικῇ καὶ τῇ Ἠλείᾳ, del tutto insolita

21. Cioè, della guerra del Peloponneso.
22. Roy 1998, 361-2; Falkner 1999, 391-2; Bearzot 2004, 44, n.33.
23. Th. 4.80.5.

se affiancata alla notizia dell'invio di rinforzi. Si aggiunga che neppure il verbo, il semplice κατέστησαν, fa pensare che questo contingente fosse il secondo. Tucidide potrebbe tornare, nel §34, sugli stessi eventi dell'estate 421 accennati al §31, ma con maggiore ricchezza di dettagli? In realtà, l'installazione a Lepreo di *brasideioi* e *neodamodeis* - nel caso, quale contingente di rinforzo - risale ad un momento (anche ad un nucleo narrativo) ovviamente successivo alla stipula, nell'estate del 421, del trattato Elide/Argo di cui si dà notizia al §31, ma soprattutto posteriore alla piena estate dello stesso anno, che invece corrisponde al livello cronologico del loro rientro a Sparta.[24] La cronologia dell'installazione (ὕστερον οὐ πολλῷ) fa pensare ad un periodo, successivo all'estate, pari a qualche mese ma forse non ad un anno, anche perché l'invio degli opliti, ex iloti manomessi e lasciati liberi di vivere dove volessero – ma non si capisce con quali mezzi, perché ormai affrancati anche dalla dipendenza dai *kleroi* – mirava probabilmente anche a risolvere un eventuale problema di ordine pubblico, a non trattenere a Sparta una massa di quasi un migliaio di ex-iloti (erano partiti per la Calcidica in settecento:[25] tolte le perdite, si devono però aggiungere i *neodamodeis*), ormai liberi ma inattivi, e quindi a 'sistemarli', ad assicurare loro, in qualche forma, un nuovo ingaggio militare e forse anche quei mezzi. Alcuni studiosi hanno pensato che i Lepreati, che già nel passato avevano offerto metà della terra agli Elei, possano aver rivolto un'offerta simile ai nuovi 'protettori'.[26] Credo piuttosto che *brasideioi* e *neodamodeis* abbiano percepito un *misthos* da mercenari, non certo terre che in ogni caso avrebbero perduto qualche tempo dopo, tra il 418 ed il 414, intorno al 416, mentre il recrutamento dei *neodamodeis* continuò fino al 370.[27] In ogni caso, i *brasideioi* installati a Lepreo non sono soltanto iloti affrancati, sono opliti che hanno già combattuto con Brasida e

24. Th. 5.34.1 τοῦ αὐτοῦ θέρους.

25. Th. 4.80.5.

26. Cfr. Th. 5.31.2, con Chrimes 1952, 39; Willets 1954, 27-32; Gomme 1970, 34-6; Oliva 1971, 165; Alfieri Tonini 1975, 314; Cozzoli 1978, 222; Bruni 1979, 29; Papazoglou 1995, 372. Pensano invece all'installazione pura e semplice di una guarnigione di opliti Ehrenberg 1935, col.2396s.; Toynbee 1969, 201 n.2; Welwei 1974, 145, 157; Furuyama 1988, 364-8; Ducat 1990, 160; Lévy 2003, 156, Paradiso 2008, 70-2.

27. Lepreo, spartana fino al 418, torna ad essere elea poco prima del 414, forse nel 416: cfr. J. Roy in Hornblower 2000, 223 n.26. Nel 408, i *neodamodeis* percepiscono un *misthos* dal loro capo, l'armosta Clearco, finanziato da Farnabazo (X.*HG* 1.3.15-17): cfr., su ciò, Paradiso 2008, 72.

che ritroveremo impegnati a combattere nella battaglia di Mantinea.[28] Sono soldati, dice chiaramente Tucidide, insediati a Lepreo per un fine strategico, non pacifico, a causa della localizzazione della città, situata tra l'altro ai confini con la Messenia fortificata dagli Ateniesi, ed in funzione anti-elea.[29] Sono, nella riscrittura degli eventi che diede Eforo, mille, gli stessi mille opliti che, per Tucidide, infransero la tregua, provocando l'ira e la reazione strumentalizzante elea.[30]

La violazione della tregua che, nell'accusa degli Elei, accompagna questo invio di opliti/ex-iloti avrebbe, secondo questa ricostruzione, una cronologia 'alta', potrebbe risalire difatti a qualche mese prima dei giochi. Ma possiamo davvero immaginare una tregua che entri in vigore mesi prima dell'agosto 420? E ancora: perché gli Spartani sostengono che, al momento della spedizione militare, la tregua non era stata ancora annunciata a Sparta e gli Elei ribattono che essa era invece vigente, perché già proclamata presso di loro? Una *polis* non poteva certo considerarsi in regime di tregua finché non riceveva l'annuncio degli *spondophoroi*, con la proposta di sospensione delle ostilità – proposta che poteva accettare, con una cerimonia specifica, ma anche rifiutare.[31] Cosa che, sia pure raramente, accadde. Nel 388, il re spartano Agesipoli consultò l'oracolo di Olimpia sulla possibilità di rifiutare (μὴ δεχομένῳ), senza commettere sacrilegio, la tregua chiesta dagli Argivi, con il pretesto dei mesi sacri, ma non alla data prescritta, quando in realtà gli Spartani stavano per invadere il loro territorio. Il dio lo sollevò da ogni scrupolo, affermando la liceità di un rifiuto opposto ad una tregua richiesta ingiustamente.[32] La tregua, quindi, come ogni *spondé*, doveva essere annunciata ed accettata: un simile annuncio non poteva, ovviamente, essere retroattivo, perché sarebbe venuto meno il valore stesso della missione de-

28. Th. 5.67.1 e 71.3.

29. Cfr. Falkner 1999 sul 425, l'anno dell'*epiteichismos* ateniese a Pilo, come *tournant*.

30. Condensando Th. 4.80, 5.34 e 49, Eforo, in D. S. 12.76.1 parla dell'affrancamento di 'mille' iloti che avevano combattuto con Brasida in Tracia. Cfr. anche D. S. 12.67.3 e 5, dove i soldati che combattono con Brasida sono sempre mille.

31. Rougemont 1973, 94; Fernandez Nieto 1995, 161-87. Nel 347/346 i Focesi, unici tra i Greci, rifiutarono agli araldi l'adesione alla tregua, in occasione dei Misteri eleusini: lo racconta Eschine, *Sui misfatti dell'ambasceria* 133-4. Per le sanzioni, cioè l'ovvia esclusione dal tempio, cfr., oltre a Th. 5.49-50, il regolamento anfizionico che figura in *IG* II^2, 1126, r.48.

32. X. *HG.* 4.7.2.

gli *spondophoroi.* Qualsiasi tregua, sacra o profana, era uno strumento di diritto internazionale *bilaterale* (come tutti gli strumenti di diritto internazionale), pena la vanificazione dello strumento stesso.[33] Quando non veniva annunciata, la tregua non poteva essere valida perché, semplicemente, non (ancora) notificata. Nel 420, le argomentazioni delle controparti possono essere state capziose, certo non inverosimili. A meno di non ipotizzare una falla procedurale, un vuoto giuridico (clamoroso, però, in epoca classica e tale da esporre Olimpia a continui incidenti diplomatico-militari), una proposta di soluzione può essere quella che suggerisco.[34] La tregua era un tempo di rottura del tempo normale, quindi un tempo festivo. In quanto tale, e coinvolgendo manifestazioni panelleniche, aveva una dimensione esterna ed una interna. Quella esterna mirava ad accogliere nella massima sicurezza i partecipanti, appunto, esterni (atleti, delegazioni, spettatori e tutto il pubblico di frequentatori a vario titolo dei giochi); quella interna sospendeva le attività normali all'interno, con vacanza giudiziaria e in particolare penale, ma anche con la sospensione delle attività militari. Si può pensare che gli Elei alludano nel 420, giocando sull'equivoco, sul sofisma, alla *hieromenia*, al periodo sacro interno, festivo senza essere 'di festa', che inglobava cronologicamente il tempo di svolgimento dei giochi ma anche la tregua, l'*ekecheiria*, vera e propria. La *hieromenia*, se in occasione delle Carnee spartane durava un mese,[35] alle Olimpiadi durava certamente più a lungo, quattro mesi secondo Luciano, grande esperto di agoni olimpici;[36] ai giochi Pitici addirittura un anno,[37] sempre un tempo molto più lungo se paragonato a quello dell'*ekecheiria.* Solo così possiamo spiegarci l'intervallo cronologico piuttosto dilatato che sembra intercorrere, nella narrazione tucididea, tra l'invio degli opliti durante la tregua (qualche mese dopo l'estate 421) e la celebrazione dei giochi nell'agosto 420. Tucidide sembra autorizzare questa interpretazione quando dice: Ἠλεῖοι δὲ τὴν παρ' αὐτοῖς ἐκεχειρίαν ('la tregua, quella presso di loro') ἤδη ἔφασαν εἶναι, racchiudendo cioè παρ' αὐτοῖς tra τὴν e ἐκεχειρίαν, e aggiunge, come indispensabile chiosa di una dichiarazione altrimenti incom-

33. E che dire poi delle *poleis* più lontane, quelle raggiungibili dopo un lungo viaggio? Gli *spondophoroi* pitici partivano sei mesi prima dei giochi.

34. Sulla base di una suggestione di Rougemont 1973, 98, n.80.

35. Th.5.54.2: la festa vera e propria, invece, nove giorni.

36. Luc. *Icar.*22

37. IG II^2, 1126, del 380/379.

prensibile, πρώτοις γὰρ σφίσιν αὐτοῖς ἐπαγγέλλουσι. Né deve destare sospetto l'uso, in questo passo, di *ekecheiria* in luogo di *hieromenia,* non solo in quanto i due sostantivi vengono spesso confusi dalle fonti,[38] ma anche perché sono gli Elei a chiamarla *ekecheiria,* cioè tregua militare generale, perché interessati a presentarla in questi termini. Quella che gli Elei proclamano all'interno, prima dell'*ekecheiria* esterna, non può essere, credo, che l'interna *hieromenia,* la 'tregua' festiva, giudiziaria ma anche militare, in virtù della quale, certo, 'stavano tranquilli e non si aspettavano' l'attacco spartano. Forse perché essi, per primi, entravano, militarmente, in tregua. D'altronde, non poteva che essere così. La *polis* che organizzava i giochi doveva, e proprio per ragioni di ospitalità, cioè organizzative, entrare in tregua per prima, e per un certo periodo unilateralmente, prima della proclamazione presso le altre *poleis.* Lo dimostrano gli Spartani che, nell'estate del 419, non intraprendono spedizioni militari durante la *hieromenia* delle Carnee.[39] Lo dimostrano, credo, anche i Corinzi che, nella primavera del 412, si rifiutano di inviare navi a Chio ben prima della proclamazione della tregua istmica. Viene qui narrato un altro uso politico-militare dell'*ekecheiria,* con la strumentalizzazione dei suoi 'spazi' giuridici. Nell'imminenza dei giochi, Agide si dichiara pronto ad assumere la responsabilità della spedizione, per consentire ai Corinzi di rispettare la tregua. Se ne deduce che Corinto, certo in qualità di città ospitante e proprio al fine di accogliere tutte le delegazioni partecipanti, avesse l'obbligo di astenersi da tutte le operazioni militari, evidentemente anche quelle in teatri bellici lontani, che quella partecipazione corale potessero inficiare. Obbligo, questo, che evidentemente altre *poleis* non avevano, almeno nella stessa forma vincolante. Nel corso della celebrazione dei giochi, gli Ateniesi (che – come dice chiaramente Tucidide, ancora una volta in un prezioso inciso – vi parteciparono grazie al bando della tregua) si resero conto delle trame dei Chii e, al ritorno, si organizzarono nascostamente. Dopo la festa (ancora una volta μετὰ τὴν ἑορτήν), i Peloponnesiaci, che avevano dilazionato l'operazione per le remore dei Corinzi, salparono per Chio.[40]

Nel 412, Agide è pronto a strumentalizzare, non a violare, la tregua istmica, facendone un uso politico-militare impeccabile, evidentemente spregiudicato so-

38. Robert 1970, 177-9.

39. Th. 5.54.2. Ma cfr. anche 3.56.2 e 65.1.

40. Th. 8.9-10.

lo se commisurato a presunti 'ideali' politici panellenici. Ideali che nutrivano la retorica dei santuari comuni, nonché la definizione dell'identità *culturale* greca, contrapposta a quella non greca, certo non di quella *politica*.[41] Tucidide racconta quella che *pare* una violazione nella sostanza, non nella forma, dello spirito della tregua, anche nel III libro, ancora una volta ad opera degli Spartani.[42] Nel 428 gli Spartani invitano i Mitilenesi ad esporre agli alleati le ragioni della defezione dalla Lega delio-attica. Li invitano ad Olimpia, non a Sparta, in occasione degli ottantesimi giochi. L'incontro, reso possibile dalla tregua, avviene 'dopo la festa' (μετὰ τὴν ἑορτήν), il che significa 'subito dopo la festa'.[43] Tucidide non menziona la tregua, certo non intende valorizzarla storiograficamente, in sede di (ri)costruzione dell'episodio. Ricostruisce invece – ed attribuisce agli ambasciatori isolani – un discorso fondato ampiamente sui valori panellenici legati al tempio di Zeus, più che sulla momentanea sospensione del conflitto, dunque su quella retorica dell'identità greca che impone un'auto-giustificazione dell'incontro. Un discorso imbarazzante, e percepito come tale da chi lo pronuncia, perché tratta di guerra in un contesto di pace e perché a proporre un'alleanza militarmente aggressiva sono ambasciatori che si presentano in qualità di supplici di Zeus Olimpio.[44] Imbarazzante, però, soprattutto perché la situazione non si gioca sul piano militare ma su quello della retorica, dell'incontro diplomatico tra due parti fino a poco prima nemiche. In quell'occasione, Mitilenesi, Spartani e alleati fanno tutti, della tregua, un uso diplomatico-militare spregiudicato, pur senza violarla formalmente, cioè militarmente. Un uso spregiudicato, s'intende secondo i criteri idealizzanti, e in parte moderni, di cui si diceva, avvezzi a distinguere più nettamente tra pace e guerra, ma non secondo la sensibilità degli antichi, i quali praticavano, anche quando non l'ammettevano, l'offerta di armi nemiche greche, o di dediche, nello stesso santuario comune di Zeus.[45]

41. Cfr. Raubitschek 1988, 35-7; Crowther 2004, 11-22 ed il contributo di James Roy "Intrerstate contacts and inter-state tensions at Olympia in the classical period, and the supposed ideals of the ancient Olympic games" in questo volume. La storia del panellenismo è tracciata da Flower 2000, 65-101.

42. Th. 3.8-14. Gli Spartani rispettano però la *hieromenia* delle Carnee in 5.54.2. Gli Argivi ne fanno un uso diverso al §54.3.

43. Nel *bouleuterion*? Così Sinn 2004, 182-3.

44. Th. 3.14.1.

45. La condanna della pratica figura in Pl. *R*. 469e-470a, cfr. anche Plut. *Mor*. 401cd. Cfr. Himmelmann 2001, 155-79; Baitinger 2001, 80-92, 239-48; Crowther 2004, 16-7.

I Mitilenesi, si diceva, costruiscono retoricamente il loro intervento attingendo a non pochi *topoi* panellenici e coronando il discorso con la menzione finale e l'appello a Zeus Olimpio. In un passo di Erodoto, gli Ateniesi ribadiscono i fondamenti dell'identità greca "che ha lo stesso sangue e la stessa lingua", e tra questi ricordano i "santuari comuni degli dei, i sacrifici e gli usi analoghi che, dicono, per gli Ateniesi sarebbe disdicevole tradire".[46] Sulla stessa linea retorica, gli ambasciatori di Mitilene citano, oltre al motivo della *philia*, anche quello, panellenico, della 'libertà dei Greci', s'intende dai Persiani, motivo ideologico e slogan propagandistico fortunatissimo delle guerre persiane, ma lo ricordano strumentalmente, per giustificare la propria posizione, attribuendo agli Ateniesi la responsabilità di aver tradito l'ideale con l'opposto 'asservimento' degli alleati (la stessa accusa che, dopo la firma della pace di Nicia, gli alleati peloponnesiaci rivolgeranno a Sparta[47]). Così, al §10.3 del III libro sostengono: ξύμμαχοι μέντοι ἐγενόμεθα οὐκ ἐπὶ καταδουλώσει τῶν Ἑλλήνων Ἀθηναίοις, ἀλλ' ἐπ' ἐλευθερώσει ἀπὸ τοῦ Μήδου τοῖς Ἕλλησιν ("pure, diventammo alleati non per sottomettere i Greci agli Ateniesi, ma per liberare i Greci dai Medi"). Al tradimento ateniese, i Mitilenesi oppongono ora una nuova alleanza ed un nuovo slogan, esortando gli Spartani a liberare i Greci dagli Ateniesi. Al §10.4, difatti, affermano: "poiché li vedemmo attenuare l'ostilità verso i Medi, τὴν μὲν τοῦ Μήδου ἔχθραν, e portare a proprio vantaggio l'asservimento degli alleati, τὴν δὲ τῶν ξυμμάχων δούλωσιν, cominciammo ad avere paura"; ancora, al §13.7: "e se sarà chiaro che ci liberate, ἐλευθεροῦντες, la vostra vittoria in questa guerra sarà più sicura". Al §13.1, i Mitilenesi presentano la propria defezione come un contributo alla liberazione, ξυνελευθεροῦν, dei Greci.[48]

Si può fondatamente ipotizzare che lo storico riferisca qui, da fonte mitilenese[49] oppure olimpica, il 'senso generale' del discorso effettivamente pronunciato dalla rappresentanza diplomatica, discorso che poi verrà retoricamente, storiograficamente costruito in antilogia con gli interventi, successivamente riportati, di Cleone e di Diodoto.[50] In ogni caso, era impossibile mantenere il se-

46. Hdt. 8.144.2. Sui santuari comuni, si veda Funke 2003, 57-65; Funke 2004, 159-67.

47. Th. 5.29.3.

48. Su ciò, cfr. Prandi 1976, 76-8.

49. In 3.2.3, Tucidide vanta precisi informatori mitilenesi, prosseni degli Ateniesi: li definisce μηνυταί.

50. Cfr. Th. 3.37-40 e 42-8 con Macleod 1978, 64-78; sui discorsi, Th. 1.22.1.

greto su un incontro che, per quanto avvenuto in forma discreta, si era pur sempre verificato in un luogo fino a qualche giorno prima estremamente affollato ma dopo la fine dei giochi certo non deserto. In modo simile, ma durante i giochi Istmici del 412, gli Ateniesi riuscirono ad appurare un sospetto (accennato più volte da Tucidide) che li tormentava da tempo, circa l'intesa di Spartani e Corinzi con i Chii.[51]

La tregua, si è detto, mirava a tutelare la partecipazione ai giochi di atleti, delegazioni e spettatori: una folla, in età classica, considerevole, secondo le fonti antiche; per i calcoli moderni, pari a 43.000 spettatori ad Olimpia.[52] Come, non è affatto chiaro perché le fonti scarseggiano, né questa protezione figura, nei trattati, in norme davvero 'esecutive', bensì in disposizioni generali, con valore più che altro politico-diplomatico. Robert Muth ipotizzava, con verosimiglianza, una partecipazione per gruppi, in grado di proteggersi più agevolmente di singole persone, più esposte al pericolo.[53] In effetti, le delegazioni ufficiali – più 'visibili', se vogliamo, e perciò protette[54] – devono aver subito minori difficoltà a raggiungere i templi panellenici (e se le avessero avute, la risposta sarebbe stata diplomatica e, al limite, militare): non prova nulla, naturalmente, il singolo caso dei Mitilenesi, presenti ad Olimpia nel 428 nonostante fossero ancora alleati degli Ateniesi, o quello degli Ateniesi stessi, ospiti dei Corinzi ai giochi Istmici del 412. Diversa la situazione dei privati, costretti ad affrontare un viaggio impegnativo, certo non sicuro, oltre che faticoso e costoso.[55] E' noto il caso di Frinone di Ramnunte, catturato, sulla via di Olimpia, durante la tregua,

51. Th. 8.10.1.

52. Luc.*Peregr.*1; Romano (1993, 22) pensa che di 43.000 spettatori fosse la capienza dello Stadio olimpico III.

53. Muth 1979, 171.

54. Esse viaggiavano su veicoli decorati con corone: cfr. Hesych.s.v. *θεωρικός*.

55. Ci volevano 5 o 6 giorni per recarsi, a piedi, non in un carro o a dorso di mulo, da Atene ad Olimpia (X. *Mem.* 3.13.5); dalle due alle tre settimane per andare, tornare e partecipare ai giochi, che duravano 5 o 6 giorni. Per chi viaggiava per via di terra, erano praticabili alcune strade, essenzialmente la Atene-Megara-Corinto, la Corinto-Argo, Argo-Mantinea, Mantinea-Elide (separata da Olimpia dalla Via sacra, per circa 60 km.) o, in alternativa, la Corinto-Olimpia, via Pellene-Ege–Patrasso. Esisteva anche una strada che congiungeva Sparta ad Olimpia. Un'iscrizione (*IvO* 566) attesta che ai giochi Augustali, isolimpici, di Napoli, solo una malattia, la pirateria ed il naufragio potevano giustificare l'arrivo in ritardo. Cfr., su ciò, Crowther 2004, 35-50.

e liberato solo dietro il pagamento di un riscatto, nel 348. Frinone ottenne giustizia per via diplomatica da Filippo di Macedonia, interessato a sfruttare politicamente la felice soluzione del caso, ma si trattò di una fortunata eccezione.[56] Una guerra lunga come quella archidamica (431-421), combattuta anche nel Peloponneso dove erano localizzati tre dei quattro grandi santuari panellenici, deve aver reso più complicata la partecipazione attiva e passiva ai giochi, come atleti e come spettatori. La soluzione proposta per ovviare a queste difficoltà non poteva essere militare e difatti fu diplomatica. La prima clausola della pace di Nicia del 421 recitava, nella citazione integrale offerta da Tucidide, περὶ μὲν τῶν ἱερῶν τῶν κοινῶν, θύειν [καὶ ἰέναι] καὶ μαντεύεσθαι καὶ θεωρεῖν κατὰ τὰ πάτρια τὸν βουλόμενον ‹καὶ ἰέναι› καὶ κατὰ γῆν καὶ κατὰ θάλασσαν ἀδεῶς, seguita da una disposizione relativa al solo tempio di Apollo a Delfi, vale a dire "quanto ai templi comuni, vi sacrifichi, consulti l'oracolo, assista ai giochi (oppure 'invii delegazioni') chiunque lo desideri, secondo le tradizioni patrie, e ci vada per terra e per mare, senza timore".[57] La clausola denuncia chiaramente difficoltà di accesso ai santuari, ma anche violazioni di qualche tregua sacra in occasione dei giochi panellenici, nel complesso una situazione di illegalità che la pace di Nicia, con questa disposizione, intende sospendere.[58] Anche il testo tucidideo della tregua del 423 si apre con una clausola – proposta dagli Spartani ma certamente richiesta dagli Ateniesi – che ripristinava la libera frequentazione del tempio e dell'oracolo di Apollo a Delfi: περὶ μὲν τοῦ ἱεροῦ καὶ τοῦ μαντείου τοῦ Ἀπόλλωνος τοῦ Πυθίου δοκεῖ ἡμῖν χρῆσθαι τὸν βουλόμενον ἀδόλως καὶ ἀδεῶς κατὰ τοὺς πατρίους νόμους ("quanto al tempio ed all'oracolo di Apollo Pitico decidiamo che possa frequentarlo chi lo desideri, senza inganno e paura, secondo le tradizioni patrie"[59]).

56. Lo racconta Eschine, *Sui misfatti dell'ambasceria* 12 ἐν ταῖς σπονδαῖς ταῖς Ὀλυμπιακαῖς: cfr. anche Demostene 19, II *hypothesis* §3, dove Frinone ἀπιὼν Ὀλυμπίασιν ἀγωνισόμενος ἢ θεασόμενος ἐκρατήθη ὑπό τινων στρατιωτῶν τοῦ Φιλίππου ἐν ἱερομηνίᾳ καὶ ἀφῃρέθη πάντα τὰ αὐτοῦ. Il sovrano macedone si scuserà, osservando che ἠγνόουν οἱ στρατιῶται ὅτι ἱερομηνία ἐστί, e lo rifonderà.

57. Th. 5.18.2.

58. Secondo Hornblower 1992, 190ss., la clausola non sospende invece la presunta esclusione degli Ateniesi dai giochi Olimpici celebrati durante la guerra, bando che non fu mai decretato.

59. Th. 4.118.1. Secondo Aristofane (*Av.*188-9), gli Ateniesi, per recarsi al tempio delfico, ancora nel 414 dovevano chiedere il passaggio ai Beoti.

Nel 421 si liberalizza quindi il diritto a frequentare i santuari panellenici (i quattro del canone più altri, minori) per terra e per mare, al fine di θύειν, di μαντεύεσθαι ed infine di θεωρεῖν, specificazioni dettagliate del più generico *χρῆσθαι* che figura nel testo del 423. Come si deve intendere θεωρεῖν, di interpretazione ancora dibattuta dalla critica, divisa tra "assistere ai giochi" e "inviare una delegazione"?[60] Lo scolio chiosa il passo con θεωροὺς πέμπειν, cioè "inviare delegazioni ufficiali": se così, deve trattarsi di delegazioni che non abbiano il compito né di θύειν, né di μαντεύεσθαι, attività cultuali già esplicitamente previste prima dell'infinito θεωρεῖν, dunque di delegazioni sportive. L'interpretazione 'pubblica' di θεωρεῖν come "inviare delegazioni (agonistiche)" ha però un limite:[61] finisce per attribuire un carattere ufficiale e pubblico a tutti e tre i verbi cultuali adoperati, per cui τὸν βουλόμενον, "chiunque voglia", cioè qualunque polis, potrà sacrificare, consultare l'oracolo e inviare delegazioni, misconoscendo con ciò il carattere più ampio, storicamente allargato anche ai privati, della frequentazione templare. Né giova limitare il significato 'pubblico' al solo verbo θεωρεῖν perché, oltre a cancellare la natura eventualmente privata e non ufficiale della partecipazione ai giochi, si introduce con ciò un brusco salto logico non autorizzato dal testo. Che, oltre tutto, era un testo giuridico e come tale doveva certo esibire un dettato comprensibile, al fine di assicurare la certezza del diritto. Considerazioni simili valgono, credo, anche per l'esempio più vicino al nostro, per la tregua del 423, dove il participio τὸν βουλόμενον ritengo designi genericamente quanti, in forma privata oppure in delegazione ufficiale, intendano frequentare il santuario.[62] Il participio in questione, e più in generale il verbo βούλομαι, paiono d'uso tipico nei trattati, con significato sia 'pubbli-

60. Cfr. "to send their deputies unto them" (*i.e.* the public temples: Hobbes 1628); "inviare ambascerie sacre" (Sgroj 1952); "to be θεωροί" (Gomme 1956); "envoyer des délégations officielles pour assister aux fêtes" (Roussel 1964); "assista alle feste" (Moreschini 1967, Ferrari 1985); "y envoyer des délégations" (J. de Romilly 1968); "mandarvi sacre ambascerie" (Savino 1974); "inviare delegati ufficiali" (Donini 1982); "inviare delegazioni" (Favuzzi 1986); "visit them as sacred delegates" (Hornblower 1996). Interviene sul testo greco Benjamin Jowett 1900 "touching the common temples, any one who pleases may go and sacrifice in them and enquire at them, on behalf either of himself or of the state, according to the custom of his country, both by land and sea, without fear". Sulle caratteristiche e prerogative, tra il religioso e l'agonistico, di una *theoria*, cfr.Pl. *Lg.*950e-851a, con Crowther 2004, 25ss.

61. Notato già da Gomme 1956, 667.

62. Th. 4.118.1.

co' sia 'privato', e non solo nelle clausole in cui si delibera in materia di culto. Il participio figura con significato esclusivamente pubblico nel testo della tregua del 423, dove οἱ βουλόμενοι non può che riferirsi all'impegno di altre poleis a perseguire il furto sacrilego commesso ai danni del santuario di Apollo.[63] Figura, con allusione a privati, nel decreto spartano del 425 che autorizzava e prometteva ricompense a chi volesse (appunto, τὸν βουλόμενον) trasportare vettovaglie agli opliti assediati a Sfacteria.[64] Nel testo tucidideo della pace di Nicia, in V.18.5, l'espressione ὅποι ἂν βούλωνται designa privati cittadini. Quanto poi al verbo θεωρεῖν, esso non significa soltanto "inviare delegazioni", ma anche, appunto, "assistere, partecipare", a titolo privato, a feste, adunanze ecc., costruito con l'accusativo oppure con εἰς e l'accusativo o impiegato perfino, come qui, assolutamente.[65] In Erodoto, Ὀλύμπια ἄγουσι καὶ θεωρέοιεν ἀγῶνα γυμνικὸν καὶ ἱππικόν, detto dei Greci, vale per "assistere" agli agoni.[66] In Tucidide 5.50.2 (οἱ δὲ ἄλλοι Ἕλληνες ἐθεώρουν πλὴν Λεπρεατῶν) e 8.10.1 (οἱ Ἀθηναῖοι ἐθεώρουν ἐς αὐτά), il verbo significa invece "inviare delegazioni ufficiali". In 5.16.2, i θεωροί sono gli inviati degli Spartani, incaricati di consultare l'oracolo di Delfi, cioè i Pizii. In 6.16.2 τῆς Ὀλυμπίαζε θεωρίας è la delegazione privata – mai esibita prima da alcun *idiotes*, ma che diede lustro alla città – con cui Alcibiade partecipò alle Olimpiadi del 416. Ma in Tucidide 3.104.3 si dice che, anticamente, gli Ioni partecipavano ad una festa a Delo – una festa che comprendeva agoni ginnici e musicali – "con le mogli e con i figli" (ξύν τε γὰρ γυναιξὶ καὶ παισὶν ἐθεώρουν), cioè assistevano privatamente ai giochi e, più in generale, allo spettacolo. In considerazione della presenza, nel testo della pace di Nicia, di τὸν βουλόμενον, che mi sembra generalizzare la liceità ripristinata, preferisco pertanto attribuire un significato non pubblico, nel senso di ufficiale, a tutti e tre i verbi citati (θύειν, μαντεύεσθαι e θεωρεῖν) e di conseguenza tradurre "assistere ai giochi", con allusione alla partecipazione passiva, e privata, degli spettatori interessati, invece di intendere θεωρεῖν nel senso di "inviare delegazioni (agonistiche)". Peraltro εἰς πανηγύρεις θεωρεῖν, e proprio nel senso di "assistere ai giochi" è, per il protagonista della *Pace* di Aristofane, una delle attività che più caratterizzeranno il prossimo tempo di pace (v.342). In questo verso si può ve-

63. Th. 4.118.3.
64. Th. 4.26.5.
65. Cfr. Hdt. 1.59.1, Ar. *Pax* 342, And.4.20, X. *An*.1.2.10, D. S. 19.265, Luc.*Tim*.50 *et al.*
66. Hdt. 8.26.2.

dere, credo, una eco della 'nostra' clausola della pace di Nicia, che fu firmata "alla fine dell'inverno, col sopraggiungere della primavera, subito dopo le Dionisie urbane"[67] – cioè subito dopo quelle Dionisie cui venne presentata la *Pace* di Aristofane – ma fu lungamente preparata e discussa nel corso dei mesi invernali.[68]

In ogni caso, che θεωρεῖν significhi "assistere ai giochi", oppure "inviare delegazioni", il fatto stesso che una clausola del 421 ne ripristini la facoltà significa che si sentiva il bisogno di 'rinforzare', in senso tecnico-giuridico, all'interno di un trattato internazionale, anche le norme che disponevano l'*ekecheiria,* certamente in seguito ad episodi di violazione di quell'immunità in cui certamente consisteva la tregua sacra, immunità che avrebbe dovuto consentire anche in tempo di guerra di viaggiare, in forma privata o pubblica, per iniziativa personale oppure in delegazione ufficiale, per assistere a quei giochi. Ed il viaggio, ma il viaggio sicuro (‹καὶ ἰέναι› καὶ κατὰ γῆν καὶ κατὰ θάλασσαν ἀδεῶς), è proprio l'idea centrale, il fine della clausola, come aveva ben visto Wilamowitz.[69] Quando si sarebbero verificati questi casi, però, lo ignoriamo. Tucidide, questo non lo dice.

Bibliografia

Alfieri Tonini, T. 1975, "Il problema dei "Neodamodeis" nell'ambito della società spartana", *Istituto Lombardo, Accademia di Scienze e Lettere. Rendiconti – Classe di Lettere e Scienze Morali e Storiche* 109, 305-16.

Baitinger, H. 2001, *Die Angriffswaffen aus Olympia,* Olympische Forschungen 29, Berlin, 80-92 e 239-48.

67. Th. 5.20.1.

68. Th. 5.17.2 "e in quell'inverno si incontrarono a parlare, e al volgere ormai della primavera ecc.": cfr. anche l'allusione successiva agli incontri ufficiali, *ξύνοδοι,* in cui furono presentate molte richieste e si concedette da entrambe le parti la pace.

69. Wilamowitz 1969, 385 n.1 "die Passage", valorizzato da Hornblower 1996, 471-2. Il viaggio di ritorno si fa complicato per Luciano (*Per.*35), che non riesce a trovare un mezzo di trasporto, a causa della folla in partenza. Un'iscrizione del III secolo d.C., recentemente pubblicata da Peter Siewert (Inv. Λ (= Λίθινα) 337 nel Museo di Elide), contiene disposizioni sul soggiorno e l'uso di veicoli da parte dei visitatori di Olimpia ed Elis: cfr. Siewert 2000, 31-7.

BALTRUSCH, E. 1994, *Symmachie und Spondai. Untersuchungen zum griechischen Völkerrecht der archaischen und klassischen Zeit (8.-5. Jahrhundert v.Chr.),* Berlin-New York.

BEARZOT, C. 2002, "Φύρκον τεῖχος in Tucidide, *castellum Phyrcum* in Livio (27.32.7)", *Lexis* 20, 91-4.

- 2003, "Panellenismo e *asylia* in età classica: il caso dell'Elide", in M. Dreher (Hg.), *Das Antike Asyl. Kultische Grundlagen, rechtliche Ausgestaltung und politische Funktion,* Köln-Weimar-Wien.

BRUNI, G.B. 1979, "Mothakes, Neodamodeis, Brasideioi", in *Schiavitù, manomissione e classi dipendenti nel mondo antico.* Atti del Colloquio di Bressanone, 25-27 novembre 1976, Università degli studi di Padova - Pubblicazioni dell'Istituto di Storia antica, vol.XIII, Roma, 21-31.

CLARK, M. 1999, "Thucydides in Olympia", in R. Mellor-L. Tritle (eds.), *Text and Tradition. Studies in Greek history and historiography in honor of Mortimer Chambers,* Claremont, California, 115-34.

COZZOLI, U. 1978, "Sparta e l'affrancamento degli iloti nel V e nel IV secolo", *Sesta miscellanea greca e romana,* Roma, 213-32.

CROWTHER, N.B. 2004, *Athletika: studies on the Olympic games and Greek athletics,* (Nikephoros, Beiheft 11), Hildesheim.

DUCAT, J. 1990, *Les Hilotes,* Athènes-Paris.

EBERT, J. 1918, *Olympia von den Anfängen bis Coubertin,* Leipzig.

EHRENBERG, V. 1935, s.v. *Neodamodeis, RE* 16.2, coll.2396-2401.

FALKNER, C. 1999, "Sparta and Lepreon in the Archidamian war (Thuc.5.31.2-5)", *Historia* 48, 385-94.

FERNANDEZ NIETO, F.J. 1975, *Los acuerdos belicos en la antigua Grecia (época arcaica y clásica)* I Texto, Santiago de Compostela.

- 1995, "Tregua sagrada, diplomacia y politica durante la guerra del Peloponneso", in Ed. Frézouls-A. Jacquemin (éds.), *Les rélations internationales, Actes du Colloque de Strasbourg 15-17 juin 1993,* Paris, 161-87.

FINLEY, M.I.-PLEKET, H.W. 1976, *The Olympic Games: the first thousand years,* London.

FLOWER, M.A. 2000, "From Simonides to Isocrates: the fifth-century origins of fourth-century panhellenism", *ClAnt* 19, 65-101.

FUNKE, P. 2003, "Gli ombelichi del mondo. Riflessioni sulla canonizzazione dei santuari "panellenici"", *GeoAnt* 12, 57-65.

- 2004, "Herodotus and the major sanctuaries of the Greek world", in V. Karageorghis-I. Taifacos (eds.), *The world of Herodotus. Proceedings of an international conference held at the Foundation Anastasios G. Leventis and the Faculty of Letters, University of Cyprus,* Nicosia, 159-67.

FURUYAMA, M. 1988, "The liberation of Heilotai: the case of Neodamodeis", in T. Yuge-M.Doi (eds), *Forms of control and subordination in Antiquity*, Tokyo-Leiden-Köln, 364-8.

GOMME, A.W. 1956, *A historical commentary on Thucydides*, vol.III. Books IV-V.24, Oxford.

GOMME, A.W.-ANDREWES, A.-DOVER, K.J. 1970, *A historical commentary on Thucydides*, vol.IV. Books V.25-VII, Oxford.

HIMMELMANN, N. 2001, "La vie religieuse à Olympie", in A. Pasquier (éd.), *Olympie. Cycle de huit conférences organisé au musée du Louvre par le Service culturel du 18 janvier au 15 mars 1999*, Paris, 155-79.

HORNBLOWER, S. 1996, *A commentary on Thucydides*, vol.II. Books IV-V.24, Oxford.

- 1992, "The religious dimension to the Peloponnesian war, or, what Thucydides does not tell us", *HSPh* 94, 169-97.
- 2000, "Thucydides, Xenophon, and Lichas: were the Spartans excluded from the Olympic Games from 420 to 400 B.C.?", *Phoenix* 54, 212-25.
- 2004, *Thucydides and Pindar*, London.

LÄMMER, M. 1982/83, "Der sogenannte Olympische Friede in der griechischen Antike", *Stadion* 8/9, 47-83 (traduzione italiana quasi integrale: 'La cosiddetta 'pace olimpica' nell'Antichità greca', in P. Angeli Bernardini (a cura di), *Lo sport in Grecia*, Roma-Bari 1988, 119-52).

LÉVY, É. 2003, *Sparte. Histoire politique et sociale jusqu'à la conquête romaine*, Paris.

MACLEOD, C. 1978, "Reason and necessity: Thucydides III 9-14, 37-48", *JHS* 98, 64-78.

MUTH, R. 1979, "Olympia - Idee und Wirklichkeit", in R. Muth-G. Pfohl (Hg.) *Serta Philologica Aenipontana* III, Innsbruck 1979, 168-74 (= *Innsbrucker Beiträge zur Kulturwissenschaft*, vol.20).

NIESE, B. 1963 (1893-1903), *Geschichte der griechischen und makedonischen Staaten seit der Schlacht bei Chaeronea*, 1-3, Handbücher der alten Geschichte, 2 (Gotha), Darmstadt.

OLIVA, P. 1971, *Sparta and her social problems*, Amsterdam-Prague.

PAPAZOGLOU, F. 1995, "Sur la condition des hilotes affranchis", *Historia* 44, 370-5.

PARADISO, A. 2008, "Politiques de l'affranchissement chez Thucydide", in A. Gonzales (éd.), *La fin du statut servile? (Affranchissement, libération, abolition...), Actes du XXXe Colloque GIREA (Besançon, 15-17 décembre 2005;* Hommage à Jacques Annequin) Besançon I, 65-76.

PARADISO, A.-ROY, J. 2008, "Lepreon and Phyrkos in 421-420", *Klio* 90, 27-35.

POPP, H. 1957, *Die Einwirkung vor Vorzeichen, Opfern und Festen auf die Kriegführung der Griechen im 5. und 4. Jahrhundert v.Chr.*, Diss. Erlangen.

PRANDI, L. 1976, "La liberazione della Grecia nella propaganda spartana durante la guerra del Peloponneso", in M. Sordi (a cura di), *I canali della propaganda nel mondo antico*, Milano, 72-83.

RAUBITSCHEK, A.E. 1988, "The panhellenic ideal and the Olympic Games", ristampato in W. Raschke, *The archaeology of the Olympics and other festivals in antiquity,* Madison 2002².

ROBERT, L. 1970 (1937), "Décrets d'Ilion", in *Études Anatoliennes. Recherches sur les inscriptions grecques d'Asie Mineure,* Paris, 172-9.

ROMANO, D.G. 1993, *Athletics and Mathematics in Archaic Corinth: the Origins of the Greek Stadion,* Philadelphia.

ROUGEMONT, G. 1973, "La hiéroménie des Pythia et les 'trêves sacrées' d'Eleusis, de Delphes et d'Olympie", *BCH* 97, 75-106.

ROY, J. 1998, "Thucydides 5.49.1-50.4: the quarrell between Elis and Sparta in 420 B.C. and Elis' exploitation of Olympia", *Klio* 80, 360-8.

SCHEPENS, G. 2004, "La guerra di Sparta contro Elide", in E. Lanzillotta (a cura di), *Ricerche di antichità e tradizione classica,* Roma 1-94.

SIEWERT, P. 1981, "Eine Bronze-Urkunde mit elischen Urteilen über Böoter, Thessaler, Athen und Thespiai", in A. Mallwitz (Hg.), *X. Bericht über die Ausgrabungen in Olympia,* Berlin, 228-48.

- 2000, "Due iscrizioni giuridiche della città di Elide", in *Minima epigraphica et papyrologica* 3, 19-37.

SINN, U. 2004, *Das antike Olympia. Götter, Spiel und Kunst,* München.

TOYNBEE, A. 1969, *Some problems in Greek history,* London.

WELWEI, K.-W. 1974, *Unfreie im antiken Kriegsdienst,* Erster Teil: *Athen und Sparta,* Wiesbaden.

WENIGER, L. 1905, "Das Hochfest des Zeus in Olympia. III. Der Gottesfriede", *Klio* 5, 184-218.

WILAMOWITZ-MOELLENDORFF, U. von 1969, *Kleine Schriften* III, Berlin, 380-405.

WILLETS, R.F. 1954, "The Neodamodeis", *CPh* 49, 27-32.

Summary

Thucydides does not reserve a large space to the Panhellenic Games. He speaks of them briefly when they 'cross' his historical project, that is when they cross the event he mainly analyses, the Peloponnesian War. Between the Games and the war we find the sacred truce, the *ekecheiria* or *sponde* which must not be interpreted as a general truce, valid for all military operations all over Greece, but as a form of *asylia* and *asphaleia*, the immunity, functional to the course of events, which was granted to the people attending the meeting, to the audience and to some places. Thucydides thinks of the truce bare of any rhetoric, analysing the contradictions existing between its alleged sacred and panhellenic character and its real identity of simple cease of hostilities. He reports therefore some political 'usages' of it: above all, the diplomatic usage made in 428 by Mytilenians and Spartans, and then in 421 in the Peace of Nicias, and the political usage made by Eleians and Spartans in 420.

Άθλα αρετής ή ποιητική της αρετής

Ιωαννης Περυσινακης

Ἆθλον ἀρετῆς

Κι αν ακομη δεν στέλνεται ως δώρο από το θεό, αλλά έρχεται μέσω της *ἀρετῆς*, της μάθησης ή της άσκησης, η ευδαιμονία, υποστηρίζει ο Αριστοτέλης, φαίνεται να είναι ένα από τα πιο θεϊκά πράγματα, γιατί το έπαθλο και ο σκοπός της *ἀρετῆς* είναι το ύψιστο αγαθό και κάτι θεϊκό και μακάριο (*Ἠ.Ν.* 1099 b 16): *τὸ γὰρ τῆς ἀρετῆς ἆθλον καὶ τέλος ἄριστον εἶναι φαίνεται καὶ θεῖόν τι καὶ μακάριον.* Όπως δηλ. τα στεφάνια είναι τα έπαθλα για τους αθλητές, έτσι και η ευδαιμονία *ἔπαθλον ἐν μέσῳ κεῖται τοῖς δυναμένοις ἀρετῆς ἐπιμελεῖσθαι* (Σχόλια). Η φράση *ἀρετῆς ἆθλον* μας οδηγεί κατευθείαν στο θέμα μας, αλλά απαιτούνται ορισμένες οριοθετήσεις. Πρώτα, η *ἀρετή* είναι η σπουδαιότερη λέξη επαίνου και επιδοκιμασίας σε ολόκληρη την αρχαία ελληνική γραμματεία. Έπειτα, ενώ στον Όμηρο δηλώνει ταυτόχρονα ευγενή καταγωγή, γενναιότητα στη μάχη, υψηλή κοινωνική και πολιτική θέση και πλούτο, στη λυρική ποίηση επιμερίζεται αναλόγως της εποχής και του συγγραφέα. Στον Τυρταίο και τον Καλλίνο εξειδικεύεται στη γενναιότητα στη μάχη, στον Ξενοφάνη δηλώνει τον πολιτικό λόγο που ωφελεί την πόλη και αυξάνει τον πλούτο της, στο Σόλωνα η *ἀρετή* εξασφαλίζει την ευνομία και τον πλούτο που παραμένει σταθερός, ενώ οι άδικες πράξεις προκαλούν τη δυσνομία, στον Αλκαίο για πρώτη φορά αναλύεται και διαχωρίζεται ο *ἀγαθός* από το διπλό περιεχόμενο της ευγενούς καταγωγής και του πλούτου, και αναγνωρίζεται ότι «τα χρήματα είναι ο άνθρωπος», για τη Σαπφώ η διατήρηση του πλούτου και της ευγενούς καταγωγής αποτελεί *ἀρετή* και ευδαιμονία, στο Θέογνη *ἀγαθός* είναι ο ευγενικής καταγωγής, για το Σιμωνίδη ο *ἀγαθός* δεν υπάρχει αφού αργά ή γρήγορα ο άνθρωπος προσβάλλεται από ατυχίες και συμφορές, και θεωρεί *ἀγαθό* τον πολίτη που δεν πράττει τίποτε αισχρό με τη θέλησή του, και γνωρίζει τη *δίκη* που ωφελεί την πόλη, στον Πίνδαρο δηλώνει κυρίως την αθλητική *ἀρετή*, στον Πλάτωνα και τον Αριστοτέλη την ηθική εσωτερική *ἀρετή*, που επικράτησε και στον χριστιανισμό.

Το *ἆθλα ἀρετῆς* αναφέρεται στην αθλητική *ἀρετή*, στην πολεμική *ἀρετή*, τη γενναιότητα, και στις ενδεχόμενες μεταφορικές χρήσεις του πρώτου όρου. Έτσι πεδίο έρευνας του θέματός μας είναι η ελεγεία, οι ωδές του Πινδάρου (και του Βακχυλίδη), και οι επιδεικτικοί ρητορικοί λόγοι, και ιδιαίτερα οι επιτάφιοι. Η σχέση αυτή μεταξύ των ωδών και των επιτάφιων λόγων δεν έχει εξεταστεί συστηματικά. Σε αυτά τα είδη κυρίως μπορούμε να παρακολουθήσουμε την «ποιητική της *ἀρετῆς*», τον υπότιτλο της ανακοίνωσης. Πρώτα όμως θα αναφερθούμε στην πολεμική *ἀρετή* της ελεγείας και τη μεταφορική χρήση του όρου *ἆθλα ἀρετῆς*.

Η πρώτη μεταφορική χρήση της λέξης *ἄεθλον* απαντά στον Ηρόδοτο. Οι Έλληνες και οι Πέρσες, στη Μυκάλη, έσπευδαν στην μάχη με την ιδέα ότι οι νήσοι και ο Ελλήσποντος ήταν το έπαθλο για το νικητή (Ηροδ. 9.101.3: *ἄεθλα προέκειτο*). Και ο Θουκυδίδης παρατηρεί στην παθολογία του πολέμου (3.82.8) ότι «οι αρχηγοί των πολιτικών ομάδων στις διάφορες πόλεις, προβάλλοντας ο καθένας εύηχα συνθήματα, οι δημοκρατικοί την πολιτική ισότητα του πλήθους ενώπιον του νόμου, οι ολιγαρχικοί την σώφρονα αριστοκρατία, με τα λόγια υπηρετούσαν τα κοινά, στην πραγματικότητα όμως τα καθιστούσαν βραβεία του προσωπικού τους ανταγωνισμού (*ἆθλα ποιεῖσθαι τὰ κοινά*)». Την ίδια μεταφορά, έχοντας, φαίνεται, υπόψη του τον Θουκυδίδη, αλλά και τον Πλάτωνα,[1] χρησιμοποιεί ο Αριστοτέλης στα *Πολιτικά* (1296a 27-38): «οποιαδήποτε από τις δύο μερίδες συμβεί να επικρατήσει του αντιπάλου, δεν εγκαθιστά πολίτευμα που να αποβλέπει στο κοινό συμφέρον ούτε στην ισότητα, αλλά λαμβάνει ως βραβείο της νίκης την υπεροχή στο πολίτευμα, και έτσι εγκαθιστούν οι μεν δημοκρατία οι δε ολιγαρχία» (μετάφρ. Λεκατσάς, με αλλαγές). Χρησιμοποιείται δηλ. μεταφορικά η λέξη *ἆθλον* για την πολιτεία, που αποτελεί, όπως και τα δύο κείμενα αναφέρουν, τον στόχο κάθε παράταξης: το *ἆθλον* εξισώνεται με το υπέρτατο πολιτικό *ἀγαθόν*. Και ο Ισοκράτης στην Ολυμπιάδα του 380

1. Νόμοι (714 cd): *Γιατί λένε μερικοί ότι οι νόμοι δεν πρέπει να αποβλέπουν ούτε στον πόλεμο, ούτε στην αρετή σαν σύνολο, αλλά ανάλογα με το καθεστώς να αποβλέπουν στο συμφέρον του, πώς δηλ. θα κρατηθεί για πάντα στην εξουσία και δεν θα καταργηθεί ποτέ... Νομίζεις, λοιπόν, ισχυρίζονται ότι είναι δυνατό να νικήσει ποτέ κάποιος είτε ο δήμος είτε οποιοδήποτε άλλο πολίτευμα, είτε κι ένας τύραννος, και να φτιάξει με τη θέλησή του νόμους που να αποβλέπουν κατά πρώτον λόγο σε οτιδήποτε άλλο κι όχι σ' αυτό που συμφέρει τον ίδιο, να διατηρηθεί δηλαδή για πάντα στην εξουσία;* (μετάφρ. Β. Μοσκόβη). Πβ. και *Πολ.* 338e.

αποκαλεί τον *Πανηγυρικόν* κατά το σχήμα της αλληλεπίδρασης από το προοίμιο *ἱκανόν ἆθλον* για τον εαυτό του (§3).[2]

Ο ομηρικός κόσμος είναι πολιτισμός ανταγωνιστικών αξιών. Τις αξίες αυτές εκφράζει παραδειγματικά η συμβουλή του Ιππόλοχου προς το γιο του Γλαύκο *αἰὲν ἀριστεύειν καὶ ὑπείροχον ἔμμεναι ἄλλων* (*Ἰλ.* 6.208) (που επαναλαμβάνεται ως συμβουλή του Πηλέα προς τον Αχιλλέα, 11.784): ο *ἀγαθός* στον πόλεμο ή την ειρήνη οφείλει να υπερέχει των άλλων· η επιτυχία στην ομηρική κοινωνία αποτελεί κατηγορική προστακτική, ώστε μόνο τα αποτελέσματα έχουν σημασία. Καθώς επίσης, και η συμβουλή του γέροντα Πηλέα προς τον Αχιλλέα: *μύθων τε ῥητῆρ᾽ ἔμεναι πρηκτῆρά τε ἔργων* (9. 443). Το μάθημα αυτό του Αχιλλέα αποτελεί το ιδανικό του *ἀγαθοῦ*, καθόλο το μήκος της αρχαίας ελληνικής λογοτεχνίας από τον Όμηρο και έπειτα: Έργο του *ἀγαθοῦ* είναι η γνώση του πολέμου και των συνελεύσεων (9. 440-41). Ο *ἀγαθός* πρέπει να επιτυγχάνει στον πόλεμο και τα συμβούλια, στις πράξεις και τους λόγους (πβ. 9. 53-4, 374). Η *μάχη* και η *ἀγορά* είναι *κυδιάνειρα* (*Ἰλ.* 4.225, 1.490), που δοξάζει τους άνδρες.

Οι δύο αυτές συμβουλές χαρακτηρίζουν την συμπεριφρά του ομηρικού ήρωα, και του *ἀγαθοῦ*, εξίσου και στους αθλητικούς αγώνες. Δεν είναι υπερβολή να πούμε ότι το αγωνιστικό πνεύμα εμφανίζεται ταυτόχρονα με την ελληνική γλώσσα αφού η αρχαιότερη ελληνική επιγραφή, σε δακτυλικό εξάμετρο, που σώθηκε χαραγμένη στην οινοχόη του Διπύλου στο νεκροταφείο του Κεραμεικού, προοριζόταν ως έπαθλο σε διαγωνισμό χορού: *ὅς νῦν ὀρχηστῶν πάντων ἀταλώτατα παίζει* («όποιος τώρα από όλους τους χορευτές χορεύει πιο ελαφρά»).

Σύγκριση ἀρετῶν

Παρέρχομαι την πολεμική *ἀρετή* της ελεγείας, και αναφέρομαι συντομότατα στις δύο ελεγείες, του Τυρταίου 12 W και του Ξενοφάνη 2 W, επειδή στις δύο αυτές ελεγείες γίνεται λόγος και σύγκριση των επί μέρους *ἀρετῶν* από τους ίδιους τους ποιητές. Στην ελεγεία 12 W του Τυρταίου, ο ποιητής συνεχίζει τον επι-

2. Πβ. παρόμοιες μεταφορές: Αριστ. *Πολιτικά* 1270 b 22, Πλ. *Πολιτ.* 613c -614a, Δημ. *Ὀλυνθ.* Β §28, Δημ. *Κατά Φιλίπ.* Α§ 5, Δημ. *Πρὸς Λεπτίνην* §107, Αριστ. *Πολ.* 1330a-31-3, Θουκ. 6.80.4, Λυκούργος *Κατά Λεωκρ.* §49. Η μεταφορά συνεχίζεται και στους χριστιανούς πατέρες.

μερισμό της *ἀρετῆς* που άρχισε ήδη από τον Όμηρο και θεωρεί ως αρετή την πολεμική *ἀρετή*: «δεν γίνεται ένας άνδρας *ἀγαθός* στον πόλεμο αν δεν αντέχει να βλέπει τους ματωμένους σκοτωμούς και αν δεν μπορεί να στέκεται κοντά στους εχθρούς και να μάχεται εναντίον τους· αυτή είναι η *ἀρετή*» (10-13). Όλες οι αρετές κορυφώνονται και συνοψίζονται στον στ. 9 και απορρίπτονται, αν δεν υπάρχει η *θοῦρις ἀλκή*, η οποία περιγράφεται με όρους αθλητικούς: *τόδ' ἄεθλον*. Η *ἀρετή* που συνιστά ο ποιητής επαναλαμβάνεται στο στ. 20: *οὗτος ἀνήρ ἀγαθός*, και αποτελεί την ευημερία της πόλης και του κοινωνικού συνόλου, ως αποτέλεσμα της πολεμικής *ἀρετῆς*. Ο γενναίος πολεμιστής που επιστρέφει νικητής απολαμβάνει τιμή και καλό όνομα ανάμεσα στους αστούς. Η συμμετοχή κάποιου στη Γερουσία αποτελεί *νικητήριον τῆς ἀρετῆς* (Πλουτ. *Λυκ.* 26.2) ή *ἆθλον τῆς ἀρετῆς* (Αριστ. *Πολ.* 1270b 22). Εκλέξιμος κάποιος για την Γερουσία ήταν στην ηλικία των εξήντα ετών, και εκλεγόταν από επευφημίες του πλήθους. Ο Αριστοτέλης δηλ. χρησιμοποιεί παρόμοια μεταφορά στο χωρίο αυτό των *Πολιτικῶν* όταν καλεί τη συμμετοχή των ευγενών στη γερουσία ως έπαθλο της ιδιαίτερης αξίας τους (*Πολιτικά* 1270 b 22, *ἆθλον γὰρ ἡ ἀρχὴ αὕτη τῆς ἀρετῆς ἐστίν*).

Έχει βέβαια σημειωθεί το παράδοξο ότι ο ήρωας που σκοτώνεται στη μάχη χάριν της πόλεως κερδίζει μία μορφή αθανασίας. Και έχει εξεταστεί ως εξέλιξη της παραδοσιακής έννοιας του *κλέους* του ομηρικού ήρωα, το οποίο επιζεί του θανάτου του· το νέο που προσθέτει ο Τυρταίος είναι πως η πόλη θα αποφασίσει για την περίσταση. Όμως ερμηνεύοντας τους στ. 27-34 ο Ch. Fuqua έδειξε πειστικά ότι ιδιαίτερα η έννοια των στ. 31-2 δεν μπορεί να αναγνωριστεί πλήρως αν δεν εξεταστεί υπό το φως της συμπεριφοράς της αρχαίας Ελλάδας προς τους ήρωες και τη λατρεία των ηρώων: «ποτέ δεν χάνεται το όνομά του και η λαμπρή δόξα, αλλά μολονότι είναι κάτω από τη γη γίνεται αθάνατος». Έτσι θα αναγνωριστεί γιατί ο Τυρταίος βρίσκεται στην αρχή της παράδοσης η οποία επρόκειτο να ολοκληρωθεί στον *Ἐπιτάφιο* που εκφώνησε ο Περικλής. Ο Τυρταίος δεν υπόσχεται μία αναλογία μόνο μεταξύ των Σπαρτιατών που σκοτώθηκαν και του επικού ήρωα, αλλά υποστηρίζει ότι αξίζουν σεβασμό ανάλογο με εκείνο που αποδίδεται κατά την ιστορική περίοδο στην ίδια τη λατρεία του ήρωα. Δεν πρόκειται μόνο για την εξασφάλιση εκ μέρους της πολιτείας του συνεχούς ηρωικού κλέους, αλλά και για την σύνδεση με την λατρεία των ηρώων που ασκείται από την πόλη.[3]

3. Fuqua 1981, 217, 220, 224.

Η ελεγεία 12 W του Τυρταίου είναι περίφημη τα τελευταία χρόνια για το priamel, που περιέχει στους εννέα πρώτους στίχους.[4] Την ίδια τεχνική χρησιμοποιεί και η ελεγεία 2 W του Ξενοφάνη, θέμα της οποίας είναι η απόρριψη της αθλητικής *ἀρετῆς* και η πρόκριση της *σοφίης* του ποιητή: Ένας αθλητής μπορεί να νικήσει στους αγώνες και να αποκτήσει τα προνόμια που δίδουν οι πόλεις «χωρίς να είναι άξιος γι' αυτά, όσο είμαι εγώ· γιατί είναι καλύτερη από τη δύναμη των ίππων και των ανδρών η δική μου σοφία» (10-12). Οι νίκες στους αγώνες δεν φέρνουν την πόλη σε κατάσταση καλής διακυβέρνησης, *εὐνομίας*, και «δεν παχαίνουν τα ταμεία της πόλεως». Η *σοφίη* του Ξενοφάνη είναι μία πρακτική ικανότητα που αποσκοπεί στην δημιουργία της ευνομίας και στον «πλουτισμό των θησαυροφυλακίων της πόλης». Είναι το (πολιτικό κλπ.) περιεχόμενο αυτής της ποίησης, η οποία υπόσχεται να διαφωτίσει τους πολίτες, διδάσκοντάς τους πώς να διακυβερνούν την πόλη ώστε να ακολουθήσει ευημερία. Ο Ξενοφάνης πρέπει να πίστευε ότι η *σοφίη* του- η επιδεξιότητά του ως συμβούλου της ηθικής και της πολιτικής των συμπατριωτών του- μπορούσε να βοηθήσει να δημιουργήσει και να διατηρήσει *εὐνομίη* στην πόλη, όπως δεν θα μπορούσε να κάνει ποτέ η αθλητική υπεροχή.

Πίνδαρος

Ο Πίνδαρος επαινεί την αθλητική *ἀρετή*. Βασική αρχή σύνθεσης του επινικίου είναι ότι δεν υπάρχει χωρίο στον Πίνδαρο (ή τον Βακχυλίδη) το οποίο να μην είναι στην αρχική του πρόθεση εγκωμιαστικό· κύριος σκοπός της επινίκιας ωδής είναι να επαινέσει τον νικητή, προς τιμή του οποίου και με έξοδα του οποίου, γραφόταν η ωδή.[5] Ωστόσο, επαινώντας το νικητή αθλητή ο Πίνδαρος

4. Το priamel είναι ρητορικό σχήμα στο οποίο ο ποιητής παραθέτει έναν κατάλογο θεμάτων τα οποία οι άνθρωποι θεωρούν πάντοτε πολύτιμα και επιθυμητά να τα έχουν (π.χ. πλούτος, δύναμη, υγεία) και ύστερα τα απορρίπτει υπέρ κάποιου το οποίο ο ποιητής θεωρεί ότι έχει την μεγαλύτερη αξία (U. Schmidt, *Die Priamel der Werte in Griechischen von Homer bis Paulus* (Wiesbaden 1964) σσ. 1-6). Race 1982, 59-62, 1-17. Από τη λατινική λέξη praeambulum (πρόλογος), priamel σημαίνει μία κλιμακωτή συσσώρευση αλλεπάλληλων αντικειμένων, σκέψεων ή παραδειγμάτων, που καταλήγει απροσδόκητα στην πρόκριση του τελευταίου, το οποίο έτσι αναδεικνύεται ως το άριστο.

5. Bundy 1986, 3, 25, 91.

μερικές φορές χρησιμοποιεί λεξιλόγιο που χρησιμοποιείται για τους πολεμιστές, και επομένως πιθανόν είχε υπόψη του όμοιους επαίνους από την ελεγεία, ειδικότερα τον Τυρταίο, τον Καλλίνο, ακόμη και τον Όμηρο. Οι γυναίκες εύχονται (σιωπηλά από σεμνότητα) να έχουν το νικητή αθλητή ως σύζυγο οι νέες ή ως γιο οι παντρεμένες (*Π.* 9.97-103). Άλλες φορές ο ύμνος κάνει θαυμαστό τον αθλητή να τον βλέπουν οι συνομήλικοί του (*Π.* 10.55-9).

Ενίοτε, ο Πίνδαρος παραλληλίζει τον αθλητή με τον πολεμιστή στην προσπάθειά τους να αποκτήσουν *κῦδος ἁβρόν*. Τα δύο είδη της *ἀρετῆς*, της πολεμικής και της αθλητικής, συνυπάρχουν σε ορισμένες ωδές. Στον *Ἰ.*1 επαινώντας το Θηβαίο Ηρόδοτο ο ποιητής καταλήγει: «Εκείνος όμως που κερδίζει περίλαμπρη δόξα στους αθλητικούς αγώνες ή τον πόλεμον, με το να επαινείται αποκτά το ύψιστο (μεγαλύτερο) κέρδος, τα πιο ωραία λόγια από το στόμα των συμπολιτών και των ξένων» (50-1). Παραλληλίζονται οι δύο δραστηριότητες του *ἀγαθοῦ·* σε καιρό ειρήνης ή σε καιρό πολέμου, και εκφράζεται η επιτυχία, κοινή και στις δύο περιπτώσεις (*κῦδος ἁβρόν*) και το μέτρο με το οποίο εκτιμάται, επίσης κοινό και στις δύο: ο έπαινος του νικητή από τον ποιητή, και η επιδοκιμασία των συμπολιτών του. Το «ύψιστο κέρδος» μπορεί να συγκριθεί με τη φράση *στέφανον ὕψιστον δέδεκται* στον *Π.* 1.100.

Η φράση «των συμπολιτών και των ξένων» αποτελεί ένα κοινό θέμα που παγκοσμιοποιεί, όπως συμβαίνει και με άλλα ζεύγη (θάλασσα και ξηρά, αρχή και τέλος, νεότητα και γηρατιά, πλούσιοι και φτωχοί, φίλοι και εχθροί).[6] Για το ίδιο θέμα πβ. στους επιτάφιους λόγους: *πᾶσαν μὲν θάλασσαν καὶ γῆν* (Θουκ. 41.4), *οὔτε γὰρ γῆς ἄπειροι οὔτε θαλάττης οὐδεμιᾶς* (Λυσ. *Ἐπιτ.* 2), *κατά τε γῆν καὶ κατά θάλατταν* (Πλ. *Μενέξ.* 241a), *καὶ κατά γῆν καὶ κατὰ θάλατταν* (Δημ. *Ἐπιτ.* 10).

Αν κάποιος δεν πιστεύει τον έπαινο του ποιητή ότι ο Χρόμιος και οι άνδρες της Αίτνας φροντίζουν περισσότερο για την ανδρεία (*αἰδώς*, 33) παρά για τα πλούτη (*κτεάνων*, 32), και πιο πολύ για τη φήμη (*δόξαν*, 34) παρά για το κέρδος (33), έπρεπε να ήταν στο μεγάλο κίνδυνο της μάχης δίπλα στον Χρόμιο όταν η ίδια η θεά *Αἰδὼς* τον παρακινούσε (*Ν.* 9.32-37). Ο ποιητής επαινώντας το Χρόμιο επικαλείται τη μαρτυρία του ακροατή. *Αἰδώς*, που παραπέμπει σε παρακινήσεις στον Όμηρο, όπως *Αἰδὼς Ἀργεῖοι* (*Ἰλ.* 5.787), είναι η πολεμική *ἀρετή* που αντιτίθεται στην επιθυμία για κέρδος.[7]

6. Πβ. Bundy 1986, 24 σημ. 56.

7. Πβ. Race 1987, 144 και σημ. 40· πβ. D. Cairns 1993, 177 σημ. 108.

Άλλη μία φορά ο Πίνδαρος χρησιμοποιεί πολεμικό λεξιλόγιο σε σχέση με τον αθλητή και την ωδή αναφερόμενος στους Αιακίδες (*Ἰ.*5. 26-8): «Γιατί ανάμεσα στους ήρωες γενναίοι πολεμιστές κέρδισαν τον έπαινο και εορτάζονται με λύρες και με συμφωνίες αυλών για άπειρο χρόνο, και, εξαιτίας του Διός, ο σεβασμός τους έχει προσφέρει ένα θέμα για τους σοφούς ποιητές».[8]

Τέλος, πρέπει να σχολιάσουμε την παλαιά, ομηρική ή και ινδοευρωπαϊκή φόρμουλα, *κῦδος* (ή *κλέος*) *ἀρέσθαι*, όπου χρησιμοποιείται το μέσο δυναμικό και ωφελείας ρήμα *ἄρομαι* σε έναν κόσμο ανταγωνιστικών αξιών, στον οποίο το υποκείμενο καταβάλλει όλες του τις δυνάμεις να κερδίσει δόξα για τον εαυτό του: *ἀέθλια ἄροντο, κῦδος ἀρέσθαι, εὖχος ἀρέσθαι, οἴσεσθαι κῦδος* (*Ἰλ.* 9.124, 16.84, 7.203, 22.217). Ο Πίνδαρος έχει κατ' αναλογίαν μεταφέρει το *κῦδος* από τον πολεμιστή, τον υπέρτατο σκοπό του ομηρικού ήρωα, στον αθλητή και θέτει τον εαυτό του σε μία ενδιάμεση θέση μεταξύ του Διός, που μόνος δίδει *κῦδος* στον πόλεμο, και του αθλητή, όπως είναι ενδιάμεση η θέση του ανάμεσα στη Μούσα και τον αθλητή. Το *κῦδος ἀρέσθαι* του αθλητή (ή *νίκην ἀρέσθαι* στον Ξενοφάνη) είναι το *κῦδος* του ομηρικού ήρωα, και ο *νόστος* του νικητή αθλητή έχει εκφραστεί με όρους του νόστου του πολεμιστή που επιστρέφει νικητής στην πατρίδα.[9] Από τέτοια χρήση και σημασία το ρ. *ἄρομαι* κρατήθηκε στον πεζό λόγο και τους ρήτορες σε ανάλογες εκφράσεις που είναι κρίσιμες ή προσφέρουν δόξα στους νεκρούς, όπως: *τοσοῦτον κίνδυνον ὑπὲρ αὐτῶν ἤραντο* (Λυσίας *Ἐπιτ.* 14), *τῶν ὑπὲρ τῶν ὅλων κίνδυνον ἄρασθαι* (Δημ. *Ἐπιτ.* 20), *κλέος ἀρῇ μέγιστον* (Πλ. *Νομ.* 969a).

Στο έκτο βιβλίο της *Περιηγήσεώς* του ο Παυσανίας αναφέρει το επίγραμμα στη βάση του ανδριάντα του Χείλωνα από την Πάτρα: «Υπήρξα ο μόνος νικητής στην πάλη των ανδρών δύο φορές στα Ολύμπια και στα Πύθια, τρεις φορές στη Νεμέα και τέσσερις φορές στον παραθαλάσσιο Ισθμό, ο Χείλωνας, ο γιος του Χείλωνα, από την Πάτρα, τον οποίο ο λαός των Αχαιών, σκοτωμένο στη μάχη, με έθαψε, τιμώντας με για την ανδρεία (ἀρετῆς ἕνεκεν)» (6.4.6).[10] Το επί-

8. Πβ. επίσης *Ὀ.* 6.86-7: *ἀνδράσιν αἰχματαῖσι πλέκων ποικίλον ὕμνον, Ὀ.* 11.19: *στρατὸν ἀκρόσοφόν τε καὶ αἰχματάν, Ἰ.* 4.14-5: οι πρόγονοι του Μέλισσου «ήταν αρεστοί στον χάλκινο Άρη».

9. Perysinakis 1990, 47 και σημ. 15.

10. Ο παλαιστής Χείλων δεν σκοτώθηκε στη μάχη της Χαιρωνείας, όπως πιστεύει ο Παυσανίας, αλλά κατά τον Λαμιακό πόλεμο εναντίον του Αντιπάτρου (323-22). Βλ. Ν. Παπαχατζής, *Παυσανίου Ελλάδος Περιήγησις* (τ. Γ) *Μεσσηνιακά - Ηλιακά* (Εκδοτική Αθηνών, Αθήνα 1991) σ. 335 και σημ. 2.

γραμμα ενώνει με τον πιο πραγματικό τρόπο τις δύο δραστηριότητες οι οποίες τιμώνται περισσότερο την εποχή της ειρήνης και την εποχή του πολέμου, με το ίδιο κριτήριο: *ἀρετῆς ἕνεκεν*.

Χρέος του ποιητή

Πριν από τους στίχους *Ἰ.* 1. 50-51, που αναφέραμε παραπάνω, ο ποιητής διατυπώνει το χρέος του προς τον αθλητή: «γιατί είναι εύκολο δώρο για τον σοφό άνδρα (ποιητή) ως αμοιβή των πολλαπλών κόπων να πει έναν λόγο αγαθό και να υψώσει ένδοξο έργο για όλους κοινό» (45-6).

Το «χρέος του ποιητή» είναι ένα από τα θέματα του επινικίου: ο μύθος και το μυθικό παράδειγμα, το σύμπλεγμα του ονόματος, ο έπαινος του αθλητή νικητή, η γνώμη, και η προσευχή. Πολλά από τα θέματα αυτά απαντούν τόσο στο προοίμιο όσο και στον έπαινο (κυρίως μέρος), και τον επίλογο των επιτάφιων λόγων. Ιδιαίτερα στον έπαινο και στους κοινούς τόπους του επαίνου (ευεργεσία, αρετή, φθόνος), στο χρέος του ποιητή, καθώς στην παρακίνηση να τύχουν μίμησης οι πράξεις του επαινουμένου αθλητή (ή του νεκρού) εντοπίζονται όμοιοι εκφραστικοί τρόποι στις επινίκιες ωδές και τους επιτάφιους λόγους. Το «σύμπλεγμα του ονόματος» με το όνομα του νικητή, την πατρίδα και το γένος του είναι επίσης μέρος «του επαίνου» των νεκρών στους επιτάφιους λόγους. Η νίκη του αθλητή και ο κατάλογος των νικών σε διάφορους αγώνες αντιστοιχούν στις «πράξεις των αποθανόντων» στους επιτάφιους λόγους. Ο τόπος, επίσης, ότι οι ατυχίες (μεταπτώσεις) δεν είναι απροσδόκητες απαντά και στα δύο είδη.[11]

Η φράση «εύκολο δώρο» (*κούφα δόσις*) συνιστά το χρέος του ποιητή για τον έπαινο του νικητή αθλητή, και αποτελεί το θέμα της *εὐμαχανίας*: είναι εύκολο για τον ποιητή να υμνήσει τον αθλητή γιατί ο τελευταίος έχει εξασφαλίσει τις προϋποθέσεις: *εὐμαχανίαν γὰρ ἔφηνας*: «έχω με τη βοήθεια των θεών αναρίθμητους δρόμους προς κάθε κατεύθυνση, Μέλισσε, γιατί στους αγώνες στα Ίσθμια παρουσίασες άφθονους τρόπους να επιδιώξεις με τον ύμνο τα κατορθώ-

11. Hamilton 1974, 14-7, Ziolkowski 1981, 57, 95-7. Πβ. Αλεξίου *Εὐαγόρας* σ. 62. Αναφέρονται οι *ἐπιτάφιοι* λόγοι του Γοργία, του Θουκυδίδη, Λυσία, Πλάτωνα (*Μενέξενος*), Δημοσθένη, Υπερείδη, καθώς επίσης Γοργία *Ἑλένη*, Ισοκράτους *Εὐαγόρας, πρὸς Νικοκλέα, Νικοκλῆς*, Δημ. *Ἐρωτικός*.

ματα της οικογένειάς σου» (*Ἰ.* 4.1-2). Το θέμα της *εὐμαχανίας*[12] είναι ιδιαίτερα συχνό στις ωδές του Πινδάρου και του Βακχυλίδη. Αναφέρουμε επιγραμματικά ορισμένες χαρακτηριστικές περιπτώσεις: «Διότι δεν είναι ούτε πετρώδης ούτε ανηφορική η οδός (για εκείνους που επαινούν τους ένδοξους άνδρες) αν κάποιος οδηγεί τις τιμές των Ελικωνιάδων Μουσών στον οίκο ένδοξων ανδρών» (*Ἰ.* 2.33-4). Η *κούφα δόσις* ισοδυναμεί με τη φράση *πείθομαι εὐμαρέως* ή *μυρία πάντᾳ κέλευθος* (στον Βακχ. 5.195 και 31), με το *πλατεῖαι πάντοθεν πρόσοδοι* στον *Ν.* 6.45 (45-53), και πολλές άλλες εκφράσεις.

Το ίδιο όμως θέμα της *εὐμαχανίας* διαπιστώνεται σε πολλούς ρητορικούς λόγους, κυρίως επιδεικτικούς και επιταφίους, όπως ήδη έχει παρατηρήσει ο E.L. Bundy.[13] Η φράση *μυρία κέλευθος* όπως και η *εὐμαχανία* του *Ἰ.* 4.1-2 έχει ως παράλληλο από τον *Ἐπιτάφιο* του Λυσία (§ 2) τη φράση: «Γιατί τόσο μεγάλη αφθονία παρεσκεύασε η αρετή τους και σε εκείνους που μπορούν να κάνουν ποιήματα, και σε εκείνους που θέλουν να εκφωνούν πανηγυρικούς λόγους, ώστε πολλά καλά να έχουν ειπωθεί γι' αυτούς από τους προγενέστερους, και πολλά καλά να έχουν μείνει, και να είναι δυνατόν να πούν αρκετά και οι μεταγενέστεροι» (μετάφρ. Στ. Τζουμελέας, με αλλαγές). Ή τη φράση από τον *Ἐπιτάφιο* του Δημοσθένη (§ 12): «κανείς να μην νομίζει ότι βρίσκομαι σε απορία τι να πω για καθένα από αυτούς, να απαριθμώ τις πράξεις τους. Γιατί αν βρισκόμουν στην πιο δύσκολη θέση να βρω τι πρέπει να πω, η ίδια η *ἀρετή* τους δείχνει ποια είναι προ των χειρών και εύκολα να βρεθούν». Πβ. *αὐτ.* §15: «Μολονότι έχω πολλά να πω από εκείνα με τα οποία αυτοί εδώ έπραξαν και σύμφωνα με τη δίκη (δίκαια) θα επαινεθούν, επειδή προχωρώ κατευθείαν στα έργα τους, βρίσκομαι σε απορία τι να πω πρώτο». Και ο Ισοκράτης αναφερόμενος στο Θησέα χρησιμοποιεί το απολογητικό και απορητικό θέμα και λέγει: «Στ' αλήθεια απορώ ποιο να αναφέρω από τα υπόλοιπα κατορθώματά του... προτιμώ γι' αυτούς που ακούουν με δυσκολία, να παραλείψω τα περισσότερα και τα υπόλοιπα θα διηγηθώ όσο μπορώ συντομότερα, για να ικανοποιήσω και εκείνους (τους δύσκολους ακροατές) και τον εαυτό μου και να μην ηττηθώ ολωσδιόλου απ' αυτούς, που είναι συνηθισμένοι να φθονούν και να κατακρίνουν ο,τιδήποτε λεχθεί» (*Ἑλένη* §§29-30, μετάφρ. Γεωργαντοπούλου). Το θέμα

12. Bundy 1986, 14-15, 64· Young 1968, 63.

13. Bundy 1986, 14, 18-19 και σημ. 45, 45 και σημ. 32, 64 και σημ. 74· και Bundy 1972, 59 και σημ. 59 και 60, 65 και σημ. 71, 82 και σημ. 100.

της *εὐμαχανίας* μαρτυρείται και στις επιγραφές: «δεν είναι καθόλου κόπος να ζητεί κάποιος τον έπαινο για τους *ἀγαθούς* άνδρες, *ηὕρηται δὲ ἄφθονος εὐλογία*» (*IG* II/III^2 11169).

Φαίνεται πως το θέμα της ευπορίας του ποιητή να επαινέσει τον υμνούμενο αθλητή νικητή παραλήφθηκε από τους ρήτορες στον πεζό λόγο για να υμνήσουν την *ἀρετή* εκείνων που σκοτώθηκαν σε κάποιο πόλεμο της πόλης. Ενώ όμως το θέμα στην ποίηση υμνεί κυρίως την αθλητική *ἀρετή* και τις συμπεριφορές για τις οποίες επαινείται ο αθλητής νικητής (ευεργεσία, φιλοξενία, γενναιοδωρία, ορθή χρήση του πλούτου), στον πεζό λόγο εξειδικεύεται στην αρετή, τη γενναιότητα των νεκρών στον πόλεμο, τους οποίους κηδεύει και επαινεί η πόλη, η οποία αναθέτει το έργο αυτό σε διακεκριμένο ρήτορα (*ἀνὴρ ᾑρημένος*): πρώτος που εφάρμοσε επώνυμα τον *νόμο* (και περιγράφει τη διαδικασία) ήταν ο Περικλής στον *Ἐπιτάφιο* (2.34).[14] Η ανάθεση αυτή, στην οποία αναφέρονται όλοι οι ρήτορες, αποτελεί μέρος του προοιμίου, αλλά και του επιλόγου (Λυσίας *Ἐπιτ.* §1, Πλάτων *Μενέξ.* 236d, Δημοσθένης *Ἐπιτ.* §2), και ισοδυναμεί με την ανάθεση της ωδής στον ποιητή και την εισαγωγή του να μιλήσει για τις υποχρεώσεις του προς το νικητή αθλητή.

Στενά συνδεδεμένο με το θέμα του χρέους του ποιητή ή του επαίνου του αθλητή και την *εὐμαχανία* στην οποία βρίσκεται ο ποιητής να τον επαινέσει είναι το θέμα του *φθόνου*. Ο Αριστοτέλης αναφέρει (*Ῥητ.* 1387 b 23 κ.ε.): φθόνος είναι λύπη που αισθανόμαστε βλέποντας τους όμοιούς μας να επιτυγχάνουν αυτά που θεωρούμε *ἀγαθά*. Ο ποιητής φοβάται να μην εγείρει το φθόνο των άλλων *ἀγαθῶν* ή αντιπάλων προς τον υμνούμενο αθλητή, εξαιτίας του επαίνου, ή μήπως εγείρει το φθόνο άλλων ποιητών ή δυνάμει πατρώνων προς τον εαυτό του. Όταν ο φθόνος είναι για τον ποιητή σημαίνει συγκράτηση στον έπαινο· όταν ο φθόνος γίνεται αισθητός από το ακροατήριο σημαίνει δυσαρέσκεια, που μπορεί να εκφράζεται ως δυσπιστία ή αρνητική διάθεση. Στον ίδιο παραπάνω *Ἰ.* 1 (41-45) ο ποιητής λέγει: «Αν κάποιος καταβάλλει κάθε προσπάθεια για την απόκτηση της *ἀρετῆς*, με δαπάνες και κόπους, πρέπει σε εκείνους που την επιτυγχάνουν να δείχνουμε μεγαλόπρεπο έπαινο χωρίς φθονερές σκέψεις». Επειδή ο Πίνδαρος επαινεί, πριν από τον αθλητή, τον προπονητή Μελησία εύχεται: «ας μη με κτυπήσει με τραχιά πέτρα ο φθόνος» (*Ὀ.* 8.53-55).[15]

---

14. Η αρχή του συλλογικού επαίνου τοποθετείται στη δεκαετία 470-460, Loraux 1986, 60. Βλ. τη συζήτηση στο πρώτο κεφ. της Loraux.

15. Race 1983, 110· Race 1987, 143. Για τον Μελησία, πβ. *Ν.* 4.93-96.

Ο ύμνος μπορεί να εξουδετερώσει τον φθόνο που προς το παρόν απειλεί το νικητή και την οικογένειά του: «Στέκομαι με ελαφρά τα πόδια και αναπνέω βαθιά προτού να πω κάτι. Γιατί πολλά έχουν λεχθεί με πολλούς τρόπους, αλλά να ανακαλύψεις νέα και να τα θέσεις στη βάσανο είναι καθαρός κίνδυνος, αφού οι λόγοι (: ποίηση) είναι προσφάγι για τους φθονερούς, ο φθόνος πάντοτε στρέφεται εναντίον των *ἀγαθῶν* δεν ερίζει με τους κατώτερους» (*Ν.* 8.19-22). Ο Πίνδαρος διστάζει να επαινέσει έναν σύγχρονο άνδρα, παρά την έτοιμη διάθεσή του (ελαφρά πόδια, 19). Παρόλο που πολλά θέματα έχουν χρησιμοποιηθεί με πολλούς τρόπους, υπάρχει μεγάλος κίνδυνος όταν κάποιος επινοήσει νέα θέματα, γιατί υπόκεινται στον φθόνο του ακροατηρίου, που ευχαριστείται να κάνει κριτική, όπως δηλώνει η λέξη *ὄψον* (21). Ο ποιητής απορρίπτει έντονα τέτοια φθονερή κριτική και περιγράφει το πρόγραμμά του: «μακάρι να μην έχω ποτέ τέτοια διάθεση, Δία πατέρα, αλλά να περπατώ ευθείς δρόμους της ζωής» (35-36).[16]

Στον Βακχυλίδη ο φθόνος έχει φωνή. Στον επίνικο 3.67-68 ο ποιητής βρίσκεται σε *εὐμηχανία* να επαινέσει τον Ιέρωνα αν δεν παχύνεται από φθόνο: *εὖ λέγειν πάρεστιν, ὅστις μὴ φθόνωι πιαίνεται.* Στον επίνικο 13.199-207: «Ας επαινούμε όσοι δεν είμαστε κυριευμένοι από βαριά φθονερή γλώσσα τον σοφό άνδρα όπως του ταιριάζει. Κατηγορία βρίσκεται σε όλα τα έργα των ανθρώπων· όμως στην αλήθεια αρμόζει να νικά».

Το θέμα του φθόνου απαντάται πολύ συχνά και στους επιτάφιους και τους επιδεικτικούς λόγους. Ο Ισοκράτης είναι διδακτικός στον *Εὐαγόρα* (§§5-6): Αφού έχει εκφράσει την πρόθεσή του να επαινέσει την *ἀρετή* του Ευαγόρα σε πεζό λόγο, ο Ισοκράτης αναφέρει τις δυσκολίες του εγχειρήματός του: οι ρήτορες έπρεπε να επαινούν εκείνους που στην εποχή τους υπήρξαν *ἀγαθοὶ* άνδρες, ώστε να γράφουν τους λόγους τους μεταξύ ανθρώπων που γνωρίζουν, και οι νεότεροι να αποβλέπουν προς την *ἀρετή* με περισσότερο φιλότιμο, και συνεχίζει: «Τώρα ποιος δεν θα στενοχωρούνταν όταν βλέπει να εγκωμιάζονται και να παριστάνονται στις τραγωδίες εκείνοι που αναδείχθηκαν στους Τρωικούς χρόνους και πιο μπροστά, όταν γνωρίζει όμως ότι αυτός ο ίδιος ποτέ δεν θα αξιωθεί να ακούσει τέτοιους επαίνους, έστω και αν ξεπεράσει τις αρετές εκείνων; Και αιτία είναι ο φθόνος, στον οποίο αυτό μονάχα το καλό υπάρχει, ότι είναι πολύ μεγάλο κακό σε αυτούς που τον έχουν· διότι μερικοί έχουν γεννηθεί εκ

16. Miller 1982, 113· Race 1987, 135.

φύσεως τόσο κακότροποι, ώστε μπορούν να ακούουν με μεγαλύτερη ευχαρίστηση να επαινούνται εκείνοι για τους οποίους δεν γνωρίζουν ούτε καν αν υπήρξαν, παρά αυτοί από τους οποίους ίσως έχουν ευεργετηθεί» (μετάφρ. Γεωργαντοπούλου).

Η τεχνική αυτή κατά την οποία ο συγγραφέας μεγεθύνει τη σπουδαιότητα του έργου του και δεσμεύει τη συμπάθεια του ακροατηρίου του παραθέτοντας τις δυσκολίες για την επιτυχία του σκοπού του ονομάζεται από τη γερμανική φιλολογία Hindrenismotiv (θέμα των δυσκολιών). Ο Ισοκράτης ακολουθεί στην περίπτωση αυτή δύο πινδαρικά χωρία: τον *Ἰ.* 2, όπου ο Πίνδαρος αντιπαραβάλλει τους παλαιότερους ποιητές που έγραφαν αυθόρμητα ερωτική ποίηση με τον σύγχρονο ποιητή ύμνων που εργάζεται υπό την κατηγορία ότι γράφει «*ἐπὶ μισθῷ*», και τον *Ν.* 8.19-21, τον οποίο αναφέραμε προηγουμένως, όπου «πολλά έχουν λεχθεί με πολλούς τρόπους, αλλά να ανακαλύψεις νέα και να τα θέσεις στη βάσανο είναι καθαρός κίνδυνος, αφού οι λόγοι (: ποίηση) είναι προσφάγι για τους φθονερούς».[17] Η σχέση με το δεύτερο χωρίο (*Ν.* 8.19-21) γίνεται ακόμη εντονότερη αν παρακολουθήσουμε τη συνέχεια στον *Εὐαγόρα*, όπου ο Ισοκράτης λέγει (§7): «Δεν πρέπει λοιπόν να υποταχθούν οι φρόνιμοι άνθρωποι σε αυτούς που σκέφτονται τόσο κακά, αλλά αυτούς μεν πρέπει να τους παραμελήσουν, και να συνηθίσουν να ακούουν τους άλλους, ... διότι και οι τέχνες και όλα τα άλλα προοδεύουν όχι από εκείνους που μένουν προσκολλημένοι στην υπάρχουσα κατάσταση, αλλά από εκείνους που διορθώνουν και τολμούν πάντοτε να κινούν κάτι από εκείνα που δεν βρίσκονται σε καλή κατάσταση» (μετάφρ. Γεωργαντοπούλου).

Ο Ισοκράτης αναφέρει επίσης το φθόνο στην §39: «αν πρέπει κάποιος σύντομα και χωρίς να κρύψει την αλήθεια, ούτε να φοβηθεί το φθόνο, να μιλήσει με θάρρος, κανείς ούτε θνητός ούτε ημίθεος, ούτε αθάνατος θα βρεθεί να πήρε την βασιλεία με καλύτερο τρόπο και με μεγαλύτερη ευσέβεια παρά εκείνος». Ο έπαινος αυτός επαναλαμβάνεται στην §72: «ώστε αν μερικοί ποιητές έχουν μεταχειριστεί υπερβολές για κάποιον από τους προγενέστερους με το να λέγουν ή ότι ήταν θεός ανάμεσα στους ανθρώπους, ή ημίθεος, και όχι θνητός, όλα αυτά πάρα πολύ θα ταίριαζε να λεχθούν για εκείνον». Η διατύπωση και στις δύο περιπτώσεις είναι πολύ κοντά στη διατύπωση του *Π.* 2.59-61, όπου ο ποιητής ισχυρίζεται ότι ο πλούτος και η τιμή του Ιέρωνα υπερβαίνει όλους τους προη-

17. Race 1987, 133-34.

γούμενους Έλληνες: «αν κανείς ισχυρίζεται ότι κάποιος άλλος από τους παλαιοτέρους υπήρξε στην Ελλάδα ανώτερος από σένα στον πλούτο και την τιμή, με κενή ελπίδα πασχίζει μάταια». Ή στον Βακχυλίδη 3. 63-66, επίσης προς τον Ιέρωνα: «κανένας από όσους εξουσιάζουν την Ελλάδα, πολυδόξαστε Ιέρωνα, δεν θα θελήσει να ισχυριστεί ότι έστειλε περισσότερο χρυσό στο Λοξία από σένα».

Για το θέμα όμως του *φθόνου* ο *Ἐπιτάφιος* του Θουκυδίδη (2. 35.2) αποτελεί locus classicus: «είναι δύσκολο να ομιλήσει κανείς με το προσήκον μέτρο σε περιστάσεις κατά τις οποίες ακόμη και η ακριβής παράσταση της αλήθειας δύσκολα γίνεται πιστευτή. Καθόσον και αυτός που γνωρίζει από ιδίαν αντίληψη τα γεγονότα και είναι ευνοϊκώς διατεθειμένος, είναι πιθανό να θεωρήσει ότι οι λόγοι του ρήτορα είναι υποδεέστεροι της δικής του γνώσεως και ευνοίας. Και αυτός που δεν γνωρίζει επαρκώς τα πράγματα όταν ακούει κάτι που υπερβαίνει τις δυνάμεις του είναι πιθανό ένεκα φθόνου να πιστεύει ότι πρόκειται για υπερβολές. Διότι οι έπαινοι που λέγονται για τους άλλους είναι τόσο μόνο ανεκτοί όσο καθένας νομίζει ότι και ο ίδιος είναι ικανός να κατορθώσει όμοια ή ανάλογα των επαινουμένων. Οτιδήποτε υπερβαίνει αυτό προκαλεί αμέσως το φθόνο και τη δυσπιστία». Πβ. *αὐτ.* (45.1): «Διότι μεταξύ των ζώντων επικρατεί φθόνος προς τους αντιπάλους, ενώ εκείνοι που δεν αποτελούν πλέον εμπόδιο για τους άλλους τιμώνται πάντοτε με εύνοια, εναντίον της οποίας κανείς δεν αντιτάσσεται».

Παρόμοια ιδέα εκφράζει ο Δημοσθένης στον *Ἐρωτικό* (§ 33): «θα σταματήσω σε αυτό το σημείο τον έπαινο, επειδή φοβούμαι μήπως δημιουργήσω την εντύπωση ότι αναφέρομαι σε σένα υπερβάλλοντας την ανθρώπινη φύση· γιατί τόσο πολύ, όπως φαίνεται, μειονεκτεί η δύναμη των λόγων έναντι της αυτοψίας ώστε κανείς δεν έχει την αξίωση να δείχνει δυσπιστία γι' αυτά που βλέπει, ενώ δεν θεωρούν αληθινούς τους επαίνους αυτών ακόμη και αν είναι κατώτεροι από την πραγματικότητα».

Ο Δημοσθένης αναλύει το φθόνο σε σχέση με την πολιτική της Αθήνας, ειδικότερα για τους επιτάφιους λόγους και τους αθλητικούς αγώνες (*Πρὸς Λεπτίνην* §§140-41): «ο φθόνος είναι γενικά σημείο διεστραμμένης φύσεως, και δεν έχει πρόφαση, εξαιτίας της οποίας θα μπορούσε να τύχει συγγνώμης αυτός που έχει το πάθημα αυτό. Έπειτα δεν υπάρχει όνειδος από το οποίο απέχει περισσότερο η πατρίδα μας, όσο από το να φαίνεται φθονερή, αν και απέχει επίσης από όλα τα αισχρά... Πρώτα σεις μόνοι από όλους τους ανθρώπους προς τιμήν εκείνων που σκοτώθηκαν στον πόλεμο εκφωνείτε δημοσίως επιτάφιους με τους οποίους εξυμνείτε τα έργα των *ἀγαθῶν ἀνδρῶν*. Και η διαγωγή αυτή είναι βέβαια διαγωγή ανθρώπων που εκτιμούν την *ἀρετή*, και όχι ανθρώπων που φθονούν εκείνους που τιμώνται εξαιτίας της. Ακόμη δίδετε τις μέγιστες δωρεές καθ' όλο το χρόνο σε αυτούς που νικούν στους αθλητικούς αγώνες και λαμβάνουν στεφάνια, και, επειδή εκ φύσεως λίγοι μετέχουν σε αυτά, δεν φθονήσατε αυτούς που τα έχουν, ούτε εξαιτίας αυτών απονείματε κατώτερες τιμές» (Κ. Αραπόπουλος, με αλλαγές).

Εκτός όμως από τον φθόνο, ο *ζῆλος* προς τους αθλητές ή τους νεκρούς, να μιμηθούν οι ζωντανοί ή οι γιοί τις πράξεις και την *ἀρετή* τους απαντά και στις επινίκιες ωδές και στους επιτάφιους λόγους (στον έπαινο ή την παραμυθία): Αναφέρω μόνο την προστακτική από τον Πλάτωνα με παρήχηση σε πέντε λέξεις: *διὰ παντὸς πᾶσαν πάντως προθυμίαν πειρᾶσθε ἔχειν* (*Μενέξ.* 247a), και τη φράση «ό,τι κι αν κάνετε στη ζωή σας να το κάνετε με *ἀρετή*» (*Μενέξ.* 246e).[18]

Η τεχνική του priamel, στην οποία έχουμε ήδη αναφερθεί, χρησιμοποιείται συχνά στις ωδές του Πινδάρου και έχει αναλυθεί από τον E. L. Bundy και τον W.H. Race.[19] Η οφειλή του Ισοκράτη στην ποιητική αυτή παράδοση είναι εμφανής από την αρχή του *Εὐαγόρα*, το πρώτο προοίμιο του οποίου αποτελεί πλήρη ανάπτυξη του priamel: «Επειδή, Νικοκλή, σε βλέπω ότι τιμάς τον τάφο του πατέρα σου, όχι μόνο με το πλήθος και την ομορφιά των αφιερωμάτων, αλλά και με χορούς και μουσική και γυμνικούς αγώνες, και ακόμα με αγώνες ίππων και τριήρων, και ότι δεν παραλείπεις να κάμεις, και με το παραπάνω, τίποτε από αυτά, νόμισα ότι ο Ευαγόρας, εάν οι πεθαμένοι νιώθουν κάπως αυτά που γίνονται εδώ, με ευχαρίστηση βέβαια δέχεται κι αυτά και χαίρει που βλέπει τις φροντίδες σου γι' αυτόν και τη γενναιοδωρία σου, αλλά ότι μεγαλύτερη ευγνωμοσύνη θα χρεωστούσε παρά για όλα τα άλλα αν κάποιος θα μπορούσε να διηγηθεί επαξίως τα κατορθώματα που έκαμε και τους κινδύνους του» (§§1-2). Το priamel περιέχει όλα τα τυπικά στοιχεία που απαντούν στην ποίηση: Η γενική κατηγορία (ότι τιμάς), διάφορα παραδείγματα (των αφιερωμάτων, με χορούς και μουσική, κτλ.), μία λέξη που συνοψίζει και ενώνει όλους τους όρους της αντίθεσης (κι αυτά, παρά γι όλα τα άλλα), ένα μόριο αντιθετικό (αλλά), μία

18. Πβ. Λυσίας *Ἐπιτ.* §§ 26 (*τὴν ἀρετὴν αὐτῶν ὑπὸ πάντων ἀνθρώπων ζηλοῦσθαι*), 69, 79 (*καὶ γάρ τοι ἀγήρατοι μὲν αὐτῶν αἱ μνῆμαι, ζηλωταὶ δὲ ὑπὸ πάντων ἀνθρώπων αἱ τιμαί*), 81)· Πλ. *Μενέξ.* 242 a, Υπερ. *Ἐπιτ.* § 32, Δημ. *Ἐπιτ.* § 33.

19. Bundy 1986, 4-10· 1982, 73-81 αντίστοιχα (για τον *Ὀ.* 11)· και Race 1987, 132-33. Βλ. σημ. 4.

ένδειξη υπεροχής (ακόμη μεγαλύτερη), και το θέμα του ύψιστου ενδιαφέροντος (να διηγηθεί επαξίως).

Πίνδαρος Ι. 2 - Ισοκράτης Εὐαγόρας

Ο *Ί.* 2 του Πινδάρου υμνεί τυπικά τη νίκη με άρμα του Ξενοκράτη στα Ίσθμια (πιθανόν του 470) (ο οποίος έχει ήδη πεθάνει) αλλά απευθύνεται στον γιο του νικητή τον Θρασύβουλο. Έχει εξεταστεί πώς ο ποιητής χρησιμοποιεί τις τυπικές συμβάσεις του επινικίου για τον Θρασύβουλο: τη γενναιοδωρία και την ευεργετική διάθεση του Ξενοκράτη, κυρίως όμως την *ἀρετή* του Θρασύβουλου από την οποία εξαρτάται η *ἀρετή* του πατέρα του. Ο ύμνος τελειώνει ως εξής (43-8): «Επομένως, εφόσον κρέμονται γύρω από τις φρένες των ανθρώπων φθονερές ελπίδες και διαθέσεις, ας μην αφήσει (ο Θρασύβουλος) να σιγηθεί ποτέ η *ἀρετή* του πατέρα μήτε αυτός ο ύμνος· γιατί ούτε βέβαια και εγώ τον έκαμα να στέκει ακίνητος σαν άγαλμα».

Ομοίως, ο Ισοκράτης στον ομώνυμο λόγο επαινεί τον Ευαγόρα μετά το θάνατό του και απευθύνεται προς τον γιό του Νικοκλή. «Αν ο λόγος εκθέσει με ακρίβεια τα κατορθώματά του, θα έκανε την *ἀρετή* του Ευαγόρα να μνημονεύεται πάντοτε ανάμεσα στους ανθρώπους», όπως γράφει στο προοίμιο (§4). Ο *Εὐαγόρας* αποτελεί μάλιστα λογοτεχνική καινοτομία γιατί για πρώτη φορά τώρα συγγράφεται εγκώμιο σε πεζό λόγο· μέχρι τώρα ήταν έργο των ποιητών. Ο ίδιος μάλιστα ο Ισοκράτης υπογραμμίζει τις δυσκολίες που έχει σε σύγκριση με τα πλεονεκτήματα των ποιητών (§§ 8-11): Οι ποιητές μπορούν με πολλούς τρόπους να κοσμούν τα έργα τους: φέρνουν τους ανθρώπους κοντά στους θεούς, και με κάθε τρόπο στολίζουν τα ποιήματά τους, συνθέτουν τα έργα τους με μέτρο και ρυθμό και τέρπουν τους ακροατές με την ευρυθμία και τη συμμετρία. Ενώ εκείνοι που ασχολούνται με τον πεζό λόγο δεν έχουν μέτρο και ρυθμό, και είναι υποχρεωμένοι να χρησιμοποιούν τις λέξεις που γνωρίζουν οι πολίτες, και από τους συλλογισμούς όσους σχετίζονται με τα πράγματα. Και όμως μολονότι η ποίηση υπερέχει τόσο πολύ έναντι του πεζού λόγου, δεν πρέπει κανείς να διστάζει αλλά απεναντίας να προσπαθήσει να γράψει πεζούς λόγους μήπως κατορθώσει «να εγκωμιάζει τους *ἀγαθούς* άνδρες καθόλου χειρότερα από εκείνους που τους εγκωμιάζουν στις ωδές και στα ρυθμικά τραγούδια».

Ο τύπος αυτής της συζήτησης μάς είναι οικείος από το *Ν.* 8. 35-36, κυρίως όμως από την περίφημη διακοπή στον *Ν.* 4.33 για να επαινέσει το νικητή: ο Πίνδαρος αιφνιδιαστικά διακόπτει τον κατάλογο των Αιακιδών και εκφράζει τρεις λόγους για τη διακοπή (33-35), τους οποίους απορρίπτει στους επόμενους στίχους (36-38) και τους χαρακτηρίζει «επιβουλές, συνωμοσίες»: «Ωστόσο, μολονότι η βαθιά θάλασσα σε σκεπάζει μέχρι τη μέση, αντιστάσου στις επιβουλές· θα φανούμε ότι εισερχόμαστε στον αγώνα υπό το φως, πολύ ανώτεροι από τους αντιπάλους μας». Όμοια και ο Ισοκράτης αναφέρει τρεις δυσκολίες για την επιτυχή σύνθεση του λόγου, και απορρίπτει και τους τρεις, και δηλώνει ότι παρά τα πλεονεκτήματα των ποιητών αντιπάλων του, θα επιτύχει στην προσπάθειά του.[20]

Η τελευταία φράση του *Ἰ*. 2 είναι: «κι εγώ δεν έκαμα τον ύμνο να στέκει ακίνητος». Και μολονότι ο Πίνδαρος δεν αναφέρεται συγκεκριμένα σε αγάλματα, αν συγκρίνομε τη φράση αυτή με την αρχή του *Ν*. 5, η ομοιότητα των εκφράσεων δείχνει ότι ο Πίνδαρος έχει στο νου του και στα δύο χωρία τους ανδριάντες και την ανωτερότητα του λόγου και της ποίησης έναντι της γλυπτικής. Στον *Ν*. 5.1-5 ο ποιητής λέγει: «Δεν είμαι ανδριαντοποιός, αναγκασμένος να κατασκευάζω αγάλματα που στέκονται (ακίνητα) στη βάση τους· αλλά πάνω σε κάθε πλοίο, γλυκόφωνο τραγούδι, πήγαινε να διαλαλείς ότι ο γιος του Λάμπωνος ο δυνατός Πυθέας έχει νικήσει στο παγκράτιον στη Νεμέα». Ότι ο Πίνδαρος αναφέρεται στον *Ν*. 5 στον ανταγωνισμό μεταξύ των καλών τεχνών, της γλυπτικής και τη ποίησης, το υπογραμμίζουν δια μακρών τα αρχαία σχόλια. Και ο ανταγωνισμός αυτός μας φέρνει στον πυρήνα της άμιλλας και του ανταγωνισμού της *ἀρετῆς* και των αγώνων, από όπου ξεκινήσαμε. Δεν αναφέρομαι στην εκτέλεση ή την παράσταση των επινίκιων ωδών, αλλά αν λάβουμε υπόψη μας τους 45 επίνικους ύμνους του Πινδάρου που μας σώθηκαν, έναντι των αναρίθμητων ανδριάντων των αθλητών, η ποίηση έχει το δίκιο με το μέρος της: *ῥῆμα δ' ἐργμάτων χρονιώτερον βιοτεύει*, όπως είπε ο Πίνδαρος. Για τη λειτουργία της γλώσσας ο Δημόκριτος είπε ότι τα ονόματα είναι *ἀγάλματα φωνήεντα* (Β 142 DK).

Ο Ισοκράτης περιγράφει στον *Εὐαγόρα* τις δυσκολίες που έχει ο πεζός λόγος έναντι της ποίησης στον έπαινο της *ἀρετῆς* των ανδρών (8-11). Αλλά στις §§ 73-74 επαναλαμβάνει την υπεροχή του λόγου και της διανοίας έναντι των αγαλμάτων (*σωμάτων εἰκόνας, τύπους*) τα οποία υποστηρίζει και αυτός ότι μένουν μόνα και ακίνητα στα βάθρα τους, ενώ οι λόγοι μεταδίδονται και απλώνονται

20. Race 1987, 137.

στις συναναστροφές των *ἐς φρονούντων*.[21] Παρόμοια σύγκριση μεταξύ πνευματικών επιδόσεων, κυρίως φιλοσοφικών, και αθλητικών κάνει ο Ισοκράτης στο προοίμιο του *Πανηγυρικοῦ* (§§ 1-2).

Στους ίδιους παραπάνω τελευταίους στίχους του ύμνου ο Πίνδαρος συμβουλεύει να μην κρατεί σε σιγή την *ἀρετή* του πατέρα του και τον ίδιο τον ύμνο. Και ο Ισοκράτης αφού έχει υποστηρίξει την αποτελεσματικότητα του λόγου ως μέσου για τη διάδοση της *ἀρετῆς* του ανδρός, δηλώνει έπειτα τον ηθικό σκοπό για τον οποίο έγραψε τον έπαινο του Ευαγόρα (§ 76): «Γι᾽αυτά ακριβώς επιχείρησα να γράψω το λόγο αυτό γιατί νομίζω ότι και σε σένα και τα παιδιά σου και στους απογόνους του Ευαγόρα αυτή η προτροπή μπορεί να αποβεί σπουδαιότατη, εάν συγκεντρώσει κανείς τις αρετές εκείνου και αφού τις στολίσει με το λόγο (*τῶ λόγῳ κοσμήσας*) να τις παραδώσει σε σας για να τις παρατηρείτε και να ασχολείστε με αυτές». Και στην § 80 προσθέτει: «Σε σένα πρέπει να μην παραλείπεις τίποτε, αλλά, όπως τώρα έτσι και στον υπόλοιπο χρόνο, να φροντίζεις και να εξασκείς την ψυχή σου πώς θα είσαι άξιος και του πατρός και των άλλων προγόνων». Εδώ ακριβώς βρίσκεται η σοβαρότητα της επιδεικτικής ποίησης και του λόγου. Έπαινος είναι ο ρητορικός λόγος που υπογραμμίζει το μέγεθος της *ἀρετῆς* (Αριστ. *Ῥητ.* 1367b 28). Συγκεντρώνοντας τα κατορθώματα (*ἀρετάς*) και στολίζοντάς τα με το λόγο, προσφέρουμε ηθικά πρότυπα για τις επόμενες γενεές. Είναι μάλιστα ιδιαίτερα σημαντικό ότι τα παραδείγματα αυτά είναι οικογενειακά και όχι ξένα (§ 77). Ο Νικοκλής δηλ. έχει το πρότυπο μέσα στον οίκο του και δεν χρειάζεται να ψάχνει ξένα. Το ίδιο αυτό θέμα υπάρχει στο λόγο *Πρὸς Δημόνικον*. Μετά τον έπαινο της *ἀρετῆς* για τις ηρωικές ιδιότητες που εμπνέει, αναφέρει απότομα (§9): «όμως αν θυμηθείς τις προτιμήσεις του πατέρα σου θα έχεις καλό συγγενικό παράδειγμα γι᾽αυτά που σου λέγω».

Πρότυπο και για τα δύο αυτά παραδείγματα αποτελεί ο *Ν.* 3.19-32. Μετά τον έπαινο του Αριστοκλείδα, ο Πίνδαρος χρησιμοποιεί το γνωστό ne plus ultra θέμα ότι δεν είναι εύκολο να προχωρήσει κάποιος πέρα από τις στήλες του Ηρακλή (20-21), και αφού έχει αναφερθεί δια μακρών στα ταξίδια του Ηρακλή στη δύση, σταματά απότομα με την προτροπή προς τον εαυτό του (26-32): «καρδιά μου, προς ποια ξένη χώρα παρεκκλίνεις τον πλού μου; προς τον Αια-

21. Ο W.H. Race εξετάζει τη σχέση μεταξύ του εγκωμίου του Πινδάρου και του *Εὐαγόρα* του Ισοκράτη, ιδιαίτερα το τέλος, σσ. 149-50, και σε σχέση με τον *Ἴ.* 2, σσ. 153-55. Πβ. Αλεξίου *Εὐαγόρας ad loc.* με πλούσια σχόλια, σσ. 212-13.

κό και το γένος του θέλω να οδηγήσεις τη Μούσα. Η ουσία της δικαιοσύνης ακολουθεί το λόγο 'να επαινείς τον *ἀγαθόν*'· να ψάχνει ξένα θέματα δεν είναι καλύτερο για κάποιον· τα δικά σου να επιζητείς, γιατί σου έλαχε ένα ταιριαστό στολίδι να υμνείς στις γλυκές ωδές». Τα «ξένα θέματα» που δεν πρέπει κάποιος να έχει και «τα δικά σου» που είναι προτιμότερο να επιζητείς ανακαλούν τα δύο χωρία από τον *Εὐαγόρα* και τον *πρὸς Δημόνικο*: δεν χρειάζεται ξένα παραδείγματα να ακολουθείς, έχεις μέσα στο σπίτι σου. Και ο στίχος «η ουσία της δικαιοσύνης ακολουθεί το λόγο 'να επαινείς τον αγαθό' (*ἔσθλόν αἰνεῖν*, 29), προσφέρει άλλη μία αναλογία σχετικά με τον *Εὐαγόρα*: προσδιορίζει τη φύση της εγκωμιαστικής ποίησης να επαινεί τον αγαθό. Το ουσιαστικό *δίκα* ορίζει τη φύση της εγκωμιαστικής ποίησης να απονέμει έπαινο όπου οφείλεται και στον *Π.* 9.95-6). Το ταιριαστό στολίδι (*ποτίφορον κόσμον, Ν.* 3.31) είναι η τέχνη της ποίησης που κατέχει ο Πίνδαρος. Έτσι ο ποιητής και ο ρήτορας έχουν τον ίδιο σκοπό, να επαινούν την αρετή που είναι σύμφυτη στα πρότυπά τους.[22]

Στην ακροτελεύτια φράση του *Εὐαγόρα* ο Ισοκράτης παρακινεί το Νικοκλή: «γιατί αν επιμένεις στη φιλοσοφία και προοδεύεις τόσο πολύ, όσο τώρα, γρήγορα θα γίνεις», *οἷόν σε προσήκει*, τα οποία ανακαλούν εντυπωσιακά τα περίφημα λόγια του Πινδάρου προς τον Ιέρωνα: *γένοι, ἐσσί μαθών* (*Π.* 2.72).[23]

Ἔργον, λόγος

Η ομηρική ποίηση είναι *κλέα ἀνδρῶν* και οι ομηρικοί ήρωες τραγουδούν ή γνωρίζουν *τῶν πρόσθεν κλέα ἀνδρῶν* (Αχιλλέας, Φοίνικας). Εξίσου στον Πίνδαρο ορθή χρήση του πλούτου για τον *ἀγαθό* είναι να επαινείται με ύμνους που αναθέτει στους ποιητές, και καθήκον του ποιητή είναι να υμνεί το νικητή αθλητή, η σχέση των οποίων δηλώνεται με παραδοσιακούς όρους που προσλαμβάνουν νέο περιεχόμενο, κυρίως οικονομικό (*ἄποινα ἀρετῆς* ή μόχθων, μισθός, ξενία κτλ.). Ο *Ἰ.* 2 περιγράφει την ποίηση *ἐργάτιν* και επ' αμοιβή. Τη διαλεκτική σχέση νίκης και επινίκιας ωδής δηλώνει με πολλούς τρόπους ο ποιητής: *ῥῆμα δ' ἐργμάτων χρονιώτερον βιοτεύει* (*Ν.* 4.6)· *θνᾴσκει σιγαθέν καλόν ἔργον* (απ. 121.4)· *ἀεθλονικία δὲ μάλιστ' ἀοιδὰν φιλεῖ* (*Ν.* 3.7)· *μεγάλων ἀέθλων*

22. Race 1987, 151-52.

23. R. Stoneman, «The Ideal Courtier: Pindar and Hieron in *Pyth.* 2» *CQ* 34 (1984), 44 σημ. 6, και Race 1987, 153.

μοῦσα μεμνᾶσθαι φιλεῖ (*Ν.* 1.12)· *ταὶ μεγάλαι γὰρ ἀλκαὶ σκότον πολὺν ὕμνων ἔχοντι δεόμεναι* (*Ν.* 7.12)· *τετελεσμένον ἐσθλόν μὴ χαμαὶ σιγᾷ καλύψαι* (*Ν.* 9.6-7)· *ἀρεταὶ δ' αἰεὶ μεγάλαι πολύμυθοι* (*Π.* 9.76).

Η συζυγία *ἔργων* και *λόγων* πηγαίνει έως τον Όμηρο (*Ἰλ.* 9.443), και ισχύει καθόλο το μήκος της αρχαίας ελληνικής λογοτεχνίας, έως και τους χριστιανούς πατέρες: το μάθημα που διδάσκει ο Πρωταγόρας είναι *εὐβουλία περὶ τῶν οἰκείων*, «ικανότητα για τη λήψη ορθών αποφάσεων για τις υποθέσεις του οίκου του, πώς δηλ. θα κυβερνά άριστα τον οίκο του», *καὶ περὶ τῶν τῆς πόλεως*, «και για τις υποθέσεις της πόλης, πώς δηλ. θα γίνει ικανότατος στο να πράττει και το να ομιλεί» (318e-19a). Επίσης, ο Περικλής στην πρώτη ομιλία του στην ιστορία του Θουκυδίδη εισάγεται ως άνδρας ο οποίος ήταν *κατ' ἐκεῖνον τὸν χρόνον πρῶτος Ἀθηναίων, λέγειν τε καὶ πράττειν δυνατώτατος* (Θουκ. 1.139.4). Ολόκληρη η *ξυγγραφή* του Θουκυδίδη αλλά και του Ηροδότου εξετάζεται υπό αυτή την οπτική του λόγου και του έργου.[24] Πβ. την άποψη του Δημόκριτου: *λόγος γὰρ ἔργου σκιή* (B 145 DK).

Το θέμα αυτό «ἔργον- λόγος» απαντάται και στους επιτάφιους λόγους, σε σχέση με το χρέος που αναλαμβάνει ο ρήτορας, με το φθόνο που φοβάται και με την ευπορία του. Στον *Εὐαγόρα* μετά το πρώτο priamel, ο Ισοκράτης χρησιμοποιεί ένα δεύτερο για να ξεχωρίσει το εγκωμιαστικό είδος και για να βεβαιώσει την ανωτερότητα του γραπτού λόγου έναντι άλλων μορφών απόδοσης τιμής, εξαιτίας της ικανότητάς του να προσφέρει διαρκή φήμη (§4): «αλλά ο λόγος θα έκανε την *ἀρετή* του Ευαγόρα να μνημονεύεται πάντοτε ανάμεσα σε όλους τους ανθρώπους, αν εξέθετε ακριβώς τα κατορθώματα εκείνου». Μάλιστα στη συζυγία αυτή, ο λόγος τίθεται σε δεύτερη μοίρα έναντι των έργων που έχουν πραχθεί από τους επαινουμένους: οι λέξεις δεν είναι ίσες με τις πράξεις· είναι αδύνατο να τους επαινέσει κανείς επαξίως. Ο Θουκυδίδης το δηλώνει ως εξής: «Θα νόμιζα ότι είναι αρκετό προς άνδρες οι οποίοι με έργα δείχθηκαν γενναίοι με έργα να δηλώνονται και οι τιμές, ... και να μην εξαρτάται η υστεροφημία πολλών ανδρών από την ευγλωττία ή την έλλειψη ευγλωττίας του ρήτορα» (Θουκ. *Ἐπιτ.* 2.35.2).

Για τη διαλεκτική αυτή σχέση ο Πλάτων γράφει (*Μενέξ.* 236e): «γιατί τα γενναία έργα με λόγο καλοειπωμένο γίνονται μνήμη και στολίδι για αυτούς που

---

24. Πβ. H.R. Immerwahr, «*Ergon*, History as a monument in Herodotus and Thucydides», *AJPh* 81 (1960) 261-90· A. Parry, *Logos and Ergon in Thucydides* (New York 1981).

τα έπραξαν σε αυτούς που τον ακούνε». Ο Λυσίας αναφέρει για την εξίσωση λόγου και έργου (*Ἐπιτάφιος* §1): «Εάν είχα τη γνώμη, όλοι εσείς που παρευρίσκεστε στο νεκροταφείο αυτό, πως είναι δυνατό να φανερώσει κανείς με λόγια την ανδρεία (*ἀρετήν*) των ενθάδε κειμένων, θα κατηγορούσα εκείνους που προ ολίγων ημερών παρήγγειλαν να μιλήσω και να εξυμνήσω αυτούς· επειδή όμως όλοι οι άνθρωποι αιωνίως εργαζόμενοι δεν είναι ικανοί να συντάξουν λόγο ισάξιο με τα έργα τους, γι' αυτό μου φαίνεται, πως και η πόλη λαμβάνοντας πρόνοια για εκείνους που ομιλούν εδώ δίδει την παραγγελία στον ρήτορα προ ολίγου χρόνου, διότι νομίζει ότι έτσι είναι δυνατό να συγχωρηθούν οι ρήτορες από τους ακροατές τους» (μετάφρ. Στ. Τζουμελέα, με αλλαγές). Ομοίως και ο Υπερείδης (*Ἐπιτ.* §2): «Φοβούμαι πάρα πολύ, μήπως συμβεί ο λόγος μου να φαίνεται υποδεέστερος από τις πράξεις τους. Όμως πάλι αναλαμβάνω θάρρος για τον εξής λόγο, ότι αυτά που εγώ παραλείπω εσείς που ακούετε θα τα προσθέσετε· γιατί ο λόγος μου δεν θα ειπωθεί ενώπιον τυχόντων ανθρώπων, αλλά ανάμεσα στους μάρτυρες των πράξεών τους».

Ο Ισοκράτης δημιουργεί ένα συγκρίσιμο στολίδι στον πεζό λόγο. Παρακολουθήσαμε ορισμένα τέτοια στολίδια. Από το μέρος της επινίκιας ωδής ανιχνεύσαμε το θέμα του επαίνου, του χρέους του ποιητή, τον τόπο του φθόνου, της *εὐμηχανίας*, τη λειτουργία της ποίησης, την τεχνική του priamel- και τις αντιστοιχίες τους στους επιτάφιους λόγους. Υπάρχουν πολλές άλλες αντιστοιχίες που δεν χωρούν στην ανακοίνωση: *ὁ δὲ καιρός ὁμοίως παντός ἔχειν κορυφάν*, με τη γλώσσα του ποιητή, και με τη γλώσσα του ρήτορα: «αν διεξερχόμουνα όλους τους αγώνες ίσως να είχε άκαιρο μήκος ο λόγος μου· αν όμως αναφερθώ σε έναν στον οποίο κατά πολύ υπερτερούσες, αφενός θα δηλώσω αυτά τα ίδια, αφετέρου θα φανώ ότι χρησιμοποιώ με μέτρο την δύναμη των ακροατών» (Δημ. *Ἐρωτικός* 27, πβ. *Εὐαγ.* 34), για να προσθέσω ρητορικά άλλη μία αντιστοιχία.

Βιβλιογραφια

Οι βραχυγραφίες είναι σύμφωνα με την L'Anné Philologique. Στις παραπομπές χρησιμοποιείται ο χρόνος έκδοσης του άρθρου ή του βιβλίου με τη σελίδα. Ορισμένα λήμματα δεν περιλαμβάνονται στις σημειώσεις, αλλά έχουν γενικότερα διαμορφώσει την άποψη του συγγραφέα για τα σχετικά θέματα.

Αλεξιου, Ε. Β 2005, *Ισοκράτης* Εὐαγόρας *Ερμηνευτική Έκδοση*, Θεσσαλονίκη.

Bulman, P. 1992, *Phthonos* in Pindar, Berkeley, London.

Bundy, E. L. 1986, *Studia Pindarica*, Bekeley and Los Angeles.

- 1972, "The Quarell Between Kallimachos and Apollonios. Part. I: The Epilogue of Kallimachus' s *Hymn to Apollo"*, *CSCA* 5, 39-94.

Cairns, D. L. 1993, *Aidos. The Psychology and Ethics of Honour and Shame in Ancient Greece*, Oxford.

Εκδοτικη Αθηνων, 1976, *Η Ιστορία των Ολυμπιακών Αγώνων*, Αθήνα : «Ο Αθλητισμός στη γεωμετρική εποχή», Γ. Σακελλαράκης 24-35, «Η συμβολή του αθλητισμού στην αγωγή των νέων», Μ. Ανδρόνικος 41-65, «Αθλητισμός και ποίηση», Ι.Θ. Κακριδής, 142-146, «Αθλητισμός και τέχνη», Μ. Ανδρόνικος, 146-51.

Fuqua, Ch. 1981, "Tyrtaeus and the Cult of Heroes", *GRBS* 22, 215-26.

Jaeger, W. 1978, *Paideia. The Ideals of Greek Culture*, vol. 3 (transl. G. Highet), Oxford.

Hamilton, R. 1974, *Epinikion*, Mouton, The Hague.

Hornblower, S. 2004, *Thucydides and Pindar. Historical Narrative and the World of Epinician Poetry*, Oxford.

Kennedy, G. 2000, *Ιστορία της Κλασικής Ρητορικής* (μετάφραση Ν. Νικολούδης, επίβλεψη Ι. Αναστασίου), Αθήνα.

Kurke, L. 1991, *The Traffic in Praise. Pindar and the Poetics of Social Economy*, Ithaca, London.

- 1993, "The Economy of Kydos" στο C. Dougherty- L. Kurke (eds), *Cultural Poetics in Archaic Greece*, Cambridge, 131-63.

Loraux, N. 1986, *The Invention of Athens: The Funeral Oration in the Classical City* (transl. by A. Sheridan), Cambridge Massachusetts and London.

Mathieu, G. 1995, *Οι Πολιτικές Ιδέες του Ισοκράτη* (μετάφραση Κ. Διαμαντάκου) Αθήνα.

Miller, A. M. 1982/1983, "N.4.33-43 and the Defence of Digressive Leisure", *CJ* 78, 202-220.

- 1982, "*Phthonos* and *Parphasis*: The Argument of Nemean 8.19-34", *GRBS* 23, 111-20.

Miller, S. G. 1991, *Arete. Greek Sports from Ancient Sources* (University of California Press, 1991. Μεγάλος μέρος του βιβλίου μεταφράζεται από τον Χρ. Σταμπουλή στο *Αρχαίος Ελληνικός Αθλητισμός. Ιδεώδες και Πραγματικότητα* (Εξάντας, Αθήνα 1995)).

Perysinakis, I.N. 1990, "The athlete as warrior: Pindar's *P.* 9.97-103 and *P.* 10.55-59", *BICS* 37, 43-49.

Poulakos, T. and Depew, D. (eds) 2004, *Isocrates and Civic Education*, Austin.

Race, W.H. 1978, "*Panathenaicus* 74-90: The Rhetoric of Isocrates' Digression on Agamemnon", *TAPhA* 108, 175-85.

- 1980, "Some Digressions and Returns in Greek Auhors", *CJ* 76, 2-8.
- 1981, "The Word Καιρός in Greek Drama", *TAPhA* 111, 197-213.
- 1982, *The Classical Priamel from Homer to Boethius*, Leiden.
- 1983, "Negative Expressions and Pindaric Ποικιλία", *TAPhA* 113, 95-122.
- 1986, *Pindar*, Boston, Mass.
- 1987, "Pindaric Encomium and Isokrates' *Euagoras*", *TAPhA* 117, 131-55.
- 1990, *Style and Rhetoric in Pindar's Odes*, Atlanta, Georgia.

Συκουτρής, Ι. 2003, «Ισοκράτους *Εὐαγόρας*» στο *Μελέτες και Άρθρα*, τα Γερμανόγλωσσα Δημοσιεύματα, τ. Β., μετάφρ. Ηλ. Τσιριγκάκης, επιμ. Δ. Ιακώβ, Αθήνα 2003, 15-58.

Wilson, J. R. 1980, "Καιρός as Due Measure", *Glotta* 58, 177-204.

Young, D. 1968, *Three Odes of Pindar. A Literary Study of Pythian 11, Pythian 3, and Olympian 7* (Mnemosyne Suppl. 9), Leiden.

- 1983, "Pindar, Aristotle, and Homer: A Study in Ancient Criticism", *ClAnt* 2, 156-70.

Ziolkowski, J.E. 1981, *Thucydides and the Tradition of Funeral Speeches at Athens*, Salem, New Hamshire.

Summary

Pindar praises the successful athlete in terms in which elegiac poets have praised the brave warrior, and have enumerated the advantages he enjoys in social life: admiration among his fellow-citizens and desire of him by the maidens. The successful athlete wins κῦδος ἁβρόν, just as the warrior in the Homeric epics (κῦδος ἀρέσθαι). His νόστος has been modelled upon the epic warrior's home-coming. Successful athlete and epic warrior are parallelled.

Many of the typical themes of the epinician ode, such as the praise of the victor, the poet's task, the poet's opportunity and resource to praise the victor (*eumachania*) (which is part of the poet's task), the theme of the envy for the successful athlete or the poet, as well as the commisioning of the poet for praising the athlete, came from epinician poetry and are observed in many rhetorical speeches, mainly in the funeral orations, which praise the virtue of those who were killed in some wars for the protection of the city. The vocabulary of the games is also observed in other authors as Thucydides. These typical themes constitute terms of poetics, especially of the poet's imagery of poetry. Pindar expresses in many ways the dialectical relationship between victory and epinician ode. This pair of «works» and «words», which goes back to Homer, is also strongly traced in the funeral orations. The epinician ode praises the athletic excellence and the qualities for which *agathos* is praised (well doing, liberality, generosity, hospitality, proper use of wealth), while the funeral oration is focusing mainly on the praise of war prowess.

Historiens et dramaturges à Athènes: quelles visions de la guerre?

Françoise Ruzé

Lorsque Cléon accuse ses concitoyens de se faire «spectateurs des discours et auditeurs des faits», de voir dans tout débat en assemblée un concours qui se joue sans souci des intérêts de la cité (Thuc. 3.38), il associe au débat politique à la fois le théâtre et les joutes des Sophistes, rejetant ainsi le discours sur la guerre du côté de la rhétorique et soulignant le danger que cette incursion de la théâtralité dans le domaine politique fait courir à la cité. Certes, Thucydide est, comme Euripide, un bon élève des Sophistes et nous retrouvons chez l'un et l'autre de semblables procédés d'exposition (Romilly 2005, 245-258) mais ils se situent à des niveaux différents comme si l'historien et le dramaturge se partageaient les tâches: à l'un les faits, la politique et la prééminence de la cité, à l'autre l'universel, la douleur et le deuil. Cela mérite d'être fortement nuancé et, tout en se gardant de traquer abusivement le reflet de l'histoire immédiate dans les drames joués au théâtre, nous sommes toujours surpris de constater à quel point le théâtre athénien du Ve s. était fondé en politique et adaptait les mythes aux questions que pouvait se poser tout citoyen intéressé par le monde dans lequel il vivait et les événements qui se déroulaient. Je me limiterai ici à trois angles d'approche: le rapport entre les guerres mythiques et les guerres historiques, le rôle dévolu aux femmes et le bilan rétrospectif menant des causes aux responsabilités et donc à une morale de la guerre.

1) Guerres mythiques et guerres réelles

Recourir au mythe pour exprimer des réalités contemporaines n'a rien de surprenant, mais généralement, le mythe enjolive l'histoire, or les mythes grecs ne sont pas très bienveillants envers l'homme. Cependant, le théâtre propose parfois des guerres justes, menées par les Argiens ou les Athéniens. Vers 463, Eschyle avait montré des Argiens unis dans leur vote pour prendre le risque d'une guerre afin de secourir les cinquante jeunes Danaïdes menacées d'un mariage forcé par leurs cousins Egyptides: on n'abandonnait pas de faibles femmes venues en suppliantes. Euripide utilise plus clairement ces guerres mythiques en écho à des évènements contemporains. Ainsi, deux ans après la rupture avec Sparte, officiellement venue de cette dernière, et après que des démarches eussent été tentées en vain pour arrêter la guerre (Thuc. 2.59. 2), il fait triompher *Les Héraclides* (en 430 ou 429), pièce dans laquelle les Athéniens sauvent les enfants d'Héraclès, donc de la lignée des rois de Sparte, menacés par l'Argien Eurysthée qui les réclame pour les faire périr; Iolaos, le cocher d'Héraclès, responsable des enfants, dit à ceux-ci (v. 302-315, trad. d'après Méridier-Jouan):

> Ces hommes, sur cette terre de Grèce si habitée, se sont seuls dressés pour la défense de ces exilés. Donnez-leur, mes fils, donnez votre main droite –vous, donnez la vôtre à ces enfants– approchez d'eux. Mes fils, nous avons fait l'épreuve des amis. Si jamais luit pour vous le retour au pays, si vous rentrez dans la maison et les honneurs de votre père, voyez toujours en eux des sauveurs, des amis. Ne soulevez jamais contre leur sol la lance ennemie, souvenez-vous d'aujourd'hui, et que cette cité vous soit chère entre toutes. Ils ont droit à votre respect.

Mais Eurysthée révèlera avant de mourir que ces enfants protégés par Athènes seront «traîtres au bienfait reçu» et que «ils pénètreront ici avec de grandes forces» (v. 1035-6). L'allusion est lourde mais elle s'inscrit dans la tendance générale à présenter les Spartiates comme incapables de reconnaissance et de fidélité à la parole donnée. À l'opposé, Athènes, selon le Coryphée, «eut de tout temps la volonté de prêter secours aux détresses lorsque c'est justice. Aussi a-t-elle souffert mille peines pour ses amis, et encore aujourd'hui je vois l'épreuve proche» (v. 329-32, trad. Fr. Jouan); il se fait ici l'écho de toute une tradition athénienne dont la première manifestation connue se trouve dans le discours prêté par Hérodote aux Athéniens lors de la bataille de Platées en 479 (9.27) et que nous voyons se poursuivre au IVe siècle dans les *Épitaphioi.*

On a souvent souligné que, au printemps 423, quelques mois donc après la bataille de Délion particulièrement meurtrière pour les Athéniens et le refus des Béotiens de conclure la trêve traditionnelle permettant aux Athéniens de reprendre leurs morts (Thuc. 4.97.2–99; 101.1), Euripide dramatise ce thème dans les *Suppliantes.* Après leur victoire sur l'armée argienne venue défendre les intérêts de Polynice, les Thébains refusent de restituer les cadavres des ennemis tombés sous leurs murs: si mauvaise qu'ait été la cause des vaincus, elle ne devait plus être prise en compte à ce stade; c'était là un *nomimon* des Grecs que tous respectaient –les récits historiques le prouvent abondamment– et qui permettait les rites funèbres exigés des dieux. Ainsi, là encore, la bonne guerre mythique est convoquée pour souligner la mauvaise affaire que l'on fait aux Athéniens; certes, les Thébains ne mettront plus aucun obstacle à cette récupération lorsqu'ils auront réussi à chasser les Athéniens de Délion; mais c'était dix-sept jours plus tard, ce qui est beaucoup pour des cadavres en plein été. En fait, dans cette pièce, la condamnation du comportement des Thébains permet surtout de se laisser emporter par la nostalgie d'une époque plus glorieuse où l'on était capable de faire céder les voisins impies en menant contre eux une expédition victorieuse mais maîtrisée. Une époque où l'on avait un stratège de qualité, peu enclin à la guerre et capable d'arrêter ses troupes une fois parvenu au but, un démocrate que le peuple suivait au lieu de l'entraîner aux excès; V. Di Benedetto (1971, 158-9) y voit même très concrètement un hommage à Périclès et un appel à ne pas confier une nouvelle stratégie à Cléon.

Mais, si quelques-unes de ces guerres mythiques correspondent à une défense du droit, d'autres concentrent les critiques. Dans les *Sept contre Thèbes* (en 467), la guerre menée par les Argiens contre les Thébains fournit à Eschyle l'occasion de souligner *l'hybris* des guerriers, leur violence absolue et leurs fautes symbolisées par les blasons des boucliers mais aussi la monstruosité d'un Polynice qui n'hésite pas à attaquer sa patrie, comme le lui reproche Amphiaraos pour qui aucun intérêt privé ne saurait justifier une telle guerre (v. 580-586, trad. Mazon):

> Ah! le bel ouvrage, aimé du Ciel, glorieux à entendre et à répéter pour tes neveux: détruire le pays de ses pères, les dieux de sa race, en lançant contre eux une armée étrangère! Est-il donc un grief permettant de tarir la source maternelle? Est-ce la terre de la patrie, grâce à tes soins conquise par la lance, qui doit servir ta cause?

Cependant, nous sommes plus surpris de constater que, chez les Tragiques, la mauvaise guerre par excellence, dans ses prémisses comme dans ses conséquences, c'est la guerre de Troie, dans laquelle le motif noble se perd dans le désir de guerre qui néglige les avertissements divins. Oubliés la «belle mort» et l'héroïsme des héros d'Homère. Dès 415, avec *Les Troyennes,* Euripide avait condamné la guerre lointaine dont la nécessité ne s'imposait pas. Après avoir dénoncé l'absurdité d'une guerre menée contre les Troyens pour récupérer une femme qui avait trompé son mari, il ajoutait (v. 374-9 et 386-7, trad. Parmentier-Grégoire):

> Arrivés au bord du Scamandre, ils mouraient dans des combats dont l'enjeu n'était ni les frontières de leur pays ni les murailles de leur cité. Ces victimes d'Arès n'ont pas revu leurs enfants, ils n'ont pas été ensevelis par les mains de leur épouse, ils gisent sur la terre étrangère. [...] Les Troyens, au contraire, avaient d'abord la gloire la plus belle, ils mouraient pour la patrie.

La condamnation est totale. Pire que tout, dans son *Hélène* produite en 412, juste après la catastrophe sicilienne, Euripide ridiculise la grande guerre de Troie qui fit périr tant d'hommes pour rien: un leurre, un *eidolon*, voilà ce qui était parti avec Pâris tandis qu'Hélène était confiée aux bons soins de Protée, en Egypte. Le parallèle s'impose avec l'aventure désastreuse des Athéniens en Sicile (Thuc. 6), dont devins et chresmologues avaient confirmé qu'elle procurerait alliés et richesses. Avec *Iphigénie à Aulis* (en 407), Euripide revient sur le parallélisme entre ces deux expéditions lancées par une armada dont l'importance dément l'affirmation de l'infériorité de l'adversaire; son appréciation des faits a évolué et ses paroles semblent faire écho d'encore plus près aux discours et faits rapportés par l'historien:

– Dans les deux cas, la décision de faire la guerre s'appuie sur des causes sérieuses. En Sicile, l'alliance avec les Ségestains est invoquée pour souligner la crainte que les Syracusains n'en viennent à dominer l'île entière, menaçant la liberté des cités et les intérêts athéniens eux-mêmes; il est donc de bonne politique d'y aller, au nom de la justice et du droit. De même, dans *Iphigénie,* les Grecs ne partent pas simplement reconquérir la femme adultère d'un allié mais «mettre un terme au rapt des épouses grecques» (v. 1266) et, dans un langage emprunté à la saga des guerres médiques, pour défendre la liberté de la Grèce (v. 1270-5, trad. Jouan):

> C'est à la Grèce, que je le veuille on non, qu'il me faut te sacrifier. Contre cela nous ne pouvons lutter ; elle doit être libre, autant qu'il dépend de toi, ma fille, comme de moi, et il ne faut pas que des barbares viennent à des Grecs ravir de force leurs épouses.

– Mais dans les deux cas aussi, les auteurs soulignent que la décision fut entraînée par le désir d'une guerre dont on espère un profit, soit par les bénéfices matériels qu'on en tirera, soit, plus encore, par la gloire que les chefs en espèrent. Thucydide, pour sa part, évoque le butin attendu et l'extension de l'empire, «l'appétit malsain des choses lointaines» (6.13.1) et l'obsession de l'action car, fait-il dire à Alcibiade, «si la cité reste en repos, elle s'usera sur elle-même» (6.18.6-7); donc l'inaction serait fatale.

– Enfin, derrière tous ces arguments, reste l'ambition du chef: Ménélas nous présente un Agamemnon vil flatteur des Grecs pour obtenir le commandement, arrogant ensuite et, de toutes façons, préoccupé de sa seule ambition (*Iph.* v. 337-57, trad. d'après J. & M. Bollack):

> Tu sais, quand tu te mettais en quatre pour commander aux Danaens contre Ilion, tu faisais comme si tu ne le désirais pas, alors que tu ne voulais que cela. Comme tu étais humble! Tu touchais la main de tout le monde, tu gardais ta porte ouverte à qui en avait envie, parmi tes compatriotes, et tu adressais la parole à tous, à chacun, qu'il voulût te parler ou non. Par ta conduite, tu cherchais à acheter au public le titre que tu ambitionnais.
> Et après, quand tu eus le commandement, tu as changé de conduite, pour tes amis d'avant, tu n'étais plus l'ami que tu étais, tu étais devenu inaccessible, et rare derrière ta porte...
> Ensuite, quand l'armée panhellénique était finalement venue à Aulis, tu étais anéanti, tu étais étourdi par le coup des dieux ... Quel malheur dans ton regard, quel effondrement, à la pensée que tu n'allais pas, commandant à mille bateaux, remplir de guerre la plaine de Priam! Tu m'appelais à toi: «Que dois-je faire? Où trouver une voie?» Tu ne devais pas être privé de ton commandement et perdre ta belle gloire.

Alcibiade, avide lui aussi d'un glorieux commandement, se voyait en chef d'expédition; pour son adversaire Nicias, il n'était qu'un jeune homme qui cherchait à briller, or ce thème des jeunes foudres de guerre ambitieux se trouvait déjà très précisément dans les reproches adressés par Thésée à Adraste, le roi d'Argos qui mena ses troupes contre Thèbes (en 423? Eur. *Suppl.*, v. 214-5 et 229-36 ; trad. d'après Grégoire / Jouan):

> Lorsqu'un dieu aménage ainsi notre existence, n'est-ce pas folie d'enfants capricieux que vouloir davantage? [...] Plus tard, quand tu poussais les Argiens à la guerre, tandis que les devins t'annonçaient les oracles, méprisant cette fois les avis divins, tu transgressas ces ordres avec brutalité, et tu fis le malheur de ta cité. Des jeunes gens t'entraînaient; ce sont eux qui, dans leur soif d'honneurs, vont au mépris du droit multipliant les guerres, fléau des citoyens! L'un vise à commander; l'autre veut le pouvoir afin d'y satisfaire ses passions; un autre y poursuit la richesse. Point de regard pour le peuple et ce qu'il peut souffrir.

En fait, deux thèmes s'entrecroisent. En premier, celui de la *pléonexia*, ce désir d'avoir toujours plus, que tous les auteurs dénoncent à l'envi et que Thucydide rend volontiers responsable de la faute récurrente commise par les Athéniens qui, au lieu de négocier en position de force pour mettre fin à la guerre, se laissent enivrer par leurs succès. Comme le proclamait en 458 le Chœur d'*Agamemnon* (v. 1331-4):

> De succès, on n'est jamais rassasié, c'est la nature de tous les mortels. Personne qui l'interdise et de son doigt levé l'écarte de sa maison en lui clamant «N'entre plus!».

Le second thème, également très développé par Euripide et Thucydide, est celui de la difficulté à prendre les bonnes décisions lorsque le peuple fait la loi. Agamemnon, prêt à renoncer pour épargner sa fille, cède finalement car il a peur de la réaction de ses soldats assemblés (*Iph.* v. 522-35), tout comme Adraste qui n'a pas su résister aux jeunes gens qui parlaient fort (*Suppl.* v. 233-7 *supra*), quand ce n'est pas l'orateur qui entraîne ses compatriotes «en tout sens dans son propre intérêt» (Eur. *Suppl.* v. 413). Le poète et l'historien célèbrent d'une même voix l'unité de la cité et sa force lorsque c'est le «milieu» qui l'emporte, la modération et la voix des gens raisonnables tant par leur richesse que par leur conception de la politique (tel est le cas de Périclès selon Thuc. 2.65), soit que les gens du milieu imposent leur modération grâce à leur nombre (Eur. *Suppl.* v. 238-45), soit que tous se rencontrent dans un sens commun de la collectivité (Thuc. 6.39; à l'opposé, la *stasis* écrase le milieu, ex. 3.82.8).

– En fin de compte, ceux qui ont voulu la guerre se retrouvent ensuite prisonniers de leurs décisions: rien, fut-ce le sacrifice d'une jeune fille ou la mort de milliers d'hommes, ne saurait arrêter l'action; quels que soient les obstacles, on ne saurait trahir les espoirs suscités par l'aventure ni admettre que la décision de s'embarquer dans une guerre était mauvaise. Tout cela mène à l'inévitable sanction finale: la destruction de l'armée athénienne en Sicile, les morts de vainqueurs de Troie lors de leurs retours.

Si, dans la guerre de Troie, la bonne guerre est en fait celle que menèrent les Troyens pour le salut de leur patrie, il existe parallèlement une vraie bonne guerre menée par les Grecs, et c'est une guerre historique devenue mythique à son tour, celle qui fut menée contre le Perse. Elle est, du reste, la seule guerre contemporaine à fournir directement l'argument d'une tragédie connue, elle incarne la défense de la liberté contre la servitude de la domination étrangère; elle sert à la fois de modèle patriotique et de justification à toutes les entreprises athéniennes à venir. Apparaissent quelques éléments du processus de mythification de l'évènement et j'en soulignerai trois:

1. On a eu très peur et le soulagement est proportionnel à la frayeur: un tel évènement ne peut être que voulu par les dieux, aussi les Perses paieront-ils leur *hybris* de la perte de leur armée et des chefs de leur noblesse, tandis que des divinités sont apparues à plusieurs reprises aux côtés des Athéniens.

2. L'enjeu prenait une dimension symbolique car deux mondes que l'on fera ensuite totalement opposés s'y sont affrontés: de faibles Grecs se battant librement pour leur liberté, le puissant Perse contraignant ses sujets pour défendre son pouvoir.

3. Deux récits amplifient l'affaire: celui de la bataille de Salamine par Eschyle qui présente une magnifique fresque navale, exaltant l'habileté des Grecs et leur combat pour la liberté; celui des deux guerres médiques par un conteur hors pair, Hérodote, qui sait ménager ses effets et en rajoute, avec la fantastique disproportion des forces, le courage des petits qui se battent avec l'énergie du désespoir et l'efficacité des institutions athéniennes.

Pour finir, Athènes bénéficie du mythe qu'elle contribue à créer: elle devient le «Sauveur de la Grèce» (Hdt. 7.139) et, à ce titre, s'estime en droit d'imposer son impérialisme.[1] Même si les Spartiates ont d'autres raisons de la ménager en 405, il n'en demeure pas moins que, selon Xénophon, ils arguent des services qu'elle avait alors rendus à la Grèce pour refuser de la faire disparaître (*Hell.* 2.2.20).

Ainsi, les guerres mythiques sont largement utilisées pour décrypter les guerres contemporaines et, le plus souvent, les condamner. Le poète transforme en destin tragique la faute des hommes qui se laissent entraîner par leurs pulsions de violence et leur ambition (*philotimia*), régulièrement qualifiée d'«exécrable»,[2] tandis que l'historien constate la prééminence des intérêts, personnels ou

1. C'est là un des *topoi* des Oraisons funèbres, et se trouve dès les discours des Athéniens à Platées pour revendiquer une place d'honneur pour le combat à venir (Hdt. 9.27) où l'aide aux Héraclides est également invoquée. Dans Thucydide en 1.75 comme en 5.89, la victoire sur le Mède permet aux Athéniens d' ἄρχειν δικαίως. Curieusement, l'argument ne s'usera pas et se développera même à mesure de l'affaiblissement de la cité.

2. Condamnée dans les *Sept*, 4-8, la *philotimia* est le δεινόν κακόν dans *Iph. Aulis*, 527, cf. 520 ; dans les *Phén.*, 531-532, elle est ἄδικος ἡ θεός et ἡ κακίστη δαιμόνων.

collectifs, tout en s'attachant au déroulement des faits, à l'engrenage qui mène à la guerre, et aux capacités des hommes dans l'action. Ainsi, loin de s'opposer, ils se complètent: l'un va fouiller le cœur des hommes, l'autre les fait agir, en paroles ou en actes, mais l'un et l'autre distinguent de bonnes ou de mauvaises guerres; leurs critères ne sont pas les mêmes, encore que l'échec s'explique toujours par les erreurs commises.

2) Les malheurs de la guerre et le rôle des femmes

Par le truchement des guerres mythiques, Euripide dénonce à l'envi les malheurs de la guerre: cela lui permet d'accorder aux femmes une place fondamentale, dont N. Loraux (1990 et 1999) a superbement analysé un aspect essentiel, celui du deuil et de la plainte exprimés par le chant comme en un *requiem* privé d'espérance. Mais c'est à un autre aspect que je vais m'attacher ici. Les femmes représentent ceux qui, dans la cité, n'ont pas l'occasion de s'exprimer dans l'espace public (Henderson, 1991, 138). Là où Fr. Zeitlin (1996) voit la guerre des sexes comme un thème récurrent dans le théâtre, je perçois plutôt le rôle de révélateur joué par les femmes: révélateur des faiblesses des hommes, de leur obsession mortelle du pouvoir, de la force ou de la gloire à n'importe quel prix; une sorte de sagesse lucide et angoissée émane de leurs propos car elles anticipent les conséquences, ce qui, dans le monde masculin, ne se trouve guère que chez quelques Anciens ou chez quelques chefs exceptionnels.

Des exemples le montrent clairement. Dans l'*Agamemnon* d'Eschyle, le roi de retour de Troie, tout fier de sa victoire, est certes en décalage par rapport au chœur qui conteste cette guerre (v. 437-64), mais c'est Clytemnestre qui, imaginant la mauvaise conduite des vainqueurs à Troie, annonce les châtiments qui s'ensuivront car les morts se vengeront (v. 320-48). Elle n'est pas prophétesse, c'est seulement son expérience de femme qui parle.

Plus tragi-comique est le Ménélas de l'*Hélène*: tout gonflé d'orgueil, il déclare: «Qu'est-il de plus fameux que le brasier de Troie, ou Ménélas, qui fit flamber cet incendie...?» (v. 503-4). Alors qu'Hélène répugne à lui conter son aventure qui retire tout vrai motif à la guerre (v. 661-2), il trouve que «il est si doux d'entendre évoquer les malheurs passés» (v. 665), et sa seule lamentation portera ensuite sur les morts de sa famille et la perte de dix-sept années de vie conjugale. Pire encore, il insulte Hélène au cas où elle serait contrainte d'épouser le roi Théoclymène: «tu me trahirais donc, prétextant la contrainte?» (v. 834). Certes, il la défendra si elle est menacée, mais il n'irait pas jusqu'à supplier la sœur du roi, car, dans un cas comme dans l'autre, le motif est «de ne pas souiller la gloire acquise à Troie» (v. 845) ... Heureusement, le chœur des captives grecques est là pour chanter ces morts inutiles et dire l'absurdité de cette guerre «pour la gloire» (v. 1122-6; 1151-64); Hélène aussi pour considérer la cruauté de cette histoire (v. 662: πικρὰν φάτιν), pour déclarer horrible le jeu des dieux qui a tué tant d'hommes (il est vrai que Zeus trouvait les humains trop nombreux), pour choisir de mourir plutôt que de devenir l'épouse de Théoclymène, ridiculisant ainsi le propos de Ménélas. La grossièreté des sentiments du chef spartiate peut répondre aux sentiments athéniens en pleine guerre contre Sparte (nous sommes en 412), mais elle exprime un trait constamment souligné par les Tragiques: le désir de gloire mène à la passion de la guerre en soi, éliminant toute autre considération, comme le proclame le Chœur dans *Agamemnon* à propos du sacrifice d'Iphigénie (v. 218-30, trad. d'après A. Mnouchkine):

> Il se passe à lui-même le joug de la nécessité. Le vent qui tourne en son esprit devient impie, impur, sacrilège. Il change de raison, il ose et pense l'impensable. Car le délire misérable, source de tous les maux, conseiller abominable, enhardit les mortels.
> Il osa donc sacrifier sa fille pour mener une guerre causée par une femme et satisfaire aux rites préliminaires à la navigation. Les suppliques, les appels à son père, son âge virginal, rien n'a compté pour ces chefs épris de guerre.

Tout sacrifier à l'ambition, au goût du pouvoir: rien ne met plus en valeur les ravages de la *philotimia* que la figure de Jocaste dans les *Phéniciennes*, lorsqu'elle tente de faire entendre à ses fils la voix de la raison et de la responsabilité: c'est elle qui parle du salut de la cité, de l'intérêt collectif, du respect des dieux, notamment face à un Etéocle prêt à sacrifier tout et tous pour la possession du pouvoir (v. 504-6):

> J'irais jusqu'au point où se lèvent les astres, le soleil, jusqu'au fond de la terre, si j'en étais capable, pour posséder la plus grande des déesses, Tyrannie.

La hauteur de vue de la vieille reine n'a d'égal que le criminel égoïsme des deux coqs qui s'affrontent dans le dialogue suivant (v. 588-637), incapables qu'ils sont de fuir l'érinys de leur père. Si ces leçons de modération et de justice sont inséparables du respect dû aux dieux, ce même respect peut aussi pousser à la guerre, et les femmes ne prônent donc pas plus la paix à tout prix que la guerre à tout prix, mais elles se montrent hostiles aux motifs personnels ou futiles de faire la guerre et elles redoutent l'*hybris* qui transforme un guerrier victorieux en brute sanguinaire. Cependant, la voix qu'elles peuvent faire entendre inquiète les hommes politiques, ce qui pourrait expliquer le silence que Périclès exige d'elles dans l'Oraison Funèbre aux premiers morts de la guerre (Thuc. 2.45.2): dans le semi-anonymat des funérailles publiques et l'obligation faite aux citoyens de participer à la célébration de la gloire civique, la parole de protestation pourrait s'exprimer par la bouche des femmes, notamment des mères et épouses des aristocrates qui ont peut-être payé un lourd tribut à cause de la stratégie de Périclès qui voulait limiter à la cavalerie les affrontements en terre d'Attique. Elles diraient le mécontentement des familles, elles favoriseraient une exploitation politique de leur deuil. Cela, Périclès voudrait l'éviter par ce bref rappel à l'ordre (Hardwick 1993).

Des figures adolescentes permettent au poète tragique d'exalter l'héroïsme des jeunes qui se sacrifient pour sauver les autres. Le sacrifice de sa vie est normal pour le citoyen, il ne l'est pas pour les femmes qui subissent et ne peuvent agir; pourtant les poètes assignent une place d'exception aux jeunes filles dans ce domaine (Loraux 1985, 61-102). Dans *Prométhée enchaîné,* Eschyle fait des jeunes Océanides les seuls soutiens fidèles et courageux du héros dans sa résistance à Zeus. L'utilisation de la figure emblématique d'Iphigénie est encore plus instructive. Si, dans *Agamemnon*, Eschyle s'en tient aux supplications de la jeune victime (v. 228-30), Euripide lui donne une autre dimension héroïque dans *Iphigénie à Aulis*: tant que la décision reste affaire d'hommes qui en discutent, on ne parle que d'ambition, de volonté d'en découdre et de ne pas rentrer bredouilles à la maison. Avec l'arrivée d'Iphigénie, le ton change: son père revient à de plus nobles motifs (v. 1266-75) et elle-même, prenant conscience des violences et des risques pour Achille que son salut entraînerait (v. 1264-8), elle consent au sacrifice mais «pour la Grèce» et à condition que ce combat soit celui de la liberté (1376-1401). Les hommes qui hurlaient à la mort se transforment en admirateurs médusés (v. 1560-1). Le poète a donc choisi d'utiliser le sacrifice de la jeune fille pour célébrer l'héroïsme pur au service de la patrie, comme il utilise celui du jeune Ménécée, fils de Créon, qui assure, lui, le salut de Thèbes menacée par l'armée argienne (*Phén.* v. 947-1018; 1310-21).

Pourquoi faire ainsi appel au mythe des jeunes victimes sacrifiées au salut de la patrie pour les transformer en modèles héroïques pour les hommes combattants? La jeune fille est, pour N. Loraux, la pouliche indomptée à laquelle le sacrifice tient lieu du mariage qui devait la soumettre au joug; le couteau sacrificiel est l'instrument de la défloration (1985, 65-8). Mais la présence de Ménécée parmi les jeunes gens qui acceptent de s'offrir au couteau sacrificateur, lui le «poulain» encore célibataire (*Phén.* v. 945, 947), permet de se demander si l'insistance ne serait pas moins sur la virginité en soi que sur le fait d'appartenir encore à l'*oikos* de son père lequel, fût-il roi, y perd son enfant et son foyer (Sébillotte-Cuchet 2004, 142-51). La maison royale, modèle pour la cité, doit verser son tribut pour le salut de tous, fille ou garçon selon les circonstances. Afin d'exalter le patriotisme athénien, l'orateur Lycurgue (*C. Léocratès* 100) cite une tirade de l'*Érechthée* d'Euripide, dans laquelle Praxithéa, l'épouse du héros éponyme de la pièce, déclare qu'elle va «offrir [sa] fille à la mort» (v. 4) pour la victoire de la cité contre les Éleusiniens, puisque

> s'il y avait chez nous, au lieu de filles, un rejeton mâle et que la flamme ennemie eût enveloppé la ville, ne l'aurais-je pas envoyé affronter les lances au combat, même si je redoutais sa mort? Ah! Si j'avais des enfants capables de combattre et de se distinguer parmi les guerriers, et non ces vaines parures de la cité! [...]
> Ma fille aura pour elle seule une couronne unique, qu'on lui décernera parce qu'elle sera morte pour cette cité.
> (v. 22-7, 34-5, trad. Fr. Jouan, frgt 14)

Le sacrifice de la vierge serait donc le substitut du sacrifice des jeunes soldats, une façon d'associer à l'épreuve et à la victoire la totalité de la population. Mais, au-delà de la dualité mariage/guerre (Vernant 1974, 38: «le mariage est à la fille ce que la guerre est au garçon»), ces mythes renvoient aussi à la colère divine contre les hommes; la malédiction que les dieux font retomber sur une cité dont le chef a enfreint leurs règles et déclenché des guerres injustes entraîne, notamment, l'étiolement de la postérité, alors que la paix, elle, est «courotrophe» (cf. Hésiode, *TJ*, v. 228-244). Dès lors, l'offrande de jeunes gens porteurs d'avenir entre dans la logique d'un sacrifice destiné à retrouver le soutien divin pour assurer l'avenir de la cité.[3]

3. Combien dérisoire et sans intérêt apparaît alors l'exploit qualifié de *deinon* (*Suppl.* 1072) d'Evadné, qui se suicide en se jetant du rocher sous lequel se trouve la tombe de son époux Capanée: elle s'auto-glorifie dans un état de possession qui rappelle celui de la bacchante (1001: *ekbackheusamena*) plutôt que de la veuve consciente du sacrifice pour la patrie. Il est vrai que cette guerre n'avait rien eu d'une guerre patriotique.

Si, par de tels sacrifices, la victoire est rendue possible, les femmes échouent toujours à empêcher la guerre et elles contribuent fort peu à débarrasser le pays de ses ennemis;[4] cependant, elles savent bien qu'en cas de défaite ce sont elles qui en subiront les conséquences les plus dures, du moins si l'on admet que la perte des siens, le viol et l'esclavage sont pires que la mort,[5] d'où l'insistance sur la cruauté du guerrier victorieux transformé en brute sanguinaire. Ce thème récurrent est particulièrement illustré par l'affrontement entre Étéocle et le chœur des Thébaines dans les *Sept* d'Eschyle: le chef invective les femmes dont les bruyantes lamentations sapent le moral des guerriers; elles revendiquent le droit d'en appeler haut et fort à la protection des dieux, au nom des souffrances qui les attendent (v. 182-268). Il est donc normal qu'il revienne à la femme d'annoncer le châtiment des vainqueurs impies: les malheurs des chefs grecs lors des retours de Troie sont en quelque sorte justifiés par Clytemnestre (*Ag.* v. 338-348, trad. d'après A. Mnouchkine):

> S'ils respectent bien les dieux protecteurs de la ville, ceux du pays conquis et leurs demeures, ils ne seront pas à leur tour anéantis. Mais qu'avant tout ne vienne pas à nos guerriers, s'ils étaient débordés par leur rapacité, le désir de piller ce qu'ils ne doivent pas toucher. Ils ont encore, pour revenir vivants chez eux, la route à faire en sens inverse. Et même si notre armée s'en revenait sans avoir fait offense aux dieux, la souffrance des morts pourrait se réveiller; si le malheur n'a pas frappé dans l'instant, il peut frapper plus tard. Tu entends là, venant de moi, des mots de femme.

En revanche, la femme est quasiment absente des récits historiques, lesquels ne développent guère les horreurs de la guerre: des allusions et des stéréotypes plus que de vrais récits, la mention récurrente mais rapide de massacres de vaincus; B. Eck (2005) constate que ces massacres n'étaient pas la norme, mais que nos textes ne s'intéressent guère à ce qui est normal; la norme n'est pas non plus le domaine de prédilection du Tragique. Chez les historiens, les vraies horreurs gratuites qui sont détaillées sont celles que des Barbares ont commises. Deux

4. Quelques anecdotes ici ou là évoquent leur action dans des guerres de rues ou du haut des remparts, leur soutien logistique aux combattants et ce seraient celles de la cité la plus militarisée, les Spartiates, que la guerre aux portes effraierait le plus (*Hell.* 6.5.28).

5. Il n'est pas pire façon de souligner la dureté de Clytemnestre que de lui faire stigmatiser, à elle, une femme, la répugnance de Cassandre à accepter la servitude (*Ag.* 1034-1071).

exemples: le passage des armées perse et thessalienne en Phocide, en 480, où nous avons une exceptionnelle mention du viol des femmes jusqu'à les en faire mourir (Hdt. 8.32-33), ou ce sauvage contingent de Thraces qui, en 413, s'attaquèrent sans raison aux gens de Mycalessos, dont les habitants n'avaient prévu aucune protection; or ils allèrent jusqu'à tuer tous les enfants d'une école (Thuc. 7.29). On pourrait en citer d'autres encore, mais le plus souvent l'historien évoque des «opérations» menées chez l'ennemi, comme s'il n'y avait pas d'êtres humains rencontrés et tués ou capturés, ou bien encore il expédie sobrement, en quelques mots, le massacre et la réduction en servitude, nous allons y revenir. Si Thucydide reconnaît (1.23.2) que «jamais il n'y eut tant de villes prises et dépeuplées..., jamais non plus tant d'exils et de massacres, soit liés à la guerre, soit liés à la *stasis*», comparé à l'expression de la souffrance dans le théâtre, son récit historique en deviendrait inhumain, si nous n'y trouvions une toute autre logique.

3. Bilan rétrospectif : histoire, responsabilité et morale

Au moment de dresser un bilan rétrospectif des évènements, quelles responsabilités le poète et l'historien font-ils porter aux hommes et, corrélativement, aux dieux?

Si les dieux ont voulu la guerre de Troie, les hommes l'ont décidée et ils se vantent sans pudeur de leurs exploits, même s'ils ont offensé les dieux. Certes, Agamemnon est maudit de naissance, placé sous le signe de l'*hybris*, et ne peut donc faire que des choix mortifères (Arnott 1991, 120-1), mais sa responsabilité est implicite dans les propos de Clytemnestre, plus explicite dans ceux du Chœur (*Ag.* v. 757-62, 1331-8). Les Labdacides étaient voués à la mort, mais ce sont les hommes qui ont choisi de mener une immense armée argienne aux portes de Thèbes, de multiplier les morts avant de parvenir à l'extinction de la famille. Aussi, attribuer aux manipulations divines la logique d'extermination et d'asservissement n'empêche pas le châtiment du coupable s'il ne maîtrise ni l'importance de la guerre ni sa victoire. Lorsque Euripide crée *Les Héraclides* en 430, les Athéniens sont en guerre et ils ont déjà commis quelques forfaits; le poète souligne les dangers que courent ceux qui ne respectent pas les usages: Eurysthée, le roi d'Argos prisonnier, retrouve sa dignité et son humanité dès lors qu'il est soumis à la haine vengeresse d'Alcmène, la mère d'Héraclès; et sa mort, ordonnée par elle et contraire aux lois de la guerre, préfigure les torts à venir que commettront les Héraclides en envahissant l'Attique et en annonce le châtiment (v. 983-1052 ; cf. Gotteland 2001, p. 187-190).

Pour l'historien, la guerre n'est pas plus la marque du destin qu'un accident imprévisible et Thucydide substitue aux dieux et au hasard les lois de l'histoire. La première de ces lois veut que les considérations de sécurité de sa cité passent avant tout: ceci peut autoriser la guerre, à condition d'en mesurer les risques. Nous avons parfois l'impression que la mécanique de guerre s'enclenche et fonctionne ensuite sans que les hommes la contrôlent vraiment, mais, à l'examen, nous décelons autre chose qu'une machine infernale. Par exemple, s'il est vrai qu'une sorte de pente fatale a mené de la guerre civile qui secouait leur colonie commune d'Epidamne à l'affrontement entre Corinthe et Corcyre et donc à l'entrée en jeu des Athéniens et ensuite des Spartiates (1.24-55), Athènes, en acceptant l'alliance de Corcyre, ne s'était nullement embarquée inconsidérément dans une affaire qui pouvait mal tourner; bien plutôt anticipait-elle une rupture inévitable avec les Corinthiens et donc les Spartiates; il lui fallait alors affaiblir la flotte corinthienne et s'assurer un point d'appui pour contrôler la route vers l'Ouest d'où pourrait venir de l'aide pour les Péloponnésiens; en provoquant la colère des Corinthiens, elle contraint les Spartiates à prendre l'initiative de la guerre, malgré certaines réticences.

De même, le déclenchement de la guerre de Corinthe, au début du IVe siècle, tel que le présente l'auteur des *Hellenica Oxyrhynchia* (VII et XVIII), met en évidence les manipulations humaines derrière l'apparence d'un engrenage incontrôlé. Deux peuples, les Phocidiens et les Locriens, respectivement liés aux Spartiates et aux Thébains, entrent en guerre pour une vulgaire affaire de pâture frontalière. Mais l'historien nous avertit: Thèbes a poussé les Locriens à attaquer les Phocidiens, afin de contraindre les Spartiates à intervenir, eux-mêmes à répliquer et à entraîner ainsi contre Sparte ceux auxquels son impérialisme devenait insupportable, Argos, Corinthe et Athènes, notamment. L'argent perse, que Xénophon présentait comme la cause principale de cette guerre, n'était qu'une force d'appoint. Dans ces deux cas, les historiens nous montrent que les guerres ne résultent pas nécessairement d'engrenages fous qui échapperaient aux hommes, ou de médiocres combinaisons d'intrigues extérieures et de vénalité des chefs politiques, mais de véritables choix politiques; ils n'en jugent pas la valeur mais en constatent la réalité.

La seconde loi s'inscrit dans la suite logique de ce qui précède et elle est liée au développement des impérialismes: elle impose la nécessaire progression de la puissance du plus fort et la non moins nécessaire soumission des plus faibles, rendant impossible la neutralité;[6] les cités les plus faibles ne doivent pas considérer le droit ni le souci de manifester leur courage (*andragathia*), mais y substituer le possible et les chances de salut (Thuc. 5.89, 99-101). L'exposé le plus élaboré de ce thème se lit dans le dialogue qui oppose, avant le siège de Mélos en 416, les stratèges athéniens aux responsables de l'île. Ce texte est un modèle de dialogue antithétique mais qui ne progresse vers aucune issue car il n'existe pas de moyen de rapprocher les points de vue: ce sera tout l'un ou tout l'autre. Les Athéniens promettent aux Méliens un traitement bienveillant s'ils se rendaient avant le siège et ils leur accordent un délai de réflexion. Pour l'historien, qui ne fait pas de sentiments, les Athéniens font ainsi le plus qu'ils peuvent faire, car ils sont enfermés dans une logique de force qui, au nom leur sécurité, les entraîne vers une domination toujours plus tyrannique quitte à aboutir à la ruine finale (Romilly 1947, 230-59).

Les Méliens se feront massacrer dans l'hiver 416/5, mais pourquoi, de fait, certains peuples échappent-ils au massacre et à la servitude et pas d'autres? Epargner une cité vaincue n'est jamais une question de sentiments, d'humanité, mais d'intérêt, comme le déclare Diodote qui, contre Cléon, préconise un traitement modéré des Mytiléniens vaincus (Thuc. 3.44.1-4):

> Pour moi, je ne suis pas venu pour apporter la contradiction au sujet des Mytiléniens ni pour les accuser. En effet, notre contestation ne porte pas sur leur culpabilité envers nous, si nous sommes raisonnables, mais sur la qualité de notre décision (euboulia). Car je peux démontrer leur totale culpabilité sans pour autant inviter à les mettre à mort, si ce n'est pas notre intérêt. [...] Nous ne rendons pas un jugement contre eux, qui exigerait des arguments de droit, mais nous délibérons à leur sujet afin qu'ils nous soient utiles.

En la circonstance, la mise à mort serait contre-productive car non seulement sa menace n'a jamais tué l'espoir qui conduit à la révolte, mais en outre elle anéantirait par avance toute chance de parvenir à un accord avec un adver-

6. C'est cette idée qui se trouve en filigrane derrière les remontrances adressées par les Corinthiens aux Spartiates lors du débat sur la rupture de 432/1 (Thuc. 1.68-71).

saire assiégé (3.45-6). Le même thème se retrouve dans les remontrances adressées par les Chiotes au Spartiate Alkidas qui massacrait les prisonniers faits sur la côte d'Ionie, en 427 (Thuc. 3.32.2-3):

> Des envoyés samiens d'Anaia vinrent lui dire que ce n'était pas une belle façon de libérer la Grèce, en massacrant des gens qui ne prenaient pas les armes contre lui et qui n'étaient pas ses ennemis, mais que la nécessité avait contraints à s'allier à Athènes; s'il n'y mettait pas un terme, il se ferait bien peu d'amis parmi ses adversaires, mais beaucoup plus d'ennemis chez ses amis. Alkidas les écouta et relâcha tous les gens de Chios qu'il détenait encore, avec quelques autres....

Cependant, on admet des massacres nécessaires sur lesquels l'historien ne s'attarde guère. Si les troupes athéniennes de Sicile furent condamnées à une mort horrible, cela peut bien susciter peine et désespoir chez les Athéniens et leurs alliés, mais ce n'est pas critiqué: il fallait faire passer aux Athéniens l'envie d'y revenir, d'autant que la défaite n'avait été évitée que grâce à l'arrivée du spartiate Gylippe.

Revenons alors sur le massacre qui suivit le siège de Mélos (Eck 2005, 92-3). Très brièvement mentionné par Thucydide (5.116.4: «ils mirent à mort tous les Méliens adultes qu'ils prirent et réduisirent en esclavage les enfants et les femmes»), il contraste avec le long débat mentionné ci-dessus et paraît inutile et monstrueux. Si Euripide n'a pu s'en inspirer pour les *Troyennes*, probablement déjà composées, sa pièce fait penser que la question était dans l'air et l'exemple du traitement infligé aux Skioniens en 421 restait présent dans les mémoires. Le plus intéressant, c'est qu'à Athènes, au moment même où la tragédie d'Euripide était primée, on ne nous signale aucune réaction au sort des Méliens qui, pourtant, n'étaient guère en faute (5.113.3-4) et dont il s'agissait seulement d'obtenir la soumission. Pourquoi ne pas avoir tenté, là comme ailleurs, de se débarrasser des fauteurs de troubles qu'étaient les oligarques, tout en ménageant le peuple plutôt favorable aux Athéniens? Sans doute, d'autres opérations s'annonçaient-elles, vers la Sicile: Mélos est sacrifiée au besoin de d'être tranquille du côté de l'Egée pour envoyer ailleurs le gros de la flotte. La nécessité en est admise et l'opération n'est pas commentée. Bref, la terreur est le plus souvent réfléchie et non pas irrationnelle et spontanée (Eck 2005). Mais le décalage entre l'évènement rapporté par Thucydide et la pièce d'Euripide se situe ailleurs et N. Loraux fait des *Troyennes* l'exemple privilégié de sa *Voix en-*

deuillée (1999): les impératifs de la politique impérialiste d'un côté, le chant funèbre de l'autre.

Toutefois, la tragédie ne se réduit pas au chant de deuil; elle aborde aussi les thèmes qui travaillent la cité. Dans ces conditions, que cherchent les poètes lorsqu'ils exaltent une morale de la guerre? Tous condamnent celui qui s'engage pour de mauvaises raisons (*Phén., Héraclides*), notamment pour des raisons trop personnelles (Agamemnon ou Polynice) comme celui qui se montre incapable de maîtriser sa victoire, comme ce fut le cas des Grecs à Troie (Esch. *Agamemnon*; Eur. *Troyennes*, *Hécube*): «Insensé le mortel qui détruit les cités, qui livre à l'abandon les temples et les tombes, asiles sacrés des morts. Sa perte s'ensuivra» proclame Poséidon (*Troyennes*, v. 95-7). Tous considèrent que la mauvaise appréciation de la nécessité, le massacre inutile ou l'expédition démesurée et inadéquate sont des fautes qui portent en elles la sanction que sera l'échec final. Pour l'historien aussi, l'échec est assuré si de mauvais motifs masquent la réalité. Certes, la puissance a ses exigences qui limitent la liberté de choix, mais il faut savoir apprécier les réalités et ne pas transformer un désir de gloire ou de profit en nécessité politique. C'est ce qu'impliquent les remarques de Thucydide à propos de l'argumentation victorieuse d'Alcibiade en faveur d'une expédition en Sicile.

De toute façon, les hommes cherchent toujours un responsable de l'échec et des malheurs qui s'ensuivent. L'orateur et le stratège rejoignent le roi de tragédie, en concentrant sur leur personne la responsabilité de la défaite et des fautes. Toutefois, l'histoire est plus clémente que la tragédie car si la première permet à certains d'échapper à la vindicte des hommes, les dieux et les Erinyes de la tragédie n'épargnent jamais le coupable, que ce soit Agamemnon, incapable d'arrêter à temps guerre et massacre, les deux fils d'Oedipe, les chefs argiens des *Sept*, emplis de fureur guerrière, ou même le faible Adraste, qui n'en réchappe que pour se faire accabler par Thésée et les mères privées de leurs fils (Eur. *Suppl.* v. 215-45 ; 955-70).

En revanche, dans le monde de l'historien, il est admis que le chef ne peut pas tout: Archidamos n'obtient pas de moratoire pour le déclenchement de la guerre; Brasidas est le conquérant idéal, il ferait une belle figure de tragédie, mais sa cité se montrera indifférente aux engagements qu'il avait pris; Périclès n'aura pas de successeur. Du reste, la morale peut bien être brandie, l'historien n'y voit le plus souvent qu'un leurre qui dissimule toujours un calcul. Xénophon fait peut-être exception lorsqu'il célèbre le noble refus de Sparte d'anéantir Athènes en 404 et de faire souffrir les Athéniens vaincus, malgré l'avis de ses alliés thébains ou corinthiens, ou qu'il cherche à faire croire que la destruction des Longs Murs «marquait pour la Grèce le début de la liberté» (*Hell.* 2.2.23). Distanciation ironique ou propos d'un laconophile impénitent, cette conclusion met cruellement en relief, pour qui connaît la suite, la vanité des illusions qu'aurait pu engendrer le retournement des forces en Grèce.

Conclusion

Nous étions partis d'une communauté de formation entre les deux auteurs que nous avons le plus cités, Euripide et Thucydide. Nous avons trouvé chez le premier le désir d'une morale de la guerre qui, de fait, n'est pas respectée, dans les récits du second une logique du pouvoir qui dérape par moments; nous aurions pu convoquer aussi des Sophistes, tel Gorgias et son *épitaphios* qui voudrait nous faire croire que les Athéniens font la guerre par compassion, pour rétablir l'équilibre.[7] Il nous faut nous accommoder de la distance considérable qui sépare les propos de nos auteurs, comme s'il fallait équilibrer réalisme et idéalisme, politique et désespoir.

La guerre fait partie de la condition humaine: elle est un élément du *ponos* qui la caractérise, combinant l'exploit, l'épreuve, le travail et la souffrance (Loraux 1989, 54-72). C'est pourquoi elle peut quand même apprendre quelque chose aux hommes, bien malgré eux, comme le chante le Chœur d'*Agamemnon* (v. 176-83):

> Zeus a ouvert la route à l'esprit des hommes en posant comme loi souveraine: «la connaissance par la souffrance». Suppure en plein sommeil devant le cœur l'épreuve du remords et alors, malgré eux, leur vient la sagesse

7. Les Athéniens seraient «dévoués à ceux que le sort frappe injustement, terribles envers ceux que le sort injustement récompense,...Violents envers les violents, modérés envers les modérés (θεράποντες μὲν τῶν ἀδίκως δυστυχούντων, κολασταὶ δὲ τῶν ἀδίκως εὐτυχούντων, ...ὑβρισταὶ εἰς τοὺς ὑβριστάς, κόσμιοι εἰς τοὺς κοσμίους)» (DK, 82 B 6): on croit rêver. Voir le rapprochement entre les fragments du texte de Gorgias et les *Suppliantes*, par N. Loraux, 1981, p. 107-8. Même thèmes dans l'*Oraison Funèbre* de Lysias, 14, 22, 67; dans celle que Platon attribue à Aspasie, *Ménéxène*, 242 b 5; dans celles de Démosthène, 7, 11, 28 et d'Hypéride, 5.

(σωφρονεῖν). Des dieux assis au banc sacré, c'est là bienveillante violence (χάρις βιαίως).

La guerre est omniprésente dans nos sources sur la Grèce antique et elle a tant marqué les historiens que, lorsque cessent, pour l'essentiel, les guerres entre cités, ils ont eu le sentiment que le monde grec était fini. Pour autant, ils ont du mal à accepter la concomitance d'un extraordinaire dynamisme culturel au Ve siècle et de la non moins intense violence des conflits. En combinant théâtre et ouvrages historiques, les réflexions et les comportements de ces Grecs du Ve siècle, et plus particulièrement des Athéniens, nous deviennent plus compréhensibles et les rapprochent de nous; ils n'ignorent pas la sanction qui les menace, mais ils n'osent ni ne peuvent s'arrêter en route tant ils sont engagés par la nature même de leur cité et de sa puissance; ils pensent ne pas pouvoir agir autrement. Le rapprochement chronologique et thématique des évènements historiques et de la représentation des pièces connues, nous montre que l'auteur dramatique apporte à ses concitoyens la conscience de la tragédie qu'ils jouent en politique. Ainsi, le dramaturge n'est pas aussi impuissant qu'il y paraît: s'il n'arrête pas la guerre, il questionne sans cesse ses concitoyens sur leur politique et leurs comportements. Il peut dire ce que l'homme politique doit taire car il s'intéresse au destin de l'homme et non pas à l'avenir de la cité.

BIBLIOGRAPHIE

AMIECH, CHR. 2004, *Les Phéniciennes d'Euripide. Commentaire et traduction*, Paris.

ARNOTT, P. D. 1991, *Public and Performance in the Greek Theatre*, London & New York, Routledge [1989].

CAWKWELL, G. 1997, *Thucydides and the Peloponnesian War*, London & New York.

DEBNAR, P. 2001, *Speaking the Same Language. Speech and Audience in Thucydides' Spartan Debates*, Ann Arbor, Un. Michigan Press.

DEFORGE, B. 1986, *Eschyle poète cosmique*, Paris.

– 1990, "Un mythe politique babylonien à la source du mythe des Sept", in Fr. Jouan & A. Motte (eds), *Mythe et Politique, Actes du colloque de Liège, 1989*, Liège, Bibl. Fac. Phil. & lettres de l'Un. de Liège, 85-95.

DEFORGE, B. & FR. JOUAN (dir.) 2001, *Les tragiques grecs. I, Eschyle. Sophocle; II. Euripide*, Paris, R. Laffont (Présentations et traductions originales ou révisées des œuvres).

DELEBECQUE, E. 1951, *Euripide et la guerre du Péloponnèse*, Paris.

Di Benedetto, V. 1971, *Euripide: teatro e società*, Turin, Einaudi.

Dobrov, Gr.W. (ed.) 1997, *The City as Comedy. Society and Representation in Athenian Drama,* Un. of California Press.

Eck, B. 2005, "Essai pour une typologie des massacres en Grèce classique", in D. El Krenz (éd.), *Le massacre, objet d'histoire*, Paris, 72-120.

Goldhill, S. 1998, "The Authority of the Tragic Chorus", in M.S. Silk (ed.), *Tragedy and the Tragic Greek Theatre and beyond,* Oxford, 244-256.

Gotteland, S. 2001, *Mythe et rhétorique: les exemples mythiques dans le discours politique de l'Athènes classique*, Paris.

Gould, J. 1998, "Tragedy and Collective Experience", in M. S. Silk (ed.), *Tragedy and the Tragic Greek Theatre and beyond,* Oxford, 217-243.

Hardwick, L. 1993, "Philomel and Pericles: Silence in the Funeral Speech", *G&R* 40, 147-162.

Henderson, J. 1991, "Women and the Athenian Dramatic Festivals", *TAPhA* 121, 133-147.

Judet de la Combe, P. 2001, *L'Agamemnon d'Eschyle. Commentaire des dialogues*, I, Lille Septentrion.

- 1982, *L'Agamemnon d'Eschyle. Le texte et ses interprétations.* 2. Lille, Septentrion.

Karsai, G. 2006, "Quelques scènes comiques dans l'*Hélène* d'Euripide", *Pallas* 71, 15-25.

Krentz, P. 1997, "The Strategic Culture of Periclean Athens", in Ch. D. Hamilton & P. Krentz (eds), *Polis and Polemos. Essays on politics, war and history in Ancient Greece in Honor of D. Kagan*, Claremont, California, 55-72.

Kritzas, Ch. 1992, "Aspects de la vie politique et économique d'Argos au Ve s. av. J.-C.", in M. Piérart (éd), *Polydipsion Argos, BCH* Suppl. XXII, 231-240.

Levi, M.A. 1978, "Il dibattito di Melo e i contrasti ideologici del V sec. A.C.", *Storia Antica* 112, 212-291.

Loraux, N. 1981, *L'Invention d'Athènes*, Paris.

- 1985, *Façons tragiques de tuer une femme*, Paris.
- 1989, *Les expériences de Tirésias*, Paris.
- 1990, *Les mères en deuil*, Paris.
- 1999, *La voix endeuillée, essai sur la tragédie grecque*, Paris.

Mc Kechnie, P.R. & S.J. Kern 1988, *Hellenica Oxyrhynchia,* Warminster.

Meier, Chr. 1991, *De la tragédie comme art politique*, Paris.

Powell, C.A. 1980, "Athens' Difficulty, Sparta's Opportunity: Causation and the Peloponnesian War", *AC* 49, 87-114.

Romilly, J. de 1947, *Thucydide et l'impérialisme athénien. La pensée de l'historien et la genèse de l'œuvre,* Paris.

- 2005, *L'Invention de l'histoire politique chez Thucydide,* Paris.

ROSEN, R.M. 1997, "The gendered Polis in Eupolis' *Cities*", in Gr. W. Dobrov (ed.), *The City as Comedy. Society and Representation in Athenian Drama*, Un. of California Press, 149-176.

SEBILLOTTE CUCHET ,V. 2004, "La sexualité et le genre : une histoire problématique pour les hellénistes. Détour par la «virginité» des filles sacrifiées pour la patrie", *Mètis* NS 2, 137-161.

SINEUX, P. 2007, *Amphiaraos. Guerrier, devin et guérisseur,* Paris.

STADTER, PH. A. 1983, "The Motives for Athens' Alliance with Corcyra (Thuc. I, 44)", *GRBS* 24, 131-136.

Ste CROIX, G.E.M. de 1972, *The Origins of thePeloponnesian War,* London.

STRAUSS, B.S. 1997, "The Art of Alliance & the Peloponnesian War", in Ch.D. Hamilton & P. Krentz (eds), *Polis and Polemos. Essays on politics, war and history in ancient Greece in Honor of D. Kagan*, Claremont, California, 127-140.

VERNANT, J.-P. 1974, *Mythe et société en Grèce ancienne*, Paris.

VERNANT, J.-P. & P. VIDAL-NAQUET 1973, *Mythe et Tragédie* I, Paris.

– 1986, *Mythe et Tragédie* II, Paris.

VIDAL-NAQUET, P. 1986, "Les boucliers des héros. Essai sur la scène centrale des *Sept contre* Thèbes", in J.-P. Vernant & P. Vidal-Naquet (eds), *Mythe et Tragédie* II, Paris, 115-147.

ZEITLIN, F. I. 1996, *Playing the Other. Gender and Society in Classical Greek Litterature*, Un. of Chicago Press.

Resume

La guerre est omniprésente dans la tragédie athénienne du Ve siècle comme dans les récits historiques; elle est l'objet de discours marqués par la sophistique, chez Euripide comme chez Thucydide, elle nourrit ces deux modes de réflexion collective que sont les représentations théâtrales et les débats en assemblée. Les guerres mythiques anticipent celles que conte l'historien, en répondant à des pulsions de violence et au besoin de dominer, même lorsqu'elles se disent fondées en justice. La volonté divine s'appuie sur les fautes des hommes pour déclencher d'interminables conflits comme la guerre de Troie, modèle de la mauvaise guerre, tandis que l'historien s'efforce de dégager des lois de l'histoire donnant des raisons objectives au déclenchement du conflit. Il s'intéresse peu aux violences et aux horreurs de la guerre qui s'imposent en revanche dans la parole tragique, notamment dans celle des femmes; elles seules avertissent de l'impossibilité pour tous, vainqueurs autant que vaincus, de tirer un vrai bénéfice de la guerre, car si juste que soit la cause, il arrive un moment où la mécanique se détraque et la guerre poursuit d'elle-même sa course folle. D'où l'intérêt de mettre en parallèle ces deux approches contemporaines, la tragédie soulignant la perversité dramatique du jeu politique que l'historien démonte et explique.

Eirênê Philheortos and Dionysiac Poetics in Aristophanic Comedy

Pavlos Sfyroeras

In the archaic and classical poetry of Greece, peace is more than simply the absence of war or strife. Beyond its simple lexical definition, it is infused with positive content, which could be summed up as "festive celebration in a prospering polis." The narrative subject in Theognis 885-86, for instance, wishes that the pair of Peace and Wealth may prevail in the city so that he can revel with his companions. In Bacchylides' striking imagery, Peace gives birth to wealth and the bloom of honey-tongued songs, so that thighbones of cattle and sheep burn bright on altars, young men care for athletics, pipes, and revels, and the streets are filled with lovely symposia (*Paean* 4.61-80 Maehler). In Euripides' *Suppliants* 489-91 Peace is dearest to the Muses (Μούσαισι προσφιλεστάτη) and rejoices in wealth (χαίρει δὲ πλούτῳ), while the chorus in his fragmentary *Kresphontes* longs to welcome "Peace of deep wealth" (Εἰρήνα βαθύπλουτε) in the city and identifies it with the "season full of grace" (χαρίεσσαν... ὥραν), beautifully danced songs and wreath-loving revels (*TrGF* 453).[1]

We have thus a cluster of concepts that make up the semantic field of Hesiod's "blooming peace" (Εἰρήνην τεθαλυῖαν, *Th.* 902). On the one hand, epithets such as πλουτοδότειρα (*PMG* 1021) and βαθύπλουτος (Aristophanes' *Georgoi*, fr. 111 K-A) express the traditional association of peace with wealth (πλοῦτος*)*, which is based on and includes agricultural abundance (ὀπώρα).[2] On the other hand, peace cannot be separated from festivity and revelry (ἑορτή,

1. For these and further references to Peace, see Maehler 2004, 225-227, 231-234, who highlights Bacchylides' conceptual innovation of a "universal peace."

2. We may further recall Kephisodotos' bronze statue of Peace carrying Ploutos, which was set up in the Athenian agora between 374 and 360 BC (Paus. 1.8.1-2; 9.16.2); on this and other representations of Peace, see Simon 1988. The link between Peace and Wealth (cf. *Od.* 24. 486; P. *Ol.* 13. 7; Telekleides fr. 42.3) is also prominent in the Orphic tradition (e.g. Orphic Hymns 15.10-11; 40.3, 18-20) and in children's songs (*Carm. Pop.* 1 Diehl).

κῶμος), including poetry (especially of the "festive" kind), and from general prosperity and well-being, namely ὄλβος (Eur. *Ba.* 419) or εὐδαιμονία (Telekleides, fr. 42.3). All these attributes of peace constitute a poetic tradition that is succinctly encapsulated in the Aristophanic epithet φιλέορτος (*Thesm.* 1146-47), apparently a new coinage that is unique in the comic corpus and extremely rare elsewhere. Included in a choral prayer inviting Athena Pallas, herself a lover of choruses (φιλόχορος 1136), to bring "festival-loving peace" (εἰρήνην φιλέορτον 1147) to the polis, this compound suggests that peace provides the necessary conditions for the proper performance of ritual, which enhances social cohesion in the polis but also links mortals and immortals.

In this paper I intend to explore how these concepts are re-configured in Aristophanic comedy, particularly in *Peace*, produced at the City Dionysia in the 10th year of the Archidamian War, on the eve of the Peace of Nikias.[3] By fleshing out the same link between peace and festive ritual that he will distill in the epithet φιλέορτος a decade later, Aristophanes invests the personified abstraction of Peace with elements drawn from Dionysos' festival.[4] This convergence on various levels (mythology, ritual, rhetoric, dramatic action, and general symbolism) makes possible the ultimate fusion of Peace and Dionysos, which produces what we might call a "comic poetics of peace." As a result, this comedy uses its performative potential, not only to rejuvenate the comic genre, but also to prepare the ground for the imminent Peace of Nikias, thus leading to peace and prosperity in the *polis*.[5]

Let us first outline the plot of *Peace*. Restless and frustrated, the comic hero Trygaios flies on a giant beetle to the abode of the gods to protest against their neglect of war-torn Greece. The gods are not available for comment; disgusted with the humans' handling of their own affairs, they have withdrawn even further, having left only Hermes behind to watch over their pots and pans. Yet Try-

3. On the historical background of the play, see Olson 1998, xxv-xxxi.

4. On the personification of Peace and its visual representations, see Shapiro 1993, 45-50; Simon 1988. On Aristophanic personifications, with special emphasis on *Peace*, see Newiger 1957, 108-119.

5. By emphasizing the performative function of *Peace*, I wish to complement the two most fruitful interpretations of the play as a festive comedy (Reckford 1987, 3-45) that actively engages its audience (Cassio 1985). I would thus take issue with Olson 1998, who reaffirms the traditional view that the play offers only unrealistic and misguided solutions; see below.

gaios is rewarded for his efforts, as he discovers the root of the problem: the personified War has hurled the goddess Peace into a pit and is about to grind the Greek states into a mash. The comic hero's call for help elicits the quick response of Greeks from various cities, who suddenly (and mysteriously) crowd the sky and haul out Peace, represented by a statue and accompanied by her two attendants, Opôra and Theôria, presumably represented by mute extras.[6] All three, personified abstractions and divinities at the same time, are enthusiastically greeted by Trygaios and the chorus, who enumerate with erotic gusto some of the benefits of peace, including a return to farming and the pleasures of the dramatic festival. After a conversation on the causes of the war and the current state of poetry, Trygaios leads the three female figures back to Athens, where he is to marry Opôra and offer Theôria to the Council. But the return of Peace cannot be formalized until her statue is ritually installed through an elaborate sacrifice, to be followed by Trygaios' wedding banquet. Throughout these celebrations, all the opponents of peace who wish to exploit war, such as the oracle monger and various weapon-makers, are marginalized, while at the same time poetry that deals with war gives way to festive genres that highlight the pleasures of peace.

As scholars have rightly observed, the tale of Peace's loss and subsequent recovery can be fruitfully compared to plays featuring an *anodos* that recalls Persephone's ascent from the Underworld, or to stories about the withdrawal and return of a deity such as Demeter, or even to other traditional folktale patterns, such as the "Raid on the Ogre's Lair" or the "Rescue of the Maiden in Distress".[7] Without denying the validity of such parallels, I would like to point to a different scenario, which to my knowledge has not received sufficient attention, despite its immediate relevance and important ramifications for our reading of this comedy. More specifically, the plot of *Peace* replicates the mythical

6. Below we shall explore the significance of the two attendants. On questions of staging, see Platnauer 1964, xi-xv; Dearden 1976, 62-64; Olson 1998, xliii-xlviii and on 517-19.

7. On such narrative patterns underlying *Peace,* see Olson 1998, xxxvi-xxxviii; Bowie 1993, 142-150. We must however note the rather idiosyncratic geography of the play, as Peace comes out of a subterranean cave *in the sky*. On the affinities between the Olympian and infernal worlds as the destination of the comic hero's journey, see Duchemin 1957, who discusses possible sources, both Greek and non-Greek.

pattern of a deity's advent and its enactment in cult, as exemplified in the City Dionysia, the annual celebration of Dionysos' arrival in Athens.[8]

In whatever manner we choose to make sense of the fragmentary evidence and to solve such problems as the diachronic evolution of the festival, the exact location of the *eschara* or the route of the procession, it is beyond doubt that the ritual core of the Dionysia, even in the late 5th century, is the annual re-enactment of Dionysos' advent.[9] Before the festival proper, the wooden cult statue of Dionysos is removed from the sanctuary and taken to the northwest of the city, to the Academy (Paus. 1.29.2), whence it is brought back to the *eschara*, most probably located next to the Altar of the Twelve Gods in the Agora. The reception of Dionysos at the *eschara*, which takes the form of a *kômos* and consists essentially in the sacrifice of a he-goat and the singing of hymns, signifies not only his integration within the city, but also his acceptance into the company of the other gods of the polis (Pindar, 75 S-M).[10] It is followed by the εἰσαγωγή ἀπὸ τῆς ἐσχάρας, that is, the transfer of the cult statue of Dionysos to the theater, presumably to remain there for the duration of the festival.[11] This transfer precedes a procession (πομπή), which culminates with sacrifice at the altar of the sanctuary, presumably in full view of the god's statue in the theater.[12] It is only

8. A secondary reason for thus shaping the plot may be the imminent arrival of Asklepios' cult at Piraeus (c. 421/20) and its subsequent transfer to the Asty (in 420/19; cf. *IG* ii² 4960), on which see Garland 1992, 116-35. Although it took place shortly after *Peace*, Asklepios' introduction must have already been a topic of discussion in Athens. It seems no accident that Asklepios' eventual shrine on the south slope of the Acropolis was overlooking Dionysos' theater and that the Asklepieia, one of the two Athenian festivals honoring Asklepios, was celebrated on the 8th of Elaphebolion, the day of the Proagon; cf. Deubner 1932, 142; Parke 1986, 135. The Dionysia, in other words, provided a suitable context for reflecting on the arrival of new cults, fictional or real.

9. For reconstructions of the Dionysia, see Deubner 1932, 139-142; Pickard-Cambridge 1988, 57-68; Parke 1977, 125-135; more recently, Sourvinou-Inwood 2003, which I find most compelling.

10. Sourvinou-Inwood 2003, 95-98, whose identification of the *eschara* I have adopted. On the City Dionysia as a "festival of integration," see Connor 1989, 17-23; Sourvinou-Inwood 2003, who further identifies the *kômos* with the dining and drinking on *stibades* of ivy and argues that it was central to the festival, hence gave it its name in the plural, as in *IG* ii² 2318. Bowie 1993, 145-146 alludes to this Pindaric dithyramb in connection with *Peace*.

11. For Dionysos in the theater, see *Knights* 536; *Frogs* 809; cf. Pickard-Cambridge 1988, 60 n. 5.

12. Pickard-Cambridge 1988, 59-63. Before the erection of the permanent *skênê* in the mid-4th century, there is visual contact between the theater and the sanctuary altar; cf. Wiles 1997, 55-59.

after the procession and sacrifice that the performances, dithyrambic and dramatic, can begin.[13] The statue's return after its temporary absence commemorates and reenacts the first advent of Dionysos from the originally Boeotian town of Eleutherai.[14] The accompanying myth tells of the Athenians' initial failure to receive Dionysos with proper honors, their subsequent punishment, when the angry god visited upon them a disease afflicting their genitals, and their successful attempt to offer restitution, on the advice of an oracle, by means of a (phallic) procession, sacrifices, and performances (Schol. *Ach.* 243).

I propose that the absence of Peace and her return, marked by the sacrificial installation of her cult statue, are meant as a symbolic replication of the Dionysiac festival. To begin with, it may perhaps be only a coincidence that, according to tradition, Dionysos Eleuthereus was brought to Athens by a native of Eleutherai called Pegasos (Schol. *Ach.* 243; Paus. 1.2.5), the very name by which Trygaios calls his dung-beetle (76, 154; cf. 135).[15] But even this obvious paratragic allusion to Euripides' *Bellerophon may* acquire an additional layer in the context of more substantial analogies. For instance, the Athenians at first rejected Peace and pushed her aside (τήνδ' ἀπορρίψαντες 624; τήνδε... ἐώθουν τὴν θεόν 637), despite her repeated epiphanies (πολλάκις φανεῖσαν, 638; cf. 211), thus causing her anger and revulsion (ὀργήν 659; cf. 204; μομφήν 664; ἀποστρέφεται τὸν δῆμον ἀχθεσθεῖσα 683), manifested in her silence (657-59). Like Dionysos, Peace can, directly or indirectly, visit ills upon humans, if she is spurned and driven away.[16] But also like Dionysos, who is "most gentle to mankind" (Eur. *Ba.*

13. There are of course further elements that I have omitted because they do not affect my argument.

14. Pausanias I.2.5; 20.3; 29.2; 38.8; Schol. *Ach.* 243. For this advent as a mythological elaboration grafted on the Athenian annexation of Eleutherai, see Connor 1989; Sourvinou-Inwood 2003.

15. The word *kantharos* that denotes the dung-beetle can also be used of a wine-cup with strong Dionysiac associations; cf. Elderkin 1924, 49-75, who further explores its function in *Peace* as a symbol of rebirth and immortality. For allusions to *Bellerophon*, see Bowie 1993, 134-135; Rau 1967, 89-97.

16. The withdrawal of a deity in anger is also reminiscent of Demeter; cf. Bowie 1993, 142-150. Bowie mentions Dionysos but limits his remarks to the myths of the god's descent to Hades to fetch Semele and to the Anthesteria, the allusions to which are (by Bowie's own admission) neither conclusive nor exclusive. In my reading, they would serve to enhance the play's Dionysiac atmosphere in the present festival.

860), Peace can be the source of great boons, after she is appeased with a foundational sacrifice, which she is invited to receive as δέσποινα χορῶν (976). The beneficial influence of Peace is instantly felt as euphoria, manifested in the spontaneous, almost ecstatic dancing that the chorus bursts into as soon as they hear of peace (esp. 324-26), not unlike the irresistible effect of Dionysiac energy, but also in the restored sexual vigor of the rejuvenated Trygaios, who will marry Opôra, while Theôria is to be given to the Boulê. Whatever the genital affliction of the initially resisting Athenians may have been, its cure corresponds to the favorable outcome of this comic plot.

Before examining further Aristophanes' mythical thinking in *Peace*, we may note that it dovetails with contemporary iconography. Prior to Kephisodotos' sculpture, there are surprisingly few visual representations of Peace that bear inscriptions and can therefore be identified with certainty. They amount to two vase paintings and the round altar at Brauron; all three are dated to the late 5th century, and all three include Eirênê in the retinue of Dionysos.[17] On one of the two vases, a red-figure calyx crater (Vienna 1024; *ARV*² 1152, 8), we see a seated Eirênê, holding a torch and a rhyton, among the figures surrounding Dionysos, who is waited on by Opôra and Dionê. On the other vase, a pelike once in Paris (*ARV*² 1316, 3), Dionysos and Eirênê appear to be gazing longingly at each other as they are about to embrace, in a gesture that can be construed as an illustration of Dionysos' love for ὀλβοδότειρα Εἰρήνα (Eur. *Ba.* 419-420).[18] Rather than wondering whether these depictions may have been influenced by Aristophanes' *Peace*, it seems more reasonable to imagine that they express a correlation of Peace with Dionysos that was in the air and that Aristophanes also tapped into.

To return to the play, the convergence between Peace and Dionysos is foreshadowed by the presence of Hermes, whose affinities with both Peace and Dionysos render him a suitable go-between, a symbolic linchpin. First of all, both Hermes and Peace promote reconciliation of opposites and harmonious coexistence, which applies even to the communication between mortals and immortals.[19] As an interpreter (of oracles) and a divine herald (*kêryx*) – the proto-

17. On these representations, see Shapiro 1993, 45-50; Simon 1988.

18. Simon 1988, 10-11.

19. Peace is asked to "mix the Greeks once again into a soup of friendship" (996f). For some of these observations, see also Bowie 1993, 138-142, who however fails to note Hermes' role as a symbolic link between Peace and Dionysos.

type of the human heralds, whose function is important at sacrifices –, Hermes mediates between gods and men.[20] Similarly, Peace creates the conditions for the proper performance of ritual, which facilitates contact between mortals and immortals.[21] It is thus no accident that Hermes, whose staff can be referred to as "the blameless weapon of Peace" (*Orphic Hymn* 28.7), serves as Peace's mouthpiece in the comedy, recounting her story (601-50) and reporting the words that she allegedly whispers in his ear (657ff).[22] Winning Hermes' favor, in other words, is a precondition for the recovery of Peace, after which Hermes becomes her proxy.

At the same time, no Athenian spectator could ignore the various ways in which Hermes and Dionysos are linked in myth and ritual. It was Hermes, after all, who took Dionysos as a new-born child to the nymphs, a tradition rendered famous by Praxiteles' sculpture in Olympia. Very briefly, both gods can appear with ithyphallic features; one of Hermes' eponymies is *Phalês*, the very name of Bacchus' companion that Dikaiopolis invokes at his Country Dionysia (*Ach.* 263).[23] Both gods deal with boundaries, albeit differently – one leaving them in-

20. Allen, Halliday, and Sikes 1936, 306. On Hermes' mediation between gods and men, see Clay 1989, 146-47.

21. Not accidentally, a concrete example of this is provided by the terms of the Peace of Nikias as described by Thucydides (5.18.1-2); note especially the emphasis on safe *theôria*. For a slightly later disruption of ritual by war conditions see Xen. *Hell.* 1.4.20; Plut. *Alc.* 34.3-4.

22. On the herald's staff (*kêrykeion*), held by Peace on a Lokrian stater (ca. 380 BC), as a link between Hermes and Peace, see Simon 1988, 17 (with Fig. 3.1). If Peace's statue in the play visually evoked a herm, the chorus' complaint that the offering of pots would assimilate Peace to a μεμφόμενον Ἑρμήδιον (924; cf. Schol. on 923) would be more pointed. Moreover, Peace's confinement under the stones heaped upon her by War (224-26) and removed at Hermes' bidding (426-27) may recall one aetiology of the herm: when Hermes was tried for the murder of Argos and acquitted, the gods threw their voting stones at him (Xanthos *FGrHist* 765 F 29; Antikleides *FGrHist* 140 F 19).

23. See Burkert 1985, 156, 158, who notes that at Kyllene Hermes was worshipped in the shape of the phallos, and adds (222, with n. 66): "Dionysus himself may be set up as a herm; even in antiquity interpretation often seems uncertain whether it is Hermes or Dionysus that is represented, and in many cases the problem remains the same for modern interpreters; the lines separating the two deities become fluid." This affinity may explain why Trygaios appeals for help to the initiates of the Samothracian mysteries (277-78), which featured an ithyphallic Hermes and were, according to Herodotos (2. 51), the origin of the Athenian herms. On the Samothracian mysteries, including the possible Dionysiac overtones of the ithyphallic Hermes, see Burkert 1985, 281-285. Hermes and Dionysos thus share the vitality of the phallos, but also the epithet Χαριδώτης (Dor. -δώτας); cf. LSJ s.v.

tact when he crosses them, the other throwing them into hopeless confusion.[24] Both are born with a talent for the intricacies of language and the enchantment of music.[25] Both are honored with similar types of sacrificial offerings; nor does it appear gratuitous that, at the Dionysian Anthesteria, Hermes is singled out of all the gods to receive sacrifices.[26] In other words, whatever his other functions in this comedy, Hermes serves to bridge Peace and Dionysos, to foreshadow the virtual fusion that is effected in the play.[27]

Let us now turn to the attendants of Peace, Opôra and Theôria, whose names can be roughly translated as "Harvest" and "Participation in Festivals". The relevance of these two to the City Dionysia becomes apparent when we recall the Delphic oracle that Demosthenes (21.52) invokes as the foundational charter for the festival: the gods urge the Athenians to remember Bacchus "in gratitude for ripe fruits" (ὡραίων... χάριν), as well as to form choruses, erect craters and burn offerings on street altars to various other gods. Although not mentioned explicitly in the Delphic oracle, Opôra and Theôria correspond, respectively, to the ripe fruits and to the choruses and help assimilate Peace to Dionysos.

But we may consider the two attendants in more detail. While Opôra can comprise all sorts of ripe fruits, the kind of agriculture stressed in the play is viticulture:[28] the vines are the first to be adversely affected by the war (612-613; cf. 702-703) and so will rejoice in receiving peace (596). Correspondingly, the prospect of seeing the vines once again fills the chorus with enthusiasm (556-57, 1160-65). From the very beginning, in fact, the chorus is determined to recover Peace, "the greatest and most vine-loving of all goddesses" (τὴν θεῶν πασῶν μεγίστην καὶ φιλαμπελωτάτην 308), while Trygaios addresses her as "mistress

24. Vernant 1983, 127-175; Clay 1989, 98-99, 101-102.

25. The associations of Hermes with language and music (*Hymn to Hermes*; Paus. 1.30.2), on which see Hübner 1986, are another area of contact between him and Dionysos, as attested by the honors paid to him by the τεχνῖται περὶ τὸν Διόνυσον (*C.I.G.* Sept. 3.278).

26. Besides the ram, Hermes receives also, like Dionysos, sacrifices of he-goats; cf. Burkert 1985, 65. On the Chytroi at the Anthesteria, see the scholia on *Frogs* 220 and *Ach.* 1075; also Suda s.v. χύτροι; cf. Parke 1977, 116; Burkert 1985, 222, 240.

27. It is worth noting that Hermes appears on the altar at Brauron, where he is depicted leading Peace and Dionysos; cf. Simon 1988, 11.

28. Sophocles, *Tr.* 703, also equates ὀπώρα with the fruit of the vine.

giver of grape-clusters" (πότνια βοτρυόδωρε 520) and asks for a "word with the capacity of ten thousand amphoras (ῥῆμα μυριάμφορον) to describe her properly (521). Later he basks in things "full of mellowed old peace" (μεστὰ ... εἰρήνης σαπρᾶς 554), the unexpected epithet recalling the "particularly choice wine, called σαπρός or σαπρίας, that was made from overripe grapes".[29] Why all the emphasis on viticulture? Olive trees, to take another possibility, would be equally to the point, since they were very important for Attic farmers, but they are only granted one perfunctory mention (578-79).[30] One could adduce, of course, the correlation of peace and wine that we find at the heart of *Acharnians* (182-202), but the famous wordplay with *spondai,* wavering between wine libation and treaty, does not crop up in *Peace.*[31] Rather, viticulture, like wine, has potent associations as the meeting point between Peace and Dionysos, between agriculture and drama.[32]

The Dionysiac overtones of Opôra, Trygaios' bride-to-be, resonate in the transparent derivation of his name. Trygaios defines himself as a skilled vintner (ἀμπελουργός δεξιός 190), so his name is appropriately built on τρύξ "wine lees" or τρυγή "vintage". It is obviously Dionysiac: Hesychios records *Protrygaia* as an Athenian festival at which Dionysos was honored with Poseidon, while the form *Protrygaios* is attested as a (cult) title of Dionysos (Aelian, *VH* iii 41).[33]

29. Platnauer 1964 on 554; Sommerstein 1985 on 554.

30. Frequent references to olive trees, so closely linked with Athena as worshipped in Attica, might undercut Aristophanes' emphasis on the Panhellenic dimensions of peace (e.g. 105-6, 292, 435-36). Moreover, even the cessation of Spartan invasions since 425/4 (Thuc. 4.41) would not have provided enough time for olive trees to bear fruit (cf. Thuc. 3.26), whereas its impact on vineyards would be much more immediate.

31. See below. For a later Alexandrian procession (ca. 270 BC) that enacted the *spondai* wordplay as a link between Dionysos and Peace, see Athen. 5. 196-203; cf. Simon 1988, 16-17.

32. This is corroborated by the equally frequent references to figtrees (558-59, 596, 628-29), which may also be construed as allusions to Dionysos, called Συκίτης in Laconia and Μειλίχιος on Naxos as the god of the figtree (Athen. 78c; Hesych. s.v. Συκεατίς). The black figtree can be called the sister of the vine (Hipponax, 48 West), while ὀπώρα can comprise figs and grapes in connection with Dionysos (Pl. *Laws* 844d-e). Moreover, as dried figs and wine make up the comic prize (*FGrHist* 239 A39), they not only evoke the revival of agriculture, but they also anticipate victory in the dramatic festival. That may be part of the reason, besides the sexual double-entendres, that wine and figs are brought together in the concluding wedding song (1323-24, 1334-54).

33. For further connections between Trygaios and Dionysos, especially in his mystical aspects, see Elderkin 1924, 51-53, who takes Trygaios' plan to allude to a mystic ascent.

The comic hero's name further recalls τρυγῳδία, the term for comedy that Aristophanes coins in *Acharnians*, where wine is the common denominator of peace and comedy.[34] Although the word *trygôidia* itself does not occur in *Peace*, the idea of a correlation (in the context of peace) between the product of viticulture and comedy underlies this play too, as in the account of Kratinos' end: the comic poet died "because he could not endure the sight of a jar full of wine being smashed" (700-3). Whether this passage describes the physical death of the person or (as is much more likely) the metaphorical death of his poetic imagination, it brings together the waste of the broken winejar and the ending of a great comic career.[35] War thus destroys the production of wine and hampers the composition of good comedy; conversely, the recovery of Peace and Opôra implies a symbolic return to the beginnings of comedy – when the performers, according to Aristotle, were wandering around the *kômai* (*Poet.* 1448 a36-b1). Besides enhancing the fertility of the soil of the polis, Peace facilitates also the return to the youth of comedy, the rejuvenation (cf. 351, 861) of comic poetics.

Before exploring this further, we may turn our attention to Peace's second attendant, Theôria. The term refers generally to participation in festivals (ἐς πανηγύρεις θεωρεῖν 342; cf. 873-75); its connection, practical and conceptual, to peace requires no elaboration, especially if we consider the role of the *theôroi*, envoys sent by the organizers of an inter-state festival to announce its celebration and official delegations sent by city states as participants in a festival.[36] Suffice it to note that the first clause of the Treaty of Nikias, sealed only a few days after the production of *Peace*, contains the guarantee for safe *theôria*, presumably covering its various types (Thuc. 5.18.1-2).[37] Within this semantic field, however, scholars have recognized that one special application of *theôria* is the

34. On τρυγῳδία, see Taplin 1983. For an analysis of the syllogism in *Acharnians*, see Edmunds 1980, 11, 32: given that σπονδαί means both libation and peace and that comedy is defined as τρυγῳδία, it follows that peace equals comedy, since both are symbolized by wine. By contrast, war is a misbehaving drunkard (*Ach.* 978-87); hence peace is equated with the well-regulated production and consumption of wine.

35. Since Kratinos was probably alive in 421 (Platnauer 1964; Sommerstein 1985; Olson 1998 ad loc.), the reference to his death is incorrect factually but important symbolically.

36. Boesch 1908; Perlman 2000.

37. This clause reflects especially the concern of the Athenians for unrestricted access to Delphi; cf. Gomme 1962 ad loc. and Hornblower 1996 ad loc. Yet the powerful resonance of *theôria* remains undiminished.

enjoyment of the theater (*theatron*) by the spectators (*theatai*).[38] This specialized meaning is transparent in the word θεωρικά, an institution already in place in Periclean Athens,[39] and will later enable Plato to designate the Dionysia as ἡ τοῦ Διονύσου θεωρία (*Laws* 650a).

A similar rhetorical move from the general to the specific is also performed in this play, when Trygaios greets Peace and her attendants upon their first appearance on stage (520-534):

Τρ. ὦ πότνια βοτρυόδωρε τί προσείπω σ' ἔπος;
πόθεν ἂν λάβοιμι ῥῆμα μυριάμφορον
ὅτῳ προσείπω σ'; οὐ γὰρ εἶχον οἴκοθεν.
ὦ χαῖρ' Ὀπώρα, καὶ σὺ δ' ὦ Θεωρία.
οἶον δ' ἔχεις τὸ πρόσωπον ὦ Θεωρία,
οἶον δὲ πνεῖς, ὡς ἡδὺ κατὰ τῆς καρδίας,
γλυκύτατον ὥσπερ ἀστρατείας καὶ μύρου.

Ερ. μῶν οὖν ὅμοιον καὶ γυλιοῦ στρατιωτικοῦ;

Τρ. ἀπέπτυσ' ἐχθροῦ φωτὸς ἔχθιστον πλέκος.
τοῦ μὲν γὰρ ὄζει κρομμυοξυρεγμίας,
ταύτης δ' ὀπώρας, ὑποδοχῆς, Διονυσίων,
αὐλῶν, τραγῳδῶν, Σοφοκλέους μελῶν, κιχλῶν
ἐπυλλίων Εὐριπίδου- Ερ. κλαύσἄρα σὺ
ταύτης καταψευδόμενος· οὐ γὰρ ἥδεται
αὕτη ποιητῇ ῥηματίων δικανικῶν.

This striking passage begins with Trygaios' search for a "million-gallon word" (ῥῆμα μυριάμφορον) and culminates in a catalogue that goes to the heart of Aristophanic comedy, with its combination – even synesthetic amalgamation – of sounds and smells, high and low, mind and body, abstract and concrete.[40]

38. Reckford 1987, 14, who remarks further (25-35) on the particular associations of *theôria* with the dramatic festival; Simon 1988, 11. On the ways *Peace* highlights audience participation in the performance, see Cassio 1985.

39. Despite the controversy over the date of this fund, it seems relatively certain that it started with Pericles, then was expanded and criticized in the early 4th century; cf. Pickard-Cambridge 1988, 265-68.

40. I share Olson's (1998 on 530) reluctance to suspect ὀπώρας, but I take issue when he merely notes the "eccentric catalogue of scents:" the passage is neither "eccentric" nor limited to "scents." Contrast the perceptive comments of Reckford 1987, 5-7, who speaks of a "sensual profusion and confusion."

While Opôra is here mentioned by name (530), presumably because its scent of ripe fruit can be easily and immediately recalled, the fragrance of Theôria is analyzed into its constitutive parts in such a way as to narrow it down to the present occasion of the Dionysia.[41] Introduced (528) by a paratragic quotation from Euripides' *Telephos*, the list contains unambiguously specific items (Dionysia, pipes, performers of tragic choruses, Sophoclean lyrics, little passages of verse by Euripides), interspersed with more generic yet telling elements.[42] Thus, ὑποδοχή, meaning "hospitality, entertaining," can refer to general feasting and drinking, but may also allude to the occasion of the annual reception of Dionysos, while the thrushes (κιχλῶν), inserted between Sophocles and Euripides, are a special delicacy mentioned in other passages that seem to anticipate the choregic banquet after the performance (*Peace* 1195-97, *Ach.* 1007, 1011-14; cf. *Birds* 1579ff).[43]

More than its convergence with the Dionysia in general, Theôria becomes instantiated as the participation of the audience in the particular performance of the present comedy, as suggested by the repeated addresses to the spectators in connection with Theôria. Still in the sky, i.e. out of sight of the audience in terms of the dramatic action, Trygaios asks Hermes to study the faces of these spectators as they respond to Peace and her attendants (543-44; cf. 658). The participle θεωμένων, modified by the deictic τῶνδε, draws attention to the presence of an audience engaged in the act of watching and so highlights the special application of the etymologically cognate θεωρία.[44] After returning to earth, Trygaios presents Theôria to the Council and its presidents, seated in the central wedge of the theater (887-88 and 906):

41. Olson's (1998 on 530) comment ("no specific festival is obviously intended") is rather odd in light of his acknowledgment (on 538-55) of the deictics pointing to the theater, and is symptomatic of his reluctance to view this play as festive comedy.

42. On the paratragedy at 528, see Sommerstein and Olson *ad loc.*

43. The use of ὑποδοχή in the context of *theôria* brings to mind the institution of θεωροδόκοι, those individuals serving as hosts for the *theôroi* sent by festival organizers or by participating city states; cf. Perlman 2000. Although θεωροδόκοι are not attested until the mid-4th century, Perlman (2000, 18-20) correctly posits that something similar must have already existed earlier.

44. On the derivation of θεωρία from θέα, see Nagy 1990, 164.

βουλή, πρυτάνεις, ὁρᾶτε τὴν Θεωρίαν.
σκέψασθ' ὅσ' ὑμῖν ἀγαθὰ παραδώσω φέρων

ἀλλ' ὦ πρυτάνεις δέχεσθε τὴν Θεωρίαν

The members of the Council, and through them the spectators, are invited to view (ὁρᾶτε) Theoria, i.e. to reflect upon (σκέψασθ[ε]) their own experience of the comedy and its benefits; the first person of παραδώσω at 888 would make sense with either Trygaios or even the poet as its subject, since the term ἀγαθά is elsewhere used by Aristophanes to describe the benefits accruing from dramatic poetry (*Frogs* 74, 1487) or what a comic poet is worth (*Ach.* 633, 641) or the value of the comic poet's instruction (*Ach.* 655).

It is thus no surprise that the return of Peace is translated into a kind of comic poetics. The enquiries of Peace into the state of dramatic poetry, especially that of Sophocles and Kratinos (693-705), which reveal the adverse effect of war on various genres, mean that her concerns coincide with those of the Muse, as is evident in the parabasis. In the Ode and Antode (775-817), in verses that draw on Stesichoros' *Oresteia* (*PMG* 33), the Muse is invited to dance with the comic chorus at the present festival, after renouncing war as a theme and spurning some particularly despicable tragic poets.[45] The concerns of Peace and those of the Muse become thus partially interchangeable, to the point that in the parabatic anapaests, where Aristophanes dismisses rival comic poets, the chorus' address θύγατερ Διός (736) is intentionally ambiguous: it is not clear whether the invoked "daughter of Zeus" designates the Muse (e.g. *Od.* 1.10), Peace (e.g. P. *Ol.* 13), or perhaps both.

The restoration of Peace would thus set poetic matters aright. This re-alignment of poetic genres is evident at the end of *Peace* (1265-1304), when the comic hero's reaction to the singing boys expresses the comedy's predictable preference for feasting over war and the concomitant ranking of topoi and genres.[46]

45. The parallelism between repudiation of war and rejection of bad poets is highlighted by the lexical and syntactical echoes between 775-77 and 814-17, which frame the Ode and Antode: Μοῦσα (775) ~ Μοῦσα θεά (816); πολέμους ἀπωσαμένη (775-76) ~ ὧν καταχρεμψαμένη (814); μετ' ἐμοῦ τοῦ φίλου χόρευσον (776-77) ~ μετ' ἐμοῦ ξύμπαιζε τὴν ἑορτήν (817). The semantic equivalence between χορεύειν and παίζειν, intimated also in *Frogs* 409 and 390, is well established; cf. LSJ παίζω I. 2.

46. On this scene and its implications, see Compton-Engle 1999.

However, I would rather like to focus on an earlier scene, the foundational sacrifice that accompanies the installation of the cult statue of Peace, when Trygaios is pestered by the demands of the oracle-monger Hierokles for a share of the entrails (σπλάγχνα). Ultimately, the contest between the comic hero and his antagonist hinges on the issue of which poetic genre will prevail. While Hierokles attempts to appropriate the rite (and the meat) by imposing his oracular hexameters, Trygaios persists with the iambic trimeters of comedy. At a crucial point in their confrontation, Trygaios asks Hierokles to 'eat his Sibyl' (τὴν Σίβυλλαν ἔσθιε) and invites the spectators to partake of the σπλάγχνα (ἄγε δὴ θεαταὶ δεῦρο συσπλαγχνεύετε μετὰ νῷν, 1115-16). What is the point of this mysterious imperative? First, it contrasts with the parallel injunction on Hierokles to 'eat the Sibyl,' an obvious metonymy for oracular utterances. Second, it signals a sudden change of meter, as the oracular dactylic hexameters of the contest between Trygaios and Hierokles (1063-1114) give way now to the iambic trimeters of comic dialogue. Therefore, the imperative συσπλαγχνεύετε can only mean that the spectators will taste the σπλάγχνα precisely by enjoying the present comedy, unobstructed by the intrusion of inappropriate genres and their representatives.

I hope to have shown that this comedy effects a fusion of peace with the celebration of the Dionysia and the restoration of comic poetics.[47] The installation of the cult of Peace is transformed into an event that derives part of its impact by symbolically replicating the advent of Dionysos as re-enacted annually at the City Dionysia.[48] There is, in fact, a piece of evidence that indirectly confirms the ability of Aristophanes' audience to recognize his intended message: as Thucydides (5.23) informs us, the Fifty-Year Alliance between Athens and Sparta that was concluded after the Treaty of Nikias was to be renewed annually by an exchange of embassies, whereby the Lakedaimonians would send envoys to Athens at the Dionysia, the Athenians to Sparta at the Hyakinthia. At the City Dionysia of 421, therefore, the Athenians seemed to be attuned to the affinities between Peace and Dionysos. It would be difficult to determine precisely the ex-

47. Poetics and politics of peace converge also in *Ach.*, where Dikaiopolis' worries about the state of the dramatic performances (9-16) are only slightly less pressing than his longing for peace (17-27).

48. The guess of Bowie (1993, 146) that the comic cult of Peace may have recalled the altar set up for Zeus Eleutherius after the victory over the Persians does not appear compelling.

tent to which Aristophanes is here engaged in original myth-making;[49] yet one could at least say that by relating his comedy to its festival context, the comic poet helps redefine the relationship between Peace and Dionysos by bringing out elements that are only latent in the poetic tradition. At the same time, it is this very comedy that, through its performative function, helps restore Peace, by presenting it as a manifestation of Dionysos. Read in this light, the play is far from offering - to quote Olson's commentary - "unrealistic and perhaps even misguided solutions to the world's problems" (p. xlii). Rather, on this interpretation, the objective of this play as festive comedy would be to tap into the inexhaustible energy of Dionysos' *heortê* in order to prepare the ground for the reception of the imminent treaty of Nikias.

BIBLIOGRAPHY

ALLEN, T. W, HALLIDAY, W.R., and SIKES, E.E. 1936, *The Homeric Hymns*, Oxford.

BOESCH, P. 1908, *ΘΕΩΡΟΣ. Untersuchung zur Epangelie griechischer Feste*, Göttingen.

BOWIE, A.M. 1993, *Aristophanes: Myth, Ritual, and Comedy*, Cambridge.

BURKERT, W. 1985, *Greek Religion*. Tr. J. Raffan. Cambridge, Massachusetts.

CASSIO, A.C. 1985, *Commedia e partecipazione. La Pace di Aristofane*, Naples.

CLAY, J. STRAUSS 1989, *The Politics of Olympus. Form and Meaning in the Major Homeric Hymns*, Princeton.

COMPTON-ENGLE, G. 1999, "Aristophanes' *Peace* 1265-1304: Food, Poetry, and the Comic Genre", *CP* 94, 324-329

CONNOR, W.R. 1989 "City Dionysia and Athenian Democracy", *C&M* 40, 7-32.

DEARDEN, C. W. 1976, *The Stage of Aristophanes*, London.

DEUBNER, L. 1932, *Attische Feste*, Berlin.

DUCHEMIN, J. 1957, "Recherche sur un thème aristophanien et ses sources religieuses: les voyages dans l'autre monde", *LEC* 25, 273-295.

EDMUNDS, L. 1980, "Aristophanes' *Acharnians*," *YClS* 26, 1-41.

ELDERKIN, G.W. 1924, *Kantharos. Studies in Dionysiac and Kindred Cult*, Princeton.

FORREST, W.G. 1963, "Aristophanes' *Acharnians*", *Phoenix* 17, 1-12.

49. There is no reason to suppose, on the basis of 1019-20, that a cult of Peace existed prior to the play; Sommerstein 1985 *ad loc.*; cf. Deubner 1932, 37-38, who further correctly doubts that, *pace* Schol. *Pa.* 1019-1020, the historical cult of Peace, established at the Synoikia in 374 BC, was connected to the play.

GARLAND, R. 1992, *Introducing New Gods. The Politics of Athenian Religion*, Ithaca, New York.

GOMME, A. W. 1962, *A Historical Commentary on Thucydides*, v. 3, Oxford.

HORNBLOWER, S. 1996, *A Commentary on Thucydides*, v. 2, Oxford.

HÜBNER, W. 1986, "Hermes als musischer Gott", *Philologus* 130, 153-174.

MAEHLER, H. (ed.) 2004, *Bacchylides: A Selection*, Cambridge.

NAGY, G. 1990, *Pindar's Homer. The Lyric Possession of an Epic Past*, Baltimore and London.

NEWIGER, H.-J. 1957, *Metapher und Allegorie. Studien zu Aristophanes*, Munich.

OLSON, D.S. 1998, *Aristophanes' Peace*, Oxford.

PARKE, H. W. 1977, *Festivals of the Athenians*, London.

PERLMAN, P. 2000, *City and Sanctuary in Ancient Greece.The* Theorodikia *in the Peloponnese*, Göttingen.

PICKARD-CAMBRIDGE, Sir ARTHUR. 1988, *The Dramatic Festival of Athens.* 2nd edition, Oxford.

PLATNAUER, M. 1964, *Aristophanes' Peace*, Oxford.

RAU, P. 1967, *Paratragodia. Untersuchung einer komischen Form des Aristophanes*, Munich.

RECKFORD, K. J. 1987, *Aristophanes' Old-and-New Comedy*, Chapel Hill and London.

SHAPIRO, H. A. 1993, *Personifications in Greek Art. The Representation of Abstract Concepts, 600-400 B.C.*, Kilchberg/ Zurich.

SIMON, E. 1988, *Eirênê und Pax: Friedensgöttinen in der Antike*, Stuttgart.

SOMMERSTEIN, A. H. 1985, *The Comedies of Aristophanes.* Vol. 5, *Peace*, Warminster, England.

SOURVINOU-INWOOD, C. 2003, *Tragedy and Athenian Religion*, Lanham, Maryland.

TAPLIN, O. 1983, "Tragedy and Trugedy", *CQ* 33, 331-333.

VERNANT, J. P. 1983, *Myth and Thought Among the Greeks*, London, Boston, Melbourne and Henley.

WILES, D. 1997, *Tragedy in Athens. Performance Space and Theatrical Meaning*, Cambridge.

Περιληψη

Ἡ εἰρήνη στὴν ἑλληνικὴ σκέψη δὲν ὁρίζεται ἁπλῶς ὡς ἀπουσία πολέμου, ἀλλὰ ἐμποτίζεται μὲ θετικὸ περιεχόμενο, ποὺ συνοψίζεται στὸ σπάνιο ἐπίθετο *φιλέορτος*. Πλασμένο ἀπὸ τὸν Ἀριστοφάνη (*Θεσμ.* 1146-47), τὸ ἐπίθετο ὑποδηλώνει πὼς ἡ εἰρήνη διασφαλίζει τὶς προυποθέσεις γιὰ τὴν ὀρθὴ διεκπεραίωση τῆς τελετουργίας, ἡ ὁποία ἐνισχύει τὴν κοινωνικὴ συνοχὴ τῆς πόλης ἀλλὰ καὶ συνδέει θεοὺς καὶ ἀνθρώπους. Ἡ συνάφεια μεταξὺ εἰρήνης καὶ ἑορταστικῆς τελετουργίας ποὺ ἀποκρυσταλλώνεται στὸ ἐπίθετο *φιλέορτος* βρίσκεται ἤδη στὸ ἐπίκεντρο τῆς ἀριστοφανικῆς ποίησης δέκα χρόνια νωρίτερα, στὰ τέλη τοῦ Ἀρχιδάμειου πολέμου. Συγκεκριμένα, στὴν προσωποποιημένη Εἰρήνη τῆς ὁμώνυμης κωμωδίας ὁ Ἀριστοφάνης προσδίδει χαρακτηριστικὰ ποὺ παραπέμπουν κυρίως στὰ Διονυσιακὰ συμφραζόμενα τοῦ δράματος. Ἔτσι ἡ ἐπιστροφὴ τῆς Εἰρήνης, μὲ τὴν ἱδρυτικὴ θυσία ποὺ συνοδεύει τὴν ἐγκατάσταση τοῦ ἀγάλματός της, ἀναπαράγει συμβολικὰ τὸν ἐρχομὸ τοῦ Διονύσου καὶ τὴν ἐτήσια ἀναπαράστασή του στὰ ἐν Ἄστει Διονύσια. Ἡ συνακόλουθη σύζευξη Εἰρήνης καὶ Διονύσου, ποὺ ἐπιτυγχάνεται μὲ ποικίλα μέσα (μυθοποιητικά, τελετουργικὰ καὶ δραματουργικά), διευκολύνει τὴ διαμόρφωση μιᾶς εἰρηνοκεντρικῆς ποιητικῆς τῆς κωμωδίας. Ἐκτὸς ὅμως ἀπὸ τὴν ἀνανέωση τῆς κωμικῆς ποιητικῆς, στόχος τῆς *Εἰρήνης* εἶναι νὰ ἀντλήσει ἀπὸ τὴν ἀστείρευτη πηγὴ τῆς Διονυσιακῆς ἑορτῆς ὥστε νὰ προετοιμάσει τὸ ἔδαφος ὅπου θὰ μπορέσει νὰ ριζώσει ἡ ἐπικείμενη συνθήκη τοῦ Νικία.

Απόλλων Τυραννοκτόνος;
Η μοιραία δελφική πανήγυρις του Ιάσονα του Φεραίου στα *Ελληνικά* του Ξενοφώντα

ΑΝΤΩΝΗΣ ΤΣΑΚΜΑΚΗΣ

Τα σχεδια του Φεραίου ταγού της Θεσσαλίας Ιάσονα να αναλάβει προσωπικά την διοργάνωση των Πυθίων του 370 π.Χ. παρομοιάζονται από έναν σύγχρονο ιστορικό με την προσπάθεια του Αδόλφου Χίτλερ να προβάλει την ισχύ του στη διεθνή κοινή γνώμη μέσω της Ολυμπιάδας του Βερολίνου το 1936.[1] Ο παραλληλισμός δεν είναι αυθαίρετος. Ο Ξενοφών, μοναδική σύγχρονη και εκτενής πηγή για τα γεγονότα, καλλιεργεί την εντύπωση ότι ο Ιάσων είχε βάσιμες βλέψεις να εγκαθιδρύσει πανελλήνια ηγεμονία, αλλά και να αναλάβει μεγαλεπήβολες στρατιωτικές επιχειρήσεις εναντίον των Περσών (6.1.8-12). Ωστόσο, η δολοφονία του Ιάσονα τις παραμονές της δελφικής πανηγύρεως, κι ενώ βρισκόταν στο απόγειο της δύναμης και της επιρροής του, δεν επέτρεψε να αποκαλυφθούν ούτε οι πραγματικοί του στόχοι ούτε τα μέσα που ενδεχομένως θα χρησιμοποιούσε για να τους επιτύχει – κυρίως μένει μετέωρο το ερώτημα κατά πόσον ο Ιάσων σκόπευε να οικειοποιηθεί τα χρήματα του ιερού.[2] Η αντιμετώπιση των Δελφών από τις επίδοξες ηγέτιδες δυνάμεις του ελληνικού κόσμου είναι ένα ζήτημα που απασχόλησε τον συγγραφέα με αρκετές αφορμές κατά το δεύτερο τέταρτο του 4ου αι. π.Χ. Γνωρίζουμε λοιπόν ότι η κηδεμονία αλλά και ο σεβασμός

1. Buckler 2003, 295.

2. Μια τέτοια πρόθεση του αποδίδουν οι Bouché-Leclerq (1879, 178), Parke–Wormell (1951, 1.211), και Cawkwell (1978, 65), ενώ ο Tropea (1898, 66-67) υιοθετεί την εικασία ότι οι Δελφοί ενέχονται στη δολοφονία του Ιάσονα. Άλλη παράδοση που γνώριζε ο Διόδωρος (5.60.5) ενοχοποιούσε τον αδελφό του Ιάσονα Πολύδωρο. Οι Westlake (1935, 99) και Dillery (1990, 165) δεν πιστεύουν ότι ο Ιάσων σκόπευε να προχωρήσει σε παράνομες ενέργειες. Το ερώτημα θα πρέπει να θεωρηθεί εξαιρετικά επίκαιρο σε περίπτωση που δεχθούμε ότι ο Ξενοφών συνέγραψε την συγκεκριμένη ενότητα μετά την κατάληψη των Δελφών από τους Φωκείς (καλοκαίρι του 356), γεγονός όχι απίθανο, αφού στις αμέσως επόμενες παραγράφους, που αναφέρονται στην ιστορία των διαδόχων του Ιάσονα (6.4.33-37), η αφήγηση φθάνει ως τα χρόνια του Τεισίφονου, ο οποίος διατήρησε την εξουσία από το 358 ως το θάνατό του (357-353). Βλ. Tuplin 1993, 29-30.

του δελφικού ιερού αποτελούν για τον Ξενοφώντα κλειδί για την επιβολή μιας δύναμης στον Ελληνικό χώρο την εποχή αυτή.[3] Έτσι, η σύναψη των ηγεμονικών σχεδίων αλλά και της πτώσης του Ιάσονα με τον χώρο και τον χρόνο της τέλεσης των πανελλήνιων δελφικών αγώνων στην ξενοφώντεια αφήγηση αποτελεί πρόσθετη ένδειξη για το πόσο σοβαρά αντιμετώπιζε ο Αθηναίος συγγραφέας την περίπτωση. Η εξαιρετικά περίτεχνη οργάνωση της αφήγησης των γεγονότων επιτείνει την εντύπωση αυτή. Συνεπώς, μια συζήτηση σχετικά με την πολιτική του Θεσσαλού ταγού απέναντι στους Δελφούς με βάση το κείμενο του Ξενοφώντα, δεν μπορεί να διαχωριστεί από την συνολική αποτίμηση της προσωπικότητας του Ιάσονα από τον ιστορικό, αλλά και από τις γενικότερες εκτιμήσεις του για τα ελληνικά πράγματα την εποχή της συγγραφής. Θα επιχειρήσουμε λοιπόν μια συνολική διερεύνηση της εικόνας του Ιάσονα στα *Ελληνικά* αξιοποιώντας κάθε στοιχείο που συμβάλλει στην ερμηνεία του κειμένου. Σε αυτά περιλαμβάνεται μεταξύ άλλων η χρήση συγκεκριμένων ρητορικών και λογοτεχνικών τεχνικών, οι λανθάνουσες αναφορές του συγγραφέα σε προγενέστερα ιστοριογραφικά κείμενα που συγκροτούν το διακειμενικό υπόστρωμα της αφήγησης, και, βέβαια, πιθανές συγκλίσεις με απόψεις του συγγραφέα διατυπωμένες αλλού, κυρίως σχετικά με τα χαρακτηριστικά του ιδανικού στρατιωτικοπολιτικού ηγέτη.

3. Η πρώτη αναφορά (*Ελλ.* 6.4.2-3) συνδέεται από τον Ξενοφώντα ρητά με την ήττα των Λακεδαιμονίων στα Λεύκτρα. Στη διάρκεια της προπαρασκευής για την εκστρατεία, ο άγνωστος κατά τα άλλα Πρόθοος διατυπώνει την πρόταση, αντί εκστρατείας οι Λακεδαιμόνιοι να αναλάβουν μια διπλή πρωτοβουλία: να καλέσουν τις ελληνικές πόλεις να συμβάλουν στην ανοικοδόμηση του ναού του Απόλλωνος στους Δελφούς (είχε καταρρεύσει από το σεισμό του 373) και στη συνέχεια να ηγηθούν εναντίον όσων παραβιάζουν την αυτονομία των πόλεων. Το καταληκτικό σχόλιο του Ξενοφώντα δείχνει ότι συντάσσεται και ο ίδιος με την πρόταση: *ἡ δ' ἐκκλησία ἀκούσασα ταῦτα ἐκεῖνον μὲν φλυαρεῖν ἡγήσατο· ἤδη γάρ, ὡς ἔοικε, τὸ δαιμόνιον ἦγεν.* Η δεύτερη αναφορά χρονολογείται γύρω στο 355, μετά δηλαδή την έκρηξη του Ιερού πολέμου. Θεωρεί την *ταραχήν* (όρος που χρησιμοποιείται και στο τέλος των *Ελληνικών*, 7.5.27) ευκαιρία για την Αθήνα να ξανακερδίσει την θέση της στον ελληνικό χώρο μέσα από πρωτοβουλίες ειρήνευσης και συνεννόησης, καταλήγοντας: *εἰ <δὲ> καὶ ὅπως τὸ ἐν Δελφοῖς ἱερὸν αὐτόνομον ὥσπερ πρόσθεν γένοιτο φανεροὶ εἴητ' ἐπιμελούμενοι, μὴ συμπολεμοῦντες ἀλλὰ πρεσβεύοντες ἀνὰ τὴν Ἑλλάδα, ἐγὼ μὲν οὐδὲν ἂν οἶμαι θαυμαστὸν εἶναι, εἰ καὶ πάντας τοὺς Ἕλληνας ὁμογνώμονάς τε καὶ συνόρκους καὶ συμμάχους λάβοιτε ἐπ' ἐκείνους, οἵτινες ἐκλιπόντων Φωκέων τὸ ἱερὸν καταλαμβάνειν πειρῷντο.* Γίνεται σαφές, ότι στη σκέψη του Ξενοφώντα ο δρόμος για μια πολιτική πανελλήνιας εμβέλειας περνά από τους Δελφούς. Στο σημείο αυτό διαφέρει χαρακτηριστικά από τον Θουκυδίδη, ο οποίος υποβαθμίζει την σημασία των ιερών και ιδιαίτερα των Δελφών. Βλ. σχετικά Furley 2006, 425, σημ. 35 με βιβλιογραφία.

Για τον Ιάσονα λίγα πράγματα είναι γνωστά πέρα από τις πληροφορίες που αντλούμε από τα *Ελληνικά*.[4] Αγνοούμε την καταγωγή και την αγωγή του,[5] αν και εικάζεται κάποια συγγένειά του με τον Λυκόφρονα, ενώ παραδίδεται ότι υπήρξε οπαδός του Γοργία.[6] Αβέβαιο είναι και το πώς κατάφερε να σταθεροποιήσει την εξουσία του στις Φερές πριν το 375, οπότε ο Ξενοφών τον εισάγει στο έργο του. Δύσκολο είναι επίσης να αποκατασταθούν οι σχέσεις του με προσωπικότητες της εποχής και να χρονολογηθούν οι πολιτικές του συμμαχίες. Ο Ισοκράτης τον συγκαταλέγει στους προσωπικούς του φίλους και αποδέκτες των παραινέσεών του για ανάληψη πανελλήνιας δράσης (*Επιστ.* 6.1, *Φίλιπ.* 119). Το 375 υπερασπίζεται στην Αθήνα τον Τιμόθεο,[7] και κατά τον Πλούταρχο υπήρξε *συνήθης καὶ φίλος* του Πελοπίδα, ενώ η αντιπαλότητά του με τους Αλευάδες της Λάρισας διατρέχει ολόκληρη την σταδιοδρομία του. Μέρος των αρχαίων πηγών αλλά και της σύγχρονης βιβλιογραφίας αβασάνιστα του αποδίδει την ιδιότητα του τυράννου, κάτι που με συνέπεια αποφεύγει ο Ξενοφών (βλ. παρακάτω).[8]

Το σύνολο των αναφορών του Ξενοφώντα στον Ιάσονα περιέχεται σε δύο από τις τέσσερεις παρεκβάσεις που βρίσκουμε στα *Ελληνικά*.[9] Η δεύτερη περιλαμβάνει και την μοναδική προληπτική αφήγηση στο έργο, μια επισκόπηση της διαδοχής στην ταγεία των Θεσσαλών μέχρι τα χρόνια του συγγραφέα (6.4.33-

4. Βλ. ενδεικτικά Lemmermann 1927, Mandel 1980, Sprawski 1999.

5. Sprawski 1999, 49-52.

6. Φιλόστρ. *Β. Σοφ.* 1.16, Παυσ. 6.17.9.

7. [Δημοσθ.], 49.22, πρβλ. Sprawski 1999, 92-93.

8. Διόδωρος, 15.60.1· Παυσανίας, 6.17.8· Πολύαινος, 3.9.40· πρβλ. και Αριστοτ. *Πολιτ.* 1277a24. Σύγχρονοι μελετητές: Beloch 1922, 170, Mossé 1962, Higgins 1966, 110. O Dillery (1990, 168) πιστεύει ότι ο Ξενοφών αντιλαμβανόταν τις επιδιώξεις τόσο του Ιάσονα όσο και, προηγουμένως, της Σπάρτης ως τυραννικές. Ο Beck (2001, 363 και σημ. 43, με βιβλιογραφία) στηρίζει το χαρακτηρισμό του Ιάσονα ως τυράννου στην αναφορά του φόβου των Ελλήνων (6.4.32) και στην επιδίωξή του να καταστήσει την Ελλάδα *ὑπήκοον* (6.1.12). Για την αντίθετη άποψη, βλ. την συζήτηση των μαρτυριών από τον Sprawski (1999, 58-62). Ο ίδιος, ωστόσο (2004), πιθανολογεί ότι το ενδιαφέρον του Ξενοφώντα για τον Ιάσονα σχετίζεται με τα τυραννικά χαρακτηριστικά του τελευταίου. Ο Lévy (1990, 135) επισημαίνει ότι η χρήση του όρου από τον Ξενοφώντα συνεπάγεται την καταδίκη του στη συνείδηση του ιστορικού. Αυτή η παρατήρηση επιτρέπει να εξηγηθεί η συνέπεια με την οποία ο Ξενοφών αποφεύγει να συνδέσει τον Ιάσονα με την ιδέα της τυραννίδος.

9. Οι άλλες δύο αναφέρονται στην αρετή των Φλειασίων (7.2) και στον Σικυώνιο τύραννο Εύφρονα (7.3.4-12).

37), στην οποία μάλιστα περιέχεται και η μόνη ρητή αναφορά του συγγραφέα στο παρόν της συγγραφής του έργου (37). Τα στοιχεία αυτά είναι αρκετά για να δείξουν ότι η ένταξη της συγκεκριμένης αφήγησης στο έργο δεν υπαγορεύθηκε από την ίδια την αλληλουχία των γεγονότων, αλλά αποτέλεσε συνειδητή επιλογή του συγγραφέα, τη στιγμή μάλιστα που οι αναφορές του στη Θεσσαλία σπανίζουν. Η μοναδική ανεξάρτητη μνεία γεγονότων της θεσσαλικής ιστορίας ακολουθεί την εγκαθίδρυση των Τριάκοντα στην Αθήνα και την αποχώρηση των Λακεδαιμονίων από την Αττική εισάγοντας παράλληλα το θέμα των ηγεμονικών βλέψεων των Φερών: *κατὰ δὲ τοῦτον τὸν καιρὸν περὶ ἡλίου ἔκλειψιν Λυκόφρων ὁ Φεραῖος, βουλόμενος ἄρξαι ὅλης τῆς Θετταλίας, τοὺς ἐναντιουμένους αὐτῷ τῶν Θετταλῶν, Λαρισαίους τε καὶ ἄλλους, μάχῃ ἐνίκησε καὶ πολλοὺς ἀπέκτεινεν* (2.3.4). Η κατάρρευση της αθηναϊκής θαλασσοκρατίας αναβάθμισε τη σημασία πόλεων όπως οι Φερές, που ελέγχοντας το μοναδικό αξιόλογο θεσσαλικό λιμάνι, τις Παγασές, ελέγχουν το δια θαλάσσης εμπόριο της εύφορης θεσσαλικής χώρας. Παραλλήλως, το τέλος του πολέμου αποδεσμεύει πλήθος οπλιτών έτοιμων να αναλάβουν δράση ως μισθοφόροι στην υπηρεσία εκείνου που θα ήταν σε θέση να τους αμείψει.

Η πρώτη παρέκβαση βρίσκεται στην αρχή του έκτου βιβλίου. Ο Φαρσάλιος Πολυδάμας, επισκέπτεται τη Σπάρτη για να ζητήσει υποστήριξη, καθώς έχει δεχθεί από τον Ιάσονα τελεσίγραφο που του ζητά υποταγή. Ο Πολυδάμας χαρακτηρίζεται από τον Ξενοφώντα *καλός τε κἀγαθός*, *φιλόξενος* και *μεγαλοπρεπὴς τὸν Θετταλικὸν τρόπον* (6.1.2-3), ενώ η σύντομη παρουσίασή του καταγράφει έμπρακτα δείγματα χρηστής διαχείρισης της εξουσίας και του δημοσίου χρήματος. Συνεπώς η κρίση του αποκτά ξεχωριστή βαρύτητα για τον χαρακτηρισμό του Ιάσονα. Ο λόγος που απευθύνει ο Πολυδάμας στους Σπαρτιάτες είναι ο εκτενέστερος στα *Ελληνικά* (6.1.4-16), και πολυπλοκότερος από πλευράς οργάνωσης. Όχι μόνο γιατί από άποψη αφηγηματολογική εξυπηρετεί την αναδρομική αφήγηση ιστορικού υλικού, καλύπτοντας γεγονότα που βρίσκονται στο παρελθόν, αλλά και γιατί περιέχει εγκιβωτισμένα αποσπάσματα της αποστροφής του Ιάσονα προς τον ίδιο τον ομιλητή, σε εναλλασσόμενο ευθύ και πλάγιο λόγο,[10] και διανθιζόμενα με σχόλια του ομιλητή. Η πρώτη κιόλας ανα-

10. §5: ευθύς λόγος, §7 (αρχή): πλάγιος, §7 (τέλος)-12: ευθύς, §13: διάλογος σε πλάγιο λόγο, η απάντηση του Ιάσονα, ολοκληρώνεται σε ευθύ λόγο. Για τα ρητορικά σχήματα του λόγου, βλ. Vorrenhagen 1926, 78-79.

φορά στον Ιάσονα ειδοποιεί τον αναγνώστη ότι ο Φεραίος ηγεμόνας απολάμβανε ήδη μεγάλη φήμη στην Ελλάδα (6.1.4: *ἀκούετε μὲν οὖν εὖ οἶδ' ὅτι καὶ ὑμεῖς Ἰάσονος ὄνομα· ὁ γὰρ ἀνὴρ καὶ δύναμιν ἔχει μεγάλην καὶ ὀνομαστός ἐστιν*). Ο λόγος κλείνει με ένα εγκώμιο του Ιάσονα (15-16), ανάλογο σε έμπνευση και λειτουργία με το εγκώμιο των Αθηναίων από τους Κορινθίους στη Σπάρτη, στο πρώτο βιβλίο του Θουκυδίδη (1.70).

Το πολιτικό πρόγραμμα του Ιάσονα, όπως εκτίθεται στον λόγο, είναι να ενώσει ολόκληρη τη Θεσσαλία κάτω από την αρχηγία του, να αναδειχθεί ταγός, και να επεκτείνει την επιρροή του σε όλους τους Έλληνες. Λογαριάζει ακόμα να καταστήσει και τον Πέρση βασιλιά υπήκοό του. Ο Πολυδάμας προσυπογράφει την λεπτομερή επιχειρηματολογία του Ιάσονα, που στηρίζεται σε μια διαυγή και διεισδυτική ανάλυση στρατιωτικών και οικονομικών δεδομένων: αν η Θεσσαλία ενωθεί υπό την ηγεσία ενός άξιου ταγού, θα διαθέτει τα μέσα ώστε να γίνει ακαταμάχητη. Ο Ιάσων περιγράφεται ως κατάλληλος για έναν τέτοιο ρόλο. Ο Πολυδάμας διαβεβαιώνει τους Σπαρτιάτες για τις μεγάλες πιθανότητες επιτυχίας των σχεδίων του και τους ζητά να αντιδράσουν εγκαίρως. Αξιοπρόσεκτη είναι η πρόθεση του Ιάσονα να παραχωρήσει μερίδιο εξουσίας στον Πολυδάμαντα. Αν ο Πολυδάμας του εξασφαλίσει τη φιλία των Θεσσαλών, ο Ιάσων θα τον καταστήσει δεύτερο σε ισχύ μετά τον εαυτό του. Ακούγοντας μάλιστα τους ενδοιασμούς του Πολυδάμαντα να προδώσει τη σύμμαχό του Σπάρτη τον επαινεί: *ὁ δ' ἐπαινέσας με καὶ εἰπὼν ὅτι μᾶλλον ἑκτέον μου εἴη, ὅτι τοιοῦτος εἴην, ἀφῆκε μοι ἐλθόντι πρὸς ὑμᾶς λέγειν τ' ἀληθῆ, ὅτι διανοοῖτο στρατεύειν ἐπὶ Φαρσαλίους, εἰ μὴ πεισοίμεθα.* (6.1.13). Μετά την αρνητική ανταπόκριση της Σπάρτης, ο δρόμος είναι ανοιχτός για τον Ιάσονα. Η τήρηση των αμοιβαίων δεσμεύσεων επικυρώνεται με την ομόφωνη εκλογή του (*ὁμολογουμένως*)[11] στο αξίωμα του ταγού των Θεσσαλών (6.1.18).

Η προσωπογραφία του Ιάσονα παρουσιάζει τα χαρακτηριστικά του χαρισματικού ηγέτη, όπως αυτός σκιαγραφείται στα έργα του Ξενοφώντα. Είναι απαιτητικός και δίκαιος, φιλόπονος και φιλοστρατιώτης, ιδιαιτέρως εγκρατής, εμφανίζεται να συμμετέχει και να διακρίνεται ο ίδιος στις στρατιωτικές ασκήσεις, προσφέρει κίνητρα στο στράτευμα και επιβραβεύει με γενναιοδωρία όσους ξεχωρίζουν. Τα γνωρίσματα αυτά υποβάλλουν αναλογίες με αρκετούς

11. Πρβλ. Carlier 1984, 414.

προβεβλημένους ήρωες του Ξενοφώντα, ιδιαίτερα τον Αγησίλαο.[12] Ο ρόλος που διεκδικεί όμως ο Ιάσων είναι σαφώς συνθετότερος και σημαντικότερος από αυτόν ενός αγαπητού στρατηγού όπως ο Τελευτίας ή ενός εμπνευσμένου επιτελάρχη όπως ο Επαμεινώνδας. Μεγάλη άλλωστε έμφαση προσδίδεται στο αξίωμα του ταγού, καθώς τρεις φορές ο Ιάσων επιμένει στα πλεονεκτήματα της ύπαρξής ταγού για τη Θεσσαλία.[13] Ο θεσμός, όπως φαίνεται, αντιστοιχεί στον αρχηγό του θεσσαλικού στρατού σε περιόδους κοινής δράσης των πόλεων. Η απόφαση επομένως για ανάδειξη ταγού είναι αλληλένδετη με την επιλογή της ενωμένης Θεσσαλίας. Οι υποχρεώσεις κάθε πόλης και κάθε περιφέρειας καθορίζονται με βάση ένα ορθολογικό σύστημα κλήρων στο οποίο χωρίζεται η χώρα, οι οποίοι με τη σειρά τους οργανώνονται σε τετράδες. Κάθε κλήρος συνεισφέρει συγκεκριμένο αριθμό οπλιτών και ιππέων, έτσι ώστε να επιτυγχάνεται γρήγορη επιστράτευση και αποτελεσματική δράση. Ένα τέτοιο σύστημα οργάνωσης ανταποκρινόταν στο ιδανικό του Ξενοφώντα, ο οποίος το περιγράφει διεξοδικά στην *Κύρου παιδείαν* (8.1.14). Μάλιστα το σύστημα αυτό ο Κύρος το μετέφερε και στην οικονομική διαχείριση του κράτους με θεαματικά, κατά τον Ξενοφώντα, αποτελέσματα. Ο Ξενοφών θα πρέπει να εκτιμούσε επίσης το γεγονός ότι η ταγεία αποτελεί σύστημα δικαιωμένο στην τοπική παράδοση, όπως ακριβώς οι Πέρσες διατηρούσαν το επιτυχές σύστημα διοίκησης του Κύρου.[14]

Προσεκτικότερη σύγκριση του Ιάσονα με το ιδανικό που προβάλλει η *Κύρου παιδεία* θα μας επιτρέψει να συλλάβουμε εναργέστερα το θεωρητικό περίγραμμα της προσωπογραφίας του Θεσσαλού ταγού.[15] Ο Ιάσων κοσμείται από τα ηγετικά χαρίσματα που κάνουν τον ηγέτη αγαπητό στους στρατιώτες και

12. Βλ. Krafft 1967· Riedinger 1991, 87.

13. Για το θεσσαλικό αυτό αξίωμα και για τα ερωτήματα που μένουν αναπάντητα, βλ. Helly 1995, Sprawski 1999, 15-23. Κατά τον Carlier (1984, 415) είναι ισόβιο. Υπάρχουν σοβαρές ενδείξεις ότι η ύπαρξη ενός ταγού ολόκληρης της Θεσσαλίας δεν ήταν μόνιμη. Βλ. σχετικά Sordi 1997.

14. Πρβλ. *Κ.π.* 8.1.7: *ὡς δ' ἐν τῷ λόγῳ δεδήλωται Κῦρος καταστησάμενος εἰς τὸ διαφυλάττειν ἑαυτῷ τε καὶ Πέρσαις τὴν ἀρχήν, ταὐτὰ καὶ οἱ μετ' ἐκεῖνον βασιλεῖς νόμιμα ἔτι καὶ νῦν διατελοῦσι ποιοῦντες.* Δεν είναι τυχαία η επισήμανση ότι από τις πρώτες ενέργειες του Ιάσονα ως ταγού ήταν η επιβολή του φόρου που είχε ορίσει ο Σκόπας (υπενθυμίζεται ότι ο Σκόπας ήταν αυτός που είχε εδραιώσει την επιρροή της Θεσσαλίας στους Δελφούς στις αρχές του 5ου αιώνα).

15. Βλ. και Vorrenhagen 1926, 81. Για σωκρατικά πρότυπα κάνει επιπλέον λόγο ο Higgins (1966, 110).

υπηκόους του. Δίνει ο ίδιος πρώτος το παράδειγμα σε κάθε δραστηριότητα, ενώ επιβραβεύει τους άξιους, ιδιότητες που θεωρητικά διατυπώνονται στην *Κύρου παιδείαν.*[16] Όπως ο Κύρος που φρόντιζε να εξασφαλίζει ιατρική φροντίδα στους υπηκόους του (*Κ.π.* 8.2.25), έτσι και ο Ιάσων επιβράβευε *νόσων θεραπείαις* όσους στρατιώτες του επεδείκνυαν ζήλο στην αποστολή τους (6.1.6). Χαρακτηριστικό είναι ότι τόσο ο Κύρος όσο και ο Ιάσων προβάλλουν μεταξύ άλλων το ιδεώδες της ανεξαρτησίας από σωματικές απολαύσεις, που μάλιστα σε ώρα ανάγκης μπορεί να οδηγήσει στον συμψηφισμό περισσοτέρων γευμάτων σε ένα.[17]

Σημαντικότερο όμως είναι ένα άλλο γνώρισμα του Κύρου. Αποδίδει τεράστια σημασία στα αισθήματα εκτίμησης και φιλίας των αξιωματούχων που τον περιστοιχίζουν.[18] Η αγάπη του περιβάλλοντός του είναι η ασφαλέστερη ασπίδα απέναντι σε επιβουλές. Ο σύνδεσμος των αξιωματούχων μαζί του θα πρέπει να είναι ισχυρότερος από οποιονδήποτε άλλον (*Κ.π.* 7.5.59). Προσπαθεί λοιπόν να κερδίσει την αγάπη των σημαντικών αξιωματούχων του. Δεν πρέπει να υπηρετούν τον ηγέτη *ἄκοντες*, όπως οι δούλοι (*Κ.π.* 8.1.5), αλλά με την ολόψυχη θέλησή τους. Η επιτυχία της μεθόδου περιγράφεται στο 8.2.28: *καὶ οἱ πρωτεύειν δὲ βουλόμενοι φιλίᾳ παρὰ Κύρῳ, ὥσπερ ἄλλοι ἐν πόλεσι, καὶ οὗτοι ἐπιφθόνως πρὸς ἀλλήλους εἶχον, ὥσθ' οἱ πλείονες ἐκποδὼν ἐβούλοντο ὁ ἕτερος τὸν ἕτερον γενέσθαι μᾶλλον ἢ συνέπραξαν ἄν τι ἀλλήλοις ἀγαθόν* (πρβλ. επίσης 2.4.10-11). Αυτό ακριβώς το πνεύμα εκφράζει και ο Ιάσων, ο οποίος εξαντλεί όλα τα μέσα προκειμένου να αποφύγει την ακούσια προσχώρηση των Φαρσαλίων: *ὅτι νὴ Δία τῷ παντὶ κρεῖττόν μοι δοκεῖ εἶναι ἑκόντας ὑμᾶς μᾶλλον ἢ ἄκοντας προσαγαγέσθαι. βιασθέντες μὲν γὰρ ὑμεῖς τ' ἂν βουλεύοισθε ὅτι δύναισθε ἀγαθὸν ἐμοί, ἐγὼ τ' ἂν ὑμᾶς ὡς ἀσθενεστάτους βουλοίμην εἶναι* (6.1.7). Η ασφάλεια

16. *Κ.π.* 8.1.12: *οὐ γὰρ ᾤετο οἷόν τε εἶναι μὴ αὐτόν τινα ὄντα οἷον δεῖ ἄλλους παρορμᾶν ἐπὶ τὰ καλὰ καὶ ἀγαθὰ ἔργα* (πρβλ. και 8.1.39). Για το σύστημα των επιβραβεύσεων: *πρὸς δὲ τούτῳ καὶ τῶν ἄλλων οὕστινας μάλιστα ὁρῴη τὰ καλὰ διώκοντας, τούτους καὶ δώροις καὶ ἀρχαῖς καὶ ἕδραις καὶ πάσαις τιμαῖς ἐγέραιρεν* (*Κ.π.* 8.1.39). Γενικά για τα κίνητρα της αριστείας πρβλ. *Κ.π.* 2.1.22-29. Πρβλ. Azoulay 2004, 217-221.

17. *Κ.π.* 1.2.11, *Ελλ.* 6. 1.15.

18. Απέναντι στους αξιωματούχους του εφαρμόζει ένα σύστημα επιβράβευσης της συμπεριφοράς τους, σχεδιασμένο έτσι ώστε να τους εμφυσήσει πνεύμα άμιλλας στην αρετή και την αφοσίωση προς αυτόν (*Κ.π.* 8.4.3 εξ).

που απολαμβάνει ο ηγεμόνας περιστοιχιζόμενος από πιστούς φίλους τον διακρίνει από τον τύραννο, όπως λ.χ. σκιαγραφείται στον *Ιέρωνα*.[19]

Η ομοιότητα των πολιτικών σχεδιασμών του Ιάσονα με την πορεία που ακολούθησε ο Φίλιππος για την ενίσχυση της επιρροής του έχει αρκούντως επισημανθεί.[20] Ελκυστική φαίνεται η υπόθεση ότι ο Ξενοφών διέβλεψε τόσο την ιστορική δυναμική της εποχής του (αναφερόμαστε τουλάχιστον στην εποχή συγγραφής των θεσσαλικών παρεκβάσεων, που συμπίπτει χρονικά με τις πρώτες στρατιωτικές και διπλωματικές επιτυχίες του Φιλίππου), όσο και τις ξεχωριστές ικανότητες του Ιάσονα, στον οποίον αποδίδει τα σχέδια που αναφέρθηκαν.[21] Καίριο είναι, ωστόσο, το ερώτημα της ηθικής νομιμοποίησης του απροσχημάτιστου επεκτατισμού που αποδίδεται στον ταγό. Η απάντηση έγκειται στην άποψη του Ξενοφώντα ότι υπάρχει μια μορφή πλεονεξίας που δεν θεωρείται απορριπτέα. Ενώ δηλαδή καταδικάζεται η καταπίεση των ομοεθνών του ηγέτη,[22] αξιολογείται θετικά η πλεονεξία που τους προσπορίζει οφέλη.[23] Εφόσον ο Ιάσων αντιμετωπίζει τους Έλληνες ως συμμάχους και δεν τους αποκλείει από τη νομή της εξουσίας και των εσόδων, κινείται μέσα σε ένα πλαίσιο αποδεκτό από τον Ξενοφώντα.[24]

---

19. Πρβλ. τη χαρακτηριστική δήλωση του Ιέρωνα: *οἱ δὲ τύραννοι πανταχῇ ὡς διὰ πολεμίας πορεύονται* (*Ιερ.* 2.8). Ο τύραννος δεν είναι ασφαλής ούτε στον ιδιωτικό του χώρο: *ὁ δὲ τύραννος οὐδ᾽ ἐπειδὰν εἴσω τῆς οἰκίας παρέλθῃ ἐν ἀκινδύνῳ ἐστίν, ἀλλ᾽ ἐνταῦθα δὴ καὶ μάλιστα φυλακτέον οἴεται εἶναι* (2.10).

20. Βλ. πρόχειρα Beloch 1922, 165· Cartledge 1987, 308.

21. Ο Westlake (1935, 100) θεωρεί την ιδέα μιας εκστρατείας κατά των Περσών ανεδαφική για την εποχή του Ιάσονα. Κατά τον Tuplin (1993, 121) η προβολή μιας τέτοιας ιδέας αποτελούσε ενδεχομένως ελιγμό συγκάλυψης της ακόρεστης φιλαρχίας του Ιάσονα.

22. Πρβλ. *Κ.π.* 8.5.24: *εἰ δὲ ἢ σύ, ὦ Κῦρε, ἐπαρθεὶς ταῖς παρούσαις τύχαις ἐπιχειρήσεις καὶ Περσῶν ἄρχειν ἐπὶ πλεονεξίᾳ ὥσπερ καὶ τῶν ἄλλων, ἢ ὑμεῖς, ὦ πολῖται, φθονήσανες τούτῳ τῆς δυνάμεως καταλύειν πειράσεσθε τοῦτον τῆς ἀρχῆς, εὖ ἴστε ὅτι ἐμποδὼν ἀλλήλοις πολλῶν καὶ ἀγαθῶν ἔσεσθε.*

23. *ἐγὼ δ᾽ ὑπηρετῶ μὲν τοῖς θεοῖς καὶ ὀρέγομαι ἀεὶ πλειόνων· ἐπειδὰν δὲ κτήσωμαι, ἃ ἂν ἴδω περιττὰ ὄντα τῶν ἐμοὶ ἀρκούντων, τούτοις τάς τ᾽ ἐνδείας τῶν φίλων ἐξακοῦμαι καὶ πλουτίζων καὶ εὐεργετῶν ἀνθρώπους εὔνοιαν ἐξ αὐτῶν κτῶμαι καὶ φιλίαν, καὶ ἐκ τούτων καρποῦμαι ἀσφάλειαν καὶ εὔκλειαν* (*Κ.π.* 8.2.21-22).

24. Στο ίδιο πνεύμα μπορεί να ερμηνευθεί και μια από τις ρήσεις που παραδίδεται για τον Ιάσονα: *καὶ οὓς ἀδικήσαντες δυνήσονται πολλὰ δίκαια πράττειν, ὡς ῥᾳδίως ἰασόμενοι, ὥσπερ ἔφη Ἰάσων ὁ Θετταλὸς δεῖν ἀδικεῖν ἔνια, ὅπως δύνηται καὶ δίκαια πολλὰ ποιεῖν.* (Αρ. *Ρητ.* 1373a25, πρβλ. και Πλουτ. *Ηθ.* 135f 1εξ, 817f 10εξ.).

Η δεύτερη παρέκβαση που αναφέρεται στον Ιάσονα (*Ελλ.* 6.4.19-37) χωρίζεται σε τρεις ενότητες: 19-26 (διπλωματική δραστηριότητα μετά τη μάχη των Λεύκτρων), 27-31 (ανάδειξη σε υπερδύναμη και δολοφονία), 33-37 (διάδοχοι).

Ιδιαίτερη αίσθηση προκαλεί στην πρώτη ενότητα το γεγονός ότι η αφήγηση των γεγονότων που έπονται της μάχης των Λεύκτρων (αντίκτυπος και αντιδράσεις των δύο στρατοπέδων) οργανώνεται γύρω από τη μορφή του Ιάσονα. Ο Θεσσαλός ταγός προβάλλεται με τον τρόπο αυτό αφηγηματικά ως το επίκεντρο των εξελίξεων σε μια εξαιρετικά κρίσιμη ιστορική στιγμή. Ο Ιάσων συνομιλεί απευθείας και με τα δύο στρατόπεδα και εξελίσσεται σε ρυθμιστή των εξελίξεων. Σε αντίθεση με τον Διόδωρο, ο Ξενοφών κρατά τον Ιάσονα εξαρχής μακριά από τη μάχη των Λεύκτρων. Ενώ κατά τον Διόδωρο ο Ιάσων είναι παρών, αλλά αποφασίζει τελικά να μην εμπλακεί (στο πλευρό των συμμάχων του Θηβαίων), η εκδοχή του Ξενοφώντα φέρνει τους Θηβαίους να ζητούν την συνδρομή του μετά τη μάχη, ανήσυχοι για το μέλλον. Αυτή η πρόσκληση δίνει στον Ξενοφώντα την ευκαιρία να περιγράψει παραστατικά την προέλαση των Θεσσαλών προς τη Βοιωτία (6.4.21), προβάλλοντας ιδιαίτερα την αμεσότητα της ανταπόκρισης και την ταχύτητα κίνησης του στρατεύματος. Στο αίτημα των Θηβαίων να συνεχίσουν τον πόλεμο από κοινού ο Ιάσων δίνει μια απάντηση που δείχνει φρόνηση και διορατικότητα (22-23): δεν είναι σκόπιμο οι Θηβαίοι να διακινδυνεύσουν τα πλεονεκτήματα μιας φρέσκιας νίκης, καθώς μάλιστα ενδέχεται ο αντίπαλος να πολεμήσει γενναιότερα, εξαιτίας της ανάγκης. Μέρος της απάντησης, που ξεκινά σε πλάγιο λόγο, είναι διατυπωμένο σε ευθύ λόγο (τεχνική που παραπέμπει στον τρόπο παρουσίασης των λόγων του Ιάσονα και στην πρώτη παρέκβαση).[25] Κατακλείδα του παραθέματος σε ευθύ λόγο αποτελεί η ακόλουθη γνώμη: *καὶ ὁ θεὸς δέ, ὡς ἔοικε, πολλάκις χαίρει τοὺς μὲν μικροὺς μεγάλους ποιῶν, τοὺς δὲ μεγάλους μικρούς* (23). Ο Ιάσων εδώ εμφανίζεται ως θεωρητικός που συλλαμβάνει και διατυπώνει αρχές που διέπουν τον κόσμο και την ανθρώπινη δράση. Η αναγωγή του στο επίπεδο των ξενοφώντειων ηρώων που γίνονται εκφραστές των ιδανικών του συγγραφέα, αναβαθμίζει αισθητά την εικόνα του,[26] όσο κι αν η συγκεκριμένη γνώμη αποτελεί τόπο της ελληνικής λογο-

25. Για συζήτηση του χωρίου και ξενοφώντεια παράλληλα, βλ. Giraud 2001, 49-50, με υπ. 30.

26. Αξιοπρόσεκτη είναι επίσης η εισαγωγή των λόγων που απευθύνει ο Ιάσων τόσο στους Θηβαίους όσο και στους Λακεδαιμονίους με το ρήμα *διδάσκω* (22: *διδάσκων*, 24: *ἐδίδασκεν*). Το κύρος του ομιλητή υπογραμμίζει και η χρήση του *συμβουλεύω* (αυτ.).

τεχνίας.[27] Έχει, εξάλλου, παρατηρηθεί ότι η συγκεκριμένη γνώμη βρίσκει ειρωνική επιβεβαίωση στην επικείμενη πτώση του Ιάσονα, στοιχείο που επίσης καταδεικνύει την εξέχουσα σημασία που αποδίδει ο Ξενοφών στο πρόσωπό του.

Αξιοπρόσεκτη είναι και η προτροπή του Ιάσονα προς τους Λακεδαιμονίους για αυτοσυγκράτηση προκειμένου να επεξεργαστούν ψύχραιμα την ήττα τους, να αξιολογήσουν σωστά την νέα κατάσταση και να επιδιώξουν ενίσχυση του στρατεύματός τους. Καταλήγοντας επισημαίνει (σε ευθύ λόγο) ότι και οι ίδιοι οι σύμμαχοι των Λακεδαιμονίων επιδιώκουν να προσεγγίσουν το αντίπαλο στρατόπεδο, και υπογραμμίζει την επείγουσα ανάγκη να επιδιωχθεί η σύναψη ειρήνης. Τέλος, επικαλείται την φιλία του πατέρα του με την πόλη της Σπάρτης και τη δική του προξενία.[28]

Η ικανότητα του Ιάσονα να διαπραγματεύεται αποτελεσματικά με δύο πλευρές, πείθοντας την κάθε μια για το συμφέρον της, ενώ παράλληλα εξυπηρετεί και τις δικές του επιδιώξεις τονίζεται ρητά από τον Ξενοφώντα: *ἔλεγε μὲν οὖν τοιαῦτα, ἔπραττε δ' ἴσως ὅπως διάφοροι καὶ οὗτοι ἀλλήλοις ὄντες ἀμφότεροι ἐκείνου δέοιντο* (6.4.25). Ο Ιάσων είναι σε θέση να χειρίζεται τους φόβους και τις ανάγκες των άλλων αυξάνοντας το βαθμό εξάρτησής τους από τον ίδιο. Την τακτική αυτή εκθειάζει ο Ξενοφών στην *Κύρου παιδείαν*, όπου ο Πέρσης μονάρχης παρουσιάζεται να καλλιεργεί στενότερες σχέσεις με τους γύρω του από ότι εκείνοι μεταξύ τους: *ἓν δὲ ἀντὶ πάντων τούτων ἔγνω καὶ κράτιστον εἶναι πρὸς τὴν αὑτοῦ ἀσφάλειαν καὶ κάλλιστον, εἰ δύναιτο ποιῆσαι τοὺς κρατίστους ἑαυτῷ μᾶλλον φίλους ἢ ἀλλήλοις* (*Κ.π.* 8.1.48).[29]

Η δεύτερη ενότητα ασχολείται με την επιστροφή του Ιάσονα στη Θεσσαλία, τον σχεδιασμό της πορείας του προς τους Δελφούς, τη δολοφονία και την τύχη των δολοφόνων του. Ο αναγνώστης ειδοποιείται εμμέσως για την σημασία των γεγονότων που θα ακολουθήσουν από τη ρητορική κλιμάκωση των αναφορών στην ισχύ του Θεσσαλού ηγεμόνα τη συγκεκριμένη στιγμή: *ἐπεὶ δὲ ἀπῆλθε πάλιν εἰς τὴν Θετταλίαν, μέγας μὲν ἦν καὶ διὰ τὸ τῷ νόμῳ Θετταλῶν ταγὸς καθε-*

27. Πρβλ. Ηρόδ. 1.5.3-4, Θουκ. 1.10.2. Για περισσότερα παράλληλα χωρία, βλ. Dillery 1990, 162.

28. Πρόκειται για στερεότυπη ρητορική τακτική όσων απευθύνονται σε σπαρτιατικό ακροατήριο (βλ. Θουκ. 6.89.1-2).

29. Το ίδιο πνεύμα διακρίνεται και στην ακόλουθη σκέψη του Κύρου: *ἐνόμισε δὲ μὴ ἂν γενέσθαι ποτὲ πιστὸν ἄνθρωπον ὅστις ἄλλον μᾶλλον φιλήσοι τοῦ τῆς φυλακῆς δεομένου* (7.5.59)· πρβλ. και 8.2.28.

στάναι καὶ διὰ τὸ μισθοφόρους πολλοὺς τρέφειν περὶ αὐτὸν καὶ πεζοὺς καὶ ἱππέας, καὶ τούτους ἐκπεπονημένους ὡς ἂν κράτιστοι εἶεν· ἔτι δὲ μείζων καὶ διὰ τὸ συμμάχους πολλοὺς τοὺς μὲν ἤδη εἶναι αὐτῷ, τοὺς δὲ καὶ ἔτι βούλεσθαι γίγνεσθαι, μέγιστος δ' ἦν τῶν καθ' αὐτὸν τῷ μηδ' ὑφ' ἑνὸς εὐκαταφρόνητος εἶναι (6.4.28). Η κλιμακωτή χρήση των τριών βαθμών του επιθέτου *μέγας* σε συνδυασμό με το θέμα των πολεμικών προπαρασκευών και της σύναψης συμμαχιών (με συγκεκριμένη αναφορά σε όσους *σχεδίαζαν* να ενταχθούν σε κάποια συμμαχία) θυμίζει έντονα το προοίμιο του έργου του Θουκυδίδη, όπου τα μοτίβα αυτά αξιοποιούνται για να στοιχειοθετηθούν προσδοκίες ανάλογες με την εντελώς ξεχωριστή σημασία του θέματος της αφήγησης.[30] Καλλιεργείται λοιπόν στο σημείο αυτό η αίσθηση ότι ο Ξενοφών, όπως ακριβώς και ο Θουκυδίδης την ώρα της έκρηξης του Πελοποννησιακού πολέμου, διέγνωσε μια ιστορική δυναμική που οδηγούσε σε μια νέα εποχή της ελληνικής ιστορίας. Η επίσης θουκυδίδεια ιδέα της καταλυτικής σημασίας που έχει η εντύπωση που κυριαρχεί για την ισχύ κάποιου (κάποτε αποδεικνύεται σημαντικότερη από την ίδια την πραγματικότητα),[31] ανακαλεί περαιτέρω το έργο του Θουκυδίδη ως διακειμενικό υπόστρωμα της ενότητας αυτής.

Η αφήγηση εστιάζει στη συνέχεια στις οδηγίες του Ιάσονα για την ετοιμασία των Πυθίων. Οι υπερβολικοί αριθμοί των σφαγίων, οι εξαγγελίες επάθλων για τον ωραιότερο *βοῦν ἡγεμόνα*, αλλά και η εντολή προς τους Θεσσαλούς να είναι ετοιμοπόλεμοι, αφήνουν περιθώριο για ποικίλες αντιδράσεις των Ελλήνων, αλλά και για διαφορετικές αξιολογήσεις από τους αναγνώστες, καθώς μάλιστα η συχνή χρήση εισαγωγικών ρημάτων που υποβάλλουν την αποστασιοποίηση του συγγραφέα από την αλήθεια της πληροφορίας που παρατίθεται επιτρέπουν διαφορετικές ερμηνείες: *ἔφασαν* (29, 30), *λέγεται* (30).[32] Ανάμεσα στις φήμες, που κατά τον Ξενοφώντα κυκλοφορούσαν, αλλά ποτέ δεν επιβεβαιώθηκαν, περιλαμβάνεται η πρόθεση του Ιάσονα να αναλάβει προσωπικά τη διορ-

30. Θουκ. 1.1, βλ. σχετικά Tsakmakis 1995, 25-33. Θουκυδίδειος είναι και ο χαρακτηρισμός *μέγιστος... τῶν καθ' αὐτὸν* (πρβλ. Θουκ. 1.127.3, 1.138.6). Ας σημειωθεί εξάλλου ότι στο σημείο αυτό ο Ξενοφών παρεκκλίνει από τη συνήθη πρακτική του να προβαίνει σε συνολική αξιολόγηση των ηρώων του *μετά* την αναφορά του θανάτου τους: πρβλ. Tatum 1989, 48.

31. Πρβλ. Tsakmakis 2006, 182-187.

32. Κατά τον Lévy (1990, 131) το *λέγεται* χρησιμοποιείται από τον Ξενοφώντα κυρίως για την εισαγωγή πληροφορίας που περιέχει παραμυθικά στοιχεία, ενώ το *ἔφασαν* για κάτι εντυπωσιακό.

γάνωση της πανηγύρεως και των αγώνων.[33] Με μια ένδειξη περαιτέρω αποστασιοποίησης (εισαγωγή με το *μέντοι*) ο Ξενοφών υποβάλλει τις επιφυλάξεις του για το αν ο Ιάσων σχεδίαζε να οικειοποιηθεί τα ιερά χρήματα, και στη συνέχεια παραθέτει την εκδοχή που διέδιδε, προφανώς, η δελφική προπαγάνδα: *περὶ μέντοι τῶν ἱερῶν χρημάτων ὅπως μὲν διενοεῖτο ἔτι καὶ νῦν ἄδηλον· λέγεται δὲ ἐπερομένων τῶν Δελφῶν τί χρὴ ποιεῖν, ἐὰν λαμβάνῃ τῶν τοῦ θεοῦ χρημάτων, ἀποκρίνασθαι τὸν θεὸν ὅτι αὐτὸ μελήσει* (30). Και αυτή η απάντηση περιέχει στοιχεία που παραπέμπουν ευθέως σε ένα γνωστό ιστοριογραφικό πρότυπο. Έναν αντίστοιχο χρησμό του μαντείου μπροστά στην περσική επιδρομή παραθέτει ο Ηρόδοτος (8.36.1).[34]

Το τέλος του Ιάσονα θα περιγραφεί σε μια μακρά, σύνθετη περίοδο, που σύμφωνα με ένα ηροδότειο αφηγηματικό πρότυπο συμπυκνώνει τη δράσης μιας ολόκληρης σκηνής, συμπεριλαμβάνοντας μια αναφορά στον ήρωα η οποία ανακεφαλαιώνει βασικές του ιδιότητες:[35] *ὁ δ' οὖν ἀνὴρ τηλικοῦτος ὢν καὶ τοσαῦτα καὶ τοιαῦτα διανοούμενος, ἐξέτασιν πεποιηκὼς καὶ δοκιμασίαν τοῦ Φεραίων ἱππικοῦ, καὶ ἤδη καθήμενος καὶ ἀποκρινόμενος, εἴ τις δεόμενός του προσίοι, ὑπὸ νεανίσκων ἑπτὰ προσελθόντων ὡς διαφερομένων τι ἀλλήλοις ἀποσφάττεται καὶ κατακόπτεται.* Το περιστατικό πιστοποιεί ότι ο Ιάσων δεν συμπεριφερόταν ως τύραννος, καθώς ήταν προσιτός σε όλους.[36] Μάλιστα, ο θάνατος τον

33. Ο Lefèvre (2002, 77) θεωρεί ότι ο Ιάσων σκόπευε να αναλάβει ρόλο αγωνοθέτη, αντικρούοντας την άποψη του Tuplin (1993, 120, 211-3), ότι θα επέβαλλε τη συμμετοχή του ως ιερομνήμων.

34. Ο Ξενοφών γνώριζε καλά τον Ηρόδοτο και προϋπέθετε γνώση του από το κοινό του, πρβλ. Riemann 1967, 27 (βλ. επίσης Διον. Αλικ. *Επ. Πομπ.* 4). Ωστόσο οι ομοιότητες των δύο χρησμών ίσως οφείλονται εδώ στην αναπαραγωγή στερεότυπων εκφράσεων και από τους δύο συγγραφείς. Πρβλ. Cavalli 2004, 268. Επαμφοτερίζουσα στάση του μαντείου διαβλέπει ο Giuliani (2001, 187-188).

35. Πρβλ. Ηρόδ. 1.45.3 (αφηγηματική κορύφωση της νουβέλας του Άδραστου): *Ἄδρηστος δὲ ὁ Γορδίεω τοῦ Μίδεω, οὗτος δὴ ὁ φονεὺς μὲν τοῦ ἑωυτοῦ ἀδελφεοῦ γενόμενος, φονεὺς δὲ τοῦ καθήραντος, ἐπείτε ἡσυχίη τῶν ἀνθρώπων ἐγένετο περὶ τὸ σῆμα, συγγινωσκόμενος ἀνθρώπων εἶναι τῶν αὐτὸς ᾔδεε βαρυσυμφορώτατος, ἐπικατασφάζει τῷ τύμβῳ ἑωυτόν.* Η χρήση πολυσύλλαβων συνθέτων του ρήματος *σφάττω* αποτελεί μια ακόμη, ηθελημένη ίσως, αντιστοιχία των δύο κειμένων. Σε αντίθεση με τον Tatum (1989, 48-49) δυσκολεύομαι να διακρίνω την ικανοποίηση του συγγραφέα για την τύχη του Ιάσονα, ούτε κάποια προδιαγεγραμμένη εξέλιξη προς την τυραννική συμπεριφορά των επιγόνων του.

36. Παρομοίως, η δολοφονία του Ίππαρχου διευκολύνθηκε κατά τον Θουκυδίδη από το γεγονός ότι ήταν πᾶσιν *εὐπρόσοδος* (Θουκ. 6.57.2).

βρίσκει ενώ του ζητείται να ασκήσει δικαστικά καθήκοντα σε μια διένεξη των επτά νέων. Σύμφωνα με όσα διαβάζουμε στην *Κύρου παιδείαν* η απονομή της δικαιοσύνης από τους *ἄρχοντας* στις διαφορές των νέων αποτελεί στοιχείο της πρότυπης περσικής αγωγής (*Κ.π.* 1.2.5-6).[37]

Όσοι από τους δολοφόνους του Ιάσονα διασώθηκαν έγιναν δεκτοί σε διάφορες πόλεις με ενθουσιασμό. Από την αντίδραση αυτή ο Ξενοφών συνάγει ότι ήταν διάχυτος ο φόβος ότι ο Ιάσων θα κυβερνούσε ως τύραννος (32). Έτσι, φαίνεται να επιβεβαιώνεται η εκτίμηση του Πολυδάμαντα: *πᾶσαι γὰρ φοβοῦνται ὅποι ποτὲ προβήσεται ἡ τοῦ ἀνδρὸς δύναμις* (6.1.14). Πάντως, η ετυμηγορία του ιστορικού δεν πρέπει να εξισωθεί με την περιγραφόμενη στάση των ανθρώπων απέναντι στον Ιάσονα. Για τον Ξενοφώντα η κοινή γνώμη δεν συνιστά κριτήριο αληθείας. Λίγο αργότερα (7.3) θα ασχοληθεί με το παράδοξο ενός ηγεμόνα, του Εύφρονος της Σικυώνος, που αγαπήθηκε από το πλήθος, παρόλο που η συμπεριφορά του στην άσκηση της εξουσίας υπήρξε τυραννική. Η τελική αποτίμηση της εξουσίας του Ιάσονα θα καταστεί δυνατή χάρη στην ενότητα που ακολουθεί και είναι αφιερωμένη στη διαδοχή του.

Τον Ιάσονα διαδέχονται οι αδελφοί του Πολύδωρος και Πολύφρων. Ο ξαφνικός θάνατος του πρώτου αποδίδεται από τον Ξενοφώντα με αρκετή σιγουριά στον δεύτερο (*ὡς ἐδόκει*), αφού δεν πιθανολογείται άλλη εμφανής αιτία (*οὐκ ἔχων φανερὰν πρόφασιν*).[38] Ο Πολύφρων κυβέρνησε τυραννικά (*κατεσκευάσατο... τὴν ταγείαν τυραννίδι ὁμοίαν*),[39] και γι' αυτό δολοφονείται ένα χρόνο αργότερα από τον Αλέξανδρο, που χαρακτηρίζεται από κάθε άποψη σκληρός (*χαλεπός*) και άδικος. Με τον ίδιο όρο είχε χαρακτηρίσει ο Θουκυδίδης την τυραννίδα του Ιππία μετά τη δολοφονία του Ίππαρχου (6.53.3, 6.59.2), θέλοντας να δείξει ότι η υποτιθέμενη τυραννοκτονία επέφερε μάλλον το τέλος μιας χρηστής διακυβέρνησης και την εγκαθίδρυση πραγματικής τυραννίδας.

37. Η ερμηνεία του Dillery (1990, 165-166) που εκλαμβάνει τη φράση *τηλικοῦτος ὢν καὶ τοσαῦτα καὶ τοιαῦτα διανοούμενος* αρνητικά, ως ένδειξη υπερβολής που οδηγεί στην πτώση, συγκρούεται με τη θετική προσέγγιση του μεγαλείου του Ιάσονα στις αμέσως προηγούμενες παραγράφους.

38. Ο όρος κατέχει κεντρική θέση στις προγραμματικές, μεθοδολογικές δηλώσεις του Θουκυδίδη (1.23.6: *ἀληθεστάτη πρόφασις, ἀφανεστάτη λόγῳ*), όπως και το *δοκεῖν*. Στην παράγραφο 37 θα γίνει επίσης λόγος για *αἴτια*: ο όρος είναι εξαιρετικά σημαντικός τόσο στον Θουκυδίδη όσο και στον Ηρόδοτο.

39. Για το μοτίβο, πρβλ. Θουκ. 2.62.2, 3.37.2.

Με τον θάνατο του Αλέξανδρου ασχολείται το δεύτερο ήμισυ της ενότητας. Η δολοφονία του την ώρα που κοιμόταν οργανώθηκε από τη γυναίκα του, η οποία οδήγησε με δόλο τους συνωμότες στο εσωτερικό του κτιρίου και έκαμψε με πειθώ και απειλές τις αναστολές τους. Η σκηνή παρουσιάζει προφανείς ομοιότητες με την δολοφονία του Κανδαύλη, στην νουβέλα με την οποία ανοίγει η ιστορική αφήγηση του Ηροδότου. Οι δύο εναλλακτικές εκδοχές για τα κίνητρα της δολοφονίας που παραθέτει ο Ξενοφών εισάγουν το θέμα της ερωτικής αντιζηλίας και της διαταραγμένης παιδεραστικής σχέσης του τυράννου, απηχώντας την θουκυδίδεια παρέκβαση για τους Πεισιστρατίδες (6.54-59). Η χρήση της έκφρασης *πρεσβύτατος ὢν* προκειμένου να αιτιολογηθεί η διαδοχή του Αλέξανδρου από τον Τεισίφονο, που επαναλαμβάνει αυτολεξεί την εξήγηση του Θουκυδίδη για την ανάρρηση του Ιππία στην εξουσία (6.55.1), αποτελεί πρόσθετη ένδειξη της έντονης παρουσίας του Θουκυδίδη στην παρέκβαση, εντύπωση που επιτείνει και η παρουσία χαρακτηριστικών όρων του Θουκυδίδη, που κατά τα άλλα δεν είναι ιδιαιτέρως προσφιλείς στον Ξενοφώντα (βλ. σημ. 38, πρβλ. επίσης 30, 36, 39).

Οι συγκαλυμμένες αλλά εύγλωττες, τιμητικές αναφορές του Ξενοφώντα στους δύο προδρόμους του στο είδος της ιστοριογραφίας αποτελούν οδηγό για την ερμηνεία των θεσσαλικών του παρεκβάσεων και κωδικοποιούν ταυτόχρονα τις ιστορικές του αναζητήσεις. Η επισήμανση του Ξενοφώντα ότι οι Ιασονίδες διάδοχοι μετέτρεψαν το πολίτευμα σε τυραννικό, συνεπάγεται ότι ο Ιάσων δεν υπήρξε τύραννος, και καθιστά αβάσιμη την υποψία και τον φόβο των συγχρόνων του.[40] Όπως και στην περίπτωση του Αρμόδιου και του Αριστογείτονα, οι τιμές προς τους δολοφόνους του οφείλονται σε περιορισμένη ιστορική αντίληψη.[41] Με τον τρόπο αυτό αίρεται η σημαντικότερη επιφύλαξη για την θετική αποτίμηση του Ιάσονα από τον Ξενοφώντα. Αντίθετα, ο προικισμένος και φιλόδοξος, αλλά πρόωρα δολοφονημένος ταγός αποδεικνύεται λόγω της σύντο-

40. Την τύχη θεωρεί καθοριστικό παράγοντα της πτώσης του Ιάσονα ο Luccioni (1947, 207), ερμηνεία που φέρνει την παρέκβαση ακόμη εγγύτερα στον Θουκυδίδη, ο οποίος αποδίδει την δολοφονία του Ίππαρχου σε *ἐρωτικὴν ξυντυχίαν* (6.54.1).

41. Σύμφωνα με αυτήν την ερμηνεία, ασφαλώς και η στάση του συγγραφέα απέναντι στον φιλάρεσκο δελφικό χρησμό θα πρέπει να θεωρηθεί μάλλον επιφυλακτική. Αντίθετα ο Tuplin (1993, 117-121) πιστεύει ότι πίσω από την πτώση του Ιάσονα ο Ξενοφών διακρίνει κάποια θεία δύναμη. Εξίσου αρνητικό θεωρεί τον απολογισμό του Ξενοφώντα για τον Ιάσονα και ο Dillery (1990, 166-169, με προγενέστερη βιβλιογραφία).

μης δράσης του και του ανολοκλήρωτου έργου του πρόσφορο όχημα για την ενσάρκωση του νέου τύπου ηγεσίας που κατά τον Ξενοφώντα είχε ανάγκη η Ελλάδα. Οι ευανάγνωστες αναφορές στο εξιδανικευμένο σύστημα διοίκησης που είχε ο ίδιος ο Ξενοφών σχεδιάσει στην *Κύρου παιδείαν* αποτελούν πρόσθετη ένδειξη για τούτο.

Γράφοντας σε στιγμές πανελλήνιας *ταραχῆς*, και ίσως μάλιστα την εποχή που έχει ήδη εμφανισθεί ο Φίλιππος, ο Ξενοφών διαβλέπει πιθανότατα το τέλος της ιστορίας της κλασικής πόλης, και επιθυμεί να κλείσει το τρίπτυχο της συνεχούς εξιστόρησής της (Ηρόδοτος-Θουκυδίδης-*Ελληνικά*) παραπέμποντας στην αρχή του ιστορικού και ιστοριογραφικού της κύκλου, εφαρμόζοντας κατά κάποιον τρόπο την αρχή της κυκλικής σύνθεσης: το τελευταίο χρονικά επεισόδιο του έργου του είναι μια άγρια δολοφονία που διαπράττεται σε μια βασιλική κρεβατοκάμαρα. Κι ενώ οι χειμαζόμενοι Δελφοί διαχειρίζονται τις αλλαγές και τις απειλές με τον δικό τους, ασφαλή τρόπο, ο κύκλος αίματος που άνοιξε με την δολοφονία του Ιάσονα αριθμεί ήδη τον πέμπτο ταγό στον θρόνο, προσεγγίζοντας ένα όριο που ο δελφικός Απόλλων είχε θέσει για την εκδίκηση του αίματος του Κανδαύλη. Ο Ξενοφών όμως ετοιμάζεται, έχοντας φτάσει σε προχωρημένη ηλικία, να σιωπήσει, ενώ η Πυθία σύντομα θα αρχίσει να *φιλιππίζει*.

ΒΙΒΛΙΟΓΡΑΦΙΑ

AZOULAY, V. 2004, *Xénophon et les graces du pouvoir. De la* charis *au charisma*, Paris.

BECK, H. 2001, "'The Law of the Fathers' versus 'The Law of the League': Xenophon on Federalism", *CPh* 96, 355-375.

BELOCH, K.J. 1922, *Griechische Geschichte*, III 1, [2]Berlin-Leipzig.

BOUCHE-LECLERCQ, A. 1879, *Histoire de la Divination dans l' antiquité*, τ. 3, Paris.

BUCKLER, J. 2003, *Aegean Greece in the Fourth Century BC*, Leiden-Boston.

CARLIER, P. 1984, Carlier, *La royauté en Gréce avant Alexandre*, Strasbourg.

CARTLEDGE, P.A. 1987, *Agesilaos and the Crisis of Sparta*, Baltimore.

CAVALLI, M. 2004, "Esempi di tecnica digressive nelle *Elleniche*", στο G. Daverio Rocchi - M. Cavalli (a cura di), *Il Peloponneso di Senofonte*, Milano, 257-271.

CAWKWELL, G. 1978, *Philip of Macedon*, London.

DILLERY, J. 1990, *Xenophon's historical perspectives*, διδ. διατριβή Michigan, Ann Arbor.

FURLEY, W.D. 2006, "Thucydides and Religion", στο A. Rengakos - A. Tsakmakis (eds), *Brill's Companion to Thucydides*, Leiden - Boston, 415-437.

Giraud, J.-M. 2001, "Lysandre et le chef ideal de Xénophon", *QS* 27, 39-68.

Giuliani, A. 2001, *I rapport tra Atene e Delfi in età arcaica e classica*, Milano.

Helly, B. 1995, *L' état Thessalien. Aleuas le Roux, les tetrades et les tagoi*, Lyon.

Higgins, W.E. 1966, *Xenophon the Athenian*, Albany N.Y.

Krafft, P. 1967, "Vier Beispiele des xenophontischen in Xenophons *Hellenika*", *RhM* 110, 103-150.

Lefevre, F. 2002, *Documents Amphictioniques, CID* iv, Athènes-Paris.

Lemmermann, K. 1927, *Jason von Pherai*, Jena.

Lévy, E. 1990, "L' art de la deformation historique dans les *Helléniques* de Xénophon", στο H. Verdin, G. Schepens, E. de Keyser (eds.), *Purposes of History. Studies in Greek Historiography from the 4th to the 2nd Centuries B.C.*, Leuven.

Luccioni, J. 1947, *Les idées politiques et sociales de Xénophon*, (Gap Éditions), Ophrys.

Mandel, J. 1980, "Jason, the Tyrant of Pherae, Tagus of Thessaly, as Reflected in Ancient Sources and Modern Literature. The image of the new Tyrant", *RSA* 10, 47-77.

Mossé, C. 1962, "Un aspect de la crise de la cité grecque au IVe siècle. La recrudescence de la tyrannie", *RPhilos* 87, 1-20.

Parke H.W - Wormell D.E.W. 1951, *The Delphic Oracle*, Oxford.

Riedinger, J.-C. 1991, *Étude sur les* Helléniques. *Xénophon et l'histoire*, Paris.

Riemann, K.-A. 1927, *Das herodoteische Geschichtswerk in der Antike*, (Diss.), Munich.

Sordi, M. 1997, "I tagi tessali come suprema magistratura militare del koinon tessalico", *Topoi* 7, 178-182.

Sprawski, S. 1999, *Jason of Pherae*, Kraków.

- 2004, "Were Lycophron and Jason Tyrants of Phereae? Xenophon on the History of Thessaly", στο Ch. Tuplin (ed.), *Xenophon and his World*, Wiesbaden, 437-452.

Tatum, J. 1989, *Xenophon's imperial Fiction. On the Education of Cyrus*, Princeton.

Tropea, G. 1898, *Giasone il Tago della Tessaglia, Rivista de Storia Antica e Scienze Affini* 3, 5-46 (Messina).

Tsakmakis, A. 1995, *Thukydides über die Vergangenheit*, Tübingen.

- 2006, "Leaders, Crowds, and the Power of the Image: Political Communication in Thucydides", στο A. Rengakos - A. Tsakmakis *(eds), Brill's Companion to Thucydides*, Leiden - Boston, 161-187.

Tuplin, C. 1993, *The Failings of Empire, A Reading of Xenopnon* Hellenica *2.3.11-7.5.27*, Stuttgart.

Vorrenhagen, E. 1926, *De orationibus quae sunt in Xenophontis Hellenicis*, Elberfeld.

Westlake, H.D. 1935, *Thessaly in the Fourth Century BC*, London.

ΠΕΡΙΛΗΨΗ

Ο Φεραίος ταγός της Θεσσαλίας Ιάσων παρουσιάζεται από τον Ξενοφώντα ως ο χαρισματικός ηγέτης που θα μπορούσε να τεθεί επικεφαλής του κατακερματισμένου ελληνικού κόσμου, ανταποκρινόμενος σε ανάγκες και αιτήματα της εποχής του. Η αφήγηση της δολοφονίας του τις παραμονές των Πυθίων του 370 π.Χ. στο 6ο βιβλίο των *Ελληνικών* αφήνει αναπάντητα ιστορικά ερωτήματα που σχετίζονται κυρίως με τα κίνητρα των δραστών, αλλά και την αξιολόγηση των γεγονότων από πλευράς του ιστορικού. Αδιευκρίνιστη παραμένει κυρίως η πανελλήνια πολιτική του Ιάσονα, η οποία επρόκειτο να εκδηλωθεί κατά την περίοδο των δελφικών αγώνων. Στηρίγματα για την απάντηση των ερωτημάτων αυτών προσφέρει το ευρύτερο κειμενικό πλαίσιο, καθώς επιτρέπει να αξιολογηθεί το πολιτικό πρόγραμμα και το ηγετικό ήθος του Ιάσονα με μέτρο τις αλλού καταγεγραμμένες απόψεις του Ξενοφώντα και κυρίως το θεωρητικό περίγραμμα της *Κύρου παιδείας*. Η αποτελεσματική διπλωματική και στρατιωτική δράση του Ιάσονα, όπως εκδηλώνεται με λόγους και έργα, ο θαυμασμός των ικανοτήτων του από ανθρώπους διορατικούς, και η εικόνα ακαταμάχητης ισχύος που τον συνόδευε επιτρέπουν να διαφανεί η κρίση του συγγραφέα ως προς την ιστορική δυναμική που ο Ιάσων είχε δημιουργήσει. Η επικοινωνιακή του αποτυχία, ωστόσο, εντοπίζεται στο γενικό αίσθημα ανασφάλειας που προκαλούσε, και αποτυπώνεται ανάγλυφα στην απορία που αφήνει το έργο για τα αίτια του θανάτου του. Ο Ξενοφών επιφυλάσσει στον Ιάσονα και τους διαδόχους του μια περίτεχνα οργανωμένη αφήγηση, πλούσια σε υπαινικτικές αναφορές στους δύο προγενέστερους ιστορικούς της κλασικής περιόδου Ηρόδοτο και Θουκυδίδη, κατά τρόπο που υποβάλλει την αίσθηση ότι με την εμφάνιση και την σύντομη πορεία του Ιάσονα στο ιστορικό προσκήνιο κλείνει ο ιστορικός κύκλος της κλασικής πόλεως-κράτους και προετοιμάζεται η μετάβαση σε μια νέα εποχή, κατά την οποία θα αναδειχθούν ισχυρές ηγετικές προσωπικότητες με πανελλήνια επιβολή. Παράλληλα ολοκληρώνεται ο ιστοριογραφικός κύκλος που ορίζεται από το έργο των τριών συγγραφέων που εξιστορούν την ακμή, την κρίση και το τέλος της ιστορικής αυτής περιόδου.

Pax Isocratica: Some Comments on Isokrates' *On the Peace*

Ephraim David

Introduction

In line with the general theme of the Sosipolis conference, my paper focuses on Isokrates' views on war, peace and panhellenism as found in his speech *Περὶ εἰρήνης* (*On the Peace*).

The text of *On the Peace* conveys the illusion of a deliberative speech delivered from the Pnyx bema to the Athenian assembly, but like most of Isokrates' speeches it was never in fact delivered orally in public, but appeared as a pamphlet only, shortly after it had been composed. As both an oration and a pamphlet *On the Peace* belongs to the genre of political discourse (λόγος πολιτικός),[1] but it differs in form and substance from most of Isokrates' other works that belong to the same category. This is the first oration he addresses to the Athenian public openly in his own name, instead of hiding behind the mask of a *dramatis persona* (as the citizen of Plataia, the imaginary speaker of the *Plataïkos*). It was followed shortly after by the *Areopagitikos*, which had the same target audience but dealt with a completely different subject matter – domestic reform.

But more important than the target audience here is the uniqueness of the message. Throughout his work, since the publication of the *Panegyrikos* in 380 BC (after ten years of composition), Isokrates had constantly presented interstate warfare between the *poleis* and internal strife (στάσις) within them as the greatest evils of contemporary Greece. His famous solution (inspired mainly by the Olympic orations of Gorgias and Lysias, though of older origins), was to organize a panhellenic 'crusade' against the 'national' enemy, Persia, and to settle on the conquered territory those Greeks whose abject poverty posed a threat to

1. For the generic problem, see Too 1995, 26-35, with bibliography; cf. Nicolai 2004, 107-110.

the social and political balance at home.[2] Although at times tactical details, such as the identity of the leading State or the individual leader to be put in charge of the enterprise, might vary according to political circumstances, this was Isokrates' essential credo that accompanied his work during the more than the forty years that elapsed between the *Panegyrikos* and the *Panathenaikos*.

The message of *On the Peace*, which Isokrates composed in 355 BC at the age of eighty-one, is strikingly different. Instead of the mantra reiterating panhellenic retaliation against Persia as the panacea for all the prevailing socio-economic and political ills, there is a strong exhortation towards peace, even if this was to be implemented on the principles of the King's Peace, so bitterly criticized elsewhere, especially in the *Panegyrikos* (see below).

A few words about the history of interpretation will be in place here. Ulrich von Wilamowitz-Moellendorff, Eduard Meyer, George Norlin, Werner Jaeger *inter alios* were fully aware of the differences between *On the Peace* and other works of Isokrates.[3] Some scholars tried to minimize, or even deny, the significance of these differences. For instance, Max Laistner sees 'no real change of view on the part of the writer'.[4] Similarly, Georges Mathieu states: 'il n'y a donc nulle rupture avec la politique qu' Isocrate recommandait depuis 380 et qu'il exprimait encore dans la *Lettre à Archidamos*'.[5] Jacqueline de Romilly went even further and claimed categorically that 'no man was ever more obstinate and coherent than Isocrates'.[6]

Phillip Harding, while recognizing the differences, interpreted them as the byproduct of a rhetorical exercise in antilogy – διςσοὶ λόγοι: he presented the argument of *On the Peace* as the opposite end of the spectrum from the bellicose *Archidamos*, which had called for an uncompromising war policy to re-conquer Messenia and eulogized the benefits of war as a means of promoting political interests.[7] Despite the serious objections raised against the 'antilogist' theo-

2. See, e.g., Fuks 1984, 52-79; Cawkwell 1996, 769-770; cf. Flower 2000, 65-101 (esp. 93-96), whose discussion focuses on the fifth-century origins of this idea. For a comprehensive analysis of panhellenism as a complex historical phenomenon, see now Mitchell 2007.

3. Wilamowitz 1893, 344; Meyer 1902, 494-496; Norlin 1929, 2-5; Jaeger 1945, 128-130, 316, n. 99; Levi 1959, 74-81.

4. Laistner 1927, 18-19.

5. Mathieu 1960, 8; cf. idem, 1966, 124-125; see also Kessler 1911, 42-43; Treves 1933, 303-304.

6. Romilly 1958, 98.

7. Harding 1973, 137-149.

ry,[8] it was taken up again and further elaborated by Yun Lee Too in the published version of her Cambridge doctoral thesis.[9]

To me, both 'radical' methods of interpreting *On the Peace*, i.e. either explaining away or minimizing the existing discrepancies between it and other works of Isokrates or coping with them by simply assuming a rhetorical exercise, appear to be far from convincing. Under the pressure of political circumstances the octogenarian might well have changed his mind and tactics, if only for a short time, as befits a veteran propagandist.[10] But despite the general change of line and tone, *On the Peace* continues to show unmistakable traces of the author's life-long held attitudes. The inevitable result is a number of oddities and inconsistencies. My purpose here is not to explain the place of this pamphlet in the Isokratean corpus, but to reexamine its main ideas and methods of argumentation, to detect their possible roots in intellectual Greek history, and then to single out the value of *On the Peace* as an independent political text with a life of its own, quite regardless of the motivation behind it.

1. Political context

The political context is explicitly referred to in a passage that deserves full quotation:

> I have come before you, not to seek your favour, not to ask for your votes, but to make known my views, first, regarding the proposals drafted by the πρυτάνεις and, second, regarding the other interests of the State...I say, then, that we should make peace not only with the Chians, the Rhodians and the Byzantines, but with all mankind (πρὸς ἅπαντας ἀνθρώπους), and should adopt not the terms of peace which have been recently drawn up, but those which we have concluded with the King [of Persia] and with the Lakedaimonians, proclaiming that the Greeks be independent, that foreign garrisons be removed and that each and everyone retain their own territory. For we shall not find terms of peace more just than these, nor more expedient for our city. (*Peace*, 15-16)

8. See, e.g., Cargill 1981, 176, n. 29; Moysey 1982, 118-127.

9. Too 1995, 62-73; for the rejection of this theory, see also Nicolai 2004, 107-109.

10. For the political context of this pamphlet see the next section. On the relativism of ideas and arguments in Isokrates, cf. Rummel 1979, 27-30; for Isokrates' pragmatism, see Matson 1957.

On the abstract level, expediency and justice are then the leading themes of this work, the basic principles of the proposed peace settlement. Throughout the 'speech' Isokrates makes a constant, if not always successful, effort to demonstrate that justice and expediency are not only compatible but mutually dependent.

The Second Athenian Confederacy is the political focus of *On the Peace*, which explains why this speech is referred to in Aristotle's *Rhetoric* (3.17.10, 1418 a) and some manuscripts as *Symmachikos*. The partial transformation of this confederacy into a hegemonic league and the subsequent defection of certain allies constitute the background to the war between Athens and those *socii* – i.e. the Social War.[11] The above passage indicates that the oration was composed when the war was still in progress, but the precise time remains a matter of controversy. The reference to recently advanced proposals for a peace treaty appears to point to the concluding period of the war, after the Athenian defeat at Embata (355 BC), as the most plausible context[12] – the precise dating is not essential for my argument. Isokrates calls for a larger peace than that covered by the terms of those proposals, a peace based on the κοινὴ εἰρήνη known as the King's Peace or the Peace of Antalkidas (whether in its original form or, more probably, in the more recent version of 375 BC).[13]

Despite its militaristic image, it was Sparta who, in close cooperation with Persia, invented the concept of a common peace – admittedly, for hegemonic aims. The mandatory pacification of a whole geopolitical area (under the proclamation and auspices of a super-power) regardless of the role played by its constituents in the belligerent activities preceding the peace settlement, was one of Sparta's most ingenious contributions to the world of politics. The contribution of this invention to the realm of interstate relations matches the contribu-

11. See, e.g., Cawkwell 1981, 51-55; Cargill 1981, 146-188; idem 1982, 91-102, who argues that the second Athenian league was less oppressive than usually supposed; cf. Dreher 1995, 281-292 and Claude Mossé "D' Andocide à Isocrate: l' evolution de la notion de paix" in this volume.

12. See, e.g., Ryder 1965, 91 and n. 2; Bringmann 1965, 59, n. 2; Moysey 1982, 125, n. 4; Davidson 1990, 21 and n. 4. For the central role played by the Spartan diplomat Antalkidas in the negotiations leading to the King's Peace, see, e.g., Cartledge 1987, 194-199.

13. See, e.g., Mathieu 1966, 122; Thompson 1983, 75-80; Too 1995, 64-65.

tion of the probouleutic procedure -another Spartan invention, much earlier than this- to the realm of efficient government.[14]

What is really surprising in *On the Peace* is the polarity we find in Isokrates' attitudes *vis-à-vis* the King's Peace: what had been so bitterly criticized in the *Panegyrikos* (e.g. 120-125, 176-182) as a sort of 'national' disgrace, a betrayal of Hellenic interests, is not just accepted here as a necessary and temporary compromise of *Realpolitik*, but is praised in superlative terms. The recognition of political realities must have been associated in Isokrates' mind with the indecisive outcome of the struggle for power among the Greek States: the failure of the Spartan and Theban hegemonies as well as Athens's own failure to regain her thalassocracy. Thus, there was a new political balance in Greece (cf. the ending of Xenophon's *Hellenika* -7.5.26-27), and for the time being an anti-Persian initiative was most likely to have spelled disaster.[15] Going by the militant views he had advanced in the past, there could hardly be a person more appropriate than Isokrates to calm down anti-Persian spirits in Athens. What appears to be particularly significant is the way he took advantage of the intellectual opportunity these circumstances offered him to advance a new panhellenic vision of politics, which he supported by a remarkable arsenal of eirenic rhetoric.

Isokrates based his rhetorical manipulation on a mixture of agonistic comments against warmongers, psychological assumptions, utilitarian remarks, lessons from the past based on which he developed an *ad hoc* personal view of history, and a series of moralistic remarks and supportive metaphors. Few of these elements are original, and it is their judicious juxtaposition in one and the same text that appears to be quite unique, as is the political ideal envisaged by Isokrates. I will examine briefly each category and will then analyze his political ideal.

14. For the probouleutic procedure as a Spartan invention, see Andrewes 1954; for the 'invention of peace', cf. Giovanna Daverio-Rocchi "L' invenzione della pace: *koinai eirenai* e ordine internazionale nelle relazioni tra le poleis (IV sec.a.C)" in this volume.

15. Cf. Ryder 1965, 92, who mentions the popular agitation at Athens at the time in favour of a war against Persia and Demosthenes' call for restraint in his speech *On the Symmories* (slightly later than the pamphlet under discussion here); see also Perlman 1976, 27.

2. The polemic against warmongers and the psychology of imperialism

The author is aware that his proposals are not going to be popular and therefore he devotes a lot of space to an attack on his imagined opponents, a rhetorical method which also helps in creating the illusion of an oral performance. He complains about the assembly's predisposition for a war policy prompted by demagogues and mentions in this respect several points that appear as *déjà vus* in the literature, including the inclination of the Athenians to identify militant orators advocating a war policy with staunch supporters of democracy, while branding their opponents as inveterate oligarchs (*Peace*, 51). Statements like this appear to be much more at home in the Athens of the late fifth-century than of the mid-fourth century. Following a line of argument already used by Andokides in his eirenic oration (6-7), Isokrates reminds his fellow-citizens that democracy flourished in times of peace and was twice overthrown in war – a typical *argumentum ex historia* (a method to be further discussed below). His references to the depraved orators, demagogues and sycophants (*Peace*, 13, 122-132) bear the strong influence of Thucydides and Aristophanes.[16] The contrast between Perikles and the demagogues who after his death became advisers of the people is obviously inspired by Thucydides (2. 65), although Isokrates' attitude to Perikles is less enthusiastic than the historian's – not an ideal leader but by far better than his successors (a view shared by the author of the *Athenaion Politeia* ascribed to Aristotle: 28.1). Athens in the age of Perikles was less prudent than it had been before the foundation of an empire but, on balance, was still sufficiently well governed (*Peace*, 126).

Isokrates highlights how it is in the interest of the hawkish demagogues to keep the majority of the citizens reduced through war to a situation of poverty and thereby dependent upon them and upon the political pay for participation in the assembly and law-courts – the ecclesiastic and dicastic pay (*Peace*, 130-131). As one could expect, he omits to mention that elsewhere he himself had advocated war as a supreme means of salvation and had warmly praised its usefulness for rehabilitating the welfare of a State (see especially *Archidamos*, 49-

16. Cloché (1963, 77-82) ascribed Isokrates' attitude to the demagogues to the influence of Theramenes.

51). His invective against the demagogues is reminiscent of Aristophanes' grotesque caricatures in *Knights*, *Wasps* and elsewhere, and of Plato's prototype of the popular leader (as depicted especially in Book VIII of the *Republic*), in that the φιλόδημος is portrayed in this speech as the very enemy of the people – the μισόδημος *par excellence;* also as the enemy of the liturgic class, of course (*Peace*, 128-131). To explain the popularity of the war-policy, Isokrates does not use the Pindaric '*dulce bellum inexpertis*' argument (the Athenians were quite experienced at the time in this respect), but turns to what in modern terms we would describe as the realm of psychology–the psychology, or the psychopathology, of imperialism.

In his opinion, the root of the bellicose motivation leading to imperialism consists of the innate tendency of most human beings not to be satisfied with the possessions they already have, or as he puts it: 'not even those who have the greatest fortunes are willing to be satisfied with them, but are always coveting more and so risking the loss of what they possess' (*Peace*, 6-7). Thus, Isokrates presents here covetousness (πλεονεξία), the desire always to try to have more –πλέων ἔχειν– as a common psychological determinant of human behaviour.[17]

There is a striking similarity with Aristophanes' *Ploutos* (composed more than thirty years earlier): in that play the argument about the possibility of saturation in everything except the lust for wealth was advanced through an amusing parallelism contrasting spiritual and material elements (through *stichomythia* – one character, one line, in this case one character, one word): 'Of all things one may have too much: of love, of bread, of music, of sweets, of honour, of cakes, of valour, of figs, of ambition, of barley, of command, of soup. But no one ever has enough of you [i.e. wealth]' (189-193).[18] Again, the explanation of the μεταβολὴ πολιτειῶν (the transition from one political regime to another through a scale of corruption) in Plato's Book VIII of the *Republic* (composed about twenty years before Isokrates' *On the Peace*) is also based mainly on the psychological mechanism of πλεονεξία – its socio-economic and political effects.

17. For the psychology of imperialism in Isokrates' *On the Peace*, cf. the thorough analysis of Davidson 1990, 24- 29. Though on certain issues I disagree with Davidson's interpretation of this treatise (see below), I have to acknowledge my debt to his stimulating article.

18. See, e.g., David 1984, 8-9.

However, Isokrates goes further in two directions: he deals with how πλεονεξία works in the sphere of interstate relations and presents as a psychic malady -a madness- the inability of people to cope rationally with this human tendency and resist the temptation (*Peace*, 7).[19] *Pleonexia* goes hand in hand with another behavioral trait of imperialism which is transposed from the level of the individual to that of the community, the state and interstate relations: over-activism and meddlesomeness in the affairs of others - in one word πολυπραγμοσύνη (*Peace*, 30). The term functions in the speech as the opposite of tranquility (ἡσυχία) and moderation (σωφροσύνη) -26, 58 respectively- which, in their turn have undergone a similar transition.[20]

3. Utilitarian and moral aspects

The anti-war diatribe strongly emphasizes the utilitarian aspect: 'For some of us appear to me to be over-zealously inclined to war, as though having heard, not from haphazard counsellors, but from the gods, that we are fated to succeed...' (*Peace*, 8). This comment on war falls short of a moral position: it is perceived here as undesirable mainly because its outcome is uncertain. War is also presented in this context as expensive and dangerous (*Peace*, 12-13), but all these defects belong to the utilitarian level, and so does the supportive *argumentum ex historia*: the orators calling for war have caused many disasters whereas those advocating peace have never caused harm. There is a catalogue of hazards and damages caused by war, including impoverishment, irrational risks, misfortunes, bad reputation among the Greeks, a catalogue inspired, by way of inversion, by Andokides' list (3.3-7) of the material benefits which the peace with Sparta had bestowed on Athens before the outbreak of the Peloponnesian War.

Isokrates tries to link the utilitarian aspect, which dominates the whole argument, to a moral perspective: "I believe that you will all ascribe acute folly and madness (ἄνοια and μανία) to those who think that injustice (ἀδικία) is advantageous and who would hold in subjection by force the cities of others, failing to consider the resulting disasters" (*Peace*, 17). He attacks the argument that views

19. For madness as a catchword of this speech, cf. *Peace*, 17, 31, 81, 85, 108, 121, 141.
20. For the political meaning of πολυπραγμοσύνη, see Ehrenberg 1947.

justice as "estimable but disadvantageous". In his view nothing is likely to contribute more than virtue (ἀρετή) to material gain and to happiness (εὐδαιμονία).[21] Here the *pax Isocratica* appears to be "contaminated" by Socratic-Platonic ideas; it becomes a *pax Socratica,* applying justice to interstate relations.[22] But the concept of justice is surprisingly associated with the Athenian democracy, as can be seen from the following key sentence: "At that time we acknowledged the principle that it is not just for the stronger to rule over the weaker even as now we acknowledge it in the very polity which has been established among ourselves" (*Peace*, 69). Thus, in sharp contrast to Kleon – who in the Mytilene debate is reported by Thucydides (3.37) to have bitterly criticized the Athenians for their inclination to apply their domestic norms of daily conduct and principles of government to the relationship with their allies – Isokrates here urges his compatriots not to use double standards but to stick to their civic principles also in matters of foreign policy.[23]

The combination between utilitarian and moral aspects in this specific context is also inspired by his predecessors. Thus, for instance, a famous passage from Euripides' *Suppliants* (476-485), reminded the Athenian audience of the destructive effects war had brought upon Greece and then told them in what we would call a *cliché*: "And yet we all know ...which things are good (χρηστά) and which are evil (κακά), and how much better is peace for human beings than war" (486-488).[24] The mention here of Greece and mankind in the same breath with respect to the destructive effects of war and the benefits of peace could have influenced Isokrates' eirenic discourse. What is more, the very ambivalence of the word χρηστός encapsulates in Greek mentality both the utilitarian

21. *Peace,* 31-32; see also below for Isokrates' use of these catchwords. For εὐδαιμονία in a political context (at Sparta), see Richer 2001.

22. For some antecedents of the application of this principle to interstate relations, see Dover 1974, 310-316.

23. For the problem of enforcing justice in interstate relations and the belief in a sort of natural law determining the aggressive behaviour of States, see the Melian dialogue in Thuc. 5.89, with Gomme, Andrewes and Dover 1970, 162-164 (*ad loc.*); cf. also Dem. 15.28-29.

24. Cf., *mutatis mutandis,* Thuc. 1. 80.1 (the exordium of Archidamos' speech in the Spartan assembly); Xen. *Hell.* 6.3.6: 'If there is laid down by the gods that there should be wars among men, we should exercise the greatest caution over starting a war, and, once it has begun, we should make peace as speedily as possible'.

and the moral.[25] The utilitarian aspect in the anti-war argument is supplemented and fortified by references to the material advantages of peace (which, again, are expressed in terms borrowed from Aristophanes, *Peace,* 292 ff., 421):

> Then we shall dwell in our city in great security, relieved of wars and dangers and the agitation in which we are now involved amongst ourselves, and we shall advance day by day in prosperity, released from paying war-taxes, from fitting our triremes, and from discharging the other burdens which are imposed by war, without fear tilling our lands and sailing the seas and engaging in those activities, which now, because of the war, have come to a standstill. (*Peace*, 20)

The catalogue here is to a considerable extent similar to that of Aristophanes' *Peace*, 292-298, where peace is to be enjoyed by all the Greeks – farmers, merchants, artisans, craftsmen, μέτοικοι, ξένοι, islanders, everyone. In the context (302) mention is made of the word Πανέλληνες, an expression of collective identity on which the modern term panhellenism is based.[26]

4. The use and abuse of history

For Isokrates, the interpretation of history is a matter of political rhetoric and manipulative use of the past.[27] In the *Panegyrikos* (119), the collapse of the Athenian empire (ἀρχή) at the end of the Peloponnesian war had been presented as the beginning (ἀρχή) of the ills for all Greece, whereas here, in his *ad hoc* reinterpretation of history, Athens' empire is presented as the very beginning of the decline and of the ills (*Peace*, 64, 74, 94): two alternative narratives provided by the same writer in different periods and with different aims in mind.[28]

James Davidson argued that, unlike some of his predecessors who had depicted a process of decline, Isokrates did not perceive this process as natural but as a phenomenon caused by an external agent – imperialism.[29] However, as no-

25. See also Dover 1974, 296-299.
26. See Perlman 1976, 4 and n. 9; cf. Flower 2000, 65 and especially Mitchell 2007, 68, n. 32.
27. See, e.g., Welles 1966, 24: 'For the orator history was a means, not an end'; cf. Hamilton 1979, 296.
28. Cf. Heilbrunn 1975, 104.
29. Davidson 1990, 25.

ticed above, Isokrates explains imperialism by an innate human inclination for greed – πλεονεξία (*Peace*, 6-7), which may be overcome only by wisdom. As in other depictions of decline (from Hesiod to Plato), Isokrates not only presents a process of continuous deterioration from a Golden Age to the present but also looks for a remedy of the socio-political disease and advances the hope for a better future based on peace, prosperity and justice. In Hesiod's *Works and Days* the Golden Age belongs completely to the realm of myth, in Plato' *Timaios* and *Kritias* to the realm of Athenian pseudo-history,[30] whereas Isokrates projects the Golden Age squarely into the very realm of Athenian history: the old democratic government under which the ancestors were the happiest among the Greeks. This is roughly the political regime which preceded the maritime empire (*Peace*, 64) and came to an end after the Persian Wars; the idea of the ancestral constitution (πάτριος πολιτεία) is shortly after developed in the *Areopagitikos*.

The destructive effects of imperialism came into full view with the Sicilian expedition and the end of the Peloponnesian War (*Peace*, 84-86). Like Andokides (3.21), Isokrates reminds his audience of the embarrassing historical fact that only Spartan benevolence allowed them to escape total ruin and slavery (*Peace*, 105). The decline is also conceived in terms of political leaders, with specific reference to Hyperbolos and Kleophon, while contemporary politicians (including Aristophon, for whom he had a special repulsion) are tactfully left anonymous (*Peace*, 75). Isokrates' criticism of Athens' maritime empire and of the demagogues is basically similar to that expressed later by the Aristotelian *Athenaion Politeia*.[31]

Some scholars have emphasized what they have called Isokrates' theoretical approach to history in this speech. Thus, James Davidson speaks of 'a much more theorized version of events than we would find in an historian'.[32] Howev-

30. See, e.g, David 1984a, 42-53; for the possible influence of Plato's *Timaios-Kritias* on Isokrates' *On the Peace* and *Areopagitikos*, see Dušanić 2002-2003, 69-73.

31. *Ath. Pol.* 27-28; 41.2 with Rhodes 1981, 335-337; 344; 352-358. In the *Panathenaikos*, 116, Isokrates adopted the elitist line of the Old Oligarch and pointed to the destructive influence enjoyed in a thalassocracy by the social elements engaged in the crafts associated with the sea and those serving with the navy (e.g., the *thetes* in Athens) – Pseudo-Xen. *Ath. Pol.* 1.2. and *passim*; cf. Plato, *Gorgias*, 519 a-b; *Laws*, 707a, with Morrow 1960, 96-100.

32. Davidson 1990, 34; cf. Schmitz-Kahlmann 1939, 26.

er, this theorized version amounts to a manipulative simplification of history for rhetorical purposes – the appeal to Kleio in order to demonstrate the futility of maritime empires and their potential for self-destruction.

To this end, not only Athenian but also Spartan history is simplified in the extreme (*Peace*, 95-108; cf. *Areop.*7): in the case of Sparta maritime imperialism is said to have proved its destructive power much more quickly. In order to stress his point, Isokrates, for all his anti-Spartan bias,[33] momentarily accepts uncritically the recently invented myth according to which the Spartan constitution had enjoyed continuous stability throughout seven hundred years – a myth he could find in Xenophon's dating of Lykourgos, the traditional founder of the Spartan *politeia*, to the time of the Heraklids.[34] Isokrates' subsequent analysis contains echoes of Xenophon's *Lakedaimonion Politeia,* 14: instead of their old ways of life thalassocracy led to injustice (ἀδικία), indolence (ῥαθυμία), lawlessness (ἀνομία), avarice (φιλαργυρία), contempt for allies, etc. This diatribe is underscored by the remark that the Spartans had become addicted to war in spite of their former prudence in this respect. The impressive catalogue of the Spartans' acts of aggression in Greece actually reproduces Xenophon's *Hellenika.* It is not Leuktra that is to be blamed for their misfortunes, but their crimes which had led to that catastrophe. Unlike Xenophon (*Hellenika*, 5.4.1), he did not ascribe it to divine retribution, but like him he simplified the etiology of decline. In his view, the beginning (ἀρχή) of the Spartans' ills was their ambition to seize dominion (ἀρχή) of the sea, an ambition that ran counter to their traditional non-maritime character and that, within a short time, had led them to abandon their ancestral laws and ways of life, resulting in the subsequent loss not only of their short-lived sea-power but also of their long-held supremacy on land (apparently, the latter is regarded as blameless). Although many points raised by Isokrates are correct, on the whole we are faced with a simplistic, reductionist (monocausal) and moralistic explanation of Sparta's decline that was

33. For Isokrates' attitude to Sparta, see Ollier 1933, 327-371; Cloché 1933, 129-145; Tigerstedt 1965, 179-206; Cataldi 2007.

34. Cf. Xen. *Lak. Pol.* 10.8 with David 2007, 301-303. For Thucydides (1.18.1) the chronological dimensions of the εὐνομία myth were more modest: only about four hundred years of continuous stability; cf. Gomme1945, *ad loc.* In the *Panathenaikos*, 153, Isokrates claims that Lykourgos imitated the model of early Athens in blending aristocratic with democratic elements – a classic example of manipulative pseudo-history tantamount to political propaganda.

to exert a long-term influence on ancient (and modern) historiography through Isokrates' pupil Ephoros and some of his followers, *inter alios* Phylarchos, Diodorus Siculus and Plutarch.[35]

On the rhetorical level, the historical argument against imperialism is supported by a series of metaphors drawn from an impressive variety of realms, ranging from the erotic to the political. The attraction of imperial power is compared with various types of destructive addictions including lust for courtesans (*Peace*, 103) and gluttony (109), which Isokrates tops with a zoological metaphor: biting animals first enjoy what they do but soon find themselves in desperate straits (34). But by far the most important is the political metaphor *empire–tyranny*, the only one figuring in the synopsis of *On the Peace* provided by the forensic *Antidosis*, 64 (composed about a year later).[36] The idea is not new, of course; it was in fact a commonplace in Greek literature.[37] But the metaphor did not always have anti-imperialist connotations: when used in the speeches ascribed by Thucydides to Perikles and Kleon (2.63.2; 3.37.2 respectively), the context was strongly supportive of Athenian imperialism.

Here, however, Isokrates introduced the hostility towards tyranny, widespread in Athenian mentality for a century and a half, so as to support his main argument through a series of analogies drawn between tyranny and imperialism – from rule by force over unwilling subjects and their maltreatment to hybristic behaviour, fear, suspicion towards their own friends and final disaster (91, 111-113). The psychological profile of the tyrant and other elements on the list are obviously influenced by passages from drama, historiography and political philosophy (for example Euripides, *Suppliants*, 429-432, Herodotus, 3. 80, 5.92, Xenophon's *Hiero* and Plato's *Republic*, 565d-576b).

The tyrannical metaphor is antithetically fortified by a positive metaphor – royalty in its Spartan version, which is marked by the deep respect and affection of the citizens for their kings. The honour of tyrannicides is contrasted to the disgrace of those Spartans who are not ready to follow the prevalent code of behaviour and sacrifice their lives in defence of their kings (*Peace*, 143-144). Through the contrast kingship/ tyranny Isokrates can envisage the concept of

35. For references, see David 1981, 56-59.

36. For the quotation of *On the Peace* in *Antidosis*, see Pinto 2003, 166-171.

37. See, e.g., Tuplin 1985, with evidence and references to further literature.

democratic Athens as a polis exercising a kind of royal leadership over the Greeks, not tyrannizing them.[38] This new message is in line not only with his preoccupation with the idea of kingship elsewhere, but also with the growing interest in contemporary literature in an ideal βασιλεία as a pattern of salvation from the socio-economic and political crisis. This royalist trend, usually blended with aristocratic values, can be found in one form or another in Xenophon's *Kyropaideia* and *Agesilaos*, in Plato's *Statesman* (292d-297c) and in his most famous work, *Politeia*, which is almost universally, though misleadingly, referred to as the *Republic* (e.g., 499 b-c). Even Aristotle was not immune (*Politics*, 1284a2-14; 1288a 15-19).[39]

All these metaphors are supportive of a message that transposes the attack on imperialism and war into moral concepts and principles deriving from the world of Greek philosophy and popular consciousness. One of these principles, too often transgressed in practical politics, viewed the oppression of Greeks by other Greeks as intolerable – a form of 'slavery'.

5. Panhellenism and Isokrates' new vision

Although his immediate target audience is Athenian, Isokrates' outlook remains what it had always been – profoundly panhellenic. However, while in the *Panegyric Oration* imperialism (to be implemented through the dual hegemony of Athens and Sparta) was the very means of salvation for Greece, here on the contrary, salvation comes only with Athens' abandonment of maritime imperialism (Sparta's partnership in the hegemony is no longer relevant). Despite his frequent references to human beings as such, i.e. humankind (*Peace*, 6, 16, 22, 46, 85, 106), the obsessive dichotomy Greeks-Barbarians [= Persians, for Isokrates] has not disappeared (38, 42-43), though here it is historically oriented and far less prominent and than elsewhere.

38. See Davidson 1990, 31-32, with special emphasis on this aspect; see also below.

39. For this trend in fourth-century political thought, see Mossé 1969, 72-85; Carlier 1984, 512-513; Eder 1995, 163-171, who brings into high relief the fourth-century image of kingship as the embodiment of aristocratic virtues; cf. Cartledge 2009, 96-106. For the concept of 'democratic monarchs' (as the opposite of tyrants) in Athenian consciousness, see Mitchell 2007, 149-158.

Mutatis mutandis, one may think, by way of association, of the contrast between Erasmus' anti-Turkish attitude in *De bello Turcico* and his pacifist outlook in *Querela pacis* and *Dulce bellum inexpertis*. For Erasmus, who was familiar with Isokrates' work, the Ottoman Empire took the place of Persia as the enemy, the Turks were the Barbarians *par excellence*, and European Christendom took the place of Panhellenism, while his ideal was a *pax Christiana*.[40]

To return to Isokrates, in *On the Peace* we are not presented with a cosmopolitan utopia but with a political vision of Athenian leadership of the Greeks based on peace, trust and the good will (εὐνοία) of the allies for the prosperity (εὐδαιμονία) of them all. This ideal is reminiscent of Alkibiades' final sentence in the speech he is reported by Thucydides to have delivered in Sparta: '...and after that may yourselves live in security and lead all Greece by free will, not by force but through good will' – οὐ βίᾳ, κατ' εὔνοιαν (6.92.5). The idea reportedly advanced by Alkibiades before the Spartan assembly Isokrates applies in his imaginary address to the Athenian assembly, but on the basis of the *pax Spartana*, that is the King's Peace this time in an Athenocentric disguise, and with the Spartan kingship as a metaphor for the proposed royal hegemony to last forever (εἰς τὸν ἅπαντα χρόνον) – the optimistic formula used in treaties of alliance. The perennial and kingly hegemony of Athens is opposed to a transitory tyrannical empire (*Peace*, 141-145). In this case Athens' hegemonic claim has nothing to do with anti-Persian propaganda and with the prospect of an anti-Persian war; it is meant to provide the political centre of a panhellenic union, based on free will, for the benefit of all its members, this time without the militant aspect of a common enemy to be attacked. Panhellenism here is not a propaganda tool for war and imperialism, as it has so often been in Greek history;[41] under Isokrates' new code of interstate relations the only type of war acceptable is a defensive one. Davidson regards the distinction between bad imperialism and good imperialism as one of the main innovations of Isokrates' *On the Peace*,[42] but on a semantic level this distinction appears to be problematic since Isokrates did not depict his ideal hegemony in terms that appropriately trans-

40. For Erasmus' pacifism see, e.g., Tracy 1978; for Erasmus' attitude towards the Turks see, e.g., Musto 1991.

41. See Perlman 1976, 6-30.

42. Davidson 1990, 33-34.

late into our own terminology as 'imperialism'. In Greek terms, the ideal ἡγεμονία of *On the Peace* is the opposite of ἀρχή.[43]

Isokrates' ideal of a consensual hegemony based on peace, freedom and panhellenism under Athenian leadership was adopted by Xenophon in the last chapters of what appears to have been his last work – *Poroi* (*Revenues*). For both intellectuals this was in some ways a surprising reversal. But it is not correct to see Isokrates' reversal in *On the Peace* as 'a retreat from panhellenic internationalism to Athenian isolationism'.[44] We are actually faced with a different form of panhellenism. But was it completely different?

One of the main components of Isokrates' panhellenism was his constant preoccupation with Greece's social problem, especially finding a solution for the perpetual condition of abject poverty and civil strife. For him this objective appears to have been as important as that of reaching political stability in Greece. In this oration, as elsewhere, for coping with the socio-economic problem he adopts the old solution of Greek history, colonization, but the renunciation of a grandiose anti-Persian campaign led to a change of orientation: instead of the east, the direction of *Lebensraum* is now at the very margins of the motherland – Thrace. In his view it was possible to cut off from Thrace (presumably by peaceful means) enough land for the Athenians and for the other Greeks who were in need (*Peace*, 24). He assures his audience that the northern monarchs, Kersobleptes and Philip, are going to accept such a solution, being fully convinced by the Athenians' demonstration of good faith as provided by their peaceful and philanthropic policy (*Peace*, 22).

'Poor Isokrates'!, exclaims Jacqueline de Romilly at this politically naïve statement.[45] One is left to wonder if this new and more modest project of territorial expansion was *really* compatible with the non-aggressive policy of universal justice Isokrates preached elsewhere in the speech, even if the appropriated land in Thrace was not meant to satisfy Athenian *pleonexia* but to solve social problems in Greece. In all fairness to Isokrates, one should note that his more

43. This contrast has been stressed by various scholars following Jaeger 1945, 145-147; cf. especially Moysey 1982, 125, n. 8; Moritani 1985, 40-48; Poulakos 1997, 41-42. I am not persuaded by Davidson (1990, 22, n. 7), who believes that there is no difference between the two terms in Isokrates' text.

44. Gillis 1970, 197; cf. Perlman 1976, 27. Hall 2002, 205-220 regards panhellenism in general as 'a culturally-based Athenocentric notion of Hellenicity' (at 205).

45. Romilly 1958, 99; cf. Gillis 1970, 201.

consistent and philosophically-oriented contemporaries tried to cope with the problem of poverty *versus* affluence and the consequent civil strife by proposing utopian States dominated either by a kind of *étatisme* (largely inspired by the Spartan model) or at least by State control over the family, family planning and demography, whereas he preferred the more pragmatic and conservative solution provided by the collective wisdom of Hellenic history – colonization. Moreover, unlike his less pedestrian and more philosophically-minded contemporaries, Isokrates at least tried to find ways to put an end to the interstate wars in the Greek world.[46]

To sum up: although *On the Peace* is in many ways significantly different from most of Isokrates' work –and the difference should be recognized and not brushed away– in moralistic, conservative, pragmatic and optimistic terms his outlook remains unchanged. So does his rhetorical, flexible and moralistic approach to history, though this time his determination to demonstrate a theory and make history useful as *magistra vitae* appears to be greater than ever, with all the problems that are likely to arise when history is pressed too hard to make it demonstrative and immediately useful. As to Isokrates' constantly panhellenic outlook, there are marked differences between the basically eirenic orientation of his panhellenism in this discourse and the militant, profoundly anti-Persian orientation of his panhellenism elsewhere.

Although generically *On the Peace* is a deliberative speech, albeit a fictitious one, it bears ample resemblance to an epideictic speech in the way it moves from the particular to the universal, from the present to the past and the future, and from *Realpolitik* to a new ideal of Greek politics. While echoing many passages of Greek verse and prose, the attack on maritime imperialism and the idealization of peace are much more elaborate than all their antecedents in eirenic literature, and their combination in what is almost tantamount to a pacifist manifesto is quite unique. Therefore it is all the more disappointing not to find in this text a deeper philosophical approach to the universal, humanitarian problems that war raises – a missed opportunity. On the other hand, the idea of an Athenian kingly hegemony to last forever, *hegemonia perpetua,* for the benefit of the Greek States within the alliance, and based on peace, panhellenic consensus and democratic spirit, is an original and inspiring vision of Greek politics.

46. Cf. Cawkwell 1996, 770.

Bibliography

Andrewes, A. 1954, *Probouleusis: Sparta's Contribution to the Technique of Government*, Oxford.

Bringmann, K. 1965, *Studien zu den politishcen Ideen des Isokrates* (Hypomnemata 14), Göttingen.

Cargill, J. 1981, *The Second Athenian League: Empire or Free Alliance*, Berkeley.

- 1982, "Hegemony or empire: The Second Athenian League", *AncW* 5, 91-102.

Carlier, P. 1984, *La royauté en Grèce avant Alexandre*, Strasbourg.

Cartledge P. 1987, *Agesilaos and the Crisis of Sparta*, London.

- 2009, *Ancient Greek Political Thought and Practice*, Cambridge.

Cataldi, S. 2007, "Isocrate e la *Lakedaimonion Politeia*. Spunti per una riconsiderazione", in N. Birgalias, K. Buraselis and P. Cartledge (eds), *The Contribution of Ancient Sparta to Political Thought and Practice*, Athens, 275-290.

Cawkwell, G.L. 1981, "Notes on the failure of the Second Athenian Confederacy", *JHS* 101, 40-55.

- 1996, "Isocrates", *OCD*[3], 769-771.

Cloché, P. 1933, "Isocrate et la politique lacédémonienne", *REA* 35, 129-145.

- 1963, *Isocrate et son temps*, Paris.

David, E. 1981, *Sparta between Empire and Revolution*, New York.

- 1984, *Aristophanes and Athenian Society of the Early Fourth Century BC*, Leiden.

- 1984a, "The problem of representing Plato's ideal State in action", *RFIC* 112, 33-53.

- 2007, "Xénophon et le mythe de Lycurgue", *Ktéma* 32, 297-310.

Davidson, J. 1990, "Isocrates against imperialism: an analysis of *De Pace*", *Historia* 39, 20-36.

Dover, K.J. 1974, *Greek Popular Morality in the Time of Plato and Aristotle*, Oxford.

Dreher, M. 1995, *Hegemon und Symmachoi: Untersuchungen zum zweiten athenischen Seebund*, Berlin.

Dušanić, S. 2002-2003, "The unity of Timaeus-Critias and the inter-Greek wars of the mid 350's", *ICS* 27-28, 63-75.

Eder, W. 1995, "Monarchie und Demokratie im 4. Jahrhundert v. Chr., in idem (Hg.), *Die athenische Demokratie im 4. Jahrhundert v. Chr.*, Stuttgart, 153-173.

Ehrenberg, V. 1947, "*Polypragmosyne*: A study of Greek politics", *JHS* 67, 46-67.

Flower, M.A. 2000, "From Simonides to Isocrates: The fifth-century origins of fourth-century Panhellenism", *CA* 19, 65-101.

Fuks, A. 1984, *Social Conflict in Ancient Greece*, Leiden.

Gillis, D. 1970, "The structure of argument in Isocrates' *De pace*", *Philologus* 114, 195-210.

Gomme, A.W. 1945, *A Historical Commentary on Thucydides*, I, Oxford.

GOMME, A.W., ANDREWES, A. and DOVER, K.J. 1970, *A Historical Commentary on Thucydides* IV, Oxford.

HALL, J. 2002, *Hellenicity: Between Ethnicity and Culture*, Chicago.

HAMILTON, C.D. 1979, "Greek rhetoric as history: the case of Isocrates", in G.W. Bowersock, W. Burkert and M.C. J. Putnam (eds), *Arktouros: Hellenic Studies Presented to Bernard M.W. Knox*, Berlin and New York, 290-298.

HARDING, P. 1973, "The purpose of Isocrates' *Archidamus* and *On the Peace*", *CSCA* 6, 137-149.

HEILBRUNN, G. 1975, "Isocrates on rhetoric and power", *Hermes* 103, 154-178.

JAEGER, W. 1945, *Paideia: The Ideals of Greek Culture*, III, Oxford.

KESSLER, J. 1911, *Isocrates und die panhellenische Idee*, Paderborn.

LAISTNER, M.L.W. 1927, *Isocrates: De Pace and Philippus*, New York and London.

LEVI, M.A. 1959, *Isocrate: Saggio critico*, Milano and Varese.

MATHIEU, G. 1960, *Isocrate*, III, Paris.

- 1966, *Les idées politiques d' Isocrate*, Paris.

MATSON, W.I. 1957, "Isocrates the pragmatist", *Review of Metaphysics* 10, 423-427.

MEYER, E. 1902, *Geschichte des Altertums*,V, Berlin.

MITCHELL L.G. 2007, *Panhellenism and the Barbarian in Archaic and Classical Greece*, Swansea.

MOMIGLIANO, A. 1944, "Sea-power in Greek thought", *CR* 58, 1-7.

MORITANI, K. 1985, "Arche and hegemonia in Isocrates", *Journal of Classical Studies* 33, 40-48 (in Japanese, with an English abstract)

MORROW, G.R. 1960, *Plato's Cretan City: A Historical Interpretation of the LAWS*, Princeton.

MOSSÉ, C. 1969, *Histoire des doctrines politiques en Grèce*, Paris.

MOYSEY R.A. 1982, "Isokrates' *On the Peace*: Rhetorical exercise or political advice", *AJAH*, 7, 118-127.

MUSTO, R.G. 1991, "Just wars and evil empires: Erasmus and the Turks", in J. Monfasani and R.G. Musto (eds), *Renaissance Society and Culture: Essays in Honor of Eugene F. Rice*, New York, 197-216.

NICOLAI, R. 2004, *Studi su Isocrate. La communicazione letteraria nel IV sec. a. C. e i nuovi generi della prosa*, Rome.

NORLIN, G. 1929, *Isocrates*, II, London and Cambridge Mass.

OLLIER, F. 1933, *Le mirage spartiate*, I, Paris.

PERLMAN, S. 1976, "Panhellenism, the polis and imperialism", *Historia* 25, 1-30.

PINTO, P.M. 2003, *Per la storia del testo di Isocrate*, Bari.

POULAKOS, T. 1997, *Speaking for the Polis: Isocrates' Rhetorical Education*, Columbia, South Carolina.

RHODES, P.J. 1981, *A Commentary on the Aristotelian Athenaion Politeia*, Oxford.

RICHER, N. 2001, "Eunomia et Eudaimonia à Sparte", *Dike* 4, 13-38.

Romilly, J. de 1958, "*Eunomia* in Isocrates or the political importance of creating good will", *JHS* 78, 92-101.

Rummel, E. 1979, "Isocrates' idea of rhetoric: criteria of evaluation", *CJ* 75, 25-35.

Ryder, T.T.B. 1965, *Koine Eirene: General Peace and Local Independence in Ancient Greece*, Oxford.

Schmitz-Kahlmann, G. 1939, *Das Beispiel der Geschichte im politischen Denken des Isokrates*, Leipzig.

Thompson, W. 1983, "Isocrates on the peace treaties", *CQ* 33, 75-80.

Tigerstedt, E.N. 1965, *The Legend of Sparta in Classical Antiquity*, I, Lund.

Too, Y.L. 1995, *The Rhetoric of Identity in Isocrates: Text, Power, Pedagogy*, Cambridge.

Tracy, J.D. 1978, *The Politics of Erasmus: A Pacifist Intellectual and his Political Milieu*, Toronto.

Treves, P. 1933, "Tre interpretazioni isocratee", *RIL* 66, 303-319.

Tuplin, C.J. 1985, "Imperial tyranny: Some reflections on a classical Greek political metaphor", *HPTh* 6, 348-375 [= P.A. Cartledge and F.D. Harvey (eds.), *CRUX: Essays in Greek History Presented to G.EM. de Ste. Croix*, Exeter and London].

Welles, C.B. 1966, "Isocrates' view of history", in L. Wallach (ed.), *The Classical Tradition: Literary and Historical Studies in Honor of Harry Caplan*, Ithaca, N.Y., 3-25.

Wilamowitz-Möllendorf, U. von 1893, *Aristoteles und Athen*, I, Berlin.

Summary

The speech *On the Peace* is in many ways significantly different from most of Isokrates' work, and the difference should be recognized – not brushed away or explained as simply a rhetorical exercise. However, in moralistic, conservative, pragmatic and optimistic terms Isokrates' outlook remains unchanged. So does his rhetorical, flexible and moralistic approach to history, though this time his determination to demonstrate a theory and make history useful as *magistra vitae* appears to be greater than ever, with all the problems that are likely to arise when history is pressed too hard to make it demonstrative and immediately useful. As to Isokrates' constantly panhellenic outlook, there are marked differences between the basically eirenic orientation of his panhellenism in this discourse and the militant, profoundly anti-Persian orientation of his panhellenism elsewhere.

Although generically *On the Peace* is a deliberative speech, albeit a fictitious one, it bears ample resemblance to an epideictic speech in the way it moves from the particular to the universal, from the present to the past and the future, and from *Realpolitik* to a new ideal of Greek politics. While echoing many passages of Greek verse and prose, the attack on maritime imperialism and the idealization of peace are much more elaborate than all their antecedents in eirenic literature, and their combination in what is almost tantamount to a pacifist manifesto is quite unique. Therefore it is all the more disappointing not to find in this text a deeper philosophical approach to the humanitarian problems associated with war. On the other hand, the idea of an Athenian kingly hegemony to last forever, for the benefit of the Greek States within the alliance, and based on peace, panhellenic consensus and democratic spirit, is an original and inspiring vision of Greek politics.

INDEX OF GREEK TERMS

INDEX OF NAMES AND TOPICS

INDEX OF SOURCES

I. Literary Sources

II. Inscriptions